百 年 金 融 思 想 学 说 纵 向 梳 理

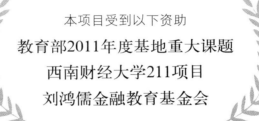
本项目受到以下资助
教育部2011年度基地重大课题
西南财经大学211项目
刘鸿儒金融教育基金会

BAINIAN ZHONGGUO JINRONG
SIXIANG XUESHUOSHI

百年中国
金融思想学说史

第三卷

（上册）

顾问　黄达　刘诗白　孔祥毅　刘方健
主编　曾康霖　刘锡良　缪明杨

中国金融出版社

责任编辑：戴　硕　董　飞
责任校对：孙　蕊
责任印制：程　颖

图书在版编目（CIP）数据

百年中国金融思想学说史（Bainian Zhongguo Jinrong Sixiang Xueshuoshi）.
第三卷/曾康霖，刘锡良，缪明杨主编．—北京：中国金融出版社，2018.3
　　ISBN 978 - 7 - 5049 - 9477 - 6

　　Ⅰ.①百…　　Ⅱ.①曾…②刘…③缪…　　Ⅲ.①金融—经济思想史—研
究—中国—现代　　Ⅳ.①F832.96

中国版本图书馆 CIP 数据核字（2018）第 039144 号

出版　中国金融出版社
发行
社址　北京市丰台区益泽路 2 号
市场开发部　（010）63266347，63805472，63439533（传真）
网 上 书 店　http://www.chinafph.com
　　　　　　（010）63286832，63365686（传真）
读者服务部　（010）66070833，62568380
邮编　100071
经销　新华书店
印刷　保利达印务有限公司
尺寸　169 毫米×239 毫米
印张　75.75
字数　1088 千
版次　2018 年 3 月第 1 版
印次　2018 年 3 月第 1 次印刷
定价　198.00 元（上下册）
ISBN 978 - 7 - 5049 - 9477 - 6
如出现印装错误本社负责调换　联系电话（010）63263947

序一

金融学科源远流长。金融学科的建设，概括地说，是整理人类自古及今，包容中外所有金融真知的过程。中国的金融学科建设有着自己的曲折萦回之路。

东方、西方的古圣先贤都有蕴含着金融真知的至理名言。我国先秦、汉初诸子有关货币金融的见解透彻、精辟，至今依然熠熠生辉。可惜的是，社会的长期停滞，后人只会反复引述古训而踏步不前。西方却在走出中世纪之后，伴随着现代经济的萌生，逐步形成了服务于现代经济的经济学。19 世纪，马克思的《资本论》面世，其中金融理论占有极其重要的地位：有对环绕货币诸古老命题的透辟论证；也有对金融危机、资本市场等的探索和瞻望。许多论点，其历史的穿透力令人折服。

19 世纪后半叶，货币论、银行论从经济学中独立出来。19 世纪与 20 世纪之交，货币银行学则成为一门重要的课程走上大学讲堂。也就是在进入 20 世纪，我国游学于西方的学子，把引进金融学科作为传播先进文明的重点，做了大量工作。在抗日战争之前的二三十年间，西方有关经济学科、金融学科的进展，在一两年、两三年之后，就会在中国的大学讲堂上讲授，就会有编译或翻译出版物出现在书肆上。而结合中国实际的研究，

注：2011 年 6 月 1 日，黄达教授在"刘鸿儒金融教育基金会"授予他首届"中国金融学科终身成就奖"的颁奖仪式上做了发言。他希望把这个发言的基本内容作为本书的序言。其中最后两段，是采用为本书序言时，黄达教授把颁奖仪式上原来准备讲述而压缩的内容重新补充而成。

则反映着中国学人在世界金融学科建设史上所作出的努力。

第二次世界大战和解放战争打断了金融学科的引进过程；而新中国的建立，则改变了引进的方向：即戛然关闭了引进西方的门户转而全面引进苏联。

对于这段历史，似乎有一种任凭岁月磨灭记忆的趋势。但这是历史的一个环节，不能忽视。建立计划经济，必然要引进服务于计划经济的金融理论和实务；而这样的金融理论和实务对于新中国成立后恢复遭受连年战争摧残的经济和实现国家的工业化起了积极的作用。同时，在计划经济中既然不能取消货币，不能没有银行，苏联的金融学科事实上就不能不包含金融学科的基本原理。

在单方面引进前苏联和闭关锁国的背景下，中国人，包括学界、业界和政府有关人士，对于金融学科建设也有着自己独立的贡献。例如，新中国成立之初的1950年3月，我们一举制止了延续十多年的极端恶性的通货膨胀。那时没有洋人顾问，也没有国外援助，而是依靠澎湃的革命政治热情，最经典地运用了经济学的供求原理，实现了稳定的目标。再如，当宏观稳定一再受到冲击的背景下，我们发展了最初以"财政、物资、信贷三平"论断所提出的宏观均衡理论。这既不是来源于西方，也不是来源于前苏联，而是自己憋出来的理论。又如，在经济技术条件极其落后的情况下，新中国成立之后不久，就在整个大陆建立了极为通畅的通存通汇制度。这说明在金融实务的理论上我们也不是没有值得总结之处。这一切，对于全国金融队伍，在改革开放后吸收西方金融学科建设的成果，是一个不能忽视的基础。

33年前的改革开放重新打开了从西方引进的大门。引进是迅速的、热情的。但是要把已经隔绝多年的西方金融学科思想语言表达系统与我们计划经济中的金融学科思想语言表达系统交汇、衔接需要一个过程。可以说，在改革开放之初的20世纪80年代，我们还是处在摆脱苏联框框的过程之中。而且，在那时，我们引进的主要是20世纪上半叶西方金融学科建设的发展成果，即宏观经济分析为主的货币银行学。这是我们能够比较

容易迅速吸收的内容，也是当时改革开放实践的需要。至于对西方在 20
世纪 50 年代之后快速发展起来的现代金融学，则没有同时大力引进。因
为在新中国成立之后进入金融学科领域的人们基本没有接触过这一部分，
在新中国成立前后从海外游学归来的学人也不熟悉。同时，改革开放头十
几年，资本市场还没有恢复，也缺乏实际生活的推动力。其间，有一批理
工科人士出国作访问学者，学习到国外一些关于风险度量、风险管理的新
知识，但他们不熟悉中国的金融实际，引进了，可是接不上轨。20 世纪
90 年代中期，一些改革开放后出国的学子归来了，现代金融学才真正有系
统地引进中国。伴随着中国经济和金融日益与国际衔接，引进后以极快的
态势扩展，并一度有现代金融学才是科学的说法。今天看来，西方金融学
科全面发展的内容我们已经可以及时了解并引用在我国的金融学科建设之
中了。

　　一百多年以来，我们的金融学科建设不论如何曲折萦回，基本属于
"引进"型。这是必然的，抵触只能陷入固步自封，但引进必须正视消化
吸收。从 19 世纪"西学东渐"以来，"食洋不化"一直是引进的大敌；不
过与之同时，"结合中国实际"更始终是一贯的优良传统。金融领域的基
本原理，中外一理；基本规律，全世界是同一的核心内容。但在中国，有
中国的现实，有中国的历史传统，有几千年形成的中华民族的习惯和心理
素质，原理如何表现，如何用同一的理论指导中国的实际，这不能不与外
国有所区别。美国人写金融著述，直截了当就是以美国的实际为背景，讲
美国的故事。在他们看来，美国的也就是世界的。而中国人要在中国传
播、建设具有世界意义的金融学科，当然要讲世界的背景，但对象是中国
人，是为了指导中国的经济和中国的金融，那就不能不交代清楚中国有关
的历史和现实以及由此决定的不同于美国、不同于其他国度的特点。于是
既要讲世界的故事，更要讲中国的故事。把握世界一理的基本原理，理解
全世界的发展趋势，不是容易的事；把握我们自己国家的历史和现实，其
实也同样不是轻而易举的事。我总有一种感觉，与世界发达国家比，与一

些发展中国家比，中国人生活得实在是太辛苦了。历史铸就，无可埋怨。但也可以说，这是我们的福分。

金融学科的建设，日益成为世界各国共同鼎力推进的事业，其进一步的跃升，势所必然。过去百余年来，中国人对于金融学科的建设，间或有自己创新的亮点，但影响极难越出国境。当今，中国元素，在国际经济、国际金融的舞台上已然有着越来越难以忽视的权重。在这样的背景下，中国的金融学科建设也必将为世界金融学科的建设作出自己的贡献。

黄达

2011 年 8 月

序二

　　到 2011 年 10 月，辛亥革命已历经 100 周年。在这 100 年中，中国政治、经济、社会和对外关系发生巨大变化。特别是中国共产党成立 90 周年，做了三件大事：一是完成了新民主主义革命，实现了民族独立、人民解放；二是完成了社会主义革命，确立了社会主义基本制度；三是进行了改革开放新的伟大革命，开创、坚持、发展了中国特色社会主义。经济是政治、社会发展的基础，金融是现代经济的核心。回顾辛亥革命 100 年来的中国金融业发生的重大事件，总结百年金融思想学说史，活跃中国特色社会主义金融理论研究，以国际化为重点，推进中国金融业改革和发展，对于全面建设小康社会、促进中华民族的振兴具有重要意义。

　　在此背景下，西南财经大学曾康霖、刘锡良、缪明杨教授编写出版了《百年中国金融思想学说史》，这是对我国金融理论研究有贡献的一件好事。经济决定金融，金融促进经济发展。金融是由货币、经营和管理货币的企业、金融产品交易市场、金融调控和监管、金融开放等几个重要环节组成的体系，这个体系的正常运行，对经济发展发挥着杠杆作用。研究百年中国金融思想学说史，就是要在研究经济发展的基础上，针对各个历史时期和各个发展重要阶段所发生的重大金融发展事件，归纳和研究当时国家财政金融界决策人、众多金融专业学者和重要金融机构代表人物对这些事件的主要观点。要达到这个标准是很不容易的。《百年中国金融思想学说史》第一卷共设 50 章，选择这个时期 50 位各种金融代表人物，对其有关货币、金融企业、金融市场、金融调控和监管、金融开放等的观点论述有选择地进行重点介绍。我对这种编写方法十分赞同。对过去100年中国发生的重大金融事件和各种代表人物的学说观点，如何归纳和研究，各方面会有不同意见，这是很正常的。应欢迎和支持有条件有兴趣的学者深入从事这方面的研究。最重要的是，曾康霖、刘锡良、缪明杨教授编写了《百年中国金融思想学说史》，并为此付出了辛勤的劳动，为各方面研究百年中国金融思想学说史提供了方便。我相信，这本书的出版发行，会在活跃中国特色社会主义金融理论研究、促进我国金融业进一步改革开放方面发挥积极作用。

自辛亥革命至今100年，可分为三个时期：1912—1949年为民国时期；1949—1978年为新中国改革开放前时期；1978年至今为改革开放时期。《百年中国金融思想学说史》对上述三个时期发生的金融重大事件和代表性人物的主要金融观点进行了归纳，并进行了研究。

1912—1949年的民国时期，经历北洋政府时期（1912—1927）和国民政府时期（1927—1949）。这个时期除1927—1937年政治、经济较为稳定，金融业正常迅速发展外，其余时段一直处于内战和抗日战争之中。当时的中央政府集中金融业管理权和金融资源为其政权巩固和战争服务。尽管如此，这个时期金融思想发展和学术研究的领域十分广阔，内容也十分丰富。1914年2月8日，北洋政府颁布了《国币条例》和《国币实施细则》，正式宣布中国实行银本位制。1933年南京政府宣布"废两改元"。1940年开始，中国发生严重通货膨胀，1948年恶性通货膨胀加剧国民政府崩溃。在这个时期，金融思想学说讨论集中围绕是否建立金属本位制、纸币制度的改革、如何反通货膨胀等几个主题进行。在一系列货币改革过程中，一些学者认识到银本位制只是一个过渡阶段，理想的货币制度应当是实行纸币。法币改革是中国近代金融史上纸币政策的开始。法币政策实施后，学者们开始着重探讨纸币政策可能导致的通货膨胀问题。他们认为，法币政策是开中国货币制度的新纪元，但也形成了通货膨胀的基础条件。通货膨胀可能由财政膨胀造成，在财政收支不能平衡的情况下，通货数量随财政亏空的情形而伸缩，通胀就将成为现实。

新中国成立之后，由于受计划经济思维模式的影响，在一段时间内出现"大财政、小银行"的格局。货币政策要依附于财政政策，造成了经济发展的停滞和刻板，难以发挥资金融通的活力，影响了整个社会经济的发展。在一边倒、学苏联的思维模式下，对金融的认识，划分为"资本主义的货币流通和信用"和"社会主义的货币流通和信用"。在这个阶段中，对存在的一些金融理论、金融现象采取批判的态度，比如通货膨胀，教科书就说它是资本主义社会特有的现象，强调它的阶级性和剥削性，而在社会主义制度下，不会产生通货膨胀。但值得肯定的是，在这个阶段，也有一些中国金融学者在金融理论方面作出了自己的努力。一方面是对马克思经济学中货币、信用、银行的基本原理进行了创造性的解说和探讨，对经典理论的发展和深化作出了贡献。另一方面结合中国实际，对社会主义制度下的货币、银行工作进行了研究，例如一些学者提出了财政信贷综合平衡、财政信贷分口管理与综合平衡等具有中国特色的金融思想和主张。不可否认，这些研究对我国金融思想的发展起到了积极作用。

以 1978 年召开的党的十一届三中全会为标志，中国开始进行改革开放新的伟大革命。中国经济体制改革和金融业发展的实践推动激发了金融理论创新热潮，并进而形成了金融思想与金融改革的良性互动。"金融是现代经济的核心"，这是邓小平为明确金融与经济发展的关系而提出的重要金融思想。1991 年初，邓小平根据我国经济体制改革和金融体制改革的实践指出："金融很重要，是现代经济的核心。金融搞好了，一着棋活，全盘皆活。"这一精辟论断，把金融定位于"经济的核心"，科学总结概括了现代经济发展的内在规律，明确界定了金融在国民经济中的地位和作用，深刻阐明了金融与经济的本质联系，为我们加快金融改革步伐，发展适应社会主义市场经济需要的现代金融奠定了理论基础。

改革开放初期，在金融领域值得回顾的与金融制度改革开放有关的学术讨论主要集中在以下几个方面：一是 20 世纪 80 年代初关于"大财政，小银行"的讨论。1979年10月，邓小平在省（自治区、直辖市）第一书记座谈会上提出："银行应当抓经济，现在仅仅是算账，当会计，没有真正起到银行的作用。要把银行当做发展经济、革新技术的杠杆。"在这样的背景下，我国有学者于1980年10月发表了《现行财政银行体制需要改革》的文章，文章强调，把我国银行的地位和作用称为"三大中心"是不够的，"银行是整个社会经济生活的调节者"。文章引起业内人士和高层领导的震动，引发学界的争论，这场争论促进金融包括银行在国民经济中地位的提高。二是关于发展商品经济与银行改革的讨论。这场讨论主要涉及中国应不应当成立中央银行，成立什么样的中央银行以及银行改革的目标是什么。这场讨论对国务院在1993年颁布的《关于金融体制改革的决定》中提出的金融改革目标要建立和完善"三个体系"发挥了积极作用。三是关于金融改革突破口和经营管理货币机构的"企业化"的讨论。通过这场讨论，推动了金融机构企业化和金融商品交易市场的改革步伐。四是关于金融改革应超前、应延后、还是同步进行的讨论，促进了我国金融体制改革与经济体制改革协调进行。五是中国金融业要不要引进海外战略投资者的讨论。21世纪初，不少准备上市的商业银行都从海外引进战略投资者，引发了业界热烈讨论。主张引进者认为引进外国战略投资者有利于扩充资本，吸取管理经验；不主张引进者认为这样做导致国家金融利益的流失，不利于国家金融安全。也有一些专家和实际工作者认为，对引进战略投资者不应一概排斥，也不应一律引进。在这个问题上，如果让大多数人统一认识还需要时间。上述问题的讨论，丰富了我国金融体制改革的思想理论，促进了我国金融业的改革和发展。

1992年党的十四届三中全会通过了《中共中央关于建立社会主义市场经济体制若干问题的决定》，提出了我国金融改革的方向、步骤和重大内容。在这以后，金融理论研究随之深入，但是，全社会及金融系统更加注重金融改革的实践活动，对这些影响中国乃至国际金融发展的金融实践应该进行理论总结。经过近20年的发展，中国金融业改革和发展取得了举世瞩目的卓越成就。一是人民币币值稳定。近20年中，除1993—1995年发生严重通货膨胀、物价上升超过 10% 外，其余 17 年物价上升绝大部分控制在 5% 以下，特别是近 10 年物价年均上升 2% 以下。二是建立了多种金融机构组成的多层次金融组织体系。国有控股的四大商业银行已先后上市，市值位居世界上市公司前列。三是建立了多种产品的金融市场。2010 年上海证券交易所上市市值已列世界第三位，IPO 总量列世界第一。四是金融调控和监管已基本达到世界水准，有些方面可以说已超过欧美发达国家。五是金融开放度已远远超过发展中国家的承诺。国际收支中的资本项目收支，共分 7 大类、43 个子项，到目前为止，其中可兑换或基本可兑换项目已占全部项目的 60% 以上。中国金融业改革和开放，为中国的迅速发展和民生的改善，为全面提高我国在国际社会的地位作出了贡献。

我认为，在研究百年中国金融思想学说史的过程中，要注意总结近 20 年我国金融改革和开放取得丰硕成果的基本经验。一是党中央、国务院正确制定和执行金融改革和发展的方针。邓小平思想中的金融论述，为金融改革开放指明了方向。党的十四届三中全会和十六届三中全会以及国务院一系列文件，明确了金融改革方针、目标和主要任务。二是坚持循序渐进的改革发展原则。中国金融业发展沿着一条正确轨道稳步前进，没有走大的弯路，为金融改革节省了时间，降低了改革发展的成本。国有银行业改革，经历了专业银行、政策性银行、国有独资商业银行和国有控股上市商业银行四个阶段。中央银行改革，经历了将中国人民银行对企业和个人办理的货币信贷业务划出成立国家专业银行、将其按省设立分行改为跨区域设立一级分行、将其对银行业监管划出成立专职监管机构三个阶段。实践证明，上述改革是稳健、积极、有效的。三是党中央、国务院对金融业改革开放实行坚强领导。1997 年、2002 年党中央、国务院先后召开两次中央金融工作会议，研究和解决我国金融业改革发展中最突出的问题。四是及时制定对金融业的扶持政策。1998 年国家发行特别国债 2700 亿元，用筹集的资金补充国有银行资本金。1999 年成立 4 家资产管理公司，为国家银行剥离不良贷款 1.3 万亿元。2003 年开始，通过中央银行再贷款和中央财政资金向国家银行注资约 1.8 万亿元。地方政府向中央银行借款 1400 亿元，用于被关闭地方金融机构支付自然人合法债务，上述借款已有一半以上归还中央银行。采取这些救助措施是必要的，是获取金融改革丰硕成果必须要支付的成本。10多年前，国有独资商业银行面临技术性破产的严峻挑战。10多年后，到2010年，我国银行系统不良贷款占全部贷款比例已降到1.14%，资本充足率达到12.2%，资本利用率达17.5%。4家国有控股大型商业银行上市后不久已实现利润近2万亿元。采取改革、管理、监督、救助等综合措施，不仅化解了我国多年积累的金融风险，也促进了我国金融业市场化、国际化的改革，也为国际社会化解金融风险、促进金融改革开放积累了经验。

当《百年中国金融思想学说史》出版发行时，我国已进入第十二个五年计划建设时期，欧元区正在发生严重的主权债务危机。此时，我国经济总量已列世界第二位，进出口总量占世界十分之一，外汇储备占世界三分之一，中国已成为全球金融最大的债权国。同时，改善国际收支不平衡也成为国家宏观调控的突出问题。中国金融改革和开放正在面临新的机遇和挑战。我们每时每刻都要防范和化解金融风险，每时每刻都要提高我国金融业市场化改革水平。与此同时，我们也要创造条件，用好已经具备的条件，加快我国金融业走向国际的步伐。这样做，不仅是我国金融发展的需要，是国际金融体系改革的需要，也是我国在新的形势下防范和化解金融风险的需要。我认为，中国金融业改革发展的重点，已从集中化解金融风险、完善国内金融体系，逐步转变为以国际化为重点，努力提高我国金融业参与国际金融市场的竞争力。为此，我建议金融理论工作者和金融机构的经营管理者，要关注和支持金融理论研究，围绕国际收支平衡、人民币国际化、利率市场化、汇率形成机制、培育大型综合性金融集团、建设上海国际金融中心等重大课题进行深入、系统的研究，为促进我国金融业面向全球的改革开放作出贡献。

2011年8月

编者自序

（一）

"认识论的中心问题一直是也仍然是知识的增长问题。而研究知识的增长最好莫过于研究科学知识的增长"。[①] 在《百年中国金融思想学说史》的《绪言》中，编者曾指出："梳理、撰写金融思想学说史，能够从纵向拓展，也能够从横向拓展。纵向拓展以学派为基础，横向拓展以人物为标志。"在第一卷和第二卷中，我们选择了近百位代表人物，对他们的学术思想、理论观点和政策主张进行了梳理：概括其精华——阐述其背景——评价其价值。在第三卷中，我们将从纵向展开对百年中国金融思想学说进行梳理和研究。

从纵向梳理、评介百年中国金融思想学说，理想的选择是以学派为基础，但在中国的这一百年中，在金融学术领域，是否已经形成了不同的学派，难以确定，在这里，仅以这段时空中金融学术动态和具有学术含量的金融史实为基础，概括成 17 个专题，进行梳理评介。梳理评介的思路是：问题提出的历史背景和社会环境，回答为什么引起这一问题的讨论和争论；在对待这一问题持肯定或否定的学术观点和主张，展示他们立论的依

[①] 《科学知识进化论》，波普尔科学哲学选集，纪树立编译，5 页，生活·读书·新知三联书店，1992。

据和研究问题的思路和方式、方法；对讨论这一问题的历史评价，也就是回顾当时讨论这一问题的价值，包括理论意义和实践作用。能够说这是站在社会的角度和作者的角度提出对这一问题的看法。

对所概括的 17 个专题，能够分为四大类：一是这一时期中国人治理通货膨胀的思想、学说和主张；二是这一时期金融业（包括银行业、证券业、保险业、信用合作事业等）展业及制度建设的思想、学说和主张；三是这一时期一定阶段中关于人民币性质的讨论；四是这一时期一定阶段中我国财政与金融制度建设的理论和改革。除了这四大类外，在这第 3 卷中，把"辛亥革命前夕发生在中国的金融危机透视"、"南开物价指数的学术价值及其影响"、"台湾'蒋·王论战'的来龙去脉及其评价"，一并纳入，以承前启后，继往开来，旨在彰显中国人在面对金融危机，金融作用于经济发展以及建立和运用物价指数方面的智慧和贡献。

"思想是积累的"，"思想和实践都在演进"。[①] 历史的长空群星璀璨，各自留下不可磨灭的印迹，引导着后来者不断求索更辽远的未知领域；人文的深阁珍玉沉积，典藏着那些年代的风云变故，凝结着当时多少学人沉思的目光。"了解一下理论探索的发展史，可以使我们早点发现什么样的见解最可能具有长期性"。[②] 不能说 17 个专题的确定，4 大类的概括就完善了百年中国金融思想、学说和主张的纵向梳理评介，但能够说这样的安排，集中展现了中国人在这一百年中对推动金融学科建设和金融事业发展所作出的努力和奉献。

（二）

"文化是人类社会生活中一种综合性的实体，它具有民族特征、地区

---

① 《经济思想流派》，[英] 埃德蒙·惠特克著，徐宗士译，1~2 页，上海人民出版社，1974。

② [美] 詹姆斯·B. 鲁尔著，郝名玮、章士嵘译：《社会科学理论及其发展进步》，19 页，辽宁教育出版社，2004。

特征及时代特征";一个社会长期演进过程中会蕴积独特的人文色彩。"历史已经表明,不同的文化接触后,高层次的文化必能影响低层次的文化,相同层次的文化接触后,谁也支配不了谁,往往相持一个相当长的时期,最后融合成一种新的文化"。① 金融事业的发展,金融学科的建设,离不开传统文化的激励和制约。研究百年中国金融思想学说史,需要考察中国传统文化。中国传统文化灿烂多彩,博大精深,源远流长。按史学界的倾向性的观点:儒家文化是这一传统文化的主流。儒家文化倡导人"修身、齐家、治国、平天下"。② 这方面的经典名句有:"故制礼仪,以养人之欲,给人以求,使欲必不穷乎物,物必不屈于欲。二者相持而长,是礼之所起也"③;"德者本也,财者末也。外本内末,争民施夺,是故财聚民散,财

---

① 任继愈著:《任继愈自选集》,390、392 页,首都师范大学出版社,2009。

② 原文为:"古之欲明明德于天下者,先治其国。欲治其国者,先齐其家。欲齐其家者,先修其身。欲修其身者,先正其心。欲正其心者,先诚其意。欲诚其意者,先致其知。致知在格物。物格而后知至,知至而后意诚,意诚而后心正,心正而后身修,身修而后家齐,家齐而后国治,国治而后天下平。"(出自《礼记. 大学》)这段话的含义是:古代那些要想把自己的光明之德推广于天下的人,首先要治理好自己的国家;要治理好自己的国家,就要先管理好自己的家庭;要管理好自己的家庭,就要先修养好自身的品德;要修养好自身的品德,就要先端正自己的内心;要端正自己的内心,就要先使自己的意念真诚;要使自己的意念真诚,就要先使自己获得善恶吉凶的知识;获得善恶吉凶知识的途径,在于认识、研究万事万物。通过对万事万物的认识、研究后才能获得善恶吉凶的知识;获得善恶吉凶的知识后,意念才能真诚;意念真诚后才能使内心端正;内心端正后才能使品德好生修养;品德好生修养后才能管理好家庭;管理好家庭后才能使国家得到治理;国家得到治理后天下才能太平(参见《礼记》,李慧玲、吕友仁注译,369 ~ 370 页,中州古籍出版社,2010)。

③ 这句话为荀子所说,原文为:"礼起于何也? 曰:人生而有欲,欲而不得,则不能无求。求而无度量分界,则不能不争;争则乱,乱则穷。先王恶其乱也,故制礼义以分之,以养人之欲,给人之求。使欲必不穷于物,物必不屈于欲。两者相持而长,是礼之所起也。"(出自《荀子. 礼论》)这段话的含义是:礼起源于什么呢? 答:人天生就有欲望,欲望不能得到满足,就不得不寻求满足,这种寻求如果没有一定的限度,就不能不发生争斗。争斗就会引起混乱,混乱就会使国家穷困,没有办法治理。先王憎恨混乱的局面,所以制定礼义以区分等级差别,从而调节人们的欲望,满足人们的要求。使人们的欲望一定不要因为财物不足而得不到满足,使财物也一定不要因为人们的欲望太大而被用尽,使财物和欲望两者相互制约从而长久保持协调。这就是礼的起源(参见王森译注《荀子》,229,237 ~ 238 页,中国书店,1992 年版)。荀子强调人生而有欲求,其欲求如果无度即会导致人相争斗,国乱致贫。礼作为一种旨在规范约束人的欲求的制度安排由此产生。

散则民聚"，"有德此有人，有人此有土，有土此有才，有才此有用"[1]；"不患寡而患不均，不患贫而患不安"[2]。此外，儒家治国平天下的经典论述中，还有孔子的"九经"之说，[3] "九经"也就是治国平天下的九大纲领。但在九大纲领中，修身仍是第一位的，不仅老百姓要修身，国君、天子也要修身。修身要先正其心，诚其意，致其知，而"致知在格物"，格物是修身之本。所谓"格物致知"简明地说就是"推究事物的原理法则而总结为理性知识"。[4] 使天下人明明德则天下太平，使一国之人明明德则国治，使一家人明明德则家齐，使个人明明德则身修。总之，格物致知是为了明明德，所以儒家的文化传统以德为中心：怎样将以德为中心的传统文

---

① 原文为："殷之未丧师，克配上帝。仪监于殷，峻命不易。"道得众则得国，失众则失国。是故君子先慎乎德，有德此有人，有人此有土，有土此有财，有财此有用。德者本也，财者末也。外本内末，争民施夺。是故财聚则民散，财散则民聚。是故言悖而出者，亦悖而入；货悖而入者，亦悖而出（出自《礼记．大学》）。这段话的含义为："殷商未曾丧失民心时，上天还保佑。我们应该借鉴戒殷朝灭亡的教训，上天才会永远保佑。"讲的就是这样一个道理：得到民众就会得到国家，失去民众就会失去国家。所以君子首先要考虑的是德行。有了德行就有了民众，有了民众就有了国土，有了国土就有了财富，有了财富就有了国用。德行是本，财富是末。轻本重末，就会和老百姓争夺利益。所以，国君聚敛财富，百姓就背离而去；国君布施财富，百姓就络绎而归。所以，国君既然有不中听的话出口，百姓就会有不中听的话进入其耳；国君的财货既然不是正道而得，也就不从正道而失（参见《礼记》，李慧玲、吕友仁注译，379～382页，中州古籍出版社，2010）。

② 这句话为孔子所说，原文为："丘也闻有国有家者，不患寡（当作贫）而患不均，不患贫（当作寡）而患不安。盖均无贫，和无寡，安无倾。夫如是，故远人不服，则修文德以来之。既来之，则安之。"（出自《论语．季氏》）这段话的含义是：我听说过：无论诸侯或者大夫，不必着急财富不多，只须着急财富不均；不必着急人民太少，只须着急境内不安。若是财富平均，便无所谓贫穷；境内和平团结，便不会觉得人少；境内平安，便不会倾危。做到这样，远方的人还不归服，便再修仁义礼乐的政教来招致他们。他们来了，就得使他们安心。这句话反映的主要是孔子关于治国的政治主张（参见杨伯峻《论语译注》，172～173页，中华书局，1980）。

③ 原文为："凡为天下国家有九经，曰：修身也，尊贤也，亲亲也，敬大臣也，体群臣也，子庶民也，来百工也，柔远人也，怀诸侯也。修身，则道立。尊贤，则不惑。亲亲，则诸父昆弟不怨。敬大臣，则不眩。体群臣，则士之报礼重。子庶民，则百姓劝。来百工，则财用足。柔远人，则四方归之。怀诸侯，则天下畏之。"（出自《礼记．中庸》）这段话的含义是：凡治理天下和国家有九条原则。即：修养自身，尊重贤人，亲爱亲属，敬重大臣，体恤群臣，爱护民众，劝勉百工，怀柔藩国，安抚诸侯。修养自身，道德就能树立；尊重贤人，遇事就不困惑；亲爱亲属，叔伯兄弟就不会怨恨；敬重大臣，遇事就不会慌乱无措；体恤群臣，群臣就会加倍报效；爱护民众，百姓就会受到鼓励；劝勉百工，财用就会充足；怀柔藩国，四方百姓就会归顺；安抚诸侯，天下的人就会畏服（参见《礼记》，李慧玲、吕友仁注译，262～263页，中州古籍出版社，2010）。

④ 中国社会科学院语言研究所编辑室编：《现代汉语词典》，367页，商务印书馆，1979。

化精粹引入经济（包括金融）学的研究呢？这是一个挑战性的课题。这里仅指出两点：从传统文化要人们讲诚信的角度说，是支撑金融事业发展，金融学科建设的道德理念层面的正能量；从传统文化要人们"格物致知"的角度讲，是支撑金融事业发展，金融学科建设的科学方法层面的正能量。

著名经济、金融学家中国人民大学黄达教授早在 2001 年就指出："任何人文社会科学都摆脱不了本民族的文化根基。就金融学科来说，东西方的金融学科，也同样是分别根植于东西方文化平台上。当然，金融理论的基本原理是导源于市场经济的本质，并从而有其不分国界、不分民族的普遍意义，但共同规律在不同文化平台上的显示，却决非必然雷同。"① 近年他又主张"将东方文化精粹引入经济学研究"，并认为"当今，统治世界的现代经济学是在西方文化的基础上发展起来的。西方文化的锐利进取精神给我们印象深刻；但经常处于传统思维和认知的惯性之中，也会滋生固守和片面。如果我们中国学人把东方文化的精髓，作为哲理性的指导思想，引进现代经济学，是不是有助于推动经济学跨上一个新的高度，进入一个新的境界？"② 黄达教授的主张，堪称真知灼见。诚如著名哲学家贺麟先生所言："文化乃人类的公产，为人人所取之不尽用之不竭的宝藏，不能以狭义的国家作本位，应该以道，以精神，或理性作本位。不管时间之或古或今，不管地域之或中或西，只要一种文化能够启发我们的性灵，扩充我们的人格，发扬民族精神，就是我们所需要的文化。我们不需狭义的西洋文化，亦不需狭义的中国文化。我们需要文化的自身。我们需要真实无妄有体有用的活文化真文化"。③ 当代中国学人，必须把东方文化的精髓作为哲理性的指导思想，推动中国经济学建设跨上一个新的台阶。与此同时，我们也要善于反思中国的传统文化给中国学人推动经济学建设带来的

---

① 黄达等：《21 世纪中国金融学教学改革与发展战略》，载《财贸经济》，2001（11）。
② 黄达：《将东方文化精粹引入经济学研究》，载《金融博览》，2014（1），84~85 页。
③ 张学智编：《贺麟选集》，122~124 页，吉林人民出版社，2005。

影响。回顾百年中国金融思想学说的建设和金融事业的发展，中国的传统文化给业内人士的影响在于：使认识长期处于固守之中，缺乏进取精神。在这方面，具有说服力的史实是：存在于中国几百年的钱庄、票号难以或者说没有发展为现代商业银行。这一点著名金融学家山西财经大学孔祥毅教授进行了精湛的研究，建树颇丰，做了回答。[①] 但他同时认为："钱庄、票号是中国银行业的先驱，银行不是舶来品。"[②] 从在中国这块土地上很早就有钱庄、票号从而创造了金融工具、金融业务、金融技术和金融制度这个意义上说，钱庄、票号是中国银行业的先驱，是完全正确的，但银行是不是舶来品？则需要进一步讨论。这就需看：什么样的银行？现代商业银行有两大特点：一是居民的货币收入转化的储蓄，并将储蓄转化为投资；二是实行部分存款准备金制度，商业银行有条件通过它的资产业务派生存款，即创造另一种货币，且占社会货币流通量的绝大部分。综合考察中国钱庄、票号的发展史，能够说这两个特点它们基本上不具有。据此，我们能够说中国的钱庄、票号主要服务于社会的货币收支清算，它是货币经营业，而非银行业。是什么原因，使它们不具有现代银行的功能呢？是中国经济不发达吗？非也。据20世纪90年代国际经合组织发展中心的首席经济学家安古斯·麦迪森测算，1700年时，整个欧洲的GDP和中国的GDP相近，从1700年到1820年，中国四倍于欧洲的经济增长。中国的GDP在世界GDP中所占的比重从23.1%提高到了32.4%，直到鸦片战争前不久，中国经济在绝对规模和增长幅度上，都雄居世界各大经济地区之首。我们

---

① 孔祥毅教授认为中国存在了几百年的钱庄、票号难以发展成商业银行的原因有5个：1. 清咸丰朝开始票号异化（主要业务由商业金融转变为政府金融）不能不随着清政府的倒台而倒闭（现金流问题）。2. 中国金融革命是一场未完成的革命（正当中国金融业成长壮大，在其地位尚未稳固之时，几次中外战争，小国打败了大国。中国官员与学界一致呼吁"以夷之长以制夷"，全盘引进外国银行制度，票号钱庄未盛即衰）。3. 票号（货币经营资本）的后台是晋商的商品经营资本，晋商在十月革命、外蒙独立中损失惨重（资产、市场）。辛亥革命后部分票号改组为钱庄银号。4. 中国钱庄银行尽管相当一部分买办化（上海、天津）了，但是他们一直发展到1952年国家对资本主义金融业的社会主义改造。5. 中国近现代银行业是全盘引进欧美的银行业，很少有中国早期金融业的元素。
② 孔祥毅：《中国银行业的先驱：银行不是舶来品》，载《中国金融》，2009（17）。

认为：不能忽视的原因有：（1）在中国历史上相当长的时期中，地区间货币不能统一，给货币流通带来困难，金融机构也无法取得范围经济和规模经济。（2）在历史上的商品交易关系中，依赖的是个人信任，缺乏法律保护。通常人们认为，经济决定金融。西方银行业的产生是资本主义经济发展的推动。但实际上不完全如此。在英国，1688年光荣革命以后，工业革命以前，发生了金融革命，而发生金融革命的重要原因，不是经济的发展，而是政治制度的变迁。这一变迁的重要内容是：国家信用的建立；对债权人的法律保护，实质是建立契约型的社会治理结构。① 既然债权债务关系得不到法律保护，何来钱庄、票号过渡到银行。（3）企业不注重积累，且规模较小，资金余缺主要通过同业、家族、民间借贷调剂，不需要银行。（4）钱庄、票号主要服务于政府的财政收支、官银汇兑，与广大的企业、居民存在距离。（5）居民缺少金融意识，学人也缺乏用理论去推动。这表明：经济虽然是金融的基础，但不等于经济发展了，金融就相应发展。金融的发展，必须有金融意识和理论去推动，而一个社会的金融意识和理论受这个社会传统文化的影响。"文化是一种无形的生产性资产，

---

① 英国的"光荣革命"。1688年，英国发生了"光荣革命"。在这以前，英国的当权者是詹姆斯二世。在他当权期间，违背了以前政府制定的关于天主教徒担任公职的"宣誓条例"，先后于1687年4月和1688年4月发布了两个"宽容宣言"，任命不少天主教徒到政府、教会及其他部门任职。同时迫害清教徒，向法国靠拢。这样，严重地侵害了当时英国资产阶级和新贵族的利益。在这种态势下，由当时支持议会的辉格党和托利党的7位名人出面邀请詹姆斯二世的女婿、荷兰执政奥兰治亲王威廉来英国，保护英国的宗教、自由和财产。信奉新教的威廉接受邀请于1688年11月1日率领1.5万人在托尔湾登陆，12月兵不血刃进入伦敦。1689年1月在伦敦召开的议会全体会议上，宣布詹姆斯二世逊位，由威廉和玛丽共同统治英国，称威廉三世和玛丽二世。同时议会向威廉提出一个《权利宣言》。宣言谴责詹姆斯二世破坏法律的行为；指出以后国王未经议会同意不能停止任何法律效力；不经议会同意不能征收赋税等。威廉接受宣言中提出的要求。宣言于当年10月经议会正式批准定为法律，即《权利法案》。由于这场变革从未动用干戈，史称"光荣革命"。

英国的光荣革命不仅带来了政治上的民主制度，而且还带来了一场金融革命。它表现在：

（1）政府信用的债券化。

（2）各种金融机构不断发展和涌现出来。

（3）伦敦证券市场形成。

（4）各种金融业务的创新不断出现。

但是，如果面对变革时僵硬地抱残守缺，传统文化也会变成负债"。①

（三）

"宗教与科学乃是社会生活的两个方面，前者远在我们对人类思想史稍稍有点了解时就已经是很重要的了，而后者在希腊人和阿拉伯人中间时隐时现地存在之后，突然在十六世纪一跃而居于重要地位，而且从此以后对我们生活于其中的思想和制度产生越来越大的影响"②。"在矫揉造作的理性和哲学时代出现以前很久，宗教，即使它是最为粗陋的形式，便已经颁布了道德规则"。③ 宗教作用于人们的人生感悟和价值观形成。中国本土的宗教是道教和儒教，但南北朝时代佛教从印度传入中国后，给中国人的宗教信仰、哲学观念、文学艺术、礼仪习俗等留下了深刻影响。继后，伊斯兰教和基督教先后传入中国，一部分人信仰伊斯兰教和基督教，使中国的宗教文化相互交融，融合发展。

考察百年中国金融学说思想和主张，不能忽视的是在这一时期中，宗教对金融学科建设和金融事业发展的影响。

佛教、伊斯兰教和基督教是世界上的三大宗教。三大宗教对经济、金融的影响，首先是因为它们有特定的财富观：佛教对财富的看法既有毒蛇之喻，也有净财之说。所谓毒蛇之喻包括三层含义：一是采取不正当手段获得财富；二是不能正确地使用、支配财富；三是不鼓励执着追求财富。所谓净财之说也包含着三层含义：一是采取正当手段谋取财富；二是合理使用财富，不仅用于自己而且要造福社会；不要把财富视若神明来膜拜。《古兰经》是伊斯兰教的经典。它认为人世间的一切财富皆为安拉所有，

① ［德］柯武刚、史漫飞著，韩朝华译：《制度经济学——社会秩序与公共政策》，200 页，商务印书馆，2000。

② ［英］罗素著，徐奕春、林国夫译：《宗教与科学》，1 页，商务印书馆，1982。

③ 亚当·斯密：《致命的自负》，［英］F. A. 哈耶克著，冯克利、胡晋华等译，156 页，中国社会科学出版社，2000。

同时肯定世人有权取得、占有和利用安拉所赐的财富。它鼓励人们在不违背伊斯兰教教义和道德规范的前提下，积极参与经济活动，要求人们诚实劳动、公平交换、合理消费。《圣经》是基督教的经典，它认为：财富和金钱的本身不是罪恶，它只是一个工具，你可以用它来帮助人，做好事；也可能用它来犯罪作恶。罪恶是来自于贪恋钱财、崇拜金钱、以为"钱能通神"的心。靠诚实的劳动，合法的经营取得的金钱和财富，再用于帮助别人，是上帝所喜悦的；首先要帮助好家里的人，人若不看顾亲属，就是背了真道，比不信的人还不好。不看顾自己家里的人，更是如此。但靠欺诈和贪污得来的不义之财，天天奢华宴乐，嫖赌吸毒，就是犯罪，是被诅咒的。

它们的财富观有相同的地方，如要正当地、诚实地获取财富，合理地消费财富，富人要帮助穷人等。但其中有个最大的区别是：首先，佛教不鼓励执着追求金钱财富，基督教鼓励人去追求金钱财富，为上帝创造财富越多越好，而伊斯兰教则有条件地（如不能放款生息）让人追求财富。其次，是因为它们持有的价值观，宗教的价值观集中体现在，怎样看待客观世界，怎样看待人的欲望和行为两个方面。这两个方面，佛教与基督教有比较明显的对立。在佛教的境界里，客观世界"一切皆空"，所谓"色即是空，空即是色"，不仅山川万物是空的，连佛教中的圣物如"菩提"、"明镜"也是空的。而在基督教的境界里，则认为客观世界是实的，是上帝创造一切。基督教的经典——《圣经》第1页第1句开宗明义"起初，神创造天地"，不仅创造了天地而且创造了人类。在佛教的境界里，因为人有欲望，所以人生充满着苦难，只有消除了人的欲望，苦难才有解脱的可能，而解脱苦难的途径就是"修行"、"顿悟"。所谓"修行"、"顿悟"就是叫人行善，通过行善，解脱苦难，立地成佛。在基督教的境界里，人是行不出善来的，人天生就活在罪恶中，只有靠上帝来保护、管理才能消减罪恶。上帝不仅是人类的创造者，而且是人类的保护者、管理者"三位一体"。在这样的财富观、价值观的影响下，我们能够把宗教对金融的影响概括为三个主要方面：一是通过作用于价值观的形成对金融业的发展产生影响。不同文化背景和宗教信仰的人有不同的价值观。比如：关于财产权人的权利，在伊斯兰教和基督教那里就有不同的价值标准：信奉伊斯兰教的人认为天地万物都是真主的，财产人人有份，企业家不应只想赚钱而要增进人类福祉；信奉基督教的人则认为上帝是万物的创造者，其他都是受造者，强调对私人产权的维护和尊重自由。二是通过作用于制度的形成和发展对金融业产生影响。这集中体现在怎样确立人们的权利和义务中：大陆法系对个人行为定出准则，要每个人遵守；普通法系不主张对个人行为定出准则，要每个人遵守，它认为不应当给予个人以更多的权利，以避免腐败，而应当赋予个人更多的责任。这与崇尚不同的宗教信仰不无关系。三是通过作用于资源配置，对金融发展产生影响。不同的文化背景对资源配置的导向不同。值得思考的是：阿拉伯世界（3亿多人口，22个阿拉伯国家）为什么不注重引进外资，所吸引的外资只有全球的1%。这有政治、经济、思想观念上的原因。政治上独裁，经济上垄断，思想观念上保守。为什么要推翻埃及穆巴拉克，推翻利比亚的卡扎菲？独裁，垄断。这些国家不提倡改革、开放。它拥有全世界2/3的石油资源，就是不让外资参与开发。2012年在多哈召开了《世界投资论坛》大会，各国政要、经济学家都去了，主张创造良好的投资环境，推动地区经济发展。还成立了许多组织，可是成效不大。这与那个地区的宗教信仰不无关系。

　　"中国三大宗教（儒、释、道）是中国传统文化的三大支柱"；"三教交互融摄，构成唐宋以来中国近一千多年的文化总体。"① 在中国，考察宗教对经济、金融的影响，应当主要考察道教、佛教和儒教对人生的导向，在这方面简洁地说：道教主张遵道共生、天人合一，追求长生不老，修成正果，佛教宣扬因果报应，让人修来世，儒教强调修身养性为先。所有这些都容易使人们的思想、观念、行为封闭在固有的模式中，对客观世界妥协调和。这样的导向以个人为中心，所追求的目标虚无缥缈，无助于推动

---

① 任继愈主编：《中国道教史·序》，1～2页，中国社会科学出版社，2001。

经济发展、社会进步。在我国历史上，曾经有过凡受道教、佛教和儒教人生导向影响较深的人：办企业不注重积累，赚了钱主要作为红利分掉；持家不注重将储蓄转化为投资，有了积累热衷窖藏，为的是修来世。这是宗教对中国金融事业发展产生影响的历史事实和生动写照。至于宗教对中国金融学科建设的影响，尚需要进一步考察。由此，我们似乎可以说，在我国，道教、佛教、儒教对人生的导向是趋于内向，着力于修身、养性、行善，而在西方，基督教对人生的导向趋于外向，致力于进取，改造世界。

（四）

"一种经济系统，只有在经历了所有类型的障碍长跑以后，才能取代另一种系统。历史，就是人"。① 从 1911 年到 2010 年的这一百年中，前 40 年是中华民国时期，后 60 年是中华人民共和国时期，在前 40 年又可分为北洋政府时期（1911—1927 年）和南京政府时期（1928—1949 年），在后 60 年中又可分为计划经济时期（1949—1979 年）和改革开放后的时期（1980—2010 年）。不同时期金融事业的发展和金融学科的建设，都有一定思想，甚至权威的思想在主导。

近代，中国金融事业的发展以银行为代表，银行在金融业中起主导作用。中国第一家银行——中国通商银行是在盛宣怀的禀请下办起来的，盛宣怀在禀请中说："因铁厂不能不办铁路，又因铁路不能不办银行"，而"铁路之利远而薄，银行之利近而厚，华商必欲银行铁路并举，方有把握"② 他还认为设立本国银行可"通华商之气脉，杜洋商之挟持"③ 可见，当时办银行的主导思想是"因铁路不能不办银行"，"因银行之利近而

① ［法］雅克·勒高夫著，周婳译：《钱袋与永生——中世纪的经济与宗教》，105 页，上海世纪出版集团，2007。
② 《愚斋存稿》，第 25 卷，5 页、15 页。
③ 盛宣怀：《请设银行片》，1896 年 10 月，《皇朝经世文新编》第 2 卷。

厚"。怎样办银行呢？通商银行"用人办事，悉以汇丰章程为准则"① 也就是说把别人的照搬过来，为我所用。另一家由清政府办起来的银行——交通银行，设立的宗旨是为了经办对外借款的需要，其章程的制定是"就各国普通商业银行章程，择其合于本国制度者，酌拟三十八条"，"一切经营悉照各国普通商业银行办法"② 这也表明当时办银行，完全是照搬国外的做法。辛亥革命后，进入北洋政府时期，北洋政府对全国的经济逐渐失去控制，首先是对中国通商银行和交通银行失控，使这两家银行逐渐向商业银行转化，加上这一时期民营商业银行（如北四行，南三行）的兴起，使得当时中国的金融领域呈现为外国银行——华资银行——钱庄"三足鼎立"的局面。在这样的局面下，基本上遵循国外市场经济的思想和做法办银行，缺少中国人自己的思想学说和主张。

南京政府成立后，中国金融业的发展有了变化：一是南京政府设立"四行二局"（即中央银行、中国银行、交通银行、中国农民银行，中央信托局，邮政储金汇业局）；二是产生了中央银行制度；三是政府控股商业银行。此外进行币制改革，限制滥发纸币。学术界把这种变化称作中国金融制度的转折期——从自由走向垄断。为什么存在这样的转折期？这需要考察当时的政治经济背景和学术界的背景。1927 年北伐取得决定性胜利，全国趋于统一，以蒋介石为首的国民党有条件在南京成立国民政府，但当时，北伐战争尚在进行，筹集军费自属首要任务。更主要的是当时币制庞杂参差，北洋政府名义上实行银本位制，银两、银元并行流通，计价结算用银两，实际支付用银元，二者之间比例起落，增加了民众负担。流通中的纸币，有本国银行发行的，也有外国银行发行的，与银元和各种金属辅币同时流通，比价不一，兑现困难，可谓货币流通混乱。在这种形势下，1928 年 6 月中旬，南京国民政府在上海召开了第一次全国经济会议，邀请全国经济学家、银行家和实业界知名人士参加，希望与会者就金融、公

---

① 盛宣怀：《请设银行片》，1896 年 10 月，《皇朝经世文新编》第 2 卷。
② 交通银行总行、中国第二历史档案馆编：《交通银行史料》，中国金融出版社，1995。

债、税务、贸易、国用等五个方面，"宏抒谠论，共建新猷"。在金融方面达成的共识是：（1）纸币集中发行；（2）推行金汇兑本位制；（3）发展金融业务；（4）组织国家银行。时任浙江省政府委员的经济学家马寅初，在经济会议上，提出了《废两改元案》。这次会后，催生了国家银行即中央银行的成立。所以，要说 1928 年后南京政府成立，中国金融制度从自由走向垄断，首先是当时政治经济形势的需要，也是学界一些人的主张。从学术界的背景考察，1929 年著名学者胡适提出了"全盘西化"概念，继后在相当长的时期中，中国学术界发生了"全盘西化"与"中国本位"的激烈论战，论战结果，到 1930 年末期，双方达成了"中国社会亟须要现代化"的共识。还值得提出来的是，在中国 20 世纪 30 年代，一批留美留英学者回国，他们立志报效祖国，参政议政，进言献策，提出了一套仿效西方金融制度建立中国金融制度的思想、理论和主张。在这样的态势下，南京政府推动的中国金融领域的变化，其指导思想、理论和主张可谓既有从西方拿来成分，也有针对中国实际总结概括出来的元素。史实证明，这些变化推动了中国金融业的发展，也促进了中国金融学科的建设。

中华人民共和国成立后，在"指导我们事业的理论基础是马克思列宁主义"的主导下，在相当长的时期中（如前 30 年）中国金融事业的发展和金融学科建设，都受"学苏联一边倒"的影响。《共产党宣言》中提出，无产阶级革命成功后，要"通过拥有国家资本和独享垄断权的国家银行把信贷集中在国家手中"，[1] 列宁提出："没有大银行，社会主义是不能实现的。"[2] 这两句名言，多少年来（特别是改革开放前）始终是指导中国发展金融事业的经典。如果要说南京国民政府的成立曾经使中国金融事业从自由走向垄断集中，则这样的垄断集中，到中华人民共和国成立后，仍然没有消除。

不仅中国金融事业的发展受到马克思列宁主义的主导，而且中国金融

---

[1] 《共产党宣言》，45 页，人民出版社，1949。
[2] 《列宁选集》第 3 卷，331 页，人民出版社，1960。

学科的建设也一直以马克思列宁主义作为主导。20 世纪五、六十年代，继后八十年代关于人民币性质问题的讨论，充分地展示了这一点。在人民币性质问题的讨论中，先前有"黄金派"与"非黄金派"之争，继后有劳动券与非劳动券之争。黄金派坚持人民币的价值基础是黄金，其理论依据就是因为马克思《资本论》中强调货币是黄金，人民币是黄金的符号不能偏移。骆耕漠研究员之所以坚持人民币是劳动券，其理论依据就是中国社会主义制度确立后，生产关系的性质发生了根本变化。强调要从货币反映什么样的生产关系去确定人民币的性质。这是多少年来，马克思列宁主义看待事物性质的一个重要着力点。而"非黄金派"和"非劳动券"论者之所以认为人民币的价值基础不是黄金，人民币不是劳动券，完全是从中国的实际出发，用历史的、唯物辩证的思维方式去说明事物的性质。所以，那时，关于人民币性质问题的讨论，进一步说也就是怎样用经典作家的理论来指导中国金融学科建设的讨论，也就是怎样从中国的实际出发来进行理性认识的讨论。近年，我国提出马克思主义中国化，这个"化"告诉人们，金融学科的建设要密切联系中国实际，要跟上时代的步伐。

"增长的主要动力是人力资本积累——知识积累——各国生活水平的差距主要也是源于人力资本差异。物质资本积累是必不可少的，但显然只起到补充作用。人力资本积累发生于学校、科研组织以及生产和贸易过程中"。[①] 改革开放后，中国金融事业的发展和金融学科的建设有长足的进展。这是马克思主义中国化在金融领域的体现。

（五）

"学术自由对其个人来说是重要的那些人在社会中可能是少数，但是他们当中有一些人对将来具有非常重要的意义。我们已经看到了哥白尼、

---

① ［美］小罗伯特·E. 卢卡斯著，罗汉、应洪基译：《为何资本不从富国流向穷国》，104 页，江苏人民出版社，2005。

伽利略和达尔文在人类历史中的重要性，而且不能设想将来再也不会产生这样的人了。如果不让他们工作，不让他们发挥应有的作用，那么人类就会停滞不前，一个新的中世纪就会接踵而来，就像在辉煌的古代时期之后接着出现上一个中世纪一样。新的真理往往使人感到不舒服，尤其对当权者来说更是如此，然而在残酷和偏执的历史记载中，它是我们聪慧而刚愎的人类最重要的成就"。① 学科建设必须尊重知识，尊重人才，尊重创造。只有尊重知识，尊重人才，尊重创造，才能多元包容，交流互鉴，只有多元包容，交流互鉴，学科才能繁荣发展。学术讨论不仅应有良好的经济态势，而且要有宽松的学术环境。只有宽松的环境，才能解放思想；只有解放思想，才能百花齐放，百家争鸣。在这一百年中，尊重知识，尊重人才，尊重创造，宽松的学术环境的树立始于 20 世纪初，其重要的标志为"五四新文化运动"（1919 年）。"五四新文化运动"高举"民主与科学"的旗帜，推动人们解放思想，要求人们将"民主与科学"作为新文化的核心观念，加以追求和崇尚。

民主（Democracy）与科学（Science）这两个词源于西方，陈独秀撰文称它们为"德先生"、"赛先生"，在五四运动之前，早已被中国有识之士崇尚和追求。② 其含义在学界曾有歧义，但经过讨论达成的共识是：民主的精髓是责任，即民主在赋予公民权利的同时，也规定了公民的责任。

---

① ［英］罗素著，徐奕春、林国夫译：《宗教与科学》，135 页，商务印书馆，1982。

② 中国人追求民主与科学并非始自五四新文化运动。鸦片战争结束不久，作为近代中国第一批开眼看世界的先进人物，魏源等人在他们的著作中，就以赞赏的态度介绍过西方的民主制度，说它有中国传说中的"三代政治"之"遗意"。洋务运动期间，介绍西方议会政治、民主政治的著作逐渐增多，同时人们也认识到学习西方声光电化等科学技术的必要，以王韬、郑观应为代表的一些洋务知识分子或早期维新思想家还主张以西方的"君民共主"制度取代中国的君主专制制度。到戊戌维新时期，维新派主张"兴民权"、"设议院"，实行君主立宪，不仅着力宣传过西方资产阶级的自由、平等、民权思想，而且也对科学知识、科学方法进行过提倡和介绍。特别是严复的"以自由为体，以民主为用"思想的提出，在近代中国人追求民主的历程中具有十分重要的意义。进入 20 世纪后，由于辛亥革命的作用，民主思想得到进一步传播，科学的重要性也为越来越多的人所认识。但必须指出的是，中国人追求民主与科学虽不始于五四新文化运动，但却是从五四新文化运动开始，中国人才将民主与科学作为近代新文化的核心观念或基本价值加以追求和崇尚。在此之前，人们主要是把民主与科学作为一种实现国家富强和救亡图存的工具或手段追求的。

从史学的角度看，启蒙运动使民主的内涵得到充实，使民主的范围得到扩大。民主制倡导宽容和多元化，尊重不同意见，规避同一性。用我们现代的语言表达，民主蕴藏着要尊重知识，尊重人才，尊重创造的内涵。科学的精髓是理性，即它的主要特征是对自然以及人类社会的独立理性思考，这种独立性倡导理性的批判精神。用我们现代的语言表达，科学蕴藏着要锐意进取，敢于创新，善于创造的内涵。这样认识"民主与科学"的概念，则它已经不是通常意义上的范畴（比如民主集中制中的民主），而是一个时代精神意义上的范畴。所以，民主与科学是现代社会发展的两大动力。我们思考："在人类社会这个大棋盘上每个棋子都有它自己的行动原则，它完全不同于立法机关可能选用来指导它的那种行动原则。如果这两种原则一致、行动方向也相同，人类社会这盘棋就可以顺利和谐地走下去，并且很可能是巧妙的和结局良好的。如果这两种原则彼此抵触或不一致，这盘棋就会下得很艰苦，而人类社会必然时刻处在高度的混乱之中"。①

学界考察民主与科学的关系，但在我们看来，要关注"民主与科学"的共同点。它们的共同点首先是理性：当代民主制是建立在理性的基础上的，理性的民主与理性科学是统一的。除了理性外，民主与科学还有一个共同点，那就是坚持个人主义。这里的个人主义不是通常意义上的个人主义，通常意义上的个人主义其实是自私主义，这里的个人主义倡导对个人智力的信任和对个人权利的选择和尊重。伟大的科学家、思想家爱因斯坦在《我的世界观》中说："在人生的丰富多彩的表演中，我觉得真正可贵的，……是有创造性的，有感情的个人，是人格；只有个人才能创造出高尚和卓越的东西。"② 在我们看来，爱因斯坦在这里强调的是，以人为本，人的现代化，"民主与科学"是现代文明的组成部分，尽管它不是现代文

① ［英］亚当·斯密著，蒋自强、钦北愚等译：《道德情操论》，302 页，商务印书馆，2003。
② 爱因斯坦：《我的信仰》（*What I believe*），载 1930 年出版的《论坛和世纪》（*Forum and Century*）84 卷，194 页。

明的全部。我们斟酌:"人类社会可以看作是一个由具有一定时空属性和受制于一定联系的个体构成的系统。流行于大众的推理(推导方式)、理论和信念作为大众(心理)状态的具体表现,应该连同其他社会事实以其作为研究的对象。我们探求其间的规律性,试图发现它们的起源。但我们无意树立一种推导方式去反对另一种推导方式,树立一种信仰去反对另一种信仰。我们真正想做的只是力图发现大众的推理和信念在时空上如何相互联系,同时又是如何和其他社会事实相互联系的。"①

在编著第一、二卷《百年中国金融思想学说史》中,我们选择了近100位代表人物,包括香港的,台湾的,这不仅是因为香港、台湾是中国的一部分,两地学者同是中国人,更主要的是我们尊重知识,尊重人才,尊重他们在金融学科方面的建树;在这近百位代表人物中,我们遴选了在研究方向、领域主要是非金融学科方面,即经济学方面的人物,这不仅是因为金融学也是经济学的组成部分,同样重要的是我们尊重知识,尊重人才,尊重他们在金融学科方面的建树。

在编著的第3卷《百年中国金融思想学说史》中,我们以《百年中国治理通货膨胀思想、学说和主张》作为专题,评介梳理了71位有识之士和经济学家的学术思想和政策主张。这不仅是因为处于半殖民地半封建的中国,长期处于通货膨胀的苦难中,而更重要的是为了展现、彰显中国人在治理通货膨胀中的智慧和才干。在第3卷《百年中国金融思想学说史》中,我们以"20世纪30年代中国货币制度建设的讨论"为专题进行评介,这不仅因为20世纪30年代是中国历史上又一个"黄金时代",而更重要的是在这一时期,中国金融界产生了大师级的人物,他们著书立说,引领政策,有的还从事金融事业的经营管理实践,他们有价值的思想值得后人发掘,他们不平凡的经历值得后人回顾,他们"金融报国"的品格值得后人继承。

---

① 维夫雷多·帕累托:《思想与社会》,1916年,1919页,转引自《比较制度分析》[日]青木昌彦著,周黎安译,248页,上海远东出版社,2006。

在这一百年中，是否有宽松的学术环境应关注两个时期：一是20世纪30年代，这一时期群贤毕至，才华横溢，思想活跃，讨论炽热；二是中华人民共和国成立后的后30年（即改革开放以后），这一时期逐步从批判的经济学（包含金融学，下同）转向建设的经济学，从诠释的经济学转向研究的经济学，从排斥经济学转向借鉴经济学，从理论经济学转向应用经济学。为什么有这样"四个转向"，这不仅因为时代要求人们必须解放思想，实事求是，团结一致向前看，而且经济学界学人逐步认识到，经济学是人文精神的一部分，既具有特殊性，更具有一般性。西方经济学是市场经济的产物，是对市场经济实践的理性认识，要确立市场经济就必须认识西方经济学。世界是多元的，经济学也存在多元化，多元与包容并存。我们辨析："包容价值观的形成是民主体系顺利运行的核心"①；"科学的精神气质是谨慎、试探和琐碎的；它并不认为自己知道全部真理，或者说，连自己最佳的知识也不认为是完全正确的。它懂得，任何一种学说迟早都要修正，而这种必要的修正需要研究和讨论的自由"。② 汲取过往，我们能够更好地前行。

本卷的指定，得到了中国金融学会秘书处的大力支持，在此，表示感谢。

---

① ［印］阿马蒂亚·森著，王磊、李航译：《正义的理念》，327页，中国人民大学出版社，2012。

② ［英］罗素著，徐奕春、林国夫译：《宗教与科学》，131页，商务印书馆，1982。

主编简介

曾康霖

四川泸县人，出生于 1935 年 11 月 8 日。解放后从事过几年税务工作。1956 年考入四川财经学院财政与信贷专业深造，1960 年毕业后留校任教。曾任金融系主任，现任西南财经大学中国金融研究中心名誉主任、教授、金融学博士生导师，中国金融学会常务理事，全国金融学术委员会委员，四川省金融学会副会长，首批国务院特殊津贴获得者，长期从事金融教学研究工作。出版的专著有：《金融理论问题探索》（1984 年出版，获四川省政府优秀著作奖）、《资产阶级古典学派货币银行学说》（1985 年出版，获四川省政府优秀著作奖）、《货币流通论》（1987 年出版，获人民银行总行优秀著作奖）、《资金论》（1990 年出版，获全国哲学、社会科学优秀著作奖）、《利息论》（1991 年出版，获国家教委优秀著作奖）、《信用论》（1993 年出版，1998 年获国家级优秀著作奖）、《金融实际问题探索》（1994 年出版）、《银行论》（1997 年出版）、《金融理论与实际问题探索》（1997 年出版）、《经济金融分析导论》（2000 年出版）、《金融经济学》（2002 年出版）、《虚拟经济：经济活动新领域》（2003 年出版）。此外，主编全国高校金融类本科教材《货币银行学》、《银行经营管理学》（获全国高校金融类优秀教材奖），以及研究生类教材《金融学教程》、《商业银行经营管理研究》，承担了国家级省部级科研课题，撰写了不少论文，为国家培养了大量金融高层次人才——博士和硕士。为我国金融教育、金融学科建设及推动金融事业的发展作出了贡献。20 世纪 80 年代，连续三年被四川省成都市评选为劳动模范，1990 年获首届国家级优秀教育成果奖，1993 年被评为人民银行系统优秀教师，1996 年被授予"人民银行系统劳动模范"称号，1997 年再获国家级优秀教学成果奖。

刘锡良

四川自贡人，出生于 1956 年，1978 年至 1985 年、1993 年至 1996 年就读于西南财经大学（原四川财经学院）货币银行学专业，先后获经济学学士、硕士、博士学位，现为长江学者，享受政府特殊津贴专家、教授、博士生导师。曾任西南财经大学金融系主任，现任中共西南财经大学党委委员、校长助理，教育部人文社会科学重点研究基地中国金融研究中心主任，兼任教育部经济学教学指导委员会委员（1998—2004），国务院学位委员会第五届和第六届学科评议组应用经济学组成员，中国金融教材编审委员会副主任，中国金融学会常务理事，中国金融学会学术委员会委员等。目前主要从事货币银行理论与政策的教学和科研工作。刘锡良教授擅长于货币银行理论与政策，尤其在中央银行理论、货币政策及金融监管等方面有着精深的学术造诣。主持科研项目有：中共中央农村政策研究室课题、国家社科重大攻关项目、教育部重大攻关项目，教育部人文社科重点研究基地重大研究项目，中国人民银行课题，国家社科基金项目等国家级、省部级课题 10 多项。在《金融研究》、《经济学家》、《经济学动态》等刊物发表学术论文 120 多篇，出版专著、译著、教材 10 多部。获"中国高校人文社会科学优秀成果奖（经济学）"二等奖两次和四川省哲学社会科学一等奖两次，二等奖两次，其他科研成果奖 10 多项。

缪明杨

重庆江津人，出生于 1960 年 8 月。经济学博士，西南财经大学金融学院教授，长期从事金融学、金融史教学研究。现任西南财经大学图书馆副馆长，主管西南财经大学货币证券博物馆。中国钱币学会会员、中国钱币与银行博物馆委员会副主任委员、四川钱币学会理事、成都市政协委员。

独著《中国近现代政府举债的信用激励、约束机制研究》（西南财经大学出版社 2008 年版；台湾硕亚数码科技有限公司 2010 年版）。合著《抗日战争时期国民政府财政金融政策》（西南财经大学出版社 1995 年版，台湾商务印书馆 2004 年版，1996 年获四川省哲学社会科学优秀科研成果三等奖）、《川陕革命根据地货币史》（获四川省哲学社会科学优秀科研成果 2005 年三等奖）。主研国家社会科学基金项目《中国近代信用制度研究》、教育部重大攻关项目《中国金融国际化中的风险防范与金融安全研究》等课题。合作编著普通高等学校金融类"九五"规划重点教材《中国金融简史》。参撰《中国金融百科全书》、《中华金融辞库》等大型金融辞书。参编《货币金融学》、《货币金融学解读》等教材。在《中国钱币》、《社会科学》、《经济评论》、《世界经济研究》、《财经科学》等学术刊物发表论文近 30 篇，其中《宋代纸币政策初探》1997 年获四川省钱币学会社会科学研究优秀成果二等奖，《宋代纸币发行准备金述略》1997 年获中国改革成果通报编审委员会、红旗出版社优秀改革理论成果奖。

目录

第一章

辛亥革命前夕发生在中国的金融危机透视

自鸦片战争之后，清政府外屈于西方列强的不断侵凌，内挫于太平天国起义的沉重打击，经济出现了明显衰退和萎缩。此后，历经洋务运动、甲午战争、戊戌变法、庚子事变及清末新政等曲折的磨难与图强过程，社会经济结构发生了深刻的变化，民间工商业有了较大的发展，民族资本逐渐成为经济中活跃的力量，股份制企业、股票等新生事物也出现在大清国的疆域内。面临不断恶化的财政形势和政治压力，清政府允许甚至鼓励民间资本参与铁路、矿山、金融等重要领域的投资，金融领域逐步形成了华资银行、外资银行和银钱业等多方鼎立的局势，股票市场也有了初步的发展。晚清时期屡次爆发金融风潮，尤其是 1910 年上海"橡皮股票风潮"① 被视为撼动大清王朝的一次金融危机。本章选择了辛亥革命前夕在上海发生的这次金融危机进行回顾和反思，以史为鉴，对思考中国金融改革与发展也许不无裨益。

一、引子：19 世纪末期两次较大的金融风潮回顾

晚清时期爆发的金融风潮中影响较大、波及范围较广的有三次，分别是1883 年倒账风潮、1897 年贴票风潮和 1910 年的股市风潮。在展开分析 1910

---

① 当时上海人把橡胶叫做橡皮，所以"橡胶股票风潮"习惯上又被称为"橡皮股票风潮"。

年上海橡皮股票风潮之前，对19世纪末期的两次金融风潮做简要回顾，便于我们更深入了解当时经济社会背景，更深刻理解复杂金融危机背后的规律性因素。

（一）1883年倒账风潮的起因与过程回溯

1883年的倒账风潮是近代中国历史上首次爆发的较大规模金融风潮。“倒账”是中国传统金融用语，其意指钱庄放出去的“账”即贷款不能如期收回。自1882年冬始，当时上海钱庄和商业行号纷纷倒闭，亏空数万两至数十万两银子不等。作为此次倒账风潮骤起的标志是1883年1月12日上海著名丝栈金嘉记的倒闭，钱庄被拖累的有40余家。其余各钱庄纷纷收回贷款，致使市场银根骤紧，又导致另外20家商号周转不灵，倒账高达150万两[①]。至1883年7月，大买办徐润因为投资房地产和股票失败，从22家钱庄借来的100余万两巨款无法清偿。而1883年12月红顶商人胡光墉因投机丝业失败导致阜康钱庄倒闭，其设在各地的钱庄、银号等随之关闭，引发波及全国的钱庄大面积倒闭，终使“倒账风潮”达到了最高潮。

1883年倒账风潮的起因很复杂，外部因素有一定的影响，但主要是当时国内经济金融运行出现了较大问题。这些问题既包括股票、房地产投机等新生事物带来的冲击，也包括钱庄等传统金融机构运作中的痼疾产生的负面作用。在此先简要说明外部因素的影响，其一主要是1882年美国铁路建设退潮引发的资本主义世界经济危机，影响到了中国丝、茶的出口贸易，致使许多商号、丝栈因资金周转不灵，纷纷倒闭。其二是1883年12月中法战争爆发，法国兵船开入吴淞口拦截检查船只，“不虞突遭葵未之变，中法媾兵，越南，台湾，马江悉开战仗，法兵轮驶抵吴淞，查进出口之船，并扬言攻制造局……巨家胡雪岩，刘云记，金蕴青相继坏事，其余号商店铺接踵倾倒，不知凡几，诚属非常之祸”[②]。上海形势危急，大量居民外逃，市场银根紧缩，加剧了当时动荡的金融形势，给业已深重的倒账风潮推波助澜。

---

① 《综论本年上海市面情形》，载《申报》，1883年1月30日。

② 徐润：徐愚齐自述年谱。1927年9月香山徐氏校印，82页。

引发倒账风潮的内部因素有诸多方面，首先应归因于商业投机的失败。自 19 世纪 60 年代，中西方商人在进出口贸易中盛行丝茶投机。1869 年英国驻上海领事麦华陀报告："本国市场对每季最初运到的丝茶所付异乎寻常的价格，对诱发这里不顾一切的投机精神自然有影响，首批到达的产品投放市场时……造成了价格上涨。"[①] 胡光墉的生丝投机即属此列。1881 年 6 月开始胡光墉不断买进生丝，到 10 月存货从 3000 包增至 1.4 万包，上海的丝价逐渐被抬高。到 1882 年 9 月底，上海一级生丝的价格已高涨至 17 先令 4 便士，而在伦敦仅值 16 先令 3 便士[②]。进入 1883 年后意大利生丝产量恢复并开始回升。西方商人意识到胡光墉迟早要出售存货，便一致行动停止买进。1883 年 11 月，胡光墉不得已开始抛售囤积的生丝，据说当时已损失 100 万两以上[③]。胡光墉与洋行争夺生丝贸易主导权失败，导致其阜康钱庄在全国的十几个机构也因挤兑全行闭歇。

其次，倒账风潮还应归因于股票投机的失败。在 19 世纪中后期的洋务运动中，各地创办的诸多洋务企业通过在上海发行股票进行融资。随着越来越多的股票上市交易，至 1881 年上海逐渐掀起了股票买卖的热潮。每一只股票发行都引得人们纷纷争购，许多人借资购股，社会上出现了"趋之若鹜，一公司出，不问好歹，不察底蕴，股票早已满额，亦靡之不去"[④] 的狂热投资景象。至 1882 年 6 月，招商局股票从原价 100 两暴涨至 250 两，开平煤矿股票从原价 100 两暴涨至 238 两。钱庄也从外国银行拆票融资来为投资者办理股票抵押放款，给股市推波助澜。股票过量发行和疯狂投机给当时的商业贸易带来了资金吸出效应，"引起 1883 年金融风潮最主要的直接原因，是中国商业资本对工、矿、交通运输等企业做了力不能及的过分投资，抽走了商业流通渠道中本来已经捉襟见肘的银根"[⑤]。但好景不长，1883 年的倒账风潮和中

① ［美］郝延平著，陈潮等译：《中国近代商业革命》，335 页，上海人民出版社，1991。
② 潘晓霞：《投机、泡沫与危机：以 1883 年上海钱庄倒账风潮为中心的考察》，载《历史教学》（高校版），2007（5）。
③ 李文治：《上海近代农业史资料（第一辑）》，536 页，北京，三联出版社，1957。
④ 银行周报，银行学会编印，1949，第 3 卷第 9 号。
⑤ 杜恂诚：《中国近代的三次金融风潮及其启示》，载《改革》，1997（2）。

法战争引发持股者争相抛股，股价全面跌落。招商局股票暴跌至 1884 年的 34 两，开平煤矿股票最低也跌至 29 两。股市危机和倒账风潮交织在一起，加剧了金融恐慌。

再次，倒账风潮还可部分归因于房地产投机的失败。上海在 1843 年开阜后迅速发展，人口激增加上经济的繁荣，对房地产的需求甚大，高额的利润使得很多商人大量投资于房地产。到 19 世纪七八十年代，上海地价日涨，新闸一带离马路近者，每亩原先不过百余两"今则加至四五倍不止，虽马路远者每亩先不过百两，今亦加至五倍，而且争相购买，不惜重价"①。晚清著名大买办徐润是当时房地产投机的典型。徐润自 19 世纪 70 年代后投资并经营钱庄、房地产，以及茶叶、生丝、棉布和其他产品等各种店铺。他将主要资金投于上海外国租界的房地产。至 1883 年初所购土地累计达 2900 亩，另有已建房产 320 亩。徐润房地产投资的资金来源靠的是层层抵押，以已有的房地产作抵押，从钱庄和银行借贷，再购置新产，再以新产为抵押继续借贷。据统计 1883 年徐润负债金额如下：欠 22 家钱庄 100 余万两，股票抵押借款 41 万两，洋行房产找头抵款 72 万两，各存户款 32 万两，总计 252 万两②。至 1883 年 11 月，上海倒账风潮蔓延，加之中法战争爆发，大量居民外逃，上海市场银根紧缩，22 家钱庄一齐向徐润催讨债务，导致房地产资金链断裂，加剧了倒账风潮的严峻形势。

此外，钱庄经营中存在内在脆弱性和经营投机性，也是倒账风潮的一个重要原因。钱庄的内在脆弱性首先表现在自身资本实力很弱，平均不过数万两，而放贷规模通常很大，有时多达三四十万两以上。一旦市场有风吹草动，存款者到钱庄提现就很容易发生挤兑倒闭。上海钱庄用于拆借的款项相当一部分来自于外国银行的拆票业务。"拆票"是外国银行对钱庄的信用放款，该款项两日一结，银行可以随时要求归还。这样钱庄的命运很大程度上掌握在外国银行手里。到 19 世纪 80 年代，外国银行对钱庄的放款常达两百万两之巨。1883 年倒账风潮之后，外国银行减少了对钱庄的短期贷款，加剧了金融

---

① 《申报》，1884 年 2 月 7 日。
② 徐矛：《中国十买办》，上海，上海人民出版社，1995。

风潮的蔓延。钱庄内在脆弱性还表现在其放款绝大多数是信用放款，风险很大。有时将价格捉摸不定的股票作为抵押品，无形中增加了钱庄放款的风险。英国驻上海领事 1883 年在贸易报告中写道："（钱庄）放出以本地矿业或其他公司股票作抵押的大量贷款，这些公司大部分还处在初创阶段，钱庄主为证券贬值所困扰，因这些建设项目失败而引起信誉缺乏，是下半年度金融市场银根紧缩的一个原因。"① 钱庄经营的投机性表现在银元买卖中，他们利用"洋厘"等兑换比价的季节性波动，囤积货币以操纵行市并投机牟利。有些投机钱商在银元需要骤增时囤积银元，故意加剧银根紧缩程度，操纵洋厘上涨超出正常比价，然后抛售牟取暴利。有的钱庄通过囤积银两，人为抬高银拆利息，进行投机牟利。

最后，倒账风潮的发生和蔓延与清政府作为不当也有极大关联。其一，自从清政府 19 世纪 60 年代普遍实行厘金制度②后，各地厘卡林立，厘税过重，不利于贸易经济的发展，各行各业生意萧条，这是倒账风潮发生的重要原因③。在金融风潮中，清政府不思如何缓解贸易经济上的压力，反而因军饷匮乏而增设厘卡，提高厘金征收率。1883 年 9 月 3 日上海货捐局刊登严追捐银的告示，致使上海南市 14 家棉花行全部停市，将许多已处于风雨飘摇之中的商号推向破产④。其二，清政府对官商滥发股票的行为视而不见，并且纵容官督商办企业以政府的名义公开发行股票。使得股票投资者相信，股票买卖的背后是强大的政府信用支撑，买股票是稳当便利的致富捷径。1883 年倒账风潮的导火索之一恰是过度的股票投机，清政府在诱发股票投机以致爆发金融风潮方面负有一定的责任。其三，清政府为保公款，依仗强势侵占商民存款。清政府从同治朝起，各地财政收入往往就近存入钱庄以牟取利息，所需款项的划拨调用大多通过钱庄票号转账。金融风潮爆发后，清政府为了将存

---

① ［美］郝延平著，陈潮等译：《中国近代商业革命》，上海人民出版社，1991。
② 厘金制度，旧中国一种商业税。亦称"厘捐"或"厘金税"。厘金一般分行厘（活厘）和坐厘（板厘）。前者为通过税，征于转运中的货物，抽之于行商；后者为交易税，在产地或销地征收，抽之于坐商。
③ 李英铨：《论 1882—1883 年中国金融风潮》，载《安徽史学》，2005（6）。
④ 《申报》，1883 年 9 月 3 日。

放在庄号的钱款如数提回，不惜动用政府力量，查封钱庄。清政府打着保护公款的名义，将倒账风潮所导致的风险转嫁到钱庄和广大商民储户身上，实际上是间接侵夺民财[1]。因此，有人尖锐地指出："一闻有官款在内，而被欠者均不敢作珠还之想。私账与官款相去乃如此之远。假令所有仅抵官款，则民间往来尽归无着落。生意中人不更吃苦乎！"[2]

（二）1897 年贴票风潮的起因与过程回溯

1897 年发生的贴票风潮，是上海钱庄利用"贴票"方式，以高利吸收资金，终因滥发庄票至无法兑现，致使钱庄大批倒闭的一次金融风潮，史称"贴票风潮"。"贴票"是中国近代钱庄发行的一种凭证，其操作流程恰与银行的"贴现"业务相反，是一种创新的倒贴现方法。1889 年至 1890 年间潮州帮姓郑的商人开设协和钱庄，首创"贴票"方法：客户以现金 90 余元存入钱庄，钱庄即开给远期庄票一张，到期后可凭票兑换现金 100 元。当时鸦片贩卖利润丰厚，而市面现款缺乏，鸦片商贩便以重利向钱庄借款，钱庄的资金供不应求，便以倒贴现的方法，通过发行贴票来吸收社会资金，再以高利贷给商贩。由于转手之间即可获得丰盛厚利，从而刺激了钱庄贴票业务的扩大[3]。

"贴票"方法推出之后，因其吸收现金容易，许多钱庄便纷纷仿效此类业务。尤其沪上小钱庄平时仅从钱币的零星兑换中谋取薄利，此时便受此厚利的吸引，纷纷替人开票兼营贴票业务。后来，很多投机分子也大量仿效，虚设钱庄，不断抬高利率以骗取存款。一些没有资本的人也租借店面设立专门的贴票钱庄。更有一些人不借店面，即在巷口设柜，开出贴票，招人贴现。此类小钱庄开设成本既低，而利润不薄，于是经营者便越来越多，一时间英法两租界的大街小巷遍地皆是，"仅开设于法租界公馆马路等处者，已有 51 家，其余在公共租界北海路、福州路、广东路者，更不知凡几"[4]。此时参与此种业务的

---

① 于雁、姜海、曹流：《论清政府与1883 年金融危机》，载《湖北师范学院学报（哲学社会科学版）》，2001（2）。

② 《申报》，1884 年5 月25 日。

③ 史立丽：《1897 年上海贴票风潮述略》，载《上海金融》，2001（12）。

④ 中国人民银行上海市分行：《上海钱庄史料》，57 页，上海人民出版社，1960。

钱庄越来越多，开出的空白贴票数量竟高达 200 万元。

由于各钱庄之间在贴票业务上的激烈竞争，导致贴息越来越高，由最初的二三分高至后来的五六分。这与当时一般汇划钱庄一分左右的存息相比，无疑有极大的诱惑。为了吸引贴户，钱庄广泛宣传四处游说，他们以下层民众为目标，利用他们贪图小利的心理进行引诱。由于贴票这种模式短期内即可获取高额利息的诱惑，很多市场经验丰富的掮客、行号商人，甚至一些洋人、洋行行主都为之心动①。许多人拿出一生的积蓄，甚或变换首饰衣物，向亲友四处商借来换取一张张贴票。由于各庄的贴票均有庄主具名、英汉文押脚图章，并有"遗失不挂"等字样，看起来非常可靠，尤其是票后洋文，"无论妇女无知皆以为有洋字之票无不可靠，即贪利之徒亦以为盖有洋字，断非口骗可比激烈的竞争"②，因此很多人对此都深信不疑，一些货号洋行甚至接受贴票作为支付手段。

贴票在发行之初，数量尚少，利率较低，钱庄以此补彼、移东补西，尚能及时兑付，表现出很好的信用，因此为人们广泛接受。但随着贴票钱庄、利息及数额的日益增大，贴票的发行就逐渐失去了控制，"在庄家但求骗取现洋，不问多少，在经手者，但求从中取利，不顾人之受害，惟求多贴一票，则得一票之利，无不竭力为之"③。各庄开出的贴票数额巨大，又滥用资金，缺少存款准备，流动性枯竭，一旦遭遇挤兑便只有纷纷倒闭。1897 年 8 月中旬，上海法租界开设资本仅为二三百元的大马路徽康钱庄，经营贴票亏欠至一万多元，惨遭倒闭，被控上公堂，引发市场震荡。到 1897 年 11 月，大量的贴票钱庄因到期不能照付现款，造成大量的退票、提款，同时由于大部分钱庄都陷入贴票业务之中，钱庄之间已无相互融通调剂的可能，终于发生一个月内就有数十家钱庄倒闭的风潮，凡经营贴票的钱庄几乎全数倾覆。更有居心不良者趁此机会自行开票，四处贴现，贴得现银后携款逃逸，于是整个局势一发不可

---

① 崔磊：《中国近代五次金融危机研究》，复旦大学硕士学位论文，2001。
② 《申报》，1897 年 11 月 28 日。
③ 同②，1897 年 12 月 21 日。

收拾①。

钱庄大面积倒闭之后，庄主或逃匿或挺押不还，开出的无数贴票均成废纸，贴票者无法收回资金。而接受贴票的许多都是平民百姓，资金或来自于一生积蓄，或筹借于亲友，或典换衣饰所得，一旦银钱无着，生路断绝，自杀身亡之事时有所闻。由于贴票风潮牵连的人数众多，债务关系复杂，整个上海一片喧哗，人际关系也变得极为紧张。一时之间，讼事不断，上海英法两租界的公廨里面，被押、被扣者不计其数，"今年沪上各业无一起色，唯钱债之讼事甚多，致公廨差役生涯颇旺，市面亦可见一斑矣"②。

贴票风潮造成了广泛而严峻的社会问题，迫使当局采取措施控制局面。当局宣布严行查办逃债庄主，谕令钱庄严追票根照付，否则拘送公堂。1897 年11 中旬，法租界当局遍查法租界，登记 51 家发行贴票的小钱庄的牌号住址，并要求各庄盖印图章，保证"以后不准再出空票，倘敢不遵，一经访闻或被告发，定提庄主严惩"③。同时，清政府拟定新章程，对钱庄实施五家联保制度，希望藉此稳定脆弱的钱庄信用。钱庄倒闭风潮之后，很多庄主被羁押班房，他们向公廨禀请设立清理各钱庄倒闭欠款的公所。1898 年 1 月 25 日他们在《新闻报》上登载启事，宣布汇业公所成立，定于是月的初六、七、八日转票，持有贴票的人都可以在这几天到入所的各钱庄里调换庄票，于初九日到公所盖戳、领取利息。同时敦促倒闭的其他各庄迅速入会④。但实际上由于普遍的资金短缺和信用缺失，从各钱庄调换的庄票，并不能得到真正承认和流通，利息支付也难以持续，大量的空票最后只能不了了之。

1883 年倒账风潮作为近代中国第一次较大规模的金融危机，对当时中国传统金融机构钱庄、通过集股筹资的洋务企业、贸易领域中的流通企业甚至上海的房地产业都产生了极大的影响，暴露出了当时中国的钱庄、股票市场、房地产市场的脆弱和缺点，造成了整个社会经济的极度恐慌和萧条。而 1897

---

① 史立丽：《1897 年上海贴票风潮述略》，载《上海金融》，2001（12）。
② 《申报》，1897 年 12 月 9 日。
③ 同②，1897 年 12 月 11 日。
④ 同①。

年的贴票风潮的起因则较为简单，是由贴票这个创新业务引发出的高息集资的挤兑危机，但其特殊之处在于将众多平民百姓牵累进一个投机狂潮中，引起了涉及广泛的社会问题。回顾这两段金融风潮历史，可以看出中国近代金融机构的内在脆弱性与经营投机性、金融监管的缺失、人们投机心理的普遍性等，是晚清一系列金融风潮得以蔓延的主要原因。

二、辛亥革命前夕上海金融风潮产生的背景

辛亥革命前夕，中国封建体制末期的清王朝已经处在覆灭的边缘。清政府基于救亡图存，开始推行宪政改革，但在国际与国内、保皇党与革命党、中央与地方（地方督抚和地方咨议局）等不同势力的纠葛之下，其统治力已不可避免地大大削弱。1910 年发端于上海的这场金融危机背景比较复杂，不仅与国内政治经济形势、财政金融格局有关，还与国际上新兴产业兴起、金融市场投机有密切联系。

（一）晚清近代工业化起步与民族资本的兴起

1840 年以来，中国经济发展的一个重大变化是被纳入到了资本主义世界体系当中，这一变化对中国的社会经济结构造成了很大的冲击和影响。中国近代工业起步于洋务运动，19 世纪 60 至 90 年代，在外商企业的刺激与示范、洋务派军用工业和民用工业的引导下，一些官僚、地主和商人开始投资于新式工业，拉开了近代民族工业化进程的序幕。到甲午战争前，实存的商办近代企业 260 家，大部分是轻工业，主要分布在上海、广东、天津等沿海地区。虽然总量十分弱小、技术水平较低，但民营企业发展活力十足，这种新出现的经济力量，为中国此后的经济发展奠定了重要的基础。

清末政府颁布了一系列保护私有财产和工商业发展的法律，这一时期国家政策对经济发展的干预，主要表现在从"重本抑末"到"通商惠工"的转变。1904 年清政府允许商人成立自己的组织——商会，并颁布《商会简明章程》。这说明统治者已经不能漠视工商业者的作用和力量，不得不重视他们的

利益和要求。与此同时颁布的《商人通例》和《公司律》，标志着近代公司制度的初步建立和以法律形式保证了工商实业者的投资。《商标注册暂拟章程》体现了公平竞争的原则，对华洋商标一体保护，防止并制裁冒用他人商标的侵权行为。《破产律》的颁布在很大程度上免除了工商业者对企业经营失败要受处罚的恐惧和局限。1902年，清政府颁布《筹办矿务章程》，放宽了对外国人投资的限制。1903年颁布的《重订铁路简明章程》，对外商附股作出规定，并允许华商办铁路，用机器和房屋抵借外款。民间私人资本投资兴办现代企业的某些禁令的解除，激发了民族资本家投资企业的热情。这种由外界冲击带来的制度变化，以及民族资本活跃的内生力量，是这一时期经济发展的重要动力。

（二）晚清股份制企业与股票市场的产生和发展

近代史上世界首家股份制公司是1602年成立的荷兰东印度公司。工业革命后，股份制由商业领域迅速扩展到工业领域，1696年英国已有100家股份公司[1]。鸦片战争打开大清国门之后，西方近代工业和商业进入中国，同时也把有成熟经验的集股筹资的股份经济模式引入中国，大量发行股票。这些股份公司的初始资本金主要是来自在华的外商，但同时也允许华人入股，一般是在洋行充当买办或为外国人服务的中国人。从此，股份制企业在中国产生了，中国经济生活中也开始出现了近代意义上的股票。当时的"股票行情报"中最初列有包括汇丰银行在内的19家股份公司，后来增加到了21家[2]，但这些都是外商设立的股份公司。

1872年由华商创立的中国第一家股份制公司——轮船招商局诞生了。洋务派核心人物李鸿章当年筹划成立轮船招商局时，由于清政府国库空虚，无法拿出资金给予支持，他与沙船业巨商朱共昂商定用股份制方式设立轮船招

① ［美］P. 金德尔伯格：《西欧金融史》，270页，中国金融出版社，1991。
② 叶世昌：《上海股市的第一次高潮和危机》，载《复旦学报：社科版》（沪），50～58页，2008（2）。

商局，于是促成了中国历史上首家发行股票筹资的股份公司①。受此影响，中国掀起了一股兴办股份制企业的高潮，一批由官府督办的股份制企业也纷纷成立。与此同时，外商股份制公司也在继续增加。在这股热潮的带动下，很多民办资本也开始通过发行股票筹集资本。

股票发行后必然会产生股票的买卖，早在 1862 年中国就已经有股票买卖的行为存在②。1869 年上海已经有经营外国公司股票的外国商号，当时称作"捐客总会"。早期股票在二级市场买卖的效率很低，据史料中记载有些股票的整个交易过程大概需要花费一个月的时间。随着股份制公司的逐渐增多，股票交易也开始逐渐变得活跃起来。光绪八年（即 1882 年），上海诞生了中国第一家带有证券交易所性质的股份公司——上海股票平准公司。当时的上海股票平准公司主要经营以下业务③：（一）对交易的股票进行每日报价；（二）通过现场交易和委托买卖两种方式来撮合股票交易的达成；（三）受理股票抵押业务；（四）竞购新股。其中股票抵押业务是当时平准股票公司的一项主要业务，而股票的委托买卖一般在订立买卖合同一段时间后才完成最终交割。

1891 年外商在上海开立了上海股份公所，其后于 1905 年在香港注册正式更名为上海众业公所，这是中国第一家真正意义上的证券交易所。由于其为外商设立，所以其经营的业务也主要为外商服务。100 名会员中，外籍会员有 87 名，华籍会员仅 13 名④。当时的上海众业公所一方面为外商公司在中国一级市场上发行股票和债券，另一方面为这些股票和债券在二级市场的流通提供交易场所。上海众业公所后来也成为橡胶股在中国市场上发行和交易的主要场所。

---

① 胡显中、周晓晶：《中国历史上第一家股份制企业轮船招商局》，载《经济纵横》，1992（8）。
② 田永秀：《1862—1883 年中国的股票市场》，载《中国经济史研究》，1995（2）。
③ 叶世昌：《上海股市的第一次高潮和危机》，载《复旦学报：社科版》（沪），50～58 页，2008（2）。
④ 上海市档案馆编：《旧上海的证券交易所》，194 页，上海古籍出版社，1992。

（三）新兴产业引发国际橡胶市场的火热

1885 年德国工程师卡尔·本茨研制成功世界上第一辆汽车，1887 年他成立了世界上第一家汽车制造公司——奔驰汽车公司。1894 年，法国米其林兄弟发明了充气式橡胶轮胎。至此，汽车工业作为一个新兴产业开始了飞速发展，并极大改变了人类社会的生存状态和生活品质。1908 年美国福特汽车公司推出了著名的 T 形车，售价不足 500 美元，不久又下降到 300 美元，相当于一个美国普通工人一年的工资。随着汽车逐渐向小型化、实用性和经济型发展，汽车价格的大幅下降，将汽车从奢侈品转变为大众消费品，令美国迅速进入了汽车时代①。汽车行业的大发展使得作为汽车轮胎重要原料的橡胶开始变得非常火热。

到了 20 世纪初，橡胶已经成为众多工业产品的新兴材料。汽车、三轮车、人力车都换上了橡胶轮胎，套鞋、雨衣等其他橡胶制品更是不计其数。橡胶的需求量急剧增长，1908 年英国进口橡胶总额达 84 万英镑，次年就增加到 141 万英镑，美国 1908 年进口橡胶 5700 万美元，次年增加到 7000 万美元。因为橡胶的生产规模在短期内无法扩大，这决定了当时橡胶价格将持续走高。在伦敦市场上，橡胶从 1908 年每磅 2 先令猛涨到 1909 年的每磅 10 先令，1910 年 4 月达到了高峰，每磅 12 先令 5 便士②。

国际市场对橡胶需求量的增加以及其价格的上涨，促使了橡胶种植业的大规模发展。很多资本家也将大量的资金投入橡胶行业，这一时期新增了很多从事橡胶行业的股份公司。橡胶是从橡胶树中产生的，而东南亚是全球最适合橡胶树生长的地方。于是国际资本纷纷进入东南亚这个橡胶王国设立公司，其中一些公司选择将总部设在上海，以便从这个远东最大的金融中心融资。从 1909 年底至 1910 年初的几个月里，南洋地区新成立的橡胶公司有 122 家，至少有 40 家公司将总部设在上海③。由于橡胶价格的疯涨，世界金融中

---

① 雪珥：《辛亥：计划外的革命》，中国画报出版社，2011。
② 张国辉：《中国金融通史》（第二卷），397 页，中国金融出版社，2003。
③ 翁礼华：《橡皮股灾：清王朝灭亡的导火索》，载《经济研究参考》，2012（4）。

心伦敦的橡胶股票价格也随之水涨船高，并对中国上海的股市产生了巨大的影响。

三、金融危机发生的过程回顾

辛亥革命前夕，大清朝的这次由"橡皮股"引发的金融危机，最终导致了全国范围内的很多钱庄、银号和票号倒闭，对当时中国的金融系统产生了很大的冲击。民族资本主义经济从 1903 年之后连续 6 年的上升势头被打断，大萧条延续了数年之久。下面从国际橡胶市场热潮到中国"橡皮股"金融危机的全面爆发，来回顾这次金融危机发生的过程和阶段状况。

（一）"橡皮股"热潮高涨

汽车工业快速发展带来了橡胶行业的重大商机，一个名叫麦边的英国商人较早发现了这样商机，1903 年麦边在上海成立了一家以经营橡胶园为主营业务的公司——蓝格志拓植公司（Langkat Estate）[①]。麦边借着汽车业大发展的浪潮，大肆宣扬橡胶工业前景，在其宣传和操控下，蓝格志公司的股票大涨。其他很多资本家也看到了其中的商机，国际资本开始向东南亚这个盛产橡胶的地方涌入。1906 年伦敦证券市场就有 27 家橡胶公司同时上市，10% ~ 25% 的投资回报率对投资者具有相当大的吸引力，橡胶股票最快的销售速度是 100 万英镑的股票在半小时之内销售一空，国际橡胶投资已极度升温。

1906 年秋上海众业公所也为一家名为 Kalumpong 的橡胶公司开闸放行，这家公司刚刚在 6 月才注册成立。Kalumpong 股票的发行量为 1.4 万股，每股面值 50 两银子。它的股息从 6% 迅速提升为 16%，股价也迅速上涨，1909 年达到了每股 230 两。1907—1908 年，又有两家橡胶股票出现在上海。但这两年间美国出现了经济危机，其橡胶消费能力极大减弱，国际市场上橡胶价格也比较疲软，在伦敦上市的橡胶公司数量到 1908 年只剩下 5 家。

[①] 朱斯煌主编：《民国经济史》，银行周报社，46 页，1948。

但是，从 1909 年开始，橡胶产业迅速复苏，伦敦市场上橡胶价格达到 1908 年的 5 倍，关于橡胶的资本游戏急速升温，以外资为主的橡胶公司开始频频在上海上市，而拥有国际性质证券交易所的上海就成为了橡胶概念股份公司发行股票募集资本的最佳场所。仅仅 1910 年 6 月就有 30 多种新的橡胶股票在上海证券交易所挂牌交易，总共在资本市场募集了 1350 万两白银，平均每家公司募集到 45 万两的巨额资金①。

与此同时，橡胶股在二级市场的交易也同样非常火爆。面值 100 两的蓝格志公司股票 1909 年 4 月 4 日的市场价格为每股 780 两，时隔 1 个多月后的 5 月 16 日就已经涨到了 1160 两，到了 1910 年的 4 月 9 日股价已高达 1475 两，一年的时间股价涨了一倍。一家叫"地磅"（Tebong）的橡胶公司的股票在上海股票交易所的开盘价格，1910 年 2 月 19 日每股仅 25 两，4 月 6 日就上涨至 50 两，一个半月上涨了一倍②。

不断上涨的股价，使人们坚信购买橡胶股是一种稳赚不赔的投资。不但一般商人、钱庄和大清官吏，就是普通市民、地主以及一些完全没有股票交易经验和完全不懂橡胶知识的人，也争先恐后加入到购买橡胶股票的行列中。例如正元钱庄股东陈逸卿、兆康钱庄股东戴家宝、谦余钱庄股东陆达生等 3 人，调拨一切可动用的资金，投入股市金额总计 1300 万两以上③。清廷官吏如岑春煊、蔡乃煌等，也是橡胶股票的大买主。上海一些公馆太太小姐换首饰，卖钻戒，转买股票，如痴如狂④。在当时疯狂炒股的背景下，一股难求，有了钱还要四面八方托人，才能买到股票。

上海商务总会估计，在橡胶股灾爆发之前，华人大约买了橡胶股票的 80%，在上海的外国人抢购了 20%。很多华人不满足于在上海抢购，还调集资金到伦敦购买橡胶股票⑤。根据《宣统二年通商各关华洋贸易总册》中的记载，在这次金融热炒中，中国投资者投入上海市场的金额 2600 万～3000 万

---

① 雪珥：《辛亥：计划外的革命》，中国画报出版社，2011。
② 朱荫贵：《近代上海证券市场上股票买卖的三次高潮》，载《中国经济史研究》，1998（3）。
③ 朱斯煌主编：《民国经济史》，46～47 页，银行周报社，1948。
④ 陈诒先：《上海橡皮风潮》，载《上海地方史资料》，上海社会科学院出版社，1984。
⑤ 同②。

两，投入伦敦市场的金额约 1400 万两。两者合计达到了 4000 万~4500 万两①，当时上海市场的资金几乎都投入了股市当中。人们的竞相购买催生了橡胶股价格一轮又一轮的上涨，上海的橡胶股票交易越来越火爆。

（二）各种手段催生股市泡沫膨胀

伦敦市场上橡胶价格飞快上涨的消息不断被传播到国内。外国资本家一方面大力宣传汽车业大发展给橡胶业所带来的光明前景，另一方面用尽各种手段营造出公司可以获得丰厚利润的假象，如麦边的公司就用从银行获得的贷款给股东发放股息②，每三个月发放一次红利，每股股息高达 12.5 两，相当于票面价值的 12.5%，成功伪造出公司盈利的假象③。但实际上，1910 年在东南亚开发橡胶业的一百多家公司中，虽然有的公司已经拥有自己的橡胶种植园，但有的公司所谓的橡胶种植园还只是一片空地，而还有一些公司纯粹是借着经营橡胶产业名义圈钱的空壳公司。有的公司组织客户去南洋参观，把别人的垦殖公司说成是自己的属下，还拍成电影到处播放，用假象招徕投资者。

通过这一系列的渲染，使人们对橡胶股的前景充满了信心，从橡胶股发行市场的火爆程度就可以看出。1910 年 3 月，Kota Bahroe 橡胶置业有限公司在上海发行新股。申购首日，原本定在上午十点的发行时间因为排队的人太多不得不提前到早上九点十分。仅仅一个小时，其所有的股票就已经销售一空。价值 10 万两白银的股票吸纳了 160 万两的认购资金。④ 足见当时人们认购橡胶股场面的火爆。

为了吸引更多的中小投资者购买橡胶股票，橡胶公司将原来 50 两或 1000

---

① 菊池贵晴著，邹念之译：《清末经济恐慌与辛亥革命之联系》，载《国外中国近代史研究》（第二辑），中国社会科学出版社，1981。

② 中国早期股份制企业为了集资的需要，普遍实行"官利"制，不论企业是否盈利，股息都要预先付出，然后再进行结算，仍有利润时，再进行分配。

③ 其他橡胶公司也如法炮制，汇通洋行的韦推和嘉道理照例每个季度给股东发放红利，每股 7.5 两银子。他们声称自己经营的薛时王公司出产的橡胶质量比蓝格志公司更好，吹嘘的效果也很明显，股价竟然后来居上超过了蓝格志公司股价。

④ 雪珥：《辛亥：计划外的革命》，中国画报出版社，2011。

两的股票面值调低到 10 两，甚至 5 两，有效地扩大了投资者范围。此外，当时橡胶公司还流行一个行规，股民可以分期付款，只需要支付少量的首期就能持有股票，余额可以在限定的时期内支付完毕。例如 1906 年 Kalumpong 橡胶公司发行时，每股面值 50 两银子，股民只需要支付 25% 的面值，余款在一年内交清。

与此同时，外资银行和钱庄还允许投资者用橡胶股票进行抵押贷款，这使得橡胶股的信誉度得到了很大的提升。有些外资银行不但为钱庄和个人发放用于购橡胶股的贷款，同时还允许中国钱庄用其发行的庄票作为支付手段购买橡胶股。国内钱庄除了为购买橡胶股的投资者发放财产抵贷押款外，还允许投资者用买来的橡胶股作为抵押进行再贷款。企业、华商银行、钱庄都参与橡胶股买卖中，买了押、押了买，轮番套购，推动了橡胶股票市值急速攀升，橡胶股股票的泡沫也随之被越吹越大。

（三）"橡皮股"泡沫破灭

1910 年 6 月，世界橡胶的最大消费国美国出台了对橡胶的限制消费政策，其他国家为了抑制橡胶价格的继续上涨也纷纷效仿，橡胶行情急转而下，世界金融中心伦敦橡胶股票行情暴跌，国际橡胶投机活动盛极而衰。伦敦市场的橡胶价格从 4 月的十二先令九便士下跌到 7 月底的七先令三便士，并且橡胶价格的跌势还在继续进行。消息传到国内，橡胶股票的市价急速下跌。在 1910 年 3 月间，上海市场 10 股售价七十两白银的橡胶股票，到了 9 月仅值七两，下跌到不足十分之一[1]。大热门橡胶股蓝格志股价从最高的每股 1675 两，不到一个月间就跌到只剩每股 105 两。上海股票交易所的橡胶股票不久即停止交易，直到 1911 年春才恢复交易[2]。

早在 1910 年 4 月橡胶股票价格处在高峰时，麦边等人迅速将股票暗中抛

---

[1] 张国辉：《中国金融通史》，399 页，中国金融出版社，2003。
[2] 1911 年上海股票交易所恢复交易时只有卖盘，没有买盘。1911 年 7 月，买盘开始出现。据上海股票交易所的通告，6 月 29 日橡胶股票的卖盘开价每股 5 两，7 月 6 日的买盘报价每股 4 两，与一年前炒买炒卖的价格有天壤之别。

清，卷款回国。先期得到美国紧缩政策消息的外资银行立即收紧资金，停止一切橡胶股票押款。橡胶股市场价格的大幅下跌，使当时囤积大量橡胶股票的正元、谦余和兆康即刻陷入了资金周转不灵的困境中。股价下跌造成钱庄放出去的贷款无法收回，其贷款亏欠达到了 1136 万两之巨。在这种情况下，外资银行又在不停地催还对中国钱庄的贷款，造成银根进一步紧缩，钱庄的信用危机变得越来越严重。

在这场"橡皮股"热潮当中，钱庄成为了其中最活跃的参与者。它们不但自己进行橡胶股的申购和买卖，还为买卖橡胶股的投资者提供抵押贷款。不管是以哪一种方式介入股票买卖，上海的大多数钱庄都直接或间接地卷入了投机。1910 年 7 月 21 ～ 22 日，正元、谦余、兆康三家钱庄首先倒闭，森源、元丰、会大、协大和晋大等规模较大的钱庄也随之停业整顿，在这轮橡胶股票风潮冲击下倒闭歇业的达到大半[1]，亏欠款总额近 2000 万两。此时，上海道台蔡乃煌与上海商务部长周金箴一同将这一危机的情况上报，以请求政府的救助。

接连几家钱庄的倒闭让清廷意识到这次事态的严重性，宣统皇帝于 7 月 27 日批准向外国借款以解救上海危机。8 月 4 日，上海官府方面向九家外国银行共借款 350 万两白银用于救市[2]，其中的 140 万两代正元集团归还欠款，其余 210 万两存放于源丰润银号和义善源票号，以稳定这两大在上海具有举足轻重作用的金融机构。另由上海道库拨借官款 300 万两，借给主要几家银号和钱庄，如源丰润银号，德原、原吉等钱庄[3]。这一紧急措施缓解了上海市场的动荡程度。

（四）处置不当导致危机的深化

当橡胶风潮初起之时，数家钱庄迅即倒闭了，但作为当时上海银钱业中流砥柱的源丰润、义善源还屹立未倒。两家机构在这次危机中虽然也损失惨

---

① 中国人民银行上海市分行：《上海钱庄史料》，94 页，上海人民出版社，1960。
② 《中外旧约章汇编》，第二卷，674 ～ 675 页。三联书店，1959。
③ 同①，76 页，80 页。

重，但政府救市资金的存入，使其暂时挺过了由橡胶股引发的第一波危机。源丰润银号和义善源票号实力雄厚，在同业之中信誉甚高，每逢市面不稳，源丰润、义善源都会竭力救市，共渡危局。同样，官府也会调剂款项，增强这两大机构的力量，以稳定市面。这样，在金融风潮发生两个月后，上海市面渐趋平静，这场橡胶股危机暂时得到控制。

但到了 1910 年 9 月，这场由橡胶股暴跌引发的金融危机因为一个事件处置不当而再起波澜，危机再度深化，导致金融恐慌迅速扩大。9 月 27 日是清政府向西方列强支付当期"庚子赔款"190 万两的最后日期，按照惯例上海方面要从源丰润、义善源等庄号提取 190 万两"沪关库款"来支付当年到期的赔款。此时距正元等钱庄倒闭仅 2 个月，上海道掌管的道库"库空如洗"，拨借给源丰润等庄号的官款一时无法及时收回。上海道台蔡乃煌上奏朝廷，请求暂不从源丰润等钱庄中提取这笔巨款，改由大清银行拨银 200 万两垫付"庚子赔款"[1]。这一请求被大清国度支部（财政部）驳斥，被勒限两个月内缴清款项。上海官府无奈之下，只得从源丰润等钱号提取白银 200 万两用于支付赔款。10 月 7 日，外国银行突然宣布拒收 21 家上海钱庄的庄票。源丰润一时无法周转，于第二天宣告清理，亏欠款项达 2000 余万两[2]。中国最大银号上海源丰润的倒闭，累及各地 17 家分号，它分设在北京、天津、广州、杭州、宁波、厦门、福州等地的分号均同时告歇，引起各地金融动荡，金融恐慌波及全国，形成橡胶股危机的第二次冲击。

源丰润倒闭事件牵连极大、影响深远，金融危机到此还没有结束。为稳定上海市面，度支部电令大清银行紧急调运 100 万两白银至上海。12 月 11 日，清政府再次救市，由两江总督张人骏出面，向汇丰、东方汇理和德华三家银行借款 300 万两。义善源票号依然在上海支撑局面，其大股东李经楚以产业为抵押，从交通银行借款 287 万两，弥补了移交官款后的亏空，暂时保住了义善源。但 1911 年初，盛宣怀就任邮传部尚书后开始核查交通银行的账目。李经楚赶紧将义善源从交通银行中拆借的款项归还，导致上海义善源总

---

[1] 《东方杂志》，第七卷，第九期，122 页，1910 年 9 月。
[2] 同[1]，第十期，130 页，1910 年 10 月。

号账面上只剩下现银 7000 两。3 月 20 日，义善源总号经理丁维藩试图以企业股票作抵押，向新任上海道台刘燕冀借款 10 万两，结果被回绝。次日，义善源终于宣布倒闭，负债 1400 万两①。维持上海市面的最后一根柱子垮了。

在第三波金融危机的冲击下，上海金融系统陷入瘫痪，全国各地也因此陷入了极度的恐慌之中，江浙地区有 18 家钱庄和票号倒闭。在这次危机中，上海的钱庄数量从 1910 年上半年的 91 家，经过源丰润事件冲击，减少到了 1911 年的 51 家，而到了 1912 年上海的钱庄就只剩下了 28 家②。钱庄的大量倒闭，导致很多工商企业融资无门而停工歇业，数十万产业工人失业。一场上海橡胶股票风波因而转化为全国性的经济危机，随之而来的是数年之久的全国性经济萧条，清末新政的成果毁于一旦，逐渐积累起来的民族资本遭受重创。

四、这场金融危机发生的原因分析

这场金融危机爆发于清王朝崩溃的前夕，自然有其复杂的政治经济背景。单看其发生过程，"橡皮股"泡沫的破灭是整个金融危机全面爆发的导火索，接踵而来的就是钱庄、银号和票号在全国范围内的大规模倒闭。应该说，投资于朝阳产业的橡胶公司股票并无过错，橡胶行业的蓬勃发展也是有坚实的经济基础的，那么，究竟是什么原因导致了这次"橡皮股"泡沫危机？而股市危机又是如何迅速导致钱庄、票号大范围倒闭的？

（一）钱庄介入过深导致股市投资杠杆过高

众所周知，股市的泡沫需要用资金来推动，只有大量的资金流入股市才能推动股票价格的不断上涨，而钱庄则成为了这次橡皮股热潮中的最主要的参与者。这些参与股市的钱庄中最为著名的有三家：其一是陈逸卿的正元钱庄，而陈逸卿也是茂和洋行、新旗昌洋行和利华银行的买办，他还在兆康钱

---

① 中国人民银行上海市分行：《上海钱庄史料》，88 页，上海人民出版社，1960。
② 同①，94 页，188 页。

庄中参股。其二是戴家宝的兆康钱庄，戴家宝又是德商裕兴洋行的买办。其三是陆达生的谦余钱庄。这三家钱庄先后共发行了 600 万两的庄票投入股市，其中有 359 张价值 140 万两的庄票落入外资银行。为了保证钱庄有足够的流动资金，陈逸卿和戴家宝还分别从花旗银行、华比银行以及怡和洋行拆借了 100 万两银子。同时他们又从森源、元丰、会大、协大、晋大等钱庄进行资金拆借，其中陈逸卿从森源调剂了 20880 两庄票，从元丰调走了 11 万两庄票。① 这就使得这些被拆借资金的钱庄也一起被卷入了这场橡皮股热潮。

钱庄不单是以投资者的身份参与到橡胶股的买卖之中，它们在这次危机中扮演的另一个角色就是为购买股票的投资者进行贷款。钱庄一方面为投资者办理普通的信用贷款，另一方面还允许投资者用其所购买的股票进行抵押后再贷款②。钱庄的贷款行为使得投资者的股票买卖具有的杠杆性质，也就是说投资者可以用部分自有资金买卖股票后，再反复抵押贷款，这样较少的原始资金就可以撬动更大额度的股票买卖。钱庄的贷款行为不仅使得股市的风险和自己有了紧密的相关性，而且股票反复抵押贷款的杠杆特性更是放大了股市的风险。这也是股市崩盘后金融机构立刻就受到了重大冲击的一个重要的原因。

钱庄在橡胶股风潮中介入极深，在股票的申购和买卖过程中，发行了大量的信用工具——庄票。那时候的庄票是钱庄信用的代表，具有很强的支付功能和流通功能。但是，庄票作为钱庄发行在外的债权凭证，一旦不能得到兑付，就可能会导致钱庄出现信用危机，并危及到整个金融系统的安全。如果没有钱庄的介入，橡胶股票投机的失败对于上海众多中外投资者而言只是投资失败、亏损钱财而已，不至于爆发一场金融危机。

（二）股市弱小且交易监管缺位

自 19 世纪 70 年代始，中国近代股市开始了起步。从轮船招商局（1872年），到随后的开平矿务局（1877 年）、上海机器织布局（1878 年）和上海

---

① 朱斯煌主编：《民国经济史》，46 页，银行周报社，1948。
② 杨荫溥：《上海金融组织概要》，28 页，商务印书馆，1930。

电报局（1882 年）等，中国企业纷纷发行股票筹集资本金，起步阶段的股市大小风潮不断，规模始终未能壮大起来。近代中国股市表现出发展不连续、投机性很强和对实体产业支持力度极弱等特点，总体呈现出十分弱小的状态①。清末民族工商业出现一个较好的快速发展期，需要一个较为发达的民间资本市场来支撑，但是当时清政府处于内忧外患之中，无暇顾及处于发展初期的中国股市。

分析橡胶股票泡沫不断膨胀过程，可以发现橡胶公司的虚假信息起到推波助澜的效果。这些公司的虚假经营以及虚假信息的传播之所以会如此泛滥和肆无忌惮，证券交易监管缺位是其中重要原因之一。当时的股票发行基本呈现自由化状态的，不需报备或核准，上海的橡胶公司纷纷在报纸上刊登广告，大肆招徕资金。清政府和地方政府虽然对大的股市风潮进行干预，但并未形成专门的监管机构。1904 年梁启超提出设立"股份懋迁公司"即证券交易所，1907 年上海买办商人袁子壮等提议仿效日本组织股份制证券交易所，但都未被清政府重视和采纳。股市交易处于自发的状态，监管十分缺乏，更遑论投资者权益保护了。作为证券交易机构的上海众业公所，未能对上市公司交易和信息披露进行有效的监督，对一些橡胶公司的很多不规范和违法行为缺乏有力的处罚手段。直到 1914 年北洋政府才正式颁布了《证券交易所法》。

（三）投资者专业知识的缺乏和投机心理的驱使

股份制公司和股票交易对大清国股民而言毕竟是新鲜事物。封建体制下的股份制公司呈现出畸形发展状态，例如官督商办、官利制度等，都是对股份制经济内在规律的背离。当时的投资者不了解股份制公司的组织形式和运作机理，投资者不能很好地维护自己的利益，公司经营管理者的行为也不能受到股东的有效监督。而且，当时股民投资的橡胶公司都是外商在上海开设的，投资者对于非本土的公司的了解更是难上加难，难以对公司的主营业务

---

① 成九雁、朱武祥：《中国近代股市监管的兴起与演变：1873—1949 年》，载《经济研究》，2006（12）。

进行深入的研究，而只能是听从外商资本家的片面宣传。这使得存在着虚假经营，甚至根本没有经营业务的公司能够成功地在一级市场发行股票，骗取投资者的资本金。

按照当时报刊所描摹的，华人购买股票"无异于卖空买空，原价购来，稍增即以售出。其或有贪小利者，或乘其贵而售去，俟其贱而又买进。若其所创之业实系一无依据"。股民们"并不问该公司之美恶及可以获利与否，但知有一公司新创，纠集股份，则无论何如竞往附股……至于该公司之情形若何，则竟有茫然不知者，抑何可笑之甚也"①。

股民的盲目投资除了缺乏专业知识外，当时市场中严重的投机氛围也是股市泡沫产生的一大重要推手。由于当时股价每天都在飞涨，而且上市公司还通过派息假象虚构公司的业绩。这些都使得人们认为，只要投资橡胶股就肯定能够获得丰厚的回报。所以这些投资者并不看重公司的基本面和行业的前景，他们所关心的仅仅是自己购买的股票价格是否能够大幅上涨。严重的投机心理使得很多人都跟风参与到橡胶股的买卖之中，这就推动橡胶股价格泡沫越来越严重。

（四）外资银行对金融危机的推波助澜

外资银行进入中国以后，一直和上海的很多钱庄保持着密切的联系。中国的很多钱庄要经常和外资银行之间发生资金拆借等业务。在这次橡胶股危机中，外资银行是重要的参与者。应该说，在这场危机的过程中外资银行也曾有过援助之举，1910年8月4日，蔡乃煌与汇丰等9家外国银行签订"维持上海市面借款合同"，借款350万两白银，年息只有4厘，大大低于市场行情。当然，这主要也是出于外资银行自身利益的考虑，但对于稳定上海市面毕竟还是起到了重要作用。

外资银行主要是与钱庄之间发生交易。首先，橡胶股的销售一般是通过外资银行的渠道进行的。因为钱庄与外资银行之间联系非常紧密，所以外资

①　雪珥：《辛亥：计划外的革命》，14页，中国画报出版社，2011。

银行就把当时首发的很多橡胶股卖给了与其有业务联系的钱庄①。其次，外资银行还对钱庄发放了很多橡胶股抵押贷款，这就大大增加了钱庄在股市中的资金投入，放大了股市投机的杠杆，助推了股价非理性上涨。最后，当危机来临的时候，外资银行又提前撤出资金，并向钱庄催还贷款。外资银行的参与，使得上海当时的很多钱庄都购买了大量的橡胶股，钱庄的命运于是就和橡胶股紧密地联系在了一起。

外资银行在获取国际市场信息方面有先天优势，当国际橡胶投机活动由盛转衰时，外资银行先期获悉消息，不断催促华商银行和钱庄赎回各种押款。外资银行急切地催还贷款使得钱庄的资金状况雪上加霜②。等到了 1910 年 7 月中旬，外资银行回收抵押贷款基本完成，各银行同时宣布停止一切橡胶股票抵押贷款业务。消息传出，橡胶股持有者纷纷奔向上海同业公所，竞相抛售股票，但为时已晚。股票价格暴跌，迅速导致了几大钱庄的倒闭。再例如，在源丰润面临上海官款提取、资金极度紧张的关头，外国银行突然宣布拒收 21 家上海钱庄的庄票，也成为压倒源丰润的最后一根稻草。因此，外资银行在此次金融危机中起着推波助澜的作用。

（五）官场斗争阻碍了危机的正确处置

橡胶股票危机传递到金融机构后，危机被不断扩大，最后甚至蔓延至全国，其中很重要的一个推手是政治力量在其中的干预。在第一波钱庄倒闭风潮得到有效控制，上海市面逐趋稳定的情况下，清政府催逼战争赔款引发了第二波钱庄业经营危机。当时清政府只是关心能不能如期交付"庚子赔款"，认为这事关国家信誉，而金融风潮只是上海一隅之事。因此，军机处对蔡乃煌不愿提取源丰润存款十分不满。蔡乃煌的奏折交度支部之后，由于度支部侍郎（副部长）陈邦瑞与蔡乃煌素有嫌隙，指使江苏巡抚参奏蔡乃煌，说他妄称市面恐慌，恫吓政府，不顾朝廷颜面，拖付"庚款"。罪名如此之重，蔡

---

① 中国人民银行上海市分行：《上海钱庄史料》，78 页，上海人民出版社，1960。
② 菊池贵晴著，邹念之译：《清末经济恐慌与辛亥革命之联系》，载《国外中国近代史研究》（第二辑），73 页，中国社会科学出版社，1981。

乃煌当即革职①。蔡乃煌羞愤之下，一举从源丰润等钱庄提回款项 200 多万两交还政府，最终导致上海金融市场的一根金融支柱——源丰润钱庄的倒闭，推动了金融危机的第二波高潮。

而邮传部尚书盛宣怀与梁士诒之间的权力斗争，又导致了上海钱号界的最后一根支柱——义善源钱庄的倒闭。盛宣怀就任邮传部尚书后，为了打击袁世凯安插在交通银行的梁士诒系的势力，开始核查交通银行的账目。义善源票号大股东李经楚不得不抽调资金弥补从交通银行拆借的巨额资金，导致义善源资金周转不及，随之引发了第三波金融系统危机。政治因素之所以会对晚清的钱庄业危机产生如此大的影响，主要是由于当时的钱庄与政权之间存在着千丝万缕的联系。中国当时的钱庄并不是真正按照市场化规律进行经营的经济实体，这种运营模式本身就蕴藏着巨大的风险。

五、辛亥革命前夕这场金融危机的影响及启示

上海橡胶股票风潮引发的这场中国金融危机，波及面之广，破坏力之大，在晚清历史上是前所未有，它不仅让中国社会长久积累起来的商业资本外流，而且让新型的工业和运输业失去了强有力的资金支持。这场危机动摇了清政府的国本，加剧了清政府的财政危机。迫于经济压力，清政府重新推行铁路国有化，以路权为抵押向列强借款。由于当时川汉铁路公司大量资金陷入橡胶股市，造成巨大亏空，加之清政府在收回川汉铁路的路权时处置不当，四川爆发了反抗清政府的"保路运动"。可以说，橡胶股票危机事件，为清政府统治的终结埋下了伏笔。历久弥新，无论是当时的人们，还是后来的学者，依然对这次金融危机进行不断的审视和反思。

（一）上海橡胶股票风潮成为辛亥革命的导火索之一

清末新政一个重要内容是加快兴建铁路。1889 年清政府发布了一道上谕，

---

① 《度支部奏劾江苏苏松太道蔡乃煌玩误要款奉谕革职，并令将经手款项勒限两个月缴清》，载《东方杂志》，第 7 卷，1910（9）。

称修建铁路为"自强要策","但冀有益于国,无损于民,定一至当不易之策,即可毅然兴办,毋庸筑室道谋。"① 自甲午战争结束到 1911 年,清王朝共建铁路 4936 公里,占近代中国所修铁路将近 40%,而其中绝大部分是在新政时期建设而成。而其中主要依靠外资修筑的就长达 4029 公里,约占总长度的 81%②。但借助外资修筑铁路,导致国家权益的大量丧失,从朝廷到民间都呼吁自建铁路,挽回利权。1904 年 1 月,四川总督锡良奏准设立"官办川汉铁路公司",1905 年 7 月公司改官绅合办,1907 年 3 月再改为商办,正式命名为"商办川省川汉铁路有限公司"。

各地商办铁路公司都面临严重的资本匮乏问题,由于坚持不借洋债、不招洋股,一时间难以筹措到足够资金,于是政府不得不出面协助,一时"租股、派股"盛及全国各地,股金源及米捐、盐捐、房捐和薪捐等等,其实是带有强制意义的摊派措施。尽管如此,川汉铁路公司至 1910 年收入的股本应该有 1200 万两,实际则只有 900 多万两入账,这在各省招股中还是最见成效的。但入账后的资金又有各级经手人纷纷插手,层层盘剥,挪用、贪污、浮支情况比比皆是③。

川汉铁路公司在上海招股和存放路款 300 余万两,负责经营这笔路款的公司总收支施典章违规操作,分别在正元、兆康和谦余三家钱庄各存放了 50 万两、38 万两和 25.5 万两,三家合计 113.5 万两。按照公司内部风险控制要求,公款在上海钱庄存放,每一钱庄的存款上限是 15 万两。施典章还将另外一笔 95 万两巨资假托外资利华银行实则私自放贷,挪用资金直接购买蓝格志股票。川汉铁路公司将 300 余万两投入上海放贷和炒股,一定程度上推动了橡胶股票泡沫形成,股市暴跌风潮之后,川汉铁路公司因钱庄倒闭和炒股亏损多达 200 余万两,成了一笔无法追回的坏账④。

由于商办铁路公司存在资金短缺、经营不善、效率低下、贪污挪用、亏

---

① 宓汝成:《中国近代铁路史资料》(第一册),171 页,中华书局,1984。
② 李占才主编:《中国铁路史(1876—1949)》,154 页,汕头大学出版社,1994。
③ 李刚:《辛亥革命前夜:大清帝国的最后十年》,248~250 页,三联书店(香港)有限公司,2011。
④ 雪珥:《辛亥:计划外的革命》,32~35 页,中国画报出版社,2011。

损严重等诸多弊端，1911 年 5 月 9 日，清政府发出一道上谕重新实施"铁路国有"政策："国家必得有纵横四境诸大干路……从前规划未善……不分枝干，不量民力，一纸呈请，辄行批准商办。乃数年以来，粤则收股及半，造路无多，川则倒账甚巨，参追无着，湘鄂则设局多年，徒资坐耗。……用特明白晓谕，昭示天下，干路均归国有，定为政策"①。清政府从商办铁路公司手中赎买股票的办法并不是"一刀切"，两湖地区股民受损最小，广东省股民也不算损失太大，四川省股民则受到"盘剥"最多。对川中路款，中央政府只对 700 万两已支现银及开办等费进行全额赎买，对亏空的 300 多万两，则拒绝偿还②。这就与川中商民原来所预期的"川省人民办路用款，应照数拨还现银"要求有很远的距离。此时川中商民与中央政府之争，实质上为经济权益之争，对于铁路国有并不是持根本性的反对意见。由于清政府处理四川铁路国有化问题极为不当，将单纯的经济问题上升为尖锐的政治冲突③，从而导致了武装暴动的四川保路运动爆发。正因为四川发生保路风潮，清政府从湖北派兵入川镇压，一定程度上导致了辛亥革命的爆发，这样看来，一场远在上海的橡胶股票风潮演变为辛亥革命爆发的导火索。

（二）橡胶股票风潮之后对股市投机活动的反思及探讨

橡胶股票风潮发生后，公众对于上海橡皮公司已没有信心，此后半年橡胶股票再无人问津，短暂繁荣所造成的盲目乐观荡然无存了。《申报》之《时评》有此评论："方橡皮股票之初流行也，沪市逐利者争相购买，欣欣然有喜色，以为非分之财从此可大发矣，谁意不旋踵而前之妄想发财者，至于荡产倾家，而祸犹未已，害中于金融而毒波于外埠，风潮所激荡，乃至市面岌岌不可以终日，亦可谓大惩而大戒者矣。顾以吾民之愚而无远虑，一闻横财之来，辄心旌摇摇而不能自主，虽明知其有无穷之害，而以利令智昏故，终思姑为万一之谋，今纵其创已甚，而他日未必能痛定思痛也，嗟乎，民智未开，民德未进，

---

① 杨勇刚：《中国近代铁路史》，57～58 页，上海书店出版社，1997。
② 黄季陆：《辛亥年四川保路运动史料汇编》上册，272 页，台北国史馆史料处，1981。
③ 李刚：《辛亥革命前夜：大清帝国的最后十年》，259 页，三联书店（香港）有限公司，2011。

祸患可以易端，而无由禁绝，可悲而可痛者，夫岂止此橡皮风潮而已哉①"。对投资者的哀其不幸、怒其不争的心态跃然纸上。

一位名为 A. Jax 的股东对投资者在橡皮股票投资上前后判若两人的态度表示不理解："上海橡皮股票持有者的冷漠的确是一件令人惊讶而又难以理解的事情！值得注意的现象是，就在 9 个月前他们沉浸在另一种状态中，他们倾尽一切，甚而许多时候透支一切，以任何价格抢购橡皮股票，然而今天他们在破产中静默了，几乎没有试图指责。这种平静的原因何在？是这些可怜的被迷惑者仍然生活在公司发起人为他们编织的天花乱坠的谎言世界里吗？②"

损失惨重的投资者还是从慌乱和迷茫中慢慢走了出来，开始探讨如何有效保护自身权益③。风潮发生后不久，一位名为 E. S. Little 的外国人建议将上海所有的橡皮公司合并为一家，以节省开支，因为这些公司每年的董事费支出即达 10 万两，再加上代理人、经理、秘书、办公室租金、查账人、律师的费用每年又要 10 万两。E. S. Little 的建议引起了一些投资者的共鸣。1910 年 11 月 9 日，上海召集所有橡皮公司的股东开会讨论所面临的"橡皮形势"，讨论是否需要采取联合的方式。经过与会股东的选举，推选出 15 人组成委员会，并由委员会提出合并的简要方案。但是这一提议并未取得实效，委员会最终只有 6 个人参加，而且方案提出后也没有引发更多讨论和反应④。

由于橡胶股泡沫形成与虚假宣传有很大关系，所以有的股东建议，在整体形势不确定的情况下，应立即采取以下步骤：（1）每家公司应在 9 月 30 日底以前编制并公布财务报告，告知其运作资本的真实情况。（2）每家地产公司应由最可靠的专家提供一个彻底完全的报告，并对于从 1911 年 1 月 1 日以后五年中的橡胶购买数给出估价。（3）报告应该包括可靠的评估，诸如清理地产、使种植的地块有产出需要多少花费，为了发放像样的股息报酬什么程度是必需的，已种植的地区和将要种植的地区可能的收入回报，运营资本是否够用等信

---

① 《申报》，1910 年 7 月 30 日。
② 《北华捷报》，1910 年 12 月 30 日，783～784 页。
③ 张秀莉：《橡皮股票风潮再研究》，载《社会科学》，2009（4）。
④ 《北华捷报》，1910 年 9 月 23 日，733、735 页；1910 年 11 月 11 日，347～349 页。

息，都要提供①。

但有的股东则认为"只要公司支付好的股息，股东就有理由对管理者表示满意"②，而财务报告是否公布、股东会议召开多少都不重要②。对投资者而言，股息通常是提高股票价值最有吸引力的看点。1911 年在 40 家公司中依然有 5 家发放股息，1912 年至少有 10 到 12 家公司发放股息。但从上海橡皮公司的运营资金缺乏和橡胶出产低下的事实来看，难以赚得足够的利润来发放股息。因此，有些公司"贷款、财产抵押的透支甚至是债券都被用来支付股息，还有几例用资本来支付股息"③。

（三）橡胶股票风潮之后对钱庄经营模式的分析与规制

在这次橡胶股风潮导致的金融危机中，大部分钱庄虽然一般并不直接参与买卖股票，而是以信用贷款、股票抵押贷款等方式介入橡胶股票投机，通过金融杠杆对股市泡沫起着推波助澜的作用。当时的钱庄资本一般都较小，居二万两至四万两之间，之所以能在股市风潮中呼风唤雨，主要是凭借外国银行的拆票。在整个股票风潮时期，外国银行对上海钱庄的拆款达到 1100 万两到 1300 万两。这种资金拆借规模与其本身资本完全不成比例，"钱庄以是而资金充裕，其资力雄厚者，以有拆票而可多做交易，资力薄弱者，亦可赖拆票挹注。④"

上海钱庄在乾隆时期已经达到相当的规模，之后百年，似乎并无根本性的改变。对此，盛丕华是如此评价的："呜呼，孰使之至于如是哉。谓皆由于橡皮股票呼，则胡以中国钱庄受其厄，而外国银行独否，何耶？……试一稽上海钱庄数十年来之状态，大抵苟且敷衍，因陋就简，惟孳孳焉图锱铢之利而未有为久远之计划者。是故通商以来，彼兴此替，迭为消长，求其能数十年巍然存立而不改牌换东者，吾遍数之而无一焉。此其致败之道虽不一，然

---

① 《北华捷报》1910 年 10 月 28 日，223 页。
② 《北华捷报》1911 年 10 月 7 日，25 页。
③ 《北华捷报》1911 年 10 月 7 日，25 页；1912 年 9 月 7 日，702~703 页。
④ 中国银行编：《各省金融概略》，1915 年版，转引自《上海钱庄史料》，61 页。

约计之,可得数端:一、资本微薄之弊,二、重拆票轻存户之弊,三、存款不定期之弊,四、脱手滥放之弊,五、做押款而不得精当之弊。"① 应该说,这些评价是非常中肯的。

在处理橡胶股票投机引发的钱庄倒闭风潮中,两江总督张人骏曾主持制定管理钱业条规共计 13 条②。主要包括:责成上海道督同商会暨钱业董事清查各钱庄资本及东主身家;庄号管事不准开设另店并移挪资本做生意;钱庄等差应行严定,至少须若干万资本始准列为末等钱庄,等而上之,亦以资本之多少为定;钱庄东主,除有现钱若干始准开设外,其所有产业并应报明存案;卖空买空,最是败坏市面,本干例禁,以后如再违犯,即照例治罪;换票流弊甚多应严禁;钱业庄号应连环互保等。这些条规大多是围绕资本和特定行为展开的,清政府希望借此加强对钱庄业的警告,并杜绝日后再发生同类事件。

钱庄将大量资金介入橡胶股票交易,增强了股市投机活动中的资金运用,扩大了投机的规模,使得股市的风险与金融机构紧密地联系在了一起。这实际上是一种将银钱业与股票交易融合一起的混业经营模式,必然给钱庄等金融机构带来极大的风险。钱庄的资金成为橡皮股泡沫的最大推手,同时也将整个金融系统的安全与橡胶股绑定在了一起。股市泡沫破灭后,钱庄手中的橡胶股大幅贬值,有的甚至变得一文不值,于是股市危机被迅速传递到了金融系统。因此,在金融监管没有达到一定水平之前,将正常银行业务和风险极大的股票交易混为一体的经营模式依然是值得警惕的。

(四) 橡胶股市风潮之后对证券市场的规范与监管

回顾这场橡胶股危机过程,自始至终都有国际经济及国际金融成分在其中参与。首先是橡胶公司都开设在橡胶产地南洋,均为外资公司;橡胶工业、橡胶价格和橡胶股票价格由英美国际市场和伦敦金融市场决定;橡胶股票的供给主要由外资银行和洋行买办控制;橡胶股票的交易场所——上海众业公

---

① 盛丕华:《上海钱庄亟宜改良图存私议》,载《新闻报》,1911 年 9 月 11~13 日。

② 《申报》,1910 年 10 月 22 日。

所在香港注册，股权属外商所有。与此同时，在中国经营的外资公司，包括证券交易所，由于涉外法权的存在，其生产经营活动是可以避开中国当局监管的。缺乏独立经济监管权会使得一国经济运行安全受到威胁，甚至被外国经济势力所操控。这也说明了这次危机之所以发生在半殖民地半封建社会的中国，是有一定的必然性的。

1914 年 12 月 29 日北京政府农商部颁布了《证券交易所法》，此后北京政府又先后公布施行了《证券交易所法附属规则》、《证券交易所法施行细则》，对证券交易所的资本金额、营业保证金、经手费用等具体事项作出了相关规定[①]。1916 年冬，孙中山和虞洽卿"鉴于上海有设立交易所之必要，并知我不自设，外人将有越俎代我设立之势，反客为主，主权尽失。将来商业枢纽全为外人操纵，故将组织上海交易所股份有限公司，拟具章程并说明书，呈请农商部核准[②]"。1918 年 6 月中国第一家证券交易所——北京证券交易所成立。1920 年 7 月上海物品证券交易所成立，1920 年 11 月上海华商证券交易所成立。三家交易所相继成立，中国证券交易进入较为规范的交易所时代。

此后，1922 年和 1937 年后中国也曾两度出现投资橡皮股票的热潮，但由于 1910 年橡皮股票风潮的前车之鉴，故没有因过度投机而诱发金融风潮。这说明 1910 年的橡胶股票风潮的发生具有一定的警世作用。曾有人这样形象地描述了橡皮股票风潮对 1923 年橡皮股票交易的影响："然而狂热者虽多，如惊弓之鸟者亦不乏其人，狂热者贪图目前之利，虽欲作侥幸之投机，而曾经因此破产或失业者，则以为殷鉴不远，覆辙可惧，即一般实业家经济家亦如目迷五色、坠入五里雾中，以为橡皮营业之前途，发达欤？衰败欤？涨价欤？降价欤？瞻前顾后，踌躇莫决[③]"。

当前我国深化金融改革，资本市场逐步对外开放，上海正在建设国际金融中心，适时推出国际版是题中应有之义。但是，从这段历史看国际版并未

---

① 谢振明：《中华民国立法史》（下册），张知本校订，809 页，北京，中国政法大学出版社，2000。

② 《上海交易所之组织概况》，载《银行周报》，第 58 号。

③ 凌瑞拱：《今后之橡皮营业如何》，载《东方杂志》，第 20 卷第 19 号，1923 年 10 月 10 日。

给中国带来福利，相反带来的是一场财富洗劫。历史当然不会简单重复，中国在当今世界经济体系的地位远非日落西山的清帝国所能比拟，当前中国金融体系的发达程度和监管水平也远超清末时的情形。"金融开放与金融监管两者缺一不可。没有监管的开放只会引起混乱，而不利于经济发展"。① 因此，以史为鉴，中国金融国际化进程在制度设计需要慎之又慎，尽可能防患于未然。

（撰稿人：徐加根　审稿人：曾康霖）

参考文献

［1］叶世昌：《上海股市的第一次高潮和危机》，载《复旦学报：社科版》（沪），2008（2）。

［2］田永秀：《1862—1883 年中国的股票市场》，载《中国经济史研究》，1995（2）。

［3］彭厚文：《19 世纪 80 年代上海股票交易的兴衰》，载《近代史研究》，1999（1）。

［4］成九雁、朱武祥：《中国近代股市监管的兴起与演变：1873—1949年》，载《经济研究》，2006（12）。

［5］朱晓翔：《清朝时期的股灾》，载《读书文摘》，2010（8）。

［6］雪珥：《辛亥：计划外的革命》，中国画报出版社，2011。

［7］潘晓霞：《投机、泡沫与危机：以 1883 年上海钱庄倒账风潮为中心的考察》，载《历史教学》（高校版），2007（5）。

［8］杜恂诚：《中国近代的三次金融风潮及其启示》，载《改革》，1997（2）。

［9］张国辉：《中国金融通史》，中国金融出版社，2003。

［10］谢振明：《中华民国立法史》（下册），张知本校订，北京，中国政

---

① 梁小民：《清末金融危机：没有监管的开放》，载《经济视点报》，2009 年 2 月 26 日第 B14版。

法大学出版社，2000 。

[11] 杨二兰：《从徐润房地产投机看1883年上海金融风潮》，载《唐山师范学院学报》，2007（1）。

[12][美] 郝延平著，陈潮等译：《中国近代商业革命》，上海，上海人民出版社，1991。

[13] 李英铨：《论1882—1883年中国金融风潮》，载《安徽史学》，2005（6）。

[14] 于雁、姜海、曹流：《论清政府与1883年金融危机》，载《湖北师范学院学报（哲学社会科学版)》，2001（2）。

[15] 史立丽：《1897年上海贴票风潮述略》，载《上海金融》，2001（12）。

[16] 叶世昌、潘连贵：《中国古近代金融史》，上海，复旦大学出版社，2001。

[17] 崔磊：《中国近代五次金融危机研究》，复旦大学硕士学位论文，2001。

[18][美] P. 金德尔伯格：《西欧金融史》，270页，中国金融出版社，1991。

[19] 朱荫贵：《近代上海证券市场上股票买卖的三次高潮》，载《中国经济史研究》，1998（3）。

[20] 翁礼华：《橡皮股灾：清王朝灭亡的导火索》，载《经济研究参考》，2012（4）。

[21] 季我努、范裴裴：《撼动清朝的股灾——1910年上海橡胶股风潮》，载《世界博览》，1999（2）。

[22] 中国人民银行上海市分行：《上海钱庄史料》，上海人民出版社，1960。

[23] 菊池贵晴著，邹念之译：《清末经济恐慌与辛亥革命之联系》，载《国外中国近代史研究》（第二辑），中国社会科学出版社，1981。

[24] 盛丕华：《上海钱庄亟宜改良图存私议》，载《新闻报》，1911年9

月 11 – 13 日。

　　［25］杨勇刚：《中国近代铁路史》，上海书店出版社，1997。

　　［26］张秀莉：《橡皮股票风潮再研究》，147 – 150 页，载《社会科学》2009（4）。

　　［27］黄季陆：《辛亥年四川保路运动史料汇编》上册，台北国史馆史料处，1981。

　　［28］李刚：《辛亥革命前夜：大清帝国的最后十年》，三联书店（香港）有限公司，2011。

　　［29］朱斯煌主编：《民国经济史》，银行周报社，1948。

　　［30］杨荫溥：《上海金融组织概要》，商务印书馆，1930。

　　［31］上海市档案馆编：《旧上海的证券交易所》，上海古籍出版社，1992。

第二章
百年中国治理通货膨胀思想学说和主张

　　一般来说，通货膨胀是货币贬值、物价普遍上涨的经济现象。在金属货币流通时期，由于流通中的金属货币贬值，也曾经发生过通货膨胀。但近百年来，中国通货膨胀更多的是与价值符号流通相关，也就是说近百年的通货膨胀多是在价值符号流通条件下产生的币值下跌、物价上升的经济现象。这一现象已经成为阻碍社会经济体系正常运转的最大困扰之一，一直被人们高度关注。它吞噬人们的财富，引发失业等社会问题，让很多人陷入赤贫、饥寒交迫甚至无家可归的境地，引起社会的动荡不安；有的通货膨胀是由战争引发，有的则可能引发战争，甚至颠覆国家政权。对于通货膨胀的危害，凯恩斯曾指出，再没有什么比通过摧毁一国的货币来摧毁一个社会的基础更容易的事情了。有鉴于此，探求通货膨胀产生的根源，分析稳定通货的理论基础，寻找治理通货膨胀的善策良方，成为经济学家重要的使命和责任。本文将对辛亥革命至 2010 年的一百年间，我国经济学家对通货膨胀的认识以及治理通货膨胀思想学说的发展脉络和思维逻辑进行梳理，力求系统反映百年来中国治理通货膨胀思想学说和主张的发展历程和总体轮廓。

　　金融思想不是形而上的，它源起于经济社会发展过程中，它的产生、发展不可能脱离当时的经济条件和社会环境而独立演进，必然遵循一定的客观历史规律。无论是金融思想的总体发展趋势，还是某一时、一人的思想观点，都必然带有深刻的时代烙印。本文以时间为序，并以通货膨胀在不同历史时

期产生的机理——货币供给机制变化和资源配置机制变化为标准,把这一百
年划分为四个时期。新中国成立以前,以法币改革为标志,分为两个时期,
新中国成立后,以改革开放为标志,分为两个时期。作这样划分的理论依据
是看形成社会总需求的货币供给的自由度的大小,也就是以货币供给机制是
受到强约束还是弱约束作为标准。在法币制度未确立前,我国实行的是银本
位制的货币制度,货币供给机制受银本位的约束,这是一种强约束。而法币
制度确立后,实行金汇兑本位的货币制度,货币供给机制表面上受外汇供求
影响,实际上外汇约束的度很低。新中国成立至改革开放以前这段时期,我
国实行的是计划经济,资源是由中央政府按照计划统一调配。改革开放以后,
随着市场经济体制的逐步确立,市场在资源配置中的基础性作用逐渐发挥出
来。这种资源配置机制由计划向市场的变化,主要表明能向社会提供商品的
资源分配的自由度的变化,从而影响社会总供给的变化。自由度高,提供商
品的深度、广度就扩展。相反,自由度低,提供商品的深度和广度就收缩。
考察通货膨胀的问题,实际上是观察总供给与总需求是否平衡的问题。所以,
以此为划分标准,把百年划分为四个时期。按照这样的划分标准,对关于治
理通货膨胀思想学说和主张进行梳理,并作简要评述,以期以史为鉴,启迪
后人。

一、法币改革前(1911—1934 年)治理通货膨胀思想学说和主张

法币改革以前,北洋政府时期实行的是以银元为主、两元(银两、银元)
并行、银元铜元和纸币并用的货币制度。后南京国民政府因银本位制深受银
价时而暴跌、时而暴涨的影响,货币制度稳定性差,于 1933 年废两改元。但
总体来看,这段时期实行的是金属本位制,治理通货膨胀思想学说和主张,
主要是围绕着京钞贬值的原因、稳定京钞的办法和银价波动的根源、解决银
价波动的对策等具体问题开展讨论和研究。

（一）"京钞风潮"——近代中国第一次面临通货膨胀

北洋政府统治时期，军阀筹款主要靠作为国家银行的中国银行、交通银行发行可兑现的银行券。1915 年袁世凯要恢复帝制，加之镇压云南起义军费大增，中央财政陷入入不敷出的窘迫境地，时任财政总长的梁士诒为了给袁世凯筹划军政费用，令中国银行、交通银行大量印发钞票。中国银行的发行额在 1913 年还只有 502 万元，到 1915 年底猛增至 3844 万元。交通银行为筹措帝制费用垫付大量款项，单是"大典筹备处"费用即达 2000 万元之巨。1916 年底洪宪登极前夕，中国银行垫款 1204 万元，交通银行则达 4750 万元，占该行当时全部放款的 94%，占全部存款的 72%。[①] 超发导致两行钞票大幅贬值，不仅严重威胁着广大市民的生计，也动摇了两行的信用基础，引起两行广大商股的强烈不满和反对，京津冀等地陆续发生了"京钞风潮"。"京钞风潮"实际上是银行券不兑现产生信用危机，导致物价上涨而发生的通货膨胀。1916 年 5 月 12 日，北洋政府下令中、交二行钞票停止兑现，市面出现骚动，物价上涨，现银绝迹。商人们怕承担损失，纷纷拒收京钞，而银行对北洋政府的垫款却仍日渐增多。5 月停兑时，京钞流通及存款数合计 2600 万元，10 月达 4600 万元，第二年 12 月增到 9700 万元。京钞币值迅速下跌，一般常在 7~9 折之间。在各界压力下，北洋政府不得不着手对京钞进行整理，通过节制发行、收回旧钞等手段，达到抑制通货膨胀的目的。后来中、交两行通过供款和发行公债，用了六七年时间陆续收回超发的京钞，才稳定住币值，"京钞风潮"宣告结束。

1. 对"京钞风潮"产生原因的分析

"京钞风潮"表面上是政府为筹款指使国有银行超发纸币，纸币价值锐减导致通货膨胀。但当时的学者、银行家等专业人士对这一事件的深层次原因进行分析，主要有以下几种观点：

---

① 洪葭管：《张嘉璈与中国银行》，载《近代史研究》，1986（5）。

第一，金融与财政不独立，导致银行成为政府的附庸。张嘉璈①认为，银行以发行货币为财政垫款，那么银行信用就难以确立。本次通货膨胀的根源，很重要的是因为财政金融不分，遇到财政困难时，政府就以银行作为印钞机，或增发银行券，或要求银行垫款。当时中国银行实际上就肩负了中央银行和商业银行两种职责，作为中央银行，自然要为政府的财政赤字融资。北洋政府的财政赤字几乎完全由中国银行和另一家国有银行交通银行垫款解决。这些财政垫款在两家银行多转化为货币发行，于是两行的银行券发行量直线上升，最终必然引发通货膨胀。姚崧龄②也持同样的观点，他认为，"周学熙（时任北洋政府财政总长）着重于财政收支，视银行为政府之外库，其心目中之中国银行，仅为一政府的银行而已"。陈光甫③也提出，银行不应该成为政府机构的工具，不能为了政治目的而滥用发行权。否则银行必然会重蹈过去官钱局的覆辙，陷入难以自拔的困境。

第二，信用丧失是纸币贬值的主要原因。马寅初④认为，纸币作为一种信用通货，价值跌落原因一是发行过量，二是信用丧失。其中发行过量导致纸币贬值需要一个过程，而政府宣布停兑，导致京钞信用丧失，是纸币快速贬值的直接原因。马寅初称"中国纸币之量虽不多，然人民于政府之信用，素以薄弱，朝下停兑之令，夕减纸币之值。如影随形，毫厘不爽。夫纸币者，

---

① 张嘉璈（1889—1979）：字公权，1904年考取秀才，1905年考入北京高等工业学堂，后赴日本东京应庆大学进修财政学。1914年任中国银行上海分行副经理，1916年任总行副总裁。后曾任中国银行总经理，中央银行副总裁、总裁等职。解放后移居美国，在洛杉矶罗亚拉大学和斯坦福大学胡佛研究所著书讲学。

② 姚崧龄（1900—1984）：早年留学美国，先后入芝加哥大学、俄亥俄大学、宾夕法尼亚大学学习。历任中山大学、南开大学、上海商学院教授。后入中国银行总管理处任职，1943年任四行（中央、中国、交通和农民银行）会计处处长。

③ 陈光甫（1881—1976）：毕业于美国宾夕法尼亚大学，创办上海商业储蓄银行，曾任国民政府财政委员会主任委员、财政部次长等职，1936年代表中国政府赴美签订《白银协定》。后任国民政府委员，主管中央银行外汇平衡基金委员会。

④ 马寅初（1882—1982）：曾留学美国，先后就读于耶鲁大学和哥伦比亚大学。回国后在北京大学任教，先后任经济系教授、系主任和教务长，发起成立"中国经济学社"并长期担任社长。1927年任浙江省政府委员、南京立法委员、立法院财政委员会委员长、立法院经济委员会委员长。1929年后任南京中央大学、上海交通大学、苏州东吴大学教授，重庆大学商学院院长。1949年后历任中央人民政府政务院财政经济委员会副主任、华东军政委员会副主席、浙江大学校长、北京大学校长等职。

信用通货也。失其信用于人民，虽有严刑峻法，禁止折色，欲期评价流通，难矣"。① 陈光甫也认为，"办银行者第一在于信用"，"处处以信用为前提"。②而北洋政府对银行缺乏严格的管理，各银行只要向政府提出申请，就可以获得钞票的发行权。各银行为了牟取暴利，竞相发行纸币，结果造成纸币大量贬值，不仅严重损害了广大民众的利益，也使银行信用扫地，不断发生挤兑风潮。三是缺乏统一的货币发行。宋子文③认为，建立中央银行的一个很大原因，就是可以通过中央银行，对本国银行加强监控，即由政府核准其经营权和纸币发行权。孙中山令宋子文在广东筹建中央银行，作为以后在全国范围内创建银行体系的先导。当时南方革命政府内部伸手向中央银行要钱的人非常多，希望中央银行多发纸币的人也很多，宋子文在孙中山的支持下，顶住各方压力，努力维持中央银行信用，最终中央银行纸币的信誉日渐好转。周学熙④也曾提出，发钞权应由中央银行垄断，反对分散发行制。他认为商业银行如果拥有发行权，往往会使钞票发行过多，久而久之就变成不兑现的纸币，从而发生通货膨胀。

2. "京钞风潮"的影响与治理过程

"京钞风潮"作为辛亥革命后我国面对的第一次通货膨胀，马寅初对其影响进行了描述。他认为，停止京钞兑换是政府强制向人民借债，以缓解财政困难，这无异于是劫夺，不合理法。但是其影响还不仅于此。"纸币停兑，币值跌落，债权者受到莫大损失，债务者享受意外之利，破坏社会契约、紊乱社会经济。更会造成物价进退不定、市场因而震摇，工商业者无所适从。贤

---

① 马寅初：《大战前欧美各国之不换纸币与中国的京钞》，载《马寅初全集》第 1 卷，浙江人民出版社，1999。

② 陈光甫：《论著：谈话录三十八（二十年十二月三十日行务会议）》，载《海光》，1932 年第 4 卷第 1 期。

③ 宋子文（1894—1971）：曾留学美国，获哥伦比亚大学经济学硕士学位。1923 年任孙中山英文秘书兼两广盐务稽核所经理，参加筹办中央银行，任首任行长。后又升任国民政府财政部长，兼任广东省财政厅长。1926 年起任国民政府委员、财政部长、全国经济委员会主席、中央银行总裁、行政院副院长、代院长等职。1935 年任中国银行董事长。

④ 周学熙（1866—1947）：实业家，于 1912 年、1915 年分别任北洋政府陆征祥内阁和徐世昌内阁财政部长。1919 年创办中国实业银行，任总经理。

者踟蹰不前，歇业坐困，不肖者铤而走险，冒昧投机，以求殖利。长此下去，投机之风必然充斥市场，商业风纪道德尽毁无余"。①

　　"京钞风潮"的治理，主要是在张嘉璈的主持下开展的。1917 年 7 月，梁启超出任财政总长后，张嘉璈以中国银行副总裁身份开始负责整理京钞。张嘉璈制定了整理京钞的三大办法：一是扩充商股。1917 年 11 月 5 日，新《中国银行则例》颁布，明确官股商股不应有数额限定，"凡政府之股份，得随时售予人民"。与此同时，要求成立股东总会，"招足一千万元即成立股东总会"；无论董事、监事，"悉由股东总会选任"。这么一来，一种官商相互制衡的机制就形成了。二是限制政府垫款。张嘉璈恳切呼吁财政部"自今以后，不再责令垫发钞券"，财政部总长曹汝霖复函中、交两行："自 1918 年 10 月 12 日起，不再令两行垫付京钞，两行除付京钞存款外，亦不得以京钞作为营业资金。"本次京钞整理的最大收获就是财政部答应不再责令两行为政府垫款，此承诺也成为京钞问题得以解决的关键。三是收回前期政府垫款。经过两次开兑失败，政府和中国银行、交通银行两行都意识到要恢复兑现，首先要解决资金问题。中国政府向日本政府贷款 1.45 亿日元，政府财政困难有所缓解。在中、交两行的要求下，政府发行了民国七年、民国九年公债，吸收京钞，京钞数目大减，京钞风潮得以最终解决。

　　3. "京钞风潮"时期的治理通货膨胀思想学说和主张简评

　　北洋政府时期，我国的金融机构和金融工具得到了较快发展，华资银行已经形成一定规模。"京钞风潮"虽然波及面不广，起因和治理过程也不算复杂，但却开启了近代我国经济学家注重研究、治理通货膨胀的先河，对我国近代治理通货膨胀思想的产生、发展具有深远的意义。这次风潮，实际上是由政府依赖国有银行发行货币来解决财政赤字问题所引起的，这也是近代经济界第一次关注到通货膨胀与财政赤字的关系，如何认识财政性的金融业务潜伏着的危机，这是通货膨胀理论中非常重要的一个命题。针对这个问题，这一时期提出的"金融与财政独立，金融不能作为政府附庸"、"银行不能成

---

① 马寅初：《大战前欧美各国之不换纸币与中国的京钞》，载《马寅初全集》第 1 卷，浙江人民出版社，1999。

为政府提款机"、"维持纸币信用"等观点，现在看来仍然是具有进步意义的，这也在实践中得到了证明。此外，"建立官商制衡的中央银行"、"中央银行统一货币发行权和经营权"等政策主张，在解决"京钞风潮"问题上也都发挥了重要的作用。可以说，这些反通货膨胀的思想为我国近代通货膨胀理论的产生发展奠定了重要基础，从某种意义上说，具有非常突出的启蒙意义。此外，"京钞风潮"时期提出的预防通货膨胀的政策主张，削弱了中央政权对银行的控制权，中、交两行逐步由国家银行向商业银行方向转化，客观上推动了政府确立金融与财政独立、商股控制中央银行、近似美联储式的现代银行制度，也促进中国银行成为一个健全独立的中央银行。

中国传统的金融思想曾处于世界领先地位，后来逐渐走向衰落。北洋政府时期，西方经济学的传播已较以往有了较大的进步，一些西方先进的经济学理论和思想逐步传入中国。当传统的金融思想无法解释新的情况、新的问题时，人们开始从西方的金融理论中寻找答案，中西方经济思想交流更为活跃。但总体来看，我国经济学的研究仍较为薄弱，不成系统，能够结合我国经济实际提出有针对性的见解的学者不多，对通货膨胀的研究也是如此。朱通九[1]曾对这一时期经济学研究的进展作过论述，"民国初元，国人自东西洋返国者日众，其自国外携带回国之礼物——各种经济学说——亦日多，而国内各大学亦特设专科或专系，请东西洋留学生担任讲授，将自外国携回之礼物，分送与国内之青年学子，而青年学子并转送与家族或乡间戚友。至是经济学之声誉，始行远播……而其引起国人以外人研究经济学之方法从事分析国内经济情状者，尚未开始"。[2] 可见，此时的经济学发展，还是我国传统经济思想的延续，国人仍然用中国传统的话语体系来分析中国的实践，在与西方新兴经济思想的碰撞结合、消化吸收方面，还有很长的路要走。即便如此，它的启蒙意义仍然突出，开创了我国近代研究通货膨胀的先河，具有十分重要的地位和作用。

---

[1] 朱通九：复旦大学资格最老的经济学家之一。1922 年，朱通九著《劳动经济概论》，由上海大东书局出版，这是我国最早的劳动经济专著。朱通九的研究遍及劳工问题、金融问题和经济思想。

[2] 朱通九：《近代我国经济学进展之趋势》，载《财政评论》，第 5 卷第 3 期，1941。

（二）银价波动与金属本位制下治理通货膨胀思想学说和主张

中国自采用银本位制以来，银贵银贱问题更迭发生，银价波动成为阻碍中国经济发展的一个大问题。1935 年 11 月法币改革前，中国以银元为货币，国际金融市场的剧烈变化造成银价的巨大波动，给中国的货币制度造成重大冲击。在开放经济条件下，世界银价涨跌左右了中国银价即中国币值，由此引发中国外汇、物价的变动和白银的国际流动。1929 年秋冬世界经济危机爆发，世界物价下跌，银价也随之跌落。由于原来的用银国印度、越南改实行金本位，日本又实行金解禁，全球对黄金的需求大增，对白银的需求减少，实行银本位的中国成为全球唯一白银使用大国，因而白银开始大量流入中国，黄金则大量流出国境。金少银多，银价大落，金价升腾，一度出现金贵银贱风潮。据统计，1920 年金银比价为 1∶15.3，1929 年比价为 1∶38.6，及至 1932 年初，金银比价已达 1∶70.5。这引起了中国经济学界的热烈讨论，普遍认为银价下跌对中国不利，银价跌落说明国内整体财富和全社会购买力下降，影响到全国人民的经济生活。进口洋货价格上涨，国内工业产品的价格也随之升高，农产品的价格变化较少，但"剪刀差"在增大，也阻碍着农业的发展。当物价猛升时，工资收入常追随不上。通常零售价格比批发价格的感应更为迟钝，但在 1929 至 1931 年间银价骤跌时，上海的生活费增加极快。据统计，以 1928 年为基期，上海批发物价指数为 102，1929 年为 104.5，1930 年为 114.8，1931 年为 126.7；而生活费指数 1929 年为 107.9，1930 年为 121.8，1931 年为 125.9。[①]

1931 年秋，英国、日本、美国等国家相继放弃金本位，开始实施通货贬值政策，世界主要国家物价相继上涨，银价也随之上涨，中国在 1932 年即出现银价上涨物价下跌现象。1932 年年中，上海的洋厘价格跌到 6 钱 8，是元、两并用以来的最低纪录，国内大量银元被熔铸成银锭开始外流，当年即流出 1039.5 万元。[②] 1934 年，美国政府颁布《银购入法》和《白银购买法案》，

---

① 谷春帆：《银价变迁与中国》，商务印书馆，1935。
② 实业部银价物价讨论委员会：《中国银价物价问题》，上海出版社，1936。

宣布向世界大量购买白银，进一步抬高银价，随即纽约和伦敦白银市场的价格持续上扬。于是，大量白银更加急速流出中国，1934 年中国流出白银 25994 余万两，还不包括走私在内。白银大量外流，国内银根紧缩，物价开始下跌，上海趸售物价指数如以 1926 年为基期，1934 年 8 月为 99.8%，1935 年 3 月降低为 96.4%，5 月为 95%，7 月为 90.5%，比 1934 年 8 月低了 9.3 个百分点。① 银根紧缩，致使人心浮动，资金逃避，物价下落，工商业凋敝，银行倒闭，信用收缩，国内国际贸易萎缩，人民收入减少，又造成购买力进一步下降，延续至 1935 年爆发了"白银风潮"。对此，中国经济学界掀起了更大规模更为热烈的讨论。

1. 银价波动的原因分析

关于银价波动的原因，在金贵银贱和银价暴涨两个时期，主要有以下几种观点：

（1）金贵银贱的主要原因

关于金贵银贱的原因，学者们提出的观点各不相同，赵兰坪②曾经对这些观点作过总结，"就银价下落原因而论，则有归咎于金价之上涨者。至于金价之何以上涨，则多归咎印度安南之行金汇本位，与日本之解除金禁。此即从国际间对于黄金之需要增加，说明金价之腾贵。其现象，即为上海标金市价之飞涨，金价即贵，金汇即高。其反面，即为银汇之下落。又有除从黄金之供求方面观察外，更进而从白银之供求方面，说明银价之下落。以为日本之解除金禁，以及印度安南之实行金汇本位，皆足以减少白银之需要。需要即减，其价自跌。更有从世界金银之产销情形立论者，以为世界黄金之产销额日减，而其需要反增。白银之产额，则随铜锡产额之增加。但其需要，则反日见减少。结果，必然产生金贵银贱现象"。③ 具体列举如下：

一是日本禁金政策解除论。马寅初认为，此次金价奇涨银价暴跌的原因

---

① 洪葭管：《白银风潮》，载《中国金融》，1988（6）。

② 赵兰坪（1892—?）：清末留学日本庆应大学，获经济学学士，著名的货币金融学家，历任暨南学校、国立东南大学、国立中央大学及中央政治学校经济学教授。

③ 赵兰坪：《十年来我国金融问题之回顾（上）》，载《时事月报》，第 22 卷第 1 期，1940 年 1 月号。

更重要的是日本实施金解禁政策。"自日本金解禁之后，现金可以自由输出……外汇大跌，日金奇涨，日金之涨，即中国标金之涨，银标金买卖，多用东汇结价之故也。标金既涨，银价自跌。"① 此外，日本政府为防止解禁后大量现金流出，必然会预先购买标金以备不测，市场上标金渐少，致使日本以外的其他国家特别是银本位制的国家如中国，金汇高涨，银价跌落。至于白银供求规律的影响，他认为不是这轮银价暴跌的根本原因，"白银的供给大于需求，导致银价跌落是供求规律的结果，这种跌价要经过相当的时期，才互相消长，形成金贵银贱的局面。绝不能说在几天之内就能暴跌下去"。②

二是国际资本流动论。黄元彬③认为，白银价格的波动状况主要是由外部国际因素决定的。伴随着世界经济危机而来的白银价格的暴跌，导致中国货币贬值，其实质是国际资本大规模的流动和转移。由于中国银本位制的货币制度同世界金本位制之间存在货币体系的分裂，白银大量流入中国，同时世界银价低落，使中国在通货紧缩和物价下跌的危机中，反而表现为通货膨胀和物价上涨。

三是"复式投机论"。徐佩琨④认为，不能简单地用金银之间供求关系变化来解释金贵银贱现象，他提出，"上海银汇系受国际价偿付、东汇、标金投机、伦敦大条银价，及其他许多无形势力所影响。此类势力之中，除国际偿付一端外，余皆可以投机一项包括之。由原理上言，上海银价系受国际偿付原理及投机原理二项所节制，但因二者之中，后者之影响最为卓著。故此次汇兑现象，可纯以后者一端解释之。除此以外之理由，著者深信其全属无用，反易引起错误结果。抑有进者，此复式之投机原理，在中国金融制度未加改

---

① 马寅初：《银价跌落救济问题》，载《马寅初全集》第 6 卷，浙江人民出版社，1999。
② 马寅初：《银贱潮中应注意前因后果》，载《马寅初全集》第 6 卷，浙江人民出版社，1999。
③ 黄元彬（1892—1964）：日本东京帝国大学经济系毕业，历任北京大学、广西大学、中山大学、法政大学教授。抗战胜利后，任国民政府立法委员、财政部长顾问、全国经济委员会委员等多个职务。新中国成立后，任职于财政部和中国人民银行。
④ 徐佩琨（1892—1980）：早年曾留学美国，获俄亥俄大学经济学硕士学位，曾任上海交通大学交通与管理学院教授兼院长，暨南大学、中山大学、香港理工学院等校教授，1931 年 6 月起历任国立中央大学商学院代理院长、院长、国立上海商学院院长。后又任国立北平铁道管理学院院长、国立新加坡南洋大学商学院教授兼院长、致用大学校长等职。

革以前，不但适用于过去与现在，而且适用于将来也"。①

四是白银铸币用途消失论。章乃器②认为各国放弃银本位制之后，白银对于他们的用途越来越小，而中国仍实行银本位制，因此他们开始向中国倾销白银。他提出，"银之铸币用途，既不足维持银之贵金属地位，而银价惨落之结果，银必随而更消失其在工业上供为奢侈品与装饰品之用途，而所遗留者，仅为实用品之用途，以消失贵金地位之银，而欲于使用工业上占一地位，则吾人诚不见其能高出铅镍几何也。近年来，列国之视我，殆犹之一国际之垃圾箱，副产之生银，与旧币熔化之银块，不问我之需要与否，尽量向我抛弃，惟抛弃而需索代价，则宁谓为垃圾箱与旧货店之混合品较为切合而已"。③

（2）银价暴涨的主要原因

美国提高银价后，中国白银随即大量外流，这是当时中国面临的最明显、最严重的问题。究竟是美国的白银政策从根本上导致了中国的白银外流，还是中国对外贸易中存在着巨额入超才是白银外流的根本原因？针对这一问题，当时有两种截然不同的观点。

一是巨额入超论。持这一观点的学者认为，国际贸易入超是中国白银流出的根本原因。张家骧提出，"美国提高银价，不过为国内存银流出之近因，白银外流的根本原因在于我国入超过甚，无法抵补"。④ 马寅初认为解决入超问题才能真正解决白银外流的问题。他提出，"为今之计，欲保国内现银，唯有使国际贸易得其平衡，解决入超。盖入超为现银外流之根本原因，阻止现银外流，当对此根本设法，此已成为举国一致之意见，故言及中国之银问题，

---

① 徐佩琨：《金贵银贱之真相及救济大道》，载《银行周报》，第 14 卷第 17 号，1930 年 5 月 13 日。

② 章乃器（1897—1977）：曾任浙江实业银行副总经理，创办《新评论》半月刊。创立国内第一家中国人自办的信用调查机构——中国征信所，自任董事长。1935 年，受聘于光华大学教授，兼任中兴信社干事，中国大学工商管理系主任。新中国成立后，任政务院政务委员兼国家编制委员会主任委员，中央财政委员会委员，政协常委兼财政组长。

③ 章乃器：《论银价币制问题并质马寅初博士》，载《银行周报》，第 14 卷第 26 号，1930 年 7 月 15 日。

④ 张家骧：《银价提高与中国之关系》，载《银行周报》，第 18 卷第 15 期，1934。

结论必由银问题转入于国外贸易问题"。① 谷春帆②认为，近年现银出口是中国国际收支不平衡的结果，而银价上涨使这种外流成为事实。所以银价提高促使中国白银流出的偶然性，是包含于中国存在严重的国际收支逆差的必然性中的。谷春帆提出，"我认定中国现银外流的危险，在于国际收支之不利，而最后结论，还不能不归根到统制经济、统制贸易上去"。③

　　二是"美国白银政策论"。持这一观点的学者认为，美国的白银政策是银价暴涨的根本原因。因为美国大量收购白银，导致世界银价的上涨快于中国银汇价的上涨，中国白银流出扣除运费和保险费后，仍有厚利可图，所以导致白银大量外流。他们的论述路径基本为国际银价高—汇价高—物价低落—金融恐慌和经济萧条。赵兰坪指出，国际银价上涨是白银流出的症结所在，金融恐慌"至今尚未消灭或竟变本加厉者有二，一为世界各国币制汇价之贬低（此即所谓一般货币贬值政策是也）。二为世界银价之腾贵。去秋以后，世界银价，开始腾贵。但其腾贵程度，比较缓和。今春以来，腾贵较速。最近之将来，或更变本加厉也"。④ 梅远谋⑤认为，中国白银外流和白银库存的减少，是因为中国的白银是货币材料，当它在其他国家里成为普通商品时，在中国它的流通产生同黄金流通一样的效果。他强调，这是中国货币史上从来没有见过的一场如此严重的危机，引起这场危机的原因需要综合考察，但直接的原因是"美国的白银政策"，政策的着力点是使白银升值。针对马寅初等人认为的巨额入超导致白银外流这一观点，赵兰坪在《中国经济金融财政志根本自救方案》中列举1930—1931年的历史事实进行批驳。这两年中国贸易

---

　　① 马寅初：《我国银本位应放弃乎抑应维持乎》，载《马寅初全集》第7卷，浙江人民出版社，1999。

　　② 谷春帆（1900—1979）：先后在上海、河南、南京等地邮政局任职，后任邮政总局副局长。早年加入中国经济学社，致力于宏观经济问题研究。

　　③ 谷春帆：《金融恐慌与伸缩税率》，载《社会经济月报》2卷第5期，1935。

　　④ 赵兰坪：《中国经济金融财政之根本自救方案》，载《中央日报》，1935。

　　⑤ 梅远谋（1897—1980）：1932年赴法国巴黎大学留学，获巴黎大学经济学硕士学位，后获得南锡大学经济学博士学位，1937年回国后任重庆大学商学院教授，后又到四川大学、东北大学、云南大学任教。1953年到四川财经学院任教。

入超严重，白银反有大量进口。顾翊群[①]比较了第一次世界大战以来的贸易统计和白银进出口状况，发现从 1920 年开始，入超和白银进口数额一同增加，而"九·一八"事变以来入超逐年减退，白银出口却年有增加。

2. 银价波动的影响

在银本位制下，银价无论涨落，对经济俱有弊害。银价上涨则物价下跌，工商业者有破产的风险；银价降低则物价升腾，消费者劳动者利益受损。具体来说，有以下几种观点。

金贵银贱时期，一种观点是银贱有利论。黄元彬认为金贵和银贱是两码事，金贵对我国没有坏处，银贱对我国反而有利。[②] 唐庆增[③]认为银贱对我国的出口有利，"金贵银贱之影响，普及我国社会全体，尚专从对外贸易方面言之，非绝对无利益者，盖我国大可乘此时机，推广出口"。[④] 多数学者认为银价下跌对我国大有弊害。俞寰澄[⑤]先分析了金贵银贱对我国的利弊。害处是物价贵生活费增高，全国购买力减少，商业凋敝，外债吃亏。利益有仿造之工业易兴，出口货物竞争易于制胜。不过他认为因我国内战只能蒙受其害而利益难见。[⑥] 马寅初详细描述了金贵银贱对我国的影响，"工商各业均成停顿状态，市面恐慌，非言语所能形容，受害最烈者为一帮尚未结价之进口商"。[⑦]

---

① 顾翊群（1900—?）：在北京大学旧制三年预科毕业后，入北京政府财政部任职，后回北大攻读金融、工商管理专业。1921 年赴美留学，先后在印第安纳州、俄亥俄州学府与纽约大学获工商管理学士、硕士学位。回国后在上海金融界任职。1936 年，任国民政府行政院参事，同年与陈光甫等赴美，与美国财政部交涉白银问题，订立《中美白银协定》。

② 马寅初：《评黄元彬银贱有利于中国说》，载《马寅初全集》第 6 卷，浙江人民出版社，1999。

③ 唐庆增（1902—1972）：1920 年留美，1923 年获经济学学士；后入哈佛大学学习财政学和西洋经济思想史，获硕士学位。归国后长期从事教学科研，历任上海商科大学、交通大学、浙江大学等校经济学教授及光华大学、大夏大学经济系主任。他与马寅初都是中国经济学社骨干，并主编《经济学季刊》，在当时经济学界颇具影响。1949 年以后，长期担任复旦大学经济学教授。

④ 唐庆增：《再论银价问题》，载《银行周报》14 卷第 25 号，1930。

⑤ 俞寰澄（1881—1967）：1912 年当选为浙江省议会议员、第一届国会众议院议员。1916 年在北京任中国银行副总裁。1917 年南下广州参加孙中山发起的护法运动。后在上海与友人开办上海市证券交易所，任理事、证券商业同业公会理事长。1949 年后历任政务院财经委员会委员，首届全国政协委员、上海市政协委员等职。

⑥ 俞寰澄：《各方面对于金银贵贱之意见》，载《银行周报》14 卷第 3 号，1930。

⑦ 马寅初：《银价跌落救济问题》，载《马寅初全集》第 6 卷，浙江人民出版社，1999。

"就目下情形而论，银价下落，不但无法偿还外债，即吾国之孤儿寡妇、老弱残废之人，颠连无告。人世至苦，日常所入，仅赖区区公债或一定金额，无端损失过半，则生者无以为生"。"故此次风潮非单纯之金贵银贱问题，乃社会问题也，道德问题也，政治问题也"。① 马寅初还批评了黄元彬银价跌落有利于中国出口的观点，"1930 年出口额比 1929 年减少了 34%，1932 年之进口货，比较 1931 年短少三亿几千万元，出口货短少四亿几千万元。是出口贸易额之减少反比进口贸易额为大，足见银价跌落可以增进出口贸易之说，于事实上说不通。"② 还有一种观点认为银贱对我国整体来说没有影响。刘大钧③认为，总体上看金贵银贱没有太大影响。"有许多人对于这个问题，还有不少误会，而且觉得有大难临头，惶惶不可终日的，其实事实并没有什么不得了，银价暴跌，我国政府和一部分的人民当然受损失，而全国一并算起来，并不一定有甚大的损失。"④

银价暴涨时期，多数人认为对经济社会有害无利。马寅初认为，银价暴涨，"我国既用银为本位，银贵则使用之牺牲大，因需以更大之出口货物方可换取同量之银，此其一；一般物价将因本位币价值之日高而大跌，工厂倒闭，工人失业，故为可怜，而农产品价值大跌后，农民收入将不足偿其成本，生活益陷于困境，此其二。此今日白银问题，于吾国所以更觉严重也"。⑤ 黄宪章认为，抬高银价增加了中国货币对外国货币的比价，似乎很有利于中国，实则不然。他提出三条理由，第一，国外银价抬高之后，中国的存银必然向

---

① 马寅初：《救济银荒非亟采虚金本位不可》，载《马寅初全集》第 5 卷，浙江人民出版社，1999。
② 马寅初：《评黄元彬银贱有利于中国说》，载《马寅初全集》第 6 卷，浙江人民出版社，1999。
③ 刘大钧（1891—1962）：毕业于京师大学堂，1911 年赴美国密歇根大学攻读经济学和统计学，1915 年获学士学位。1916 年任清华大学经济学教授，1919 年任北洋政府经济讨论处调查主任，1929 年任国民政府立法院统计处长，后任统计局局长。1933 年在上海执会计师业务，兼中国经济统计研究所所长。1937 年任军事委员会国民经济研究所所长。1941 年兼任中央银行经济研究处专门委员和重庆大学商学院院长。1947 年任关税及贸易总协定起草委员，后任国民政府经济部驻美商务参事。
④ 刘大钧：《银价问题》，载《中央日报》，1930 年 3 月 16 日。
⑤ 马寅初：《美国白银政策与我国之利害》，载《马寅初全集》第 7 卷，浙江人民出版社，1999。

外大量流出，将会使中国的通货准备金不足，加上华侨汇款减少，国内必然缺乏银货，将变成纸币世界，从而必会引发金融恐慌。第二，银价提高使汇价上涨，有利于外国输出，而减少中国的输出，从而加重入超。因此，中国负债与日俱增，更加依附于资本主义国家的经济而生存，将使得中国经济更加殖民地化。第三，银价提高后，国内铜币价格即相对跌落，平民的生活更受严重的压迫，不但一般购买力降低，而且更加促使农村经济破产。①

3. 银本位制下维持币值稳定的对策

国民政府采取了一系列应对措施，以求稳定银价，实现对经济的救济。以马寅初、刘大钧、顾翊群、黄元彬、赵兰坪等人为代表的经济学界对此反映强烈，积极撰文阐述自己的思想观点，响应政府决策征询，掀起了中国经济论争的高潮。这一时期提出的对策大致可归为两类，追求国际收支平衡以稳定银价和放弃银本位制采行管理通货制。

一是贸易平衡论。在金贵银贱时期，马寅初提出了设立汇兑银行以稳定银价的主张。马寅初认为，设立汇兑银行可以调剂汇兑，使金银之间保持相应的平衡，以操控银价，"虽不能使银价回涨，亦足以使之安定"。② 徐佩琨提出，可采用禁止现金出口、禁止现银进口和生金银进口征税三个办法，以促使贸易尽量平衡。"以上三端，统为最有效力之救济办法，不拘何法，皆能获得完善效果"。③

针对 1933 年银价暴涨的情况，马寅初指出，国际贸易若有改善，使进出口略为平衡，或进而处于出超地位，则"银根不至甚紧，利率不致飞涨，一切问题，不难迎刃而解也"。④ 他进而提出了三个改善国际贸易的方法：第一，减少进口。提倡国民崇尚节俭，减少对进口货物的使用。第二，增加出口。向国外大力推广我国的特产，拓宽海外销路。第三，双方并进。一面减少进口，一面增加出口，则其效果更快更好。这三种方法的关键在于振兴国内工

① 黄宪章：《世界经济恐慌与中国货币》，载《国立上海商学院院务半月刊》，1934（23）。
② 马寅初：《银价跌落救济问题》，载《马寅初全集》第 6 卷，浙江人民出版社，1999。
③ 徐佩琨：《金贵银贱之真相及救济大道》，载《银行周报》14 卷第 17 号，1930 年 5 月 13 日。
④ 马寅初：《中国金融制度之缺点及其改革方案》，载《马寅初全集》第 7 卷，浙江人民出版社，1999。

业，"使民生之必需品能首先自给，则进口之减少，或出口之增加，庶皆有切实之基础"。① 谷春帆也主张要维持国际收支平衡，认为"中国现银外流的危险，在于国际收支之不利……脱离金属本位在中国又危险，而不脱离金属本位，又脱不了银价汇价涨落的痛苦，适当的关税政策，则可以用来抵消银价汇价等等涨落的扰乱。我意今日之中国，经济供需之调整，乃属最根本之要图，内则济之以低利政策，以助生产之发展，外则辅之以贸易统制政策，以维持国际收支之平衡"。②

二是货币改革论。对 1929 年金贵银贱风潮，许多经济学家认为，为了防止中国银价受世界银价下跌的影响，只有改革币制，普遍的认识是应该废两改元。马寅初提出，解决金贵银贱风潮，治标的方法是上文提到的设立汇兑银行，而治本的方法是改行金本位或虚金本位，首要是废两改元。他认为，就世界大势来看，世界各国大多都已采用金本位。我国为在汇兑、国际贸易中免除银贱带来的损失，必须尽快改行金本位。"为一劳永逸计，唯有采用金本位之一法。"③ 但是，采用金本位有两个难题，一是中国不是产金国，采用金本位难以骤然成功；二是中国币制混乱，民众无本位观念。"因此之故，似有非改虚金本位以为过渡之办法不可。在国内用银，在国际则用金，既可以适合国内之生活程度，又可以免除银价跌落之风险与损失，诚一举两得也"。④ 刘大钧也同样持此观点。寿勉成⑤则主张实行"科学的银元本位制"，他批评金本位说："所谓金本位的意义，就是要拿金子的价值，做一切交换价值的标准，把钱币看作货物一样，这是最不科学的一种钱币观念。"⑥ 科学的银元本

---

① 马寅初：《国外贸易与工业奖励之关系》，载《马寅初全集》第 7 卷，浙江人民出版社，1999。

② 谷春帆：《金融恐慌与伸缩税率》，载《社会经济月报》第 62 卷第 5 期，1935 年 5 月。

③ 马寅初：《金贵银贱之救济方法》，载《马寅初全集》第 5 卷，浙江人民出版社，1999。

④ 同③。

⑤ 寿勉成（1901—1966）：1920 年毕业于浙江省杭州甲种商业学校，1924 年毕业于上海复旦大学，获社会经济学学士。1925 年入华盛顿大学及哥伦比亚大学学习，获经济学硕士。1928 年回国，先后执教于上海大厦大学、复旦大学、安徽大学等校。1934 年任中央政治学校经济系主任兼教授，1936 年又任该校合作学院院长。1946 年任中央合作金库总经理。

⑥ 寿勉成：《从金价问题说到钱币问题》，载《中国经济政策论丛》，正中书局，1936。

位的核心是，对银元进行科学的管理，通过控制银元流通数量，维持银价的稳定，通过稳定银价来稳定物价，从而稳定汇价，摆脱银价波动影响。[①] 刘振东[②]提出了有限银本位制，主张统一纸币发行权，禁止自由铸造，以限制货币数量为维持币值的手段，使银币价格与银块价格完全分开。在国际汇兑方面，则使将来的本位货币银元的价格，不以银块的价格为标准，而以国内的购买力为依据，以避免世界银价波动对中国货币金融的冲击。[③] 刘冕执[④]主张能力本位制，按照所谓能力发行纸币，实行纸币制度。他提出："夫金钱死物也，能力吾人之至灵者也"[⑤]，"实物必有能力得来，未有不经能力，而可以取得交换之价值者……故国币代用券者，能力与能力之交换证也"[⑥]。刘冕执所说的能力，是指个人和机关的财产和收入。能力本位制实际上是个人和机关按自己的财产和收入的一定比例向政府领取国币代用券的一种币制。黄元彬提出了"物银矫正策"，他认为，"依一般之研究，一物本位，不若两物本位之安定。两物本位，又不若多物本位之安定。而多物本位，无自实现，须依物价指数以实现之，故又可称为物价指数本位。"[⑦] 物银矫正策是物价指数本位的一种，他主张中国与国际产银和用银国合作在伦敦设立统计局，根据输出输入商品的物价指数随时调整银价，使中国进出口商品价格保持稳定。[⑧] 此外，还有徐青甫的"虚粮本位论"和阎锡山的"物产证券论"等主张。

---

① 寿勉成：《我国钱币政策之检讨》，载《中国经济政策论丛》，正中书局，1936。
② 刘振东（1898—1987）：1919 年毕业于北京大学法学院，1920 年入哥伦比亚大学本科主修历史与经济，后获哥伦比亚大学经济学博士。1926 年游历欧洲一年，在英国伦敦大学及法国巴黎大学学习与研究。1927 年回国，任广州国立中山大学教授。1928 年赴北京任中央大学经济系教授兼系主任。1929 年任中央政治学校教务副主任兼财政系主任，后任教务主任兼新闻系主任，同年任国民政府立法院立法委员。1945 年后任财政部全国财务人员训练所教育长。1947 年任全国经济委员会委员兼中央银行处处长，获少将军衔。1949 年去台湾。
③ 刘振东：《中国币制改造问题与有限银本位制》，商务印书馆，1934。
④ 刘冕执（1872—1944）：早年入京师大学堂学习，1904 年初公派日本东京帝国大学留学。1909 年毕业回国后授翰林院编修，任度支部币制调查局编译帮办，1913 年任北洋政府财政部币制委员会专门委员，后任财政部参事、参议院议员、国民政府文官处参事等职。
⑤ 刘冕执：《能力主义与能力本位制》，中华钱币革命协进会，1933 年订正第 3 版。
⑥ 刘冕执：《论国币代用券之性质》，载《钱币革命实行方案汇览》，1928。
⑦ 黄元彬：《银问题》，广州图书消费合作社，1931。
⑧ 同⑦。

银价暴涨时期，也有经济学家提出，必须立即放弃银本位制，改行新的本位制。币制改革论者主要代表有顾翊群、姚庆三、张素民、赵兰坪等人，但他们的具体观点也有差异。顾翊群提出实行管理通货制的主张，他认为，数十年来银价下跌，银作为货币，"既不能为'价值之标准'，亦不能谓为'价值之保存者'"。银价上涨，国内的有识之士纷纷主张用金，但用金如不加以管理，"则其害较银尤烈"。还不如对银本位加以管理，使其价值保持稳定，待将来各国相继恢复金本位时"再一跃而行金本位"。① 他认为实行管理货币制可以维持本国物价的稳定，发展本国企业界的生产力，争取政府财政的平衡，逐渐储积海外基金。张素民②提出了管理金汇兑本位制，认为与其"将来被迫而放弃银本位，还不如趁早自动放弃银本位"。③ 提出将白银收归国有，停止各银行钞票兑现；颁布法定金银比价，规定外汇用金，国内用银，但暂时用纸；将银元贬值若干成，由中央银行发出新钞票代表之，限期将旧钞票一律收回；熔毁旧银元，鼓铸成色较小的新银元做准备金；新钞票以金块银块及新银元为准备金；外汇由中央银行统一管理，但必须要委托其他银行为买卖。④ 赵兰坪提出实行纸本位制，认为中国要摆脱银价暴涨的危机，只能从降低汇价入手，停止或放弃银本位制，实行纸本位制。他认为，纸本位制"又可名之曰自由本位制，即以纸币为本位货币。本位货币，并不与一定量之贵金属，保持等价关系。亦即本位纸币之价值，不受一定量贵金属之束缚，而有充分自由伸缩之意"。⑤ 姚庆三⑥提出了实施镑汇制度的币制改革建议，认为改行金本位或纯正的金汇兑本位的条件还不具备，必须等到世界主要各国恢复金本位后才可考虑。在当时可实行英镑汇兑制度、美元汇兑制度或日

---

① 顾翊群：《中国货币应如何安定》，载《银行周报》第 17 卷第 36 期，1933。
② 张素民（1895—?）：曾留学美国，获宾夕法尼亚大学经济学博士学位。回国后任上海法学院教授、上海商学院教授兼工商管理系主任、光华大学经济系主任、沪江大学教授等。抗战时期，任汪精卫政府财政部关务署署长、中央储备银行常务理事等职。
③ 张素民：《白银问题与中国币制》，商务印书馆，1936。
④ 张素民：《怎样解决币值问题》，载《文化建设月刊》第 1 卷第 4 期，1935。
⑤ 赵兰坪：《现代币制论》，正中书局，1936。
⑥ 姚庆三（1911—1989）：1929 年毕业于复旦大学，后留学法国，毕业于巴黎大学最高政治经济系。归国以后投身于中国货币研究，任国民经济研究所研究员，后任上海金城银行总管处分行经理。

元汇兑制度。英、美、日三国的经济，以英国最为牢固，故以实行英镑汇兑制度最为适宜。他主张汇价维持在国币一元合一先令，当时中英汇价约为 1 先令 7 便士，约贬值三分之一，物价即可回涨到以前的水平，农工商各业可恢复繁荣。①周伯棣②提出管理通货制，所谓管理货币，就是指通过调节通货的供求，对内以谋求物价的稳定，对外以谋求汇价的稳定，且使物价与汇价谋得适当的均衡，以使本国的国民经济乃至国际经济获得有利的发展，而不至于蒙受多少的损害。管理货币是与金本位币或银本位币相对立的，金本位币与银本位币具有货币的伸缩性，金银存量多，一国货币量自然可以增加，反之也是如此。货币由金银纸多少而作自动的调节，而不必经过银行的调整，故为自动货币。管理货币则与此相反，即金银少时货币未必少，金银多时货币未必多发。"行为之管理、为之调节，而与金银之存在量无多大的关系，故名管理货币"。③

4. 银本位制下治理银价波动的思想学说与主张简评

1929 年与 1933 年银价跌落与上涨间隔时间之短，价格波动之大，对经济的破坏程度之深，都是前所未有的。这引起了中国经济学界的广泛关注，也引发了诸多经济学者的研究与争论，掀起了一股金融理论研究的热潮。在银价暴跌和暴涨的过程中，一大批经济界学者不遗余力，或著书立说、或登报投刊，表述自己的观点，磋商研究。这一阶段的金融思想和理论研究文献数量较多，研究的面比较广，研究的内容也较为深刻。总体看来，这一时期稳定币值和物价的思想有以下几个方面的特点。

一是稳定币值和物价成为学者研究的热点问题，著述颇丰。这一时期，一批具有留洋背景的学者积极传播西方的金融理论，他们或是翻译或是编写

---

① 姚庆三：《沙逊爵士建议之检讨及施行镑汇制度之商榷》，载《社会经济月报》，第 2 卷第 3 期，1935 年 3 月。

② 周伯棣（1900—1982）：1927 年入上海东亚同文书院，1930 年毕业后赴日本留学，在日本大阪商科大学银行系学习，1934 年毕业回国，进中华书局任经济编审、《新中华》杂志编辑等职。抗战爆发后，任四川省政府顾问，并执教于迁蜀的中山大学、交通大学，兼任广西大学经济系主任。抗战胜利回到上海，任复旦大学银行系主任。新中国成立后，历任复旦大学银行系主任、上海财经学院教授兼财政金融系主任、上海社会科学院经济研究所研究员等职。

③ 周伯棣：《管理货币之研究》，载《建设研究》，1944。

了许多介绍西方金融理论的著作。朱通九评价说，"国内深谋远虑之学者，逐渐埋头研究求造成法币金融专家至多。其中常常受社会所敬仰者，计有前辈马寅初、刘大钧、孙拯、顾翊群、黄元彬、杨端六诸氏，而青年作者中常为学者所推许者，计有谷春帆、寿勉成、杨荫溥、姚庆三、侯树彤、程绍德、赵兰坪、林维英、吴承禧、余捷琼、吴大业、王廉诸氏。上述各学者，非有长篇著作在杂志或报章披露，即当有专著出版问世，故就经济学文献中之数量而论，以货币金融之著作最多，而专行研究此项问题之人数亦最众，换言之研究货币金融之造就较深，而其进展之程度亦较速"。① 赵兰坪认为这一时期对金融问题和物价稳定的关注程度，较以前已有重要进步。"十年以前，国人之注意金融问题者，寥寥无几……而在1930年，4个月内，银价下落仅有3便士。吾国之习经济者，即能注意及此，目为经济困难。足证昔日国人之漠视世界经济大势，要亦近十年来学术界之进步也"。② "在此一、二年间，关于币制、白银、经济、金融之论战文字，据吾人所知，约有五六千篇"。③ 几年间，关于货币金融理论方面，研究者之众，研究著作之多，研究程度之深，进展速度之快，堪称百花齐放，百家争鸣。

二是研究的主题围绕银价和币制，针对性较强。国民政府成立之后，近代中国出现了一个全面干预经济的"强政府"，政府在规划、调节和引导经济发展中发挥的作用越来越大。这一时期关于物价波动的思想及治理的主张，主要是对政府在当时经济形势下应采取何种政策的建议，也充分展示了中国经济学者关于解决本国金融问题的智慧。他们在货币本位、货币价格、物价、对外汇兑、货币改革等诸多方面积极进行研究，为中国货币金融理论的发展完善作出了重要贡献。银价暴跌时期，讨论的中心集中于稳定银价。关于银价，大致悲观者居多，认为我国用银，银价下落，我国币值降低，对外购买能力则减少，对内一般物价则反比例而上涨。"更有以为银价下落百分之五

---

① 朱通九：《近代我国经济学进展之趋势》，载《财政评论》，第5卷第3期，1941年3月。

② 赵兰坪：《十年来我国金融问题之回顾（上）》，载《时事月报》，第22卷第1期，1940年1月号。

③ 赵兰坪：《最近吾国经济论战之回忆》，载《时事月报》，第14卷第2期，1936年2月号。

十，吾国国富即被减去一半"。① 因此有禁银进口、征银进口税、设立汇兑银行稳定银价等政策主张。银价暴涨时期，关于银价上涨对我国工商业发展和进出口贸易的利弊，白银流出对货币制度的影响，白银流出货币紧缩产生经济恐慌及平定之策，以及是否需要进行货币制度改革，应该建立什么样的货币本位制等等问题的讨论更加热烈，所提出的方案，既有金属本位制，还有对传统本位制进行矫正最终实行纸币本位制，更有形形色色的实物本位制，以及发行不兑换纸币实施管理通货的方案。尽管提出的方案众多，但基本的倾向是改行纸币制度。这一时期，各种思想学说、政策主张层出不穷，论战氛围浓厚。这些围绕银价波动展开的争论与研究，为政府决策选择提供了理论支持，也为我国经济的稳定作出了重要贡献。

三是研究的方法论上有所进步。这一时期"我国经济学虽尚在输入与仿效时期，照近年著名经济学者之提倡与鼓励，也已相当进展，如与二十年前各大学仅教授英文之方法从事教授经济学者，其相差已不可以道里计矣"。② 足见经济学研究的方法论较之前已有长足的进步。我国研究经济学、探讨通货膨胀理论的方法，实际是在仿效欧美各国，除了有马克思的辩证法外，还有演绎法和归纳法两种。我国经济学者善于采取演绎法研究经济与从事论著者，以马寅初和李权时为代表，他们常常用经济学的原理与原则，来解析我国的经济现象。特别是马寅初在经济理论方面，以忠实介绍西方经济学说居多，有时辅以评论，但在提出解决我国各项经济问题的政策建议方面，更注重从中国的实际出发，可操作性较强，"均颇切实而甚易付诸实施，此为马氏之最大优点"。③ 归纳法又可分为统计法和历史法，采用统计法研究经济学的学者，大部分根据美国哥伦比亚大学教授米歇尔的数量分析法，重在分析经济现象的变迁。这一派以刘大钧、何廉等人为代表，他们善于运用调查数据来分析经济运行中出现的问题。采用历史法分析经济问题的学者，主要是追随德国历史学派，以陶希圣、唐庆增等人为代表，他们善于从经济史实的发

---

① 赵兰坪：《最近吾国经济论战之回忆》，载《时事月报》，第14卷第2期，1936年2月号。
② 朱通九：《近代我国经济学进展之趋势》，载《财政评论》，第5卷第3期，1941年3月。
③ 同②。

展过程中发现产生的原因和结果，以史为鉴，提出应对之策。

四是研究内容庞杂而尚未成体系。虽然我国经济学者对于经济理论的研究有了较大进步，但总的来看，还没有达到形成体系的程度。著名经济思想史学家夏炎德对这一时期的经济学研究评价说，"果有博通各国各家思想，针对中国国情与需要，而自成体系之经济学乎？曰：蔑有也"。① 我国经济学界总体停留在接受外来思想的时期，不少学者以其留学国或者师承的学说奉为圭臬，很少去创新研究。还有的经济学者倾向于应用方面，只作为论证的工具而不深思前提条件是否合适，特别是对于高深学理研究不深吃得不透。同样，在通货膨胀理论研究方面，一些学者搬来西方的金融理论，不管是不是适合中国国情，胡乱套用来解释现象，提出对策，有时显得杂乱无章，甚至会自相矛盾。以致"忽而头痛时医头，忽而脚痛时医脚……其间如废两改元问题，银价跌落问题，银价高涨问题，以及发钞统一问题，触目皆是"。②

总体来看，金属本位制下的通货膨胀与纸币本位制下的通货膨胀虽然有很大不同，但这段时期却是近代通货膨胀理论在中国的开端，许多经济学家开始关注货币发行量与物价的关系，并寻求稳定物价的良策。特别法币改革前，中国经济金融学界讨论的中心是，如何设计一种新的币值稳定的货币制度，以防止中国货币受世界市场波动的牵制。这一时期已有学者开始关注纸币本位，研究金属本位与纸币本位相比较的优劣，还有的明确提出改行纸本位，并对纸本位下保持物价稳定提出了自己的见解，论证了实行纸币制度的可能性、意义以及具体实施细节，可以说为纸本位的建立提供了理论准备，也为后来法币改革的成功铺平了道路。

二、纸币流通与战争条件下（1935—1949 年）治理通货膨胀的思想学说和主张

1935 年 11 月，国民政府实施法币改革，废止了银本位制，采行纸币制

① 夏炎德：《中国近百年经济思想》，商务印书馆，1948。
② 朱通九：《近代我国经济学进展之趋势》，载《财政评论》，第 5 卷第 3 期，1941 年 3 月。

度。法币政策规定，由中央、中国、交通三银行（1936 年又增加中国农民银行）发行的钞票为法币；禁止银币流通，实行白银国有，作法币准备金；银钱行号商店及其他公私机关个人，均不得保留银币、金银；规定法币对英镑的汇价，法币汇价为一元等于英镑一先令二便士。法币对内是不能兑现的纸币，没有法定的含金量，但还不能算是一种纯纸币制度，而是一种"汇兑本位"的货币制度。法币政策在颁布的最初两年起到了对内稳定物价、活跃市场，对外稳定汇率、促进外贸等作用。但是很快 1937 年抗日战争爆发，这之后的十几年是中国历经战乱磨难的一段时期，在经济上也经历着中国经济史上最严重的通货膨胀，纸币以惊人的速度贬值，最终恶性通货膨胀导致经济的崩溃。

1937 年抗战爆发，国民政府开始实行战时经济统制的政策。随着战争的推进，财政开支浩繁，赤字连年扩大，政府被迫采取发行货币弥补财政赤字的措施。国民政府官方公布的货币发行额：1937 年底为 16.4 亿元，1938 年底为 23.1 亿元，1939 年底为 42.9 亿元，1940 年底为 78.7 亿元，1941 年底为 151 亿元，1942 年底为 344 亿元，1943 年底为 754 亿元，1944 年底为 1895 亿元。[1] 依靠通货膨胀来平衡财政收支，导致物价上涨，法币贬值，社会购买力下降。上海基要商品趸售物价指数和重庆基要商品趸售物价指数统计数据可以很好地反映这一过程。上海基要商品趸售物价指数 1937 年 3 月为 100，1937 年底为 124，1938 年底为 115，1939 年底为 308，1940 年底为 653，1941 年底为 1598，1942 年底为 4929，1943 年底为 17602，1944 年底为 250971，1945 年 8 月抗战胜利时为 8640000。重庆基要商品趸售物价指数 1937 年 10 月为 100，1937 年底为 98，1938 年底为 104，1939 年底为 177，1940 年底为 1094，1941 年底为 2848，1942 年底为 5741，1943 年底为 20033，1944 年底为

---

① 吴冈：《旧中国通货膨胀史料》，上海人民出版社，1958。

54860，1945 年 8 月抗战胜利时为 179500。[1] 王亚南[2]专门研究了这一时期我国的物价演变，他认为战时的通货膨胀可以分为三个阶段：第一阶段，1937年"七七事变"到 1938 年底武汉、广州陷落。这一时期需求的扩大和敌人的破坏尚不严重，法币也没有大量的发行，所以物价变动不太大，只是微涨。第二阶段，1939 年初到 1941 年底太平洋战争爆发。由于战争范围的扩展，需要愈加浩大，大后方的生产难以正常进行，现存物资又遭毁灭，致使国内物资更加不足；囤积居奇之风滋长，供求失调加大，物价便开始暴涨，政府支出日益膨胀，为弥补赤字，便增发纸币，这样一来通货容受量的饱和点便很快被突破。但暴涨仍属局部，只是在几个较大的都市和某些特殊区域，未被战争直接影响到的地方总体物价也还稳定。第三阶段，太平洋战争爆发以后。港、沪沦陷，对外投机外汇外货的两大据点丧失，庞大的商业投机资金向内地涌来，内地游资更加充斥，物价狂涨，囤积居奇之风更加炽热，供求的"剪刀差"便愈增大，生产也就愈遭制束，物价全面性地急速暴涨。[3]

1945 年 8 月抗日战争结束时，国民政府本有机会解决法币的通货膨胀问题。但是接下来的内战让国民政府无暇分身，反而继续实行通货膨胀政策，加大法币发行量。1945 年底法币发行量达 10319 亿元，1946 年底增至 37261亿元，1947 年底高达 331885 亿元，1948 年 8 月 21 日，竟高达 6636946 亿元之巨，比 1937 年增加了 40 万倍，上海物价指数比 1937 年涨了 500 万倍，币值已贬值到不及它本身纸价及印刷费的价格。1948 年 8 月，国民政府发行新的通货"金圆券"来取代法币，以 1∶300 万的比例收兑膨胀了的法币，规定发行总限额为 20 亿元。但政府当局很快打破限额，1948 年 12 月金圆券的发

---

① 吴冈：《旧中国通货膨胀史料》，上海人民出版社，1958。

② 王亚南（1901—1969）：1922 年考入武昌中华大学教育系，1927 年初赴长沙参加北伐军。1928 年赴日本留学，阅读了大量马克思著作及欧洲古典经济学，回国后相继翻译了亚当·斯密的《国富论》、马尔萨斯的《人口论》、约翰·穆勒的《经济学原理》等经济学著作，他自己的著述《经济学史》、《世界政治经济概论》等也陆续问世。1933 年赴德国，1935 年回到上海，和郭大力着手正式翻译《资本论》。解放前，他先后被聘为中山大学经济学教授、福建研究院经济研究所长、厦门大学教授，从 1950 年起，王亚南担任厦门大学校长直到去世。

③ 王亚南：《抗战时期的物价和物价管制问题（节选）》，载《王亚南文集》第 3 卷，福建教育出版社，1988。

行量已达83.2亿元，1949年1月再增加至208亿元，1949年5月上海解放前夕增至679458亿元，是金圆券发行限额的33972倍。[①] 由于当时的政治、经济形势极其动荡，加上政府弥补巨额赤字完全依赖印钞机的做法没有任何改变，因此决定了金圆券只能以短命告终，并且加速了货币制度的彻底崩溃。

这一时期对于通货膨胀的讨论，战前集中在对货币理论的研究及如何对纸币的发行进行管理，确保免于通货膨胀。而当战争一起，多数的研究就集中在战时通货膨胀的成因、影响和反通货膨胀的政策主张，以及战后对通货膨胀的治理设想等。

（一）关于货币理论的研究

法币作为一种不兑换的纸币在中国历史上第一次出现，中国传统的、朴素的治理通货膨胀思想和理论难以适应法币条件下的通货膨胀，中国的经济学者开始从国外的金融理论中寻求答案，将西方货币理论与中国实际相结合，提出自己的见解，或者直接套用西方理论来解释中国的问题。在这一过程中，研究主要集中在以下三个方面：

（1）对货币数量说的研究

货币数量说是一种用流通中的货币数量的变动来说明商品价格变动的货币理论。货币数量说自20世纪30年代传入中国以来，经济学者对于货币数量说的争论就没有停止过。有的学者全盘接受西方的货币数量说，甚至奉为神明。寿勉成赞同货币数量决定货币价值的观点，用货币数量说来解释货币的价值，"我们要相信不换纸币之确有做通货的资格，一定要先相信货币数量说，就是要相信货币之价值随其数量而涨落"。"假如我们都相信数量说的理由是充足的，那么金可以作货币，银可以作货币，纸也可以作货币；只要能约束数量就行"。[②] 刘振东也把货币数量说作为解释他提出的有限银本位制的理论依据。"这个学说，以为假使货币流通的速度不变，贸易额量亦不变，则社会上物价的变动，与在社会上流通的货币数量，成一正比例，即货币的价

---

① 吴冈：《旧中国通货膨胀史料》，上海人民出版社，1958。
② 寿勉成：《我国经济改造声中的货币问题》，载《中国经济政策论丛》，正中书局，1936。

值与其数量成一反比例……在过渡时期物价的变动，容或走到这个定律以外，但在平时，则此定律为牢不可破"。①

更多学者对货币数量说持理性批判的态度，认为货币的价值与货币数量不一定存在必然联系。赵兰坪把费雪等人的货币数量说称为"机械的货币数量说"，认为费雪的货币数量说，虽然用数学方程式分析货币数量、流通速度、商品交易额对于物价的影响，但其结论却仅注重货币价值的变化，并视之为物价变化的唯一主要因素。即将货币价值的变化，完全归诸于货币数量的增减，而认为其他因素无足轻重。"此种主张，较之穆勒之货币数量说，反逊一筹……（穆勒的）货币数量说，则除流通货币量及其流转速度外，并不忽视商品交易额……此种主张，虽难完全说明币值与物价之变化，但较费雪之抽象理论，似与真理反近也"。但同时，他又认为，"通货数量之变化，虽非决定物价币值之唯一要素，而仍不失为其主要要素"；"若作长时期观察，物价之涨跌，取决于通货量之增减。二者之变化，有一致之倾向"。② 马寅初称费雪的货币数量说为美国派的货币数量说，马歇尔、庇古和凯恩斯的货币数量说为英国派的货币数量说，并对二者进行了系统讨论。费雪的货币数量说公式为 $P = MV/T$，马寅初对此提出四条反驳意见，一是货币数量说的假设存在问题，认为"世界上万事万物往往互有关联，若变动其一，其他不能不变动……故假定其他情形不变，不合事实"。二是货币数量说没有实用价值，"考货币数量说之目的，在决定货币之价值。但方程式中只有价格 P，而无价值，其意盖视货币价值为物价之倒数。物价贵，则货币价值贱，物价贱，则货币价值贵……惟此种数量说，对于公私两方，均无用处。公家不能根据之以施行政策，私人亦不能根据之以获取利益"。三是忽视了心理因素的变化。"故经济现象之变化，多由于人心之决断，并非完全机械式地取决于货币之数量。心理作用影响于人类经济行为者甚大，殊不可忽视，而货币数量说之公式，对此毫无指示"。四是忽视了物价与货币质的关系。"吾人决定一物之价格，不仅从货币之量的方面考察，亦从货币之质的方面考察之……货币之质

① 刘振东：《中国币制改造问题与有限银本位制》，商务印书馆，1934。
② 赵兰坪：《货币学》，正中书局，1936。

的关系，在货币之信用……货币信用之昭著，则价值高，物价决不致过高"。对于凯恩斯的 $n = pk$，马寅初从三个方面进行反驳，一是凯恩斯的 k 专指家庭消费单位，并不能代表社会上的消费数量。"如工厂或商店皆为生产机关，各各需要相当货币数量，以资周转，不仅限于家庭之消费"。二是非常的、以备意外的生活费没有包含在 n 内。"吾人之生活费，应分为两批，第一批为经常的，第二批为非常的……第二批之生活费，不在 $n = pk$ 公式之内。"三是因果关系错误。"k 非决定 p 者，决定 p 者为 n，而 k 与 p 同时为第三者所决定……故此公式表示相互关系是对的，若论因果关系则不对"。对庇古的货币数量说，马寅初认为 $P = kR/M$ 比凯恩斯的方程式更为准确，但是没有反映非常时期的货币价值，"非常时与常时之货币价值，大有出入，庇古方程式中 P，似不包括非常时期之观念在内，因彼之说货币需要之量，而未提及需要之强度"。[1] 姚庆三从我国近年的经济运行实际出发，认为货币数量与物价之间因果关系并非像费雪的货币数量说规定的那样。"根据我国近十年来之经验，以为物价水准之变动亦可为因，通货数量之变动亦可为果，且通货数量之变动亦不必与物价水准之变动相符合，纵令通货数量之变动与物价水准之变动背道而驰，亦可由流通速率之变动，费雪教授交换方程式之左右两方仍趋平衡也"。[2] 刘涤源[3]提出了"货币相对数量说"，他先对货币数量说进行批评，认为费雪货币数量说的错误在于它是机械的、绝对的、静态的数量说，"费氏数量说之所以特别惹人批评与攻击，大部分是由于其欲用简单而机械的原理去表现复杂的事实，而且要用内容复杂的统计数字去证明此单纯原理之精确，因而显得缺憾重重"。"往往认定影响物价水准的各个因素中，惟货币数量是最重的自变因素，而忽略非货币因素之自动性与自主性"。"用'如其他事项不变'一语抹煞货币因素变动对于非货币因素之影响，未将货币数量变动后经济组织各部门之可能变化，一并计入，故其结论与现实的经济情况相去极

---

① 马寅初：《通货新论》，载《马寅初全集》第 12 卷，浙江人民出版社，1999。
② 姚庆三：《银本位论》，载《现代货币思潮及世界币制趋势》，国民经济研究所，1938。
③ 刘涤源（1912—1997）：1939 年毕业于武汉大学经济系，获经济学硕士学位。1942 年任重庆商学院讲师，1944 年留学美国哈佛大学。1948 年以后任武汉大学经济学教授，经济系主任。

远，因而在实用上的价值甚为微弱。"他提出的相对数量说，是以货币数量的变化为出发点，采取动态观点，将货币数量变化引起的种种变化，凡与物价有关者一并包括："即将货币供给之变化，及因此而引起的货币需要之变化，一并包括，而构成相对于货币需要之货币数量的变化，以解释此时物价变动之现象"。[①] 彭迪先[②]认为指出了货币数量说的四点错误，一是不了解货币价值、商品价格、货币数量三者的因果关系，颠倒因果。二是不了解货币的本质，不明白货币价值的意义，认为货币价值就是所谓的货币购买力。三是在价值中只看见物与物之间的量的关系，而忽略了隐藏在物的形态之后的人与人的关系，所以他们只分析研究比率，误认机械的反历史的数学方法是经济学唯一的正确方法。四是实践已经证明，物价的涨跌、货币价值的高低并不跟货币数量的增减保持相当正确的比率关系。[③]

（2）对纸币制度下反通货膨胀的研究

法币改革前后，诸多经济学者开始对法币的本质和纸币制度下如何反通货膨胀进行研究。一种观点认为纸币制度不会引发通货膨胀。法币政策实施之后，孔祥熙[④]认为，法币由准备金作保证，不可能产生通货膨胀。"政府对于通货膨胀，决意避免……再历 18 个月，国家预算即可收支适合"；[⑤] 法币政策"绝非通货膨胀……盖所谓通货膨胀，系发行纸币，准备金减低，例如发行 5 万元之钞票额，例须有六成准备金 3 万元，今若以 3 万元之准备金而可以

---

①　刘涤源：《货币相对数量说》，中华书局，1947。

②　彭迪先（1908—1991）：1926 年留学日本，先后在日本庆应大学、九州帝国大学学习，毕业后曾留任助教。1938 年回国后，历任西北联大法商学院政治经济系教授，武汉大学经济系教授，四川大学经济系教授、系主任，积极参加民主运动。1952 年 10 月 11 日，经由彭迪先教授领导下的四川财经学院筹建小组的辛勤努力，中国西部第一所培养高级财经管理人才的新型大学——四川财经学院（西南财经大学）诞生了，之后不久，调任新中国成立后第一任四川大学校长，后任四川省副省长、省政协副主席等职。

③　彭迪先：《新货币学讲话》，三联书店，1949。

④　孔祥熙（1880—1967）：1927 年任武汉国民政府实业部部长。之后赴南京投靠蒋介石，历任国民党政府实业部长、财政部长、行政院长、中央银行总裁和中国银行总裁等职。

⑤　秦孝仪：《革命文献》第 74 辑，中国国民党党史会，1978 年。转引自蔡志新《孔祥熙否认通货膨胀的思想动机》，载《山西师大学报》（社会科学版），2008（1）。

发行 8 万元或 10 万元之纸币，方谓通货膨胀"。① 赵兰坪对孔祥熙的说法表示
了赞同，"孔财长所谓十八个月后，财政收支，可以平衡，确有充分根据，并
非徒托空言。收支既能渐趋平衡，何以又有增发纸币，以补收入不足之必
要？"② "财政收支，已渐平衡。军费支出，亦未增加……故除非常事变外，
收支大致可以适合，不致再有起债之必要"。③ 张素民也认为，"新币制是一
种管理通货，管理通货乃是世界上一种进步的货币制度，我们今日能采用之，
乃是我们的荣幸……发行准备管理之规定，更拒绝滥发钞票之可能性"。④

另一种观点则认为纸本位制度下易发生通货膨胀，需要谨防纸币超发滥
发。杨端六⑤肯定了法币政策"实为我国币制划一新纪元"。但同时担心政府
会不断用增发货币的办法来解决财政困难，指出法币政策未规定纸币的最高
发行数量，"惟望政府能早自限制，慎勿滥发"。⑥ 周宪文⑦认为法币存在通货
膨胀的隐患，关键是政府如何操作。"此次之新币制，既不许兑现，故其本身
即非通货膨胀，但已造成通货膨胀之基础条件；今后政府是否以此基础条件
为根据而实行通货膨胀，则须视今后事实之表现也……政府万一借此机会，
实行通货膨胀，则其前途将不堪设想"。⑧ 马寅初批评了新货币制度不会引发
通货膨胀的说法，认为即使法币有充足的发行准备，也可能会导致通货膨胀。

---

① 孔祥熙：《申报》，1935 年 8 月 10 日。转引自蔡志新《孔祥熙否认通货膨胀的思想动机》，载
《山西师大学报》（社会科学版），2008（1）。

② 吴小甫：《中国货币问题论丛》，货币问题研究会，1936。

③ 赵兰坪：《现代币制论》，正中书局，1936。

④ 张素民：《白银问题与中国币制》，商务印书馆，1936。

⑤ 杨端六（1885—1966）：1906 年留学日本，加入中国同盟会，1916 年留学英国，1920 年回国
后在商务印书馆工作，曾任《东方杂志》编辑和商务印书馆会计科长。1928 年后任中央研究院会计主
任、社会科学研究所所长兼秘书、研究员，武汉大学教授兼法学院院长，并任国民参政会参议员等职。
新中国成立后任中南军政委员会财经委员会委员、武汉大学教授。

⑥ 吴小甫：《中国货币问题论丛》，货币问题研究会，1936。

⑦ 周宪文（1907—1989）：1929 年赴日本京都帝国大学学习经济学。1932 年回国后受聘为中华
书局编辑。1934 年出任驻日留学生监督。1935 年任国立暨南大学经济学教授兼系主任，继任商学院院
长。抗日战争胜利后，任台湾省立法商学院院长，加聘为台湾大学教授、法学院院长，兼台湾人文研
究所所长。1964 年，建议当局筹设台湾经济研究所，获准后辞去商学院院长等职，转入筹建工作。后
成立台湾银行金融研究室，任主任。

⑧ 吴小甫：《中国货币问题论丛》，货币问题研究会，1936。

他提出三个理由，一是集中民间储藏现银可能会导致通货膨胀。"（银币）供贮藏者，平日皆深藏不露，本与交易无关……今财政部命令人民以现银易取法币……盖纸币不具备贮藏之条件……则向不在流通范围内之银币，换成纸币之后，不亦尽出而流通乎？此岂不可认为有通货膨胀之可能性耶？"二是发行准备增多可能会导致通货膨胀。"若政府以新币制政策吸收民间现银10亿元，发出法币10亿元以代之，政府更可以所吸收之10亿元现银，依六成准备金之法定比例，总发16.66亿元……政府岂非尚可多发6亿余万元之法币乎？如果多发，非通货膨胀而何？"三是法币充作存款准备可能会导致通货膨胀。"今在新货币制度下，假定浙江兴业银行与中南银行各以营业准备金30万银元，持向中央、中国、交通三银行易取法币……而中央、中国、交通三银行可以此60万银元为准备，发行百万元之法币，是法币又可多发40万元，多则类推，此而成为事实，又非通货膨胀而何？"[1] 章乃器同样认为法币逃不出通货膨胀的命运。他告诫"不能以通货膨胀为财政膨胀的手段，否则财政膨胀要成积重难返之势，而国家信用动摇的结果，币制改革要成为失败"。[2]"（新币制）无疑是有限制的通货膨胀，是正式通货膨胀的开端。虽然目下还没有走上通货膨胀的极端，可是现银日渐减少，财政支出日渐增大，不久的将来，通货膨胀恐怕是不可避免的啊！"[3]

（3）关于通货膨胀与经济增长的关系

1936年，凯恩斯在《就业、利息和货币通论》中提出了扩张性经济政策，以货币的投放促进经济的增长。同一时期，在中国也出现了以通货膨胀刺激经济增长的思想。姚庆三在法币改革之前的银价暴涨、通货紧缩时期，提出过要禁银出口和钞票停兑的主张，认为纸币价值不会剧跌，通货膨胀对经济恢复繁荣大有裨益，"今后如果实行通货膨胀之政策，则本有工作之工人，固不免因物价高生活费用昂贵而见实得工资之减少，但今日之千万失业工人，届时即可因工商繁荣而复得工作……是以就全体工人幸福而论，通货

---

① 马寅初：《中国之新金融政策》，载《马寅初全集》第10卷，浙江人民出版社，1999。

② 章乃器：《中国货币制度往哪里去》，新知书店，1936。

③ 章乃器：《中国货币问题》，北新书局，1937。

膨胀亦属利多害少，不足以为顾虑也"。① 后在评价剑桥学派罗伯逊的经济理论时，他再次提出物价涨跌应从属于经济增长的政策主张，"罗氏理论的精义，实特别注重于经济复兴时期物价之必须上涨，至谓经济衰落时期物价之必须下跌，则不过陪衬之语……盖货币政策之终极目标，实在使社会之生产力为最善之利用……至物价与成本之调整，犹其次焉者耳……如社会之生产力尚未最善之利用，人有弃才，地有弃利，则货币政策之运用当先以全盘就业之实现悬为鹄的，物价与成本纵稍有差异，亦非所计"。② 司徒宏将通货膨胀分为"有计划与有限制之通货膨胀"与"无计划与无限制之通货膨胀"，认为有计划与有限制的通货膨胀对经济有利。"盖前者施行结果，于全国经济金融，国计民生均蒙大利；而后者施行之结果，未蒙大利不已，反能致全国经济金融，国计民生，陷于万劫不复之境"。"通货膨胀之在英美日为救命灵剂，在中国或则变为砒霜致命，亦未可必"。③ 方显廷④也认为，适度的通货膨胀可以刺激经济增长，"管理通货设能谨慎施行，当属利多害少，即以过渡时期而言，虽不免通货膨胀，亦足刺激生产，促进繁荣，惟于工人环境，小民生计，应加顾及耳。至管理通货之政策能完全贯彻之后，则无论政府民众，咸当多受其利，盖可预卜。所应注意者，初期膨胀，应有限度，财政亏空弥补之后，物价抬至相当程度，应即停止，如此始可收膨胀之利而不蒙其害"。⑤ 侯树彤⑥也提出通过控制通货的流通额来促进经济增长的思想。他认为"通货管理的目的，只是在求一国国内的经济安定，达到这个目的之手段，只是在

---

① 姚庆三：《今日之金融问题》，载《社会经济月报》第3卷3期，1935年3月。
② 姚庆三：《现代货币思潮及世界币制趋势》，国民经济研究所，1938。
③ 司徒宏：《通货膨胀与货币贬值》，经业书局，1935。
④ 方显廷（1903—1985）：1921年赴美国伊利诺伊斯州威斯康星大学深造，主攻经济学。后转至纽约大学学习，获经济学学士，继获耶鲁大学经济学博士。1929年1月任南开大学社会经济研究委员会（1931年后改为经济研究所）研究主任兼经济学系教授。1946年任上海中国经济研究所执行所长。1947年，参加联合国亚洲及远东经济委员会工作，任经济调查研究室主任。1968年任新加坡南洋大学教授。
⑤ 吴小甫：《中国货币问题论丛》，货币问题研究会，1936。
⑥ 侯树彤（1905—?）：1935年毕业于英国利物浦大学，回国后曾任国立师范大学、燕京大学、北京大学女子文理学院讲师等职。

控制通货的流通额"。① 他提出，在经济恐慌、物价下跌、工人失业时，应当设法增加货币流通额，以提高物价；而在技术改良，企业家的利润膨胀，有可能引起生产过剩时，则应及早设法减少通货的流通额，以贬抑物价。② 张培刚③把通货膨胀分为缓性通货膨胀、真性通货膨胀、恶性通货膨胀和极度通货膨胀四种类型。他认为，在缓性通货膨胀时，也就是充分就业以前的物价上涨的开始阶段，如果能够采用适当的政策加以引导，可以刺激生产，是"合理的经济政策"。真性通货膨胀是物价上涨的第二阶段，是"有利的生产达于最大限度的限界境地，即稍有不慎，便有转入第二种情形之可能"。④

（二）战时通货膨胀产生的原因

战时产生通货膨胀的原因一般有货币超发，供求失调，交通困难，游资过多，囤积居奇，工资增加，成本增高，风险增大，心理恐慌，外汇跌落等。归纳起来，代表性观点主要有：

1. 财政赤字导致货币增发

马寅初认为，维持战争需要耗费巨额军资，这些巨额军资无法短时间内由税收筹得，只能利用发行债券筹资或者直接发行法币。"夫纸币非有实值也，值生于兑现。若不能兑现，则价值必落，币值落，则物价涨，物价涨则国用增，不得不益发纸币以为弥缝"。⑤ 法币发行过多，自然会引起通货膨胀，

---

① 吴小甫：《中国货币问题论丛》，货币问题研究会，1936。
② 侯树彤：《我国银行制度能胜任管理通货乎》，载《东方杂志》第 33 卷第 7 期，1936。
③ 张培刚（1913—2011）：1934 年 6 月毕业于武汉大学经济系，获学士学位。1941 年到美国哈佛大学工商管理学院研究生部学习，后在该校文理学院研究生部经济系学习，获硕士、博士。1946 年回国，担任武汉大学经济系主任。1948 年担任联合国亚洲及远东经济委员会顾问。新中国成立后继续在武汉大学经济系担任系主任，1953 年调华中工学院（现为华中科技大学），任建院筹备委员会委员兼基建办公室主任，后任华中科技大学经济学院名誉院长兼经济发展研究中心主任，是发展经济学的奠基人。
④ 张培刚：《通货膨胀下的农业和农民》，载《经济评论》（南开大学），1947 年第 1 卷第 2 期。
⑤ 马寅初：《大战前欧美各国之不换纸币与中国的京钞》，载《马寅初全集》第 1 卷第 225 页，浙江人民出版社，1999。

物价上涨。杨培新[1]认为，法币政策打下了通货膨胀的基础，在战前通货已经开始膨胀，因为南京政府财政赤字的巨大，已逐渐用发行法币来填补赤字。"政府支出的庞大，收入不够支出，政府便向四个国家银行借钱，这是战争信用膨胀，四行为了应付赊借，加紧发钞，这便是纸币膨胀，这种纸币膨胀便引起了物价上涨和汇兑贬值"。[2] 陈岱孙[3]也认为，政府的财政预算平衡与社会的通货膨胀具有紧密的联系，一方面，政府财政预算平衡要受到通货膨胀的影响，另一方面，政府财政预算失衡对于通货膨胀也是一种巨大的推动力量。他提出，政府一般需要借助于信用政策与通货膨胀来增加政府收入，以弥补财政赤字。政府为增加收入，有两种做法，一是政府自行印制纸币，二是借助银行信用。政府发行纸币虽然是最简便的方法，但是其缺点也同样明显，即容易让人民对货币失去信心，引发金融恐慌。借助银行信用则在隐匿不彰中达到了与政府发行纸币相同的目的，且不会造成纸币骤然贬值而引发金融恐慌，因此是政府乐于采取的补充财政收入的最佳办法。[4] 具体办法是，政府通过将有价证券抵押给中央银行而获取纸币，纸币在银行系统内通过

---

① 杨培新（1922—）：1938 年在武昌中华大学读书时加入中国共产党。曾任青年救国团武昌区团组织部长、抗敌宣传队第三队书记、重庆《战时青年》社编辑、恩施《新湖北日报》副刊通讯室主任、重庆《商务日报》采访部主任、上海《文汇报》经济版编辑、香港《文汇报》经理、发行人。1949 年起协助中国人民银行南汉宸行长研究和制定金融政策，创建金融研究所。国务院经济技术社会发展研究中心研究员，兼任中国人民大学教授和嘉应大学校长，曾被评为改革开放 30 年 8 位独具创见经济学人。

② 杨培新：《中国通货膨胀论》，生活书店，1948。

③ 陈岱孙（1900—1997）：1918 年赴上海考取清华学堂高等科的三年级插班生，1920 年赴美国深造，先入威斯康星州立大学经济系，1922 年 6 月毕业，同年秋进入哈佛大学研究院，1924 年 6 月获哈佛大学文学硕士，1926 年获哈佛大学哲学博士。1926 年 4 月赴欧洲大陆游学，主要在巴黎大学旁听金融方面的课程，同年底回国。1927 年进入清华大学，任经济系经济学教授，1928 年开始担任经济系主任，1929 年起兼任法学院院长。1949 年新中国成立后，继续担任清华大学经济系主任和法学院院长。1953 年调到北京大学经济系任教授，1954 年任北京大学经济系主任，此后一直在北京大学从事教学工作。

④ 陈岱孙：《通货膨胀与岁计》，载《陈岱孙文集（上卷）》，北京大学出版社，1989。

"货币制造乘数"放大，通货膨胀不可避免要发生。胡寄窗①认为，战时通货膨胀的原因，首先在于财政赤字导致的货币增发。在抗战期间，因战争费用日益庞大且税收收入又因国土丧失而日益减少，预算不能平衡，不得不借助于印发钞票以弥补，越是增加纸币的发行，预算不平衡会越发严重，这成为了物价上涨的一个强大的推动因素。国家既然不能终止战争，迫于赤字的压力也就不能停止印发钞票，从而也就无法阻止物价的上涨。② 彭迪先认为，战时政府为解决财政困难，把发行货币作为一种手段，必然会导致物价上涨。"本来是从货币的流通手段的机能发生，而实质上只是一种辅助的流通手段的纸币，只要已经是在市面上通用，就常常被发行纸币的国家所滥用。尤其是财政困难的国家，就把它发行的纸币，转变成实际上的一种征税手段"。③ 他提出，市场上流通的纸币虽然过剩，远超过货币的必需量，但因纸币的价值随之降低，商品的价格随之上涨，于是流通领域就能够无限制地吸收纸币。同时，国家为了获得必需的商品，势必要开足印刷纸币的机器的马力，无限制地把纸币投入流通里。与此同时，一般人对于纸币信用丧失的预期，更加强了这个趋势。张嘉璈认为，抗战初期，国民政府宣称将全面抗战，但是对于全面战争会造成什么样的通货膨胀后果并没有考虑太多。"它们对于战时财政问题的解决，只寄望于全体人民的自觉为国捐输以及从友邦得到财政和军事上的援助……政府没有采取真正增加收入的措施来应付不断增加的开支。华东主要税源地区丧失，结果 1939 年的收入比战前水平降低 63%，而政府收支不敷之数则高达 1/3 强"。④ 入不敷出日甚一日，通货膨胀越来越普遍化，以致在战争后期，中国的经济已濒临崩溃之境。

　　2. 战时物资供应严重缺乏导致物价上涨

---

　　① 胡寄窗（1903—1993）：1926 年毕业于北平大学法学院，1938 年获英国伦敦大学经济科学硕士。回国后历任四川大学、华西大学、东北大学教授，兼任北京大学、北京师范大学教授。1949 年后，历任之江大学财经学院国际贸易系主任、院长，浙江财经学院院长，上海财经学院、上海社会科学院、江西大学教授。并任中国经济思想史学会会长，外国经济学说研究会名誉理事，中国社会科学院特约研究员，长期从事经济史、经济思想史的研究。

　　② 胡寄窗：《把握解决物价问题值良好时机》，载《胡寄窗文集》，中国财政经济出版社，1995。

　　③ 彭迪先：《新货币学讲话》，新知三联书店，1949。

　　④ 张嘉璈著，杨志信摘译：《中国通货膨胀史：1937—1949》，文史资料出版社，1986。

马寅初认为，有四种因素导致战时货物供给不足，推动物价上涨。一是战时国境因被敌人封锁，进口产品来源逐渐减少，甚至断绝，使原本依赖进口的产品减少。二是因交通运输工具多被政府占为军用，或运输通道由敌人所占领和封锁，货物难以在地区间余缺调剂，导致部分地区无法及时补充物质。三是国内农工群众为军队所吸收的不在少数，工厂开工不足，农村耕地无人耕种，更加使货物的供给减少。四是市侩奸商囤积居奇，货物私藏不出，也导致了市面上货物的供给不足。"凡此种种，无不使物价飞涨，引致通货膨胀"。[1] 刘絜敖[2]认为，战时我国物价上涨的原因之一是由于物资的绝对减少引起通货的相对增加，具体来讲，生产减少、输入减少、囤积居奇、运输不便和消费集中（主要是指战时大量人口转移到西南各省）等原因引起了物资供给的减少，而外汇资金不充裕也影响军需产品和民用物资的进口，加剧了物资的贫乏。[3] 胡寄窗认为，战时的信息和交通都不通畅，随着港口的封锁程度日益加大，物资缺乏更加严重。加之后方交通工具非常落后，使得物资运输不畅，相对丰裕地区的物资不能输送到物资短缺的地区，物资无法实现余缺调剂，从而加剧了物价上涨的趋势。政府一方面无法增加物资供应，另一方面也无法加强交通设施，从而物价问题一直持续加剧。[4] 王亚南认为，一切的原因，都是在生产不足的基础上发生提高物价作用的。"我们抗战的经济基础，原来就是生产不足物资奇缺的。一到战时，自然更感不足。所以我们战时物价高涨，尽管原因很多，但无一不是在这生产不足的基础上发生提高物价作用的"。[5] 王亚南认为，引起通货膨胀的军需加大、外输杜绝、囤积居奇、财政赤字以及敌伪的破坏等因素，都可以归结到生产不足上来。张嘉璈详细

① 马寅初：《中国之新金融政策》，载《马寅初全集》第10卷，浙江人民出版社，1999。
② 刘絜敖（1908—1995）：曾就读于四川师范大学历史系，1928年赴日本早稻田大学读政治经济系，1932年赴德国柏林大学读经济系。回国后先后在暨南大学、复旦大学、光华大学、交通大学任教授，曾任中国农业银行上海分行和成都分行副经理，重庆、上海汇通银行经理等职。新中国成立后历任复旦大学、上海财经大学教授。
③ 刘絜敖：《论平定物价之根本政策》，载《财政评论》，1941（6）。
④ 胡寄窗：《把握解决物价问题值良好时机》，载《胡寄窗文集》，中国财政经济出版社，1995。
⑤ 王亚南：《抗战时期的物价和物价管制问题（节选）》，载《王亚南文集》第3卷，福建教育出版社，1988。

阐述了战时物资供给减少与通货膨胀的关系，"1937 年北平陷落，8 月间中国政府迁都汉口，在这短短数月中，中国农、工生产富庶之区被敌人所攫取，内地与最重要的港口上海的联系亦被割断……1938 年 10 月先后侵占了广州和汉口，到该年底日寇遂占有了中国土地的 1/3，农业生产的 40%，工业生产能力的 92%……日军每一次的进攻、封锁，都使中国的物价因之而上涨一次"。①

3. 战时货物需求大增拉动了物价的上升

马寅初认为，战争时期军需品的需求大大增加，导致社会总需求的增加，对物价升高是一个极大的拉动因素。"以现代工业技术之进步，平时消费品90% 皆可与军需品相互替代使用，故军需品之需要，与一般消费品之需要，成为极有力之竞争。一国对外发生战争后，政府必须要巨额之军需品，人民于战争开始后及其存续期间，必竞为必需品之购储，货物之需要必为大增"。②中国作为一个农业国，本身物质就相对匮乏。战争爆发，中国作为参战国为抵抗日军的侵略，亟须大量战备物质，这些物质只能从本就匮乏的经济中与民相争，竞争促使了物价的上涨。"政府有造币权，可以发行纸币，扩大购买力，以高价购买市场上之货物，私人自难与之竞争，此为物价腾贵原因之一"。③刘絜敖提出，战时人们的购买力比平常更大，因迅速增大的购买力得不到满足，物价自然会大幅上涨。"战时国家之物价贵，其根因全在国民购买力之激增，与储蓄之不进展，及公债之未消化，其他原因虽亦不无相当理由，然终不若此"，他进一步解释，"物价既然大涨，国家财政必因而趋于膨胀；国家财政既趋于膨胀，发行纸币必更较前加多；发行纸币既较前加多，国民购买力必较前加大；国民购买力既较前加大，若仍不事储蓄，则物资需要必较前更殷；物资需要既较前更殷，而物资供给复反比例的减少，则物价必较前更涨。如此恶性循环下去，非至纸币发行更多。物资涨得更速不止！"④ 张

---

① 张嘉璈著，杨志信摘译：《中国通货膨胀史：1937—1949》，文史资料出版社，1986。

② 马寅初：《中国之新金融政策》，载《马寅初全集》第 10 卷，浙江人民出版社，1999。

③ 马寅初：《统制物价为节约运动与长期抗战之先决问题》，载《马寅初全集》第 11 卷，浙江人民出版社，1999。

④ 刘絜敖：《论平定物价之根本政策》，载《财政评论》，1941（6）。

嘉璈认为，在大多数情况下，战时和战后的通货膨胀都是由于战争一开始，政府需要的增加超过其生产以及进口的增加所造成的结果。中国当时的情况是，在需要方面，政府未能使其需要总量与货物的可供应量相适应。与战前相比，政府需要量于 1937 年后半期降低 6%，1938 年降低 30%，但是政府所控制的地区缩小的百分比更大。私人投资的需要，不管是以货币来计算还是以货物来计算，都是高于战前。在 1939 年，国家银行对私营企业贷款的货币价值较 1938 年高 306%，而以实物计算则高 182%。"在需要方面的这些变化，就如供给方面的可供量减少的情况而论，其意义就更为重要。""由此可见，中国在一个有限的地区之内，政府继续负担高度的开支以及巨额信贷的扩张，实是促使通货膨胀的有力因素"。①

4. 商业资本投机活动加大物价的上涨

王亚南认为，商业资本活动活跃，是加大物价上涨的一个重要因素。他从四个方面来剖析原因，一是敌伪使用货币政策吸收内地物资，都是假借各种商人偷运走私取得的，是通过商业资本活动来实现的。二是商业利润越是丰厚，使得人所共趋，政府很难通过发行公债与劝民储蓄来实现法币回笼，通货膨胀也越不易缓解。三是从事商业投机者赚钱容易，花钱不惜，因此有钱人挥霍无度，消费大大扩大。四是商业资本活跃使生产规模缩小。商业利润居于特殊的丰厚地位，因此各种游资聚集在商业上，甚至被用到生产上或者拟用到生产上的各种资本，也大量地脱出生产领域，转为商业资本。因为就工业来说，固定资本不易周转，往往要经较长时间才能收回；而劳动者生活资料价格越来越高，工资必要求相应的提高，从而生产成本提高，赚钱就更加不易，与其从事工业生产，不如经营商业，因此多年从事工业生产的人，也大都囤积原料，兼营商业或转营商业。"所以商业资本愈活跃，它的渗透性就愈大，对于社会生产的约束性就愈强"。② 马寅初认为，就中国而言，在抗战期间，工商界有奸商囤积居奇获过分利得，以操纵居奇顿成巨富者；有的

① 张嘉璈著，杨志信摘译：《中国通货膨胀史：1937—1949》，文史资料出版社，1986。
② 王亚南：《抗战时期的物价和物价管制问题（节选）》，载《王亚南文集》第 3 卷，福建教育出版社，1988。

留在上海不肯迁出其工厂，因被敌人利用，有已发大财者。有若干机器工厂，竟为敌人制造军用品，无异于汉奸；更有官员乘国家危急，携政治上的势力，勾结一家或几家大银行，大做其生意，或大买其外汇，以统制贸易之名，行金融投机之实，大发国难财。这种人从通货膨胀中获利，也客观上助长了通货膨胀。①

5. 民众预期推高物价

胡寄窗认为，一方面通货膨胀导致了利率的上涨，另一方面战时政治、经济和国家安全很不稳定，使得风险补偿需求加大，尤其是对未来物价上涨有着很强的预期，使得放款人不得不提高利率以弥补通货膨胀风险和战争风险所带来的损失。② 彭迪先认为，战时国家为了获得必需的商品，势必要印刷大量的纸币并无限制地投入流通。一般人对于纸币的信用丧失的预期，则更加强了这个倾向。纸币价值暴跌，以及由此引致的物价上涨，如果越加显著，则因人们知道纸币还要继续增发泛滥，于是大家都赶快用纸币购买商品，致使商品价格更往上涨，纸币的信用更加丧失。③ 张嘉璈研究了促使1942年中到1943年中通货加速膨胀的原因，他认为最主要的原因是人们对于中国在日军的大屠杀中以及在通货膨胀的危机中能否幸存下来，已丧失了信心。中国已完全在世界中陷于孤立无援的地步，在国内每种商品都极感缺乏，物价每年翻三倍。广大民众对于存储货币则益趋反感，遂导致货币流通速度的加快。"所以，1942和1943两年中物价的飞速上涨，很大程度上要归咎于人们悲观心理所造成的"。④

（三）战时通货膨胀的影响

随着战争的逐步推进，物价日益高涨，通货膨胀愈加严重，社会各界一致认为其危害巨大，主要影响归纳为以下几个方面。

---

① 马寅初：《统制物价为节约运动与长期抗战之先决问题》，载《马寅初全集》第11卷，浙江人民出版社，1999。
② 胡寄窗：《把握解决物价问题值良好时机》，载《胡寄窗文集》，中国财政经济出版社，1995。
③ 彭迪先：《新货币学讲话》，三联书店，1949。
④ 张嘉璈著，杨志信摘译：《中国通货膨胀史：1937—1949》，文史资料出版社，1986。

一是导致财政赤字增加。刘絜敖认为，战时如果物价持续高涨，军需开支和政府机关的经费也会随之不断增加。在租税收入不足以维持政府开支的情况下，政府弥补赤字的手段主要有增加税收、发行公债和发行纸币。但增加税收远不能满足政府的迫切需要，而且容易引起人民的反抗情绪。因而，发行公债和发行纸币成为政府采取的主要手段。但如果对新发行的公债没有全额锁定的话，会引发通货膨胀；在社会物资没有增加的情况下发行纸币也会引发通货膨胀。通货膨胀会刺激物价进一步上涨，币值下落使得人们不愿意把钱存在银行，银行储蓄减少，会直接影响公债的发行，使得财政处于危险的境地。财政更加困难，如此恶性循环，会严重损害抗战事业的成功。① 张嘉璈认为，抗战发生后，中国国民经济的总需求（财货和劳务）随着货币供应量的猛增而突涨。国民经济总需求的这样突涨使物价进一步受到通货膨胀的强烈压力，这特别是因为政府的财政过于依靠银行贷款，以及各省的经济处于原始的状态，不能在接到政府命令后迅速提供财货和劳务所致。"财政赤字在 1937 年下半年增加了 42%，1938 年上半年增加了 58%，下半年增加了 30%。钞票发行额于 1938 年底比 1937 年 7 月增加了 65%，整个中国在同期的批发物价指数增加了 55%"。"从 1937 年到 1941 年间，中央政府的总支出水平增加了 500%，财政赤字增加了 683%……从 1946 年以后通货膨胀的压力促使政府支出继续增长，而政府支出的继续增长反转过来又促使通货膨胀的加甚"。②

二是导致生产萎缩。彭迪先认为，通货膨胀对生产方面有着重要影响。首先，在大多数场合国家扩大通货发行，常常是和军费支出有关系，所以由通货膨胀所得的货币资金大都用于军事工业的生产，致使民用生产部门萎缩。其次，由于纸币的剧烈贬值，资本家感觉前途变化难测，生产事业因资本周转期间较长，便倾向于用在商品流转上，特别是投机性交易上。最后，通货膨胀既然使工人、农民和其他小资产阶级的经济情况恶化，就会减少对商品

① 刘絜敖：《论平定物价之根本政策》，载《财政评论》，1941 年第 6 卷第 2 期。
② 张嘉璈著，杨志信摘译：《中国通货膨胀史：1937—1949》，文史资料出版社，1986。

的有效需求，这就潜伏着经济危机。[1] 张培刚认为，通货膨胀对于工商业有重大影响，同样对于中国这样一个以农业为主、农业人口占总人口的 70% 以上的国家，对农业的影响也是非常重大的。在通货膨胀中，主要作为原料的农产品价格上涨赶不上工业品的上涨幅度，"剪刀差"的存在使农业生产利润降低，农民生活水平大幅下降。因此，张培刚认为尽管战时由于通货膨胀带来了农产品价格的上升，但是农业利润并没有提高，甚至出现亏损。张嘉璈认为，物价看涨使企业家们把资金用于囤积货物而不是用于生产。从 1942 年起一直到战争结束，投机商品的活动越来越普遍化。通货膨胀日趋严重，物价有涨无跌，对物价人人看涨，因而无不把到手的货币立即用来购买商品囤积起来。由于政府外汇储备日渐减少，进口物资日渐缺乏，以致人们普遍认为囤积进口原材料是谋取厚利的最稳当途径，因而便产生了原材料价格的上涨较诸制成品更快的怪现象。由于工资的提高，使生产成本增加，工厂主们便感到囤积原材料和产品比生产新产品更为有利。"银行信贷（扩大）不但不能促进生产，反而助长投机"。[2]

三是使金融陷于混乱。刘絜敖认为，物价上涨使法币实际币值低落，使得金融陷于混乱境地。币值是物价的倒数，物价低则币值高，物价高则币值低。如果物价持续走高，那么必然导致市场混乱，人们对商品则囤积居奇，对货币则是随收随付，其结果必是货币信用和货币机能的丧失，经济离破产也就不远了。[3] 彭迪先认为，通货膨胀可以破坏一个国家的信用制度。首先，通货膨胀对债权者是不利的，因此无论是在国内还是在国际间，谁也不愿意放贷，因为偿还时只能得到贬值的货币，所以通货膨胀削弱了信用的基础。其次，通货膨胀会引起货币制度的崩溃，因为纸币非常快地贬值，即使用作计算货币也很不方便，这时人们会用黄金或外国货币来作为计算单位。若更进一步，人们拒绝使用货币，那就是纸币作为流通和支付手段的职能也被剥

---

[1]　彭迪先、何高著：《货币信用论大纲》，武汉大学出版社，2012。
[2]　张嘉璈著，杨志信摘译：《中国通货膨胀史：1937—1949》，文史资料出版社，1986。
[3]　刘絜敖：《论平定物价之根本政策》，载《财政评论》，1941 年第 6 卷第 2 期。

夺了，这时整个货币制度就将崩溃。① 杨培新认为，通货膨胀时期，除大官僚
资本、少数财阀外，绝大多数人还是趋于贫穷化的，为了规避风险，投机必
定盛行，尤其是黄金、外汇便成为通货保值最为方便的工具。此外，商品投
机也成为常用的保值方式。② 马寅初系统阐述了法币贬值后对整个金融体系的
影响。首先，资金将外逃，"吾国现在正在抗战中，战事结束遥遥无期。今一
次贬值，谁能信将来不再贬值？吾恐一次贬值，人心惶惶，不但已逃出资金
不敢回来，即未逃出者，亦将源源流出矣"。其次，黑市必将泛滥，"纸币多
发，黑市之汇率必愈跌，法币又从之贬低。物价又高，预算又不足，纸币又
增发，黑市汇价又跌。辗转循环，宁有止境耶？"。最后，将失去全民信任，
"抗战十七个月以来，法币信用始终不堕，益足坚固人民对于法币之信仰……
今一旦将法币法价打破，不但失去财政部一极好信誉，且失去人民对政府之
信仰，所得殊不偿所失"。③ 张嘉璈认为，战时的通货膨胀对货币市场乃至整
个银行体系都造成了不可恢复的影响。抗战期间，沦陷区在外国银行关门停
业后，新的银行纷纷设立，1938 到 1945 年间数量几乎增加了一倍。这些银行
投机于外汇、黄金、外国商品和中国各种证券，大后方的银行也在从事一些
暧昧可疑的业务活动，这些趋势削弱了中央银行在货币市场中的权威。这些
银行使用各种适用于通货膨胀情况下牟取暴利的银行业务伎俩，而对社会大
众所应负的责任则置于脑后。由此，货币市场出现了政府和中央银行都控驭
不了的局面，造成了货币市场混乱不堪的情况。④

四是改变收入分配引发社会问题。马寅初认为通货膨胀对于社会的危害
非常大，他指出："一则恐物价腾贵，贫民无以为生，不免铤而走险；二则物
价飞涨，造成暴富，阶级仇恨愈深，内部容易发生变乱；三则通货一经膨胀，
无法制止，卒至越发越多，结果钞票一钱不值，人民储蓄，如数冲销，战后
欲图复兴，活动资本，已不可得。"⑤ 他认为，通货膨胀主要使资本家获利，

① 彭迪先、何高著：《货币信用论大纲》，武汉大学出版社，2012。
② 杨培新：《中国通货膨胀论》，生活书店，1948。
③ 马寅初：《法币法价打破之危险》，载《马寅初全集》第 11 卷，浙江人民出版社，1999。
④ 张嘉璈著，杨志信摘译：《中国通货膨胀史：1937—1949》，文史资料出版社，1986。
⑤ 马寅初：《中国之新金融政策》，载《马寅初全集》第 10 卷，浙江人民出版社，1999。

劳动者工资一般不涨，则其劳动所得实际上减去大半，生活无法维持，其他贫民更是如此，倘乱民乘机煽动，易造成内部暴乱。彭迪先认为，通货膨胀实际上是一种无形的租税，而且是一种以民众为对象的征课。"恶性的通货膨胀，等于无代价的没收一般民众的资产，由于物价作直线式的上升，他们的实际所得，比例的逐渐减少，减到难于维持最低的生活，挣扎于饥饿线上。尤其是中小农民、佃农，以及固定收入者如工人及公教人员等，均陷于极悲惨的命运中"。"物价上涨形成所谓战时景气，特别是民国 28 年（1939 年）左右，工商业的利润好像随物价上涨而日益丰厚。而事实上，战时的暴利，确曾使若干人发了'国难财'，可是这些得到暴利的人，不外是投机操纵或囤积居奇的奸商，以及豪门资本官僚资本之类，而正当的工商业却只是在野马式的物价压迫下喘息着，在苛捐杂税的重压下苟延残喘"。由于这两方面偏畸发展，社会的财富分配愈趋不均，越来越集中于少数特殊阶级的手里，而百分之九十五以上的民众，均在经济上日趋没落。[①]陈岱孙也认为，战时的通货膨胀是一种坏税，通货膨胀的结果是物价上涨，人民原有的货币购买力降低，实际上是被政府剥削了一部分，这种削取无权利请求政府偿还，等同于被没收一部分财产或财产权，与赋税的基本性质相同。陈岱孙提出，赋税的最高准则为负担公平，通货膨胀显然违背了这项准则。一是不同主体受到通货膨胀的影响不同，工商业者因物价高而得利，固定收入者因货币贬值而受损，实际上是前者不纳税而后者纳税；二是财政学公认的公平税率为累进税率，而通货膨胀实际上是一种普遍的比例税，无论经济状况如何，均须按其所得或储蓄的比例纳税，其分配明显不公；三是政府所得收入只是纳税者丧失购买力的一部分，其他部分实际上为社会上另一部分人所获得，违背了"政府赋税政策应以减少人民之所出，超过国库之所入者，于最小程度"的原则。更重要的是通货膨胀会对经济的均衡造成破坏，从而影响社会的稳定。人民对于政府的通货膨胀政策产生疑惧，必然会将手中的纸币用于购买实物，通货流通率骤然增加，需求之竞争将急趋剧烈，而物价之高涨将超过通货膨胀

---

① 彭迪先：《新货币学讲话》，新知三联书店，1949。

的程度。此时与最初的运行机制因果颠倒，物价高涨变成了原动力，政府受物价上涨的影响，财政预算赤字进一步扩大，需要再次实行通货膨胀政策，如此反复则政府逐渐失去控制能力，金融恐慌将会蔓延，社会经济发展将受到重大打击。[1]

五是影响外汇汇率稳定。彭迪先认为，通货膨胀引起外汇行市的低落，在此基础上就可以实行外汇倾销。但通货没有贬值的国家就会采取关税壁垒来对付，结果就破坏了国际间的正常贸易关系。[2] 马寅初认为，滥发货币对于一国的外汇价格有很大的影响。中国法币与英镑挂钩，实际上实行的是汇兑本位制，由于战争爆发，法币发行量大增，人民对于法币的信用不免产生怀疑，汇兑商人最先感知，则外汇看涨，汇兑商人大量买进；政府因供应战争需要，也须购进大量外汇；银行存户为防资金受损，也必然会竞买外汇，以图逃避。在这种情况下，外汇求多供少，进而大涨，影响国际贸易的正常开展。且因外汇价格剧烈变动，导致外汇黑市交易盛行，也会在一定程度上加剧外汇制度的不稳定。当法币发行量达到一定程度时，将会产生货币替代效应，法币将因信用完全丧失而退出经济，由英镑等外币代之行使货币的职能，那时我国的货币体系将会崩溃，其危害将难以衡量。[3] 刘絜敖认为一个国家在外汇基金充裕的情况下，进口较多不足为虑。但是在外汇基金不充裕的我国，如果增加了进口，物价上涨又使得出口不能增加，那么外汇基金就会越来越少，这反过来会影响军需物资和民用物资的进口。所以，若想促进输出以换取军需物资的输入，必须以平定物价为首要任务。[4] 张嘉璈详细考察了抗战时期外汇汇率的变动以及国民政府为稳定外汇汇率所作的努力。他提出，抗战爆发后，政府恐怕通货对外价值的跌落会影响其对内价值，遂采取无限制向市场供应外汇的政策。但没想到中国通货对内价值变动的势头竟然如此迅猛，以致对外价值的坚挺都起不了多大的稳定作用。当时整个中国的通货膨胀都

① 陈岱孙：《通货膨胀与税计》，载《陈岱孙文集（上卷）》，北京大学出版社，1989。
② 彭迪先、何高著：《货币信用论大纲》，武汉大学出版社，2012。
③ 马寅初：《通货新论》，载《马寅初全集》第12卷，浙江人民出版社，1999。
④ 刘絜敖：《论平定物价之根本政策》，载《财政评论》，1941年第6卷第2期。

十分恶化，巨额游资充斥市面，商号尽量把运营资金变成外汇，赤字财政继续推行，人们越来越偏爱外汇，对政府外汇储备的需求大大超过了外汇的供应，导致最后政府不得不放弃维持稳定汇率的政策，而按期提高汇率。跟着物价跑的自由市场汇率，也影响着进口水平，这转过来又影响一般物价水平。[①]

（四）关于治理通货膨胀的主张

在 1937 年到 1949 年的战争时期，学者总体上来说是反对政府实行通货膨胀政策的，他们把研究的重点放在战时通货膨胀问题的应对和战后通货膨胀的治理上，分别提出了自己的政策主张。

1. 战时治理通货膨胀的政策主张

对于战时通货膨胀问题的解决，大多数学者都认为战争时期不应该以增发货币的形式筹集战争经费，这样做只会适得其反，政府应该最大限度寻求战时的财政预算平衡。综合起来主要有以下几种观点：

一是停止增发货币。刘大钧认为在我国战争时期应该控制货币流通，实行通货紧缩政策。应该限制法币发行数量，维持法币信用。他认为，不兑换的纸币唯靠政府信用支撑，政府因战时财政支出过多而求救于多发法币时，法币的价值将因政府信用降低而大跌。因此要防止战时因多发货币而导致的通货膨胀，限制法币的发行数量是最基本的方法。刘大钧主张，战争时期不能靠通货膨胀政策进行产业动员，应该控制物价的上涨。在战时初起之时限制提存，实施通货紧缩政策，后因财政需要慢慢实行"复膨胀"（Reflation），货币增加至战时通货数量为准，再以公债去吸收通货，使之稍微紧缩，然后再实行和缓的"复膨胀"。如此循环不已，通货数量可不至激增，即使有增加，也以国内商业所需要的数量为限，则物价不致因货币政策而狂涨。[②] 胡寄窗也提出，通货必须立刻停止膨胀，主要是要求政府停止增发货币。在复原期，他认为政府有能力维持预算平衡，而不必诉诸增发货币用于弥补财政开

---

①　张嘉璈著，杨志信摘译：《中国通货膨胀史：1937—1949》，文史资料出版社，1986。
②　刘大钧：《我国统制金融办法之检讨》，载《经济动员与统制经济》，商务印书馆，1939。

支，并根据当时的客观情况和经济环境对自己的观点作出了论证。胡寄窗认为政府财政开支的 40% 可以通过租税及经济收入来解决，其余 60% 的开支可以通过变卖抗战后接收的物资、国际援助物资以及战争赔款来弥补。他分别对这两方面可以获得的收入在数字上进行了估算，认为是可行的。因此他提出，"停止增发货币来弥补财政赤字"是解决通货膨胀的最根本要求。[①] 刘絜敖认为："物价之涨跌，根本为通货的问题，故若能于通货方面采行适当政策，对于平定物价必有决定的影响。"[②] 具体来讲，第一是封锁通货。如果能使新发行的货币在到达国民手中后即失去购买物品的效力，那么虽然能够导致通货膨胀，但却不能使物价上涨。因此，可以"规定凡国家机关与国营事业，对于民间有所支付时，均按四六比例，以六成现金四成封锁通货支付之，民间收此通货后，只能用以储蓄，用以购债，用以完纳租税，不准用以购买物资。至战后一定时期，始由政府解放封锁（或可稍付利息），恢复其购买物品之能力"。第二是统制存款准备率。认为政府应严格统制存款准备率，尽量将其提高以降低派生存款，从而减少通货数量。第三，实行现金支付制。他认为采用赊欠的方式进行消费实际上是对货币购买力的扩大，如果禁止赊欠行为，也可以起到收缩通货、平定物价的效果。

二是政府对物价进行统制。刘大钧认为，政府为动员经济服从抗战之需，必须对物价进行统制。刘大钧提出，战时实行物价统制政策有四个作用。第一，可以鼓励战时必需品的生产，限制非必需品的生产。农产品的价格在播种期前较长时期进行规定，可使足敷生产成本，并有利可图，则平时因生产期较长而价格风险大的农产品产量反而因此增加。战时非必需品则可制定低价而使其生产减少。第二，可以维持人民生活必需品的消费，限制其他消费。统制物价并非普遍的统制，而是系统的、有计划的统制，假定战时人民收入与战前相同，战时生活必需品因统制保持战前价格，而其他物价未经统制而上涨，则人民对于其他消费的购买力事实上是减少的，自可限制其他消费。第三，补救通货膨胀的恶果，维持社会的安定。战时的通货膨胀影响，是使

---

① 胡寄窗：《把握解决物价问题值良好时机》，载《胡寄窗文集》，中国财政经济出版社，1995。
② 刘絜敖：《论平定物价之根本政策》，载《财政评论》，1941 年第 6 卷第 2 期。

有固定收入者吃亏，农工商矿各业获利，带来社会不公平程度增加，统制物价可使后者的赢利减少，前者购买力增加，是补救战时物价体系紊乱、维护社会安定的良方。第四，可以限制战时超额利得，减少军事费用。政府采办军需物品因价低而费用减少，则通货膨胀的需要也可有一定比例的降低。①　马寅初也认为，统制物价可在一定程度上降低通货膨胀。马寅初提议，政府应该集合富有物价知识者及各方面有关系的专门学者，设立物价委员会，对战时物价进行统制，以限制物价波动。他提出了统制物价的方法，一是最高价与最低价法，对于需要大的货物，限制其最高价格，对于那些不为生产者注意而又是政府所需要的货物，规定一最低价格确保生产者利益，鼓励增加生产。二是用途等级法，对用途最大事业可以最低价格供给，用途次大者则依较高价格供给，用途更次者以更高价格供给。三是定量分配法，可以作为最高价格限制法的补充，分配之根据，以生理上需要为标准。四是适当减少中间商，提倡合作制度，免去居间人重重剥削之流弊。此外，他还提出，统制物价需与统制纸币相配合，"倘只统制物价而不统制纸币，则通货膨胀，物价飞涨，统制物价之效尽矣"。②

三是鼓励储蓄。刘絜敖提出，"欲吸收购买力，须自储蓄着手，欲促进储蓄消纳公债，更须自储蓄着手，故储蓄政策实为物价平定之基础"。③　他提出了三项具体措施：第一，保价存款制。"由政府保障存款金额之价值，使存户于将来提取存款时，仍能获得存款时之原有价值，则人民必欣然来归，相率储蓄于银行，而不愿再囤物品矣"。④　这一制度的关键在于中央和地方政府要编制精确的物价指数并对外公布，储户存款时按照当时的物价指数计算其价值，取款时按照取款时的物价指数计算，给付相当于原价值的金额。第二，保价信托制。这一制度和保价存款制度基本相似，"由国家设一保价信托公司，仍按物价指数收受信托金，信托金收得后，仍以之投资于可靠之生产事

---

① 刘大钧：《战时物价统制》，《经济动员与统制经济》，商务印书馆，1939。
② 马寅初：《中国之新金融政策》，载《马寅初全集》第 10 卷，浙江人民出版社，1999。
③ 刘絜敖：《论平定物价之根本政策》，载《财政评论》，1941 年第 6 卷第 2 期。
④ 同③。

业至战后归还本利时，仍按物价指数保障其原有价值"。① 第三，强制储蓄制。主要是参考了英国经济学家凯恩斯的观点，发给工人的工资均分为两部分支付，一部分由现金支付，可以随时用于消费；另一部分为邮局储金，只能延至战后支付。这三项储蓄措施，其根本是通过银行的吸收存款功能，减少流动性，从而抑制物价上涨和囤积货物。

四是发行战时公债。马寅初支持战时发行公债进行筹资，他认为，战时政府向银行支用法币，同时给予银行相应的公债，公债有利息，银行自然乐于接受。法币经政府使用后，购物发饷，散在民间，有通货膨胀的危险。应该使银行将收入的公债卖与人民，收回法币，从而避免通货膨胀。此种方法重点在于如何使民众乐于购买公债，使法币回笼。这要求一方面要维持法币信用，法币币值稳定，民众投资公债可获得利息，自然乐于购买；另一方面，亦可因战时需要而强行摊派与富人。如此则一面用出法币，一面用公债收回法币，通货自无膨胀的危险，物价不致腾贵，贫民生活不受威胁，这又可使贫民得到战时公债政策之利。另外，公债的发行，应以建设公债为主，而少发消费公债。因公债无论用于建设还是消费，其来源都是出于国民储蓄，少发消费公债，多发建设公债，可以集国民储蓄于生产，以促进国民财富的增加。② 刘絜敖认为，公债政策是战时经济政策的中心，它不仅关系到战时物价的稳定，而且还与抗战的胜利与否息息相关。他提出了五项具体措施。第一，降低利率。公债本身的利息可以提高，但是市场利率必须降低，否则债券价格一定会下降。而且，"有债者争相抛卖，必更致债价之暴落，而陷银行于困难，因而再欲发行新公债难矣"。这是针对当时政府提高存款利率吸收储蓄提出的，他认为如果利率过高，只会使公债价格下降，反而不利于战争经费的筹集。第二，提高公债的担保力。这一措施主要是指如果一般银行以公债作为担保向中央银行请求放款或贴现的话，可以享受较低的利息和较高的折扣。"如此则一般银行自均愿投资于公债，且若需要贴现时，亦愿告贷于中行，而

---

① 刘絜敖：《论平定物价之根本政策》，载《财政评论》，1941 年第 6 卷第 2 期。

② 马寅初：《法币与战时公债》，载《马寅初全集》第 11 卷，浙江人民出版社，1999。

不至动即出卖公债也"。① 第三，强制购债。强制购债主要是向各界人士按财产数量摊派，银行以收取存款的百分比购债，公司红利在百分之若干以上全数购债和工人以二成或三成的工资购债等。第四，发行保价公债。这一措施与保价存款制相似。第五，发行有奖公债。

五是改进税收政策。马寅初提出，战时可以通过税收政策扩大财政收入，减少财政赤字，以控制通货膨胀。首先，他支持创办所得税，"吾前已言之，欲使中国财政制度适合战时之需要，应从速创办所得税，故鼓吹甚剧"。② 他认为，所得税为直接税，能视人民负担能力大小而自动调整，差别征收，符合平等原则；所得超过应纳税额者，皆应缴纳所得税，符合普遍原则。税率可随着政府的意志，提高或者降低，以增减收入，"故所得税为财政制度中最良之税"。战时参加兵役是全国人民的共同义务，此时政府实行特别累进所得税率，可使富人负担加重，以代其服兵役的义务。"于是贫民出力，富人出钱，安见打仗之不可能乎？"③其次，他认为战时应该征收过分利得税、财产税，用以收回膨胀的货币。"一般人民或苦斗于战场，或流离于他乡，争先恐后，为国牺牲，不容贪图暴利者有违反正义的行为，得到比以前几倍甚至十几倍以上的利得，不啻以国家受罪为代价，以民族受苦为牺牲，而获得的一种不义之财。"④ 对战时工商业获得的过分利得课税，既可补充财政收入，又起到货币回笼、限制通货膨胀的作用。后他又提出，对发战争横财者征收二分之一的财产税，对官员所发国难财尤其要全部没收，则"战时财政问题可以解决，继续战争不怕无钱；法币不再膨胀，价值稳定，人心安定，法币整理，易于解决；汇兑价值稳定，物价问题可以解决；币值稳定，物价稳定，则投机原因去其大半"。⑤ 刘絜敖提出，政府可以实行更广范围增税的办法，一方面可以起到平定物价的作用，另一方面可以为抗战筹集更多的军费。但

---

① 刘絜敖：《论平定物价之根本政策》，载《财政评论》，1941 年第 6 卷第 2 期。
② 马寅初：《法币与公债政策》，载《马寅初全集》第 11 卷，浙江人民出版社，1999。
③ 同②。
④ 马寅初：《论战时过分利得税》，载《马寅初全集》第 11 卷，浙江人民出版社，1999。
⑤ 马寅初：《对发国难财者征收临时财产税为我国财政与金融唯一的出路》，载《马寅初全集》第 11 卷，浙江人民出版社，1999。

应该注意的是，政府应该平等地对待直接税和间接税，不应有所偏重。[①]

六是统制外汇政策。刘大钧指出，抗战期间，日方吸收我国法币，去换取我国外汇头寸，为防止起见，我国政府应对外汇进行统制，以使我国有充足的外汇头寸维持法币的币值。反之，外汇倘不统制，任由其流出国门，则连续的汇价跌落，使资本很难再重新输入，也会造成国际贸易因风险加大而不能发展。[②]

2. 战后治理通货膨胀的政策主张

抗战 8 年来，法币膨胀了 118 倍，物价上涨近 600 倍。抗战胜利后，乐观的经济学家开始思考战后经济重建，许多经济学家提出了要整理法币的政策主张。讨论的焦点主要有：

一是紧缩法币。紧缩法币是指使法币回笼，减少流通中的货币量，以提高其价值，使法币内价与外价渐趋一致。多数经济学家认为是否实行紧缩法，要视通货膨胀的程度而定，过于严重的通货膨胀无法使用紧缩法币的形式来治理。马寅初据 1940 年 3 月法币膨胀程度不是太大的情况，认为可以借鉴第一次世界大战后英国整理纸币的做法，在和缓的通货膨胀下紧缩法币，使法币与美元的汇率能够在一定程度回归。同时他也认为，法币与美元的汇率提高至战前的水平不太可能。一是法币汇价已跌落二十五倍，如果骤然提高二十五倍，先前因币值跌落而遭受损失者，已经不是因币值提高而得到利益之人。二是币值过于提高，物价过于跌落，对经济危害巨大，可能造成工商业倒闭，招致经济恐慌。因此他主张，币值提高与外价平衡，不宜操之过急，也不能提高到战前的水平。但是到了 1944 年，他认为国内情况较 1940 年有了很大变化，恶性的通货膨胀导致国内物价奇高，已不具备使用紧缩法的条件。[③] 彭迪先也提到了紧缩法，他认为要保留着旧纸币的流通效力，但以后不仅要停止发行新纸币，还要减少旧纸币的数量。为了减少旧纸币的数量，通常是国家把由租税或其他收入而获得的货币的一部分，不再投入流通，这样

[①] 刘絜敖：《论平定物价之根本政策》，载《财政评论》，1941 年第 6 卷第 2 期。

[②] 刘大钧：《抗战期中之法币与外汇统制》，载《经济动员与统制经济》，商务印书馆，1939。

[③] 马寅初：《通货新论》，载《马寅初全集》第 12 卷，浙江人民出版社，1999。

流通里所剩下的纸币所代表的价值就会渐次上涨。[1] 刘觉民[2]认为，自然情况与物价政策是决定法币是否应该收缩的关键。他提出，法币是否要收缩或收缩至何种程度，都不是理论上所能解决的，必须要看战后盈余水平的情况才能决定。"多数学者都只注意到货币的因素问题而忽略了非货币因素的实力对于物价变化的影响"。[3] 他认为，战后物价必然趋于下跌，原因有四点：第一，战后国家局势稳定，国民存在对价格看跌的预期；第二，国民对法币的信心增强；第三，交通逐渐恢复，物资供应流通顺畅，商品成本降低；第四，各种产业恢复生产，产量的增加带来的规模效应会使物价下降。但在"整体复原尚未就需的阶段，因物资供应的不足，反有促成物价波动的险象"。因此刘觉民认为法币是否应该收缩必须根据实际情况而定。同时，他认为法币价值的提高是绝对必要的，币值升高或物价下跌的限度，应以避免扰乱经济的均衡为准则。胡寄窗根据1947年的情况，提出反对通过紧缩法来整理法币的主张。他认为紧缩的目的是使法币恢复战前币值，就是要法币一元恢复其战前一元的购买力，从物价方面而言，要物价指数跌落至100%左右的程度，显然存在很大困难。他从三个方面分析了不可以采取紧缩法的原因。第一，通过强制征收租税回收法币不可行。现行税额尚且不能负担，如再增加5倍必为事实所不许可。即使能增加5倍，问题仍不能由此得到解决，一方面会因转嫁作用而使物价大肆上涨，政府支出也必会增加，另一方面假如租税增加后不刺激物价上涨，就只能达到预算收支平衡，即此收回的大量法币仍须以政府支出方式重新返还于民间。第二，通过公债与自由捐献收回法币不可行。公债发行过多，到相当程度人民必然拒绝接受，且在当时的环境公债须以较高利率发行，这对国家而言是净损失；自由捐献的效力微乎其微，也不值一提。第三，通过抛售物资收回法币不可行。以当时接收的物资而论，半年来努力结果售价尚不及1万亿元，将来全部抛售能弥补国家预算赤字已属大幸，

---

[1] 彭迪先：《新货币学讲话》，新知三联书店，1949。

[2] 刘觉民：出生年月不详，国民党中央政治学校毕业，后留学美国，毕业于美国密苏里大学新闻系、美国哥伦比亚大学经济系。1934年归国，任教于中央政治学校。1938年至1941年担任重庆大学商学院教授，1941年后任职于四川大学，曾任四川大学经济系主任、教授。

[3] 刘觉民：《战后法币整理原则之商榷》，载《金融知识》第3卷，1946年5月。

更谈不上紧缩通货。如果再考虑到通货紧缩本身的困难如筹码短少的恐慌，物价跌落的危机，债权债务的纠纷以及工商业倒闭的惨状等将令人不寒而栗，所以"想通过紧缩通货来整理法币是行不通的，而且是绝对行不通的一条道路"。①

二是改发新币。改发新币是指本币大幅贬值后，将旧钞废弃，另行发行新的货币，按照一定的兑换比例将旧币收回。马寅初认为，我国战时财政预算已极庞大，抗战结束后之几年内恢复重建需要的资金将会比战时财政支出多出几倍，难民与失业者救济费、阵亡将士抚恤金、数百万军队遣散费、破坏公产修理费等等，所需也不在少数。此外，尚需恢复收复地交通、兴建公用房舍、迁移政府机关等，项目繁多，不可胜计，皆需巨额资金。"试问此种必需之费用将何自出？除依赖于法币之外，尚有何法？"。② 通货膨胀力量一日不减，物价上涨趋势一日不止，则国内经济崩溃危机迫在眉睫。大后方的物价水准平均约已达到战前水准的五百倍，其中较高的地区已近千倍，而战事尚在继续进行中。仗非打不可，打仗后非重建不可，故通货非发不可。"静观今日的趋势，恐最后非出于德俄膨胀法之一途不可。到整理之一日，另发一种新币，定一兑换比率，把旧币收回，而后再以新币与国际国币联系"。③ 胡寄窗也持这种观点，认为法币必为另一种新币所替代。"大凡通货膨胀程度已超出数百倍的情况下，一般都另发行新币来代替"。④ 他从两个方面阐述了理由，第一，从法币的现状来看，其本身存在三个缺点，其一是从法理上来说，法币已失去其本位币的功用，中国本位币合银质七钱二分，而抗战时期法币一元已经远低于七钱二分的白银价值；其二是从会计方面而言，法币在作为计算单位时，已经太小而不再适用；其三是法币很不经济，财政方面印制成本太大，银行方面点数钞票成为一项繁重的工作，社会方面因钞票纸质恶劣、易毁损、易增加运输保存等费用而抵触使用法币。第二，新币发行面临的困

---

① 胡寄窗：《法币的将来怎么样》（1947），载《胡寄窗文集》，中国财政经济出版社，1995。
② 马寅初：《通货新论》，载《马寅初全集》第 11 卷，浙江人民出版社，1999。
③ 同②，第 12 卷。
④ 胡寄窗：《法币的将来怎么样》（1947），载《胡寄窗文集》，中国财政经济出版社，1995。

难是可以解决的。抗战时期虽然没有大量的黄金作为改变币制的准备，但是法币政策推行以来，尤其是在战争高压之下，一般人对纸币使用已成习惯，黄金准备问题也因世界潮流之所趋，不如从前重视，而且由国际间取得黄金的机会也比以往更多。就发行时间而言，虽不能确定，但其基本原则是必须等到各地物价水准趋于平衡，同时，国内外物价也不能大为失调，在此情况下改革币制，方能水到渠成，轻而易举。将来新币与法币的比率，应以新币流通区域的各省重要都市一般物价指数（非生活费指数）的平均数稍低数目为依据。"依据前面的分析可知，不管政府发言人是如何一再地否认，法币将来只有被另一种新币所代替的唯一途径，假如财政当局要稳定法币，只是愚不可及的做法"。①

三是改变货币本位制。改变货币本位制是指对货币本位进行调整，以求稳定法币的对内对外价格，避免对经济界的扰乱。刘觉民提出，战后法币需要的是一种信用本位制。他认为，由于可能受到世界银市场价格变动的压迫，而使外汇变动的损失巨大，"回复银本位之不可"；由于中国战后的急迫需要是经济建设，即使能够筹措汇兑基金，也应先作为经济建设的基金，而不能作维持金兑汇本位之用，因此"金汇兑本位之不妥"；由于国际本位制度其实是一种具有黄金本位机能的货币制度，而不是完全的金本位制，从而我们即使顺应潮流，也只需要建立一种含有金本位技能的币制即可，"金本位之不需"；由于"法币"是政府依法律所定的货币的通称，"法币本位制之不当"。最终他认为信用本位才是最为妥当的货币本位制，它同战前和战时的纸币本位制不同，是一种同"英美计划所定的'班柯'或'优尼塔'间接或直接联系而成为一种管理的国际本位"，简而言之，是一种间接金本位制，它具有适应内外经济情势的伸缩性。② 进一步，他提出了战后的货币政策应该注意的几点原则，第一，要加强法币管理的组织能力，以确保通货政策效力的发挥；第二，维持现有法币本体，统一法币制度和发行权，建立健全的法币体制；第三，战时日伪政府发行的伪币应当按照一定的比率兑换成法币清偿，避免

① 胡寄窗：《法币的将来怎么样》（1947），载《胡寄窗文集》，中国财政经济出版社，1995。
② 刘觉民：《战后法币整理原则之商榷》，载《金融知识》第 3 卷，1946 年 5 月。

国民的损失；第四，配合经济建设的需要，以奠定建设金融的基础；第五，稳定法币对内对外价值，以稳定物价为主，汇兑政策为辅；第六，以国际货币主义为主，以国际通货主义为辅，符合国际通货制度的要求。

四是对物价指数的研究。关于通货膨胀程度的测量，很多时候用到物价指数，这一时期有些学者开始关注物价指数。马寅初对物价指数进行了系统研究，他认为货币的价值是一般物价的倒数，货币价值高，则一般物价低，货币价值低，则一般物价高。一般物价可以用物价指数来表示，因此，货币整理要依赖物价指数，根据物价指数的升降来确定纸币价值的变化。马寅初认为物价指数一般有四种，即物品指数、生活费指数、生产力所得指数和商业活动指数。他系统地考察了这四种物价指数，第一，物品指数，这里主要是指趸售指数。趸售物价的长处，在于感应灵敏，且常能指示零售价格变动的趋势；与零售价格相比，趸售指数地方性色彩较少。且趸售指数以国际共通物品为主，故能将各国物价指数联成一起，可以相互对比。趸售指数的缺点是交易量太大，加权不易，而且国际物品的种类会随市场变动，给趸售指数编制带来麻烦。第二，生活费指数，是以零售物价为编制依据，其好处在能真正代表货币价值。"盖吾人所得之货币，如何能知其价值乎？必至消费时始知之"。生活费对一般人皆有用处，不但在购买货物时，即使在购买劳务时也如此。但是使用生活费指数作为确定货币价值的依据有几点困难：其一是零售物价到处不同，指数材料不易搜集；其二是各阶级人民消费货物种类不同；其三是各地生活习惯、消费种类不同，生活费指数富于地方性；其四是生活费指数以零售物品价格编制，但货币同时用于购买服务，这一点没有加入；其五是零售物价常受习惯影响，富有惰性，感应不灵敏。第三，生产力所得指数，实际上是一种物价渐跌的指数，生产方法因发明改良或改造的关系日趋进步，使得生产成本降低，物价较前减低。生产力指数的目的，在于指示社会生产力的进步。以生产力指数而定货币价值，有利于债权人，不利于债务人，债权人放债时货币购买力尚小，收债时货币购买力变大，债权人之利即为债务人损失。且因生产进步程度不易预测，货币流通速率也不易测知，因此生产力所得指数编制比较困难。第四，一般商业活动指数，能表示一般商业活动，主要包括物品、有价证券、不动产、工资等四类物价，凡须使用货币支付者，大致皆须罗致在内。此种指数编制也较困难，有价证券和不动产价格等如何加入还有待研究。马寅初从各种指数编制技术、指数对一般物价的反应程度等方面分析，认为中国货币整理时应该选择物品指数中的趸售指数作为标准。[①]

（五）本时期治理通货膨胀思想学说和主张简评

1935 年法币改革，金属货币流通制度被法币这种纸币流通制度所取代，开启了纸币条件下中国关于通货膨胀理论研究的开端。当时经济界已经认识到实施纸币流通制度的最大障碍是通货膨胀，因而他们对于纸币制度实施条件的探讨也多数是从防止通货膨胀的角度出发的。1937 年抗战爆发，对治理通货膨胀又附加"战争时期"这一新的条件。因此，如何在"战争时期""纸币流通"条件下治理通货膨胀，成为经济学者面临的重要课题。关于这一时期的治理通货膨胀思想学说的发展，有以下几个特点。

一是开启了纸币流通下治理通货膨胀问题的研究。法币改革是中国货币史上的一次飞跃，它使中国摆脱了金属本位制而采行不兑现纸币流通制度，向现代货币制度迈进了一大步。正是由于纸币的不兑换规定和纸币发行的准备制度，为纸币超发提供了基础条件，如何控制纸币发行数量，避免纸币贬值引发通货膨胀，是法币改革后经济学界面临的第一个问题。有的学者认为，建立纸币制度之后，贵金属本位制下的自然的节制丧失了，必须要有一种人为的制约来代替它。有的则认为，纸本位制与增发不兑现纸币及通货膨胀无关，关键在于通货的管理方式。还有的则持悲观态度，认为纸币本位制为政府采行通货膨胀铺平了道路，一遇异常时期，政府必然会滥发纸币，引发通货膨胀。虽然学者们的观点各不一致，但在法币政策实施之初，多数学者还是表现出对通货膨胀的担忧，已经把重心转移到纸币流通条件下通货膨胀的研究上来。而当通货膨胀真的到来之时，他们则转向通货管理政策的反思和

---

① 马寅初：《通货新论》，载《马寅初全集》第 12 卷，浙江人民出版社，1999。

对通货膨胀本质的揭示。他们通过不断争论、不断探索，为纸币条件下治理通货膨胀理论的建立奠定基础。

二是注重结合西方通货膨胀理论研究中国问题。20世纪30年代之后世界范围内实现了纸币流通制度，原来贵金属货币的蓄水池功能已不复存在，西方各学派根据对通货膨胀的理解纷纷著书立说，通货膨胀理论开始丰富起来。我国币制变革在后，因此我国关于纸币流通条件下的通货膨胀理论多是从西方国家传入。国内的学者们利用西方金融理论来分析、解决中国金融矛盾，用理论来指导中国政府决策。对中国的通货膨胀理论产生深远影响的理论是西方的货币数量说、凯恩斯的"货币三论"即《货币改革论》、《货币论》和《就业、利息和货币通论》中的新货币理论以及马克思的货币理论。这些理论在20世纪前半期传入中国，西方金融理论不是被教条式摘抄过来的，而是不断地与中国实践相结合，不断地洋为中用，不断根据他们自身的理解和中国的实际对西方理论进行修正，并与传统的通货膨胀思想进行对比融合，对西方理论加以改进吸收，研究思路大大开阔。"各家取舍折中，并参酌本国国情，观点颇多进步"。[1] 当时研究的内容主要包括通货膨胀的概念，通货膨胀的衡量标准，通货膨胀发生的原因，通货膨胀的影响，反通货膨胀的办法，通货膨胀与经济增长，自由经济与统制经济等问题，既结合通货膨胀的实际，又不囿于通货膨胀的表象，力求透过现象揭示通货膨胀的深层次问题，研究问题的深度也在一定程度上得到加强，为通货膨胀理论在中国的进一步发展奠定了坚实基础。

三是体现了解决战时国民经济问题、救国图存的爱国之心。这是一个战乱频仍的特殊时期，日本发动的全面侵华战争，使中国政府苦心经营的近代工业化成果遭遇毁灭性打击，金融领域更是难以幸免。如何通过通货膨胀的治理、经济的建设为我国在抗日战争中提供更为坚实的物质保障，是这一个时期经济学者提出政策建议的根本出发点。抗战爆发以来，公私大学与经济研究机关备遭敌人摧残，学者专家大都流离失所，在异常艰苦的环境下，对

---

[1]　夏炎德：《中国近百年经济思想》，商务印书馆，1948。

于经济研究仍然继续不辍，实为难得。夏炎德曾评价说，"今日之战争为一总体战争，经济力之强弱更为强盛之要因……战时经济问题始终为各方所注意，军政机关特设研究部门，各大学、各银行与私人学者无不加以研究，报章杂志论文小册一时如雨后春笋，不可以数计。讨论之方面甚多，要以财政、通货与物价诸问题为中心；对于其他国家之战时措施，可资我借镜者，亦多报告与介绍……当此纸张与印刷异常困难之情形下，经济刊物竟如此欣欣向荣，实令人欣慰不已"。[①]

总体来看，民国时期作为一个社会急剧变革、各种矛盾冲突频发的社会转型时期，也是一个思想文化领域百花齐放、百家争鸣的时期。就通货膨胀理论而言，学者们围绕如何建立一个独立的、有利于中国民族工商业发展的稳定的货币制度和金融体系问题开展了广泛的讨论。无论是研究的视野，还是研究的深度，都较前有了很大的发展，达到了中国近代史上的高峰。但客观上说，这一时期我国的通货膨胀理论还处于规范研究阶段，缺乏的是大量的实证研究，把通货膨胀的原因过多归结为货币发行和财政赤字，有些简单化，缺乏系统性研究。

三、新中国成立后到改革开放前（1949—1978 年）治理通货膨胀的思想学说和主张

战争期间，中国共产党始终把建立根据地作为重要的任务，而军队、政权、货币三者密不可分，有了独立的货币，才能形成独立的市场。因此，各根据地均重视发行货币和开展驱逐敌币的斗争。1947 年秋，人民解放军从战略防御转入进攻，各个解放区迅速扩大，并相继连成一片。各地货币不统一，比价不固定，给各兵团协同作战和经济贸易带来了很大的困难。在这种形势下，中国人民银行于 1948 年 12 月 1 日在河北省石家庄市宣告成立，同日发行人民币，作为新中国唯一合法的货币，以期统一各个解放区的货币，形成独

---

① 夏炎德：《中国近百年经济思想》，商务印书馆，1948。

立的、统一的、稳定的货币制度。但就在大军南下，上海、广州等大城市陆续解放后，物价却加剧上涨，通货膨胀接连发生。1949 年到 1950 年 3 月发生了四次大的涨价风，第一次是 1949 年 4 月，北京、天津的投机资本利用华北地区春旱，哄抬粮价，引起物价普遍上涨。后又波及山东、苏北和华中，涨势凶猛。在 4、5 两个月，物价普遍上涨 50% 左右。以华北地区批发物价指数为例，1948 年 12 月为 100，1949 年 3 月为 261，5 月则增至 380。第二次是1949 年 7 月，由于上海粮食库存较少，投机分子乘机哄抬粮价，继而是纱布价格，带动了其他物价上涨。从 6 月 27 日到 7 月 30 日，批发物价指数上升了153.6%。第三次是从 1949 年 10 月 15 日开始，以上海、天津为先导，华中、西北继起跟进，全国币值大跌，物价猛涨。首先是进口工业原料如五金、化工等价格节节上升，接着纱布、粮食价格大幅度跳升，推动整个物价猛涨，每天上涨 10% 到 30%，人民币币值狂跌。至 11 月 25 日，上海批发物价指数比 10 月上旬上升了 326.2%。同期其他大城市物价上升也达 3～4 倍之多，出现了全国物价大幅上涨的局面。第四次是 1950 年春节前后，国民党飞机轰炸上海，电厂遭到严重破坏，工厂停工，春节前消费品供应趋紧，投资分子趁机抢购，在粮食和纱布上掀起又一次涨价风波，带动全国物价上涨。全国 15个大中城市 25 种商品批发物价指数，如以 1949 年 12 月为 100，到 1950 年 1月升至 122.6，2 月为 203.3，到 3 月则上涨为 226.3。1951 年后，国民经济进入恢复时期，各地基本建设逐步展开，建筑材料、五金器材等需求旺盛。抗美援朝开始后，军事订货、后勤临时采购数量增大。军需民用竞购物资，引起工业品价格发生新的波动。五金、建材及日用百货出现普遍上涨，1951年建筑材料上涨率达 82.9%，个别工业器材甚至被抬价至 10 倍。直到 1952年上半年物价出现全面降低，下半年进入全面稳定。从 1960 年到 1962 年 3 年困难时期，由于"大跃进"和自然灾害的双重影响，出现了严重的物资短缺，1961 年的通货膨胀率是新中国成立以来最高的一次。与 1960 年相比，全国零售物价上涨 16.2%，国民收入缩减指数上升 16.1%，集市贸易的市场价格则上涨了 260.1%。

（一）边区推行货币政策的主张

战争时期，中国共产党领导的抗日根据地，不仅在军事上积极抵抗日军的侵略，防范国民党军队的内战倾向，同时在经济上也采取有效措施，力争在另外一块战场上打赢经济战特别是货币战。这一时期的若干经济指导思想和经济政策，对新中国成立初期经济体制的选择与确立产生了直接影响。薛暮桥、南汉宸和曹菊如是这一时期在边区推行货币政策的主要代表。

薛暮桥[①]提出了良币驱逐劣币、稳定物价的思想。薛暮桥高度重视货币斗争在革命战争中的作用，他指出，"货币斗争有它自己的特殊规律，有在总路线、总政策指导下的特殊政策。货币斗争的胜负，对军事、政治斗争的胜负也起一定的反作用"[②]。薛暮桥1943年到达山东解放区，当时，山东根据地内法币、抗币、伪币同时流通，币值不稳，物价高涨。他所承担的主要任务之一，就是主持山东抗日根据地对伪币和法币的货币战。在这种形势下，薛暮桥指出，完成单一本币制度，是解决货币问题、保持币值和物价稳定的主要关键，提出了驱逐法币，使抗币独占市场的思想。薛暮桥的这一思想的来源，是与"格雷欣法则"[③]相对的"良币驱逐劣币"。他认为，如果市场上流通的是不兑现的纸币，各种纸币按照不同的比价流通，那么情况并不是如格雷欣法则所说的"劣币驱逐良币"，而是"良币驱逐劣币"，币值相对稳定的货币

---

① 薛暮桥（1904—2005）：早年投身工人运动，1927年被捕，在监狱期间自学经济学，1930年底出狱。出狱后从事中国农村经济研究，很快成为中国马克思主义经济学的领军人物，1934年至1938年担任左翼经济学团体中国农村经济研究会机关刊物《中国农村》杂志主编。1938年投笔从军，1943年进入山东抗日根据地，成为山东根据地经济工作领导人之一。1947年秋到华北财经办事处，先后在董必武、周恩来和陈云的直接领导下从事统一财经和稳定物价工作，是新中国统一财经体系的奠基人之一。新中国成立后，薛暮桥历任国务院财政经济委员会秘书长兼私营企业局局长、国家计委副主任、国家统计局局长、国家经济委员会副主任、国家物价委员会主任等职。1978年后，成为中国市场化改革的著名倡导者。

② 薛暮桥：《山东抗日根据地的对敌货币斗争》，载《抗日战争时期和解放战争时期山东解放区的经济工作（增订本）》，山东人民出版社，1984。

③ 格雷欣法则指在实行金银复本位制条件下，金银有一定的兑换比率，当金银的市场比价与法定比价不一致时，市场比价比法定比价高的金属货币（良币）将逐渐减少，而市场比价比法定比价低的金属货币（劣币）将逐渐增加，形成良币退藏，劣币充斥的现象。

能够取代不断贬值的纸币。所以，他认为抗日战争时期抗币驱逐法币、伪币没有什么奇怪，"是完全合于客观规律的"[1]。

薛暮桥认为，货币政策的基本方针，应当是保持币值、稳定物价。而保持币值、稳定物价的主要办法，一是"使本币的发行数量，能与市场流通需要保持一定的比例"。"市场流通需要"并非固定不变，需要"按情况变化随时调剂"[2]。在 1947 年召开华北各解放区财经会议期间，薛暮桥还提出了一个简化实用的货币发行数量计算方法，即每一个解放区人民的平均货币流通数量，都大体上等于 30 斤粮食。如果货币发行数量增加一倍，粮价也跟着上涨一倍，每人平均货币流通数量仍然是 30 斤粮食。二是必须掌握重要物资作为发行准备。"货币最基本的保证是物资，谁掌握了物资，谁就掌握了货币斗争中的主要武器"。"根据我们几年来的经验，在今天战时农村的情况下，金银对货币并不能起多大的作用，真正起作用的是几种重要物资"。因为持有抗币的人民"关心的是能够换回多少粮食、棉布等日用必需品"，所以，金银只能作为准备基金之一，且非主要准备基金；主要准备基金应包括粮食、棉花、布匹、生油、食盐等重要物资。三是要统一领导。不仅包括货币发行的统一，各个地区发行额由省统一规定，而且包括货币稳定机构与贸易工作（如按照季节吸收或抛售物资）的紧密结合。

在政策实践上，薛暮桥根据市场流通需要，通过直接控制货币发行数量和吞吐货币准备金（重要物资）的方法，使山东根据地的物价上涨幅度远低于全国水平，是物价上涨程度最低的地方之一，山东在抗日战争时期 1945 年货币发行为 1940 年的倍数虽并非最低，但物价上涨倍数则接近最低。由于在全国恶性通货膨胀蔓延的战争环境下，在广大分散的农村落后地区取得了这样的成就，山东根据地稳定物价水平的经验被视为"奇迹"。

---

[1] 薛暮桥：《山东工商管理工作的方针和政策》，载《抗日战争时期和解放战争时期山东解放区的经济工作（增订本）》，山东人民出版社，1984。

[2] 同[1]。

南汉宸[1]提出要注重财政收支平衡，发行边币促进经济发展的思想。1941年，南汉宸担任陕甘宁边区政府财政厅厅长，当时边区面临着严重的财政空虚，粮食问题尤为严重，南汉宸进行了一系列的改革，促进财政收支平衡。首先是扩大财政收入的政策，他认为财政应该通过收支活动筹集和供给经费和资金，实现"取之于民，用之于民"。打破以前"量入为出"的保守思想，推行"量出为入"的积极财政。通过借的方式到农村向群众征粮，以救国公粮为抵押，从来年应缴的公粮中扣除，实行食盐专卖，经营土特产等方式，极大开辟了边区政府的财政来源。其次，对经济发展进行完善的计划，精兵简政，控制财政支出。第三，禁止法币流通，由边区银行发行边币。这一系列政策的实施，解决了财政赤字与发展生产资本缺乏的问题，保证了生产的供给。1941年1月28日，边区政府委员会正式决议发行边币，并宣布禁止法币流通。南汉宸提出，边币发行时要在数量上掌握好尺度，从而使边币的发行不引起恐慌和通货膨胀。[2]

曹菊如[3]对加强边币流通的管理防止通货膨胀提出了自己的见解。他认为，在革命战争的环境下，增发货币以致引起物价上涨是不可避免的。"一百多万人口的边区，发行额竟达到小数点以上十位，也就相当可观了。现在边

---

① 南汉宸（1895—1967）：先后参加辛亥革命太原起义和靖国军倒阎运动，1920年后经营煤炭、纺纱、轧棉等实业。1926年任冯玉祥国民联军第三军政治部主任，同年加入中国共产党。1930年任陕西省政府秘书长，1936年协助周恩来和平解决西安事变。1939年任中共中央统一战线工作部副部长，兼任陕甘宁边区第一届参议会秘书长，1941年任陕甘宁边区政府财政厅厅长。1941年6月任中共中央财政经济委员会委员，1947年任华北财经办事处副主任、中国人民银行筹备处主任。1949年10月任中国人民银行第一任行长，1950年兼任中国银行董事长。

② 邓加荣：《开国第一任央行行长：南汉宸》，中国金融出版社，2006。

③ 曹菊如（1901—1981）：1930年加入中国共产党，被任命为闽西工农银行委员会委员、会计科科长，后兼总务科科长及营业科科长。1932年初调至瑞金，协助毛泽民筹建中华苏维埃共和国国家银行，建立国家总金库，先后担任会计科科长、稽核处处长、国库处处长、业务处处长。1935年11月担任中华苏维埃共和国国家银行西北分行副行长，兼任西北办事处财政部会计科科长。1937年10月任陕甘宁边区财政厅厅长、银行行长（至1941年3月）。1938年12月任中共中央财政经济部副部长；1939年1月起担任中共中央财政经济委员会副主任，中共中央生产运动委员会委员。1944年5月任西北财经办事处秘书长，协助副主任陈云领导边区银行工作。1948年10月任中共中央东北局财政经济委员会委员、东北行政委员会财政经济委员会委员、东北财委秘书长。1953年9月任中国人民银行副行长，1954年11月任中国人民银行行长。

币的发行总额，相当于抗战前若干时候中、中、交、农四行发行额的总和，跌价是不足为怪的"。① 但是他认为如果采用计算购买力的办法，边币的发行还是少了。这里所说的购买力，不是单位边币的购买力，而是边币发行总额的购买力。这不仅仅是因为在恶性通货膨胀的情况下，纸币发行量的增长速度赶不上物价的上涨速度，纸币发行的绝对数量虽然增加，而按照实际购买力计算反而减少。更重要的原因是，边区流通的不止边币这一种货币，还包括法币。物价指数是由边币和法币流通共同决定的，所谓边币发行少了，是指边币的流通阵地还不够大。曹菊如指出，"边币发行的过程，是边币与法币斗争的过程，不是你进我退，就是我进你退，我们在斗争中的对策运用得好，边币购买力就可大大增加，搞不好还会大大减少"。②

曹菊如认为，边币和法币各有优劣。边币优于法币在于，边币的发行有充分的物资保证，"只要用一定数量的货物就可以把已发行的边币全部收回，而这个力量现在我们是能够拿得出来的……而法币呢？如果没有帝国主义的帮助，就有垮台的可能"。法币优于边币在于，法币流通范围广，不但在大后方独占市场，而且以优于边币的姿态在边区流通，占边区市场达一半以上。他提出，边区应该采取的金融政策是，"承认法币的某些优点，而设法削弱之；承认边币的某些不足，而设法弥补之……在利用法币的基础上予以削弱打击"。③

关于解决边币流通的贬值问题，曹菊如主张以稳定现有的物价为目标，但在实现这个目标之前，先以稳定边币、法币一定的比价为第一个步骤。先稳定边币、法币比价的好处是可以增加边币发行额。"最后的答案是，稳定在物价上不可能，稳定在比价上很需要"。"在法币价值不断跌落的情况下，求比价稳定，实际上就是通货膨胀"。④ 但他认为，边区的公务人员供给实物，工人工资以实物计算，靠利息生活的人很少，只有农民难免受到"剪刀差"

① 曹菊如：《边币问题》，载《曹菊如文稿》，中国金融出版社，1983。
② 同①。
③ 同①。
④ 曹菊如：《陕甘宁边区抗战时期关于金融问题的一些经验》，载《曹菊如文稿》，中国金融出版社，1983。

的影响。所以通货膨胀对于边区国民生计的影响，比之国民党统治区域以及一切资本主义国家，其程度要轻得多。

（二）新中国成立初期治理通货膨胀思想学说和主张

新中国成立前后，承国民党统治后期恶性通货膨胀之余波，新的人民政府面临着极其恶劣的经济形势，严重的通货膨胀与险恶的财经形势相互交织，与不良的货币流通相互助长，如何解决通货膨胀问题成为新中国经济重建的首要问题，这一时期的经济学家主要是从以下几个方面研究通货膨胀问题的：

一是建立统一货币制度稳定物价的思想。1948 年东北、华北、华东等解放区连成一片，冀南、北海、晋西北、东北各银行钞票相互渗透。由于各地货币价值不一，规定了不同的兑换比率。这种比率变化使货币流通不畅，解放区经济管理体系由分散逐步走向统一成为大势所趋。南汉宸召集华北各解放区的经济、金融负责人交换意见，认为独立统一的货币是建立稳定货币制度的基础，稳定物价首先要统一货币的发行，大家也都倾向于货币统一。当时四野进关，包围平津，解放在即，各路部队都带着当地发行的货币兵临城下。平津解放后将面临八种货币进城，南汉宸当时形象地向中央讲"解放军占领了北京，不能像八国联军进入北京一样，要废除根据地五花八门的货币，统一货币。否则，必将引发物价混乱"。[①] 于是中央决定提前发行人民币，1948 年平津解放前夕，在石家庄成立了中国人民银行，南汉宸出任第一任总经理，正式发行人民币。薛暮桥提出，统一货币要分为三个步骤，首先，各个解放区停用法币，使解放区货币独占本地市场；其次建立主要解放区之间的固定比价交换关系；最后，中央统一发行人民币，各解放区停止货币发行。他认为，为了达到稳定物价的目的，首先必须排挤法币，将法币驱逐出解放区市场，使本币在市场上取得独占地位。否则，本币币值会随着法币币值跌落而跌落。本币在市场上取得独占地位后，必须慎重掌握货币发行数量，以免引起物价剧烈波动，必须争取财政收支大体平衡，掌握一定数量的粮食棉

---

① 邓加荣：《开国第一任央行行长：南汉宸》，中国金融出版社，2006。

布等重要物资，在秋收以后和春荒时期根据货币流通需要量多寡适当调剂，便可以把物价相对稳定下来。①

二是统一财经工作稳定物价的思想。平津解放后，南汉宸认识到，货币分区发行、分区稳定是不可能的，为了稳定物价，必须在全国范围内采取统一措施、统一行动。这就促使中央决定于 1950 年 3 月采取统一财经工作措施，对财政、商业、银行乃至铁道部门统一管理。当时实行的是财政、贸易、铁路等的金库制度，这些部门的收入各自汇入中央的金库，由中央各部统一开支、下拨款项，实行统收统支。作为央行行长的南汉宸明确规定，银行资金由总行统一管理，存款都由总行支配，提出了"存款往上交，贷款看指标"的口号。为了把资金汇到中央财政部、贸易部、铁道部，银行要"收存款，建金库，灵活调拨"，即建立发行库，灵活调拨到北京，以便统一支配。② 陈云③也提出，"如果国家收入不作统一使用，如果国家支出不按统一制度并遵守节省原则，如果现有资金不加集中使用，则后果必然是浪费财力，加剧通货膨胀。那样，不但有害于对战争和军政人员的供应，而且有害于国家经济和人民生活"。④ 针对 1960 年前后的通货膨胀，陈云再次强调要统一财经，调整国民经济比例，减少财政赤字。

三是保持财政收支平衡稳定物价的思想。陈云认为，新中国成立初期物价不稳定的主要原因，是由于收支不平衡导致的通货膨胀，于是提出了尽量增加收入减少支出，从而减少货币发行的一系列政策措施。第一是整顿税收，扩大税收收入。"税收多了，可以求得收支大体平衡，促使经济走上健全发展的轨道。生产发展了，税收也就增加了，这是税收和生产的辨证关系"。⑤ 第二是发行公债。他指出，解决支出多的问题，无非两条办法，继续发票子和

---

① 薛暮桥：《薛暮桥回忆录》，天津人民出版社，1996。
② 邓加荣：《开国第一任央行行长：南汉宸》，中国金融出版社，2006。
③ 陈云（1905—1995）：伟大的无产阶级革命家、政治家，杰出的马克思主义者，中国社会主义经济建设的开创者和奠基人之一，党和国家久经考验的卓越领导人。陈云同志是以毛泽东同志为核心的党的第一代中央领导集体和以邓小平同志为核心的党的第二代中央领导集体的成员。
④ 陈云：《陈云文选》第 2 卷，人民出版社，1995。
⑤ 同④。

发行公债。如果只靠多发票子，必然造成通货膨胀，什么人都要吃亏。购买公债在全国经济困难的情况下，也是一种负担，但是这种负担比起增发钞票，使币值下跌所受的损失来说是较小的。而且到时还可以得到本息，实际不是损失。再从全局长远说，发行公债，缩小赤字，使币值与物价情况有所改善，不但对全国人民生活有好处，而且对工商业的正常经营也是有益的。第三是厉行节约，减少开支。他多次提出，全国均应节省一切可能节省的开支，该缓办的事项缓办，以便集中财力于军事上消灭敌人，经济上重点恢复。他要求物资要建立严格的保管制度，严惩贪污浪费人员。薄一波[①]也持有同样观点，他提出，多收税少发钞票，还是少收税多发钞票？路子只有两条，少收必得多发，想少发必得多收，不是多收便要多发，此外别无出路。有人要求少收，而又要物价稳，这办不到。收税和发钞票这两者比较，在可能限度内，多收一点税，比多发钞票危害较小，这样做工商业负担虽稍重，但物价平稳，对正当的工商业有好处。[②]南汉宸认为保持现金收支平衡对解决通货膨胀问题有重要作用，"在制止通货膨胀过程中，财政收支平衡是较为根本的、深远的、长期的因素；现金收支平衡则是较为迅速的、能动的因素。在财政收支接近平衡的时候，现金收支平衡的首先实现是可能的，而且能够因之加速财政收支平衡的到来"。[③]

　　四是多措并举抑制投机稳定物价的思想。新中国成立初期的四次涨价风，大都始于北京、天津、上海等大城市，兴风作浪的主要是投机活动，投机的对象主要是粮食和棉纱等物资。中央人民政府政务院财政经济委员会采取行政手段与经济手段相结合，以抑制投机为重要方向，对通货膨胀采取有针对性的措施，很快就平抑了物价。采取的措施主要有，一是抛售物资，加大供

---

　　① 薄一波（1908—2007）：1925 年加入中国共产党，曾在山西、天津等地从事兵运等工作，三次入狱。1946 年起，担任军队领导工作。新中国成立后，历任华北局第一书记、军区政委、财政部部长、国务院第三办公室主任、国家建设委员会主任、国家经济委员会主任等职，是我党经济工作的卓越领导人。

　　② 薄一波：《若干重大决策与事件的回顾》上卷，人民出版社，1997。

　　③ 南汉宸：《在中国人民银行成立二周年纪念会上的报告》，载《中国金融》第 1 卷第 3 期，1950。

给。陈云曾指示各地控制与国计民生关系极大的粮食和纱布，有计划地适时集中抛售，给投机者以打击，从而稳定物价。面对 1949 年 10 月的那次剧烈价格上涨，陈云要求东北自 11 月 15 日至 30 日，每日运粮 1000 万斤至 1200 万斤入关以应付京津需要。华中棉花迅速东运，调剂沪、汉两地纱布存量，陇海路沿线积存的纱布尽速运到西安。各地贸易公司要于 25 日将调整的主要物资集中到主要地点，准备全国各主要城市一起抛售。二是加强金融市场管理，适时紧缩银根。在应对涨价风过程中，陈云曾责成银行严格执行紧缩银根的政策，压缩贷款，按约及时收回到期贷款，并采取举办折实储蓄和调高贷款利率等措施吸收游资，抑制投机。1949 年 11 月，银行将私营企业的存款利率由月息 7.5% 提高到 36%，私营商业放款利率由月息 24% 提高到 100%，使一些投机商不能大量借入款项进行投机活动。陈云还提出，如果金融物价风潮来势猛烈，我们最后一着，就是把军政经费迟发半月二十天，同时限制一切机关、国营企业及合作社在银行存款的提取数量，把大部存款作短期冻结。① 这是一种力量最大的短期通货紧缩的方法，曾在 1949 年 10 月、11 月全国最大物价涨风发生时使用过。三是对部分物资采取统购统销、配售禁卖办法。1950 年抗美援朝战争时期，全国物价再次出现不稳定的状况。中财委及时下达了《关于防止物价波动问题的指示》，提出如遇有特殊情况到来时，将启动特殊措施，对物资缺乏又与人民生活有重大关系的商品，采取统购统销及配售禁卖办法，以避免物价大波动，并增加财政收入，帮助平衡财政预算。主要准备实行：纱布统购及配售；工业器材配售；将部分内销及进出口战略物资与紧缺商品，如煤油、汽油、羊毛、油脂、糖等纳入统销范围。四是利用市场操作，打击投机商人。对投机商人，在抢购风盛时，将冷货、呆货抛售给他们。在政府打击后，商人吐出主要物资时，乘机买进，以教训投机者。经过充分准备，在统一指挥下，1949 年 11 月 25 日上海、沈阳、北京、天津、西安等地同时将主要物资大量抛售，使投机者措手不及，无法招架，遭到致命打击，持续 50 天的全国范围物价大涨风给压下去了。

---

① 陈云：《陈云文选》第 2 卷，人民出版社，1995。

（三）计划经济时期治理通货膨胀的思想和主张

20 世纪 50 年代的大多数年份，我国一直保持财政收支和信贷收支的平衡，因而货币的发行量基本上同经济的发展相适应。但到了三年"大跃进"时期，合计财政赤字 170 亿元，货币流通量从 1957 年的 52.8 亿元猛增到 1961 年的 125.7 亿元，上升了 1.4 倍，加之农业生产从 1959 年起大幅度下降，1960 年轻工业生产随之下降，1961 年重工业生产也急剧下降，市场商品供应紧张，集市贸易价格猛烈上升。当时国家实行严格的计划管理制度，城市商业除小规模的自由市场外，全由国营商店独家经营，重要商品都按计划价格销售。国家为安定人民生活，决定 18 类重要消费品不准涨价，限量供应。在这一时期学者主要从以下几个方面研究通货膨胀的问题。

1. 对货币本质的讨论

这一时期，我国经济学界对于社会主义制度下货币的本质与职能问题，进行了深入而热烈的讨论，讨论的焦点集中在：

一是人民币与黄金的关系。一种观点认为，黄金是人民币的价值基础。黄达[①]曾提出，货币必须固着在具有内在价值的特定商品上，这是马克思主义货币理论区别于名目主义货币理论（唯名论）的基本点，是马克思劳动价值学说的一个重要方面。如果承认商品生产存在和马克思主义的劳动价值论，那就不能得出流通中的纸币不代表任何货币商品的结论。黄达认为，我国经济中的货币商品就是黄金。"法币改革是把法币与英镑固定起比价，以后又与美元固定起比价并以无限制地买卖英汇和美汇来维持这一比价，这实际上就是把法币变成英镑和美元的符号。英镑和美元是以黄金为基础的，因而法币也就成为黄金的代表。这并不是理论上空泛的推论，在实际生活中也有具体

---

① 黄达（1925—）：1946 年就读于华北联合大学政治学院财经系，后转为该院研究生。1946 年 12 月加入中国共产党。从 1953 年起，先后任教研室主任、系副主任、系主任等职。从 1983 年起任中国人民大学副校长，1991 年 11 月至 1994 年 6 月任中国人民大学校长，同年开始享受政府特殊津贴。现任中国人民大学校务委员会名誉主任、教育部人文社会科学研究专家咨询委员会主任委员、中国金融学会名誉会长、中国企业联合会副会长。2011 年 6 月 1 日获得首届中国金融学科终身成就奖，我国著名的经济学家、教育家。

的反映。自法币改革以来在主要城市的贵金属与外汇市场上起主导作用的已不是白银，而是外汇和黄金。外汇行市与黄金'价格'密切地影响着物价的变动……从上面历史的分析中可以看出，以人民币所表示的价格体系实质上就是以黄金所表示的价格体系。因而，人民币不过是黄金的符号"。[①] 刘光第[②]认为，在我国社会主义制度下，纸币代表黄金起着一般等价物的作用。第一，按金币流通规律的要求，纸币必须是、只能是具有价值实体的代表。货币作为一般商品的等价物，它本身必须具有价值。没有价值的纸币之所以能和有价值的商品相交换，是因为它代表了一定的价值量，而价值的实体最终归结到黄金身上。第二，按照金币流通规律的作用，在一定时期内，实际流通需要多少黄金，从而有多少黄金需要纸币来代表，这既不决定于黄金，也不决定于纸币，而是由商品流通对黄金的需要所决定的。第三，在金币流通规律作用的条件下，商品不仅决定货币，而且商品追求货币。"我认为要阐明纸币和黄金的联系，最重要的一点就是要从客观经济规律来说明纸币流通必须按金币流通规律进行，也就是说，要符合上列三点要求，而不能按纸币流通规律的作用进行。纸币流通不能按纸币流通规律的作用进行，而必须按金币流通规律的作用行事，这是我对纸币和黄金有联系的一个主要论点"。[③]

与此相反，另一种观点认为人民币不是黄金的代表。顾准[④]认为，社会主义的国家银行也有黄金贮藏，作为对外支付之用，但是并不代表着货币与黄金联系着，也不能证明纸币是黄金的代表。黄金依然是资本主义世界的世界货币，社会主义国家与资本主义世界间的国际贸易，会利用黄金支付贸易差

---

① 黄达：《人民币是具有内在价值的货币商品的符号》，载《经济研究》，1957（4）。

② 刘光第（1917—1996）：1943 年毕业于重庆大学商学院，获商学学士，1945 年毕业于西南联大南开经济研究所，获货币银行学硕士。中央财经大学教授，长期致力于社会主义经济和金融理论的研究。

③ 刘光第：《论纸币和黄金的关系》，载《中国社会科学》，1981（3）。

④ 顾准（1915—1974）：1935 年加入中国共产党。1940 年后，曾任中共苏南澄锡虞工委书记、专员，江南行政委员会秘书长、苏北盐阜区财经处副处长、淮海区财经处副处长，后赴延安中央党校学习。1946 年 1 月回到华东后，先后担任中共中华分局财委委员，淮阴利丰棉业公司总经理，苏中区行政公署货管处处长、中共华中分局财委委员、山东省财政厅厅长。上海解放前夕，任青州总队（接管上海财经工作的一支干部队伍）队长，准备接管上海。1949 年 5 月任上海市财政局局长兼税务局长、上海市财经委员会副主任和华东军政委员会财政部副部长。

额，这是事实。可是社会主义国家实行对外贸易的国家专营，黄金的国际输送，只是商品的国际输送的一种。他对苏联科学院经济研究所编的《政治经济学教科书》里面"苏联货币的稳定性不仅由黄金储备来保证，首先是由集中在国家手中的、按固定计划价格投入商品流转中的大量商品来保证的"这句话表示不理解，他认为，以含金量、汇率等标准来研究货币，是以资本主义的货币范畴套到社会主义货币上来了。说货币作为价值尺度，只有本身具有价值的货币商品才能担当起来，这本来就是商品生产及资本主义生产方式范围内才有的事。当作价值尺度的货币，既代表"固定计划价格"，又代表一定量金（本身具有价值的货币商品），把互相排斥的二件事合成一个概念，令人难以理解。① 薛暮桥的观点是，人民币和黄金是没有任何联系的，人民币可以不通过金银的中介，而同各类商品直接联系。如果说人民币和黄金有联系，那就必然意味着人民币一定要有"法定的含金量"，它的信用"一定要靠黄金来作保证，离开了黄金就不能保持币值的稳定"。他认为人民币仍然是商品的一般等价物，仍然是各类产品的价值尺度。人民币作为价值尺度，本身应代表一定数量的价值，他认为人民币不是通过黄金，而是通过综合物价指数来代表各种商品的价值。②

二是人民币是否具有阶级性。在这一问题上，多数人认为货币是有阶级性的，在资本主义社会里，货币会变为资本，成为资产阶级剥削无产阶级的工具；在社会主义社会里，货币不能转化为资本，它被无产阶级专政的国家来为劳动者谋福利。彭迪先认为，在社会主义条件下，由于生产资料的公有化，剥削阶级被消灭，劳动力已经不能变成商品，商品生产的范围主要是限于个人的消费品，因而货币已不能变成资本，货币不再是人剥削人的工具，所以货币所反映的乃是社会主义的生产关系，首先是工人阶级与集体农民之间的友好合作关系，以及整个社会主义社会一切成员之间的无剥削的互助合

---

① 顾准：《试论社会主义制度下的商品生产和价值规律》，载《经济研究》，1957（3）。
② 薛暮桥：《社会主义经济理论问题》，人民出版社，1979。

作关系。① 何高著②认为，货币是一种范畴，是在一定的社会形态中发生和发展起来的，并体现着一定的社会生产关系。在资本主义社会，在生产资料的资本主义私有制和雇佣劳动的条件下，货币是资产阶级剥削工人阶级所创造的剩余价值的工具，又是使小商品生产者破产和资本家致富的手段。在社会主义制度下，由于生产资料私有制和雇佣劳动制度之被废除，消灭了人剥削人的现象，也就根本排除了货币作为剥削工具的可能性。在社会主义制度下，货币服务于发展社会主义经济和建设共产主义的伟大事业，它表现了人们在生产过程中的新的社会主义的关系，它的社会作用与历史上所有的生产方式下的货币都是完全不同的。③ 林继肯④认为，货币是一般等价物，在不同社会形态下具有不同的阶级内容，这就是货币的本质。阶级内容应该包括在货币质的规定性中，在货币作为一般等价物中渗透着阶级内容，两者是密不可分的，抛弃了任何一个方面，都不可能全面理解货币的本质。货币的阶级内容不仅不能抛弃，而且对前者起着决定性的作用，一般说货币是社会生产关系的体现，实质上是在不同的社会形态下，该社会生产关系的本质所赋予货币的阶级内容，货币的阶级内容并不是外来的东西，而是货币内在的性质。⑤

有人也对此提出了不同意见，认为人民币没有阶级性。持这一观点的代表是卫兴华和蒋学模。卫兴华⑥认为，货币之所以成为剥削工具是由一定的社会生产关系所决定的，不是源于货币本身的属性。从货币的产生、货币的本质和职能中，看不出货币具有什么剥削性质或阶级性，货币是商品交换过程发展的自发产物，是作为一般等价物的特殊商品。它并不是专门为某个阶级

---

① 彭迪先：《试论社会主义经济中的货币》，载《四川大学学报》，1955（2）。

② 何高著（1919—2006）：1944 年毕业于武汉大学经济系，1952 年中国人民大学财政信贷系研究生毕业后一直在四川财经学院任教，曾任货币信用学教研室主任和政经系、金融系主任等职。

③ 何高著：《论我国过渡时期货币的本质与职能》，载《财经科学》，1957（2）。

④ 林继肯（1930— ）：1949 年考入南开大学金融系，1952 年毕业后到东北财经学院任教。曾任东北财经大学财政金融系主任，财政部学位委员会委员，中国金融学会理事和学会委员会委员。

⑤ 林继肯：《关于货币的本质问题》，载《经济研究》，1964（12）。

⑥ 卫兴华（1925— ）：1952 年毕业于中国人民大学政治经济学专业。曾任中国人民大学经济学系主任、《中国人民大学学报》总编、中国人民大学学术委员会副主任、第三届国务院学位委员会经济学科评议组成员等职务，中国哲学社会科学经济学科规划小组成员、中国《资本论》研究会副会长、全国综合大学《资本论》研究会名誉会长。

服务的工具，而是为一切商品生产者和其他需要买卖的人们服务的一般等价物。① 引起争论比价大的是蒋学模②的观点，蒋学模认为货币最根本的属性，是稳定的一般等价物，不论在资本主义社会还是在社会主义社会，货币的本质都是如此。在资本主义社会，货币能够转化为资本，成为资产阶级剥削无产阶级的工具，这并不是由货币的本性所规定的，而是由资本主义生产关系所规定的。货币的本质同货币被不同的阶级利用所产生的社会后果是两回事，把两者混为一谈，是不科学的。③ 他进一步论证了自己的观点，在不同的社会制度下，对商品货币关系的利用有不同的阶级背景，使得货币在形式上看来具有复杂的内容。但与货币的本质是两回事，他认为 G—W—G 是资本流通公式，并不是货币流通公式（W—G—W）。马克思是把两者严格区别开来的，货币流通公式所反映的是商品交换关系，而资本流通公式所反映的是资本主义剥削关系。货币与资本是两个根本不同的经济范畴，不能把资本的属性硬加到货币头上去。货币转化为资本，它就已经失去货币的本质，转化成为与货币本质上不同的新的范畴了。④

三是人民币是劳动券还是一般等价物。对全民所有制经济内部的货币问题，主要有两种意见，一种意见认为全民所有制内部的货币是一种隐蔽的劳动券。骆耕漠⑤认为，在我国社会主义制度下，由于生产资料公有制的建立，商品关系已发生变化，在全民所有制经济和集体所有制经济之间的交换是商

---

① 卫兴华：《货币有没有阶级性》，载《新建设》，1958（2）。

② 蒋学模（1918—2008）：1936 年至 1937 年在苏州东吴大学经济系求学。1941 年毕业于四川大学经济系，获经济学学士学位，任香港《财政评论》社编译。1944 年在重庆任财政部财政研究委员会编译，1945 年至 1949 年任在重庆（后迁上海）的复旦大学文摘社编委。1949 年起任复旦大学经济学系讲师、副教授、教授。1961 年起担任《辞海》编委暨政治经济学分科主编。1978 年起担任《中国大百科全书》经济学卷的编委，以及《政治经济学辞典》的主要撰稿人。

③ 蒋学模：《读〈资本论〉札记》，载《经济研究》，1962（5）。

④ 蒋学模：《论货币的本质及其变化问题》，载《经济研究》，1964（2）。

⑤ 骆耕漠（1908—2008）：20 世纪 30 年代起，参加了革命军队和根据地的后勤及财经部门的领导工作。同时，他坚持将马克思主义经济理论与中国实际相结合，撰写了大量经济文稿。1938 年加入中国共产党。新中国成立后，任中共中央华东局财经委员会委员，华东财委秘书长、副主任，1954 年起任国家计委成本物价局局长、副主任，全国人大办公厅副主任，1981 年任中国科学院哲学社会科学部学部委员，中国社会科学院经济研究所研究员、顾问，国家计委副主任，北京大学兼职教授，1982 年受聘为中国社会科学院研究生教授、博士生导师、国务院经济研究中心顾问。

品交换，在全民所有制经济内部的交换则是形式上的商品。从这个原理出发，他把社会主义的货币划分为一般等价物和隐蔽的劳动券。他认为在我国社会主义制度发展的现阶段，货币具有两重属性：在国家和集体经济的交换中，货币的实质还基本未变；但在全民所有制经济内部的交换中，货币已"名存实亡"，它仅在形式上是货币，实质上已经不是货币，而是隐蔽的劳动券了，即名为"元、角、分"之类，实已转为劳动时日单位。[1] 孙冶方[2]认为，国营企业发给职工的工资不是劳动力的价格，而是已经具备劳动证券的性质了。虽然招聘工人和发放工资在许多方面都还沿用旧的形式，但是，在这里起决定作用的是社会本质。劳动证券是社会发给每一个职工的一份证明书，证明每个职工替社会做了多少工，而根据按劳分配原则，职工有"权"从社会总仓库中取得一定份额的消费品。一直到职工去商店购买货物的时候为止，国家是处于债务人的地位，而职工是处于债权人的地位。因此，当职工领取工资的时候，并不曾发生消费品——即物质财富所有权的转移，而只是移交了一张债权证明书，或称作劳动证券。[3]

　　第二种意见认为在全民所有制内部，货币仍然只是一般等价物，并不是所谓的劳动券。周骏[4]就提出，马克思主义经典作家并没有否定在社会主义制度下保留货币的可能性和必要性。他认为，决定货币消亡的因素，不仅是所有制的变革而且是社会主义生产关系总体的变革。只有发展到统一的全民所有制，劳动差别基本消失，国民经济计划发展到很高的水平，社会能够准确直接地计算社会劳动消耗，并采取社会产品的直接分配，货币才可能消亡，

---

　　① 骆耕漠：《论商品和价值》，载《经济研究》，1959（10）。
　　② 孙冶方（1908—1983）：1924年加入中国共产党，1925年赴苏联莫斯科中山大学学习，1930年回国。1933年发起成立中国农村经济研究会。新中国成立后，曾任华东军政委员会工业部副部长、上海财政经济学院（现上海财经大学）院长、国家统计局副局长、中国科学院经济研究所所长。1977年后，担任中国社会科学院经济研究所顾问、名誉所长，中国社会科学院顾问，国务院经济研究中心顾问、中国社会科学院经济研究所名誉所长等职。
　　③ 孙冶方：《要用历史观点来认识社会主义社会的商品生产》，载《经济研究》，1959（5）。
　　④ 周骏（1928—　）：1953年研究生毕业于中国人民大学货币流通教研室，现任中南财政政法大学教授，博士生（后）导师。曾长期担任中国金融学会的常务理事，中国金融学会货币政策与金融调控研究会主任，湖北省人民政府咨询委员、武汉市人民政府咨询委员、湖北省金融学会副会长等职。

人们才可能用劳动时间来核算劳动耗费。如果到了这个时候，社会的分配原则还是按劳分配，人们就可能使用劳动券作为分配生活资料的工具。可是在社会主义发展的现阶段，全民所有制经济内部的货币还是核算监督生产与分配的间接尺度，而不是以劳动时间作为直接尺度；货币仍然具有流通手段、支付手段和贮藏手段的机能，因此，不能认为全民所有制经济内部的货币就已经是劳动券了。①

2. 对货币需要量的讨论

在计划经济时期，如何进一步认识和掌握货币流通规律，保持正常的货币流通，更好地为发展国民经济服务，是一个重要问题。杨培新认为，要保证货币流通适应于商品流通的需要，从而保证币值的稳定。如果货币的发行超过了商品流通的需要量，货币就会贬值，从而影响币值的稳定。反之，在货币流通量适应于商品流通量的情况下，就能保持币值的稳定。因此，货币稳定的关键，在于正确处理货币和商品之间的关系。杨培新认为，社会主义制度的生产资料公有制和国民经济计划化，一方面把商品掌握在国家手中，按照国家的计划投入市场，另一方面把货币掌握在国家手中，按照国家的计划进行调节，这就保证了货币流通能够密切适应于商品流通的需要，从而保证了币值的稳定。但"并不排斥在社会主义经济中暂时出现货币过多或过少现象的可能"。"在主观安排不完全符合客观实际，或者发生其他特殊事故的情况下，货币流通和商品流通不完全适应的现象也是可能出现的"。② 薛暮桥也认为，要保持货币发行量与市场流通需要量的平衡，从而使物价平稳。他指出，货币所代表的价值如果发生变化，各类商品的价格也将相反地发生变动。如果货币发行量超过市场对货币的需求量，货币就会大幅贬值，物价紧接着也普遍上涨。货币所代表的价值主要决定于市场的商品供应和货币流通数量。如果货币发行数量超过市场流通数量的需要，货币所代表的价值就会按照货币发行数量反比例地下降，物价普遍持续的上升，这就是通货膨胀。如果社会购买力超过商品供应量，即货币发行数量超过市场流通需要，市场

---

① 周骏：《国营经济内部货币性质问题探讨》，载《江汉学报》，1962（11）。
② 杨培新：《略论人民币的稳定性》，载《经济研究》，1965（1）。

供应就会紧张，物价也会相应地上升。[1]

关于货币需要量的确定，林继肯认为，在我国社会主义经济建设中，是完全有条件确定市场货币需要量的。我国国民经济的发展是有计划的，商品的流转额、物价水平都是有计划地确定的，人民银行已成为组织与计划货币流通的中心，这一切都为正确确定市场货币需要量提供了充分的条件。他提出了三种确定货币需要量的方法，第一种方法，用商品零售总额来确定市场货币需要量。也就是用马克思的《资本论》中提出的公式来确定：商品的价格总额/同名称货币的流通次数 = 当做流通手段来发生机能用的货币量。在实际应用中，商品的价格总额，就是社会商品零售总额减去非现金结算部分。这种方法就是运用商品流转和货币流通之间的比例关系来求得市场货币需要量。这种方法的优点是简便，而且求出来的货币需要量基本上是切合实际的。但是，它不足的地方是所包括的范围不全面，而且用商品销售额所计算的货币流通速度，只是货币作为流通手段的速度，作为支付手段在这个方法上就没有反映出来。第二种方法，全面计算货币需要量，将引起货币流通所有的因素都包括在内，分别考虑这些因素所引起的市场货币需要量的增减变化。公式是：流通中货币需要量 = （现金买卖的商品价格总和 + 日常现金支付总和）/货币流通速度。分子包括商品销售、工资支付、农副产品采购、劳务供应、财政信贷支付等。第三种方法，利用人民银行的归行速度作为杠杆，即根据计划时期现金收入总额和货币归行速度来确定市场货币需要量。公式是：市场货币流通量 = 计划时期现金收入总额/货币归行速度。[2] 周骏提出了市场上流通的货币需要量的公式：市场货币需要量 = （三条商品流通渠道按现金销售的商品价格总额 + 用现金支付的劳务价格总额）/货币流通速度。国家货币发行总量 = 市场货币需要量 + 必要的货币贮藏量。一定时期国家货币发行量 = 市场货币需要量 − 前期市场货币存量 + 必要的货币贮藏增长量（或 − 货币贮藏的减少量）。一定时期国家货币回笼量 = 前期市场货币存量 − 市场货币

---

① 薛暮桥：《价值规律和我们的价格政策》，载《红旗》，1963（7）。
② 林继肯：《论货币需要量的确定方法》，载《财经研究》，1958（9）。

需要量＋货币贮藏的减少量（或－必要的货币贮藏增加量）。①

对如何保证货币流通量与商品流通量相适应，有以下几种代表性观点。杨培新提出了"三个平衡说"，他认为，货币流通适应于商品流通，是由国家财政收支平衡、信贷收支平衡以及货币购买力同商品供应平衡来保证的。其中，财政收支对于货币流通状况具有决定性的影响，坚持财政收支必须平衡的原则，使我们有可能根本防止以增加货币发行来弥补财政赤字。信贷收支对于货币流通具有直接的影响，社会主义国家的货币是由国家银行发行的，银行在信贷工作中执行信贷资金和财政资金统一平衡、分口管理的原则，既有利于保证财政、信贷收支统一平衡的实现，防止多发货币，又有利于有计划地发放和收回银行贷款，使信贷收支和货币的投放回笼结合起来，调节货币流通，使之适应于商品流通的需要。货币购买力同商品供应能否保持平衡，直接决定着货币流通的状况。国家可以通过计划对货币购买力的形成进行必要的调节，促进货币购买力同商品供应平衡的实现，使投放出去的货币能够买到相应的商品，从而更进一步保证货币的稳定。② 黄达主要从银行信用方面讨论了对货币流通与商品流通相匹配的影响。他认为，银行信用与货币流通有密切联系，一是社会主义经济中整个货币流通的组织是以银行信用为基础的；二是银行贷款的再分配，银行贷款的扩大和收缩直接地调节着流通中的货币量。因此，组织好银行信用是组织好货币流通的关键。进一步，组织银行信用应该贯彻信贷的原则，即按计划发放贷款和按计划使用贷款；贷款要有足够的短期周转性物资作为保证；贷款必须按期如数归还。他认为，贷款的变化如果能严格遵守这样的要求，"第一，就可使货币流通量的增减在总体上与物资运动对货币的需求大体相适应……第二，可以使货币运动的方向同物资运动的方向大体上相适应"。③

---

① 周骏：《如何计算市场货币需要量》，载《经济研究》，1965（9）。
② 杨培新：《略论人民币的稳定性》，载《经济研究》，1965（1）。
③ 黄达：《银行信贷原则和货币流通》，载《经济研究》，1962（9）。

（四）对这一时期治理通货膨胀思想学说和主张的简评

抗战时期和解放战争时期，关于边区稳定物价、稳定边币价值的思想，在为战争筹集资金、维持边区经济社会稳定方面发挥了重要作用。虽然边区与国统区一样存在着通货膨胀，但与国统区相比，通货膨胀的程度轻很多，这主要得益于边区的抑制通货膨胀政策。与国统区过于依赖行政手段，缺少财政、税收手段配合不同，边区治理通货膨胀以发展经济作为出发点，加强财政收支平衡，尽量把货币超发数量压到最低，使边区物价保持相对稳定，在与法币、伪币的货币战中边币占得了优势。边区这些治理通货膨胀政策的有效实践，为新中国成立初期物价管理积累的经验，也为新中国计划经济体制的确立奠定了基础。

在计划经济时期，治理通货膨胀的思想学说和主张，能够区分为两部分，一部分是我们是怎样治理解放初期国民党政府遗留下来的通货膨胀的？另一部分是我们是怎样治理"三年困难时期"发生的通货膨胀的？对于前者，从新中国成立到1952年底的三年，是国民经济的恢复时期。这一阶段在金融领域最重要、最早着手的两件事，一是以人民币统一全国市场，二是建立了以中国人民银行为领导的新中国金融机构体系，实现了货币主权的完整和货币制度的统一。对于解放初期由国民政府延续而来的通货膨胀问题，新生的人民政府采取了高度行政化的手段，迅速平抑了物价，实现了经济稳定的目标。概括地说就是实行高度集中统一的管理政策，具体措施是：统一全国财政收支；统一全国物资调度；统一全国现金管理。这"三个统一"实际上从货币供给和物资供应两个方面控制了社会需求，而社会需求的被控制便抑制了物价上涨。用经济学的语言表述就是强化政府干预，让行政的手段在治理通货膨胀中极致发挥作用。现在回头来看，这样的思想学说和主张是在那样的特殊环境下发生的，离开了那样的特殊环境，不可能采取那样的措施。但有一点是需要指出的，那就是：治理通货膨胀，在一定条件下，离不开政府干预和采取行政手段。这是经济状况的健康运行必须由"看得见的手"和"看不见的手"协同配合的理论决定的。同时也要看到，高度的计划经济体制下，对物价的平抑过度依赖财政收支平衡，客观上形成了重财政轻金融的局面，实践中出现了"大财政、小银行"的制度安排。可以说，在新中国成立初期依靠财政收支平衡、物资调配和现金调配实现经济有序运转，避免物价波动尚是可行之策，但是随着经济建设摊子铺得越来越大，经济运行情况越来越复杂，"三个统一"越来越难以做到，靠行政手段这一"看得见的手"治理通货膨胀也越来越难以奏效，势必会走入"死胡同"，需要作出调整。

计划经济体制建立以后，经济学界重点对马克思主义经济学中的货币、信用、银行的基本原理等进行了研究，并结合中国实际，对社会主义制度下的货币本质、货币流通规律及存在通货膨胀的可能性等问题进行深入探讨。有人认为，"三年困难"时期，我国出现物价上涨，叫不叫做"通货膨胀"学术界是有争论的。持否定意见的人认为不是"通货膨胀"，主要理由是货币供给没有增加。但持肯定意见的人认为是一种隐性的通货膨胀。所谓隐性就是说它不表现在物价的普遍上涨上，但表现在物资的普遍短缺上。物资短缺，人们有限的货币收入买不着相应的物资，直接减少人们对物资的需求，这无异于货币贬值，所以它是一种隐性的通货膨胀。对于这种隐性的通货膨胀的治理，在当时采取了计划的手段和市场的手段。所谓计划的手段就是对广大居民必需的基本生活资料（粮食、食物、燃料等）采取凭票证供应的办法，所谓市场的手段就是对部分商品实行高价出卖政策，以满足那些有支付能力人们的需要。实行这两种手段的管理也能以"看得见的手"与"看不见的手"去诠释，但它们不完全是基于"看得见的手"与"看不见的手"，因为采取凭票供给和高价出卖已经超出了经济学诠释的范围，它是在物资极度短缺的状况下发生的，凭票供给实际上是一种分配，而靠分配过日子已经不是货币与商品交换的问题，而是社会问题，社会问题应由社会学诠释。

四、改革开放以来（1978年至今）治理通货膨胀的思想学说和主张

1978年改革开放以来，随着计划经济向市场经济的转轨，我国经济的潜

力和活力得到巨大释放，经济增速连续多年在高位运行，创造了举世瞩目的"中国奇迹"。伴随着经济的快速发展，通货膨胀间或出现。第一次是在1979—1980年，我国刚刚开始推行改革开放政策，随着价格机制的逐步放开以及政府投资规模的猛增，"经济过热"加剧了国民经济比例的失调，财政支出加大导致较严重的财政赤字，只好借助于货币融资弥补，财政向银行透支、借支230亿元，物价出现了明显上涨，其中1980年全国零售物价总指数上升6%。第二次是在1984—1986年，1984年，我国工业和农业的总产值增长率分别为16.3%和12.3%。在这种形势下，我国着手进行金融体制改革，银行宣布今后贷款以上年为基数，于是在1984年下半年，人民银行、工商银行、农业银行、建设银行四行争贷，目的都是为了达到扩大下年规模，致使1984年我国全年货币投放多达262亿元，比上年猛增49.4%。经过一个滞后期，引起1985年商品零售价格指数上涨8.8%，居民消费价格指数上涨11.9%。第三次是在1987—1989年，政府从1986年起实施积极的财政政策，以维持投资与消费的增长，基本建设投资再度升温。1988年，我国工业比上年增长20.8%，投资比上年猛增1000多亿元，增长25.4%，从而导致市场对货币的需求大幅度增加。而且在此阶段，我国城市物价改革已逐步展开，城市日用品的价格全面上涨。为解决财政赤字及满足货币需求增加要求，1988年货币投放多达679亿元，比上年猛增46.7%，引起价格猛涨。1988年和1989年，商品零售价格上涨18.5%和17.8%，居民消费价格上涨18.8%和18%，连续两年出现两位数的通货膨胀。第四次是1993—1995年，1992年邓小平南方谈话后，中国经济进入高速增长的快车道，GDP增速于1992—1996年分别达到14.2%、14%、13.1%、10.9%和10%，新一轮固定资产、房地产及证券市场投资的飞速增长，生产资料的需求进一步增加，城乡居民收入的较快增长也带动了消费需求的增加，从而导致需求全面扩张。信贷扩张迅猛，货币供给量大幅增长，1992—1996年我国广义货币供给量 M_2 增速分别高达31.3%、37.3%、34.5%、29.5%及17.3%。与此相对应的是，我国1993—1995年的通货膨胀率分别为14.7%、24.1%和17.1%。1997年以后，我国的通货膨胀率一直在低位，进入21世纪以来，只有2004年通货膨胀率在3.9%，2007—

2008 年应对国际金融危机期间通货膨胀率分别为 4.8% 和 5.9%，其他各个年份的通货膨胀率都在 2% 以下。

伴随着通货膨胀率的起伏涨落，我国的经济学家在"解放思想，实事求是，团结一致向前看"的思想指导下，新的思想开始得以孕育并快速发展，治理通货膨胀的思想学说和主张也成为一个热点，并逐渐发展成为一个完善的理论体系。但必须指出的是，在解放后相当长的时期，中国权威部门、学术界、舆论界是不承认社会主义制度下有通货膨胀的。那时，国家统计部门不把 CPI 作为通货膨胀的指数，只作为消费物价上涨的指数。可见，人们接受在社会主义制度下存在"通货膨胀"这个概念并进行考察，有一个认识过程。在这一过程中，伴随着思想解放、中外交融，理论不断与实际相结合，逐步实现升华。这一时期的治理通货膨胀思想学说和主张，主要集中在以下几个方面。

（一）关于通货膨胀的概念与在社会主义制度下是否存在通货膨胀的讨论

第一，关于通货膨胀的概念。通货膨胀虽然一直是个热门话题，但是在通货膨胀的概念，即什么是通货膨胀这一基本问题上，人们有着不尽相同的看法。总的来说，对通货膨胀的概念进行不同定义，大致分成两派，即"货币派"和"物价派"。

"货币派"主要是从货币数量过度增长的角度定义通货膨胀的，理论基础是马克思经济学原理，根据马克思的价值理论和货币理论，货币是充当一般等价物的商品，纸币在代替金属货币流通时，其数量应相当于商品流通中所需的金属货币量。当纸币的发行量超过流通中所需的金属货币量时，纸币面额所代表的金属货币的数量就会减少，因此纸币的过量发行，在实际生活中表现为纸币贬值，物价上涨。中国的学者在最初研究通货膨胀问题时，多是从马克思的这一论断出发，结合中国实际对通货膨胀提出自己的定义。黄达在 1980 年曾经对通货膨胀给出过自己的定义，他认为，通货是指处于流通过程中发挥流通手段和支付手段机能的货币。它既包括现金，也包括可以据之签发各种结算凭证的存款。通货膨胀指处于流通中的通货超过了客观上流通所必要的货币量，"质言之，我们是把通货膨胀和通货过多作为同义语使用"。[①] 卫兴华的观点是，通货膨胀的概念可规定为由纸币流通量过多所造成的纸币贬值和物价上涨的现象。他认为，不能把所有物价上涨都视为通货膨胀。首先，通货膨胀是指价格总水平的上涨，在价格体系调整中部分价格水平提高不是通货膨胀。其次，通货膨胀所反映出的价格上涨，是由货币流通量过多而引起的，凡不是因货币流通量过多而出现的物价上涨，则不是通货膨胀。[②] 刘光第认为，通货膨胀是流通中现实货币量超过了流通对通货的客观需要量。其表现形式在不同的体制下是不同的，在开放的市场经济体制下，其表现形式是物价水平上涨，货币贬值；在实行集中计划的体制下，其表现形式是人为地维持主要物价基本平稳，但出现限量、凭证供应、强制性替代效应等现象，即"抑制性通货膨胀"，因此，通货膨胀并不一定，至少不完全表现为物价上涨和准确地反映在物价上涨率上。[③]

"物价派"是用一般物价水平或价格总水平的上升来定义通货膨胀的。丁鹄认为，通货膨胀是指物价水平的持续上升。不管货币增加在前，还是在后，都一样。如果物价水平上升在前，没有货币的随后增加去支撑，物价水平的上涨只会是一时性的，而且常常会自动恢复。货币的增加，每每要经一段滞延才会影响到物价（有时要经 2~9 个月）；持续的货币增加会持续产生影响。如果货币增加经过一段时间，物价仍然平稳，并且经过分析，并无潜在的通货膨胀危险，那么这种货币增加就是社会经济发展所需要的，与通货膨胀无关。否则就要慎之又慎，不要等到通货膨胀出现了才说有通货膨胀。[④] 后来他又著文强调自己的观点，提出通货膨胀与货币量增长不同，货币量增长是指现钞总发行量 M_0 或者 M_1 再或者基础货币的增长，而通货膨胀则指全国物价总水平（又可分为若干种，如批发、零售、生活费用、国民生产总值平减指

---

① 黄达：《谈谈当前的通货膨胀问题》，载《金融研究动态》，1980（71）。
② 卫兴华：《论总供给与总需求平衡》，载《管理世界》，1986（6）。
③ 刘光第：《稳定通货、稳定物价——关于我国通货膨胀问题的讨论》，载《财贸经济》，1988（3）。
④ 丁鹄：《我的反通货膨胀观》，载《金融研究》，1991（11）。

数等）的持续上涨。"根据这样的概念，可以有货币增加很多，却很少甚至没有通货膨胀；也有通货膨胀很高，而货币量却增加不多……货币量的增加并不直接造成物价上涨。它必须先作用于人们对商品的有效需求（即有购买力的需求），对商品的有效需求和商品的有效供给相配合，才出现物价的变动"。① 曾康霖②认为，通货膨胀应该包括三层含义，（1）通货膨胀不是指个别商品的价格上涨，而是指价格总水平的上涨；（2）通货膨胀不是指一次性的或短期的价格上涨，而是指较长时期的或持续的价格上涨；（3）价格持续上涨表明存在着普遍的过度需求，在市场上反映为多量的货币追逐少量的商品。在价格改革引起的物价上涨是不是通货膨胀的问题上，曾康霖认为，如果价格改革引起了物价持续的普遍的上涨，也应当是通货膨胀。他还谈到通货膨胀的表现，认为通货膨胀集中表现为消费品物价的普遍上涨。通常以消费品的零售物价指数作为衡量通货膨胀的尺度，但它还能够表现为：生产资料价格的普遍上涨；各种金融商品的价格上涨；货币贬值，抢购商品；不抢购商品，但寻求其他保值、增值途径。③

第二，关于中国是否存在通货膨胀。在我国，长期以来把通货膨胀视为资本主义国家所特有的，认为社会主义国家实行有计划的经济体制，不可能出现通货膨胀。进入 1985 年，当我国零售物价总指数开始骤然上升，经济学界开始对我国是否存在通货膨胀问题展开讨论。关于我国有没有通货膨胀，有两种观点。

一种观点认为，在我国根本不存在通货膨胀，因为通货膨胀的根源在于实行通货膨胀政策，而我国长期以来实行的是稳定的货币政策，不存在通货膨胀问题。20 世纪 70 年代末 80 年代初，丁鹄认为通货膨胀政策是资本主义国家所特有，我国作为社会主义国家，是不会制定通货膨胀政策的，因此也

---

① 丁鹄：《通货膨胀释疑》，载《金融研究》，1995（6）。

② 曾康霖（1938—）：1960 年四川财经学院财政与信贷专业毕业后留校任教，1983 年至 1990 年任西南财经大学金融系主任，1991 年至 2000 年任金融研究所长，2001 年至今任西南财经大学中国金融研究中心名誉主任。2013 年度获"中国金融学科终身成就奖"。

③ 曾康霖：《对当前通货膨胀的再认识》，载《四川金融》，1995（1）。

不会发生实质上的通货膨胀。① 刘光第也认为，在我国社会主义制度下，纸币代表黄金起着一般等价物的作用。纸币的发行和流通遵循金币流通规律，自觉地严格地按一定的客观标准，控制人民币的发行，因而完全可以避免和克服通货膨胀。② 戴园晨③详细分析了我国社会主义计划经济体制下不存在通货膨胀发生的必然性。他认为，我国社会主义经济制度的优越性，使国家可以有计划地组织财政收支平衡，因财政赤字而形成需求性通货膨胀的客观必然性不再存在。资本主义国家之所以产生通货膨胀，是由于私有制和生产社会化的矛盾，由于资本对劳动的剥削导致广大劳动人民支付能力不足，陷入了生产发展而需求相对不足的困境，不得不实行财政赤字政策来刺激有效需求，利用通货膨胀来摆脱生产过剩困境。在我国，生产资料所有制和生产社会化是一致的，国民收入的分配和再分配是由国家有计划地安排和调节的，我们的制度从本质上说不会出现有支付能力需求的相对不足的情况，不会出现生产过剩，不需要通过财政赤字扩大有效需求，完全可以有计划地实现总需求和总供给的平衡。④

而多数学者认为，通货膨胀是纸币流通中的必然现象，我国流通的是纸币，因此通货膨胀在我国的出现是必然的，无法避免。樊纪宪认为，纸币流通必然产生通货膨胀。他提出四条理由，一是纸币是从货币贬值中产生的；二是纸币流通与贵金属货币流通受不同规律的支配，是有纸币流通必然产生通货膨胀的重要原因；三是纸币为弥补财政赤字而发行，决定了通货膨胀的必然性；四是在纸币流通的当今世界，通货不膨胀的国家还无一例，而且社会主义经济经常表现为消费品生产不足，适销适用商品供不应求，所以社会主义更容易与通货膨胀结下不解之缘。⑤ 黄达认为，通货膨胀这个词，在我们

① 丁鹄：《论通货膨胀与资本主义经济增长的关系》，载《金融研究动态》，1979（19）。
② 刘光第：《论纸币和黄金的关系》，载《中国社会科学》，1981（3）。
③ 戴园晨（1926—）：1946年毕业于江苏学院。1949年5月在华东财政部工作，1954年大区撤销后调中央财政部工作，历任财政部科长及财政科学研究所研究人员。1980年转到中国社会科学院经济研究所工作，历任副研究员、研究员。当代经济学家，中国社会科学院研究生院教授、博士生指导教师。
④ 戴园晨：《社会主义制度能够有效地制止通货膨胀》，载《经济研究》，1981（8）。
⑤ 樊纪宪：《纸币流通必然产生通货膨胀》，载《金融研究动态》，1980（6）。

这里一直忌讳使用。这半年来（1980 年），在财政方面、发行方面、物价方面矛盾明朗化了，通货膨胀这个词也随之说得多了。看法或许有些趋于接近，至少仍然硬着头皮说通货不多的恐已极少。他认为，就消费品市场来说，矛盾不仅反映在集市上，而且也反映在国营市场上。多种票证由来已久，缺货断档的情况也相当突出。人们并没有嫌自己口袋里的钱多，但这不多的钱却往往买不到需要的、物美价廉的物品。在物价方面，这两个月来是普遍检查，全面控制，不准"自行提价"，不准"变相涨价"。这已经把矛盾的严重性暴露得很清楚了。"可以说凭供求、凭物价所反映出来的问题，足以直接作出判断，不论在消费品流通领域，还是在生产资料流通领域，通货过多，通货膨胀已是多年来客观存在的事实。而且还应承认，矛盾的程度也比较严重"。①

（二）关于通货膨胀与财政赤字关系的论述

财政赤字是否必然导致通货膨胀，是一个颇有争议的问题。在改革开放三十多年的实践中，我国多次出现了财政赤字，也多次发生了通货膨胀，在治理通货膨胀的过程中，也总是把消灭财政赤字、维持财政预算平衡作为一个重要的政策举措。但在财政赤字与通货膨胀的关系上，人们的认识却不尽一致。有人认为，只要财政上出赤字，银行就得多发票子，而票子多了，就要引起通货膨胀、物价上涨，因而财政赤字、通货膨胀、物价上涨这种连锁反应是不以人们意志为转移的客观规律。易宏仁②曾专门撰文研究财政赤字引发通货膨胀的必然性。他认为，财政收支是通过货币形态进行的，它与货币流通有着密切的联系。如果财政支大于收，就会出现货币多物资少的现象。支大于收的部分用在安排人民生活上，就会造成消费品供应紧张，价格上涨；支大于收的部分用于基本建设，就会造成材料设备供应紧张，不能按期竣工投产，延长基本建设战线。而且在基建投资中有 30% ~ 40% 的资金要转化为

---

① 黄达：《谈谈当前的通货膨胀问题》，载《金融研究动态》，1980（71）。

② 易宏仁（1929—）：毕业于广西大学会计银行学系，曾任南京审计学院常务副院长。历任中国社会科学院财政金融研究室副主任、社科院研究生院硕士生导师，中国金融学会理事，中国农村金融学会理事，中国工商银行杭州金融管理干部学院副院长，南京市政府咨询委员，南京大学、东南大学、南京理工大学、南京农业大学等校兼职教授，苏皖赣商业银行研究会顾问等职。

发放职工的工资，和购买砖、瓦、砂、石等建筑材料转化为农民收入，也会造成货币多，消费品供应紧张的现象。连续发生大量财政赤字，必然导致通货膨胀，物资供应紧张，物价难以控制。[①]

但是也有的学者认为，财政赤字与通货膨胀有一定联系，但是在财政赤字与通货膨胀之间画上一个必然的等号，并不能说明事物的复杂运动过程。袁振宇[②]认为，在信用制度尚不发达，财政赤字纯粹靠发行纸币来弥补的情况下，赤字和通货膨胀的关系是简单的直接的；在信用制度比较发达，财政赤字可以通过信用来调节的情况下，赤字和通货膨胀的关系就不是那么简单直接了，而应根据具体情况进行具体的分析。他提出，我们国家的货币流通从构成上看，大体可分为五个部分，即以个人为中心的货币收支、以企业为中心的货币收支、以财政为中心的货币收支、以银行为中心的货币收支及对外货币收支。个人和企业这两部分货币收支不是构成通货膨胀的直接原因，问题往往发生在财政和银行方面。通货膨胀可能由财政方面原因引起，也可能由银行方面原因引起，或者兼而有之。从三十年实践看，财政赤字固然是产生通货膨胀的重要原因，但银行自身的信用膨胀也是造成通货膨胀的不可忽视的重要因素。有可能出现的情况是，在财政上出现赤字而又可从其他方面得到调剂，不会引起货币投放的增加，不应该出现通货膨胀的。[③] 谢平[④]考察了1979—1986年我国财政赤字占国民经济的比例和财政赤字占当年货币供应量的比例，他认为，虽然我国财政赤字绝大部分由中央银行透支弥补，但是我国财政赤字占国民收入的比重极低，说明赤字在我国总需求膨胀中作用甚

---

① 易宏仁：《财政赤字必然导致通货膨胀》，载《金融研究》，1981（S1）。
② 袁振宇（1942—）：1966年中央财政金融学院财政金融专业毕业，1981年中国人民大学财政金融专业硕士毕业，历任中国人民大学财政系教师、教研室主任，中国人民大学副教务长兼教务处长、教务长、副校长。1995年后历任北京市计委党组书记、主任，中共北京市委员会委员，北京市发展计划委员会党组书记、主任，北京住总集团有限责任公司董事长，北京中关村科技发展（控股）股份有限公司党委书记、董事长。
③ 袁振宇：《财政赤字与通货膨胀》，载《经济理论与经济管理》，1981（5）。
④ 谢平（1955—）：1985年硕士毕业于西南财经大学经济学系，1988年博士毕业于中国人民大学经济系，曾长期在中国人民银行任职，中国金融学会学术委员会委员、社科院金融研究中心研究员、中国人民银行研究生部教授，现任中国投资公司副总经理。

微；财政赤字占当年新增广义货币供应量的比重很低，说明赤字并不是这几年货币供应过多的主要原因，从而也不是引起通货膨胀的主要原因。此外，我国财政支出大部分是消费性货币支出，货币乘数效应很小，派生货币的能力极低。①

（三）关于通货膨胀与经济增长关系的论述

在通货膨胀与经济增长的关系上，在改革开放之初，两种观点曾经进行过激烈的交锋，也就是"促进论"与"促退论"之争。

第一，"促进论"的观点。王松奇②从三个方面阐述了理由，一是经济起飞。他认为，我国正处于经济起飞阶段这一国情，决定长期经济调节应当把经济的快速成长作为宏观经济政策的首要目标。也就是说，当物价稳定的目标同经济增长的目标发生冲突时，应当前者服从后者。从中短时期看，以一定货币扩张率提供保证的旺盛的市场需求，是中短期经济增长速度快慢的一个重要的决定因素。经济起飞时期，经济增长会出现一个持续的高速度，投资需求、消费需求较为高亢，经济成长的货币需求系数也会大些，由于需求总量与供给总量、需求结构与供给结构之间的关系经常处于变动状态，物价出现一定程度的上涨是毫不奇怪的。二是货币化程度提高。他认为，在货币化程度不断提高，但金融机制还未臻于发达完善地步的时候，货币需求系数即使在其他条件不变时，也有自动提高的倾向。如果是采取严格紧缩货币供应量的政策，就会使微观主体的借贷资金来源减少，市场需求疲软，它们通过贷款方式或销售收入取得货币即生产条件和消费条件的可能性就会大为减少，市场供求活动和经济增长都会遇到动力不足的障碍。三是体制改革。他认为，在由僵化价格制度向灵活的供求决定价格制度的转变过程中，价格总水平呈上升趋势以及相对短缺商品价格与长线产品价格出现比价结构的自调

---

① 谢平：《财政赤字不是引起通货膨胀的主要原因》，载《财政研究》，1988（2）。

② 王松奇（1952—）：中国社会科学院金融研究中心副主任，中国社科院研究生院教授、博士生导师，兼北京市创业投资协会常务副理事长兼秘书长，第四届中国金融学会理事全国中青年金融研究会会长，第六届中国金融学会常务理事，《银行家》杂志主编，中央财经大学金融学院博士研究生兼职导师。

整，都是不可避免的，价值规律就是在错落变动的市场供求关系中形成和发挥调节作用的。① 邱晓华②对1985—1987年我国物价与经济运行情况进行了分析，认为这几年物价上涨对经济发展利大于弊。他提出，物价上涨通常是发展中国家经济起飞阶段所遇到的一个共同问题。物价水平高，往往预示着需求较旺，市场供应紧张，要求经济扩张；相反则预示着需求疲软，商品供过于求，经济势必收缩。总的原则是使经济增长略高于居民实际收入增长，居民货币收入增长略大于物价上涨，并保持基本稳定的发展格局。这样，国家和居民就可以承受物价上涨带来的"阵痛"。③

　　第二，"促退论"的观点。我国经济学界绝大部分学者不赞成利用通货膨胀刺激经济增长的观点，他们认为实行适度的通货膨胀有利于加快经济发展的观点，无论在理论上还是在实践中都难以成立。赵海宽④认为，慢性通货膨胀论不适合我国的情况，不能在我国实行。他从三个方面阐述了原因，首先，实行慢性通货膨胀的目的是使货币资本增加，利率降低，可以鼓励投资。而我国的银行利率由国家统一规定，不受货币资金供求关系变化的影响。我国的基本建设投资也是由国家统一安排，投资规模和投资方向不取决于银行贷款利率的高低。其次，我国不是投资不足，而是按现有物力来说基建投资安排偏多，基建战线拉得太长。在这种情况下，更不需要刺激增加基建投资。再次，慢性通货膨胀论的核心，是利用"货币幻觉"，欺骗工人，降低实际工资，增加资本家的利润，刺激投资。我国是社会主义国家，不可能也不应该用提高物价的办法降低实际工资，或在增加的名义工资中扣回一部分，来增加企业利润。⑤ 刘涤源也反对"促进论"。他认为我国的经济基础远远不如西

---

　　① 王松奇：《促进还是促退：通货膨胀功能及对策的再思考——兼与丁鹄、朱苏臻、李运奇同志商榷》，载《金融研究》，1987（11）。

　　② 邱晓华（1958—）：1982年毕业于厦门大学经济系，毕业后进入国家统计局工作，曾任统计局总经济师、新闻发言人、局长等职。

　　③ 邱晓华：《对物价与经济发展关系的思考》，载《企业管理》，1988（7）。

　　④ 赵海宽（1930—）：1952年毕业于中国人民大学专修科，1970年至1974年在我国驻瑞士大使馆做外交官，1981年起任中国人民银行总行金融研究所所长，1993年起任名誉所长，中国金融学会副会长。研究员，博士研究生导师，并在多所大学担任兼职或客座教授。

　　⑤ 赵海宽：《必须继续坚持稳定货币的政策》，载《财贸经济》，1980（2）。

方一些发达国家，我国生产力发展水平低，资金不足，生产资源缺乏，劳动力素质不高，经济效益低下，处于总需求大于总供给状态，是一种短缺型经济。这种短缺经济本身就孕育着发生通货膨胀的可能因素，如再搞赤字财政，增发通货，给投资冲动与消费膨胀行为注射吗啡，势必加剧总需求与总供给的失衡，给通货膨胀因素火上加油，使价格信号失真，导致资源配置更加不合理化，经济结构进一步畸变，出口减少，进口增加，资金外流，国际收支进一步恶化。"主张在我国推行凯恩斯主义的通货膨胀政策，鼓吹以通货膨胀来带动经济增长。这种'食洋不化'的观点，切不可等闲视之，必须彻底加以澄清"。[1] 张亦春[2]认为，适度通货膨胀（亦称"温和"的通货膨胀）有助于我国经济的改革与建设事业发展的说法是极为荒诞的。他认为，在我国不是有效需求不足，而是社会总需求持续地大于社会总供给，有效供给"短缺"是我国经济运行的常态。尤其是主要原材料、能源、电力、交通等国民经济基础部门，即使在经济正常发展下就已处于紧运行状态。因而一旦加工工业发展速度过热，这些基础部门就陷于超负荷运行状态。在这种情况下，倘若依靠对加工工业扩大货币供应量来刺激经济增长无异是火上浇油，事实也已证明，这显然行不通。进而他提出，通货膨胀无论何时何地都是一种货币现象。一国的经济发展主要取决于物质资本（机器设备、原材料与能源）的数量与品质、劳动力数量与素质、自然资源的数量与丰度以及这些要素的结合方式等因素。至于货币供应量的多少在经济增长中起得是引导的作用，其奥妙在于货币供应量要符合客观经济发展的合理需要，少了固然不行，多了同样不妙。因此，任何以货币量来刺激经济增长的理论是很难站得住脚的。中外许多国家集几十年的实证数据都说明了这一点。[3]

---

① 刘涤源、王平洲：《对凯恩斯"半通货膨胀"理论的再思考——兼论导致我国通货膨胀的深层原因》，载《世界经济研究》，1989（6）。

② 张亦春（1933—）：1960 年毕业于厦门大学政治经济学专业，历任厦门大学财经金融系主任和厦门大学经济学院院长，厦门大学国家金融学重点学科总带头人、香港科学院荣誉博士、厦门大学金融研究所所长、博士生导师。

③ 张亦春、叶学军：《通货膨胀与经济增长》，载《福建学刊》，1990（3）。

（四）关于通货膨胀与信用膨胀的关系

在信用膨胀与通货膨胀的关系这一问题上，当时的学者有两种不同的观点：

第一种观点强调信用膨胀与通货膨胀的必然联系，认为信用膨胀必然引起通货膨胀。黄达对信用膨胀给出了自己的定义，他认为由贷款所形成的货币购买力如果没有必要的物资供应相对应，这种情况就可以说是信用膨胀。通货膨胀是指货币量过多，信用膨胀是指贷款过多。扩大贷款可以引起现金投放，也可以引起存款增多，这两者都是通货，都可以形成货币购买力。而新形成的货币购买力如无可以投入流通的产品相对应，则是过多的。所以，信用膨胀的结果必然是通货膨胀；或者说通货膨胀的实现必然要经过信用膨胀。[1] 因此，通货膨胀和信用膨胀实质上是对同一经济过程从不同角度的概括：从信贷资金的来源和运用的关系来说，如果造成了货币投放超过流通需要，我们就叫它为信用膨胀；从货币流通角度，即从商品流通对货币需求的角度来说，如果货币投放超过流通需要，我们就叫它为通货膨胀。[2] 孔祥毅[3]认为，在我国，通货膨胀总是伴随着信用膨胀。首先，我国的通货只有人民币和人民币存款。人民币是通过信用程序投放出去的。信贷投放可能是现金，也可能形成企业结算户存款。不论是现金还是存款，都是购买手段和支付手段。所以通货增加或缩小的规模与速度，也就决定于信用扩大或者收缩的规模与速度。其次，我国财政长期执行"收支平衡，略有节余"的方针，一般说来财政上公开表现为财政赤字的年份并不多，问题主要是虚假收入形成财政的虚假平衡，由银行替财政补了窟窿。这种情况直接表现形式是银行信贷

---

① 黄达：《谈谈当前的通货膨胀问题》，载《金融研究动态》，1980（71）。

② 黄达：《关于货币流通的几个问题》，载《上海金融研究》，1981（2）。

③ 孔祥毅（1941—）：山西财经大学教授，享受国务院特殊津贴专家，商业部部级优秀专家、博士生导师。1963年山西财经学院财政金融专业毕业后留校任教，曾先后任山西财经学院金融教研室主任，财政金融系副主任，经济研究所所长兼科研处处长，《山西财经学院学报》主编，山西财经学院副院长，院长兼院学术委员会、学位委员会、教材编委会主任，山西财经大学党委书记。主要研究方向为金融理论与金融史。

的扩大。即使出现了财政收支不平衡，一般也是采取动用上年结余或从银行抽回信贷基金的办法来弥补赤字。这时银行如果不能够相应压缩贷款，只有信用膨胀。这种由财政引起的银行信用膨胀，是造成通货膨胀的根本原因。但是这种财政原因的通货膨胀也是通过信用膨胀表现出来的。①

还有一种观点认为，信用膨胀与通货膨胀不能画等号，它们之间既有联系，又有区别。丁鹄认为，通货膨胀的来源有两个方面：在财政方面，财政收支不平衡，出现了赤字，而弥补赤字的方法，除了向社会上或国外借债外，如果还要依靠向中央银行透支，而这个透支部分又构成膨胀的来源，则可称之为财政膨胀。在银行信贷方面，银行信贷额（指一年内的增加额）超过了信贷资金的来源（也指同年内的增加额），以致要增加社会的通货流通量，这个通货流通量的增加部分又构成膨胀的来源，则可称之为信用膨胀。这里两个"又"字很重要。尽管有财政透支，尽管有因信贷而增加的通货流通量，但如果并没有使社会上通货流通量超过社会需要的通货量，那就不足以构成通货膨胀，甚至可以说那还是应该扩充的，是发展生产、便利流通所必需的。如果确定了通货膨胀额（或率）之后，还要去区分财政膨胀和信用膨胀各占多大比重，那么不妨看一下财政透支额与信贷增加额之比如何。此外，过去和现在，企业的定额流动资金应该由财政拨足，应拨而未拨足的部分，形式上是信贷，实际上却是财政透支，在计算比重时，这部分应该从信贷增加额中划出，拨到财政透支中去。② 曾康霖认为，信用膨胀与通货膨胀既有联系又有区别。它们的联系是：信用膨胀是通货膨胀的原因，通货膨胀是信用膨胀的结果。这种因果关系的确立是由于我国流通的现金都是价值符号，它的绝大部分是通过贷款产生的。信用膨胀的结果一般会导致流通中现金的过度发行。二者的区别：在质上的差别，信用膨胀是指由贷款而提供的包括存款在内的货币供给量超过了商品流通所需要的货币量而产生的货币贬值的现象，通货膨胀是指流通中的现金超过商品流通需要的现金量而产生的货币贬值的现象。在量上的差别，信用膨胀的量以银行放款的周转额表示出来，通货膨

---

① 孔祥毅：《试谈信用与通货膨胀的几个问题》，载《经济问题》，1981（3）。
② 丁鹄：《关于信用膨胀以及其他》，载《上海金融研究》，1981（1）。

胀的量则以流通中现金表示出来。在时间上的差别，先信用膨胀，后通货膨胀。反映的内容有差别，信用膨胀既反映资金与生产资料的供求平衡状况，也反映收入与消费资料的供求平衡状况。但通货膨胀主要反映收入与消费资料的供求平衡状况。作用的领域有差别，通货膨胀主要作用于消费资料流通领域，而信用膨胀既作用于消费资料流通领域，也作用于生产资料流通领域。[1]

（五）关于通货膨胀成因及性质的讨论

关于通货膨胀的成因和性质，西方经济学的通货膨胀理论中，有需求拉动型通货膨胀、成本推动型通货膨胀和结构型通货膨胀。在我国不同时期出现的通货膨胀，其成因和性质也各有不同，我国经济学家往往根据当时的经济形势，对引起通货膨胀的原因作有针对性的分析，对此列举如下：

一是需求拉动型通货膨胀。是由于总需求超过总供给而导致的通货膨胀，是指物品与劳务的需求超过按现行价格可得到的供给，导致一般物价水平上涨。杨培新对1984年前后的通货膨胀产生的原因进行分析，他认为这次通货膨胀是典型的需求拉动型的。他提出，1983年我国转入重点建设，基建投资猛增，财政赤字和信贷差额迫使银行扩大货币发行，造成国民收入超分配，使货币总需求超过总供给。再加上消费基金失控等原因，形成了超过总供给的总需求。在这种不利情况下，实行价格改革，部分商品价格放开，由于购买力过大，被进一步哄抬上去，这就使货币发行过多转化成为现实的通货膨胀威胁。[2] 吴敬琏[3]对1988年的通货膨胀原因进行分析，他认为（1）1988年

---

① 曾康霖：《论通货膨胀与信用膨胀》，载《经济问题探索》，1983（5）。

② 杨培新：《第六个五年计划期间的货币政策》，载《金融研究》，1986（7）。

③ 吴敬琏（1930—）：1950年入金陵大学（1952年并入南京大学）经济系，1952年高等院校调整转入上海复旦大学经济系，1954年毕业。1955年到1956年跟阿·毕尔曼研究企业财务和国家财政问题。1956年到1957年参加全国范围的体制调查和体制改革研究。1983年至1984年7月赴美国耶鲁大学进行调查研究。主要职务有：国务院发展研究中心研究员，国务院发展研究中心市场经济研究所名誉所长，国务院经济体制改革方案研讨小组办公室副主任，中国社会科学院研究生院教授、博士生导师，新加坡国立大学东亚研究所国际顾问理事会理事、国际管理学会会员，《经济社会体制比较》杂志主编，《改革》杂志主编，是我国当代杰出经济学家，著名市场经济学者。

下半年的物价暴涨，是 1988 年上半年零售物价指数已经跃升到两位数的情况下发生的。早在 4、5 月间，就已经出现城乡储蓄率下降，局部性的抢购风潮也已在不少地方发生。在通货膨胀日益明显的情况下，人们逐渐形成恐慌心理，一遇"风吹草动"，就会发生抢购、挤兑行为。（2）通货膨胀、物价总水平持续上涨的直接原因，是社会对商品的总需求大大超过市场商品的总供给，或者说，货币流通量增长速度持续地高于经济的增长。（3）需求过旺、经济过热、货币超发更深层次的原因是：1978 年党的十一届三中全会以来，确立了在不断提高经济效率的前提下实现经济稳定增长的方针，但是，经济工作中片面追求经济发展速度的情况却一如既往存在，急于求成、操之过急，导致经济波动、效益下降、结构失调。[①]

二是成本推动型通货膨胀。指通货膨胀的产生，是由于企业产品的成本增加，而企业产品成本增加的原因，主要是工人工资的增长超过了劳动生产率的增长。刘鸿儒分析了 20 世纪 80 年代我国通货膨胀的成因，他认为需求膨胀是首要原因，价格结构不合理对物价上涨具有更加直接的作用。长期以来，我国农产品、部分原材料、燃料价格偏低，改革方向是逐步放开价格，调整不合理的价格结构。然而，在逐步放开价格过程中，物价必然有一定程度的上涨。例如，农副产品收购价格的提高明显调动了农民的生产积极性，但同时加大了国家财政补贴的压力，推动了城市消费价格的上涨。更为重要的是，多数农副产品作为初级产品价格的上涨，必然会在相关产品的价格上引起连锁推动，使总的物价上涨到新水平。在短缺经济条件下，商品比价不合理，各部门就会很自然地向更高的价格看齐。这实际上是分析了成本上涨对通货膨胀的影响。[②] 王育琨认为，20 世纪 80 年代还没有一个完全竞争的市场，由农产品的报酬递减和矿产品的资源劣化造成的初级产品价值量不断增大和各经济部门收入刚性的存在，是产生成本推进通货膨胀的客观基础。他在对我国 1981 年到 1987 年的投入产出情况进行实证分析之后，认为改革以来我国通货膨胀的发展是与成本的持续上升分不开的，并计算出 1987 年价格

[①]　吴敬琏、胡季：《1988 年通货膨胀加剧的原因分析》，载《财贸经济》，1989（5）。
[②]　刘鸿儒：《中国通货膨胀的成因分析》，载《金融科学》，1989（1）。

总水平上升的 78.7% 是由于成本的提高引起的。通过对典型材料的分析，认为 1988 年以前价格总指数的上升中，计划调整与市场自发涨价的推动各占一半。1990 年则全部是由于计划调价引起的，计划调价多是发生在亏损严重的行业，是完全的成本推动。①

三是经济转轨引发的通货膨胀。主要是结合我国由计划经济向市场经济转变的过程中，由于一系列经济体制改革造成的通货膨胀。这其中很大部分是结构型通货膨胀，也就是由于一些部门需求过旺或者成本上升、价格上涨，使得另一些部门向它看齐，从而导致整个物价水平的上涨。刘诗白②认为，经济中存在着由于产业结构失衡，基本产品供给紧张，而产生的价格上涨机制，也就是结构型通货膨胀。产业结构（包括产品结构）和需求结构不相对应和失衡，之所以要引起物价水平的上升，这是由于新旧模式转换期的具体条件：企业开始获得一定自主权，但尚未真正摆脱行政束缚，企业还是负盈不负亏；合理的价格体系尚未形成，价格还未理顺；经营机制尚未健全，自我约束机制还未形成；原先体制下的地区与部门封锁尚未被打破，统一的国内大市场还未形成；生产要素市场（包括资金，劳务）尚未发育成熟，资产存量还不能流动，等等。③ 杨培新认为，1994 年前后的通货膨胀，根本原因不在于投资膨胀，也不在于货币供应过多，而是由"外汇改革、财税改革和价格改革引发的"。外汇体制改革，企业留成外汇必须结汇，银行既增加了外汇储备，也就增加了基础货币投放。价格改革已经不声不响地闯关，价格放开已达 90% 以上，生产资料和消费品一起提价。④ 税制改革中，约有四分之一强的企

---

① 王育琨、叶小叶：《成本推进通货膨胀实证分析》，载《管理世界》，1991（6）。
② 刘诗白（1925—）：1946 年毕业于武汉大学经济系。1946 年至 1950 年在四川大学经济系任助教，1951 年至 1978 年在成华大学（1952 年改组为四川财经学院，1985 年更名为西南财经大学）从事经济学教学与科研工作。1978 年至 1979 年在北京中国社会科学院经济研究所参加许涤新主编《政治经济学词典》编审工作。1980 年任四川财经学院副院长，教授。1985—1991 年任西南财经大学校长。长期从事经济学理论研究，其研究范围包括政治经济学基本理论，社会主义市场经济理论，在社会主义产权理论、转型期经济运行机制，国有企业市场化改革以及金融体制改革等方面进行了大量卓有成效的研究，是我国著名的理论经济学家。
③ 刘诗白：《社会主义经济发展中的通货膨胀》，载《江西社会科学》，1990（6）。
④ 杨培新：《对制止通货膨胀的理论探讨》，载《国际技术经济研究学报》，1995（4）。

业增加了税负，企业要通过涨价把它转移出去，这包括能源、原材料等基础产业，推动了产品后续价格的上涨。① 樊纲②从经济体制方面入手，提出了引起通货膨胀的最主要的特殊体制原因是国有经济内部的"软约束竞争"。他认为，在传统的计划体制下，各基层单位之间相互竞争主要表现为力争获得更大投资项目或更多物资分配，而在"分权体制"下，当项目可由地方或企业自主"批准"的时候，当各种物资可以在市场上购买的时候，各基层单位争取获得更多资源的努力则主要表现为对资金的竞争。而在"预算软约束"的条件下，谁获得了更多的资金，就相当于谁获得了更多的收入，本身就是"占了更大的便宜"，谁的经济发展越快，收入增长得也就越快，越是不怕通货膨胀；而谁获得的资金越少，项目上得少，资源利用得少，就业水平低，收入增长得慢，谁在通货膨胀中所受的损失就越大。所以，"软约束"使得对资金的需求往往是趋于无限的，而"软约束竞争"在争取获得更多的资金的问题上，并不比"市场竞争"更加温和，在许多方面还会更加激烈，从而也更加容易引起通货膨胀。③

四是对其他类型的通货膨胀的研究。在研究通货膨胀的问题上，我国经济学家结合国情，还提出了一些不同的通货膨胀类型，主要有：曾康霖提出了资源约束型的通货膨胀的概念。他认为解放初期、1960—1962 年的三年困难时期和1988 年的三次通货膨胀，有一个共同点就是供给不足。这既表现在生产资料方面，也表现在生活资料方面，总的原因是受资源约束。具体来讲，第一是资源缺乏，人力资源和物力资源都短缺。第二是资源配置不灵，资源配置的机制不健全：市场体系不完善，交通不发达，信息不灵通，企业不能真正地自主经营，自负盈亏，利率不能充分地调节资金的供求，价格不能充分地调节商品的供求，因而资源的配置不灵。第三是资源的相对短缺和配置

---

① 杨培新：《改革因素对通货膨胀的影响》，载《山东金融》，1995（5）。

② 樊纲（1953—）：1978 年考入河北大学经济系；1982 年考入中国社会科学院研究生系主攻西方经济学；1985 年毕业获硕士学位后，又继续考取博士研究生，1988 年获社科院经济学博士学位。在攻读博士学位期间，于1985—1987 年赴美国哈佛大学及国民经济研究局学习研究，系统地学习了哈佛大学经济系研究生的专业经济学博士课程。1991 年、2005 年两次获孙冶方经济学优秀论文奖。

③ 樊纲：《"软约束竞争"与中国近年的通货膨胀》，载《金融研究》，1994（9）。

不灵，使得利用资源的效益低。这样带来的效应是资源的浪费，而资源的浪费不仅是对社会财富的扣除，而且使得为形成这些财富而投放的货币不能回流。这一部分货币缺口要以其他可供购买的商品和劳务去弥补，这就加大了社会商品和劳务的压力。曾康霖把这种通货膨胀称作资源约束型的通货膨胀，因为归根到底是资源缺乏，供给不足。这种通货膨胀具有以下特点：（1）社会经济生活的状况主要不是需求过旺，而是供给不足；（2）不仅总供给与总需求不平衡，而且结构性供给与需求也不平衡；（3）形成的时间比较长，治理的时间也不会短；（4）对社会成员收入分配的影响不均衡，对一部分地区人们收入的影响较大，对另一部分地区人们收入的影响较小。[1] 戴园晨提出了惯性通货膨胀的观点。他认为，1988 年的通货膨胀期间，我国政府采取了一系列补救措施，包括对工资作某种程度的补偿、提高利率、控制物价上涨乃至进行财政补贴等，以弥补通货膨胀造成的损害，粘合政府、企业、农民、职工间被通货膨胀扰乱了的关系。这种措施虽然对通货膨胀的危害作了补救，对贬值着的货币购买力做了某种校正，但由此却会引起通货膨胀的惯性运动，在轮番上涨中把物价总水平推上新的台阶。他认为，在通货膨胀条件下的物价上升是持续性的，这时对职工工资进行补偿使工资成本提高将引起工资物价的循环推动，形成物价上升的持续的惯性运动，形成工资成本推动型的惯性通货膨胀；由于利率的调整只能高于已经出现的通货膨胀率，而通货膨胀的惯性运动往往呈现为通货膨胀率的不断提高，利率调整的滞后性使得负利率成为通货膨胀中经常出现的现象；同样，对物价的行政性管制和价格补贴阻止了物价过快上升，却又引发了物价上升螺旋。[2] 厉以宁[3]研究了通货膨胀在世界上从一国到另外一国的传导机制，实际上是分析了输入型通货膨胀产生的机制。他介绍了通货膨胀跨国传导的三种基本观点，一是通过国际贸易

---

① 曾康霖：《立足国情剖析通货膨胀》，载《中国金融》，1989（2）。

② 戴园晨：《弥合通货膨胀引起的通货膨胀惯性运动》，载《经济研究》，1988（12）。

③ 厉以宁（1930—）：1951 年考入北京大学经济学系，1955 年毕业后留校任教，1985—1992 年任北京大学经济管理系主任，1993—1994 年任北京大学工商管理学院院长，1994 年至 2005 年任北京大学光华管理学院院长。现为北京大学社会科学学部主任，北京大学光华管理学院名誉院长、博士生导师，中国民生研究院学术委员会主任，中国企业发展研究中心名誉主任。

渠道的"传送"，这是北欧学派经济学家强调的论点。该观点认为，一国经济分为"开放经济部门"与"非开放经济部门"，"开放经济部门"的价格水平随世界市场的价格水平的波动而波动。在世界性通货膨胀条件下，"开放经济部门"的产品就向它看齐，价格上涨率和该部门劳动生产率的增长率一起，决定该部门的货币工资增长率。在"开放经济部门"货币工资增长后，"非开放经济部门"的货币工资也向它看齐，这样该部门的价格也会出现上涨，国际的通货膨胀"传送"到国内。二是通过国际资本流动渠道的"传送"，国际上通货膨胀率的变动可能影响国际金融市场的利息率水平，将促进国际范围内的资本流动，一个"开放经济"国家的国内金融利息率也会有一个适应国际利息率水平的过程，其通货膨胀率也将与世界通货膨胀率逐步适应。三是跨国界的"示范"作用。持这种论点的资产阶级经济学家中，主要包括那些把世界性通货膨胀看成是世界性的"社会学问题"的人。在他们看来，各国的工会采取的一致行动在这里起着重要作用。厉以宁认为，第三种观点是明显错误的，前两种论点，"我们认为它们都有一定的道理。世界市场价格的波动可能影响一国国内价格的波动，资本的流入和流出也可能影响一国的国际收支差额的变动，从而影响国内的通货膨胀率"。[①]

（六）关于治理通货膨胀对策的讨论

每一个时期关于治理通货膨胀的政策，学者们都根据该时期通货膨胀产生的原因给出有针对性的建议，这其中有些是针对某一问题的政策举措，也有一些是多种政策措施相配合的建议。在此，仅将各个时期有代表性的人物的观点举例如下：

一是1979—1980年治理通货膨胀的政策建议。黄达提出，第一，要解决长期以来的通货过多问题。就财政方面来说，一方面要把收入砸实，严格堵塞住搞虚假收入的路子；另一方面则要把过去的窟窿补上，其中主要是把流动资金方面的欠账还清。而且绝不要再打隐蔽的赤字。就银行方面来说，一

---

① 厉以宁：《评当前资产阶级经济学界关于世界通货膨胀问题的研究》，载《世界经济》，1979（5）。

方面应该堵塞一切膨胀信用的漏洞，另一方面应该紧缩过去过度膨胀的信用。第二，要解决好积累同消费的矛盾。通货膨胀的根源在于积累比例过大，因而解决通货膨胀的前提是压积累、下基建，并时时注意协调经常会处于紧张状态的积累与消费的对比关系。① 赵海宽提出了"三个平衡"的政策主张，第一，坚持做到财政收支每年平衡并略有结余。只有财政收支平衡，银行才可能按照客观需要调节市场货币流通数量。第二，搞好信贷收支的综合平衡。银行要自主地按照当前市场流通状况和生产增加、商品流转扩大的需要，对市场货币流通进行调节，保证市场货币流通量同客观需要相适应。第三，搞好商品可供量同购买力的平衡，这里的关键是安排好农轻重的比例关系。②

二是 1984—1986 年治理通货膨胀的政策建议。薛暮桥提出，首先必须下决心压缩基本建设规模，使它同生产资料的供应相适应。其次是下决心控制消费基金（除控制工资奖金外，还要控制机关的集团购买力），使它同消费品的供应相适应。只要做到这两点，就可以保持生产资料和消费品价格的稳定，在这基础之上继续进行各种商品有升有降的结构性的调整。③ 杨培新认为，应该由一味抽紧银根转入既控制宏观、又搞活微观，并依此调整宏观经济有关的价格、工资、财政、货币政策。在价格方面，价格改革最好踏步一年，巩固成绩，争取副食品价格趋于稳定，然后回落。在工资方面，对工资、奖金制度进行认真改革，努力保证职工实际工资不下降而且逐年略有增长。在财政政策方面，财政执行紧缩的方针，一要消灭财政赤字，二要即使有赤字也不能向银行透支或借款，同时真正贯彻"拨改贷"的方针。在货币政策方面，对扩大基本建设规模的贷款要管紧，对能够创造外汇和回笼货币的行业和商品则大力支持。④

三是 1987—1989 年治理通货膨胀的政策建议。吴敬琏提出一揽子政策建议，包括：第一，要坚决压缩需求、控制货币供应量。目前的通货膨胀是多年问题积累的结果，企图在很短时间内和毫无痛苦地加以消除是不现实的。

---

① 黄达：《谈谈当前的通货膨胀问题》，载《金融研究动态》，1980（71）。

② 赵海宽：《必须继续坚持稳定货币的政策》，载《财贸经济》，1980（2）。

③ 薛暮桥：《物价的结构性调整与通货膨胀》，载《价格的理论与实践》，1986（3）。

④ 杨培新：《论我国当前应当采取的货币政策》，载《银行与企业》，1986（1）。

要准备承受由于紧缩需求带来的种种困难，准备经济增长速度"滑坡"。第二，调整经济结构、更有效地配置和利用资源。实行向有利于提高国民经济整体效率的产业和企业"倾斜"的政策，把从"长线"部门和无效企业压缩下来的资金、原材料、能源、运力，优先供应给它们，优化产业结构、地区结构和企业组织结构。第三，要强化中央的调控能力，对于财政收支、货币收支和外汇收支这三个宏观总量的调控权力，要更多地集中于中央。为此，要对财政大包干、外贸大包干和存贷差"切块"包干等制度作出适当的调整。第四，在稳定过程中相机推进市场化方向的改革。不能指望用长期冻结物价的办法来保持价格总水平的稳定。因此，要在稳定过程中相机推进市场化方向的改革。对某些非关国计民生的产品，应争取早日放开，低价物资、贷款、外汇等的分配要实行公开化，学会运用竞争力量来改善结构和提高效益，而不要到处实行行政管制。第五，反对"官倒"。第六，积极创造条件，准备进一步全面深化改革。① 杨培新提出，一是回笼多余的货币。对怎样回笼货币有两种意见：一种是继续提高存、贷款利率。但当时企业资金利润率有的已下降到 4%，提高贷款利率是否会加重企业的困难，这是需要考虑的问题。另一种意见是把保值储蓄由 3 年扩大到 1 或 2 年期。二是稳定物价。当前采取的办法是责成各地物价局严格限制工业消费品价格上涨。此措施管住了下游的消费品，但管不住上游的原料。建议国家直接向加工厂供应原材料，以消除中间盘剥。消除"官倒"，整顿公司，整顿流通秩序，是稳定原材料和工业消费品价格的关键。三是增加有效供给。工业企业处于能源、原材料、资金、外汇、运输五紧缺的困境。怎样搞活大中型企业，是输血还是抽血，是关系到增加有效供给，缩小供求缺口的重要问题。②

四是 1993—1995 年治理通货膨胀的政策建议。赵海宽提出，一是要把经济发展速度控制在合理的程度之内，要在今后一二年之内把经济发展速度压到低于 9% 的范围以内，忍痛将以往几年超过的速度抵消一部分。二是增加短缺商品的供应，对那些市场迫切需要，生产周期短、投资少、见效大的商品

---

① 吴敬琏：《通货膨胀的诊断和治理》，载《管理世界》，1989（4）。
② 杨培新：《浅议我国通货膨胀》，载《中国经济体制改革》，1989（9）。

适当增大投资，以增加市场商品供应。外汇库存增加较多的情况下，可以考虑使用一部分，进口我国最迫切需要的商品，用于发展生产，增加市场商品供应。三是继续严格控制固定资产投资和消费基金的增长，大力改善投资结构，该增加的投资要增加，该减少的投资要减少；制止乱发奖金和津贴，坚决压缩集团性消费开支。四是加强对商品市场和物价的管理，畅通渠道扩大商品流转，反对任意涨价和哄抬物价。[①] 曾康霖提出，为了抑制通货膨胀，政府相继出台了若干措施，其中主要是加强宏观调控控制投资规模。为了通货膨胀的"长治久安"，为了增强治理通货膨胀的自觉性和主动性，除了过去，正在和将来采取的"常规"措施外，必须在理论上和实践中解决好以下问题：一是政府要管物价。现代的市场经济也需要"看得见的手"，这只手要管物价。第一，要确立一个放开与控制的合理度，有的商品价格可以逐步放开，有的商品的价格不宜放开，在相当长的时期内由政府控制。总的掌握是要分析商品的供求状况、资源的短缺程度、消费的弹性大小和与国计民生的关系。第二，要建立物价监管的权威机构。这样的机构不仅要检查物价，而且要接受消费者举报投诉，要赋予这样的机构一定的处罚权。第三，要靠法制，如反暴利法和保护消费者权益法等。第四，要建立重要商品的物资储备，价高时抛而售之，挫其涨势，价低时存而贮之，扶其跌势。第五，要进行价格补贴，暗补不能取消，对农产品要实行保护的价格政策。二是消除价格垄断。应当借鉴西方市场经济国家把反垄断作为抑制通货膨胀的重要经验：（1）抑制企业成为垄断企业；（2）解散或分解已经形成的垄断企业；（3）限制合谋垄断市场；（4）反对地区封锁；（5）禁止价格歧视，即必须对顾客同等待遇，如果不一视同仁，则以价格歧视罪论处。对一般的公用事业，如煤气、电力、电话、通讯、铁路等行业适当集中容易产生规模效益的，政府要对这些行业规定收费最高标准和最低标准，既保护消费者的利益，又保护生产者的利益。三是减少中间环节消除不合理的层层加价。要改革某些商品的流通体制，把一些商品的产销统一起来形成网络，降低价格。四是发挥行业公会

---

① 赵海宽：《有关通货膨胀的几个问题》，载《金融研究》，1995（5）。

的自律作用。借鉴国外行业公会经验，我国行业公会要尽快建立起来，发挥自律作用特别是价格自律方面的作用。[①]

（七）　对这一时期治理通货膨胀思想学说和主张的简评

1978 年改革开放后，我国经济学界对于通货膨胀在社会主义制度下的存在性，由扭扭捏捏、欲说还休逐步转向承认通货膨胀的存在，并由此开始不断将通货膨胀问题的研究推向深入。历经 30 年的不断发展，我国的通货膨胀理论在与西方通货膨胀理论的碰撞融合中，在我国经济快速发展实践中磨合历练，逐步形成一个相对完善的理论体系。这一过程主要呈现以下几个特点。

第一，在各个时期都是研究的热点问题。改革开放，我国经济转轨，由计划经济体制转向市场经济体制，在这一过程中，被压制已久的社会主义经济的潜力和活力被充分释放出来，经济"过热冲动"始终存在，基建热、房地产热、投资基金过多、消费基金过多、价格放开等在整个 20 世纪最后 20 年一直是热门话题。如何在物价稳定的基础上发展经济，是摆在每个经济学者和政府决策者面前的一个重大理论问题和现实问题。在中国期刊网上搜索主题词"通货膨胀"，从 1979 年到 2010 年，共有 50919 篇文章，这还不包括研究通货膨胀问题的专著。根据这些文章在各个年份的分布情况，可以初步看出通货膨胀问题研究的特点。一是研究人数越来越多，研究成果越来越丰富，研究的面越来越宽，1988 年以前，每年研究通货膨胀的文章数量尚以百计，而到最高峰的 2008 年，已达 7526 篇。二是文章数量多少切合几次通货膨胀发生的年份，与产生通货膨胀的轨迹基本相同。

第二，通货膨胀逐步形成理论体系。改革开放之初，经济学界对于通货膨胀的认识，主要是在研究资本主义经济时，把通货膨胀作为资本主义经济与生俱来、无法消除的毒瘤来看待。在很长一段时期，关于社会主义制度下是否存在通货膨胀，经济学界是存在争议的。一些受苏联影响的经济学者认为社会主义制度的优越性，可以天生避免通货膨胀的产生，在某些时候物价

---

① 曾康霖：《要研究我国现阶段通货膨胀的特殊性》，载《金融研究》，1994（11）。

上涨或者物资缺乏导致的通货膨胀压力，是决策失误造成的，是完全可以避免的。其后在经济学界的争论中，随着价格放开和物价不断上涨，争论逐渐达成一致，社会主义社会中存在通货膨胀是客观现实，已逐渐被大多数学者所接受，为下一步研究通货膨胀问题解除了思想束缚。1984 年 10 月，党的十二届三中全会提出有计划的商品经济的概念，在计划与市场的关系上有了重大突破，翻开了改革的新篇章。我国各项经济和金融体制改革进展十分迅速，思想进一步解放。但同时，改革也比前一阶段更加复杂，出现了一些问题，其中通货膨胀问题日益突出，逐渐成为影响中国经济和社会稳定的因素。人们在讨论、批判、借鉴西方通货膨胀理论的基础上，对我国通货膨胀的讨论也逐渐深入。有的人把凯恩斯的"温和的通货膨胀"有助于经济增长的理论搬到中国来，提出要通过宽松的财政政策与货币政策来促进我国经济的发展，与此针锋相对的观点则阐述了通货膨胀对经济的危害，指出物价稳定才是经济发展的基础。这就是著名的"促进论"与"促退论"之争。在通货膨胀产生的原因方面，由过去从马克思货币流通规律出发，或用西方货币数量说解释通货膨胀，逐渐转变为总量研究，即从总需求与总供给失衡角度出发，认为通货膨胀的主要原因是总需求大于总供给，从而产生对于商品的过度追逐。另一个方向，就是一些经济学者依据我国经济体制改革、经济运行转轨的实际，从体制因素的角度对通货膨胀的产生进行分析，提出了所谓的体制性通货膨胀的命题。关于通货膨胀与财政赤字的关系，通货膨胀与信用膨胀的关系，如何诊断通货膨胀的原因并有针对性提出治理的措施等，都在这一时期被充分讨论。在经过 20 世纪最后一次通货膨胀之后，我国的诸多学者将对通货膨胀的研究推向更深层次，对体制、成本、外汇储备、对外贸易、农业、外资、预期、心理等因素与通货膨胀的关系进行了一系列的研究。可以说，通货膨胀理论方面形成了内容比较完善、逻辑比较严密的理论体系。

第三，研究方法更趋成熟。在对通货膨胀问题的研究过程中，研究视角和研究方法不断创新。经济学者大量地吸收了发达市场经济国家的理论、经验和研究方法，采用西方经济学的理论框架来分析中国的货币问题，结合我国改革发展的实际，兼容并蓄地形成了以总量研究、结构研究和体制研究为主的独具中国特色的研究框架，通货膨胀研究的领域和内容逐渐从宏观向宏观、中观和微观相结合的方向转变。还有些学者则运用心理学、统计学、生态学等多种学科相结合的方法，从不同角度对我国通货膨胀问题进行分析，特别是计量经济方法的大量运用，为近年来我国通货膨胀理论研究提供了更为广阔的视角和全新的思路。总的来看，未来通货膨胀理论研究将更加注重实证，通过构建计量分析模型，利用数据对通货膨胀进行研究。

（撰稿人：任传东　　审稿人：曾康霖）

参考文献

［1］刘冕执：《论国币代用券之性质》，载《钱币革命实行方案汇览》，1928。

［2］俞寰澄：《各方面对于金银贵贱之意见》，载《银行周报》14 卷第 3 号，1930 年 1 月。

［3］刘大钧：《银价问题》，载《中央日报》，1930 年 3 月 16 日。

［4］徐佩琨：《金贵银贱之真相及救济大道》，载《银行周报》14 卷第 17 号，1930 年 5 月 13 日。

［5］章乃器：《论银价币制问题并质马寅初博士》，载《银行周报》14 卷第 26 号，1930 年 7 月 15 日。

［6］唐庆增：《再论银价问题》，载《银行周报》，14 卷第 25 号，1930 年 7 月。

［7］黄元彬：《银问题》，广州图书消费合作社，1931。

［8］陈光甫：《论著：谈话录三十八（二十年十二月三十日行务会议)》，载《海光》，1932 年第 4 卷第 1 期。

［9］刘冕执：《能力主义与能力本位制》，中华钱币革命协进会，1933 年订正第 3 版。

［10］顾翊群：《中国货币应如何安定》，载《银行周报》第 17 卷 36 期，1933 年 9 月。

［11］黄宪章：《世界经济恐慌与中国货币》，载《国立上海商学院院务半月刊》，1934（23）。

［12］张家骧：《银价提高与中国之关系》，载《银行周报》18卷15期，1934。

［13］刘振东：《中国币制改造问题与有限银本位制》，商务印书馆，1934。

［14］张素民：《怎样解决币值问题》，载《文化建设月刊》，第1卷4期，1935。

［15］姚庆三：《沙逊爵士建议之检讨及施行镑汇制度之商榷》，载《社会经济月报》，第2卷第3期，1935。

［16］姚庆三：《今日之金融问题》，载《社会经济月报》，第3卷3期，1935。

［17］赵兰坪：《中国经济金融财政之根本自救方案》，载《中央日报》，1935年5月13日。

［18］谷春帆：《金融恐慌与伸缩税率》，载《社会经济月报》2卷第5期，1935年5月。

［19］谷春帆：《银价变迁与中国》，商务印书馆，1935。

［20］司徒宏：《通货膨胀与货币贬值》，经业书局，1935。

［21］赵兰坪：《最近吾国经济论战之回忆》，载《时事月报》14卷第2期，1936年2月号。

［22］侯树彤：《我国银行制度能胜任管理通货乎》，载《东方杂志》，33卷7期，1936年4月。

［23］赵兰坪：《货币学》，正中书局，1936。

［24］赵兰坪：《现代币制论》，正中书局，1936。

［25］吴小甫：《中国货币问题论丛》，货币问题研究会，1936。

［26］实业部银价物价讨论委员会：《中国银价物价问题》，上海出版社，1936。

［27］张素民：《白银问题与中国币制》，商务印书馆，1936。

［28］章乃器：《中国货币制度往哪里去》，新知书店，1936。

［29］寿勉成：《从金价问题说到钱币问题》，载《中国经济政策论丛》，正中书局，1936。

［30］寿勉成：《我国钱币政策之检讨》，载《中国经济政策论丛》，正中书局，1936。

［31］寿勉成：《我国经济改造声中的货币问题》，载《中国经济政策论丛》，正中书局，1936。

［32］章乃器：《中国货币问题》，北新书局，1937。

［33］姚庆三：《银本位论》，载《现代货币思潮及世界币制趋势》，国民经济研究所，1938。

［34］刘大钧：《我国统制金融办法之检讨》，载《经济动员与统制经济》，商务印书馆，1939。

［35］刘大钧：《战时物价统制》，载《经济动员与统制经济》，商务印书馆，1939。

［36］刘大钧：《抗战期中之法币与外汇统制》，载《经济动员与统制经济》，商务印书馆，1939。

［37］赵兰坪：《十年来我国金融问题之回顾（上）》，载《时事月报》22卷第1期，1940年1月号。

［38］朱通九：《近代我国经济学进展之趋势》，载《财政评论》，第5卷3期，1941年3月。

［39］刘絜敖：《论平定物价之根本政策》，载《财政评论》，1941年第6卷第2期。

［40］周伯棣：《管理货币之研究》，载《建设研究》，1944。

［41］刘觉民：《战后法币整理原则之商榷》，载《金融知识》第3卷，1946。

［42］张培刚：《通货膨胀下的农业和农民》，载《经济评论》（南开大学），1947年第1卷第2期。

［43］刘涤源：《货币相对数量说》，中华书局，1947。

［44］夏炎德：《中国近百年经济思想》，商务印书馆，1948。

［45］杨培新：《中国通货膨胀论》，生活书店，1948。

［46］彭迪先：《新货币学讲话》，三联书店，1949。

［47］南汉宸：《在中国人民银行成立二周年纪念会上的报告》，载《中国金融》第 1 卷第 3 期，1950。

［48］彭迪先：《试论社会主义经济中的货币》，载《四川大学学报》，1955（2）。

［49］何高著：《论我国过渡时期货币的本质与职能》，载《财经科学》，1957（2）。

［50］黄达：《人民币是具有内在价值的货币商品的符号》，载《经济研究》，1957（4）。

［51］顾准：《试论社会主义制度下的商品生产和价值规律》，载《经济研究》，1957（3）。

［52］石武：《试论人民币在马克思主义货币理论上的依据》，载《经济研究》，1957（2）。

［53］吴冈：《旧中国通货膨胀史料》，上海人民出版社，1958。

［54］卫兴华：《货币有没有阶级性》，载《新建设》，1958（2）。

［55］林继肯：《论货币需要量的确定方法》，载《财经研究》，1958（9）。

［56］孙冶方：《要用历史观点来认识社会主义社会的商品生产》，载《经济研究》，1959（5）。

［57］骆耕漠：《论商品和价值》，载《经济研究》，1959（10）。

［58］周骏：《国营经济内部货币性质问题探讨》，载《江汉学报》，1962（11）。

［59］黄达：《银行信贷原则和货币流通》，载《经济研究》，1962（9）。

［60］薛暮桥：《价值规律和我们的价格政策》，载《红旗》，1963（7）。

［61］林继肯：《关于货币的本质问题》，载《经济研究》，1964（12）。

［62］杨培新：《略论人民币的稳定性》，载《经济研究》，1965（1）。

［63］周骏：《如何计算市场货币需要量》，载《经济研究》，1965（9）。

［64］薛暮桥：《社会主义经济理论问题》，人民出版社，1979。

［65］厉以宁：《评当前资产阶级经济学界关于世界通货膨胀问题的研究》，载《世界经济》，1979（5）。

［66］丁鹄：《论通货膨胀与资本主义经济增长的关系》，载《金融研究动态》，1979（19）。

［67］赵海宽：《必须继续坚持稳定货币的政策》，载《财贸经济》，1980（2）。

［68］黄达：《谈谈当前的通货膨胀问题》，载《金融研究动态》，1980（71）。

［69］樊纪宪：《纸币流通必然产生通货膨胀》，载《金融研究动态》，1980（6）。

［70］丁鹄：《关于信用膨胀以及其他》，载《上海金融研究》，1981（1）。

［71］黄达：《关于货币流通的几个问题》，载《上海金融研究》，1981（2）。

［72］孔祥毅：《试谈信用与通货膨胀的几个问题》，载《经济问题》，1981（3）。

［73］刘光第：《论纸币和黄金的关系》，载《中国社会科学》，1981（3）。

［74］戴园晨：《社会主义制度能够有效地制止通货膨胀》，载《经济研究》，1981（8）。

［75］林继肯：《坚持货币的经济发行》，载《经济研究》，1981（1）。

［76］袁振宇：《财政赤字与通货膨胀》，载《经济理论与经济管理》，1981（5）。

［77］易宏仁：《财政赤字必然导致通货膨胀》，载《金融研究》，1981（S1）。

［78］曹菊如：《边币问题》，载《曹菊如文稿》，中国金融出版

社，1983。

［79］曾康霖：《论通货膨胀与信用膨胀》，载《经济问题探索》，1983（5）。

［80］薛暮桥：《山东抗日根据地的对敌货币斗争》，载《抗日战争时期和解放战争时期山东解放区的经济工作（增订本）》，山东人民出版社，1984。

［81］薛暮桥：《山东工商管理工作的方针和政策》，载《抗日战争时期和解放战争时期山东解放区的经济工作（增订本）》，山东人民出版社，1984。

［82］杨培新：《论我国当前应当采取的货币政策》，载《银行与企业》，1986（1）。

［83］薛暮桥：《物价的结构性调整与通货膨胀》，载《价格的理论与实践》，1986（3）。

［84］洪葭管：《张嘉璈与中国银行》，载《近代史研究》，1986（5）。

［85］卫兴华、洪银兴、魏杰：《论总供给与总需求平衡》，载《管理世界》，1986（6）。

［86］杨培新：《第六个五年计划期间的货币政策》，载《金融研究》，1986（7）。

［87］张嘉璈著，杨志信摘译：《中国通货膨胀史：1937—1949》，文史资料出版社，1986。

［88］王松奇：《促进还是促退：通货膨胀功能及对策的再思考——兼与丁鹄、朱苏臻、李运奇同志商榷》，载《金融研究》，1987（11）。

［89］李运奇：《略论利用通货膨胀的可能性与改革时期的货币政策》，载《金融研究》，1988（2）。

［90］刘光第：《稳定通货、稳定物价——关于我国通货膨胀问题的讨论》，载《财贸经济》，1988（3）。

［91］谢平：《财政赤字不是引起通货膨胀的主要原因》，载《财政研究》，1988（2）。

［92］洪葭管：《白银风潮》，载《中国金融》，1988（6）。

［93］李运奇：《对通货膨胀问题的再认识》，载《金融研究》，1988

（6）。

　　［94］邱晓华：《对物价与经济发展关系的思考》，载《企业管理》，1988
（7）。

　　［95］王亚南：《抗战时期的物价和物价管制问题（节选）》，载《王亚南
文集》第三卷，福建教育出版社，1988（12）。

　　［96］戴园晨：《弥合通货膨胀引起的通货膨胀惯性运动》，载《经济研
究》，1988（12）。

　　［97］陈岱孙：《通货膨胀与岁计》，载《陈岱孙文集（上卷）》，北京大
学出版社，1989。

　　［98］曾康霖：《立足国情剖析通货膨胀》，载《中国金融》，1989（2）。

　　［99］吴敬琏：《通货膨胀的诊断和治理》，载《管理世界》，1989（4）。

　　［100］吴敬琏、胡季：《1988年通货膨胀加剧的原因分析》，载《财贸经
济》，1989（5）。

　　［101］刘涤源、王平洲：《对凯恩斯"半通货膨胀"理论的再思考——兼
论导致我国通货膨胀的深层原因》，载《世界经济研究》，1989（6）。

　　［102］杨培新：《浅议我国通货膨胀》，载《中国经济体制改革》，1989
（9）。

　　［103］张亦春、叶学军：《通货膨胀与经济增长》，载《福建学刊》，
1990（3）。

　　［104］刘诗白：《社会主义经济发展中的通货膨胀》，载《江西社会科
学》，1990（6）。

　　［105］丁鹄：《我的反通货膨胀观》，载《金融研究》，1991（11）。

　　［106］梅远谋：《中国的货币危机——论1935年11月4日的货币政策》，
西南财经大学出版社，1994。

　　［107］樊纲：《"软约束竞争"与中国近年的通货膨胀》，载《金融研
究》，1994（9）。

　　［108］曾康霖：《要研究我国现阶段通货膨胀的特殊性》，载《金融研
究》，1994（11）。

［109］杨培新：《对制止通货膨胀的理论探讨》，载《国际技术经济研究学报》，1995（4）。

［110］杨培新：《改革因素对通货膨胀的影响》，载《山东金融》，1995（5）。

［111］赵海宽：《有关通货膨胀的几个问题》，载《金融研究》，1995（5）。

［112］丁鹄：《通货膨胀释疑》，载《金融研究》，1995（6）。

［113］曾康霖：《对当前通货膨胀的再认识》，载《四川金融》，1995（S1）。

［114］胡寄窗：《把握解决物价问题值良好时机》，载《胡寄窗文集》，中国财政经济出版社，1995。

［115］胡寄窗：《法币的将来怎么样》（1947），载《胡寄窗文集》，中国财政经济出版社，1995。

［116］陈云：《陈云文选》第2卷，人民出版社，1995。

［117］薛暮桥：《薛暮桥回忆录》，天津人民出版社，1996。

［118］薄一波：《若干重大决策与事件的回顾》上卷，人民出版社，1997。

［119］马寅初：《大战前欧美各国之不换纸币与中国的京钞》，载《马寅初全集》第1卷，浙江人民出版社，1999。

［120］马寅初：《救济银荒非亟采虚金本位不可》，载《马寅初全集》第5卷，浙江人民出版社，1999。

［121］马寅初：《金贵银贱之救济方法》，载《马寅初全集》第5卷，浙江人民出版社，1999。

［122］马寅初：《银价跌落救济问题》，载《马寅初全集》第6卷，浙江人民出版社，1999。

［123］马寅初：《银贱潮中应注意前因后果》，载《马寅初全集》第6卷，浙江人民出版社，1999。

［124］马寅初：《评黄元彬银贱有利于中国说》，载《马寅初全集》第6

卷，浙江人民出版社，1999。

［125］马寅初：《我国银本位应放弃乎抑应维持乎》，载《马寅初全集》第 7 卷，浙江人民出版社，1999。

［126］马寅初：《美国白银政策与我国之利害》，载《马寅初全集》第 7 卷，浙江人民出版社，1999。

［127］马寅初：《中国金融制度之缺点及其改革方案》，载《马寅初全集》第 7 卷，浙江人民出版社，1999。

［128］马寅初：《国外贸易与工业奖励之关系》，载《马寅初全集》第 7 卷，浙江人民出版社，1999。

［129］马寅初：《中国之新金融政策》，载《马寅初全集》第 10 卷，浙江人民出版社，1999。

［130］马寅初：《统制物价为节约运动与长期抗战之先决问题》，载《马寅初全集》第 11 卷，浙江人民出版社，1999。

［131］马寅初：《法币与战时公债》，载《马寅初全集》第 11 卷，浙江人民出版社，1999。

［132］马寅初：《论战时过分利得税》，载《马寅初全集》第 11 卷，浙江人民出版社，1999。

［133］马寅初：《法币法价打破之危险》，载《马寅初全集》第 11 卷，浙江人民出版社，1999。

［134］马寅初：《对发国难财者征收临时财产税为我国财政与金融唯一的出路》，载《马寅初全集》第 11 卷，浙江人民出版社，1999。

［135］马寅初：《通货新论》，载《马寅初全集》第 12 卷，浙江人民出版社，1999。

［136］邓加荣：《开国第一任央行行长：南汉宸》，中国金融出版社，2006。

［137］蔡志新：《孔祥熙否认通货膨胀的思想动机》，载《山西师大学报》（社会科学版），2008（1）。

［138］彭迪先、何高著：《货币信用论大纲》，武汉大学出版社，2012。

第三章

百年中国银行业制度建设
及展业的思想学说和主张

一、新中国成立前中国银行制度建设及展业的思想学说和主张

近代以前，当铺、钱庄、银号、票号等是我国主要的金融机构。鸦片战争以后，银行随着西方资本主义势力的入侵而进入中国。1845 年，英国丽如银行率先在香港设立分行，同时在广州设立代理机构。其后，德国、法国、日本、俄国、美国等在中国相继设立了多家银行。至 1913 年，外国在华银行总数计 21 家，分支机构 80 余处①。1897 年，中国人自己建立的第一家银行——中国通商银行在上海成立，由此我国银行业逐渐发展起来。

（一）北洋政府时期银行业制度建设及展业的思想学说和主张

清末到北洋政府时期是我国近代银行业的发端，在这一时期我国的银行体系初步建立。随着西方银行思想的传播和我国银行业的实践发展，国人对于银行的认识水平不断提高，提出了一些对我国银行业发展具有重大意义的

---

① 吴承禧：《中国的银行》，105 页，商务印书馆，1934。

思想主张。

1. 银行业制度建设及展业的基本情况

1897 年，时任铁路公司督办的盛宣怀[①]主持成立中国通商银行后，1905 年 8 月户部银行作为国家银行在北京设立户部总银行，在天津、上海设立分行，1908 年更名为大清银行。1907 年 11 月，邮传部奏请设立交通银行。此后，各种官商合办的银行包括地方性银行也陆续成立，如 1906 年成都的濬川源银行、1909 年的浙江银行、1911 年的福建银行等。据统计，从 1897 年中国通商银行成立起到 1911 年止，中国人开办的银行共有 31 家，中国银行业初具规模[②]。

辛亥革命以后，随着中国自然经济进一步走向解体，中国社会经济取得很大进步，民族工商业快速发展，与此相应的是中国的银行业也获得前所未有的发展。从数量和规模上讲，北洋政府时期是近代中国银行业的第一个大发展时期。1912 年，南京临时政府在原大清银行的基础上成立中国银行，北洋政府规定中国银行为国家中央银行，代理国库，募集和偿还公债，发行钞票，铸造和发行国币。交通银行 1914 年修改章程，也取得代理国库、经付公债本息、代收税款、发行钞票等权利，成为事实上的国家银行。与此同时，民族资本银行业有了快速发展，据杨荫溥的统计，1912 年设立银行 14 家，到 1927 年共设立银行 185 家；其中 1917 年至 1923 年七年中尤为繁荣，共设立 131 家[③]，比较有名的有 1915 年成立的上海商业储蓄银行、1923 年成立的浙江实业银行，它们与 1907 年成立的浙江兴业银行都以上海为基地，习惯上被称为"南三行"。被称为"北四行"的是 1917 年成立的金城银行、1915 年成

---

① 盛宣怀（1844—1916）：字杏荪、幼勖，号补楼愚斋、次沂、止叟等，出生于江苏常州府武进县龙溪，清末洋务运动的代表人物。1885 年任招商局督办。1886 年任山东登莱青兵备道道台兼东海关监督。1887 年在烟台独资经营客货海运。1891 年春在烟台设立胶东第一广仁堂慈善机构。1892 年任直隶津海关道兼直隶津海关监督。1895 年奏设北洋大学堂（天津大学前身）于天津。1896 年任铁路公司督办，接办汉阳铁厂、大冶铁矿，奏设南洋公学（交通大学前身）于上海。1902 年任正二品工部左侍郎。1911 年任邮传部大臣。

② 杜恂诚：《民族资本主义与旧中国政府（1840—1937）》，159 页，上海科学社会出版社，1991。

③ 叶世昌：《中国古近代金融史》，236 页，复旦大学出版社，2001。

立的盐业银行、1921 年成立的中南银行和 1919 年成立的大陆银行，这四行的投资者大多数是北洋政府的军阀或官僚，应属官僚资本银行。银行资本额迅速增长，据统计，1912 年银行资本累计额为 2713 万元，1916 年增至 5197 万元，1920 年增至 8808 万元，1925 年再增至 16914 万元，是 1912 年的 6.2 倍①。上海商业储蓄银行 1915 年成立时额定资本仅 10 万元，到 1921 年资本已增至 250 万元。银行存款也大幅增长，如浙江兴业银行 1913 年的存款是 294 万元，1922 年则达 2129 万元，增加 624.15%。中国通商银行 1913 年存款为 468 万元，1922 年增加到 718 万元，增加 53.42%。各地银行公会也陆续建立，1917 年成立北京银行公会，入会者有 19 家银行，1920 年 1 月开始发行《银行月报》。1918 年成立了上海银行公会，到 1927 年有会员银行 26 家，发行《银行周报》，编辑《全国银行年鉴》及年度营业报告。

此外，外资银行也与北洋政府合作，成立了一些"中外合营银行"，如 1913 年中法实业银行、1919 年中华懋业银行、1918 年中华汇业银行、1920 年中意华义银行、1921 年中法振业银行，1922 年中国、挪威、丹麦合办的华威银行等，在中国的银行体系中也具有一定影响。

在银行制度建设方面，清末 1908 年，清政府度支部奏准颁发了《银行通行则例》，共 16 条，这是中国第一部由国家颁发的专门管理金融机构的法令。《则例》对银行的经营范围做了界定，规定银行经营各种期票、汇票的贴现、短期拆息、经理存款、放出款项、买卖生金生银、兑换银钱、代为收取公司银行商家所发票据、发行各种期票汇票、发行各种市面通用银钱票等共 9 种具体事业。规定凡创立银行者必须报度支部核准注册，注册内容包括银行组织形式、名称、资本总额、发起人姓名、总分行地点等。《则例》还规定，对于核准注册的银行，如有危险情形，政府将通过由大清银行商借款项等途径特别加以保护。这表明清政府对于银行事业采取了事前监督主义，并以核准注册为主要的管理办法。

北洋政府成立初期，主要还是沿用晚清政府颁布的各项法规。1924 年北

① 唐传泗、黄汉民：《试论 1927 年以前的中国银行业》，载《中国近代经济史研究资料》，1985 年第 4 辑，63 页。

洋政府财政部起草了《银行通行法》共 25 条，以及《银行通行法施行细则》共 19 条。相对于晚清政府时期的《银行通行则例》，有了比较大的改进。主要包括：一是对银行的定义和经营范围重新进行界定。《银行通行法》规定，"凡开设店铺，经营存款放款汇兑贴现等业务者，无论用何名称，均认为银行"；《银行通行法施行细则》补充了买卖生金银及有价证券、代募公债及公司债、保管贵重物品及代理收付款项等附属业务。二是规定了最低资本限额，凡经营银行业务的金融机构，其资本额不得低于 50 万元，在经济落后地区开设银行，可以降低最低资本额，但必须得到财政部的批准。三是对银行设立的要求更加严格，凡创设银行应先拟具章程，非经核准立案不得创办或招募资本，凡经财政部核准立案之银行应资本总额全数认足。四是规定外国银行在华设立分支机构也必须遵守中国法律。此外，《银行通行法》和《银行通行法施行细则》对银行的开业、营业时间及例假日、结账日期及结账公告、存立年限及存立有效时期、合并及组织变更、停业及解散，以及罚则等都作出了比较明确的规定。

2. 关于中央银行建设的相关讨论

北洋政府时期，1913 年在大清银行的基础上改组设立中国银行，并明确为中央银行，其后交通银行也作为中央银行发挥作用。围绕中央银行的建设和发展，社会各界进行了理论探讨。

（1）对中央银行职能的讨论

1909 年，留日回国学者谢霖[①]、李微编著出版《银行制度论》，对中央银行的职能做了介绍。认为中央银行是一国金融的最高机关，是银行的中心。主要有两项职能："有独占国内纸币发行之；有运用国币、枢纽财政，并为国

[①] 谢霖（1885—1969）：字霖甫，教授，江苏武进人。中国会计师制度的创始人，会计改革实干家和会计教育家，中国第一位注册会计师，第一个会计师事务所的创办者。曾赴日本攻读明治大学商科，1909 年毕业获商学士学位。回国后，先后任大清银行（即后中国银行）总司账、交通银行总会计，四川总督署文案委员，四川劝业道商务科长等职。1918 年赴北京大学讲授新会计，后又任教于上海商学院、光华大学、复旦大学、重庆大学商学院、铭贤学院等。1937 年前往成都筹办光华大学分校，曾任光华大学成都分校副校长等职。

库代理者之权。"① 时任北洋政府财政总长的周学熙②认为，中央银行即国家银行，有代政府管理国库发行国币的义务。"今者我国政府欲实行金汇兑本位，尤须有最巩固最完备最信用之中央银行，方能收效"③。梁启勋④认为，中央银行的职能主要有两个，"中央银行者，乃银行之银行也。其职务甚多，然以调剂金融为第一义"⑤。因为中央银行既为纸币发行之唯一机关，则供给信用稳实的纸币以流通于社会，就是其第一职能。第二职能是通过调节利率，以调剂货币和纸币的价格。王建祖⑥、吴宗焘⑦翻译美国敦巴所著《银行学原理》中，对中央银行职能归纳为三种：一是政府财政代理人；二是独揽发钞大权；三是收存其他银行的准备金⑧。该书对中央银行调控市场的职能做了较为详细的论述，书中提出，当经济过热时，各银行频繁向中央银行融通款项，中央银行担心准备金减少，必设法避免其减少，或促其增加，以免危险。一言以蔽之，即操纵金融，不放任信用自由膨胀，以致超越安全界限。康有为⑨

---

① 谢霖、李徵：《银行制度论》，46 页，中国图书公司和记发行所，1916。

② 周学熙（1866—1947）：字缉之，号止庵，安徽至德（今东至）人，实业家，1912 年、1915年分别任北洋政府陆征祥内阁和徐世昌内阁财政部长。1919 年创办中国实业银行，任总经理。

③ 贾士毅：《民国财政史（上册）》，163 页，商务印书馆，1917。

④ 梁启勋（1879—1965）：字仲策，广东新会人。梁启超之二弟，1893 年入广州万木草堂，从学于康有为。后赴美国留学，入哥伦比亚大学学习经济学。毕业后返国，先后任交通大学及北平铁道管理学院训育主任、中国银行驻京监理官、青岛大学教授。1937 年 12 月出任伪中华民国临时政府外汇局调查室主任。

⑤ 梁启勋：《中央银行制度概说》，载《民国经世文编》第四册，转引自李昌宝博士论文《中国近代中央银行思想研究》，第 72 页。

⑥ 王建祖（1879—1935）：字长信，广东番禺瑶头乡（今佛山市南海区和顺镇）人。早年毕业于北洋大学，后入美国加州大学，攻读经济法专业。民国初年任北京大学教授兼法科学长。广东军政府成立后，曾担任财政部次长，此后历任菲律宾实业银行总经理、上海特区临时法院推事等职。1927年后，担任司法院秘书、最高法院推事、行政法院评事。

⑦ 吴宗焘（1897—？）：浙江吴兴人。北京大学法科经济系毕业，获得法学士。历任北京大学、朝阳大学、中国大学、民国大学、河北大学、中央大学、中央政治学校教授讲师。曾任北京学生储蓄银行经理，财政部德华银行清理处泉币司公债司建金事上任事。会计师，曾任国民政府审计院设计委员会委员、审计院审计，财政部会计委员会会计专员等职。

⑧ 王建祖编译，吴宗焘增补：《银行学原理》，转引自李昌宝博士论文《中国近代中央银行思想研究》，63 页。

⑨ 康有为（1858—1927）：原名祖诒，字广厦，号长素，又号明夷、更生、西樵山人、游存叟、天游化人，生于广东省广州府南海县。中国近代史上著名的思想家、政治家、教育家和文学艺术家，资产阶级改良主义的代表人物，清末"戊戌变法"的主要发起者。

非常重视建立中央银行，认为中央银行"关全国金融之命，得其宜则全国生，不得之则全国死"。对于中央银行的职能，他提出，"实为一切银行之母，为银行之银行，操纵一国金融之权，而发行纸币，托以国库，国用不足则助之"①。马寅初②批评了中国银行和交通银行徒有中央银行之名，没有履行中央银行应有的职能。"其势既分，气魄因而薄弱，故不能尽中央银行调剂金融之职务。兼之两行并立，其利益时必相反，以如是之两银行担负中央银行之责任，此其不能收效"③。

（2）关于中央银行资本组成的讨论

关于中央银行的资本组成，1912 年，担任北洋政府财政总长的熊希龄④曾提出要创办国有制的中央银行。他认为当时金融机关被破坏殆尽，大清银行虽已改为中国银行，因缺乏资本难以履行中央银行的职能。最好的解决方法惟有仿照瑞典、俄罗斯，由国家提供资本创设中央银行⑤。但当时中央银行的主流思想是建立股份制中央银行，反对中央银行国有制的居多。周学熙主张最终的目的在于完全民有，但开办之初可由政府先行认股。"募集逾额之时，再将政府暂认之股退出"。这样做的原因主要是"民穷财尽，募股甚难。搀用外股，又滋流弊，信用虽可期于异日，而筹办要难缓于须臾。整理纸币，发行国债，均赖中央银行为活动之机关。而代理国库，亦为目前最急之务"。并强调这样做"于事实无妨，而于最终欲达之目的，亦不背也"⑥。梁启勋也

---

① 康有为：《理财救国论》，35 页，上海长兴书局，1913。

② 马寅初：1882—1982，曾留学美国，先后就读于耶鲁大学和哥伦比亚大学。回国后在北京大学任教，先后任经济系教授、系主任和教务长，发起成立"中国经济学社"并长期担任社长。1927 年任浙江省政府委员、南京立法委员、立法院财政委员会委员长、立法院经济委员会委员长。1929 年后任南京中央大学、上海交通大学、苏州东吴大学教授，重庆大学商学院院长。1949 年后历任中央人民政府政务院财政经济委员会副主任、华东军政委员会副主席、浙江大学校长、北京大学校长等职。

③ 马寅初：《马寅初全集》第二卷，6 页，浙江人民出版社，1999。

④ 熊希龄：1870—1937，生于湖南湘西凤凰县。1897 年与谭嗣同等在长沙创办时务学堂，任总理；又参与创设南学会，创《湘报》，以推动变法维新。1912 年中华民国成立后，担任内阁财政总长。1913 年与梁启超、张謇等组阁，担任国务总理兼财政总长。1928 年熊希龄任国民政府全国赈济委员会委员。

⑤ 中国银行、中国第二历史档案馆合编：《中国银行行史资料汇编》，13 页，档案出版社，1991。

⑥ 贾士毅：《民国财政史（上册）》，164 页，商务印书馆，1917。

反对中央银行国有化，认为当时世界上只有俄国和瑞典实行中央银行国有制，且弊害甚多：银行业务对于财政来说没有独立地位，导致政府常令中央银行增发纸币以应其所求，而纸币则因此失去其伸缩性，危及兑换的基础。相比较而言，合资组成的中央银行由于经营者以保护股东的利益为天职，能有效避免国有制中央银行的弊病①。北洋政府后期，1924年宋子文②受孙中山指派，在广州设立中央银行。他主持制定的《中央银行条例》对中央银行的资本来源规定："中央银行资本……由政府担任分期拨足，并指定担保品，由中央银行代募内外债款拨充之。"即中央银行不募集商股，全部资本由政府借款拨付。

（3）关于中央银行独立性的讨论

中央银行的独立性问题是银行制度建设的一个重要问题，主要表现在中央银行与政府的关系上，也就是中央银行是否能够不受政府的影响特别是财政方面的影响，而独立发挥相关职能作用。北洋政府时期，特别是1916年"京钞风潮"爆发后，人们对中央银行的独立性问题更加关注。1916年，时任财政总长的陈锦涛③在其《财政意见书》中，认为中、交两行发生停兑的原因，就在于牵入政治风潮，被当权者所操纵。为使今后能真正承担经理国库和领导全国金融的重任，必须一方面增强中国银行的资本实力，另一方面借鉴西方国家的经验，从法律上规范政府向中央银行的借款行为，如限制政府用款、制订专门针对政府贷借的法律，对政府用款的数量、偿还的条件都

---

① 梁启勋：《中央银行制度概说》，载《民国经世文编》第四册，转引自李昌宝博士论文《中国近代中央银行思想研究》，73页。

② 宋子文（1894—1971）：曾留学美国，获哥伦比亚大学经济学硕士学位。1923年任孙中山英文秘书兼两广盐务稽核所经理，参加筹办中央银行，任首任行长。后又升任国民政府财政部长，兼任广东省财政厅长。1926年起任国民政府委员、财政部长、全国经济委员会主席、中央银行总裁、行政院副院长、代院长等职。1935年任中国银行董事长。

③ 陈锦涛（1870—1939）：字澜生，广东南海人，早年毕业于香港皇仁书院。1901年入哥伦比亚大学，攻读数学、社会学。继入耶鲁大学，转攻政治经济学，1906年获哲学博士学位。清末曾任大清银行监察、度支部预算案司长、统计局局长、印铸局局长、币制改良委员会会长和资政院资政等。民国成立后，历任南京临时政府财政总长、审计处总办。次年任财政部驻外财政员，赴欧调查财政。1916年后，曾任段祺瑞政府财政总长、盐署督办和关税特别会议全权代表等。1926年与胡光等在天津合办中国无线电业公司。旋入清华大学法学院，任经济系教授。

要有所限制等①。张嘉璈②也认为，银行以发行货币为财政垫款，银行信用就难以确立。"京钞风潮"的根源，主要是由于中国银行被政府操纵，没有独立性，不能拒绝政府无限制的用款。因为财政金融不分，遇到财政困难时，政府就以银行作为印钞机，或增发银行券，或要求银行垫款。当时中国银行实际上就肩负了中央银行和商业银行两种职责，作为中央银行，自然要为政府的财政赤字融资。北洋政府的财政赤字几乎完全由中国银行和另一家国有银行交通银行垫款解决。这些财政垫款在两家银行多转化为货币发行，于是两行的银行券发行量直线上升，最终必然引发通货膨胀③。梁启勋主张，政府对于中央银行应放任与干涉并用，资本许其自由集会，唯严定规则以干涉其营业方针。有纸币发行特权，亦有保管国库金的义务，这样政府与人民两得其便④。

（4）关于中央银行与货币发行关系的讨论

中央银行作为国家的银行，是否需要独占货币发行权，在北洋政府时期人们是有不同意见的。梁启超⑤支持分散货币发行权，1912年在其《财政问题商榷书》中提出，要建立中央银行与国民银行并行的货币发行制度。1914年在《银行制度之建设》文中，作了进一步阐释。他认为，就理论上而言，纯粹的单一发行制远优于纯粹的多数发行制，但中央银行能否充分发挥作用，还取决于存在"多数健全之私立银行"。我国"民间余资无多，存款尚未发达"，因此不予商业银行以发行权，则很难唤起人们兴办商业银行的兴趣。且以中国幅员之广，在缺乏商业银行的情况下，仅凭一个中央银行，"安能照顾

---

① 贾士毅：《民国财政史（上册）》，商务印书馆，1917，208-209页。

② 张嘉璈（1889—1979）：字公权，1904年考取秀才，1905年考入北京高等工业学堂，后赴日本东京应庆大学进修财政学。1914年任中国银行上海分行副经理，1916年任总行副总裁。后曾任中国银行总经理，中央银行副总裁、总裁等职。解放后移居美国，在洛杉矶罗亚拉大学和斯坦福大学胡佛研究所著书讲学。

③ 张嘉璈：《一年半来之中国银行》，载《银行周报》，1919年第3卷第14号。

④ 梁启勋：《中央银行制度概说》，载《民国经世文编》第四册，转引自李昌宝博士论文《中国近代中央银行思想研究》，73页。

⑤ 梁启超（1873—1929）：字卓如、任甫，号任公，又号饮冰室主人、饮冰子、哀时客、中国之新民、自由斋主人，广东新会人。戊戌变法领袖之一、维新派代表人物，中国近代思想家、政治家、教育家、史学家、文学家。

市面而无遗憾"。因此梁启超认为"设立中央银行，固为不易之政策，而奖励私立银行之发达，尤为当今之急务。顾奖励之道，舍畀银行以发行权而外更无他术。此单一制之所以不能遽行也"①。

多数人的观点是应由中央银行统一货币发行权。1912 年，周学熙针对我国社会币制混乱，主张由国家银行集中发行纸币，反对多数发行制。他认为，要解决中国的发行问题，必须先销毁旧钞，然后发行新钞。新钞的发行权当集中于国家银行，各省官银号、官钱局一概停止，各地方由国家银行设立分行，以实行发行集中制②。马寅初阐述了中央银行与纸币发行的关系。他提出，为了避免纸币滥发的弊端，政府必须对纸币发行进行监督，要使监督容易，须采用集中制，限制发行的资格，归之于中央银行，使政府有易于监督的机会。并且中央银行发行纸币，有伸缩的余地，它发出纸币的总数易于明悉。倘若市上通货过多，可以慢慢收回，通货太少，可以慢慢地放出，这样可使物价得以平衡，这是中央银行集中发行制的好处③。1927 年，马寅初再次呼吁取缔分散的钞票发行权，认为是新经济政策的当务之急。将来新经济政策实现了，希望只有一个银行可以发行，私人发行首宜取缔，即已经政府赐予发行权之银行，也在干涉之列。马寅初认为，中央银行的势力太弱，实际上却无牵制金融市场的能力，最根本原因是单一发行权丧失和国库不集中④。

3. 关于商业银行发展的讨论

北洋政府时期，随着一批银行家成长起来，华资银行也获得了快速发展，不仅与旧式钱庄、外资银行呈现"三足鼎立"之势，成为我国重要的金融力量。这些银行家们不仅在金融实践中取得突出成就，而且提出了许多建设和发展银行业的思想。

（1）银行业同业合作思想

---

① 梁启超：《梁启超全集》，2262 ~ 2263 页，北京出版社，1999。
② 贾士毅：《民国财政史（上册）》，151 ~ 161 页，商务印书馆，1917。
③ 马寅初：《马寅初全集》第二卷，354 ~ 355 页，浙江人民出版社，1999。
④ 同③，第三卷，338 ~ 340 页。

　　1916 年中、交两行"京钞风潮"后，部分银行界人士针对当时中国银行业的发展状况，积极提倡银行合并联合理论。1919 年，于树德①发表《银行合并与联合》，认为中国的银行资本微小，信用薄弱，经营方法笨拙，不能广泛吸收社会资金，也不能以巨额资本供给产业界所需，亟待实行银行合并与联合。所谓合并是指多个银行、银号合并为一个银行，总行另立，而以合并的银行为分行，或以合并银行中资力最强的银行为总行，其余各行为分行。联合是指多个银行、银号相约共同行动。联合之后，各银行仍各自独立，对于联合契约负共同行动的责任。如共同投资，各银行银号平均分摊出资，共同享受其利益。如此，"自可集巨额之资金，而供给振兴大事业"，各银行银号亦"可享分立时代不可享有之利益，而产业界亦可赖此振兴，国民经济亦可赖此活动也"②。1921 年，徐沧水③在《银行组织上集中与扩张》一文中提出，"近世各国银行，即因经济社会之进步，几无不努力于增加资本，合并其他之小银行，遍设分行于各地。同时，复与其他之大银行，结营业上之关系契约……以期适应时代之要求，俾得在经济界占有势力范围也"④。郑维钧⑤也主张小银行应建立联合组织，他认为，"银行之经营事业，首推信用，信用未固，则事业上固难有发展"，"资力雄厚之银行，势力日趋扩大，小银行终难免于天然淘汰"⑥。对于建立联合组织的目的，郑维钧认为有三点，一是集小资本为大资本，集小信用为大信用；二是业务可以获得发展；三是营业稳当，利益得以增加。至于联合方式，郑维钧提出联合各地薄弱银行，结成团

　　① 于树德（1894—1982）：字永滋，河北静海人（今天津市静海县）。早年曾加入中国同盟会。1911 年参加辛亥革命。后入天津北洋政法学堂读书，1917 年毕业，参与组织天津"新中学会"。1918 年赴日本京都帝国大学留学。1921 年回国，在天津参与举办工余补习学校，开展工人运动，经李大钊介绍加入中国共产党。1924 年 1 月在广州出席国民党一大，任大会宣言审查委员会委员，被选为国民党中央执行委员。中华人民共和国成立后，历任中央人民政府中央合作事业管理局副局长、中华全国供销合作总社监事会副主任等职。第二、三届全国政协委员，第四、五届全国政协常务委员。
　　② 于树德：《银行之合并与联合》，载《银行周报》，1919 年 12 月。
　　③ 徐沧水（1895—1925）：早年任教于南洋商业公学，曾赴日本调查经济组织，回国后任《银行周报》主编，曾致力于宣传推广合作运动。
　　④ 徐沧水：《银行组织上集中与扩张》，载《银行周报》，1921 年 1 月。
　　⑤ 郑维钧：不详。
　　⑥ 郑维钧：《论小银行联合组织之必要》，载《银行周报》，1921 年 11 月。

体；公推一个总行；联合各银行间，订明条约，互相遵守；各银行虽各自分立，可相约为共同之行动；有亏分担，有利均沾等五项内容。羲农①就北洋时期小银行滥设的状况提出疑虑，"小银行之增多，绝非金融界之幸福"，"多数小银行果有变动，则其影响之波及，又非吾人所忍言矣"。因而，他积极主张银行合并，并列举银行合并的四大好处：预防恐慌或以适当措施减轻其损害；统一调节金融，增大资金之效用；集多数有为之人才；便利商工之顾客②。1921年，盐业银行总经理吴鼎昌③从欧美游历回国后，曾与中南银行总经理胡笔江④等人商议盐业、中南、金城三行合营事宜："本席于本年九月间归来，道经上海，曾与中南银行胡总经理笔江提议，以外人设立银行资本既厚，团体亦坚，每可调剂金融，辅助实业。而我国银行界各自为谋，不相联合，实难与敌。以今日银行之需要，似非群策群力联合进行不足以资发展。拟与金城、中南两银行联合营业"⑤。金城银行总经理周作民⑥在金城银行董事会会议上阐述联营的目的时说："此次联合主旨：在平时联合，如共同投资于实业，可使范围扩大；在有事时联合，可使危险减少。国家银行实际既不可恃为后盾，经营商业银行自不得不与同业携手。惟量度资力，又必须相等，始于事有济……至以后联合办事，拟各提款若干，备为市面以确实担保通融资

---

①　羲农：不详。

②　羲农：《银行合并问题》，载《银行周报》，1921年11月。

③　吴鼎昌（1884—1950）：字达铨，笔名前溪，原籍浙江省吴兴县（今浙江省湖州市吴兴区），生于四川华阳县。1903年留学日本，入东京高等商业学校，其间加入中国同盟会。1910年回国执教于北京法政学堂。后任中日合办本溪湖铁矿局总办、江西大清银行总办。1912年以后历任中国银行正监督、袁世凯造币厂监督、中国银行总裁、天津金城银行董事长、盐业银行总经理、内政部次长兼天津造币厂厂长。1926年购天津《大公报》，任社长。1926年7月至1937年，先后任国民政府财政委员会委员、国民经济建设运动总委员会委员、全国钢铁厂监察委员会主任委员、农本局理事长、中国国货联合营业公司董事长、国民政府实业部部长兼国民政府军事委员会第四部部长等职。1937年11月任贵州省政府主席、滇黔绥靖公署副主任、贵州全省保安司令。

④　胡笔江（1881—1938）：谱名敏贤，名筠，江苏江都人。曾任中南银行总经理、四行准备库总监、交通银行董事长等职。

⑤　人民银行上海市分行金融研究室：《金城银行史料》，82页，上海人民出版社，1983。

⑥　周作民（1884—1995）：原名维新，江苏淮安人。1906年赴日留学，1908年在南京政法学堂任翻译。辛亥革命后任南京临时政府财政部库藏司科长。1913年任北洋政府财政部库藏司司长。1915年辞职，到交通银行总行任稽核课主任，不久兼任芜湖分行经理，1917年5月创办金城银行，任总经理。解放后，任公私合营的"北五行"董事长、公私合营银行联合董事会副董事长。

金之用，并拟再备资金若干，以便共同投于有益事业。"[1] 1921 年 11 月，盐业、金城、中南三行在天津、北京、上海成立了联合营业事务所，后大陆银行业加入联营，即为著名的"四行联营"。

（2）对银行业资金投向的讨论

金融业作为一国经济的重要组成部分，与国民经济发展有着密切的关系。银行业资金应该投向哪里，是中国银行界重点讨论的话题。北洋政府时期，银行与财政联系紧密，银行投资主要集中于政府公债，用于军事和内战。由于银行购买公债受益丰厚，一些银行甚至将公债买卖作为主要经营品种。财政学家贾士毅[2]曾评价说，"故自国内公债盛行以来，国内银行界遂大行活动，不惟风起云涌，新设之数骤增，且有专与政府交易而设之银行。虽迹近投机，然实因政府借债，利息既高，折扣又大，苟不至破产程度，则银行直接间接所获之利益，固较任何放款为优也"[3]。"京钞风潮"暴露了公债危机，银行家们越来越不满于政府发行公债以弥补巨额财政赤字，对银行业过度投机公债做了批评，并开始收缩公债业务，注重对国民经济的支持。张嘉璈反对政府通过银行发行填补赤字，通过扩充中国银行中商股所占比例的办法来试图摆脱政府的控制。1917 年以前，中国银行在资金运用上侧重于存放同业，同工商业接触较少。1917 年底，在张嘉璈的策划下，促使中国银行的经营重点由政府方面转向商界，注重于购买或贴现商业期票，努力谋求同工商业的合作。陈光甫[4]也对北洋政府对银行的控制持反对态度："民国初年将大清银行改为中国银行，而即以中央银行国家银行视之。十余年来该行因受恶政治之影响，其资本及钞票准备金时为政府提用，私人存款亦皆为政府所挪用，作

---

① 人民银行上海市分行金融研究室：《金城银行史料》，85 页，上海人民出版社，1983。

② 贾士毅（1887—1965）：字果伯，号荆斋，江苏宜兴人，著名民国财政史学者。1911 年从明治大学法政科毕业，获政学士。民国成立后进入北洋政府财政部，任库藏司司长、会计司司长。1927 年至 1932 年任国民政府财政部赋税司司长。著作有《民国财政史》、《民国财政经济问题今昔观》、《国税与国权》、《国债与金融》等。

③ 贾士毅：《国债与金融》第一编，25 页，商务印书馆，1930。

④ 陈光甫（1881—1976）：毕业于美国宾夕法尼亚大学，创办上海商业储蓄银行，曾任国民政府财政委员会主任委员、财政部次长等职，1936 年代表中国政府赴美签订《白银协定》。后任国民政府委员，主管中央银行外汇平衡基金委员会。

为无聊军费，以致金融界工商界不沾获其余润，而国家银行乃成一政府之筹款机关。幸资本由私人供给，官股有名无实，故有时尚能与恶政府抵抗，今日尚可存在于社会者，赖以此耳。"① 他进一步提出，银行作为社会最主要之事业，应该扶助社会经济，支持实业部门发展。银行的主要职能就是调节通货，活泼金融，挹此注彼，供求适平。即吸收社会此一方剩余之资金，而救济社会另一方资金之不足。

（3）对银行经营管理的创新探索

北洋政府时期，商业银行经营管理主要是引进借鉴西方商业银行模式。随着我国银行业的逐步发展，一些具有探索创新精神的银行家开始结合中国实际，对银行的经营管理进行改革，提出了一些具有进步意义的思想和主张。

一是银行业信用至上的思想。陈光甫认为，"办银行者第一在于信用"，"处处以信用为前提"②。他批评"京钞风潮"是因为北洋政府对银行缺乏严格管理，各银行只要向政府提出申请，就可以获得钞票的发行权。各银行为了牟取暴利，竞相发行纸币，结果造成纸币大量贬值，不仅严重损害了广大民众的利益，也使银行信用扫地，不断发生挤兑风潮。而"京钞风潮"爆发时，为维护中国银行上海分行的信誉，面对政府下达的停兑令，张嘉璈采取了抵制态度，作出上海分行钞票随时兑现的承诺，成功应对了挤兑风潮，上海金融市场混乱迅速平息，张嘉璈也声名鹊起。张嘉璈在治理"京钞风潮"过程中，还建立了货币发行准备金制度，以巩固银行信誉："上海中国银行发行总额共九千零八十六万余元，较之东西各国为数极微。然在金融萌芽始之我国，已属甚巨。关系于社会个人者，殊为重大。推而广之，将来国家金融权之恢复，亦基于是。故中国银行当局，决定在国家尚未确定发行准备条例之先，自定一种准备制度，以确立发行之基础，维持国家之信用"③。

二是银行业稳健经营的思想。陈光甫高度重视银行放款安全，以促进银

---

① 上海市档案馆：《陈光甫日记》，63 页，上海书店出版社，2002。

② 陈光甫：《论著：谈话录三十八（二十年十二月三十日行务会议）》，载《海光》，1932 年第 4 卷第 1 期。

③ 中国银行、中国第二历史档案馆合编：《中国银行行史资料汇编》，541 页，档案出版社，1991。

行的稳健发展。他认为，"欲求服务社会，吾人必须力求资金之安全。资金之来源，小部分为股本，大部分为存款，存款增加，资金充实，而后服务社会之功能，可以扩大，将如何增加存款，必须采取最稳健之经营方法，使存款人士对于本行之经营有不可动摇之信仰……故一切经营之方法，以资金安全为第一要义"。而为确保银行业的资金安全，则要求银行在加强信用、杜绝投机、做好押放款管理等方面做出成绩。为此，陈光甫提出"呆账为银行之最忌"，"银行业务，一方固须策进存款之增加，而一方尤须求放款之确实"①。钱新之②担任交通银行协理之后，推行的一项重要改革措施就是完善放款制度，清理各类旧欠。在政府贷款方面，他提出要完善抵押放款手续，并针对不同情况做了如下规定和安排：对于北京政府的暂时垫款，要随时收回；对于不得已的高额贷款，必须以可靠的抵押作为条件；对于地方政府的贷款要求，要婉言拒绝。

三是银行业优化组织结构的思想。中国第一家商业银行——中国通商银行，是一家股份制银行，近代成立的中资银行也大多是采取股份制方式组建起来的。上海商业储蓄银行成立时资本只有 10 万元，完全由私人资本构成。依据其章程，由股东会推选董事若干和监察若干，董事中又推常务董事若干和董事长一人，由董事会聘请总经理，经营管理权掌握在经理层手中。成立于 1917 年的金城银行章程规定，"本行依照银行法及公司法股份有限公司规定之，定名曰金城商业银行股份有限公司"。股东会决定董事的人选。董事 7人组成董事会，推举 1 人为总董，主持会务。董事会执行股东会决议，并负责银行日常事项及总经理的任免。而对于一些官商合办的股份制商业银行，银行管理层与政府之间有着千丝万缕的联系，同时在银行业务上已经存在着矛盾，对于银行控制权的争夺一度十分激烈，但最终的趋势是实现以商股为主的企业产权制度。1917 年，张嘉璈主持修改《中国银行例则》，规定官股、

---

① 上海商业储蓄银行：《陈光甫先生言论集》，177～179 页，商务印书馆，1949。

② 钱新之（1885—1958）：名永铭，晚号北监老人，原籍浙江吴兴，生于上海。曾任上海银行公会会长，交通银行总协理，盐业、金城、中南、大陆四行储蓄会副主任及四行联合准备库主任。民国时期江浙财阀的代表人物之一。

商股合计收足股本 1000 万元之后，成立股东总会和董事会，"董事、监事不分官股、商股都由股东总会选任，总裁、副总裁由董事中兼任"，减少了政府对于银行人事权的控制。此后，张嘉璈大量地吸收私人股份，有意识地降低政府股份的比重。到 1923 年，中行商股扩充到 1971 万元，官股因为政府财政支绌而不断出售股权，降到只有 5 万元，占比 0.25%，而商股的比例则高达 99.75%。

（二）国民政府时期银行业制度建设及展业的思想学说和主张

国民党取得全国政权之后，自 1928 年中央银行正式成立，到 1935 年"四行二局"全部建立，四大家族建立了自己的银行系统，基本完成了对全国金融的垄断。1937 年抗战爆发，在金融统制政策的影响下，银行业经营环境更加严峻。但总体来看，国民政府时期是我国银行业发展的黄金时期，学者们对于银行业的发展关注度高，研究比较深入，一大批银行家也纷纷涌现出来。

1. 银行业制度建设及展业的基本情况

1927 年 10 月，国民政府颁布《中央银行条例》，决定成立中央银行。1928 年 11 月中央银行在上海正式开业，宋子文任总裁。中央银行开办资本 2000 万元，全部以国民政府发行的金融公债抵充，并无一元现金。国民政府授予中央银行经理国库、发行兑换券、铸造和发行国币、经办国内外公债等特权。1935 年 4 月，中央银行资本增加到 1 亿元，成为当时全国最大的银行。在中央银行成立后的 8 年时间里，资产增加了约 25 倍，存款增加约 48 倍，纸币发行增加约 28 倍，纯利增加 70 倍。可以说，中央银行的建立，为国民政府控制、垄断全国金融打下了基础。1928 年，国民政府将中国银行、交通银行总管理处从北京迁往上海，将中国银行改组为国际汇兑银行，经营国内外汇兑及代理部分国库事宜和发行兑换券等，加入官股 500 万股。将交通银行改组为发展全国实业的银行，代理部分国库和发行兑换券，代理交通事业的公债收付等，缴入官股 200 万股。1935 年，国民政府发行 1 亿元金融公债，其中 2000 万交中国银行（后改为 1500 万），1000 万交交通银行，充当增加的官股。这样中国银行的股本变为官商各半，交通银行变为官三商二，均实现了政府控制①。

中央银行、中国银行、交通银行加上 1935 年成立的中国农民银行，以及中央信托局、邮政储金汇业局，组成的"四行二局"构成了国民政府金融垄断体系的支柱和核心。其后，中国通商银行、四明商业储蓄银行、中国实业银行等私人资本银行先后被兼并。通过建立"四行二局"和兼并民族资本银行，国民政府直接控制了一大批银行，建立起了金融垄断体系，取得了金融业的垄断地位。到 1935 年，全国共有银行机构（含分支机构）2566 个，官办的就有 1971 个，占 77%。它们集中了大量的社会货币资本，1936 年中、中、交、农四行的实收资本占全国银行资本总额（不含外国在华银行资本）的 42%，资产总额的 59%，各项存款的 59%，发行兑换券的 78%，纯收益的 44%②。

在民族资本银行发展方面，从 1928 年到 1936 年，全国新设银行 128 家，中途停业 23 家，实存 105 家，停业数占新设总数的比重比北洋政府时期降低。银行资本也有很大增加，1925 年全国银行资本总额为 16914 万元，到 1934 年增加到 35600 万元，10 年内增长 1.1 倍。存放款额也有较大增加，以当时全国 25 家主要商业银行为例，1927 年存款总额为 48731 万元，放款 45963 万元；到 1936 年存款增加到 136370 万元，放款为 109999 万元，分别增加了 1.8 倍和 1.39 倍。1932 年 2 月，上海银行业联合准备委员会成立，为促进金融稳定作出了重要贡献。1932 年 6 月，中国、上海商业储蓄、浙江兴业、浙江实业、新华信托储蓄 5 家银行共同组建了中国征信所，对顾客提供有关信用状况，到 1934 年已有会员银行 91 家。1933 年 1 月，上海银行业票据交换所成立，参加交换的银行有 32 家，交换的票据包括支票、本票、汇票以及汇解收据、公债还本付息凭证等。1936 年 3 月，上海银行业票据业承兑所成立，有会员银行 38 家，承兑基金 762 万元。

抗战爆发后，国民政府为建立和强化战时金融管理体制，应对战争期间

---

① 袁远福、缪明杨：《中国金融简史》，123～125 页，中国金融出版社，2001。

② 同①，129～131 页。

的金融紧急情况，于 1937 年 7 月在上海设立"中央、中国、交通、农民四银行联合办事总处"，简称"四联总处"，并在内地设立分处，协调四行业务。1937 年底，南京陷落，四联总处迁往武汉。1938 年 10 月又迁至重庆。1939 年 9 月，国民政府颁布《巩固金融办法纲要》和《战时健全中央金融机构办法》，改组四联总处，负责办理政府金融经济政策有关各特种业务，主要职权是：负责全国金融网的设计；审核四行的发行准备；统筹全国资金的集中与运用；办理四行的联合贴放和战时特种生产的联合投资；推行特种储蓄；管理金银收兑，审核外汇申请；调剂四行券料，调剂战时物资及其平价；复核四行决算。总之，战时金融业务、经济方面的重要措施都集中由四联总处处理，实际上是国民政府战时金融方面的最高指挥和监督机构，不仅负责战时与金融有关的重大经济政策，而且负责统一管理"四行"的业务。

与之相对应的是，商业银行重心向西转移。战前，川、康、滇、陕、黔、甘、宁、青、桂和重庆等省市只有银行 254 家（含分支机构），仅占全国总数的 14.8%，到 1941 年 6 月，增加到 764 家，增加了 2 倍。到 1945 年 8 月，金融机构增加到 2480 家，约为战前省市银行总数的 10 倍。战时后方的银行业偏重于西南，以四川和重庆为活动中心。银行业务的投机性更大，通货膨胀使得正常的生产无利可图，银行资本更多投向外汇、黄金和证券。银行资本开始向农村渗透，战前银行在农村贷款的比重很小，1934 年仅占 2.4%，到 1945 年已经上升到 22%，比 1934 年增加了 8 倍多①。

在制度建设方面，1928 年 10 月，国民政府修正公布《中央银行条例》20 条，确定中央银行资本额及出资比例，明确规定中央银行总行设于上海，并在权力结构与内部机构的组织设计方面作出规定。1928 年 10 月，国民政府核准《中央银行章程》10 章 45 条，周详地规划了中央银行资本结构、业务范围、特权、内部组织与执掌权限，使中央银行得以依法有序运转而发挥作用。1935 年，国民政府公布《中央银行法》，提高中央银行资本总额至 1 亿元，规定商股不得超过资本总额的 40%，赋予中央银行收管各银行法定准备金职

---

① 袁远福、缪明杨：《中国金融简史》，147～150 页，中国金融出版社，2001。

能。抗战爆发以后，四联总处为加强对金融的控制，采取了一系列增强央行实力的措施。1938 年、1939 年先后颁布《公库法》和《公库法实施细则》，央行代理国库的职能逐步完善；1942 年颁布《中央银行办理票据交换办法》，规定由中央银行统一办理票据清算。同年颁布实施《统一发行办法》和《统一发行实施办法》，规定由中央银行统一办理货币发行，同时集中管理存款准备金。在银行业综合性立法管理方面，1931 年和 1947 年国民政府先后颁布两个《银行法》，前者虽经过政府公布，但由于社会各界有较大分歧未得到执行。1947 年的《银行法》分定义、通则、商业银行、实业银行、储蓄银行、信托公司、钱庄、外国银行、银行之登记及特许、附则等十章，共 119 条。新《银行法》融合各种银行法规及管理条例，规定周详，反映出当时对于银行业发展的认识达到了新的水平。

2. 关于中央银行建设的相关讨论

国民政府时期，伴随着真正意义上的中央银行的产生，银行界在中央银行的基本理论上也取得了长足的进步，不但能够较准确、全面和客观地介绍西方的中央银行理论，而且在很多方面能够提出自己独到的见解。

（1）关于中央银行制度的讨论

在对各个国家中央银行制度的介绍方面，1929 年，孙祖荫[①]出版《各国中央银行比较论》，系统研究了当时英国、德国、法国、日本、美国等各主要国家实行的中央银行制度。在书中他还重点将美国实行的联邦储备制度与其他国家实行的统一的中央银行制度，在组织机构、资本金募集、兑换券发行与收回、对中央银行的监督等方面做了深入的比较，认为美国现行的联邦储备银行制度是银行发达的结果，不但考虑了美国本国银行的发达情形，且将各国银行制度的精华融为一体[②]。1931 年，北平中国大学教师梁钜文[③]认为，在美国的银行制度中，中央银行的出资者为各准备区的"加盟银行"，形式上

---

① 孙祖荫：不详。

② 孙祖荫：《各国中央银行比较论》，商务印书馆，1934 年版，转引自李昌宝博士论文《中国近代中央银行思想研究》，第 101～103 页。

③ 梁钜文：不详。

与各国中央银行虽有不同，但因联合准备之故，其实际趋于统一，因此与一般中央银行的效能没有差异。美国之所以采取联合准备制度，是美国国情所决定的[1]。崔晓岑[2]将中央银行的形成分为两类，第一类是自然演进的结果，其中一家银行因处于优越地位，得以战胜并吸收其他银行，19世纪的中央银行大都属于此类。这些银行的特点是发钞独享、钞票法偿、准备集中等。第二类是预先设计的结果，其形势由分散而集中，其中以美国联合储备制度最为显著。美国由于联邦政体所限，不能建立欧洲式的中央集权制的中央银行制度，采取联合准备制度，明文规定各银行须将存款准备存于准备银行，联合准备制度遂告形成[3]。

在对中国中央银行制度评论方面，1933年，吴其祥[4]提出，中国清末的新式银行多模仿日本，而日本则效法欧洲的比、德、法等国，所以中国的银行制度就渊源而言，是间接取法欧洲制度。吴其祥认为当时中国曾极力试图创设欧洲式单一中央银行，但后来于中央银行外，又设交通银行，同样拥有发行兑换券和经理国库之权，同欧洲中央银行为兑换券唯一发行者及国库唯一经理者相比，有很大差异。此外，政府还允许其他特种银行及私家银行发行兑换券，使单一中央银行制更难维持。"直至今日，中国之银行制度杂乱无章，根本无制度可言"。吴其祥认为政府的本意是想设立一个强有力的中央银行，如大清银行改为中国银行，1928年在南京设立中央银行，从名称及条例上都定位为中央银行。但条例上所赋予的职责，却因中央银行自身实力不足以及政府未能履行维护中央银行的职能，"以致数十年相沿，徒有中央银行之名，而缺乏其实效，掠可浩叹"[5]。

---

① 梁钜文：《中央银行概论》，107页，上海大东书局，转引自李昌宝博士论文《中国近代中央银行思想研究》，1931。

② 崔晓岑（1903—？）：字毓珍，山东无棣人。北京大学经济系毕业，后留学英国，获伦敦大学硕士。1935年任中央银行编译专员，1936年任复旦大学银行学系教授，1937年任交通大学讲师。

③ 崔晓岑：《中央银行论》，2~7页，商务印书馆，1935。

④ 吴其祥：生卒年不详，广东澄海人。曾获美国伊利诺伊大学商学硕士，回国后任复旦大学投资银行学、国外贸易课程讲师。1947年任审计部秘书。

⑤ 吴其祥：《中国银行制度》，124~125页，上海大东书局，转引自李昌宝博士论文《中国近代中央银行思想研究》，1933。

在我国中央银行制度选择方面，有人认为应该借鉴美国模式，建立联邦储备制度。早在 1927 年，吴鼎昌曾对中国金融制度做了规划。他认为，中央银行有两大弊端，一是容易被财政滥用；二是容易产生经济上的弊端，使经济、金融产业容易集中在少数地方，以致区域性的变动可能导致全国性的经济金融恐慌。美国式银行制度没有这样的弊端，全国金融权力不在中央集中，而在地方集中，全国金融势力并不操纵于政府一方，而是社会各界共同支配。因此，吴鼎昌称赞美国联邦储备制度"成绩昭然，世所公认"。具体表现为一是有中央银行之利，无中央银行之害；二是尤其适合物产丰富、人口众多的国家；三是能够使金融集中为地方经济服务，符合经济发展的潮流，"所以中国宜仿美制，创设联合银行也"①。在抗战的过程中，人们开始思考战后中国经济重建问题，其中一个很重要的问题就是中央银行的制度选择问题。伴随着美国对中国的影响加大，很多学者纷纷主张借鉴美国的联邦储备银行制度。1940 年，姚曾荫②出版《战后银行组织问题》一书，对抗战胜利后中国的中央银行组织做了初步规划。他提出，战后将现有的中央银行及四联总处一并改组，采用准备银行制度，即中央银行改组为中央准备银行。他主张将全国划分为上海、天津、汉口、广州、重庆及兰州等六大银行区，在每一区域内设立中央准备银行，作为各该区的最高金融机关。在各区范围内的商业银行及其他各银行皆应为各该区中央储备银行的会员银行。四联总处改组为中央储备银行管理局，为全国金融的最高管理机关③。1943 年，朱通九④和徐日洪合著《我国银行制度之将来》，呼吁中国要建立美国式的联邦储备银行制度。

---

① 吴鼎昌：《中国新经济政策》，载《中国近代史料丛刊》第 73 辑，84～85 页，台北文海出版有限公司，转引自李昌宝博士论文《中国近代中央银行思想研究》，1966。
② 姚曾荫（1915—1988）：江苏镇江人。1937 年毕业于北京大学经济系。毕业后入中央研究社会科学研究所任助理研究员、副研究员。1946—1948 年赴美国明尼苏达大学进行研究。1949—1952 年任北京大学副教授、教授。1952 年后，先后任中央财经学院、对外经济贸易大学教授。曾任世界经济学会、外国经济学会、美国经济学会、中国国际教育交流协会、中国国际贸易学会理事。
③ 姚曾荫：《战后银行组织问题》，国立中央研究院社会科学研究所，60 页，1940。
④ 朱通九（1898—？）：字牧虎，江苏常熟人。清华大学津贴生，1928 年毕业于华盛顿大学 MBA，早年曾任上海中国公学政经系主任，1929—1931 年任复旦大学教师，1936 年任国民经济研究所研究员。

其理由是我国幅员辽阔，而各地经济金融发展很不平衡，如全国制定统一的贴现利率，根本无法控制信用，更谈不上灵活操纵。此次抗战又显现了金融集中沿海的危险性，而且从通商以来，我国金融业实际上沦为国际金融业的附庸，没有尽到民族资本的职责，内地长期得不到开发。要从根本上改变这种状况，必须改造中央银行制度，建立美国式的联邦储备银行制度，建立中央准备银行。建议将全国划分为八大准备银行区（重庆、兰州、汉口、上海、广州、天津、沈阳、迪化）。在每一区域内设中央准备银行一家，作为各区的中央金融机关。在各区范围内的国家银行、商业银行和专业银行，均应成为该区中央准备银行的会员银行，并受其指挥。各准备区应根据当地实际情况设置机构，颁布管制规则，升降贴现率，命令该区银行一律遵守。

（2）关于中央银行职能的讨论

1930 年，陈光甫提出，政府应建立起一个强有力的国家银行，即所谓"全国银行之银行"，这样，"统一发行权，集中准备金，经理国库，经营重贴现，因此应市面之需要供给，而有最良之调节通货政策，平准物价政策。不但不与普通商业银行竞争，且随时辅助商业银行之发展。运用其贴现政策，自由伸缩，既可以提高以抑制投机，又可降低以奖励生产，内则限制全国利率，使其不致过高或过低，外则维持汇兑平价，而辅助对外贸易。全国银行虽多，能如脑之使臂，臂之使手，机敏灵活，左右逢源。以中央银行为总枢纽，全国银行界有统一之系统，有一致之政策，于是工商业，随之发达，而全国银行业更容易发展"[①]。1931 年，梁钜文著《中央银行概论》一书，认为中央银行是"占有一国金融界之最高地位，又享有特别权利，与国家之关系极密切，不图私利而任全国信用保持与救济之大责，所以振导一般银行，维系经济而利国家也"[②]。梁钜文全面列举了中央银行的服务职能、调节职能以及管理职能，是当时国人对中央银行职能的最全面阐述。中央银行十二项职能包括：增进通货效用，全国一般银行的最后救援；调剂金融，以自由伸缩

---

① 陈光甫：《谣言感想录》，上海商业储蓄银行，46 页，1949。
② 梁钜文：《中央银行概论》，103～104 页，上海大东书局，转引自李昌宝博士论文《中国近代中央银行思想研究》，1931。

一国的现金及法币；再贴现；利用贴现政策安定金融；因应巨额支出；易于实施银行政策；考察全国金融状况；活泼各地方之营业；促进信用交易发展；发行钞票；代理国库；救助国家财政。马寅初高度关注中央银行的建设问题，在其1929年出版的《中华银行论》和1935年出版的《中国经济改造》中，对中央银行不能履行应有的职能给予了批评。他认为，中央银行不能统制金融，充分发挥职能作用，有五个原因：第一是发行权没有集中，其他银行还有发行货币的。第二是再贴现功能尚不具备。《中央银行条例》明文规定中央银行得为国库证券及商业确实票据之买卖、贴现或重贴现，但在中央银行资产负债表中并不见有此科目。第三是中央银行与其他银行竞争。第四是准备金没有集中。第五是票据交换所的清算转账没有纳入中央银行管理。因此马寅初认为"今日之中央银行，关于中央银行之功用，一未具备，可谓名不副实"[1]。1934年，陈天表[2]对中央银行所应遵循的原则进行讨论，归纳提出了11条：（一）应有发行兑换券特权；（二）管理及方针应有独立制度脱离政府之干预；（三）应有办理其本国政府所有关于银行业务之特权；（四）应为各普通银行往来之总汇；（五）普通银行业务不应与商业银行竞争；（六）应有给予社会以银行便利之精神；（七）吸收存款不应用优给利息之手段；（八）应按期公布贴现率及营业状况；（九）其资产应属于最流动性质；（十）可在国外设立代理处；（十一）应有国际合作之精神[3]。

抗战爆发后，如何发挥中央银行作为金融机构中枢的职能，成为广大经济学者讨论的热点问题。1938年，莫萱元[4]认为，要做到在战争时期加强对全国金融的统制，中央银行垄断货币发行和集中保管商业银行存款准备金这两项职能尤为重要。政府一般通过增加赋税、膨胀通货、制造信用、发行公债、管理汇兑及征发物资等手段筹集战时资金，这些措施一般都有中央银行

---

[1] 马寅初：《马寅初全集》第八卷，228~229页，浙江人民出版社，1999。

[2] 陈天表：不详。

[3] 陈天表：《中央银行之理论与实务》，18~22页，上海中华书局，1934。

[4] 莫萱元（1909—1983）：字澄明，湖南武冈人。毕业于上海复旦大学经济学系及日本早稻田大学研究院。历任上海同德医学院教授兼训导主任，中央政治学校教授兼边疆学校副主任，国立贵州大学教授兼训导长。1940年起任普通考试典试委员、中国国民党湖南省党部书记长、湖南省参议员。

的参与。一则中央银行是纸币的发行者；二则信用的制造多采取向中央银行借款的形式。公债的发行大都由中央银行售卖于金融市场，汇兑管理也大都由中央银行执行。此外调剂金融市场，促进各种生产事业适应战时需要等，也是战时金融的重要目的，而这有赖于中央银行的贴现政策和公开市场政策[1]。孔祥熙[2]认为战时的金融必由政府统制，"一面实行犹豫支付，或限制提存，以维护金融机构，一面管理进出口汇兑，以防止资金逃避，充实外汇准备，而平衡国际收支，同时监督银行业务，以杜投机牟利，或囤积居奇之弊，避免影响物价，管制越严，效力越宏，此战时金融特质"[3]。正是基于这样的认识，孔祥熙主持成立了四联总处，负责办理政府战时金融政策有关的各项特种业务，加强对金融的控制。

（3）关于中央银行国有化与独立性的讨论

徐钧溪[4]反对中央银行国有化，他认为，国有银行制度的优越性仅仅体现在理论上，实践中则大相径庭。一是中央银行若国有，即为政府行政的一部分，因此纯粹国有银行对于财政压迫的抵抗力极为薄弱，若私人设立的银行，就可以超然独立，应国民经济的变迁而自由经营其业务。二是有人提出私人中央银行发行钞票是谋其私利，应使得发钞所得利益归之国家。徐钧溪批驳说，发钞所得利益可以通过其他方法使之归之于国家，并举例德国中央银行最初即规定国库分利制度，日本银行对于钞票发行则有完纳发行税的义务。所以国家对于中央银行，"一方尽可任其私人聚资设立，他方则于分配利益、完纳租税之外，更可令其负担诸般义务，其最重要者，即不取手续费以代理国库之出纳事务"[5]。因此，徐钧溪主张中央银行性质应为私人股份公司。

梁钜文对中央银行国有与私有的优势与弊端进行了深入讨论分析，他认

---

① 莫萱元：《战时金融政策》，13～15页，正中书局，1938。

② 孔祥熙（1880—1967）：字庸之，号子渊，山西太谷县人。1901年留学美国，毕业于耶鲁大学研究生院。1924年赴广州任广东革命政府财政厅厅长。1927年任武汉国民政府实业部部长。之后赴南京投靠蒋介石，历任国民党政府实业部部长、财政部部长、行政院长、中央银行总裁和中国银行总裁等职。

③ 刘振东：《孔庸之先生讲演集》，257页，台湾文海出版有限公司，1972。

④ 徐钧溪：不详。

⑤ 徐钧溪：《最新银行论》，121～122页，中华书局，转引自李昌宝博士论文《中国近代中央银行思想研究》，1929。

为，当时的中央银行大多数属于私有，但由于中央银行享有发行钞票、经理国库等特权，责任重大，如果单纯作为私人企业经营，就会造成滥用信用及特权以图非法利益。因此政府的干涉不可废，一是对发行钞票以及特权事项必须由法律严厉规定；二是对主要经理人员的任命以及业务经营等加以干涉。关于中央银行国有的具体弊端，梁钜文列举了六点：一是如银行营业方针有误，政府为之买单，中央银行有恃无恐，可能导致国家与银行俱遭丧失信用的危险。二是银行与政府多有关联，常有变动，导致营业计划难以保持稳定。三是中央银行与政府过于接近，野心政党难免不怀把持之意而掀动政潮。四是中央银行往往不拒绝政府借款，导致滥发钞票；且往往拒绝对一般顾客作有益的放款。五是中央银行与国家关系太深，国人可能将尽力避免与之交易，甚至拒用其钞票。六是如因交战关系，战胜国将会把战败国的中央银行作为合法战利品而没收①。由此可以看出，梁钜文的观点应该是支持中央银行私有，但应由政府对相关重大及敏感事项进行监督。

崔晓岑列举了主张国有和反对国有的种种理由，在作了比较之后，他提出两者之间并非毫无调剂的余地，而各国实际上多采取折中的办法。如国有制中央银行往往延揽实业金融界的专门人才，对于发钞数目严加限定，对于国库票据的政府垫款绝对限制等，这样就可以杜绝滥发膨胀的来源。对于公司制的中央银行也有种种限制，如股东红利不得超过一定的比例，余利悉归国库；在理事会中安排政府特派人员，对于决议的合法与否有审核之权；股东的权利只限于选举理事、监事，而无干涉行政之权；允许工商界代表加入理事会。综上所述，崔晓岑认为中央银行"国有民有，均无不可，惟须有相当方法，以祛其流弊而调剂其作用而已，虽然各国情况各有不同，何去何从，当善自择之耳"②。

到20世纪40年代，受国际银行国有化思潮的影响，反对中央银行国有的思想渐渐落于下风，主张中央银行国有的思想开始占据主流。姚曾荫认为，

---

① 梁钜文：《中央银行概论》，106～107 页，上海大东书局，转引自李昌宝博士论文《中国近代中央银行思想研究》，1931。

② 崔晓岑：《中央银行论》，231 页，商务印书馆，1935。

战后国民经济恢复应是由国家制订一种经济政策或方案，使有限的人力物力作合理的分配，并区分先后缓急以从事于各部门的发展。金融是国民经济的一部分，因而将中央银行置于政府的控制下就是一种必然的推论。因此姚曾荫主张战后建立的中央储备银行应归国有，中央储备银行的资本因出自国家，其最高行政人员应由政府任命，政府应规定若干基本原则和纲领指令中央银行遵守，至于具体操作由中央银行自行处理[1]。1942 年，胡寄窗[2]提出中国银行机构改造方案，要求银行统一经营，将现有中、中、交、农四大银行合并为一个国家银行，现行四行按其原有性质作为国家银行隶属的四个专业分行直接对国家银行负责；其他一切普通银行的资本以股份形式加入国家银行作为私人股份，其资产负债完全转入国家银行。国家银行统制存款业务，短期内建立 5000 个分支行，组成全国或后方银行网，一切公私企业短期活动资金在一定限额以上强迫存储于银行[3]。

　　1947 年，刘泽霖[4]出版《银行国有论》，全面阐述他的银行国有思想。他将银行国有定义为："一种反自由竞争、个人主义和放任政策的经济制度，乃根据制度观点而成立，其手段系出自国家权力之运用，从而否认私有财产制及私人经营权在银行方面之存在，把一切银行及其他与信用制造和资本市场有关的金融机构，由国家用价买、赔偿、没收或国家自行创设等任何方式，完全单独直接占有并直接经营，借此以掌握或控制国家与民间所有的经济行为。"[5] 他提出，中央银行应完全国有化，一面撤销原系关于商股的规定，一面由国库拨款，增加经营资金；人事上应改为理事经理制，设理事长、总经

　　① 姚曾荫：《战后银行组织问题》，国立中央研究院社会科学研究所，20 页，1940。
　　② 胡寄窗（1903—1993）：1926 年毕业于北平大学法学院，1938 年获英国伦敦大学经济科学硕士。回国后历任四川大学、华西大学、东北大学教授，兼任北京大学、北京师范大学教授。1949 年后，历任之江大学财经学院国际贸易系主任、院长，浙江财经学院院长，上海财经学院、上海社会科学院、江西大学教授。并任中国经济思想史学会会长，外国经济学说研究会名誉理事，中国社会科学院特约研究员，长期从事经济史、经济思想史的研究。
　　③ 胡寄窗：《胡寄窗文集》，182～183 页，中国财政经济出版社，1995。
　　④ 刘泽霖：生卒年不详，早年毕业于复旦大学，20 世纪 30 年代任广东省立勤勤大学商学院教授。
　　⑤ 刘泽霖：《银行国有论》，24 页，中国文化服务社，1947。

理各一人，由政府指派。最终要达到中央银行控制公私银行的目的，公营银行完全国有化，私有银行也要达到半国有化的程度。

（4）关于中央银行货币政策工具的讨论

中央银行有三大货币政策工具，即存款准备金率、贴现率和公开市场业务。关于中央银行应采取何种政策工具控制信用，当时的经济学界看法不一。

在使用存款准备金率政策方面，余捷琼[1]认为，为使金融力量集中及完成统一的清算制度，对于中央银行保管存款准备的权力应该在法律上给予保障。同时，为使中央银行能更有效地控制全国金融的伸缩，对于存款准备金率的高低在相当限度内应有权加以变更[2]。姚曾荫提出，战后为更有效地控制银行信用的伸缩，中央储备银行管理局应享有会员银行存款准备率的变更权，并提出其最低限度应为5%，最高不宜加以规定，以使其更具伸缩性。并称之为在中国公开市场政策不能充分运用的国家，是控制银行信用伸缩的最有效武器[3]。在实践中，1946年7月财政部公布《财政部管理银行办法》，将活期存款与定期存款的准备率分别规定，活期存款百分之十五至百分之二十，定期存款百分之七至百分之十，并授权中央银行可按金融市场情形商请财政部核定各地不同的存款准备率。次年4月颁行的《银行法》对各类银行的存款交纳的准备金比率做了不同规定。

在使用贴现率政策方面，梁钜文认为，中央银行有救济恐慌的责任，遇到金融紧急、投机盛行的情况，可以通过提高贴现率，使各企业有所警惕，生产和投资趋于收缩。当国内外资金发生流出流入之时，中央银行也可适当利用贴现政策来稳定货币[4]。崔晓岑认为，中央银行贴现率的主要精义在于调控其他普通银行的信用，提高或降低其利率，就能决定信用的张弛。他提出使用贴现率政策要注意的几点原则：一是提高贴现率可使汇兑率发生有利于本国的逆转。二是提高贴现率可使国内信用收缩。三是贴现率常依国际金融

① 余捷琼：不详。
② 余捷琼：《中国的新货币政策》，153页，商务印书馆，1937。
③ 姚曾荫：《战后银行组织问题》，48页，国立中央研究院社会科学研究所，1940。
④ 梁钜文：《中央银行概论》，103～104页，上海大东书局，转引自李昌宝博士论文《中国近代中央银行思想研究》，1931。

中心为转移，否则汇兑将发生逆转。四是习惯上中央银行的贴现利率不能低于市场贴现率。五是为阻止交易所的过度投机，中央银行可提高贴现率①。在我国当时贴现政策的使用上，马寅初研究比较深入。他指出，如果中央银行认为经济过热，投机日盛，对于商业银行之放款应加以遏制，则可将再贴现利率提高，使得一般商业银行不来贴现，其放款因此不能扩张，投机之风自然得到遏抑。前提是要将准备金集中于中央银行，才能施行贴现政策。但在中国却不具备这种条件，不仅私立银行准备金不集中于中央银行，国家官款也尚未尽归中央银行保管。此外，中国当时没有适用于再贴现的票据，也没有贴现市场，因此中央银行的贴现率政策实际上无从发挥。

在公开市场业务方面，崔晓岑认为，公开市场业务就是中央银行卖出或买进证券，以控制市场现金的增减，进而使中央银行的贴现政策更为有效。当市场中现金充斥，贴现率下降，各普通银行的放款比较自由，此时中央银行的贴现率政策将失去效用。只有将相当数量的证券卖出，从而使市场的部分现金流入中央银行。市场由于现金短缺遂不得不向中央银行请求贴现，于是中央银行的贴现率转而生效。崔晓岑还详细研究了贴现政策与公开市场业务的区别：一是贴现政策不能直接影响市场上现款及信用数量，属间接的暗示性质。公开市场运用为直接性质，如中央银行卖出证券，势必收缩其放款数量。二是提高贴现率，所影响者为短期利率，即市场的贴现率。公开市场运用所直接影响的为长期利率，即长期债券所得的利益。三是如为求得国际金融平衡，则宜于采用贴现率。如欲控制本国市场，则宜采用公开市场业务②。

3. 关于商业银行发展的讨论

国民政府前期，商业银行取得了较大的发展，人们对商业银行的研究也更加深入。但随着政府金融垄断体系的确立，特别是抗战以来政府对金融的统制力度加大，商业银行国有化的思想逐渐占据上风。这一时期，关于商业银行的讨论主要集中在以下几个问题上。

---

① 崔晓岑：《中央银行论》，123～126页，商务印书馆，1935。
② 同①，126～130页。

（1）关于商业银行定位的思想

这一时期，人们对北洋政府时期商业银行过度开展债券和地产投机业务进行了反思，更加注重商业银行资金融通对于整个国民经济发展和人们生活水平提高的促进作用。周作民领导下的金城银行认为，追求自身利益要以发展社会经济为前提，故而从长远利益考虑把兼顾国家的、社会的公共利益作为开展业务的一个指导思想。金城银行曾提出，"银行在社会事业之立场，必须兼顾公共之利益。故本行授信业务除注意收益性外，其公益性也素所重视，凡能有裨于社会建设者，虽薄利亦所不辞，否则，纵能博得厚利，不取也"。并要求各行"于承做放款时……遇有某种事业对于国家社会却有贡献或于本行职责及声誉确应承做时，应随时商请总处办理"①。金城银行支持发展纺织、制碱、面粉、煤矿四大工业生产，简称"三黑一白"，对社会大有裨益，受到了各界赞誉。陈光甫认为银行的主要任务就是辅助工商业的发展，他说："一方运用多数存款，分贷于各种企业，俾小工厂之资本不充者，得以扩大其营养，增加其生产，产额即增，获利较巨，厂主之生活问题，可以借此解决，而其附属之职员工人，生计亦不致恐慌，直接维持人民之生活，间接促进社会之进步；一方发展国际贸易，抵制外人经济压迫，对内对外，均有莫大之关系，大而为国增光，小而自求多福。"② 据统计，20 世纪 30 年代上海商业储蓄银行工业放款在其全部放款中的比重一直在三分之一左右。聚兴诚银行在初创期并无明确目标，旨在赚钱以积聚家族财富。后来杨灿三③接手聚兴诚后，提出"便利社会、服务人群"的经营方针，1934年，杨灿三在劝业会宣言中提出，聚兴诚"成立迄今已二十年，素以服务社会为前提，平时除调剂金融、扶助生产事业之农工商以外，对于本身所营存款、放款、汇兑等业务员，亦莫不克己从人，籍达服务社会之目的。他如提倡储蓄以发展平民经济；办理押汇押放，代谋商家资金之流通；增设代办

---

① 中国人民银行总行金融研究所金融历史研究室：《近代中国金融业管理》，91 页，人民出版社，1990。
② 上海商业储蓄银行：《陈光甫先生言论集》，61 页，商务印书馆，1949。
③ 杨灿三（1886—?）：四川聚兴诚银行创始人，曾任聚兴诚银行事务委员会主席、总经理，重庆证券交易所理事长。

部，代客买卖，把关转运，代理保险，租用堆栈，保管贵重物品等，均以繁荣市场，服务社会为宗旨"①。

（2）对商业银行组织形式的讨论

民国时期的商业银行大多数采取股份公司的组织形式，规模较大的大都实行总分行制度，如何对产权制度进行设计，如何加强总分行的管理，当时银行业有许多有益的探索。

在治理结构建设方面，国民政府时期，商业银行多效仿西方的现代企业组织形式而采用股份制，注重所有权和经营权的协调。金城银行《章程》规定："总经理对外办理事务得代表本行"；"总经理对于全行营业及任免职员，除有特别规定须报告董事会外，得处决一切事务"。这种充分授权给总经理的体制，更能够发挥总经理的所长。周作民自金城银行创办起就长期担任总经理，他曾留学日本，担任过北洋政府财政部的库藏司司长、交通银行总行的稽核主任、芜湖分行经理等，他对于金城银行的主要投资人，既尊重他们的利益，每年付给优厚的股息和红利，又能充分施展自己的才能，对行务处理得宜，从而保证了拥有所有权的董事和执行经营管理权的总经理之间关系的协调②。上海商业储蓄银行成立后，一直采取总经理制，由总经理陈光甫统辖全行事务，在 1929 年改革组织结构时成立总经理处，进一步强调实行总经理负责制，并扩大总经理的职权，规定总经理得以综揽全行事务，在经营决定上不受董事会干预。这种总经理制是一种权责合一的经营管理制度，能够减少决策层的互相钳制，能在重大事情的处理上更加及时。与之不同的是，浙江兴业银行选择董事制，即由股东代表大会选出董事，由董事选出办事董事，再由办事董事选出董事长，日常重大事务由办事董事处理，但没有最终裁决权，最终裁决权归董事长。董事制也是一种权责分离的经理管理制度，它会在决策层内互相钳制，产生内耗，在重大事情的处理上容易失去时间效益，影响工作效率，也会影响经营者的积极性和开拓精神。1928 年开始任浙江兴

① 中国人民银行总行金融研究所金融历史研究室：《近代中国金融业管理》，217~218 页，人民出版社，1990。

② 同①，121 页。

业银行总经理的徐新六①很有才华，思想也较为现代化，但在浙江兴业银行任职十年，成绩平平，浙江兴业银行也逐渐衰落，被上海商业储蓄银行、金城银行渐渐赶超，其中一个很重要的原因就是由于采取了董事制的内部治理结构②。

在总分行管理方面，由于分行分散于不同地区，与总行相距甚远，各地情况不一，如何加强对分行的管理，使得整个系统实现利益最大化，是总分行管理的核心。金城银行总经理周作民提出，要加强对分行的管理，必须实行统账制。他认为在事权集中制情况下，各分行经理仅为一行竭忠，而不为全体设想，各分行各自为谋不相问闻。要改变这种状况，必须实行统账制，各分行业务由总处业务科实行统一指挥监督，酌盈济虚，使各行利益渐趋于平。他要求各行放款、买卖证券、汇兑等业务均统账计算，各行房产基地也统账计算。其未购置房产地基者，所有房租亦由总行付账③。金城银行还制定实施议事报告制度，加强对分行的指导管理。曾规定"各分行行务会议每月至少召集两次，其议事录应陈报总处；各分行所属办事处及寄庄主任或会计员，应由该管经副理召集行务会议至少每三个月一次，其议事录应陈报总处"。金城银行上下级之间多数往来函电，或为每事一议，或为前事后事相连，及时请示、指示，做到上下通达④。上海商业储蓄银行成立以后，对分支机构业务上的管理开始时是由总行直接办理。1928 年起实行分区管理制度，先以鄂、湘、赣为第一区，设区经理处于汉口，管理该区内各分支一切事务；后设第二区区经理处于南京，管理南京、蚌埠、镇江、芜湖等行业务。1934 年改为管辖行制度，共设汉口、南京、蚌埠等九个管辖行及本埠分行管辖部，凡不重要的事务可不陈报总行，由管辖行解决。在总分行改组的会议

---

① 徐新六（1890—1938）：祖籍浙江余杭，生于杭州。1902 年入南洋公学，1908 年赴英国留学，获伯明翰大学理学士和维多利亚大学商学士，后又在巴黎国立政治学院学习国家财政学一年。1914 年回国，任财政部公债司佥事，并任教于北京大学经济系。1921 年任浙江兴业银行董事会秘书，不久为总办事处书记长。1923 年为副总经理，1925 年任常务董事兼总经理。

② 中国人民银行总行金融研究所金融历史研究室：《近代中国金融业管理》，208～209 页，人民出版社，1990。

③ 中国人民银行上海市分行金融研究室：《金城银行史料》，62 页，上海人民出版社，1983。

④ 同②，102 页。

上，副总经理杨介眉①提出了五条原则，一是办事要由全权，负全责；二是坚持统一与不统一，即思想统一、宗旨统一、方针统一，办事则在授权范围内各抒所长；三是坚持合作与不合作，即在精神、在事实上各司其事、各尽其责，而表面上不着痕迹；四是我之性情要使人知又要不使人知；五是待下要严而又要宽②。

（3）对商业银行经营业务的讨论

商业银行经营业务主要包括吸收存款、发放贷款、办理汇兑、对外投资等等。在国民政府时期，各商业银行根据自己的实际情况，在经营业务上的侧重点各有不同。

在储蓄业务方面，金城银行把吸收存款视为扩充资金实力、获取收益的根本，提出"以谋利益而求诸有限之资本，不如借存款而得孳生之利益……吸收存款，尤当视为扼要之图"，"银行业务之进展，当以充足实力为先着……实力之充足，更当以吸收存款为急务"。金城银行采取的具体措施有：一是维护储户存款安全，曾规定"银行受社会资金之付托，自以谋存户资金之安全为第一义"，主要是保证客户存款可以随时提取。二是遵循"客户至上"的服务思想，认为"欲求存款之渐增……不在滥加利息，降格征求，宜于原有之顾客力图便利，毋使其稍生烦厌，趋于疏远。未结之往来，勤加汲引，总期渐臻亲密，关系日深"③。三是注重因时因事制宜，开展灵活存款。四是积极开展异地汇兑吸收社会在途资金。上海商业储蓄银行也把储蓄业务作为最主要的业务内容。"办银行的人，都以吸收社会游资为唯一目标。民国三四年间，正是现金开始集中都市的时候，内地藏金，源源不绝地向上海而来。但既有如此良好的机会，吸收现金，当用何法？曰：储蓄而已"④。当时活期储蓄习惯上均不付息，上海商业储蓄银行首创了银元存款付息，以吸引存款，加快储蓄业务的发展。该行相继开办了一元起存、零存整取、整存零付、存

---

① 杨介眉（1884—1942）：银行家，曾任上海商业储蓄银行副总经理。

② 中国人民银行总行金融研究所金融历史研究室：《近代中国金融业管理》，146～147 页，人民出版社，1990。

③ 同②，76 页。

④ 宋春舫：《上海商业储蓄银行二十年史初稿（二）》，载《档案与史学》，2000（2）。

本付息、子女教育储金、养老储金、礼券储金、学生储蓄、代收学费、职工储蓄等业务，许多都是中国金融史上的首创，后来陆续被同业所仿效。商业银行在储蓄业务方面创新的另一个突出例子是新华信托储蓄银行。王志莘①领导下的新华信托储蓄银行重视开展储蓄业务，并把业务发展的重点放在中下等阶级，争取众多的中小客户，相继开办了多种储蓄业务品种，包括生活储金、俭约储金、定活两便储金、零存整取储金、整存整取储金、存本取息储金、整存零取储金、子女教育储金、人寿储金、礼券储金等②。聚兴诚的杨灿三为破解"财不露白"、"窖藏金银"等习俗对银行吸收存款的障碍，补习花费巨额资金宣传银行存款的好处。如向社会各界赠印精美日历、在报刊刊登大幅广告、在闹市中心树立广告牌、在街头墙壁书写大幅标语，他还专门派人编印宣传储蓄的小册子，将古今中外有关节约储蓄的谚语名句整理发放给人们，影响较大③。

在信贷业务方面，金城银行追求信贷业务收益最大化的前提是放款稳实性和伸缩性。稳实性是指资金投放后，能够连本带利如约收回的可靠性；伸缩性是指资金运用有此有彼，有长有短，有借有还，保持银行的自主调整控制。金城银行在信贷方面的主要特点有：一是抵押贷款是主要放款形式。提出"对于个人之信用放款及透支，以不承做为原则，对于公司、商号则依下列手续办理：1. 经过信用调查之殷实公司、商号；2. 确实可靠之票据贴现（以期票、汇票贴现，以经银行承兑者为主要对象），必先求其有抵押，其押品主要包括：有市价而能流通之通常货物；有公开市场之证券；凭单；不动

---

① 王志莘（1896—1957）：原名允令，上海市人。金融家，教育家，中国证券市场建设的先行者。1921 年考入国立东南大学附设上海商科大学，修读银行理财。同时兼任中华职业教育社编辑及会计主任。后赴美国留学，1925 年获哥伦比亚大学银行学硕士。同年回国，执教于上海商科大学。1928 年任江苏省农民银行总经理，1931 年任新华信托储蓄银行总经理，并创办中国国货公司、中国国货联营公司、中国棉麻公司等企业。1946 年发起成立上海证券交易所，出任首任总经理。

② 中国人民银行总行金融研究所金融历史研究室：《近代中国金融业管理》，253~254 页，人民出版社，1990。

③ 同②，220~221 页。

产"①。二是施行监理、代管和收购，力保资金稳实无虞。金城银行主要是通过监理企业营业和财务活动，监理企业押品收发、库存的足实和安全，委托第三者代管借款公司押品等形式，确保资金投放的稳实。三是把债券投资作为资金运用的重要渠道。认为我国有价证券内，以中央政府发行之公债、库券担保最为确实，信誉素著，市场流通性好，投资债券不仅可以殖利，而且可援助国家建设。四是对信用放款做到稳实可靠。上海商业储蓄银行专门设立放款委员会，统筹管理全行放款业务的开展。总经理陈光甫提出放款注意的事项：在信用放款方面，要对借款人的信用调查清楚，严定额度，放款后注重借款人营业情形，每月循环调查报告。在抵押放款方面，抵押品以流动易售为主，对于承做的折扣必须审慎订定，对于抵押品的市价随时注意变化，外栈栈单押款需要调查该栈之信用。在票据放款方面，因中国票据市场不发达，所做贴现以庄票居多，商业票据极少，宜向顾客商做押汇，减少风险。新华信托储蓄银行改组前放款太滥，以致濒临倒闭。改组后该行吸取教训，提出放款的三原则：一是放款注重抵押，能取抵押形式的尽量取得抵押，在金融动荡时对于抵押品的折扣一般打得很高。信用放款除详细调查借款人的营业及财务状况外，一般要二人担保。二是放款实行小额分散政策，不集中在一行一业，不集中于个别大户，防止出现系统性风险。三是放款注重流动性，注意推进整借零还的小企业放款，小额信用放款。

经营业务创新方面。民国时期的商业银行除了发展自身的存放汇业务，还注重业务创新和组织创新，通过各种形式对混业经营进行了探索。在成立信托机构开展信托业务方面，金城银行周作民与中南银行王孟忠各以个人名义出资一万元，合作设立诚孚信托公司，曾受托接管经营天津北洋、恒源两大纱厂，是银行通过成立信托机构，接收经营，帮助改进工厂管理，发展生产的典型实例。上海新华信托储蓄银行本身就以经营信托业务为主，主要业务有：一是代理买卖公债。在上海华商证券交易所设立第 16 号经纪人，除自做证券业务外，并代客买卖。代客买卖业务金额较大，1934 年代客买卖

---

① 中国人民银行总行金融研究所金融历史研究室：《近代中国金融业管理》，82～84 页，人民出版社，1990。

5.3 亿元，约占证券交易所交易额的 11%。二是办理公司信托及代理买卖股票、公司债业务。主要帮助工商企业资金灵活周转，银行也得以增加投资途径，增加手续费收入。如先后办理康元制罐厂、中国国货公司的等级注册及募股工作，该项业务被称为该行与中小民族工业企业建立密切联系的起点。三是发行公司债信托。1937 年帮助江南水泥公司发行公司债券 180 万元，债券按 9 折发行，月息 8 厘，分十五年抽还。在开展保险业务方面，金城银行 1929 年独资创办了太平保险公司，办理水、火、船、汽车及其他保险，在上海、北平、天津、汉口、青岛、哈尔滨等地设立分支机构。1930 年又与中南、大陆、交通、国华四家银行，各出资 100 万元联合经营。1935 年东莱银行加入，扩为六行联营，承担六家股东银行及其分支机构的保险事务，同时也承办四行储蓄会的保险业务。同年收购丰盛保险公司，并入了安平保险公司，扩大了经营。在房地产投资方面，1928 年，浙江兴业银行将自有的一块空地建造住宅，不料购者踊跃。银行遂组织专人专题研究，认为开展房地产事业是一项比较稳妥的业务。1930 年年初，浙江兴业银行拨款 50 万元，正式成立房地产信托部，以经营地产信托业务，从事房地产押款，代客买卖房地产，自造出售、租赁，代理保管、收租、设计、出售等业务。1934 年，浙江兴业银行又在上海建造了"兴业坊"、"兴业里"、"浙兴里"等房产，成为银行业的房产大王，40 年代末拥有近 1000 幢房屋，占银行总资本的 70%。

二、新中国成立后中国银行业制度建设及展业的思想学说和主张

1928 年 11 月 1 日，国民政府真正意义上的中央银行在上海成立，同时改组中国银行为国际汇兑银行，改组交通银行为实业银行，原设于广东的广东中央银行改组为广东省银行。1948 年 12 月 1 日，中国人民银行在河北石家庄成立。随着解放战争在全国范围内的不断胜利，1949 年 2 月，中共中央决定将中国人民银行迁入北京，并于同年 10 月任命南汉宸为新中国成立后首任人

民银行行长。从我国银行业的发展历程来看，以改革开放为分界点，我国的银行业制度建设及展业主要分为两个时期。

（一）改革开放前我国银行业制度建设及展业的思想学说

新中国成立后至改革开放前这段时间，我国在银行业制度建设方面的思想学说争论较小，思想比较统一、观点比较接近。其内容主要集中在社会主义制度下，货币、信用、银行存在的必要性，银行的性质和职能，以及机构设置方面。这方面的论述主要反映在李成瑞[①]、左春台[②]、陈仰青[③]、高翔[④]、刘鸿儒[⑤]等人的著述中。

1. 关于社会主义国家货币、信用、银行存在的必然性的主要论述

要论述社会主义国家是否存在银行的必然性，首先要回答社会主义是否存在货币和商品经济。1963 年，李成瑞和左春台合作撰写了《社会主义银行工作》一书，并由中国财政经济出版社出版。书中对"社会主义社会究竟有没有货币？需不需要货币？"这一问题展开了系统阐述。他们从国家与农民、国营经济内部以及国家与职工三个角度肯定了社会主义制度条件下是存在货币、存在银行信用的，分析了社会主义货币的必要性。首先，他们指出，肯

---

① 李成瑞（1921—）：河北唐县人，统计学家。原国家主席李先念秘书，曾任华北人民政府财政部研究室主任、财政部农业税司副司长、国务院财贸办公室秘书、国家统计局局长、第七届人大财经委员会顾问，长期从事财政信贷和统计理论的研究。

② 左春台（1920—1990）：河北唐县人，高级经济师。曾任全国人大财经委员会顾问、中国财政学会副会长、财政部综合计划司顾问、财政部办公厅副主任、《财务与会计》创办人和首任总编辑。

③ 陈仰青：不详。

④ 高翔（1913—1978）：又名张维垣、张屏，河北唐山人。1940 年 8 月，参加革命。1942 年 9 月，加入中国共产党。抗日战争时期，历任冀东丰玉遵联合县政府文书、冀东救国报社编辑、出版所长、冀热辽区党委民声报社编辑部长、热河省北票县委宣传部长、冀察热辽大众报社、热河群众报社编辑科长、副总编辑。解放后，历任热河省委办公室副主任、东北局政策研究室研究员、热河省政府办公厅主任、省人委副秘书长、中共中央财贸部一级巡视员、东北局财经委轻工处副处长。1963 年调吉林省工作，任吉林省轻化工业厅厅长、省石油化工物资供应公司副经理、石油化工局副局长。

⑤ 刘鸿儒（1930—）：中国金融学院院长、研究员、博士研究生导师，中国金融学会副会长。全国政协经济委员会副主任委员，中共第十二、十三届中央候补委员。1952 年毕业于中国人民大学财政研究生班。1959 年于苏联莫斯科大学经济专业获副博士学位。回国后在中国人民银行先后任处长、局长。1979 年至 1980 年任中国农业银行副行长。1980 年至 1989 年任中国人民银行副行长。后任国家经济体制改革委员会副主任。1992 年任中国证券监督管理委员会首任主席。

定社会主义制度下必须有商品生产和货币的是列宁，而马克思和恩格斯设想的社会主义制度下不存在商品和货币所要求的社会生产条件在现有条件下是不具备的，是社会主义的高级阶段下的社会存在形态，是生产充分发展的必然结果。然而，"除了在某些特殊情况以外，在绝大多数国家里，资本主义在农业中没有得到充分的发展，因而在社会主义革命以后，不能立即把农业转为全民所有制，而必须把它们逐步组织成为集体所有制的经济，这样，就出现了全民所有制和集体所有制长期并存的局面。既然存在两种所有制，那么，对于集体所有制的产品，就必须用商品交换的办法来取得，而不能用无偿调拨的办法来取得。既然承认了集体生产者对其产品的所有权，那就必须用国家的工业品去交换，而且交换时还必须遵守等价的原则。如果实行无偿调拨，那就等于实际上否定集体所有制，就会损害农民的生产积极性。……这里还要说明，除了集体所有制的产品外，对于社会主义社会中长期存在的家庭副业产品，也需要经过商品交换，而不能通过无偿调拨来取得"。其次，"再从全民所有制经济内部来看，是否需要货币呢？国营企业是按国家计划进行生产的，产品是由国家统一分配的，企业无权自由处理纳入国家计划的产品，这是一方面。另一方面，为了发挥企业独立负责、精打细算、增产节约的积极性，国家要求企业全面地核算自己的消耗和成果，要以自己的收入抵偿自己的支出，并且有一定的盈利。企业与企业之间发生经济往来，要计价，要付款，而且价格要定得合理，货款要及时支付。这表明企业同企业之间的产品调拨不能是无偿的，而是有偿的，并且是等价的。如果不这样做，企业就不能以自己的收入抵偿自己的支出，就要因赔钱而不能继续生产。因此，在国营企业内部，在依靠国家计划进行活动的条件下，货币关系在长时期内还是必要的，不可缺少的"。最后，从国家与职工的关系来看，"工人取得货币的情况与农民确实有所不同。但是，第一，消费品在整个国民经济中是当作商品销售的，因而职工以货币购买消费品不能不是交换问题；第二，真正的'劳动券'不流通的，而职工手中的货币是流通的；第三，职工除了向国家购买商品之外，还向农民的集市贸易购买商品。因此，在一定历史条件下，国家与职工的关系，按劳分配的原则，不能不通过货币关系的形式来实现"。因此，综合上述三个方面，在一个长的历史时期内，货币的存在仍然是必要的。

接着，李成瑞和左春台回顾了社会主义性质的银行的发展历史，他们首先总结了巴黎公社失败的重要原因之一是"没有接管巴黎城内的法兰西银行"。因为马克思和恩格斯在《共产党宣言》里早就明确，"无产阶级取得政权以后，为了从资产阶级那里夺取他们的资本，为了尽可能迅速地发展生产，要通过拥有国家资本和独享垄断权的国家银行，把信贷集中在国家手里"；接着，分析了苏联取得社会主义革命巨大胜利的经验，即列宁在《布尔什维克能保持国家政权吗》一文中指出，银行是实现社会主义所必需的国家机关，是社会主义社会的一种骨干，没有大银行，社会主义是不可能实现的；苏联人民"在马克思主义的指导下，抛弃了那种对资产阶级大银行的不敢触犯的敬畏心情，……昂然地走进了资产阶级银行的大楼。他们坚决地打破了资产阶级银行职员的怠工反抗，断然接管了这些银行"。因此，"在列宁的直接领导下，苏联的无产阶级把银行这个工具紧紧地握在自己手里，从经济上有力地打击了资产阶级的反抗；在抗击帝国主义的武装干涉、恢复国民经济当中，社会主义银行发挥了重要的作用"。而苏联银行的根本制度也在1930—1931年期间实行的信用改革①背景下奠定下来。而在中国共产党的历史上，在对待银行的问题上不仅提出了国有化的政策，而且在不同的历史时期创建了自己的银行，如1928年在江西成立江西平民银行，1930年成立闽西工农银行，1931年在中央苏区成立国家银行。毛泽东同志在六届六中全会的报告中更是明确允许被隔断区设立地方银行，发行地方纸币。新中国成立后，我国政府赋予中国人民银行的首要任务是：根据"边接管、边建行"的方针，采取适当的政策和方法，有步骤地接收官僚资本银行和改造民族资产阶级银行，迅速建立人民银行各级分支机构，采取"总行—区行—分行—支行"四级制，按照人民政府对解放区原有各类金融机构区别对待的方针，接管改造官僚资本金融机构、整顿和改造私营金融业、取消外商银行在华特权。1951年，中

---

① 苏联信用改革：1930—1931年，斯大林在苏联社会主义改造基本完成的基础上，将苏联的国家银行进一步发展成为全国信贷中心、现金出纳中心、转账结算（非现金）中心，这使得苏联国家银行在更完备的意义上，成为全国性的簿记机关。

国人民银行提出"积极发展信用合作"方针，开始试办农村信用合作社。至此，建立起人民银行为领导的金融机构体系。李、左二人用历史唯物主义的分析方法从货币、信用以及社会主义国家和地区银行的发展历史等方面论证了社会主义国家存在银行的历史必然性，明确指出，社会主义国家必然存在银行，并将长期存在。

如果说李成瑞、左春台着力从两种所有制的存在，确立在社会主义制度下，商品、货币、银行存在的必然性，则继后，有的学者则从银行的作用、论述在社会主义制度下，银行存在的必要性。

1962 年，时任中共中央财贸部一级巡视员的高翔在第 10 期《经济研究》上发表《论国家银行在社会主义建设中的作用》一文。高翔在文中认为，"在社会主义经济建设中，必须对社会生产和分配实行全面监督和精确的统计。列宁曾经屡次指出：统计和监督，对于巩固无产阶级专政，对于制止小资产阶级的自发势力，对于使农民经济服从国家计划，具有特别重要的意义。他甚至提出，如果国家对产品的生产和分配不能实行全面的统计和监督，劳动者的政权就不能保持。而在全国范围内实现切实的统计和全民监督，是无产阶级革命的主要困难。无产阶级专政，必须依靠发达的资本主义的成果来组织这种监督。银行制度正是这种成果之一。所以在无产阶级革命取得胜利，建立起自己的国家之后，首要的任务是首先实现银行国有化，然后通过自己的国家机器来剥夺资本主义私有制，改变现存的生产关系，以保证生产力的迅速发展，在消灭私有制以后，国家就必须担负起经济管理的职能来。这个职能是以往任何资本主义国家所没有也不可能有的。国家要管理经济就必须有相应的机关，必须有其组织前提。"大银行是我们实现社会主义所必需的国家机关，我们可以把它当作现成的机关从资本主义那里夺取过来，而我们在这方面的任务只是把资本主义丑化这个绝妙的机关的东西斩断，使它成为更巨大、更民主、更包罗万象的机关。那时候量就会转化为质"。

2. 关于社会主义国家银行性质的主要论述

既然社会主义国家必须存在银行，那么社会主义国家的银行与资本主义国家的银行又存在什么区别呢？它具有什么样的性质呢？关于社会主义国家银行的性质，在改革开放前，在大一统的银行体制下，集中在人民银行是政府机关还是兼有企业的性质问题上。1953 年，陈仰青在第 21 期《中国金融》上发表文章，论述了中国国家银行的性质问题。"关于国家银行的性质，包含了两个问题：国家银行是不是国家机器的一个组成部门？能否说国家银行不是一个国家企业组织而是一个国家机关？"。陈仰青认为，新中国国家银行同样具有资本主义国家银行的各种职能，"是在经济方面贯彻国家政策的国家机关之一"，"除金融行政管理外，国家银行区别其他部门的特殊经济任务是信用方面的各种组织工作，加速国家资金周转，节约国家资金的使用"，"新中国的国家银行就是我们为实现社会主义所必需的国家机关，并且也是全国范围的簿记机关，全国范围的产品生产与分配的统计机关"。[1] 新中国的国家银行即中国人民银行之所以去除了资本主义国家银行落后的内容和职能，具有明显的社会主义成分，是因为"（一）国家银行是国有的，这个国家是无产阶级领导的人民的国家，非少数人所得而私也的；（二）因此，国家银行是人民民主专政的工具，是为全民服务的，而不是某些资本家盈利的工具；（三）国家银行是国营经济，是领导的经济成分，国民经济有计划按比例发展法则起主导作用，并且已经在相应的季度、年度和五年计划的经济基础上进行工作；（四）由于实施货币管理制度——社会主义信用制度，占国民经济活动极大比重中的国营经济、合作经济和某些合营企业已经和国家银行建立了法定的关系，国家银行正向形成现金、清算、短期信用的中心的道路发展着；（五）国家银行是拥有全国范围的深入农村集镇、城市里弄的机构网的唯一大银行。合营银行已经整顿成一个统一的总管理处，于是在国家银行领导下的短期信用单一体系建立起来了"。[2]

李、左二人也在《社会主义银行工作》一书中指出，在私有制的阶级社会里，货币是剥削阶级用来剥削劳动人民的工具，然而这并"不是由于货币本身，而是由于生产资料的私有制。到了社会主义社会……货币不再是剥削人民的工具，而是为人民服务了。在社会主义制度下，货币体现着新型的社

① 陈仰青：《关于国家银行的性质》，载《中国金融》，1953（21）。
② 陈仰青：《关于新中国国家银行机能的变化问题》，载《中国金融》，1953（13）。

会主义生产关系，成为沟通城乡联系、巩固工农联盟的工具，成为实现按劳分配政策和实现经济核算的工具"。他们从社会主义信用制度的角度分析了社会主义国家银行的性质问题。他们论述道，信用是一种经济行为（借贷行为）。在社会主义社会里，信用体现着社会主义的生产关系。"在社会主义条件下，信用集中在国家手中"，"体现国家同国营企业、集体所有制企业和劳动群众的新型关系"。"国营企业、集体所有制企业、国家财政和城乡居民，这四个方面都有一部分资金暂时闲置起来，这说明，在社会主义制度下，从各方面聚集信用资金，是有充分的客观可能的"，另一方面，"许多企业又会在一定时期感到资金不足，有通过信用方法暂时取得资金的必要"，因此资金资源通过信用方式实现优化配置，提升资金使用效率也就成为完全可能和必要的了。那么，怎么理解列宁提出的"没有大银行，社会主义是不能实现的"论断呢？李、左认为，"资本主义银行在历史的发展中，起了这样几条作用：第一，它促进了资本主义生产的发展；第二，它加深了资本主义的固有矛盾，促进了资本主义的崩溃；第三，它为社会主义准备了一个社会公共簿记的形式和现成的国家机关"。而"社会主义是比资本主义更高级的社会形态。无产阶级专政的政权要对复杂的社会经济实行有计划的管理，就不能没有大银行这样的统计和监督机关"。

刘鸿儒认为，实践已经证明"社会主义银行具有国家金融管理机关和经济组织的双重性质，但主要的方面是经济组织"。社会主义银行同资本主义银行的不同之处在于其还具有国家的金融管理机关的性质。"社会主义银行归国家所有，是为社会主义经济有计划按比例发展服务的"。因此，"银行同企业之间的关系，就不只是一般的业务往来关系，同时还体现着国家同企业之间的关系"。[1]

综上所述，讨论国家银行的性质问题，也就是讨论银行作为一种工具，为谁服务的问题。指出在社会主义制度下，国家银行是国家机关，也就是强调它是人民民主专政的工具，是为人民服务的。指出在社会制度下，国家银

---

[1] 刘鸿儒：《社会主义的货币与银行问题》，314~315 页，北京，中国财政经济出版社，1980。

行也是企业或经济组织，就是强调它也能盈利，而它的盈利不是为了资本家，而是为了社会主义经济有计划按比例发展。这样来讨论国家银行的性质，强调它相对资本主义国家银行而言，也就是从体现什么样的生产关系去看问题。

3. 关于社会主义国家银行职能的主要论述

1952 年底，随着全行业公私合营银行的建立和对私营金融业社会主义改造的完成，中国开始确立了高度集中的银行体制的雏形，形成了集中统一的中国人民银行体制，社会主义银行的职能讨论也就变为人民银行的职能讨论。

刘鸿儒认为，作为国家机关，社会主义银行主要由"国家赋予了金融行政管理的职能，包括代表国家执行金融政策、法令，负责货币管理、金银管理、外汇管理、现金管理、代理金库，等等"。"银行代表国家执行金融政策法令，行使金融行政管理的职权，各部门、各企事业单位和机关、团体、部队、学校在金融方面的活动，都必须服从银行的管理与监督。银行的各级机构也必须根据国家的政策法令，理直气壮地执行国家赋予的金融行政管理职能"。[1]

李成瑞等指出，人民银行"既是一个全民所有制的经济组织，按照有借有还的原则办理信贷业务，有计划地支持生产和流通短期资金周转的需要，又是国家的金融行政机关，受权发行货币，根据国家的金融政策，调解货币流通，管理和监督全国的金融活动。国家赋予银行的行政管理权，如现金管理、工资基金管理、金银外汇管理、查禁伪钞等等，是保障全国金融活动正常进行的重要条件"。因此，社会主义的国家银行即人民银行既是经济组织，又是行政机关。

李、左二人在《社会主义银行工作》一书中认为"社会主义生产是统一计划指导下的生产。只有使全国的信贷集中于一个中心——国家银行手中，才能使信贷活动本身具有高度的计划性，使信贷的计划活动同生产的计划活动相适应"。"要使国家银行真正成为信贷的中心，首先要对一切私人银行实行社会主义改造……实现银行的社会主义国有化"。[2] 因此在实践中，我国在

---

① 刘鸿儒：《社会主义的货币与银行问题》，中国财政经济出版社，1980。
② 李成瑞、左春台：《社会主义银行工作》，中国财政经济出版社，1978。

形成高度集中的银行体制的同时，人民银行建立了纵向型信贷资金管理体制，即全国银行信贷资金都由人民银行总行统一管理掌握，实行"统存统贷"的管理办法，使得人民银行成为全国的信贷中心；李、左二人认为，在社会主义制度下，超额现金的存放、现金的使用范围以及现金收支计划等都具备了实施的条件和基础，因此，使得社会主义国家银行具备了成为全国现金出纳中心的可能。1953 年 9 月 13 日，中财委发布《关于加强现金出纳计划工作的指示》，人民银行规定各级货币管理单位编制本单位的现金出纳计划，人民银行计划组织现金的投放与回笼。至 1954 年 7 月，汇差出入库制为现金计划调拨制取代，使得人民银行成为全国的现金出纳中心；"社会主义的计划经济，为国家银行集中办理结算提供了物质基础，从总的方面保证了转账结算工作的顺利进行"，"它统一组织和经办国民经济各部门、各单位之间的转账结算。一切企业、事业、机关、团体、部队、学校之间的经济往来、劳务报酬和其他款项的收付，除了按照国家规定允许使用现金的部分以外，都必须通过国家银行办理转账结算"①。1954 年 3 月，人民银行和商业部共同清理了国营商业系统内部的商业信用，规定国营商业企业的商品购销货款和资金往来，一律通过人民银行办理结算。1955 年 5 月 6 日，国务院同意取消国营工业间及国营企业与其他企业间的行业信用，认为这对于节约国家资金使用和巩固经济核算有利。至此，人民银行成为全国的转账结算中心。

高翔在《论国家银行在社会主义建设中的作用》一文中开篇即表明"国家银行是国民经济各部门资金活动的中心和枢纽，它在社会主义建设中起着极为重要的作用"，首先"在社会主义改造和社会主义建设中，必须利用信用和银行这一重要工具"，因为信用和银行存在的经济基础是商品、货币关系。"银行的职能和作用，是由社会生产方式的性质、社会的阶级构成、债权人与债务人的社会经济面貌所决定的。社会主义革命胜利以后，银行的职能和作用就起了根本的变化，它已经从资产阶级剥削劳动人民的工具，变为无产阶级建设社会主义的有力杠杆"，"正确地发挥国家银行的职能和作用，合理地

---

① 李成瑞、左春台：《社会主义银行工作》，39～40 页，中国财政经济出版社，1978。

组织信贷事业，对于促进企业经营管理的改善，推动和监督各部门经济按国家计划进行调整，加快社会主义积累的速度，都有极为重要的意义。"社会主义银行"虽然仍然保持着旧的形式，但已包含着全新的内容"。

在社会主义制度下，讨论国家银行的职能，仍然从它体现什么样的生产关系着眼，仍然是相对资本主义制度下，就国家银行的职能而言。在这里值得重视的是高翔在文中所强调的，"银行的职能和作用"的决定因素，其中特别指出职能和作用是生产方式性质决定的。这样来立论，说明在他看来，社会主义制度下，国家银行不仅具有经济职能，而且具有政治职能。

4. 关于社会主义银行机构设置的讨论

在中国人民银行成立以前，由于当时各个解放区处于割裂和封锁的状态，货币制度和金融体系是不统一的。随着解放战争不断取得胜利，陇海路以北的几个解放区逐渐连结起来，解放战争即将在全国范围内取得最后胜利。为了更有力地支持全国解放战争、发展经济和畅通物流，急需建立统一的货币制度和金融体系。在此背景下，由华北银行、北海银行和西北银行合并的中国人民银行1948年12月1日在河北石家庄正式成立，并逐步把各解放区银行改组为它的分支机构，中国人民银行已辖有东北区行、华东区行、西北区行和中南区行等，这标志着全国统一的货币制度和金融体系的初步形成。陈仰青认为，国民经济工作的重要经验之一就是银行工作必须实行高度的集中统一，这表现在"经过国家批准并由总行下达的政策、计划、制度，各部门必须切实遵守并保证其实现"，"严格管理货币发行，实现财政、信贷的综合平衡，加强党和国家对国民经济的集中领导，促进国民经济秩序的整顿"，所有这些都是因为我国实行了高度集中统一的银行体制。至改革开放前，我国的银行体制变迁主要分为四个阶段。

第一阶段（1949—1955年），以中国人民银行为主、各专业银行为辅的银行体制阶段。从新中国成立初期到20世纪50年代初期，在没收官僚资本银行（四行二局一库[①]），取缔外资在华银行特权，改造、利用民族资本金融

[①] 四行二局一库，即国民政府时期的中央银行、中国银行、交通银行、中国农民银行、中央信托局、邮政储金汇业局和中央合作金库及其在全国各地的分支机构。

业的基础上，我国的银行业金融机构主要由中国人民银行、中国人民建设银
行、中国银行、中国农业银行和在广大农村地区普遍成立的农村信用合作社
等构成。中国人民银行是我国的国家银行，是我国唯一的货币发行银行，是
全国信贷、现金出纳和转账结算的中心。1952 年国民经济恢复时期终结时，
作为国家银行，人民银行建立了全国垂直领导的组织机构体系，人民币成为
全国统一货币，对各类金融机构也实行了统一管理，在各省、市、自治区设
有分行，在各地区设有中心支行，在各县设有支行。银行的基层组织，分布
在各个城市和乡村，在城市设有办事处、分理处和储蓄所，在农村设有营业
所。所有这些机构形成一个全国性的庞大的银行网。在统一的计划体制中，
自上而下的人民银行体制，成为国家吸收、动员、集中和分配信贷资金的基
本手段。与高度集中的银行体制相适应，从 1953 年开始建立了集中统一的综
合信贷计划管理体制，即全国信贷资金不论是资金来源还是资金运用，都由
中国人民银行总行统一掌握，实行"统存统贷"的管理办法，银行信贷计划
纳入国家经济计划。人民银行担负着组织和调解货币流通的职能，统一经营
各项信贷业务，这种长期资金归财政、短期资金归银行，无偿资金归财政，
有偿资金归银行，定额资金归财政、超定额资金归银行的体制，一直延续到
1978 年，期间虽有几次变化，但基本格局变化不大。中国人民建设银行是在
原交通银行的基建拨款和贷款业务的基础上于 1954 年 10 月成立的，是专门
办理基本建设拨款的机构。这些拨款是由国家财政支付、不再偿还的。从这
个意义上来说，中国人民建设银行基本上是一个财政性的机关。同时，中国
人民建设银行也对基本建设单位办理临时的存款和贷款业务。中国人民建设
银行吸收的存款，要转存入中国人民银行，贷款要通过中国人民银行支付。
中国人民建设银行在各省、市、自治区，在各个基本建设的重点地区设有分
支机构。中国银行是公私合营股份银行。它在中国人民银行的领导下，专门
办理外汇业务。中国银行在我国各沿海口岸，在国外一些地方，设有分支机
构。1949 年在接收中国农民银行和中央合作金库的基础上成立农业合作银行，
不久该行并入中国人民银行，经 1951 年和 1952 年的两次撤并，中国农业银
行于 1955 年 3 月成立，专门负责农村金融工作，专门统一管理支农资金，集

中办理农村信贷，领导农村信用合作社，主管农村的会计辅导，其机构设置与人民银行县以上支行大体一致，不设办事处，但县以下设有营业所，机构遍及城乡。到 20 世纪 50 年代初期为止，基本形成了以人民银行为核心，包括中国人民建设银行、中国银行和中国农业银行等专业银行的社会主义银行体系。

第二阶段（1955—1960 年），人民银行"大一统"银行体制的建立。20 世纪 50 年代初至 60 年代初，我国开始依照苏联模式，推行高度集中的单一指令性计划管理体制，相继撤销各类专业银行机构，建立起"大一统"的高度集中的人民银行体制。在苏联模式的指导下，1957 年，中国农业银行并入中国人民银行；1959 年，中国人民保险公司成为中国人民银行总行的一个处级单位。至此，我国的银行体系发生了根本性的变化，中国人民银行将原各专业银行的全部业务纳入自身的经营范围，自身的建设也成为单纯的财政性出纳机关，"大财政、小银行"格局在计划经济体制的模式下正式诞生。

第三阶段（1960—1966 年），各专业银行恢复阶段。经历了 20 世纪 60 年代初期的"天灾人祸"，国民经济进入调整时期，我国的银行体系也逐步恢复到"大一统"前的格局。1963 年 4 月，国务院指示，涉农贷款业务从中国人民银行独立，恢复成立中国农业银行，并自上而下地建立了农业银行的各级机构，再度管理国家的支农资金，领导农村信用合作社，发展农村金融事业。之后，中国银行、中国人民建设银行业也相继恢复成立开展业务。

第四阶段（1966—1976 年），重新回到"大一统"银行体制阶段。在"文革"期间，我国的银行体制受到巨大冲击和破坏，各类专业银行相继被撤销。后来人民银行、农业银行、中国银行以及建设银行等一起与财政机构合并，"大一统"的金融机构包办了一切金融业务。

改革开放前我国的银行体制建设严重受到苏联模式和政治环境的影响和干扰，严重背离了基本的金融发展规律，使得我国的银行生态环境不断恶化，直接影响了我国的国民经济建设速度和质量。20 世纪 50 年代初期至改革开放前，我国银行体制建设的不断反复并不能说是对金融规律的探索和实践，而是一种计划经济体制下的金融管理模式的不断更新，因为在计划经济体制的指导下，取消资本市场，建立间接金融体制，各专业银行无论是撤销还是恢复成立，始终不能改变的是各专业银行经营独立性的缺失，银行被定位为财政机关的出纳机关的现实并没有改变，名义上作为金融行政管理机关的人民银行始终是作为财政性机构的附属机构而存在的。

在银行机构设置方面，1958 年江冬①在第 4 期《金融研究》上发表《以乡建行的作用及乡银行的发展前途》一文。江冬认为，"到目前为止，全国大部分地区，银行机构尚未下伸到乡，银行的组织形式与行政区划不一致，因而使银行工作与中心工作之间产生了一些脱节和矛盾现象。这事关银行工作能否适应生产大跃进，能否深入开展业务大力支援工农业生产的一个重要条件"，"目前银行按区设立的营业所已不能适应生产发展的需要了"。

需要指出的是，在我国社会主义制度下，在改革开放前（即计划经济时期）我国银行机构的设立，是按照行政区划，而不是经济区划，这是国家银行的性质、职能作用决定的。也就是机构的设立，服从于"国家银行工具论"。在"工具论"的指导下，银行机构不可能成为真正的、独立自主经营的经济组织。

（二）改革开放后我国银行业制度建设及展业的思想学说

"文革"期间，银行作用遭到理论上的否定，银行工作出现停顿和混乱，银行只是财政部门附属的"会计、出纳、货币发行公司"，为了更好地服务经济社会发展，银行工作的"拨乱反正"迫在眉睫。1977 年 8 月 16 日至 17 日，人民银行总行召开全国银行工作会议，时任中共中央副主席李先念、国务院副总理陈锡联、王震、古牧以及财贸小组组长姚依林等领导同志出席会议；1977 年 11 月 28 日，国务院发出《关于整顿和加强银行工作的几项规定》；1977 年 12 月，国务院决定召开全国银行工作会议；1977 年 12 月 31 日，国务院决定中国人民银行总行作为国务院部委一级单位与财政部分设，加强银行工作，尽快恢复银行独立的组织系统，恢复银行工作的各项政策、原则和制

---

① 江冬：不详。

度；1978 年 12 月 18 日，中国共产党第十一届三中全会在北京召开，会议作出实行改革开放的决定，启动农村改革，将全国的工作重心转移到现代化建设上来。很快，经济体制改革开始波及银行体制。1979 年 2 月 5 日，中国人民银行在北京召开全国分行行长会议，本次会议历时 24 天之久，重点研究了银行工作的着重点转移到社会主义现代化建设上来的问题。然而，在原有的银行体制和模式基础上的小修小补已经明显不能适应经济实践的发展要求，银行体制改革问题的讨论在实务界和学术界也随之展开。随着经济体制改革和银行体制改革的逐步推进，讨论的重点也不断发生变化，主要包括以下几个方面：

1. 关于银行性质和作用问题的讨论

1979 年是经济体制改革元年，同样在这一年，关于银行体制改革的讨论也以自下而上的形式逐步展开和推进。首先，1979 年 2 月，中国人民银行总行在北京召开全国分行行长会议，会议就银行工作的重点转移到社会主义现代化建设上来的问题展开了讨论和研究；其次，1979 年 6 月，中国人民银行总行金融研究所邀请部分专家学者，在北京召开了银行职能作用问题座谈会，就人民银行的性质、作用和职能等问题进行了研讨；最后，在 1979 年 10 月 4 日，邓小平在中共省、市、自治区委员会第一书记座谈会上突破计划经济理论体系和传统观念的束缚，把银行跟市场经济联系起来，指出"经济工作是当前最大的政治，经济问题是压倒一切的政治问题"，"银行应该抓经济，现在只是算账、当会计，没有真正起到银行的作用"，"银行要成为发展经济、革新技术的杠杆，要把银行真正办成银行"。关于我国社会主义银行性质和作用的问题的讨论在实务界的主要代表包括刘鸿儒、薛暮桥[①]等，理论界的主要

---

① 薛暮桥（1904—2005）：江苏无锡人，当代杰出经济学家、经济学泰斗，首届中国经济学奖获得者，中国科学院哲学社会科学学部委员，新中国第一代社会主义经济学家和高级经济官员之一。著有《中国农村经济常识》、《中国社会主义经济问题研究》、《我国物价和货币问题研究》、《按照客观经济规律管理经济》、《当前我国经济若干问题》等。曾任新四军教导总队训练处副处长、政务院财经委员会秘书长兼私营企业局局长、国家统计局局长、国家计委副主任、全国物价委员会主任、国务院经济研究中心总干事等职。

代表包括曾康霖①、严毅②、刘光第③、曹凤岐④等。

　　时任中国人民银行办公厅主任兼中国农业银行副行长的刘鸿儒是"文革"后第一位强调银行的金融企业属性的银行官员。1979 年 12 月，他在其《社会主义货币与银行问题》书稿中指出，"社会主义银行具有国家金融管理机关和经济组织的双重性质，但主要的方面是经济组织（专业银行应当逐步成为完全的金融企业）"，"银行无论是在资本主义社会，还是在社会主义社会，都是经济组织，是一种特殊的企业，也就是通常我们所说的金融企业。社会主义银行同样要有自己独特的经营对象——货币，还要计算成本，实行经济核算，为国家提供利润。正因为银行主要经营货币，办理信贷，并有利息，才能发挥调节经济的作用。如果离开了这些基本的特征就不成为银行了"。如果不强调银行的金融企业性质，而是片面地看重银行的国家机关性质，那么"一些地方的政府和有关部门也往往把银行当成拨款机关和出纳机关，没有资金向银行要，借了款以后又不注意归还，不尊重银行的自主权。银行在制定制度和工作方法上，往往依靠行政办法，不注意研究经济规律，不是更多地采用经济方法，而是一个规定管不住时，再补充一个规定，结果规定加规定，最后还是没有解决问题"，并且银行在自身的经营和管理上，也会"不讲求经济核算，不注意经济效果，在机构设置上不是根据经济需要和经济核算的要求，而一味扩大行政管理机构，增加行政人员，不讲求效率和节约"。因此，"社

　　①　曾康霖（1935—）：四川泸县人，教授、博士生导师、国务院特殊津贴获得者、著名金融学家，历任四川财经大学金融系主任、中国金融研究中心主任、西南财经大学学术委员会主任、中国金融学会常务理事、全国金融学术委员会委员、四川省金融学会副会长、四川省人民政府学位委员会委员，为国家培养了大量金融高层次人才，2013 年获第三届中国金融学科终身成就奖。
　　②　严毅：曾任中国工商银行总行新闻发言人、中国城市金融学会常务理事。
　　③　刘光第（1917—1996）：湖北仙桃人，著名经济学家，中央财经大学资深教授，国务院政府津贴获得者。1943 年毕业于重庆大学、1945 年毕业于西南联大南开经济研究所；曾任上海证券交易所统计室主任、《经济周报》总编辑等职，多次获北京市社会科学奖。1992 年被英国剑桥国际名人传记中心列为国际名人。
　　④　曹凤岐（1945—）：吉林松原人，教授、博士生导师、国务院特殊津贴获得者，历任北京大学金融与证券研究中心主任、北京大学工商管理学院副院长、光华管理学院副院长、学术委员会主任、教育部社会科学委员会委员、中国金融学会常务理事、中国投资学会常务理事、北京市金融学会副会长等职。是我国最早提出产权制度改革、推行股份制、建立现代企业制度的学者之一。

会主义银行必须下力量办成真正的银行，不能办成机关。只有办成银行，才能明确国家赋予的金融行政管理的职能。只有办成银行，才能明确银行工作的方向，集中力量研究如何按照客观规律办事，充分运用信贷、利息等经济杠杆，发挥管理和调节经济的作用，为加快实现四个现代化服务"，"银行是最适宜于用经济方法管理经济的组织"，银行掌握着"货币、信贷、结算、利息等经济手段，通过这些手段同各部门、各企业单位建立经济关系，促进他们按照客观规律组织生产和流通；同时，通过遍布全国的分支机构的各项业务活动，可以反映出一个企业单位、一个地区以至全国的经济活动情况，发现问题，促使解决，促进社会主义经济长期地、稳定地、高速度地增长。再加上银行可以在必要时，把经济手段和金融行政管理结合起来，采取一些必要的措施，更有力地发挥促进和监督作用。所以，银行比起其他部门来，对社会主义现代化建设能够起到特殊的作用，就是因为银行是经营货币和信贷事业的经济组织，如果办成普通的机关，就失去了它的特殊作用"。

1980年10月，已升任中国人民银行副行长并主抓银行改革工作的刘鸿儒在上海银行干部大会上发表讲话，他认为，在商品经济条件下，银行有两个方面的作用是不可缺少的。[1] "第一，是交换与分配的媒介。通过银行办理结算和信贷往来，使银行变成社会的总账房和总出纳，保证社会再生产的顺利进行。第二，是调节经济。银行把社会上暂时闲置的资金集中起来，提供企业进行扩大再生产，同时银行还可以通过信贷、利率等经济杠杆来调节国民经济，是其发展符合客观的要求"。"银行是对社会商品生产和交换进行调节的机构。社会主义阶段同样是如此"。他强调，"银行最基本的性质是经营货币办理信贷的金融企业。正因为这样，国家才能通过它来管理和调节经济。过去强调银行要为阶级斗争服务，片面地夸大监督与管理的作用，甚至把银行变成无产阶级的专政工具，实际上是扭转了银行工作的方向"。因此，要实现"四化"发展目标，就必须大力发展商品经济，那就必须充分发挥银行的作用。

---

[1] 刘鸿儒：《发展商品经济与银行体制改革》，载《上海金融研究》，1980（5）。

  1984 年 5 月，刘鸿儒在中央财政金融学院 84 届毕业典礼上系统回顾了我国银行的发展道路，他重点强调了银行在计划经济体制下的杠杆作用。[①] 他说，"改革计划管理体制关键要利用好经济杠杆。经济杠杆利用不好，计划经济的优越性就发挥不好。因为经济生活日新月异，产品多种多样，完全用计划指标、行政命令控制是体现不出社会主义计划经济的优越性的。相反，这会使生产与市场需求脱节，长期出现一面有大量产品积压，一面有需索紧俏商品供不应求。反映在资金上，一面供不应求，一面大量资金被占压、浪费，使市场货币流通经常出现偏多或过多的情况。实践证明，要把计划经济优越性体现出来，必须运用经济杠杆"。

  1980 年 1 月，薛暮桥在上海调研经济体制改革，在与时任中国人民银行上海分行副行长赵忍安[②]的谈话中强调，要在"四化"建设中充分发挥银行的作用问题。[③] 他说，"我国的银行现在搞得很死。应当是，商业比工业灵活，银行比商业更灵活。社会主义银行还要学资本主义银行的一些做法"，"资本主义国家的经济，银行调节占首要地位。美国调节经济，最主要是运用银行信用的紧缩或膨胀，利用银行利率的高低指导投资和影响生产速度的快慢。日本银行调节国民经济的作用更为显著。日本国家银行贷款给商业银行，商业银行受国家银行的控制。商业银行又把钱贷给工厂。日本企业自有资金只有 20% 左右，其余 80% 靠银行贷款和商业信用。银行可以决定企业的命运，银行要它发展，就贷款给它；银行收回贷款，它就不可能发展。国家银行的后台老板是通产相和大藏相。日本政府利用银行，决定哪个行业发展，哪个行业紧缩，权力很大"。"市场调节的办法很多，一是物价，二是税收，三是信贷。资本主义国家主要是利用信贷。一般地说，它们不管理物价。我国的物价主要由国家掌握，调整物价可以起调节作用。税收基本上是旧社会遗留下来的税率，解放后虽已经过调整，但有的商品税率高，有的商品税率低，

---

  ① 刘鸿儒：《关于我国社会主义银行的发展道路》，载《中央财政金融学院学报》，1984（4）。
  ② 赵忍安（1912—1986）：江苏常州人，生于成都。民建中央委员，曾任中国人民银行中南区行金融管理处处长、武汉市分行副行长、中国人民银行上海市分行副行长、中国金融学会常务理事、上海金融学会会长、中华全国工商业联合会常委、上海市工商联主任委员、上海市委统战部副部长。
  ③ 薛暮桥：《关于经济体制改革问题的探讨》，载《经济研究》，1980（6）。

现在还是吃'大锅饭'，要实行按劳分配。有些企业自负盈亏，不实行所得税恐怕不行。关于信贷调节，银行目前只起个簿记作用。过去在山东，财政厅长口袋里有一本支票簿子。书记点头，就开支票。银行看见财政厅长签的支票就付钱……在资本主义工商业的改造中，银行和商业部门起的作用是很大的。今后要充分发挥银行的作用，这是利用市场调节来实现国家计划的一个重要杠杆"。

1981年4月，薛暮桥在参加中国人民银行全国分行行长会议上做了《对银行工作的一些意见》的讲话，在讲话中他对比分析了银行在计划调节和市场调节中的作用。[①] 他认为，"资本主义国家对国民经济不能实行计划调节，国家对经济活动的干预主要通过银行"，西方国家通过利用利率这一货币工具来影响物价波动，进而对投资和储蓄产生间接影响。"银行不但可以控制投放，还可以利用贷款来指引资本家的投资方向，对需要发展的行业，采取低利率，都贷款；对要收缩的行业，采取高利率，少贷款或不贷款"。而"社会主义国家不是依靠银行，而是通过国家计划来指导经济的发展方向。过去我们多依靠计划调节"，"我们已经有三十几万个工厂，绝大多数需要进行一些小改、小革，少数企业还要扩建改建。这些工厂一个个都由国家计划来安排投资，显然是不可能的。因此，必须扩大企业自主权。在扩大自主权后，工厂都有一些自有资金，但是据我在上海调查，企业有了自有资金，拿来发奖金最容易，拿来搞职工福利、搞宿舍很需要，但是没有地皮，拿来搞革新改造就更困难了，许多是国家计划里没有的。特别是新的工厂不需要进行设备更新，资金暂时没用处，存在银行。老工厂需要设备更新，自有资金不够，需要向银行申请贷款。银行对各企业都有存放关系，比较了解企业的经营管理情况。因此利用银行贷款，比利用财政拨款灵活得多。现在银行存款日益增加，今后还可以按照国家计划指定的方向进行一些中短期建设项目的贷款。用银行贷款补充国家的基本建设拨款，是非常重要的"。他进一步指出，"银行不但在建设方面要起越来越大的作用，而且在产品流通方面也起重要作用。

---

① 薛暮桥：《对银行工作的一些意见》，载《金融研究》，1981（4）。

今后随着市场调节的扩大，银行需要改进业务经营方法，把多种多样的银行业务（如期票、贴现、押汇等）恢复起来，进一步把市场搞活。银行对每一个企业都有业务来往，比较了解国民经济的全面情况，银行应当利用自己的有利条件，建立经济调查研究中心，承担经济咨询业务，传递信息，为几十万、几百万个企业的经济活动指引方向"。

1980 年 3 月，原四川财经学院（现西南财经大学、中国人民银行直属重点院校）教授曾康霖和严毅在《金融研究动态》上发表《从我国银行的地位作用谈财政金融体制改革》一文。[①] 他们首先指出人民银行"信贷中心、结算中心和现金出纳中心"不能确切说明银行在国民经济中的地位，不能深入地揭示银行在社会再生产过程中的作用。原因有三：一是"三大中心"的提法是基于高度集中的社会主义经济特点，显然与现阶段的国情不相适应；二是"三大中心"是"狭义的地位作用论"，不足以揭示银行在整个社会再生产过程中所处的地位和作用；三是"三大中心"仅仅是指银行所拥有的工具，与银行的地位和作用本身是两回事，进而引出了银行的"广义地位论"的概念。曾、严二人认为，"银行是社会主义社会的一种骨干。它运用自己拥有的种种经济杠杆，通过有关货币信用方面的职能活动，在社会再生产过程中处于分配和交换的地位，对整个社会经济生活起着调节的作用"，因为"社会主义是公有制经济，在这个基础上的社会再生产过程，是在无产阶级国家的统一组织和引导下进行的，国家组织社会生产建设，是无产阶级国家的职能特点之一，也是社会主义基本经济规律和国民经济有计划按比例发展规律的客观要求。无产阶级国家组织社会经济，是要通过它的有关职能部门的职能活动，通过运用社会经济生活中客观存在的种种经济杠杆或工具来实现的，以便主要用经济方法并结合行政方法，有效地组织和管理经济。银行则是国家组织经济的一个职能部门，是党和国家管理和调节社会经济的一个绝妙机关。它可运用自己拥有的货币、信贷、利息、结算等经济杠杆，通过自己种种职能活动，以吸收存款等方式把社会各种暂闲资金，包括国家、企业、个人的

---

① 曾康霖、严毅：《从我国银行的地位作用谈财政金融体制改革》，载《金融研究动态》，1980（3）。

资金集中起来，然后以贷款的方式把它再分配出去。银行通过这种对国民收入的分配和再分配，参与整个社会再生产过程的资金循环与周转；而资金的循环周转，意味着生产要素和产品在生产、流通领域中进行交换和分配。所以银行在社会主义社会的骨干地位，具体表现在它在社会再生产过程中处于以信贷的方式对社会资金有计划地组织分配的分配地位，和以提供流通手段、支付手段等方式组织商品交换的交换地位，从而起到组织和调节整个社会主义经济活动的作用"，即广义地位论。之所以提出"广义地位论"，一方面是为了强调银行在流通领域的重要作用，即银行是"不断地使商品实现使用价值形式的转移来服务于生产和消费"的枢纽，"银行不仅作用于商品价值形式的转移而且还作用于商品价值形式的分配"；另一方面也是为了强调银行劳动也是一种生产性劳动。首先，银行部门使商品的价值形式实现转移，以完成物品从生产到消费的变化，因而也应当是生产过程在流通中的延续。在这方面花费的劳动，也应当是生产性劳动。其次，从管理的角度来说，银行是社会范围内的"簿记机构"，它在社会范围通过自己的种种职能活动去管理和调节生产，在这方面花费的劳动，也是生产性劳动。

1980 年 1 月，中国人民银行总行金融研究所主办的《金融研究动态》杂志刊登了时任中央财政金融学院（现中央财经大学）教授刘光第的《试论我国银行的性质和银行改革的问题》一文。[1] 刘在文中认为，在社会主义初级阶段，"我国银行仍然是一种特殊性质的企业，同时，它又具有一定的机关的性质。但是企业性是主要方面，机关性是次要方面，而且随着客观条件的变化，银行的性质将会随之变化"。因为实践已经证明，"当国家通过银行的经济手段来管理社会经济生活时，经济发展就比较顺利；反之，经济发展就比较困难。银行作为特殊企业本身所具有的只是经济手段。但是在我国现阶段商品经济条件下，国家根据银行业务的特点，赋予它一定的行政权力，要求它按照客观经济规律办事，统计、监督和调节整个社会的经济生活，从而使生产不断发展，人民生活水平不断提高，这是银行在新时期中应担负的历史任

---

① 刘光第：《试论我国银行的性质和银行改革问题》，载《金融研究动态》，1980（1）。

务"。银行的性质主要是它的企业性，如果银行不是企业，没有掌握调节社会生产和生活的经济手段，不是社会的簿记机关和核算机关，也就不可能有效地贯彻国家的经济法律、法规、政策。因此银行的机关性一方面是由国家性质决定的，另一方面也是由它的企业性派生的。与此同时，随着生产力的逐步提高，由国家权力赋予的银行机关性质将逐步淡化而越来越体现出企业性质。

另外，刘还批评了简单将银行与人民公社进行简单类比而得出银行双重属性（机关性、企业性）结论的方法论。因为人民公社作为一级政权机构采取"政社合一"的组织形式是违背客观经济规律的，而银行并不是一级政权机构，它的机关性是来源于银行本身所拥有的经济工具，二者有本质的区别。

1980年8月，时任北京大学经济管理系副主任的曹凤岐在《经济科学》杂志上发表《社会主义银行是经济组织》一文。[①] 该文旗帜鲜明地指出银行就是企业，而强调银行的机关特性显得有些牵强。因为"银行是商品货币经济发展的必然产物，它的产生和发展与国家没有本质的联系。不可否认，国家同银行的关系是密切的，尤其无产阶级国家同社会主义银行关系更为密切。但是，这只是国家利用银行这个经济组织为实现其职能服务的问题，而不能说明银行本身是国家机关。国家之所以利用银行为其服务，是由银行本身具有的特殊性质决定的。如前所述，银行是综合部门，不仅可反映企业的微观经济活动，而且能反映整个国民经济的宏观经济活动，对社会的货币流通和社会资金运动起着举足轻重的作用。因此，无论是无产阶级国家还是资产阶级国家都利用信用制度和银行制度为其服务"。"现代大银行是适应发达的商品货币经济而存在和发展的。只要是商品经济和社会化大生产，就需要银行在社会再生产中发挥作用"。首先，社会主义社会依然存在着商品货币关系，社会再生产过程是生产过程的流通过程的统一，再生产过程中存在着资金运动，资金要依次通过"流通—生产—流通"三个阶段，采取货币资金、生产资金和商品资金三种不同形态。因此，货币资金的循环在社会主义再生产过

---

① 曹凤岐：《社会主义银行是经济组织》，载《经济科学》，1980（8）。

程中起着极其重要的作用，没有货币资金的循环，社会再生产将无法进行。其次，由于社会主义生产依然是商品生产，无论全民企业的产品还是集体企业的产品，也无论生产资料还是生活资料都是商品，必须以货币为媒介进行交换实现价值；不仅全民企业和集体企业之间要采取等价交换的原则，而且由于全民企业本身仍具有相对独立的商品生产者的地位，需要独立核算，对其闲置资金也不能随意调用。因此，为了进行社会再生产，国家除了利用财政动员和分配货币资金外，还必须利用信用制度和银行制度，采取有偿的方式筹集和再分配一部分货币资金，以满足社会生产的需要。因此，社会主义银行是国民经济不可缺少的部门，是社会再生产过程中的一个必要环节。"社会主义银行具备企业的一切特征，它同工商企业一样，有自己的自有资金（财政拨付信贷资金以及自行积累），以保证业务活动的进行。工商企业从事商品的生产与经营，银行也从事经营活动，不同的是它经营货币。工商企业通过生产和经营活动为国家提供积累，银行则通过存贷利差，取得收益，并向国家上交利润。我国银行一直实行独立核算，计算盈亏（不过，多年来我国银行是全国一个大企业，由总行统一核算、统负盈亏，造成了吃'大锅饭'的现象）。在经济改革过程中，银行也像其他工商企业一样，扩大了企业自主权，实行了各级银行内部独立核算，考核经营成果，对于经营好的基层银行，可以从利润中提取企业奖金。这样，把银行经营的好坏同职工的物质利益结合起来，有助于办好银行企业，使社会主义银行更好地发挥作用"。在社会主义条件下，银行仍是一个有别于一般工商企业的特殊形式的企业。这是由于银行经营货币信贷业务的特殊性和它在社会再生产中的特殊地位所决定的。"银行性质是从它本身生长出来的。无论资本主义银行还是社会主义银行都具有上述性质。也就是说，同资本主义银行一样，社会主义银行仍然是特殊的企业和经济组织"。当然，社会主义银行与资本主义银行有着本质的区别，但是这个区别并不是它改变了企业性质，只是在于：建立在公有制基础上的社会主义银行比私人性质的资本主义银行能够更好地发挥对国民经济的调节与管理作用。

在全面否定社会主义商品经济的基础上，"文革"既在物质层面、更从思想层面对银行产生了巨大的冲击。从上述论述中可以看出，市场化改革思想开始在银行业萌芽，在讨论银行体制改革之前先下大力气搞清楚银行的本质；在方法论上，是在尊重中国国情、立足中国实际的基础上，学习、借鉴国外的银行管理体制，进行"洋为中用"的中国式改革；从讨论的实际效果来看，在经济体制改革、扩大企业自主经营权的大背景下，首先解决银行究竟是机关还是企业的问题就成为银行体制改革的关键。无论是实务界还是理论界，强调银行的企业性、强化银行的调控作用成为主流思想，是与扩大企业自主权的讨论一脉相承的。纵观当下中国金融体制，何为银行早已成为常识。但在改革之初则是新旧体制的交锋地带。

2. 关于银行与财政关系问题的讨论

财政和银行都是国民经济的综合部门，是国家分配资金的两条渠道，前者是通过无偿的行政手段，后者则是通过有偿的信用手段。但是，多年来财政资金和银行资金界限不清，分工不明，银行成为了财政的附属物。1979 年，主持经济工作的国务院总理姚依林提出：银行要搞活，在财政有困难的时候要把银行搞活，有利于渡过财政困难。他提出要给银行自主权，给更多的活动领域，要银行承担更多担子，要银行到社会上吸收资金。一些基建项目，周期不长、有利润的项目，财政拨款可减少，转到银行贷款没有什么危险。为了落实经济体制改革的战略部署，扩大企业自主权，改革"大财政、小银行"的财政银行体制也就被提上了议事日程，这也引起了经济专家们的巨大关注，这方面的主要代表任务有喻瑞祥[1]、薛暮桥、刘光第、王克华[2]等。

关于财政与银行关系的讨论的一个重要内容就是"大财政、小银行"体制的弊端，这方面的主要代表是喻瑞祥。1981 年，时任中国人民银行广西分行高级经济师的喻瑞祥对"大财政、小银行"体制的弊端及其形成原因展开了分析。[3] 1981 年 1 月，喻瑞祥在《金融研究》上撰文，他认为三十年来银

---

[1]　喻瑞祥（1928—）：湖北武汉人，历任中国人民银行广西分行办公室副主任、商业信贷处处长、副行长、人民银行海南省分行研究员等职，中国金融学术委员会委员，著有《货币信用与银行》、《中国金融问题研究》等。

[2]　王克华：蒙古人，金融学家、教授。

[3]　喻瑞祥：《改革财政银行体制，充分发挥银行调节经济的作用》，载《金融研究》，1981（1）。

行具有调节经济的功能的特点并没有充分发挥，银行只是一个单纯办理会计、出纳、发行的机构，"银行不是真正的银行"。导致这一状况的根本原因是"我们把社会主义制度同商品经济对立起来，拒不承认我国社会主义经济仍然是一种商品经济，拒不利用价值规律的调节作用，搞单一的计划调节"。这主要体现在三个方面：第一，"财政分配的范围很广，银行信贷活动的领域很窄。所有的基本建设投资，包括企业挖、革、改的资金，统统由财政拨款，企业的定额流动资金也由财政安排，只有临时性、季节性超定额流动资金，才由银行贷款解决。这就是说，所有扩大再生产的资金和维持简单再生产的定额资金，全部由财政动员分配，银行概不沾边，银行所能活动的，只有简单再生产内的一个十分狭窄的领域。试问，在此情况下，银行又怎能对整个经济起调节作用呢？"。第二，"财政对银行统收统支，银行积累很慢，自有资金很小。按照现行财政、银行体制，银行的营业纯收入除按一定比例留作自身的积累外，其余全部上交财政，银行每年需要增加的信贷基金由财政拨付。这就是说，银行的信贷能力不是掌握在银行的手中，而是被财政操纵着。财政增拨的钱多，银行的信贷力量就大一些；财政增拨的钱少，银行信贷力量则小一点。可是，财政往往由于基本建设投资大，财力负担重而无法保证应增拨的信贷基金，甚至还要从银行抽走资金"。第三，"财政利用信贷弥补缺口，挤银行发票子。有些款项，本来属于财政安排的，但财政不安排或少安排，留下缺口，由银行用信贷弥补。对企业的定额流动资金就是如此。……这实际上是把财政缺口转为信贷差额，信贷差额不平衡，只有增加货币发行"。由此可见，在"大财政，小银行"体制下，银行不仅被画地为牢，限制在一个狭窄的领域内活动，而且手脚被捆得死死的，无法施展力量。

喻瑞祥提出的要摆好财政、银行、企业之间的关系，调整"大财政、小银行"体制的观点，其隐含的前提是肯定银行的企业特性。只有在承认银行是企业的条件下才能正确分析、梳理、重构财政与银行之间的关系，从而从根本上激发企业的积极性（包括银行和一般企业），才能构建一个正常、有序的社会信用体系和货币流通体系，才能真正提高资金的使用效率，进而解放生产力。

关于财政与银行关系问题讨论的另一个重要方面是财政与银行的分工问题，这方面的主要代表有刘光第、薛暮桥、王克华等人。1980 年，中央财政金融学院（现中央财经大学）教授刘光第在《金融研究动态》上撰文分析了财政与银行的关系问题。[①] 他强调，在银行体制改革中必须正确处理银行和财政的关系。他认为，银行与财政的关系是辩证统一的关系，"财政是银行的后盾，银行是财政的有力支持者，两者互相支援，密切合作，既统一，又分工，既分口管理，又综合平衡。它们共同促进国民经济的发展和人民生活水平的提高"。刘认为，要处理好银行与财政的关系，首先要财政收支平衡。"因为财政、信贷、物资的综合平衡，关键在于财政收支平衡。信贷差额理应由财政弥补，而物资供求平衡和预算内外安排的基本建设投资以及预算安排的调整物价和提高工资的幅度也有密切联系。因此，要使有支付能力的货币需求和物资供应保持平衡，也必须坚持财政收支平衡，不打赤字预算"。财政收支平衡必须是真平衡，因为"银行信贷的差额最终要靠财政来解决。如果财政的缺口是靠信贷来补足的，那么信贷差额就不能最终靠财政来解决了，只有靠多发票子来解决。这种靠多发票子来解决财政支出的办法，是绝不可取的，必须坚决地加以制止"。其次，改革分口管理资金的制度。"企业的基建拨款应逐步改由银行贷款，企业的定额流动资金也应由银行信贷解决"。"一切信贷业务都应该全部集中于银行办理，使银行真正成为全国的信贷中心。财税部门、外贸部门、商业部门等以及企业的主管部门都无权对企业发放任何性质的贷款"。与此同时，不同性质的贷款应由不同的专业银行来办理，"不能政出多头，分散经营"。

1981 年 1 月，薛暮桥在出席中国人民银行全国分行行长会议时分析了财政和银行的分工问题。[②] 他说，"银行像人体的心脏，人体中的血液汇集到心脏，再由心脏扩散到全身。社会上的资金也汇集到银行，再由银行扩散到全社会的各个企业。资本主义国家也好，社会主义国家也好，银行都是资金集散的中心，起资金调剂的作用"。"所有国营经济的投资，全部由财政部门拨

① 刘光第：《试论我国银行的性质和银行改革的问题》，载《金融研究动态》，1980（5）。
② 薛暮桥：《对银行工作的一些意见》，载《金融研究》，1981（4）。

款，不利用银行贷款。银行贷款只能用于流动资金，不能用于基本建设。这个制度，对于国家控制基本建设规模，把资金使用到经济建设最急需的方面去，是起了重要作用的。但是，这种制度，常常使国家资金集中用于重点建设，而忽略了辅助性的建设，例如市政建设、服务性行业的建设等。特别突出的是煤电、交通运输跟不上去"，"完全依靠财政，来搞基本建设，这个办法不行"。因此，"我们的市场调节是在计划指导下的市场调节，基本建设投资的规模必须受国家计划的控制"，"银行用于扩大再生产的贷款，也必须纳入国家计划。地方和企业自有资金的投资，大多数要经过银行来进行余缺调剂。因此，银行对于利用自由资金的建设，也可以起引导和监督的作用。现在银行成为投资的一个辅助的渠道，将来还有可能成为重要的渠道。国家除通过财政渠道来控制基本建设规模以外，还必须通过银行的信贷计划，把银行对基本建设或重大改建扩建的贷款也纳入国家计划"。以后财政部门逐渐减少基本建设拨款，由银行"按照国家计划用贷款来承担，……银行在经济建设投资中所占的比例将越来越大，财政拨款比例要逐渐缩小，从长远来看，这是发展的趋势"。

1981 年 4 月，中国人民大学金融学副教授王克华在《财经问题研究》杂志上发表《我国银行体制改革初议》一文，文中对财政与银行的关系展开了分析和研究。[①] 王克华认为，"我国以往经济管理体制上的一个大问题是国家对经济的直接干预过多，其表现之一，就是国家集中的国民收入过多，同时国家直接承担的经济投资、经济责任也过多，国家包揽一切，企业则吃国家这碗'大锅饭'，既无自己的经济利益，也不承担经济责任，严重地影响企业及其职工的积极性"。他批评把财政理解为包括再生产的一切分配与再分配的错误观点，认为这种要求把信贷分配包括在财政分配、把银行体制包括在财政体制中的观点是不妥当的。因此，应当承认银行信贷是分配，扩大银行在国民收入再分配中的作用。王克华在文中同时指出，"也不能过分削弱国家利用财政形式再分配在国民收入中所占份额，企业留成也不宜过大。企业利润

---

① 王克华：《我国银行体制改革初议》，载《财经问题研究》，1981（4）。

过大了不仅与全民所有制的性质相悖，还会过分削弱国家在管理调节经济方面的职能，这将不利于整个社会经济的发展。银行是高度社会化的经济机构，国家可以利用银行所掌握的信贷、利率、结算等经济手段和业务技术，来对国民经济进行管理与调剂。在此情况下，如果说，国家通过财政形式对国民经济的管理与调节削弱了一些，则可以从加强信贷、银行的杠杆作用而得到不足、得到加强"。

在讨论财政和银行关系的过程中，众多学者对"大财政、小银行"的体制提出了批评，认为这一畸形的资金分配体制严重背离了社会化大生产的基本规律，制约着社会生产力的解放。在经济体制改革的总体方案中，要强调银行的作用和扩大银行的自主权。在具体分析财政与银行的关系时，产权理论或思想有所萌芽，为后期的股份制改革奠定了思想基础。

3. 关于建立中央银行制度问题的讨论

专业银行和其他金融机构的建立，初步改变了人民银行一统天下的格局，使金融业出现了新的生机。这无疑是金融体制的重大突破，也是金融制度的创新。但是，在长期实行单一计划经济体制的中国，提出建立中央银行制度，必须突破理论禁区和传统观念，势必展开一场大讨论。1981 年 4 月，中国金融学会和上海市金融学会联合召开中央银行制度问题座谈会，就社会主义金融体系、中央银行的建设问题以及人民银行如何执行中央银行职责等问题展开了初步讨论，从 1981 年下半年开始，理论界和实际部门对要不要建立中央银行制度、建立什么样的中央银行展开了热烈讨论。主要代表有曹凤岐、宋汝纪[1]、王史华[2]等人。

实际上，北京大学曹凤岐教授早在 1980 年 8 月就正式提出了建立中央银行制度的问题，也是"文革"后第一个提出建立中央银行制度的学者。[3]
1980 年 8 月，曹凤岐在《社会主义银行是经济组织》一文中提出，我国社会

---

① 宋汝纪（1915—）：浙江义乌人，教授，民盟中央经济委员会副主任，长期从事财经、金融、财会教学和研究。

② 王史华：四川省社会科学研究院经济研究所研究员。

③ 曹凤岐：《社会主义银行是经济组织》，载《经济科学》，1980（8）。

主义银行改革的方向是"企业化、专业化和现代化，而不是机关化"，"专业化就是要逐步形成以中国人民银行为中央银行，以办理投资、储蓄、工商信贷、农贷、外汇和保险等业务的各种专业银行相配合的社会主义银行体系"。1981年，北京经济学院（现首都经济贸易大学）教授、民盟中央经济委员会副主任宋汝纪和北京大学经济管理系教授曹凤岐就如何建立中央制度提出了他们的观点。[①]他们指出现代银行体系是商品货币经济和社会化大生产的产物，在银行体系日益专业化、金融机构种类不断发展的条件下，建立中央银行制度势在必行。他们认为，"中央银行是现代银行体系的必然产物。在当代世界各国中，无论是资本主义国家，还是社会主义国家，尽管银行体系有千差万别，但都有一个领导整个银行体系的机构存在。不管这种银行领导机构的组织形式如何，实质上都是中央银行。而且社会主义国家比资本主义国家更需要中央银行，因为社会主义国家的经济是计划经济，更要求银行体系必须集中统一管理；社会主义国家比资本主义国家更能直接地利用中央银行来统一货币发行，调度全国资金，贯彻国家金融法令政策，管理金融市场等"，然而我国迄今还没有一个独立、专业的中央银行。随着单一的银行体制发展为多种银行和金融机构组成的专业银行体制，建立独立的中央银行制度就成为必然了。理由有三："首先，建立中央银行，是集中统一管理我国各种专业银行的当务之急。自从各种专业银行独立分设以后，它们都是既从事信贷业务，又进行金融管理，从基层到总行，都是各自成立体系。它们的总行同中国人民银行总行一样，居委部委一级机构，直属国务院。各专业银行同人民银行的关系是：只规定由国务院委托人民银行代管各专业银行（建行则委托财政部和建委代管），至于什么是代管？是领导与被领导关系？还是指导与被指导关系？都不明确。因此，代管效果很差，在各专业银行之间，出现群龙无首，四龙治水，各自为政的局面。在各专业银行的基层行之间，出现的问题更多：几家银行平起平坐，谁也不服谁的气；争存款、争客户；农业银行进城、人民银行下乡，等等，给客户造成了不少困难，影响很不好。我们认

① 宋汝纪、曹凤岐：《如何建立我国中央银行体制》，载《经济与管理研究》，1981（10）。

为，解决这个问题的良策，就是结束代管体制，建立中央银行体制，使中央银行真正成为银行的银行，让各专业银行有一个合法的、强有力的龙头，只有这样，才能有效地协调各专业银行之间的关系"。"其次，建立中央银行体制，也是调整国民经济比例关系，有效控制信贷和货币发行的需要。稳定货币流通，使市场上货币流通量适应商品可供量的需要，是稳定市场，促使经济发展和商品流通的重要条件。而市场上货币流通量，是由贷款和发行投放出去的。多年以来，我国由于国民经济主要比例关系失调，财政不断出现赤字，迫使银行贷款和货币发行不断增加，超过了生产发展和商品流通的需要，因而引起物价上涨，影响生产和人民生活。当前我国正在进一步调整国民经济比例关系，包括市场上货币流通量与商品可供量的比例关系的调整。要想调整市场上货币流通量与商品可供量的比例关系，主要是通过有效控制信贷和货币发行，方能奏效。但是，没有一个集中统一的社会主义银行体制，没有一个单独的中央银行的集中统一管理，是难以有效控制信贷和货币发行的。因此，建立中央银行体制，是调整国民经济比例关系，调整市场上货币流通量与商品可供量的比例关系，有效控制信贷和货币发行的需要"。"再次，建立中央银行体制，是进一步发挥我国银行在经济生活中的作用所需。随着我国四化建设的进展，商品货币经济和社会化大生产的发展，我国银行将日益成为国家调节经济的重要工具之一。但是，只有建立中央银行体制，有一个集中统一的、完善的银行体系，以中央银行为中心，以经营各种信贷业务分工协作的专业银行相配合，才能有效地利用货币、信贷和利率等经济杠杆来调节经济，才有可能使银行成为国民经济的神经中枢，成为国家调节经济的重要工具。其中，建立有效的中央银行体制是个关键"。

1981年5月，四川省社会科学研究院经济研究所研究员王史华在《四川金融研究》上发表《关于中央银行制度的浅见》一文。[①] 王史华在文中就金融界展开的中央银行制度问题大讨论阐述了自己的看法，他说，"在我国建立一个什么样的中央银行制度，必须从我国的实际情况出发，紧密联系我国的

具体国情，切不可生搬硬套，这不仅是考虑中央银行制度问题，也是考虑一切经济问题和经济政策的基本出发点"。王史华在简单考察了中央银行的由来及其在国民经济中的作用的基础上提出，建立什么样的中央银行制度必须要关注三个问题：第一，中国的中央银行制度必须适应国民收入再分配格局发生的明显变化，即由财政再分配为主转向由银行再分配比例增高；第二，中国的中央银行制度必须能够促进、支持和帮助企业以致我国的经济的发展走上一条与现代化大生产的科学原则相适应的道路；第三，中国的中央银行制度如何建立一种新的，以活跃的微观经济活动的存在为前提的宏观经济秩序和体系。基于以上三点，王克华认为我国的银行体制应集中统一，原因有三：首先，"银行的集中统一，有利于集中控制和平衡信贷资金，有利于在整个社会范围内聚财和用财，灵活调节、调度有限的建设资金，使其充分发挥作用，达到最优的使用效果。如果将一定数量的资金分为彼此独立的几个部分，必将造成调剂、调度上的困难，这在资金使用上既是不科学也是不划算的"；其次，"当前银行的集中统一，对于逐步削弱、最终打破部门、地区所有制，促进工业企业走上专业化协作、改组、联合的必由之路，有着巨大的作用"；最后，"银行的集中统一，有利于国家对宏观经济指导的加强。过去我们对宏观经济的平衡、指导、协调工作，主要靠国家的计划委员会。多年来，计委对我国经济的发展，做了大量的工作，成绩很大。但是，在计委的工作方法中，存在两个根本的问题：其一，计委对宏观经济的计划、协调、指导，主要依靠静态的政策即政府决策，采取单纯的行政命令。其二，计委虽近年来建立了一些了解、指导全社会经济活动的信息系统和研究机构，但缺乏经常性的、动态的经济活动分析资料，以及比较灵活的经济杠杆手段。而这些条件和手段，正是一个集中统一、综合化的人民银行所天然具备的"。

从上述三位学者的论述中可以看出，他们都主张建立中央银行制度，但是对于中央银行的制度模式却有着不同的看法和主张。以宋、曹二人为代表的学者认为我国的中央银行制度应该是建立单一的中央银行，不兼办工商银行，人民银行专职行使监督和管理的职能；而以王史华为代表的学者则认为我国的中央银行制度应该是大一统的人民银行制度，各专业银行应纳入人民银行的内部机构或者说二级机构。显然他们分别代表了当时关于中央银行制度模式大讨论中的两种观点。1981 年，时任中国人民银行副行长的刘鸿儒将理论界的讨论传到中央后，1982 年初，中国人民银行成立了由刘鸿儒主持的银行机构改革小组。1982 年 7 月，国务院副总理姚依林和国务委员张劲夫向中央财经领导小组提交《关于设置中央银行的几点意见》，意见认为"建立一个有权威的中央银行，以加强信贷资金的集中管理，确保财政信贷的综合平衡，已成为当务之急"。1983 年 8 月，中央银行筹备小组成立，至此，建立中央银行的改革进入了实质性方案讨论阶段。1983 年 9 月 17 日，国务院发出《关于中国人民银行专门行使中央银行职能的决定》，成立工商银行，承担原来由人民银行办理的工商信贷和储蓄业务。1995 年《中国人民银行法》通过；1996 年全国统一的银行间同业拆借市场建立；1998 年农信社与农业银行脱钩，同年人民银行撤销 31 个省级分行，成立九大分行和两个人民银行总行直属营业部。

4. 关于银行体制改革问题的讨论

银行体制改革始于 1978 年。1978 年 7 月，国务院召开全国农田基本建设会议，李先念在讲话中提出"我们考虑恢复农业银行，以便更好地管理运用农业贷款，支援农业建设"；十一届三中全会后，党中央、国务院决定恢复和组建中国农业银行，要求人民银行研究成立农业银行的可行性，时任中国人民银行办公厅副主任的刘鸿儒参与研究并主持起草了《关于恢复中国农业银行，统一管理国家支农资金的报告》；1979 年 2 月 23 日，国务院发出《关于恢复中国农业银行的通知》，农业银行成为了"文革"后第一家恢复的专业银行。之后，国务院批转了《关于改革中国银行体制的请示报告》，成立国家外汇管理总局；建设银行进一步改革，工商银行也相继成立。1984 年 11 月，中国社会科学院财贸物资经济研究所和中国农业银行在西安联合主办了全国银行体制改革理论讨论会，对我国银行体制如何进一步改革和开放金融市场问题进行了讨论。继中央银行制度问题后，银行体制改革成为全国大讨论的焦点。关于银行体制改革的讨论主要有两种意见，一种是建立以中央银行为核心，其他金融机构为补充的两级金融体系；这方面的代表有刘鸿儒、赵海宽[①]等人；另一种是建立集中统一的"大一统"金融体系，这方面的代表人物有李万成[②]、刘光第等人。

刘鸿儒早在参加 1980 年 10 月召开的上海银行干部大会上就指出银行体制改革是经济体制改革的一个重要组成部分，银行改革的方向是在国民经济改革的总方向下，发挥调节经济的作用，并且使银行调节成为国家整个调节机器里的一个有机的重要组成部分。[③] 他认为银行体制改革中需要研究的问题有五个：第一个就是"关于扩大贷款范围，把财政拨款改为贷款的问题"，主张财政和银行分口管理、分别使用；第二个就是"关于按经济办法办银行的问题"，包括存款、贷款、业务活动方式、结算、利率和保险等；第三个就是"关于银行体系的问题"，将按行政区划划设的银行体系改为按经济区域设置的银行体系；第四个就是"关于银行管理的问题"，首先是资金管理，要改变以往统存统贷的办法。与此同时，银行要改进经营管理，解决吃"大锅饭"的问题；第五个就是银行经营自主权的问题，强调要实现银行独立经营的自主权必须要培养人才。1983 年，刘鸿儒继续对上述五个问题展开分析，[④] 他说，要把银行真正办成社会主义现代化银行，第一要"改革资金管理体制，扩大贷款范围。主要是改变供给制的资金管理体制，促进资金使用效益的提高。在流动资金管理上，由财政无偿拨款逐步实行有偿贷款制度，由多头管理改为银行统一管理。在固定资产管理上，由财政全部无偿拨款改为一部分无偿拨款，另一部分实行有偿占有制度，基本建设拨款逐步改为贷款。银行发放一部分固定资金贷款，从而更多地运用信贷渠道，发挥银行信贷的杠杆

---

① 赵海宽（1930—）：陕西绥德人，教授、研究员、博士生导师。1952 年毕业于中国人民大学，1970—1974 年任驻瑞士大使馆外交官，1981 年任中国人民银行总行金融研究所所长，1993 年任中国金融学会副会长兼秘书长，曾任全国政协委员，中国城市金融学会、中国国际金融学会、农村金融学会、合作经济学会常务理事，《金融研究》主编，国务院学位委员会学科评议组成员，发表经济、金融类论文三百多篇，主编大型工具书三部，代表性专著有《货币银行概论》、《中国金融业的大变革》等。

② 李万成：中国人民银行广东省分行行长、顾问。

③ 刘鸿儒：《发展商品经济与银行体制改革》，载《上海金融研究》，1980（5）。

④ 刘鸿儒：《我国的银行改革问题》，载《财经理论与实践》，1983（6）。

作用"。第二要"改革信贷资金管理体制，保持货币的稳定。首先，改变目前把货币发行与信贷搅在一起的状况，要分别管理，通过控制信贷来保证货币发行计划的实现。其次，改变用货币发行自动弥补财政赤字的状况，坚持根据经济的需要发行货币。再次，各金融组织之间的资金要划开，每一个银行能吸收多少存款，就发放多少贷款，以利于计划控制。最后，解决条与块的关系，在资金管理上，既要坚持集中统一的原则，又要能调动各地区的积极性"。第三要"改革信用方式，灵活运用经济杠杆。过去信用方式单一，主要靠银行信用，现在要发展以银行信用为主体的多种信用形式，包括商业信用、消费信用等，要运用灵活多样的信用工具和结算方式。多种信用形式并存，以银行信用为主，其他信用形式为补充，有利于搞活经济，有利于提高经济效益"。第四要"改革银行管理体制，提高经营水平。一要改革管理方法，采用经济手段、经济办法管理银行。二要改革财务体制，改变吃'大锅饭'的平均主义，实行经济核算制，建立适合银行特点的经济责任制。三要改革人事体制和劳动管理制度。四要改革教育体系，包括正规教育，职工业余教育和干部教育，加强人员培训，培养一支有较高水平的金融大军。五要提高银行的科学技术水平，改变手工操作的落后状况。最后，要改革银行工作制度，建立经济信息和经济研究体系，发挥银行的寒暑表作用"。第五要"改革金融体制，建立具有中国特色的金融体系。改革金融体制的要求，一是既要发挥各家专门金融机构的作用，又要实现统一领导、统一管理、加强宏观控制。二是要逐步改按行政区划设立金融机构为按经济区划设立金融机构，以适应经济改革的需要。三是要研究金融体制如何提高效率，提高经济效益，不断适应经济发展的需要"。1983年他更进一步指出银行体制改革的关键恰恰是如何正确处理人民银行与各专业银行之间的关系。[1] 1983年6月，他在《中国金融》上发表《关于中国人民银行专门行使中央银行职能的几个问题》，就如何处理专业银行与人民银行之间的关系，他认为，"第一，要首先明确专业银行的地位。专业银行如何发挥作用，其地位如何，过去有过三种情况或想法。

---

[1] 刘鸿儒：《关于中国人民银行专门行使中央银行职能的几个问题》，载《中国金融》，1983（6）。

第一种是专业银行自成体系，作为国务院的直属机构，由人民银行代管，这是 1979 年以后的做法。这种做法导致各个银行之间矛盾较多，集中统一问题解决不了；第二种在人民银行领导下，成为隶属于人民银行的专业公司性质的专业银行，业务和财务都是独立的，但归人民银行领导。这种方案不利于发挥专业银行的作用；第三种就是现在决定实行的办法。……专业银行和保险公司分支机构受专业银行总行、保险公司总公司垂直领导。但在业务上，要接受人民银行分支机构的协调、指导、监督和检查"。"第二，人民银行对各专业银行的关系，国务院文件规定：'中国人民银行是国务院领导和管理全国金融事业的国家机关。'当然首先是对各专业银行和保险公司。由于建设银行承担着基建财务和拨款监督的职能，又承担着基本建设贷款的职能，因此，国务院文件规定：'建设银行在财政业务方面仍受财政部领导，有关信贷方针、政策、计划，要服从人民银行或人民银行理事会的决定'"。"第三，人民银行今后对全国金融业的领导和管理，主要采取经济办法，同时辅之以行政办法"。"在社会主义中国，不能把资本主义中央银行信用管理办法搬来运用。一是公开市场，我国没有有价证券，当然更不能做有价证券的买卖。二是利率，我们的利率用来控制专业银行的信用有困难。因为利率的高低关系到企业成本、财政收入和物价高低，因而关系到国民经济的大局，不能频繁变动"。"我们研究的主要办法是控制资金，即划分一部分存款，并用存款准备金的办法集中资金，结合计划管理，来控制信贷规模，调节信贷分配方向，进而控制货币发行"。与此同时，人民银行对专业银行的行政管理办法主要包括制定银行法、制定金融方针政策、加强计划管理、进行稽核和检查等。

主张两级金融体制观点的另一个代表人物是中国人民银行总行金融研究所所长赵海宽教授，他提出建立一个以中央银行为核心、专业银行为主体、包括保险及信托投资公司等其他金融机构的比较完备的社会主义金融体系。[1] 1984 年 10 月，赵海宽教授在《金融研究》上谈《我国银行的体制改革》问题。他认为，1978 年开始的银行体制改革对经济体制改革起到了推动作用，

---

① 赵海宽：《我国银行的体制改革》，载《金融研究》，1984（10）。

初步建立了一套政企分开的银行体系。"一个由中国人民银行、中国工商银行、中国农业银行、中国银行、中国人民建设银行、中国人民保险公司所组成的新的银行体系已基本形成。"新的银行体系建立以后，人民银行能够"集中精力，搞好全国金融的宏观决策，按照合理比例增加和分配信贷资金，调节好货币流通，保证和促进国民经济按比例健康发展"。各专业银行也"冲破了老框框，由只发放流动资金贷款，改变为也发放固定资金贷款"，"企业的固定资金同流动资金是一个有机的整体。企业资金使用上存在的问题，有时表现在流动资金上，根源却在固定资金上，只发放流动资金贷款并不能解决根本问题。银行发放中短期设备贷款后，就可以同流动资金贷款相配合，从资金上全面促进和支持企业改善经营管理。把银行对国民经济的调节和促进作用提高一步"。在肯定了银行体制改革的同时，赵海宽建议银行体制改革的下一步应该在"微观方面搞活、宏观方面加强控制"上做文章，在"增加发展业务的内部动力和外在压力"方面下功夫。他认为，在微观方面，"要创造和引进一些有利于搞活银行工作，有利于调动各方面积极性，加快社会主义建设的业务做法"，可以考虑代理发行股份和债券等新业务，成立证券交易所，允许股票、债券的交易和转让等。更进一步的是，"开放商业信用，并把商业信用票据化。票据可以到银行贴现和再贴现"。开展抵押贷款、信用担保贷款、消费品贷款、信托、发行银行本票等新业务试点工作。在宏观方面，采用经济办法加强宏观金融控制。"所谓'经济办法'就是同企业、企业职工的物质利益挂钩的办法，允许企业根据自身利益进行相应选择的办法，有弹性的、不妨碍微观方面搞活的办法。不要一提加强控制就马上想起行政干预，行政办法是需要的，然而过分依靠行政办法容易简单化、僵硬化，妨碍微观方面搞活"。

1981年10月，时任中国人民银行广东省分行顾问的李万成却对银行体制改革问题提出了不同的看法，他在《广东金融研究》上发表了《关于我国社会主义银行的体制问题（提要）》一文，提出社会主义银行应该集中统一，宜于综合化、多能化，恢复过去"大一统"的人民银行体制，不宜专业化。①
李万成在该文中在分析中国现状和回顾历史经验教训的基础上提出"不赞同
分设专业银行的主张"。他说，列宁对社会主义银行有过很多设想，主张把所
有银行合并为一，使银行"成为更巨大、更民主、更包罗万象的机关，那时
候量就会转化为质"。李万成认为，列宁关于银行的一些论述应该成为银行体
制改革的理论基础。他根据苏联银行体制改革的经验，进一步提出，"不论是
在资本主义制度条件下，还是在社会主义制度条件下，银行体制由分散到集
中统一，是一个共同的规律，是社会发展规律在银行体制方面的体现"，而南
斯拉夫式的银行体制仅仅是银行职能上的分散。那么如何在中国进行银行体
制改革呢？李万成在文中给出了他自己的建议：第一，"银行体制改革必须贯
彻社会主义集中统一的原则"，从中国的实际出发，"实行金融系统的机构、
人员、业务的集中统一管理"，"有利于提高银行的经营水平"；第二，我国银
行体制改革的总方针应该是"以充分发挥银行这个经济工具在国民经济中的
统计、监督、调节的杠杆作用"，因此，"必须做到机构人员、政策措施、资
金调度的高度集中统一的领导和十分灵活的指挥，以便进行全国统一调度平
衡和局部的具体安排"。首先，在机构设置上，"中国人民银行是国家唯一的
银行，不另设专业银行。中国人民银行成为巨大的、包罗万象的、统一而规
模巨大无比的国家银行，在城乡工厂分设分支机构或办事处，成为全国性的
簿记、监督、调节机关。把中国农业银行、中国人民建设银行改成中国人民
银行内部机构的一部分，撤销该两行的建制；把中国银行改成人民银行内部
机构的一部分，对外仍挂中国银行牌子"；关于省级金融机构，"基本上可仿
照上边设想的总行内部机构的设置而设置，取得上下机构设置基本对口，便
于执行工作"，而省级以下的金融机构则"只设中国人民银行的中心支行（分
行），县、市支行，办事处、营业所、储蓄所和代办处"。其次，在各银行职
能分工问题上，李万成认为，流动资金、中短期资金等可以由专业银行承担，
而长期资金活动不频繁，"基本属投资拨款性质，因工作量少，接触面不宽，

---

① 李万成：《关于我国社会主义银行的体制问题（提要）》，载《广东金融研究》，1981（10）。

所以，不需要单独设立专业银行"。

1982 年 6 月，李万成就银行体制改革问题作了进一步的阐述，在《广东金融研究》上发表了《三论银行体制改革》。① 他说，国务院机构改革的方向是正确的，实现了金融体制的相对集中统一，符合社会主义的基本原则和我国的实际情况。但是，中国人民银行与三个专业银行（中国农业银行、中国银行、中国人民建设银行，笔者注）又是什么关系呢？他批评"主张人民银行对专业银行是'指导'关系"的观点，他说这实质上就是主张专业银行是"实体"，"把实权分散到各个专业银行去，作为国家银行的人民银行都成了有名无实的空架子"，这是不从国家全局和长远利益出发的办事方法。他认为国务院机构改革恰恰是明确了"三个专业银行就是人民银行直接领导下的下属机构，人民银行和三个专业银行的关系是直接的领导关系"。同时，为了进一步"解决集中统一指挥，职能划分明确，减少机构重叠和人浮于事的状况，应对现有专业银行内部的组织设置进一步简化和调整"。

确立了银行体制改革的目标后，那么银行体制改革从何着手呢？显然，李万成的观点得到了中央财政金融学院教授刘光第的认同，1982 年 6 月刘光第教授对此展开了分析。② 他说，银行的改革脱离不了整个经济体制的改革和政治制度的改革，"银行制度的变革是整个经济制度变革的一个要素。为了适应四化的需要，银行本身在总结历史经验的基础上积极地进行一些小改小革，甚至中改中革，是必要的和可行的。但是，银行要进行大改大革，却必须以经济改革和政治改革为前提条件，必须与国民经济体制改革的方向一致"。因此，"银行体制改革必须以充分发展社会主义商品生产为前提，必须建立在企业作为相对独立的商品生产者的基础上"。并且，银行改革必须和政治制度的改革密切联系。"在一定条件下，政治制度的改革往往又是经济体制改革和银行体制改革的前提条件"。在银行体制是采用集中统一经营还是分散经营的问题上，刘光第认为"我国的银行体制改革必须坚决贯彻社会主义高度集中统一的原则。在这个大原则下，国家银行内部可以按专业需要进行分工"，这是

---

① 李万成：《三论银行体制改革》，载《广东金融研究》，1982（6）。
② 刘光第：《论我国银行体制的改革》，载《新疆社会科学》，1982（6）。

因为：首先，"从理论上来看，马克思和恩格斯指出，在无产阶级夺取政权后，必须通过拥有国家资本和独享垄断权的国家银行，把信贷集中在国家手里，利用信贷这个有力的杠杆，促进社会主义制度的建立"；其次，从实践来看，"无论是资本主义国家或社会主义国家的银行体制，都是从分散趋向集中统一"；最后，从我国的实际情况来看，"我国是一个发展中的社会主义大国，经济比较落后，建设资金十分缺乏，而且地区辽阔，经济发展又极不平衡。在这种情况下，资金的需求和供应之间的矛盾特别突出，因此，必须特别注意节约资金的使用，加速资金周转，合理地调节资金的余缺，少花钱，多办事，办好事。要达到这样的要求，就必须把货币和信用集中在国家银行手中，并由独家银行垄断。否则，分散经营，就不可避免地会把有限的资金，大量地浪费掉"。1986 年，刘光第教授在出席中国金融学会第二届年会时提出，应确立金融体制改革的指导思想。[①] "银行业相对集中为好，不宜过于分散，不宜再多设新银行"。他指出，"在研究金融体制改革的指导思想时，既不可能从马克思和列宁关于社会主义银行的理论中找到现成答案，也不可能从西方银行体制中找到答案，答案要从我国有计划的商品经济的运行机制中去寻找"。

他说："在公有制基础上实行有计划的商品经济这个问题，无论在理论上或实践上都还没有解决，或没有完全解决，但我们不能等待所有制改革以后，再来改革金融体制问题。"

那么，现在怎样根据有计划商品经济这一既定前提来改革金融体制呢？"这里的主要问题是计划和市场相结合的问题。社会主义商品经济就是社会主义市场经济，社会主义经济运行机制，就是市场经济的运行机制，市场机制是社会主义一切经济活动的基础，也是计划的基础。承认市场机制的基础地位，绝不是像资本主义社会那样让其自由运行，而是必须用计划指导市场，使市场机制变为有计划的市场机制。金融体制改革的理论基础，既不是以计划调节为主，也不是以市场调节为主，而是要把计划和市场紧密地结合起来，

---

① 刘光第等：《关于金融体制改革的若干意见》，载《金融研究》，1986（10）。

即按有计划的市场机制的作用进行改革，以市场运行机制作为改革的理论基础，就必须重视市场、利率、汇率、供求、竞争等的作用，绝不能忽视它们的作用，只能因势利导。同时，由于社会主义经济是有计划的商品经济，这种经济的运行必须是"有计划"的。"有计划"表现在：第一，必须加强中央银行的垄断地位，中央银行应垄断宏观金融管理权，垄断货币量的供给权和外汇管理权。第二，必须坚持国有化的大银行制度，金融业应相对集中为好，不宜过于分散。应把改革的重点放在已有的银行机构之上，不宜再多设新银行。第三，有计划还表现在除了少数实行指令性计划外，大量的应使用指导性计划，这种指导性计划通过三类形式贯彻：一是运用金融杠杆，二是运用政策指导，三是制定法令。第四，有计划还表现在金融体制改革必须研究建立能适应动态平衡的管理体制，学会从动态中求平衡，不论是稳定货币、控制信贷、管理外汇、调整利率、汇率等等，都要补求适合这一要求的管理体制和管理方法。金融体制改革要以抓资金管理体制和专业银行企业化作为重点，并与计划体制、投资体制和财政体制的改革紧密配合进行"。

作为经济体制改革重要内容的银行体制改革是在"摸着石头过河"的过程中进行的，无论是西方经济学的经典理论还是苏东地区的社会主义银行体制，都成为改革开放之初我国学者和决策者的观察标本和参考样本。实际上，在当时的讨论中还存在第三种意见，即维持现行体制不变，不过在改革成为共识的背景下，此种观点未成主流。在现在看来，一国的银行体制在符合客观经济社会发展规律的同时要适应一国的传统文化和生活习惯。因此，全盘照搬或全盘否定显然都是不正确的方法论。体制改革是牵一发而动全身的，因此必须明确体制改革的目标。我国的银行体制改革是为建立社会主义商品经济服务的，正如西南财经大学曾康霖教授所说，商品经济就是市场经济、横向经济、权利经济和等价交换。物质利益原则将渗透到一切领域。工商企业是独立自主、自负盈亏的商品生产者和经营者，银行作为企业，自然也必须在守法经营的基础上独立自主、自负盈亏。

5. 关于银行信贷资金来源与运用关系问题的讨论

关于信贷资金来源与运用关系的讨论始于1983年初，到1984年达到高潮，1985 年基本结束。所谓信贷资金来源与运用的关系是指银行的资金运用决定资金来源还是资金来源决定资金运用。前者称为运用派，政策建议即存款准备金制度，代表人物有魏盛鸿[①]、王润生[②]、王隆昌[③]等；后者称为来源派，政策建议即多存多贷，主要代表有王克华、王佩真[④]、曹凤岐等人。

运用派认为在现代信用制度下，银行不仅可以创造货币，还可以创造自身信贷资金来源，只有由贷款直接形成的存款增加，才能真正引起信贷资金来源的增加。贷款的增减是信贷资金来源变动的唯一因素。并认为，采取多存多贷的办法，实际上是鼓励多贷造成多存。1983 年初，就职于中国人民银行新疆自治区分行的魏盛鸿在《金融研究》上发表的《谈我国银行的存贷款关系》一文引起了金融界关于银行存款与贷款关系问题的讨论。[⑤] 他指出，搞清存贷款关系的变化规律是金融理论研究的一个重要课题，也是银行实际工作中亟待解决的问题。他在文中首先点明了研究该问题的方法论存在的错误，他说："研究我国银行的存贷款关系，不能简单照搬马克思的国家货币信用理论，也不能随意引进现代资本主义银行借贷资本运动的现成模式，否则，研究的结果就只能是片面的甚至是完全错误的。正确的方法是坚持对具体事物进行具体分析，从我国信贷资金运动的实际情况出发去进行研究。"在这个原则下，我们会发现，在我国没有实物货币的条件下，银行的存贷款关系与实物货币流通下的存贷款关系有着本质的区别，因为"银行不仅创造货币，而且只有通过银行信用渠道的投放才能形成流通中的货币。由于流通中的货币只能表现为存款和现金两种形式，因此可以说银行存款是由银行自身创造并通过信贷投放形成的"。

接着，魏盛鸿又结合我国社会主义制度分析了社会主义银行存贷款关系。

---

① 魏盛鸿（1944—）：四川成都人，高级经济师、教授，毕业于中央财政金融学院金融系，曾任职中国人民银行总行办公厅、新疆金融研究所编辑部主任、中国人民银行新疆分行行长、中国人民银行总行教育司司长、中国民生银行常务副行长、中国人民银行研究生部学位委员会委员。

② 王润生：简历不详。

③ 王隆昌：上海财经大学教授。

④ 王佩真（1928—）：内蒙古人，教授、博士生导师、中国金融学会分会主席、北京市投资学会理事。1952 年中国人民大学研究生毕业，1993 年获政府特殊津贴。

⑤ 魏盛鸿：《谈我国银行的存贷款关系》，载《金融研究》，1983（4）。

他指出，"在我国社会主义货币信用制度下，银行的信贷资金运动具有和资本主义商业银行完全不同的两个特点。首先，我国社会主义银行集信贷业务和货币发行于一身，存款以及全部流通中的现金都是银行的信贷资金来源。社会主义银行的现金发行不受准备金制度的限制，钞票的信用受到国家法律的保护，并且用按稳定价格投入流通的大量商品作保证。因此从理论上说，只要在商品流通规模所要求的流通手段量的限度之内，银行就可以通过信用渠道向流通中投放货币。无论货币是以流通中现金还是以存款的形式存在，都可以成为银行的信贷资金来源。社会主义银行不仅可以创造货币，而且可以自己创造信贷资金来源。其次，社会主义银行是统一的国家银行，信贷资金是全国统一调剂、统一平衡的，银行每个分支机构的存、贷款都是全国银行存、贷款的组成部分。同时，社会主义货币信用制度决定了一切信用必须集中于银行，国家银行统一办理对企事业和居民的存、贷款业务，一切存款只能存入国家银行，这就保证社会的全部货币资金银行存款和流通中现金都成了社会主义国家银行的信贷资金来源。上述两点与资本主义银行以存款为借贷资本来源是完全不同的。因此，马克思有关资本主义银行存款的地位的论断就不应该成为我们研究社会主义银行存、贷款关系的现成结论"。

最后，魏盛鸿从我国银行信贷资金运动的全局出发，指出虽然每个银行的资金运动是相对独立的，即"存款与贷款的关系也是相对独立的。尤其是现阶段实行的差额控制的信贷管理办法，使这种响度对立性更为明显"。但是"从银行信贷资金运动的整体来看，情况就完全不同了"。"无论存款在银行个别机构之间转移还是现金与存款之间相互转化，其最终结果都不会引起银行信贷资金来源的变化。换言之，存款的增减如果不是由贷款的相应增减引起的，银行的信贷资金来源就将是一个不变的量"。

1984 年，上海财经学院（现上海财经大学）教授王隆昌也加入了信贷资金来源与运用关系问题的大讨论，他对曹凤岐教授"信贷资金来源决定信贷资金运用"的观点提出了商榷。[①] 第一，创造信贷资源的主体不只是中国人民

---

① 王隆昌：《论银行信贷的目标和合理规模》，载《金融研究》，1984（10）。

银行总行，各专业银行也能创造信贷资金来源。从历史角度来看，虽然发行银行券的数量要受到现金准备的限制，但并不否定一般商业银行可以通过发行银行券来扩大信贷规模这一客观存在；现实中的中央银行制度并不能完全限制住商业银行的信用创造能力，"尤其是在商品交易大量地通过办理转账结算实现的条件下，或现金使用严格控制直线，商业银行的信用扩张仍然可以在一定范围内实现"。因此，"信贷资金运用创造信贷资金来源的现象和能力不但发行银行存在和具备，专业银行也存在和具备"。第二，信贷资金来源决定信贷资金运用的理论不能解释中央银行的信贷资金运动规律。在实践中，贷款需求的增加并不完全是社会产品增加的反映，如财政赤字、商品积压等等，这些都会导致企业贷款需求的增加。"只要银行一贷款，它就会导致新的信贷资金来源的同时增加。显然，这些过程就不能说明社会产品增加决定了信贷资金来源形成，并由后者决定信贷资金运用"。而且"从信用膨胀存在的历史实例和可能性来说，也不能说明在我国信贷资金运用完全取决于信贷资金来源"。那么，究竟是什么决定信贷资金的运用及其规模呢？王隆昌认为，"在价格水平不变的条件下，整个社会的信贷资金运用规模应该取决于一定时期银行可动员和集中的社会资源的规模。银行可动员和集中的社会资源总量越大，银行信贷资金运用规模也越大；反之，则亦小。所谓银行可动员和集中的社会资源总量应该包括银行吸收的各项存款（不包括贷款企业的派生存款）和银行自身积累（包括财政拨付的信贷基金）以及流通中货币（非贷款企业占用数）所代表的物资总量、预期社会产品增加总量、以前年度沉淀的物资可动员数量；提出处于积压状态的物资总量和贬值损失的物资总量，以及财政透支量"。

王润生也是运用派的重要代表人物之一。他在《在信贷资金运动中起决定作用的是贷款》一文中指出不同性质的货币流通决定了存贷款的关系。① 在实物货币流通的情况下，根据马克思的理论，"货币是从商品群体中分离出来的特殊商品，它是人类的劳动产品，银行信用无法创造这种货币。银行从事

---

① 王润生：《在信贷资金运动中起决定作用的是贷款》，载《金融研究》，1984（4）。

信贷活动时，必须首先将实物货币从货币持有者手中，吸存到银行来，然后才能不超过所吸存的实物货币量贷放出去，因此在实物货币流通的情况下，银行是先有存款后有贷款。在货币符号流通的情况下，流通中所需要的货币量都是由银行提供的，并且都是通过信用渠道投放出去的，因此银行有了信贷资金来源，也即创造货币的能力。在这种情况下，银行所吸存的存款，实质上是由贷款产生出来的，因此在货币符号流通的情况下，银行是先有贷款后有存款"。他指出，"信贷资金运用创造信贷资金来源"在我国是一个普遍规律，"既适用于中央银行，也适用于专业银行及所属分支机构。信贷资金运用创造信贷资金来源的核心，是银行能自身创造货币"。

综上所述，运用派虽然看到了现代信用制度下信贷资金来源与运用之间的变化，并指出这种变化本身，但是却将这种变化绝对化了，用它无法解释银行大力组织存款，扩大信贷资金来源的意义。

来源派认为信贷资金运动是物资运动的反映，决定信贷资金来源的根本因素只能从社会物质再生产的过程中去寻找，而不能从资金运动本身去找，贷款不能创造存款，而是存款决定贷款。1984年，中国人民大学副教授王克华和王佩真在《谈银行存款与贷款、信贷资金来源与运用之间的关系》中开篇表明"银行存款决定银行贷款，信贷资金来源决定信贷资金运用"的观点。① 他们认为银行贷款创造现金和存款仅仅是外在形式，而非实务的本质。"决定货币流通的因素是商品流通，决定货币流通必要量的是流通中的商品量，而不是贷款和贷款量"，"就全社会来说，资金都是由各种物资构成，是社会再生产的要素。因此，决定资金的因素是社会产品，决定资金数量的是占用在再生产过程中的社会产品量的增加，取决于价值的增值"。他们认为银行不能直接创造社会财富即不能直接创造资金，而只是创造信用流通工具，银行只要在商品流通扩大，流通中需要的货币量增加时才通过增加贷款，实现货币投放量的增加。"在银行的实际工作中，信贷资金来源决定信贷资金运用的关系是很明确的。银行在编年度的综合信贷计划时，首先要计算存款量

---

① 王克华、王佩真：《谈银行存款与贷款、信贷资金来源与运用之间的关系》，载《中国金融》，1984（1）。

和整个资金来源量。如果发现资金运用总量超过资金来源总量，信贷收支不平衡，就意味着要被迫多发票子，这不仅是银行工作中的大事，也是整个国民经济中的大事。银行就要同有关部门一道想方设法增加资金来源，在资金来源不能增加时，就只能减少资金占用，以使资金运用适应资金来源的状况"。1986 年，王克华发表了《再论银行信贷资金来源与运用的关系》一文。① 他从理论上对运用派的观点进行了分析和反驳。认为，运用派关于"银行资产与负债的关系可以自求平衡，自我循环，自我解决"的理论"是一厢情愿，是一个梦想的世界"，因为银行资产的创造，要受负债可能的限制。就全国银行体系来说，"要受整个国民经济能够给予银行负债总量的限制"；就实际营业的银行来说，"受其现金准备和存款的限制"。并且，运用派的信用创造理论也是不正确的，因为银行创造的货币要受"国民经济中货币容纳量所制约，超过货币容纳量的限制，笃定要受到客观经济规律的惩罚"，所谓货币容纳量就是银行的最大负债量。因此，从这个方面来讲，银行信贷资金的运用是由银行的负债即来源所决定的。

1983 年 7 月，北京大学教授曹凤岐在《金融研究》上谈了他对信贷资金运用和来源之间关系的看法。② 他认为，由信贷资金运用可以创造信贷资金来源的现象得出信贷资金运用决定信贷资金来源的结论是片面的，这种假象是由我国"中国人民银行是发行银行和信贷银行合为一体"造成的。曹凤岐指出，"研究信贷资金来源与运用的关系，不能单纯看银行贷款可以创造货币，还要从信贷资金形成的基础、原因从及信贷资金运动规律去考察"。他分析到，"首先，信贷资金是在社会产品运动的基础上形成的。社会生产和流通的扩大，是信贷资金增加的依据。在形式上，是首先由银行提供贷款，使资金来源得以增加，但实质上是社会产品的增加，要求有新的信贷资金来源，最终导致了新的信贷资金的形成。其次，信贷资金真正的运动，是已投放到社会上现存信贷资金的运动，它的主要特征是多次性周转运动，反复周转使用。如果我们只考察现存信贷资金的运动，信贷资金来源决定其运用就看得非常

---

① 王克华：《再论银行信贷资金来源与运用的关系》，载《金融研究》，1986（4）。
② 曹凤岐：《试论我国信贷资金来源与运用的关系》，载《金融研究》，1983（7）。

清楚了。这些信贷资金的再运用，要靠信贷资金的再动员"。

曹凤岐教授把通过银行贷款投入到社会上的信贷资金量称为现存资金量。他认为"不能把信贷资金的最初投放与信贷资金的重新使用混为一谈，不能把现存信贷资金量与可用信贷资金量混为一谈"。他把现存信贷资金来源分为存款和现金，并指出"这两个部分对信贷资金的再运用具有不同意义"。存款是银行掌握的、可以重新使用的信贷资金来源，"银行可根据存款的变化来确定贷款额度"，而现金则是银行不能重新使用的货币量，"因为相当一部分现金掌握在居民手中"，银行不容易掌握。从信贷投放角度看，"用转账形式投放出去约贷款量，直接转化为银行账户上的存款，银行可重新使用；如果银行直接投放现金（或存款转化为现金），形成市场货币量，是未回到银行的货币量，银行也就不掌握对它的重新使用权"。因此，"在总信贷资金规模不扩大的条件下，只有存款增长了，才会有贷款的增加"。"否认信贷资金现存总量和可用量之间的区别，否认存款与现金具有不同意义，就会得出存款不增加信贷资金来源总量。所以动员储蓄存款乃至组织整个存款都没有任何意义的错误结论"。

来源派的观点是传统观点，它肯定了决定信贷资金增长的主要因素是社会物质资料再生产，但是却没有看到随着信用制度本身的发展而银企的信贷资金来源与运用之间的新变化，用它无法解释派生存款的现象。

运用派和来源派之间的争论其实是从不同角度对信贷资金运动规律的考察，都是从货币流通的角度来分析，进而提出不同的政策建议。来源派主张多存多贷的政策手段，主要是为调动专业银行组织资金的积极性，着眼于扩大信贷资金的来源，要求银行加强负债管理的研究和应用；而运用派主张的存款准备金制度，其着眼点是防止信用的过度膨胀，控制派生存款的无限制增长，要求银行加强资产管理的研究和应用。

6. 关于专业银行企业化管理问题的讨论

1985 年 9 月，中共中央在制定"七五"计划的建议中正式提出我国专业银行的企业化改革问题，次年 4 月正式列入我国"七五"计划，揭开了我国专业银行企业化改革的序幕。1985 年 10 月，赵海宽就在《金融研究》上对专业银行的企业化管理的问题进行了理论分析，着重强调了专业银行企业化改革的必要性。[1] 他说，我国"虽已明确了专业银行的企业性质，但没有真正实行企业化管理办法，业务经营状况没有同职工利益挂钩，业务活动仍基于行政原则"。他指出，要"进一步搞活银行工作和加强宏观金融控制，就必须对专业银行实行真正的企业化管理。否则就不能充分调动专业银行增加信用工具和新的业务种类，并尽可能满足经济搞活之后对银行工作提出的各项新的要求的动力，也不可能调动专业银行执行中央银行宏观金融决策的主动性和积极性"。赵海宽所长进一步分析，"我国中央银行加强宏观金融控制，有两种办法可供选择：一种是沿用我国在十一届三中全会之前一直采用的办法，即采用指令性计划和行政手段对专业银行和其他金融机构进行控制。这种办法虽然能有效进行控制，什么事可以贷款，什么事不应该贷款，贷款总额、支付现金的范围，都由全国统一政策和计划规定，各银行机构必须贯彻执行。但多年来的事实证明，这种办法太死，不利于搞活银行业务，不能充分调动基层银行干部的积极性和主观能动性，不宜再继续采用。另一种是经济办法，即中央银行主要利用手中掌握的经济杠杆，调节专业银行的业务活动，实现宏观金融控制。采用这种办法，既有利于搞活银行业务，在具备必要的条件之后又能有力地实现宏观金融控制。这是符合经济体制改革要求，必须逐步采用的一种办法。然而采用这种办法的先决条件，就是专业银行实行企业化管理，业务经营结果同本单位的领导和职工利益适当挂钩。因为用经济办法进行宏观金融控制，就是用调节专业银行业务活动利益的办法进行控制。例如，提高中央银行贷款利率；专业银行向中央银行借款就要支付利息；提高存款提存率，减少了专业银行可利用发放贷款的资金，从而减少贷款利息收入等等。只有专业银行实行了真正的企业化管理，中央银行的这些经济措施直接影响到专业银行及其职工的利益，专业银行才能对这些措施积极地作出反应，中央银行的宏观金融控制才能真正有效"。"对专业银行实行真正的企业化管理，是我国银行体制进一步改革，必须迅速解决的一个关键性问题"。

---

[1] 赵海宽：《论我国专业银行的企业化管理》，载《金融研究》，1985（10）。

　　然而，在中国人民银行总行任职的王志①却对专业银行企业化管理的问题提出了不同看法。1987 年 5 月他在《银行与企业》杂志上发表《专业银行企业化尚非时日》一文。他认为专业银行企业化是个方向，但"专业银行企业化尚非时日"。② 理由有三：第一，"从经济基础来说，银行实行企业化，必须要有足够的营运资金，现在银行自有资金水平很低，只有 10.78%，如果减去基本上还属于财政体系的建设银行，自有资金仅为 8%，而转为从事城市工商企业信贷业务的工商银行，自有资金率更低，自有资金率如此之低，在国外连开业的资格都没有，哪里还有什么企业化可言？给全行每个职工买个皮包实行皮包化还差不多。没有足够的自有资金，发展业务、培训人员、改善设备，都成了空话。没有足够的自有资金，又有什么自负盈亏？解决办法不外乎两条，一条是从上边拨下来。这在财政困难的现在，是不现实的，甚至在可以预见的将来，也难以解决。另一条是规定出不同银行自有资金的最下限，不足部分从积累中解决，但这也会减少财政收入，而且还需相当长一个过程。这就是说，银行企业化的经济基础还不具备"。第二，"从客观环境来说，银行若想实行企业化，首先要打破'大锅饭'。这个'大锅饭'，从银行内部来说，包括中央银行与专业银行的'大锅饭'，专业银行内部上下级之间的'大锅饭'（农业银行还要加上与信用合作社之间 的'大锅饭'），专业银行同业之间的'大锅饭'，从外部来说，包括与财政之间的'大锅饭'、银行与企业之间的'大锅饭'。打破这几个'大锅饭'，是非常不容易的。比如，对下级行来说，打破与上级行的'大锅饭'，意味着抗拒顶头上司；打破与财政、企业的'大锅饭'，意味着与地方党政领导机关顶牛，意味着与联系单位闹僵，这就关系到银行领导人及其职工的升迁、工资、吃饭、住房、子女入学、就业……诸方面。现在究竟有多少人愿冒这个风险？"第三，"从银行本身来说，现在专业银行除传统的银行业务外，还承担着许多本来不是银行的业务，而是行政管理部门的任务，例如现金管理，工资监督之类（还有些政策性贷款等），这些历史遗留下来的问题，若想解决还需一个过程，而在背着

---

　　① 王志：就职于中国人民银行总行。
　　② 王志：《专业银行企业化尚非时日》，载《银行与企业》，1987（5）。

这些行政包袱的情况下，银行的企业化是无法实现的"。

中国银行湖北省国际金融研究所课题组则对专业银行的改革及发展方向提出了另一种看法。① 课题组认为，我国一系列的经济体制改革措施，从1992年的"南方谈话"到"社会主义市场经济"的提出，都表明市场机制将成为生产要素和社会资源配置的基本方式。因此，"专业银行作为经营货币、信贷的特殊企业也必须走向市场，追求效益，向商业银行的方向发展"。"企业经营机制的逐步转化要求现行的国家专业银行必须进行相应改革。（1）转变资金管理的职能。企业行为自主化后，专业银行应及时改革对企业资金的分配与管理职能，重塑企业在资金管理中的主体地位，主要通过信贷、利率等经济手段来影响企业的利益，促使企业形成资金使用的良性运行机制。专业银行作为全民所有制的特大企业，既要促进一般企业通过生产经营提高效益，更应转换资金管理职能，不断扩大自身业务范围，追求经济效益，向商业银行发展。（2）按市场机制重建银企关系。银企之间注入市场机制。企业生产经营市场化后，专业银行与企业是平等的法人关系。银企之间的资金融通必须遵循价值规律，建立资金市场等价交换的债务关系，改变'统包'企业资金的现状。同时，银行通过直接融资和间接融资并举的融资机制，推动企业向市场筹集资金，减少企业对银行资金的依赖，打破企业吃银行资金的'大锅饭'。（3）推动金融资产负债多元化。随着企业资本结构的多样化，专业银行的资产负债也要多元化，再不能仅限于组织存款和发放贷款，而是要大力发展实业、咨询业、进行股权和证券形式投资，特别是要参与组建企业大型集团，合资发展重点产业和公有制股份经济。加快各项业务开拓，发展全国性的金融市场网络，多方位、多渠道开辟资金来源，解决多方面的需求。通过改革，把专业银行建成一个自主经营、自负盈亏、自担风险、自求平衡、自我约束、自我发展的现代化的商业银行"。

然而，课题组同时指出，目前专业银行向商业银行过渡存在如思想观念陈旧、资产负债结构不合理、贷款质量不高、人员素质不适应、服务手段相

---

① 中国银行湖北省国际金融研究所课题组：《我国专业银行向商业银行的发展及中国银行转换机制问题的研究》，载《国际金融研究》，1993（9）。

对落后等问题和不利因素。为了解决这些问题,课题组认为,第一,要尽快成立政策性银行;第二,人民银行要独立执行金融监管职能,退出所有业务经营领域;第三,专业银行要简政放权,理顺经营与管理的关系;第四,妥善处理信贷资产中的历史包袱。

关于专业银行企业化管理的问题的讨论,实际上讨论的是在当时的历史背景下,金融领域如何体现计划和市场相结合,讨论的焦点也集中在专业银行企业化管理的具体途径,即专业银行如何在贯彻国家政策和追求利润最大化中实现平衡,如何处理专业银行的政策性业务和经营性业务的分工。一种观点主张成立政策性银行来承担专业银行的政策性业务,另一种观点则认为通过"分账制"来实现专业银行的企业化管理。1993 年 12 月 25 日,国务院作出《关于金融体制改革的决定》,为我国银行制度设计了框架:建立政策性金融与商业性金融分离、以国有商业银行为主体、多种金融机构并存的金融组织体系。1994 年,3 家政策性银行相继成立。

7. 关于股份制改革问题的讨论

最早提出商业银行股份制改革观点的是中国人民大学经济学博士刘彪[①]。1993 年 3 月,刘彪博士在《学术论坛》上发表《我国商业银行模式研究》一文。[②] 他认为我国银行改革要解决的首要问题是银行的产权问题。他指出在现有的产权制度下,银行"自主经营、自负盈亏不能保证,各级银行不能享有独占、使用和依法处置自己经营的财产的权力,自我发展也就失去了内在的动力。这正是目前银行层层'吃大锅饭'的症结所在",因此"股份银行可能是破题的较为立项的形式"。他进一步分析到,"从理论上说,所有权和所有制是两个不同层次的范畴,在不涉及所有制性质时,所有权可以有多种实现方式。比如,在经营者同时也是所有者的情形下(传统的银行体制),所有权具有直接实现的特点;当所有物开始脱离所有者的直接控制,物的支配和使用在一定期限内由非所有人完成时(银行承包),所有权具有间接实现的特

[①] 刘彪,经济学博士。中国工商银行城市金融研究所所长、《中国城市金融》杂志主编、《金融论坛》杂志副主编。

[②] 刘彪:《我国商业银行模式研究》,载《学术论坛》,1993(3)。

点；而当所有者将所有权转化为股权时（股份银行），所有权具有转化实现的特点，其意义在于使直接从事经营的主体能够借助所有权充分自主地支配和处分资产，从而确立银行的产权主体地位，使模糊的产权结构得到清晰的界定"。

"所有权的转化实现方式之所以具备这种功能，其深层根源在于，随着商品经济的发展，所有权本身也发展成为商品，作为商品，也有价值形态和使用价值形态。而所有权的转化实现方式正是通过使所有权的价值形态和使用价值形态由内部的合一发展为外部的分离，即所有权的价值形式转化为股权，所有权的使用价值形态转化为物权，股权表现为原始产权，物权表现为法人产权，从而在客观上形成一种二元产权结构。表现在：（1）原始产权与法人产权有不同的主体和载体。原始产权的主体是股东，其载体是股票；法人产权的主体是银行的董事长，其载体则是银行的有形和无形资产，两者在法律上是明确无误的。（2）原始产权与法人产权具有各自独立的运动规律。股票作为有价证券成为独立的交易对象，其价格受各种因素的影响时刻在发生变化，从而产生一定的虚拟性和投机性；法人产权载体的物质性决定了其主要运动形式和规律是经营货币这一特殊商品，具有相对的稳定性。股票价格的变化一般不影响银行资产的实际运营，股票持有主体的变更也不影响法人产权独立行使权能。（3）原始产权与法人产权具有各自不同的收益，原始产权的收入形态主要是股息和红利；法人产权的收益形式是资产经营利润。（4）原始产权和法人产权具有各自独立的财产责任。原始产权的财产责任限于股份数额，股东只以其出资额对银行债务负有限责任，并且这种有限责任对股票持有主体来说是可变动的，一旦股票易手，就不再承担任何责任；而法人产权的财产责任则包括银行财产的经营风险和债务，在发生资不抵债或濒临破产的情况下，法人企业的全部财产都将列入抵补范围"。

1993 年 11 月，著名经济学家、中国社会科学院经济研究所所长董辅礽[1]

---

[1]　董辅礽（1927—2004），浙江宁波人，著名经济学家。1950 年毕业于武汉大学经济系，1957 年毕业于莫斯科国立经济学院，获副博士学位。曾任中国社会科学院经济研究所所长、全国人大财经委员会副主任委员。

在参加中国银行业改革与发展国际研讨会上做了《中国的银行制度改革——兼谈银行的股份制改革问题》的发言，发言经整理后发表在 1994 年第 1 期《经济研究》上。[①] 他认为我国金融体制的改革相较于中国经济体制改革的总进程以及市场经济发展的总要求，"过慢了、滞后了"。首先，作为中央银行的中国人民银行并没有真正发挥其应有的作用，缺乏制定和运用货币政策的独立性，机构设置臃肿；其次，专业银行作为中国银行业的中坚力量，存在着许多体制上的弊病，如股权结构单一、竞争机制缺乏等，不能适应市场经济的发展要求。因此专业银行必须改革成为市场经济中的商业银行。针对专业银行股权结构单一、组织机构臃肿的问题，董辅礽教授认为"要对专业银行的产权制度进行改革，即目前由国家占有专业银行全部资产的产权制度必须改革。可行的办法是把它们改革成股份制银行。在改革成股份制的银行后，银行的经营将受到股东董事会的约束，这样就可以摆脱政府对银行业务的干预，使银行与政府相分离，从而可以使银行具有独立性，能够自主经营。同时，由于实行了股份制以后，银行要对股东的投资承担责任，受到股东的监督，这也有助于银行转向仅以盈利为目标，改善经营管理，减少经营中的失误。目前的各专业银行都是规模很大的银行，遍布全国各个城市，改组为股份制银行时，由于原有的属于国家的资产为数庞大，要对其中某一个专业银行从总行到各分支机构全部同时实行股份制改造，则必须吸收庞大的社会资金才能建立适当的股权结构。这是很困难的。我认为，可以考虑将有的专业银行的下属分支银行中的一部分改组为地区性的股份制商业银行。将专业银行的总行改组为股份制银行，由总行对其下属的银行控股，这些下属银行可以吸收社会各方面的资金入股。在这四家专业银行中，中国银行和中国工商银行更便于先实行股份制改革。在将专业银行改革为股份制的商业银行后，银行的国有资产成为国家占有的股份。这部分股份如果由某个政府机构来作为股权的代表，仍容易使政府直接干预银行的业务，可以考虑由一些国有资产经营公司作为其股权代表，承担国有资产的保值、增值的责任。在实行股

---

① 董辅礽：《中国的银行制度改革——兼谈银行的股份制改革问题》，载《经济研究》，1994（1）。

份制改革后，政府和中央银行对这些银行的管理方式必须作相应的改变，不能继续作为政府的下属机构来对待，并运用指令性计划那种办法来管理"。

1999 年 9 月，《金融研究》杂志社组织部分专家学者就国有商业银行深化该问题进行探讨。西南财经大学中国金融研究中心主任曾康霖教授在研讨会上从现代企业制度的角度就股份制商业银行问题分析了商业银行改革。[①] 他指出"要把商业银行建立为现代企业制度，走'公司制'的道路，既可采取股份公司的形式，也可采取独资、合资等有限责任公司的形式。从产权制度来说，须比较独资制与股份制、民营制与国有制"。曾康霖教授进一步指出，"当代，商业银行多采用股份制组建，一些国家的银行法明确规定：只有以股份制组建的金融机构，才能称作商业银行，或者说能够称作商业银行的必须是股份有限公司和有限责任公司。这样规定的目的在于把商业银行确立为企业法人，而把商业银行确立为企业法人的意义是：（1）使商业银行能有独立的人格从事经营活动；（2）使商业银行能有独立的财产承担民事责任；（3）使商业银行必须按法定程序设立、运营、破产、清理。进一步说以股份制的方式组建商业银行，能使资本社会化、收益社会化、风险社会化和监督社会化，能使银行的资产所有权与使用权分离，在经营管理中推行委托代理制。资本社会化不仅表现在股份制商业银行的资本以股份形式定向募集或公开募集，而且表现在他们的股权能够上市转让，这样不仅可充分动员社会资本，而且可优化金融资源分配；收益社会化主要表现在股份制商业银行必须对股东派息分红和使每股资产的价值增值，也就是说必须给股东一定的回报，这样回报率的高低便成为社会检验商业银行业绩的尺度；风险社会化集中表现在以股份制组建的商业银行，它体现着利益共享、风险共担的原则，如果银行经营不善、资不抵债，则股东以其投资对商业银行的负债负责，这样能够分摊局部造成的困难，减轻社会震荡；监督社会化不仅表现在股份制商业银行必须接受股东代表大会、监事会的监督，而且表现在必须定期向社会公众公布财务状况和不定期地向股东公告重大事件，这样可以建立起有效的激励

---

① 曾康霖、丁宁宁、单丽蓉、王琦、唐小光：《进一步深化国有商业银行改革的探讨》，载《金融研究》，1999（9）。

机制和制约机制"。

曾康霖教授指出，"如果中国商业银行要按照股份制组织，则不仅在资本的筹集上实行股份制，而且在人事的安排上、业务的开展上和业绩的评定上都必须按股份制的机制运行。中国的现实是：原有的四大家国有专业银行是纯粹的全民所有制企业，十几家表明是股份制的商业银行更多地是以股份方式筹集资金而没有完全按股份制的机制运行，至今还带有几分机关的色彩。所以商业银行要不要采纳现代企业制度，不仅是体制问题，更重要的是运行机制"。

2002 年 5 月，著名经济学家、北京大学光华管理学院教授、博士生导师厉以宁[①]回顾了我国银行股份制改革问题的讨论历史，认为银行股份制改革受到社会环境的影响进展缓慢。[②] 随着中国加入世贸组织，金融也受到冲击，股份制改革被重新提上了议事日程。他说："国有独资商业银行进行股份制改革的必要性目前已经被多数人认识。归结起来，必要性在于：（1）只有进行股份制改革，使国有独资商业银行改制为多元投资主体组成的现代金融企业，才能实现政企分开，使商业银行按市场经济的要求经营，并能建立起促进效率增长的激励机制和防范风险的约束机制。（2）只有进行股份制改革，才能使国有独资商业银行充实资本金，并建立规范的资本金注入制度，从而将增加商业银行的竞争能力和抵御风险的能力，以应付日益激烈的竞争。（3）只有进行股份制改革，才能使改革后的商业银行建立健全法人治理结构，银行内部的管理才得以完善，各项制度才能被有效地执行，商业银行在国民经济发展中的作用才能充分发挥出来。"

那么究竟怎么推行国有独资商业银行的股份制改革呢？厉以宁教授认为，应该"根据每家银行的实际情况，各自采取'整体改制、分步到位'的做法"。具体就是，"商业银行在主要业务方面不要分拆或切块，而是采取整体

---

① 厉以宁（1930—）：江苏仪征人，教授、博士生导师、著名经济学家、中国经济学界泰斗。1951 年考入北京大学经济学系，现为北京大学社会科学学部主任、北京大学光华管理学院名誉院长、中国民生研究院学术委员会主任、中国企业发展研究中心名誉主任，第七、第八、第九届全国人大常委。

② 厉以宁：《对当前我国金融的一些看法》，载《湖南商学院学报》，2002（10）。

改制，分三步到位：第一步是改制为多元投资主体的有限责任公司，第二步是改制为投资主体更加多元化的股份有限公司，第三步是改制为上市公司。三步到位所需要的时间肯定会长一些，但这是必要的，匆忙地改制成上市公司的做法将会带来更多的问题。这三步中，最难的是迈出第一步，即寻找合作投资者共同组成有限责任公司。合作投资者不应是其他的国有独资商业银行，而应是非国有独资的商业银行、非银行的金融企业或非金融企业，包括工业、商业、交通运输等企业。这样组成的有限责任公司制的商业银行，相对于原有的国有独资商业银行而言，将是一个实质性的进展，并有助于接着采取整体改制的第二步、第三步"。

2003 年 12 月 29 日，中央财经大学金融系教授、博士生导师吴念鲁[1]在《金融时报》发表《积极推进国有商业银行股份制改造》的文章认为"股份制改造是国有独资商业银行改革的核心"。[2] 他认为，一个金融机构在发展的过程中，"如果能不断保持资本充足率，同时又有良好的公司治理结构，它将在未来的竞争中立于不败之地。为此，国有独资商业银行只有实行了股份制改造和公开在资本市场招股上市，才能有助于和较好地解决这两个关键问题"。他进一步指出国有商业银行的股份制改造要通过四步走才能实现：第一，再造商业银行的机构设置、组织架构和内控体系，强化激励和约束机制的作用；第二，改革单一的股权结构，吸引外资、民资等实现股权主体多元化，增加资本金，在此基础上建成一个"现代化、多元化的国有金融控股集团"；第三，"发行银行金融债券，通过发行债券来募集资本金，这种债券可以公开发行，并在二级市场流通，先在国内市场发行，而后也可到海外发行"；第四，在我国资本市场建设达到先进国家水平的前提下公开上市。

---

① 吴念鲁（1936—）：上海人，教授、博士生导师、国际金融学家，1960 年进入中国人民银行从事国际金融研究。历任中国银行总行国际金融研究所所长、中国国际金融学会副会长兼秘书长、中国银行卢森堡分行行长、中国金融学会常务理事，创办《国际金融研究》杂志并任主编。

② 吴念鲁：《积极推进国有商业银行股份制改造》，载《金融时报》，2003 年 12 月 29 日。

2005 年 3 月，时任中国银行业监督管理委员会纪委书记的胡怀邦①博士指出"通过股份制改造将国有商业银行建成真正的现代商业银行，是我国金融体制改革的重中之重"。② 他从完善国有商业银行产权结构，强化法人治理机制建设，稳步推进公开上市工作，加强法制建设，构建资本约束下的可持续稳健发展模式等角度，对我国国有商业银行改革的总体框架与战略部署做了论证。他指出，"经济金融体制的各个部门之间存在着所谓的'逻辑的一贯性'，改革是一项'系统工程'，必须在各个主要方面'配套地进行'，如果缺乏关于国有金融体制改革的整体设计与系统考虑，这种仅针对具体金融机构'一行一策'的改革方式可能将使改革方案的设计带有一定的局限性。特别是，当整个中国经济体制的渐进改革推进到目前阶段，国有独资商业银行、政策性银行、股份制商业银行、信托公司、证券公司、保险公司等各类金融机构的改革环环相扣，一环跟不上，其他方面的改革也难以进行。如果不对改革作出全面安排，必将影响整个金融乃至经济体制改革的顺利推进，延误改革时机，增加改革成本"。因此，我国金融体制的下一步改革就是在总结经验的基础上研究金融全球化背景下中国金融业的产业发展政策，"确定不同类型金融机构的改革模式及'改革路线图'"。

针对国有商业银行的改革问题，胡怀邦认为，首先，应该完善和合理界定国有商业银行的产权结构，"在国家控股的前提下，实现投资主体的多元化，将国有商业银行改造成国家控股的股份制商业银行"，"综合考虑国家的经济金融安全、国有金融体制整体改革目标、宏观经济管理体制、投融资体制、产业经济环境、吸引战略投资者的需要、公开上市的相关法律规定以及试点改革银行的现实发展情况等因素"来确定国家控股的具体份额。其次，"为避免国有商业银行再度出现股东主体缺位的问题，必须完善国有金融资产管理体制"。短期来看，"可以考虑实行'财政部国有金融资产管理中心——

---

① 胡怀邦（1955—），河南鹿邑人，经济学博士，国务院特殊津贴专家，现任国家开发银行党委书记、董事长。曾任陕西财经学院副院长、中国金融学院院长、中国人民银行成都分行副行长、西安分行行长、中国银监会纪委书记、交通银行董事长等职，公开发表学术论文 160 多篇，完成省部级科研项目 10 多项，多次荣获省部级以上的优秀科研成果奖。

② 胡怀邦：《进一步深化国有商业银行股份制改革的战略思考》，载《上海金融》，2005（3）。

汇金公司——国有股份制商业银行'与'财政部国有金融资产管理中心——国有金融企业'两种模式相结合的固有金融资产管理体制"。长期来看，可以考虑"按照'积极稳妥、有序推进、精简高效、权责统一'的原则，在《国有资产管理法》出台之后，遵照相关法律规定，将国有金融资产的管理纳入整个国有资产管理体系之内，统一行使所有者职能，并在一般国有资产管理与国有金融资产管理之间设立必要的防火墙。"最后，充分发挥战略投资者的作用。根据相关规定按照"合理设限、严格把关"的原则引入战略投资者。

　　商业银行股份制改革问题在我国加入世贸组织后成为金融界的重要课题，这其中的关键就是商业银行的产权制度问题。在新的经济环境和金融体制下，国有商业银行没有直接的经验可供借鉴，改革属于"摸着石头过河"，边摸索、边总结、边改革贯穿了我国商业银行股份制改革的全过程。加入世贸组织之前，我国的决策层已经开始在探索商业银行（专业银行）的产权制度改革问题，即1986年重新组建交通银行，1987年组建中信实业银行（现中信银行）、招商银行、深圳发展银行（现平安银行）和烟台、蚌埠两家住房储蓄银行，1988年组建广东发展银行和福建兴业银行，1992年成立中国光大银行、华夏银行，1993年成立浦东发展银行，1995年成立中国民生银行和海南发展银行（后被中国工商银行兼并），这些股份制商业银行的建立，一方面丰富了我国的商业银行机构体系，另一方面优化了我国的商业银行发展环境，培育了我国商业银行体内的竞争基因。然而，商业银行股份制改革研究在1997年之后才真正活跃开来，其重要标志就是1999年《金融研究》杂志主办了"进一步深化国有商业银行改革的探讨"座谈会。回过头来看那段历史，股份制恰恰是商业银行在面对激烈的内外部竞争和持续科学发展的自觉和共同选择。

（撰稿人：任传东　夏政　审稿人：缪明杨　曾康霖）

参考文献

［1］康有为：《理财救国论》，上海长兴书局，1913。

［2］谢霖、李微：《银行制度论》，中国图书公司和记发行所，1916。

［3］王建祖编译，吴宗焘增补：《银行学原理》，商务印书馆，1916。

［4］贾士毅：《民国财政史（上册）》，商务印书馆，1917。

［5］张嘉璈：《一年半来之中国银行》，载《银行周报》，1919 年第 3 卷第 14 号。

［6］于树德：《银行之合并与联合》，载《银行周报》，1919（12）。

［7］徐沧水：《银行组织上集中于扩张》，载《银行周报》，1921（1）。

［8］郑维钧：《论小银行联合组织之必要》，载《银行周报》，1921（11）。

［9］羲农：《银行合并问题》，载《银行周报》，1921（11）。

［10］徐钧溪：《最新银行论》，中华书局，1929。

［11］贾士毅：《国债与金融》第一编，商务印书馆，1930。

［12］梁钜文：《中央银行概论》，上海大东书局，1931。

［13］陈光甫：《论著：谈话录三十八（二十年十二月三十日行务会议）》，载《海光》，1932 年第 4 卷第 1 期。

［14］吴其祥：《中国银行制度》，上海大东书局，1933。

［15］吴承禧：《中国的银行》，商务印书馆，1934。

［16］孙祖荫：《各国中央银行比较论》，商务印书馆，1934。

［17］陈天表：《中央银行之理论与实务》，上海中华书局，1934。

［18］崔晓岑：《中央银行论》，商务印书馆，1935。

［19］余捷琼：《中国的新货币政策》，商务印书馆，1937。

［20］莫萱元：《战时金融政策》，正中书局，1938。

［21］姚曾荫：《战后银行组织问题》，国立中央研究院社会科学研究所，1940。

［22］刘泽霖：《银行国有论》，中国文化服务社，1947。

［23］上海商业储蓄银行：《陈光甫先生言论集》，商务印书馆，1949。

［24］陈光甫：《谣言感想录》，上海商业储蓄银行，1949。

［25］陈仰青：《关于国家银行的性质》，载《中国金融》，1953（21）。

［26］陈仰青：《关于新中国国家银行机能的变化问题》，载《中国金融》，1953（13）。

［27］江冬：《以乡建行的作用及乡银行的发展前途》，载《金融研究》，1958（4）。

［28］高翔：《论国家银行在社会主义建设中的作用》，载《经济研究》，1962。

［29］李成瑞、左春台：《社会主义银行工作》，中国财政经济出版社，1963。

［30］吴鼎昌：《中国新经济政策》，《中国近代史料丛刊》第73辑，台湾文海出版有限公司，1966。

［31］刘振东：《孔庸之先生讲演集》，台湾文海出版有限公司，1972。

［32］刘鸿儒：《社会主义的货币与银行问题》，中国财政经济出版社，1980。

［33］刘光第：《试论我国银行的性质和银行改革问题》，载《金融研究动态》，1980（1）。

［34］刘鸿儒：《发展商品经济与银行体制改革》，载《上海金融研究》，1980（5）。

［35］刘鸿儒：《关于我国社会主义银行的发展道路》，载《中央财政金融学院学报》，1984（4）。

［36］薛暮桥：《关于经济体制改革问题的探讨》，载《经济研究》，1980（6）。

［37］薛暮桥：《对银行工作的一些意见》，载《金融研究》，1981（4）。

［38］曾康霖、严毅：《从我国银行的地位作用谈财政金融体制改革》，载《金融研究动态》，1980（3）。

［39］曹凤岐：《社会主义银行是经济组织》，载《经济科学》，1980（8）。

［40］《大财政、小银行体制的初步分析》，载《金融研究动态》，1980（3）。

［41］喻瑞祥：《改革财政银行体制，充分发挥银行调节经济的作用》，载《金融研究》，1981（1）。

［42］刘光第：《试论我国银行的性质和银行改革的问题》，载《金融研究动态》，1980（5）。

［43］仲汾元：《银行体制改革的若干理论问题》，载《金融研究》，1981（1）。

［44］王克华：《我国银行体制改革初议》，载《财经问题研究》，1981（4）。

［45］李万成：《关于我国社会主义银行的体制问题（提要）》，载《广东金融研究》，1981（10）。

［46］宋汝纪、曹凤岐：《如何建立我国中央银行体制》，载《经济与管理研究》，1981（10）。

［47］李万成：《三论银行体制改革》，载《广东金融研究》，1982（6）。

［48］刘光第：《论我国银行体制的改革》，载《新疆社会科学》，1982（6）。

［49］魏盛鸿：《谈我国银行的存贷款关系》，载《金融研究》，1983（5）。

［50］刘鸿儒：《我国的银行改革问题》，载《财经理论与实践》，1983（6）。

［51］刘鸿儒：《关于中国人民银行专门行使中央银行职能的几个问题》，载《中国金融》，1983（6）。

［52］曹凤岐：《试论我国信贷资金来源与运用的关系》，载《金融研究》，1983（7）。

［53］人民银行上海市分行金融研究室：《金城银行史料》，上海人民出版社，1983。

［54］王克华、王佩真：《谈银行存款与贷款、信贷资金来源与运用之间的关系》，载《中国金融》，1984（1）。

［55］王润生：《在信贷资金运动中起决定作用的是贷款》，载《金融研究》，1984（4）。

［56］王隆昌：《论银行信贷的目标和合理规模》，载《金融研究》，1984（10）。

［57］赵海宽：《我国银行的体制改革》，载《金融研究》，1984（10）。

［58］唐传泗、黄汉民：《试论1927年以前的中国银行业》，载《中国近代经济史研究资料》，1985（4）。

［59］赵海宽：《论我国专业银行的企业化管理》，载《金融研究》，1985（10）。

［60］王克华：《再论银行信贷资金来源与运用的关系》，载《金融研究》，1986（4）。

［61］刘光第等：《关于金融体制改革的若干意见》，载《金融研究》，1986（10）。

［62］王志：《专业银行企业化尚非时日》，载《银行与企业》，1987（5）。

［63］吴书义：《专业"一行企业化尚非时日"之我见——兼与王志统一商榷》，载《银行与企业》，1987（9）。

［64］中国人民银行总行金融研究所金融历史研究室：《近代中国金融业管理》，人民出版社，1990。

［65］杜恂诚：《民族资本主义与旧中国政府（1840—1937）》，上海科学社会出版社，1991。

［66］中国银行、中国第二历史档案馆合编：《中国银行行史资料汇编》，档案出版社，1991。

［67］中国银行湖北省国际金融研究所课题组：《我国专业银行向商业银行的发展及中国银行转换机制问题的研究》，载《国际金融研究》，1993（9）。

［68］刘彪：《我国商业银行模式研究》，载《学术论坛》，1993（3）。

［69］董辅礽：《中国的银行制度改革——兼谈银行的股份制改革问题》，载《经济研究》，1994（1）。

［70］胡寄窗：《胡寄窗文集》，中国财政经济出版社，1995。

［71］马寅初：《马寅初全集》第二卷，浙江人民出版社，1999。

［72］曾康霖、丁宁宁、单丽蓉、王琦、唐小光：《进一步深化国有商业银行改革的探讨》，载《金融研究》，1999（9）。

［73］宋春舫：《上海商业储蓄银行二十年史初稿（二）》，载《档案与史学》，2000（2）。

［74］叶世昌：《中国古近代金融史》，复旦大学出版社，2001。

［75］袁远福、缪明杨：《中国金融简史》，中国金融出版社，2001。

［76］上海市档案馆：《陈光甫日记》，上海书店出版社，2002。

［77］厉以宁：《对当前我国金融的一些看法》，载《湖南商学院学报》，

2002（10）。

　　［78］吴念鲁：《积极推进国有商业银行股份制改造》，载《金融时报》，
2003 - 12 - 29。

　　［79］胡怀邦：《进一步深化国有商业银行股份制改革的战略思考》，载
《上海金融》，2005（3）。

第四章

百年中国证券业展业制度建设的
思想学说和主张

一、北洋政府时期我国证券市场制度建设及展业思想（1911—1926 年）

中国的证券及证券市场是自 19 世纪 40 年代后才产生，并于 19 世纪末 20 世纪初初步形成。而且，最早出现的证券是外国在华企业公司发行的外资证券，最早的证券交易也是外商之间的外资证券的买卖，之后才出现华商证券和华商证券交易。因此，中国证券市场一开始便存在华洋两个不同体系的市场，这正是旧中国社会性质的真实写照①。1911 年，辛亥革命爆发，开启了中国前所未有的社会变革。1912 年，北洋政府建立，民国时期建设和发展证券市场的历史由此展开。

（一）北洋政府时期我国证券市场发展概述

在股票方面，北洋政府时期证券交易市场承接了晚清的发展，突破"茶会"和"公会"的松散市场形势，步入有组织的债券交易时代。在此期间，

---

① 张春廷：《中国证券思想及证券市场研究》，复旦大学博士论文，2003。

中国工商业得到前所未有的发展，创办资本在万元以上的工矿企业达到1984家，创办新式银行311家，产业证券得到了广泛的认可，证券市场蓬勃发展。1914年，北洋政府颁布了《证券交易所法》，它是旧中国第一部关于证券交易所的立法，使得证券交易所以法律的形式予以承认和固定①。1918年，北京证券交易所正式开业，成为第一家中国自办、专营证券业务的交易所。1920年，上海华商证券交易所在原上海股票商业公会的基础上更名开业，它是一家中国人自己设立、专营各种有价证券买卖业务的交易所。北京、上海证券交易所的成立，标志着中国证券市场发展进入了交易所时代②。随着证券市场交易范围的逐步扩大，各地掀起了争设交易所和信托公司的热潮。到1921年，仅上海一地开设的交易所竟达140家之多，信托公司也有12家。股价在投机分子的操纵下，迅速飞涨，有的竟上涨了五六倍，此时正赶上第一次世界大战结束，外资也卷土重来，加入到疯狂的股市投资。1921年，银钱业为资金安全计，开始收缩资金，抽紧银根。投机者措手不及，资金周转不灵，告贷无门，破产者众多。市场反应先是股票价格大跌，后是交易所、信托公司大量倒闭，"信交风潮"由此爆发。之后，股票市场陷入低谷，市场投资方向转向债券。

在公债方面，北洋政府整个统治时期，枯竭的财政收入无法满足其巨额开支，惟有靠举借以维持苟延残喘的政权。1912年，袁世凯政府向英、法、德、俄、日"五国银行团"承借了臭名昭著的"善后大借款"，借款额高达2500万英镑，折合银元近20500万元③。1912—1926年，北洋政府先后举借外债387项，借款总额12亿多元，其中许多外债是由外国银行在市场上发行的金币公债。1914年第一次世界大战爆发后，国际资本市场开始走向低迷，北洋政府对前期所借款项屡屡不能按期偿还，更无举借新外债的希望，便转向国内改发公债。1912—1926年，政府先后发行公债7种，共计6.12多亿元。此外，还有各类短期库券1.08亿元以及名目繁多的地方公债。随着1921

---

① 王广谦：《中国证券市场》，50页，中国财政经济出版社，1991。
② 同①，53页。
③ 郑振龙：《中国证券发展简史》，经济科学出版社，2000。

年"信交风潮"过后，华商股票信誉扫地，无人问津，大量社会游资转向公债买卖，公债市场如鱼得水，后来居上。但是随着投机现象的日益严重，公债市场也风波迭起，较大的有 1924 年 8 月发生在京、沪两地证券交易所的"二四公债风波"和 1926 年 12 月的"二六公债风波"①。

（二）北洋政府时期我国证券市场思想的主体内容

戊戌变法的失败，证明资产阶级改良派的和平变革是一条不通的死胡同。此后，中国先进的爱国人士纷纷转向革命，民族资产阶级的中、下层迅速进入政治舞台，以孙中山为代表的资产阶级民主革命派的政治经济思想，逐渐成为社会思潮的主流。此外，资产阶级的改良派、政府官员和实业家也加入了证券市场建设的讨论之中。

1. 关于债券市场发展的讨论

北洋政府的统治进一步强化了我国半殖民地半封建社会的性质，是中国近代史上最混乱最黑暗的时期。政府的举债，一是滥借外债；二是滥发内债，并向银行滥借短期借款、发行国库证券，给国民经济的恢复带来巨大的阻碍②。这一时期的公债思想，主要是革命派引进西方资产阶级的公债思想，希望依靠经验的借鉴，完成国民经济的快速恢复。

（1）关于发行公债的讨论

梁启超认为，公债的用途有：①公债是最合适的保证金。这是由公债的本质所决定的，在公私交易中用公债结算，既可免除现金缴纳的麻烦，又不影响债券利息的收入，对借贷双方都有利。②公债最适合充当借贷抵押品。"欲发达国民生计，必赖银行；银行者，以借贷金钱为业者也，而贷金与人，例须索抵押之品……以公债为最良"。③公债最适合做公积金。国家的公积金是用来平衡财政收支、稳定经济的，不允许用来经营。如果换作现金，则大批现金不能投于生产领域，影响经济的发展。④公债最适合吸纳社会上的闲置资金。当时，银行与公债作为吸纳游资的手段，在银行信誉较低的情况下，

---

① 张春廷：《中国证券市场发展简史（民国时期）》，载《证券市场导报》，2001（5）。
② 郑振龙：《中国证券发展简史》，经济科学出版社，2000。

公债不失为一种使资金升值的巧妙手段。[①] 同时，他也提出内债发行必须遵循的原则：第一，由"自利"达到"利国"的原则；第二，"生计主义"原则。此外，内债发行还必须具备以下条件：①政府财政上之信用孚于其民；②公债行政纤悉周备；③广开公债利用之途；④有流通公债之机关；⑤多数人民有应募之资历[②]。

资产阶级革命家则从不同的侧面阐述了他们的思想。朱执信在谈到国家发行公债时曾说："凡论公债之结果，其最要之点，在其公债有生产的性质与否。其起债而为生产的者，为起业公债；非然者，则消费的公债也。"[③] 因此，他在看到公债在资本主义经济发展中的重要作用后，认为为经济发展而发行公债是可取的。

对此，实业家也有他们自己的认识。例如，实业家张謇就说过："用己之财则己之善，用人之财则人之善，知其未必善而必期其善，是在经营之致力矣"[④] 这就是说，借债经营虽然有一定的风险，但只要"经营致力"，有效地利用借来的资金，从事企业经营而能获利，仍是可行的。在封建文化的熏陶下，张謇的思想已经具有一定的进步性。

此外，政府官员也提出他们的看法。第一任财政部长熊希龄认为，民国初立，财政困难，中央既无涓滴之收入，借外债又有种种要求，因此他建议发行"国民公债"[⑤]。第二任财政部长周学熙特别强调债信，"顾国民无信公债之心，也乏通用公债之习惯，欲言募集，诚非易事。窃以为此时欲推行新债，须具备三种条件：一曰扩充流通公债之机关；二曰广求公债之用途；三曰确实公债之担保"。[⑥] 他认为三个条件都具备了，才能确定公债的发行目的、总量以及利率，也才能被国民所认可。第三任财政部长梁士诒将募集公债与财政联系在一起，认为公债的利益有几个方面：第一，就民生而言，人民购

---

① 苏新友：《梁启超公债思想微探》，载《中州学刊》，2007。
② 曾康霖、刘锡良、缪明杨：《百年中国金融思想学说史》第一卷，中国金融出版社，2011。
③ 朱执信：《朱执信集》上册，中华书局，1979。
④ 张謇：《大生崇明分厂十年事述》，《张季子九录·实业录》，卷五。
⑤ 《申报》1921 年 5 月 30 日。
⑥ 贾士毅：《民国财政史》上册，商务印书馆，1917。

买公债，既由国家拨款专储，本息不会稍久；第二，人民置产业必自储蓄开始，购买公债是最稳当、最方便的方式；第三，租税可以用债券抵押，公私周转两便；第四，购买债券时无需足款，而偿还本息时则要用足款来计算；第五，债券可以流通转卖，等于市面多了一种证券，有利于商业①。

由此可见，在发行公债问题上，理论界普遍是赞同的，其目的也主要是为了弥补财政赤字，刺激经济发展。公债的大量发行，客观上推动了我国近代证券市场的形成。但是，在实际运作中，借款用之于军政仍占了内债的一半，形成了国内军阀林立、国家动乱不安的局面，靠发行内债恢复经济的思想没有切实落实。

（2）关于如何利用外债的讨论

辛亥革命后，改良派领袖梁启超先后担任北京政府司法总长、币制局总裁和财政总长，他具有自己一套完整的外债思想体系，包括举借外债的原因、利弊、条件、原则、目的、方法等，现做简要归纳。举借外债原因论："我国之土地劳力皆居优胜，惟苦乏之资本。"借外债利弊论："外债之本性，无善无恶，其结果有善有恶，善恶之机，惟在举借外债之政府。"举借外债条件论：举借外债的第一个先决条件就是借债国必须政治修明，否则利用外资将变成消费外资。举借外债原则论：要遵循经济效益的原则、维护主权的原则和量力而行的原则。这一点比前人在此方面的思想有很大的突破。举借外债目的论：一是为了开发资源，振兴实业；二是为了完备金融，推进工商；三是为了增强国力，抵制外资。举借外债方法论：梁启超把外资吸入形式分为甲、乙、丙三种。其中甲种又分为外国公债和本国公债两类，两者合称为"由政府吸入外资"；乙种即"由财团法人吸入外资者"，也分为"地方财团之公债"和"公司之股份及借债"两类；丙种则是"外国人在内地投下资本，独立营业"。至于举借外债，他认为，"毋用商借，宁用官借"，"毋用借债于政府，不若借债于个人"。举债形式最好是发行普通的国债；其次是发行特别债券；再次由我国承受拟募公债，再向各国证券市场进行转募；最后的

---

① 凤岗：《三水梁燕孙先生年谱》（上）。

办法，才是委托外国银行公司代为募集。

资产阶级革命家孙中山是近代史上提倡开放主义、利用外资的集大成者。他反复论证了举借外债的必要性：第一，他指出在举借外债问题上的"荒岛孤人"的危害性；第二，他认为在民穷财尽的情况下发展实业，"款既筹不出"就需要借外债；第三，若要发展实业，时间又等不及，就不能不借用外债；第四，发展实业需要引进国外先进技术和机器设备，借用外才培养国内人才，就不能排斥外债[①]。同时，他也提出借用外债兴办实业需要注意几个原则：第一，借债分别向几个国家联系，不能集中于一个国家，以免被某一国所控制；第二，可按照借债合同，雇佣外国技术人员，此等人必须按合同履行义务，合同期满后是否继续留用，应由我国决定；第三，必选有利之途以吸收外资，以免不利于偿还；第四，经办借债人员必须具备有关知识，才不致受外国资本家的欺骗，这是举借外债能否成功的关键[②]。此外，他还主张最好不要向国外政府举债，而向外国资本家或国外公司举借[③]。对此，宋教仁也持赞同观点。

针对外债问题，实业家和政府官员也提出他们的思想和主张。张謇明确主张："外债可借。"[④] 但他同时指出，利用外债是很担风险的，所以他把"生利"明确作为借外债的前提，显然这也是他一般债务思想的具体化和发展。为了确保外债使用的经济效益，对外债资金的具体使用项目、使用者、使用方法在实践环节上进行比较严格的监督，并且要对待借贷者注重其担保品及其契约条件，不确定有把握，不轻准商人借用外债。唐暮潮也认为，国家的治本之策兴实业，兴实业的前提是必有资本，故"非借债不可，借外债而用于生产之途，借债越厚，而富国越速，投诸消费，则穷国速率也如此"[⑤]。

当然，关于外债，理论界也不是统一持肯定意见的。徐永祚就表示，"外债之利，为用之者可以发展其国势，增长其富力。外债之弊，为用之者不能

---

① 孙中山：《孙中山全集》第二卷，482 页，中华书局。
② 同①，322 页。
③ 同①，534 页。
④ 张謇：《大生崇明分厂十年事述》，《张季子九录·实业录》卷八。
⑤ 唐暮潮：《东三省实业公司致熊内阁函》，载《民国经世文编》。

履行偿还之义务，而至破产亡国①"。刘揆一的外债思想主要体现在他筹集外债的实践之中，他认为"抵押外债"弊端无穷。自清末以来，一些矿产丰富的省份都没有矿政局，各省皆"以矿山为利薮"，用矿山"抵押外债"的事层出不穷，营业上往往亏本累累。刘揆一对此弊病早有认识，并非常反对。

历史证明，这一时期的外债，一方面主要是靠出卖国家主权和人民利益取得的，借款的使用又在于扩大内战，镇压革命，充分体现了其反动性。另一方面，帝国主义通过对军阀政权的支持，扼住中国财政经济的命脉，巩固了在华的统治，使中国进一步殖民化②。虽然已经有一部分有识之士看到了事情的本质，但是无奈思想得不到支持，利用外债兴国的愿望也不能彻底实现。

2. 关于股票市场发展的讨论

北洋政府时期股票市场的发展可以分为两个阶段：第一阶段是稳步发展阶段（1911—1920）。主要是由于辛亥革命的胜利解除了许多封建束缚，传统观念得到了改变，创办实业才能走上富强之路的看法对人们形成巨大鼓舞。第二阶段是缓慢发展阶段（1921—1926）。由于机构的设立与商品经济发展相互脱节，1921年爆发了"信交风潮"，工厂利润下降，亏损倒闭连续不断，股票市场陷入低谷。

（1）关于近代股份公司不兴的原因讨论

从19世纪80年代官督商办的股份公司开始，到20世纪初的民族资产阶级股份公司兴起，股票市场得到了快速发展，但总的说来，我国近代股份制企业仍没有达到发达的程度，也没有达到近代思想家预期的富国强民的目的。这个问题，在理论界掀起一场探讨，究其原因主要有以下几点③：

第一，缺乏有效的内部治理机制。有学者认为我国股份公司的设立只是在形式上仿效西方的股份公司，但内部相互制衡的运作机制却没有学到，股东们对公司的经营并不真正关心，因而股东大会并没有发挥其最高权力机构

① 《东方杂志·内外日报》第10卷第5号。
② 郑振龙：《中国证券发展简史》，经济科学出版社，2000。
③ 刘国华：《近代中国股份制及股票市场思想研究》，内蒙古人民出版社，2003。

的作用①。薛福成认为股份公司不能发达的原因与董事的败德行为有关，他在《论公司不举之病》中认为，我们虽已模仿西洋股份之法并取得成效，但是依然"气不厚，势不雄，力不坚"。外洋公司之所以能兴盛是由于其"众志齐，章程密，禁约严，筹画精也"；但是中国却是"众志漓，章程舛，禁约弛，筹画疏"②。

第二，信息披露机制不完善。马寅初就指出，"中国公司素来严守秘密，不肯以内幕示人，故人亦不信之。彼如欲吸引投资，必须去此积习"③。"中国之公司，对于每年结账时，所有资产负债表不肯登诸报端，宣布大众，因此非但真实内容不得而知，即其大概情形，亦不易明白。所以局外之人，对于公司之股票，裹足不前，不愿接受矣"④。由此看出，马寅初认为信息的不公开，导致了公众不愿投资股份公司。

第三，不合理政策的诱导。官利制度就是公司对购买自己股票的人承诺每年回报固定的利息。这样做的利益在于：使新兴的股份制公司筹集到了资金。但是弊端在于：其一，加剧了企业的负担，尤其是在建设期更加剧了财务困难，好多企业因此而倒闭；其二，使我国的股票性质与西方的股票不同，严重违背了"风险共担、利益共享"的原则，具有了类似债券利息的性质。对此，梁启超在《敬告国中之谈实业者》也有深刻的论述，他认为官利的存在，使得我国公司缺乏资本积累，以及扩大生产的能力，"则公司事业安能扩充、基础安能稳固？"张謇在任北洋政府工商总长时，在颁布的工商法规中有一条保息条例，试图解决这种不合理现象。但迫于财政极度窘迫，政府无法拿出保息资金，遂计划未能实行。

第四，缺乏法律制度的有效保护。早在清朝末年，钟天维、陈炽和梁启超就讨论过关于股份制的法治问题。到了北洋政府时期，刘大钧认为，"我国工业所受法律之保障亦不充足，因法庭受社会习惯之影响，往往不能严格保

①　《中西公司异同说》，《申报》，1883 年 12 月 25 日。
②　薛福成：《庸庵海外文编》，卷三。
③　马寅初：《上海证券交易所有开拍产业证券行市之可能乎》，载《旧上海的证券交易所》。
④　马寅初：《吾国公司之弊病》，《马寅初演讲集》第二集，商务印书馆，1925。

障人民之财产故也"。董事、监事往往联合起来编制虚假报表，欺瞒股东，但"即或有违法举动，经人检举，除非案情重大，证据确凿，亦多以和解了事，且和解办法，往往因人而异。如原告股东为有权势之人，则所损失之资金可望十足偿还，而其他股东则不能享受同一之待遇"[1]。

第五，缺乏有责任心的企业家人才。马寅初指出，股份公司的创办人缺乏经营才能、缺乏责任心及股东缺乏对公司应负有的责任心是造成股份制公司失败的原因之一[2]。梁启超则细致分析了股东缺乏责任心的具体原因：其一，由于股权的极度分散，股东都是一些小股东，造成股东对公司资产的运作情况不甚关心。其二，由于官利制度的存在，股东们安于获得每年的高额官利，而不去顾及公司的实际经营状况。其三，股东们对创办公司目的的错误认识。公司成立时，其动机往往不是为了获取盈利，而是基于挽回国权。此外，何廉指出我国股份制之所以不能推行，是"因商人缺乏合作之能力，不能和衷共济，互相信任"，这样做一方面是由于中国人不认真对待集自他人的资本，另一方面中国人自己的资本也不放心交给别人经营[3]。

由此可见，我国近代理论界关于股份制不发达的讨论还是比较全面的，既和当时的社会经济条件有关，又和中国传统的思想及习惯有关。在总结前人经验的基础上，我国股份制企业的发展迎来春天，直到"信交风潮"爆发后，证券市场才又走向低迷。

（2）关于建立证券交易所的讨论

早在19世纪末期，一些外商就在上海开设"上海股份公所"，专门从事外国股票的交易业务。股票交易的扩大、民族工业的发展、外商对交易所的垄断，激起了国内人士开办中国自己的交易所的强烈愿望[4]。

早在1904年前后，梁启超率先提出创设股份懋迁公司（即证券交易所）。他在《再论筹还国债》中首次提出这一观点，不过他是从公债的角度出发提

① 刘大钧：《工业化与中国工业建设》，商务印书馆，1946。
② 马寅初：《吾国公司之弊病》，《马寅初演讲集》第二集，商务印书馆，1925。
③ 何廉：《中国今日之经济根本问题》，载《中国经济研究》（上），商务印书馆，1938。
④ 郑振龙：《中国证券发展简史》，127页，经济科学出版社，2000。

出来的，并提出股份懋迁公司的十二条利益。此后，他在《敬告国中之谈实业者》中对此进行更加详细的论述，"股份有限责任公司必赖有种种机关与之相辅，中国则此种机关全缺也"①。这里所说的机关，指的是股份懋迁公司和银行，这两种机关都能便利于股票的发行工作，股份懋迁公司便于股票的流通买卖、银行便于股票的抵押。这样健全的证券市场，不但使股份公司易于设立，而且众股东还可以通过二级市场简单快捷地选择自己信任的公司进行投资，或是在急需时变现②。

辛亥革命爆发后不久，孙中山在归国途中便做了一个估计，"中国今日非五万万不能建设裕如"③。他希望能通过经营综合性交易所来为革命筹集资金。1916年冬季，孙中山联合巨商虞洽卿向北京农商部呈文称，"鉴于上海有设立交易所之必要，并知我不自设，外人将有越俎代我设立之势，反客为主，主权尽失，将来商业枢纽，全为外国所操纵，故将组织成立上海交易所股份有限公司，拟具章程并说明书，呈请农商部核准，以便集股合办"。他们竭力主张自己合办物品、证券交易一项，是担心我国的商业主权被外人操纵，进而整个经济金融、国家主权都被外人操纵。

对此，王恩良也表达了相似的观点，"畴昔吾国股份有限公司之所以不能发达，其大原因实以股票不能流通于市面耳。惟其不能流通，故募股份极为困难，盖商人以流通资本为第一要义。……若以活动之资本，购不流通之股票，则不如购不动产之较为稳妥矣。如有交易所设立，则股票有流通之机关，而股份公司亦随之发达④"。这里，王恩良指出了国人自办交易所对实业的发达具有辅助之效，同时也可以避免外人的侵入。

在国内人士的不断努力之下，1918年，我国第一家证券交易所——北平证券交易所正式成立。1920年，上海华商证券交易所也宣布开业。这就为证券的发行和流通创造了物质基础，中国证券市场也开始走向规范化发展。

① 梁启超：《敬告国中之谈实业者》，摘自《饮冰室合集·文集》卷21。
② 刘国华：《近代中国股份制及股票市场思想研究》，内蒙古人民出版社，2003。
③ 陈忠：《中国股市风云录》，上海交通大学出版社，1993。
④ 王恩良：《交易所大全》。

（3）关于投资、投机与赌博的认识

1921 年，股票市场爆发了"信交风潮"，引起当时理论界的普遍关注，并掀起一场关于"股票市场过度投机"的讨论。

理论界普遍认为，证券市场中投机的存在是正常的，对于正常的投机活动是不应加以取缔的。杨荫溥就认为，投机是"为预测将来货物市价之涨落，冒险实做买卖，以谋获取利益之企图也"[1]。投机有广义和狭义两种解释：广义的解释就是凡一切冒危险以取得利益的交易均属于投机；狭义的解释就是利用财产市价变动之机，以少数的资金缔结契约，待价格有涨落时，双方仅收付其差金，而不必一定交付现货。对此，陈琪翔也持相似的观点，他认为如果证券市场中没有投机活动的余地，则证券市场的功能就不能圆满发挥。对于证券市场而言，正确对待投机的态度，既不要一味地强调投机所带来的弊端，也不要一味着眼于其可能引起的有利的后果，应是如何预防"疯狂投机"所可能引起的风潮，如何促使投资行动与投机活动获得适宜的比例[2]。

对于投资与投机的关系，理论界也进行了详细的分析。周沈刚认为，投资就是购得某公司股票后，不急于出售而是以取得此股票之收益为主旨，所以它的性质无异于以固有的财产变形为有价证券，该股股价一时的涨落对其收益无丝毫的影响。投机则只是为了博取股价波动带来的利差，其最大的作用在于能以少数的资金购买数倍的股票。杨荫溥赞同这样的观点[3]。朱斯煌则对于投资、投机的说法比较具体明确。他认为，要区别投资和投机就要注重以下几点：①投资者和投机者在"经营标的上智识程序之高低"不同；②投资者与投机者的冒险程度不同，投资者的冒险程度自然要低一些；③投资者与投机者的利息收益高低不同；④投资者与投机者的目标不同；⑤投资者多为有相当资金的实力派，而投机者多为非实力派[4]。

关于投机与赌博的关系，周沈刚与杨荫溥均认为，投机与赌博有着本质

---

① 杨荫溥：《中国交易所论》，商务印书馆，1930。
② 陈琪翔：《投资投机与证券市场》，上海证券交易所调查研究处，《证券市场》，1946 年 1 卷第 1 期。
③ 同①。
④ 朱斯煌：《投资与投机》，《银行周报》，第 1248 期、1249 期合刊。

的区别：第一，投机是根据经验及知识预测市价未来是涨落，从中获得利差收益的谋利行为，而赌博则是根据偶然发生的事件来确定金钱授受的行为；第二，赌博的胜败之数纯属自然，而投机的胜败是以判断力的优劣而定；第三，赌博的损益额是个定数，而投机的损益程度不可预计；第四，赌博的胜负是不能以推理来判断的，而投机则可以由经验研究、经济知识与其他的理由来判断。左宗轮则列举、评论了关于投机与赌博关系的数种说法，将投机与赌博的区别表述为：第一，投机以获得货物价格变动的差利为目的，而赌博则是专利他人之损失；第二，赌博者，危险之创造也，投机者，危险之创造兼其移转者也；第三，投机交易为生产的，赌博为非生产的[①]。马寅初在批驳"交易所是个大赌场"的观点时指出：赌博是先赌，而后分输赢，所以说输赢是人为造出来的，是可以免除的，与生计界毫无关系。但是物价的变动是不能造出来的，它的涨落是出于自然的，有人愿意负担风险，就应该有所报酬[②]。

"信交风潮"的发生，涉及的原因虽多，但最根本的还是由于监管的力度不够，可以说，在当时的情势下，根本就没有监管。不能因为股票市场存在投机性，就对其彻底否定，因噎废食。交易所和信托公司这类金融机构，如果善加利用，则可助长市面的繁荣，但若运用不当，其兴风作浪，危害无穷[③]。

（三）北洋政府时期我国证券市场思想的简要评析

如上文所述，北洋政府时期的证券市场是在极其复杂的社会背景下产生的：首先，在华外国股票的买卖早于中国；其次，中国自己的华商股票发行和买卖晚于在华外商许多年；再次，民间对建立证券市场的积极性远高于历届政府；最后，除中国自己的证券交易所外，长期存在外国在华证券交易所，

---

① 卢文莹：《中国公债学说精要》，复旦大学出版社，2004。
② 马寅初：《马寅初全集》第一卷，浙江人民出版社，1999。
③ 刘国华：《近代中国股份制及股票市场思想研究》，内蒙古人民出版社，2003。

而且不止一家①。

在这样的社会背景下，证券市场思想的发展也具有自己的特点：第一，这一时期的证券思想多带有"振兴中华，抵制侵略"的特点，这也是由于特殊的社会背景造成的。以"外洋之资"创"我国之利"，以"我国之力"抵"外国之侵"，成为这一时期证券市场思想的典型代表。第二，一定程度上刺激了我国股份制公司的发展，也为政府筹得一定量的建设经费。北洋政府初期，经济萎靡，财政匮乏，理论界的思想扩展了人们对于证券市场的认识，为证券市场的建设奠定了思想基础。第三，证券交易所的建立，扩展了债券和股票的流通渠道，标志着中国证券市场进入了有组织的证券交易所时代。

当然，在这其中也暴露出一些问题：首先，借鉴和引进国外资产阶级的思想比较多。以资产阶级民主革命派为代表的主流思想，普遍受到国外资产阶级的熏陶，缺乏一定的创新性。其次，思想的提出与制度的实践存在偏差。公债市场与股票市场的建立，本意是为了加强经济建设，发展民族产业，但实际上却加重了人民负担，并助长了投机行为，引发"信交风潮"。再次，中国证券交易所法的颁布和证券交易所的成立过于缓慢，千呼万唤，迟迟难产。一方面，是因为国人在问题的认识上有一定的滞后性；另一方面，政权的腐朽也延缓了改革的步伐。

二、国民政府时期我国证券市场制度建设及展业思想（1927—1948 年）

中华民国南京政府时期，中国社会处在一个急剧动荡变化的时代，也是中国证券市场发展演变最复杂的时期。南京政府成立后，先后实行了一系列的经济金融变革，其中，整顿财政、发行公债、改革币制和着手建立国家垄断金融体系以及开展国民经济建设运动等措施，对中国证券市场的发展最为深远。此外，国民政府时期，也是中国共产党领导的新民主主义经济产生、

---

① 朱荫贵：《试论近代中国证券市场的特点》，载《经济研究》，2008。

发展和壮大的时期，在根据地和解放区出现过证券活动，这些证券活动也是该期中国证券市场发展史不可或缺的一部分①。

（一）国民政府时期我国证券市场发展概述

这一时期的证券市场，可以从国民政府时期和新民主主义革命时期两个角度加以总结。

1. 国民政府时期证券市场发展概述

在公债方面，其发展历程又可分为以下三个阶段：第一阶段，南京国民政府初期（1927—1937 年）。这一时期，以蒋介石为首的国民党政府与国内金融资产阶级互相配合，接连不断地大量发行国内公债，既为反动政府发动内战筹集了大量资金，也使金融资本家及投机商获得丰厚的利润。在这十年间，共发行约 25 亿元内债，1932 年整理前的五年发行了 10 亿多元，整理后发行了约 15 亿元②。至于外债，主要是对旧债采取全面承认的态度并加以整理，但新借外债不多，这就使得财政压力倍增。第二阶段，国民党政府抗战时期（1937—1945 年）。这一时期，国民党政府将沿河、沿海的关税和盐税都丧失了，财政万分困难。为应付庞大的军费开支，国民党政府除借内债外，还开始大量借外债。八年抗战期间，我国共借外债 14 笔，金额 9.26 余亿美元和 0.58 亿英镑；发行内债 18 种，就其数额而言，法币公债 150 余亿元，美金、外币公债折成美元达 3.3 亿元，还有大量的粮食公债 75840339 市石，成为中国历史上发行数量最大、发行方式最乱的内债。第三阶段，国民政府崩溃时期（1945—1949 年）。为了弥补这段时间严重的财政赤字，国民党政府一方面加强了税收搜刮，并发行金圆券；另一方面向美国大量借款，并继续滥发内债。这就加剧了当时的社会矛盾，使国民党政府财政走向崩溃③。

在股票方面，继"信交风潮"爆发后，世界经济也陷入较大的危机，加之四大家族对国民经济的垄断和控制，国民党统治区的经济日渐衰退。除洋

---

① 张春廷：《中国证券思想及证券市场研究》，复旦大学博士论文，2003。

② 刘志英：《近代上海华商证券市场研究》，学林出版社，2004。

③ 郑振龙：《中国证券发展简史》，经济科学出版社，2000。

人、大官僚和知名度较高的社会名流之外，一般很难利用市场发行证券、筹集资金。1937 年抗日战争爆发后，战前盛极一时的政府公债交易渐趋冷落，而沉寂了 20 多年的企业股票交易却因缘逢时，逐渐兴盛，进入畸形发展的"黄金时代"，从实践上完成了从战前政府公债向企业股票为主的产业证券交易的转型。战后重新成立的上海证券交易所与天津证券交易所，无一例外地将企业股票作为主要交易品种，成为名副其实的产业证券市场①。到 1947 年底，上市股票增加到 32 种，实际参加交易的经纪人 210 家，其中个人经纪人 160 家，法人经纪人 50 家，法人经纪人中外商 7 家。1948 年，上海金融市场受到国内政治形势的冲击，股票交易一蹶不振，旧中国半殖民地半封建的证券市场从此结束②。

2. 新民主主义革命时期证券市场发展概述

南京政府执政期间，也是中国共产党领导的新民主主义革命时期。这一时期，革命党人在根据地和解放区对证券市场进行了有益的尝试。

首先，公债是根据地、解放区筹措革命战争经费和经济建设资金的重要渠道。其间先后发行 69 种公债，其中用于支援革命战争的 34 种，用于经济建设的 20 种，用于赈灾等方面的 4 种。其次，发行股票是根据地组织银行、合作社和公营企业资金来源的重要手段。随着各种合作社和苏维埃银行的建立和运行，各地发行了不同种类的股票，如生产合作股票、消费合作股票、粮食合作股票、银行股票、信用合作社股票等③。最后，抗日根据地和解放区内，还存在私有股份制企业，他们也发行一部分股票，虽不能流通，但并不影响对根据地、解放区证券活动的肯定④。

（二）国民政府时期我国证券市场思想的主体内容

经历了历史上长期的证券市场实践，到了国民政府时期，我国理论界的

---

① 刘志英：《近代中国华商证券市场研究》，中国社会科学出版社，2011。

② 郑振龙：《中国证券发展简史》，经济科学出版社，2000。

③ 何伟福：《中国革命根据地票据研究》，人民出版社，2012。

④ 中国人民银行金融研究所、财政部财政科学研究所：《中国革命根据地货币》，文物出版社，1982。

思想更加广泛、丰富，对证券市场的认识也更加具体、深刻。此时的证券思想，不再是对国外资产阶级的盲目引进，而是更多地结合了本土的实际情况；在讨论的问题上，也不再是对是否采用股份制、政府是否要举借外债等进行争论，而是更多从宏观调控和制度设计上进行研究和改进。

1. 关于债券市场发展的讨论

这一时期的公债思想，一方面是对上一时期（北洋政府时期）的宣传和补充，另一方面是对现实公债问题的研究和探索。其间，财政等方面的专著层出不穷，都涉及公债问题。其对公债的认识，在某些方面的深度和广度都是前所难及的。

（1）关于公债利弊的讨论

关于公债的益处，程文蔼总结了三条：第一，资本增加，商业可以繁盛。第二，同时可以促进农工实业。第三，市场的利率，因资本供给增加而低落。最重要的一点在于公债能否善用，如战争的突然爆发，事业的兴起，都可以用公债作为一时的周转，这样做的结果，将来得益自不待言。当然，凡事有利弊，公债也是如此，他总结了公债的以下弊端：第一，自一般人民所征收而来的租税，以充公债利息之财源，结果徒使都市富有，而农村反形凋敝。第二，公债与纸币驱逐硬货于流通市场之外，使粮食与劳银腾贵。第三，因付公债利息而征收租税，其结果必使劳银增高。第四，公债向外国人募集，如同每年对外纳贡，增加国民的负担。第五，公债的所有者，大部分是不劳而获者。所以他提出，公债的发行要限于：①国家为永久改良时；②偿还旧债时；③一国危急存亡时；④非常紧急时①。

经济学家马寅初则是从内外债利弊的角度进行了分析。他认为，"国内资本缺乏"，"如不用外资而有待于人民之储蓄，及至有资可用，不知在何年何月"。否则"惟有抱定牺牲精神，实行强迫储蓄，节省日常消费，降低生活程度，至若中国大多数人，已为牛马生活，安能再有储蓄，故中国是否能利用外资，尚属疑问"。"故在原则上，欲使中国经济与先进各国平衡，自非利用

---

① 卢文莹：《中国公债学说精要》，复旦大学出版社，2004。

外资不可"。他还说："如果能善于利用外资，不但可以挽回利权，还可以发展国家资本。①"他列举了加拿大和德国，"此两国者可谓利用外资之先例，亦可谓利用外资以臻于国际平衡者"。② 可见，马寅初一方面从利用内资的困难程度论证了利用外资的必要性；另一方面又以国外的成功经验作为利用外资的佐证。此外，吴景超也分析了战后举借外债的问题③。

（2）关于举借公债方式的讨论

1928年，宋子文出任南京国民政府财政部长，在整理政府财政中，他的公债思想逐渐形成。其主要内容有三：第一，发行公债纳入法制轨道；第二，维护公债信用；第三，借助银行、证券市场，建立公债金融市场。他主张设立预算制度，对永无止境军费开支有所约束，用发行公债弥补财政赤字也就有个限度。并于1929年4月颁布《公债法原则》，对募集公债的用途做了规定，强调公债用途的生产性。此外，他还主张先通过整理内外债恢复债信，再通过建立公债担保基金巩固债信。新政府每发行一种公债，都有确定的新税作担保，而且这些担保基金还在以银行家、工商业资本家占多数的基金保管委员会的监督之下。具体来讲，他主张政府公债在正式发行之前存入银行作抵押，以此从银行取得相当存入银行债券票面额的50%的现款，待公债上市后，视公债行情结价。这样的话，一头有高利率、高折扣、购者踊跃，发行无虞；另一头以公债二级市场行情进行结价，并允许抵押公债在市场买卖，投机盛行，开辟公债金融市场的目的也达到了④。

1933年，孔祥熙接替宋子文出任中央银行总裁和财政部长，主掌南京国民政府的财政金融。他的公债思想是建立在他的赤字财政之上的，与宋子文的公债思想有较大区别。他在发表财政部长就职演说中公开他的这一财政方针："保证尽最大努力筹集所需经费。平衡预算固然重要，但剿共胜利比保持预算平衡更为重要。"⑤ 而他的赤字财政政策的落脚点除了征集附加税外，主

① 马寅初：《马寅初经济论文选集》（上册），北京大学出版社，1981。
② 马寅初：《中国经济改造》（下册），商务印书馆，1935。
③ 卢文莹：《中国公债学说精要》，复旦大学出版社，2004。
④ 张春廷：《中国证券思想及证券市场研究》，复旦大学博士论文，2003。
⑤ 《密勒氏评论报》，1933年11月11日。

要是大规模举借外债。这就意味着，他要与宋子文紧缩开支的财政预算平衡政策完全决裂。仅 1934 年，中央银行持有的公债增加到一亿七千三百八十万元[1]。此外，他也十分注重公债的债信问题，但是，在当时那个税收增加永远赶不上支出需要的年代，维护债信似乎是不可能的事。所以，他仍然是打的"整理公债"这张牌，所不同的是，他的整理公债的范围和减息展期更加一劳永逸[2]。

对此，程文蔼也给出了几点建议：第一，公债的履行义务不能强制。国家对公债条件应竭力履行，维持其信用，不得以其无强制履行义务，而不顾及国家信用。第二，公债作为国家的债务，其债务时期的保障以国家的存在时期为准。第三，公债从原则上讲不用担保。第四，公债有时可以利用国家权能，或激发爱国人士应募，但公债的应募不应强迫。第五，财政应公开让人民知道国家的偿债能力。第六，国家向公众募集公债，做募集的时候，就要做好偿还的准备。第七，公债的债务者为一人，即国家或足以代表国家的统治团体，而债权者为多数的人民[3]。

关于战后举借外债的方式，吴景超提出了自己的看法：第一，经济建设必须有一个通盘的计划。第二，借用外债必须珍惜运用，不使浪费。第三，战后外债的借贷，不宜再蹈战前的覆辙，以其一铁路的路权，或某一工矿事业的收益，或某一种税收为借款抵押。第四，战后利用外资，一部分当为短期借款，此项借款最好不作长期建设的用途。第五，为谋战后大量吸引外资，并为使其运用适宜计，应迅速成立统筹举借外债的机构[4]。

此外，新民主主义革命家也有自己的创新思想。在革命战争时期，经历了国民党连续不断的"围剿"和经济封锁后，革命根据地财政经济更加困难，尤其突出的是粮食供应问题。邓子恢认为政府财政部门应该以适当高于市价的议定粮价，以谷折价交纳现款，然后用这笔资金购进粮食。这样，既征到了粮食，农民也乐意接受，又不致让投机商人从中渔利。邓子恢创造性地采

---

① 《财政部民国二十一年二十三年度财政报告》。
② 张春廷：《中国证券思想及证券市场研究》，复旦大学博士论文，2003。
③ 卢文莹：《中国公债学说精要》，188～190页，复旦大学出版社，2004。
④ 同③，206～207页。

取了实物公债的做法，完全是出于高度的革命责任感和强烈的群众观点，虽然有些措施在实践过程中不是那么完美，但毕竟收到了一定效果。根据地的这种公债思想和政策，可以说是新中国成立后折实公债的雏形①。

（3）关于公债政策的批判

关于自辛亥革命以来的公债，程文蔼指出，"对于国家财政困难，举债以应急需，自无不可。但所借者须用于生产之途，而不应用于消费之需。或财力不佳，暂借短期借款也未尝不可。募集公债以应国家之急需，为财政上之手段，已成财政学上不磨之原理。但流于滥则不行"。北洋时期政府虽然间有预算发表，但大都因官制法令时有变更，往往与实际支出不能相符。

陈光甫在南京国民政府成立时，出任江苏兼上海财政委员会主任，为新政府极力推销公债，但他实际上是反对新政府这种做法的。他认为："我国工商业之资本，长患不足，不能应付市面之变迁。"② 因此，他反对政府发行用于军事等非生产用途的公债，更反对政府推销公债。他认为："借款与政府，未必即为爱国，借款与爱国，原为两事，决无因其不能维护政府经费，即低为不爱国也。盖政府经费，应有预算，量入为出，何能借债度日，首队前往欧美各国考察实业情形，觉各国皆无此种状况。"③

抗战胜利后，国民政府对外靠美援，对内则靠发行天文数字的法币与金圆券来对人民进行剥削。1947 年 3 月，马寅初评美金债券金圆券的发行时认为，美金债券的发行，简而言之，有两个好处：第一，已经冻结的金钞有了出路；第二，库券可以收缩通货，物价可保平稳。但是相较其好处，金圆券的弊病更为众多。对此，他总结了七条弊病后又推之为一般，指出一般公债的流弊：第一，政府须按期付息，增加财政负担。第二，政府须到期还本，其负担最终将加于国人或子孙头上。第三，公债持有人视公债为财产，可以用于向银行抵押借款，则银行已收回之法币仍有流出之可能，政府之强制发

---

① 何伟福：《中国革命根据地票据研究》，人民出版社，2012。

② 陈光甫：《二十一年一月二十日行务会议陈先生致辞摘要》，《陈光甫先生言论集》，1949，上海商业储蓄银行内部出版。

③ 陈光甫：《一九二七年的上海商业联合会》，上海人民出版社，1983。

行公债等于徒劳。所以，他建议用资本税代替公债①。

对此，新民主主义革命思想家也表达了自己的看法。许涤新指出，战时的公债在人民间还未建立其信用，银行从政府分配所得的公债只到银行为止，它们并没有散到民间去。因此所谓举募公债，实际上不外是政府的公债和银行的通货对换而已。这样一来，"银行便吃饱了公债，而社会便吃饱了通货了"②。所以，在筹资原则上，他的观点是："我们仍不能离开自力更生为主的原则，但不幸的是，目下有不少人却把视线集中在外资上，却把希望完全寄托在友邦身上。我们的政策是……以自力更生为主，而以争取外援为辅。"③

陈岱孙针对国民政府整理旧债的种种弊端，提出己见：第一，外债问题应该由全国经济委员会负责处理；第二，外债的对外交涉，应分别就其性质来源、用途及数额，与债权人商酌偿付办法，并就我国的财政与经济状况，与之公开谈判；第三，事业借款的偿还，必须从事业本身着想，拨用款项以解决时下急需。根本办法，在于改良事业组织，引用确当的人才④。

千家驹研究了国民政府时期公债的演变历程后，指出这一时期公债给予中国经济的破坏作用：第一，助长国民党政府进行内战，屠杀人民；第二，养肥了金融资产阶级；第三，国民党政府利用公债发行扩大了四大家族的金融势力，建立了以蒋介石为首的封建买办金融垄断资本；第四，利用公债，发行不兑现的纸币，加紧搜刮人民；第五，利用公债来做投机，驱使社会所有流动资金于公债赌博，扼杀了产业资本⑤。

2. 关于股票市场发展的讨论

这一时期关于股票市场的讨论，主要集中在理论问题的深化及监管制度的规范，并对证券市场的建设提出更多的观点和认识。

（1）关于股票交易不兴的认识

"溯自民八直至民二十六年，证券交易市场成交证券百分之九十八以上，

① 卢文莹：《中国公债学说精要》，复旦大学出版社，2004。
② 许涤新：《中国的经济道路》，生活书店，1946。
③ 同②。
④ 同①。
⑤ 千家驹：《旧中国公债史资料》，中华书局，1984。

均为政府发行的各种公债"①，而股票只是被当作一种陪衬。这种现象引起理论界的广泛关注，并总结了以下原因：

第一，市场规模不够大。杨荫溥在《中国之证券市场》一文中认为，现在我国的公司事业还不够发达，所以股票的流通数额较少。对于那些业绩较好的公司，其股票隐藏于股东手中不愿出手，因此价格稳定，难于面市；对于那些业绩不好而信用较差者，股价虽然不高，但由于其风险巨大，很少有人过问②。陈绩孙也认为，公司的主持者大都拘泥于旧习，不愿予交易所以协助，遇有询问不得要领。而且羞于公开委托，这就造成范围日益狭，流通日益微。此外，投资者当初入股时，都是亲友介绍，对公司的情况漠不关心，也不以投资股票作为融通的工具。

第二，上市公司信息不公开。马寅初在《上海证券交易所有开拍产业证券行市之可能乎》一文中认为，公司出于旧习，不肯将信息披露，以昭大信，是股票交易不兴的原因。他表示，公司"应去其为己，尽其在己，开诚布公，揭示内幕，引起社会人士对于公司之信仰斯可矣。商战与兵战不同，所谓战不厌诈，只能用于兵战；商战应讲信用，不尚诈术。公司除技术上不能不守秘密外，其他各组织管理财产账目等等，均不妨尽情宣布，以昭大信也③"。

第三，政治上的原因。俞寰澄在《民元来我国之证券交易》一文中指出，目前股票交易进一步退两步的原因是：第一，国内政治不安定，工商实业得不到发展，股票也自然因此而不得发展。在战事纷纷中，工商业即使得到发展，也是畸形的繁荣。第二，政治上没有走上民主的道路。这是因为，没有资本式的民主政体，就不会造成资本制度。而我国的政治总脱离不了封建家长制，在此之下，只配有手工业、家庭工业，而不可能有大规模的工业化。

（2）关于证券交易所的认识

19世纪三四十年代，中国战乱不断，政府公债几乎停顿，黄金外汇受到管制，通货膨胀严重，物价飞涨，此时与商品紧密相连的公司股票反而受到

---

① 陈绩孙：《上海证券市场沿革及其业务变迁概略》，载《旧上海的证券交易所》。
② 《东方杂志》第27卷第20号，1930年12月25日。
③ 马寅初：《上海证券交易所有开拍产业证券行市之可能乎》，载《旧上海的证券交易所》。

市场青睐，因为购买股票可使货币保值、增值。这时的证券交易所思想成为当时证券思想的主要内容①。

关于对交易所功能的认识，王恩良指出，交易所的功能为：①设立证券交易所，股票就有了流通的机关，这既便于股份公司募股又便于资本的流动；②通过股票市价的涨落波动，能看出公司营业的兴衰，这就可以指导投资者的投资方向。对此，冯子明也持相似观点。他认为，交易所实为企业集中投资的机关，工商业的发达，多赖交易所的辅助，而交易所事业的发达，亦必以工商业为后盾，两者关系密切，必须相互为用②。

吴景超则比较注重发挥证券市场的融资职能。他认为："一个企业家在创立生产事业的时候，需要金融机关替他承销股票及债务。这种代表长期投资的证券，现在还没有银行来承受，以致有事业心的人，在他创业的时候，资本的筹集便是一大难题。"③ 此外，他还希望政府建立产业股票交易所，为工业资本提供更多的来源和流动。他指出："现在的证券交易所，过去并不能尽此种职责，以致一般有资本的人，不敢投资于工厂的股票，因购买此种股票后，则资金呆滞，如有急需，不能变现。如有股票交易所，则股票立刻可易现金，变换既易，资金的来源，自然增加，对于新兴事业，需要资本的，股票交易所可予以很大的帮助。"④ 此外，陈善政对证券交易所也提出了自己的看法，他认为发挥证券资本作用是证券交易所最重要的功能⑤。

杨荫溥对证券交易所效用的认识较为全面。①造成一种极有组织的继续市场：这种继续市场的特性为交易所独有，一切大宗的买卖可以立时成交，而在平常情况下价格涨落幅度不大。②流通商业消息：在交易所中开拍的股票，其供求状况可在一瞬间传遍全国。③便利买卖：交易所可以以极公平的价格便利交易，所以其设立可以收买卖繁盛之效益。④促进企业之发展：一方面益于股份公司的募股，另一方面益于股份组织的发展。⑤指导投资之方

---

① 张春廷：《中国证券思想及证券市场研究》，复旦大学博士论文，2003。
② 冯子明：《民元来上海之交易所》，载《银行周报》第 1496 号，1947。
③ 吴景超：《中国经济建设之路》，商务印书馆，1943。
④ 同③。
⑤ 陈善政：《旧上海的证券交易所》，上海古籍出版社，1992。

向：交易所公定的市价高低，足以表示该证券的正确信用，投资者可以就此来进行有益于利益的投资①。

总体来看，近代学者、经济界人士对于交易所的认识还是十分客观的，其理论内容较以往也有一定程度的深化，但是碍于当时特殊的历史背景，很多理论没有付诸于行动，证券市场的功能也没有充分发挥出来。

（3）关于政府监管交易所的认识

针对证券交易所在运行过程中存在的种种弊病，国民政府当局加大了对其的监管力度，对此，思想界也给予了认同。

王恩良认为，交易所必须受政府的监管。其原因是"盖因交易所利益固多，而弊害亦不少，如办理得法，则社会受其益，反是则社会非但不蒙其利，抑且受其害。故交易所之为利为害，全视办理之得法与否以为衡"。同时他指出政府监督的作用："即防其办理之不得法，而致社会受其害故也。故监督之意思，即承认交易所为重要机关，而求交易所之发达，完全发挥其本能，以减少种种障碍，刈除直接或间接所生之弊害也。"当然，政府的监管也不能走极端，"应干涉处不能不干涉，不应干涉处即不得过分干涉"②。

对此，杨荫溥也表示，针对中国的现实情形，政府当立有专法，并设置监理官，以维持证券市场的秩序，预防交易所的弊端产生，使交易所的活动走向正轨。为此，他还提出了具体的改进措施：①对经纪人的从业资格从严规定并切实履行，并增加其营业保证金的数额；②交易所账目的登记应特别详尽并公开；③应提存损失赔偿公积金，以备大额赔偿之需；④政府应一方面加强对违法行为的禁止、取缔；另一方面多出台一些有利于交易所健康发展的政策；⑤消息传播机构要灵活并大力推广，这样可以减少不真实消息的传播机会③。

20世纪40年代后，理论界对政府监管的内容和深度有了更进一步的认识。伍启元在谈到中国工业建设所需资本时就说，"最重要的还是树立我国的

---

① 卢文莹：《中国公债学说精要》，复旦大学出版社，2004。
② 王恩良：《交易所大全》。
③ 同①。

资本市场和健全我国经营长期资本的结构"。所以他强调应特别注意"保证和宣传"两点：一是由政府对股票的信用进行保证，"政府应成立一个中央股票债券交易所（各地有分所），凡在这个交易所买卖的股票及债券，必须事先经过政府的审核，以后发行这些股票及债券的公司，其业务受到政府的监督，使投资能够得到保障，政府并得对这些股票或债券保本付息"；二是"政府应用种种宣传方法，以提高股票及债券的信用"①。

对于伍启元的说法，陈善政指出，证券市场要发挥其融资功能，促进经济发展，是有条件的："第一，国家政治上轨道，政府对证券资本市场有正确的政策，予以必要的扶助、指导与监督；第二，地方秩序相当安定，适于工商企业及公益建设之发展；第三，国家经济健全，金融情势稳定，加以法治严明，使资金无投机及囤积以劫取暴利之可能；第四，需要一个国家独立自主的国际环境，国内无外国资本及国外事业之特殊势力存在，同时本国在国际上有平等友善的关系。"②

谷春帆也持同样的观点，他认为"我国的公司组织尚不发达，筹资不用股票方式"，所以无法通过资本市场来调控资源配置。但是"工业化进步以后，公司组织必兴，股票市场必兴"，这时可以学习西方对资本市场的监管，"欧美各国对于资本市场，常加控制。新创公司欲筹集资本，发行股票；或老公司欲增资添股，或欲将其公积盈利，重投资于事业之内，往往均须得政府之许可。政府认为此事业应加推广而奖励者，则许其发行。否则禁之不许发行"③。

为了进一步规范和管理证券交易所，管理部门对原有《证券交易所法》进行了修订，于1929年10月重新颁布了较完整的《交易所法》，并于同年颁布了中国第一部《公司法》，重点规范股份有限公司。证券管理和证券立法的加强，客观上推动了证券市场的发展。

---

① 伍启元：《中国工业建设之资本与人才问题》，商务印书馆，1946。
② 陈善政：《我国证券市场之发展史》，载《旧上海的证券交易所》。
③ 谷春帆：《中国工业化计划论》，商务印书馆，1946。

（三）国民政府时期我国证券市场思想的简要评析

纵观国民政府时期我国证券市场的发展历程，我们不难发现，这一时期的证券市场思想，已经突破了纯粹引进国外经验的历史阶段，而是更加注重中国的现实国情，将国外经验和本国制度进行有机的结合，产生了近代中国所特有的证券市场思想。

具体来讲，其积极作用表现在：第一，抗战时期的债券思想，对支持中国的抗战行动有着重要的促进作用。这种思想上的进步，为公债的发行奠定了良好的理论基础。第二，对于以往实践经验的总结，丰富了证券市场思想的理论范畴。民国时期的证券市场思想，不仅注重当下的热点经济问题，而且追溯到了证券的起源与发展，对历史经验进行深刻的总结和分析。第三，政府监管思想的继续深化，为交易所的规范和发展提供了有力保障。相较以往的理论而言，这一时期的思想更加注重证券市场的制度建设和法律建设，提出许多先进的、务实的、有效的意见和建议。第四，一定程度上影响了新民主主义革命者的思想，为新中国证券市场思想的形成奠定了基础。

当然，这一时期的证券市场思想也突显了一些实际问题：第一，依旧没有解决北洋政府时期遗留的"制度与执行脱节"的难题。这是因为，一方面，这一时期的社会背景更加复杂，政局多变，战争频发；另一方面，理论界也没有给出切实有效的督导办法。第二，证券市场思想受政治因素的影响比较严重。其中一些学者的建议和举措完全是出于政治因素的考虑，而在理论上却并不那么适用。第三，理论界对于发展民族资本企业的关注度不高，加剧了这一时期股份公司发展的萧条态势。当时，在"四大家族"的疯狂掠夺下，民族资本企业发展缓慢，经营受阻，同时也加剧了国民政府的持续衰败。

三、新中国成立到改革开放前我国证券市场制度建设及展业思想（1949—1978 年）

1949 年新中国成立，标志着新民主主义革命取得胜利，经过 7 年的社会主义改造，我国实现了从新民主主义向社会主义的转变，确立了社会主义制度。从新中国成立初期到改革开放前的 30 年间，我国证券制度和证券市场在社会经济中的地位发生了重大的变化，经历了由"利用尝试"到"否定摒弃"的曲折过程①。

（一）新中国成立到改革开放前我国证券市场发展概述

新中国成立到改革开放前的这段时间，我国证券市场发展可以分为两个阶段：

1. 我国证券市场的改造和利用阶段（1949—1958 年）

新中国成立初期，我国面临着极其严峻的经济形势。由于多年的战争和国民党政府的腐败，不但国民经济基础非常脆弱，而且经济秩序也非常混乱。投机倒把，哄抬物价，通货膨胀现象十分严重②。此时，改造和利用证券市场便成为解决问题的有效办法。1949 年 6 月，天津证券交易所重新设立，标志着中国当代证券市场的正式启动。1950 年 2 月，北京证券交易所开业。两个证券交易所的设立，为吸引部分社会游资，缓解市场压力作出了卓越贡献。同年，中央人民政府发布《1950 年第一期人民胜利折实公债条例》，实际发行公债 1.48 亿份，使得财政赤字迅速减少，对稳定物价起了重大作用③。1952 年，随着证券交易量的极度萎缩，北京证券交易所、天津证券交易所相继停业关闭，证券交易所退出历史舞台。从 1953 年开始，我国连续 5 年发行了国家的经济建设公债，发行总额为 35.44 亿元，相当于当期预算经济建设支出总额的 862.24 亿元的 4.11%，为当时恢复经济起到了一定的作用④。

2. 我国证券市场的限制和否定阶段（1959—1978 年）

1958 年后，随着前期公债到期还本付息，政府认为发行公债的意义不大，遂于 1959 年停止全国性国债的发行，只允许地方各省在确有必要时发行少量

---

① 张春廷：《中国证券市场发展简史（改革开放前）》，载《证券市场导报》，2001。
② 王广谦：《中国证券市场》，中国财政经济出版社，1991。
③ 郑振龙：《中国证券发展简史》，经济科学出版社，2000。
④ 邓子基：《公债经济学》，中国财政经济出版社，1990。

的地方建设公债①。同时，由于"左"倾思潮的不断蔓延，我国对债券市场采取了否定的政策，决定停止发行一切外债。1964年，我国还清全部外债；1968年，内债也得到全部清偿。我国实现了成为所谓"既无外债、也无内债"的国家，直到20世纪70年代随着我国联合国地位的恢复，与外界有一定的交往，我国才开始发行少量的外国借款。可以说，在1959—1978年的20年间，我国既没有证券交易场所，也从未发行过任何全国性的公债，证券市场逐渐被摒弃，这就使得我国证券市场在发展历程上经历了长期的空白阶段②。

（二）新中国成立到改革开放前我国证券市场思想的主体内容

1949—1952年国民经济恢复时期和1953—1956年社会主义过渡时期，新民主主义经济思想占主导地位。1956年后，随着三大改造基本完成，社会主义计划经济思想取代了新民主主义经济思想。因此，在这一特殊的历史时期，中国证券思想前后也出现了很大的不同，1956年前，对证券市场是改造、利用；1956年以后，对证券市场则是否定、摒弃③。

1. 关于债券市场发展的讨论

新中国成立初期，我国对公债的研究比较广泛，为了尽快恢复国民经济，配合人民胜利折实公债和国家经济建设公债的发行，当时发行不少的学习手册，对债券市场进行了详细的论述和分析④。主要针对"公债性质"、"公债作用"、"公债管理"以及"外债态度"等问题展开激烈讨论。

（1）关于发行公债性质的认识

1949年12月2日，陈云在中央人民政府委员会第四次会议上，提请中央人民政府发行一次公债。他认为，政府在财政措施上，不能单一依靠增发通货来稳定金融物价，而应在别的方面找找出路。因此，有必要发行一次全国

① 郑振龙：《中国证券发展简史》，经济科学出版社，2000。
② 董晓春：《基于制度变迁的中国债券市场结构与行为研究》，复旦大学博士论文，2006。
③ 张春廷：《中国证券思想及证券市场研究》，复旦大学博士论文，2003。
④ 卢文莹：《中国公债学说精要》，复旦大学出版社，2004。

性公债，规定其购买与付还都以折实计算，5 年内保证承购人分期得到可靠的本息，即称"人民胜利折实公债"。这样看来，人民购买了公债，在一时算来是负担，但是最终还是可以还本付息，所以不是一种损失。如果发行公债缩小赤字的结果，使来年的币值与物价情况比上年有所改善，那么不但对依靠工资收入的劳动者有好处，而且对于工商业的正常经营也是有益的，所以，从全体人民的利益角度来讲，发行公债比发行钞票要好些①。陈云是新中国成立初期发行公债的首倡者，是恢复国民经济的领导者②，他的思想对我国社会主义建设有着深远的影响。

在这次会议上，毛泽东主席对 1950 年全国财政收支概算和发行人民胜利折实公债做了指示，他指出："国家的预算是一个重大的问题，里面反映着整个国家的政策，因为它规定政府活动的范围和方向。举例来说概算草案中关于养活所有旧军队和旧公教人员的问题，这就是政策问题。人民政府在这个问题上应采取负责的态度。只有这样才是对人民有利的，有办法的，有希望的。我们的财政情况是有困难的，我们必须要向人民说明我们的困难所在，不要隐瞒这种困难。我们的事业就是有希望的，我们的前途是光明的。"③

关于公债性质的讨论同样蔓延至学术界和理论界。1950 年，徐日清在其所著的《谈新公债》中提到："社会主义国家发行公债不是为了战费，更不是为了经济萧条，而是为了生产建设的需要，并利用公债作为吸收人民储蓄，动员财力的一种办法，以使这些零星的储蓄，作为国家扩大再生产的一种需要。所以这种公债的发行是与生产不可分离的。正因如此，在将来还本付息时，已不需要加重租税，而以扩大再生产所带来的收入作为偿还的需要。这样不仅失去了资本主义社会中租税与公债的相互牵连的作用，而相反地促进了生产的发展，培养了人民的储蓄能力。不仅不会引起增税，相反地培植扩大了税源。只有这样，发行公债的基础与政府偿还的能力，同时间或正比例

---

① 财政科学研究所：《十年来财政资料汇编》第一辑，财政出版社，1959。
② 潘国琪：《陈云公债思想探析》，载《毛泽东思想研究》，2003。
③ 同①。

的发展。"①

与徐日清不同，经济学家陶大镛在比较了"人民胜利折实公债"和国民党"美元"公债后，从公债的基本特点出发，对公债的性质做了详细论述。1951 年，他在《人民经济论纲》第六篇中认为，人民胜利折实公债与蒋介石国民政府所发行的公债存在本质上的不同。具体有三个基本特性：第一，这次的公债是人民的公债。它与国民政府为了聚敛搜刮民脂民膏根本不同。第二，这次的公债是胜利的公债。它与蒋介石国民政府在军事惨败、政治腐败、经济破产时期所发行的公债又是根本不同的。第三，这次的公债是折实的公债。而国民政府的"美金"公债之类却是有名无实、信用扫地的。综上所述，陶大镛得出最终结论：人民胜利折实公债具有建设性、革命性和真实性，而蒋介石国民政府的公债则是充满了破坏性、反动性和欺骗性②。

之后，在五年经济建设公债发行完毕后，我国公债发行市场进入冰冻期。1958 年 4 月 2 日，中共中央作出《关于发行地方公债的决定》，允许各省、自治区、直辖市确有必要时，发行地方建设公债，作为筹集资金的一种途径。在当时，国务院认为公债发行需作适当改变，停发全国性公债，由各地发行短期地方公债，这样做有两大好处：第一，可以根据当地建设需要和人民购买公债的能力，因地制宜地筹集资金，作为集中闲散资金支援地方建设的一种辅助方法；第二，就地筹集资金就地办事，可以同当地人民的利益更加密切地结合起来，更可以充分地发挥公债的作用。但是实际上，此后除了极少地方公债的短期发行外，从 1958 年到 1981 年，一直是我国公债发行的空白期。

（2）关于发行公债作用的讨论

在公债作用的讨论中，陶大镛的思想最具有代表性，他从"公债与平衡"、"公债与物价稳定"以及"公债与生产发展"三方面对经济的影响展开论述。

---

① 徐日清：《谈新公债》，商务印书馆，1950。
② 卢文莹：《中国公债学说精要》，复旦大学出版社，2004。

关于公债和平衡，陶大镛认为，新中国成立初期为弥补赤字不外乎三个办法：扩大税源，增发通货和发行公债。首先，在当时的情况下，税收即使能够有所增加，为数也会很有限。因此只有城市工商业完全恢复后，税收收入才能逐步回升。所以，处于过渡时期的中国，要弥补赤字，只能依靠增发通货和发行公债。其次，一旦通货增发了，币值就要下跌，物价会猛涨，对国民经济来说是弊大于利；所以增发通货只能用以应急，却不是克服财政困难的根本办法。最后，由于发行公债是一个引导或督促人民储蓄和吸收民间游资的有效手段，这就无异于替国家开辟了一个新的财源。那么，它既可以防止恶性通货膨胀的灾害，又可弥补一部分财政赤字，可谓一举两得，其对于平衡财政收支是很有益处的[①]。

关于公债和物价稳定，陶大镛认为，公债发行以后，既能弥补一部分财政赤字，减少一部分通货发行，同时它也能相对地使物价水平趋于稳定。当时，他还引用东北人民政府主席李富春的话加以论证。李富春认为，1949 年，东北的物价已从不断上涨和波动中，达到了相对的稳定，主要是采取了扩大货币回笼的政策，而发行公债就是这个回笼政策中的一个环节。他推算，如果回笼 3 万亿元[②]，就有更大的把握达到物价稳定。

关于公债与发展生产。陶大镛指出："我们既要完成国家的现代化、工业化和农业机械化……我们就必须认清，要达成这一个基本的经济纲领，我们必须有赖于发行公债的。"[③] 不用说，生产发展了以后，城市工商业将会得到最大的利益。因此，他认为政府发行公债，把主要的负担放在城市，放在工商业者的身上，这是完全合乎公平原则的。所以，他得出结论：发行公债一方面是为了解决财政赤字；一方面也是为了发展生产。这种看法也是符合当时的实际情况的。

同样地，黄达在《新中国货币制度建立》一文中，也对新中国成立初期发行的"人民胜利折实公债"给予了正确的评价。他认为，公债的主要作用

---

① 陶大镛：《人民经济论纲》，232 页，十月出版社，1951。
② 同①，113 页。
③ 同①，134 页。

在于弥补赤字，当时预计发行二亿份（分两期发行）。这二亿份公债能弥补赤字的 34.4%，公债的发行会相应减少为弥补赤字的纸币发行，同时并会回笼一部分流通中的现金，这对制止通货膨胀来说是有很大意义的①。其对当时"人民胜利折实公债"所起的作用的评价是恰如其分的。

（3）关于公债的综合管理思想

陈云在中央人民政府委员会第四次会议上指出，为了避免因发行公债而引起银根紧缩，以致影响工商业生产的恢复和发展，要善于运用三个手段：第一，调剂通货。第二，调剂公债的发行数量。第三，调剂黄金、美钞收进的数量。他在总结 1950 年的工作中指出，在经济战线上，"我们是税收、公债、货币回笼、收购四路'进兵'，一下子把通货膨胀制止了"②。在执行"一五"计划的过程中，陈云还总结提出著名的"综合平衡"理论：财政收支、信贷收支和物资供需平衡，后来增加外汇收支平衡，发展成为调节控制国民经济内部关系的"四大平衡"③。

就公债的分担运行问题，经济学家也展开了广泛的讨论。1958 年，郭炳炎在其发表的《我国的预算调剂》中谈到，就城市来说，公债的认购，绝大多数是工资所得者和工商业者；因此，收入是经常的，稳定的；再加以职工的工作单位代扣认购款手续上的简便，便使得被调剂预算能及时得到收入，以利资金的随时撤出，从而对顺利地完成国民经济计划起着一定作用。但是，在以农业收入为主，或有较大比重的县份里，以公债收入作为调剂性收入则似未尽恰当。因为公债收入具有很强的季节性，在一般情况下，农民的公债款是一次认购由合作社统一交款的，即配合秋收集中交纳，资金较集中。但是就各个县份来说，尤其对于较偏僻或小一些的县份来说，公债款额为数并不很大，值此大规模经济建设时期所起积极作用并不显著，因而以公债作为调剂收入亦无必要④。

---

① 《中央财政法令汇编》第一集。
② 《陈云与新中国经济建设》，中央文献出版社，1991。
③ 钟瑛：《陈云的金融思想》，中国社会科学院当代中国研究所，2005。
④ 郭炳炎：《我国的预算调剂》，载《财经科学》，1958。

为此，邓子基对新中国成立初期发行公债的状况，归纳总结了一些问题和经验。他认为：第一，选择以政治动员和行政手段为主进行推销，会使债券的发行渠道不畅通。第二，在发行条件上较少地顾及债券购买者的利益，不易被群众接受，使得债券发行困难。第三，国库券品种单一，不能适应社会资金结构的状况，难以最大限度地筹集资金。第四，财政、银行两家共同承担发行任务，会产生一定的矛盾。此外，在外债管理上存在多头借债，不利于产业结构调整，也不利于引导投资方向[①]。

（4）关于利用外债的思想

早在 1936 年 7 月，毛泽东在接受美国记者埃德加·斯诺采访时，被问及是否承认现有的外国投资和在什么情况之下外国商人能够在中国经营等问题时，毛泽东明确回答："苏维埃政府欢迎外国资本的投资，中国过去未能利用外国资本使中国真正得到好处。外国资本给群众带来很少好处，或者根本没有好处。只有在中国取得真正的独立和民主之后，才有可能把大量外资用于大规模地发展生产事业。也只有自由的中国，由于生产性经济的广泛发展，才能偿还这种国外投资的本金和利息。"[②] 他还坦然地告诉世界："合法的外债将得到承认。凡是为建设目的和用于建设的外债，我们都将认为是合法的。我们将不承认任何'政治借款'，也不承认任何用于打内战、打红军或其用途违背中国人民利益的借款。"[③] 1944 年 8 月 23 日，毛泽东同约翰·S. 谢伟思谈话时指出："中国必须工业化。在中国，工业化只能通过自由企业和在外国资本帮助下才能做到。"[④] 把外资的帮助作为实现中国工业化的重要条件之一，是毛泽东在吸收和利用外资问题上的重大思考，是毛泽东在这个问题上的思想的发展[⑤]。

在这样的指导思想下，从 1950 年到 1957 年，中苏先后签署了 13 次贷款协议，中国政府向苏联举借外债达 68.4 亿旧卢布（约合 17.1 亿美元）。此

---

① 卢文莹：《中国公债学说精要》，复旦大学出版社，2004。
② 《毛泽东 1936 年同斯诺的谈话》，人民出版社，1979。
③ 同②。
④ 《毛泽东等中央领导与谢伟思的六次谈话》，载《党史通讯》，1983 年 20 – 21 期合刊。
⑤ 郑振龙：《中国证券发展简史》，经济科学出版社，2000。

外，中国还与波兰、捷克、民主德国等先后签订协定，引进成套设备建设项目。董志凯在《新中国工业的奠基石——156项建设研究（1950—2000）》一书中，以大量鲜为人知的档案资料为基础，对这一过程进行了全面展示，客观分析了在那个特定历史时期的经济体制下，这些项目对新中国工业发展的历史意义及其成败得失的经验教训，指出"'156项'建设是新中国首次通过利用国外资金、技术和设备开展的大规模的工业建设"。在当时，苏联对中国的援助，在资本主义封锁的严峻环境下，"使中国突破了封锁，获得了当时即使在苏联国内也是相当先进的技术和设备；苏联的低息贷款使资金极端短缺的新中国减少了利息负担"①。

（5）关于摒弃外债的讨论

随着苏联背信弃义、逼还借款的局势日益紧张，毛泽东对引进和利用外资的兴趣日益减少。1958年6月17日，毛泽东在对《第二个五年计划指标》的批示中强调："自力更生为主，争取外援为辅。"1959年12月至1960年2月，毛泽东在学习《政治经济学教科书》时的《谈话记录稿》中再次强调，中国要尽可能自力更生。1970年8月，毛泽东在接见西方国家外宾时又说："我们是社会主义国家，既然叫社会主义，就不应要求跟你们搞合营，这个道理很清楚。"② 对于这样的思想，究其原因，主要有主客观两个原因，从客观上看，国际上的大气候是当时不允许去借用外债。

理论界同样表达了类似的观点。1964年6月，段云在回答外宾提问时谈到我国的财政金融政策。他说："独立自主，自力更生，是我们一贯坚持的方针，革命问题上是这样，建设问题上也是这样。"③ 他回顾1949—1959年的10年间外债情况后指出，苏联给了我们很大帮助，但是这种帮助主要是通过贸易的形式进行的。在财政资金方面，外债收入在我国整个财政收入中所占的比重，也不过2%左右，而且主要是新中国成立初期的借款和抗美援朝的军事

① 董志凯：《新中国工业的奠基石——156项建设研究（1950—2000）》，广东省出版集团、广东省经济出版社，2004。
② 《中共党史研究》，1989（2）。
③ 段云：《段云文选》，山西人民出版社，1987。

借款。之后我们的建设资金，基本上依靠内部累积，依靠自力更生筹集而来的。1950 年以来，我们向苏联所借的外债和应付的利息，共 57 亿多元，到 1964 年底已基本还清。因此，我们的经验是：一定要靠自己的力量，依靠自力更生完成本国的社会主义建设。段云对外宾的谈话是符合当时实际情况的①。六七十年代我国正是在努力做到"既无内债又无外债"的指导思想下进行建设的，而且这种思想普遍深入人心。

2. 关于股票市场发展的讨论

新中国成立之初，我国金融领域市场混乱，金圆券崩溃、物价飞涨引致的倒卖黄金、银元、外币和各种有价证券的投机活动异常猖獗。市场上游资充斥、流通不畅，威胁市场秩序稳定②。在这样的背景下，天津证券交易所和北京证券交易所应运而生。随着国家经济好转，物价逐步稳定，投机之风受到控制，交易所交易数量大幅下降，1952 年两交易所相继关闭。虽然津、京两地证券交易所历史短暂，但却为我们提供了宝贵的历史经验，为改革开放后恢复证交所的思想埋下了伏笔。

（1）关于股份制的讨论

1950 年 8 月 1 日，全国金融业联席会议在北京举行，会议对整个金融业的方向作出原则性的决定。其中规定，投资公司的设立，为聚集游散资金，与吸收正在迫切寻求出路的工商企业资金，以及华侨回国资金，使资金投放转为长期化，有利于经济建设。通过这一机构，有计划地投资于与国计民生有关的生产事业，增加其流动资金，监督其改造经营，帮助其恢复与扩大生产。会议还对投资公司的诸多事项进行规范，如"投资公司的证券应有转让的便利"；"投资公司本身的资本，视各地情况，由小而大"；"投资公司具有九项经营业务"；"对于私人的投资股份可予以保息，以资鼓励"；"投资公司的股票，票面金额不宜过大，以便广泛吸收社会上的小额资金"，等等③。这次会议，开启了新中国成立后我国关于股份制的讨论。

---

① 卢文莹：《中共公债学说精要》，复旦大学出版社，2004。
② 郑振龙：《中国证券发展简史》，经济科学出版社，2000。
③ 《全国金融业联席会议综合记录》，载《中国金融》，1950。

1950 年 12 月 29 日，政务院（今国务院）第 65 次政务会议通过了《私营企业暂行条例》。其第一条便开宗明义："根据中国人民政治协商会议共同纲领的经济政策的规定，在国营经济领导之下，鼓励并扶助有利于国计民生的私营企业，特制定本条例。"[①] 它表明在新民主主义框架下，私营经济获得了进一步明确的定位。《条例》的颁布，说明政府对私营工商企业采取了保护政策，一方面允许私人资本主义股份制企业公司的组织形式继续存在；另一方面要求私营企业公司重估财产、调整资本，重新进行企业登记，换发新股票。

关于股份制的另一个思想，是以合作化的方式完成农业和手工业的社会主义改造，刘少奇在这方面做了非常深刻而有重要价值的探讨。他指出股份合作制的优越性在于：第一，它以股份制的形式明确合作社生产资料的产权，明确了合作社与社员、社员与社员之间的责权利关系。第二，股份制使闲散资金规模化，投资渠道多元化，投资风险分散化。第三，使合作社成员真正关心自己的股份利益，提高经济效益。用物质利益和法律行政监督相结合的方式严格要求党员干部和群众，使其成为一个团结一致的集体，对于经济效益的提高是有重要意义的。他认为，股份合作制是新民主主义时期的半社会主义性质的生产关系，而没有看到其长远性，这是由其历史局限性决定的。但他提出这种理论，在当时历史条件下是需要很大政治勇气和理论勇气的[②]。

关于股份制思想还有一个重要内容，就是利用股份制企业组织形式和股权股票证券工具，采用公私合营国家资本主义形式，完成了对私营资本主义工商业的和平赎买。1957 年，马寅初在其发表的《我国资本主义工业的社会主义改造》中，总结了企业在改造实践过程中的六大矛盾，即"公私之间的矛盾"、"劳资之间的矛盾，主要表现在改善经营管理和增产节约方面"、"供、产、销之间的矛盾，主要表现在不平衡的问题上"、"有利可图和无利可得之间的矛盾"、"社会主义改造和资本主义经营管理之间的矛盾"以及"有计划与步骤方面的矛盾"。他主张："在合营企业中，公方居于领导地位，私方接受公方的领导，是确定不移的原则，而这个原则的正确性已由事实证

---

① 《私营企业暂行条例》，1950。
② 骆祚炎：《当代中国股票市场发展思想研究》，复旦大学博士论文，2003。

明。……要把一向依照资本主义的经营方式经营的旧企业，逐步改造为依照社会主义经营方式经营的新企业。"①

此外，早在1948年，刘少奇在管理我国国营经济时就首次提出托拉斯的思想。1960年，邓小平也指出：托拉斯是工业发达国家找到的比较进步的组织管理形式，"我们研究，恐怕要走托拉斯道路。最近我们在北京讨论了托拉斯问题，就是为了使工业发展速度更快一些，也是为了综合利用"。1964年，在刘少奇、邓小平的倡导下，国家经委草拟了《关于试办工业、交通托拉斯的意见的报告》，其中明确指出："托拉斯性质的工业、交通公司，是社会主义全民所有制的集中统一管理的经济组织，是在国家统一计划下的独立的经济核算单位和计划单位②。"这样的思想在当时无疑是十分先进的，但是迫于当时的历史背景，这些思想都没有付诸实践。

（2）关于证券交易所建立和取消的讨论

1949年4月至5月，刘少奇为贯彻落实中共七届二中全会精神，先后到天津、唐山指导工作，并多次发表重要讲话。他强调，政府制定的经济建设的根本方针是"以公私兼顾、劳资两利、城乡互助、内外交流的政策，达到发展生产、繁荣经济之目的"。他主张，市场必须是开放的、竞争的，让商品自由流通，让企业公平竞争，这样才能搞活经济。他主张立即开始进行新中国的对外贸易，不仅要和苏联及东欧国家进行贸易，还要和日本商业机关进行贸易③。他支持天津建立新中国第一家证券交易所，使华北、平津市场上的游资通过证券市场的渠道纳入恢复与发展生产的轨道，对疏导游资、稳定市场物价发挥了积极作用④。在刘少奇的支持下，天津市军管会批准天津市证券交易所于1949年6月1日正式成立，4日正式开业，这是党领导下建立的我国第一家证券交易所。1950年，北京证券交易所成立⑤。

总而言之，当时在天津和北京两地恢复设立证券交易所的理论根据是：

---

① 马寅初：《我国资本主义工业的社会主义改造》，载《北京大学学报》，1957。
② 国经委：《关于试办工业、交通托拉斯的意见的报告》，1964。
③ 潘钇：《论"天津讲话"对新中国建设的重要历史意义》，载《党史博采》，2008。
④ 宣益昌：《新中国第一家证券交易所的诞生——缅怀刘少奇同志》，载《金融与市场》，1998。
⑤ 宋士云：《北京证券交易所的两次起落》，载《北京商学院学报》，1995。

第一，多元化的社会经济成分和多元化的金融体制决定了新中国成立初期的信用形式也必须是多元化的格局，证券市场在这一时期仍然具有一定的存在基础。第二，由于长期的战争，社会经济破坏很大，经济金融秩序混乱，市场游资充斥、流通不畅，需要投资出路。第三，由于一方面军政费用开支巨大，另一方面社会经济基础薄弱，财政收入很少，投机倒把、囤积居奇、哄抬物价等活动猖獗。稳定物价需要证券交易所。第四，资本主义工商业者对政府的政策不明，对加大投资、恢复和发展生产心存疑虑，所以开放证券交易所，不仅可以方便他们的证券买卖活动，而且还有利于稳定他们的情绪。①

1950 年 3 月，随着全国统一财经管理的政策贯彻实施，财政、信贷很快接近平衡，制止了通货膨胀，金融物价日趋稳定，投机之风受到控制，证券交易日趋平淡。1952 年"三反"、"五反"以后，私营钱庄全部停业，私营银行分步骤地实行了全行业的公私合营，证券交易所吸引游资和筹资的功能日渐消失，证券交易所失去了存在的意义。1952 年 7 月，天津市人民政府决定撤销天津市证券交易所，并入天津投资公司②。同年 2 月，北京对经纪人进行全面检查以后，证券交易所即告全面停业。7 月开始清理工作，三个月后清理工作全部结束。至此，天津和北京证券交易所完全退出历史舞台③。

（三）新中国改革开放前时期我国证券市场思想的简要评析

这一时期，我国关于证券市场发展的思想处于初步探索阶段，是新民主主义经济思想的延续，而且尤以债券思想为主，其原因不言而喻。首先，新中国成立初期我国发行了"人民胜利折实公债"和"国家经济建设公债"两类公债，新政权面临着人民内部思想上的压力，需要将国家日新月异的变化向广大群众宣传解释，这就需要在公债性质、公债作用、公债管理、外债态度等问题上有明确的认识。其次，随着社会主义改造的逐步完成，津、京两大证券交易所相继退出历史舞台，股票市场的发展趋于停滞，所以这一方面

---

① 张春廷：《中国证券思想及证券市场研究》，复旦大学博士论文，2003。
② 韩恩甲：《新中国第一家证券交易所的建立与消亡》，载《中共党史研究》，2009（8）。
③ 郑振龙：《中国证券发展简史》，经济科学出版社，2000。

的思想就显得相对比较匮乏。

这一时期的证券市场思想对证券实践产生了诸多的积极作用：第一，新中国关于公债性质和作用的讨论，让人们重新树立起对公债的信心，为公债的发行和认购创造了良好的理论氛围；第二，公债发行和管理的思想，有力地指导了当时的实践活动，为新中国成立初期经济的恢复和发展提供了大量的建设资金，也对优化社会积累和社会消费的比例有着积极的影响；第三，公债的成功实践，对加强群众的社会建设参与感、责任感，以及提高新建政权的信用和威信有着积极作用，也对解释国家发展政策、统一群众思想起到十分重要的作用；第四，建立证券交易所的思想，有力打击了投机倒把、哄抬物价的不良社会行为，充分遏制了当时恶性的通货膨胀现象，使得证券市场重新恢复正常。

但是，随着"三大改造"的逐步完成，这一时期的证券市场思想开始表现出一定的局限性：第一，由于苏联的"背信弃义"，我国对外债的认识开始出现偏差，对利用外债的思想也逐渐开始摒弃，这是不利于社会经济发展的。第二，在以"既无内债又无外债"为目标的指导思想下，"左"的思想进一步发酵，最终导致我国对国内公债的彻底否定。第三，对于证券交易所实践过于短暂，没有积累足够多的实践经验，但却让我们认识到，要建立和完善我国的证券市场，发展股份制和证券交易所是必不可少的。

四、改革开放后我国证券市场制度建设及展业思想（1979—2011 年）

1978 年 12 月召开的中共十一届三中全会是中国经济体制改革的转折点。这次会议重新确立了"解放思想，实事求是"的思想路线，提出社会主义初级阶段的主要任务就是把工作重点转移到经济建设为中心的轨道上来，"有领导地大胆下放，让地方和工农业企业在国家统一计划的指导下有更多的经营自主权"①，这就为证券市场的建立提供了必要的前提条件，也为证券市场的复兴打下了重要的思想和舆论基础。在这样的背景下，经济理论界出现百家争鸣、百花齐放的新局面，对证券市场的探讨也进入更深的层次。

（一）改革开放后我国证券市场发展概述

改革开放以来，我国证券市场发展又可以分为两个阶段：

1. 证券市场的探索和恢复阶段（1979—1989 年）

在公债方面，我国为改变当时的财政困境，从 1981 年开始恢复发行国库券，以后每年由国务院颁布当年的《中华人民共和国国库券条例》，从而开启了我国探索建立债券市场的新篇章②。1987—1988 年，国务院对单位发行国家重点建设债券 50 亿元，对个人发行 5 亿元。1989 年发行保值公债债券126. 11 亿元以稳定币值③。但是在 1981—1987 年，我国国债发行规模总量较小，年均仅为 59. 5 亿元，每年集中在 1 月 1 日发行，大多为 5 ~ 9 年中长期国债，而且在这期间不存在一级、二级市场，可以说还不算是严格意义上的国债市场。在其后几年期间，中国国债市场初具规模，国债品种增多，增设了国家建设债券、财政债券、特种国债、保值国债等多种新品种，初步形成国债场外交易市场④。

在股票方面，1980 年，中国人民银行抚顺支行代理企业发行股票 211 万元，这是改革开放以来有记载的第一次股票发行；同年 11 月，上海飞乐音响公司委托工商银行上海信托投资公司静安证券业务部向社会发行了不偿还的股票；1985 年，上海延中实业公司设立，全部资金以股票形式向社会筹集⑤。这些早期和零星的股票发行活动揭开了股票市场的序幕，但还没有形成完整规范的股票市场。1986 年，中国人民银行与美国纽约证券交易所在北京举行

① 《中国共产党第十一届中央委员会第三次全体会议公报》，1978。
② 郑振龙：《中国证券发展简史》，经济科学出版社，2000。
③ 赵爱国：《回顾新中国历史上发行的几种重要的人民币债券》，载《债券培训课堂》，2012（12）。
④ 董晓春：《基于制度变迁的中国债券市场结构与行为研究》，复旦大学博士论文，2006。
⑤ 同②。

了中美金融市场研讨会，为进一步学习与借鉴国际证券市场的经验奠定了基础。同时，在这期间召开的金融体制改革座谈会与进行的金融体制改革，也为金融市场改革勾勒出了新的方向①。

2. 证券市场的规范和发展阶段（1990—2011 年）

1990 年 12 月 19 日，改革开放后的中国第一家证券交易所在上海成立。1991 年 7 月 3 日，深圳证券交易所正式成立。这标志着我国证券市场初步形成。

在公债方面，1990 年国债交易相当活跃，国债交易额占证券交易总额120 亿元的80% 以上；1991 年又开始尝试国债发行方式的创新，实行承购包销方式；1993 年，再次大胆创新，在上海证券交易所正式推出了国债期货和回购两个创新品种。从 1994 年开始，国债的发行规模迅速扩大。1995 年，国债发行首先超过千亿元大关。1996 年，国债市场开始集中托管，国债交易出现了三足鼎立的局面：全国银行间债券交易市场、沪深证交所国债市场和场外国债交易市场②。2007 年，国债发行量达到历史最高的 23483.28 亿元。2011 年，国债发行量也依然达到 15446.5 亿元③。

在股票方面，1991 年，上海证券交易所和深圳证券交易所上市的股票只有 14 只，市价总值 109.19 亿元，全年的成交量仅有 43.37 亿元。1992 年 1月邓小平同志南方谈话解决了股份制试点"姓资"还是"姓社"的问题，明确了股份制的性质，彻底地解放了人们的思想观念。1993 年 4 月 22 日发布了《股票公开发行与交易管理暂行条例》，以法律形式确立了中国证券市场的管理体制④。同期，成立了国务院证券委员会及其执行机构中国证监会，进一步规范证券市场监管。1998 年 12 月 29 日，全国人大常务委员会第六次会议通过《中华人民共和国证券法》，就股票发行、股票交易、上市公司持续信息披露、上市公司收购、证券欺诈行为、证券业自律管理等各方面均作出了详细

---

① 骆祚炎：《当代中国股票市场发展思想研究》，复旦大学博士论文，2003。
② 董晓春：《基于制度变迁的中国债券市场结构与行为研究》，复旦大学博士论文，2006。
③ 赵红强：《我国国债规模的实证研究》，载《重庆与世界》，2013（2）。
④ 《股票公开发行与交易管理暂行条例》，1993。

的规定①。到 2000 年，沪、深两市上市的 A、B 股达 1088 家，其中 B 股 113 家，此外还有证券投资基金 36 只和国债、企业债券等十几只其他证券品种。2011 年，我国境内上市公司共计 2342 家，当年股票筹资额合计 11077 亿元，投资者开户 20259.2 万户，股票市场已经在宏观经济中占据了重要的位置②。

（二）改革开放后我国证券市场思想的主体内容

1978—1980 年我国对国民经济的恢复和调整，使得公债制度首先得以恢复。1979 年率先在农村实行的经济体制改革，使得中国城乡经济结构发生了重大变化，股份制经济在城乡集体经济和个体经济中自发形成，企业股票、债券的发行和交易又重新出现，中国证券市场也因此全面复兴。随着改革开放的逐步深入，经济工作中遇到了许多新的问题，对于这些问题的解决，我国先是在思想界进行了激烈的讨论，然后是在实践中"摸着石头过河"③。

1. 关于债券市场发展的讨论

在经历了近 20 年的债券发行空白期后，我国债券市场"重见天日"，债券思想也重新焕发光芒。这一时期的债券思想，主要围绕两个议题：第一，是否应该恢复公债的发行；第二，如何建立和管理公债市场。

（1）关于公债认识的新讨论

针对 1977 年和 1978 年"洋跃进"带来的严重财政赤字和通货膨胀现象，1980 年，段云在《红旗》杂志第十七期、第十八期上发表了《关于财政、信贷和物资平衡的若干问题》一文。他认为，用通货膨胀的办法，并不能真正加快建设。他指出："资本主义国家工商企业绝大部分归私人所有和经营，大量资金和物资掌握在私人手里。在这些国家，采用通货膨胀的办法，财政预算打一部分赤字，通过发行债券，向银行借款，可以利用大量的社会游资，可以买到需要的物质。同时，资本主义社会搞信用膨胀，也有很大余

---

① 《中华人民共和国证券法》，1998。
② 国家统计局：《中国统计年鉴》，中国统计出版社，2011。
③ 张春廷：《中国证券思想及证券市场研究》，复旦大学博士论文，2003。

地，……我们要有计划按比例发展国民经济，就不能不反对和避免通货膨胀。……调整国民经济的一个重要目的，就是力争财政收支平衡，逐步消灭赤字。"① 段云对抑制通货膨胀提出了自己的见解，但他将赤字、公债、通货膨胀联系在一起考虑，并视为资本主义特有的产物，这在当时是颇为流行的看法。何建章也提出了类似的观点②。

对此，邓小平同志表达了不同的看法。1982 年，邓小平同志在谈到加强我国基础产业的问题时，指出："基础工业，无非是原材料工业、交通、能源等，要加强这方面的投资，要坚持十到二十年。宁肯欠债，也要加强。"③ 通过发行国债，特别是长期国债，就可以把一部分资金用于基础产业建设，从而使投资结构趋于合理，推动产业结构的调整，实现国家经济结构的合理化和高度化。

理论界也给出了自己的声音。1990 年，邓子基在其《公债经济学——公债历史、现状与理论》一书中，对公债做了系统的讨论。他认为，公债的发行，将从社会集中相应价值量的物质财富到政府手中。它直接或者间接地取走了可用于社会再生产的资金。如果取之过多，将形成对社会再生产的破坏，以致严重破坏；如果取之不足，一方面可能无法满足财政筹集必要资金的要求，无法解决财政困难，另一方面大量的闲置资金不能被利用而造成浪费，这同样也影响社会再生产的发展。因此，公债发行的数量及种类结构，都必须以社会所能承受的负担为界限，否则滥发公债的后果将是灾难性的④。

（2）关于重新举借外债的讨论

陈云在 1979 年讲到 "外资还要不要？外国技术还要不要？一定要，而且还要充分利用"⑤。一年后，他又讲到："资金不够，可以借外债。"⑥ "所谓借外债，绝大部分不是借给我们现金。" "这种买机器设备的外债的使用，不决

---

①　段云：《段云文选》，山西人民出版社，1987。

②　何建章：《何建章选集》，山西人民出版社，1987。

③　邓小平：《邓小平文选（第三卷）》，人民出版社，1993。

④　卢文莹：《中国公债学说精要》，复旦大学出版社，2004。

⑤　《陈云文选》（1956—1985），230 页，人民出版社，1984。

⑥　同⑤，248 页。

定于我们的主观思想，而决定于国内有多少财政拨款用于配套。"① 陈云认为，自力更生为主，争取外援为辅，是我们一贯的方针。但要注意两种倾向：一种是讲自力更生，结果否认外援，循守闭关锁国政策；一种是讲对外开放，忘记了自力更生，一下子企图靠借外债买一个现代化。这两种极端都是不对的，我们目前遇到的主要是第二种。"'资金不够，可以借外债'，这是打破闭关自守以后的新形势，愿意借外债给我们的国家纷纷到来。""今后在自力更生为主的条件下，还可以借些不吃亏的外债。"②

十一届三中全会以来，邓小平所倡导的改革开放方针为利用外债扫除了思想障碍，外债也逐渐成为我国经济建设的一条主要资金来源渠道，对于外债问题，逐步形成了一致的思想。首先，实行对外开放政策和自力更生为主、争取外援为辅的方针。实现对外开放、利用外资，是我国的一项长期的基本国策。其次，坚持量力而行、循序渐进的原则。在利用外债中要注意以下问题：①充分利用低息贷款；②要注意外债规模适度问题；③要与国内消化能力、建设项目的需要与可能结合考虑。再次，实现以引进国外先进科学技术和经营管理水平为主的方针。即在引进外资的时候注意提高我国本身的科学技术水平和能力，缩短与世界先进水平的距离。最后，利用外债的形式应该灵活多样化。总之，外债的运用一方面体现我国的主权原则，另一方面要拓宽筹资渠道，提高我国科技水平和综合国力③。

（3）关于公债管理的思想

陈云认为，举借外债要把国外和国内、局部和全局、目前和长远结合起来，权衡利弊，统筹考虑，从总体上把握借、用、还三个环节。借款要注意做到两点：第一，情况清楚。我国的基础不如那些发达国家，对能借到多少钱，要有充分的思想准备。第二，精密计算。借钱要用于什么项目，这些项目建成投产需要多少钱，其中借款多少，国内要多少投资等问题都要精密计算。总之，要把举借外债、引进项目放到国民经济按比例发展的宏观规划中

① 《陈云与新中国经济建设》，中央文献出版社，1991。
② 《陈云文选》（1956—1985），人民出版社，1984。
③ 郑振龙：《中国证券发展简史》，经济科学出版社，2000。

来考虑。同时他还强调，借到的外债"要十分谨慎地使用，只能用在最关键的项目上"。① 此外，陈云还明确指出，我们在借外债的时候，就要计划还本付息。他要求："要找增加外汇收入的来源，把它看作很重要的题目。"② 我们的支付能力差，光靠农产品的出口，数量不大，要多找门路。因此，举借外债只有把借、用、还等各个环节考虑周到，并将其统筹安排，在经济上才是清楚的。

关于长期公债和短期公债，邓子基认为，其各有利弊。短期公债可以使经济处于较为流动的地位，但增加了经济的不稳定性，使财政稳定经济政策的执行变得困难。但长期公债也可能导致财政结构的僵化，缺乏必要的流动性。谈到公债的偿还问题时，他讲到"是通过支付公债本息的一部分或全部，使这部分公债负担永远免除"。其偿还的范围和方法，通常依照公债举债时的契约或法律规定的条件进行，但也需要兼顾国家与债权人双方的利益。为此，邓子基提出了以下改革对策：第一，改革单一的行政推销方式，变为经济、行政相配合的双重推销方式，最终向完全经济推销方式过渡。第二，使购买国库券更加优惠，获得应有的经济利益。第三，改变国内公债品种单一的缺陷，使公债多样化。第四，改善国内公债的管理制度和机构，同时，对外债的窗口要相对集中，实行统一的转贷政策，建立国家的偿还基金③。

刘鸿儒则给出了发展我国债券市场的具体途径：第一，改革债券的发行制度。第二，完善市场组织和监管体系。第三，全面提高二级市场的流动性。具体包括：积极建立做市商制度和引入同业经纪人；建立统一托管和清算的机制；建立债券基金；调整国债利率结构；放开品种发行、交易及投资主体限制；国债发行由竞争承销方式逐步转向完全的公开拍卖方式；在人民币自由兑换前，开办美元国债市场；调整国债持有者结构；把公司债券纳入场外债券市场；实施税收优惠政策。第四，通过产品创新，丰富债券品种④。

---

①　《陈云文选》（1956—1985），人民出版社，1984。
②　《三中全会以来重要文献选编》上卷，中央文献出版社，1982。
③　邓子基：《公债经济学》，中国财政经济出版社，1990。
④　刘鸿儒：《探索中国资本市场发展之路》，中国金融出版社，2003。

（4）新生的企业债券市场

我国是从 1984 年以后，才开始出现企业债券的，当时主要是一些企业自发地向社会和企业内部集资[1]。

针对企业债在实践过程中暴露出的问题，金建栋给予了详细的分析。1987 年，他在《开放债券市场促进投资体制改革》一文中谈到，"企业债券，目前不少地方发的是有奖债券，实质是一种变相彩票。发债企业不是靠自己的信誉而是靠头奖额的高低来刺激购买者，这不仅不利于促进发债企业改善经营管理，提高投资效益。而且将使大部分有奖债券的持有者损失合法的利息收益，要承担更多的因为企业经营管理不善而不能兑现本金或本金跌价的风险。"[2]

对此，霍声璞也持相似的观点。他在《关于企业债券问题的研究》一文中认为，"当前企业发行债券应注意以下几个问题：第一，要循序渐进，缓步而行；第二，应尽快建立和完善证券流通市场；第三，要允许企业债券的利率与金融债券的利率有所差别，因为购买企业债券与购买金融债券是两种不同的行为；第四，要加强对已发行债券的管理，维护债券持有人的利益，尽快制定企业债券法。"[3]

1986 年，人民银行首先开办了企业债券的柜台转让业务，使得企业债券开始有了公开的交易场所[4]。1987 年 3 月，国务院颁布了《企业债券管理暂行条例》及《国务院关于加强股票债券管理的通知》，对企业债券的定义、管理以及法律责任做了详细的规范。自此，我国企业债券发行工作开始走上规范化的道路。

总体来看，企业债券市场的发展，扩充了企业筹资渠道，促进了社会资金向信誉高、效益好的企业流动，促使企业预算硬约束，对促进企业的深化改革，为企业成为自负盈亏、自我约束、自我发展的企业法人营造了一个良

---

[1]　郑振龙：《中国证券发展简史》，经济科学出版社，2000。
[2]　金建栋：《开放债券市场促进投资体制改革》，载《金融研究》，1987。
[3]　霍声璞：《关于企业债券问题的研究》，载《经济与管理研究》，1988。
[4]　董晓春：《基于制度变迁的中国债券市场结构与行为研究》，复旦大学博士论文，2006。

好的外部环境；同时抑制了过热的资金需求，平稳了经济秩序，部分地减轻了企业对银行资金需求的压力[①]。

（5）新生的金融债券市场

从时间上讲，我国对外国发行金融债券比较早。1982 年，中国国家信托投资公司在日本东京证券市场发行的外国金融债券，是中国金融债券发展的开端[②]。自 1985 年开始，我国在国内发行人民币金融债券。

1986 年，万存知在《银行发行金融债券质疑》一文中认为："第一，银行发行金融债券在功用上与银行吸收存款无本质区别；第二，同是银行吸聚资金，金融债券和银行储蓄存款成一定的消长关系，这不能不引起我们的深思；第三，银行发行金融债券，社会各阶层的心理反应是不同的；第四，发行金融债券并非银行的锦囊妙计。"[③]

对此，金建栋给出了不同观点。1987 年他在《进一步发挥金融债券的作用》一文中表示："金融债券的发行对于更广泛地筹集资金，缓解企业自有流动资金不足，支持一些经济效益好的扫尾项目早日投产，搞活资金融通，活跃金融市场，起了积极的作用。"[④] 同时，针对金融债券管理过程中的诸多问题，他给出了自己的建议："首先，应该明确发行金融债券的目的，金融债券是银行的一种传统金融工具；其次，应该以金融债券的利率为基点，理顺各种债券的利率关系；再次，应适当放宽对金融债券发行人和发行对象的限制，允许非银行金融机构发行金融债券，纳入国家发行金融债券的计划，发行的方式、利率、期限、用途等均按银行发行金融债券一样对待和管理；最后，应加强对金融债券的法制管理，尽快制定一个金融债券的管理条例。"[⑤]

从 1985 年我国人民币金融债券发行开始，到 1999 年底，我国先后发行过三种金融债券：一般金融债券、政策性金融债券和特种金融债券[⑥]。就总规

① 郑振龙：《中国证券发展简史》，经济科学出版社，2000。
② 董晓春：《基于制度变迁的中国债券市场结构与行为研究》，复旦大学博士论文，2006。
③ 万存知：《银行发行金融债券质疑》，载《银行与企业》，1986。
④ 金建栋：《进一步发挥金融债券的作用》，载《中国金融》，1987（12）。
⑤ 同④。
⑥ 同①。

模而言，金融债券已经发展成为仅次于国债的第二大债券品种①。

2. 关于股票市场发展的讨论

新时期的股票市场思想，主要集中在关于股份制必要性及其性质的讨论、建立股票市场的讨论、股票市场管理的讨论以及股票市场国际化的讨论。随着公债、股票和企业债券发行数量的增多，证券持有者要求出售转让所买证券的需求也日益增加。起初只是在民间自发地小范围内转让、买卖，后来发展为少数金融机构网点的柜台转让买卖，最后才是国家建立有组织的场内、场外证券交易市场②。在这其中，我国证券市场思想逐步成熟，大放异彩。

（1）关于股份制必要性及其性质的讨论

股份制的实践与股份制思想的产生几乎是同步的。20 世纪 80 年代初期出现股份集资的现象；同期，研究者们提出在中国实行股份制的构想。但是，由于人们当时对股份制的认识还难以摆脱一些旧观念的束缚，加之中国长期实行"一大而公"的所有制体制，因此在社会主义条件下对实行股份制的认识颇费周折③。

①关于实行股份制必要性的讨论

1980 年 4 月，劳动人事部召开了一次"劳动工资座谈"。在这个会议上，后来被称为"厉股份"的厉以宁首次提出了一个"股份制"为主导下的操作思路。即采用股份制方式扩大老厂规模，筹建新厂，同时允许知识青年带股进厂，以此增加就业。这在当时是一个很有理论和实践意义的建议④。自此，理论界掀起了关于股份制必要性的讨论，其观点主要分为两类。

一种观点认为，股份制并不是我国企业发展的必由之路。赵新文就讲到，虽然我国股份公司众多，但却具有共同的制度缺陷，离股份制的本质要求相距甚远，具体表现为：产权关系不明确；股东利益不平等；股票债券化；股份增殖机制不健全；股东权利不落实。因此，在中国实行股份制只能是一种

---

① 董晓春：《基于制度变迁的中国债券市场结构与行为研究》，复旦大学博士论文，2006。
② 张春廷：《中国证券思想及证券市场研究》，复旦大学博士论文，2003。
③ 骆祚炎：《当代中国股票市场发展思想研究》，复旦大学博士论文，2003。
④ 龚浩成、金德环：《上海证券市场十年》，上海财经大学出版社，2001。

扭曲的形式①。

对此，徐方也表示赞同，他认为，股份制仅仅能集中部分资金，无其他积极意义，所以搞不搞关系不大，因而也不是企业改革的方向。具体来说：第一，实行股份制，私人股金增加，有可能改变公有制的性质；第二，股份制不能解决两权分离、政企职责分开的问题；第三，小额股票不具有使职工和企业形成利益共同体的力量；第四，股份制不是解决企业短期行为的灵丹妙药；第五，违背"按劳分配"原则，扩大社会的不平等；第六，助长了投机心理；第七，影响国家财政收入②。此外，范茂发、荀大志、刘夏平从股份制不能解决企业短期行为的角度，提出了类似的观点③。

另一种观点认为，股份制是我国企业发展的必由之路。1984年，严斯茂在其发表的《社会主义股份公司初探》一文中，较早地论述了实行股份制的必要性和必然性。第一，我国现阶段仍然存在着商品货币关系。这就为股份制的产生提供了最广泛最一般的前提。第二，股份公司是信用高度发展的产物，所以信用也是股份公司产生不可缺少的前提条件。第三，我国的所有制在结构上存在多层次性。第四，社会化大生产的发展是股份公司产生的最重要原因之一④。胡永明⑤、于纪渭⑥、蒋一苇⑦、曹文炼⑧也阐述了类似的观点。

此外，刘鸿儒在《探索中国资本市场发展之路》一书中提出了更为明确的观点：股份制是国有企业改革的必由之路。他讲到，"世界各国市场经济的发展表明，在所有发达国家，企业发展的必由之路都是股份公司制度。也就是马克思所讲的道理，靠私人资本积累永远都不可能形成一定规模的资本。要形成一定规模资本的现代企业，就必须走股份公司的道路。家族式私人企

---

① 王健、禹国刚、陈儒：《中国股票市场问题争鸣》，2页，南开大学出版社，1992。
② 同①，4~6页。
③ 范茂发、荀大志、刘夏平：《股份制不是全民所有制企业的方向》，载《经济研究》，1986（1）。
④ 严斯茂：《社会主义股份公司初探》，载《经济研究》，1984（2）。
⑤ 胡永明：《试论财产权的分裂与"两权分离"》，载《经济研究》，1987（6）。
⑥ 于纪渭：《企业产权制度与股份制》，载《改革》，1990（6）。
⑦ 王健、禹国刚、陈儒：《中国股票市场问题争鸣》，南开大学出版社，1992。
⑧ 曹文炼：《全民所有制大中型企业股份化的探讨》，载《经济研究》，1985（7）。

业只能存在于不发达国家或地区的不发达阶段"①。随着改革的实践，人们对实行股份制的必要性的认识越来越深刻了。

实践是检验真理的唯一标准。所有制改革实践中，股份制逐渐显示出其优越性。主张实行股份制改革的思想逐渐居于主导地位。1986 年 12 月，国务院在《关于深化企业改革增强企业活力的若干规定》中指出："各地可以选择少数有条件的全民所有制大中型企业，进行股份制试点。"② 1992 年初，邓小平同志南方谈话中指出："证券、股市，这些东西究竟好不好，有没有危险，是不是资本主义独有的东西，社会主义能不能用，允许看，但要坚决地试。"③自此，我国股份制改革从思想到讨论，从讨论到提案，从提案到实践，经历了漫长而艰苦的过程。

②关于股份制性质的认识

一种观点认为，股份制仍然具有公有的性质。严斯茂在《社会主义股份公司初探》一文中认为，社会主义股份公司和资本主义性质股份公司的区别是显而易见的：（1）从生产关系看，我国现有的股份企业绝大部分都是建立在公有制基础上的，其中由全民所有制单位合股创办的、集体单位合股创办的以及全民和集体联营的股份企业，其公有性质都非常明显；（2）从活动内容看，社会主义股份公司也不同于资本主义股份公司；（3）从劳动者在企业中的地位看，社会主义股份公司也完全与资本主义股份公司不同④。对此，薛暮桥也持相似的观点⑤。

另一种观点认为，股份制本身并没有特定的社会属性，股份制的性质取决于投资者性质和股份公司的股权结构。1988 年，蒋一苇在《有关股份制的几个问题》一文中认为，"股份制是把企业的产权用股份的形式加以确认和确定。所谓确认，是指产权属于谁所有，确定，是指谁有多少产权。这是对所有权的一种科学的定性和定量。股份制是对所有制形式的改革，并不一定要

---

① 刘鸿儒：《探索中国资本市场发展之路》，中国金融出版社，2003。
② 国务院：《关于深化企业改革增强企业活力的若干规定》，1986。
③ 《邓小平文选》第三卷，人民出版社，1993。
④ 严斯茂：《社会主义股份公司初探》，载《经济研究》，1984（2）。
⑤ 薛暮桥：《我国生产资料所有制的演变》，载《经济研究》，1987（2）。

改变所有制本身。股份制与资本主义当然有联系，但不能简单地把两者划上等号。股份可以'公有'，也可以'私有'，股份制可以为资本主义服务，也可以为社会主义服务，它本身是个中性的事物，并没有特定的阶级性"①。厉以宁②、萧灼基③、杨春堂④、贺镐圣和陈愉⑤等人也表达了相同的观点。

还有一些人认为，股份制具有私有性质：胡寄窗在《股份制究竟是什么性质》一文中则认为，股份制是一种私有形式。"股份制必须具有私人所有的性质，才能与个人利益联系起来。如果股份制不具有私有性质，个人无权在任何时间和地点自由地处理其股份所有权，那么股份制就丧失其存在的意义。不必要把股份制说成是新型公有制"⑥。

实践证明，股份公司只是企业的一种组织形式，本身并不能确定企业的社会性质。也就是说，股份企业的性质取决于资金来源和股金性质以及股份公司的股份结构。1997年召开的中共"十五大"报告明确区分了所有制形式与所有制的实现形式是两个不同的范畴，这就澄清了长期以来关于所有制与所有制的实现形式关系问题上的模糊认识。

（2）关于建立股票市场的思想

在对股票的发行市场（即股份制问题）讨论后，人们就又提出了建立股票流通市场的问题。理论界关于"建立股票市场的必要性"、"关于银证分离与合并的讨论"及"恢复证券交易所"等问题展开了广泛的讨论。这一方面，80年代时的讨论最为激烈。

①关于建立股票市场必要性的讨论

在股票发行市场建立后，人们发现，股票不能转让影响到了人们购买股票的积极性，进而影响到了股份制改革的实施。但是人们对是否建立股票市场还存在很多争议，理论界出现三种主要观点。

---

①　蒋一苇：《有关股份制的几个问题》，载《经济管理》，1988（1）。
②　厉以宁：《中国经济改革与股份制》，北京大学出版社，香港文化教育出版社，1997。
③　黄赞发：《萧灼基经济学文集》，汕头大学出版社，1997。
④　杨春堂：《中国企业股份制若干问题探索》，载《经济研究》，1989（6）。
⑤　贺镐圣、陈愉：《现阶段我国股份制企业的性质》，载《改革》，1990（3）。
⑥　胡寄窗：《股份制究竟是什么性质》，载《经济学动态》，1988（5）。

一种观点认为应该立即建立股票市场：1986 年，刘诗白在发表的《试论社会主义股份制》一文中认为，"股票的转让能满足企业或个人生活或生产上对现金的急需，使投资者能进行投资的选择，将原先投入某一企业中的资金抽出和转投到经济效益更高，对他本人更为有利的企业中去。股票的转让能避免'钱到地头死'，从而能大大调动投资的积极性。如果股票只用于分得红利，而不能买卖抵押，就将连银行存款单那样的资产凭证也不如，因为后者还具有融通性，人们随时可以用它来提取现金。如果我们能够探索和找到一种在社会主义国家管理与监督下的适度的、不允许投机行为的股票转让方式，使投入有价证券的资金得到融通，资金的流动性将由此增强"。① 此外，洪文金、苏大川②从为建设特区服务的角度，夏斌、罗兰波③从宏观调控的角度也提出了类似的观点。

1987 年，刘鸿儒在《我国金融体制改革的方向和步骤》一文中也表达了类似的观点，"短期和长期有价证券要逐步转让。只有发行，不能转让，发行市场也难以持续。可先通过金融机构办理转让业务，在这个基础上逐步开放二级市场，自由交易，价格放开，进一步促进发行市场"④。对此，胡永明⑤也提出要分两步开放股票市场的主张。

另一种观点认为中国应该延缓建设股票市场：1983 年，曾茂林在《银行代理发行股票是集中资金的好办法》一文中认为，"由银行代理发行股票，是信用集中于银行的一种办法。作为信贷资金来说，发行股票是存款和贷款的统一。银行作为信用中介人，通过代理发行股票，可以能动地发挥'社会范围的公共簿记和生产资料的公共配置'的作用。"⑥

同样的，苑德军表达了相似的观点，他在 1988 年发表的《证券流通市场

---

① 刘诗白：《试论社会主义股份制》，载《经济研究》，1986（12）。
② 洪文金、苏大川：《建立特区证券市场的意义及其设想》，载《金融研究》，1985（3）。
③ 夏斌、罗兰波：《金融市场发展中尚有争议的问题及应当吸取的教训》，载《金融研究》，1989（4）。
④ 刘鸿儒：《我国金融体制改革的方向和步骤》，载《金融研究》，1987（5）。
⑤ 胡永明：《试论财产权的分裂与两权分离》，载《经济研究》，1987（6）。
⑥ 曾茂林：《银行代理发行股票是集中资金的好办法》，载《金融研究》，1983（4）。

的开放应当缓行》一文中认为，在现实经济和金融环境下，发展长期资金市场的着力点应放在证券发行市场上，证券流通市场的开放应当缓行。"这是因为：第一，现阶段无法形成稳定的证券供求关系。第二，扭曲的价格体系成为证券流通市场开放的严重掣肘。第三，充当证券交易中介的证券公司难以形成。第四，证券过度投机的防御机制难以建立。第五，法律依据和人才准备不足。证券交易价格的公正性、合理性和证券交易效率的提高，无法得到保证。"[1]

还有一种观点认为社会主义条件下不存在股票市场：1984 年，王兆星在发表的《有关虚拟资金的几个理论问题》一文中讲到，虚拟资金反映的是社会主义经济关系，是在社会主义信用基础上形成的。虚拟资金不能计价转让或流通，社会主义不存在证券交易市场和投机[2]。

事实证明，建立股票市场是十分必要的。没有股票交易市场，要大规模发展股票发行市场和进行股份制改造也是不可能的。在证券业发展到一定规模和程度的情况下，证券业就要独立于银行业，否则也会影响到股票市场的发展。同时，只要有好的监管制度和市场基础，通过法治手段和经济手段打击非法投机，股市是能够健康发展的。

②关于银证分离与合并的讨论

随着证券市场的不断发展，关于银行业与证券业经营模式的讨论也逐步展开，理论界普遍存在两种观点，其争论焦点主要集中在风险方面。

一种观点是提倡分业经营：1992 年，苑德军在《规范化管理：证券市场管理的基点》一文中主张实行银行业和证券业的基本分离模式。"这样做的理由是：其一，专业银行代企业发行证券并为其提供担保，一旦企业经营不善，到期无力还本付息，则风险势必要转嫁给银行，造成银行资产损失；其二，在承购包销机制下，如专业银行推销不掉全部代发行的证券，则剩余额必须由专业银行包销，这势必挤占专业银行的营运资金，从而有可能扩大信贷差额，成为引发通货膨胀的一个诱因；其三，证券业务的专业性和投机性较强，

---

① 苑德军：《证券流通市场的开放应当缓行》，载《金融研究》，1988（4）。
② 王兆星：《有关虚拟资金的几个理论问题》，载《金融研究》，1984（7）。

交易程序复杂，操作和管理难度大。专业银行集信贷业务和较生疏的证券业务于一身，容易顾此失彼，影响正常的信贷业务，同时，也有碍于建立稳定的金融市场融资秩序，不利于独立的证券业的发展。"①

郑超愚、蔡浩仪和徐忠等人在《外部性、不确定性、非对称信息与金融监管》一文中，利用经济学模型证明，中国必须继续实行分业经营。其理由是："第一，目前我国金融业的国有银行垄断格局继续维持，国有银行的商业化改造尚未完成，仍然没有形成有效的内部风险控制制度；第二，我国会计审计体系很不完善，金融体系的透明度和公信度缺乏，金融监管制度还不健全，金融监管效率低下，在电子化和网络化运用方面尤其落后；第三，我国存款保险制度还没有建立，金融机构不良资产问题严重，潜在金融风险不容忽视，必须警惕由金融机构倒闭可能引发的金融危机。"② 此外，陈浩武③从业务和人员的角度论证了银证分离的必要性，陈云贤④从监管机构分业监管的角度论证了银证分离的必然性。

另一种观点是提倡混业经营：刘光第认为，银行业与证券业应该结合，无论从理论上还是从实践上都说明两者不可能分离。根据国际经验，必须要有商业银行，也只有商业银行才可以与证券业结合。⑤ 对此，曹尔阶在《中国证券市场研究与展望》一书中表示，银行业与证券业在机构、业务上，可以各自有重点地发展，但相互间的业务仍有综合交叉。只是因为：第一，中国各家银行分支机构齐全，利用银行业务系统发行证券，具有信息灵通、成本低廉的优势；第二，改革开放中，中国各家专业银行在代理发行证券和交易方面已经积累了丰富的经验；第三，专业银行的资金雄厚，信誉高，在证券发行市场上具有较强的吸引力；第四，专业银行同工交商贸企业有着长期传统的业务联系，因而在代理发行上不但对企业的资产资信状况心中有底，而

---

① 苑德军：《规范化管理：证券市场管理的重点》，载《金融研究》，1992（3）。
② 郑超愚、蔡浩仪、徐忠：《外部性、不确定性、非对称信息与金融监管》，载《金融研究》，2000（9）。
③ 陈浩武：《体制转轨时期的中国资本市场》，经济科学出版社，1998。
④ 陈云贤：《中国证券业与银行业分业管理模式选择》，载《经济研究》，1995（7）。
⑤ 刘光第：《为发展股票市场创造条件》，载《金融研究》，1992（8）。

且有利于在引导资金投向上贯彻国家产业政策；第五，专业银行兼营证券业务还有一个好处，就是同信贷证券化衔接起来①。

此外，陈秀生和钟四清发表的《实行金融适度分业管理的条件问题》一文也认为，专业银行利益驱动及竞争加剧因素刺激了混业经营的发展。这是因为：第一，利益动机及其觉醒程度提高，混业经营成为专业银行及其他商业银行追逐的目标。混业之所以成为银行业崇尚的目标，说到底是因为混业利润远较分业利润来得多、来得快，比较利益成为分业经营向混业经营转化的内在因素。第二，竞争因素的刺激，加速了混业经营发展的进程。由于混业经营较分业经营能够获得较多的利润，谁先经营、大规模经营谁就会获得优势。第三，开放后，国外金融机构混业经营行为对国内银行业的示范影响②。

"分合之争，动因在银行"、"分合之争，决定于国情"③。证券业与银行业的分离与合并各有利弊，离开一国的具体情况空谈利弊，只能得出一般意义上的结论。在分与合的最终制度选择中，风险与效率的权衡是分与合的关键；而风险与效率的权衡又取决于一个国家发展所处的阶段，以及金融业在这个阶段中所起的作用。基于现阶段我国的基本国情，理应采取分业政策。但从长远来看，证券业与银行业的融合可能是中国未来金融市场的基本特征④。

③建立证券交易所的思想

要建立规范化的全国统一的股票市场，最主要的措施就是建立进行集中交易的证券交易所。在证券交易所建立之后，出于发展证券市场等方面的考虑，也有人提出了建立多家证券交易所的主张⑤。

龚浩成提出，上海进一步发展证券交易的设想就是建立上海证券交易所。上海建立证券交易所的条件基本具备：第一，已有一定数量的证券，包括国库券、重点建设债券、企业债券、金融债券和股票等，可上市证券总量较大；

①　曹尔阶：《中国证券市场研究与展望》，中国财政经济出版社，1994。
②　陈秀生、钟四清：《实行金融适度分业管理的条件问题》，载《经济研究》，1995（7）。
③　乔炳亚：《银行与证券分业问题研究》，载《金融研究》，2000（1）。
④　骆祚炎：《当代中国股票市场发展思想研究》，复旦大学博士论文，2003。
⑤　同④。

第二，已有专营、兼营和代理证券业务的中介机构和专门的资信评估机构；第三，已经制订了一套相应的法规；第四，投资观念已为市民逐步接受和普及，参与证券活动的人增多；第五，开放、开发浦东呼唤上海证券交易所早日出台，与其配套，提供服务。建立证券交易所是一个逐步完善的过程，要创造条件逐步实现三个转变：一是以上海为主逐步扩大到全国；二是规模从小到大，逐步走上现代化；三是以债券为主，逐步扩大到股票①。盛慕杰②、任风泽③同样也提出建立证券交易所的思想。

在上海和深圳证券交易所建立之后，有人认为要扩大证券市场的范围，提出扩建交易所的主张。宋养瑛就认为，我国要适度地扩大金融市场的业务范围，逐步发展股票、债券发行和转让市场，并在此基础上，积极创造条件，选择适当地区，多增设一些证券交易所④。王国刚也认为，股票交易严格限制在沪深两个证交所，交易行为集中在这两个有限的市场范围内，由此产生一系列问题，建立第三家、第四家证交所已是必然。要积极创造条件，使新的证交所尽快投入运行⑤。

但是，在多个地方建立证券交易所，并不符合我国建立统一证券市场的需要，而且会加大股票市场运行的成本，也有可能导致地方保护主义的流行。因此，我国没有再建立其他的证券交易所。

（3）关于股票市场管理的思想

在证券交易市场正式成立之后，规范和发展成为股票市场建设的两大新主题。在这一方面，20 世纪 90 年代的思想比较集中。

①关于集中统一监管的讨论

1992 年 8 月，刘品安发表《股市发展中的政府行为》一文，认为，"在股市的发展中，要健全和完善政府的管理职能，为之首要的是建立和健全股市领导管理机构。中央政府应成立股票市场管理委员会，负责制定宏观决策、

---

① 龚浩成：《上海金融市场的发展思路与前景》，载《金融研究》，1990（10）。
② 盛慕杰：《论股票、债券的发行》，载《经济研究》，1985（1）。
③ 任风泽：《关于中国特色证券交易所的思考》，载《金融研究》，1990（9）。
④ 宋养瑛：《培育和发展金融市场的几个问题》，载《经济研究》，1993（7）。
⑤ 王国刚：《国民：中国资本市场上的重要角色》，载《经济研究》，1994（12）。

股市法规，规范股票形式、发行制度、交易准则等。该委员会应由国家计划委员会、财政部、中央银行、工商管理局、人大委员会财经工作委员会等部门参加，并吸纳一些著名经济学家参加，所有的委员都必须经过人大常委会任命。这一机构直属国务院，并向国务院负责。该委员会下设股市管理自律性机构，具体管理股票市场。如由律师组成的法律协会；由会计师、审计师组成的审核、监督协会；经济师、工程师组成的市场调查协会等"[1]。陈耀先[2]、黄运成[3]、汪义达[4]、刘荣玉[5]、陈云贤[6]、李茂生[7]、刘光第[8]也表达了建立集中统一监管的观点。

此外，理论界也强调，应重视并发挥证券业协会应有的自律作用。王华庆在考察了上海股市的运作后认为，上海存在自律管理不够及对自营管理不够等问题；应建立证券商同业公会，引导证券机构加强自律管理，协商费率、佣金，规范职业道德；要设置独立的行业自律性的监督委员会，制订自律管理的规章和细则；严格规定自营的规则，保证投资者的公平权利。对证券交易所要进一步实施法律管理，以确保证券交易所的"三公"原则[9]。宋养瑛也提出，中国证券业协会作为证券业的自律组织，应当加强对证券市场的关注，研究证券市场运行中的各种问题，并及时提出解决的意见和办法，协助有关方面，搞好行业的自我管理，进而促进证券市场能更规范、更健康地发展[10]。邱国龙[11]也做过类似的论述。

中国股票市场的不规范在很大程度上应归咎于监管体制的缺陷。其中，管理多头，政出多门，部门之间推诿扯皮，是政府行为不规范的典型表现，

---

① 刘品安：《股市发展中的政府行为》，载《经济研究》，1992（8）。
② 陈耀先：《中国证券市场的规范与发展》，中国金融出版社，2001。
③ 黄运成：《证券市场监管：理论、实践与创新》，中国金融出版社，2001。
④ 汪义达：《财政应加强对证券市场的管理》，载《金融研究》，1992（9）。
⑤ 刘荣玉：《关于当前我国股市发展的若干问题》，载《经济研究》，1994（8）。
⑥ 陈云贤：《中国证券业与银行业分业管理模式选择》，载《经济研究》，1995（7）。
⑦ 李茂生：《关于发展中国证券市场的战略思考》，载《经济研究》，1995（9）。
⑧ 刘光第：《关于发展股票市场的几个问题》，载《经济研究》，1993（3）。
⑨ 王华庆：《上海股票市场的运作与发展》，载《经济研究》，1993（6）。
⑩ 宋养瑛：《培育和发展金融市场的几个问题》，载《经济研究》，1993（7）。
⑪ 邱国龙：《试谈我国证券市场的规范与发展》，载《金融研究》，1997（6）。

严重影响到股票市场的效率和公平。从我国具体情况来说，解决证券市场管理混乱状况的根本办法是建立独立的、专门的证券监管机构。

②对于监管者进行监管的讨论

黄运成在《证券市场监管：理论、实践与创新》一书中认为，对监管者进行监管是必要的：第一，通过法律和行政手段进行监督。（1）制订法律和法规对监管人员参与内幕交易、进行虚假陈述、收受贿赂和玩忽职守等行为进行限制；（2）从法律上明确监管部门的工作责任、管理与处罚措施、工作程序以及回避制度的执行等；（3）通过建立和完善证监会内部的工作机制和责任追究制度，对证券监管机构的日常工作实施监督。第二，建立内部制衡机制和外部制衡机制。第三，通过社会舆论监督。第四，加强监督组织的自律。第五，需要公民的监督[1]。

对此，李宁等人也持相似的观点，他们构造了一个中国"有序、高效的链式监管体系"。其设想是：参照国外一些国家的做法，中国证监会主要官员可直接由人大任命，并对人大负责；由人大相应职能部门，如财经委员会、法制委员会以及专家学者等组成相应的非常设专家议事小组，定期对证监会行使职能考核与监督；而中国证监会的中央机构和地方派出机构则在实行"保荐人制度"下，但在自律性监管组织（证券业协会）的配合下，同时行使对中介组织和上市公司的监管；而作为一线监管的自律性行业协会，则在证监会的领导和监督下，对中介机构实施自律性监管；中介机构则对所荐上市公司运作实施日常性密切监控和辅导；上市公司股东大会则对监事会、董事会以及经营班子实行分层监督[2]。

政府监管是股票市场的一种垄断力量，但是它的监管作用是有限的。这是因为：第一，监管人员在市场监管中利用掌握的信息进行内部交易，体制内的监督乏力和体制外的监督尚未形成，容易产生寻租现象。第二，因为存在信息不完全、政府官员为自己利益的动机等因素，政府监管也有

---

① 黄运成：《证券市场监管：理论、实践与创新》，中国金融出版社，2001。
② 李宁、孟繁荣、何孝星：《关于完善我国证券监管的若干构想》，载《金融研究》，2000（11）。

失灵的时候，监管者也存在道德风险问题。第三，有利于提高监管效率，降低监管成本。有利于提高监管透明度，提高监管的公开、公平和公正。第四，在法制不健全的情况下，监管部门常靠一些临时性的行政措施来干预市场，监管者独揽大权或滥用权力的现象时有发生。因此有必要对监管者实施监督①。

③对政府监管职能的讨论

1992 年，刘品安在《关于完善我国证券监管的若干构想》一文中指出，政府的行为主要通过下述四种管理职能体现：第一，法律管理职能。政府通过国家颁布的有关法令法规的实施来管理股市，即《公司法》和《证券交易法》。第二，计划管理职能。一方面，有计划地选择上市公司的数量；另一方面，有计划分期分批地安排股份企业上市。第三，经济管理职能。一是吞吐股票，调控股市；二是运用税收手段调控股市。第四，行政管理职能。当股票市场上出现一些不利于证券市场健康发展的行为时，政府主管部门就必须依靠行政强制手段进行制裁②。

针对我国上市公司运作不规范的现状及引起不规范的原因，1994 年 8 月，刘荣玉在《关于当前我国股市发展的若干问题》一文中给出建议："一是股票发行与上市分开，凡以后新发行股票的公司，都应经过一段时期的辅导期。二是提高上市公司标准，在上市条件中增加机制转换和运作规范的内容。三是落实上市公司的日常监管机关。鉴于目前我国体制转换的现状和交易所监管的实际能力，建议建立以地方政府证券管理机关或证监会派出机构为主、交易所为辅的监管体系，禁止上市公司炒作自己的股票，以保护投资者，尤其是中小投资者利益和维护证券市场健康发展。"③

与刘品安和刘荣玉的观点不同，李茂生更强调了法律监管的重要性。1995 年 9 月，他在《关于发展中国证券市场的战略思考》一文中表示，行为规范化的政府对于规范证券市场才能有效，"第一，主要以法制而不是用政策

---

① 骆祚炎：《当代中国股票市场发展思想研究》，复旦大学博士论文，2003。
② 刘品安：《股市发展中的政府行为》，载《经济研究》，1992（8）。
③ 刘荣玉：《关于当前我国股市发展的若干问题》，载《经济研究》，1994（8）。

规范证券市场。要以法制为主，将政策作为次一级的手段，其运用不能离开法制基础，要在法律给定的区间内慎重地选择利用，且不能朝令夕改。第二，政府对证券市场的监管不能多元化。要通过法制，使证券市场监管成为只维护国家宏观利益和服务社会而毫无本机构私利可图的事业，以使其他部门企图插手此项工作失去利益诱因。第三，除了国家的宏观利益，政府对证券市场的监管不为任何地方、集团和个人的利益所左右。唯有如此，证券市场的规范化才有希望。"①

此外，刘鸿儒从监管能力和监管效率的角度出发，提出对资本市场监管的评价指标。他认为，判断监管能力强弱的要素主要有：（1）资本市场监管所依据的法律法规的完善程度；（2）资本市场监管体系的健全程度；（3）资本市场监管力量和监管权限是否充足；（4）资本市场监管技术的发达程度；（5）资本市场监管人员的专业素质和道德素质；（6）资本市场监管主体的监管理念。在监管效率方面，应当考察的基本要素包括：一是资本市场的健康、稳定和持续发展情况。二是资本市场监管理念和目标偏离程度。三是资本市场法律法规等的执行情况。四是资本市场的运作秩序与规范程度。五是对资本市场违法违规行为的打击力度。六是资本市场参与主体的守法和自律意识。七是资本市场发生重大危机和重大风险的情况②。

总而言之，在政府监管职能的实践中，最主要和起基础作用的还是实行法律法规管理。其他管理都必须要以法律和法规管理为基础，以防政府对市场的过分干预。

④对政府监管手段的讨论

通过什么样的手段达到监管目的，是股票市场监管的一个重要问题。20世纪90年代前后，出现了股市需要政府采取行政手段干预还是依赖市场调节的争议，形成了两种主要观点。

第一种观点认为要放弃行政干预，依靠市场对股市进行调节。这也是多数研究者的观点。盛慕杰在《论股票、债券的发行》一文中认为，"在我国社

① 李茂生：《关于发展中国证券市场的战略思考》，载《经济研究》，1995（9）。
② 刘鸿儒：《探索中国资本市场发展之路》，中国金融出版社，2003。

会主义制度下利用证券交易所，的确要防止股票、债券的运动和转让成为赌博的结果，要防止股票、债券的行情脱离利率水平、物价调整、企业经济效益、财政收支情况而波动。但是当股票、债券的利率水平与市场上对利率的要求有差距时，通货与物价有变化时，企业经济效益有好坏时，财政出现结余或赤字时，行情必然有升降，这绝不是欺诈和投机，这是发挥了金融市场晴雨表的作用，要根据这个晴雨表，及时采取相应的经济措施、财政措施、金融措施，改善经营管理，排除行情的变化。采用行政措施是不明智的，而不能忍受这种变化，实际上会扼杀证券交易所的作用"。① 对此，陆向谦和李夏也提出了相似的观点，他们认为，政府在市场经济中的作用是"裁判员"而不是"运动员"。这个"裁判员"的责任分为两个方面：第一，对公司制企业的监管。第二，对股票交易的监管②。

1995 年，吴敬琏在接受《中国证券评估》杂志特约记者张力墨采访时指出，各级政府和有关机构的方针要明确，行为要端正。所谓行为要端正，是说既要防止用计划经济办法来对待证券市场，动辄进行行政干预，又不能放松证券立法和证券机构的监管。有少数政府机构所属的金融机构，没有真正与"上级机构"脱钩，仍在继续直接或间接地参与证券交易活动，这些做法是违背市场经济的基本原则和政府有关规定的，必须坚决加以纠正③。

第二种观点主张对股票市场进行行政干预。胡燕洲认为，股市自身特点要求政府对其实施积极干预，对股市干预有"双重必然性"。其理由有两点：首先，股票市场之所以建立并发展到今天，正是行政干预的结果；其次，深圳股市是在市场体系尚未最终完成，市场功能远未完善，市场秩序亦未完全建立条件下的早产儿，本身被深深烙上了行政干预的痕迹，加之我们实行的是公有制条件下有计划商品经济，这就决定了我们对股市施行行政干预的必然性④。

---

① 盛慕杰：《论股票、债券的发行》，载《经济研究》，1985（1）。
② 陆向谦、李夏：《不要用行政手段干预股票市场》，载《改革》，1994（9）。
③ 吴敬琏：《十年纷纭话股市》，上海远东出版社，2001。
④ 王健、禹国刚、陈儒：《中国股票市场问题争鸣》，南开大学出版社，1992。

从历史来讲,中国股票市场是由政府推动建立起来的。在这个过程中,如果一开始就避免使用行政手段是不现实的。但是,随着股票市场的逐步发展,政府应该尽量减少行政手段的干预,而加强法律和法规建设,同时加强信息披露工作,多方位地对股票市场进行规范。

(4)股票市场国际化的思想

改革开放以来,政府十分重视通过各种形式利用外资。除了吸引海外投资者直接投资外,还通过国际资本市场来吸引外资。1990年开始,理论界对于利用国内股票市场吸引外资的讨论则更加激烈。

①股票市场开放策略的形成思想

1985年,高冠红、师秋明在《股份公司是利用外资的一条新途径》一文中就提出,可以利用股份公司来引进外资。他们认为,这种形式的好处有:(1)可以吸引大量外资,不必背上沉重的包袱;(2)可以广开财源,吸引国外的一些民间小额资金;(3)可以节省中国的建设投资;(4)吸收到的资金可以自由利用;(5)股份公司大都有一定的基础,所以引进的外资能很快地吸收、消化,很快形成新的生产能力。同时,他们也给出了股票市场的渐进式开放策略,即"在条件比较成熟、有出口能力、又急需技术设备更新的一些老企业先行进行股份公司改组;等国内股份公司发展较多后,根据情况成立国内证券市场,对外开放,吸引国外投资者前来投资"①。

对此,萧灼基表达了相似的观点,1988年10月,他在全国股份制与证券市场研讨会上认为,向外国企业和公民出售股票,实现股票国际化,具有重要意义:第一,股票国际化是利用外资最有效、最简便的形式;第二,为发展对外贸易提供有利条件;第三,从根本上改变政企不分,只有企业管理体制基本符合国际通行的原则,才能吸引外国投资者;第四,股票国际化是促使企业提高信誉和企业经济效益的有力手段;第五,有利于提高企业的管理水平,吸取国外现代企业的先进管理经验②。同时,他也设计了一个分步走的方案:第一步,可以在国内证券市场出售上市股票,供国外企业和个人购买;

---

① 高冠红、师秋明:《股份公司是利用外资的一条新途径》,载《金融研究》,1985(1)。
② 黄赞发:《萧灼基经济学文集》,422~425页,汕头大学出版社,1997。

第二步，部分企业发行的外币股票，可以委托国外银行、信托公司代售；第三步，建立跨国公司，按照有关国家的法律和惯例在国外发行股票[①]。此外，王维安提出要"稳扎稳打，分步有序地推进股票市场国际化"[②]。田素华则以量化分析为手段，研究了 28 个国家与地区证券市场的收益率、风险和相对开放程度，提出我国渐进式开放三步走策略[③]。

可以说，研究者们之所以提出渐进式开放策略，是基于中国证券市场的现状提出的。同时，中国自改革开放以来，无论是国有企业的改革和价格体系的重塑，还是投资体制和财税体制的改革等，都采取了渐进式改革的模式。因此，中国股市的渐进式开放策略也是与其他各项改革措施和改革理念相和谐的[④]。

②股票市场国际化措施的讨论

一种思想认为，可以通过设计各种证券投资基金以促进股票市场国际化。金德环在《证券市场规范化建设研究》一书中认为，国际化的关键是采取措施逐步解除市场准入限制，因此要积极发展投资基金。第一，扩大中国证券投资基金的规模，规范投资基金的运作体系、监督体系和法律体系；第二，国内非银行金融机构在国际金融市场上向境外投资者发行主要投资于中国证券市场的国家投资基金；第三，建立一个由中国人民银行、中国证监会有关部门专业人士组成的中外合作投资基金审核委员会，审批设立中外合作证券投资基金，并成立在中国注册、经营机构在中国境内、由中方控股的中外合资基金管理公司；第四，在上述方面取得经验的基础上，开放在境外设立的中国国家基金和一般的国外投资基金全面进入中国证券市场[⑤]。谭岳衡也曾讲到，我国证券市场国际化要从培植基金入手，将外资间接引入股市，其基本思路就是：国内基金—合资基金—国外基金，一定时期后，三类基金并立[⑥]。

---

① 黄赞发：《萧灼基经济学文集》，424 页，汕头大学出版社，1997。
② 王维安：《中国股票市场成功的条件分析和策略研究》，载《金融研究》，1990（7）。
③ 田素华：《中国证券市场国际比较的实证研究与开放策略》，载《经济研究》，2001（9）。
④ 骆祚炎：《当代中国股票市场发展思想研究》，复旦大学博士论文，2003。
⑤ 金德环：《证券市场规范化建设研究》，上海财经大学出版社，1998。
⑥ 谭岳衡：《我国证券市场国际化问题探讨》，载《金融研究》，1996（7）。

　　此外，王开国在《中国证券市场跨世纪发展思考》一书中认为，应允许设立中外合作基金管理公司，逐步让外国基金以基金形式投资中国。首先，可以准许海外基金管理公司或投资机构为中国基金管理公司当顾问；其次，准许海外基金以基金受益人的身份介入；最后，国外投资者以基金经理人的身份介入，组建中外合作的基金管理公司①。

　　另一种思想认为，要通过逐步实现 A、B 股市场合并来促进股票市场国际化。谭岳衡在《我国证券市场国际化问题探讨》一文中提出，A、B 股要从分割通过对流逐渐走向统一，为股市国际化打下基础。所谓对流交叉，就是"看钱不看人"，公开允许境内人士购买 B 股，同时允许境外投资者以人民币参与 A 股交易并以人民币结算。等到人民币自由兑换时，境内投资者均可以人民币或外币购买股票，A、B 股便可正式合并起来②。金德环也曾表达了类似的思想③。

　　刘鸿儒则给出了更为具体的意见，他认为，我国资本市场对外开放可以按四个阶段推进。第一阶段：允许非居民通过类似于国际基金的形式进入中国的 A 股市场，基金投资比例限制在一定的水平上。第二阶段：允许国外机构投资者在一定比例内持有国内上市公司的股票，其资本利得在一定年限内分批汇出。第三阶段：在国外机构投资者直接投资的基础上，允许国外的个人投资者有限制地直接进入国内的 A 股市场，缩短资本利得分批汇出的年限。第四阶段：基本取消对外国投资者和国外证券机构的各种限制，最终全面实现资本市场国际化④。

　　2001 年 2 月 19 日，中国证监会宣布，B 股市场向境内持有外汇账户的居民个人开放，外资股变为外汇股。A 股市场也可以采取设立证券投资基金的形式逐渐向国外投资者开放。但是，无论以何种方式推进股票市场国际化，我们都不可操之过急，一定要循序渐进。

---

　　① 　王开国：《中国证券市场跨世纪发展思考》，上海财经大学出版社，1999。
　　② 　谭岳衡：《我国证券市场国际化问题探讨》，载《金融研究》，1996（7）。
　　③ 　金德环：《证券市场规范化建设研究》，上海财经大学出版社，1998。
　　④ 　刘鸿儒：《探索中国资本市场发展之路》，中国金融出版社，2003。

③股票市场国际化监管的讨论

2000 年,唐利民和袁国良在《证券业如何面对 WTO 的挑战》一文中认为,迎接 WTO 的挑战,应该加快证券市场规范化建设,对于管理层而言,在制订规则方面应该从以下几方面进行改善:第一,切实保障投资者的利益;第二,提高上市公司的整体质量;第三,建立有利于券商快速发展的制度;第四,保障市场透明度,政策要有可预见性,减少政策的随意性;第五,允许金融创新,增加新的金融品种,包括股票指数期货、开放式基金、企业债券基金等;第六,对现有规则进行修改,对已经不适应新形势的规则应及时清除①。

曹凤岐也认为,证券市场的监管和规范化是证券市场发展的关键,也是证券市场国际化能够顺利实现的关键,对国际市场筹资必须加强监管。一方面,这些上市公司是在大型国有企业基础上改组建立的,对国际资本市场的法律和法规和上市后的监管要求不熟悉;另一方面,境外投资者对中国经济环境,尤其是对国内企业的管理机制、会计制度、法律规范还不熟悉。因此,加强中国企业在国际证券市场筹资工作的监督与规范,具有重要意义②。

此外,刘鸿儒对于证券市场对外开放的问题,提出了几点必须遵循的原则:第一,继续谨慎而积极地推动资本市场对外开放进程。经济国际化的实质是资源配置的国际化,尤其是资本配置的国际化。因此,在资本市场对外开放政策上,既要谨慎也要积极,不能因为担心冲击而过分延缓开放的进程。第二,要选择适合我国经济和金融体制的资本市场开放模式。在资本市场的开放过程中,我国证券公司不应过分开辟国际资本市场业务,而是要积极借鉴国际经验,努力增强在本土市场的竞争力。这些因素决定了我国在选择资本市场开放模式时,必须要考虑到我国资本市场发展的独立性,保持我国资本市场特定的功能和制度,保护我国证券经营机构的利益。第三,局部试点、循序渐进、总结经验、逐步开放。我们要通过有控制地引进境外投资者和证券经营机构来逐步提高我国投资者的水平,推动国内证券经营机构提高业务

---

① 唐利民、袁国良:《证券业如何面对 WTO 的挑战》,载《金融研究》,2000(1)。
② 曹凤岐:《中国金融改革、发展与国际化》,经济科学出版社,1999。

水平，降低资本市场的交易成本，提高对资本的配置效率。第四，要保证外资进入的可控性，要坚持开放进程和监管水平的相对一致性。如果我们不能在对外开放前，理顺我们的监管体系，完备监管制度，提高调控市场的能力，建立完备的资金监控和交易监控系统，那么从监管方面来说，我们就还不具备开放的条件[①]。

在实践中，股市开放是一方面，股市国际化的监管是另一方面。因此，为适应证券市场国际化建设，必须坚持两手都要抓，两手都要硬的方针。总而言之，对股票市场国际化的监管要以中国股票市场渐进式开放路径为基础。

（三）改革开放后我国证券市场思想的简要评析

回顾改革开放三十年来我国证券市场的发展历程，我们不难发现，证券市场思想的发展与证券市场制度建设的进程是相辅相成的。对于证券市场相关现象的讨论，促成了政府管理制度和法律制度的形成；管理制度和法律制度在运行过程中出现的问题，又会掀起理论界的广泛探讨；理论界思想的不断汇集，则又促进了管理制度和法律制度的继续完善。由此以往，连绵不断。

具体来讲，当代中国证券市场思想的发展具有以下特征：第一，以债券市场思想为先驱，审慎探索股票市场。纵观我国证券市场发展，债券市场思想起到了引领的作用，开启了我国恢复建立证券市场的新篇章。之后，随着我国股份制制度的确立，股票市场的探讨后来者居上，并逐步成为证券思想的主导。第二，以试点建设思想为基础，稳步推进和发展证券交易所。无论是债券种类的扩展，还是股份制公司的建立，我国证券市场思想都是从试点开始，逐步推广，最终形成全国性的、规范的、统一的市场。第三，以政府监管和法律监管为中心，兼顾其他监管手段。在整个证券市场的管理思想中，政府监管和法律监管依旧占据主导，同时，行业自律、市场监督、社会监督等监督手段也不容小觑。第四，以证券市场思想为重点，兼顾其他金融市场。我国证券市场思想的发展并不是孤立的、静止的，而是联系的、运动的，通

---

① 刘鸿儒：《探索中国资本市场发展之路》，中国金融出版社，2003。

过整个金融市场的有机互动，不断壮大证券业市场。

证券市场思想的发展，为我国证券业制度的建设和展业起到了重要的作用，具体表现在：第一，债券思想的恢复，率先解围了我国长达三年的财政困境。改革开放以来，公债市场率先恢复，为我国证券市场的建立迈出了重要的一步。第二，股份制思想的确立，为股份经济的发展清除了观念上的障碍。理论界的争论使人们逐渐认识到股份制的本质，认识到了股票市场存在的必要性，这就充分体现了证券市场思想引导人们观念的巨大作用。第三，股票市场思想的提出，有效地指导了股票市场改革的实践。理论来源于实践，又反过来指导实践，正是在这样的互相促进中，具有中国特色的证券市场逐步建立。第四，国际化思想的深化，加快了我国证券市场与国际接轨的步伐。股票市场国际化的思想越来越多，逐步成为证券市场建设思想的重要组成部分。

当然，我国的证券市场理论也不是完美无缺的，在实践过程中还是暴露出一些特有的缺陷，具体来说：第一，发展初期时的思想意识形态过于浓厚。股份制经济曾被认为是资本主义所独有的，所以在实践过程中受到了相当大的排斥，市场长期处于"试点"之中，延缓了证券市场发展的进程。第二，有关债券和股票的法律和法规建设明显落后于实践。因此，加强对制度设计、制度效率和制度公平的研究已经刻不容缓。第三，部分思想不符合中国国情。有的是对证券市场的发展趋势认识不清，提出了不利于证券市场建立和发展的保守建议；有的是明显缺乏市场基础，具有超前性；还有的是认为国外证券市场管理的一切措施都是好的，存在盲目引进的问题，这种思想近几年来尤为明显。第四，对证券市场发展思想本身的研究不够重视。因此，在扩大中国经济思想史这门学科的工作方面，我们还需要做广泛而持久的努力①。

（撰稿人：郭俊峰   审稿人：刘锡良）

---

① 骆祚炎：《当代中国股票市场发展思想研究》，复旦大学博士论文，2003。

参考文献

［1］郑振龙：《中国证券发展简史》，经济科学出版社，2000。

［2］王广谦：《中国证券市场》，中国财政经济出版社，1991。

［3］杨荫溥：《中国交易所论》，商务印书馆，1930。

［4］王恩良：《交易所大全》，编辑委员会，1990。

［5］卢文莹：《中国公债学说精要》，复旦大学出版社，2004。

［6］张春廷：《中国证券思想及证券市场研究》，复旦大学博士论文，2003。

［7］张春廷：《中国证券市场发展简史（民国时期)》，载《证券市场导报》，2001（5）。

［8］骆祚炎：《当代中国股票市场发展思想研究》，复旦大学博士论文，2003。

［9］董晓春：《基于制度变迁的中国债券市场结构与行为研究》，复旦大学博士论文，2006。

［10］曾康霖、刘锡良、缪明杨：《百年中国金融思想学说史》，中国金融出版社，2011。

［11］刘国华：《近代中国股份制及股票市场思想研究》，内蒙古人民出版社，2003。

［12］千家驹：《旧中国公债史资料》，中华书局，1984。

［13］张謇：《大生崇明分厂十年事述》，《张季子九录·实业录》。

［14］梁启超：《敬告国中之谈实业者》，《饮冰室合集·文集》卷21。

［15］贾士毅：《民国财政史》上册，商务印书馆，1917。

［16］朱执信：《朱执信集》上册，中华书局，1979。

［17］孙中山：《孙中山全集》第二卷，中华书局，2006。

［18］刘大钧：《工业化与中国工业建设》，商务印书馆，1946。

［19］马寅初：《马寅初全集》第一卷，浙江人民出版社，1999。

［20］朱荫贵：《试论近代中国证券市场的特点》，载《经济研究》，2008。

［21］吴景超：《中国经济建设之路》，商务印书馆，1943。

［22］陈忠：《中国股市风云录》，上海交通大学出版社，1993。

［23］何廉：《中国今日之经济根本问题》，载《中国经济研究》，商务印书馆。

［24］朱斯煌：《投资与投机》，银行周报第 1248 期、1249 期合刊。

［25］何伟福：《中国革命根据地票据研究》，人民出版社，2012 年 2 月。

［26］马寅初：《马寅初经济论文选集》上册，北京大学出版社，1981。

［27］马寅初：《中国经济改造》下册，商务印书馆，1935。

［28］陈光甫：《二十一年一月二十日行务会议陈先生致辞摘要》，《陈光甫先生言论集》。

［29］陈光甫：　《一九二七年的上海商业联合会》，上海人民出版社，1983。

［30］许涤新：《中国的经济道路》，生活书店，1946。

［31］陈绩孙：《上海证券交易市场沿革及其业务变迁概略》，《旧上海的证券交易所》。

［32］马寅初：《上海证券交易所有开拍产业证券行市之可能乎》，《旧上海的证券交易所》。

［33］冯子明：《民元来上海之交易所》，载《银行周报》第 1496 号。

［34］陈善政：《旧上海的证券交易所》，上海古籍出版社，1992。

［35］陈善政：《我国证券市场之发展史》，1946。

［36］伍启元：《中国工业建设之资本与人才问题》，商务印书馆，1946。

［37］谷春帆：《中国工业化计划论》，商务印书馆，1946。

［38］邓子基：《公债经济学》，中国财政经济出版社，1990。

［39］潘国琪：《陈云公债思想探析》，载《毛泽东思想研究》，2003。

［40］徐日清：《谈新公债》，商务印书馆，1950。

［41］陶大镛：《人民经济论纲》，十月出版社，1951。

［42］钟瑛：　《陈云的金融思想》，中国社会科学院当代中国研究

所，2005。

[43] 郭炳炎：《我国的预算调剂》，载《财经科学》，1958。

[44] 黄达：《黄达文集》，山西人民出版社，1988。

[45] 刘鸿儒：《探索中国资本市场发展之路》，中国金融出版社，2003。

[46] 董志凯：《新中国工业的奠基石——156 项建设研究（1950—2000年)》，广东省经济出版社，2004。

[47] 段云：《段云文选》，山西人民出版社，1987。

[48] 马寅初：《我国资本主义工业的社会主义改造》，载《北京大学学报》，1957。

[49] 国经委：《关于试办工业、交通托拉斯的意见的报告》，1964。

[50] 潘铉：《论"天津讲话"对新中国建设的重要历史意义》，载《党史博采》，2008。

[51] 宣益昌：《新中国第一家证券交易所的诞生——缅怀刘少奇同志》，载《金融与市场》，1998。

[52] 宋士云：《北京证券交易所的两次起落》，载《北京商学院学报》，1995。

[53] 韩恩甲：《新中国第一家证券交易所的建立与消亡》，载《中共党史研究》，2009。

[54] 赵爱国：《回顾新中国历史上发行的几种重要的人民币债券》，载《债券培训课堂》，2012（12）。

[55] 赵红强：《我国国债规模的实证研究》，载《重庆与世界》，2013。

[56] 何建章：《何建章选集》，山西人民出版社，1987。

[57] 邓小平：《邓小平文选（第三卷）》，人民出版社，1993。

[58] 金建栋：《开放债券市场促进投资体制改革》，载《金融研究》，1987。

[59] 霍声璞：《关于企业债券问题的研究》，载《经济与管理研究》，1988。

[60] 万存知：《银行发行金融债券质疑》，载《银行与企业》，1986。

　　[61] 严斯茂：《社会主义股份公司初探》，载《经济研究》，1984（2）。

　　[62] 胡永明：《试论财产权的分裂与"两权分离"》，载《经济研究》，1987（6）。

　　[63] 于纪渭：《企业产权制度与股份制》，载《改革》，1990（6）。

　　[64] 曹文炼：《全民所有制大中型企业股份化的探讨》，载《经济研究》，1985（7）。

　　[65] 国务院：《关于深化企业改革增强企业活力的若干规定》，1986。

　　[66] 薛暮桥：《我国生产资料所有制的演变》，载《经济研究》，1987（2）。

　　[67] 蒋一苇：《有关股份制的几个问题》，载《经济管理》，1988（1）。

　　[68] 厉以宁：《中国经济改革与股份制》，北京大学出版社，香港文化教育出版社，1997。

　　[69] 吴敬琏：《十年纷纭话股市》，上海远东出版社，2001。

　　[70] 杨春堂：《中国企业股份制若干问题探索》，载《经济研究》，1989（6）。

　　[71] 胡寄窗：《股份制究竟是什么性质》，载《经济学动态》，1988（5）。

　　[72] 刘诗白：《试论社会主义股份制》，载《经济研究》，1986（12）。

　　[73] 曾茂林：《银行代理发行股票是集中资金的好办法》，载《金融研究》，1983（4）。

　　[74] 苑德军：《证券流通市场的开放应当缓行》，载《金融研究》，1988（4）。

　　[75] 王兆星：《有关虚拟资金的几个理论问题》，载《金融研究》，1984（7）。

　　[76] 苑德军：《规范化管理：证券市场管理的重点》，载《金融研究》，1992（3）。

　　[77] 陈浩武：《体制转轨时期的中国资本市场》，经济科学出版社，1998。

［78］陈云贤：《中国证券业与银行业分业管理模式选择》，载《经济研究》，1995（7）。

［79］刘光第：《为发展股票市场创造条件》，载《金融研究》，1992（8）。

［80］曹尔阶：《中国证券市场研究与展望》，中国财政经济出版社，1994。

［81］乔炳亚：《银行与证券分业问题研究》，载《金融研究》，2000（1）。

［82］龚浩成：《上海金融市场的发展思路与前景》，载《金融研究》，1990（10）。

［83］盛慕杰：《论股票、债券的发行》，载《经济研究》，1985（1）。

［84］任凤泽：《关于中国特色证券交易所的思考》，载《金融研究》，1990（9）。

［85］宋养瑛：《培育和发展金融市场的几个问题》，载《经济研究》，1993（7）。

［86］王国刚：《国民：中国资本市场上的重要角色》，载《经济研究》，1994（12）。

［87］刘品安：《股市发展中的政府行为》，载《经济研究》，1992（8）。

［88］陈耀先：《中国证券市场的规范与发展》，中国金融出版社，2001。

［89］黄运成：《证券市场监管：理论、实践与创新》，中国金融出版社，2001。

［90］汪义达：《财政应加强对证券市场的管理》，载《金融研究》，1992（9）。

［91］刘荣玉：《关于当前我国股市发展的若干问题》，载《经济研究》，1994（8）。

［92］李茂生：《关于发展中国证券市场的战略思考》，载《经济研究》，1995（9）。

［93］刘光第：《关于发展股票市场的几个问题》，载《经济研究》，1993

（3）。

［94］王华庆：《上海股票市场的运作与发展》，载《经济研究》，1993（6）。

［95］邱国龙：《试谈我国证券市场的规范与发展》，载《金融研究》，1997（6）。

［96］王维安：《中国股票市场成功的条件分析和策略研究》，载《金融研究》，1990（7）。

［97］曹凤岐：《中国金融改革、发展与国际化》，经济科学出版社，1999。

［98］田素华：《中国证券市场国际比较的实证研究与开放策略》，载《经济研究》，2001（9）。

［99］金德环：《证券市场规范化建设研究》，上海财经大学出版社，1998。

［100］谭岳衡：《我国证券市场国际化问题探讨》，载《金融研究》，1996（7）。

［101］王开国：《中国证券市场跨世纪发展思考》，上海财经大学出版社，1999。

［102］黄赞发：《萧灼基经济学文集》，汕头大学出版社，1997。

［103］龚浩成、金德环：《上海证券市场十年》，上海财经大学出版社，2001。

［104］陆向谦、李夏：《不要用行政手段干预股票市场》，载《改革》，1994（9）。

［105］贺镐圣、陈愉：《现阶段我国股份制企业的性质》，载《改革》，1990（3）。

［106］陈秀生、钟四清：《实行金融适度分业管理的条件问题》，载《经济研究》，1995（7）。

［107］高冠红、师秋明：《股份公司是利用外资的一条新途径》，载《金融研究》，1985（1）。

［108］洪文金、苏大川：《建立特区证券市场的意义及其设想》，载《金融研究》，1985（3）。

［109］夏斌、罗兰波：《金融市场发展中尚有争议的问题及应当吸取的教训》，载《金融研究》，1989（4）。

［110］李宁、孟繁荣、何孝星：《关于完善我国证券监管的若干构想》，载《金融研究》，2000（11）。

［111］王健、禹国刚、陈儒：《中国股票市场问题争鸣》，南开大学出版社，1992。

［112］范茂发、荀大志、刘夏平：《股份制不是全民所有制企业的方向》，载《经济研究》，1986。

［113］郑超愚、蔡浩仪、徐忠：《外部性、不确定性、非对称信息与金融监管》，载《金融研究》，2000（9）。

第五章

百年中国保险业制度建设
及展业的思想学说和主张

一、民国时期保险思想（1912—1949 年）

"天有不测风云，人有旦夕祸福"，自然灾害与意外事故，在任何社会形态下都可能发生。中国古代，为了弥补和减少自然灾害与意外事故造成的各种损失，保持生产活动的连续性，一些思想家相继提出了后备防灾、守望相助等保险主张，并通过政府主导的荒政措施、仓储制度和一些民间防损组织，如镖局和各种合会组织加以实施。这可以说是中国保险组织和保险思想的渊源。

但是，中国现代意义上的保险制度和保险思想却是西方直接舶来的结果。在商品经济和海运贸易刺激下，自 18 世纪起，西方近代保险业逐渐完善起来，并不断向外扩张。1805 年外商在广州建立了第一家保险机构——谏当保险行（Canton Insurance Society），此后，外商独占中国保险市场近 60 年。1865 年 5 月 25 日我国第一家自办的保险机构——上海义和公司保险行成立，标志着近代民族保险业的正式诞生。此后，中国民族保险机构如雨后春笋般纷纷成立。1907 年清政府还草拟了我国近代史上第一部保险法案——《保险业章程草案》。

在保险思想方面，一些进步人士，如魏源、洪仁玕、郑观应、王韬、陈炽等人在研究西方资本主义国家"富国强兵"之策时，也深感西方保险功用之重大，开始著书立说，介绍西方的保险制度。

可以说，清末上述的保险思想与实践为民国时期保险业和保险思想的发展提供了重要的理论和实践基础。

（一）民国时期保险业实践发展的历史阶段

民国时期中国保险业的发展可以分为三个阶段：

1. 保险业的初步发展时期（1912—1927 年）

北洋政府时期，我国的民族资本主义也得到进一步发展，而且，北洋政府颁布了一系列保险法案以促进保险业的发展。

北洋政府时期，民族保险业最突出的变化就是：保险公司的数量有了明显增长，自 1912—1927 年，仅批准注册的华商保险公司就达 31 家，[1] 若加上未注册的，数目则更多；民族保险公司的机构设立也不再局限于沿海通商大埠，而是把触角伸展到内陆各地；华商保险公司的增多，使得保险业务经营收入渐增，据北洋政府农商部统计，1915 年华商保险公司有 59 家，保险费收入为 656 万银元，资本总额为 959.6 万银元；[2] 最后，民族保险公司的承保范围及对象也大为扩展，除了传统的水上运输保险和货栈火险外，民族保险公司还开辟了人寿保险、汽车险、行李险、邮件险等险种。

2. 保险业的快速发展期（1927—1936 年）

1927—1936 年是中国近代民族保险业发展最快的十年，其主要特点是：其一，保险公司不但数量有所增加，而且在业务质量、企业实力等方面都有了质的提高；其二，民族保险公司的业务种类也随着人们日常生活的需要而大量开发，如玻璃险、汽车险、偷盗险、电梯险等；其三，信用保险首次在中国出现，这打破了传统保人制的弊病；其四，中国的银行业相继投资于保险业；最后，保险经纪人和保险公证行的大量兴起、保险业务开始扩展到海

---

① 吴申元、郑韫瑜：《中国保险史话》，71 页，经济管理出版社，1993。
② 同①。

外、保险广告更加兴旺等，均呈现出中国保险发展史上前所未有的繁荣景象。

3. 保险业的衰退时期（1937—1949 年）

这一时期，由于战争的影响，民族保险业出现了滑坡。其主要特点是：其一，沿海地区的工商企业损失惨重，民族保险的业务对象急剧减少，而且保险公司还因所保标的物的毁灭，须退还大量的保险费，从而使最为发达的沿海地区保险业受到重创；其二，随着经济重心的逐渐西移，西部保险业迎来了发展的契机，民族保险业中心也由上海转移到了重庆，并逐渐形成了以重庆为中心，并由此辐射到整个大后方的保险市场，使原本落后的大后方保险业呈现出前所未有的发展态势；其三，国家资本开始染指保险业，建立起以中央信托局为代表的保险垄断体制，中央政府创办的保险公司资金雄厚，并与国家政权相结合，几乎包揽了当时主要经济命脉的各种保险，逐渐成为华商保险业中的主干力量。

（二）民国时期保险思想的主体内容

民国时期保险业实践的发展，引起社会各界对保险业的思考，他们一方面吸收西方保险的各种理论，同时又根据国内民族保险业的状况，思考民族保险业的发展，形成了具有民族特色和时代特色的保险思想。民国时期的保险思想主要包括人寿保险思想、保险立法思想、农业合作保险思想、发展社会保险思想和战时兵险思想。

1. 人寿保险的思想

在 19 世纪中后期至 20 世纪初，中国的保险机构的业务以水火险为主。人寿保险业在北洋政府时期才逐渐兴起，华商自办的人寿保险公司相继成立。与此相对应，学术界也纷纷撰文著书阐述人寿保险的好处与意义等。归纳起来，学术界关于人寿保险思想的认识主要体现在以下几个方面：

首先，人寿保险的界定与性质。1925 年 2 月王效文编著的《保险学》一书，为我国第一部保险学著作，马寅初称"吾国向无保险学，有之，自本书始。"① 王效文认为:"寿险者,以人为保险之标的,对于吾人生命上所生之不测事故,支付一定金额之保险契约也。"② 并引用美国保险学家虎勃纳(Huebner)的话予以详解:"由社会全体而言,人寿保险者,乃一种社会之政策,集合资金以防早死时所受之损失,其推进之方,盖在转移多数人之危险于一人或一群而特予资助也。然由个人方面而言,则人寿保险者,亦可谓为一种之契约,按照此种契约之规定,保险者得一面照约收受被保险者之保险费,一面须给予被保险者或其受益人以保金也。"

其次,人寿保险的效用。郭佩贤在《银行周报》撰文指出"人寿保险本来是以保障家庭幸福为最初的目的。演至近世,人寿保险制度的效用愈加扩大,不但成为个人与家庭幸福的源泉,也是维护合伙或公司事业发展的途径;不但是完成个人经济目的或解放家庭经济压迫的实际计划,而且是健全国家结构的重要基础。"③ 郭佩贤也曾引用日本经济学家津村秀松所说来概括人寿保险的效用:"依保险而得期财产与所得之安全一也;因保险而发达人类共同生活之观念二也;因保险而鼓舞勤俭贮蓄之精神三也;因保险而增加一国之资本四也。"④

再次,分析人寿保险的运营。王效文在《保险学》一书中对人寿保险运营做了详细的介绍,包括寿险的种类、危险的估计、保险费的计算、保费的退还、保单的抵押、赢余的分配,等等。此外,学术界呼吁民族寿险业要培养自己的经营人才,并特别强调在寿险公司的运营和推广等方面多向欧美寿险业学习,如政府须颁布严密的条例,寿险公司"均遵政府颁布之严密条例以营其业"。⑤ 吕岳泉说:"民国以来,国无安宁,内忧外虑,人心惶惶。人寿保险之督促扶导,欲期政府有美备之专律颁行,藉以促进之者,必尚有待。所希望者,惟在国人知此业于国家之关系,知所抉择,以督促扶导之。使本

---

① 王效文:《保险学》,2页,商务印书馆,1925。
② 同①。
③ 郭佩贤:《人寿保险的效用》,载《银行周报》1933(49)。
④ 同③。
⑤ 郁赐:《人寿保险之传奇》,载《申报》,1922年10月10日。

国人寿事业，蒸蒸日上，则容有豸乎。"①

最后，主张建立独立的民族寿险事业。北洋政府时期，"外商公司挟着雄厚的资力，且有不平等条约为之后盾，不受一切约束可以为所欲为。"②外商公司不但垄断了中国寿险市场上的大部分业务，而且还使得华商寿险同业多方受制于它。华商寿险公司不但经验技术、保险条款需借鉴外人，而且在分保业务上更是要依赖外商同业。再加上积贫积弱的政府无法给予政策上的扶持与保护，均导致民族寿险事业多方受到外商掣肘。"外国寿险公司遂得独占经营吾国中，其吸收吾之金钱每年何虑千万，复以外债输入吾国，转手间两种权利损失，其数岂尚能稽。"③因此，学术界大力主张建立自己的寿险事业，挽回利权，认为"人寿保险之在吾国，犹如宝藏埋地，虽矿苗微露，而开发则尚有待。"④因此，要"多设寿险公司，发展寿险事业，聚集全国人民的零星游资，奖励国民的节俭，蔚为国家的富源，国家的宝藏。还以用之于国家的事业，谋人民的福利。"⑤

2. 保险立法的思想

民国时期中国保险立法思想主要体现在移植西方法律、选取保险立法体例及限制外商保险发展等三个方面。

第一，移植西方法律。作为中国近代法律体系中的一部分，近代保险立法由于缺乏自主产生的土壤，其立法思想也显得格外薄弱，保险立法思想经历了清末对德、日立法的简单模仿，至北洋政府时期参考模本稍加增多的过程。1902 年，清政府就下令拟订新律，要求"参酌各国法律，悉心考试（证），妥为拟订。务期中外通行，有裨治理。"⑥北洋政府时期，袁世凯"命谷总长属司秦瑞玠参考东西洋保险法草定中国保险业法三十余条"，⑦ 以保护

---

① 吕岳泉：《人寿保险与国家之关系》，载《申报》，1925 年 10 月 10 日。
② 罗北辰：《民元来我国之保险业》，载《银行周报》，1947（23）。
③ 华安合群保寿股份有限公司档案（上海档案馆藏），档案号 Q336 - 1 - 321。
④ 游如龙：《建立金融体系与发展人寿保险事业》，载《金融知识》，1942（6）。
⑤ 张似旭：《人寿保险与国家经济的发展》，载《银行周报》，1933（39）。
⑥ 中国保险学会编：《中国保险史》，中国金融出版社，1998。
⑦ 《新订保险专律之内容》，载《中华信报》，1917 年 3 月 6 日。

华商同业利益。到国民政府时期，同样也在积极借鉴国外先进成熟的立法经验，1929 年颁布的《保险法》就是向西方学习的结果。"该法取范法国，故法系之成分居多。然在我国，既无固有之法系，可资因袭，且事属草创，诸多未备。故吾国保险界众认英国法例较为完善。但究竟孰优孰劣，要在保险学者与专家之参酌损益，以期能适合我国之现状。"[1]

第二，保险立法体例的选择。世界各国保险立法体例主要有分别立法和合并立法两种模式，国民政府时期的保险立法均采用分别立法体例。但分别立法体例在具体模式上也因国家的不同而不尽相同，这一时期的学者也已经认识到了这一点，余国雄认为："关于保险法之编纂，各国立法例，颇不一致，有规定于商法法典中者，如日本商法是；有制为单行法者，如一九〇八年之德瑞保险契约法，暨一九三〇年之法国保险契约法是。"[2]并且，余国雄认为《保险法》之前的保险立法"系采日本商法法例"而成，而修正后的《保险法》是在"前此民商两法，分离而立，兹则合并为一，其不能合并者，若公司法、票据法、海商法、保险法等，则分别订成单行法"，也就是更多的"仿德瑞两国立法例也"。[3] 中国近代主要移植西方大陆法系的法律，国民政府时期的保险立法选择分别立法体例，主要由于这是大陆法系国家保险立法体例的传统。

第三，限制外商保险业的发展。随着民族保险业的不断发展，迫切需要通过法律来扶持和保护本国的保险事业，打破外国保险公司的垄断。清政府、北洋政府以及南京国民政府在保险立法的过程中，均设置了一些限制外国保险公司的条款。1937 年 1 月 11 日，南京政府公布了修订后的《保险业法》，其"最重要之焦点，厥为中国保险业与外国保险之区分"。[4] 第十条规定：外国保险公司，在中华民国领域内，设立分支机构或委托代理人或经纪人时，应呈实业部批准，并依法登记。第二十条又规定：外国保险公司之经纪人，

---

① 沈雷春主编：《中国保险年鉴》，23 页，中国保险年鉴社，1936。
② 余国雄：《修正保险法案之我见》，载《中行月刊》1937 年 15 卷第 1 期，17 页。
③ 同②。
④ 中国通商银行编：《五十年来之中国经济（1896—1947）》，200 页。

依前条规定，其领有执业证者，其营业范围，以通商口岸为限，并不得委托他人在内地代为经营或介绍业务。此项规定在一定程度上限制了外商保险公司的展业范围，洋商经纪人只能在通商口岸招徕业务，这有力地保护了民族保险业的发展，同时也防止了资金外流。对于人寿保险因为"有储蓄之性质，其所积存之责任准备金，为数颇巨，且保险契约之期间甚长，甚至以终身为条件，如准予华洋合资，难免权操外人，所有资金，必将投放于国外……故有人寿保险之股东，须全体为中国人。"①这些都是当时保险立法思想中提倡限制外商保险业思想的体现。虽然国民政府在法律上对于外商保险业做了以上较为积极的限制，但由于对西方的依赖性和自身的软弱性，这些条例在实践中的效果并不理想。

3. 发展农业保险合作的思想

国民政府定都南京后，中国的工业化和城市化得到了较快的发展，但是，中国的农业经济却在自然灾害和世界经济危机的双重影响下，陷入了萧条和衰败。一些学者提出了通过农业保险合作来复兴农村经济的设想，他们认为中国应该采取合作社制度来发展农业保险事业，并提倡开展以耕牛保险为主的家畜保险试验。具体来看，他们的思想包括以下内容。

首先，明确界定农业保险的内涵。张德粹认为，"农业保险者，乃以农业上或农业者之财产，职业及身体等为保险之标的物，使偶然事变所发生之损失，可由虑及同种损害之人共同分担损失。"②彭莲棠认为，农业保险是农业经营者因共感业务上、财产上、身体上之危险，其自动或由第三者组织一种互助企业团体，约定某种事故发生时，该团体以赔偿方式使被害团员之损失恢复其全部或一部分之经济组织，在事故发生前后，各团员遵照法令或契约交纳一定之费用的经济活动或社会活动。③由上述定义可以看出，当时的学者是从广义上来定义农业保险的。现在一般认为，农业保险专指农业生产方面的保险，并不包括农业劳动者的生命财产安全。而当时的学者，大多将农业

---

① 沈雷春主编：《中国保险年鉴》，24 页，中国保险年鉴社，1936。
② 张德粹：《农业合作》，122～123 页，商务印书馆，1944。
③ 彭莲棠：《中国农业化合作之研究》，212～213 页，中华书局，1948。

生产者的财产人身安全也包含在农业保险内。这一方面反映出当时中国的农业保险理论还未成熟，在有关概念上尚待厘清的客观事实；另一方面，也可以看出在生产力不发达的农村，劳动力作为一种重要的生产要素，在一些学者的定义中也体现出了被保障的要求。同时，我们可以看到，张德粹的定义是在对保险经济性和互助性的认识上，将保险看作是投保者之间的一种相互保险合作形式。而彭莲棠的定义不仅引入第三者的概念，而且强调保险的契约性，从而显得更为科学。总体而言，当时学者对于农业保险的定义还是比较准确的。

其次，归纳农业保险的种类。学者们大致把保险的种类分为物的保险和人的保险两大类。对于物的保险主要分为气象灾害保险、病虫害保险、关于家畜的生命保险以及农产物的运送保险等。对于人的保险，主要包括关于农业者的伤害、疾病、废疾等保险，以及关于社会保险的失业和农业争议保险。[①] 除此之外，有的学者还对保险的种类创造性地提出了自己的观点，如袁稚聪认为在农作物保险中应增加跌价保险，用来赔偿人的直接或间接行为造成农产价格的跌落所造成的损害；[②] 彭莲棠认为农业保险不仅限于天灾，更应包括人祸的善后，因此提出了兵灾保险。[③] 应该说这些观点都是基于当时中国社会现实而提出的，但其存在性和实施的合理性并没有得到充分的论证。

最后，分析农业保险的运营方式。农业保险的运营大致可以分为国营、私营和合作制三种方式。尽管商业保险公司经营保险在中国有着较为成熟的运作模式，但是大多数学者并不主张由公司来经营农业保险。理由是商业保险以营利为目的，而他们更希望经营农业保险的是一种非营利性机构，通过互助互利的方式帮助农村恢复经济。另外，农业保险经营存在高成本、高道德风险和低收益的特点，大多数商业保险通常也不愿涉足。学者们认为不以盈利为目的的合作制是经营保险的理想方式。由于农业经营本身存在着周期长、风险大和收益低的特点，学者们认为合作制应该是农业保险经营的理想

---

① 黄公安：《农业保险的理论及其组织》，7 页，商务印书馆，1937。
② 袁稚聪：《农业保险简述》，载《中农月刊》，1942（3）。
③ 彭莲棠：《中国农业化合作之研究》，216 页，中华书局，1948。

体制，因为其经营目标不以盈利为目的，而且具有以下优势：（1）有利于分散农业风险；（2）避免产生道德风险，减少农户的保险费用；（3）可利用已有的合作社进行农业保险的推广，降低经营成本；（4）保费收入可以为信用合作社提供流通的资金，农户可以保单作为质押申请借款，贷款风险易于控制；（5）培养农民团结互助的合作精神和储蓄习惯。当然，这种合作体制，在实践层面上也面临着缺乏专门的技术人才，农民投保意愿不高，农村资金匮乏等一系列困难。① 因此，叶德盛主张"应由政府主导，他们认为农业保险涉及的范围广大、业务分散、技术要求高，由农民自己组织的合作社囿于地域和知识水平的局限，不宜经营。而由国家自上而下强制推行，可以使农业保险配合国家的农业政策，并由国家提供相应的技术人员和资金支持，组织统一、收效迅速。"② 而陈郁认为"国家经营容易官僚化，并且资金有限，财政上难以负担。最适合的方式是民间推行，政府协作，如建立起自中央到各级的再保险体系，给予一定的资助金并减免赋税。"③ 还有的学者提出了由政府或国营机关在保险合作社入股，以示提倡等主张。可见，当时的学者已经朦胧地认识到了农业合作保险应该是一种政策性的保险，它和商业保险存在着显著的差别，政府应该提供政策支持和进行合理的制度设计，如进行资金的支持，提供健全的法律制度等等。

4. 发展社会保险的思想

现代意义上的社会保险，是指以劳动者为保险对象，以劳动者的年老、疾病、伤残、失业、死亡等特殊事件为保障内容的生活保障制度，目的是解除劳动者的后顾之忧，维护社会的安定。④ 20 世纪初期，源于西方的社会保险理念已经传入中国，并受到了学者们的追捧，他们认为"社会保险是近世最有功效的一种社会政策，一方拯救社会上的不幸者——生老病死残废失业及鳏寡孤独无告之徒——出了水深火热的苦海，一方辅助法律道德政治教育

---

① 黄公安：《农业保险的理论及其组织》，35～36 页，商务印书馆，1937。
② 叶德盛：《农作物保险论》，载《中农月刊》，1946 年第 7 卷第 78 合刊，79～83 页。
③ 陈郁：《制定保险合作社法规之必要》，载《合作事业》，1941 年第 3 卷，83～84 页。
④ 郑功成：《社会保障学》，18 页，商务印书馆，2000。

和慈善事业种种的不及，保持全社会的安宁。"①但并未得到政府的重视，中国的社会保险事业真正开始于民国初期，到南京国民政府时期才初步成型。民国时期虽未建立起较为完善的社会保障制度，但社会保险实践已开始出现，并在一定程度上反映出"中国的社会保障制度开始由传统的社会救助型向现代的社会保险、社会福利混合型过渡。"②概括起来，民国时期的社会保险思想主要有以下几点：

首先，社会保险的主旨。余长河根据国外专家论述，认为社会保险是："政府或公共机关根据保险原则，以社会全体福利为前提，以保障劳动者及中下阶级人民生活为目的之一切设施的总称。"③而吴耀麟则从阶级对立角度，提出："社会保险是用法律的强制，根据保险的原则，而预防和救济劳动者的危险的实施，以缓和阶级关系的冲突，一方面求劳动者生活的改善，一方面并维持生产力增加的效率。"④学者们还认识到社会保险并不同于普通的保险，认为普通保险"是实行自由意志，以自由意志为基础，以私人经济为着眼点，目的无非自利，它是资产阶级所占有的"；而社会保险"乃是一种社会政策，以国家的法律与法律的强制为根据，目的是为社会大多数人谋福利，本身纯为保护无产阶级的生活，完全为预防救济性质。"⑤并将社会保险的效用概括为："保障职工及其家属生活；代替慈善救济事业；代替劳工赔偿；强制劳动者储蓄。"⑥由于中国缺乏社会保险的实践，学者们大都从外国已有的社会保险措施、保险理论着手研究，再根据中国的具体情形提出自己的思想。但是，学者们对于社会保险定义的界定，以及对社会保险理念的把握还是比较准确的。

其次，社会保险建立的基本原则。学者们认为按主体的不同，社会保险可分为私营社会保险与公营社会保险；而按实行方法的不同，社会保险则可

---

① 吴耀麟：《社会保险之理论与实际》，1 页，大东书局，1932。
② 朱汉国：《中国社会通史：民国卷》，535 页，山西教育出版社，1996。
③ 余长河：《社会保险述要》，载《金融知识》，1944 年第三卷第六期。
④ 同①，5 页。
⑤ 同①，3 页。
⑥ 陈煜塈：《社会保险概论》，27 页，经纬社，1946。

分为任意社会保险与强制社会保险。对于中国的社会保险，学术界一致认为应建立具有强制性质的公营社会保险，即由国家设立经营社会保险，并利用国家权力强制受雇人加入。理由是私营社会保险范围不广，难于普及，即使由国家或公共团体辅助，也不能吸收多数受雇人参加，其效果不足以贯彻救济的目的。而国营社会保险不但可以克服这些缺陷，而且在保险能力、资金、信用、以及对保险金支付的保证力，也远在私营社会保险之上。同时，国营社会保险还可利用国家的权力，施行统一制度。另外，黄泌良认为"我国为三民主义的国家……民生主义的最高理想即是社会主义……因此，一切薪给阶层及工资劳动者，都应为被保险人，受国家的保险，使其伤老病死俱能有一定保障"，① 也就是要求国家利用权力保证全部受雇人都能加入社会保险。学术界提出的建立强制性公营社会保险的主张，对当时发展滞后的中国社会保险具有积极的现实意义，不仅可以促使快速有效地建立社会保险体系，而且可以短时间内在全国范围内得以推广施行。

最后，社会保险费的缴纳。当时各国所推行的社会保险，主要可分为伤害、疾病、老废、失业四种保险，在社会保险费用的缴纳上也由此有所不同，并且制度的不同也会影响保险费用的厘定。除此之外，学者们认为在国有与私人两种不同的产业部门中，社会保险也应有不同的规定。"即国有企业……保险费全由雇主负担；而私人企业中强制产业主设置劳工保险，保险费的缴纳，由雇主及被保险人负担，及政府的辅助。"②理由是在民主主义实现的过程中，需要先发达国家资本，而抑制私人资本。对此，黄泌良还认为"此一目的，即可发生一间接的作用，盖私人资本的节制上，可获得一大的效果，使私人产业逐渐被国有产业所吸收，而成为社会的资本，达到民主主义的终极目的。"③可以说，这一主张是受当时苏联社会保险思想的影响较大。苏联作为社会主义国家，是支持国有资本，打击私人资本的，其社会全部资产皆为国有，社会保险费用全部由政府负担是其社会制度直接决定的。而在当时

---

① 黄泌良：《社会保险及其制度》，载《广东省银行季刊》，1943 年第 3 卷第 1 期。

② 同①。

③ 同①。

所谓资本主义的中国，私人资本大行其道，能提出如此见解，可谓是难能可贵。同时，这也是民国时期保险思想兼容并蓄特质的重要体现。

5. 战时兵险思想

兵险也叫战争险，是在战争中造成保险标的物损失时，保险人要承担赔偿责任的保险项目。它是一种适应战争需要而开办的险种。在中国，最早的兵险记录见于 1906 年刊印的《兵险与水雷险规条》，其中有对投保兵险的经营以及赔偿条件的详细规定。抗日战争全面爆发后，国民政府为加强后方经济实力，充实战争资源，决计移植沿海工业到内地以支持抗战。为此，国民政府特别开办了战时兵险，这在中国保险史上是一次创举。但是，在理论上对战时兵险的认识是非常薄弱的。学术界关于战时兵险的论述只能从战时兵险的创办宗旨以及战时兵险的管理条例中管窥一二。

首先，关于战时兵险的运营。抗战时期的兵险运营主要是以国营为主，辅之以私营保险公司代理。即战时兵险直接由政府督办开展，只是为了扩大承保范围，打消企业主的顾虑，到 1940 年 6 月才"分托各华商保险公司代理承保"。[①] 虽然商业保险公司在当时有着成熟完善的运营模式，但并没有让公司来直接经营兵险。主要是因为：（1）事属首创，缺乏国内外的参考经验；（2）战时兵险涉及范围广，流动性较大；（3）战争带来的损失往往较大，且风险无法规避；（4）分保问题无法解决。这些直接决定了单靠商业保险公司是无法承担战时兵险运营的，而且早在 1937 年 7 月，洋商火险公司就同上海保险业同业公会商议，拟停保我国任何区域的兵险。[②] 因此，战时兵险的创办运营只能依靠国家财政的力量，由政府监督执行。但当时也有学者反对由政府来直接举办兵险，理由是把人民的财产因战争所产生的危险都用保险的方法转嫁到政府身上，一旦遭受损失，政府即须赔付巨款。而且，保额总数巨大，政府难以赔付。同时罗北辰还认为："人民的财产一经政府承保兵险，敌人也许要进一步肆意的毁灭，使同胞向政府要求赔款，致政府无法应付以遂

---

① 周华孚、颜鹏飞：《中国保险法规暨章程大全》，392 页，上海人民出版社，1992。
② 颜鹏飞：《中国保险史志》，341 页，上海社会科学出版社，1989。

其离间同胞与政府情感之阴谋而引起不幸的事件。"①不过鉴于当时的紧张局势，战时兵险还是在政府的推动下开办起来。

其次，关于陆地兵险承办的必要性争论。由于运输兵险的保险范围仅限于运输物资，不能给予各方周备的保障，国民政府在迁都重庆后，为进一步加强后方力量，号召工矿企业继续内迁，才决议举办陆地兵险。但在陆地兵险提出的初期，却遭到了来自各方面的质疑。1938年7月8日，重庆市银行业同业公会致函中央信托局，提出开办陆地兵险应考虑的四项问题："敌机轰炸燃烧是否因我有保障而更肆虐；是否足以影响人民之防空思想而防空建设因此放松；保费征收能否允当损失弥补能否平衡；承保区域是否能广及后方城市以期危险分散，"由此对开办陆地兵险提出异议。保险界著名人士罗北辰也以陆地兵险并非保险为由加以反对，他认为保险所包含的危险属于偶然事故，是可以分散，并加以测定的。但战争中"敌人的轰炸等暴行，专以我们产业的中心地带为目标，已不足望以保险的方法，获得经济上的保障"。②而且经济危险完全集中于政府而无法分散，加上战时陆地兵险的危险无从测定，兵险的保费也就无从合理了。罗北辰认定陆地兵险的举办会遇到许多困难无法解决，以此会产生许多不良影响，从而影响保险业的整体发展。应该说各方面的异议都是有一定道理的，他们提到的问题都可能存在，这也是影响陆地兵险顺利进行的障碍。但是在当时情形危急的战争情况下，发展后方生产，充实抗战资源，才是应解决的头等大事。因此，陆地兵险的创办应该说是势在必行。

最后，关于战时兵险的盈利问题。商业保险的经营以盈利为最终目的，但战时兵险并不同于其他普通保险，它是国民政府运用保险这种商业行为，以实现经济物资保障的一种政策。国民政府开办战时兵险，从爱国主义出发，以有利于抗战为目的，认为办理兵险"危险较大，难免亏折，然政府办理事

---

① 罗北辰：《战时陆地兵险问题》，载《新经济》1939年11月1日第二卷第九期，38页。
② 同①。

业，固不以赢利为前提。"①抗日战争爆发后，中国境内的保险公司纷纷对所经营的兵险作出调整，使得本来存在的兵险，因惧怕战争带来的巨大损失而陆续停办。为抢救战区民族工业、保证抗战的军需物资、补充后方的民用供给，并防止厂矿落入侵略者之手，国民政府迅速作出了开办战时保险的决定。可以说，战时保险是非常时期的特殊产物，是由政府财政支持的非盈利性物资保障政策。不过，出乎国民政府意料的是，盈利却成了政府举办兵险的一大收获。1940 年 8 月 1 日法国驻重庆的哈瓦斯通讯社（现法新社）发电说："截止七月初为止，重庆兵险的保险金额——三千五百万元，其所征收之保险费率最高为 1%，该局在此项兵险业务中所获之盈利已达一千万元。"虽然效果与初衷相悖，但这不足以抹杀战时兵险在抗战时期的重要作用。

（三）民国时期保险思想的简要评析

思想总是根源于经济事实中，民国时期保险思想的发展历程和发展水平与当时保险业的实践是正相关的。民族保险业的实践促进了保险思想的发展。反过来，保险思想的发展对民国时期的保险业也起到了积极的推动作用。从积极方面考察，民国时期的保险思想对保险业发展的正效用主要表现在：其一，民国时期保险思想在传播保险知识、提高人们的保险意识等方面具有极大的推动作用。现代意义的保险制度在近代中国始终是一件新生事物，中国古代朴素的保险制度设计和保险理念与近代中国的经济状况相去甚远，因而，向广大民众传播保险知识是十分必要的，它是近代保险业发展的思想基础。民国时期的学者们对人寿保险、社会保险等险种的基本原理的介绍，提高了人们的保险意识，从而促进了民族保险业的发展。其二，民国时期的保险思想对民族保险业的实践起到了积极的指导作用。学者们通过介绍西方各险种的运营方式、倡导保险立法、设计保险模式等，直接指导了现代保险业在近代中国的发展。其三，民国时期的保险思想具有鲜明的反西方经济侵略的特点。中国的保险市场是在西方列强不断地侵略下被动开放的，西方列强在中

---

① 中国第二历史档案馆：《中华民国档案资料汇编》第五辑第二编，323 页，江苏古籍出版社，1994。

国近代的保险业中一直处于强势地位，外国保险公司从中国获取了巨大的利润，因此，从中国近代第一家华商保险公司开办时起，学者们始终秉承着收外洋之利的目的来推动民族保险业的发展，民国时期还从立法的角度限制外国保险公司的发展，这在饱受凌辱的近代中国具有特别重要意义。

但是，从前面的分析中我们也可以清晰地看到，民国时期保险业的发展并不顺利，真正有效发展的时间很短，而且各险种的开发更多地是模仿西方的制度设计，从而在保险思想的发展上必然会反映出这个时代的特点。主要表现为：其一，民国时期的保险思想基本是对西方保险思想的移植。如民国时期人们对于人寿保险的认识主要来自于对西方国家的人寿保险发展情况的分析，当时出版的关于保险书籍中主要是依靠翻译的国外著作，缺乏理论创新性；其二，保险思想指导保险实践的作用有限。由于经济发展水平、战争、人们保险意识等因素的制约，学者们设计的各种制度、方案、法规，大多是纸上谈兵，未能得到有效贯彻。如我国农业合作保险思想只是进行了一些试点，最终还是不了了之；在限制外商保险业发展的立法过程中，由于外国资本主义的力量强大，最终致使立法难以实施。

总之，民国时期的保险思想在学习和借鉴西方资本主义国家的保险思想基础上，为保险事业的发展作出了巨大的贡献。然而，理论与实践的脱节，也使民国时期保险事业发展过程中出现的诸多问题得不到有效的解决，这可以说是民国时期保险思想的最大局限。

二、中华人民共和国成立到改革开放前的保险思想（1949—1978 年）

伴随着中华人民共和国的成立，中国的保险实践与保险思想有了一个崭新的起点，建国初期的新中国保险业，为支持国民经济恢复发展和新中国社会主义建设作出了积极贡献。但在传统计划经济时期里，中国保险业几起几落，经历了一个艰难曲折的发展历程，直到改革开放以后才正常发展，可以说新中国成立到改革开放前这一时期的保险实践与保险思想，具有非常浓厚的时代特色。

（一）中华人民共和国成立到改革开放前保险业发展概述

新中国成立到改革开放前这段时期，中国保险业的发展可以分为两个阶段：

1. 中国保险业创建时期（1949—1959 年）

1949 年 10 月，新中国政府成立了中国人民保险公司（以下简称中国人保），作为国营保险企业经营各类保险业务，并设立华东、东北、中南、西北和西南 5 个区公司。随后，中央采取了一系列措施对旧保险业进行改造和整顿。一是接管并监督清理官僚资本保险公司。新中国一成立，各地军管会便立即接管了官僚资本保险公司 21 家，监督清理了 2 家。二是对中资私营保险公司采取利用、限制、改造、整顿的方针予以恢复。1951 年全部中资私营保险公司合并成国家参与大部分股份的"太平保险公司"和"新丰保险公司"，1956 年又进一步合并成专营海外保险"太平保险公司"。三是在统一国内保险市场后，及时切断外商保险资本的业务来源。从 1952 年开始，外商保险公司逐步撤离中国保险市场。

创建时期的中国保险业，突出特点表现在建立了国有保险公司，从根本上改变了我国保险市场的结构，打破了以往外商保险公司对我国保险市场的操纵和垄断局面。国有保险公司配合新中国经济建设，恢复并扩大业务范围，开办新的险种，所占保险市场份额逐步增长。

2. 中国保险业发展停滞时期（1959—1978 年）

新中国保险业经过近 10 年的发展，于 1959 年进入长达 20 年的停滞阶段。这时期主要特点是：其一，保险业停办到恢复到再停办。计划经济体制下，保险发挥作用的空间不断萎缩，再加上受前苏联把保险作为财政后备单纯吸收闲散资金工具的理论及"共产风"的影响，自 1959 年 5 月起，全国除个别城市外，中国人民保险公司全面停办了国内业务。随着国民经济的全面好转以及我国国际地位的日益提高，1964 年广州、天津等地经国务院批复后先后恢复了国内保险业务。而到 1967 年，在历史问题影响下，国内保险业务又被迫停止，国外业务除出口业务被保留之外，其余都被停办，我国保险业发展再次受阻。其二，海外保险业务在艰难中发展。当时普遍认为海外保险业务可以赚取外汇，以及考虑到对外经济和政治联系的需要，海外保险业务仍被继续保留。1959 年停办保险业时，只保留涉外保险继续经营。20 世纪 60 年代初国民经济调整时期，为适应国家对外贸易发展的需要，我国的进出口保险、国际再保险和国外保险业务得到了一定发展。1967 年再次停办保险业时对出口保险业务进行了保留。

（二）中华人民共和国成立到改革开放前保险思想的主体内容

在国民经济恢复和"一五"计划时期，国有保险公司以"保护国家财产、保障生产安全、促进物质交流、安定人民生活、组织社会游资、壮大国家资金"为业务指导思想进行了一系列保险实践活动，社会各界也对保险业进行了广泛思考，形成了带有历史特色的保险思想。中华人民共和国成立到改革开放前的保险思想主要包括：建立国营保险的思想、施行社会保险的思想、发展进出口货运保险的思想。

1. 建立国营保险的思想

新中国成立初期，新中国政府进行了接管和改造中保及其他保险机构的工作，同时，形成了建立国营保险来支撑全国保险事业的思想。这一思想具体体现在以下三个方面：

第一，关于国营保险实行全国统一管理的形式。国营保险的管理形式首次被提出讨论是在 1949 年陈云同志于上海主持召开的财经工作会议上。由人民银行各区负责人组成的金融小组会上，与会人员提出了建设全国保险事业的建议，并进行了具体的讨论，会后由财经委报请中共中央批示的原文（1949）提到"目前保险工作，虽已在各主要城市中均各有开展，但由于没有集中统一之领导，各有各之资金，各有各之做法，结果分散力量，限制了工作之展开，也无力与私商及外商公司进行竞争……一致认为对全国保险事业之集中领导与统一管理很必要。"① 他们认为只有把在各地接管的保险机构和业务纳入全国统一管理，才能使保险业发展壮大。这次会上，上海财经会议金融小组还建议成立中国人民保险公司，将人保作为新中国保险业的基石，领导开展保险工作并"与私商及外商公司进行竞争"。这时的统一管理保险的思想，是对保险业发展怎样适应当时的计划经济体制的一些思考，也推动了国营保险的建立，对当时保险业务的开展起到了积极作用。但是，却与如今的通过不同市场主体间的竞争而发展整个保险业、建立社会商业保障体系的思想有着根本区别，所以这种思想后来随着经济不断发展有所变化。

第二，关于国营保险的功能定位问题。当时普遍认为保险业的功能体现在作为国家的财政手段和经济收益方式，保险是国家的一种后备资金，是财政手段，所以国营保险应定位成国家的财政后备。这可以从上海财经会议（1949）关于发展保险业的讨论②和1952年人保被转而隶属财政部领导中看出，显然，这与现代保险的"经济补偿、资金融通、社会管理"三大功能说有着很大区别。戴园晨（1963）认为国营保险企业的存废对于国家财政后备数额的多寡有一定的影响，他提到"如果存在着国营保险企业，那末，某些灾害的预防措施，某些范围较小的自然灾害如失火、牲畜病疫、运输事故、地震等等所造成的损失赔偿等等，都是国营保险企业从它所收入的保险费里来支付的。因此，它就成为国家财政后备的缓冲力量。保险企业已经支付了赔偿受损财产的资金，用不到再由预算来弥补"。他还认为国营保险企业所形成的保险基金能够成为国家财政后备的另一种形式："如果不存在国营保险企业，那末，就不再有原来以保险费形式集中起来的基金；原来由保险赔偿金所弥补的支出，也有不少要由国家预算来承担，国家财政后备力量的数量，就要求相应地增大一些。否则，扣除了这些开支，便实际上减少了预想的后备数额。"③ 这一时期将保险定位成国家财政后备的思想，适应了计划经济的发展，但是现在看来存在着一定的局限性，没有上升到社会保障的层面。

---

① 陈云、薄一波：财经委报请中共中央批示文件，1949年9月21日。
② 同①。
③ 戴园晨：《国家财政的后备力量（续）》，载《财政》，1963（2）。

第三，关于国家强制保险的推行。建立人民保险公司后，政府认为为了国营保险的快速发展，人保的首要任务是推行强制保险，范围包括国营企业、县以上供销合作社及国家机关财产，以及乘坐铁路、轮船、飞机的旅客。《中国人民保险公司组织条例（草案）》第十一条规定"中国人民保险公司，为积极完成任务，对于下列各种保险，得采强迫保险制，其实行由中央人民政府以命令行之：一、公营企业之财产保险；……" 1951 年 2 月 3 日，政务院作出《关于实行国家机关、国营企业、合作社财产强制保险及旅客强制保险的决定》，规定"国家机关、国营企业及合作社因保险而支出之费用，准予编入预算报销，或列入成本计算"。当时对这种思想也存在着反对意见，由于人民群众对保险的不了解，强制保险工作受到一定阻碍，《人民日报》发表了《必须实行强制保险》（1951）的社论，批评国企领导干部抵制强制保险的两种思想。推行强制保险的思想，对新中国成立后经济恢复时期保险业的发展确实起到了极大的推动作用，但赋予了保险过多的行政色彩，如规定国家机关与合作社的保险费可以报销，现在看来很不可思议，但是可以理解为在计划经济时代发展保险的特定思想与做法。

2. 施行社会保险的思想

新中国成立后到改革开放前这一时期，对于社会保险的实践步入了一个新的阶段，社会保险开始朝建立较完善的社会保障制度的方向发展。上一节提到，中国的社会保险事业开始于民国初期，到南京国民政府时期初步成型，而民国时期虽未建立起较为完善的社会保障制度，但社会保险实践已开始出现，同时民国时期也形成了很多重要的社会保险思想，主要体现在社会保险的主旨、社会保险建立的基本原则与社会保险费的缴纳这三个方面。到中华人民共和国成立前后，社会保险实践得到新发展，东北、河北、山西、天津等新解放区和全国铁路、邮电等产业，先后制定了本地区、本产业的劳动保险暂行办法并积极开展社会保险，相应的这时期的社会保险思想在性质、发展形式方面有了新的探讨，接下来十年社会保险的实践与理论研究也在积极进行，概括起来，这一时期社会保险的思想主要有以下几点：

首先，社会主义国家与资本主义国家开展的社会保险具有不同性质。李铁民（1960）认为"在资本主义国家，所谓保险金，大部分是由职工本身负担的，保险金实际上是对职工的附加税，是剥削他人的工具，工人付出了很多钱，但他们所得到的补助金和抚恤金是很少很少的。如美国工人 1938—1942 年共付出 43 亿多美元，而工人所得到的养老保险金还不到 8 亿美元，而这笔钱却养活了大批官僚机关的职员，和被资本家腐蚀得寡廉鲜耻的工贼。"①他认为我国的劳动保险是真正为工人阶级谋福利的，因为保险费缴纳方式的不同：我国劳动保险费用全部由实行劳动保险的企业负担，而工人不必缴纳保险金都可以享受。陈兆兴（1963）也支持这种说法，他认为美国的社会保险适用范围窄，核保严格，保障水平低，不像他们所宣传的是救济贫民性质的措施，这与我国劳动保险的性质存在本质上的不同点。这些思想在当时有效宣传了社会保险的作用，提高了广大职工民众的觉悟与生产积极性，在实行劳保后劳动生产率普遍提高，保证了经济建设的顺利进行。但是没有考虑到资本主义国家与我国社会保险所处的社会形态与经济发展程度的不同，且没有意识到国家包办保险的局限性，思想略显狭隘。

其次，建立城乡二元化发展的社会保险。对于我国城乡分割的二元结构，当时普遍认为在建设社会保障制度时应该考虑城镇与农村明显不同的发展特点。城镇方面，1951 年 2 月 26 日，政务院颁布《中华人民共和国劳动保险条例》（以下简称《条例》），标志着中国城镇企业职工劳动保险制度的确立。《条例》规定"在全国百人以上国营、公私合营、私营及合作社经营的厂矿、交通运输企业中实行；其他企业可根据劳动保险条例的原则和本企业的实际情况，由企业行政方面或资方与基层工会协商，签订劳动保险集体合同"。1952 年以来，对国家机关、学校和事业单位的人员，实行了公费医疗制度和职工福利补助办法。农村方面，改革开放前农村的社保制度主要立足于集体经济，1956 年通过的《一九五六年到一九六七年全国农业发展纲要》和《高级农业生产合作社示范章程》规定，农业合作社应对社内丧失劳动能力、生

---

① 李铁民：《十年来上海职工生活的巨大变化》，载《学术月刊》，1960（1）。

活没有依靠的社员给予适当照顾，做到保吃、保穿、保烧、保教、保葬①。学者们认为在新中国农村建立的保障制度具有社会保险性质，如李文德（1959）认为"1958 年农村实现人民公社化以后，在农民中广泛实行了工资制与供给制相结合的分配制度，其中的供给部分，就带有社会保险的性质。"② 这一时期关于施行社会保险的理论研究与具体思路，本质上是以国家为实施和管理主体、国家和企业共同负担费用的保险思想，与计划经济体制下的劳动制度和所有制形式是相适应的，符合当时的基本国情，也为以后社会保险新模式的探索奠定了基础，但其思想的内生缺陷会导致其在新形势下具有不适应性和不可持续性。

3. 发展进出口货运保险的思想

进出口货运保险是以在进出口运输过程中各种货物作为保险标的的保险。新中国成立后，我国经济不断恢复发展，国际地位日益提高，进出口贸易业务量也越来越大，产生了开办进出口货运险的需要。人保成立后，开展了包括进出口货物运输保险在内的各项保险业务，进出口货运保险的实践已先行一步，而学术界对于进出口货运保险如何适应形势变化并发挥作用等问题提出了如下看法：

首先，发展进出口货运保险的必要性。随着新中国成立后经济恢复发展，中国对外贸易也逐渐增多，当时国家多采用水运渠道进行进出口物资运输，学者们认为发展进出口货运保险有其必要性。人保以财政部的名义向周恩来总理作的书面汇报③提到"国家进出口物资，大多经过海运，风险比较大，各国都有海洋运输保险的习惯，尤其是我国处于美帝国主义封锁和台湾蒋帮经常骚扰我沿海运输的情况下，保险是对外贸易解决损失外汇补偿的一个必要条件"，强调了开办进出口货运保险的重要战略意义。李锵（1965）认为"由于一般进出口保险业务涉及外汇补偿以及国内外的利益问题，因此国家办

---

① 郑秉文、于环、高庆波：《新中国 60 年社会保障制度回顾》，载《当代中国史研究》，2010（3）。
② 李文德：《新中国的劳动保险事业》，载《劳动》，1959（19）。
③ 王安：《保险中国 200 年》，73～74 页，中国言实出版社，2008。

理进出口保险业务，对于保障国家利益，节约保险费外汇支出和吸收外汇资金，具有重要的意义。"① 这些思想在当时对进出口货运保险的开办与发展起到了很好的指导作用，也保证了进出口贸易的顺利进行。

其次，进出口货运保险在不同社会制度下的作用不同。李锵（1965）认为"在资本主义制度下，进出口货物运输保险，和其他种类的保险一样，是资本家攫取高额利润的手段。到了帝国主义阶段，它更进一步发展成为垄断资本剥削和掠夺殖民地与发展中国家的工具。例如旧中国的进出口货物运输保险，被英、美、日等帝国主义所控制，并为帝国主义掠夺中国人民的财富服务。帝国主义垄断资本每年都要通过这项保险从中国人民手中掠取数百万英镑的保险费外汇资金。"② 对于我国开展的进出口货运保险，他认为是为国家对外贸易和社会主义建设事业服务的，具有社会主义性质，具体作用体现在三方面：第一，进口贸易方面。我国对外贸易企业在进口物资遭受意外损失的情况下，能够及时获得资金的补偿，因而外贸企业的经济利益能得到可靠的保障，这有利于国家进口贸易计划的顺利执行，同时也为国家节约了保险费的外汇支出。第二，出口贸易方面。我国保险机构对购买我国商品的国外进口商提供保障充分、费用合理的保险保障，从而为出口贸易创造了便利条件，特别出口易损商品的承保，可以增强买方经营的信心，有利于贸易成交。另外，出口商品在国内买保险，保险费是由国外商人支付外汇，可以为国家增加外汇收入，支援社会主义建设。第三，防灾防损方面。我国保险机构在办理进出口货物运输保险的同时，还积极开展进出口商品的防灾防损工作，如改进商品的包装储藏方法、改善运输和装卸措施以及在国外港口加强对商品的检验和监督等。这些防灾防损服务，既有利于减少损失，也有利于提高出口商品的信誉和改善我国外贸企业的经营管理。这些关于进出口货运保险的作用的思想较符合当时的经营状况。

---

① 李锵：《介绍我国的进出口货物运输保险》，载《中国金融》，1965（4）。
② 同①。

（三）中华人民共和国成立到改革开放前保险思想的简要评析

正确的理论对于实践的指导作用极为重大，相反，如果理论研究脱离实践的发展或者客观实践得不到正确的理论指导，往往会导致实践的停顿或者夭折，中华人民共和国成立到改革开放前这段时期，我国保险思想与保险实践的发展就能很好地体现这种相互作用关系。从积极方面看，这时期保险思想对保险实践的推动作用表现在：其一，对新中国保险业的创建起到了积极的指导作用。新中国诞生前，我国保险业为外国资本所控制。这一时期的国营保险思想指导着人保的成立、保险业务的开办、外商保险的撤离，使得新中国保险业初步建立起来。其二，引导了新中国保险业在经济恢复发展中发挥积极效用。学者们通过宣传保险在国民经济中的地位和作用，推动了保险的发展，使之发挥了补偿经济、积累资金和促进进出口贸易等方面的作用。

但是，新中国成立以后的相当长的时期内，由于"左"的思想影响，使得一部分人对保险问题产生了种种错误认识，他们不仅低估了保险业在整个国民经济中的作用，而且对其持有否定态度。另外，由于对保险的一些基本问题未进行深入研究，盲目照搬苏联经验，使得当时保险缺乏坚实的理论基础，所以导致保险业进入长达 20 年的停滞期。总之，这一时期的保险思想为保险事业的发展作出了一定贡献。但是由于历史原因与自身局限性，也对中国保险业的持续发展起到了极大的阻碍作用。

三、改革开放到社会主义市场经济体制目标确立前的保险思想（1979—1991 年）

（一）改革开放到社会主义市场经济体制目标确立前保险业发展概述

1978 年 12 月召开的十一届三中全会确立了以经济建设为中心，实行改革开放的基本政策取向，我国的保险业进入全面恢复和快速发展时期。为适应经济体制改革和对外开放的需要，1979 年 4 月，在国务院批转的《中国人民银行分行行长会议纪要》中，明确提出要开展保险业务。同年 11 月，全国保险工作会议决定从 1980 年起恢复已停办 20 年的国内保险业务。我国保险业又开始迈进一个新的历史时期。这一时期保险业的发展特点主要体现在三方面：其一，国内保险业务逐步恢复、快速发展。在恢复原有险种的基础上，还根据经济发展需要开办了一系列新险种。其二，保险公司增多，人保独家垄断局面被打破。1985 年国务院颁布了《保险企业管理暂行条例》，规定了保险机构设立程序，从此可以按照规定设立保险机构经营保险业务。1986 年，经中国人民银行批准，成立了新疆建设兵团保险公司。其三，保险法制建设开始进行。随着国内保险业恢复和发展，我国保险法制建设的步伐加快。1982 年开始实行的《中华人民共和国经济合同法》是我国第一部与保险有关的法律规定。1985 年颁布的《保险企业管理暂行条例》是新中国成立以来第一部保险法规。保险法制建设的开始与加强有利于我国保险业的规范发展。

（二）改革开放到社会主义市场经济体制目标确立前保险思想的主体内容

在改革开放浪潮中，保险业迎来新的发展契机，学者们开始重新思考社会主义保险的客观基础与作用、保险在国民经济中的地位等问题，并提出了很多促进保险业发展的创新思想，如保险基金管理与运用的思想、责任保险的思想、再保险思想和养老金保险思想。

1. 保险基金管理与运用的思想

随着保险业务逐步恢复，投保量增多，保险基金规模不断增加。学术界就怎样管理和运用保险基金进行了研究，主要观点是：

首先，明确保险是积聚资金的重要渠道。高亢（1982）分析了保险事业之所以能积聚资金的三点原因：第一，保险公司收取保险费或支付赔偿金都使用货币，决定了保险基金的性质是一种纯粹的货币资金。第二，保险合同的订立，是先收取保险费，而后保险公司才对投保人的财产或人身承担责任，并在发生意外事故时给予赔偿。而意外事故的发生具有偶然性，保险基金在用于支付赔款前总有一个间隔期，这就使保险公司有可能利用这个时间，把积聚起来的保险基金用于生产建设或其他方面的投资。第三，保险费率的制定带有很大科学性，除保证保险财产的赔偿和到期给付款外，随着经营管理的不断改善，各种赔款和费用降低，也会形成一种固定的积累。这种积累不仅会逐渐扩大保险基金总额、充实补偿的后备力量，而且能够使保险基金更加稳定地用于生产建设的投资。翟一新（1982）从人寿保险出发，提到"通过人寿保险聚积的资金，期限比较长。人寿保险通常是年满 16 岁开始起保，可以保险到 65 岁。在这样长的时间里，通过人寿保险能把零星分散的资金，聚积为巨额的长期的建设资金，国家可以有计划地运用。"① 上述关于保险基金如何积聚资金并能否加以运用的主张，为其后我国保险资金运用渠道的建立与拓宽奠定了理论基础。

其次，保险基金与财政资金、信贷资金的关系。高亢（1982）认为"财政渠道的资金是通过预算形式安排的，预算拨出的资金是无偿的，但是财政分配的预算资金，受国家财力的限制，要严格按照计划内的项目进行安排……信贷资金是通过银行聚集和分配一部分闲置资金和消费资金……它的特点是比财政资金灵活，不受国家预算和计划内项目的限制，但是信贷资金是有偿的，要按期归还的……它不能无偿地用于解决企业或个人因意外事故受损的补偿方面。保险基金与财政资金、信贷资金都有所不同……这种后备基金是按照概率论的原理从社会总产品中扣除的必要部分，它属于剩余产品的一部分。保险的补偿是完全依照保险额度和损失的程度无偿拨付的，因而它一方面具有财政资金的无偿性，另一方面又具有信贷资金的灵活性和及时性。"② 林震峰（1982）认为"保险基金作为应付意外损失的补偿，和在一定时期后支付给劳动人民的准备金，不适于纳入财政预算，或者移作任何其他财政性的用途。否则就眼前来看，似乎可以增加财政收入，而从长远来看，将给国家财政带来不可估量的损害。"③ 他还指出 1959 年保险公司停办国内业

① 翟一新：《开展人寿保险也是个聚财之道》，载《金融研究》，1982（1）。
② 高亢：《浅论保险与聚财之道》，载《金融研究》，1982（7）。
③ 林震峰：《保险基金与生产建设资金》，载《金融研究》，1982（3）。

务时将十年来积聚起来的保险基金全部上交财政的做法给政府增加了很大的财政负担。关于保险不是财政手段，保险资金不能作为财政资金管理的认识，是对改革开放前保险"财政说"的重大修正，对商业保险制度的建立有重要意义。

最后，关于保险基金的运用方式。高亢（1982）认为要在保证赔偿能力的基础上充分利用保险基金，他提到"保险基金不能闲置不用。否则，不仅是国家在资金使用上的一种浪费，而且不利于保险基金的积累……能够通过保险资金的运用，收取必要的利息和利润的办法增大自己的积累，例如存入银行或进行某种投资，购买国库券等都可以增加保险基金总额。"① 林震峰（1982）建议将保险基金运用到生产建设中，他认为通过保险的渠道筹集生产建设资金是很重要的方向，有着极广阔的前途；他还举例说明了资本主义国家银行的相当一部分信贷资金来自保险公司，保险公司成为银行的后台，成为金融财团的重要组成部分。由于这一时期还处于计划经济为主、商品经济为辅的体制转型期，市场发育很不充分，投资渠道很狭窄，所以学者们对保险基金运用方式的思考只是宏观考量，缺乏保险基金运用的具体思路与建议。

2. 发展责任保险的思想

我国责任保险萌芽于 20 世纪 50 年代，当时只开办了船舶、飞机保险附加的碰撞和第三者责任险以及少量的展览会公众责任险和汽车保险的第三者责任险。总的来看，责任保险并未作为一项专门业务来开展，即便是开展了附加的责任险，业务量也很小，更没有形成系统的责任保险思想。改革开放后，责任保险实践迎来了新的发展契机，1984 年，汽车第三者责任保险被强制推行，与此同时，医疗事故的责任险以及产品责任险也开始了研究和试办；在涉外领域陆续开办了公众责任保险、产品责任保险、雇主责任保险和职业责任保险。这一时期，关于责任保险的思想也与实践共同发展，相互促进，概括起来有以下几个方面：

第一，责任保险的界定与分类。赵济年、李嘉华（1981）研究了发达国

---

① 高亢：《浅论保险与聚财之道》，载《金融研究》，1982（7）。

家的责任保险分类，指出"按照保险承担的责任划分，大体上可以分为过失责任，严格法律责任，契约责任三种。过失责任，包括一切由于疏忽、过失行为对他人的伤害，如汽车肇事，飞机坠落，轮船碰撞等。严格法律责任，只要法律规定须对他人损害承担的责任，即使致害人并没有任何过失，也要负责赔偿。契约责任，甲乙双方在履行契约中造成的对他人损害，根据契约规定，其中一方应承担的赔偿责任。"① 何孝允（1988）指出"责任保险是以被保险人的民事损害责任为对象的一种保险。即当被保险人依法对第三者应负损害赔偿时，由保险人负责给予经济补偿，所以它又被称为第三者责任保险。"② 他按承保方式的不同将责任保险分为单独的责任保险方式与作为附加险的方式，作为单独的责任保险方式承保的主要有公众责任保险、产品责任保险、雇主责任保险和职业责任保险；作为附加险方式承保的，作为各种损害赔偿保险的组成部分，如汽车第三者责任险是汽车保险的附加险。这些分析较科学地对责任保险进行了界定，在当时指导了责任保险的开办与发展，我国目前对责任保险的定义与分类也基本上由此沿袭而来。

第二，关于责任保险具体险种的分析或建议。刘国英（1989）分析了全面实行机动车第三者责任保险的必要性，并从切实保障交通事故受害者的利益、活跃城乡商品经济、企业及机关或社团单位工作正常运转、增进社会安定③四方面给出了解释。孙玄先（1991）认为产品质量责任保险能够增强企业的竞争能力，具体来说体现在产品质量责任保险的作用上，他认为"一、对保险方——保险公司来说：开展这一业务是有选择性的，只会对重合同、守信用的企业生产的质量过硬的优质名牌产品保险。保险公司为了维护自己的信誉，也为了降低赔付率，还必将主动协助被保险产品的企业提高产品质量。二、对被保险方——产品生产企业来说，参加产品质量责任保险，无异于为产品打上质量信得过的标记。在外部，可以通过广告宣传，扩大用户，争取市场，从而取得更好的经济效益。在内部，说明利害关系，争取企业全

---

① 赵年年、李嘉华：《责任保险在我国的发展前景》，载《金融研究》，1981（10）。
② 何孝允：《责任保险市场在我国发展前景刍议》，载《南开经济研究》，1988（5）。
③ 刘国英：《谈机动车辆实行第三者责任保险的必要性》，载《学术研究》，1989（6）。

体职工的支持。"① 冯嘉亮（1988）认为应改变机动车辆第三者责任保险的收费方法，将固定收取保费方式改为确定档次费率收取的方式，原因是"机动车辆第三者责任保险在大部分省市已成为地方性法定保险。然而，其赔付率一直偏高，直接影响了保险公司正常经营效益，同时也间接地影响了社会效益。成为保险业务中的一个非常突出问题。"② 这些思想是对于实践中具体险种发展情况的积极思考，有利于指导责任保险发展更加完善。

第三，对责任保险迅速发展的展望。赵济年、李嘉华（1981）列举了社会生活生产中多个方面的民事赔偿责任，并认为"举办各种责任保险，是减少社会问题的有效措施，是关心群众生活的重要方面，也是有利于安定团结的一件大事……责任保险在我国也有着广泛的客观需要。"③ 何孝允（1988）认为"随着我国经济体制改革和民事法律制度的逐步完善、实施，以及对外开放政策进一步落实，责任保险市场必将迅速发展起来。这是因为，第一，在有计划的商品经济条件下，随着生产力的发展，不安全因素不断增多……为了保障因灾害事故发生造成其他人遭受损害的后果，人们对责任保险的保障要求将日益增多。第二，对内搞活经济，对外实行开放政策，加强了人与人之间的横向经济交往，民事争端也将日益增多。其中涉及经济赔偿责任的问题要靠法律规定判决，也要靠责任保险兑现。第三，随着法制建设的不断完善与健全，人们的法律意识将不断加强。既然法律上规定了民事损害赔偿责任的制裁，就有必要通过一种最有效的办法来保障这种赔偿的履行。这种办法莫过于责任保险。第四，为了维护社会主义的经济秩序，保护人民利益，有必要建立和发展一种相应的保险制度。责任保险是这种必要的保险制度之一。"④

3. 发展再保险的思想

改革开放前，我国再保险市场尚未形成，再保险业务发展由于直接保险

---

① 孙玄先：《参加产品质量责任保险 增强企业竞争能力》，载《浙江金融》，1991（7）。
② 冯嘉亮：《应改变现行的机动车辆第三者责任保险收费办法》，载《金融与经济》，1988（7）。
③ 赵济年、李嘉华：《责任保险在我国的发展前景》，载《金融研究》，1981（10）。
④ 何孝允：《责任保险市场在我国发展前景刍议》，载《南开经济研究》，1988（5）。

市场本身不完善而曲折反复，进入 20 世纪 80 年代后，直接保险业务的全面恢复带动了国内再保险业务发展，同时随着对外贸易恢复，国内再保险的需求快速增长。一些学者提出应建立多层次的再保险市场，并强调再保险业务的风险控制机制。具体来看，他们的思想包括：

第一，开展再保险的必要性。徐文浩（1986）分析了在全世界范围分保的重要性，他认为"保险是国际性的业务，特别是巨额风险需要在全世界范围内分散危险。我们不仅要加强同第三世界各国保险同业的友好合作，而且要同其他国家的保险同业发展业务关系。我们主张与各国保险公司和再保险公司建立直接的分保关系。"[1] 朱波（1988）认为为了防止巨灾发生时保险公司无力赔偿的情况，"保险人必须利用再保险的渠道以分散危险，将超过它自身承担能力的那部分责任转嫁给别的保险人，这也体现了保险人之间的互助共济性质"；另外，他还认为"随着保险体制改革的深化，逐步实行独立核算，自主经营，自负盈亏。从目前状况看，实现自盈固然皆大欢喜，如果遇到大灾，实在是难以自负……所以，解决分散危险问题也是加快保险体制改革的关键所在。"[2] 张文武（1989）在分析大数法则充分发挥作用的三个条件的基础上提出"再保险恰恰有利于创造大数法则所需要的条件和进一步分散危险，控制责任。这也是分保机制的主要方面。如溢额分保关于自留额的规定，能使保险公司对每一个危险单位所承保的责任均等。超赔分保能保障保险公司对巨灾事故所承担的责任积累等。因此，再保险在保险业务经营中，对促进业务经营的稳定性具有重要的作用。"[3] 这些思想都较准确地阐述了再保险的重要性和再保险保障保险人稳定经营的作用，并提出应在全世界范围内分散风险，也体现出了我国保险思想的开放性。

第二，建立有中国特色的多层次再保险市场。何孝允（1986）认为我国各省、自治区、直辖市之间，不仅经济发展不平衡，而且自然地理条件相差各异，意外事故和自然灾害多种多样。因此，保险企业分散风险应从纵横两

① 徐文浩：《发展中的中国再保险事业》，载《中国金融》，1986（8）。
② 朱波：《国内业务办理再保险之我见》，载《天津金融月刊》，1988（4）。
③ 张文武：《引入分保机制再造保险体制》，载《吉林财贸学院学报》，1989（1）。

方面开展再保险业务，从纵的方面，"以中国人民保险公司系统为主体，通过总公司调节各地分公司之间的再保险业务。"从横的方面，"首先，中国人民保险公司各地分公司之间有必要进行横向联系。各地分公司除了通过总公司分保外，还可以自由结合或采取联合经营方式互相分散风险……其次，地方国营保险企业和其他保险企业向中国人民保险公司办理再保险……再次，其他方面设立的保险企业，除应按规定向中国人民保险公司办理再保险外，还可以向当地地方国营保险企业分保，或彼此之间互相分保，或联合起来组成分保集团。"[①] 朱波（1988）认为应该设立专门的再保险公司办理分保业务。其实多层次建立再保险市场的思想的提出是对当时实践中出现的问题的积极思考：1985 年政府出台《保险企业管理暂行条例》规定了 30% 的法定分保比例并由中保再保险部代行国家再保险公司职能；90 年代初由于高法定分保率、分保渠道限制及商业保险公司代行国家再保险公司职能等体制问题，均已经制约了中国再保险市场的形成和发展，可以说，建立中国特色的多层次再保险市场的建议，为解决上述问题提供了很好的思路。

第三，开展再保险时的风险控制。徐文浩（1986）认为"办理分保业务要注意严格选择分保接受人和分出人，加强对其资信的调查研究，对其经营作风、资力等严格审查，防止其转嫁亏损业务或发生损失后得不到应有的分保补偿。同时，还要及时收取分保费，以便利用资金进行投资，积累保险基金。在交换和分入的业务方面，要加强选择，谨慎承保，不再接受长期亏损的业务。"[②] 这对促进再保业务稳定经营很有必要。

4. 养老保险制度改革、发展养老金保险的思想

1983 年与 1984 年分别开办了集体养老金保险与个人养老金保险，与此相对应，学术界对养老保险制度的改革和创新、怎样发展养老金保险进行了思考，他们的主要观点是：

首先，进行养老保险制度改革、开办养老金保险的必要性与可行性。学者们普遍认为当时国家包办的养老保险制度应该改革，而改革的途径之一就

---

① 何孝允：《建立具有中国特色的再保险体系》，载《南开经济研究》，1986（1）。
② 徐文浩：《发展中的中国再保险事业》，载《中国金融》，1986（8）。

是开展养老金保险，由保险公司按经济规律办理。乌通元、廖申（1982）认为"1953 年我国实施劳保条例以来，对提存保险基金这一重大问题从未引起足够重视……近十几年来由于没有提存保险基金，以致日益增加的年老退休、疾病医疗、死亡抚恤等费用只能从企业日常开支中支付，增加了财政负担。今后随着人口结构的变化，就业人口与退休人口比重不断变化，现行退休金制度将会遇到越来越大的困难"。他们还分析了社会对养老金保险的强烈需求与可行原因，提到"我国目前只有全民所有制企业、一部分集体所有制企业和机关职工有年老退休死亡抚恤等制度。在集体企事业中还有不少人没有享受这些待遇，特别是在八亿农民中还没有实施劳保制度。因而在我国逐步开办适合我国国情的各种人寿保险是有广阔前途的。"① 黄代发（1984）从"开展养老金保险是生产力发展水平的要求"、"开展养老金保险是社会主义基本经济规律的要求"、"开展养老金保险是按劳分配的原则的要求"、"开展养老金保险是我国人口政策的要求"、"开展养老金保险是聚集社会资金，支援国家建设的需要"② 这五个方面论述了养老金保险的必要性。

其次，开办养老金保险的方法。第一是养老金的缴纳与提取方式。魏礼群、李铁军（1982）认为"每个实行退休、养老保险制度的单位或个人，都要为本单位的劳动者或为自己按期预付一定数额的退休、养老保险金。新职工从参加工作之日起即开始预付；现有职工也可考虑按规定提前缴纳。农民和个体劳动者在从实行养老保险制度起，就缴纳养老保险金。这样做，社会上就可以保持相当数额的退休、养老保险金。"③ 黄代发（1984）认为集体养老金缴纳提取方式为"按工资额的比例提取，可按标准工资额提取，也可按绝对额提取，列入生产成本，定期向保险公司缴纳，由保险公司统一管理"，个人养老金缴纳提取方式为"可由个体劳动者协会根据个体劳动者收入情况定期向保险公司交纳保险基金。"④ 第二是养老金的统筹方式。魏礼群、李铁

---

① 乌通元、廖申：《积极开展养老年金和医疗保险》，载《上海金融研究》，1982（5）。

② 黄代发：《举办养老金保险初探》，载《中国金融》，1984（5）。

③ 魏礼群、李铁军：《改革和健全退休、养老保险制度的初步设想》，载《计划经济研究》，1982（33）。

④ 黄代发：《举办养老金保险初探》，载《中国金融》，1984（5）。

军（1982）认为应采取多种形式统筹养老保险金，根据不同情况，可以采取"公助与自助相结合、强制和自愿相结合的原则，从国家、集体、个人三个方面筹集和建立退休、养老保险基金"。梁天明、覃春（1986）和杨松（1990）认为养老金应实行社会统筹与商业运营相结合的形式。这些思想都是对传统养老保险制度改革的思考与探索，对中国特色的新型养老保险制度的形成有推动作用。

（三）改革开放到社会主义市场经济体制目标确立前保险思想的简要评析

这一时期保险思想的发展与保险实践的探索可以说是齐头并进、相互作用。从正面看，这一时期保险思想对保险实践产生的积极作用表现在：其一，强调保险的地位和作用，让人们树立保险意识，为保险业恢复发展营造了良好的社会氛围。学者们对保险基本职能、保险在国民经济中的地位和保险有关的理论进行介绍，为保险业快速发展奠定了知识基础。其二，对保险实践发展中暴露的问题进行分析研究，并给出改进建议，对保险业改革创新起到了良好的推动作用，如养老保险改革。其三，形成了具有中国特色的保险思想，对中国特色社会主义保险业的建立具有积极的指导意义。这一时期虽已确立了改革开放的基本国策，但符合市场规律的商业保险制度还没有发展起来。学者们研究发达国家保险业发展机制并结合我国客观实际，为我国保险业的发展路径进行了积极指导。

当然，这一时期保险思想也有它的局限性。主要表现在：其一，保险思想对保险实践的指导不够细化。学者们对保险各方面发展有一个大的方向的建议，但缺乏具体制度、方案、法规的设计，对保险实践的指导作用有限。其二，保险思想的开放度不足。许多学者对发达国家保险事业评价仍带有较强烈的政治色彩，认为是剥削人民的工具，忽视商业保险的实质，这种偏颇认识对保险实践的对外开放、创新发展不利。

四、社会主义市场经济体制目标确立之后到加入 WTO 之前的保险思想（1992—2001 年）

（一）社会主义市场经济体制目标确立之后到加入 WTO 之前保险业发展概述

1992 年，中共十四大明确提出社会主义市场经济体制目标之后，我国保险业开始不断探索如何从传统的发展模式，向符合现代市场经济要求的发展模式转变。我国保险业又开始迈向一个新的历史时期，得到了较快的发展：

一是市场主体在改革开放进程中不断增加，保险市场体系初步确立。1992 年，我国在上海市进行保险市场对外开放的试点，同年 9 月，经批准，美国友邦保险有限公司在上海市设立分公司，经营人寿保险业务和财产保险业务。随着改革开放的不断深入，天安保险、大众保险、东京海上火灾保险等一大批中外资公司相继成立，国内保险市场的经营主体数量较快增长。2001 年又成立了中国出口信用保险公司。保险中介也从无到有，得到较快发展。保险体制改革不断深入，保险市场初步形成了以国有商业保险公司和股份制保险公司为主体、政策性保险公司为补充、中外保险公司并存、多家公司竞争发展的新格局。[①]

二是保险深度和保险密度不断提高，保险业在国民经济中的地位和作用不断增强。1980 年全国保费收入仅为 4.6 亿元，2001 年全国保费收入 2109.36 亿元，增长了 400 多倍。1980 年保险深度为 0.1%，保险密度为 0.47 元/人，到 2001 年分别提高为 2.2% 和 168.98 元/人。随着保险业的不断发展，保险的作用日益显现，特别是在许多洪涝、地震等自然灾害发生之后，保险公司及时赔付，在灾后重建、恢复生产和善后处理等方面发挥着十分积极的作用。

[①] 吴定富：《中国保险业发展改革报告》（1979—2003），5 页，中国经济出版社，2004。

三是体制改革不断深入，保险市场的微观运行机制与宏观管理体制逐步建立。自 1995 年《保险法》颁布以来，国家对保险业进行了一系列重大改革，取得了显著成效。其一，改革中国人民保险公司体制，实行产、寿险分业经营。1996 年 7 月 23 日组建中国人民保险（集团）公司，下设中保财产保险公司、中保人寿保险公司、中保再保险公司。目前，三家公司均成为独立经营的一级法人并分别更名为中国人民保险公司、中国人寿保险公司和中国再保险公司。其二，加快国有保险公司的商业化改革进程，明确了企业属性和发展方向，内部经济机制转换取得明显进展。其三，把股份有限公司作为我国保险企业的主要组织形式，逐步按照现代企业制度的要求规范动作。其四，按照银行、保险、证券分开经营、分业监管的原则，成立中国保险监督管理委员会，统一监管职能，集中管理全国保险市场。其五，初步界定了商业保险与社会保险的经营范围。

四是保险法律法规体系初步形成，为保险市场规范运作奠定了基础。1995 年《保险法》的颁布实施，标志着中国保险业开始走上法制化的发展轨道。依据《保险法》有关规定，在保险机构的设立、经营、市场行为、中介机构管理等方面，先后制定和实施了一系列配套的行政法规和管理办法，为规范保险经济活动，保护被保险人和保险人合法权益，加强保险业的监督管理，促进保险业健康发展提供了法律依据。

（二）社会主义市场经济体制目标确立之后到加入 WTO 之前保险思想的主体内容

这一时间阶段的保险业实践的发展，让社会各界看到了保险市场巨大的潜力。诸多专家学者集思广益，纳言献计，为促进保险业又快又好的发展纷纷提出自己的见解。这一时期的保险思想主要包括：发展保险中介的思想、扩宽销售渠道的思想、建立专门的保险法律与监管机构的思想、产寿险分业经营的思想、保险费率市场化的思想和国有保险公司股份制改革的思想。

1. 发展保险中介的思想

保险中介作为保险市场的有机组成部分，从确立社会主义市场经济目标之后到加入世界贸易组织之前，这段期间三大保险中介处于不同的初级发展阶段，值得一提的是，1992年，美国友邦保险公司将个人寿险营销模式引入我国，是我国保险发展史上重要的转折，此后国内公司纷纷效仿这种个人代理制。相比之下，保险公估业发展起步较晚。不可避免，保险市场中存在不能够提供满足市场需求的各种保险中介服务的现象。因此，学术界关于保险中介重要性的认识，未来的发展方向以及个人代理制的发展问题纷纷发表了自己的观点。

首先，关于发展保险中介的重要性认识。李世政（1994）指出加快培育和完善保险市场，需要考虑"积极慎重发展中介机构，诸如代理公司、经纪公司和公估行业等，为优化保险市场的发育配套服务"[①]。何金焕（1995）提到"随着社会主义市场经济的建立与发展，人保独家办保险的局面早已被冲破，不仅国内有太平洋保险、平安保险成立开业，且美国友邦保险等外资公司也已介入，国内保险市场的竞争将愈演愈烈。特别是国外保险企业的逐步介入，急需寻找保险中介人为其提供服务，发展保险中介就显得十分必要了"[②]。魏华林（2000）强调指出"保险公估人介入保险市场，不仅能有效地降低保险商品的边际交易成本，而且能维护保险关系双方当事人的正当权益。在建立与完善保险市场体系，实现由粗放型经营向集约型经营转变的今天，建立保险公估人制度，发展保险公估业更具有现实意义"[③]。

其次，分别从寿险和财险业讨论了"个人代理制"在我国的发展及重要性。吴定富（2004）提到，"到20世纪90年代中期，个人营销渠道实现的保费收入已经超过团体直销，在1996年后逐渐成为寿险业务发展的主流，并使人身险保费在1997年超过财产险"[④]。陈球（1997）指出"就寿险市场而言，最重要的竞争部位就是寿险个人营销。一个国家成熟的寿险市场，一般个人营销和团体业务的比重为7∶3。因此，要转变思想，更新观念，把个人营销工

---

① 李世政：《尽快完善我国保险市场》，载《中国保险》，1994（3）。
② 何金焕：《论发展保险中介业的必要性》，载《中国保险》，1995（3）。
③ 魏华林：《论中国保险公估业的发展》，载《保险研究》，2000（4）。
④ 吴定富：《中国保险业发展改革报告》（1979—2003），131页，中国经济出版社。

作推上高速发展的'快车道'①。许亚平（1998）提出"长远看，财险保险市场份额的巩固和增加，靠直接展业力量显然不够，财产险营销需要大动作，个人代理制将是各保险企业成为竞争赢家的催化剂。试行财产险新的个人代理制是事业发展的需要"②。

最后，关于保险中介的发展方向的讨论。王保中（1996）探讨了我国保险代理人的三大发展趋势："趋势之一：在保险代理人中，专用保险代理人会比独立保险代理人发展得更快；趋势之二：在专用保险代理人中，保险公司将会更多地发展直接保险代理人；趋势之三：兼业保险代理人的数量和所招揽的业务量只会增加，不会减少"③。魏润泉（1997）指出"近期，我国代理业发展的重点是属于保险公司的专职或兼业代理。不过，从长远来看，发展方向似应以代理公司形成的独立保险代理人为宜"。同时他还建议"近两年内，保险监管部门可选择几个国际上具有不同经营风格和规模比较大的外国经纪公司，进入我国市场。同时批准几家我国自营保险经纪公司开业，以达到中外兼容，内外接轨，逐步成熟的目的。也可以先在特区、上海及北京有重点地试行，再逐渐放开"④。郭杨、魏华林等人（2000）建议"中国应利用目前的行业管理优势，以大型行业为重点，建立一批兼职保险代理人，如航空系统、铁路系统、水运系统、公路系统、医疗系统、邮电系统等。这些行业作为兼职代理人既可利用其规模效应来降低营销成本，又便于较快占领市场，因此有着比较大的发展空间"⑤。

这些观点的提出均是结合当时我国保险中介市场所处的环境和现实因素，对以后我国中介市场的发展产生了指导性的作用。在此后的十年里，保险中介成为保险营销的主要渠道，对于保险业的发展起到了加速作用。实行"个人代理制"后，保险营销员实现的保费收入占据了全部收入的半壁江山。保险营销员成为人寿保险的主导销售力量，同时在财产保险公司中也引入了

① 陈球：《浅谈寿险市场个人营销对策》，载《中国保险》，1997（8）。
② 许亚平：《关于推行财产险个人代理制的有关问题及思考》，载《上海保险》，1998（3）。
③ 王保中、于刚、赵威：《关于中国保险代理人发展问题的探讨》，载《上海保险》，1996（1）。
④ 魏润泉：《保险中介人是保险市场的必要组成成员》，载《保险研究》，1997（1）。
⑤ 郭杨、魏华林、谢金玉：《论中国保险市场结构的调整》，载《保险研究》，2000（12）。

"个人代理制"，但发展一直较为缓慢。我国保险中介市场中逐渐形成了保险专业中介、保险兼业代理以及保险营销员三大板块，且专业保险中介发展较快。

2. 扩宽销售渠道的思想

个人营销改变了国内寿险公司的传统销售模式，极大地促进了人身保险业务的发展，但是在发展中也遇到了队伍建设难度和管理成本日益增大、人员素质和人均产能逐步下滑等困难。在这种形势下，保险业要获得更大的发展，开拓新的销售渠道势在必行。于是，学术界关于如何扩宽销售渠道，从哪些方面扩宽展开了讨论。

邹扬和陶腊梅（1997）在对比分析了美国、英国、法国、德国和日本五个国家的保险销售渠道后，提出"在发展保险公司外勤展业制度、保险代理人制度、保险经纪人制度的同时，我们还应借鉴国外经验，发展其他保险营销渠道。例如发展邮寄和电话销售"①。沈国华（1997）提到"我们可以借鉴法国保险公司的经验，借助银行、邮局和税收机构的庞大的分支机构网络，由保险公司和银行等机构联手开发我国的个人保险市场，尤其是人寿保险和商业性养老保险市场。保险和银行合作不但可以迅速发展人寿和养老保险产品的推销网络，而且可以开发'银保'合一的产品"②。龚晓宇和吕旭（1997）通过分析网络营销的六大优势，得出"网上营销不会取代广告、直销、传销等传统方式，而是在新的方向上加以延伸和拓展，用新的方式使保险双方共同受益。网络营销必然走进中国保险市场，用其自身的切实优势促进我国的保险业向更高的层次发展"③。郭杨、魏华林和谢金玉（2000）对如何建立网络营销，给出了建议："中国的网络保险可以分层次进行，第一阶段建立'保险信息网'；第二阶段建立'保险销售网'；第三阶段建立'保险服务网'。待条件成熟，实行三网合一，使之成为保险销售的主渠道，为客户提

① 邹扬、陶腊梅：《西方各国的保险营销渠道及对我国的启示》，载《国际经济合作》，1997（11）。

② 沈国华：《法国的银行保险及其借鉴》，载《外国经济与管理》，1997（3）。

③ 龚晓宇、吕旭：《保险营销的新手段——网络营销》，载《上海保险》，1997（8）。

供全方位的保险服务"①。

这一阶段中，学者们在借鉴西方国家经验的基础上，结合我国的经济环境，分别提出了信函销售、电话营销、银行代理和网络营销等这些新兴的营销渠道，为后期扩宽营销渠道，提供了多种选择。此后保险业销售渠道趋向多元化，银行代理渠道得到了快速发展，并且在销售渠道和产品上进行了双重创新，寿险公司也专门开发了银行代理产品。网络营销虽起步较晚，但发展空间巨大。1997 年 11 月 28 日中国保险信息网的开通，标志着我国保险业已经迈进网络之门。而 1997 年 12 月，新华人寿保险股份有限公司完成了第一份网上保单的签订，更是标志着我国的保险业已经搭上了网络快车。此外，2002 年开始，友邦保险等具有外资背景的保险企业开始在国内将电话营销应用于保险行业。目前，电销渠道已经成为国内财产保险公司的新兴渠道，2007 年 8 月平安财险推出车险电销专用产品以后，国内保险电话营销开始呈现井喷发展的势头。

3. 建立专门的保险法律与监管机构的思想

我国的保险法制建设，从 1949 年中华人民共和国成立到 1992 年实行市场经济之前，经历了一个曲折发展、艰难前进的过程。为适应加强保险业的监管、维护保险市场秩序、促进保险业健康发展的需要，国家先后出台了一系列规范保险活动和保险监管的法律法规。但是，一些学者认为这一时期我国保险市场还处于起步发展阶段，市场主体单一，保险经营范围有限，保险监管工作比较薄弱，因此，急需建立一套较为完整的保险法律法规和专门的监管机构。具体来看，他们的思想有以下几点：

首先，对于完善保险法律的迫切要求。孙计操（1987）谈到："保险法的法制建设未能跟上保险事业发展的步伐，不能适应我国保险事业突飞猛进的需要。面对保险大发展的令人振奋的形势，迫切需要加快保险立法和开展保险法学理论研究，以尽快改变理论落后于现实的状况，为推动我国的保险法建设而作出努力"②。林中杰（1995）认为"严密而又权威的法律体系是金

---

① 郭杨、魏华林、谢金玉：《论中国保险市场结构的调整》，载《保险研究》，2000（12）
② 孙计操：《对制订保险法的几点意见》，载《上海金融》，1987（5）。

融保险改革健康发展的重要保证，亦是保险市场良性运作的关键。但现行的保险法规很不完善，专门法规只有《保险企业暂行管理条例》和《财产保险合同条例》，保险业的基本法《保险法》久未出台。这与按现代企业制度建立的多种形式保险机构共同发展和社会主义市场经济所要求的应有法律环境，显然是很不相适合的"[1]。李继明（1996）强调指出"要制定《社会保险法》，理顺社会保险和商业保险尚存在交叉办理的情况；要从速完善保险法制体系，还需颁布一些补充法律"[2]。另外，保险法律的不健全，还影响我国保险监管的力度。于华（1996）认为"保险监管仍难以适应我国保险业发展的需要，主要表现在保险法规缺乏。尽管 1995 年 6 月 30 日颁布了《保险法》，但还缺乏与之配套的且操作性强的子法规。"并在加强保险监管的对策中着重提到"尽快完善保险法规"[3]。

在 1995 年 10 月 1 日《保险法》出台前后，学者们对当前我国保险行业立法缺失的认识与完善立法的紧迫性的分析，对后期我国颁布了一系列配套的规章和规范性文件起到了督促作用。随后根据《保险法》制定的《保险管理暂行规定》、《保险代理人管理规定（试行）》和《保险经纪人管理规定（试行）》又先后于 1996 年、1997 年和 1998 年颁布，这三部法规皆属于《保险法》的实施细则，有利于我国保险机构秩序井然地发展与竞争。

最后，建立专门保险机构监管机构的思想。林木（1989）针对人保公司自身的改革问题，提出了建立国家保险局的设想："将目前各级人保公司的管理、研究等部门规划同级的保险局中，这将解决目前存在的保险公司政企不分的弊端"[4]。卫勇（1995）在对我国当时的保险监管现状思考过后，认为我国保险市场"产权不清、政企不分、法律不全、监管乏力"，并提出了一些实质性的建议，他建议"可以考虑设立一个隶属于人民银行总行领导的国家保险管理局，专司保险业的规划和监管；其次，成立中央再保险公司；再次，

---

① 林中杰：《我国保险体制改革中商业化取向问题》，载《保险研究》，1995（1）。
② 李继明：《规范保险市场只有〈保险法〉不够》，载《保险研究》，1996（1）。
③ 于华：《关于加强保险监管的思考》，载《金融研究》，1996（5）。
④ 林木：《论我国保险业格局的再构造》，载《中央财政金融学院学报》，1989（1）。

成立全国性保险同业公会"①。赵桂芬和高飞（1997）指出"充实保险监管力量，从长远看，待条件成熟时要积极争取建立独立的保险监管机构，依法专门行使保险监管职责"②。李洲华和杨立旺（1994）发表了不同的观点，认为"中央银行强化保险业的管理将积极推进保险业务的发展，对维护保险市场的有序竞争起到重要作用。成立国家保险事业管理局仅是一种机构上的重复累赘，并未从根本上解决问题。保险市场的有序竞争不取决于谁来管理，关键在于依靠什么来管理。如果我国不尽快建立保险法规体系，即使成立保险事业管理局，也只能形同虚设"③。

鉴于我国保险市场的混乱状况且得不到有效的管理和控制而提出的上述观点，不乏独到精辟之处。随后，中国人民银行先是在非银行金融机构管理司专门设立保险处，后设立保险司，一直到1998年11月18日中国保监会的成立，建立保险监管机构的观点存在性和合理性得到了充分的论证。

4. 产寿险分业经营的思想

1995年颁布的《保险法》以法律形式确立了产险、寿险分业的体制改革，结束了保险公司可以同时经营财产险和人身险业务的时代。《保险法》第九十一条规定："同一保险人不得同时兼营财产保险业务和人身保险业务。"与此同时，在日本，已奉行了五十年的《保险业法》，却于1995年修改为两类保险相互渗入。我国是由合到分，日本却是由分到合，完全是背道而驰。围绕着这条具体条文，以及两国的不同选择，学术界展开了关于产寿险分业经营的利弊之争。

有些学者认为，日本修订后的保险法允许产寿险相互兼营。国际上都在"合"了，我们却在不合时宜地"分"。针对此观点，王震峰（1996）从具体的保险条款分析，反驳"日本目前所谓的产寿险兼营并不是回复到我们以往将定额性长期寿险和补偿性损失险混为一体的状态，而是将意外伤害和医疗费损失等短险从纯定额长期寿险及纯补偿性损失险中分离出来，辟为第三领

---

① 卫勇：《试论保险业的政府监管》，载《保险研究》，1995（5）。
② 赵桂芬、高飞：《关于加强保险市场监管的几个问题中》，载《上海保险》，1997（5）。
③ 李洲华、杨立旺：《论中央银行对保险业的监督管理》，载《上海保险》，1994（12）。

域而允许寿险与非寿险在这一领域中实行交叉经营，并规定只能以下设子公司的办法而进入这一领域。同时在日本的新保险业法中增设了防止母、子公司间业务往来而产生弊端的所谓'防火墙条款'。由此可见，日本并不是简单地将寿险和非寿险混合而实行兼营，而是有条件的，在有严格监管措施的前提下实行部分交叉经营"①。胡文富（1996）则从两国的发展水平和规模上进行评论，认为"日本的保险业 1993 年在世界排名中是名列前茅，全部保险业务收入名列第二，非寿险业务收入名列第二，寿险业务收入名列第一，人均保费名列第一，保费占国民生产总值名列第一。这个事实表明日本的保险业是世界上最发达的，它尚没有允许银行保险业务交叉，而刚刚趋向于产寿险业务交叉。而我国在 1993 年世界保险业务排名中的位置是：全部业务排名第23，非寿险业务排名第 18，寿险业务第 26，人均保费第 75，保费占国民生产总值第 66。这个事实如何和日本比？我们应当克服急于求成的思想"②。乌通元（1996）的观点则和胡文富相似，他认为"分与合都应取决于市场成熟程度，不应强求一致。在保险市场尚未成熟的条件下，还是应当分业经营，更何况，分业经营有利于集中力量专业管理，有利于国家对不同专业的监督管理，有利于优先发展中国的寿险事业以适应多层次社会保障的需求"③。

有些学者认为，我国推行分业经营弊大于利，甚至有人提出我国保险业分业经营是一个"历史性错误"。这种观点的主要理由是：第一，分业经营削弱了国内大保险公司的经营实力和国际竞争力；第二，分业经营造成机构分设和管理人员增加，使保险成本增加；第三，分业经营使产、寿险兄弟公司出现矛盾，影响了彼此团结和整体凝聚力；第四，产寿险资金挪用问题可通过财务分开和加强监管予以解决，不必采用分业经营之下策④。而马明哲（1996）则认为分业经营对我国保险发展大有益处，他认为"寿险和产险在保险标的、保险期限、核算方法、准备金提取等方面有较大差距，分业经营有

① 王震峰：《产寿险分业经营的理论依据及主要问题》，载《上海保险》，1996（6）。
② 胡文富：《论保险业的分业经营》，载《福建金融》，1996（7）。
③ 乌通元：《对发展我国保险业几个问题的探讨》，载《保险研究》，1996（1）。
④ 中国保险管理干部学院课题组：《〈保险法〉执行三年来的基本情况、存在的问题及其对策》，载《中国保险管理干部学院学报》，1999（2）。

利于减少经营上的混乱；分业经营也利于保险监管部门实施有效的管理；分业经营对保险业特别是寿险业的发展将有巨大的推动作用①"等一些优势。和他的观点相同的还有李钢、覃欣、邹扬等学者。

学者们的争论是正常和必要的，让发展中的保险业注意到分业经营优势的同时，尽量避免令人担心的弊端。事实证明，分业经营在促进产险、寿险专业化经营，防范风险等方面发挥了积极的作用。

5. 保险费率市场化的思想

自 1980 年恢复国内保险业务以来，我国一直实行统一条款费率制度，在中国人民保险公司独家经营时期，全国各地的分支机构都执行总公司的统一条款费率。1995 年 10 月 1 日，《中华人民共和国保险法》正式施行，第一百零六条规定："商业保险的主要险种的基本保险条款和保险费率，由金融监督管理部门制订。保险公司拟订的其他险种的保险条款和保险费率，应当报金融监督管理部门备案"。可以看出，我国一直以来基本上是实行主要险种的统一条款费率制度。对此情况，学术界展开了讨论：

首先，前期关于保险费率是否要市场化的讨论。林宝清（1993）指出"保险压制致使市场发育不成熟、不完善、缺乏竞争和低效率，要进行保险释放。其中一个思路就是保险费率市场化。"他认为"保险费率市场化不会导致"自杀性费率"，只要保险市场竞争，费率竞价就不可避免，而且会以各种名目规避官定费率，所以，强求一律充其量也只能是徒有其名②"。卓志（1995）通过分析保险理论费率之后指出"保险理论费率必将推至于保险市场中，接受市场的评判和检验，以反映保险市场的竞争、供求等状况"。保险理论费率在保险市场中表现为保险实际费率，他认为保险实际费率应当具有一些基本特征，比如"是非完全市场化的费率，受保险宏观管理机构的监督和管理；是弹性费率；是有幅度的费率，其幅度的大小由保险市场的供求规律决定；是公平与激励的费率③。"这些观点均是希望我国保险费率的监管放开，

---

① 马明哲：《发展民族保险业与分业经营的思考》，载《保险研究》，1996（1）。
② 林宝清：《论财政范畴中的保险压制与释放》，载《金融研究》，1993（10）。
③ 卓志：《我国市场经济条件下保险费率分析》，载《保险研究》，1995（1）。

希望能够进行市场化。而另一种观点认为统一的费率条款制度从根本上解决了保险竞争中乱降费率的问题，有助于保险竞争的良性发展。对主要险种条款和费率实行统一制定，可以引导保险竞争从价格竞争走向非价格竞争，从而全面提高保险服务质量。另外，克服了单个公司在制定费率条款时技术上的局限性。[①]

其次，如何实行保险费率市场化的研究。胡平生和詹玉华（1996）认为"我国的费率既不能是统一的，又不能完全市场化，因此，弹性费率便是我国费率管理的最佳模式，也是保险企业走向市场的切口"。具体做法为"由国家有关部门计算出一个基本费率，是竞争的最低费率，以法定形式来强制执行。保险企业之间的费率竞争应局限在浮动费率之间"。[②] 他认为这样不仅可以规范保险市场上的费率竞争，而且可以通过这种有弹性的费率竞争机制，加强保险企业的内部管理。在此基础上，李尚红和刘志炜（1997）建议优化费率体系，他们的想法是"实行双轨制和弹性费率制的结合，主要险种统一价格，其他险种的保险条款和保险费率实行弹性费率管理模式。"这种模式，"一方面限定部分主要险种的费率，保护投保人的利益和保险市场的规范，另一方面保险业也可以费率为竞争手段，使保险企业走向市场，规定最低费率和灵活的浮动费率幅度。[③]"两者在对待主要险种的观点上不同，前者主张弹性费率，后者则主张按照监管制定的统一价格。

最后，加入世贸组织临近，保险费率是否应该市场化的争论。刘子操和陶阳（2001）认为"外资保险公司的大规模经营、高水平管理、有效的资金运用这些优势有可能以低于成本的价格制定费率，中资保险公司将无力招架。因此，应严格费率监管，对中资保险公司进行保护"。同时他还认为，"实行保险费率市场化应具备三个条件：以偿付能力为核心的竞争型监管模式、完善的监管法律系统、市场操作透明及行业主体运作规范。因为中国目前的情况离

---

① 中国保险管理干部学院课题组：《〈保险法〉执行三年来的基本情况、存在的问题及其对策》，载《中国保险管理干部学院学报》，1999（2）。

② 胡平生、詹玉华：《实行弹性费率是保险企业走向市场的关键》，载《上海保险》，1996（2）。

③ 李尚红、刘志炜：《中国保险市场现状浅析》，载《财贸研究》，1997（3）。

这些条件还有一定的距离，进而认为，中国目前尚不能实行保险费率市场化"①。针对此观点，朱俊生，齐瑞宗和庹国柱（2001）在随后针对刘子操等人的观点发表了不同的见解，他们认为"条件的成熟都有一个过程，可以在保险费率市场化的过程中逐渐完善这些条件，实际上费率市场化还会反过来促进条件的实现。从中资保险业的长远发展出发，我们应该在加入世贸组织协议提供的有限的保护期内尽快实行费率市场化，尽早提高中资公司的适应能力和竞争力，以便在中国保险市场全面放开后，中资保险公司能有立足之地。②"

总体而言，学者们对要求保险市场费率市场化的呼声较高，加快了保监会推进保险费率市场化的改革。2001 年 10 月 1 日，车险费率市场化改革率先从广东开始，车险是我国最早开始市场化改革的险种。在随后的发展中，保监会只允许财产保险公司根据不同风险因素调整车险费率，逐步建立市场化的定价机制。我国保险费率市场化改革任重而道远。

6. 国有保险公司股份制改革的思想

从新中国成立后于 1949 年组建的中国人民保险公司，到 1996 年中国人民保险公司组建的中国人民保险（集团）公司，下设的中保财产保险有限公司、中保人寿保险有限公司和中国再保险有限公司三家子公司，这些变化均没有改变国有保险公司的股权性质。党的十五大明确提出加快国有企业的改革步伐，建立现代企业制度以及把国有企业改革同改组、改造和加强管理结合起来等指导方针。党的十五届四中全会决定也指出："国有企业改革是整个经济体制改革的中心环节。"在这一背景下，理论界产生了进行国有保险公司股份制改革的思想浪潮，各个专家学者纷纷发表了观点和看法，具体如下：

首先，关于我国保险公司股份制改革必要性的认识。王震峰（1995）指出中国人民保险公司存在"公司性质界定不清；管理模式高度集中，缺乏活力和应变能力"等系列的弊端，因此建议"转换经营机制，尽快实现国有保

---

① 刘子操、陶阳：《近期内不宜实行保险费率市场化》，载《保险研究》，2001（1）。

② 朱俊生、齐瑞宗、庹国柱：《保险费率市场化的时机已经成熟——与〈近期内不宜实行保险费率市场化〉一文的商榷》，载《保险研究》，2001（7）。

险公司真正企业化的角度来深化其体制改革。①"顾乃华（2000）提到"国有
保险公司的粗放经营与低效率源于因政府目标多元化、退出权缺位以及委托
人与代理人目标函数不一致而产生的产权模糊。所以要改变这种情形，对国
有保险公司进行股份制改造不失为理想的选择。"他认为"股份制改造有利于
明晰产权，强化所有权约束，抑制代理人的道德风险；可以迅速扩充资本金，
增强企业实力；有利于参与国际合作，提升管理水平。"② 张宝太与方春银
（2000）专门针对中国再保险公司的股份制改革阐述了自己的观点。她认为
"中国再保险公司要想变潜在的劣势竞争为主动竞争，比较好的途径是进行股
份制改造。中国再保险业发展走股份化的路子至少可以实现以下两个飞跃：一
是资本金扩大的飞跃。二是利益协调的飞跃。③"

最后，如何进行股份制改革的想法和建议。袁兵兵、杨立旺和沈雪莲
（1994）对我国保险业产权改革的构想为"将国有保险企业真正转变为商业保
险公司，自主经营，自负盈亏。就人保公司的体制改革而言，既不能改变原
有资产的所有制性质，又必然重建一种新型的国有资产产权制度。可由各种
所有制成分以其明确的产权主体身份联合形成股份制经济实体，其投资主体
可以是国家、集体和个人，这就形成了一种多种投资主体对其所投资份额负
有资本责任的利益格局。"同时他还建议"设立政策性保险公司办理政策性业
务，为国有保险企业向商业保险公司转换奠定基础，彻底扫清产权改革的障
碍。④"邢炜（2000）提出采取多种渠道充实和不断增强国有保险公司的资本
实力。"这些渠道包括：（1）采取定向募集企业法人股方式，可考虑适当吸收
少量民营股份入股。（2）吸收少量的外资股份和参与国有保险公司的经营管
理。（3）选择突破口，进行上市试点。可考虑选择适当时间将中国再保险公

① 王震峰：《机遇·改革·市场——九十年代上海保险市场发展三大主题》，载《上海保险》，1995（7）。
② 顾乃华：《股份制：国有保险公司改革的现实选择》，载《金融与经济》，2000（12）。
③ 张宝太、方春银：《谈中国再保险业如何迎接加入WTO》，载《保险研究》，2000（3）。
④ 袁兵兵、杨立旺、沈雪莲：《对现代保险企业产权关系的初步研究》，载《上海保险》，1994（7）。

司改革上市，其意义是促进包括其他保险公司在内的各保险公司的规范运作。①"李涛（2000）谈到"建立多元化网络式股权结构。多元化，是指三家公司股权由多种性质的所有制经济主体持有，更为重要的是三家公司的职工也成为自己公司的股东。网络式持股，一方面是指三家公司和那些在国民经济体系中起支柱性作用的大型企业（集团）之间的相互持股关系；另一方面是指三家公司和那些在国民经济体系中发挥主渠道作用的大型金融机构之间的相互持股关系，建立网络式持股结构的目的，是将国民经济体系中保源最充足的经济主体，转化为三家保险公司的保障对象。"并且他认为"多元化网络式持股有可能成为三家公司适应未来高度竞争性市场环境的主要制度安排。"②

从上述的观点中我们可以看到，专家和学者的意见具有前瞻性和一定的准确性，国有保险公司股份制改革的合理性得到了充分的论证。2003 年 11 月 6 日，中国人民财产保险股份有限公司在香港联交所主板市场以 H 股成功挂牌上市，这是内地第一家完成股份制改造的国有金融机构，也是内地第一家在境外上市的金融保险机构。随后，中国人寿保险股份有限公司也在美国纽约和中国香港两地上市。

（三）社会主义市场经济体制目标确立到加入 WTO 之前保险思想的简要评析

实行社会主义市场经济之后到加入世贸组织之前这段时期内，是我国保险业的快速发展时期。在此期间，理论界和实务界围绕着发展中国家某些政策或者发展趋势产生了激烈的争论，有的争论至今仍未能达成共识，学术界的争论是正常的和必要的。实践是检验思想正确与否的准绳，思想会随着实践的发展而继续发展，正确的思想可以加快实践的步伐。具体到这一时期，我们可以看到学术界的思想对我国保险实践起到了强大的推动作用。具体表现在：其一，完善了保险市场主体，推进了保险体制改革。在发展保险中介的思想指导下，我国保险中介队伍日益庞大，活跃市场作用显著：提高了保

---

① 邢炜：《论国有保险公司改革》，载《保险研究》，2000（4）。
② 李涛：《论国有保险公司股份制改革》，载《保险研究》，2000（8）。

险企业的经济效益，促进保险资源的优化配置；激活了保险需求，拓展保险市场；提供了风险管理咨询服务，提升了集团企业的风险防范管控能力。产、寿险分业经营的思想使保险经营日趋专业化，产寿险结构比例发生变化。进入20世纪90年代以后，中国的寿险业发展加快，远远超过产险。最后，中国人民财产保险股份有限公司和中国人寿保险股份有限公司相继上市，证明了国有保险公司股份制改革思想的合理性。其二，思想的推动，提高了保险业的经营效率，规范了保险市场的监管。针对销售渠道狭窄的现实，理论界率先谏言，分别提出了信函销售、电话营销、银行代理和网络营销等这些新兴的营销渠道，随着这些新兴渠道的采纳，我国保险业的经营效率大大提高。同时，建立专门的保险法律与监管机构的思想督促了我国保险法规相继出台，市场法制化体系初步形成。保监会取代中国人民银行，保险监管逐步规范。

当然，我们也要看到，思想与实践是不断发展的，新的实践必须以新的理论来指导，如我国实行银行代理保险业务，为人身保险业的保费收入带来了迅速的增长。但是，随着业务规模的迅猛发展，银行代理业务出现了新的问题，比如银保产品同质性严重，产品功能重收益轻保障，以及销售误导时有发生等等一些前所未有的弊端都暴露出来。这就需要思想随着实践的发展而继续发展，而后又指导新的实践，如此循环，推动我国保险业的进步。

五、加入 WTO 以来的保险思想（2001—2012 年）

不断改革开放是中国经济社会发展的强大动力。2001年12月11日，中国加入世界贸易组织，作为最早开放的金融行业，中国保险业在引进外资的基础上，不断学习发展，与外资保险公司一起形成了共同发展、互利共赢的开放格局。

这一时期的保险思想进一步创新和发展，主要集中在：一是发展或改革具体险种的思想，如建立巨灾保险分散机制、发展农业保险、推广小额保险、创新养老保险、医疗保险改革等；二是完善保险市场的思想，如拓宽投资渠道、做大做强保险业等，这些思想在保险业服务和谐社会建设、服务经济发展，推进重点业务领域等方面发挥了重要的指导作用。

（一）加入 WTO 以来保险业的发展概述

按照加入世贸组织的进程，这一时期保险业的发展可以分为两个阶段：

1. 保险业初步对外开放的阶段（2001 年 12 月至 2004 年 12 月）

2001 年 12 月 11 日，我国正式加入世贸组织，标志着中国保险业对外开放进入一个新的阶段。此后三年是我国保险业加入世贸组织后的过渡期，过渡期内我国保险业基本实现了"平稳过渡"。这一时期保险业的发展特点主要有：一是对外开放不断扩大。为了适应加入世贸组织的新形势，国务院于 2001 年 12 月颁布了《外资保险公司管理条例》，为进一步扩大保险业对外开放、加强对外资保险公司的管理提供了法律依据。2001 年底，我国共有外资保险公司 32 家，当年外资保险公司实现保费收入 32.82 亿元，占全国总保费收入的 1.55%。截至 2004 年，外资保险公司增至 37 家，保费收入 98 亿元，占全国总保费收入的 1.55%。二是保险公司体制改革取得重大进展。2003 年，三大国有保险公司全部重组改制[①]，同年年底，中国人保和中国人寿完成了境外上市，资本实力及抵御风险的能力大大提高，公司治理结构不断完善。

2. 保险业全面对外开放的阶段（2004 年 12 月至今）

三年过渡期后，2004 年 12 月 11 日，我国保险业率先实现全面对外开放，对外开放进入新阶段。这一阶段的主要特点有：一是保险业务快速发展。保费收入持续增长，年平均增长速度约为 20%，远超同期国内经济发展速度。与此同时，保险资产总额不断积累，截至 2011 年底，已经突破了 6 万亿元，约为入世前的 13 倍。二是对外开放继续扩大。截至 2011 年底，已有 58 家外资保险公司进入我国保险市场，外资保险公司保费收入 473.01 亿元，占总保费收入的 3.3%，在北京、上海、深圳、广东外资保险公司相对集中的区域保险市场上，外资保险公司的市场份额分别为 12.17%、13.69%、6.16%、

---

① 具体是：中国人民保险公司更名为中国人保控股公司，并发起设立中国人民财产保险股份有限公司和中国人保资产管理有限公司。中国人寿保险公司重组为中国人寿保险（集团）公司和中国人寿保险股份有限公司。中国再保险公司重组为中国再保险（集团）公司。

6.99%。三是保险业国际化水平不断提升。截至 2011 年 12 月，共有 8 家中资保险公司在中国大陆以外地区设立了 27 家保险营业机构，6 家中资保险公司设立了 8 家海外代表处。四是保险业改革不断深化。入世带来的竞争压力和示范效应使得国内保险企业的经营观念有了明显转变，经营管理逐步走向成熟，市场竞争力不断增强。同时还促进了保险业管理创新、产品创新、服务创新和营销模式创新，使得保险产品更加符合经济社会发展和人民的需求。五是可持续发展能力增强，加入世贸组织以来，我国保险业不断探索发展新模式，促进保险行业可持续发展。例如：积极培育城市保险市场的同时积极开拓农村保险市场，推动小额人身业务的发展；努力参与我国社保体系建设，创新商业保险同社会保险合作的新模式等。

（二） 加入 WTO 以来保险思想的主体内容

加入世贸组织后保险业发展迅速，带动了保险思想的不断创新。这一时期的保险思想主要有：发展巨灾保险的思想、农业保险的思想、推广小额保险的思想、保险业做大做强的思想、拓宽保险资金投资渠道的思想、创新养老保险的思想、医疗保险改革的思想等。

1. 发展巨灾保险的思想

我国是一个自然灾害频发的国家，近年来因自然环境的变化所带来的巨灾风险呈逐年上升的趋势，从南方雨雪灾害，到汶川大地震，再到玉树地震，每一次事故都造成了严重的人员伤亡和经济损失。面对巨灾风险带来的巨大损失，我国采用的是以政府救助和社会捐助相结合的模式，保险业在巨灾救助体系中的作用十分有限。在我国，建立巨灾保险分散机制、发展巨灾保险的呼声一直不绝于耳，学界关于巨灾保险也进行了大量的研究和讨论。归纳起来，主要有以下三个方面：

一是巨灾保险市场失灵的原因。张庆洪（2008）将巨灾保险失灵的原因分为客观与主观两个方面[①]。客观原因是巨灾风险并不符合"大数定理"的

[①] 张庆洪、葛良骥、凌春海：《巨灾保险市场失灵原因及巨灾的公共管理模式分析》，载《保险研究》，2008（5）。

基本假定。因为巨灾风险个体之间呈现高度的正相关性，而且巨灾风险属于小概率、大损失事件，这些特征使风险集合分散的可能性大大下降。主观原因有：其一，根据前景理论，投保人将偏爱低免赔额以及带有保费折扣的保险产品。由于巨灾产品通常都带有较高的免赔额，而且也没有保费优惠，因此巨灾产品的吸引力将大大下降。其二，由于巨灾事件缺乏历史数据，因此保险人很难像从事其他业务那样通过大量历史数据对风险进行精确的定价，模糊厌恶使得保险人更多地选择规避巨灾风险。另外，巨灾风险可能给企业带来破产风险，这也使得公司的管理层不愿意承保巨灾风险。

王稳（2009）对巨灾保险市场失灵的原因进行了补充。他从风险感知理论视角，研究人们对小概率大损失事件的认知和反应，发现人们很容易忽略小概率灾害。因此，投保人对巨灾保险需求不足可以解释为，巨灾的小概率性在大多数人评估风险的阈值之外，所以人们不愿意购买巨灾保险。另外，他还补充了巨灾保险供给不足的原因："由于羊群效应，当几家保险公司减少或拒绝提供巨灾保险时，其他公司极有可能拒绝承保巨灾风险，结果是整个保险行业都会不提供巨灾保险。"[1]

二是巨灾保险供给主体的选择。从发达国家已建成的巨灾保险制度看，一个完善的巨灾保险体系中一般包括保险企业、保险客户和政府这三个行为主体。在绝大多数国家的体系中，保险企业和政府在某种形式和程度上的合作，决定了他们共同作为巨灾保险供给主体的角色。国内学者在讨论巨灾保险供给主体时主要参照的就是这种模式。杨春风（2008）曾提出，应对巨灾风险，可选择政府和保险公司共同合作的管理模式，以政府推动与政府支持为主导，再由保险公司进行市场化运作，如建立巨灾保障基金、巨灾风险证券化等。田玲（2010）也认为只有政府和市场密切合作才是解决市场失灵的唯一出路。"合作模式不仅可以避免保险行业单独承保巨灾风险，承担巨灾损失，而且可更好地利用和发挥资本市场的作用，在国家防损减灾工作中发挥特殊的作

---

① 王稳、陈琛、汪风：《小概率高损失事件的忽略——对中国发展巨灾保险的意义》，载《保险研究》，2009（12）。

用"①。不过，对于政府的角色的定位，张庆洪（2008）认为："政府干预巨灾保险市场的目的在于消除市场失灵，协助巨灾保险市场有效运转，而不是代替商业保险公司独立承担巨灾风险，因此政府参与巨灾风险管理必须避免公共部门对商业保险公司的'挤出效应'"②。

三是巨灾保险制度的建立。除了明确巨灾保险的供给主体外，学者们还就如何建立我国的巨灾保险制度提出了许多建议。具体有：尽快推进巨灾保险立法，推动巨灾风险证券化产品的创新，加强风险的公众知情与公众教育等。

这些思想对于明确我国巨灾保险市场目前的发展现状以及尽快建立巨灾保险制度具有重要意义。事实上，尽快建立巨灾保险制度也是我国保险业目前亟待解决的问题之一。保监会主席项俊波（2012）明确表示要争取政府支持，尽快推动巨灾保险立法，将巨灾保险制度纳入国家综合灾害防范体系，争取国家在立法保障、财税政策、防灾减灾等方面给予支持，巨灾保险制度方案便已上报国务院，"十二五"期间有望成为巨灾保险制度"落地"的关键期。

2. 发展农业保险的思想

农业保险是稳定农业生产经营、提高农业综合生产能力的重要手段，通过对农业和农户进行有效的风险管理和经济补偿，可以大大提高农民风险应对能力、可提升农业抵御自然灾害和提高处置灾害或疫情的能力。十六大以来，党中央国务院对农业保险的发展给予了前所未有的关注。2004、2005、2006年连续三年的中央"一号"文件和"十一五""十二五"发展规划都对农业保险的发展提出了具体的指导意见。提出要尽快建立政策性农业保险制度，扩大农业保险的试点范围，稳步推进政策性农业保险的试点工作。我国农业保险的发展进入了实质性阶段。有关农业保险的思想也出现了一些变化，具体体现在以下三个方面：

首先是农业保险的投保原则。一般来说，农业保险的投保原则主要有自

---

① 田玲、成正民、高俊：《巨灾保险供给主体的演化博弈分析》，载《保险研究》，2010（6）。

② 张庆洪、葛良骥、凌春海：《巨灾保险市场失灵原因及巨灾的公共管理模式分析》，载《保险研究》，2008（5）。

愿投保和强制投保两种。李裕民（2008）认为，农业保险采取自愿原则易引发农民的逆向选择问题，"高风险的农民将更倾向于投保，这使得农业风险不是被分散而是被集中，将加大农业保险公司的经营难度，降低保险公司的积极性"①。自愿原则同样不利于农业保险的推广和政策目标的实现。而强制原则又容易引发农民的抵触情绪并加大监管难度。因此，他提出采用"适度强制"的原则，即对外部性较大、关系国计民生的重要农业项目采取强制投保原则，而对其他农业项目则采取自愿原则。

其次是农业保险的性质。长久以来，关于农业保险的"市场性"和"政策性"的讨论就层出不穷。谢家智（2003）认为，农业保险的特殊性使农业保险市场化发展存在难以逾越的障碍。而政策性的农业保险会加重政府的财政负担、扭曲农业保险的功能甚至对私人保险产生"挤出效应"，长远来看也不利于农业保险的发展。"我国应该推进政府诱导型农业保险发展模式，即政府从农业保险经营主体中退出，让位于私人保险，同时改变政府对农业保险直接补贴的形式，以建立对私人保险诱导机制为主，最终引导农业保险走上市场化发展模式"②。王国军（2012）也认为农业保险的定性非常重要。"作为政策性保险时，即便不赚钱，保险公司为了自身声誉和提高业务量也会去做。但如果定位为商业保险，企业完全可以选择不做，这显然不利于我国农业保险的发展。"农业保险具有政策性、公益性、服务性、灾害补偿性、非营利性等特点，与商业保险有着根本区别，目前，国内基本上都认同了农业保险"政策性"的特点。

再次是农业保险的补贴政策。补贴政策是农业保险"政策性"的一个重要方面。所谓的补贴政策，即中央和地方财政对农户投保按品种按比例给予补贴，对保险公司经营的政策性农业保险适当给予经营管理费补贴，建立中央和地方财政支持的农业再保险体系。从农业保险试点的情况看，地方财政好的地区农业保险进展良好，反之则相反。由此可见，"补贴政策"是农业保

---

① 李裕民、杜永喜、李昕童：《坚持适度强制原则，促进农业保险发展》，载《保险研究》，2008（1）。

② 谢家智、蒲林昌：《政府诱导型农业保险发展模式研究》，载《保险研究》，2003（11）。

险发展非常关键的因素。周桦（2008）的观点是：三个渠道进行补贴会增加补贴成本，通过建立全国性再保险公司，发展带有政策补贴性质的再保险产品，效果是一样的①。胡炳志（2009）提出构想成立国家农业再保险公司，建立国家农业再保险补贴基金，将中央财政原预备每年补贴原保险的资金直接建立农业再保险补贴基金，不再下发补贴②。郝演苏（2010）认为，根据我国的国情和农村经济的发展，相对于补贴，可以考虑建立由国家农业再保险与国家农业巨灾基金为主体，农业灾害救济为补充的巨灾保险体系③。

农业保险是市场经济条件下现代农业发展的三大支柱之一。发展农业保险既是现代农业发展的重要保障，也是农村金融健康发展的重要条件之一。在当前的发展状况下，清楚界定农业保险的性质，明确农业保险的投保原则以及探讨农业保险的补贴政策，对我国农业保险的发展都意义重大。2012年11月12日，国务院正式签署公布《农业保险条例》，并将于2013年3月1日起施行，该《条例》的实施将填补《农业法》和《保险法》未涉及农业保险领域的法律空白。我国农业保险的发展将进入一个新的阶段。

3. 推广小额保险的思想

小额保险是被公认的保险原理运营的、为低收入群体提供的一种保险，其产品包括保障型的寿险、意外险、健康险以及小额财产保险。小额人身保险产品保费较低且手续简便，比传统保险产品更适合中低收入阶层，在农村具有极大的发展潜力。世界上有很多发展中国家都在积极探索利用小额人身保险为中低收入人群提供保障服务的问题。这些国家根据其农村人口缺乏保险保障的实际情况，以多种形式在农村地区推进小额保险业务，取得了较快发展，成为解决农村人口基本保障的有效手段。2008年6月24日，保监会下发了关于印发《农村小额人身保险试点方案》的通知，这标志着我国针对农村低收入群体的农村小额人身保险试点正式启动。此前此后，引发了学界许

---

① 周桦：《基于再保险补贴的农业保险制度模式探讨》，载《保险研究》，2008（3）。
② 胡炳志、彭进：《政策性农业保险补贴的最优边界与方式探讨》，载《保险研究》，2009（10）。
③ 郝演苏：《如何建立我国农业巨灾保障体系》，载《经济》，2010（8）。

多关于小额保险的讨论，归纳起来，主要有以下几个方面：

一是发展小额保险的必要性。党的十七大明确提出，"加快建立覆盖城乡居民的社会保障体系，保障人民基本生活"。然而，我国要实现对农村低收入人群的社会保障的覆盖有着现实困难。所以，对低收入者提供小额保险，不仅有利于完善我国多层次社会保障体系，而且对实现经济平稳、社会安定起着重要的作用。从农村低收入人群来看，小额保险将为他们的生产、生活提供保障。"现在广大农村除了政府救济和正在推广的'新农合'以外，基本没有较完整的社会保障体系，政府为农村提供的最低层次保障是严重不足和缺位的……小额保险可以弥补以往单纯由政府或商业保险提供保障的不足。"从保险业的角度来看，小额保险的推行能够扩大保险业的经营范围，促进保险产品的创新。我国保险覆盖率和渗透率都比较低。小额保险产品能够为保险公司提供新思路，对扩大我国保险业的经营范围，提高我国保险业的发展竞争力有着极大的推动作用。

二是发展小额保险的困境。尽管发展小额保险对于完善我国社会保障体系具有重要意义，但不可忽视的是，在我国，推广小额保险具有许多现实上的困难。袁春兰（2010）认为我国发展农村小额保险的主要困境是保险公司缺乏经营积极性："小额保险具有高风险、高成本、高赔付的特点，致使农村小额保险的经营连年亏损，自然而然就会收缩或放弃该险种的经营……我国农村地区情况复杂、交通不变，给保险公司开展农村小额保险业务带来极大不便，为了降低经营成本，保险公司经营小额保险业务时并未组建专门的机构[1]。"张权辉（2011）认为除了保险公司积极性不足，开展小额保险的困境还来自于农民对小额保险的认识不足："随着我国农村居民收入的提高，低收入人群有了一定的小额保险购买力，但一些人对保险认识不足，对收益不能立竿见影或可能不发生赔付的农村小额保险，抱有怀疑态度。"[2]

三是小额保险发展模式的选择。国际上小额保险的经营模式主要有四种。第一种是保险公司通过自己的代理人体系销售小额保险。第二种是保险公司

---

[1] 袁春兰：《基于 SWOT 分析我国农村小额保险发展路径》，载《农业经济》，2010（12）。

[2] 张权辉：《我国农村小额保险发展现状及对策研究》，载《经济纵横》，2011（3）。

寻找和借助贴近农民的各种组织向低收入农民销售小额保险，比如通过小额信贷机构向贷款人，通过化肥供应商向农民等方式销售小额保险。第三种是农村资金互助组织、农村妇女扶助机构等为农民服务的特定组织在提供既定服务的过程中，根据成员的保险需求，与保险公司合作为成员提供保险服务。最后一种是一些低收入者的互助组织直接向会员提供小额互助保险。徐淑芳（2008）认为目前我国的小额保险还处于发展初期，可考虑采取代理模式或互助模式。"我国目前尚缺乏自身实力和资产规模较大的微型金融机构，也没有专营小额保险的机构，实行独立经营的模式并不适宜。""目前国内部分地区推行的小额保险业务属于代理模式，既为农户带来了保障，也有利于保险公司开拓农村地区广阔的保险市场，拓宽盈利来源，有助于达到相关参与方的共赢。"[①] 赵阿兴（2008）通过比较分析农村小额保险经营模式的利弊，认为"根据我国农业和农村经济发展不平衡及农业风险差异性大的特点，应建立经营主体多元化的农村小额保险经营体系，具体采用哪种形式，将会根据不同地域、不同时期、不同经济发展状况决定。"[②]

由此可见，学界关于小额保险思想的研究主要有发展小额保险的必要性、发展小额保险的困境以及发展小额保险的模式选择，这些思想为我国引入并推广小额保险提供了理论基础。我国小额保险发展还处于初级阶段，已有研究结果显示，在进行小额保险试点的区域，保险公司实现了微盈利，农民续保意愿良好，这表明小额保险在我国具有广阔的发展前景。

4. "做大做强"的思想

在 2003 年 1 月的全国保险工作会议上，时任中国保监会主席吴定富提出了"在 5 到 10 年的时间内，要真正把中国保险业做大做强，冲出亚洲，走向世界。我们中国的保险业应该、也有能力为世界的保险业作出贡献"，这是"把中国保险业做大做强"宏伟目标的首次提出。随后，"把中国保险业做大做强"的思想被不断引用，出现在许多政府的工作报告与文件中，成为了保险业发展的指引纲领。许多学者也就保险业做大做强的思想进行了相关的讨

---

① 徐淑芳：《国外小额保险经营模式比较及其对我国的启示》，载《南方经济》，2008（6）。
② 赵阿兴、叶楠：《我国农村小额保险经营模式的利弊分析》，载《保险研究》，2008（8）。

论，讨论主要围绕正确理解做大做强的思想、指标的选取以及如何做大做强这三方面展开。

关于"做大做强"思想内涵的界定。孙祁祥（2004）给出了这样的理解："做大做强"并不是单纯的追求保费规模，"做大"指的是保险业整体规模大，而不是每个公司规模都要。每个公司不应该盲目地追求大而全的模式，而应当根据市场情况，根据自身的情况在市场体系中合理定位。"做强"指的是整体实力的强，而整体实力的强是建立在每一个保险企业"创新能力强、竞争能力强和盈利能力强"的基础上①。樊新鸿也有类似的理解："大是速度和规模，做大是量的积累；强是质量和效益，做强是质的提升"。做大和做强是辩证统一的关系：做大是做强的基础、必要手段和途径；做强是做大的本质要求和客观结果。处理好做大与做强的关系，就是处理好速度与质量、规模与效益的关系，实现速度与质量、规模与效益的辩证统一②。可以说，学者们对于做大做强的理解都是非常正确而且全面的。

关于指标的选取。唐运祥（2004）认为"大"主要指保险业发展的数量特征，可用保费收入、资产规模、保险机构、保险产品和保险从业人员数量等量化指标反映。"强"主要指保险业发展的质量特征，可用劳动生产率、社会影响力与国际竞争力等指标反映③。樊新鸿（2008）在构建"保险业做大做强"评价体系时，从行业、企业和产品三个层面进行了全面的分析。行业层面，选取了宏观经济指标如保险深度、保险密度等，与金融领域其他行业相比较的指标如从业机构和从业人员的数量、消费者满意程度等，保险行业自身的特色指标，如赔付率、退保率等。企业层面，选取了外部环境指标如融资环境、经营渠道等，内部环境指标如利润率、资产回报率等。产品层面，选取了产品成本费用率、市场占有率、投诉率、退保率等④。

关于保险业如何"做大做强"。胡文富（2003）认为，必须把业务发

---

① 孙祁祥：《如何做大做强保险业》，载《金融博览》，2004（4）。
② 樊新鸿、戴稳胜、马国栋：《保险业做大做强评价体系研究的整体思考》，载《保险研究》，2008（7）。
③ 唐运祥：《做大做强中国保险业的几点思考》，载《中国保险》，2004（12）。
④ 同②。

展、行业服务和保险资金运用紧密地结合起来，实现三位一体的发展，才能把我国保险业做大做强。"加强保险服务是把保险业做大做强的捷径、加强资产管理是把保险业做大做强的保障"①。孙祁祥（2004）指出，"做大做强"是以做事做细为基础的，所谓"实"是指保费是实实在在的，而不是"泡沫保费"，保费所代表的"险种结构"和"地域结构"是合理的。做"细"主要是"细化消费者"、"细化市场"、"细化风险"、"细化产品"和"细化服务"②。唐运祥（2004）对保险业"做大做强"的策略进行了一些补充，如提升保险市场专业化运作、加大保险产品创新、完善保险产业政策等。

"做大做强"思想是我国保险业科学发展观的核心内涵。做大做强保险业，提高保险业的整体实力和核心竞争力，是我国保险业的重要历史使命，也是保险业贯彻落实科学发展观的具体体现。学者们关于"做大做强"思想的讨论，能够帮助保险企业正确界定该思想的内涵，树立正确的经营思想和经营观念，避免盲目追求数量忽视质量的粗放式的发展方式，并根据自身的条件，选择适合的评价指标与发展路径，最终实现可持续发展。

5. 保险资金运用的思想

一般来说，保险公司的盈利主要来自承保利润和投资收益，但是随着保险业竞争的加剧和投保人期望的提高，我国保险业承保利润并不理想，因此投资收益越来越成为保险公司的利润来源，保险资金运用的重要性日益凸显。早在1987年，我国保险公司便获得了保险资金运用的权力，此后保险资金运用经历了一个从无序到有序不断规范发展的过程，直到2003年，我国保险资金的运用才进入蓬勃发展的阶段。此间学者们关于保险资金运用业务的探索与研究也一直未停止，归纳起来，主要集中在以下三个方面：

第一，保险资金运用渠道。关于保险资金投资渠道的问题，主要有两种观点，一些学者认为保险公司资金运用应该以安全性为主，保险资金不宜投资于高风险的投资方式及行业，只能限于银行存款，金融债券和政府债券等

---

① 胡文富：《论把我国保险业做大做强的策略》，载《保险研究》，2003（10）。

② 孙祁祥：《如何做大做强保险业》，载《金融博览》，2004（4）。

安全性较高的项目；也有一些学者认为应该放松保险投资的管制，拓宽保险资金投资渠道，允许保险公司灵活使用投资方式。从我国近年来的实践来看，我国保险资金运用渠道不断拓宽，后者的观点得到了支持与印证。尽管如此，但由于我国保险业发展时间不长，仍处于初级阶段，我国金融市场本身尚不完善，特别是资本市场体系不健全，投资品种较少，保险资金运用渠道与发达国家相比仍然较窄。"贷款类业务存在空白区域，我国仅仅是开展了一些保单贷款业务，还没有涉足抵押贷款等业务，比如住房抵押贷款、汽车贷款等。"

第二，保险资金投资结构。虽然允许投资的项目和品种不断在放宽，但我国保险资金投资结构不甚合理，银行存款及债券等固定收益产品的投资比例过高，约为80%，其他形式的投资比例过低，这主要是因为我国对投资比例过于严格，而且我国资本市场发展不健全。郭金龙（2009）曾指出"这种保险资金运用结构难以满足保险资产与负债匹配的要求，不利于保险资金资源的优化配置，不利于安全性、流动性、收益性的有效结合[1]。"国外关于保险资金投资比例的规定较为灵活，但是不适合中国国情，还需要考虑。孙祁祥（2002）就曾举例说明"英国保险投资结构以股票为主。由于英国的保险行业和保险公司高度自律，这种投资模式在英国运转良好。但英国模式并不适合在中国推广，因为中国的资本市场尤其是股票市场系统风险巨大，同时保险行业和保险公司的自律机制尚未建立，因而贸然应用英国模式必将产生巨大的经营风险[2]。"

第三，风险控制的手段。保险资金的运用必然伴随着一定风险的发生，因而如何进行风险监控，管理投资风险具有重要意义。林义（2002）提出可借鉴国外保险业采用的动态财务分析法，评价分析不同时期、不同策略下保险资金运行过程。"运用多种手段如保险公司营运财务指标、宏观经济与利率、保险公司资产负债等实施综合的动态分析，有助于全面反映保险资金运

---

① 郭金龙、胡宏兵：《我国保险资金运用现状、问题及策略研究》，载《保险研究》，2009（9）。
② 孙祁祥、李海涛：《保险投资的国际惯例与中国实践》，载《保险研究》，2002（7）。

行的情况和不同假设条件下的资金运用效果①。"郭金龙（2009）认为"资产负债管理理念技术落后是影响保险资金运用的重要原因……保险公司需要按照偿还金额、时间以及利率敏感程度对保险产品进行细化，确定适当的投资策略和目标，制定适当的资产配置和投资组合方案，实现资产负债的大体匹配。实现资产负债匹配主要是实现结构匹配和期限匹配②。"杨明生（2008）则从监管的角度出发，认为随着保险资金运用规模和渠道的不断拓展，保险资金进入证券市场、货币市场、信贷市场和境外市场的规模也越来越大，形式也日趋多样，保险监管部门应该加强与其他监管部门包括境外监管机构的交流与合作："需要逐步搭建经常性的沟通交流平台，建立正式的合作磋商机制，在监管信息、技术、政策交流和人员培训等方面开展广泛的交流与合作③。"

保险资金运用已成为现代保险企业生存和发展的重要支柱。近年来我国保险资金运用改革不断深化，这和保险资金运用的思想不断发展与完善不无关系。我国加入 WTO 之后，国内保险业逐渐对外开放，外资保险公司在中国的业务领域也已经逐渐从承保业务扩展到资金运用业务，在这个过程中，借鉴国外经验，结合中国国情，不断修正相关思想，探索改进保险资金运用业务，对于我国保险业具有重要意义。

6. 创新养老保险的思想

"老有所养"是和谐社会的重要目标。我国在建立养老保障体系的过程中，形成了以基本养老保险、企业年金、商业养老保险为组成部分的养老保障体系框架。进入 21 世纪以来，随着老龄化问题的不断突出，养老保险制度的改革与创新迫在眉睫，商业养老保险如何更好地参与到养老保障体系的建设中，也是学者们一直研究与讨论的热点。

有关人口老龄化问题。根据最新人口普查数据显示，我国 60 岁及以上人口所占比例为 13.26%，65 岁以上人口占 8.87%，我国已全面进入老龄化社

---

① 林义：《论保险资金运用的风险控制》，载《保险研究》，2002（9）。
② 郭金龙、胡宏兵：《我国保险资金运用现状、问题及策略研究》，载《保险研究》，2009（9）。
③ 杨明生：《对保险资金运用与监管的思考》，载《保险研究》，2008（8）。

会。与发达国家相比，我国的老龄化呈现出绝对值大、发展速度快、未富先老、发展不平衡等特点。老龄人口的增加使得更多的人领取养老保险金，养老资金开始出现缺口。孟庆平（2007）认为"在现行养老保险制度下，养老保险基金将从2025年开始出现精算赤字，到2050年，年度预算赤字将达到16%……人口老龄化背景下我国现行的养老保险制度缺乏长期偿付能力①。"人口老龄化对养老保险提出了严峻的挑战，但对于商业保险而言也是难得的发展机遇，张金林（2004）指出"人口老龄化是保险发挥资金融通、社会管理功能的重要动因②。"

有关商业养老保险的定位。在我国现行的养老保障体系中，商业养老保险处于补充地位。传统的经济学理论认为，由于逆向选择和道德风险的存在，商业养老保险市场成为不完全市场，而强制性公共养老保险能解决这一问题，各国都据此建立了公共养老保险计划。然而，很多学者认为，养老保险由险企提供从宏观和微观角度看都大有裨益。宏观方面，险企提供养老保险可以降低税收和缴款，实现帕累托改善，能够减少老龄化对经济的负面影响。微观方面，险企提供的养老保险可以满足多样化的需求；可以进行多样化的投资，提高资金利用效率；险企追求利润的动机会使得提供养老保险的成本减少。"养老保险更多地由私人提供能导致个人与社会的效率增加和福利改善。"另外，社会越进步，自由职业者越多，对此需求越大，在基本养老保险覆盖面小的情况下，商业养老保险承担着扩大覆盖面和提供保障水平的双重任务，应鼓励发展个人商业养老保险。

有关养老保险产品创新。商业保险要参与到养老保障体系中去，必须进行产品创新，才能提高自身的竞争力。关于养老保险产品创新的产品，讨论最多的有个人税延养老保险和变额年金保险。个人税延养老保险是通过税收政策来引导和调节需求，即养老保险在缴费时免除缴纳所得税，但在退休后领取养老金时应缴纳所得税。翁小丹（2009）认为："这种方法体现了政府对

---

① 孟庆平：《人口老龄化与中国养老保险制度改革》，载《山东财政学院学报》，2007（3）。
② 张金林：《现代保险功能：一般理论与中国特色》，载《中南财经政法大学学报》，2004（6）。

个人参加储蓄性养老保险的激励①。"变额年金保险是年金与变额保险相结合的商品，保单的现金价值以及年金给付随着投资绩效好坏而变动。王旭（2011）认为"相比于投资连结险，保险公司承担了变额年金的最低保证风险，特别是最低年金给付保证、最低提取利益保证，可以更好地满足客户养老储备规划需求②。"

随着老龄化时代的到来，养老保障制度改革日益深化，商业养老保险的地位将越来越重要。以上相关思想的讨论为保险公司更好地参与到养老保障体系中起到了很好的促进作用。保险公司应该抓住机遇，积极促进产品和服务创新，实现自身良好发展的同时为我国养老保障体系的建设"添砖加瓦"。

7. 医疗保险改革的思想（商业医疗保险与社会医疗保险对接）

医疗保险是为补偿疾病所带来的医疗费用的一种保险，是构成社会保险制度的一种比较进步的制度。我国目前已基本建成了包括城镇职工基本医疗保险制度、新型农村合作医疗制度、城镇居民基本医疗保险制度三者在内的社会医疗保险体系。随着经济社会的不断发展，基本社会医疗保险已经无法满足人们多样化的需求。此间医疗保险改革的一个重要思想就是要把商业健康保险纳入到保障体系中来，讨论主要集中在以下两个方面：

其一，商业健康保险的定位。长期以来制度改革的重点是完善社会基本医疗，商业健康保险的定位仅仅作为补充，处于辅助、附属地位，在整个医疗保障体系中的作用有限。有学者将商业健康保险定位为"人无我有，人有我补，发挥优势，分工合作。"即保险公司可以通过大力开发个性化产品，满足基本保险以上的健康保障需求、高端人群的高端和多样化的医疗保障需求。这也是目前为大多数人所认同的一种定位。但是也有学者认为，商业健康保险不应该仅仅满足于作为医疗保障体系补充的地位，应该积极探索参与到医疗保障体系建设中去。

其二，医疗保险商业化改革的路径。2005年的《中国保险监督管理委员会关于完善保险业参与新型农村合作医疗试点工作的若干指导意见》中，第

---

① 翁小丹、李铭、余海微：《国外商业养老保险税收制度比较》，载《上海金融》，2009（8）。
② 王旭、邱华龙：《变额年金在我国的应用及风险管理探讨》，载《保险研究》，2011（11）。

一次提出保险业参与"新农合"具有重要意义，并且应主要采用委托管理为主的模式。这之后，2006 年颁布的《国务院关于保险业改革发展的若干意见》、2008 年的《中国保险监督管理委员会关于健康保障委托管理业务有关事项的通知》、2009 年的新医改方案等文件，进一步对保险业参与的方式等做了原则规定。这都为商业保险公司参与到医疗保障体系的建设中来提供了很好的政策依据。朱铭来（2012）表示"保险公司在风险管控、评估、费率精算等方面有一定优势，在社保体系中，商业健康险可以参与第三方管理，比如帮助社保设计费率定价、分析数据、赔偿额度等。"实践方面，2001 年太平洋人寿在江苏省创设"江阴模式"、2004 年中国人寿在河南省创设"新乡模式"，2009 年中国人民健康保险在广东省参设的"湛江模式"等，都是商业健康保险积极探索第三方管理的角色定位的例子，这为商业健康保险参与医疗保险制度改革带来了很好的示范作用。

商业健康保险公司参与基本医疗的另一个发展思路是提供健康管理服务。鼓励探索健康保险与健康管理结合的综合保障服务模式，逐步实现健康维护、诊疗活动的事前、事中和事后全程管理。积极推行健康教育、健康咨询、慢性病管理等服务，提高民众健康意识，改善生活方式，预防疾病发生发展。雏庆举（2010）认为，健康管理服务将成为商业健康保险公司新的业务增长点，这也是其参与完善医疗保障体系的重要方式。"保险公司可以通过与医院等部门的合作，为异地转诊和绿色通道等打下基础，同时通过开展就医巡查和病历收集工作、数据信息采集机制，为防范医疗风险打下基础①。"

其三，建立健全市场化的商业医疗保险制度，例如烽言（2006）提出，要"鼓励在基本医疗服务领域引入民间组织的会员性医疗保险机构（如大型企业集团自办保险），打破由政府独家运作医疗保险的垄断局面，让社会各群体自由选择竞争性的基本医疗保险组织②"，强调了市场化的运作机制。另外，他还提出"在医疗保险方面，国家只负责基本医疗保险，大病统筹要设定封

---

① 雏庆举：《医疗保险市场中商业健康保险公司的定位》，载《保险研究》，2010（2）。
② 烽言：《完善医疗保险制度改革》，载《第一财经研究》，2006 - 03 - 10。

顶线，超出封顶线的大病需要发展带有商业性质的医疗保险。"他的这一设想在几年后成为了现实，2012 年 8 月 30 日，国家六部门联合中国保险监督管理委员会公布的《关于开展城乡居民大病保险工作的指导意见》指出，商业保险机构利用其专业优势，支持商业保险机构承办大病保险，发挥市场机制作用，提高大病保险的运行效率、服务水平和质量。可以看出，这旨在建立政府、个人和保险机构共同分担大病风险的机制。

以上思想的讨论都为商业健康保险参与医疗保障体系的建设提供了很好的思路。随着医疗保障体系改革的不断深入，商业健康保险在整个体系中的地位日益突出。商业保险公司应该将目光放长远，不断提升自身产品和服务质量，以适应当前的趋势。

（三）加入 WTO 以来保险思想的简要评析

到 2011 年 12 月 11 日，我国加入世贸组织已经整十年。十年以来，加入世贸组织悄然影响着我国经济生活及其观念，与之相适应，我国保险思想也发生了不少变化，这些思想促进和推动了我国保险业的改革、开放、竞争和发展。主要体现在这样几个方面：其一，保险思想的发展提升了我国保险业的保障水平。这一时期的保险思想更加注重与国计民生相关的领域。如发展农业保险有助于提高农村居民抵抗风险的能力；推广小额保险能够为更多中低收入者提供保障，扩大保险的覆盖面；巨灾保险有利于分散巨灾风险，发挥保险应有的职能。其二，保险思想的发展促进了保险业经营管理水平的提高。对外开放的示范效应使我国保险企业经营的思想提升了一个新的台阶，业务增长方式逐步从单纯注重规模向重视质量和效益转变，保险业从粗放的发展模式到可持续发展模式转型。其三，保险思想的发展促进了保险业产品和服务的创新，这有助于提高商业保险的竞争力，使得保险业有更多的机会参与到社会医疗及养老保障体系的建设中去。

保险思想对保险业发展的促进作用不容忽视。但理论与实践相结合的过程中应该做到，一是要全面、正确地认识保险思想的真谛。例如，在理解"把保险业做大做强"的思想时，有许多企业将其片面地理解为将保费规模做大，进而在展业过程中出现了盲目追求保费的短视行为，这对于保险企业甚至整个行业的发展都是十分不利的。二是在学习国外经验时要结合我国国情，要因地制宜，不能生搬硬套。例如，在研究保险资金运用时，不能单纯学习国外保险资金的运用形式，要综合考虑我国保险企业的自身状况和资本市场的发展水平，选择适当的投资形式。

随着我国保险业的发展以及对外开放的不断扩大，保险思想也将与时俱进。正确地理解与总结各个阶段的保险思想，有利于实现我国保险业的全面发展。

（撰稿人：朱华雄　审稿人：缪明杨）

参考文献

［1］陈煜垄：《社会保险概论》，经纬社，1946。

［2］陈朝先：《中国古代与近代保险思想史论纲》（内部发行），2000。

［3］费德盛：《现代我国实施"农业保险"之初步商榷》，载《合作月刊》，1941（26）。

［4］郭佩贤：《人寿保险的效用》，载《银行周报》，1933（49）。

［5］黄公安：《农业保险的理论及其组织》，商务印书馆，1937。

［6］黄泌良：《社会保险及其制度》，载《广东省银行季刊》，1943年第3卷第1期。

［7］华安合群保寿股份有限公司档案（上海档案馆藏），档案号Q336-1-321。

［8］胡寄窗：《中国经济思想史》，上海人民出版社，1962。

［9］罗北辰：《民元来我国之保险业》，载《银行周报》，1947（23）。

［10］罗北辰：《战时陆地兵险问题》，载《新经济》，1939年11月1日二卷九期。

［11］吕岳泉：《人寿保险与国家之关系》，载《申报》，1925-10-10。

［12］彭莲棠：《中国农业化合作之研究》，中华书局，1948。

［13］沈雷春主编：《中国保险年鉴》上篇，中华人寿保险协进社，1935。

［14］沈雷春主编：《中国保险年鉴》，中国保险年鉴社，1936。

［15］《新订保险专律之内容》，载《中华信报》，1917 年 3 月 6 日。

［16］王效文：《保险学》，商务印书馆，1925。

［17］吴申元、郑韫瑜编著：《中国保险史话》，经济管理出版社，1993。

［18］吴耀麟：《社会保险之理论与实际》，大东书局，1932。

［19］颜鹏飞：《中国保险史志》，上海社会科学出版社，1989。

［20］叶德盛：《吾国应速推行保险合作事业》，载《合作评论》，1948（8）。

［21］叶骏发：《农村社会所需要的保险合作》，载《合作事业》，1941（3）。

［22］游如龙：《建立金融体系与发展人寿保险事业》，载《金融知识》，1942（6）。

［23］余长河：《社会保险述要》，载《金融知识》，1944 年第三卷第六期。

［24］郁赐：《人寿保险之传奇》，载《申报》，1922 年 10 月 10 日。

［25］余国雄：《修正保险法案之我见》，载《中行月刊》，1937 年 15 卷第 1 期。

［26］袁稚聪：《农业保险简述》，载《中农月刊》，1942（3）。

［27］张德粹：《农业合作》，122 ~ 123 页，商务印书馆，1944。

［28］张似旭：《人寿保险与国家经济的发展》，载《银行周报》，1933（39）。

［29］郑功成：《社会保障学》，商务印书馆，2000。

［30］中国保险学会编：《中国保险史》，中国金融出版社，1998。

［31］中国第二历史档案馆：《中华民国档案资料汇编》第五辑第二编，江苏古籍出版社，1994。

［32］中国通商银行编：《五十年来之中国经济（1896—1947）》。

［33］朱汉国：《中国社会通史：民国卷》，山西教育出版社，1996。

［34］周华孚、颜鹏飞：《中国保险法规暨章程大全》，上海人民出版社，1992。

［35］戴园晨：《国家财政的后备力量（续）》，载《财政》，1963（2）。

［36］李铁民：《十年来上海职工生活的巨大变化》，载《学术月刊》，1960（1）。

［37］郑秉文、于环、高庆波：《新中国 60 年社会保障制度回顾》，载《当代中国史研究》，2010（3）。

［38］李文德：《新中国的劳动保险事业》，载《劳动》，1959（19）。

［39］王安：《保险中国 200 年》，中国言实出版社，2008。

［40］李锵：《介绍我国的进出口货物运输保险》，载《中国金融》，1965（4）。

［41］翟一新：《开展人寿保险也是个聚财之道》，载《金融研究》，1982（1）。

［42］高亢：《浅论保险与聚财之道》，载《金融研究》，1982（7）。

［43］林震峰：《保险基金与生产建设资金》，载《金融研究》，1982（3）。

［44］赵济年、李嘉华：《责任保险在我国的发展前景》，载《金融研究》，1981（10）。

［45］何孝允：《责任保险市场在我国发展前景刍议》，载《南开经济研究》，1988（5）。

［46］刘国英：《谈机动车辆实行第三者责任保险的必要性》，载《学术研究》，1989（6）。

［47］孙玄先：《参加产品质量责任保险　增强企业竞争能力》，载《浙江金融》，1991（7）。

［48］冯嘉亮：《应改变现行的机动车辆第三者责任保险收费办法》，载《金融与经济》，1988（7）。

［49］徐文浩：《发展中的中国再保险事业》，载《中国金融》，1986（8）。

［50］朱波：《国内业务办理再保险之我见》，载《天津金融月刊》，1988（4）。

［51］张文武：《引入分保机制再造保险体制》，载《吉林财贸学院学报》，1989（1）。

［52］何孝允：《建立具有中国特色的再保险体系》，载《南开经济研究》，1986（1）。

［53］乌通元、廖申：《积极开展养老年金和医疗保险》，载《上海金融研究》，1982（5）。

［54］黄代发：《举办养老金保险初探》，载《中国金融》，1984（5）。

［55］魏礼群、李铁军：《改革和健全退休、养老保险制度的初步设想》，载《计划经济研究》，1982（33）。

［56］吴定富：《中国保险业发展改革报告》（1979—2003），5～131页，中国经济出版社，2004。

［57］李世政：《尽快完善我国保险市场》，载《中国保险》，1994（3）。

［58］何金焕：《论发展保险中介业的必要性》，载《中国保险》，1995（3）。

［59］魏华林：《论中国保险公估业的发展》，载《保险研究》，2000（4）。

［60］陈球：《浅谈寿险市场个人营销对策》，载《中国保险》，1997（8）。

［61］许亚平：《关于推行财产险个人代理制的有关问题及思考》，载《上海保险》，1998（3）。

［62］王保中、于刚、赵威：《关于中国保险代理人发展问题的探讨》，载《上海保险》，1996（1）。

［63］魏润泉：《保险中介人是保险市场的必要组成成员》，载《保险研究》，1997（1）。

［64］郭杨、魏华林、谢金玉：《论中国保险市场结构的调整》，载《保险研究》，2000（12）。

［65］邹扬、陶腊梅：《西方各国的保险营销渠道及对我国的启示》，载《国际经济合作》，1997（11）。

［66］沈国华：《法国的银行保险及其借鉴》，载《外国经济与管理》，1997（3）。

［67］龚晓宇、吕旭：《保险营销的新手段——网络营销》，载《上海保险》，1997（8）。

［68］孙计操：《对制订保险法的几点意见》，载《上海金融》，1987（5）。

［69］林中杰：《我国保险体制改革中商业化取向问题》，载《保险研究》，1995（1）。

［70］李继明：《规范保险市场只有〈保险法〉不够》，载《保险研究》，1996（1）。

［71］于华：《关于加强保险监管的思考》，载《金融研究》，1996（5）。

［72］林木：《论我国保险业格局的再构造》，载《中央财政金融学院学报》，1989（1）。

［73］卫勇：《试论保险业的政府监管》，载《保险研究》，1995（5）。

［74］赵桂芬、高飞：《关于加强保险市场监管的几个问题》，载《上海保险》，1997（5）。

［75］李洲华、杨立旺：《论中央银行对保险业的监督管理》，载《上海保险》，1994（12）。

［76］王震峰：《产寿险分业经营的理论依据及主要问题》，载《上海保险》，1996（6）。

［77］胡文富：《论保险业的分业经营》，载《福建金融》，1996（7）。

［78］乌通元：《对发展我国保险业几个问题的探讨》，载《保险研究》，1996（1）。

［79］中国保险管理干部学院课题组：《〈保险法〉执行三年来的基本情况、存在的问题及其对策》，载《中国保险管理干部学院学报》，1999（2）。

［80］马明哲：《发展民族保险业与分业经营的思考》，载《保险研究》，

1996（1）。

[81] 林宝清：《论财政范畴中的保险压制与释放》，载《金融研究》，1993（10）。

[82] 卓志：《我国市场经济条件下保险费率分析》，载《保险研究》，1995（1）。

[83] 胡平生、詹玉华：《实行弹性费率是保险企业走向市场的关键》，载《上海保险》，1996（2）。

[84] 李尚红、刘志炜：《中国保险市场现状浅析》，载《财贸研究》，1997（3）。

[85] 刘子操、陶阳：《近期内不宜实行保险费率市场化》，载《保险研究》，2001（1）。

[86] 朱俊生、齐瑞宗、庹国柱：《保险费率市场化的时机已经成熟——与〈近期内不宜实行保险费率市场化〉一文的商榷》，载《保险研究》，2001（7）。

[87] 王震峰：《机遇·改革·市场——九十年代上海保险市场发展三大主题》，载《上海保险》，1995（7）。

[88] 顾乃华：《股份制：国有保险公司改革的现实选择》，载《金融与经济》，2000（12）。

[89] 张宝太、方春银：《谈中国再保险业如何迎接加入 WTO》，载《保险研究》，2000（3）。

[90] 袁兵兵、杨立旺、沈雪莲：《对现代保险企业产权关系的初步研究》，载《上海保险》，1994（7）。

[91] 邢炜：《论国有保险公司改革》，载《保险研究》，2000（4）。

[92] 李涛：《论国有保险公司股份制改革》，载《保险研究》，2000（8）。

[93] 张庆洪、葛良骥、凌春海：《巨灾保险市场失灵原因及巨灾的公共管理模式分析》，载《保险研究》，2008（5）。

[94] 王稳、陈琛、汪风：《小概率高损失事件的忽略——对中国发展巨

灾保险的意义》，载《保险研究》，2009（12）。

［95］田玲、成正民、高俊：《巨灾保险供给主体的演化博弈分析》，载《保险研究》，2010（6）。

［96］李裕民、杜永喜、李昕童：《坚持适度强制原则，促进农业保险发展》，载《保险研究》，2008（1）。

［97］谢家智、蒲林昌：《政府诱导型农业保险发展模式研究》，载《保险研究》，2003（11）。

［98］周桦：《基于再保险补贴的农业保险制度模式探讨》，载《保险研究》，2008（3）。

［99］胡炳志、彭进：《政策性农业保险补贴的最优边界与方式探讨》，载《保险研究》，2009（10）。

［100］郝演苏：《如何建立我国农业巨灾保障体系》，载《经济》，2010（8）。

［101］袁春兰：《基于SWOT分析我国农村小额保险发展路径》，载《农业经济》，2010（12）。

［102］张权辉：《我国农村小额保险发展现状及对策研究》，载《经济纵横》，2011（3）。

［103］徐淑芳：《国外小额保险经营模式比较及其对我国的启示》，载《南方经济》，2008（6）。

［104］赵阿兴、叶楠：《我国农村小额保险经营模式的利弊分析》，载《保险研究》，2008（8）。

［105］孙祁祥：《如何做大做强保险业》，载《金融博览》，2004（4）。

［106］樊新鸿、戴稳胜、马国栋：《保险业做大做强评价体系研究的整体思考》，载《保险研究》，2008（7）。

［107］唐运祥：《做大做强中国保险业的几点思考》，载《中国保险》，2004（12）。

［108］胡文富：《论把我国保险业做大做强的策略》，载《保险研究》，2003（10）。

［109］郭金龙、胡宏兵：《我国保险资金运用现状、问题及策略研究》，载《保险研究》，2009（9）。

［110］孙祁祥、李海涛：《保险投资的国际惯例与中国实践》，载《保险研究》，2002（7）。

［111］林义：《论保险资金运用的风险控制》，载《保险研究》，2002（9）。

［112］杨明生：《对保险资金运用与监管的思考》，载《保险研究》，2008（8）。

［113］孟庆平：《人口老龄化与中国养老保险制度改革》，载《山东财政学院学报》，2007（3）。

［114］张金林：《现代保险功能：一般理论与中国特色》，载《中南财经政法大学学报》，2004（6）。

［115］翁小丹、李铭、余海微：《国外商业养老保险税收制度比较》，载《上海金融》，2009（8）。

［116］王旭、邱华龙：《变额年金在我国的应用及风险管理探讨》，载《保险研究》，2011（11）。

［117］雒庆举：《医疗保险市场中商业健康保险公司的定位》，载《保险研究》，2010（2）。

［118］烽言：《完善医疗保险制度改革》，载《第一财经研究》，2006年3月10日。

第六章

百年中国合作金融制度建设及展业的思想学说和主张

一、民国时期合作金融制度建设及展业思想学说和主张

（一）民国初期西方合作思潮在中国的传播

1. 西方合作思潮在中国传播的社会经济背景

1840 年鸦片战争后，中国开始沦为半封建半殖民地国家。辛亥革命虽然推翻了清王朝的封建统治，但中华民族对外并没有真正实现独立，对内政治上也没有获得真正的民主，没落的封建地主经济仍然占居主导地位，加之帝国主义的经济掠夺，军阀混战，地租和苛捐杂税繁重，高利贷盘剥及天灾人祸，20 世纪上半叶中国面临着更为严峻的经济金融危机和民族危机。

1894—1895 年甲午中日战争和 1900—1901 年八国联军侵华战争以后，清政府为支付巨额赔款，增添了各种名目的苛捐杂税。甲午之战的赔款，超过中国全年收入的两倍，日本要求三年内付毕。清廷不得不饮鸩止渴，对外则承借条件苛刻的贷款，对内则加紧对人民的搜刮以供还本付息。如扣廉俸、增厘金、折漕米，土药、茶叶、盐、糖、烟、酒加税，整顿田、房契税，勒令典当各商捐输，仍不能弥补。1898 年，发行"昭信股票"一亿两，命官民

领票缴银。农民实行摊丁入亩、计田苛派，按户严传，不准稍减，否则锁拿扣押。集镇上的店铺、行户、摊贩须交纳营业税、利得税、牙帖税等，均不堪重负、苟延残喘。种地的田赋、地租也更加沉重。田赋有正税和附加税两部分，附加税主要是地方经费开支，有时附加税会比正税大十几倍。河北定县田赋附加税增长指数：1899 年为 100，则 1903 年为 137.78，1907 年为 355.95，1909 年为 319.36，1911 年为 321.23。[①] 地租剥削也十分残酷，当时佃户缴纳的地租占其收获量：江苏南通为 40%，安徽宿县为 50%。

辛亥革命后，军阀混战，军费耗费巨大，加速了农民和城镇手工业者的破产。田赋税不断增长，如定县正税 1927 年比 1912 年增长 63.42%，附加税增长 353.25%。南通 1927 年比 1913 年增长 5 倍。不少地方还出现田赋预征：如四川梓桐 1926 年预征到 1957 年，郫县预征到 1939 年，福州汀洲预征到 1931 年。[②]北洋军阀还大量发行公债，滥造硬币，滥发纸币，对民众巧取豪夺，弄得百业凋敝、民不聊生。

20 世纪初，高利贷活动十分猖獗。在北京，1900 年以前，典当利率"多为月息二分或二分五厘，若以大宗货物入当时，更有仅取二分乃至一分者。但此后，一律增至三分，三分以下之利率，颇不多见矣"。松花江流域，1909 年以前普通月利是百分之一强，到 1922 年，则增加到百分之三以上，甚至于有五、六分的利息。其中五常、巴彦、呼兰、扶余、兰溪、双城等县，在 1909—1924 年间，中小商人普通借贷的利率从月至百分之一点五涨到百分之八，乡间贷庄的利率从月利百分之六竟涨至百分之十五。四川当铺利率，1924 年"曾一度由三分增至四分"，"月息百分之十，差不多是全省县城普遍的现象，谓之'大加一'"。其中"桃源有'孤老钱'，每月一对本，如借洋一元，过月还洋二元，过两月还四元，以次类推"，"临湘有每元每日利息 1 角，每满十天，即算复利，如此计算，借洋一元，满一个月须还本利共八元"。[③] 1927 年的陕西农民，80% 成了高利贷的负债者；1926 年江苏省江浦一

---

① 李文治：《中国近代农业史资料》第 1 辑。
② 章有义：《中国近代农业史资料》第 2 辑。
③ 同②。

个 36 户的小村，只有两户不负债，以致"艺谷者，谷粮登场，已被债权者作息，植棉者，棉未开铃，已抛售无余"。[1]

此外，鸦片战争后，帝国主义肆无忌惮地开始瓜分中国，《南京条约》、《马关条约》、《辛丑条约》等一系列割地赔款、丧权辱国的不平等条约的签定，中国完全陷入半殖民地半封建社会的深渊，山河破碎、国将不国，中华民族面临着空前的民族危机。

正是在经济危机和民族危机的背景下，1911 年中国爆发了资产阶级民主革命，即辛亥革命。这次革命结束了中国长达两千年之久的封建专制制度，它在政治上、思想上给中国人民带来了不可低估的解放作用。辛亥革命也是一场深刻的思想启蒙运动，辛亥革命的不成功使先进知识分子认识到必须进行思想革命才能真正救国。其后出现的新文化运动，提倡科学与民主，反对封建专制，并大量介绍和宣传了西方各种社会思潮。借鉴西方各种社会思潮，中国先进的知识分子积极探索如何改造中国社会、救亡图存问题。当时流行的各种社会思潮，如无政府主义、自由主义、三民主义、合作主义、社会主义等具有完整系统的新价值体系，成为大批中国知识分子的新信仰，其中得到广泛宣传的新思潮是社会主义，而西方合作思想也就随着形形色色的社会主义思潮开始在中国传播开来。合作主义推崇的合作制也作为改造中国社会的一种方法，被一些知识分子奉为济世良方而引进传播并起而实践。

2. 合作思想的类型

人类合作意识，自古以来，无时不有。从历史上看，传统的合作思想在我国可追溯到古代的井田制度，战国时代的常平仓，隋朝的义仓、合会（有标会、轮会、摇会等形式，类似于今天的信用合作雏形，现在民间仍有流行），宋朝的社仓，等等，均含有自助互助的合作思想。在西方，从古希腊哲学家柏拉图的"共和国"，到 16 世纪英国托马斯·莫尔的"乌托邦"、培根的"新理想国"，都流露出人类必须合作的思想。这些合作思想的实质，是一种因同情被压迫者而产生的人道主义的社会改良思想，它带有浓厚的道德色彩

---

[1] 《合作讯》1927 年第 18 期。

和宗教色彩。

合作思想在近代得到蓬勃的发展，形成百家争鸣的局面。这些合作思想在民国初期的中国均有不同程度的传播。近代形成的合作思想，可分为如下几类：

（1）基督教社会主义的合作思想

以英国威廉金为代表。威廉金把合作社看做推翻资本主义及破除工资制度的有力工具，所以它的目的不仅在于限制或避免中间商人的榨取，增加劳动生产力及提高劳动者的地位，而在于改造整个的经济组织。威廉金主张的最终目的是要成立农业公社，他也提出了达到这一目的的方法，即首先组织消费合作社为公社筹措资金，消费合作社按市场中等价格销售商品，并且现钱交易，而利润则纳入"公社基金"。然后用积聚的资金办生产合作社。生产合作社再积累更多的资本，以便足以组织公社。威廉金的合作思想对合作社运动有重大影响，罗虚戴尔合作社就是直接受他的启示而建立起来的。[①]

威廉金企图把合作思想同基督教教义结合起来，他试图证明合作社的思想是互相帮助，是同志般的援助，它同基督教与"同胞爱"的精神很相似。威廉金关于合作社的经营原则和方法有可能在实践中实现基督教的想法成了英国基督教社会主义学派的主张。基督教社会主义者在工人中广泛宣传合作社、宣传互相帮助和团结一致，并于 1852 年颁布了英国第一个合作社法，对组织各国合作社的国际协作以及成立国际合作社联盟都作出了巨大的贡献。

（2）国家社会主义的合作思想

以布郎和拉萨尔为代表。[②] 布郎是法国生产合作的创造者，他主张设立从事大规模共同生产的社会工场，由同一职业的人在国家援助之下组织起来从事共同生产。他认为，要遏制资本集中的大趋势，从资本家的压迫下救出劳动者，除了劳动者相互之间组织生产合作社之外没有别的办法。但劳动者虽有组织生产合作社的能力，而没有支持生产合作社与资本家对抗的财力，所以国家不得不承担起这个责任。他呼吁资产阶级政府给予贷款，以建立合作

---

① T. W. 沃塞：《威廉．金和合作者》，1828—1830 年，曼彻斯特，1922。
② （苏）A. II. 马卡林科：《论合作社会主义》，北京大学出版社，1987。

社工场。他设想通过合作社把生产手段移交给民众，使资本主义桎梏下的工资劳动者转化为自由的合作社社员；合作社在国家银行援助下建立起来之后，随着积累的增长，它会在每一个部门占优势，然后在合作社各个部门之间建立起团体协作的关系，从而使工业各部门都成为合作社的工业，这样就有可能克服危机和失业，把资本主义制度改造成社会主义制度。

拉萨尔是德国工人运动中机会主义派别的首领。他从超阶级的国家观出发，认为国家是教育和推动人类社会走向自由的工具，主张在地主资产阶级国家的帮助下建立社会主义的生产合作社，以逐渐排挤私人企业，使无产阶级成为自己企业的主人。这种生产合作社，必须在工业及农业方面普遍设立，以便通过这些合作社成立整个无产阶级的社会主义组织。那么，怎样才能使地主资产阶级国家资助生产合作社呢？办法是组织独立的工人党，争取普选权。

（3）无政府主义的合作思想①

蒲鲁东是法国无政府主义创始人之一。他从小资产阶级立场来批评资本主义，认为摆脱资本主义的办法，不是无产阶级革命，而是保护小生产者的私有制。蒲鲁东把资本主义社会的祸害归结为是由于货币和利息的存在，因而他的社会改革方案的主要内容就是设立"人民银行"，这种银行一方面担负组织交换的任务，使产品交换按照生产它所耗费的劳动进行；另一方面由银行实行无息贷款，使工人摆脱货币的奴役，能够拥有取得自己全部劳动产品的权利。这样就可以实现"普遍的幸福"，实现"社会革命"。蒲鲁东的思想，从反对借贷资本、排除中间利润、实行生产和消费直接交换这些内容上看，有合作思想的成分，并且这些主张后来都为合作改良主义接受。

（4）空想社会主义的合作思想

法国的圣西门和傅立叶、英国的欧文是19世纪空想社会主义的杰出代表，在他们的学说中，提倡劳动平等、互利合作。

欧文是英国伟大的空想社会主义者，欧文认为，失业和其他种种社会灾

---

① 科林·沃德：《无政府主义的模型》，英文版，1996。

难的直接原因是工业革命，消除失业的途径是建立合作新农村或合作公社。

1825 年，欧文带领其追随者，远渡重洋，在美国印第安纳州买了一个叫做和谐（Harmony）的村落，组织了一个新和谐公社。在公社内部财产公有、权利平等、自给自足、没有剥削、共享安乐。这种示范性公社开始曾引起社会上的广泛注意，但是资本主义的汪洋大海很快就淹没了公社这个孤岛，1828 年公社宣布解散。欧文的社会实验虽然失败，但欧文的合作思想及其实践为合作经济的产生和发展提供了极为宝贵的启示和经验，在合作思想史和合作运动史上作出了可贵的贡献。①

傅立叶生于法国，他从社会心理学角度出发，详细地研究人的情欲，从人类本性中寻求社会发展规律，认为以往的各种制度和各种道德形式使人的情欲受到压制。这些欲望的满足，只有在全人类的结合中才能实现，也就是在他设想的"和谐社会"里才能实现。傅立叶在《经济的和协作的新世界》等著作中说，这种和谐社会的基层组织是法郎吉。所谓法郎吉实际上是一种合作社，就是一种以农业为基本产业而从事合作生产及合作消费的、自给自足的团体。

圣西门出生于法国。圣西门揭露资本主义社会的种种罪恶，宣传他所设计的理想社会。他的理想社会叫实业制度，在实业制度下，所有的人大都应当是劳动者，社会成为从事有益活动的人们的"联合体"。实业制度的主要任务是制定清楚的、合理的、联合的工作计划，社会则必须保证这个计划的完成。圣西门的实业制度的理想有许多科学的成分，因而成为空想社会主义的三大源流之一。

（5）科学社会主义的合作思想

马克思、恩格斯把合作社分为两种形式，一是资本主义生产方式下的合作社，又有自发的合作社和现代合作社（合作工厂）之分；二是无产阶级专政条件下的合作社。不同条件下的合作社，其性质和作用是不同的。低级的、自发的合作社形式，是资本家剥削工人的方便工具。这种劳动组合必须向前

---

① 《欧文选集》第二卷，商务印书馆，1981 年中译本。

发展，抛弃那种自发的、替资本家服务比替工人服务还要多的形式，并且要提高到"能够独立经营大工业"的水平。不然，它就会因同大工业发生冲突而不能生存。合作工厂是工人在经济上为避免资本家剥削而兴办的一种工业生产合作组织。"合作工厂提供了一个实例，证明资本家作为生产上的管理人员已经成为多余的了。"[①] 对于合作工厂内经理和工人在生产劳动中的相互关系以及产品的分配关系，马克思做了详细的分析："在合作工厂中，监督劳动的对立性质消失了，因为经理由工人支付报酬，他不再代表资本而同工人相对立。"[②] 对于资本主义社会里这种合作工厂产生的基础和意义，马克思也进行了精辟分析和概括："工人自己的合作工厂，是在旧形式内对旧形式打开的第一个缺口……资本和劳动之间的对立在这种工厂内已经被扬弃……没有从资本主义生产方式中产生的工厂制度，合作工厂就不可能发展起来；同样，没有从资本主义生产方式中产生的信用制度，合作工厂也不可能发展起来。信用制度是资本主义的私人企业逐渐转化为资本主义的股份公司的主要基础，同样，它又是按或大或小的国家规模逐渐扩大合作企业的手段。资本主义的股份企业，也和合作工厂一样，应当被看做是由资本主义生产方式转化为联合的生产方式的过渡形式，只不过在前者那里，对立是消极地扬弃的，而在后者那里，对立是积极地扬弃的。"[③] 对于无产阶级专政条件下的合作社，马克思说它们的性质是共产主义的，其作用是"按照总的计划组织全国生产，从而控制全国生产，制止资本主义生产下不可避免的经常的无政府状态和周期的痉挛现象"[④]。马克思还预言未来的社会是"自由人的联合体。"这种自由人的联合体的基本特征是在生产资料公有制基础上的联合劳动。联合劳动就是合作劳动。恩格斯认为，无产阶级专政下的农业合作社，其性质是生产资料国家所有、集体使用、集体经营的劳动组合，作用是共产主义的低级阶段向高级阶段过渡的中间环节。马克思和恩格斯还把合作运动称为 1848 年至

---

① 马克思：《资本论》第三卷，中文版，435 页，人民出版社，1975。
② 同①，436 页。
③ 同①，497~498 页。
④ 《马克思恩格斯全集》第 17 卷，中文版，362 页，人民出版社，1963。

1864 年间英国和欧洲工人阶级获得的两次最伟大的历史性胜利之一。马克思着重指出,在工人阶级和劳动人民反对资本主义剥削制度的自发运动过程中,合作社和工会组织一样,促进了无产阶级和全体劳动人民的联合团结。工会和合作社是工人阶级最初的主要的联合组织,通过这些联合体,无产阶级走上了战斗的舞台。马克思、恩格斯认为,从资本主义转变为社会主义,中间有个过渡时期。在这个时期内, "必须大规模地采用合作生产作为中间环节。"①马克思、恩格斯还指出,在举办合作社的过程中,不能采取得罪农民的措施,而要实行示范、提供社会帮助和自愿的原则。

列宁是第一个把马克思、恩格斯的合作思想变为社会主义现实的革命家。在领导无产阶级革命和建设的实践中,列宁对合作社的认识也得到了不断发展。列宁的合作思想以其临终前所著的《论合作制》的发表为标志最终确立。列宁认为合作社是无产阶级及小资产阶级对抗资本家榨取的一种斗争手段。在变革旧社会、建设新社会的时候,可以暂时利用它为确立共产主义制度的工具。但它的任务,并非一成不变,合作社及其组织原则,都是随着时代的生活状态及阶级斗争形势的变化而经常变化的。这是列宁对合作社的根本认识。

十月革命以前,列宁在他的文章中一再指责:信用合作社及其他信用制度的作用,只是有利于经济实力较强的分子即农民中的富裕分子。这种制度,把贫农当作不能给予信用的分子,所以贫农在这种制度里面,是得不到什么的。贫农占农民的大多数,大多数人得不到信用合作的利益,所以信用合作绝不能拯救整个农民阶级。它不过是使富裕分子离开其他的农民大众,而变为大农和小资本家罢了;而且,取得政权以前的无产阶级,对于这种富裕小资产阶级性质的组织丝毫不能加以影响,不能使这种组织脱离小资产阶级和大农分子的影响。因此,这种合作组织不能维持农民阶级的统一,不能帮助农民阶级接近社会主义。在农村里建立信用组织,是资本主义发展的要求,是把资本主义向农村扩展。对于消费合作社,列宁认为它有和企业家斗争、

---

① 《马克思恩格斯全集》第 36 卷,中文版,416 页,人民出版社,1974。

稍微改善劳动者个人生活的作用，因此无产阶级政党应给予一定注意；对于生产合作社，列宁认为它只有在作为消费合作社的构成部分时，才对于劳动者的阶级斗争有重要的关系。可见，这一时期列宁对合作社的论述，主要是侧重于对那些幻想通过合作社和平改造资本主义的改良主义者进行批判。

十月革命胜利后，俄国建立了无产阶级专政的国家。在这样的背景下，列宁认为合作社的性质也发生了根本变化："从无产阶级夺得国家政权的时候起，从无产阶级的国家政权着手有系统地建立社会主义制度的时候起，合作社就起了根本的原则的变化。这是一种由量到质的变化。合作社作为资本主义社会中的一个小岛，它是商店。但是，如果合作社普及到土地社会化和工厂国有化的整个社会，那它就是社会主义了。"[1] 显然，在列宁看来，随着俄国无产阶级成为政治上的统治阶级和土地实行了国有化，引导农民走社会主义合作化的道路就有了可靠的保证。于是，列宁提出了"合作社计划"，主张把农民组织在合作社里。在《论粮食税》一文中指出："合作社也是国家资本主义的一种形式"，"但在苏维埃政权下，'合作制'资本主义和私人资本主义不同，是国家资本主义的一个变种，正因为如此，所以目前它对我们是有利的，有好处的，当然这只是在一定程度上。"[2] "合作制政策的施行成功，就会使我们把小经济发展起来，并使小经济易于在相当期间内，在自愿结合的基础上过渡到大生产。"[3] 而且"由于合作社便于把千百万居民，而后把全体居民，联合起来，组织起来，而这种情况，从国家资本主义进一步过渡到社会主义的观点看来，又是一大优点。"[4] 由此可见，列宁此时虽然从国家资本主义角度对合作制给予了肯定，但仍把它看做是改造农民的主要形式，以便向社会主义大农业过渡。

列宁认为，对于合作社，也像对任何社会现象一样，需要历史地加以考察。没有而且也不可能有"一般的"合作社。合作社只是在一定的历史条件

---

① 《列宁全集》第 27 卷，中文版，197 页，人民出版社，1958。
② 《列宁选集》第四卷，中文版，522 页，人民出版社，1960。
③ 同②，523 页。
④ 同②。

下发生和发展的经济组织形式。合作社的性质是由国家政权的阶级性质和社会制度的特性决定的。在资本主义社会里，合作社虽是集体的经济组织形式，但它不可能起革命的作用，而成为巩固资本主义制度的一个工具。例如，在资本主义条件下，只有农民中的富农才能利用信用合作社的方便，贫苦农民则因没有偿还能力而得不到任何贷款。对于大多数农民群众来说，任何信用社组织或者储蓄贷款银行，都不能使他们得到任何利益。只有那些有大量"存款"的人，也就是极少数人才能够利用贷款、享受优待和银行等"进步"措施。所以，在《论合作制》这一著作里，列宁指出："毫无疑问，合作社在资本主义国家条件下是集体的资本主义组织。"① "而在生产资料公有制条件下，在无产阶级对资产阶级取得了阶级胜利的条件下，文明的合作社工作者的制度就是社会主义制度。"②

列宁还在理论上论证了全力地和一贯地帮助农村中新生的社会主义制度的必要性。他说，每个社会制度的产生，都必须有相应阶级的财政援助。苏维埃政府所应特别给予帮助的制度，就是合作社制度。"在政策上要这样对待合作社，就是使它不仅能一般地、经常地享受一定的优待，而且要使这种优待成为纯粹资财上的优待（如银行利息的高低等等）。贷给合作社的国家资金，应该比贷给私人企业的多些（即使稍微多一点也好），甚至和拨给重工业等等的一样。"③ "在经济、财政、银行方面给合作社以种种优先权，我们社会主义国家应该对组织居民的新原则采取这样的支持。"④ 总之，列宁在《论合作制》这篇著作中把合作制的地位提得很高、看得很重。但后来在苏联发展起来的是社会主义国家所有制企业。合作社只在农村中有重要的地位，而在城市中它的地位是很低的。

除上述主要合作思想类型外，西方合作思想有影响的还有尼姆学派、费边派、分享民主派等社会改良主义合作思想。

---

① 《列宁选集》第四卷，中文版，685 页，人民出版社，1960。
② 同①，684 页。
③ 同①，683 页。
④ 同①，684 页。

3. 信用合作思想在中国的传播

传统的合作思想在我国可追溯到古代的井田制度，战国时代的常平仓，隋朝的义仓、合会，宋朝的社仓等等，均含有自助互助的合作思想。近代合作思想在中国的介绍，首先是在大学的课堂。在前清之末，北京京师大学堂即设有产业组合这门课程，"产业组合"是日本词语，当时没有改译，实际就是西方的合作制度，这是我国"合作"一词的起源。但开这门课的目的，不过是为了增长学生的知识，与实际运动并无关系。

将近代合作制度引入中国，主张以合作制度为中国经济建设的基础、推行合作事业为实现民生主义政策的是伟大的先行者孙中山先生。

在 1912 年的双十节讲词中，孙中山便预言：将来中国的实业建设于合作的基础之上，政治与经济皆民主化。孙中山主张把资本主义国家的合作制度移入中国，并纳入了他的民生主义经济纲领体系中，成为民生主义的一个内容。关于推进合作运动的具体办法，孙中山也有明确主张，他认为合作运动的推进，应在试办清户口、立机关、定地价、修道路、垦荒地、设学校这六方面工作取得成效以后。他说："以上自治开始之六事，如办有成效，当逐渐推广，及于他事。以后之要事，为地方团体所应办者，则农业合作、工业合作、交易合作、银行合作、保险合作等事……此即自治机关职务之大概也。"[1]

"五四"运动前夕，汪廷襄著《银行新论》一书中，曾设有《人民银行》章节，刘秉麟编《经济学原理》一书中，也有《平民银行》节目，所谓"人民银行"和"平民银行"，就是信用合作组织合作银行。

现代合作思想和合作运动在中国系统地介绍和推行，则是在"五四"运动以后。"五四"运动是一次新文化革命运动，当时思潮澎湃，知识分子争先恐后地介绍西方各种新制度、新方法，欧洲合作制度也被介绍到中国。民国初期，教育家和经济家朱进之（1888—1923）鉴于当时政府所采取的国家政策及金融制度均无益于平民，同时看到西方合作制度的产生，便触发了主张

---

[1] 《孙中山全集》之《地方自治实行法》，北京，中华书局，1985。

设立贫民银行的思想，目的在于使平民也可得到资金融通的便利，并且提倡互助制度，使平民在消费、生产、贩卖上都自行结合，设立机关，自助互助。他的这些主张，散见于《东方杂志》、《新教育杂志》所刊文章和一些演讲词中。之后，《民立报》编辑徐沧水（1895—1925）也发表文章宣传合作制度。但这些人的活动仅限于局部性宣传，并未付诸实践。中国合作运动的兴起，还是在"五四"运动以后。

在中国合作运动史上，一般认为薛仙舟先生（1878—1927）是合作思想的最初倡导者。他于前清末年在德国学习银行专业。德国是信用合作的发源地，薛先舟在那里经过深入细致的研讨，后又在美国搜集合作制度的材料，一年后回国，亲手创办上海国民合作储蓄银行，这是中国第一个有规模的信用合作组织，在中国合作运动史上占有很重要的地位。薛仙舟对于合作运动，除实际创办以外，还积极进行宣传工作。1920 年 5 月 1 日，他和复旦大学的学生李荣祥、黄华表、毛飞等组织平民学社，发行《平民周刊》，其宗旨是研究合作主义，提倡平民教育，发展平民经济。至 1925 年周刊停办，周刊发表的关于合作经济方面的各类文章共有 267 篇。此后，薛仙舟又组织"上海合作同志社"，目的在于研究合作主义，提倡合作事业，造就合作人才，然而不久也因社员四散而停顿。

1919 年，朱进之发表了《促国民自设平民银行》一文，极力提倡信用合作，以救济我国农村经济的衰落。其所举创办平民银行[①]的理由如下：

"（一）德国平民银行放款之时，往往不以何项产业为抵当，而惟以个人信用为保证。雷发巽式银行，几乎完全采用是制（the personal credit system），此实与小产业者最为相宜。以小产业者（1）或无不动产及他项产业作为抵押品，（2）或有种种理由，不愿出典家产，（3）或因需款甚微，不必以产业为典质。我国人民尤以典质产业为忌，是以我国必须设立借款会社，使会员互相担保，不必以产业为质，此其一也。

（二）我国城乡之民，类皆聚族而居（以乡为尤甚）。他则通姻好，联血

---

① 合作银行因其系平民所有，为平民服务，所以亦被称为平民银行或大众银行，以区别于一般为大资本服务的商业银行。——著者注。

胤者，亦所在皆是。居民种性相同，感情亦协，相知有素，相信亦深。是以为基础，而求社会联合团体之发达，必甚易易，此其二也。

（三）银行放款，既以个人信用为保证，则国民之品格是否笃实，与此颇有密切之关系。我国小产业者，类皆忠信笃敬，勤于所事，与仕宦中之狡伪欺诈，不屑生产作业者有霄壤之殊。外国人观察我国社会者，几已异口同声。此乃信用制度绝好之基础，苟有人提倡之，必能全国响应，此其三也。

（四）我国民素以节俭为美德，惜其仅有储蓄之能力而无贮蓄之机关。远乡僻壤之民，往往有藏银于地者，一旦身死，则其所藏银，亦往往有终古埋没而不复流通用于世者。此其故，实由社会中无信用确实之所，可以安置款项也。今若有名望素孚之人，提倡平民银行，奖励储金，或存款，则以前死藏于地之银，必将存于银行，足为救济贫乏之用。于是一举手而存款者及借款者皆受其惠，其何乐而不为哉，此其四也。

（五）我国民向能存自卫，与政府之关系极疏。今日且已深知政府之不可恃，对于外交内政，且能稍稍自动。而况平民银行为国民切身利害问题，安可不本其自动自治之精神，以解决之者，此其五也。

设立平民银行……必将开一新纪元。自是以后，彼豪右霸占，剥削齐民之举，必将绝迹。国民之知识，自助民治之精神，组织合群之能力，以及互相扶助之责任心，必将大有增加。国民作业，必将日益勤奋。有财者，得善用其财，无财者，亦有财可用。国民之幸福，必日益增进，民之福，国之利也。"[1]

何海鸣在 1920 年出版的《中国社会政策》一书，亦极力主张创办平民银行。书中说：

"夫银行业务，所以运用资本，辅助生产者也。中央银行代理国库，枢纽财政，与中产以下之平民，初无直接之关系。其他商业实业银行，亦不过谋金融之活动，而维持其大工大商之利益，而平民亦不能受其惠也。即如劝业银行、储蓄银行，虽会借口于平民保障，然劝业银行之放款，必以土地产业

---

[1] 《东方杂志》第 16 卷，1919 年 8 月。

或有价证券为抵押，非小产业家所能问鼎；而储蓄银行亦不过鼓吹存款，殊未计及借款于平民，是皆与平民方面，无直接之利益者也……平民所赖以周转者，除典肆放债者外，别无资本融通之地，然典当业与放债主之盘剥取利，识者病之。平民无辜，更何忍驱之于典肆……吾前曾主张将典当业收回国有，即此用意。兹再将对于借贷资本一层，倡国民自助之主义，主张设立一种平民互相救济之金融机关，名曰平民银行，由中等以下产业者组织之。其组织之法，则采用欧美新法。"[①]

于树德也是我国早期合作社思想的传播者之一，对合作社的理论颇有研究，发表了许多论著。1920 年起他就著有：《农荒预防与产业协济会》、《产业协济会之经营》、《我国古代之农荒预防策——常平仓义仓和社仓》等论文；1921 年出版《信用合作社经营论》，又名《平民银行论》，鼓吹在我国须设立信用合作社。

1922 年 8 月，吴觉农发表了一篇题为《中国的农民问题》的文章，对于农业的改革，主张农民应有团体的组织。关于借贷合作，文章说：

"农村第一个问题，莫过于资本。但农民没有钱的时候，均受地方资本家重利盘剥，而有钱的时候，又无从存放生息。乡间虽亦有邀集亲友作借贷的事业——如做月会年会等，但此种大半非生产性的借贷，最好自己组织银行——如雷发巽式的银行，有少数会员即可组织。——既可作借贷的互助，而且可以逐渐使银行发达。那么，抵押土地典当衣服及被地主的盘剥重利等事，都可避免了。"[②]

除个人鼓吹农民信用合作外，尚有几个大学的农科，如金陵大学农科、东南大学农科等，对于农村信用合作的提倡，也有很多贡献。

（二）北洋政府时期合作金融制度建设及展业思想学说和主张

1. 西方信用合作制度的两大类型

西方信用合作思想或合作金融思想在落实到具体的社会实践中，适应农

---

①　何海鸣：《中国社会政策》，北京又新社，1920。
②　《东方杂志》，《农业及农民运动号》，1922 年 8 月 22 日。

民和城市小工商业者的不同需求，逐步形成两种制度形式，即许尔志式城市信用合作和雷发巽式农村信用合作。在民国初期合作金融制度建设的主张和实践中，这两种制度形式都有涉及。

（1）许尔志式信用合作原则①

德国是信用合作思想的发源地。许尔志是德国的经济学者、手工业信用合作社之父。他生长于城市，了解手工业者生产的艰难，所以努力组织手工业者的合作社。他认为救济手工业的方法，不仅须依靠他们自助互助，共同购买原料和出售产品，同时还须使他们以合作社社员的连带责任获得一定的信用，借得一定的贷款。1850年，许尔志在萨格逊小镇上，由当地富豪出资，成立了一个借贷社，贷给手工业者资金以购买原料。稍后，许尔志认识到合作社应以自助互助的精神去经营，于是拒绝国家的援助，并制定了如下信用合作原则：

①合作社的成立须有一定的股金，否则不能成立。由社员集股，其投资额为无限。股份可以自由买卖、转让。

②实行有限责任制，入社者须缴入社费。社员的职业不限。社员平等自由，实行民主集权制。

③合作社的业务以限于信用业务为原则，实行信用贷款，以便发挥平民银行的作用。贷款以短期为原则。以对社员贷款为主。专门经营纯粹的金融业务，不主张经营其他业务。

④按股分红。准备金、公积金等为社有财产，以股份形态作为全体社员所有。

⑤合作社事务由领取工薪的理事管理。实行自助主义，严拒政府补助。

⑥可以不隶属于信用合作社的中央金融机关。

许尔志式的信用合作社是以城市小生产者的自动结合为基础，以共同的储蓄和相互的信用而融通资金，目的在于便利城市的小市民。这种信用合作

---

① 姆拉德拉兹（罗马尼亚）：《合作经济思想史》。

制度与商业银行的组织相似。在资金来源方面，以股金和公积金为基础，并以零星的储蓄存款为增加资金的重要来源，合作社急需款项的时候，可以将社员贴现的票据向其他银行再贴现。在资金运用方面，主要是贷款，贷款用途只限于生产，对于个人消费的需要则不予贷款。贷款期限很短，利率与普通利率相同，贷者须一次还清，不得分期摊还。其营业区域大多没有限制，其盈余分配则以股金多少为准，其股份可以自由买卖和转让，这些原则与资本主义股份银行没有多少区别，只是管理按民主原则进行，因此常为后人批评。当然，许尔志式信用合作社是资本主义社会里小市民的结合，他们的力量薄弱、资本有限，而许尔志又绝对拒绝政府的补助，若不按股金分红，它就不容易取得资金；若不和商业银行的业务相似，它就难以立足生存。许尔志式信用合作社把小生产者组织起来进行互助融资，免除高利贷的剥削，这在资本主义社会里，毕竟还是一个伟大的创举。

农业生产和手工业生产是不相同的，所以许尔志式的城市信用合作社不适宜于德国的农民，于是又产生了雷发巽式的农村信用合作社。

（2）雷发巽式信用合作原则[①]

雷发巽（Friedrch Raiffeisen，1818—1888）是农村信用合作社的创始人，生于德国哈姆。1849年，他任佛兰马斯菲尔特市市长，在60多位富裕平民的赞助下，设立了一个救助合作社，并附设贮金合作社，以5年归还为条件，供给肥料于农民。但农民除了肥料之外，还需要金钱，于是，雷发巽决定设立信用合作社。1852年他转任赫得斯多尔夫市市长，两年后在该市设立慈善合作社，工作范围极其广泛，一连经营了10年之久，这个合作社就成为真正的自助的信用合作社了。1866年，他著写了《当作农民救济手段看的信用合作社》一书。1872年，他设立了莱茵农业合作银行。1874年，他设立了赫莅农业中央金库及菲斯特华尼亚农业银行。1876年，他设立股份公司组织的德国农业中央信用合作社——后改称为德国雷发巽合作社总联合会。

雷发巽认为信用合作社的目的不仅在于增加物质生活利益，还在于提高

---

① 波波夫：《合作社理论》，莫斯科，1925。格拉兹科夫、赫沃斯托夫：《信用合作社》，莫斯科，1974。

道德或精神。他的合作原则如下：

①社员以务农者为限，以小农村为合作区域，每社的社员约 1000 人。社员必须能够自己证明自己的信用，除了经济上的信用条件以外，还要有道德上的信用条件，所以非互相熟悉及互相信任的人不能取得社员资格。社员必须互相信任，意气相投，所以社员的权利不得转让或买卖，合作社不得发行股票一类的证券。

②合作社的设立不以认股为条件。采取无限责任制，社员不必缴入社费。合作社必需的资金，或向外借贷，或运用社员的存款。这条原则后来改为社员需要入股，股金的利率基本与普通利率相等。

③合作社的红利及公积金不得分配。红利作为填补合作社所受损失之用，公积金作为合作社的共同财产。即使是社员退社或合作社解散时也不分配于社员，而把它当作公益事业或合作宣传之用。

④组织以垄断为原则，除了信用业务之外，还要经营运销业务、购买业务及一切农村合作事业。合作社向社员的贷款必须用于生产方面，将来即以生产的收入来偿还。贷款期限视农业生产而定，所以较长。

⑤全体合作社彻底实行极端的中央集权制。也就是说，一切合作社，都要形成系统的联合。须隶属于中央合作金库。

⑥合作社的事务由社员义务办理。

雷发巽创办信用合作社，意在使农民免受高利贷剥削，并促进农业生产和防止农业灾荒。所以合作社的区域都有一定的范围，以便社员们相互间取得联络。贷款期限较长，利率较低，希望农民都来入社，但很注重社员的道德品性。他的理想是从信用合作社出发，逐渐将农村的一切事业都以合作方式举办，然后可以改善农民的生活。他希望设立一个管理中枢，指导监督各社，以期将无组织的农民全部结合起来，形成经济上的一大势力。

雷发巽的信用合作社与许尔志的信用合作社的区别是，许氏合作社为富裕的手工业者和商人服务；雷氏合作社首先是为农民服务，其中也包括贫农。雷发巽合作社没有入股金，或者只有最低的入股金，这就使得农村各阶层的人都可以自由参加，不支付股息，贷款以个人名义即以道义保证来发放；社员以其全部财产对信用合作社承担无限责任；为了避免引起人们的利欲，信用合作社的全部利润都不分给社员，这一点与许尔志原则尤其不同。另外，在组织体制上，雷发巽原则要求各合作社隶属于中央金库，这也与许尔志原则相区别。雷发巽的信用合作社社员还可以不交纳股金（这基本上限于贫困社员），合作社组建时，可以从地方和市政机关以及教会等方面得到一些资助，以便在慈善的基础上开展活动。

（3）信用合作原则的发展

德国是合作金融思想的发源地，继雷发巽和许尔志之后，哈斯（Haas，1839—1913）成为德国合作运动的领导人。他的合作社是许尔志式和雷发巽式两种合作社的折中，他采取雷发巽的专以农民为对象的办法，但反对中央集权及宗教化的倾向；至于社员应否缴纳股金，以及社员的责任应为有限或无限，他认为不必强求一致。信用合作运动的实践，进一步否定了雷发巽的不缴股金、不分利润以及管理机关不拿薪金的原则。

德国的信用合作思想传入其他国家，在意大利，信用合作形式分欧莲波克式和路莎琪式两种。欧莲波克的合作思想渊源于雷发巽，但同时又采用许尔志的平民化的原则，因此，欧莲波克信用合作社有农村平民银行或农村银行之称。路莎琪的合作思想渊源于许尔志，同时结合了意大利的国情。德国的信用合作社，特别是许尔志的合作社，并未真正普及于一般的平民，尤其是工人阶级，所以当时便有人指责许式信用合作社没有过问工人阶级。路莎琪接受许尔志的合作思想而纠正了他的缺陷，设法使信用合作社的组织及经营普及于工人阶级，所以他的信用合作社有平民银行之称。路式信用合作社还有另一个特点，即经营充分平民化。由多数的社员组成理事会，管理合作社的一切事务。同时，选举组织信用委员会，来决定社员贷款。理事会选举监事，负监察责任。这是路式信用合作社实行民主化、防止理事会专制的措施。随后，信用合作思想原则和主张在欧洲扩展开来，又由欧洲扩散到世界其他国家。

2. 北洋政府时期有关合作金融制度建设的主张及在城市和农村的实践

民国初期，在我国合作金融制度建设及展业主张方面，有人建议采用雷发巽式，有人建议采用许尔志式与雷发巽式的混合式。

1919 年，朱进之在《促国民自设平民银行》一文中主张采用雷发巽式：

"雷发巽式银行，几乎完全采用是制（the personal credit system），此实与小产业者最为相宜……

我国情形，于设立平民银行，既如此其宜，而平民银行之效用，又如彼其大，然则吾国果能采用是制，推行尽利，由国民自为之，而不必假政府丝毫之助，则我平民经济社会，必将开一新纪元。"①

1922 年 8 月，吴觉农发表了一篇题为《中国的农民问题》的文章，也主张采用雷发巽式：

"农村第一个问题，莫过于资本。但农民没有钱的时候，均受地方资本家重利盘剥，而有钱的时候，又无从存放生息。乡间虽亦有邀集亲友作借贷的事业——如做月会年会等，但此种大半非生产性的借贷，最好自己组织银行——如雷发巽式的银行，有少数会员即可组织。——既可作借贷的互助，而且可以逐渐使银行发达。那么，抵押土地典当衣服及被地主的盘剥重利等事，都可避免了……"②

何海鸣在 1920 年出版的《中国社会政策》一书中主张，中国的信用合作组织，可以不分城市与乡村而采用一种混合模式：

"吾国现时如欲设平民银行，可会合此二种制度（指许尔志式与雷发巽式）完全组织，不必区别为二。……以吾之计，此项平民银行，固可以不动产为股本，然不动产之大小，不须限制，即资本现金，亦宜有最少数之股，务使小农、小商、小工，皆有入股之机会。且并须推行全国，由各县城镇乡自治会分行监理。凡平民借款者，只须其曾为股东之一员，与有股东之保证，皆可以贷与款项，勿须抵押。是则此项银行之设立，与平民兴业前途，有直接之裨益矣。"③

在实践上，近代中国第一家城市信用合作组织是由薛仙舟和复旦大学的

① 《东方杂志》第 16 卷，1919 年 8 月。
② 《东方杂志》，《农业及农民运动号》，载《东方杂志》，1922 年 8 月 22 日。
③ 何海鸣著，北京又新社发行，1920 年出版。

几位教授及同学所发起创办的上海国民合作储蓄银行，采用的是许尔志式。该行成立于 1919 年 10 月 27 日。据其章程所载，该行宗旨是：提倡合作主义；资助合作事业；为各存户保留存款所应得的全部利息；发展民众经济；鼓励同胞储蓄。资本定为 10 万元，股份总额为 2 万股，每股国币 5 元。无论何人均可随时向该行认购股份，多少不拘。股息于每年底结算一次。盈余则以 2/10 拨充公积金，2/10 拨充平民教育经费，其余则优先按每股 7 厘为定存，与存户存款合并计算，均摊盈余。营业方面，凡普通银行经营的各种业务均经营，但以稳固而不贪图厚利为原则。组织方面，则设有股东会、监理会及执行部，股东则以教员学生为多，工人、农民加入者也有。该行开始营业时，资本尚少，未收足千元。行址借复旦大学校舍，无需租费，职员则由复旦商科学生分担，全无报酬。该行几乎全是由复旦大学的教员与学生所组织，所以营业范围最初也仅在校内。后来，合作银行进展顺利，根基也逐渐稳固。1921 年 7 月，该行又拟定《扩充说略》，以谋业务的扩充发展：

"……回视我国，则'合作'二字之传入，日仅数载，不特解之者十不得一，即知之者亦寥若星。若夫所谓合作事业者，即舍一'国民合作储蓄银行'而外，更绝无所闻，以较他国之合作组合以千百计者，诚不啻小巫之见大巫矣。同人等有鉴于此，爰议以扩充此略具基础之'国民合作储蓄银行'为推广我国合作事业之第一步。同人等以为既已具此规模，苟能积极进行，扩而充之，成绩必大有可观，其造福邦家，裨益社会，宁可限量，实可算为今日救国民之惟一办法，亦发达我国合作事业之一线曙光。前途希望，殊无穷尽。爰决改资本总额为十万元，定于明春迁行址至上海，推广范围，扩充营业，以期赞同诸君，加入便利，俾可共享合作之利，而无向隅之叹……"

由此可知，该行设立时，全国尚无合作组织，该行本来宗旨就是提倡合作主义，资助合作事业，推进中国合作运动的发展，并求得本身的扩充。合作储蓄银行在决议增加资本时，其章程也随之修改。如盈余分配，改教育经费为 1/10，股息增加 1 厘，余下部分以 3/10 为酬劳金，7/10 作股东股本及存户存款红利。营业方面，存款总数不得超过资本总额的比例，由 10 倍改为 20 倍。借款每户不得超过总额的 1/5 改为最少 10 元、最多以 1/8 为度，期限最长为 1 年。组织方面，改监理会为董事会。由于战争不断，合作储蓄银行的扩充计划未能实现。后来业务停滞，存放款下降，难以维持，1930 年停办。

成都农工合作储蓄社成立于 1922 年 8 月，是我国第二个信用合作社。该社由朝治甫发起组织，社址在成都纯化街 42 号。该社章程规定以提倡合作事业，发展农工经济为宗旨。主要经营存放款业务。股金无定额，凡年满 16 岁以上之男女，均可申请为社员。

近代中国最早成立的农村信用合作社是河北省香河县城内的第一信用合作社，成立于 1923 年 6 月。它是在华洋义赈会的协助下组建起来的。从其具有的慈善性质及吸收股金但不分红，以及运营中的无限责任制、对社员资格严格审查等特性看，这些信用社采用的是雷发巽式。

义赈会是一种慈善团体，宗旨是救灾。1920 年，出现大旱灾，各省义赈团体纷纷成立。有官办的，有民办的，中外合办的团体，叫做华洋义赈会。1921 年"中国华洋义赈救灾总会"成立后，鉴于单纯救灾只能解一时燃眉之急而不能解永久之需，便将工作重点由救灾转向防灾，当时请了许多专家研究各种预防灾荒的办法及改善农民生计问题的政策，结果认为农村信用合作制度最适宜于中国农村。1922 年 6 月，总会拨款 5000 元，作为试办农村信用合作社之用，此后，总会又研究各国合作制度，并结合本国国情，编成《农村信用合作社空白章程》小册子。为使有专人负责，又成立合作委员会，由戴乐仁①、唐有恒、爱德华（D. W. Edward）、章元善②等人为委员，于树德③为合作指导员。华洋义赈总会计划创办农村信用合作社的消息传入农村，乡间有识之士及农民了解到合作社的益处，同时也认识到依靠救济总不是根本之计，于是便在义赈总会的帮助下，自愿地结合起来。1923 年 6 月，河北省

---

① 戴乐仁：燕京大学经济学教授，原籍英国，对于欧洲合作运动有较细的研究，在华洋义赈会所办的许多事业中起重要作用。

② 章元善：近代中国合作运动的策动家，著有《合作与经济建设》一书及若干篇有关合作的论文。主张引导民众自动组织合作社，发动合作社参加抗战建国工作，中央合作机关应对地方合作机关应采取不偏不倚的态度。

③ 于树德：输入近代信用合作思想的先驱者之一。曾留学日本京都帝国大学，译作甚丰，著有《信用合作经营论》，介绍各国的信用合作的制度和信用合作的经营方法。

香河县第一信用合作社成立。随后数月内，宛平县、南京、河北唐县及定县悟村等地相继成立农村信用合作社，一时间信用合作事业大兴。

我国信用合作社初期的发展速度之快远出一般人意料。从 1923 年 6 月到 1928 年 2 月的 5 年时间里，合作社增加到 569 个。为了更好地进行管理，华洋义赈总会积极建议合作社较多、成绩较好的区域组织农村信用合作社地方联合会，并于 1926 年 4 月制定合作社联合会章程。河北省安平县西南区农村信用合作社联合会、涞水县西北区农村信用合作社联合会以及深泽县西区农村信用合作社联合会便先后成立。由此可见，我国的信用合作运动已取得了长足的进展，并成为一股不可遏制的潮流，但浩荡潮流中此时却出现一股逆流。

3. 北洋政府限制、禁止合作社风波及引出的有关合作社性质和作用等问题

合作社本来是作为改造社会、济世救民的工具而从国外引入的，这样，从一开始它就被赋予一定的政治期望，具有浓厚的政治色彩，合作社规模的不断壮大，必然引起政府当局的关注，甚至不安。北洋政府对待合作社也从最初不干预政策转变成限制和禁止的政策。对于苏、皖等省开办合作社的申请予以驳回，对京兆、直隶二地已成立的信用社予以限制禁止。于是，在民国初期合作社刚开始发展时，对合作社的性质、作用及衍生的有关问题，就引起一场争议。

（1）合作社是否是"党派之组织"？

1927 年初，晋县有人指合作社为"党派之组织"，诬以结社生事，呈报官厅，请求解散。对此事件，华洋义赈总会发表《为各县县长进一言》的文章予以反驳："合作运动系小弱者以平和的手段，经济的方法，加以道德的要素，合谋经济地位的提高。无有对手，不与任何阶级争斗。对于现在的政治的及社会的组织，亦不加以干涉。可见合作社绝对不从事政治的活动，与政党的性质完全不同，指它为党派的组织，真正诬枉。"

（2）合作社是否是一种宗教？

当时晋县亦有人指合作社是"教门之团结"，易结社生事，请求政府解

散。对此，华洋义赈总会在《为各县县长进一言》的文章中驳斥道："说它是教门的团结，尤其是误认了它。因为合作社是为借钱或买卖而成立的，既不供神，又不祈祷，无论反对教门的或赞成教门的，也无论是奉什么教的，都可以加入。合作社把宗教摆在一边，来干合作的事情。那么怎么能说合作社和宗教有关系呢?"

（3）合作社应由"官办"还是"民办"?

1927 年 11 月，正当各地的信用合作社如雨后春笋般出现的时候，军阀张作霖控制的北洋政府的农工部突然通令京兆、直隶二地的地方官，要求查明合作社有无纠葛，酌情予以限制禁止。其理由是社会团体和民众发起组建合作社属越权："合作社应由政府颁布法令，各地人民自动筹办，依法组织。如以发起主持该社之团体，兼有该社之立法权及监督权，并与各地多数农民，发生财产债务关系，而决不受法律及官厅之拘束，即纯系国内人民所组织，亦属侵越行政权限。"

面对政府禁令，华洋义赈会辩驳:

"从前火车初应用于中国的时候，中国人不知道它的用处，把它当作不祥的妖物，有把火车头捣毁的，将把它沉之大海的。到现在无人不感觉火车的方便，遇着铁路不通，无人不抱怨了。

合作社是新从外国学回来的，它在一部分人的眼光里，不免像几十年前的火车头，受人家的猜疑。但是，合作社不但是绝对的没有害处，并且是直接的有利于社会，间接可以造福于人民的团体。

现在世界各国，合作事业发达得多。……中国不统一，国家不能去提倡合作，是一件很可惜的事情。现在既然有社会上的机关，如像本会，来办这件事，乃是为国家人民大家的利益。官厅及热心公益的士绅，既处于领袖先觉的，对于合作，自有赞助扶持的责任。所以我们望他们极力解释合作的误会，排除合作的障碍。"

（4）信用社的必要性和作用如何?

信用社这一新生事物，它对贫民有益，也就触犯了高利贷者等富裕阶层的利益，从而招来他们的种种诬陷捏造，直致引起政府的禁令。各地发生的禁止合作社的事件，引起了广泛争议。天津《大公报》于 1928 年 2 月 6 日发表了一篇题为《农村救济与农民合作社》的社论，力证办合作社的必要性：

"按中国本以农立国，故风俗朴厚，民习勤俭。海通以还，物质文明之势力，排山倒海而来，都市人口集中，奢侈之风大盛。而改制之后，内战频仍，民生凋敝，壮丁入伍，田亩荒弃。加以征租奇重，年甚一年。商埠城市之发达，又再损及农村经济之安定与进步。农民些须权子母之积蓄，既被收吸，于是金融困塞，生计艰苦。地利不能尽，粮产不能丰；年来米麦食粮，仰赖外国之供给者，其危险可虑之情形，已一再著于本报。自今以往、为状益险。……农村救济之具体办法，实非易事。盖中国银行事业，悉在城市，乡农僻处陋塞之区，对于银钱行市，决无所知。一有急需，除典衣卖屋或借印子钱担负高利外，别无挹注腾挪之地。甚且以耕地作抵，饮鸩止渴，卒至债台高筑，终其身无清偿债务之日。而当尽卖绝，乃为其最后之命运。……农民处境既已如此，欲其改良农具、尽心耕植，殆不可能，况疏通沟渠，使用引水机器，或应用科学，加增生产效率，更无从说起。当此之时，惟有从救济贫乏、灌输知识入手，或可培养中国社会之根本组织，则农民信用合作社实为比较良善之策。其法系以合作社供给农人以借贷之便利，同时亦可为他种有益之服务。社员人选，俱为村中著名公正之人，入社之后，并须勉励自爱，保持信用。社员往日向人借款，胥受高利及抵押之苦，加入合作社，则遇有款项之需，如无其他可供抵押之件，即可以个人及同侪之信用，直接向社抵押借款。所负利息，实又较低于通常城市银行贷款之利息。盖合作社之根本，固在社员相互公同之信用，而社员公同之信用，又即令社员享受无尽之利益。"

华洋义赈救灾总会也发表《为各县县长进一言》的文章，直接痛斥少数贪婪的高利贷者和别有用心之人："也许有少数贪婪之辈，以为合作社一旦发达，有妨他们的重利盘剥的伎俩，因而捏造名词，以图妨害。不知合作如果适合于中国的国情，那是最好的一件事。与其阻碍他的进行，不如来赞助他。他日把地方弄好之后，水涨船高，不单是贫民受惠，谁也得到利益了。现在因为各处的穷民太多，弄得遍地都是盗匪，个人不能安身，我们同在一个社会里，犹如同乘一只船，要本同舟共济的精神，使大家好过活。多数人困穷，少数人岂能长久享到安乐呢？"

（5）国际慈善团体发起组建合作社是否有损主权？

北洋政府农工部通令说：中国华洋义赈救灾总会"系国际慈善团体，并于该章程第二十一款规定产业抵押各节，殊损主权，而滋流弊；……该会未经许可。擅先于京兆、立隶省区，创办多处，尤属不合。所拟章程，亦多窒碍，未便照准。其已办各社，应咨由地方官署，切实考查，有无纠葛，酌予限制禁止。……"

《大公报》在1928年2月6日发表的《农村救济与农民合作社》的社论中，力挺华洋义赈会，反对查禁合作社，认为华洋义赈会教育、组织农民办合作社，是经广泛调研、慎重实施，且规范经营，政府不仅不应"查禁"，反而应以该会"为师"：

"查民国二年北京华洋义赈救灾总会，已着眼及此。几经研究，纲举目张，十三年方实行运动，两年之间，由该会承认而协助其进行之合作社，已达四十余所。其于宣传之方法，办事之条规，组织之进程，胥经苦心经营。该会曾有报告。窃意将来实行农村救济，大可以该会所办经验为师法。此种崭新事业，吾人盖有预行研究之必要。天津县公署近不知何所见而以农民信用合作社为应行查禁，殊令人惶惑不解也。"

华洋义赈总会对于我国信用合作事业的创立和发展，应该说是立下了不朽的功绩。在军阀混战、民生涂炭的背景里，总会不仅要教育农民、组织农民，还要教育官僚，向他们宣传合作思想，以求得他们的支持与配合。

农工部发出通令后，安平、定县、香河等县知事纷纷奉令饬查境内信用合作社。定县大白尧及悟村信用合作社、安平县北关信用合作社以及香河县北渠口信用合作社先后被警察取缔。

本来，信用合作社利民利国，政府应予提倡和帮助。各国农村信用合作事业多由政府提倡，拟定法律，设立银行，以扶助合作事业的发展。中国合作事业的发展，最初数年全靠一个慈善机关主持，北洋政府不仅没给予任何支持，反而下令"限制禁止"，这在世界合作运动史上恐怕也是不多见的。但北洋政府限制禁止合作社事件引发的关于合作社性质、作用的争议，却具有一定的学术意义。

总之，民国初期，西方近代合作金融思想在中国得到了较广泛的宣传，在实践中合作金融制度的设计也基本遵循当时西方发达国家通行的原则和模式，只不过与西方发达国家不同的是，在中国合作金融理论的宣传、合作金融制度的建设及实践推广主要是靠少数合作主义者和慈善机构来实行。

（三）国民政府时期合作金融制度建设及展业思想学说和主张

国民党人很早就关注合作思想，并且，孙中山、廖仲恺、戴季陶、陈果夫把合作主义与三民主义结合起来，确认三民主义是合作政策的理论基础，而合作政策的推行是实践三民主义的具体措施。1927 年，南京国民政府成立。蒋介石把合作制度看作巩固其统治的工具，因而重视合作社运动的推行、扶植和管制。这一时期合作金融制度建设较为健全，业务得到发展。

1. 国民党人和国民政府对于合作运动的政策主张和行动

1926 年国民党第二次全国代表大会曾有"从速建设农民银行、提倡农民合作事业"的决议案。

1927 年 6 月，南京国民政府成立，陈果夫托请薛仙舟起草了《中国合作化方案》。方案以实现全国合作共和为宗旨，系统阐述了在全国范围内普及推广合作运动的理念，并提出合作执行部门（全国合作社）、合作教育部门（合作训练院）、合作金融部门（全国合作银行）三足鼎立的合作化构想，集中体现了薛仙舟"以合作救中国，以合作治中国"的政治主张。全国合作社是全国合作运动的总机关，以发起、组织、指导、监督和资助全国合作事业为职能，对全国经济和民众本身实施改造，以奠定合作共和之经济、政治基础。合作训练院是合作事业的教育部门，旨在通过宣传、教育和培训，使一般民众接受合作思想，了解合作社的知识和组织原则，在全国营造民主与合作的氛围。

全国合作银行是信用合作的中央调剂机构，也是合作运动的核心。因此《方案》对全国合作银行的规划最为详细，从招股派息，到组织人事、营业范围、地点分布等都做了说明。《方案》主张，全国合作银行有发行长期债券之特权，专做住房合作、农业合作、劳农事业等等之长期放款。方案指出，上海是天然的消费合作、住房合作、信用合作的中心，所以全国合作银行总行设在上海，并随时在国内各地酌设分行。为联络华侨，吸收侨资，在海外也设立分行。

南京国民政府成立后，大规模的国家建设提上日程。选择何种建设方略，实为关系国计民生的大事。《中国合作化方案》完成后，胡汉民、陈果夫等大加赞许，陈果夫还向蒋介石力陈合作社乃"抵制共产主义，实行阶级协调"的一大法宝。蒋介石当即接见薛仙舟，表示全国统一后即组织实施该方案。不久，"国民政府"决定设立经济设计委员会，由薛仙舟主持，借此推行中国合作化工作。8月13日，蒋介石、胡汉民就在国民党内部争斗中失利而被迫辞职，9月，薛仙舟意外去世，推行合作方案的计划遭遇波折。

1928年2月，国民党中央举行第四次全体执监会议，陈果夫、李煜瀛、张人杰、蒋中正等提出"组织合作运动委员会建议案"。

1928年10月，国民党中央常会规定合作运动为下级党部工作纲领之一。

1929年3月，国民党第三次全国代表大会有关提案亦提倡合作运动。

1931年，国民党中央通令各级党部及各级政府于每年合作日（即7月第一个星期六）举行合作宣传，后又规定从合作纪念日后一星期内，为合作运动宣传周。

1935年，国民党中央党部组织委员会开办"中央合作人员训练所"；1936年，国民党"中央政治学校"设立"合作学院"。

国民党政府立足南京后，合作运动被列为政纲之一。

1931年4月18日，国民党中央政府实业部公布《农村合作社暂行规程》，1934年3月1日公布《合作社法》。在1935年3月"全国合作事业讨论会"举行之后，国民政府在实业部内设立合作司，同年秋，全国经济委员会下复设立合作事业委员会。所辖各省市也均设立合作行政与指导机关。

1941年颁布省合作事业管理处组织大纲，统一省市合作行政机关。1942年公布县合作指导室组织暂行办法，统一县市合作行政机关。

l945 年 5 月国民党六全大会通过的农民政策纲领中，倡导发展农村合作金融，改善农贷办法使资金融通之实惠普及于切需之农民。

l946 年根据 1943 年立法通过的《合作金库条例》在南京成立中央合作金库，这是合作金融史上的一件大事。

除了国民党党务机关、政府机关外，促进合作运动的团体还有许多，如学术团体、社教机关、慈善团体等等。一些省区还成立了合作促进会，有的搞了一些合作试验区。

国民党统治区的合作社，到 1949 年 2 月底，数目已达 17 万个，社员数目超过 2 400 万人。到 1949 年初，中国大部分地区获得解放，国民政府领导组建的合作社部分自行解体，部分为解放区人民政府改组。至此，国民政府在大陆的合作运动结束。

2. 国民政府时期合作金融理论和制度建设特点及评述

国民政府时期合作金融理论和制度建设有以下几方面特色：

（1）采用行政手段、通过运动形式推进合作事业。首先，自上而下设置合作行政管理机构并委派合作理论或实践专家任职，用行政手段推行合作社。其次，党政合力，国民党党部也开始着手合作政策的制定和实施，并将合作运动作为国民党下属党部工作的"七项运动"之一。最后，为赈灾和反共的政治需要，将合作事业作为一种运动广泛推行。

（2）依法管理合作社。第一，先由地方政府颁布合作社法规。如 1928 年浙江省颁布了《浙江省农村信用合作社暂行条例》，随着全国合作社的迅速发展，1934 年 3 月 1 日国民政府颁布了《中华民国合作社法》，1940 年 3 月国民政府又颁布了《县各级合作社组织大纲》，各专业合作社的单行法规也先后颁布，如 1936 年的《合作金库规程》等。第二，立法规范合作社的经营原则、组织类型、责任形式、社员资格、管理体制、股息及盈余分配、联合社设立等重要方面。

（3）因地制宜、配合不同目的建立合作社。第一，因赈水灾需要设立的合作社。1931 年，长江、淮河流域发生严重水灾。南京国民政府在上海成立了救济水灾委员会，委托华洋义赈会负责农赈事宜。华洋义赈会在江西、安徽和湖南三省组织互助社和合作社约五千个。第二，因赈兵灾需要设立的合作社。"九一八"事变后，日本帝国主义侵占东北，并时常南下袭击临近地区。为救济这些受兵灾侵扰的农村，1933 年国民政府在北京设立了"华北农村救济委员会"（后改组为"华北合作事业委员会"），依照江淮各省的办法，在冀东以互助社和合作社形式实施农赈。第三，因反共需要在"剿匪"区内设立的合作社。蒋介石为配合"围剿"革命根据地，把合作社也作为工具之一。在江西、湖北、河南、安徽四省"剿匪区域"颁布了《"剿匪"区内各省农村合作社条例及其施行细则》和《"剿匪"区内各省农村合作委员会组织规程》，指令江西省党政专设合作机构配合"围剿"中央革命根据地。解放战争开始不久，1946 年 11 月，国民党中央又制定了《绥靖区合作事业实施办法》，在苏北、皖北、山东、河北等地设置绥靖区合作辅导团。第四，为抗战需要设立的合作社。抗日战争期间，国民党政府在江西组织过战地合作服务队，在浙江、湖南、湖北组织战地工作合作队。1940 年，为配合抗战，国民政府颁布了《县各级合作社组织大纲》，用行政力量推动一种新型的合作社，即乡镇保合作社及其联合社，规定"县各级合作社为发展国民经济的基本机构"，"县各级合作社之推进，以乡（镇）为中心，先就每乡（镇）设乡（镇）合作社，并逐渐普及各保合作社组织。以达到每保一社，每户一社员为原则。"这种合作社发展速度很快。

（4）全面借鉴西方合作社理论与制度。国民政府大量翻译国外合作制书籍并派员出国学习考察，且全盘借鉴吸收，因而合作社建设的理论和制度较为完备。在《中华民国合作社法》中，明确规范合作社的各项要素，如"合作社的原则是：依平等原则，在互助组织的基础上，以共同经营方法，谋社员经济的利益和生活的改善，而其社员人数及股金总额均可变动的团体。""合作社的责任分为三种：有限责任，社员所负责任以其所认股额为限；保证责任，社员所负责任以其所认股额及保证金额为限；无限责任，在合作社财产不足清偿时社员得负连带责任。""信用合作社经主管机关批准，可收受非社员存款。收受的存款，在有限责任的合作社，不得超过其社员已缴股额及公积金的总额；在保证责任的合作社，不得超过其社员已缴股额、保证金额及公积金之和；在无限责任的合作社，不得超过社员已缴股额的 5 倍与公积金之和。收受非社员存款的合作社，不得兼营其他业务"；"合作社免征所得税和营业税"。

（5）在全国新式金融体系建设中创新设计，注重政策金融、商业金融与合作金融的融合贯通。民国以前，中国金融尤其是农村金融，基本上是以典当、钱庄、票号、商店等机构以及私人融通资金这种传统金融模式，国民政府定都南京后，中国开始了工业化和城市化快速发展的"黄金十年"，这期间金融业也开始快速转向以现代商业银行为核心的新式金融体系。国民政府在全国现代新式金融体系设计和建设中注重合作金融体系建设，并创造性地实行了一套由政策金融、商业金融支持合作金融的较有效率的模式，丰富了合作金融理论。

由于中国农村资金缺乏，发展合作社经济必须提供资金帮助。陈果夫在《中国之合作运动》中说："金融和经济事业的关系，正如血液对我们身体的关系一样，要合作事业的发展，有赖于健全的金融机构。"1927 年薛仙舟在《中国合作化的方案》中就有设置全国合作银行的规划。1928 年在江苏省政府的支持下，江苏首先成立了江苏省农民银行，在江苏境内从事农村金融，并指导农村合作社的设立。浙江省也于次年成立了浙江农工银行。1933 年鄂豫皖赣四省农民银行成立，1935 年更名为中国农民银行，并在全国各地普遍设立分支行及办事处，该行是中央政府组建的农村金融专业银行，不仅在不发达的农村地区遍设分支机构和提供农业信贷，而且指导组织农村合作社的设立。国民政府还立法强制商业银行对合作社的支持。1934 年国民政府立法院通过了《储蓄银行法》，规定储蓄银行"对于农村合作社之质押放款，及农产物为质之放款，不得少于（储蓄存款）总额五分之一"。正是由于政府的督促，许多商业银行开始重视农村金融。

1935 年全国合作事业讨论会后，国民政府认为有必要设立专门服务合作经济的金融机构，于是许多省份先后都设立合作金库。1941 年 12 月国民党五届九中全会通过了陈果夫所提的《切实改善合作金融发展合作事业，以奠定抗战建国之社会经济基础案》，认为合作金融制度，确有从速建立的必要。

1943 年颁布《合作金库条例（草案）》，规定：①合作金库分为中央和县（市）两级，省（市）由中央合作金库设省（市）分库，在必要地区设支库。②合作金库以"调剂合作事业资金为宗旨"，业务范围以专营或兼营之各级合作社，合作社团及合作业务机关为限。1945 年，负责对全国合作组织融通资金的中央合作金库成立，此后不到四年时间，在各省设置了 15 个分库，22 个支库。依照合作金库条例新创设的县市合作金库，也有 60 多个。

此外，由中央和地方政府组织的农民银行系统也对各类合作社发放了大量贷款；中国银行和其他金融机关在城市资金膨胀时也把资本渗入农村合作社。新式银行涉足农村金融的渠道有两个：一是通过信用合作社，二是举办农业仓库以接受农民的抵押贷款申请。银行经信用合作社放款农村，资产质量比较可靠，利率比都市放款低。上海银行通过华洋义赈会放出去的款子，"届期均能归还"。根据江苏省农民银行的经验，通过有效的风险管理，银行农业合作贷款可以实现盈利。[①]

信用社依靠自身信用吸引到银行的资金，既支持了农业发展，也降低了银行运营成本和贷款风险。上海商业储蓄银行在其《农业贷款合作部计划大纲》中称，如何让都市银行的资金流入农村，并取得农业的实际进步？"都市中之银行无法可以直接向农村投资，更无法可使农民普遍受金融之辅助，是有赖于农民本身有相当健全组织，可以充分接受。""整个问题则在于农民有良好之组织，既可充分接受银行辅助之用意，复可实际上参加农业生产之改良，尤可合法保障投资者之安全，此种组织，舍合作社外，别无他法。此本行辅助农业，繁荣农村之办法，惟有从合作社着手也。"[②] 国民政府时期各类合作社中，信用合作社始终占有较大的比重。

国民政府时期对合作事业有重大贡献的中国工业合作协会指导创办的众多工业合作社，其融资需求由工合协会在工业合作社比较集中的地区设立工合金库帮助解决。工合金库的股金由各合作社和联合社认购，坚持社员自有自营自享的原则。

---

① 陆国香：《一年来合作事业及农村金融》，载《工商半月刊》7 卷 1 期，1935 年 1 月 1 日。
② 中国人民银行上海市分行编：《上海商业储蓄银行史料》，上海人民出版社，1990。

（6）关于合作金融的学说。合作金融，英语系国家称之为 Cooperative Finance、The Financing of Cooperatives 或 Cooperative Banking 等，日本称为"产业组合金融"。国外学者对合作金融的解释是，索尼森（Sonnich Sen）：多数人自愿结合起来聚集其储蓄，以期排除银行业或放债人的营利目的，其盈余则平均分配于借款人或存款人。[1]史屈克兰德（Strick Land）认为：基层合作金融组织可解释为平等地位的一种人的结合，因为要获得资金，以贷给社员作为有益的用途。其特点是：合作社是一种人的结合，而不是财产的结合；所有社员，无论富有或贫穷，均为平等的地位；结合的目的，是在集体中获取他们个别所不能获得的资金；仅向其社员贷款；谨慎地使其资金充作生产的或必须的用途。[2]英国学者巴儒（N. Barou）在其名著《合作金融论》中对合作金融的定义是：合作金融组织系小生产者或工人组织的团体。对社员人数没有限制，资产为社员所共有，并以民主为基础经营其业务，吸收社员的储蓄，同时以最优惠条件放款给社员，使社员相互得益，盈余转为公共积累或分配于存款者、借款者和股东，资金不足时，则以社员连带责任向外借款。[3]

在我国，"合作金融"一词滥觞于国民政府时期 30 年代的合作运动中。对合作金融这一现象的系统研究，则是从 40 年代开始的。对合作金融质的规定性的认识，也经历了一个由浅入深、由表及里的过程。当时对合作金融概念的认识就有广义与狭义之争。

张绍言持广义的合作金融概念，在其编著的《合作金融概论》一书中说：合作金融一词，乃系应合作事业的进展以俱来。吾国近十余年始见诸应用，其内容包含何种事项，言人人殊，且均无一明确的解释……所谓合作金融，含有三种解释：①合作金融即为合作经营资金的供给；②合作金融不仅限于合作经营资金的贷放，而且包含因合作经营而产生的资金的存款；③合作金融包含合作界资金流通作用的一切经济现象，可概括为合作资金的贷放与借

---

① Sonnich Sen，"Consumers Cooperation"，182 – 183，1919.

② 赖南冈：《合作经济研究集》，161 页，台湾东峰出版社，1982。

③ N. Barou，"Cooperative Banking"，London Press，1932.

入。对于贷放与借入的方法、手续、机关，资金过剩与不足的现象，余裕金的存入与利用，借贷利率，资金的运用、管理、监督，以及其他有关事项。他认为应采用第三种说法，比较全面。①

张则尧持狭义的合作金融概念，在其编译的《合作金融要义》中将合作金融定义为：合作金融指资金流通的经济现象中，采用合作经济组织所经营者；换言之，经济上的弱者互相结合，共负责任，集合对外以取得信用者，称为合作金融。即由合作组织取得信用，并运用此组织互存余款，而以之贷放给社员，或存入其他确实之处所等以合作组织为中心所经营的信用交易，即为合作金融。②而最狭义的合作金融概念则仅指"合作经营资金的供给"，持此观念者较少。

林和成在《中国农业金融》一书中认为，信用合作社可以看成是一种互助、和平、自由、平等、公平、积极、经济、生活和社会化的资金融通团体。③

陈颖光、李锡勋论证了"合作金融"这一概念的确当："合作事业需要资金之融通，且亦有资金之积聚、运用及调节等状态。而此种融通状态或现象，不同于各种企业金融，更大有别于一切以营利为目的之金融，故另称之为'合作金融'，况'合作金融'一语，近中外均已习用，……我国亦有此等专著，而合作主管机关更以之为合作经济建设之一主要部门，社会部之'战时国防社会建设计划大纲'中，固有'合作金融'一栏，财政部亦有'战时管理合作金融'办法之颁布。是此一名词，殊为确当，世所公认，毫无疑问也"。④

这一时期关于合作金融的学说在全面借鉴西方合作金融理论的基础上已初成体系，如张则尧编译出版《合作金融要义》、张绍言编著出版《合作金融概论》，对合作金融的定义、合作金融的组织体系和经营原则，都有明确的阐

---

① 张绍言：《合作金融概论》，1~2 页，北京，中华书局，1944。
② 张则尧：《合作金融要义》，中国合作经济研究社，1944。
③ 林和成：《中国农业金融》，1941。
④ 陈颖光、李锡勋：《合作金融》，第 7 页。

释。于树德不仅对于信用合作社经营方面有系统的阐述，对于信用合作组织的属性、功能、组织完善方面则尤其重视，这是信用合作组织在我国发展的重要理论基础。对于合作社的一般理论，也有不少研究论著，如于树德1929年出版的《合作社之理论与经营》，1930 年出版《消费合作社之理论与实际》，1934 年出版的《合作讲义》等。

关于合作金融的本质，张则尧编译出版的《合作金融要义》概括为：

第一，合作金融乃经济上之弱者采用合作组织所经营之金融。

第二，合作金融乃债务者本位之金融。

第三，合作金融虽具精神及道德要素然不具慈善性质。

第四，合作金融乃集合金融及相互金融。

第五，合作金融以无担保金融为目标。

第六，合作金融以系统金融为原则。

第七，合作金融以发展其他合作事业为任务。

关于合作金融的作用，于树德在所编《信用合作社经营论（一名平民银行经营论)》中认为信用合作社的功能主要表现在供给平民储蓄及促进地方自治、乡风纯朴等方面:[1]

第一，供给平民储蓄的便利，使得他们养成勤俭储蓄的美德。

第二，增加平民阶层的人格信用。

第三，信用合作社供给平民低利资金，对于抑制民间高利贷具有重要的影响。

第四，指导小产业者的生产，帮助其置产兴业。

第五，可以提高平民的知识，增加其开展事业的才能。

第六，可以使乡党风气醇良。

第七，发扬人民的自助心和互助心。

第八，促进地方自治发达及地方经济的独立。

此外，信用合作社还有减少滞纳租税的效果，增加国家财政收入，供给

---

① 于树德:《信用合作社经营论》，第5版，上海、中华书局，1929。

小农工商业者低利的资本等效果。信用合作社最重要的效果还在于养成一种互助的团体生活习惯，为社会组织的变革奠定基础。

关于合作金融的性质。民初信用合作思想在我国传播迅速，一些人认为信用合作是西方社会主义思想的一部分，合作组织可以代替资本主义组织而解决现实社会中的各种问题。于树德认为"合作组织乃一种社会政策，并非社会主义也"。社会政策可分为三种：一为属于国家的社会政策；二为属于都市的社会政策；三为属于人民自助社会政策。如工人组织工会、农民组织农民协会、小工商人组织商人协会等，合作社也是自助的社会政策中之一种组织。

在信用合作机构组织的完善和经营管理方面，这一时期的合作金融理论中已有较全面论述。如于树德除重视会员合作精神外，也重视信用合作社组织的完善和经营管理的一系列方法：会员总会由全体会员组织，有指挥合作社业务及监督合作社的权限。此外，信用合作社还有执行委员会、监察委员会、信用评定委员会等。信用评定委员会是信用合作社执行委员会的辅助机关，即调查各会员信用的高低、以此制定信用放款的标准。信用合作机构最重视信用，而社会诸因素的变化又是信用衡量的障碍，因此设立信用调查机构及相应的评定机构是必要的。将社会信用评定作为每个期间的必要活动，社员信用情况考察的主要标准包括品行、储蓄存款、家庭、财产、教育等，这种信用评级办法已十分科学。①

（7）乡村建设运动中的合作社理论与实践。国民政府定都南京后，中国的工业化和城市化进入了快速发展阶段。但在工业化和城市化发展的同时，中国广大农村，却遭遇了一连串的天灾人祸，中国农业经济出现了萧条和衰败。一方面，国家政治秩序动荡，军阀战乱频繁，匪患遍地，广大农村不断成为内战的战场和土匪侵扰的对象；另一方面，水旱灾害频发，受灾面积广阔，受灾人口众多；本来就不堪一击的小农面临深渊。农村"破产"，是朝野上下、社会各界的共同结论。为了拯救中国农业和农村，切实解决中国农民

---

① 于树德：《信用合作社经营论（一名平民银行经营论）》，第5版，上海，中华书局，1929。

问题，思想界产生了一股研究乡村经济建设的思潮。以章元善、寿勉成为代表的合作改革派，以晏阳初、梁漱溟等为代表的乡村改良学派和以陈翰笙、千家驹等为代表的中国农村派等纷纷对农村建设问题进行了探索和讨论。同时，全国各地兴起了一场乡村建设运动。合作社是乡村建设运动中经济建设的一个重要内容，以梁漱溟、晏阳初为代表的知识界还积极投身了乡村建设运动中。

合作改革派的乡村经济建设思想。中国合作学社的薛方舟、董汰余、寿勉成，华洋义赈会的章元善、于树德、董时进等学者的主要观点是：1. 关于政府在合作组织中的地位问题。寿勉成认为应该由政府主导，依靠行政力量推进，速达合作之效，即由政府强制推动。[1]章元善则认为，合作组织应该由农民自己举办，政府的主要作用是给予立法上的指导和组织上的协调。[2] 2. 关于合作社形式的讨论。当时的大多数学者对创办合作社的形式，各有不同的意见。如寿勉成极力提倡消费合作社，章元善、于树德及董汰余却认为信用合作社更符合农民的需要。如章元善认为："故欲复兴农村，首须普遍地辅助农民组织信用合作社，以低利借给农民，压低高利贷，使农村金融活跃流通，而农民始有余力以从事于生产。同时，根据农民之实际需要，发展各种合作组织……"[3] 于树德认为信用合作社的效用很多，不仅可以供给平民储蓄的便利，而且可以增长农户的人格信用，并得相互保证的利益；同时还可以供给平民低利的资金，使地方贷款的利率也可以得到降低。[4]董时进则认为，信用合作社在中国的实际情况下并不能复兴农村，只能免于或减缓农民破产。一则因为中国农民，穷困达于极点，生活无可再低，任你如何节俭，恐也无几何可以节俭，无几何可以储蓄。一则因为能供低利贷放的资金，不会很多，现在全国经济枯竭，各省农村一起破产，而社会治安又复如此不良，不但出低利不能吸收许多资金，即使出高利，也很难找到钱。何况在现时农村情形

① 寿勉成、郑厚博：《中国合作运动史》，南京，正中书局，1937。
② 张元善：《合作与经济建设》，上海，商务印书馆，1938。
③ 吴藻溪：《近代合作思想史》上海，棠棣出版社，1950。
④ 同③。

之下，借到钱之后，能否去生产，生产是否有利，有利是否可以实收，都大有问题。他认为在中国的合作社没有完全成熟前，首先应做的事是加强民众的教育。各信用社联合起来可以提高农民社员的经济地位，但不等于政治上起作用。[①]

乡村改良派的乡村经济建设思想。梁漱溟认为，乡村建设主要包括经济、政治和文化教育三个方面，而首要任务就是要进行农村经济建设，发展农业生产。发展农业生产有两条途径，即"技术的改进和经济的改进"，要完成"经济的改进"，就必须举办各项合作。[②] 1931 年，梁漱溟首先在山东邹平县进行实验，组建了机织合作社、林业合作社、蚕业合作社、运销合作社、信用合作社、庄仓合作社、购买合作社，至 1936 年底，合作社总计达 307 个。

为解决合作社的资金问题，1933 年 8 月，邹平县成立金融流通处，由县政府分三年筹资 10 万元作为资本。主要业务为对信用合作社、庄仓合作社放款及特别救济款，吸收储蓄。邹平县设立了两种类型的金融合作社，即信用庄仓合作社和信用合作社。信用庄仓合作社主要是在农民贮粮时，凭谷物收据借款，使社员在卖粮以前等到粮价的回升。还以所有谷物为准备，联合发行"庄仓证券"，作为各庄仓合作社资金周转，并可在县金融流通处兑现，在全县流通。信用合作社主要是从事借款、放款、储蓄业务。

晏阳初的合作社思想是以教育为本，融经济与教育于一体，以教育使人民"知自救"，以经济使人民"能自救"，而合作制度便是教育兼经济的最好自救办法。在 1934 年《致中华教育文化基金董事会请款书》中，他又对合作组织做了详细的说明，如"目前农村金融艰穷，亟宜设法救济，以为改进基础，然后以合作社之组织，造成合作的经济制度。关于救济农村金融方面，先由敝会训练农民，成立自助社，直接向农产仓库抵押农产信用借款。"[③] 晏阳初认为，合作组织是通过农民的自觉合作达到经济复兴和政治独立的一个重要部分。

[①] 吴藻溪：《近代合作思想史》上海，棠棣出版社，1950。
[②] 梁漱溟：《乡村建设理论》，161 页，邹平乡书店，1937。
[③] 宋恩荣：《晏阳初全集》（第一卷），湖南教育出版社，1992。

　　1933 年，河北省县政研究院成立，划定县为"县政建设实验区"，晏阳初出任县政研究院院长，合作社主要由研究院承办。定县合作社以村为基层单位，以信用合作为主，兼营购买、运销、生产等项业务。村合作社主要业务有二：一是吸收存款，二是将所筹资金贷放给社员。资金不足时可向县联社借款，或由联社担保，向社外借贷。定县的办社原则有：①"为民自动的"，不以"条件允许"，"越俎代庖为提倡的手段"；②"勿使少数人以慈善心理与官场手腕一手包办，尤须摒绝不良份子参加"；③"对于无产的良好生产者多加注意，勿专为小资产信用者打算"；④"村单位合作的经济活动，应统一组织，连销进行，以信用为中心，运用购买运销生产三方面。"；⑤"会计制度，应有严密周详的规定"；⑥"勉励参加的农民努力自强与互助，勿稍存竞争牟利观念，避免外来攻击。"

　　中国农村派的农村经济建设思想。陈翰笙、孙冶方、千家驹、钱俊瑞等一批具有马克思主义倾向的学者，通过对农村社会的实地调查研究，论证了中国社会"半殖民地半封建"的社会性质，对改良主义者不正视中国社会性质，只讲求局部改进的方法表示质疑，进而提出了改革土地制度，进行土地革命的观点。这些人在《中国农村》上陆续发表了一系列文章，因此被称为"中国农村派"。中国农村派认为一切改良形式的农村合作和建设掩盖了中国农村的阶级矛盾，否认了帝国主义侵略和封建剥削的社会实质。因此，他们提出了进行土地革命，改变农村土地所有制关系的想法。他们对合作事业持批判态度，认为一些学者高估了合作运动的价值。如冯南江认为合作社的发展"不过是金融资本集中其至掠夺农民经营的力量之发展而已。"①即使中国农民有了充足的资金、广大的市场和进步的生产力，只要不改变旧的社会关系，一切都是徒然。李紫翔也认为，旨在融通农村金融的合作社流通资金，不仅没有代替农村的高利贷资本，反而成为城市银行资本在农村逐利的落脚点。②中国农村派认为中国农村的现状是受帝国主义和封建主义双重压迫，症结是土地问题，需要改进的不只是生产力，更应该是生产关系。因此，更倾向于

---

① 　吴雁南：《中国近代社会思潮》（第三卷），湖南教育出版社，1998。
② 　薛暮桥、冯和法：《中国农村》论文选，人民出版社，1983。

通过阶级斗争来改变封建土地所有制度，平均土地分配，从而谋求农村经济的发展。

（8）沦陷区的合作社成为日寇掠夺中国人民的工具。甲午战争后，台湾割让与日本，为便于掠夺，日本在台湾推行了一种与日本国内不同的合作制。如合作社理事、监事选任及解职须经当地政府知事或日伪厅长的许可，信用社存款、贷款利率远高于商业银行，贷款以担保为条件，联合社基本由日本人把持等，使合作社脱离民主、互助的特性，成为日本殖民统治的工具。在日本控制下的伪满洲国，1934 年 9 月曾颁布《金融合作社法》，由于在实践中推行日系理事主义，金融合作社业务全由理事决定，而理事必为日本人，所以金融合作社毫无合作精神可言，而是日寇控制、掠夺农村金融的工具。"七七"事变后，华北沦陷，日寇控制下的伪华北临时政府颁布《新民合作社暂行经营要领》，后又成立伪华北合作事业总会。1938 年，日本侵略军的特务机关在苏、浙、皖沦陷区开始组建合作社，1939 年 10 月发布《中国合作社设立纲要》，1943 年，为贯彻"以华制华"方针，日军在华中沦陷区组建的合作社移交给汪伪国民政府。于树德曾指出：日本侵占我国台湾期间办的合作社，是殖民地性质的。台湾合作社是在日本侵占时代殖民政策之下发展起来的，日本人之所以要卖力地扶植台湾合作事业，目的就是要借此掠夺台湾的资源。就好像"要喝牛奶，就得饲养奶牛，要吃鸡蛋，就得饲养母鸡，牛越壮奶越好，鸡越壮蛋越好"，这就是日本扶植台湾合作事业的根本道理。

总之，国民政府时期，合作金融理论体系、制度建设在借鉴西方发达国家理论和实践的基础上得到全面且相对规范的确立和发展，国民政府确立的合作社法也是根据国际合作联盟的要求制定的，但是，国民党政府在合作社的具体推行及实施中，对合作社的目的和原则，又多有违背，如违背入社自愿退社自由原则：1940 年颁布的《县各级合作社组织大纲》上规定："县各级合作社之推进，以达每保一社，每户一社员的原则"合作社法还规定：被剥夺"公权"和"破产者"两种人不能被吸收为合作社社员，这就把革命的人民群众和广大贫困农民拒之门外。又如违背合作社的民主原则：合作社法虽确立了民主选举和每社员只有一票表决权等合作社的民主原则，但却没有明确规定社员大会是合作社的最高权力机关，而是规定主管机关可以解除"危害合作社之情事者"监理事职务，这在实际上是保有了政府对合作社监理事的任免大权，是对合作社民主权利的侵害。一般说来，由政府主导"推进"的合作事业，作为一种强制性的制度变迁，容易达到收效迅速的目的，但不易为农民所真正接受；而由政府"引动"的合作运动，则是一种诱致性的制度变迁，它能够保持农村合作组织的独立地位，但前提必须是广大农民有这种变革农村现状的需要，即必须有制度变迁的需求。因此，虽然后一种观点在理论上更有优势，但由于中国是一个发展中国家，诱致性的制度变迁需要较长时日，因此在实际中，政府往往采取"强动"的方式。

国民政府在全国现代新式金融体系建设中创新设计，注重政策金融、商业金融与合作金融的融合贯通，由中央和地方政府组织的农民银行、中国银行和其他金融机关对合作社发放了大量贷款，在城市资金膨胀时把资本渗入农村合作社。农村信用社为都市资金反馈农村奠定了信用基础和运行机制。当时上海等大都市的资金膨胀和农村金融之枯竭达到极致。"农村通货之极度紧缩，与上海通货之极度膨胀"，[1]都市资金反馈农村客观上说有利于农村技术进步和乡村建设。但当时有一批具有马克思主义倾向的学者对此持批判态度。如骆耕漠认为，上海银行家对内地信用合作社的投资，是希望通过农村金融的松动，一般农业生产可以恢复前进，以便达到通过合作社统制农产品甚至生产过程的目的，他们虽然有复兴农村的设想，但实际上对农村的帮助很小。[2]李紫翔也认为，农村改良主义者企图用种子、工具的改良和合作社的流通资金来挽救农村经济的破产是行不通的。当时农民的现状是普遍缺乏土地，改良种子或农具的成效甚微，而且旨在融通农村金融的合作社流通资金，不仅没有代替农村的高利贷资本，反而成为城市银行资本在农村逐利的落脚点。[3]

---

①　章乃器：《发展农业金融以巩固经济基础议》，载《银行周报》第16卷第21号，1932年6月7日。

②　寿勉成、郑厚博：《中国合作运动史》，南京，正中书局，1937。

③　薛暮桥、冯和法：《中国农村》论文选，人民出版社，1983。

乡村建设运动中的合作社理论与实践，是一种诱致性的制度变迁。梁漱溟、晏阳初等以乡村建设理论为基础，提出发展合作社的一整套计划和方案，丰富了中国农村合作社的理论和实践。他们所建立的许多合作社，基本上是按照国际合作社原则运作的，这对于中国农村合作社规范化发展有一定示范意义。在他们所及的试验区域，通过兴办合作社，在一定程度上解决了当地的一些问题，如社员能获得低息贷款，生产物能得以运销等。乡村建设运动及其合作社随着日本帝国主义的侵略而最终破产，但他们在农村对乡村建设运动所作的宣传，则启蒙了农民的思想，为建国后的合作运动打下了良好的基础。

3. 台湾合作金融制度的形成、发展和变异

台湾省的合作金融由台湾省合作金库、农渔会的信用部、信用合作社、保险合作社、农会保险部和储蓄互助会组成。合作金库是台湾合作金融的上层机构，信用合作社和农渔会信用部、储蓄互助会则分别是台湾城市和乡村合作金融的基层机构，它们构成了具有一定特色的台湾合作金融制度。[①]

早在 1895 年日本占据台湾时期，台湾就已经有少数与信用合作社相类似的资金融通互助组织。之后根据日本政府公布的"产业组合规则"，成立了台湾产业金库和包括部分城市信用合作社和兼营信用合作业务的乡镇农业会在内的基层合作金融社团，经过多年自下而上的建立、调整和发展，逐步形成了由台湾省产业金库和基层各种合作社、各级农水产业会组成的上、下两级制的合作金融体系。

1945 年 10 月，台湾光复，国民党政权接管了由日本控制的"台湾产业组合联合会"，并改组为台湾产业金库。1946 年由台湾省政府和农渔会、农田水利会及合作社共同出资设立台湾省合作金库，其宗旨是调节合作事业资金融通，配合业务发展需要办理农渔业金融业务，为农渔业会及其成员提供服务，供应一般工商企业的必要资金。同时，原有股东社团中的农业会分别依法改组为各级农会和乡镇合作社，原有农会兼办的信用合作业务全部划归乡镇合

---

① 林玉妹：《台湾合作金融制度的发展及其对我们的启示》，载《福建师范大学学报》，1999(3)。

作社办理，1949 年底又把乡镇区合作社并入农会，在农会内部专门成立了信用部。农会信用部是台湾省合作金库的股东团体，办理信用合作业务。1950年 6 月，原来的各级渔业会与渔业生产合作社改组合并为渔会，成为台湾省合作金库的基层社团，作为台湾省合作金库的资金调剂对象和服务对象。后来，在渔会内部设立渔会信用部。台湾农会信用部和渔会信用部合称为台湾农渔会信用部。经过多次分合演变，农渔会信用部现已成为专为农会、渔会及其成员服务的台湾基层金融组织。

城市信用合作社：信用合作社最早成立于 1909 年。1945 年，国民党当局接收了日本侵占时期的信用合作社，并于 1949 年把农村信用合作社最终并入农会。现有的信用合作社主要分布在城市，其成员以中小商业者占绝大多数，以许尔志式的信用合作社为模式，在一定区域范围内经批准可设立分社。

储蓄互助社：储蓄互助社是根据雷发巽模式组织的一种信用合作社。由"中华民国储蓄互助协会"所创设和推动。该会最初由天主教所发起组织。1964 年在新竹成立第一个储蓄互助社。储蓄互助社是一群相同职业或居住地的人，基于自愿互助的原则，以储蓄方式谋求经济利益和改善生活的组织。储蓄互助社主要分布在农村，社员以基督教和天主教信友为主。

台湾合作金融制度的特点如下：

（1）坚持社员自有、自治、自享的原则。根据农会法，农会会员股金成为农会信用部事业的主要基金。农会信用部的服务范围仅限于所辖乡镇范围内的农民。吸收会员存款，对会员发放低利贷款。其中农业产销贷款不得低于放款总额的 70%。这些规定体现了"取之于农，用之于农"的经营方针。信用合作社社员必须缴纳股金，民主管理，按股分红。根据规定，每个社员只能加入一社，缴纳股金至少 5 股，每股 100 元。社员代表大会是最高权力机构。社员代表必须是信用优良、无违反业务规定、入社满 2 年以上者。定期存款占该社存款总额的 1% 以上，或占股金总额的 5% 以上。定期存款达不到要求的，应有殷实的担保人。理监事不得向信用社申请信用贷款。信用合作社放款以社员为主要对象，对每一社员放款有最高额限制，一般不对非社员放款。

（2）自主营运、自我发展、多元经营。台湾合作金融制度历经几十年发展逐步完善，现已颁布实施"《合作金库条例》"、"《信用合作社法》"、"《台湾地区农会信用部管理办法》"、"《台湾地区渔会信用部管理办法》"等合作金融法规，台湾各合作金融机构依法经营，自主营运资金，同时，台湾信用合作社和农渔会信用部都是以所在城镇、乡村和渔区进行设立的合作金融机构，所以，它们的经营具有明显的区域性，为所有成员服务，风险共担、利益同享、自我发展。

台湾合作金融除吸收社员存款，对社员发放贷款，代理行库及政府的政策性农贷外，还可经营其他业务。如信用合作社可经营投资各类债券、票据贴现、汇兑、保证、保管、信用卡业务、签发信用证、代收税款、代售印花、代售统一发票、代理公库、代售公债、公司债券和股票等业务。

（3）信用合作社可以变更为商业银行。随着台湾经济的发展，大量农业人口转移到城市，农村人口仅占总人口的18%。为适应这一新情况，1974年台湾当局再次对农会进行改革，公布了"《新农会法》"，废止会员股金制度，农会总干事候选人由政府主管机关挑选。这就使得农会背离了原来互助合作的性质。离开了互助合作的性质，也就失去了它赖以存在和发展的基础即会员的支持。一般的农民只把它看作取钱和存钱的机构，这就迫使农会信用部向商业化发展。在20世纪50年代，城市信用社的会员以城市中小工商业者为主。不少中小工商业者后来发展为中产阶级，甚至大资产阶级，已经不满足于原来的信用合作社。1993年颁布"《信用合作社法》"后，信用合作社的设立、分支机构、业务范围与一般商业银行几乎没有什么差别，再加上盈余分配采取按股分红，商业化趋势已十分明显。而且规定信用合作社发展到一定规模，条件成熟，经社员代表大会通过和主管部门审核许可可以变更为商业银行，换发营业执照后，可按商业银行性质经营。[①]

台湾合作金融制度80多年的变革和发展历程，基本遵循国际合作原则在运作，尤其是在税收方面的减免优惠，减轻了合作金融机构的竞争压力。但

---

① 张文棋：《台湾合作金融制度剖析与借鉴》，载《金融理论与实践》，1996（3）。

由于"中华民国信用合作联合社"纯属服务性质，基本上不经营信用社具体业务，所以台湾合作金融的联合体制存在重大缺陷，任何一家信用社发生危机，都会因缺乏救助而易波及整个信用社系统。特别是在金融业自由化的背景下，信用社在业务范围、经营区域都在与大银行竞争中处于劣势，已有一些信用社弃"合作"理念而改制为商业银行，或基于某些诱因被商业银行并购，这对合作事业无疑是一种挫折和不幸。1997 年台湾颁布"《储蓄互助社法》"后，该机构的功能及发展方向始终坚持合作制。①

（四）共产党人和革命根据地及边区的合作金融制度建设及展业思想学说和主张

苏联十月革命胜利后，马克思、列宁的合作思想在中国传播。1922 年 7 月，中国共产党第二次全国代表大会决议就指出要注意和活动合作社组织。1923 年，共产党人于树德受聘于中国华洋义赈救灾总会担任合作指导员，在河北香河县利用救灾总会的赈灾款，首次建立了雷发巽式的农村信用社。1923 年 2 月 7 日，在江西省萍乡市安源老街成立的安源路矿工人消费合作社，是共产党组织和领导的第一个合作社，它的成立，揭开了中国合作运动的新的一页。信用合作社也从无到有，从小到大，在打击高利贷剥削、扶助劳苦大众的生产和生活方面发挥作用，有力地配合了革命事业的成功。

1. 第一次国内革命战争时期关于合作社的政策主张

第一次国内革命战争时期，中国共产党领导的合作运动与农民运动相结合，开始在农村展开。1925 年 6 月 1 日，中国共产党广东区执行委员会在《对广东时局宣言》中，要求广东工会的工友们和农民协会的农友们，扶助工农经济合作事业的发展。1926 年 5 月，广东省第二次农民代表大会专门作出《农民合作运动决议案》，"决定对合作社之组织，今后当努力向农民宣传"，在农民中组织信用合作社、消费合作社和贩卖合作社。1926 年 9 月，中国共产党第三次中央扩大执行委员会《关于农民运动决策》规定：要深入农村发

---

① 陈静夫：《台湾储蓄互助运动的功能及发展方向》，载《合作发展》，1998（221）。

起组织消费合作社。1926 年 12 月，湖南省第一次农民代表大会专门作出《农村合作社问题决议案》，指出：贫苦的农民，为免除高利贷的盘剥，应组织信用合作社；为免除农产品卖出时受奸商压价，应组织赈卖合作社；为免除农民购买日常消费品受商人中间剥削，应组织消费合作社；为谋农业生产力增加，可组织生产合作社；为谋农具、种子、肥料廉价，可组织购买合作社；为谋对农产品的加工，可组织利用合作社。1927 年 3 月，江西省第一次全省农民代表大会《合作社决议案》中亦指出："对于各种合作社，应极力对各农友宣传"，"将地方积谷及公款，请求政府拨给农民协会，作各种合作社基金"。毛泽东在广州主持农民运动讲习所时，曾设"合作社运动实施法"课程；1927 年 3 月，他到武汉任全国农民协会总干事，主持中央农民运动讲习所，聘请于树德讲授"农村合作"课程。中国共产党领导下的合作运动，在广东、江西、湖北等省的广大农村，同农民运动一起发展起来。毛泽东在《湖南农民运动考察报告》中，高度评价消费、赈卖、信用三种合作社对维护农民利益所起的重大作用。

2. 土地革命时期根据地合作金融理论和制度建设及展业政策

从 1927 年到 1937 年是第二次国内革命战争，也称土地革命战争。土地革命时期的金融战线，在整个经济斗争中占有重要地位。根据地的金融体系系工农民主专政的强有力工具，它在支持革命战争，发展工农业生产，促进商品流通，支持合作社的发展，巩固工农民主政权等方面发挥着重要作用。这一时期合作金融理论方面、制度建设及展业政策方面具有鲜明的特色。[①]

（1）信用社是工农民主政府建立的新的信贷机关

革命后工农成了主人，掌握了政权，但是没有坚实的经济力量做基础，政权还是不能巩固。工农不仅要掌握政权还要掌握强大的资金。每个工农个人的经济力量很弱小，应"经过经济建设公债及银行招股存款等方式，把群众资本吸收到建设国家企业，发展对外贸易与帮助合作社事业等方面来"，"主要是吸收群众资本，把他们组织在生产的消费社与信用的合作社之内，应

---

① 许毅：《中央革命根据地财政经济史长编》，人民出版社，1992。刘仁荣：《湘鄂赣革命根据地财政经济史料摘编》，湖南人民出版社，1989。

该注意信用合作社的发展，使在打倒高利贷资本之后能够成为它的代替物。"①1934 年印发的《瑞金县建立信用合作社传单》中说："我们这些主人翁，为要有资本发展我们自己的一切生产，为要不再受资本家、富农的高利贷剥削，那么，只有由我们自己，大家拿出力量来，普遍地组织信贷机关——信用合作社。"

金融战线的革命斗争就是摧毁反动的金融体系、建立新型的革命的金融体系。这一方面包括取缔白区票币在根据地的流通和使用自己发行的货币，另一方面包括废除旧的信贷形式，建立新的信贷形式。在农村，旧的信贷形式主要是高利贷，它像寄生虫吮吸着农民的血汗。根据地里工农民主政府严格禁止高利贷活动，在高利贷被取缔后，赣南闽西一度都发生过农民告贷无门的困难局面，信用合作社、贫民借贷所等形式便应运而生了。这些民间的、集体组织的借贷机构都是为解决贫苦农民资金需要而设立的，它需要国家在资金上给予支持。因此，国家的、地方的银行加上信用合作社（贫民借贷所）等等就形成了一个革命根据地的信贷体系。

（2）根据阶级成分不同制定有区别的金融政策

1927 年 9 月，毛泽东率领秋收起义部队进军井冈山，创立了第一个农村革命根据地，随后，毛泽东和朱德率领红四军转战于赣南闽西的广大地区，开辟了赣南闽西根据地，建立政权，开展废债分田斗争，破除旧的信用关系。

1929 年 7 月闽西党召开第一次代表大会，毛泽东参加了这次大会。大会在废债问题上，对不同阶级规定了不同政策：

对欠土豪地主的债务，规定"工农穷人欠土豪地主之债不还，债券借条，限期缴交苏维埃政府或农会焚毁。"

对工农穷人及商家之间的债务，规定："工农穷人自己来往账目及商家交易之账仍旧要还，但民国十六年底以前的旧债及非本身之债务不还。"

对"超过各地普遍利息以上的高利债务"，规定："本利不还，其超过新定利率，而未超过以前普遍利息率者还本不还利。"

---

①　毛泽东：《中华苏维埃共和国中央执行委员会与人民委员会对第二次全国苏维埃代表大会的报告》，1934 年 1 月。

对"商业土豪、地主欠农民或小资产阶级之债,"规定:"不论新旧都要还"。

至于传统合作金融形式合会谷会则"需看各县情形而定,其土豪先得者多则照旧维持,但须割免会首会款。如系农民先得者多则取消之。"这条规定是基于这样的理由:会首一般是有困难才要求打会的人,故不要求再还款;"土豪先得者多"是指二会、三会或四会都是由土豪得到的,所以要"照旧维持",以保障排在后面的农民在利益上不受损失。"农民先得者多则取消之",就等于废了农民欠土豪的债。

(3)实行低利借贷,因地制宜规定合理利率

在取消高利贷的同时,闽西第一次党代会规定,"目前社会还需要金融之周转,利息不能取消,但须禁止高利贷。"并且说明"利息过低,富人闭借,农民不利,各地得斟酌情形规定利息为一分五厘或其他相互利益"。

信用合作社实行低利借贷。《中华苏维埃临时中央政府关于合作社暂行组织条例的决议》中规定:信用合作社的借贷者,要以社员为主体。对于社员,除享受红利外,还有应用低利借贷的特别权利。对于非社员的利息,亦不能超过社会一般规定。1932年2月1日颁布的《中华苏维埃共和国临时中央政府关于借贷暂行条例的决议》中的规定更为具体:"苏区中借贷利率,最高者短期每月不能超过一分二厘,长期周年不得超过一分……一切利息都不得利上加利。"但"信用合作社借出借入之利息都不宜太低,太低了不能收外存款。"① 实际工作中,信用社贷款存款利率水平与当时社会上的利率水平相比是低廉的。

(4)合作金融是经济上弱者之联合,富农不准入社

1913年4月,闽西苏维埃政府召开了经济委员会扩大会议,规定"富农不准加入合作社,以前已加入的,停止他的分红及一切权利,其股金展期归还,已入股的社员要发证章。"

(5)规范信用社业务经营

---

① 1932年9月,江西工农民主政府《合作社工作纲要》。

1933 年 9 月 10 日，苏区中央政府颁布了合作社标准章程。信用合作社业务主要有存款、放款、贴现及代理业务。

存款主要有政府收入的商业税和打土豪收入的现金，一时不需用的款子暂时存入信用社，群众存款很少。

放款主要用于生产事业之借款，维持生活之借款，帮助治病之借款，而对于助长封建迷信及浪费之借款则不借，有被欠之危险者不借。

信用合作社可与粮食合作社互相存借款项，当粮食合作社正月后粜谷时卖得款子可予信用社活动，到了收获时信用合作社收入之款即还给粮食社收回谷子。

（6）在特定时期赋予信用社代行国家银行发行纸币的权力

1930 年 3 月 18 日，闽西特委召开了第一次工农兵代表大会，成立了闽西工农兵政府。为了适应调剂金融、沟通贸易、发展经济的需要，会议决定要普遍发展信用合作社组织，还制定了《合作社条例》、《借贷条例》和《取缔纸币条例》。明确规定："一、各地不得自由发行纸币。二、发行纸币机关，要信用合作社才有资格。三、信用合作社要有五千元以上现金，请得闽西政府批准者，才准发行纸币，但不得超过现金之半数。四、纸币数量限一角、二角、五角三种，不得发到十角以上"。信用社发行的纸币在一定范围内流通，通过贷款形式引入流通。1931 年 4 月，闽西苏维埃政府经济委员会扩大会议决定，工农银行成立后取消合作社发行纸票的权力。

（7）信用合作社与国家银行的关系

信用合作社是银行的得力助手，第一，信用合作社充实银行的股金。第二，信用合作社为银行代理私人借款业务。第三，负责兑现和宣传使用纸币。信用合作社还代理公债票发行还本和借谷票等业务。各地信用合作社通过对农民生产贷款促进了生产，补助了国家银行的不足。

（8）合作社与政府关系

1932 年 9 月江西工农民主政府颁发的《合作社工作纲要》，第一次较系统地规定了合作社与工农民主政府的关系：

"①合作社于开办时要按照工商业登记条例，向县政府财政部登记，但各级政府直属机关合作社则向该同级政府登记。

②在合作社指导系统未建立以前，在结账时要向政府财政部报告营业状况与盈亏情形。

③政府给予合作社免税减租及一切承租之优先权。

④政府保护合作社货物之流通及赊货，如有货款被抢或赊账被欠者，政府帮助催收。

⑤银行应设法提一部分款子借与合作社活动。

⑥政府不干涉合作社之财政，但舞弊者政府帮助取缔。

⑦政府经常帮助合作社的宣传组织工作。

⑧国家工厂商店及国家运转机关对合作社买货运输有优先权并减少价钱。

⑨合作社对红军家属买货与社员同样优待。"

根据地的工农银行和信用合作社完全代表了工农群众的利益，对消灭高利贷剥削、支持工农业生产、活跃市场贸易、配合革命战争、便利群众生活，发挥了很大作用。

3. 抗日战争时期边区合作金融理论和制度建设及展业政策

抗日战争时期，在共产党中央和边区政府的领导下，陕甘宁边区、晋察冀边区的合作运动得到很大发展，合作社经济成为边区新民主主义经济的重要组成部分。通过各种形式的合作社把边区的广大人民群众组织起来，发展生产，搞活流通，稳定金融。对于发展边区经济、实现丰衣足食、战胜日本帝国主义和国民党顽固派的经济封锁，夺取抗日战争的胜利，发挥了十分重要的作用。

这一特殊历史时期内的边区合作金融制度建设，理论上有特色，体制上更完善，经营上更规范:①

（1）合作社是统一战线性质的。日本帝国主义侵入中国后，中国国内阶级矛盾出现了新的变化。这时期边区的合作社是统一战线性质的，所有农民、工人、地主、资本家都可以参加，它是政府领导、各阶层人民联合经营的经

---

① 《抗日战争时期晋察冀边区财政经济史料摘编》、《抗日战争时期陕甘宁边区财政经济史料摘编》，陕西人民出版社，1981。

428

济、文化及社会公益事业的组织。目的是建立民主的经济、人民大众的经济。

（2）合作社是综合性的群众组织。边区地广人稀、交通不便，如果搞单纯的生产合作社或单纯的消费合作社、信用合作社，则不容易发展。但如果生产、运输、信用、卫生、消费样样俱全，就既适应群众要求，又容易经营发展。因此，边区的合作社，既是经济组织、又是事业性单位。

边区信用社的组织形式有两种：第一种是综合性合作社下的一个单位，下面还设有消费品营业，服从于信用业务，从信用社内部来调剂资金。第二种也是综合性合作社下的一个单位，但它本身除信用业务外，不作其他营业。

（3）合作社实行公私结合、民办公助、公私两利。合作社虽是群众组织，但边区的群众较贫穷，政府在合作社创办时应给予帮助，或者由国家机关入股，这对合作社和国家机关都有利。

（4）行政手段是快速发展合作事业的有效方式。1938 年 1 月 15 日，晋察冀边区政府成立。边区政府成立后即号召群众开展合作事业，设立合作运动科，颁布合作条例，并定当年 6 月至 9 月为"合运"建设期，号召为增加十万社员而努力。为解决合作社干部缺乏的困难，在抗战学院成立了合作人员训练班。1939 年 5 月 27 日，边区行政委员会发布了《关于普遍推广合作事业的通知》，通令"各该署县，于奉命之日起，对所属乡村合作社之设立，迅即拟具计划，分期规定必须完成社数。至于县社及中心区社，务在最短期间，全部组成并充实之，使起领导及示范作用，以资影响"。同年 7 月，边区行政委员会又发布关于发展边区合作事业的指示，关于信用合作的组织问题，指出"信用合作是资金上的化零为整……发展生产事业……只有奖励信用合作，动员埋藏的、逃走的、分散的资金，低利投到生产事业上去。我们希望在政府积极帮助切实保障之下，普遍成立起信用合作，以解决金融上的枯滞。这些合作社同时可以作为边区银行的代办所而办理农工矿事业的低利放款。"

边区政府还设立了完备的合作行政系统，对合作理论也有较系统的认识，合作社的各项法规条例也较健全，如《合作社暂行规程》、《联合社章程》、《晋察冀边区合作社法草案》、《合作社组织条例》、《各县合作事业促进会组织办法》等。从 1938 年春到 1939 年春，仅一年光景，合作社基本普及并逐步走入正轨。

（5）边区内新、旧借贷关系共生。边区政府实行抗日民族统一战线政策，各种经济成分共存共生。高利贷、"请会"、信用合作社等各种信用形式都得到发展。

边区农民的土地问题，在土地革命时即已彻底解决，在普遍实行男耕女织的情况下，农村借贷需求增加，高利贷和旧的信用形式"请会"则乘机发展。至1944年，一般私人放账利息达30%～50%；延安附近各集市借款，借款五天，每元须一角的利钱。同时，传统的合作金融形式"请会"也相当盛行。"请会"是农村群众互助的一种借贷形式，土地革命前曾普遍在边区各地流行，它的利息一般较低，土地革命中，废止一切旧债，所有的"会"都随之"烂包"了。至1941年以后，"请会"又重新抬头，当时农村中"请会"、"随会"的户数占村里户数的33%～70%，"请会"的利息比一般私人放账甚至比信用社借款利息还低。

高利贷和"请会"的盛行，说明农村急需金融的调剂，需要举办信用合作社。另一方面，在边区建立信用合作社，在资金来源上也有可能。有些农民及手工业者，出售产品的钱，需要聚零为整，才能办事业；各机关、部队、学校人员，由于历年来的生产自给运动，也有一定积蓄，集市的工人、学徒也有零星小款，老人和妇女有不用的养老金和私房钱，娃娃有不用的压岁钱等，都可成为信用社的资金来源。

（6）首次阐明信用合作社经营的重要理论和原则。

第一，边区信用合作社吸收存款的原则，一是利导，即给予必要的利息和保证还本付息；二是自由，即随时存取，不受限制。反对任何形式的强制或摊派，以达到大量吸收存款的目的。

第二，信用社发放贷款的种类既包括生产放款，也包括消费贷款。生产放款以能用于直接帮助生产并发挥最大效能为目的，既不是放给富有者去买牛出租，赚取租子，也不是放给那些去搞投机冒险的人，更不是放给无劳动力、不能生产而缺吃少穿的人（这是救济机关的任务）。据此，发放贷款应讲究实效，而不求普遍，应有所选择，而不有求必应。除了生产费用外，婚丧急用以及某些经营正当商业、脚踏实地的小商人一时资金不足也酌量发放。但对于不正当的用途与无还本付息保证的，则予以拒放。

第三，实践中产生的合作金融利息理论。边区信用社的实践表明，制定适当的利率政策和利率水平是搞好存放款业务的关键所在。有的社忽视物价上涨率较快的背景，实行实际上的负利率，结果吸收不到存款，没有资金来源也就无款可放，只好坐视高利贷活动；有的社则在物价平稳后不及时降低利率，结果出现有的生产单位将生产资金存入信用合作社，图以利息代替生产收入；而借钱者又因利息过高而贱卖粮食归还借款，这说明利息过高也不能促进生产，反而可能引起生产资金流入信用领域。据此，陕甘宁边区政府建设厅、边区银行的利息政策是：①

"（1）逐步降低利息，以达到低利借贷，抵制高利贷。此次联席会议决定，由百分之二十降为百分之十五，以后再看情况逐渐降低。

（2）为了照顾存款、推进储蓄，利息不能过低于社会上一般利润率，但要逐渐达到低于或者相当于生产利润。故订利息时，应以物价变动及一般利润为标准，同时参考当地借贷关系及信用社资力情形。在物价不断高涨下，要呆板地规定一个不变的利率是不可能的。

（3）生产用的借款利息，应低于商业借款，尤其是有特殊需要的生产事业，更须照顾。对贫苦的工人、农民，应斟酌减少其利息。"

边区信用社的任务之一是与高利贷作斗争，所以信用社业务中长期存在的偏向是认为利息率越低越好，这一片面认识在实践中逐渐得到了纠正。实际工作者总结了利率升降的依据和判断高利贷的标准并进行了较为科学的论述：②

"关于利率升降的依据，大体上有如下条件：即当时当地一般物价变化，当时当地社会企业利润，当时当地旧的借贷利息水平，借款的性质、用途（如工业、农业、运输业或直接生产费用、间接生产费用、婚丧疾病费用等）、

---

① 陕甘宁边区政府建设厅、边区银行在 1944 年 10 月 14 日关于信用社问题给贺龙、陈云的报告。

② 肖长浩：《介绍边区的信用合作社》，载《解放日报》，1945 年 7 月 1 日。

对象（团体或个人——工人、农民、小贩、脚户等）。除了这些基本条件外，并注意照顾同业（即其他信用社）与自己的资金力量，不是随便可以升降，也不是死板无变动，而应在不同时期不同情况下适当去处理。如果丢开这些实际去空谈什么高利贷不高利贷，反于事无补。只要信用社利率比当时当地一般社会利润低，因地因时因事制宜，那就不算高利贷了"。

（7）首次阐明建立信用合作社的方针政策

边区的信用合作事业在艰难的岁月里得到了长足的发展，从其经验教训中总结出了建立信用合作社应采取的政策：

第一，要坚持自愿入股。搞好信用社工作，关键在于多吸收资金，而能否多吸收资金，就要看其办法是否对人民有利，是否使人民自愿。只有坚持自愿互利原则，合作事业才能发展。

第二，坚持民办公助、民主管理。信用合作社是由银行拿钱来办，还是完全由老百姓自己办？边区信用合作的实践证明："老百姓办起来，银行再给它一些帮助，这个形式比较好。"这就是所谓民办公助的方针。边区信用社在创立发展过程中，也出现过一些领导包办代替的错误，但都逐步得到了纠正。民办公助的合作社，须实行民主管理。

第三，坚持合作性质，克服单纯盈利思想。边区信用合作社在发展过程中，有许多社抛弃了互助合作的本旨，不是从发展储蓄、组织借贷、扶助生产出发，而是单纯从营利出发。它们在物价平稳时不愿降低利息，有的还提高利息，有的社只压低存款利息，不减放款利息，加大了存放款之间的利差。有的社在营利思想的引导下，不及时收回贷款，认为收回款会影响利息收入，结果造成大批烂账。有的社为了追求利润，将大量贷款贷给商人，无意中助长了商业投机。这些情况说明，必须让干部职工明确合作社的基本性质和任务，并建立严格的规章制度，否则，信用合作事业就会走入歧途。

（8）首次正确认识合作社的性质及信用合作社与各方面的关系

信用社与银行的关系，只是一种互相合作、互相帮助的关系。银行帮助信用社发展，信用社协助银行开展业务。行社业务往来方面，应该公平合理，信用社在银行存款，银行给利息；银行放给信用社的钱也要算利息，不过比信用社放款的利息要低。

信用分社与中心社、基层社与联合社的关系。分社与中心社是一个连贯的系统，各方面可以互相挹注、相藉发展。其营业与会计可以独立。"联合社是由多数社鉴于自己单独经营的力量太小，乃更进一步把附近同样社联合起来，而另外再组成一个区或县的联合社，以其多数属社共同出集的力量，统筹融汇起来，以加强各种业务，发展及提高指导经营技术的组织，所以这又叫'合作的合作'"。[①]

合作社与政府的关系。1944 年 2 月 10 日晋察冀边区行政委员会关于合作社工作的指示中指出，"政府对合作社有指导关系，县政府、区村公所对县联社、区办事处、村合作社要积极扶植与帮助，健全与扩大其组织，政府在执行法令范围内，有检查合作社之权……但不得干涉其业务……县联社区办事处村社要遵守政府法令，具体实现政府经济合作政策，根据政府一定时期经济建设方针从业务上完成任务，在进行工作确定业务计划时要与各级政府多加协商征求意见"。

抗战时期对合作社的性质也进行了探讨，如提出"合作社不是资本主义经济，因为合作社基本上不是剥削的组织，但合作社也不是社会主义经济，因为合作社是建筑在涣散的个体农业生产和手工业生产上面，而不是建筑在大规模的有组织的机械生产上面，合作经济是一种新形式的经济，是新民主主义经济的一种组织形式。""合作社是群众性广泛的统一战线的经济组织"。边区信用合作社对于打击高利贷剥削、扶助生产、奖励储蓄、推动节约都起到了良好的作用。

到中华人民共和国成立时为止，信用合作事业在中国已有整整 30 年的历史。由于处于半封建半殖民地的社会背景里，合作社在中国也就与在资本主义国家有若干基本性质的不同。抗战之前和抗战时期在国民党统治区只有少数带有群众性的合作社，在短时期内表现过一些经济防御作用，但这些合作社不久不是破产解散，就是变为由少数人操纵的资本主义企业。至于一般合

---

① 财政部财政科学研究所：《革命根据地的财政经济》，中国财政经济出版社，1985。

作社，由于其实际上都受官僚资本和地主阶级直接或间接操纵，难以起到减轻农民负担的作用，农民对合作社自然也就没有好感。因此，国民党统治区的合作社，并没有真正表现出它的经济防御作用，也没有像在资本主义国家那样，起过维持当权统治的作用。合作社在解放区与国民党区显然有所不同。它是在新民主主义政权领导下，在战争、土改、灾荒三个特殊条件之下产生和发展起来的。合作运动虽然经过几起几落，存在着不少严重的缺点与偏向，但一般说来，解放区的真正群众性的合作社，在不同地区和不同时期对于发展生产、保障供给、支援战争、对敌斗争和巩固政权都起过一定的、有时并且是重要的作用。在这动荡的三十年里，信用合作社从无到有，从单个到成系统，从受政府排斥到受政府支持；合作金融的理论也逐渐成体系，合作金融制度建设及展业体制也日益规范。

二、1949—1978 年新中国改革开放前时期合作金融制度建设及展业思想学说和主张

（一）过渡时期合作化方针的理论依据与信用合作实践

1. 合作化方针的理论依据

从中华人民共和国成立，到生产资料的社会主义改造基本完成，这是一个过渡时期。过渡时期的任务是要改变生产资料的所有制，把个体所有制逐步改造为社会主义集体所有制，把资本主义所有制逐步改造为社会主义全民所有制。在农村贯彻这条总路线，就是要用合作社的形式来逐步实现对小农经济的社会主义改造。

在无产阶级夺取政权以后，制度变迁引起生产关系重大变革，怎样引导农民走上社会主义道路，革命导师对这一问题都曾十分注意。由于农民既是占有一定生产资料的小私有者，又是自食其力的劳动者，所以对农民进行社会主义改造是一个非常特殊的问题。马克思、恩格斯认为，要改造小农必须采取合作社的形式，通过合作社引导农民走上社会主义道路。列宁认为，经

济落后、小农经济占绝对优势的国家向社会主义过渡，不仅要保证整体利益和国家利益，而且要兼顾农民个人利益，而能把整体利益和个人利益有效地结合起来并使个人利益服务于整体利益的组织，就是合作社。

中国共产党遵循了马克思主义的这一基本原则，在 1949 年 3 月举行的七届二中全会上，毛泽东就明确指出："占国民经济总产值百分之九十的分散的个体的农业经济和手工业经济，是可能和必须谨慎地、逐步地而又积极地引导它们向着现代化和集体化的方向发展的，任其自流的观点是错误的。必须组织生产的、消费的和信用的合作社，和中央、省、市、县、区的合作社的领导机关。""单有国营经济而没有合作社经济，我们就不可能领导劳动人民的个体经济逐步地走向集体化，就不可能由新民主主义社会发展到将来的社会主义社会，就不可能巩固无产阶级在国家政权中的领导权。"[①]

中国共产党关于农业合作化的方针，在 1949 年 9 月举行的政协第一次会议中通过的起临时宪法作用的《共同纲领》中得到确认。《共同纲领》第二十九条规定：合作社经济为半社会主义性质的经济，为整个人民经济的一个重要组成部分。人民政府应扶助其发展，并给予优待。第三十八条特别提出，关于合作社：鼓励和扶助广大劳动人民根据自愿原则，发展合作事业。在城镇中和乡村中组织供销合作社、消费合作社、信用合作社、生产合作社和运输合作社。第二十六条还明确规定：国家应在经营范围、原料供给、销售市场、劳动条件、技术设备、财政政策、金融政策等方面，调剂国营经济、合作社经济、农民和手工业者的个体经济、私人资本主义经济和国家资本主义经济，使各种社会经济成分在国营经济领导之下，分工合作、各得其所，以促进整个社会经济的发展。

2. 信用合作组织的试办和大办

1950 年 7 月 5 日至 27 日，全国合作社工作者第一届代表会议举行。会议决定今后农村中应着重组织发展供销合作社及农业生产信用合作社，以促进农业生产和人民生活，发展农村中新的借贷关系。

---

① 《毛泽东选集》第四卷，第二版，1432 页，人民出版社，1991。

1952 年 5 月，中国人民银行总行召开了第一次全国农村金融工作会议，为了全面开展农村金融工作，决定普遍建立区级银行机构和重点试办农村信用合作，在国家银行领导下，二者互相补充、互相帮助、共同配合完成帮助农民解决生产和生活上资金的调剂和供给问题。

关于农村信用合作的组织形式，会议也明确规定：农村信用互助的组织形式，应该是多种多样，广泛开展，才能使农村金融趋于活跃，不应是一成不变的。银行对农村信用合作应负主要领导责任，各级合作社应积极推动，视为共同任务，以适应广大群众的需要，目前可以采取的组织形式如下：（1）信用合作社。（2）供销社内设的信用部。（3）信用互助小组。在群众自发基础上一个行政村内可组织一个或几个信用互助小组。（4）原有的组织形式。农村中各种私人借贷的原有信用组织如合会等仍可存在，并可鼓励其扩大互助范围。

为了推动信用合作更好地、规范地发展，1951 年中国人民银行总行又颁布了《农村信用合作社章程准则（草案）》、《农村信用互助小组公约（草案）》及《农村信用合作业务规则范本（草案）》。

由于有统一领导、有国家银行的支持以及较完备的规则，我国农村信用合作事业真正开始蓬蓬勃勃、兴旺发达了。到 1952 年底我国国民经济恢复工作基本结束时，全国各地试办的信用合作组织已达 20067 个。

1953 年 12 月 16 日通过的中共中央《关于发展农业生产合作社的决议》中指出：农业生产互助合作、农村供销合作和农村信用合作是农村合作化的三种形式。这三种合作互相分工而又互相联系和互相促进，从而逐步地把农村的经济活动与国家的经济建设计划联结起来，逐步地在生产合作的基础上，改造小农经济。决议要求继续贯彻"只许办好，不许办坏"的方针，使合作运动有一个大的发展。

1954 年 2 月，人民银行总行召开了第一次农村信用合作工作座谈会。会议回顾了新中国成立后四年多时间农村信用合作事业所取得的成就，总结了工作中的经验教训，研究了发展信用合作事业的具体方针和步骤。会议之后，全国各地兴起了大办信用合作的运动。1954 年 9 月 12 日，《人民日报》发表了题为《积极发展农村信用合作》的社论，为信用合作运动推波助澜。这样，从 1954 年到 1955 年上半年，我国信用合作事业出现了一个大发展时期。1955 年 6 月底，全国基本实现了一乡一社，提前两年实现原定的信用合作化目标。在这次发展高潮中，有不少信用组和信用部都转成了信用社，同时也成立了一些新社。1955 年后，针对存在的问题，根据"业务开展、账目清楚、民主管理健全、执行国家金融政策、群众拥护"的标准，进行了巩固信用社工作。

1956 年，全国农村信用社为 10.3 万个，农村信用社在帮助农民解决生产生活困难、恢复和发展农业生产、打击高利贷、支持农村合作化运动等方面都发挥了重要作用。这一时期农村信用社的经营目标、管理、分配原则基本上符合合作制原则。经过典型试办、逐步推广和运动方式，在坚持自愿、民办、民主管理、灵活利率的前提下，信用合作运动得到飞快发展。

3. 国家银行的合作金融工作

过渡时期，国家通过银行给予合作事业多方面的支持。由于没有专设合作银行，国家对合作事业的扶助支持都是通过中国人民银行和中国农业银行具体实现的，合作银行的职能也是由这两家银行兼任的。

1950 年 4 月 24 日，中央合作事业管理局、中国人民银行总行联合签订了《1950 年全国合作长短期放款协议》，由国家财政拨出合作贷款基金，通过银行优惠贷给合作社。10 月 20 日，两家再次共同制定了《关于国家银行扶助合作社的决定》。国家银行根据上述决议精神，在过渡时期发放了大量优惠利率的合作贷款。同时，设在城市的国家银行也积极从事农村及合作金融工作。1951 年 7 月中国人民银行总行发布《关于城市行对农村及合作金融工作的办法》，具体规定了城市行所设农业合作金融机构的名称及领导关系。

为了加强对合作金融的管控，1955 年 3 月，中国农业银行成立，更加强了对信用合作工作的领导力量。

这一时期信用社虽然坚持了民办，但由于其理论和组织形式基本移植欧洲社区合作的做法，缺乏与中国农村实际相结合的创新，为以后信用社逐步走向"官办"埋下了伏笔。

（二）关于过渡时期合作社是否属于社会主义性质的争论

对农业社会主义改造时期信用合作社的性质问题，当时曾经引起过一场争论，大致有两种看法。

1. 认为信用合作社是半社会主义性质的经济组织

其理由主要有：

（1）农业生产合作社是半社会主义的。[①] 其主要标志是土地私有及由此而产生的土地分红。土地的个人私有与合作社的公有财产相对立，土地分红与劳力分红的原则相对立。信用合作社的资金来源主要是存款，而存款是私有的财产，同时又是要付息的，还要实行股金分红，所以不能是社会主义性质。农业生产合作社是生产单位，主要是从生产资料的所有制确定它的性质；信用合作社是信用单位，也必须从资金归谁所有去确定它的性质。

（2）信用合作社建立在小农经济占优势的基础上，只限于信用的活动，并不能决定生产关系本质的变化。对于生产活动来说，信用活动只能是从属的关系，如果生产方面是个体的，则信用活动就不可能是社会主义的。由于对农业生产关系的改变有决定意义的农业生产合作社是半社会主义性质的，所以属于从属性质的信用合作社也只能是半社会主义的。

（3）信用合作社分红制度是以按资分配为形式之一，社会主义的分配原则是按劳分配，按资分配应逐步转变为按劳分配，所以信用合作社应看成半社会主义性质的。

2. 认为信用合作社是社会主义性质的

主要理由有：

（1）信用合作社是群众的互助组织，分析它的性质须从它所处的政治制度、经济制度、领导关系与经济关系等基本方面加以考察。过渡时期的信用社，是在以工人阶级为领导、工农联盟为基础的人民民主专政的政权下，经过党与政府的倡导、组织与发展起来的。它与国营经济发生着联系并通过国

---

① 《毛泽东选集》第5卷，184~185页。《刘少奇论合作经济》，6页，中国财政经济出版社，1987。

家银行接受国营经济的领导，成为社会主义农村金融体系的组成部分。它通过信用活动使小农经济与国家计划产生联系，在信贷关系上组织广大农民，把富农孤立起来，帮助农民解决生产、生活困难，并削弱以至断绝与资本主义的联系，巩固工农联盟。因此，这必然决定它成为社会主义性质的经济组织。由于信用合作社是狭小的、分散的信用单位，要完成它所担负的任务，单靠本身的力量是不可能的，它必须在国家银行的领导与扶助下，才能克服自身的许多不足，顺利地开展业务，成为强大的金融力量。国家的领导对于信用社的组织、业务以至于职能都发生着重大影响，这是不能低估的。

（2）信用合作社的股金、公积金及业务盈余等为全体社员所公有，是社会主义所有制形式的一种。它不允许地主、富农加入信用合作组织；它影响并改变了农村中自发的、有追逐利润倾向的、有发展成为高利贷可能的私人借贷制度，消灭了资金使用过程中的剥削关系。因此，从所有制、从对旧借贷关系的改革、从消灭信贷关系中的剥削这些方面来看，信用社也是社会主义性质的。

（3）信用社是完全按照社会主义的原则进行经营的，它的任务是集中社会资金并对这些资金进行再分配。在具体的业务活动中，它执行国家的金融政策；贷款扶助的对象及贷款用途的效果，有助于贫困农民经济地位的提高，有助于农业、副业、手工业生产的增长，有助于农村中互助合作运动的巩固与发展。这些业务活动符合党改造农业的政策，因而也构成它的社会主义因素。信用合作社内部盈余分配原则与农业生产合作社不同，全部盈余是按公积金、公益金与奖励金比例分配的。有些地方，根据当地情况及社员要求，以不超过20%的盈余按股分红，这是对社员入股的奖励。其分红部分也只是盈余中的极少部分，基本不存在两种分配原则的对立。

（4）从信用社存款的所有权来分析信用社的性质是不能成立的。信用合作社资金主要来源是存款，虽然存款是属于私人的，但所有权和使用权是可以分离的，在存款没有被提取之前，信用合作社完全可以按照社会主义的原则运动到经济活动中去，并不受所有权的约束；当存款被提取，又属私人所有制支配的时候，就同时不再是存款，与信用社没有关系了。同时，存款是信用合作社的一种业务活动，其数量的多寡，影响不到信用社性质的变化，正如国家银行也有工商业资本家的存款，而国家银行的性质仍然是社会主义经济成分一样。过渡时期的社会是新民主主义社会。"新民主主义的合作社是和社会主义的合作社有差别的，但是，两者之间并没有隔着一条不可逾越的鸿沟。

新民主主义的合作社虽然以私有财产为基础，虽然还只是一种集体劳动，可是，这种组织一经发展下去，便会从集体劳动的组织走向集体财产、集体农庄的组织。到了那个时候，"新民主主义的合作社便走入社会主义合作社的境界了。"[1] 新民主主义社会的经济是过渡性的，因此，具有依附性的信用合作的性质也是过渡性的，如果说在新民主主义社会的前期信用合作还是"半社会主义性"，那么在后期则应该说"几乎是社会主义性的了"。[2]

（三）"大跃进"和"文革时期"错误理论指导下的错误实践

过渡时期结束后，我国进入社会主义初级阶段。在中共十一届三中全会以前的这一段时期，农村信用合作社在错误的理论和政策指导下，走过了一个艰难曲折的历程。

1. "大跃进"中空前混乱的信用合作体制

1958年是我国第二个五年计划的第一年，也是各方面工作进行"大跃进"的一年。在"鼓足干劲、力争上游、多快好省地建设社会主义"的总路线的指引下，全国人民迸发出极大的热情。但是，在这一时期，客观经济规律被抛到了一边，瞎指挥风、浮夸风、共产风、强迫命令风等不正之风盛行，给经济工作造成极大危害。农业生产需要"大跃进"，资金就需要大供应。1958年2月，中国人民银行总行发出《关于积极开展农村存款为农业生产高涨准备充裕资金的指示》，要求1958年6月底农村储蓄存款余额要在上年同期的基础上，增加50%左右。同年，在安徽阜阳和上海召开了为农业生产大跃进筹集资金的现场会，此后，各地大办实物存款，弄虚作假、强迫命令等

---

[1] 许涤新：《新民主主义的经济》，上海，三联书店，1949。
[2] 李乡朴：《论新民主主义的合作社经济》，载《文汇报》，1949年10月31日。

不正之风在农村金融战线上就乱刮起来。信用社（后来变为信用分部）被当作社队平调社员财物的工具。公社、生产大队和生产队强迫征用社员的木料、砖瓦、农具等财物，折成现款，算作社员在信用社的存款，开给存单，同时算作信用社对社队的贷款，立贷款借据。这样一折腾，信用社或信用分部的存放款数字，在几天甚至一天之内就翻几番。有些地区的社队强迫群众出卖金银首饰，向信用分部存款，甚至连群众正在使用的铜、铁器具也得变卖存款，有的地区连全社有多少只鸡、能生多少蛋、能卖多少钱，都算作存款的源泉，进行规划，按户按人给社员分配存款任务，真是"充分挖掘"了农村资金潜力；更有的银行和信用分部的干部、职工，坐在办公室里"大跃进"，既不见钱，也不见物，干脆弄虚作假，记空账，虚存虚贷、虚收虚付，现代商业银行的信用创造能力也远不及此。

与此相适应，农村信贷体制也进行了大的"改进"。为了适应1958年实现人民公社化后的形势，同年底，中共中央、国务院颁发文件，规定设在人民公社的国家银行营业所和农村信用社合并，组成人民公社信用部。1959年上半年，中共中央和人民银行总行再次分别发布文件，规定将下放给人民公社的银行营业所收回，不再下放给人民公社了；将原来的信用社从人民公社信用部里分出来，下放给生产大队变为信用分部。信用分部的职工由生产大队管理，盈亏归生产大队统一核算，业务经营由生产大队和公社信用部双重领导。之后，全国各地基本上以生产大队为单位建立了信用分部。信用分部成了生产大队的一个所属部门，大队有权决定和指挥信用分部的工作，有权调用信用分部的职工，有权使用信用分部的资金，有权决定信用分部的贷款。结果，有的地区的社队没有钱给社员发工资或分配兑现，就让信用分部给社员开存单，算作工资或分配收入转存入信用分部，信用分部再算作贷款给社队，增记社队贷款；有的地区的社队强迫信用分部发放不符合政策规定的贷款，或随意挪用分部资金作财政性开支，甚至贪污、挥霍浪费信用分部资金；有的地区信用分部的职工被长期抽调出搞其他工作，严重影响信用分部业务的正常开展。建立信用分部的教训是惨痛的。1962年中央总结了多年来的经验教训，决定进一步加强银行信贷的集中管理。同年11月，党中央和国务院将中国人民银行总行《关于农村信用社若干问题的规定》批转各地试行。该规定重新明确了信用社的性质、任务、业务经营、管理体制等，指出信用社是集体所有制的农村人民的资金互助组织，是国家银行的助手，是我国社会主义金融体系的重要组成部分；信用社的财产属信用社社员集体所有，信用社的资金和存款，任何部门和个人都无权抽调挪用，信用社实行独立核算、自负盈亏；信用社的最高权力机关是社员代表大会，信用社的重大事宜要经社员代表大会决定，信用社实行民主管理制度；其他方面的规定如盈余分配、干部职工的任免及工薪待遇、信用社与国家银行的关系、存贷款业务方面的规定等，都大体反映了合作金融组织的要求。

信用社经过整顿恢复，各项工作逐步走入正常。在三年困难时期，农村中高利贷死灰复燃，信用社在支持社会主义集体经济、支持贫下中农、打击高利贷剥削等方面，发挥了重大作用，又重新赢得了广大社员群众的信赖。

2. "文革"时期错误理论指导下的失败的改革

"文化大革命"期间，对农村信用合作社也进行了"改革"，但这种"改革"是在错误理论指导下的失败的改革。

1969年1月，中国人民银行总行在天津召开信用社改革座谈会。对于信用社的机构设置，会议上介绍了两种形式：一是保留设在公社的信用社，在生产大队建立信用站；二是把信用社下放给大队（或几个大队联合办信用社），公社设银行服务所（即银行营业所）。会议认为，一个公社一般不应同时设银行服务所和信用社两个机构。会议指出，信用社改革的两个根本性问题，一是实行贫下中农管理，二是职工不脱产，走亦工亦农的道路。所谓贫下中农管理，就是要把信用社的人权、财产和资金使用权交由贫下中农掌管；所谓职工走亦工亦农道路，就是要把信用社的脱产职工下放，改为不脱产，边参加生产劳动，边办信用社业务。

从各地的试行结果看，信用社的机构设置，绝大多数省区都是在公社建立信用社，在生产大队建立信用站，部分地区还在生产队建立信用小组或代表，实行信用社统一核算、两级管理；只有少数省区的全部或部分地区实行在生产大队设信用社，或由几个大队联合办信用社。此外，也有一些地区，在公社一级实行银行营业所和信用社合一（有的叫合署办公），一套人马、两块牌子、两套账、分别核算。关于贫下中农管理问题，大部分地区都建立了贫下中农管理委员会。这种委员会根本就是文不对题的，它完全否定了合作社的社员民主管理性质，否定了社员在信用社中的主人地位，因为"贫下中农"的范围既包括信用社社员，也包括非社员。这种委员会在实践中性质不清，任务不清，组织形式不清，只能给信用合作工作带来混乱。关于信用社职工实行亦工亦农问题，这种改革从一开始便推行不动，强行实施的结果是给信用社职工思想上造成极大伤害，生活上带来许多困难。合作金融组织在创立初期、业务量少、服务范围小、组织松散化的情形下是可以采用职工不脱产形式的，但在我国地域广阔、信用社已发展多年、服务面广、业务量大且信用社又多设在公社所在地的情况下，推行亦工亦农的改革显然是"左倾"盲动。

"文化大革命"给信用合作工作带来的破坏是巨大的。这期间，歪风邪气盛行，信用社业务发展缓慢，农村高利贷活动猖獗。信用社不再是农民的"小银行"，而成为"无产阶级专政的工具"。

3. 信用社"两重性质"的谬论

"文革"结束后，我国进入了一个新的历史时期。由于长期"左倾"意识的影响，人们的思想并没有得到彻底的拨乱反正。1977 年 11 月，国务院发出《关于整顿和加强银行工作的几项规定》，提出"信用社是集体金融组织，又是国家银行在农村的基层机构……信用社的资金应当纳入国家信贷计划，人员编制应当纳入县集体劳动工资计划，职工待遇应当与人民银行基本一致。"为贯彻国务院指示，中国人民银行总行于 1978 年 5 月，就信用社的机构设置、领导关系、业务经营等方面作出了具体规定：农村基层金融机构的设置，原则上按人民公社设信用社，或营业所、信用社合一的机构。根据需要在生产大队设信用站。在经济活动集中或边远分散的地方，可设信用分社。在一个公社已有银行营业所，又有信用社的，所、社合为一个机构，实行统一领导，挂两块牌子，使用两个印章，办理银行和信用社的业务。只有信用社没有营业所的，只挂信用社的牌子，使用信用社的印章，由信用社承办银行和信用社的各项业务。以上两种机构形式，同样都是国家银行在农村的基层机构，执行统一的金融政策、统一的计划管理和统一的规章制度。上述体制对于统一银行、信用社的力量，加强对信用社的管理无疑是起了一定的作用的，特别是经过清财务、清资金、清账务的"三清"整顿工作，信用合作工作又呈现出新的面貌。但是，上述体制的缺陷也是明显的。突出表现在，它抹杀了信用社合作金融性质，将两类不同性质的金融组织人为地合并在一起，使信用社丧失了组织上的群众性、管理上的民主性和经营上的灵活性。

回顾多年来信用合作社的发展历程，无论是"下放"给人民公社和生产大队，成为社队的财务部，还是接受贫下中农管理，走亦工亦农道路，还是与银行营业所合并，成为银行的基层机构，都不仅未能找到一条适应合作金融事业健康发展的正确道路，而且给合作金融事业带来许多危害。

4. 改革开放前合作金融制度建设及展业方面的经验教训

过渡时期的信用合作工作，是在小农经济如汪洋大海般的我国广大农村中破除旧的借贷关系、建立新的借贷关系的一场深刻变革。在这一伟大变革过程中，有成功的经验，也有失误的教训。

（1）组织信用社必须掌握自愿原则，积极而又稳妥地进行。信用合作社是群众自己的金融组织，只有群众真正自觉自愿地接受了，入社后才能积极参加信用社的活动。信用社有了社员群众的支持配合，才能稳步地发展壮大。坚持自愿原则，就是在群众愿意的前提下，积极地把他们组织起来。也就是说，不能用强迫的办法使农民入社。越是强迫农民加入，农民便躲得越远。没有人与信用合作社来往，信用社就会变成"空城"。

（2）把握信用合作社业务的经营方向。信用社成立后，一部分社遵循信用合作的宗旨，帮助农业社和农民解决生产、生活所需资金，发展、壮大社员及农业社的经济；另一部分社则不顾信用合作社章程，贪图赚钱。既要赚钱，在业务上就难免走歪路，甚至经营商业投机等。这些社往往过分强调信用的一些特征，在吸收存款和发放贷款的时候，总是怕和贫农往来，一怕贫农要求贷款多，给信用社增加困难；二怕贫农贷款收不回来。总愿意锦上添花，不愿意雪中送炭，这样就使信用合作社偏离了合作互助的宗旨。

（3）不应强加信用合作社过多的政治使命。信用社是对农业实行社会主义改造的一个途径，当时要求信用合作工作一定要正确贯彻共产党在农村的阶级路线，具体说就是要依靠贫农和中农的积极分子组织信用合作社，吸收贫农和中农入社，不准富农参加。实际中执行这条路线的错误，也有两种。一是过分热心中农入社，产生了排挤贫农的偏向。这些社认为中农存款多，还款快，买公债多，而把贫农入社看成"包袱"，更不愿贷款帮助贫农解决困难。二是有的社抱着"揩中农油"的错误思想，在建社时违反自愿互利原则，强迫中农多入股，或者只动员中农存款而不贷款给中农解决困难；或者强调贫农应占优势，限制中农当社干，这样就伤害了贫、中农的团结，也阻碍了信用合作社的发展和巩固。

以1959年人民公社的"公有化"运动为起点，至1980年农村经济体制改革废除人民公社制度为止。在"左"的思潮干扰下，在高度集中的计划经济的大背景下，农村信用合作社几次大起大落，丧失了为社员服务的合作金融性质，农村信用社曾两度先后下放给人民公社、生产大队和贫下中农进行管理，又最终收回归人民银行管理。而农业银行作为从事农业信贷的专业银行，也经历了"三次成立，三次撤销"的命运，也没有发挥应有的作用。信用社逐步从创社之初的合作金融组织演变成改革开放前的国家银行基层机构，成为"官办"机构，合作经济组织变成向计划经济过渡的工具。

总而言之，从中华人民共和国成立到改革开放前近三十年，这一时期的社会主义合作经济理论认为生产关系变革即为"制度变革"，合作化的演进适应着生产关系的调整。而且，采取的以快速过渡的方式完成"改造"的目的，严重忽视生产关系背后的生产力的客观要求，而这些要求才是推动"制度变迁"的真正动力。这一时期社会主义合作经济理论与其在实际中的运用出现的一些问题不是技术性问题，而是制度性问题。从规范的合作经济学的视野看，这些制度性问题主要有：[①]

第一，阶级斗争意识与集体化意识无法激励社员在农业合作社化中采取

---

① 于跃门：《大陆农业合作化的省思》，载《合作发展》（台），1998（10）。

一致的集体行动。

第二，以"改造"作为农业合作化的理论核心，无法克服激励相容不可能问题。

第三，利用集体化方式推动农业合作化，导致生产关系恶化，无法发挥合作化的正面效果。

第四，视生产关系变革为制度变迁，无法降低合作化的交易成本。

第五，农业合作化只强调"劳动密集"与"组织密集"，无法实现规模经济。

第六，社会主义民主管理阻碍社员实际参与经济决策，降低社员对合作社的认同感。

第七，无限制地累积集体财产，加大农业合作化的经济效率损失。

三、1978 年至今改革开放时期合作金融制度建设及展业思想学说和主张

（一）"把信用社真正办成合作金融组织"的方针与创新

1. 正本清源："把信用社真正办成合作金融组织"

（1）农村信用合作社的改革历程

中国共产党十一届三中全会以后，我国的经济体制展开了全面深入的改革。农村信用合作社的改革也引起了广泛的重视。

1980 年，中央财经领导小组认为信用社不能"下放"给人民公社，也不能"官办"，这都不是把信用社办成真正集体的金融组织。信用社应该在银行的领导下，实行独立核算，自负盈亏，要起民间借贷的作用。这是改革开放后最初确定的信用社改革指导思想。[①]

1983 年中央文件第一次明确信用社应坚持合作金融的性质，1984 年中央

---

① 《中国农村信用社改革发展大事记》，中国农村金融网，2012。

文件再次指示："信用社要进行改革，真正办成群众性的合作金融组织。"至此，我国农村信用合作社经过多年曲折之后，终于找到了一条正确之路。此后中央的有关文件里，对恢复合作金融性质的信用社的改革又做了明确的规定，指出要恢复农村信用社"三性"即"组织上的群众性、管理上的民主性和经营上的灵活性"，在国家方针政策指导下，实行独立经营、自负盈亏、独立核算，充分发挥其民间借贷的作用，逐步把信用社办成群众性的合作金融组织。尽管已开始注意到合作金融的"民办合作性"，但这一时期尚未认识到经营形式应当具有市场经济的性质，"三性"也并未充分反映合作制的本质，该时期合作金融的理论研究集中在合作金融的性质是否是集体经济方面，在实践上的结果是信用社的经营管理体制没有发生实质性的变化。

从 1983 年改革试点开始至 1996 年的十多年时间里，信用社改革经历了两个阶段。1983 年开始，是宣传发动阶段。改革的主要内容是清股扩股，实施分红，成立各种民主组织，加强宣传工作，信用社从国家银行机构改革为合作金融的思想得到了广泛的宣传，同时，信用社在自主经营方面有了较大突破，信用社开始有了资金营运权、贷款审批权、利率浮动权和利润分配权。全国县一级均成立了联社，信用社的劳动工资制度也开始按合作性质进行改革。改革的总趋势是：行社脱钩，信用社从国家银行的基层机构向自主经营、自负盈亏、自担风险的合作金融方向发展。

1996 年 8 月，国务院发布了《关于农村金融体制改革的决定》，在明确指出我国农村金融体制改革的目标是建立和完善以合作金融为基础，商业金融、政策金融分工协作的农村金融服务体系的同时，重点是改革农村信用社管理体制，建立和完善农村合作金融体系，改革的核心是按合作制规范农村信用社，把信用社改造成真正的合作金融组织。按照这一决定要求，到 1996 年底，全国农村信用社与农业银行实现了平稳脱钩，不再由农业银行领导和管理。1997 年 6 月，中国人民银行内设专门的农村合作金融监督管理部门，承担对农村信用社的行业管理和监督职能。加强了农村信用社的县级联合社的建设。1999 年，农村信用社行业自律组织开始组建试点。行业自律组织对信用社实行自我管理、自我约束，反映和维护信用社的合法权益，对信用社承担管理、指导、协调、服务职能。

2003 年 6 月，国务院印发《深化农村信用社改革试点方案》，开始了全国 8 个省市信用社的改革试点。改革要求按照"明晰产权关系、强化掣束机制、增强服务功能、国家适当支持、地方政府负责"的总体要求，加快农村信用社管理体制和产权制度改革，把农村信用社逐步办成由农民、农村工商户和各类经济组织入股，为农民、农业和农村经济发展服务的社区性地方金融机构，充分发挥农村信用社农村金融主力军和联系农民的金融纽带作用。

（2）城市信用合作社的歧路

中共十一届三中全会以后，城镇集体经济和个体经济蓬勃发展，商品流通渠道扩大，市场交易活跃，货币收支频繁，银行业务骤增，一时出现了城镇集体企业和个体经济户在银行开户难、贷款难、存款难、结算难的问题。在这种情况下，以城镇集体经济、个体经济为主要服务对象的城市信用合作社应运而生。

1979 年，河南省漯河县成立了城市信用合作社。1984 年，中国工商银行设立以城镇个体经济信贷和个人消费信贷为主要业务的个体业务部，领导和管理城市信用社的业务。1988 年 8 月 16 日，中国人民银行发布《城市信用合作社管理规定》，规定城市信用社必须实行独立核算、自主经营、自负盈亏、民主管理，办成具有法人地位的独立的经济实体，不得作为银行或其他任何部门的附属机构。城市信用社主要设在大、中城市，不得设立分支机构。城市信用社的设立和经营受中国人民银行领导、管理、协调、监督和稽核。城市信用社实行民主管理，由股东代表大会选举理事会和监事会，实行理事会领导下的主任负责制。可以成立城市信用社市联社。但是，大多数城市信用合作社并没有完全遵循合作社的原则，实际上是一个面向社会提供金融服务的股份制小商业银行。在城市信用合作社发展过程中存在着规模小，风险大，资金成本高等问题。也有一些城市信用社股权结构不合理，经营管理混乱，管理体制不健全，受组建单位或挂靠行政部门干预严重，甚至为少数企业和个人所控制。如有些地方没有资金且无合格的管理人员，也办了城市信用社；有些组建部门将城市信用社当作自己的附属机构；有的吸收国营单位、国家机关入股，有的擅自向国营企业、国家机关、部队吸收存款和发放贷款，均违背了《城市信用合作社管理暂行规定》。

针对城市信用社发展中出现的问题，中国人民银行决定从 1989 年下半年起对城市信用社进行清理整顿。这次清理整顿结束不久，我国经济发展又出现过热，金融秩序出现了乱拆借、乱集资、乱投资的"三乱"。在地方利益驱动下，城市信用社发展失控，贷款受地方干预大，有些信用社超范围经营，乱拆借、炒股票、炒房地产等，造成资产质量低，经营风险大，有的甚至出现支付危机。但城市信用社还是得到了较快发展，1994 年底，全国城市信用社已发展到 5200 家。

1993 年 12 月，国务院《关于金融体制改革的决定》中提出："积极稳妥地发展合作银行体系。合作银行体系主要包括两部分：城市合作银行和农村合作银行，其主要任务是为中小企业、农业和发展地区经济服务。"

对组建城市合作银行问题，鉴于大多数城市信用社已背离了信用合作制的原则，成为小商业银行，1995 年 9 月国务院《关于组建城市合作银行的通知》决定，在城市信用合作社的基础上组建城市合作银行，凡不符合人民银行新发布的《城市信用合作社管理规定》的城市信用社都必须加入，以利于清理整顿城市信用社，解决现存的问题。这次组建的"城市合作银行"实行股份制，因此它的性质已不属于合作金融，而是商业银行。在"城市合作银行"组建后，仍要继续发展城市信用合作社，但必须办成真正的合作金融组织；按规定，由社区居民、个体工商户和资本不超过 100 万元的企业等入股组成，由社员民主管理，成为主要为社员提供服务的社区金融组织。即股份制的"城市合作银行"（商业银行）和合作制的城市信用合作社将共同存在。显然，城市信用合作社在向合作银行的转化过程中步入了误区，具体表现在：

第一，合作银行虽然在名称上保留了"合作"，但它是商业银行，接受《商业银行法》的约束。由于合作社与公司是两种相互独立的企业形式，如果合作银行为合作社性质，又要采取公司形式，在法理上是矛盾的。因而，合作银行不应该是合作社。正因为如此，在理论界的压力和各方面的责难面前，1998 年 1 月，中国人民银行决定把城市合作银行更名为城市商业银行。

第二，行政性地取消原城市信用合作社的法人地位，实行一级法人制。虽是按照现代企业制度的模式建立起来的，但缺乏现代企业所具有的有效的公司治理结构：一是出资者虽然"确实在位"，但合作金融组织的实际控制权掌握在政府选派或指定的高层经理人员手中，不能确保他们按照出资人的利益和合作银行自身的经营目标而有效地工作；二是在由计划经济向市场经济过渡的转轨时期，经理人员损害合作银行股东或外部股东利益行为的"内部人控制"现象不可避免，城市合作金融的制度性绩效也不可能实现。[①]

2. 增加新型金融机构，培育竞争性的农村金融市场

2005 年 1 月，国务院颁布《关于进一步加强农村工作提高农业综合生产能力若干政策的意见》，重新提出建立农村金融体系。指出要针对农村金融需求的特点，加快构建功能完善、分工合理、产权明晰、监管有力的农村金融体系；继续深化农村信用社改革；培育竞争性的农村金融市场；在有条件的地方，可以探索建立更加贴近农民和农村需要的小额信贷组织。此后，农村地区银行业金融机构准入政策放宽，三类新型农村金融机构村镇银行、贷款公司和农村资金互助社应运而生。农村资金互助社是一种正规合作金融，股份制性质的村镇银行有学者称其为"农民合作金融组织创新的新形式"。

村镇银行的快速发展，无疑给农村金融市场注入了新的活力，一度弥补了农村金融市场部分业务需求的空缺，缓解了部分农村金融不足的压力。与此同时，也在一定程度上打破了农村合作金融机构在金融领域的垄断地位，形成了与农村合作金融机构相互竞争的局面。2011 年底，全国 242 家银行业金融机构共发起设立 786 家新型农村金融机构，其中村镇银行 726 家，贷款公司 10 家，农村资金互助社 50 家。

进入 21 世纪以来，国家对农村金融体系建设的重视程度日渐提高。但农村金融体系的完善不是一朝一夕可以完成的，应深化改革，继续加强农村合作金融机构建设；规范农村民间金融，推进新型农村金融机构的发展；建立健全农村金融风险控制机制；出台扶持农村金融的法规，尤其是《合作金融

---

① 何广文：《合作金融理论与实践》，国家哲学社会科学课题研究成果，1999 年 6 月。

法》，创造良好的经营环境，让农村金融持续稳健发展。

（二）计划经济向商品经济过渡时期合作金融理论的全面探索

中国共产党十一届三中全会以后，我国的经济体制展开了全面深入的改革，由计划经济开始向商品经济过渡。过渡时期合作金融的理论研究集中在合作金融的性质是否属于公有制性质的集体经济组织方面，但也有学者开始系统地对合作金融的特性、原则，合作金融与商业金融、与股份金融、与集体金融的区别与联系，合作金融的组织形式，合作金融与国家的关系，合作金融的必要性和地位，我国农村信用社改革要坚持合作金融方向等方面进行研究。首次明确合作金融与商业金融、政策金融一起，是我国金融体系的重要组成部分，是我国农村金融体系的主体。[①]过渡时期提出的这些基本理论问题，在社会主义市场经济理论提出后，又有新的认识。

农村信用合作社改革在初期也是方向不明。1980 年，中央财经领导小组认为信用社不能"下放"给人民公社，也不能"官办"，这都不是把信用社办成真正集体的金融组织。信用社应该在银行的领导下，实行独立核算，自负盈亏……要起民间借贷的作用。这是改革开放后第一次确定的信用社改革指导思想，信用社被定性为"集体的金融组织"。

1983 年中央 1 号文件《当前农村经济政策的若干问题》明确指出：信用社应坚持合作金融的性质。这是新中国成立后第一次提出了信用社的合作金融性质。1984 年中央 1 号文件《关于 1984 年农村工作的通知》再次指示："信用社要进行改革，真正办成群众性的合作金融组织"。

合作金融与集体金融是不是一回事，两者之间的关系如何，信用社是否属于公有制性质的集体经济？这一问题既是一个理论问题，也是改革实践亟须解决的一个方向性问题。弄清这一问题首先要阐明什么是合作金融？它有哪些特征？由于新中国成立后有三十多年未出现过"合作金融"这一概念，而是通用"信用合作"这一名词，理论界和实际工作者对"合作金融"这一

---

① 李树生、岳志：《合作金融概论》，吉林人民出版社，1989。

经济范畴已十分陌生，于是，对合作金融理论的探索便从基本概念起始。

1. 合作金融概念与特征

1988 年，《财经科学》杂志刊载岳志文章《合作金融的概念特点初探》，①从合作金融发展历史及所体现的经济关系角度，探讨了合作金融的概念和特点：

合作金融依其发展过程可区分为传统的合作金融和现代的合作金融两种形式。传统的合作金融形式，如我国古代的社仓制度、合会形式等，是在商品货币关系有了一定发展的社会经济条件下，劳动群众为避免高利贷剥削而自愿组成、自营自享的一种资金融通形式。封建社会里，高利贷信用在借贷领域里居主要地位，劳动群众不堪忍受其重利盘剥而组织合会等具有充分互助合作精神的融资形式。进入资本主义社会，银行信用占据统治地位。但一般贫民信用力量薄弱，很难获得银行的贷款，唯一出路便是联合起来，采用合作制的形式，组建自有、自营、自享的金融机构，即信用合作社，来达成自助、互助的目的。在社会主义社会，由于商业银行要实行企业化经营，规模效益的原则使其业务活动只能局限于一定范围，而合作金融组织在一定区域和范围仍有效率优势，仍有继续存在和发展的必要。

从合作金融所体现的经济关系看，其融资活动的前提是会员缴入一定货币资金，融资过程则是按自主经营、民主管理等方式进行，经营活动的结果是成员获得优惠的服务和经济利益，合作金融体现的是一种自愿、民主、互利的合作关系。

合作金融虽然也采取集资入股的方式，但它与股份公司有明显的区别，它带有明显的劳动群众集体占有性质；但它又没有采取完全集体占有的方式，而含有个人占有的因素（例如信用合作社自有资金中，积累部分是公有共用的财产，社员股金可随时退股，属私有共用的财产）；它虽然是合作互助组织，但又不同于慈善机构；合作金融组织的宗旨表明，它既是金融企业，又是群众性的合作经济团体。在众多的金融组织形式中，它是一个特殊。

---

① 岳志：《合作金融的概念特点初探》，载《财经科学》，1988（5）。

总之，合作金融是商品经济条件下劳动群众为改善自己的生产与生活条件，自愿入股联合，实行民主管理，获得服务和利益的一种集体所有和个人所有相结合的特殊的资金融通形式。自愿、民主、互利的合作关系是其在不同的社会制度下所具有的共性。信用合作社、合作银行、合作企业特设各种融资组织都属于合作金融组织。合会及部分具有互助性质的民间自由借贷，它们的活动基本不依据现代合作原则，属于传统意义上的合作金融。

1996年，曾康霖指出：按国际合作联盟提出的六条标准，"合作"的核心应是"人的合作"，而我国城市信用社基本上是"资的合作"，而且这种"资的合作"又发展到"协同融资"，因此，合作金融中的"合作"的含义需要发展，需要从我国的现实出发作出新的概括。[①]

1997年，杨少俊在《对合作金融的理论思考》一文中认为：合作金融是一个组合概念，是兼具合作经济与金融企业共同特征的一个特殊范畴。作为合作经济组织它必须具备一般合作企业的特征，而作为金融企业，经营货币的特殊性决定了它作为劳动者联合的方式更多地体现为资金的联合，而非直接体力劳动的联合，决定了它的服务方式是通过存、贷款业务服务于社员。[②]

1999年，何广文在《合作金融理论与实践》研究报告中认为，作为一种经济现象，"合作金融"概念具有较为广泛的涵义，它至少包含了以下几方面的内容：

第一，从狭义角度理解，表达的是在尊重个人财产所有权的基础上，人们彼此间按照国际通行的合作原则而建立起来的相互协作、互助互利式的"合作性"资金融通关系，是金融活动的一种形式。

第二，从广义角度理解，是一种在自愿互利基础上由经济人（个人和法人）按照国际通行的合作原则组成的互助性、非营利性的金融机构，是一种合作组织形式。在此种意义上，它表达的是合作金融机构、一种经济企业的概念。这种机构是由那些为取得资金信用、改善生产和生活条件的经济人按照合作制原则自愿集资组织起来，并按信用合作社法注册的法人金融组织。

---

① 曾康霖：《对建立我国合作金融体系的一点看法》，载《财贸经济》，1996（2）。
② 杨少俊：《对合作金融的理论思考》，载《中国农村信用合作》，1997（8）。

合作金融组织是由分享其服务的利益的人所拥有和经营的组织，该组织的经济主体是社员。信用合作社、合作银行、合作基金会、互助储金会、合作金库等是合作金融的具体的组织形式和承载主体。

第三，表达的是一种合作金融经济的概念。广义的"合作金融"，不仅是指一种组织形式，而且是社会金融经济乃至社会经济结构中的一种重要的经济形式——合作经济，即合作社经济，是社会经济结构的有机组成部分。

第四，表达的是一种金融制度——合作金融制度——的概念。合作金融制度和股份金融制度是现代金融制度的两大基本的类型。

典型的合作金融具有以下特点：[1]

第一，合作金融是经济上的弱者采用合作组织形式所经营的金融。

商品经济的发展必然造成人们经济地位的不平等，在资本主义条件下，在经济生活中处于弱者地位的中下层劳动群众难以从寡头金融机构那里获得信用。即使获得信用，也必然是附加着苛刻的条件。对于资本主义社会的种种弊病，人们设想了各种医治方案，较有影响的便是合作主义学说。合作主义者按照自己的理想设计了合作原则，并进行了创办合作社的试验，具有进步意义的合作社为广大劳动群众所接受，他们按合作原则，组织自己的金融机构——信用合作社和合作银行，借以使自己的资金聚零成整、续短为长；或通过合作组织取得信用，向外融资，解决社员对于资金的需要。

第二，合作金融虽有精神及道德要素但不具慈善性质。

经济上的弱者之所以要组织信用合作社，是因为他们一般除了拥有劳动能力和少量生产资料以外，极缺货币资金。为了生产上和生活上的需要，他们大都有向别人借入资金的要求。在这种情形下，他们凭什么作保以向别人取得信用？显然，除了其劳动能力及少量生产资料以外，必须依靠自己正直勤勉、忠实可信的人格。信用合作社吸收社员，特别注重其人格，不守信用、品质低劣者不能成为社员。这就使得经济上的弱者要提高人格素养，并且要互助互信、互负责任、互相鼓励。

---

[1] 岳志：《合作金融的概念特点初探》，载《财经科学》，1988（5）。

合作金融机构的授信业务，以改善社员的生产条件为主要目标。传统合作金融组织如合会，会员筹集资金一般都是用于婚丧嫁娶、盖房医病等非生产性用途，而用于发展生产的需求反而不能成为借款的理由。合作金融也不同于高利贷，高利贷一般只注重偿还的保障，而不注重借款用途。另外，合作社特别重视自己的教育职责，利用各种机会向群众宣传合作思想，提高人格信用，并采取多种措施帮助社员及合作企业培训财务人员，加强财务管理，协助制定生产计划，等等，这一点与其他金融组织是不同的。

虽然合作金融的宗旨是互助互利，具有精神的及道德的成分，但它不具有慈善性质。陈果夫说："合作运动的理论完全建筑于伦理的与经济的两个立足点方面"。任何合作社都不是慈善团体，而是立足于自己的力量，达到一定的经济目的。信用合作社毕竟还是信用机关，它吸收群众储蓄，向社员发放贷款，从金融市场借入资金等，都须遵循信用原则，按条件偿还本金并付利息。至于慈善团体和社会福利机关对贫困群众贷放无息的小额资金，或发放无须偿还的救济资金，这种行为从原则上说不应是合作金融组织的行为，因为信用合作社终究是强调自助互助的团体，它要进行企业化经营。另外，一些人从社会政策角度考虑，主张信用合作社应进行无息或微息的贷款，但实践结果却是使信用合作事业受挫折。

第三，合作金融是相互金融，不以营利为目的。

合作社是为社员服务的机构，它是要利用团体互助的方法，替社员解决个人力量不易解决的经济问题。在信用合作社中，社员有余款存储于社，需用款项时则向社告贷，利用资金余缺的时间差，社员需求得以调剂，互助互利得以实现。合作社向外借入资金时，以全体社员信用作保，即使不需用款的社员，也须共负责任；合作社的业务风险，也须由全体社员承担。所以，合作金融的本性比较稳妥与安全，不求盈利，不图虚伪成绩，不参加投机事业。合作社从原则上说为社员提供服务，一般不会大量为非社员提供服务。既然是主要为自己的社员服务，则营利的动机便无从产生了。合作金融组织如果要保持它固有的原则，并完成它所应负的任务，在资金运用方面必须注意这个特征。因此，评价一个公司经营成绩的优劣，要以它年终盈余的多寡为准绳，但评价一个合作社经营成绩的优劣，要就以它对社员服务的质量为标准。

第四，合作金融是人的结合，而非资本的结合。

合作社是各社员的组织，个人的合作是其基础。合作社的联合组织及其成员构成虽是各基层合作社，但仍不改变这一特点。合作社之所以强调人的地位，是因为参加合作社的大都是经济薄弱的劳动者，是为了使"无钱之人"有机会加入合作社。而且合作社不限制人数，实行门户开放政策。在股份制企业中，资金具有绝对的权威。股东的表决权及分红权都要以其股金的多寡为标准。合作组织则不如此。它实行一人一票，且将其作为原则，不论缴纳股金多少，每个社员一般都只有一个表决权。资金在这里已失去了特权，它只是充作达到合作社服务目的的一种手段。信用合作社的出资者即为其资金的利用者，主体与客体合二为一了，所以社员对信用社的要求是对他提供更多的服务，而不是取得更多的特权；另外，信用社社员大多是社会上的经济弱者，并不是资本雄厚的人，他们一般也没有力量去购买大股，而且各国对合作社社员认股的最高数额还多有限制性的规定。

第五，合作金融组织以业务交易量作为社员权责利的标准。

合作社是以对社员提供服务为宗旨的机构。这种服务主要表现在社员与合作社的业务往来中，社员与合作社业务往来量的多少也就表现出社员获得服务的多少。资金既然是合作社对社员提供服务所需使用的手段，那么接受服务较多的人，自然应该对提供资金有较多的责任和义务。根据这个道理，有些国家便规定社员缴纳股金的数额与其交易额成比例。业务交易量大的社员担负更多的责任，对合作社的业务方针、财务管理、盈亏分配等方面取得较多的权利，就合作制度的原理来说，也是合理的。所以有些国家不但将合作社的盈余按社员与合作社的交易额比例分配，而且对业务交易量特别多的人，在一人一票之外另增加其表决权。

第六，合作金融可得到政府的特殊优待。

合作社是平民即经济力量比较薄弱的人们的组织，农村的合作金融还面临农业比较利益偏低问题，政府无论就其社会政策的观点，还是经济政策的观点，都会感到有予以支持的必要。在过去只是少数国家如此，现在已是多数国家都这样做。政府对合作金融组织的支持，或者是给予长期低息贷款，或是协助设立合作银行，或是在税收上给予优惠，等等，这是一般金融企业所享受不到的。

合作金融的上述特点是就其基本方面概括的，是典型的合作金融组织的活动所应具有的。由于合作金融事业在不断发展，合作金融组织在组织形式、管理体制、业务经营、分配方式等方面一直在随着生存环境的变化而不断变化，加上各国政府对合作制的干预，合作金融的上述特点有的已不那么明显，有的演变出新的特质，根据这些变化，戴相龙概括我国农村合作金融有三个特征："合作制本质特征就是由社员入股组成，实行民主管理，主要为社员服务。只要体现了这些原则，农村信用社就是合作金融组织。"[1]何广文概括合作金融有两个基本特征：一是"自我服务"，即通过资金余缺在投资者或社员间调剂所体现出的资金互助性，服务对象以本社社员为主。二是非盈利性，即信用合作机构不以盈利为目的。[2]

徐永健从产权关系、管理体制和经营方式等方面概括了合作金融组织的基本特征：[3]

第一个层面，合作金融组织作为经营货币、信用的特殊企业，企业经营所需各种生产要素，是以承认合作者个人财产所有权为基础，以自愿入股投资形式组织起来的。合作者的股权代表个人对财产的最终所有权，不仅是参与合作劳动和经营活动的资格，也是参加权益分配的重要依据。

第二个层面，合作金融组织采取最能体现合作者主体信用的民主管理体制，按照权责明确的原则，其法人治理结构，通常采取所有权和经营权分离，立法、执法和司法职能部分相互制衡的形式。

第三个层面，合作金融组织的业务服务，贯彻主要面向合作者优先提供

---

① 戴相龙：《把农村信用社办成合作金融组织，更好地支持农业和农村经济发展》，1997 年 2 月 24 日在全国农村信用社管理体制改革工作会议上的讲话。

② 何广文：《合作金融改革研究中几个理论问题的述评》，载《浙江金融》，1997（6）。

③ 徐永健：《论合作金融的基本特征》，载《财贸经济》，1998（1）。

的原则。合作金融组织是合作者的利益共同体，合作者的利益，并非单纯从获取合作金融组织经营活动的最终结果利润的形式得到实现，在很大程度上是以低于一般市场交易成本的代价获得各种金融服务的形式得到实现。

2. 合作金融与集体金融的关系的讨论

对这一问题出现的争论，大致有以下几种认识。

（1）合作金融是集体金融的一部分。认为合作经济并不是独立的经济成分，它在实质上从属于一种能够表明社会特征的公有制形式即集体所有制。合作金融组织的组建和业务经营是按照集体经济的特征进行的，即：生产资料属集体所有；集体经营，民主管理；收益实行按劳分配。恢复信用社的合作金融性质，就是要真正按照集体所有制性质的一整套管理办法来管理信用社。

（2）合作金融包含着集体金融，后者是前者的较高形态。集体金融组织是单一的所有制，而合作金融既有单一所有制，也有复合所有制。现存信用社是以集体所有制为基础的合作信用组织，而不是合作金融组织的唯一形式。

还有学者认为我国的农村合作金融并不仅仅是一个信用合作社，而是比信用合作社的层次要高、结构也较为复杂的一个有机整体。确切地说，就是中国农业银行与农村信用社围绕着为发展农村经济服务的共同目标，在不改变各自所有制的前提下，按照一定的内在联系而组合起来的一种体系。即我国农村合作金融既包括集体所有制的信用合作社，也包括全民所有制的国家银行。

（3）集体金融等于合作金融。二者只有词义上的差别，而无实质区别，它们是一种东西的两个名称。从合作经济的自愿联合、民主管理、平等互利等几个特点看，集体经济与其内涵完全相符，外延也是一致的。不存在一种集体所有制以外的合作经济，也不存在与合作原则相悖的集体经济，二者是完全相同的。

（4）合作金融与集体金融是两种不同的经济成分，是两个不同的概念。一是产生的历史条件不同：现代合作金融产生于自由经济社会，是为了对抗大资本而组织和发展起来的，而集体金融则是在无产阶级专政的条件下，为了对小农进行社会主义改造而建立和发展起来的；二是经营的目标不同：合作金融组织是为了自我服务，服务性是它的特征和最显著的标志，而集体金融组织，作为一个完全的金融企业，其所追究的目标应该是利润；三是管理的方式和原则不同："权务均等，一人一票"是合作金融组织的活的灵魂；四是合作金融组织不是一种独立的所有制形式，它是不同的所有者、不同的经济成分的混合体，而集体金融组织则是社会主义公有制的两种形式之一；五是集体金融组织财产归社员集体所有，在国家银行的直接领导下经营业务，职工由国家银行任免，合作金融组织监理事则由合作社社员选举。集体金融组织是适应集体经济发展需要而存在和发展的，而合作金融的基本特征体现在国际公认的流通领域的若干合作原则上。①

集体所有制与合作制是两种差别很大的企业财产组织形式。集体所有制产生于生产资料公有制体系中公有化程度较低的层次，其所体现的产权关系基本特征是：除劳动力外的一切生产要素都归劳动者集体所有。劳动者个人作为劳动集体的一员，虽属于所有者，但个人现实的财产权利是无法体现的，不论参加劳动集体的成员拥有过多少生产资料，他一旦加入了集体，就失去个人的所有权。而合作制是在个人财产所有权基础上形成的生产资料混合所有制，其财产关系是：参与合作者所提供的所有生产要素，在合作社生产经营活动中是被集体共同运用的，但合作参与者始终拥有财产所有权。两种产权形式的最主要差异在于是否保留、存在最终所有者的私人财产所有权。②

（5）合作金融与集体金融是一种交叉关系，有些合作企业同时也可以认为是集体经济企业，有些集体企业同时也可以看做是合作企业。集体金融是合作金融在社会主义计划经济时期的一个特例，在计划经济时期，集体金融就是合作金融，二者始终是同一的，不存在合作金融之外的集体金融，也不

---

① 李怡农：《关于我国农村信用社改革问题的研究报告》，1991。
② 徐永健：《论强化合作金融机构的产权约束》，载《金融研究》，1994（10）。孙家驹：《农村信用社向农村合作银行发展过程中的几个问题》，载《财经理论与实践》，1996（3）。

存在集体金融之外的合作金融。[①]

合作金融与集体金融的关系扩展一点说就是合作经济与集体经济的关系。合作经济与集体经济是同一事物的两个方面，从经营和组织的形式上把它叫做合作经济或合作社经济，从所有制上把它叫做集体经济。这里，我们把集体所有制经济又分为完全集体所有和不完全集体所有两种形态。完全集体所有制的合作经济是社会主义社会合作经济的主要的基本形态，其主要特征是生产资料完全归集体所有，全部实行按劳分配；不完全集体所有制的合作经济以其多变的形式适应着当代社会主义国家经济改革不断变化的状况，具有越来越重要的地位，这种形态的合作社一般以入股形式联合起来，一部分生产资料的所有权归不同类型的所有者（个人、合作企业、经济联合体等），但共同使用，用公共积累增加新的生产资料，实行按劳分配及一部分股金分红。所以，合作经济就是集体经济，合作所有制也就是集体所有制。这一认识不是产生于机械地将合作经济与集体经济二者的所谓特征进行比较。因为在社会主义国家不断变革着的经济实践中，合作经济的形式是在不断变化着的，它的特征也并非一成不变，同样，集体经济的形式及特征也是不断变化着的。因此，依据二者各自在某一经济时期内表现出的特点并把这些特点当作它们各自固有的特征而机械地将二者进行比较、区分是不科学的。[②]

社会主义国家的宪法和文献中，合作经济与集体经济也是相通的。由保加利亚、匈牙利、德意志民主共和国、波兰、捷克和苏联的中央合作联社联合撰写、国际合作社联盟第二十七届代表大会通过的《展望 2000 年世界合作经济》这一文献中的有关论述集中反映了世界主要社会主义国家对合作经济与集体经济关系的看法："社会主义国家发展的基本规律之一，是在建设社会主义和共产主义的所有阶段都运用了合作社的业务经营、所有制与民主管理等形式。社会主义国家的经济制度建立在生产资料社会主义所有制的基础之上，包括全民所有制与合作社所有制两种形式。它们都具有同样的社会主义经济性质，而其差别则在于生产资料和交换资料的社会化程度有所不同，在

---

①　岳志：《论集体金融与合作金融》，载《信用合作》，1988（9）。
②　岳志：《论合作经济与集体经济》，载《合作经济研究》，1989（4）。

组织固定资产和流动资产的方式上和经营管理的方式上也有所不同。当社会主义国家向共产主义迈进时，合作社所有制将稳步地提高其社会化水平，直到成为全民所有制……全民所有制与合作社所有制实际上是相同的类型……它们友好相处，具有社会主义的互助合作的特征和无拘无束的发展生产力的机会，并保证社会主义国家和合作运动的共同目标能逐步完成，即尽最大可能满足全体人民，当然也包括合作社社员的物质和精神上的需要。"

我国农村近年来出现的合作金融组织中，一些由乡镇合作企业创办的合作基金会等，其自有资金来源于乡镇合作企业及合作企业的主管部门，属于完全集体所有制性质；城乡信用合作社，其自有资金的社员股金部分是私有共用的财产，积累部分是公有共用的财产，所以，信用社是不完全的集体所有制或混合所有制金融组织；传统的合会形式是一种松散组织，也可看做是不完全集体所有制组织的一种低级形式。总的来看，我国的合作金融组织形式与国外相比还比较单一，应该为合作金融的制度创新提供宽松的环境。

3. 合作金融与股份金融的区别与联系

合作金融组织与股份金融组织从表面上看来，二者有很多相似之处。如二者的产生都是根源于资本主义基本矛盾，都是在资本主义信用制度广泛发展的基础上产生的信用联合形式，都采取集资入股的方式，经营管理上都采取集体决策的方式，分配上都采取分红的方式，等等。但是，这只不过是表面的相似而已，事实上，二者在经营方针、管理原则、分配方式等方面都存在着本质的区别。①

第一，组织成分和联合的目的不同。合作金融组织的入股者主要是各类劳动者，且总是对合作金融业务的需要者；同时十分重视入股者的个人信用，不愿履行合作社义务的人是不欢迎入社的。股份公司的股票则是谁有钱都可卖，认钱不认人，在资本主义条件下，股份公司的股票绝大多数都是被大大小小的资本家购买。股份公司的经营目的是利润最大化，股东购买股票也是作为投资获利的一种手段，并不需要公司经营的业务为他服务，股东与客户

---

① 岳志：《怎样区分合作金融与股份金融》，载《广东农村金融研究》，1989（1）。

是分离的。合作金融组织的经营宗旨则是通过联合力量来解决社员在融资方面的需求，是为社员提供服务，社员购买股票只是作为获得这种服务的一个手段。合作金融组织的股东与客户是同一的，由此决定了其经营不能单纯追求利润。合作金融组织自然也要讲求核算和经营效果，但其经营也是作为实现服务目的的一种手段。

第二，联合的内容不同。信用合作社是先取得社员资格然后才能认购社股，股票不能买卖，没有行市，不能进入股票市场，不受股票市场动荡的影响。社员要退社时，若信用合作社备有出资让渡资金，可将股票收回，以票面价值转让于其他社员。股份公司则是先买了股票才可成为股东，公司的股票可以自由买卖与转让，但不能退股。合作社股金的总额不固定，但每个社员认购的最高额有限制；公司股票个人购买额无限制，但其总额是固定的。

第三，管理方式不同。股份公司是资本的联合，其权利与义务均以股东所投资的资本的数额为标准。公司的表决权是以股金为准的，投资较多的人，对公司掌握较大的控制权，如果他的股金超过总额的半数，则公司的全部权力掌握在他一个人的手中。合作金融组织不仅是采用入股方式的资金的联合，更重要的它是劳动者的劳动联合，实行民主管理制度，社员是合作社的主人。合作原则认为"人人生而平等"，不能依财产数量取得支配别人的权力。不管社员入股额多少，都只有一票表决权，合作社的一人一票与股份公司的一股一票形成鲜明对比。当然，如果各社员与合作社的交易额差距很大，为了公平合理，社员的表决权就不能不采取比例制，但这也不是以股金额为比例，而是以交易额为比例，并且予以最高额的限制。有的合作社，其业务经营所需资金也由社员按其所享有的服务即贷款额以缴纳股金的方式按比例地提供，那么合作社如果有了亏损，形式上是以社员认购股金的多少为准分别负担，实质上也是以交易额为比例分担责任。

第四，分配方式不同。股份公司的盈利，完全按股金额比例分配，即按资分配，投资较多的人，便可获得较多的红利。公司有了亏损，也以股金的多寡作为股东负责的标准。合作社的盈余分配主要采取两种方式，一是按章程规定，对社股发给固定的利息，即这种利息不因合作社的盈亏状况而变动。

二是按照社员在合作社进行的交易额分配红利，这实质上是利润返还。利润从社员那里来，再返回到社员手里。按交易额返还利润是合作社的主要分配方式，它属于按劳分配的一种形式。

总之，股份公司是资本的结合，它的经营目标、管理方式、分配方式都体现资本的特性，都依资本多少为标准。合作社是劳动者的劳动结合，资本在这里便失去了它的主宰作用，其经营方针、管理和分配原则都体现劳动者互助合作的经济关系。

目前西方一些国家有些合作金融机构为克服自身产权制度、分配制度、管理制度方面存在的缺陷，转为股份化经营，并且上市交易，我国也出现了所谓的股份合作经济。这是具有公平特性的合作社借鉴股份公司具有较高效率的组织形式的一种试验，其目的在于组合二者的优势，希望能形成一种既能兼顾公平、又能体现效率的一种经济联合体。在西方国家，这种股份化的合作社由于其坚持门户开放和按交易额返还部分的利润，有的还实行民主管理，因而人们仍把它们看成是合作社的一种新形式。在我国，这种新形式的合作经济人们特别称之为股份合作，以区别于传统本来意义上的互助式合作，这是合作社的一种创新。当然，现实中也有些合作金融组织丢弃互助合作的宗旨，完全演变成股份金融公司。[1]

4. 合作金融的利息理论

（1）合作金融利息的决定因素[2]

利息是从属于信用关系的一个经济范畴。不同的信用形式，其利率决定因素也不同。这些差异不仅体现在利率水平的不同，而且也反映出各种信用形式所产生的利率在性质方面的差异。

合作信用是一种特殊的信用形式，其利率的决定有着不同于其他信用形式的独特的依据。合作信用利率的决定依据须从合作金融组织的性质上来寻求。合作金融组织是非营利性的服务性组织，这一本性决定了它与以营利为目的的商业金融的定价原则存在着本质的区别。

---

① 岳志：《论我国新型合作金融》，载《合作经济研究》，1989（1）。
② 岳志：《论合作金融的利率决定》，载《金融研究》，1988（11）。

英国合作金融学者戈思特说：根据合作的观点，利息是资金的使用费，资金不是为了赚钱而只是为了对社员有所助益而发放的。从这一点出发，我们看到：第一，平均利润论在这里是不适用的。因为这一理论是以银行资本也要获得社会平均利润为依据，倒求出银行的利率水平，而这一条件对合作金融组织来说并非必然存在，合作金融组织尽管也要有盈利，但不存在获取社会平均利润的必然性。第二，积累论与合作金融利率决定论有些相通，但也不完全适用于合作信用的利率决定。积累论认为国有银行利率的制定依据是贷款利率要与存款利率保持适当利差，这一利差区间大小取决于银行自身积累和国家通过利息上缴增加积累的需要。合作信用也是要保持适当利差的，但这一利差的大小只取决于合作金融组织进行经济核算、保持适当盈余的需要，而不需要保持能获得平均利润的利差，也不需要保持使国家得到满意的积累额的利差。合作金融是群众性的组织，国家一般无权干涉合作金融组织的利率决定，而且在税收上也应尽量给予优待。第三，供求论也不能包容合作金融的利率理论。古典学派的利率理论、现代的可贷资金利率理论、流动性偏好利率理论都是以若干经济变量对利率存在弹性为基础而构造其理论框架的。合作金融并不否认弹性，但供求因素在合作金融领域里并不产生决定性作用，因为道义上的、章程上的、政策上的因素都对利率决定产生影响。提高利率会遭来道义上的斥责；合作金融章程多规定实行稳定不变的利率，以显示其比动荡不定的商业金融市场的价格的优越；实行低利率是大多数国家农业政策的一个组成部分。凡此种种，限制了资金供求对利率变动的影响，资金供求与利率之间的弹性关系弱小。第四，近年来日渐兴起的理性预期理论更无法解释合作金融的利率现象。理性预期理论建立在一种实证研究基础之上，即货币与资本市场是消化影响利率与证券价格的新信息方面的高效率组织。如当有关投资、储蓄或货币供给的新信息出现时，投资者立刻把那些新信息转变成了借入或贷出资金的决定，利率和证券价格在极短的时间内就会发生变化以反映这些信息。理论预期理论的重要假设和结论是：证券价格与利率应反映所有可获得的信息，市场利用所有这些信息建立了一个预期未来价格与利率的概率分布；利率与证券价格的变化只与未预期到的而不是预期到的信息相关。合作金融的利率绝不可能对新信息产生如此高效的反应，合作金融组织章程大多标明实行低利借贷，这也限制了合作金融资金供求双方对未来的理性预期，合作金融的现实也实实在在地实践着低利借贷的理念。

合作金融的利率学说，是一种微观利率学说，整个社会资金供求所决定的均衡利率对合作金融利率只起影响作用。合作金融利率学说从微观出发，根据分析角度的不同，也形成不同的表述。一是杠杆利率说，其主要内容是把利率看成一种经济杠杆，这一杠杆应根据不同的情况变换支点，以调节贷款对象的经济行为。换句话说，利率水平要定在合适的位置上，它不能过高，以避免给社员造成过重负担；也不能过低，以避免储蓄不足及社员浪费性地使用资金。利率应保持在借贷两利的水平上。二是成本利率说，亦可称有限利润说。这是合作金融利率理论中具有代表性的说法。贷款的成本（含有限利润）一般由以下因素构成：

第一，机会成本。货币的机会成本可以是乡村储蓄者放弃流动性或是放弃投资于自己农场的机会，抑或是放弃盖新房享受的代价——亦即当地居民的货币供应价格，或如我们习惯说的储蓄利率；货币的机会成本也可以是金融机构从外部得到资金所花费的成本，例如信用社从城市商业银行借入款项或从金融市场拆入资金所花费的成本，这也可以看成是一国的货币供应价格；货币的机会成本还可以是金融机构的资金处于闲置状态的代价。

第二，管理费用。金融机构的管理费用包括职工工资、固定资产折旧、各项业务费用。

第三，风险溢价，是指对于没有风险的贷款所索取的利率与对于某种程度上具有风险的贷款所索取的利率的差距。政府证券可属于没有风险的贷款之列，因为政府可以发行任何数量的货币以足够偿还债务，其他的贷款一般都有违约的风险。

第四，红利和公积金。合作金融组织应有适当的盈利，以保证用于支付股东红利和留作公积金的需要。合作金融组织中的红利一般都是预先在章程中规定了的，是较低且稳定的，它不因业务经营的兴旺或萧条而经常变动。这种预先便规定支付的红利，其特性类似于贷款的成本，必须在贷款利率构成中得到反映。合作金融组织还须有适当利润（有别于商业金融的最大利润），以用来壮大合作金融组织的力量，促进合作金融事业的发展。上述成本项目之和（含有限利润），便形成合作金融的利率水平。

由于合作金融组织的贷款利率是成本化的利率，所以在其章程里常可见到实行低利借贷的条文，罗虚戴尔原则中的按市价交易的合作原则难以运用于信用社。如果实行这一原则，信用社将同乡村放款人一样征收较高的利率，即农村无组织的自由货币市场的利率，这就会使信用社获得一大笔商业利润，这笔利润在财务年终又不得不再返还给社员。这无论是从合作的角度看，或是从管理的角度看都是不必要的，而且在大多数国家，也不为政府的农业政策所允许。

也有观点主张"信用社必须执行商业原则，即按照市场利息提供贷款，这是信用社包括其他农村金融机构得以长期存在的基础。"[1]认为这是从印度大规模信用合作社运动失败中得出的教训，因为农村的贷款成本要高于城镇的成本，农村金融机构贷款利率应该弥补其成本，但几乎所有国家处于政治和道义上的压力，给小农贷款的利率往往低于贷款成本，结果导致农村金融服务萎缩。信用社贷款利率受到限制，导致贷款分配的无效率。

（2）合作金融利率水平分析[2]

考察各国合作金融的实践，可以发现合作金融机构贷款的利率差别较大。一些较小规模的信用社，如美国的城市信用社，依靠发起人提供的免费的办公用房和管理人员无偿服务的优势，向社员提供高于商业银行的储蓄存款利率和低于商业银行的贷款利率。一些较大规模的合作银行如欧洲国家的合作银行，实行与商业银行大体一致的存贷利率。在一些发展中国家的农村信用社，其存贷款利率往往又高于商业银行或国有银行。

判断某种合作金融机构利率的高低，不能以某些金融机构如商业银行或政策性银行的利率为标准，而应以该合作金融机构的成本水平为依据。如我国农村信用社改革后，利率比改革前提高了，有人据此得出结论说：信用社

---

① 陈玉宇：《印度农村信用合作社的盛衰》，载《改革》，1996（4）。

② 岳志：《论合作金融的利率决定》，载《金融研究》，1988（11）。

越改离合作的性质越远了。其实,这一看法是片面的。信用社固然不需要最大限度的盈利,从而盈利这一利率构成因素比商业银行小,但信用社贷款成本中的机会成本、管理费用、风险溢价都趋向大于商业银行,而从金融市场拆借的资金占总负债的比例在某些情况下又高于商业银行,这种拆借的资金,其利率是按市价计算的,它必然高于储蓄利率;信用社的贷款业务也受到农业季节生产的影响,常常出现季节性的资金多余或紧缺,在资金多余期间易形成闲置,在资金紧缺期间又必须向外筹借,这都加大了信用社贷款的机会成本。从管理费项目看,信用社地处乡镇,邮电、水电、运输等费用也较高。更重要的是,商业银行拥有大规模生产的优越性,即所谓规模经济效益,它可以通过大额贷款使每单位贷款的成本降低。这在管理费中固定费用的分摊上最为明显。信用社的贷款对象是众多分散的社员,这种分散的小额贷款的管理费构成成本的一大要素。从风险溢价项目看,贷款的风险就是借款人违约拖欠。从事大额信贷的商业银行的贷款风险比从事相对较小规模经营的信用合作社的风险要小。

综上所述,农村信用合作社贷款利率构成中的盈利部分比商业银行小,但机会成本、管理费用、风险溢价这些成本要素则比城市商业银行大。所以,信用社贷款的利率不一定非要低于商业银行的利率不可,在一定程度上,等于或高于商业银行利率也是正常的。商业银行位于金融发达的地域,信用社位于金融欠发达的地域,二者所处的金融环境不同,以商业银行贷款利率来衡量信用社利率的高低是不科学的。如果商业银行处于信用社的地位,面对的是众多分散的小客户,那它的贷款利率肯定会提高,甚至会高过信用社。农村中存在的一些小型商业性金融机构的实践也证明了这一点,它们的贷款利率普遍比信用社高。

我国农村信用社在改革之前,曾被强制实行与国家银行相同的利率,结果造成大面积的信用社亏损,既损害了合作金融事业的发展,也没能给信用社社员带来真正的好处。因为实行人为的低利率,给社员带来的只是微小的和短暂的好处。信用社若垮台,社员就不得不再回到民间借贷,以更高的利率取得贷款。主张人为地实行低利率,并不真正符合合作精神,而是伪道学

467

的论调。在实行人为的低利率情况下，整个合作金融体系处于僵化的状态。人们没有向合作金融组织投资的积极性，合作金融机构的资金来源只能依靠生产的自然增长，以及政府的一次又一次输血。人为低利率不仅造成贷款机构的经营损失，还引起信贷资金的沉淀和盲目分配。那些较富有的和较有社会地位的社员有着强烈的借款倾向，因为这样做比使用从商业渠道借入的资金便宜得多，甚至有时比使用自己的资金更合算，他们运用其力量按自己的偏好来操纵信用的分配。

信用社的放款利率，应该低于民间自由借贷者。民间借贷者的资金价格高于信用社，其依据仍然要采用前文的框式进行分析。从货币的机会成本看，民间借贷者的外来资金，其出资人的供应价格要比信用社储蓄利率高，原因无非是民间借贷者没有信用社稳定可靠且不能提供其他方面的服务。乡村放款人自有资金的供应价格，亦不能低于其放弃投资于农业、存放于银行所付出的机会成本。另外，乡村放款人的资金更易受农业季节性生产的影响，资金闲置率可能更大，由此也需要付出比银行和信用社更多的机会成本。从管理费项目看，应当说民间借贷者贷款管理费比信用社低多了。从风险溢价看，民间借贷者的小额贷款的拖欠率是金融机构中最低的，因为他对顾客的还款能力最清楚。民间借贷者的贷款也有倒账的风险。例如借款人遇到天灾人祸，或者风险来自政治风暴，政府会突然颁布政策，规定私人借贷违法，一些借款人会以此为由拒绝还款，给民间借贷者带来严重损失。

在利率构成的另一项目即盈利上，信用合作社自身没有追求平均利润的动机。民间借贷者则不仅要获得平均利润，还要获得垄断利润。垄断是造成非正式货币市场高利率的主要原因。在小额贷款规模和与此相联系的低收入水平之下，民间借贷者比信用社和大银行更具有竞争优势。后者的优势体现在规模生产中，对于零星分散的小额贷款，它们没有与民间借贷者竞争的动机，从而形成了在不发达国家的乡村放款人的长期垄断地位，根本原因在于农村资金的供不应求。

信用合作社的利率水平与商业银行和民间借贷者的利率进行比较，从所处的金融地位来说，信用社与民间借贷者更接近，更具有可比性，只要信用社利率低于民间借贷，就基本可以认为信用社是实行了低利率；信用社与城市商业银行处于不同金融环境，可比性差，以城市商业银行利率来判断农村信用社利率是否体现合作性质是不合适的。信用社与政府的农村信贷机构也不可比，因为后者的贷款利率高与低，政府的政策意向在其中起着决定性作用，政府可以财政补贴来发放低息贷款，其他金融机构都奉陪不起。

（三）　市场经济体制时期合作金融制度理论体系的深入研究

改革开放新时期以来，学术界开始对合作金融制度理论体系进行全面探索。

在 20 世纪 80 年代初至 80 年代中后期由计划经济向商品经济的过渡时期，合作金融的理论研究集中在合作金融的性质、特性，合作金融与商业金融、与股份金融、与集体金融的区别与联系，合作金融的组织形式等方面。[1]

社会主义市场理论提出以后，明确中国实行社会主义市场经济体制，学术界开始按市场原则思考合作金融组织的性质及经营问题，在理论来源上，已经开始系统地运用西方市场经济国家的合作经济思想和现代经济学方法并结合中国实际来全面深入地研究合作金融。

在现代西方经济学中，劳动管理型企业的新古典理论认为：合作社或雇员分享企业，无论从经济角度还是非经济角度看，这类工人参加管理的经济都要比其他制度优越，至少与其他制度具有同等的效率。[2]新制度经济学认为合作社的优势在于它既利用了其成员固有的当地信息资源（the local information pool）和信任资本（trust capital），又利用了自我雇佣（self‐employment）的优势，因而可以降低信息、监督和执行等交易费用，给社员带来更多的利益。[3] 合作社的缺陷在于，同资本主义企业相比，合作社的制度安排会造成更

---

①　李树生、岳志：《合作金融概论》，吉林人民出版社，1989。

②　J. 范尼克《工人管理市场经济的一般理论》，英文版，康奈尔大学出版社，1970。

③　霍尔格·伯纽斯：《作为一个企业的合作联合会：一份交易经济学的研究》，载《制度与理论经济学》，1986（142）。

大的"偷懒"、低效率，同时要耗费更多的交易费用。[1] 因此，合作社或者只能停留在小企业的规模上，或者归于破产，或者转化为资本主义企业。[2]

借鉴现代西方经济学中合作经济理论以及现代西方马克思主义经济学家对合作社的研究成果，[3] 我国的一些学者开始了对合作金融制度理论体系的全面探索，如合作金融制度产生的根源，合作金融的组织体制，合作金融企业的产权制度、经营管理制度、经营目标及其实现机制，合作金融制度的效率及其在当代金融市场中的确切地位，我国合作金融机构的改革之路等一系列具有重要现实意义的理论问题，取得丰硕成果。[4]

1. 合作金融产生的基础、经营原则与组织体制

合作信用是最古老的信用形式。在人类社会的原始时期，存在着简单的、偶然的货币信用交易，这些交易主要出现在家族、村落内部，带有互助性质，它成为合作信用的萌芽。合作信用早于高利贷信用、银行信用而出现。关联人群、低利借贷、低成本营运是传统合作信用的三个基本特征，这些特征构成现代合作金融原则的基础。[5]

民间自发形成的合作金融活动，总是处于不稳定、偶发性的状况，但有极强的生存适应能力。在有分工、交换的经济环境中，无论是哪种生产方式占主导地位，这种民间自发的合作金融活动总是会不断发生。传统合作金融组织——合会，曾广泛存在于世界各国的经济和社会生活中，其门户灵活、组织形式简单、运作灵便、适应性广的特点，在当代广大发展中国家仍发挥着储蓄、信贷和社会保障的功能。它同时也存在一些负面影响，应依法管理，扬长避短，发挥其拾遗补缺的作用。

现代合作金融组织脱胎于传统合作金融组织，是市场经济内在矛盾的产物。在各市场经济国家，依旧大量存在的小生产者，构成合作经济的深厚土

---

① A. A. 阿尔钦、H. 德姆塞茨：《生产、信息费用与经济组织》，载《美国经济评论》，1972 （62）。

② O. E. 威廉姆森：《市场和科层制》，纽约自由出版社，1975。

③ 乔伊斯·罗哲思查尔德、J. 阿伦·怀特：《合作工厂》，坎布里奇大学出版社，1986。

④ 岳志：《现代合作金融制度概论》，中国金融出版社，2002。

⑤ 同④。

壤。富裕起来的劳动者，不断进入投资者行列，扩大了合作经济加入者的队伍。资本主义工厂制度和信用制度为现代信用合作社的产生提供了制度资源。合作金融的生命力，来自合作经济为它提供的广阔生存空间。在由生产合作、供销合作、消费合作、信用合作等构成的合作经济体系中，合作金融日益居于中心环节，并发育形成相对独立的体系。合作金融的生命力，根源于合作经济内在的经济竞争能力。合作金融的存在和发展具有永久性。

经过一百多年的发展，信用合作原则在实践中经受了反复的锤炼，原则内容得到了丰富发展。1968 年成立的"国际雷发巽协会"提出"三自"即"自我帮助，自我管理，自负盈亏"原则。1984 年 8 月 24 日，作为当代国际信用社体系最高组织的信用社世界理事会在国际合作原则的基础上，正式制定了指导各国信用社活动的信用合作原则。这些原则从民主构架、面向会员服务和社会目标三个方面进行了具体的规定，充分体现了信用社的理念。[1]

第一，民主构架。

（1）入社的开放性和自愿性。会员入社遵循自愿原则，任何具有共同背景的人如果想获得信用社的服务并且愿意承担作为会员的义务，均可加入信用社。

（2）民主管理。信用社会员享有同等的投票权（一人一票）和参加信用社决策的权利。在遵守民主原则的前提下，信用社的后援组织或团体的投票可实行比例代表制。在法律和规章允许的范围内，信用社实行自治，并且被承认是一个为会员服务、由会员管理的合作性机构。被推选出来的负责人自愿为信用社服务且不计报酬，但是办公过程中发生的合理费用由信用社承担。

（3）非歧视性原则。信用社对所有会员均一视同仁，不管其种族、肤色、民族、性别、宗教信仰、生理障碍、家族地位或政治立场等情况有何不同。

第二，面向会员服务。

信用社为会员提供服务，旨在增进全体会员的经济和社会福利水平。

（1）收益分配。为了鼓励储蓄，从而向会员提供贷款和其他服务，信用

---

[1]　史纪良、张功平：《美国信用合作社管理》，197～199 页，中国金融出版社，2000。

社在其力所能及的范围内对参加储蓄和存款的会员支付一定的红利。扣除必须划缴的法定准备金后余下的现有收入加上未分配收益的结余可用来宣布和支付红利。如果在某一特定期间内对存款账户宣布并支付了红利，董事会会准许对在此期间向信用社支付贷款利息的会员偿还一定的退息。董事会有权决定是退息还是利用这笔未分配的资金来促进信用社在其他方面的经营。

（2）增强金融稳定性。对于信用社来说，至关重要的是增强金融实力，包括充足的准备金和适度的内部控制。这样，信用社才能保证长久地向会员提供服务。

第三，社会目标。

（1）长期的教育培训。信用社积极地就其经济、社会宗旨和民主、互助原则向会员、经理人员、雇员及社会公众开展教育培训活动。倡导节俭、合理利用信贷，以及加强对会员的权利与义务教育对信用社来说是极为必要的，这是因为信用社在满足会员需要的同时也承担了社会和经济的双重角色。

（2）合作组织间的合作。在遵循合作理念和合作惯例的前提下，信用社在其力所能及的范围内积极地与其他信用社、合作社以及当地、全国或国际级别的信用社协会开展合作，从而更好地为其会员和所在社区的利益服务。

（3）社会责任。信用社依然坚持不懈地追求着先驱们的理想和信念，致力于为人类社会的进步作出贡献。信用社对社会正义的关注不仅涉及会员个人，还涉及会员工作和居住所在的更广泛的社区。信用社的理想是为一切需要并且能够获取这种服务的人提供服务。每个人要么是信用社的一名会员，要么是一名潜在会员，或者说是涉及信用社利益的一员。信用社在做出决策时应全盘考虑信用社及其会员所在的更广泛的社区的利益。[①]

合作金融的原则是世界相通的，1996 年 10 月在北京召开的中国合作金融理论讨论会上，与会者认为，根据我国合作组织特点，合作原则的主要精神可以归结为三点：一是自愿原则，即入社自愿，退社自由；二是民主原则，这是合作社管理的基本原则，不管他在合作社内的股金是多少，一般都实行

---

① 岳志：《谈谈合作金融的原则》，载《农村金融研究》，1988（5）。

一人一票制，所有社员享受同等的表决权；三是互利原则，并作为处理社员之间、社员与基层社、基层社与联合社之间经济关系的准则。合作社经营活动如有盈余，社员应当获取正当合理的经济利益，合作社要留有一定的积累，同时要发展社员福利事业。①

2000 年，杨智勇在《合作金融理论的完善与发展》一文中，将国际合作原则浓缩概括为合作金融的四个基本原则：②

（1）自愿参加原则，社员可根据经济上的需要自愿参加合作社，合作社对所有能够利用合作社服务和愿意承担社员义务的个人或团体开放，实行入社自愿，退社自由；（2）民主管理原则，按"一人一票"制形成合作社的重大决策；（3）以社员为基本的服务对象，合作社主要为社员提供服务，对非社员的服务只有在基本满足了社员需要的前提下才能提供；（4）股金分红受限制原则和提留积累原则。

由于各国社会制度的不同、国情的差异以及对信用合作思想认识的不一致，产生了各具特色的合作金融组织体制。同时，合作金融系统是一国金融体系的有机组成部分，其经营模式取决于整个国家金融业的管理模式，所以合作金融企业经营制度亦可分为全能制和专业制。由于单个合作金融机构规模均较小，不宜进行专业化分工，所以合作金融组织更适宜于综合化经营。在当代银行全能化经营的大趋势中，合作金融机构既要顺应潮流，也要量力而行。合作金融机构也有单元制和分支行制的组织制度之分。与商业银行不同，合作金融机构的单元制是一种复合式单元制：一方面，中央合作银行、区域合作银行、基层合作银行均是独立法人的单元制；另一方面，三者之间又从下至上控股，形成密切的管理和服务关系以及共同经济利益关系。其基本结构是金字塔状，由众多的基层组织形成这一体系的强大基础，直接从事经营活动；中间层次的组织基本上负责协调、管理、融通资金、沟通信息，并且有对外联系、处理有关法规的任务；最高层次是全国性协调、指导机构。主要任务是促进合作金融的共同利益，负责培训业务、法律及其他工作，还

---

①　别凌：《中国合作金融理论研讨会观点综述》，载《中央财经大学学报》，1997（1）。

②　杨智勇：《合作金融理论的完善与发展》，载《浙江金融》2000（10）。

负责同国家政府及其他机构的联系和国际性的业务往来。

各国的合作金融组织，基本上都是采取多级法人制度。各级金融组织都是由各自成员入股，具有自主经营权和独立的法人资格。各级金融组织之间又往往以入股持股的方式，形成合作的网络。合作金融组织这种多级法人的网络，是由其生产经营方式所决定的，即由所有者直接占有生产要素、在社区小范围内联合劳动、集约组织经营管理活动。这种组织体系有助于将合作金融社区范围自我服务的有限性同合作经济大范围集约配置资源的社会性较好地结合。[①]

合作金融机构的总分行制也是一种"复合"总分行制：一方面合作银行下设全资附属的分支行，另一方面参股上层区域中心合作银行，后者再参股组成中央合作银行。世界各国银行业最终走向分支行制，这是一个理性的制度选择。但在这种环境中，合作金融机构组织体制上的比较优势弱化，经营难度增大。

2. 合作金融企业的产权制度及内部治理结构

信用合作社是劳动者自愿集资联合，共同获得服务与利益的一种互助合作式的资金融通形式。尽管劳动者身份各异，但他们都是以货币资金的合作为具体形式的，为了实现这种联合，每个合作者都要缴纳一定金额的入社费或股金，由此形成信用合作社的最基础的营运资金或核心资本。这种由社员直接出资形成的初始股金就构成了合作金融组织产权制度的核心内容。[②]

按照合作制的理念和原则，合作社主要是人的联合。信用合作社本质上也是一种人的联合，是有信用之人在信用领域进行的合作，信用不良的人是不被合作社所接纳的。因此，合作社的股金确实与一般企业的股本性质不同。合作社的股金数额一般都很小，[③]具有浓厚的入社费色彩，是一种资格得到确

---

① 徐永健：《怎样认识合作金融》，载《金融时报》，1997 年 4 月 19 日。

② 岳志：《现代合作金融制度概论》，中国金融出版社，2002。

③ 丁为民：《西方合作社的制度分析》，经济管理出版社，1998。英国有关法律规定，合作社社员每人须认购 1 股股金（最低限额为 1 先令）才能取得社员资格。

认的表现形式。社员认购的股份也都有最高限额的限制。① 对这部分股金，除了支付利息和股息外，社员在退出时要如数退还。从上述特征看，合作社的初始股金是完全归社员个人所有的，对股金支付的股息或红利是对使用个人所有权支付的成本。

信用合作社初始股金这种原生产权制度是社员对信用合作社股金大体均等的个人所有。这一基本制度在实践中呈现出两个缺陷。一是信用合作社股金采用较低的出资额并有最高额的限制，这就使得信用合作社的资本金较其他企业为弱；二是信用合作社的自愿进出原则，允许社员退社时撤走其投资，使得信用合作社的核心资本处于不稳定状态。信用合作社资本金弱小和不稳定使得其经营和竞争处于不利地位，内生地要求产权制度的调整和变革。合作金融组织在实践中创造性地采用一些方式来调整和完善产权制度。首先，为了扩大股金规模，合作社多采用放宽股金上限的政策。这一政策使得信用合作社允许个人持有的股金数量有逐步上升的趋势。其次，合作社为持续地扩大资本规模，大多采用鼓励社员将合作社盈余分配所得留在社内，转为股金扩大资本基础的政策。如有些国家的合作金融组织，借鉴股份公司股票可转让但不可退股的办法，把社员股金分为个人活股（最初入社费的股金部分）和储备金积累股，后者为死股，不得抽退，可进行有限制的转让。再次，限制社员自由退社退股。合作社的基本理念之一是实行门户开放政策：入社自愿，退社自由。但为了使合作社能够稳定发展，许多合作社修正了退社自由的原则，给社员股金的退出设置了制度障碍。如德国《合作社法》规定：社员需在合作社会计年度终止 3 个月前提出退社要求，合作社可以通过其章程最长将社员的退社要求通知期限界定为 5 年。②

上述三方面的制度调整虽然并没有从根本上修正合作社的基本产权制度，合作社本质上仍然是个人所有，仍然呈现自然人企业的特征。但是，从实际运行的结果看，它们还是在原生的产权制度之外衍生出一些新的内容：股金

---

① 石秀和：《国外合作社简介》，中国商业出版社，1989。根据 20 世纪初的有关法律，英国合作社社员认购的最高股份不得超过 200 英镑。根据社章，限额往往更低。

② 何广文：《合作金融理论与实践》，国家哲学社会科学课题研究成果，1999 年 6 月。

上限制度和退社自由制度的调整，修正和完善了单纯的、机械的均等共享、自由进出的理念，是合作制的理想与现实的一种务实结合。

上述调整并不能完全解决合作社原生产权制度的内在弱点，因为合作社根本上仍是自然人企业，它的营运仍然受到自然人的变化如退休（有些合作社规定社员退休后可逐步取回某类股金）和死亡的影响。同时，随着现代市场经济广泛深入地发展，各种类型企业之间的竞争日益激烈，合作社普遍感受到增加资本、壮大实力的迫切需要。于是，当代世界各国的合作社普遍采用从盈利中提取公积金的制度。许多国家的合作社法也规定一个合作社必须从其利润中提取的法定储备金的最低比例，当储备金达到一定规模，如达到股金总额的规模或年交易额的一定比例时则不再提取。各合作社也都会在其章程里规定一个固定的盈利提成比例，以便于在盈利分配时按章程提取积累。由此，合作社在动态发展过程中，就逐步积累起一笔产权不直接属于社员个人而属于合作社社员集体所有的资金，这一资金在合作社的长期发展中起着重大作用。因此，从再生产角度考察信用合作社，其产权制度就是个人所有的股金制度和集体所有的公积金制度的集合。[①]

当代合作金融组织，其产权制度创新还出现了一些新的内容，如所谓存款化股金制度。1984年以来，我国农村信用合作社在改革中进行了清股和扩股，突破了股额和股金的限制，一些信用合作社通过吸纳大额股金的方式扩大资金来源，即所谓存款化股金或股金形式的存款。这种"存款"与正常存款比较，对信用合作社来说，可以不缴准备金；这种"股金"与正常股金比较，对社员来说，可以在保息的前提下获得稳定、高额的红利收入，又可以取得社员权利意义上的贷款。存款化股金制度是合作金融组织对信用制度和股份制中优先股制度的创造性应用，它已经引起信用合作社产权关系的调整，是一种衍生的合作社产权制度。由此，完整的合作金融产权制度模型亦可表述为：股金制度＋公积金制度＋存款化股金制度。以入社费为核心内容的合作金融企业的原生产权制度具有重大缺陷，发展中逐步形成的公积金制度对

---

① 何广文：《合作金融理论与实践》，国家哲学社会科学课题研究成果，1999年6月。

合作社的产权制度进行了重要修正和补充，存款化股金制度是对合作金融产权制度的完善。①

产权制度决定着合作金融企业的经营管理制度和经营目标及实现机制。现代合作金融产权制度和治理结构表明合作金融组织既具有团队生产"搭便车"的制度性缺陷，也具有团队生产竞赛激励的优势，同时合作金融组织在实践中还创造了一系列激励约束机制对合作制进行扬长避短。特别是合作金融组织由下至上层层逆向控股形成的既具有各自独立经营（如地方基层社、区域中心联社和中央总联社均为独立法人）的活力又具有分支行制的系统协作优势的独特体制，对现代合作金融制度的成功起到了巨大的支持作用。

合作金融机构曾被称为是"人"的结合，以区别于"资"的结合的商业银行，从而合作金融机构的资本制度有别于商业金融机构的资本制度。在国际合作运动的初期，合作社作为劳动者的联合组织与资本主义企业相对立，把资本放在次要地位。随着合作社自身发展和竞争的需要，对资本的职能作用的认识逐步加深。当代各国合作银行采取多种形式扩充股金，资本规模逐步壮大。合作银行的资本构成可参照国际公认的巴塞尔协议的规定，分为核心资本和附属资本，但具体项目各呈现不同特点。合作银行资本的需求机制体现着银行、社员、债权人、金融监管当局诸利益主体之间的一种利益均衡关系。合作银行资本的供给机制主要有两种：通过利润提留的内在资本来源方式和通过向社会筹资的外在资本来源方式。当银行资本供给规模与资本需求规模相当时，银行资本运行处于均衡状态。现实中，合作银行资本充足状况也遵循巴塞尔协议中的资本充足率规定。

合作金融机构股金规模较小，资金来源主要依靠短期存款。为更好地服务社员，资金运用中中长期贷款比例较高，由此形成资产负债期限组合不对称，并成为一种潜在经营风险。为解决这一难题，有效地进行流动性管理，合作金融组织进行了制度创新：从下至上层层组建合作金融机构的联合组织，作为基层合作金融组织的附属服务性机构，对基层合作金融组织资产负债经

---

① 岳志：《现代合作金融制度概论》，中国金融出版社，2002。

营和流动性管理进行协调。这种联合体形式是合作金融体制的一大特色。

合作金融企业产权制度决定着企业的内部治理结构、企业的行为方式和行为效率，并深刻地影响其功能发挥与作用程度。合作金融企业产权的均齐性决定其特有的民主管理制度，产权的开放性决定其富有弹性的内部治理结构，产权的非交易性决定其自治性的内部治理结构，产权主体与服务利用主体的同一性决定其复合性的经营目标。合作金融企业的民主管理一方面表现为对资金运动过程的管理，另一方面表现为对人的行为关系的管理。合作金融组织规模的扩大引起社员民主管理由直接民主管理向间接民主管理转化，即由全体社员直接参与企业经营管理决策转向委派代表参与重大经营管理的决策。随着信用社专职经理职工队伍的形成，民主管理被赋予了新的内涵。

合作金融企业的治理结构与股份制企业不同，是一种循环式自我管理的控制结构，而股份制企业是一种从上至下的单向控制结构。较大规模的合作银行和信用联合社在法人治理结构上，也存在内部人控制与外部人控制两种控制权配置模式。合作金融组织的法人治理结构，通常采取所有权和经营权分离，决策、执行和监督三种职能部门相互制衡的形式。这是符合现代企业制度特点的。社员作为所有者，可以委托符合要求的人承担经营管理职责，而具有专业知识才干的社员也可以受所有者集体委托承担经营管理职责。

信用社在早期发展阶段与合伙银行有许多相似之处，呈现出自然人产权制度的特征，对外经济法律关系多采用无限责任制。随着合作金融事业的发展壮大，无限责任制的致命缺陷使其不适应经济金融的发展要求，信用社逐步借鉴商业银行的模式而采用有限责任和法人产权制度的形式。由于股金制合作金融产权制度根本上有别于股份制商业银行产权制度，其少量的具有入社费色彩的股本金与巨额负债之间的权责关系是极不对称的，所以当代信用社实践中创造了一种独特的介于无限责任和有限责任之间的责任担保形式——保证责任。

现实中存在多种所有制形式的合作社，所以合作社可以一般性地概括为混合产权制度。信用社的经营受政府有关部门严格监管，即使遇经营危机，也多被收购或合并重组，债权人利益较有保障，因而信用社属法人企业制度。

在我国合作运动兴起时，合作者的个人财产所有权是被承认的，但是，在急于向公有制过渡的思想影响下，合作化演变为集体化，合作者的个人财产权不再被承认。包括合作金融企业在内的合作制企业名称未变，其法人财产仍由劳动者集体运用，甚至于按股分红的形式也保留下来了，但由于已不再承认参与合作者的个人财产所有权，合作企业已名不符实。①

对于我国合作金融机构究竟应采取哪种产权组织形式，存在着许多不同的观点：

我国城、乡信用合作机构应办成真正的"合作"金融机构，而不应办成股份制商业银行。②

股份合作制是我国合作金融的最优选择。③

股份制是我国合作金融机构的最佳选择④；城乡信用合作金融机构宜采用有限责任公司的形式。⑤

城乡信用社是集体所有的合作金融组织。⑥

只要坚持财产股权量化到每个投资合作者的基本特征，合作金融企业可以采取多种产权形式。⑦

3. 合作金融企业的经营目标

（1）对合作社经营目标的不同表述

第一种观点：合作社的目标是为了实现社员个人利益最大化。在生产合作社中，这种社员个人利益最大化表现为社员个人收入最大化；在流通合作社中，社员个人利益最大化表现为对社员个人服务的最大化。这种观点强调

---

① 徐永健：《论强化合作金融机构的产权约束》，载《金融研究》，1994（10）。

② 邱兆祥：《关于组建城乡合作银行的几点思考》，载《金融时报》，1995年3月20日。

③ 张忠山：《城市合作金融发展的理论与实践》，载《银行与企业》，1994（12）；徐雨云、张凤琴：《试论把城市信用社办成股份制合作银行》，载《金融时报》，1994年3月15日。

④ 马有德：《组建合作银行的核心——产权形成问题》，载《金融时报》，1994年11月24日；王保江、孙守民：《股份制——规范城市合作银行的选择》，载《金融时报》，1995年9月21日。

⑤ 杜平、王明立：《城市信用合作社的性质及其所有权界定》，载《金融时报》，1995年3月20日。

⑥ 郑良芳：《城市合作金融的性质、产权关系不能变》，载《金融时报》，1995年3月20日。

⑦ 同①。

合作社目标的个体性（为了社员个人而不是合作社整体）和单一性（目标是一元的而不是多元的）。它最早由沃德在 1958 年的一篇关于劳动管理型企业的论文中提出，后又在合作学者和东西方经济学家的有关论著中多有反映。①德国学者肯特·阿瑟沃弗和埃卡尔特·享尼森在《德国合作社制度的基本特征》一文中说："合作社制度的基本使命是提高其社员的经济发展水平，这一使命是全世界各国合作社共同追求的目标，亦是合作社的本质特征。"由于现实中合作社的社员既有自然人社员和法人社员，肯特补充道："与之相对的是参加合作社的社员或参加合作社的企业的经济增长才是合作社的本质目标。"②

第二种观点：合作社的目标是对内实现社员利益最大化，对外实现利润最大化。这是一种二元目标论。国际合作社联盟主席罗伯特·罗德里格斯的论述可作为这一观点的代表："一边是共同的市场，在这里合作社必须以富有进取的形式插进去，以竞争性的价格及优质产品和服务争得空间。合作社必须具有追逐利润的商业优势……另一边是个人的幸福，社员的福利。没有利润，就无法为社员服务。我们的方向是：合作社在市场上公开竞争，以便为社员提供服务。一边是市场，另一边是社员福利。这就是合作社企业经营需要被发展的新的理念。"③

国内许多学者也持有这种观点。

第三种观点：合作社的目标是多元的。合作社制度曾被人们作为资本主义制度和社会主义制度之间促进社会经济发展的第三条道路，因此人们对合作社寄予很多希望，赋予其很多目标。国际合作社联盟 1995 年 9 月在其 100周年代表大会上通过的《关于合作社特征的宣言》中，重新确定了合作社的定义并予以阐明："合作社是人们自愿联合、通过共同所有和民主管理的企业来满足他们共同的经济和社会需求的自治组织……社员的需要可能是单一的和有限的，也可能是多样的；可能是政治的，也可能是纯经济的，但不管是

---

① 丁为民：《西方合作社的制度分析》，206 页，经济管理出版社，1998。

② ［德］肯特·阿瑟沃弗、埃卡尔特·享尼森著，刘波译：《德国合作社制度的基本特征》，载《农村经济》，1997（8）。

③ 罗伯特 1998 年 6 月 24 日在加拿大合作社协会第三次全国代表大会上的特邀发言，刘惠译。

什么需要，它们是合作社存在的主要目的。"① 国内外学者亦多持有这种观点，或者表述为合作社的目标有核心目标和补充目标之分，或者表述为合作社目标有经济目标和非经济目标之分。核心目标或经济目标是指提高社员经济发展水平，补充目标或非经济目标是指为社员提供就业保障、培训和技术的提高、平等的地位、消除剥削、促进社区发展、环境保护等。这些非经济目标在历史上的某些类型合作社内曾居于重要位置，后来，情况逐渐发生变化，1956 年，哈斯（Hass）便意识到降低非经济目标的重要性是大势所趋。目前，这一思潮又有所"复兴"，有些所谓"替换式合作社"或所谓"新合作社"又重新倡导这些非经济目标，它不是国际合作运动的主流趋势。

第四种观点：合作社的目标是动态变化的。在合作社的初期阶段主要是为社员提供服务并实现其利益最大化，中期阶段兼有为社员服务和盈利的双重目标，第三阶段转变为以盈利最大化为目标。这种变化是合作社为适应社会经济环境的变化而进行的自我调整。②

第五种观点：合作社的目标是有层次的，是由最终目标和直接目标构成的体系。每一个社员利益的最大化，是合作社的最终目标，它既是合作社产生和发展的出发点和原动力，又是合作社经营活动的最终归宿；集体利益最大化，是合作社的直接目标，它既是合作社最终目标作用的结果，又是最终目标得以实现的保障，是合作社目标体系的派生层次和中间环节。所谓要处理好社员个人利益与合作社集体利益之间的关系，正是由于这种不同层次目标之间的关系所决定的。③

上述关于合作社目标的不同观点，一方面反映了论者各自不同的视角和分析方法，另一方面也反映了合作社自身属性的多重特征。德国知名合作经济学者格沃基·达海姆（Gearg Draheim，1952）认为，每一个合作社都有双重属性：一方面，它是由人组成的协会，是一个社会团体，这个组织是由社会学和社会心理学的定义确定的，组织的成员是拥有合作社财产份额的单个

---

① 管爱国、符纯华：《现代世界合作社经济》，6 页，中国农业出版社，2000。
② 黄少安：《合作经济的一般规律与我国供销社改革》，载《中国农村经济》，1998（7）。
③ 丁为民：《西方合作社的制度分析》，223 页，经济管理出版社，1998。

成员；另一方面，它又是一个由合作社社员经营的企业实体。这个实体的所有者同样是组成这个组织的那些单个的人。在早期的合作社中，这种双重特征十分明显；在当代，人们着重于合作社的企业特征而忽视合作社的社会团体特征，但全面地看待当代合作社，双重性仍然是它的本质特征。如一人一票制的民主管理、经营中的合作团队精神，都是由于合作社的社会团体特征衍生的。"所以说，真正的合作社所依赖的不仅仅是理论思维，还有理性情感。"达海姆认为，作为一个社会团体，合作社的团队精神是其商誉的基本构成之一。因此，合作精神应该被看做是能够对合作制企业产生重要影响的因素。合作社中的人际关系和经济关系是互相依赖、互相影响的，并直接影响着合作社的行为。当人们既看到合作社的企业性又看到合作社的社团性时，人们提出合作社的目标是二元的或多元的；当人们侧重合作社的企业性时，人们提出合作社目标的一元论；当人们考察合作社的发展历史，发现合作社随着环境变化而不断调整着经营行为时，人们提出合作社目标是变化的；当人们考察当代合作社受现代企业法人制度影响，所有权与经营权分离，合作社成为独立于股东社员之外的一个客观存在（法人实体）时，人们提出合作社最终目标是社员利益最大化，直接目标是合作社集体利益最大化。因此，各种关于合作社目标的观点都有其充分的论据，反映出论者立场和方法的差异。正如德国学者多佛尔（Dulfer）1984年所批评的那样，对合作社双重特征的分析及其相关的合作社目标分析的混乱表明了统一的跨学科研究的明显缺乏。

（2）对合作金融企业经营目标的分析

从合作社最基础的、共同的经营宗旨——社员利益最大化的角度，合作金融企业社员利益最大化这一目标有着与其他合作社不同的内涵。合作金融企业是社员资金互助的组织，除这一基本点外，人们组织信用合作社还要求得到其他方面的金融服务。因此，信用合作社的目标——社员利益最大化就具体表现为社员利用信用社贷款得到的收益、利用信用社其他金融服务得到的收益和信用社利润返还得到的收益三者之和的最大化。第一，社员利用贷款得到的收益包括贷款的较低利率和较低交易费用带来的利益，还包括贷款用于经营后产生的收益扣除各项成本和利息后的净收益，这种净收益应理解为一种机会收益，是社员难以从商业银行贷出款项而易于从信用社贷出款项从而产生的一种机会收益。第二，利用信用社其他金融服务得到的利益包括在信用社存款得到的高于商业银行利率的利息收入，还包括没有商业银行机构而仅有合作金融机构这种情况下由存款代替窑藏所产生的利息收入，类似地还包括利用信用社结算手段和其他金融服务得到的收益。第三，信用社利润返还得到的收益。信用社利润有来自对社员服务所产生的收益和来自对非社员服务所产生的收益两部分。信用社在对内满足社员金融服务需求的同时，在对外服务经营中获得的利润是社员股东的权益，成为社员从信用社所得收益的一个来源。信用社对内部社员的服务理论上可采取成本化的、微利的、市场化的三种形式，采取何种形式取决于社员的理性选择和情感偏好。成本化价格的金融服务是最优惠的服务，但同时社员由此得不到利润返还；微利化价格的服务是有优惠的服务，社员同时也只能得到较少的利润返还；市场化价格的服务对社员和非社员一视同仁，社员没有得到价格优惠，但得到的利润返还最多。从根本上说，合作社由社员创办，为社员服务应直接采取成本化的价格，但在实际经营中，信用社既对内服务，又对外经营，对内部社员实行成本价，对外部非社员实行市场价，两套核算体系，增大了交易成本，因而是不经济的；从经济的角度，内外一体化的价格有利于节省交易成本，信用社盈利则通过按交易额返还的形式回到社员手中，所谓"取之于社员，还之于社员"，亦同样体现出合作的原旨。但对社员实行与非社员同等条件的服务易直接引起社员的反感，不利于维护社员与合作社的天然紧密关系。因此，现实中许多信用社采取中庸形式，即对外实行市场化的服务，对内实行优惠性的服务——在统一价格的情况下对内部社员在贷款条件和金额方面给予优惠，既考虑到信用社经济核算的需要，又照顾到社员的心理需求。①

（3）对合作社经营目标相关问题的研究意见

第一，合作社的服务性与盈利性的关系。

---

① 岳志：《现代合作金融制度概论》，中国金融出版社，2002。

关于服务性。合作社两重属性中的社团性已表明合作社必须为其成员提供服务。关于社团，国外一些学者把合作社视为公益法人，合作社法中也有把合作社规范为社团法人性质的，日本商法则把合作社定为中间法人，以区别于股份公司等盈利法人和各种协会等纯公益法人。合作社同工会、妇女会、学生会、居委会等群众团体一样都是为其成员服务的。但后者主要通过思想和文化教育、福利和事务工作为其成员服务，一般不进行经济活动；合作社是经济实体，它通过经济活动为其成员服务。合作社也要对其成员进行教育培训工作，但它的基本职能是在经济上为社员服务。特别是流通领域的合作社如信用社，它的服务性更为明显。强调合作社的服务性对于纠正合作社忽视社员利益、忘记服务宗旨的不良倾向具有重要现实意义。

合作社是在商品经济大环境中从事经营活动的，它必须采用社会通用的标准和行为方式才有效率。因此合作社为其社员服务，不能是无偿奉献，而必须采用商品交换形式，联合劳动者之间的劳动交换同样是商品交换关系。至于情感上、道义上的互助合作关系，在商品经济条件下合作社的经营活动中，不能成为合作社的基本的、主体的经济关系。合作社也必须像其他经济实体一样，自主经营、自负盈亏。它必须进行经济核算，核算劳动消耗和成本高低，核算劳动效率和经济效益，以最小的投入获得最大的产出，而且它还受到市场机制和市场竞争的制约。因此，产品的优质和适销对路，服务的优良和为社员需要，就成为合作社的经营原则和经营方针。信用合作社作为服务性合作社，入股者为大量劳动者，但不在社内工作，在社内工作的只是少数人，其任务就是为大量的入股者服务。要纠正信用社为内部人控制、为内部人服务的错误做法。

关于盈利性。商品经济条件下的合作社的经营机制受等价交换规律和市场竞争法则支配。信用合作社吸收存款和发放贷款、资金拆入或拆出，受资金市场价格的制约，信用社其他金融服务也必须按照同业公会约定的价格执行，等等。当信用社按照市价进行经营时，经营活动的结果自然已产生利润，因为存贷利差和服务收费扣除各项费用成本后即为利润。合作社盈利的分配要按交易额返还，返还的利润又回到社员手中。合作社的盈利成为为社员服务的手段，成为社员利益的构成部分。不盈利或亏损的合作社自身的生存都成问题，为社员服务便无从谈起。

追求不追求利润是一种经营原则，无论是股份制还是合作制的组织，利润是生存发展所必要的基本条件，只不过股份制以追求利润最大化为最高目标，而合作制则以为社员提供最佳服务为最高目标，但并不能因此而认为合作制就不需要追求利润。实际上，合作社要实现它的最高目标，即为社员提供最佳的服务，就必须不断地实现更多的利润，增加更多的积累，因为社员的需要在不断发展变化，需要的水平也在不断提高，合作社要满足这些水平不断提高的需要，就必须对其技术装备水平和服务手段不断地进行改造、提高，而没有利润、没有积累，是无法实现这些目标的。因此，合作制本身与追求利润之间不存在矛盾。[1] 合作社只有盈利，才有能力适应市场经济不断发展的需要，自身才能得以发展。也只有盈利，才能增加合作社职工的收入，提高合作社职工的办社积极性。只有盈利，才能对社员按交易量进行利润返还，才能进一步得到社员的支持和拥护。[2]

第二，合作制与商业化的关系。

吴晓灵认为，对合作金融来讲，它的商业化仅仅指它的服务范围，它的业务领域不再局限于社员之间，而是可以面向社会开放的，而合作制原则本身并没有发生变化。世界上一些合作金融搞得好的国家，商业银行能做的业务合作金融基本都能做，但它们仍然是合作性的金融机构，因为它坚持着合作金融的基本原则，虽然经过一百多年的发展，发达国家的合作金融机构的实力可和世界最大的商业银行相比，业务种类五花八门，范围也拓展到了全世界，但合作制的原则并没有变。合作制与商业性的功能并不对立。只要把握住合作制的基本精髓，尽可以借鉴商业银行先进的经营管理技术，拓展现代的业务，只有上升到这种认识，才能正确理解今天发达国家合作金融的成

---

① 杨少俊：《对按合作制原则规范农村信用社几个问题的认识》，载《中国农村信用合作》，1997（5）。

② 赵长义：《谈合作制》，载《中国农村信用合作》，1997（6）。

功发展现象，才能为我国合作金融的今后发展拓宽道路。[①]

第三，集体利益和社员利益的关系。

合作社的目标是社员利益最大化，但由于社员人数众多、各自对金融服务的需求不同，造成社员利益最大化这一目标的实现程度在实践中难以衡量和判断。作为社员集体利益最大化的直接集中体现——合作社利益最大化或合作社盈利最大化则易于衡量和计算。因此，现实中许多合作社直接地将合作社的规模壮大或盈利增长作为自身的经营目标，合作社社员也往往以此作为对合作社经营绩效的考评依据。粗略地说，每一位社员利益最大化与合作社利益最大化并无多大区别：只有实现合作社集体利益最大化，才能保证每一位社员个人利益最大化；或者反过来说，要想实现集体中每一个个体利益最大化，也必须首先实现集体利益的最大化。二者合乎逻辑的关系应该是：在社员个人利益的驱动下组织合作社，在合作社制度的基础上形成集体利益，在集体利益最大化的基础上实现每位社员利益的最大化。[②] 社员个人利益的最大化是合作社制度的出发点和归宿点，集体利益作为一种过程和必要的实现手段，用埃内克·波特切尔的话就是："合作社是一个有共同经济行为的个体组织的协会，在这个协会里，各个体通过其集体拥有和集体经营的企业来提高他们的经济水平。"[③] 这种关系也为合作社制度的实践所证实。

处理好合作社内社员之间的利益关系和社员个人利益与集体利益之间的关系，首先，要求合作社要坚持民主管理制度，建立以集体主义为核心的企业文化，使社员真正认识到集体利益的存在及集体利益与个人利益的根本一致性。其次，合作社要加强经营管理，实现良好效益。对于农村信用社来说，由于其服务对象——农民社员是经济上的弱势群体，其服务的农业也是弱势产业，风险较大，能够盈利已属不易，况且有时风险损失大于收益，形成亏损，需要以盈补亏。因此，信用社一定要争创盈利，有备无患，走可持续发

---

① 吴晓灵：《有关合作金融发展的认识与政策支持问题》，载《金融研究》，1997（2）。

② 丁为民：《西方合作社的制度分析》，218 页，经济管理出版社，1998。

③ ［德］肯特·阿瑟沃弗、埃卡尔特·享尼森著，刘波译：《德国合作社制度的基本特征》，载《农村经济》，1997（8）。

展之路。再次，合作社是具有自然人特征的企业，由于社员情况千差万别，对于盈利分配各自有不同的要求。合作社盈利一部分用于利润返还，一部分要作为公积金用于合作社扩大再生产。要合理确定二者分配比例，妥善处理好社员眼前利益和长远利益的关系。

第四，为社员服务和为非社员服务的关系。

为社员服务、满足社员需求是合作社的基本职责。但社员的需求必须是有效需求，社员对信用社的贷款需求必须是有偿还能力的需求。信用的基本特征是偿还并支付利息，合作金融企业的经营还须遵循流动性、盈利性、安全性协调统一的原则。这就要求信用社只能满足社员低风险的融资需求，对社员高风险的贷款需求不应满足。信用社在满足了社员的有效需求之后，可以用剩余资源满足非社员的有效需求。这符合谋求社员利益最大化的宗旨。有人根据信用社为非社员贷款比例的增长判断信用社偏离了为社员服务的方向，这不一定准确。关键应看信用社是否满足了社员的有效需求。在满足了社员有效需求的前提下，信用社向非社员提供服务，充分利用了闲置资源，扩大了业务，增加了盈利，这符合社员利益最大化的目标，因为盈利是体现社员利益的一个方面。因此，应以社员利益最大化而不应以社员贷款需求满足度为标准来判断信用合作社的经营方向。[①]

4. 合作金融企业的经营管理机制及其效率比较

（1）合作金融企业经营目标的实现机制

合作金融企业的目标需要通过一定的经营管理机制来实现，其中合作金融企业的治理结构是最重要的一种机制，合作金融企业的资本制度、分业或混业经营制度、复合总分行制度对目标的实现有一定的影响作用，除此之外，合作金融企业在实践中还形成了以下几种机制，如自我约束机制、发展机制，职工和社员的激励贡献机制、教育机制、相互监督机制、竞赛机制等，它们对于合作金融企业目标的实现也具有重要作用。

第一，教育机制。

---

① 岳志：《现代合作金融制度研究》，中国金融出版社，2002。

合作社历来重视教育。世界上第一个现代合作社——罗虚戴尔公平先锋社的管理原则就曾规定：每年要从合作社盈利中提取 2.5% 作为社员的教育费用。国际公认的合作社原则也将教育、培训和信息的原则列入其中。

1995 年，国际合作社联盟总结世界合作运动中教育原则的重要性后规定：合作社要为社员、选举的代表、经理和雇员提供教育和培训，以更好地推动合作社的发展。合作社要向公众特别是青年人和舆论名流宣传有关合作的性质和益处。教育意味着增长知识和鼓励惠顾，意味着丰富社员、选举的代表、经理和雇员的思想，使其全面了解合作社思想和行为的丰富内涵。培训意味着保证所有与合作社合作的人拥有合作社所要求的技能，以更有效地履行其责任。教育和培训之所以重要，还因为它为合作社领导人提供了一个可以了解其社员需要的极好机会，按照这种途径帮助他们进一步估价合作社的活动，提出改进或提供新服务的方法，鼓励合作社的社员和领导人之间开展双向有效的沟通。

教育原则的意义还在于促进合作社各利益团体之间的合作，使社员、管理机构、经营者和全体职员能形成一股共同的力量。他们在合作社经营方针上能基本达成一致意见，能及时了解相关信息，这就有利于合作社目标的实现。

与教育同等重要的是合作社的有效信息服务。各利益团体对信息的需要是不同的，多数合作社能够提供信息以满足不同的需要。但往往被忽略的是社员对信息的需要，社员得不到有效信息服务，往往成为市场的牺牲品，因此信息服务应特别关注社员的需要。信息对合作社自身经营也十分重要，及时了解掌握市场信息和同行业的产品信息，有利于合作社准确把握经营方向，改进和创新自己的产品和服务；同时，合作社自己的产品和服务的营销也需要进行信息宣传。合作社不赞成商业广告式的宣传，认为商业广告多含有欺骗成分，合作社服务对象的社区性或行业性也使得无差异的广告宣传成为浪费，而更偏好利用合作社的出版物和印刷品进行信息宣传。

总之，合作社的教育、培训和信息机制对于合作社目标的实现具有不可替代的功能，已成为保证合作社正常运作的内在要素，是实现合作社宗旨的必要手段，它通过创造一种合作社文化，提高广大社员的综合素质，也直接实现着文明的合作社制度的目标。

第二，激励贡献机制。

合作社的经营管理需要借助激励机制。人们参加合作社，总希望获得的激励大于作出的贡献，也只有当合作社对社员的激励大于其贡献时，参加合作社才具有吸引力，合作行为才具有效率性，合作社的发展才具有持久性。合作社的激励措施既包括对社员的激励，也包括对合作社经理人员和雇员的激励。

对社员的激励。合作金融组织通过一些优惠的业务服务和适宜的治理结构，满足社员日益增长的物质利益需求和精神需求，使信用社对于他们具有更强的吸引力，使他们与信用社建立并保持广泛的、持久的业务联系。

其一，信用社向社员提供便利的金融服务，有时甚至包括非金融服务，便利社员的生产经营需求和生活需求。

其二，在盈利分配上，采取社员导向型策略，按照社员与合作金融组织的交易量及社员对合作金融企业股金贡献的大小进行盈余分配。这种分配策略是合作金融组织激励机制的核心所在，合作金融组织中的交易额可以表现为贷款额，也可以表现为存款额，主要依据资金的稀缺情况不同和资金定价策略的不同。在资金过剩、贷款供过于求的情况下，社员从信用社借款就被看成是对合作社的贡献，信用社盈余也是从贷款利息收入中来，所以按交易额返利就是按社员与信用社发生的贷款额为标准返还利润。在资金稀缺、贷款供不应求时，贷款本身就体现着信用社对社员的服务和贡献，社员在信用社中的存款则体现着对信用社的贡献，按交易额返利一般就按社员在信用社存款的平均余额为标准返还利润。按交易额返利与商品销售回扣制度相似，社员与信用社交易额越大，对信用社贡献越大，返利受益也越大。这种返利方式与股份金融企业按股份大小分配利润的方式相区别，体现出一种新型按劳分配制度，因而对社员有着较大的诱惑力和激励作用。按交易额返利的具体形式也受到信用社资金定价方式的影响。如果信用社存款利率和贷款利率都较高，则应按社员的贷款额返利，因为信用社这时的盈利是来源于贷款利息收入。如果信用社存贷利率都按市价进行，则返利可按社员与信用社存贷平均余额之和来分配，因为对信用社来说，社员的存款和贷款都是贡献。如果信用社按市价吸收存款，贷款则实行低利率借出，那么返利则应以存款量为准，因为在贷款利率低于市场利率的情况下，社员从信用社借出资金越多，意味着从合作社得到的利益越大，激励补偿已得到体现。

关于对社员股金贡献的激励补偿。社员入股组建合作社，股金可看成对合作社的贡献，因而应采用一定形式对其补偿。但合作社的股金毕竟不同于股份公司的股份，它只是少量的、象征性的，通常被看作社员的入社费，因此，社员股金可以不分红、不付息。如果股金要分红或付息，其比例要受到严格限制，这是罗虚戴尔原则也是国际合作社联盟在历次合作原则中所明确强调的。股金补偿方式有如下三种组合：股金保息并分红、股金保息不分红及股金分红不付息。如果分红转增股本，则还有第四种组合：股金分红不保息。但不论何种方式，盈利中用于付息或分红的比例都受到严格限制。如美国法律规定，用于股金分红的部分不得超过信用社税前利润的7%，日本则限定为8%。在一些合作经济制度建立和发展较晚的国家、东欧前社会主义国家、中国及一些经济欠发达国家，对社员股金采取了有利于吸收新社员的股利政策，要么分红、要么还本保息。此外，合作金融企业还从每年盈余中按一定比例提取公益金，进一步改善社员公共福利；提取一定比例的不可分割的公积金，用于合作社的进一步发展，谋取社员的长期利益。

其三，合作金融机构特有的治理结构，使社员感受到自我价值实现，感受到主人翁地位的心理满足，从而对社员产生一种精神上的激励。合作社作为一种自助的团体，为社员提供了参与团体经营、实现群体归属感的机会；合作社实行民主管理、一人一票，为社员提供了实现民主、平等理念的条件；合作社实行自主经营、自我管理，为社员提供了实现自身经济利益的决策机会以及实现经济上的自由、互助互爱的条件；合作社尊重社员产权，社员通过社员大会行使对合作社的决策权和监督权，感受到真正是合作社的主人。

对员工的激励。早期信用社和当代一些小规模的信用社，服务品种简单、业务量小，信用社员工（包括普通职工和经理人员）多为自愿工作者，兼职为信用社服务，不从信用社提取报酬，不存在利益激励机制问题。当代多数信用社经营规模都较大，为社员提供的业务品种日新月异，这些新型业务使得信用社经营管理日渐复杂，客观上要求一个更为专业高效的管理层，职工们也需要掌握越来越多的新技能、新知识。原先从社区或村镇社员中产生的志愿工作者不能适应新形势的需要，许多信用社便从社会上招聘职工和经理。在这种情况下，信用社对员工的激励措施与商业银行大体类似。如目标激励，将员工个人目标与信用社目标结合起来，持续地调动员工积极性；奖惩激励，根据对经营目标的考核结果，给予员工适当的奖励或处罚；人本激励，尊重员工的劳动，多吸收员工入社，增强社员主人翁地位。

第三，相互监督和相互竞赛的机制。

制度经济学认为，合作社这种团队生产难以产生较高的效率，因为团队生产中每个成员的报酬与其劳动贡献相关度较低，存在一种干好干坏差别不大的机制。这就使每个成员都有一种偷懒的动机，尽量使他人多付出劳动，而自己"搭便车"，由此带来道德风险问题。合作社受"搭便车"问题的困扰，只能是低效率直至瓦解。

合作经济学的研究成果证明，在一定条件下，合作社的团队生产完全可以解决"搭便车"问题并产生不低于私人生产的效率。这些条件包括完备的监督和对产出的完备的计量考核。关于完备的计量考核，现代电子化手段和科学计量方法的广泛运用已使解决这一问题不再成为难题。关于监督，有两种形式：一种是由第三方（监督者）所进行的监督。在合作经济组织中，这种监督形式通过明确产权结构使成员拥有剩余索取权以及辅以市场竞争或竞赛机制解决。另一种监督则来自于合作团队的成员自己，可称为相互监督。互相监督机制是在教育机制不能有效地实现社员自我约束（即道德失效），激励贡献机制不能有效地激励社员和员工（即激励缺陷）时发挥作用的。[①]

---

① 张军:《合作团队的经济学》，上海财经大学出版社，1999。

一些合作学者总结合作社实践，认为相互监督机制是通过批评和自我批评的过程完成的。社员之间的批评和社员的自我批评是以合作社内部的平等为基础，并且成为这种关系的一种具体体现，它的最主要的目的就是促使每个社员都做好本职工作。批评与自我批评可以涉及与合作社生产经营活动有关的各方面内容，可以通过固定或不固定的会议完成，也可以通过非正式的谈话完成。但不论其内容如何、形式怎样，批评和自我批评的态度一直是合作社所强调的：它要求在平等、公平、客观而不是刺耳、威胁和指责的气氛下进行，这一过程应成为"自然的过程"，而不是"人身攻击"。①

事实上，合作团队生产不仅存在着"搭便车"的可能，而且存在着利用竞赛机制激励成员努力工作的可能，或者至少存在可以利用互相竞赛来配合或替代互相监督的条件。马克思说："在大多数生产劳动中，单是社会接触就会引起竞争心和特有的精力振奋，从而提高每个人的工作效率。"② 可见，人们在团队生产中能够产生竞争心和精神振奋，从而为团队生产超越私人生产而具有更高效率提供了可能。资本主义生产关系下的团队生产对劳动者来说是一种无奈和痛苦，合作制却使愉悦而高效的团队生产从可能变为现实。因为合作社是社员自愿组织的，在合作社中，人与人之间的关系是平等的，只有在自愿、平等、互利的基础上结成的团队生产，才有可能产生团结一心、争先恐后的劳动竞赛。新古典经济学从"经济人"的立论出发，用博弈论从反向证明了竞赛机制对克服员工偷懒行为的有效性。③

第四，约束机制。

合作社为完成其目标，不仅对社员、雇员、经理实行一系列的教育、激励、监督和竞赛的机制，合作社法人自身也遵循和制定一系列的约束机制和发展机制，以有效地保障合作组织经营宗旨的实现。合作金融机构的约束机制主要有监管机构的约束和行业自律两方面。

① 丁为民：《西方合作社的制度分析》，经济管理出版社，1998。
② 马克思：《资本论》第一卷，中文版，362～363页，人民出版社，1975。
③ 张军：《合作团队的经济学》，63～64页，上海财经大学出版社，1993。

其一，监管机构的约束。

监管机构是指政府对合作金融企业进行监督、管理的机构。有些国家通过中央银行对合作金融组织进行监管，有些国家单独设立监管机构或与中央银行分工监管。监管内容主要有：市场准入与退出监管，日常运营监管，中央银行金融调控和监管。

中央银行通过货币政策工具如再贴现率和存款准备率的调整来影响合作金融组织的可贷资金；通过信贷政策约束合作金融组织的贷款投向、贷款规模、贷款利率和贷款期限结构；一些发展中国家还实行较为硬性的信贷约束，如实行信用社存贷款双向控制、信贷定向配给等制度；此外，有的国家还将合作金融组织作为政府的工具。

中央银行通过制定合作金融机构资产负债比例管理办法，以负债制约资产规模，以风险制约资产结构。如制定科学的存贷款比例、中长期贷款比例、资产流动性比例、备付金比例、同一贷款人比例等，防止合作金融组织资产过度扩张，以降低经营风险。市场经济较为发达、商业金融竞争比较激烈的国家一般规定：存贷款比率不得超过 70%，中长期贷款比率不得超过 30%，资产流动性比率不得低于 25%，备付金比率不得低于 5%，单户贷款比率不得超过 50%。1997 年中国人民银行发布《农村信用合作社管理规定》，要求信用社年末贷款余额与存款余额的比例不得超过 80%；流动性资产余额与流动性负债余额的比例不得低于 25%；对同一借款人的贷款余额不得超过本农村信用社资本总额的 30%。荷兰拉博银行的流动性资产比率规定不低于 18%；德国联邦金融监管局规定，信用合作社的风险资产不能超过资本总额的 12.5%，外币资产与外币负债的差额不能超过银行自有资本的 30%；合作金融机构放款总额不得超过自有资本的 18 倍；同时，对长短期资产进行对称管理，长期放款和投资要有长期资金来源作保证；储蓄存款的 60% 可以作为长期信贷资金，20% 可作为短期信贷资金；任何一笔大额贷款不得超过自有资本的 75%；5 笔最大的大额贷款之和不得超过自有资本的 3 倍；所有大额贷款之和不得超过自有资本的 8 倍。①

近年来，各国中央银行还参照国际规范《巴塞尔协议》，确定本国合作金融组织资本与风险资产的比率。多数国家确立以 8% 这一国际通用比例为标准，有些国家从合作金融组织的性质和现状出发，规定了一个较低的比率。

其二，行业自律。

合作金融机构的约束机制除监管当局依法监管外，行业协会在信用社自我管理、自我发展中发挥着重要作用。各类信用合作协会均由其会员社以及会员社的会员在自愿原则下组建，并以各自相互独立的社团名义发挥其对会员的代表、服务、协调、交流等作用，对外是信用社的代言人，对内为会员提供各类服务。信用社行业协会作为行业自律组织，是整个合作金融管理体系中非常重要的组成部分。

以美国为例，信用合作协会对外以信用社代言人身份发挥其代表信用社的利益和要求的作用：一是保持信用社的特点；二是立法监督与革新；三是政策分析和研究；四是代表并维护信用社的利益；五是协调行动，保持一致性；六是参加政府事务会议。信用合作协会对内协调、指导信用社政治活动；为信用社提供产品及服务；进行信息交流及公共关系协调；开展职业教育与消费者教育；进行行业调查及发展战略和规划研究。在对信用社内部和外部服务、指导、协调等项工作中，行业协会发挥着对信用社发展方向、管理原则、经营方针等方面的自律约束作用。

在国际范围内，为使更多的人们接触到信用社思想和理念，关注世界性信用社运动的组织结构变化，更好地满足新兴发展中国家和发达国家的信用社需要，全美信用社协会在 1970 年发起成立了信用社世界理事会（World Council of Credit Union，WCOCU），这是目前国际信用社体系的最高组织，其目的在于协助会员组织、扩大、发展以及使信用社及相关机构一体化，让它们成为人们经济与社会生活中的有效工具。信用社世界理事会作为思想及信

---

① 何广文：《合作金融理论与实践》，国家哲学社会科学课题研究成果，1999 年 6 月。

息交流的论坛，推动全体会员的发展，代表会员的利益，并根据会员的需要扩大合作金融服务的范围，推动世界信用社运动的整体进步并维护其长久的统一。

第五，发展机制。

合作金融机构只有持续地、稳健地发展，才能真正地、长久地实现合作的目标。合作金融机构的发展机制是多方面的，合作金融企业的治理制度、经营方针和管理制度、分配制度等都会对信用合作组织的发展产生影响，其较为直接的几个方面有：

努力提高金融电子化水平。金融服务手段的电子化程度直接决定着金融机构的成本和效率，在竞争日益激烈的环境里，各类金融机构都十分注重利用现代科技手段，改进服务方式，提高服务效率，提高规模经济效益。但信用社普遍规模较小和多级复合法人体制的特征，使其在进行电子化建设方面，会遇到比商业银行更多的操作困难和所有权障碍，减慢了先进科技手段的普及使用进程。先进科技手段是促进信用社发展的动力，但若不能很好地解决信用社体制方面的问题，信用社的发展就会远远落在商业银行后面。

全面开展业务服务，壮大自身实力，提高盈利能力。合作金融组织要通过增加业务种类、扩大业务范围，壮大资金实力，添置设备、培训职工等，从内涵和外延两个方面提高经营能力。在经营传统存贷款及结算业务的同时，积极开拓新业务领域，如代理证券买卖、代理发行债券、代办保险业务、参与银团贷款、同业资金拆放、办理外汇业务、担保见证业务等，甚至还可以参股投资其他企业，朝着全能银行或金融百货公司方向发展，同时，配合成本费用的控制、资产质量的优化等来实现合作金融企业经营规模的扩展和经营成果的扩大。

妥善处理好短期利益和长远发展的关系。在分配方面，合作金融企业要正确处理和及时调整合作社与社员、与合作社职工三者之间的经济利益关系。既要有利于激励、稳定和壮大社员队伍，又要能够充分调动合作社职工的积极性和创造性，同时还要有利于合作社的长远发展。要克服分配过程中的短期行为，建立必要的积累机制。通过章程或法规，明确必须从利润中提取的积累资金的比例，确保合作金融组织能够稳定地、持续地健康发展。

（2）合作金融企业的经营效率比较

合作金融制度与商业银行制度是现代金融系统的两大体系。如果合作金融制度比商业银行制度更有效率，为什么它未能取代商业银行制度；如果不是，为什么它亦未被商业银行制度所替代。两者的长期并存说明有其各自的优势领域。那么，合作金融制度和商业银行制度各自在哪些领域有效率，在哪些领域无效率。

从制度上分析，合作制金融并不比股份制金融拥有明确的优越之处。现代企业理论认为，成功的企业形式应具有较低的交易费用而同时又具有足够激励的产权结构。合作金融产权及相应的经营管理制度分析中难以找到合作制具有较高效率的论据，但在交易费用因素中合作金融具有明显的优越性。

对金融交易费用的比较分析表明：在农村，土生土长的信用社具有与生俱来的信息成本优势，农村是信用社最适宜生存的土壤。在城市，商业银行优势突出，信用社的生存环境受到许多挑战和约束，但信用社在具有信息成本优势的区域或领域仍能获得成功。[①]

在我国，与国有大银行相比，信用社的最本质的比较优势，首先就是它的产权组织结构。其次就是交易成本低的优势，它的机构精干，管理层次少，加上独立自主经营、激励机制的作用强，使得信用社的办事效率高，在提供金融产品和金融服务方面，它能够有效地避免诸如与国有银行打交道需要付出的一大笔公关、打点费用，这在市场竞争中是一个非常重要的优势。再次，信用社信息对称程度高，交易透明度大。这种市场效率的优势是大银行比不上的，它土生土长，与客户双方直接联系，相互情况都了如指掌，信用社有"三熟"的优势：人熟、地熟、事熟，这就有利于减少信息不对称所带来的风险。所以，信用社的金融资产质量总体上高于国有

---

① 岳志：《论合作金融制度的效率》，载《金融时报》，2001 年 11 月 10 日。

独资大银行的资产质量。最后，信用社经营灵活、有适应客户多样性的优势。信用社服务对象具有"三化"特点：个性化，小型化，特色化。由于个性化，标准件就用不上，小型化，大银行就瞧不上，所以只有信用社才能适应这种需要。它在客观上适应了以知识经济为基础的新经济的发展，消费个性化、生产小型化。在这类客户群的市场上，大的竞争不过小的，慢的竞争不过快的。①

规模经济和范围经济是研究合作金融机构经营效率的重要变量，实证研究证明，合作银行存在总的规模经济性。因此，在这些机构中存在着通过扩大业务量来降低平均成本的机会；合作银行的特定产品中，抵押贷款、消费者贷款和投资性业务存在规模经济性，非抵押贷款存在规模不经济。在把贷款与投资活动相结合时，合作银行能获得微弱的范围经济。合作银行分支机构之间业务上的紧密协作有利于降低成本。

（3）合作制金融机构是我国农村主体金融机构建设的唯一正确的选择

合作金融是人民群众在借贷领域的资金互助，只要存在生产经营活动，它就永世存在于民间。合作金融的存在和发展是永恒的。任何遏制合作金融发展的行为都是违背客观规律的。②

现代合作金融制度研究表明，合作制金融机构在农村具有优势，应是我国农村金融主体机构建设的唯一选择。农村信用合作社改革一定要坚持合作制方向，按照现代合作金融制度要求逐步规范。③

合作金融、合作经济是社会主义市场经济的一种好的组织形式，通过合作制，私有与公有、小规模与大规模、小生产与社会化大生产、社会主义与市场经济这些看起来相矛盾的东西联系在一起。发展合作金融，不仅能促进经济的发展，也能推动社会的进步。④

我国农村信用社的发展历史充分证明：什么时候坚持了合作制，什么时

---

① 江其务：《正确认识微小银行的比较优势》，在2000年9月"全国微小银行塑造和发挥比较优势经验剖析论证会"上的发言概要。
② 路建祥：《合作金融发展的永恒性》，载《中国农村信用合作》，1997（7）。
③ 岳志：《论合作金融在社会主义初级阶段的必要性及地位》，载《合作经济研究》，1988（5）。
④ 吴晓灵：《有关合作金融发展的认识与政策支持问题》，载《金融研究》，1997（2）。

候就能快速发展；反之则遭受挫折和损失。合作制已不简单地是一种经济组织形式，它已经成为农村信用社生存壮大的根本保证，没有它，信用社就成了迷失的航船，被波涛汹涌的金融大潮无情地拍打冲击，只有合作制这盏灯塔，才能指示它驶向光明的彼岸。[1]

纵观我国百年来合作金融思想理论和实践，合作金融事业从无到有，从政府严厉禁止到过分热心扶植，以至于信用合作社成为各类政府实现不同目标的工具，信用社的每次制度变迁都是政府强制推行而非合作社社员的自主行为，合作社的发展历经曲折，山重水复，命运多舛，并最终迷途知返，回归本源。

百年来合作金融制度建设及展业思想学说和主张，虽不能说是百家争鸣，却也可谓五光十色，更时常带有阶级性色彩。民国时期合作经济的理论来自西方国家的合作思想学说；新中国改革开放前时期合作经济理论来自两个并存的理论体系，一是20世纪三四十年代从西方国家引入的合作经济理论，并一直延续到50年代中期；二是从当时苏联引入的社会主义合作思想，并且逐步取代西方合作经济思想。在实践上，按照西方市场经济条件确立的合作社的组织管理原则逐步被按计划经济原则确定的信用合作社和人民公社所代替，并最终完全取消信用合作社的基本属性，与人民公社"一大二公"原则相适应；改革开放以来，按社会主义市场经济理论指导经济改革，合作金融理论研究系统地运用市场经济原理和国际通行的合作原则来全面深入地探索合作金融制度的特性及其在当代金融市场中的确切地位，正本清源，确立我国合作金融机构改革发展之路。

在当代，合作思想者想使合作运动脱离初期的社会改造的理想而作为单纯的经济制度或企业形态加以研究，相关理论至今尚未成体系。我们对待合作金融，应当用发展的、动态的观点，不能用片面、静止的观点和形而上学的态度。合作金融作为企业组织形式，它是与一定时期的生产力发展水平相适应的。合作制创立时的社会经济状况与我们今天所处的高度信用化、货币

---

[1] 刘钟钦、冯赫：《合作制是农村信用社改革的根本方向》，载《农业经济问题》，2000（7）。

化、信息化的新时代已相去甚远，仍然停留在过去的水平上认识合作金融，是不科学的。适应社会经济环境变化，合作金融本身也在发生着变化。国内外合作金融发展的新趋势、新变化、新策略清楚地表明，合作金融的内容和特征并不是一成不变，它的外延和具体表现形式是丰富多彩的。为适应市场日益激烈的竞争和公正合理地体现合作者的财产权益，合作金融正从生产要素中劳动的联合走向劳动联合同资本联合相结合，又进一步向各生产要素的联合扩展。这个变化，正逐渐地在合作金融运行中表现出来，如许多合作金融组织在贯彻社员优先原则的同时，也面向社会开展商业性业务；在企业法人治理结构中，股权决定和一人一票的原则正在结合起来；在财务分配中，按股权结构量化的情况也在一些地方受到重视；一些有实力的合作银行的运行机制同股份制商业银行已很相似等。有趣的是，在股份制经济的发展趋势中，也在出现与此相向发展的变化。股份经济也从资本的联合走向资本联合与劳动联合相结合。由于这些变化，人们发现合作经济和股份经济在各自发展中相互借鉴，在自我抛弃中不断完善机制。从各方面看，合作经济与股份经济之间，已没有不可逾越的鸿沟。中国近年来股份合作经济的兴盛，正是世界范围内这种发展趋势的典型表现。

世界合作金融的发展历史表明，决定和推动合作金融发展变革的基本因素，主要是生产力的发展水平、市场经济的发育水平和社会经济的运行管理体制等。由于经济发展和市场机制发展中必然存在的非均衡性，因此，不同国家、不同时期，合作金融都会有不同的表现形式。合作金融的这些发展变化是顺应社会经济发展的需要而出现的，正是因为顺应了环境变化和市场需要，合作金融才在竞争激烈的市场经济中立于不败之地，才得以发展到今天如此宏大的事业。只有从发展的观点来理解合作金融的基本内涵，才能把握它的本质。

（撰稿人：岳志　　审稿人：曾康霖）

参考文献

[1] 马歇尔：《货币、信用与商业》，中文版，北京，商务印书馆，1986。

〔2〕寿勉成、郑厚博合编：《中国合作运动史》。

〔3〕〔南〕斯韦托扎尔·平乔维奇：《产权经济学》，中文版，经济科学出版社，1999。

〔4〕陈家涛：《合作经济的理论与实践模式》，社会科学文献出版社，2013。

〔5〕郭铁民、林善浪：《中国合作经济发展史》，当代中国出版社，1998。

〔6〕何广文：《合作金融理论与实践》，国家哲学社会科学课题研究成果，1999年6月。

〔7〕邱兆祥：《组建城乡合作银行的三点意见》，载《上海证券报》，1995。

〔8〕曾康霖：《经济金融分析导论》，中国金融出版社，2000。

〔9〕曾康霖：《金融理论与实际问题探索》，经济科学出版社，1997。

〔10〕丁为民：《西方合作社的制度分析》，经济管理出版社，1998。

〔11〕史纪良、张功平：《美国信用合作社管理》，中国金融出版社，2000。

〔12〕石秀和：《国外合作社简介》，中国商业出版社，1989。

〔13〕〔美〕P. 金德尔伯格：《西欧金融史》，中文版，中国金融出版社，1991。

〔14〕张军：《合作团队的经济学》，上海财经大学出版社，1993。

〔15〕李树生、岳志：《发达地区信用社改革研究报告》，国务院农村政策研究中心发展研究所1987年5号课题。

〔16〕克拉潘：《现代英国经济史》，北京，商务印书馆，1986。

〔17〕〔法〕N. 马居歇等：《法国农业信贷银行》，中文版，中国农业出版社，1988。

〔18〕刘诗白：《产权新论》，西南财经大学出版社，1993。

〔19〕杰罗拉夫·范尼克：《工人参加管理的经济》，《现代国外经济学论文选》第9辑，中文版，商务印书馆。1986。

［20］大卫·P. 艾勒曼：《民主的公司制》，中文版，新华出版社，1998。

［21］石秀和：《论合作经济的性质及其发展前途》，载《财贸研究》，1991（4）。

［22］洪远朋：《合作经济的理论与实践》，复旦大学出版社，1996。

［23］晓亮：《论联合起来的个人所有制》，载《天津社会科学》，1996（5）。

［24］应宜逊：《农村信用社要坚持走合作制道路》，载《浙江金融》，2000（1）。

［25］程金伟：《银行合业经营制度"内在不稳定性"的演变》，载《金融研究》，2001（2）。

［26］杜恂诚：《20 世纪 20～30 年代的中国农村新式金融》，载《社会科学》，2010（6）。

［27］［德］海姆特·格斯阿迪特：《西欧及北美国家合作银行组织的结构及经营方式》。

［28］［德］肯特·阿瑟沃弗、埃卡尔特·享尼森：《德国合作社制度的基本特征》，载《农村经济》，1997（8）。

［29］管爱国、符纯华：　《现代世界合作社经济》，中国农业出版社，2000。

［30］黄少安：《合作经济的一般规律与我国供销社改革》，载《中国农村经济》，1998（7）。

［31］黄少安：《产权经济学导论》，山东人民出版社，1997。

［32］路易斯·普特曼、兰德尔·克罗茨纳：《企业的经济性质》，中文版，上海财经大学出版社，2000。

［33］刘东：《交易费用概念的内涵与外延》，载《南京社会科学》，2001（3）。

［34］张五常：《契约经济学》，经济科学出版社，1999。

［35］张镜予：《中国农村信用合作运动》。

［36］迈克尔·迪屈奇：《交易成本经济学》，中文版，经济科学出版

社，1999。

　　［37］李建德：《经济制度演进大纲》，中国财政经济出版社，2000。

　　［38］范恒森：《金融制度学探索》，中国金融出版社，2000。

　　［39］吴藻溪编：《近代合作思想史》。

　　［40］［英］戈思特著，［台］周建卿、赵森严译：《世界合作金融》。

　　［41］路建祥编：《新中国信用合作发展简史》，农业出版社，1981。

　　［42］张功平等：《合作金融概论》，西南财经大学出版社，2000。

　　［43］埃瑞克·G. 菲吕博顿、鲁道夫·瑞切特：《新制度经济学》，中文版，上海财经大学出版社，1998。

　　［44］张华：《农村信用社经营管理》，西南财经大学出版社，1999。

　　［45］李树生、岳志：《合作金融概论》，吉林人民出版社，1989。

　　［46］岳志：《现代合作金融制度概论》，中国金融出版社，2002。

　　［47］杨培伦等：《合作经济的理论与实践》，中国商业出版社，1989。

　　［48］徐更生：《国外农村合作经济》，经济科学出版社，1987。

　　［49］王洪春：《中外合作制度比较研究》，合肥工业大学出版社，2007。

　　［50］杨德勇：《金融效率论》，中国金融出版社，1995。

　　［51］杨连江、张明明：《马克思、恩格斯、列宁、斯大林论合作社》，中国商业出版社，1985。

　　［52］［苏］马卡林科：《论合作社会主义》，北京大学出版社，1987。

　　［53］何光、唐宗焜：《中国合作经济概观》，经济科学出版社，1998。

　　［54］张贵乐、于左：《合作金融论》，东北财经大学出版社，2001。

　　［55］邹进文、王芸：《国民政府时期乡村经济建设思潮研究》，载《中南财经政法大学学报》，2006（4）。

　　［56］抗日战争时期陕甘宁边区财政经济史料摘编。

　　［57］抗日战争时期晋察冀边区财政经济史料摘编。

　　［58］中央革命根据地财政经济史长编。

　　［59］刘仁荣：《湘鄂赣革命根据地财政经济史料摘编》，湖南人民出版社，1989。

［60］岳志：《现行行社体制的弊端与漏洞》，载《金融研究》，1988（1）。

［61］岳志：《论我国合作金融组织的信用创造》，载《金融研究》，1988（9）。

第七章

百年中国外汇管理制度
建设的思想学说和主张

一、民国时期外汇思想（1912—1949 年）

民国时期，随着废两改元、币值改革等改革措施的推出，随着外汇管理措施的推出与变更，随着国内经济金融教育的普及，及国人对金融外汇等问题的关注度日益提高，国人有关外汇的思想和学说，在多个方面均有体现。本章从几个重要方面入手，对民国时期有关外汇的思想学说进行阐述与梳理。

（一）银本位制时期有关资本外逃的思想学说

1. 背景：银本位制度与资本外逃

1933 年 3 月 8 日，国民政府公布《银本位币铸造条例》，实施废两改元政策，结束了赋予银两以多名目、多类别的紊乱货币状况，标志着中国实现了银本位制度，中国的货币单位由多元化过渡到了单一化，是中国币制上的一大进步，也是走向货币制度近代化必要的一步，是符合发展商品经济的客观需要的①。但是，在许多经济发达的资本主义国家相继采取金本位制的背景下，采用银本位制度，经济容易受到银价波动的冲击。在 1933—1935 年白银风潮②的冲击下，国内信用紧缩，物价下跌，工商业受到严重打击，金融业亦难逃脱影响。为消除资本外逃，政府对白银出口征收出口税与平衡税。

2. 内容：有关资本外逃的思想学说

美国白银政策及国际银价上涨对中国产生了危害。有许多学者建议通过征税等措施阻止白银外流，也有学者对征税的效果、白银外流的根本原因等进行了讨论，提出了不少有价值的意见、对策及主张。

（1）有关征收白银出口税及其效果的看法

马寅初认为，为消除资本外逃，政府对白银出口征收出口税与平衡税的本意是好的。马寅初指出："倘听白银自由流出，中国因银日少而贵，世界银市因银日多而贱，双方差价，自能缩小。惟因世界银价涨势无限制，我国白银外流，亦无止境。银值过大，贻害国民经济殊重，政府欲借征税手段，防止其流出。惟白银出口，一经征税，中外银价差额势将更大，因银不出口，外国市场之银量不能增加，故银价愈贵，中国市场之银不致减少，故银价不致涨起，结果中外差额必更大。但政府为稳定外汇计，不得不有征税平衡税之办法。"③

但是，马寅初认为，对白银出口征税并不能阻止白银外流，原因不但在于投机、国际收支逆差，而且还在于领事裁判权。他指出："吾意在温和的平衡税之下，偷运者犹无法解决，在绝对禁止的状况之下，岂独能防止奸商之偷运乎？根本原因，在领事裁判权未取消，各国人士对中国法律毫无忌惮，中国其如彼何！"④ 马寅初又指出，商人出口白银要缴纳出口税与平衡税，而平衡委员会则不必缴纳出口税与平衡税，这样会导致平衡委员会得以专享中外银价差额之利益，结果必导致现银流出愈益迅速。他指出：

① 洪葭管：《中国金融通史》，中国金融出版社，2008；叶世昌，潘连贵：《中国古近代金融史》，复旦大学出版社，2001。

② 因美国高价收购白银、中国白银大量外流而引发。

③ 马寅初：《中国之新金融政策》，载《马寅初全集》（第十卷），浙江人民出版社，1999。

④ 同③，第 57～58 页。

"今白银出口征税，而输出之权由平衡委员会包办，其举措与禁金出口，如出一辙，其防止现银流出之效果，可想而知，故白银出口征税，仅属于一种治标办法。"①

其他学者也对征收白银出口税的效果持怀疑态度。孙怀仁认为，征收白银出口税具有使中国币值下降的作用，而币值下降在理论上有利于中国；但在实际上，由于中国进口的货物大多是必需品，具有需求刚性，在中国通货膨胀的情形下，币值下降反而会刺激人民的购买行为，从而使外国商品在华销售增加。宋斐如认为征收白银出口税的效果不会理想。他认为，在理论上，征收白银出口税及平衡税可以有三个功效，即阻止白银外流、安定银价和金融市场、促使汇率跌落，但在实际上，单靠白银出口课税政策并不能免除国民经济危机或仅仅是对外贸易危机，反倒会引起其他问题，造成"得不偿失"的结果。宋斐如还认为，由于贸易入超，需要白银外流以支付货款，加上偷运和外商银行的外运，要想使白银出口税和平衡税收到应有功效是很困难的。②

（2）建议采取其他直接间接措施的主张

杨荫溥认为防止白银外流的根本措施是禁止白银流入外资银行，他指出："欲于避免银涨影响下，阻止白银外流，只有'禁银出口'之一法，即只有'阻银流入外资银行之一法'，即只有'汇划不能取现'之一法。"当时外商银行外运白银在中国白银外流中所占比例不仅颇巨，而且呈逐年上升趋势（如1932年为42.22%，1933年为50.35%，1934年7月至1935年9月为83%）。③

1933年3月21日，顾翊群发表《中国当前之金融危机》；4月4日发表《再论美国购银之危险》；5月21日发表《世界货币战与中国》。在这三篇文章中，顾翊群认为美国的购银政策对中国的银本位已构成极大威胁，希望有

---

① 马寅初：《中国之新金融政策》，载《马寅初全集》（第十卷），144页，浙江人民出版社，1999。

② 钟祥财：《法币政策前后中国的货币理论》，上海社科院出版社，1995。

③ 杨荫溥：《中国金融研究》，商务印书馆，1936年。转引自钟祥财：《法币政策前后中国的货币理论》，87页，上海社科院出版社，1995。

识之士阻止美国购银案的实现，提出先实行"增银出口税"策，若不行，再实行"禁银出口"。[①]

尤保耕也明确地把禁止现银流出作为首要对策，其他的措施办法还有实施保护关税政策、安定国内物价及币价、改进金本位制、促进国内工农产业发展等等。[②] 刘大钧的方案则是由政府直接控制白银出口，因为在他看来，征收白银出口税难免有遗漏之虞，故"应付现银输出，不妨由政府加以统制"，凡是出口白银，均需经政府部门批准，这就不难阻止非正常的白银外流了。[③]

（3）通过消除贸易逆差解决问题的主张

马寅初提出，阻止白银外流，必须解决消费品入超问题。"银出口征税实非防止白银流出之根本办法，防止白银流出之根本办法，尚非银出口税之征与不征问题，乃国际贸易入超之解决问题，倘我国能将消费品入超问题根本解决，则华人无须多买金汇偿付入超之货款，白银流出不禁自止。反之，一面希望白银不流出，同时又不希望消费品入超额之减少，可谓矛盾之至。"[④]
"故入超问题根本不解决，无论如何设法，总不能保有国内之存银，即使绝对禁止白银出口，未尝无其他逃走途径。"[⑤] "平衡税愈高，则国内外银价相差愈远，国内外银价相差愈远，则白银偷运之愈多，平衡税亦将失其效用，为今之计，欲保国内现银，惟有使国际贸易得其平衡，提倡国货，解决入超。盖入超为现银外流之根本原因，阻止现银外流，当对此根本问题设法，此已成为举国一致之意见。"[⑥]

---

① 孙大权：《顾翊群的经济思想与法币改革》，载《近代以来中国金融变迁的回顾与反思》，上海远东出版社，2012。

② 尤保耕：《美国提高银价之意义影响及其对策》，载《中国经济》，第 2 卷（1934 年）第 4 期。转引自钟祥财：《法币政策前后中国的货币理论》，上海社科院出版社，1995。

③ 刘大钧：《白银问题》，载《事实月报》第 11 卷（1934 年）第 4 期。转引自钟祥财：《法币政策前后中国的货币理论》，上海社科院出版社，1995。

④ 马寅初：《中国之新金融政策》，载《马寅初全集》（第十卷），浙江人民出版社，1999。

⑤ 同④。

⑥ 同④，179 页。

谷春帆持有类似看法，"银出入为贸易出入之结果，而非贸易出入之原因，吾人如能振兴贸易，则银之为物，不召而自来，不禁而自留。"① 张一凡、尤保耕等人主张通过保护关税，扶持国内产业发展，维持国际收支平衡。②

（4）通过通货膨胀或币制改革解决问题的主张

也有主张通过通货膨胀或币制改革来解决中国面临的问题，这方面的代表人物有顾翊群、姚庆三、张素民、赵兰坪等人。

顾翊群在 1934 年曾向行政院上呈《关于防止银价提高之说帖》。孙大权指出，顾翊群在其中针对美国提高银价提出了治本方法，即采用积极货币政策，以压低我国对外汇价，通胀国内货币及信用，以抬高物价③。姚庆三认为，通货膨胀政策可抵消由于汇价的被动抬高和国内通货紧缩所造成的消极影响，挽救经济货币危机④。

通货膨胀的主张受到了李荫南的批评。他认为，通货膨胀不是彻底救济恐慌的根本办法，同时中国也不具备实行通货膨胀政策的条件；从根本上说，应收回除中央、中国、交通三行之外的银行纸币发行权，集中准备，取消外商的货币发行权等；他相信，这样"一面既可以保存银本位的完整机能，又可以增加通货数量，且不怕像通货膨胀政策那样滥发纸币；另一面既可以统一发行制度，又可以集中现银于政府权力之下，且可利用公开市场政策，统制金融市场"⑤。

---

① 谷春帆：《禁银出口问题及征收银出口税》，载《东方杂志》，第 30 卷第 9 号，1933 年 5 月 1 日。转引自孙大权：《顾翊群的经济思想与法币改革》，载于吴景平，戴建兵主编：《近代以来中国金融变迁的回顾与反思》，上海远东出版社，2012。

② 钟祥财：《法币政策前后中国的货币理论》，上海社科院出版社，1995。

③ 孙大权：《顾翊群的经济思想与法币改革》，载于吴景平，戴建兵主编：《近代以来中国金融变迁的回顾与反思》，上海远东出版社，2012。

④ 同③。

⑤ 同③。

1933 年 8 月底至 9 月初，顾翊群发表两篇论文[1]，提出在世界各国实行通货管理制的经济环境下，我国应效法各国，实施通货管理制以自卫。因为，金或银作为价值尺度，其本身价值也在不断变化，造成物价的剧烈波动，政府可以通过货币数量的控制，维持物价稳定。马寅初认为顾翊群提出的"管理银本位制"是稳定银价的四个重要方案之一，何廉在提出应对美国抬银运动的对策时，也认为应采取"管理银本位制"[2]。

张素民认为，白银既为中国的本位货币，则救治之策，应从改革币制着手，采取主动策略，自动放弃银本位，采取一近乎虚本位之管理通货而同时减低成色。可见，他的通货膨胀政策是与其币制主张相联系的。持类似见解的还有谷春帆。[3]

3. 简要评价

学者们提出的应对白银风潮、资本外逃的对策主要有三类：第一类主张对白银出口采取征税的办法或其他直接间接措施；第二类认为危机的原因在于贸易逆差，应采取保护关税等措施；第三类认为危机的原因在于货币制度，因而应进行币制改革。应该说，这几类主张对问题的认识都很深刻，提出的主张也都可实行，并能取得一定效果。

第一类办法可以直接减少白银外流；第二类办法针对贸易，能间接减少白银外流，尽管第二类办法实施起来更为复杂，结果的不确定性也更高。但在实施时，第一类措施存在领事裁判权等管制漏洞；第二类针对贸易的措施在短期内有效，在长期内效果存疑。从"二战"后各国经济增长和国际贸易发展的经验看，保护关税等措施如果长期实施，会产生一些负面影响，何况

---

① 两篇文章为：《中国安定货币政策之绪论》，《时事新报》1933 年 8 月 31 日、9 月 1 日，又见《复兴月刊》第 2 卷第 1 期，1933 年 9 月 1 日；《中国货币应如何安定》，《银行周报》第 17 卷第 36 号，1933 年 9 月 19 日，又见《复兴月刊》第 2 卷第 2 期，1933 年 10 月 1 日。转引自孙大权：《顾翊群的经济思想与法币改革》，载于吴景平、戴建兵主编：《近代以来中国金融变迁的回顾与反思》，上海远东出版社，2012。

② 此时顾翊群主张的"管理通货制"，是"管理银本位制"，而不是"管理纸币制"，最终目标是放弃银本位，实现金本位。参见自孙大权：《顾翊群的经济思想与法币改革》，载于吴景平、戴建兵主编：《近代以来中国金融变迁的回顾与反思》，185 页，上海远东出版社，2012。

③ 钟祥财：《法币政策前后中国的货币理论》，上海社科院出版社，1995。

长期实施也会招致别国抵制。第三类措施的方向是正确的。但币制改革的方案有多种，具体方案之间的差异可能很大，对经济、贸易、金融产生的影响也会迥然不同。不过，从国民政府 1935 年 11 月实施的币制改革的效果看，这次币制改革总体而言是成功的。

（二）法币改革中的外汇思想学说

1. 背景：法币改革与外汇问题

（1）法币改革的实施

为了应对白银外流所引发的白银风潮对经济金融的深刻打击，国民政府决定实施币制改革。1935 年 11 月 3 日晚，财政部发布《施行法币布告》，规定从 11 月 4 日起，以中央银行、中国银行、交通银行（后又加上中国农民银行）所发行的钞票为法币，不得行使现金；收兑银币或生银等银类；为使法币对外汇价按照目前价格稳定起见，应由中央银行、中国银行、交通银行三行无限制买卖外汇。

实行纸币制度是符合世界币制发展潮流的，也有助于中国走出危机。币制改革后，由于币值压低，通货增加，汇率平稳，利率下行，物价出现上涨，制造业也有了较大幅度的增长，银行业经营困难程度已大为减轻，工商业复苏[1]。因此，法币政策使中国摆脱了 1934—1935 年的金融危机，这也是它最大的贡献[2]。

（2）法币改革中的外汇问题

财政部的《新货币制度说明书》说"新货币制度绝非放弃银本位"[3]。因为财政部公布之六项办法，系确定以中央、中国、交通三银行钞票为法币，而法币之准备，仍以现银为基础，保持以前之准备办法，有多少准备方可发行多少法币，法币与现银并未脱离关系[4]。在孔祥熙于 1936 年 3 月 9 日发表

---

① 洪葭管：《中国金融通史》，298、302 页，中国金融出版社，2008。
② 叶世昌、潘连贵：《中国古近代金融史》，277 页，复旦大学出版社，2001。
③ 同②。
④ 张秀莉：《币信悖论——南京国民政府纸币发行准备政策研究》，59 页，上海远东出版社，2012。

的财政部长声明中，明确法币的现金准备由金、银及外汇构成，其中白银准备最低限度应占发行总额的 25%，增加黄金及外汇的比例。

但按照币制改革的内容，实际上是"废除银本位，实行汇兑本位制"[1]。因为法币是不兑现纸币，其本身没有法定的含金量；新币既不能兑换现银，又与世界银价脱离关系，虽说仍有现银准备，但这不过是暂时现象，白银后来要被出售换成外汇；更重要的是法币的价值不再由现银而是由外汇来决定的，它需要无限制地兑换外汇来稳定币值。综上所述，法币政策所确立的实际上为外汇汇兑本位制[2]，法币政策的外汇汇兑本位决定了新币制成败的关键在于外汇基金[3]。如当时的学者姚庆三就认为："新货币政策之精神，在由中中交三行以一定价格买卖外汇，使法币对外汇价钉住于一先令二便士半之数，此种新制度，谓之磅汇制度可，谓之管理通货制度亦无所不可，但绝对不能谓非放弃银本位……"。[4]

1935—1936 年期间，美国从中国购银 4 笔共 18900 万盎司白银；战后1937—1941 年美国购买中国白银达 36200 万盎司，合计达 55100 万盎司；白银出售所得的外汇用作法币的外汇准备，有助于巩固法币信誉[5]。另据中央银行统计，到 1937 年 6 月 30 日全面抗战爆发的前夕，中国持有的金银外汇共计折合 3.789 亿美元，这些外汇资产将在抗日战争初期充作维持法币对外汇价和平衡国际收支之用[6]。在法币改革之初，在现金准备中现银占有极高的比例，随着白银的大量出售，现金准备中现银的比例逐渐减少，外汇及黄金等比例相应增加。其原因是法币改革施行后，财政当局为稳定法币对外汇价起见，函令中中交三行，将所存银币银类酌量运出、购入外汇存储，以充准备，

---

① 洪葭管：《中国金融通史》，285 页，中国金融出版社，2008。

② 刘院丽：《国民政府法币改革中的外汇问题》，12～13 页，广西师范大学硕士学位论文，2007。

③ 同②，18 页。

④ 姚庆三：《银价跌落声中新货币政策之前途及复准备制度之建议》，载吴小甫编：《中国货币问题丛编》，货币问题研究会 1936 年版，第 156～159 页。转引自张秀莉：《币信悖论——南京国民政府纸币发行准备政策研究》，62 页，上海远东出版社，2012。

⑤ 同①。

⑥ 洪葭管：《中央银行史料》，374 页，中国金融出版社，2005。

售银余利，通归国库，作为稳定汇市及增加发行准备之用。[1]

2. 内容：法币改革中有关外汇的思想学说

宋子文在 1935 年 11 月 5 日所发表的有关新货币政策的谈话中指出："目前流通钞票之银准备，已在有效之集中管理之下，其价值以外汇计算，远过于钞票流通之总额。即每百元钞票，可有一百十元以上之外汇准备，则政府维持币值之能力，更不应成为问题矣。"[2] 1936 年 5 月 3 日，财政部长孔祥熙在《实施法币政策》演讲中，再度对法币政策的说明归纳为两点：（1）法币仍有十足准备，基础极为巩固；（2）法币万无限制购买外汇，准备亦极充实。[3]

马寅初指出："如纸币发行额十亿元，十足现银准备，若换为英镑，其价值或达法币十三四亿元左右，果如是，发行准备已由白银换成外汇，则称纸本位不可，称汇兑本位则可，故著者就宋子文氏谈话，颇有推测政府有以存银换取外汇之趋势。""纸币价值安定与否，可由外汇之安定与否觇之"。[4]

何廉则认为，"通货管理之目的在于对内稳定物价，对外安定汇率"，但他担心由于中国连年国际收支之逆差，中中交三行是否有能力控制供求，稳定汇价。他认为应及早实施有效的管理与控制，以防患于未然。为此，他建议"中国银行专司经营及控制国外汇兑之责"，集中对外债权，禁止汇兑投机。具体做法是"限制投机应自取缔远期外汇买卖入手，惟因正当国外贸易所必需之远期外汇买卖则仍应予以通融。其次为公定汇价，一切外汇买卖皆

---

① 张秀莉：《币信悖论——南京国民政府纸币发行准备政策研究》，121 页，上海远东出版社，2012。

② 宋子文：《中国银行董事长宋子文发表新货币政策谈话》，《银行周报》第 19 卷第 44 号，1935年 11 月 12 日。转引自张秀莉：《币信悖论——南京国民政府纸币发行准备政策研究》，59 页，上海远东出版社，2012。

③ 以上两文献来自卓遵宏等编：《抗战前十年货币史资料》（三），台北："国史馆"1988 年版，第 95 页。转引自张秀莉：《币信悖论——南京国民政府纸币发行准备政策研究》，60 页，上海远东出版社，2012。

④ 马寅初：《中国之新金融政策》，载《马寅初全集》（第十卷），212 页，浙江人民出版社，1999。

以公定汇价为主，其他行情一律禁绝。政府银行亲自加入买卖，以维持公定汇价之稳固。"另外，还要对对外贸易加以控制。①

闵天培也主张统制汇兑，平衡贸易。他认为，法币发行准备过高，应减少准备，酌量增发法币，如果能统制汇兑，平衡国际贸易，法币即可畅行无阻。②

马寅初同样主张管理汇兑和统制贸易，他说："故今日维持法币之价值，端在安定外汇；外汇不能维持，即为币制破坏之象征。故维持新币制，不但需要基金充足，且无须入超，非进而管理汇兑不可；因汇兑管理以后，政府足以统制贸易，不必要之外货皆可拒绝买进，或足以解决入超问题。"③

余捷琼认为法币的现金准备达60%，原属过高，此在表面上虽似可策安全，但亦为信用伸缩弹性的一种限制。而且自法币政策施行以后，人心所系，在于外汇的稳定，准备率高低，除限制发行伸缩之外，似无其他作用。他主张可将发行准备率减为50%，即将剩余的10%拨为外汇平准基金。④

马寅初甚至主张明确声明实行汇兑本位的货币制度，使纸币与现银完全脱离关系，将人们对法币的信任建立在维持法定汇率的基础之上。他写道："今日法币之法定汇率，如不能维持，必将失去人民信仰……故为维持政府之信用计，不如痛痛快快声明实行汇兑本位制，使纸币与现银完全脱离关系，一面必须将政治纳入正轨，尤其金融当局，应绝对尊重道德，则实行汇兑本位制，未尝不能收良好效果"。⑤

马寅初主张，中国放弃银本位后，中国与他国联合设立两种汇兑基金，

① 何廉：《财政部币制改革后之经过及今后亟待解决之问题》，载《时事月刊》，1936。
② 闵天培：《中国战时财政论》，正中书局印行1937年版，108页。转引自张秀莉：《币信悖论——南京国民政府纸币发行准备政策研究》，上海远东出版社，2012。
③ 马寅初：《中国之新金融政策》，载《马寅初全集》（第十卷），浙江人民出版社，1999年，221页。
④ 余捷琼：《中国的新货币政策》，商务印书馆1937年版，177~178页。转引自张秀莉：《币信悖论——南京国民政府纸币发行准备政策研究》，上海远东出版社，2012年，115页。
⑤ 同③，237~238页。

一为"维持汇率之基金（平衡基金）"，一为"充国际收支差额之基金"。关于前者，马寅初认为，放弃银本位以后，银汇兑之变动，常有投机活动。一种投机活动可以稳定外汇（跌则购进，涨则卖出，以获微利），另一种投机活动则足以扰乱外汇市场之平衡（看跌则故意抛出大量外汇，看涨则故意收买大量外汇）。所以"非有巨额基金，不足抵抗，故为防止投机，维持汇兑率，非有平衡基金不可"。关于后者，"国际汇兑，本为国际债务清算所凭借。收多于支，及外汇之供给多，外汇必跌；反之，支多于收，外汇必涨。此种汇兑率之变动，由国际正当收支之差额而发生，与上述因投机家之掀起风浪者，固不同。但在联合他国货币制度之下，政府仍不可无基金以安定之，如外汇供给多时则买进，少时则卖出，买卖皆需基金……此又为一种基金。"[1]

有了基金后，若国际收支总为逆差，则基金必然告罄，所以，马寅初强调解决入超问题。他指出："取消入超足为汇兑本位制成功之关键，固矣；然则入超果不必要耶？吾意不然。无入超固愈于现在之入超，倘能将入超改性，则又愈于无入超也。"[2] 他认为，消费品进口造成的入超，转变为生产工具进口造成的入超（即改性之入超），则能充实经济力量，进而使贸易平衡，最终自给有余。除此之外，预算平衡也是维持新币制的必要条件，"假定如上所述，取消消费品之入超，或需要生产品之入超，利用外资以维持汇兑基金，皆能办到，苟预算收支不适合，形势亦甚危险。"[3] 另一个必要条件是中央银行独立。马寅初总结道：欲维持新币制，有两种重要条件：一为预算平衡，一为中央银行独立。[4]

3. 简要评价

币制改革虽称不是放弃银本位，但实质上是实行汇兑本位制。所以，维持法币信誉的基础在于一系列条件的实现，这些条件包括政府有充足的

---

① 马寅初：《中国之新金融政策》，载《马寅初全集》（第十卷），221－226 页，浙江人民出版社，1999 年，第 221－226 页。

② 同①，221 页。

③ 同①，224 页。

④ 同①，226 页。

发行准备或平衡基金，能够对汇价实施有效管控；从更深层次看，还需要政府能够有严格的发行纪律，还需要有贸易顺差作为保障，否则就不能维持汇价的稳定和汇兑本位制的顺畅运转。无论是币制改革的实质，还是其赖以维持的前提条件，在当时的讨论和研究中均被指出并加以深刻剖析，这表明当时的经济金融研究已经非常深入，对现实问题亦非常关注。更有甚者，如马寅初等学者还指出了预算平衡和中央银行的独立对于维持新币制非常重要等问题。但是，这些条件有的后来逐渐丧失，有的则始终未能得到满足。

（三）有关外汇管理及外汇平准基金的思想学说

1. 背景：抗日战争爆发后的外汇管理措施

从 1935 年币制改革直至抗战第二年的 1938 年 3 月 12 日止，汇率始终维持在官方水平不变。3 月 12 日颁布的《外汇请核办法》和《购买外汇请核规则》，是南京国民政府外汇管理的真正开始。为便于理解起见，应将民国时期外汇管理分为几个时期。关于民国时期外汇管理的阶段划分，不同的学者，分法亦有不同。我们这里参考祝百英的分法[①]，根据外汇管理的主要内容，将抗战爆发后的外汇管理分为三个时期。

（1）外汇管理措施发轫和强化时期（1938 年 3 月 12 日至 1941 年末）

以审核和结售方式管理外汇的阶段。这一阶段最重要的标志是 1938 年 3 月 12 日公布，3 月 14 日施行的《外汇请核办法》三条和《购买外汇请核规则》六条。[②] 至 1939 年初，市价尚能维持在 8 便士半，但随着春季进口季节的到来，汇价于 2 月下旬降至 8.25 便士。

1939 年 3 月，即进入外汇平准基金阶段。1939 年 3 月，中英外汇平准基金成立，由中英双方银行各出 500 万英镑，用以维持上海、香港两地外汇市场

---

① 祝百英：《民元来我国之外汇问题》，载于朱斯煌编：《民国经济史》，214 页，银行周报社，1948。

② 同①。

的法币之英镑汇价①。1941 年 4 月 25 日，国民政府代表宋子文、中央银行代表李才与英国财政次长菲利浦（F. Phillips）、美国财政部部长摩根索（H. Morgenthen）签订中英、中美平准基金协定。这两个协定借款计美金 5000 万元，英金 500 万镑，同时中国政府四行共拨美金 2000 万元。根据协定中国政府将设立一个由中美英三方代表共同组成之负责运用基金的机构——平准基金委员会，以共同维持上海的法币汇价。② 中间由于美国封存我国资金（应中国之请，经会商办法实行），经过周折，维持汇市于 8 月 18 日重新开始。自此，对中外银行的合法所需外汇集中在"中美、中英平准基金委员会"申请办理，汇率按英汇 3.5/32 便士（即 1 英镑合法币 76.04 元）、美汇 5.5/16 美分（即 1 美元合法币 18.82 元）供应，这一汇价一直维持到 1941 年 12 月 8 日太平洋战争爆发③。

（2）外汇管理静止期（1942 年春至抗战胜利）

太平洋战争爆发，日军占领上海、香港等地，中国海陆贸易通道几乎全受堵，进出口基本停顿。因而，外汇需求微不足道。1942 年 2 月 2 日，国民政府取得五亿美元和五千万英镑的外汇资产，外汇来源充足。1942 年春，外汇法价正式由一法币合一先令二便士半贬为每美元合法币二十元，这一汇价一直维持到抗战胜利。在外汇管理、外汇政策方面，国民政府亦无做任何大的改变。"这期间虽然对于贸易办法亦先后有所修正并新订，外汇技术亦有所改动，但是无关宏旨④"。这一时期一直持续到 1946 年 3 月 4 日。⑤

（3）外汇开放及其后（1946 年 3 月 4 日以后）

1946 年 2 月，宋子文提议经国防委员会通过的《开放外汇市场案》，其

---

① 宋佩玉：《陈光甫与中英美平准基金委员会》，载《社会科学研究》，2006（4）。

② 同①。

③ 洪葭管：《中国金融通史》，335 页，中国金融出版社，2008。

④ 祝百英：《民元来我国之外汇问题》，载于朱斯煌编：《民国经济史》，银行周报社，1948。

⑤ 在这一时期，各地存在外汇黑市，各地外汇黑市的市价不大相同，实际上对正式外汇市场不发生影响；由于通货膨胀，法币购买力不断下降，国民政府曾出台侨汇津贴，对侨汇予以补贴，同时避免汇价改变之嫌；对于美军在华用途，亦做类似处理。以上参见祝百英：《民元来我国之外汇问题》，载于朱斯煌编：《民国经济史》，218～219 页，1948。

措施包括：改定外汇价率，规定外汇请购和结汇及其有关的《管理外汇暂行办法》，以及《进出口贸易暂行办法》。这些办法的基本要点是①：（1）改定外汇法价为 1 美元合法币 2020 元；（2）划分进出口货物为特许进口类，禁止进口类，禁止出口类，自由进出口类；（3）指定中外银行 27 家买卖外汇，经由中央银行审核之，必要时中央银行可以"供给或收买外汇"；（4）外汇远期限于三个月，只能掉期一次。

1946 年 11 月 18 日，国民政府废止 3 月 1 日公布的《进出口贸易暂行办法》及其附表，颁布《修正进出口贸易暂行办法》及其附表，规定出口除"得免验"的外，其余出口均须具"指定银行之结购出口外汇证明书"，进口需经分别审查核准始得购汇。

此后，外汇管理制度几经变动，包括：1947 年 8 月 15 日国务会议通过新管理外汇及进出口贸易办法的原则，以及 8 月 17 日起公布的各种实施办法②；从 1948 年 5 月 31 日起，外汇管理改用结汇证明书办法；1948 年 8 月 19 日后，国民政府实行限价政策，原来的结汇证明书失去了效用；11 月 1 日放弃限价后，在外汇管制方面于 11 月 22 日实行了外汇转移证制度，在对外贸易上采取进出口贸易连锁制。由于金圆券的迅速崩溃，资金纷纷外逃，侨汇行市于 1949 年 2 月 4 日取消，转移证汇率和市场汇率的差距不断拉大。③

2. 内容：外汇管理中几个重要问题的思想学说

民国时期外汇管理政策、措施甚多，在对有关思想学说进行梳理时，只能选择最重要的方面加以分析研究。拟分为以下几个方面：

---

① 祝百英：《民元来我国之外汇问题》，载于朱斯煌编《民国经济史》，219 页，银行周报社，1948。

② 其主要点是：（1）合并输出输入管理机构；（2）依 12000 元法价，中央银行仅供给棉花、米、麦、麦粉、煤及焦煤，六种日用必需品的限额进口以外汇；（3）另设可以随时变更的外汇基准率，由另行组织的"外汇平衡基金委员会"，依价买卖外汇。祝百英（1948）指出，新办法的意义是：汇率改为弹性，商用外汇自求供应，进口货物类可以随时削减。这就是说，政府不供应商用外汇，固定的外汇法价已成为形式，旧贸易办法及其附表只充作参考根据。

③ 叶世昌、潘连贵：《中国古近代金融史》，388 页，409～410 页，复旦大学出版社，2001。

（1）关于外汇黑市是否应予以维持的讨论

①反对维持外汇黑市的主张

刘振东反对维持港沪外汇黑市。他认为，中国的情况和欧美不同，如国际贸易对于英国很重要，无稳定的汇率，就没有国际贸易；而中国则相反，经济的荣枯，系于国内的生产，而不系于国际贸易的荣枯，况中国输入的外贸，大部分是消耗品。所以，中国只要抗战必须的外货，由政府购买外，其余外货的输入，大部分应该停止。刘振东指出："我们认为吾国政府，绝不应继续维持港沪华埠及沦陷区域的黑市汇价，以耗丧我国抗战的外汇基金。"至于维持黑市汇价，首先对敌人日本有利（有利于敌伪套汇及破坏法币），其次对"在远东经商的外国商人"有利。他认为与其将大量基金用于维持寻常国际贸易，实还不如将此大量基金，用于购买军用物品及生产机械，以支持长期抗战为急。[1]

刘振东还反驳了当时的一种观点，即"外汇黑市若不维持，则不惟沦陷区域的外汇日益下跌，法币汇价有等于零的惨境，即后方各省的法币价格，亦将受影响"。刘振东认为，由于法币在沦陷区域是通行的货币，有购买能力，沦陷区域法币的汇价将以法币购买力平价为准，绝不至于成为废纸。他还建议在海外华侨众多的地方，多设中国银行分行，劝导华侨由中国银行汇款回国。对于后方之法币，他指出"今中国政府不但未大量滥发纸币，并且极力避免通货膨胀，事实上社会不但无货币过多之现象，而农村之中，更多感交易筹码之不足，自不会有币制之崩溃。"所以不必"因港沪黑市汇价跌落，而疑虑及于后方纸币之崩溃"。至于后方各省出现的物价上涨，他认为"政府只需设法统筹运销，及平抑物价，这个问题，便可迎刃而解。"[2]

刘振东主张对港沪外汇黑市不予维持的同时，建议对后方的外汇加以统制，并绝对禁止黑市的存在，维持法定汇率。他指出："今后重要外汇维持办法，于放松维持港沪黑市以外，对于后方各省的外汇，应绝对统制。使法定

---

① 刘振东：《外汇问题之三个要点》，载《中央周刊》，1939年第2卷，7～10页。

② 同①。

汇价，不受港沪黑市汇价的影响，使黑市汇价与中央法定汇价隔离，截然为二事，并在中央控制区域之内，绝对禁止黑市情形之发生，一切输出货物所得之外汇，完全缴纳中央，一切需用外汇之事务，完全由中央核准，则我国之法定汇率固易维持也。"①

王圣慕认为，政府在上海维持外汇黑市，固然可以"维持国际好感与建立一般人民对于法币之整个的信任上"有不可磨灭之功效，但出于两个原因，他认为不应在上海外汇市场暗中维持汇价。第一，上海为一入超口岸，战后又无法对其进行贸易统制，其入超总额巨大，"以有限之基金供此数量庞大之入超消耗，势难持久"；第二，维持上海外汇黑市给日本人提供了利用中方外汇头寸的机会。②

在中英外汇平准基金自 1939 年 6 月 7 日起停止供给外汇后，在另一篇文章中，王圣慕认为这次暂停出售外汇是一种"自动的，合理的与进步的措施"，认为政府维持上海黑市的举动"在一个被占领区内维持外汇当然是一件极不合理的事，而何况又是无条件无限制的维持呢？"在维持黑市的过程中，日方从中得到巨大的利益，日方利用从诸多途径得到的法币，在黑市套购外汇。对于未来政府的做法，王圣慕认为"有两点现在似乎已经有了相当的微象：即第一，如果将来还要维持的话，也许现在这个由自然的供求所派生出来的较低的水准就是一个将来被维持的新水准；第二，维持的办法一定比现在要来得复杂严格，一切投机的，有害于我或有利于敌人的申请，将来恐怕都要无所施其技。"③

宁嘉风认为，外汇平准基金数量有限，而抗战几年内难以取得胜利，况且上海自 1939 年以后入超激增，数百万英镑的外汇平准基金必难以支撑。何况，敌伪从中获取了大量利益（"实则，入口外汇由吾人所负担，而出口外汇则泰半被敌伪所掠夺。"），足可给上海外汇市场以严重打击。资金

---

① 刘振东：《外汇问题之三个要点》，载《中央周刊》，1939 年第 2 卷，7～10 页。
② 王圣慕：《战后上海之外汇市场》，载《银钱界》，1939 年第 3 卷第 6 期，409～410 页。
③ 王圣慕：《上海外汇市场的激变及其意义》，载《译报周刊》，1939 年第二卷第九期，912～913 页。

之逃亡，数目巨大，也无法控制。宁嘉风指出："故无特殊情形发生，以现有之经济力量，维持现状下之上海外汇市场，殊不易支持永久。一旦崩溃，势将招致物价暴涨，人心惶惶，影响整个抗战力量，反不如自动放弃于先之为愈也。"①

宁嘉风认为，即使以现有之力能长期维持上海的外汇市场，也要弄清因维持而享受到利益者是否为我国，以及所获利益是否与投下之资本相当或更有余。关于前者，他认为日人享受了主要的利益，其次为其他外商。而中国"所获之利益，主要为政治的，非经济的。"（指法币价值稳定坚实了人民对法币的信心和对抗战最后胜利的信念。）②

总之，"由以上推论观之，现有之经济力量，似不足长期填现状下上海外汇市场之漏卮，而维持之结果，利于敌人者多，利于我国及友邦者少，故急应调整当前之外汇政策，树立自主自利之外汇市场。"宁嘉风建议在后方建立自主自利的外汇市场，后方各口之贸易二十七年以来始终处于出超地位，后方之海关行政权完整无缺，后方之外汇市场完全在中国统制之下，足以证明后方的外汇市场较易维持。③

②有限维持外汇黑市的主张

朱偰对于维持外汇黑市持有条件支持的观点。朱偰指出，英国维护法币主要出于保全其对华投资及远东商业，这是由英国"现实政策"的立场决定的。朱偰指出："但吾国之利害，与英国虽大体相同，然并不完全一致。英国之利益，在无条件维持法币外汇价格，使英国对华贸易，得以顺利进行。吾国之利益，则在下列二之下，方可相对的维持外汇价格：（一）不致为敌人套取外汇平衡基金；（二）对于奢侈品及非必需品进口，仍需加以禁止或统制，不可无条件供给外汇。""故今后之外汇政策，确应改弦更张，就管见所及，至少应注意下列各点：（一）法币外汇汇价不可维持过高，因维持过高，必牺牲外汇平衡基金；（二）对于供给外汇当严加限制：例如无正当理由者（如纯

---

① 宁嘉风：《我们需要一个自主自利的外汇市场》，载《今日评论》，1940（6），87～91页。

② 同①。

③ 同①。

为外汇投机或套取外汇者）不供给外汇；无各行订货单者不供给外汇。（三）后方禁止进口之一百六十七目进口商品，在沦陷区域亦当拒绝供给外汇。"朱偰认为，最近外汇市场风潮，对于抗战本身并无大的影响，但也不应任由汇价跌落而不加以统制。因为外汇跌落过多，将对国内物价产生巨大影响。朱偰建议："有限制供给外汇，而加以机动性的运用；同时再用统制贸易以辅外汇统制，则汇率之维持，亦并非难事也。"①

③支持维持外汇黑市的主张

童蒙正认为，尽管外汇黑市的存在弊端极大，但从全局出发，对外汇黑市应予以维持。他指出："外汇黑市之存在，既足以影响法币信用，提高物价，助长投机，促成资金之逃避，减少国际之收入，而复便于敌伪之套取，从管理外汇立场而言，自应设法消灭，而我国过去反而利用平衡基金一再维持者，又何故欤？盖自七七事变以还，我国战时经济金融重心，渐次内移，为使法币在沦陷区域继续流通，坚定人民对于法币之信仰心，使敌伪破坏我法币之政策，无所施其伎俩计，对于法币之汇价，自不应任其跌落。且因维持汇市，能使进口物品成本稳定，而我国因各海口被敌人封锁，战时后方日用品及工业原料等项，多由上海转口，及陷区走私而来，使后方物资，得以源源供给，亦不致较现在更为高涨，故大后方与沦陷区之政治纽带虽然切断，而经济纽带，则始终维系。且敌人为吸取我法币起见，对于上海转往后方之物资，限制亦不十分严格，故维持外汇黑市所耗之实力，尚不无代价可言。且上海为国际金融市场，英美商号势力雄厚，抗战以来，我国财政金融，多赖英美之擘划，为保持法币对外信誉，并维护外商利益起见，故亦宁愿忍痛牺牲，以维持上海黑市，论者不察，则谓维持黑市有百弊而无一利，而不知当局实有不得已之苦衷存焉。"②

（2）有关外汇平准基金的观点

盛慕杰认为，平准基金发挥作用取决于它运用的经济环境。第一，与汇率波动的原因有关。"汇价的波动如果是出于物价水准和国际收支等自然的因

---

① 朱偰：《最近外汇市场之激动及其影响》，载《中央周刊》，1939 年第 2 卷第 7 期，5～7 页。
② 童蒙正：《中国战时外汇管制》，财政评论社，1944 年，466～467 页。

素，运用的机能不大易见效；但如果基于汇兑投机资金逃避等人为的因素，可以发挥极大的机能"。第二，与金融市场的状况有关。"金融市场并无膨胀或收缩的情况，而仅显安定平淡的因素，可以发挥极大的机能，否则亦要预为防备。"盛慕杰认为，平准基金在上海外汇市场上遭到了"贸易的因素和金融的因素"两重压力。①

关于贸易的因素，由于上海贸易入超巨大，非常不利于平准基金运用的机能。关于金融上的原因，又可分为两个方面：一是日伪的套购；二是上海资金的膨胀（战后上海成为各地避难人的集中地和各银行撤退的分支行处的收付所，因之上海的资金非但不比战前少，反而较战前增加），这些资金没有正当出路，便被用于外汇投机。在这种情况下，平准基金便失去了防止汇兑投机和资金逃避的机能。②

对于六月七日平准基金暂停对法币出售一切外汇，盛慕杰认为，"这次上海外汇市场变动的主要目的是在限制不必需品底进口和鼓励土货出口以求贸易的平衡，以冀消灭平准基金运用机能上的自然因素——国际收支的因素。不过当时有一般人认为此项变动能粉碎日伪套买外汇的阴谋，则未免过分乐观一点……"③

祝百英认为，"这个组织④在稳定外汇上是收到成效的，可是却便利了敌伪籍搜罗法币以套取我们外汇的行为。""但是外汇的消耗，自然不限于逃避和套汇，还有由于进口。"由于基金会难以维持汇市，导致 1941 年 4 月中美英基金委员会的成立以及其后的平准活动。不过，其后的平准活动，"对外汇市场的供应，是明定对象，而不是无限制的维持黑市。"⑤

3. 简要评价

---

① 盛慕杰：《一年来的上海外汇市场》，载《银钱界》，1940 年第四卷第一期，588～590 页。
② 同①。
③ 同①。
④ 指最初成立的中英外汇平准基金。
⑤ 祝百英：《民元来我国之外汇问题》，载于朱斯煌编：《民国经济史》，银行周报社，1948。

法币制度的实质是汇兑本位制，但在抗战全面爆发后出现了外汇黑市[①]。此后，国民政府一直在勉力维持外汇黑市，但代价巨大，也面临外汇平准基金不足的问题。一方面看，维持外汇黑市的好处多为日本人所得；从另一方面看，这里面又涉及法币信誉和英美商号的利益问题。所以，这个问题非常复杂，其中既有经济因素，也有政治和国际关系等因素。在抗战的艰苦环境中，学者们从各个角度，以国家整体利益计，对这些问题进行了深入思考，展现了较高的研究技能和研究水准。他们不但进行学理上的讨论，更重要的是结合实际提出了许多切实合理的建议，比如降低汇价水准，在后方建立外汇市场等。

二、中华人民共和国成立到改革开放前的外汇思想（1949—1978 年）

（一）背景

从 1949 年至 1978 年底，我国实行的是计划经济运行模式，相应地，外汇管理制度也呈现出高度集中、统一计划的特点。

具体而言，这三十年可分为两个时期，一是国民经济恢复时期（1949—1952 年）；二是社会主义建设时期及以后（1953—1978 年）。在第一个时期，国家根据外汇供不应求的形势，初步确立了高度集中的外汇管理政策；1953 年后，我国开始实行全面的计划经济，外汇管理政策进行了相应的调整，加强了管理上的计划性[②]。而从人民币汇率确定的角度，可以分为三个时期，即国民经济恢复时期（1949—1952 年），进入社会主义建设时期至 1967 年底（1953—1967 年底），以及人民币对外计价结算到西方货币实行浮动时期

---

① 外汇黑市的出现，是在 1938 年 3 月 14 日以后。1938 年 3 月 14 日，国民政府公布《外汇请核办法》后，因核准外汇数额，不能满足市场需求，外汇黑市遂得以产生。参见童蒙正：《中国战时外汇管制》，436～437 页，财政评论社，1944。

② 吕进中：《中国外汇制度变迁》，75 页，中国金融出版社，2006。

（1968—1978 年底）[①]。

可见，从 1949 年至 1978 年底的三十年，相应于不同的观察角度，可以划分为不同的时期。在不同的时期，外汇管理的方式和人民币汇率制度的确定原则，均有所不同。

（二）主要内容

1. 关于国民经济恢复时期外汇管理的介绍与研究

尚明、詹武撰文指出[②]，"两年来国家银行的外汇工作已获很大成就。主要表现于大力扶植内外物资交流、沟通侨汇、肃清外币、建立新的外汇管理制度四方面；其结果，促进了对外贸易的开展，增加国家人民收入、稳定了金融物价、协助了本国工农业生产的恢复与发展。"具体而言，一是"国家银行大力扶植内外物资交流工作是从开展贷款、加强服务、合理掌握牌价三方面进行的。"二是"积极贯彻共同纲领'便利侨汇'的政策，曾先后规定了各种保障侨胞利益的措施，并大力推进华侨服务工作，因而使解放后的侨汇得以迅速沟通，并获得了飞跃发展。"三是通过"坚决禁止流通、有计划地肃清、大力开展外币存兑"三方面的工作，肃清外币。四是"新的外汇管理制度，本质上完全体现了独立自主、公私兼顾、为生产服务的特点。"由于以上四个方面工作开展的结果，对帮助国家经济的恢复与发展起到了积极作用：一是增加了外汇收入，充分支持了工业器材的采购；二是增加了国家人民的收益；三是扩大了本币阵地，配合了稳定物价。

还有学者提出了扶助出口的主张。张崇贤在分析了我国扩大内外交流方面已具备的优势条件和面临的困难之后，认为"扶助出口是扩大内外交流重要关键，是银行外汇工作的当前重要任务。"[③]

2. 关于国民经济恢复时期外汇牌价调整的介绍与研究

[①] 吴念鲁、陈全庚：《人民币汇率研究》，3 页，中国金融出版社，2002 年 9 月第 2 版。

[②] 尚明、詹武：《国家银行外汇工作的成就》，载《中国金融》，1951（12）。

[③] 张崇贤：《扶持出口扩大内外物资交流是外汇工作的当前重要任务》，载《中国金融》，1952（11）。

1948 年 12 月 1 日，中国人民银行正式宣告成立，并发行了人民币。1949 年 1 月 18 日，天津首先公布了人民币对外国货币的汇率，各地区人民银行以天津口岸的汇率为标准，根据各地的具体情况，公布各自的外汇牌价。1949 年 10 月 1 日，中华人民共和国成立，这时人民币对外国货币的地区之间的差异仍然存在。此后，人民币汇率经过多次调整。因此，如何确定人民币汇率，成为这一时期研究的主要内容之一。

方皋撰文[1]对调整外汇牌价的原因，以及如何看待此次调整对出口和侨汇的影响做了说明。他认为，调整外汇牌价的原因是人民币和外币的购买力发生了变化，国内物价普遍稳定而美英等国家的物价仍然上涨，所以应调低美英外汇对人民币的牌价。由于外汇牌价的调整对侨汇和出口商品造成了影响，文中也提出了一些办法，以减少这些影响。如对侨汇，新增原币、人民币汇款两便办法，供他们选择；如对出口商，人民银行也订定了两项办法，一是对某些出口物资采取连锁办法；二是研究预结汇办法，便于出口商匡计成本。

周贻真撰文指出[2]，由于我国物价趋于稳定，而美国在朝鲜战争之后，国内物价上涨迅速，所以人民币对美汇牌价应按比例降低。这样我们在对美的出进口商品的交换比价上才不至于蒙受损失。同时，这样做也可以稳定物价、稳定出口、稳定工业品和农产品间交换的比价。

尚明、詹武对于如何合理掌握外汇牌价作了说明[3]。他们指出，在我物价尚未稳定时期，为照顾出口，根据物价情况机动调整外汇牌价，如美汇牌价从 1949 年 4 月 10 日的 618 元提高至 1950 年 3 月的 42000 元，上升近 67 倍，真正贯彻了照顾"大宗出口物资有利"的原则。1950 年 4 月以后，国内物价稳定，而资本主义国家物价急剧上涨，货币日益贬值，我又及时提高人民币购买力，将美汇牌价从 42000 元逐步压至 22490 元，贬低近一半。

3. 关于社会主义外汇体制优越性的论述

---

[1] 时任中国人民银行华南分区行行长，他的观点参见《对调整外汇牌价应有的认识》一文（载于《中国金融》1950（1））。

[2] 周贻真：《外汇牌价下降与对外贸易》，载《中国金融》，1950（1）。

[3] 尚明、詹武：《国家银行外汇工作的成就》，载《中国金融》，1951（12）。

酒丰撰文论述了社会主义外汇体制的优越性[①]。他将社会主义外汇体制的优越性分为三个时期进行论述。第一个时期，解放初期的外汇工作。这一时期主要是实行了三项政策措施，即肃清外币流通，取消帝国主义银行对外汇的垄断，国家银行统一管理、统一经营外汇。第二个时期，国民经济恢复时期的外汇工作。这一时期外汇工作实行了三项主要的政策措施：实行合理的汇价政策；实行了便利侨汇的政策；加速实行对外贸易、支付路线和方式的转变，破坏"封锁禁运"阴谋。第三个时期，第一个五年计划建设时期的外汇工作。这一时期实行了以下几项措施：一是广泛建立银行支付关系，灵活掌握支付方式，配合对外贸易的全面开展；二是采取了便利侨汇的新措施；三是加强对非贸易外汇的管理；四是便利和促进国际经济文化交流和友好合作。

酒丰认为，中华人民共和国成立八年来外汇事业所取得的巨大成就，证明了社会主义外汇事业的优越性。这些成就可以归结为五个方面：实现了外汇事业的完全独立自主；配合了国民经济恢复工作，并为国家社会主义工业化积累了外汇资金；建立了由国家银行统一管理统一经营的社会主义外汇制度；建立了崭新的国际金融关系；国际收支规模不断扩大，并保持有计划的平衡。总结这些成就取得的原因，酒丰认为一是我们实行了社会主义的外汇专营制和对外贸易垄断制，二是社会主义工农业生产的不断高涨。[②]

4. 关于计划经济时期汇率决定的论述

吴念鲁、陈全庚的专著对计划经济时期的人民币汇率制度做了论述。他们认为，从 1949—1978 年底，人民币汇率制度的演进可分为三个阶段：[③] 一是国民经济恢复时期（1949—1952 年）。这一阶段，人民币汇率的制定，基本上与物价挂钩，由于当时对外贸易主要由私商经营，为了使私商有一定的盈利以及有利于侨汇，人民币汇率的变动对进出口和侨汇起积极的调节作

---

① 酒丰：《我国社会主义外汇事业的优越性》，载《金融研究》，1958（2）。

② 同①。

③ 吴念鲁、陈全庚：《人民币汇率研究》，3 页，中国金融出版社，2002 年 9 月第 2 版。

用。二是进入社会主义建设时期至 1967 年底（1953—1967 年底）。这一阶段，我国对工商业的社会主义改造已经完成，对外贸易由外贸部所属的贸易公司按照计划，统一经营、通负盈亏，不需要用汇率调节进出口。人民币汇率需要保持稳定，主要用于内部核算计划编制，人民币汇率与物价基本挂钩。三是人民币对外计价结算到西方货币实行浮动时期（1968—1978 年底）。这一阶段，由于实行浮动汇率，我国为了避免汇率风险，人民币实行对外计价结算，并确定若干西方货币为"货币篮子"，按其重要程度和政策需要，确定权重，根据这些货币在国际市场上的升降幅度，加权计算出人民币汇率。

在许少强、朱真丽的研究中，他们将计划经济时期的人民币汇率史分为三个时期进行研究：1949—1952 年的人民币汇率，1953—1972 年的人民币汇率，1973—1980 年的人民币汇率。在第一个时期，为了推动出口，货币当局依据国内外市场的物价频繁地调控人民币汇率，这意味着当时的汇率制度是一种管理浮动制，虽然它与布雷顿森林体制下的固定汇率制不吻合，但它是符合国情的。[1] 在第二个时期，我国采取了人民币兑美元汇率长期稳定的汇率政策目标和人民币钉住美元的汇率制度。这种安排实现了内外部目标，因而其决策有着坚实的基础；同时，由于我国的物价稳定以及 20 世纪 60 年代后期美国等的物价水平出现上升，他们得出了人民币汇率低估的结论；人民币兑卢布汇率被区分为贸易汇率和非贸易汇率，但人民币低估的问题并没有得到真正的解决，其结果是我国有超额的出口；此外，20 世纪 60 年代后期，我国为规避西方货币贬值而采取的人民币计价结算制度，其现实意义并不大；定量和定性分析表明，人民币汇率对进出口的影响不明显。[2] 在第三个时期，我国的汇率政策目标是稳定汇率，为此采用了人民币钉住一篮子货币的汇率制度。考虑到钉住制会造成人民币汇率的不合理，他们认为人民币在此阶段高估。另外，通过回归分析，他们得出了马歇尔—勒纳条件在同期不成立的

---

[1]　许少强、朱真丽：《1949—2000 年的人民币汇率史》，20 页，上海财经大学出版社，2002。

[2]　同[1]，49～50 页。

结论。[①]

吴念鲁、陈全庚还对"我国同原社会主义国家贸易和非贸易清算的货币与汇率"做了专门论述。最初，中苏两国政府一致同意，根据人民币对美元的汇率和苏联卢布对美元的汇率，来套算人民币对卢布的汇率。苏联从1950年3月1日发行新卢布，同时又规定了卢布的黄金平价，经双方协商，根据苏联卢布的黄金平价和中国人民银行收兑黄金牌价的对比，计算出人民币对卢布的汇价。这就是人民币对卢布贸易汇率制定的原则。经谈判协商，双方决定以一个四口之家外交人员的生活费为准，得出两国的非贸易汇率，这一原则也适用于中国与东欧国家。从1979年1月我国退出布拉格贸易支付协定后，我国与苏联、东欧、蒙古等国的复杂的、以卢布为中心的汇率制度基本上已不再发生作用，和一般西方国家的贸易清算与非贸易收付原则上已无重大区别。[②]

5. 关于计划经济时期外汇制度变迁的论述

新中国成立初期，国家指定中国人民银行为国家外汇管理机关，由其根据当时我国情况制定外汇政策。自1953年起，随着我国进入社会主义改造和建设时期，对外贸易开始由国营外贸进出口公司统一经营，外汇业务开始由中国银行统一经营，国家及时调整了原来以私营工商业和私营金融业为重点的外汇管理政策，在外汇管理制度上贯彻集中管理、统一经营的方针，对国家的外汇收支进行全面计划管理与控制。[③] 这一时期的外汇制度变迁包括经常项目外汇制度变迁[④]和汇率制度变迁两个方面。关于制度变迁的效应，作者认为，尽管计划经济时期实行的高度集中统一的、以计划为主和行政手段管理为主的外汇管理体制，但是它与当时的计划经济体制和外贸体制相适应，能够将有限的外汇集中到国家手中，用于满足重点经济建设项目的需要，对保

① 许少强、朱真丽：《1949—2000年的人民币汇率史》，74页，上海财经大学出版社，2002。
② 吴念鲁、陈全庚：《人民币汇率研究》，169~170页，中国金融出版社，2002年9月第2版。
③ 吕进中：《中国外汇制度变迁》，75~76页，中国金融出版社，2006。
④ 吕进中（2006）将计划经济时期经常项目外汇制度变迁总结为以下几个方面：建立了外汇的供汇和结汇制度，对外汇收支实行全面的指令性计划管理，实行高度集中的贸易外汇管理，加强对非贸易外汇的管理，建立了外汇指定银行管理制度。

证我国外汇收支的平衡和维护人民币汇率的基本稳定起到了积极作用，但外贸垄断经营和外汇集中管理的弊端也凸显出来，如不利于调动企业的积极性，过分强调指令性计划等①。

（三）简要评价

从研究时间上说，关于这一时期外汇管理和人民币汇率的研究可分为两个部分：一部分是当时的研究，另一部分是现在的研究。在国民经济恢复时期，有关外汇方面的文献主要以介绍、解释为主，这可能与当时的形势要求有关。因为，在人民币统一发行以来，由于人民币没有规定含金量，也不以黄金作为发行储备，并且汇率调整比较频繁。如从 1949 年到 1950 年 3 月全国统一财经工作会议前这一时期，共调整过 52 次人民币兑美元汇率；从 1950 年 3 月至 1951 年 5 月，共调整过 15 次人民币汇率②。人民币的发行和汇率比较频繁的调整，要求做好介绍、解释，做好与各个方面的沟通。现在的研究，则站在了当今的角度来研究当时的问题，所以可以采用长期的视角，也可以采用一些新发展起来的分析方法，也可以从比较分析、制度变迁等角度进行论述。

三、改革开放到社会主义市场经济体制目标确立前的外汇思想（1978—1992 年）

（一）背景

1978 年 12 月召开的党的十一届三中全会，作出了把全党工作重点转移到经济建设上来的具有划时代意义的战略决策，从此揭开了经济体制改革的序幕。1984 年召开的党的十二届三中全会通过了《中共中央关于经济体制改革的决定》，提出中国经济体制改革的目标是建立以公有制为基础的有计划的商

---

① 吕进中：《中国外汇制度变迁》，78～79 页，中国金融出版社，2006。
② 吴念鲁、陈全庚：《人民币汇率研究》，7-8 页，中国金融出版社，2002 年 9 月第 2 版。

品经济。党的十二届三中全会后，改革重点开始由农村转向城市，以经济体制改革为中心的全面改革逐步开展起来。在这一时期，我国恢复和建立多种金融机构，建立了中央银行制度，银行和非银行金融机构不断成立，不断推进银行业的改革，资本市场也从无到有不断发展，保险业也得到了恢复和发展，金融业逐步走向开放。[①]

在这一时期，为配合改革开放，我国逐步在外汇分配领域引入市场机制，实行计划分配与市场调节并存的双轨制原则，在保留原有的计划收支制度的基础上，引入市场分配机制[②]。在这一时期，外汇管理方面的重大改革举措包括[③]：1979 年 3 月，成立国家外汇管理局；实行官方汇率和外汇调剂市场汇率并存的双重汇率制（1985 年 1 月 1 日，贸易内部结算价被取消）；实行外汇留成制度，并建立有形的外汇调剂市场；放松了银行外汇业务的准入，鼓励外资进入中国，允许境内居民持有外汇，对资本对外输出给予限制；另外，这一时期国家还制定了克服长期存在的外汇短缺问题的整体策略（包括进出口方面实行"奖出限入"、资本项下实行"宽进严出"、外汇收支方面实行"增收节支"、产业政策方面实行"填平补齐"政策）。

（二）主要内容

1. 关于外汇管理中计划和市场作用的讨论

十二届三中全会通过的《中共中央关于经济体制改革的决定》，从理论上突破了计划经济与市场经济相对立的传统观点。关于如何更好地发挥计划手段和市场手段的作用，不但在经济领域，而且在金融和外汇管理领域，都是一个重要的论题。

周祥生和俞浩明认为[④]：我国的中央银行不仅要管理外汇的秩序、负责外汇的收支平衡，而且还要从宏观上控制外汇的流向；中央银行为履行上述三

---

① 中国人民银行编著：《中国共产党领导下的金融发展简史》，中国金融出版社，2012。
② 李东荣：《中国外汇管理体制改革回顾与展望》，该文系作者 2009 年在中国人民银行研究生部第六期"金融家大讲堂"的讲演稿。
③ 同②。
④ 周祥生、俞浩明：《关于我国外汇管理问题的几点看法》，载《国际金融研究》，1986（2）。

个方面的外汇管理职责，需要对其管理的对象灵活运用计划手段、行政法律手段和经济手段，并积极采取步骤，逐步扩大间接管理的运用。

关于外汇管理中的计划和市场问题，周祥生和俞浩明认为[1]，"外汇管理体制是经济管理体制的组成部分，它所要回答的根本问题是：计划管理与市场调节的关系如何处置。"他们在对我国外汇活动的现状进行分析后认为，我国将在较长的时间内实行较为严格的外汇管制，对外汇管理必须运用一定的计划手段。因为，当时我国许多城市经济体制改革尚未起步，许多经济关系尚未理顺，外汇管理体制就应当是以纵向统收统支与一定范围横向市场调节并存为特征的双轨制，而且外汇的统收统支仍是外汇管理的主要形式和对外汇宏观控制的基本保证；同时要根据改革的进程，逐步缩小这类管理的范围，逐步扩大市场调节的范围。

陈文林在一篇论文[2]中讨论了外汇管理中的几个问题。一是计划管理。针对外汇管理中的多头管理问题，提出了"外汇管理局主管外汇，应负责外汇的平衡工作"的改革思路，认为"外汇的平衡、调度和管理工作，应集中于外汇管理局"，其他各个部门不宜直接审批外汇；"国家外汇管理，实际上是对国家外汇全部活动的管理……外汇、外资、外债要统一起来。"二是行政管理。从实行外汇"集中管理、统一经营"方针后的实践看，实行政企分开有利于加强外汇管理和外汇经营。但在实际中，人民银行有必要授予部分的、日常的与外汇有关的权限给中国银行。

乔瑞、李延平和石俊志认为[3]，随着我国对外经贸关系的不断发展，我国的外汇收支管理体制如继续沿用过去单一的指令性计划，便与当前经济发展的需要不相适应了。指令性计划旨在实现一种静态平衡，这种平衡在千变万化的经济运动中很难维持，这就在客观上要求借助于市场调节的经济手段来帮助其实现平衡。在社会化大生产的条件下，银行是对社会资金进行市场调节的最理想的经济组织。因此，可通过银行，使其运用经济手段协助国家实行

---

① 周祥生、俞浩明：《关于我国外汇管理问题的几点看法》，载《国际金融研究》，1986（2）。
② 陈文林：《外汇管理的几个问题》，载《金融研究》，1986（2）。
③ 乔瑞、李延平、石俊志：《关于我国外汇管理的若干问题》，载《金融研究》，1985（2）。

外汇收支计划。

关于如何设置外汇金融机构，周祥生和俞浩明设想的发展前景是："在中央银行的集中管理下，以国家的银行为核心，以兼营外汇的银行及非银行金融机构为外围，并以适量的外侨资金融机构为补充的多层次体系。"①

2. 关于外汇兑换券的讨论

外汇兑换券又称外汇券，简称兑换券。是以外国人、华侨和港澳同胞等所持有的外币为兑换对象，在国内指定范围内与人民币等值流通的一种票券，不是另一种货币。外汇券由中国银行于1980年4月1日至1994年1月1日发行。自外汇券出现以后，围绕外汇券的作用就有不同的看法。

有些研究人员主张外汇兑换券应继续使用。如马建彤1981年撰文认为②，外汇兑换券使用一年多来，在实践中已初见成效：一是在我国排斥了外币在市场上的流通和使用，维护了我国社会主义金融秩序；二是便利了各省、市、自治区和各单位计算外汇分成；三是控制住了有些人违法到友谊商店等处套购紧缺商品的情况；四是堵住了一些机关向华侨和外国人用人民币购买携入物资等套汇行为。他认为，发行外汇券是根据我国的具体情况采取的一项措施，是新生事物；对于存在的问题，应该本着积极的态度去研究解决，而不应求全责备；"今后对外汇券主要是如何加强管理，使之完善的问题。"

有些研究人员主张应改革外汇兑换券。崔来福指出③，外汇兑换券的发行和流通，实际上不利于维护人民币的地位和威信，还可能带来某些漏洞，也影响了货币的统一发行。因此，应改进外汇兑换券的发行，主要是应对外汇兑换券的发行和流通使用等进行限制。

一篇署名"人民银行总行金融研究所，人民银行广东省分行金融研究所"的文章④对于在广州召开的全国货币理论讨论会上的观点做了综述，代表们认

---

① 周祥生、俞浩明：《关于我国外汇管理问题的几点看法》，载《国际金融研究》，1986（2）。
② 马建彤：《外汇兑换券应继续使用》，载《金融研究》，1981（7）。
③ 崔来福：《改进外汇兑换券的建议》，载《金融研究动态》，1980。
④ 人民银行总行金融研究所，人民银行广东省分行金融研究所：《外汇兑换券应当停止使用》，载《金融研究》，1981（4）。

为，"发行外汇券在理论上是错误的，在实践中利少弊多，应该停止使用。"王传纶等[1]撰文指出，外汇兑换券的发行，在客观上造成了两种货币符号平行流通的局面，在某些方面，外汇兑换券甚至比人民币更"高级"。所以，王传纶等认为兑换券的发行不利于人民币币值的稳定，而且兑换券的继续发行也会影响我们的汇价制度，为此，他们建议用外汇凭证券取代外汇兑换券。

3. 关于改革外汇留成制度的讨论与建议

1979 年 8 月，国务院发布了《关于大力发展对外贸易增加外汇收入若干问题的规定》和《出口商品外汇留成试行办法》，在外汇由国家集中管理、统一平衡、保证重点的同时，适当留给创汇的地方和企业一定比例的外汇。

研究人员大都认为外汇留成制度存在一定的弊端，应予以改革和完善。如乔瑞，王东民，李延平认为[2]，从几年来的外汇留成制度的实践看，这种制度存在着两个主要问题：一是外汇留成总量失控，这表现为外汇分配上"一女多嫁"问题很严重；二是留成外汇缺乏横向联系，外汇资金的利用效率低，没有真正发挥鼓励出口的作用。所以应该对外汇留成制度进行一定的改革。陈文林在《外汇管理中的几个问题》[3] 中讨论了额度管理问题，认为外汇留成制度虽然调动了地方发展对外贸易和组织外汇收入的积极性，但也有缺陷。主要表现为外汇额度的所有权与使用权相分离，出口创汇与进口用汇相分离，因此必须改进外汇留成办法。张忠如认为[4]，对企业来说，由于留成外汇仅是使用指标，不是实际的外汇资产，因此有的企业不够重视，这是造成外汇使用率低的一个因素；从银行来说，留成额度账户仅是记载额度的收支情况，不利于对企业的用汇监督和管理。

一些研究人员主张将额度留成改为现汇留成。陈文林[5]提出实行地方外汇

---

① 王传纶、姚蕴芳、吴念鲁、刘德芳：《外汇兑换券还是停发较妥》，载《金融研究》，1981（5）。

② 乔瑞、王东民、李延平：《我国外汇留成制度现存的问题及改革方向》，载《国际金融研究》，1986（1）。

③ 陈文林：《外汇管理的几个问题》，载《金融研究》，1986（2）。

④ 张忠如：《对当前留成外汇制度改革的几点意见》，载《金融研究》，1986（9）。

⑤ 同③。

收支平衡，把外汇额度留成变为现汇留成等改革建议。张忠如[1]认为应"改额度留成为现汇留成"。陶士贵认为[2]，由于外贸新体制运行良好并取得一定成效，外汇调剂市场得到进一步完善和发展，外汇分成比例的变化和现行人民币汇率有利于现汇留成，因此，现行的外汇额度留成应改为现汇留成。陶士贵指出，这需要逐步缩小国家外汇牌价和外汇调剂价格间的"轨距"，进一步完善外汇调剂市场，加快核拨留成速度，切实加强现汇账户收支管理，对外贸出口企业实行现汇抵押贷款及信贷倾斜政策[3]。

有些研究人员反对现汇留成的建议。乔瑞、李延平和石俊志不同意有些同志提出的将现行的外汇额度留成办法改为现汇留成的建议。他们认为，一定额度的留成外汇需要有相应数量的国家外汇库存为后盾。随着我国对外开放政策的实施，留成外汇总余额呈现持续膨胀的趋势，而国家外汇库存则须根据外汇储备水平控制在一定范围之内，两者之间存在比例失衡的趋势。他们认为，解决这一矛盾的关键是加速留成外汇的使用，使其余额与国家外汇库存达到比较适应的比例；在对留成外汇的使用采取疏导措施的前提下，继续实行额度留成管理对国家较为有利。[4]

还有些研究人员对提高外汇资金的使用效率提出了建议。至于如何管好用活国家外汇库存，加速留成外汇的使用，乔瑞，李延平和石俊志[5]提出了建立使用留成外汇买汇人民币资金的专项贷款、加强经济信息的调研、制定有效的外汇管理制度等建议。此外，他们还认为当前国家外汇库存和留成外汇的使用方向应当是现有企业的改造和改建扩建，但须对有些做法进行改革。为改变外汇留成制度的弊端，张忠如[6]提出了改革现行出口商品留成办法和非贸易留成办法、改革留成外汇的使用方向和管理机制、改革调剂外汇价格，

① 张忠如：《对当前留成外汇制度改革的几点意见》，载《金融研究》，1986（9）。

② 陶士贵：《当前宜实行外汇留成制度改革》，载《国际经贸探索》，1992（3）。

③ 同②。

④ 乔瑞、李延平、石俊志：《关于我国外汇管理的若干问题》，载《金融研究》，1985（2）。

⑤ 同④。

⑥ 同①。

以及搞活外汇资金等建议。乔瑞，王东民、李延平①提出，从微观看，要提高外汇资金的利用率，必须开放我国的外汇市场；在全国性外汇市场开放之前，可以首先在总结调剂外汇经验的基础上，先在沿海城市或经济特区进行小规模的试验性开放，但这种试验一定要具有全国意义。

4. 关于汇率制度和汇率确定原因的研究

陈全庚指出②，我国自 1981 年试行内部结算价制度以来，经过三年多的实践，两个汇价③给我国对外经济活动、利用外资和内部经济核算及外汇管理带来了不少问题，同我国对外开放政策和经济体制改革不相适应，只有朝着单一汇价的方向改革才能解决问题。他认为，两种货币之间只能有一个比率，这个比率不应是各国货币所代表的各自国家的社会必要劳动量（各国的国内价值），而应是世界范围内商品交换中得到公认的社会必要劳动量（国际价值）。因此，以两国间的国内物价水平对比来作为汇率的基础是不符合客观实际的，以国内外进出口商品价格的比价作为汇率的基础比较合适。从改革开放的实际出发，制定人民币汇价也应朝着货币的国际价值的方向改革。

1978 年至 1985 年人民币汇率作了多次大幅度下调，1991 年 4 月起对汇率作经常性机动调整，汇价逐步贬值至 1 美元合 5.72 元人民币。在另一篇文章中，陈全庚对人民币汇率下调的原因作了分析，他认为，人民币汇率下调的主要原因是④：（1）随着商品经济的发展和价格体系的改革，物价上涨，汇率需要作出相应调整；（2）1985—1989 年中国外汇储备连续 5 年逆差，外汇储备下降，为促进出口，平衡国际收支，汇率需要作适当的调整。

陈全庚还指出⑤，从改革开放之初，中国就把引进市场汇率机制作为改革人民币汇率的重要步骤，逐步运用市场来调节外汇收支。在这一思想的指导下，外汇调剂市场的交易规模和参与者范围不断扩大，形成了官方汇率和市

---

① 乔瑞、王东民、李延平：《我国外汇留成制度现存的问题及改革方向》，载《国际金融研究》，1986（1）。

② 陈全庚：《人民币汇价的历史演进和改革的方向》，载《金融研究》，1984（12）。

③ 指贸易外汇内部结算价和公布牌价。

④ 陈全庚：《人民币汇率改革和 1995 年汇率趋势》，载《国际金融研究》，1995（5）。

⑤ 同④。

场汇率并存的汇率制度。

许少强，朱真丽对 1981—1984 年间人民币汇率进行研究后认为①，改革开放迫使货币当局对人民币汇率政策目标做出重大调整，但因为国内的经济体制不可能在短期内有相应的变化，以至于当局在制定汇率时不得不采用双重汇率制；在这期间，人民币的汇率持续小幅下调，这实际上是当局为与国际市场接轨、与贸易内部结算价逐渐并轨所采取的应对之策；他们认为，人民币在此阶段有较大幅度的高估。在对 1985—1993 年间的人民币汇率进行研究后，许少强，朱真丽认为②，"外汇调剂市场价格的变化在一定程度上反映了真实的人民币对外价值，使当局基本上是依据价格的上升而下调汇率"；由此，虽然这个时期人民币汇率制度基本上仍可视为是固定汇率制，但其可调整性才是汇率制度的重要特征；在此阶段，人民币汇率经常是被低估的。

（三）简要评价

在这一阶段，有关外汇的讨论和研究突出了时代特色，紧紧围绕改革中出现的重大问题，并且讨论的角度丰富，涌现出了许多关注改革、关注实践的研究。当时，经济体制改革的一个主要问题是计划和市场的关系，以及如何更好地发挥计划手段和市场手段的作用，这在关于外汇管理的总体方式的讨论中体现得较为充分。围绕着当时的外汇兑换券的发行与使用、外汇留成制度等改革过程中出现的新事物、新做法，围绕着汇率机制等问题，研究人员进行了充分讨论，这些讨论涉及其效果、弊端、出路等方面，其中不乏对具体措施的规划与设计。可以说，这一时期外汇方面的讨论，对于厘清思路，寻找新的改革路径，找到更优的解决问题的措施，起到了积极作用。尽管也有不同意见，但研究者们基本认同逐步运用市场、让市场发挥更大调节作用这一大的方向。

---

① 许少强、朱真丽：《1949—2000 年的人民币汇率史》，上海财经大学出版社，2002。
② 同①。

四、社会主义市场经济体制初步建立时期的外汇思想 (1992—2001 年)

(一) 背景①

1992 年 10 月召开的党的十四大提出，"我国经济体制改革的目标是建立社会主义市场经济体制"。1993 年 11 月，党的十四届三中全会通过了《中共中央关于建立社会主义市场经济体制若干问题的决定》，并明确了深化改革的一系列重大措施，在外汇方面明确提出"改革外汇管理体制，建立以市场为基础的、有管理的浮动汇率制和统一规范的外汇市场，逐步使人民币成为可兑换货币。"1993 年 12 月 25 日，国务院作出《关于金融体制改革的决定》，提出了要对金融体制进行全面改革。这一时期，外汇领域的改革包括汇率并轨改革和实现经常项目可兑换两个方面。

汇率并轨改革方面。1993 年 12 月，中国人民银行发布《中国人民银行关于进一步改革外汇管理体制的公告》，明确提出外汇体制改革的政策措施。1994 年 1 月 1 日，我国外汇体制进行重大改革，人民币官方汇率和外汇调剂市场汇率并轨，以 1993 年 12 月 31 日各地外汇调剂市场的加权平均汇率 1 美元合 8.72 元人民币为全国统一的人民币汇率；实行以市场供求为基础的、单一的、有管理的浮动汇率制度。1994 年我国外汇体制改革后，实施银行结售汇制度，建立了分层次的、统一的外汇市场。1994 年 4 月 1 日，银行间外汇市场即中国外汇交易中心在上海成立，1994 年 4 月 4 日，中国外汇交易中心系统正式运营。

实现人民币经常项目可兑换方面。1994 年、1995 年两年的外汇管理体制改革实现了人民币经常项目有条件可兑换，为下一步改革打下了坚实的基础。中国为实现人民币经常项目可兑换，继续深化外汇管理体制改革：一是将外

---

① 中国人民银行编著：《中国共产党领导下的金融发展简史》，中国金融出版社，2012。

商投资企业纳入银行结售汇体系。二是提高居民用汇标准，扩大供汇范围。1996 年 5 月 13 日，国家外汇管理局发布《境内居民因私兑换外汇办法》，从 7 月 1 日起正式实施，取消居民个人，包括居住在中国境内的外国人和港澳台同胞的因私用汇限制，大幅度提高了用汇标准，扩大了供汇范围。三是从 1996 年 4 月 1 日起，取消了非贸易非经常性用汇的限制。四是初步建立了人民币在经常项目下可兑换的外汇管理法规框架。1996 年 1 月 29 日，国务院发布《中华人民共和国外汇管理条例》，从 4 月 1 日起正式实施。经过上述改革后，中国取消了所有经常性国际支付和转移的限制，达到了《国际货币基金组织协定》第八条款的要求，比原定目标日期提前一年多实现了人民币经常项目可兑换。

（二）主要观点

1. 1994 年外汇体制改革前的讨论和研究

在 1994 年外汇体制改革实施前，就有一些政策决策者和学者对汇改做了大量深入的研究。殷介炎认为外汇管理体制改革的指导思想是[①]："就外汇管理体制来说，要通过建立直接管理与间接管理相结合、以间接宏观调控为主的外汇调控体系、发达的外汇市场体系、健全的法规体系和配套的服务体系，来改善对外汇的管理，逐步增强外汇实力。"具体而言，要着重以下内容的改革：大力发展和完善外汇市场体系；积极推行现汇留成，促进外汇管理方式的转变；改革利用外资的管理体制，提高外资的使用效益；充分有效地利用好国内外汇资金，加强国家外汇储备管理；完善人民币汇率形成机制，实行人民币的自由兑换。

陈彪如认为[②]，为加入关贸总协定，中国有必要在对外金融体制方面进行认真的改革，这包括外汇市场、汇率制度和货币兑换性方面；在外汇市场建设中，应引进较为充分的市场机制，应建立一个统一的、适当管理的外汇市

---

① 殷介炎：《关于深化外汇管理体制改革的思考》，载《党校科研信息》，1993（12）。

② 连平：《中国外汇体制改革的几个问题——访著名国际金融专家陈彪如教授》，载《经济学家》，1993（2）。

场；在人民币汇率安排方面要统一汇率，人民币汇价应确定在合理的水平，根据市场供求关系，汇率采用弹性安排，并实行目标管理；人民币自由兑换需要一些前提条件，必须有计划、有步骤地分阶段实行。

汪涛提出①，为了适应市场经济的发展，在外汇管理体制改革过程中应体现以下几个原则：一是有利于市场经济体制的建立和市场经济的发展；二是有利于国家对外汇的宏观调控和国际收支平衡；三是有利于外汇管理方式从直接管理为主向间接管理为主转变；四是有利于实现人民币自由兑换。

毛晓威撰文指出②，"深化外汇体制改革的最终目标是，建立规范的外汇市场，按照市场规律确立单一的人民币汇率制；健全中央银行间接调控外汇的职能，形成灵活有效的宏观外汇调控体系；基本取消行政性直接外汇管制，实现人民币自由兑换"。要分步骤实现上述目标。

2. 对 1994 年外汇体制改革的评价

周小川认为③，外汇体制改革已取得了积极的效果，主要表现在以下几个方面：进出口额均有大幅增长，中国的外汇储备有明显增加，人民币汇率基本稳定且有所趋强，外汇体制改革在很大程度上方便了进出口厂商。他认为，从汇改所取得的成绩看，多数结果都是和改革前所作的经济分析和设想是一致的，有些比预期的结果还要理想。

陈全庚认为④，1994 年外汇体制改革以后，在物价上涨形势下，人民币汇率保持基本稳定，国际收支顺差，外汇储备增加，因而是"国家宏观调控和外汇体制改革的一项成就"。徐福强，周代启认为⑤，新汇制有利于加强国家外汇间接调控力度，增进了外汇市场机制的活路，汇率并轨有利于出口和吸引外资，但由于外商投资企业不能进入外汇调剂市场，因此也产生了一些有待改进的地方。

---

① 汪涛：《外汇管理体制改革的目标模式》，载《金融研究》，1993（3）。
② 毛晓威：《关于深化我国外汇体制改革的几点意见》，载《管理世界》，1993（3）。
③ 周小川：《对中国外汇体制改革成效的评价》，载《世界经济报道》，1995。
④ 陈全庚：《人民币汇率改革和 1995 年汇率趋势》，载《国际金融研究》，1995（5）。
⑤ 徐福强、周代启：《外汇体制改革对我国经济的影响及进一步改革取向初探》，载《国际金融研究》，1994（12）。

汇改以后，人民币在高通胀的背景下出现了汇率的坚挺。周小川[1]认为，如果 1994 年初定的 8.7 元兑 1 美元的汇率是均衡汇率的话，那么它就应该随着通货膨胀上升而有所贬值，但事实上，当时的汇率并非均衡汇率；外汇体制改革改变了国际收支平衡，因此也就改变了外汇市场的供求关系，这是促使人民币升值的积极因素，而且这个积极因素比通货膨胀的消极因素更大，所以出现了人民币对美元汇率保持稳定且略有升值的现象。针对 1994 年人民币出现的对内贬值和对外升值的矛盾现象，陈全庚认为[2]，其主要原因是 1994 年实现汇率并轨，定值偏低；在这种情况下，虽然通胀率较高，但外贸企业出口依然有利，进口受到抑制，外汇供大于求，出现了高通胀和汇率轻微上升的现象。

丁华南认为[3]，结售汇制改革是市场机制原理在外汇体制改革中的重要体现，是稳步推进人民币自由兑换的重要举措，结售汇制度改革无论是对外汇市场的交易主体、交易风险，还是对外汇市场未来的发展，都产生了影响。

3. 关于外汇体制进一步改革与外汇市场发展的研究

关于外汇体制的下一步改革取向，徐福强，周代启提出了允许符合条件的外商参与外汇零售市场交易，进一步培育和发展外汇市场，加强本币的宏观调控等建议。[4] 徐进前认为[5]，我国外汇体制改革的大方向是正确的，但要重视改革中存在的内外均衡失调问题。他建议，应该从建立一个统一完整的货币政策体系、完善银行间外汇市场、加强外债管理等方面入手来解决这些问题。

展望加入 WTO 后外汇管理职能的调整，张礼卿认为[6]，随着全球性金融自由化的迅猛发展，随着国内金融改革的深化，外汇管理部门的职能调整应

---

① 周小川：《对中国外汇体制改革成效的评价》，载《世界经济报道》，1995。

② 陈全庚：《人民币汇率改革和 1995 年汇率趋势》，载《国际金融研究》，1995（5）。

③ 丁华南：《试析我国结售汇制改革及其对外汇市场的影响》，载《财经理论与实践》，1998（2）。

④ 徐福强、周代启：《外汇体制改革对我国经济的影响及进一步改革取向初探》，载《国际金融研究》，1994（12）。

⑤ 徐进前：《我国现行外汇体制存在的问题及改进对策》，载《金融研究》，1995（4）。

⑥ 张礼卿：《加入 WTO 与我国外汇管理体制的进一步改革》，载《国际金融研究》，2000（5）。

该是顺理成章的事情。他认为，原则上，外汇管理局应逐渐从各种汇兑交易的审批、审验环节淡出，转而强化对外汇指定银行的监管、进行国际收支和外债的实时统计监测、建立健全外汇交易的法律法规、协助央行对人民币汇率进行适时干预等。为了应对加入 WTO 后外汇管理效率降低的趋势，应该改变现行的外汇管理方式。另外，他还认为，在加入 WTO 后，国际收支主导性调节工具会从贸易管制、外汇管制转向汇率调整，应积极而审慎地推动资本项目可兑换，应清理现行的法律、法规，实行国民待遇原则。

原雪梅，何尤华提出了完善我国银行间外汇市场的若干对策[①]：放宽市场准入条件，增加市场交易主体，审慎引入中介机构；增加市场交易币种，开设远期外汇市场；降低交易成本，推进市场无形化建设；改进汇率形成机制，使汇率反映真正的市场供求关系；中央银行的市场调控手段要力争多样化；促进调剂市场和银行间外汇市场并轨。

李翀认为[②]，我国外汇市场的发展方向是无形的外汇市场，但首先应该完善有形的外汇市场，有形的外汇市场是我国外汇市场发展过程中不可逾越的一个阶段。此外，他还通过对外汇市场交易的主体、外汇交易的品种、汇率形成的机制、中央银行的管理等问题的分析，对我国外汇市场的发展提出了建议。

4. 关于实现经常项目可兑换的意义以及未来改革方向的研究

周小川指出，就我国而言，实现人民币经常项目可兑换有如下几方面的重要意义：有利于我国与国际社会进行政治上交往；有利于改善外商投资和经营的环境；有利于我国对外经济和文化交往；有利于我国更广泛地参与国际竞争。[③]

陈全庚在一篇文章中指出[④]，实现人民币经常项目可兑换"在经济上和政治上都有极其重要的作用和意义"。这表现在，它将会促进社会主义市场经济

---

① 原雪梅、何尤华：《浅谈完善我国银行间外汇市场的对策》，载《财贸经济》，1995（11）。

② 李翀：《完善和发展我国的外汇市场》，载《中山大学学报》（社会科学版），1996（2）。

③ 周小川：《积极推进外汇体制改革稳步实现人民币自由兑换》，载《国际金融研究》，1997（1）。

④ 陈全庚：《中国外汇体制改革使人民币成为可兑换货币》，载《国际金融研究》，1996（8）。

的建立和完善，将会促进中国经济与世界经济接轨，将会进一步增强国外对人民币的信心，将会促进香港经济繁荣。

周小川认为："下一步我国外汇体制改革的重点将是在完善以前外汇体制改革成果的基础上，逐步放松资本项目外汇管制，最终实现包括资本项目可兑换在内的人民币自由兑换"。至于具体的实施步骤，他认为，在推进汇兑体制改革的时候，必须注意改革的次序和进程安排，在实现经常项目可兑换后，应根据经济实际发展程度，完善资本项目的管理，在恰当的时机再推行资本项目的可兑换。他指出，"今后一个时期，继续完善资本项目管理是非常必要的。"这既是经济转轨本身的要求，也是在为人民币实现资本项目可兑换积极准备条件。周小川总结道："根据国际经验和我国的实际情况，我们将外汇体制改革的目标进行了分解：首先实现人民币经常项目的可兑换，并加强对资本项目的管理，然后再逐步实现资本项目的可兑换，从而最终实现人民币的自由可兑换。"[①]

吴晓灵指出："我国在实现人民币经常项目可兑换之后，能否尽快地实现资本项目可兑换，在很大程度上取决于能否有效地防止资本的大规模流动和是否有能力消除大规模资本流动给经济带来的影响。"她认为，在我国实现资本项目可兑换，需要满足以下几个条件：能否有一个健全的财政体制，逐渐减少财政赤字和用非通货膨胀的方式弥补已有的财政赤字；微观活动主体能否对资本流动产生的后果做出灵敏而有效的反应；内、外资金融机构的同等税赋；健全的金融体系和强有力的金融监管。[②]

（三）简要评价

在 1994 年外汇体制改革前，已经有许多政策制定者、专家学者参与了有关外汇体制改革的讨论。这些讨论所体现的一个共同点是，尽可能发挥市场

---

① 周小川：《积极推进外汇体制改革稳步实现人民币自由兑换》，载《国际金融研究》，1997（1）。

② 吴晓灵：《我国外汇体制改革的进展——人民币实现从经常项目可兑换到资本项目可兑换》，载《金融研究》，1997（1）。

在外汇资源配置中的作用。在外汇体制改革的三个方面，即外汇市场、汇率制度和货币兑换性方面，取得了许多共识。在外汇市场建设上，主张建立统一的外汇市场；在汇率制度上，主张有更为市场化和弹性的汇率安排，但要有管理；在货币可兑换性方面，先实现经常项目可兑换，再推进资本项目可兑换。这些研究和讨论，对于明确改革方向，形成共识，优化方案，具有积极意义。在外汇体制改革完成后，无论是政策决策者，还是专家学者，都对汇改的效果给予了高度评价。这些积极效果既表现在汇率的稳定上，也表现在促进进出口和国外对人民币信心增强等方面。对于下一步改革的方向，许多政策制定者、专家学者也进行了研究。下一步改革最主要的方向是实现资本项目可兑换，许多研究对实现资本项目可兑换的条件和步骤进行了深入剖析。

五、社会主义市场经济体制进一步完善时期的外汇思想（2001—2012 年）

（一）背景

2001 年我国加入世界贸易组织后，国际收支不平衡的矛盾日益突出，国内进一步改革外汇管理体制的条件也日趋成熟。2005 年 7 月 21 日晚，我国再次宣布进行人民币汇率形成机制改革，从单一盯住美元改为实行以市场供求为基础，参考一篮子货币进行调节、有管理的浮动汇率制度；货币兑换起始水平从 8.2765 元人民币/美元调整为 8.11 元人民币/美元。同时，实施一系列配套外汇管理政策。[①] 此后，中国人民银行陆续发布通知，不断扩大外汇市场交易主体，丰富外汇市场交易方式，完善外汇市场交易制度。

---

① 　李东荣：《中国外汇管理体制改革回顾与展望》，该文系作者 2009 年在中国人民银行研究生部第六期"金融家大讲堂"的讲演稿。

（二）主要内容

1. 关于进一步深化外汇管理体制改革的研究和主张

在对人民币汇率机制现状和问题做了阐述分析的基础上，吴念鲁，陈全庚和鄂志寰认为，人民币汇率真正回归到有管理的浮动是汇率调整的主导趋势；至于人民币汇率机制如何改革，他们提出，对人民币汇率实行目标管理（包括确定理论上的均衡汇率、确定合适的目标区间宽度、确定理论比价模型），逐步完善人民币汇率市场化机制（包括改进结售汇制度、完善和规范外汇市场等），建立人民币汇率的监测机制。[1]

李东荣指出，为适应社会与经济发展的需要，外汇管理体制应进一步改革，这主要体现在以下几个方面：一是继续促进对外贸易投资便利化；二是有序推进资本项目可兑换；三是要加强跨境资金流动监测，维护经济金融安全；四是进一步发展外汇市场，按照中央确定的"主动性"、"渐进性"、"可控性"的原则不断完善人民币汇率形成机制，逐步扩大人民币汇率弹性，使汇率更加贴切地反映市场需求，让价格形成更具合理性；五是提高外汇储备经营管理水平。

吕进中在其专著中[2]对我国的外汇制度变迁进行了展望。他提出我国外汇制度变迁应以建立"活性"汇率制度为路径选择，以有序推进人民币可兑换进程为日常手段，以加速推进外汇市场的再造与人民币的区域化、国际化为基础保障，以优化外汇政策决策系统、重构国际收支监测系统以及整合反洗钱监控系统为技术支持。蒙智睦建议以维护国际收支平衡为长远目标；坚持人民币汇率形成机制市场化改革方向；以审慎原则推进资本项目可兑换；增加金银在外汇储备中的比重，减少美元投资规模，实施"藏金于民"策略[3]。

2. 外汇储备有关的研究和主张

---

① 吴念鲁、陈全庚、鄂志寰：《论人民币汇率机制改革》，载《财经科学》，2005（1）。
② 吕进中：《中国外汇制度变迁》，中国金融出版社，2006。
③ 蒙智睦：《我国外汇管理体制改革30年：成就、缺失及深化》，载《区域金融研究》，2009（6）。

随着我国连年出现国际收支双顺差，外汇储备的规模不断增长。因此，有关外汇储备的最佳规模、外汇储备的经营管理等方面的讨论不断增多，构成了这一时期外汇研究中的一个重要内容。

（1）关于外汇储备快速增长的原因

吴念鲁提出，要"把握外汇储备增长过快的真正原因，积极探索改善的途径"。[1] 他认为，外贸顺差是我国外汇储备持续增长的最主要原因；应改变对外资的过度优惠政策；要辩证地看待汇率因素造成储备的高增长，不能把人民币汇率低估当成巨额贸易顺差、国际经济失衡的主要原因；从战略上改变外贸依存度偏高、储蓄率偏高、内需不足的状态，这也是造成外汇储备增长的重要因素。

巴曙松，吴博，朱元倩在对人民币实际有效汇率测算的基础上，对结果和相关变量进行了计量检验，发现实际有效汇率贬值是导致中国贸易顺差加大的原因之一，但并不能简单地依靠人民币升值解决贸易顺差问题，贸易结构的变化甚至会对人民币币值变化起到某种程度的先导作用；实证分析显示，汇率弹性增大，会缓解我国外汇储备受牵制的程度。[2]

（2）关于外汇储备过快增长产生的问题

李扬等认为，外汇储备增长过快会造成流动性过剩及对冲困境等不利影响，因此，要改革中国的外汇储备管理体制[3]。李超、周诚君通过对2000—2007年时间序列数据的经验研究发现，中国流动性过多与外汇储备累积之间存在双向因果关系[4]。李超、周诚君认为，要解决流动性过多问题，短期而言要缓解外汇储备过度累积；长期而言，要在外汇储备管理体制、人民币汇率制度、外汇市场交易体系等方面进行体制改革，从根本上切断外汇储备与货币供应之间的被动联系，同时也要通过经济结构调整逐步改变增长失衡的

---

① 吴念鲁：《重新认识我国外汇储备的管理与经营》，载《金融研究》，2007（7）。
② 巴曙松、吴博、朱元倩：《汇率制度改革后人民币有效汇率测算及对国际贸易、外汇储备的影响分析》，载《国际金融研究》，2007（4）。
③ 李扬、余维彬、曾刚：《经济全球化背景下的中国外汇储备管理体制改革》，载《国际金融研究》，2007（4）。
④ 李超、周诚君：《中国流动性过多与外汇储备积累》，载《金融研究》，2008（12）。

格局。

（3）关于外汇储备的最佳规模

陈荣、谢平认为[1]，一国外汇储备数量是许多经济变量和政策变量共同作用的结果，并且各国并不相同，所以一国外汇储备的"合理数量"、"最优数量"说法缺乏扎实的理论依据和实证依据。他们还认为，外汇储备的多少主要和货币兑换政策和汇率制度有关，与一个国家的经济实力和宏观经济政策的相关性不大。

李扬等则认为[2]，鉴于外汇储备的功能已经从满足尽快支付、偿还债务和干预汇率全面转向提供信心并增加国家的财富，鉴于目前我国外汇储备的收益令人满意，讨论外汇储备的规模，已经没有重要意义了。

王群琳[3]从需求角度出发，采用1985—2006年的年度数据，运用多种统计方法对影响外汇储备的因素进行分析，测算出外汇储备的适度规模，并解释外汇储备的失调情况。他的研究表明，2004年以后，外汇储备符合实际经济发展对其的需要。

（4）关于外汇储备的管理、运用与战略调整

关于外汇储备的运用。陈荣、谢平认为[4]，人民银行持有的大部分外汇储备并不是财富，它对应于人民银行的负债，所以把外汇储备直接运用于财政性支出是行不通的。吴念鲁认为[5]，有些学者主张将中国外汇储备管理的组织架构分成两个部分（即中央持有官方外汇储备，另一部分由其他经济部门设立的外汇投资公司管理和运作）的构想具有重要的战略意义，但须深入细致地探讨和研究。

关于外汇储备的收益。王永中基于美国财政部国际资本系统（TIC）的数据，对中国外汇储备的币种和证券资产构成进行推测，并估算其成本与收益，

---

① 陈荣、谢平：《关于我国外汇储备问题的若干观点》，载《金融研究》，2007（8）。

② 李扬、余维彬、曾刚：《经济全球化背景下的中国外汇储备管理体制改革》，载《国际金融研究》，2007（4）。

③ 王群琳：《中国外汇储备适度规模实证分析》，载《国际金融研究》，2008（9）。

④ 同①。

⑤ 吴念鲁：《重新认识我国外汇储备的管理与经营》，载《金融研究》，2007（7）。

分析潜在的资本风险①。他的结论显示，绝大部分中国外汇储备被用于美元、欧元资产的投资，其中，美国的国债和机构债券占主体地位。若以美元计价，2000—2009 年中国外汇储备的平均收益率尚达 4% ~ 5%；若以人民币计价，汇改前的平均收益率为 5.54%，汇改后仅为 1%，在剔除外汇冲销成本之后，汇改前的平均净收益率为 3.59%，汇改后为 - 1.64%。与低收益率不相匹配的是，中国外汇储备面临着较高的资本损失风险，如"两房"机构债券违约风险、利率（通货膨胀）风险和汇率风险等。②

关于外汇储备的战略调整。陈雨露等认为，由美国次贷危机引发的全球新型金融危机与以往的金融危机存在明显的差异，在新型金融危机背景下，应对中国的外汇储备战略进行调整，而人民币国际化是最终解决中国外汇储备管理问题的长期策略；人民币国际化是一个长期过程，既要积极创造条件，又不能急躁冒进；在推进人民币国际化的进程中，我们必须根据中国实际发展需要和国际货币体系新的时代背景去探索新的货币金融制度安排，在这一进程中，国家积极主动地推进经济和金融基础设施建设，有望加快人民币国际化进程。③

针对许多人提出的"人民币升值中国损失论"，盛松成撰文指出④，这种观点是一种似是而非的理论，在实际经济运行中并不存在造成这种损失的条件；人民币升值导致美国逃债论并不成立；因此，不应该让错误的"人民币升值中国损失论"来影响甚至左右中国的外汇政策，我国当前不宜大幅度降低美元外汇储备的比重。

3. 关于汇率制度的研究

（1）关于中国汇率制度的选择

易纲的研究得出结论："在国际货币体系的游戏规则改变之前，在资本账

① 王永中：《中国外汇储备的构成、收益与风险》，载《国际金融研究》，2011（1）。

② 同①。

③ 陈雨露、张成思：《全球新型金融危机与中国外汇储备管理的战略调整》，载《国际金融研究》，2008（11）。

④ 盛松成：《"人民币升值中国损失论"是一种似是而非的理论——兼论我国外汇储备币种结构调整的问题》，载《金融研究》，2008（7）。

户开放的情况下，实行中间汇率制度将很危险，只有汇率完全市场化才是有效而保险的。一般而言，对于一个资本账户未开放的国家，无论政府名义上宣布采取何种汇率制度，事实上它都将收敛于固定汇率制度。"① 易纲和汤弦证明了，中间汇率制度是不稳定的；在全球经济一体化的背景下，作为规则的"角点汇率制度"将是唯一的稳定解。②

齐琦部认为，没有一种汇率制度是完美的，也没有任何一种汇率制度适合于所有国家和所有时期；一种汇率制度是否适合于一个国家，主要应取决于该国特定的经济和金融环境。中国自 1994 年以来实行的盯住汇率制度取得了一定成功，但继续实施的成本将是很高的；有管理的浮动汇率制度比较适合于中国。③

冯用富论证了中国现存汇率决定机制事实上是一种与美元挂钩的固定汇率制，并分析了该汇率制度设计无论是现在，还是在中国金融进一步开放的背景下都有若干的缺陷（如无法确定均衡的汇率水平等），存在着汇率制度重新选择的问题④。他认为："在中国金融进一步开放的背景下，一方面浮动汇率制优点所需的重要前提条件几乎完全不能满足，理论上的优点难以转变为现实中的长处；另一方面浮动汇率制的缺陷却得到了加强，会加剧汇率的过度波动性。因此，中国金融进一步开放中不宜选择浮动汇率制"。他从逻辑上推论："汇率制度重新设计的方向应当考虑介于固定汇率与浮动汇率两者之间的汇率体制"。⑤

（2）关于 2005 年人民币汇率形成机制改革的评价及汇率形成机制的进一步完善

余永定⑥在《人民币汇率制度改革的历史性一步》中指出："汇率制度改革增加了人民币汇率的弹性，同时又给中央银行干预外汇市场留下了足够的

---

① 易纲：《汇率制度的选择》，载《金融研究》，2000（9）。
② 易纲、汤弦：《汇率制度"角点解假设"的一个理论基础》，载《金融研究》，2001（8）。
③ 齐琦部：《论中国汇率制度的选择》，载《金融研究》，2004（2）。
④ 冯用富：《中国金融进一步开放中汇率制度选择的方向》，载《金融研究》，2000（7）。
⑤ 同④。
⑥ 余永定：《人民币汇率制度改革的历史性一步》，载《世界经济与政治》，2005（10）。

空间，从而保证了人民币汇率的稳定。中央银行必须把握好汇率的稳定性和灵活性，既不能忽视汇率的稳定性，也不能过度强调汇率的稳定性。否则，参考一篮子货币的汇率制度又会回到钉住美元的汇率制度，从而使我们的改革目标落空。"

温建东对汇改一年来的外汇市场改革作了回顾①，认为其成效显著，并指出下一步改革的方向应是"进一步扩大外汇市场主体和品种，完善基础设施建设，强化监管和自律，防范系统性风险。"

金永军、陈柳钦②从"退出战略"角度评析 2005 年 7 月 21 日人民币汇率制度改革，从逻辑上推出目前所实行"参考"篮子货币的内涵及在当前汇率制度下，央行可能存在的操作策略。他们的研究认为："短期内人民币的汇率制度可能难以真正地退出③，仍会是一种'参考美元为主的软钉住的汇率制度'，尽管它增加了美元汇率波动的幅度，但仍在 IMF 所定义的'其他传统钉住汇率制度'的概念内。"央行为何不真正地退出钉住美元的汇率制度呢？原因之一可能是人民币汇率制度的退出需要一个较长的时期；原因之二可能是政府当局因为某些潜在的因素而产生"害怕浮动"的意识。这些因素可能有：一是我国金融市场不够发达；二是汇率变动对贸易的影响在新兴市场比在发达国家要大得多；三是担心尚未确立新的"名义锚"；四是在我国一定程度上的钉住汇率制度还有存在的空间。

江春认为④，"对人民币汇率制度进行根本的改革与完善中国的外汇市场实际上是一个问题的两个方面"。他指出："中国目前的外汇市场实际上并不是真正的'市场'，其根本原因就在于中国外汇市场上的主体还不是真正独立的产权主体，因而不是真正合格的市场主体，这意味着，中国要形成真正的外汇市场，最根本的是要先进行产权改革以重新构造我国外汇市场的制度基础。"

---

① 温建东：《中国外汇市场制度设计与改革前瞻》，载《国际金融研究》，2006（9）。
② 金永军、陈柳钦：《人民币汇率制度改革评述》，载《国际金融研究》，2006（1）。
③ 此处指从原来钉住单一美元的固定汇率制度中退出。
④ 江春：《中国外汇市场的新制度金融学分析》，载《经济评论》，2006（3）。

曹勇论证了实行做市商制度对人民币汇率形成机制改进和中国外汇市场发展所具备的积极意义[1]。他认为，引入外汇做市商制度并不存在技术上的问题，但这种制度在改进汇率形成机制和对外汇市场发展的推动方面所能取到的功效，还取决于现行外汇管理体制的改革；随着央行定价色彩的淡化和居民更多地获取通货兑换权，做市商制度的功能将会得到逐步显现。杨荣，徐涛认为[2]："2006 年年初，中国在人民币外汇市场引入了做市商制度，做市商是市场的定价中心，中国外汇市场具备了市场的微观结构。做市商在人民币汇率形成和决定中发挥着重要的作用，但是中国外汇市场以银行间市场为主，交易量相对较小，客户结构单一，这些都限制了汇率基本面信息的传递。"

卜永祥认为[3]，未来中国外汇市场干预机制可以从近期、中期和长期做以下建议：近期内，逐步提高汇率机制的市场化程度，保证人民币在合理均衡水平的基本稳定。在中期内，逐步加大银行间外汇市场汇率浮动区间，逐步放弃对外汇指定银行的挂牌价和头寸限额管理，允许银行根据自身资产管理的需要自主决定买卖外汇的价格和外汇头寸比例。外汇市场的干预力度和频率要大幅降低，在更大程度上由市场自主决定汇率，实行有较少管理的浮动汇率。从长期看，人民币将逐渐成为区域主要货币，进而成为国际主要货币之一。届时，人民币汇率的决定将主要取决于市场供求，成为单独自由浮动的汇率。

（三）简要评价

自 2001 年加入世界贸易组织后，中国的外部经贸环境有了很大变化，进出口持续快速增长，国际收支连年出现双顺差，外汇储备快速积累，外部不平衡日益加剧。2005 年 7 月，中国再次进行人民币汇率形成机制改革。在这种背景下，外汇领域的研究和讨论主要集中在三个方面。一是对外汇管理体

---

[1] 曹勇：《做市商制度、人民币汇率形成机制与中国外汇市场的发展》，载《国际金融研究》，2006（4）。

[2] 杨荣、徐涛：《中国外汇市场的微观结构》，载《世界经济研究》，2009（3）。

[3] 卜永祥：《中国外汇市场压力和官方干预的测度》，载《金融研究》，2009（1）。

制的研究，主要是应如何进一步改革，以适应未来的发展需要；二是有关外汇储备的研究，包括外汇储备快速增长的原因，是否过多，有无最优规模，外汇储备的管理框架、管理方式如何调整等；三是有关人民币汇率制度的研究，包括如何选择适合中国的人民币汇率制度，如何评价 2005 年的汇率形成机制改革，以及如何进一步完善人民币汇率形成机制。政策制定者、学者、金融界业内人士都积极参与了以上领域的研究和讨论，使得这些研究不但十分深入，而且还充分体现了前瞻性，所提出的建议也具有可行性。另外，在这些研究中，现代经济学、金融学的分析方法得到了更多应用，这使得分析的规范程度大为提高。可以说，这些研究对于探寻改革方向和政策路径，甚至对于经济学研究本身，都起到了重要作用，有着积极意义。

（撰稿人：白当伟　　审稿人：缪明扬）

参考文献

［1］巴曙松、吴博、朱元倩：《汇率制度改革后人民币有效汇率测算及对国际贸易、外汇储备的影响分析》，载《国际金融研究》，2007（4）。

［2］卜永祥：《中国外汇市场压力和官方干预的测度》，载《金融研究》，2009（1）。

［3］曹勇：《做市商制度、人民币汇率形成机制与中国外汇市场的发展》，载《国际金融研究》，2006（4）。

［4］陈全庚：《人民币汇价的历史演进和改革的方向》，载《金融研究》，1984（12）。

［5］陈全庚：《人民币汇率改革和 1995 年汇率趋势》，载《国际金融研究》，1995（5）。

［6］陈全庚：《中国外汇体制改革使人民币成为可兑换货币》，载《国际金融研究》，1996（8）。

［7］陈荣、谢平：《关于我国外汇储备问题的若干观点》，载《金融研究》，2007（8）。

［8］陈文林：《外汇管理的几个问题》，载《金融研究》，1986（2）。

［9］陈雨露、张成思：《全球新型金融危机与中国外汇储备管理的战略调整》，载《国际金融研究》，2008（11）。

［10］崔来福：《改进外汇兑换券的建议》，载《金融研究动态》，1980（S1）。

［11］丁华南：《试析我国结售汇制改革及其对外汇市场的影响》，载《财经理论与实践》，1998（2）。

［12］方皋：《对调整外汇牌价应有的认识》，载《中国金融》，1950（1）。

［13］冯用富：《中国金融进一步开放中汇率制度选择的方向》，载《金融研究》，2000（7）。

［14］何廉：《财政部币制改革后之经过及今后亟待解决之问题》，载《时事月刊》，1936。

［15］洪葭管：《中央银行史料》，中国金融出版社，2005。

［16］洪葭管：《中国金融通史》，中国金融出版社，2008。

［17］江春：《中国外汇市场的新制度金融学分析》，载《经济评论》，2006（3）。

［18］金永军、陈柳钦：《人民币汇率制度改革评述》，载《国际金融研究》，2006（1）。

［19］李超、周诚君：《中国流动性过多与外汇储备积累》，载《金融研究》，2008（12）。

［20］李翀：《完善和发展我国的外汇市场》，载《中山大学学报（社会科学版）》，1996（2）。

［21］李东荣：《中国外汇管理体制改革回顾与展望》，http：//finance. sina. com. cn/leadership/mroll/20091210/00237081027. shtml。

［22］李扬、余维彬、曾刚：《经济全球化背景下的中国外汇储备管理体制改革》，载《国际金融研究》，2007-04。

［23］连平：《中国外汇体制改革的几个问题——访著名国际金融专家陈彪如教授》，载《经济学家》，1993（2）。

［24］刘院丽：《国民政府法币改革中的外汇问题》，广西师范大学硕士

学位论文，2007。

［25］刘振东：《外汇问题之三个要点》，载《中央周刊》，1939（2）。

［26］吕进中：《中国外汇制度变迁》，中国金融出版社，2006。

［27］马建彤：《外汇兑换券应继续使用》，载《金融研究》，1981（7）。

［28］马寅初：《中国之新金融政策》，载《马寅初全集》（第十卷），浙江人民出版社，1999。

［29］毛晓威：《关于深化我国外汇体制改革的几点意见》，载《管理世界》，1993（3）。

［30］蒙智睦：《我国外汇管理体制改革30年：成就、缺失及深化》，载《区域金融研究》，2009（6）。

［31］遒丰：《我国社会主义外汇事业的优越性》，载《金融研究》，1958（2）。

［32］宁嘉风：《我们需要一个自主自利的外汇市场》，载《今日评论》，1940，4（6）。

［33］齐琦部：《论中国汇率制度的选择》，载《金融研究》，2004（2）。

［34］乔瑞、李延平、石俊志：《关于我国外汇管理的若干问题》，载《金融研究》，1985（2）。

［35］乔瑞、王东民、李延平：《我国外汇留成制度现存的问题及改革方向》，载《国际金融研究》，1986（1）。

［36］尚明、詹武：《国家银行外汇工作的成就》，载《中国金融》，1951（12）。

［37］盛慕杰：《一年来的上海外汇市场》，载《银钱界》，1940，4（1）。

［38］盛松成：《"人民币升值中国损失论"是一种似是而非的理论——兼论我国外汇储备币种结构调整的问题》，载《金融研究》，2008（7）。

［39］宋佩玉：《陈光甫与中英美平准基金委员会》，载《社会科学研究》，2006（4）。

［40］孙大权：《顾翊群的经济思想与法币改革》，载吴景平，戴建兵主编：《近代以来中国金融变迁的回顾与反思》，上海远东出版社，2012。

［41］陶士贵：《当前宜实行外汇留成制度改革》，载《国际经贸探索》，1992（3）。

［42］童蒙正：《中国战时外汇管制》，财政评论社，1944。

［43］王传纶、姚蕴芳、吴念鲁、刘德芳：《外汇兑换券还是停发较妥》，载《金融研究》，1981（5）。

［44］王群琳：《中国外汇储备适度规模实证分析》，载《国际金融研究》，2008（9）。

［45］汪涛：《外汇管理体制改革的目标模式》，载《金融研究》，1993（3）。

［46］王圣慕：《战后上海之外汇市场》，载《银钱界》，1939（6）。

［47］王圣慕：《上海外汇市场的激变及其意义》，载《译报周刊》，1939，2（9）。

［48］王永中：《中国外汇储备的构成、收益与风险》，载《国际金融研究》，2011（1）。

［49］温建东：《中国外汇市场制度设计与改革前瞻》，载《国际金融研究》，2006（9）。

［50］吴念鲁：《重新认识我国外汇储备的管理与经营》，载《金融研究》，2007（7）。

［51］吴念鲁、陈全庚：《人民币汇率研究》，中国金融出版社，2002。

［52］吴念鲁、陈全庚、鄂志寰：《论人民币汇率机制改革》，载《财经科学》，2005（1）。

［53］吴晓灵：《我国外汇体制改革的进展——人民币实现从经常项目可兑换到资本项目可兑换》，载《金融研究》，1997（1）。

［54］徐福强、周代启：《外汇体制改革对我国经济的影响及进一步改革取向初探》，载《国际金融研究》，1994（12）。

［55］徐进前：《我国现行外汇体制存在的问题及改进对策》，载《金融研究》，1995（4）。

［56］许少强、朱真丽：《1949—2000年的人民币汇率史》，上海财经大学出版社，2002。

［57］杨荣、徐涛：《中国外汇市场的微观结构》，载《世界经济研究》，2009（3）。

［58］叶世昌、潘连贵：《中国古近代金融史》，复旦大学出版社，2001。

［59］易纲：《汇率制度的选择》，载《金融研究》，2000（9）。

［60］易纲、汤弦：《汇率制度"角点解假设"的一个理论基础》，载《金融研究》，2001（8）。

［61］殷介炎：《关于深化外汇管理体制改革的思考》，载《党校科研信息》，1993（12）。

［62］余永定：《人民币汇率制度改革的历史性一步》，载《世界经济与政治》，2005（10）。

［63］原雪梅、何尤华：《浅谈完善我国银行间外汇市场的对策》，载《财贸经济》，1995（11）。

［64］张崇贤：《扶持出口扩大内外物资交流是外汇工作的当前重要任务》，载《中国金融》，1952（11）。

［65］张礼卿：《加入 WTO 与我国外汇管理体制的进一步改革》，载《国际金融研究》，2000（5）。

［66］张秀莉：《币信悖论——南京国民政府纸币发行准备政策研究》，上海远东出版社，2012。

［67］张忠如：《对当前留成外汇制度改革的几点意见》，载《金融研究》，1986（9）。

［68］中国人民银行编著：《中国共产党领导下的金融发展简史》，中国金融出版社，2012。

［69］钟祥财：《法币政策前后中国的货币理论》，上海社科院出版社，1995。

［70］周祥生、俞浩明：《关于我国外汇管理问题的几点看法》，载《国际金融研究》，1986（2）。

［71］周小川：《对中国外汇体制改革成效的评价》，载《世界经济报道》，1995。

［72］周小川：《积极推进外汇体制改革稳步实现人民币自由兑换》，载《国际金融研究》，1997（1）。

［73］周贻真：《外汇牌价下降与对外贸易》，载《中国金融》，1950（1）。

［74］祝百英：《民元来我国之外汇问题》，载朱斯煌编：《民国经济史》，银行周报社，1948。

［75］朱偰：《最近外汇市场之激动及其影响》，载《中央周刊》，1939，2(7)。

BAINIAN ZHONGGUO JINRONG
SIXIANG XUESHUOSHI

百年中国
金融思想学说史

第三卷

（下册）

顾问　黄达　刘诗白　孔祥毅　刘方健

主编　曾康霖　刘锡良　缪明杨

中国金融出版社

目录

第八章

百年中国金融监管制度建设的
思想学说和主张

　　现在通行的"金融监管"概念，是在我国建立市场经济体制后才提出的，在此以前并未确切提出"金融监管"这一概念，但对金融业进行管控的思想、学说和主张却早已存在。在世界金融史上的政府金融管制可追溯到17世纪初英国著名的"南海泡沫"案及18世纪初法国的"密西西比泡沫"事件，甚至更久远的"法国郁金香狂热"事件。1720年生效的英国《泡沫法》标志着政府金融管制的正式实施。这里我们所谓的金融监管思想，就是指包括金融管控思想在内的，主张通过特定机构（如中央银行）对金融交易行为主体进行限制、管理和监督的思想。金融业是一个存在诸多风险的特殊行业，金融稳定对社会经济的运行和发展起着至关重要的作用，东南亚金融危机、美国次贷危机、欧债危机等引发了财富缩水、民众失业等严重社会问题，让整个世界经济体系震荡不安。有鉴于此，分析金融监管的必要性，探索金融监管的理论基础，寻找金融监管的济世良方，成为各个时期经济学家及实干家的重要责任。本文旨在对清朝末期至现在的一百年间，我国经济学家对金融监管的认识及如何进行金融监管的思想学说的发展脉络与思维逻辑进行梳理，对监管制度的形成、发展和逐渐成熟的历史进程进行回顾分析，力求系统反映百年以来中国金融监管思想学说及制度安排的演变历程。

　　金融思想源起于经济社会发展过程中，无法脱离实际经济运行孤立地谈金融思想。本文结合当时的社会经济背景分析和监管制度、监管行为的根源性探究，把我国金融监管划分为三个阶段：清末与北洋政府时期，南京国民政府时期及新中国成立以后。如此划分的理论依据是，在清末及北洋政府时期，没有设立中央银行，政府实行松散的金融管控模式，基本不干预金融机构的市场准入与业务运作；在南京国民政府时期，国民党政府为巩固其统治地位，设立中央银行并千方百计加强中央银行的权力，造成它的垄断核心地位，严格控制金融机构的市场准入与业务运作；新中国成立后金融监管的思想与制度发生了重大变化，新中国成立至改革开放前这段时期，实行"大一统"的金融管理体系，中国人民银行不仅发行人民币，所有银行业务也由其一家独揽；改革开放以后"金融监管"概念才被提出，相应地才设立监管机构，配置监管队伍，引进监管人才，确立分业监管制度。在此之前可以说只有金融管控，没有金融监管。在对每个阶段监管思想与制度的分析过程中，先从解剖当时的社会经济背景入手，进而分析其中蕴含的思想特征与演变过程，然后介绍监管制度建构，最后对百年以来监管思想与制度的演进进行总体评价。

对我国金融监管思想与制度的演变轨迹加以系统梳理并作简要评述，揭示其内在的发展演变规律，可以使我们理解中国金融监管理论本土化的思想根源，又为构建适合中国国情的金融监管理念创新和政策选择提供素材，为探索监管制度继续完善的路径、推进金融体制改革提供启迪。

一、金融监管的自然发轫阶段——松散的管控时期（1928 年前）

（一）历史背景

鸦片战争破除了中国几千年的闭关锁国，自此，中国开始了一个由外到内的知识嵌进过程和制度演变过程[①]。国人也日益加深对西方银行理论与银行

---

① 张晋藩：《中国法律的传统与近代转型》，339～340 页，法律出版社，1999。

制度的了解。清末二十年间，各国先后在华设立银行 25 家，在国内 30 个以上城镇设有分支机构，上海则是它们的大本营①。外商银行通过对中国国际与国内金融市场的垄断，逐步掌控了清政府的财政。为了抵制外商银行垄断、"堵塞漏卮"、夺回主权，一些学者与实干家提出自办银行的主张。自 1897 年起，中国在社会各界倡导下陆续成立了中国通商银行、户部银行（后为大清银行）、交通银行等 20 多家自办银行，标志了中国银行业发展的历史序幕业已掀开。几乎所有主张自办银行的人都把解决财政问题作为首要理由，清政府也试图将大清银行办成中央银行。

北洋时期掀起"振兴实业"浪潮，西方银行理论在中国进一步传播，号召建立中央银行的呼声更高。时任财政总长的周学熙认为，中国的银行业要发达的前提是建立中央银行，他提出"商业银行之发达，在乎中央银行有保护、扶持之力②"，主张建立中央银行以保护、扶持商业银行。北洋政府财政部也向参议院提出提案要求建立中央银行："民国成立，百端待理，而整理财政尤为当务之急。然军兴以来，本国各种金融机构全然破坏，今日全权操诸于外人之手。苟中央不急设一完全之金融机关，则纸币不能发行，国库无以统一，金融滞塞，汇兑不通，工商坐困，税源日竭，虽欲整理财政，亦决无着手之处。故中央银行之创办，在今日中国财政梦如，币制混乱，金融窘迫之秋，诚不可一日或缓。"③1913 年 4 月国会通过了《中国银行则例》④。北洋政府财政部函咨外交部转知各国银行，声明"中国银行系国家中央银行"⑤。然而袁世凯复辟失败后北洋军阀陷入混战局面，政府的控制能力陡然下跌。当时处于中央银行地位的中国银行"在主要方面已淡化了国家资本的内涵，

---

① 黄鉴晖：《中国银行业史》，山西经济出版社，1994。

② 中国人民银行总行参事室金融史料组：《中国近代货币史资料. 第一辑（下册）》，1039～1042 页，北京，中华书局，1964。

③ 周保銮：《中国银行史》，40 页，商务印书馆，1920。转引自郭庠林，张立英：《近代中国市场经济研究》，241 页，上海财经大学出版社，1999。

④ 中国第二历史档案馆：《中华民国史档案资料汇编. 第三辑，金融（一）》，34～38 页，59～60 页，江苏古籍出版社，1991。

⑤ 中国金融史编写组：《中国金融史》，228 页，西南财经大学出版社，1993。

处于北洋政府的失控条件下的特殊状态中[1]"，力图摆脱政府控制、追求自身的商业化发展。

（二）金融监管思想的考察

从清朝末年到北洋政府时期，社会各界对于中国设立中央银行的必要性、中央银行的产权结构与组织形式等问题进行了长期不懈的理论探讨，提出了设立中央银行，统一纸币发行；设立中央银行是统一币制、维持金融、促进经济发展的前提；中央银行产权民有等学说与主张。

1. 提出设立中央银行，统一纸币发行的主张（1884—1911 年）

1884 年钟天纬[2]最早提出建立国家银行，其呼吁由国家开设银行以解决国家造铁路需借外债、利息负担重的问题[3]。1895 年，顺天府尹胡燏棻上《建议设银行铸银元行钞票》奏折，指出"中国不自设银行，自印钞票，自铸银币，遂使西人以数寸花纹之券，抵盈千累万之金"，建议"于京城设立官家银行归户部督理，省会分行归藩司经理，通商码头则归关道总核"，以发行钞票，挽回利权[4]。1896 年，容闳[5]拟成《请创办银行章程》，主张参照美国银行章程建立国家银行，由户部设立银行，印发票券，统一铸币，代理部款等[6]。1901 年钱恂[7]编写《财政四纲》一书，初步介绍国外中央银行制度，论述了中央银行的性质，指出中央银行作为银行之银行，不与其他银行竞争，并享有发行纸币特权，承担代理国库、稳定金融市场、调整利率等职能[8]。该书

---

① 汪敬虞：《中国近代经济史（1895—1927）》，2211～2212 页，人民出版社，2000。

② 钟天纬（1840—1900），字鹤笙，上海金山亭林镇人，撰写了《格致说》、《格致之学中西异同论》、《西学古今辩》、《中西学术源流论》等篇，专门探讨中西文化的差异和优劣。

③ 钟天纬：《刖足集外篇》，1932。

④ 中国人民银行总行参事室金融史料组编：《中国近代货币史资料》第一辑下册，637 页，中华书局，1964。

⑤ 容闳（1828—1912），字达萌，号纯甫，汉族广府人。中国近代史上首位留学美国的学生，中国近代早期改良主义者，中国留学生事业的先驱，被誉为"中国留学生之父"。

⑥ 郑振铎编：《中华传世文选：晚清文选》，562～566 页，吉林人民出版社，1998。

⑦ 钱恂（1853—1927），字念劬。浙江吴兴人，晚清著名外交家，晚晴和民国时期思想开明的学者。曾任自强学堂（武汉大学前身）首任提调。

⑧ 姚遂：《中国金融思想史》，347 页，中国金融出版社，1994。

将"中央银行"这一术语引入中国。自此以后有关中央银行的理论学说陆续引入中国，中国的中央银行思想就此发端①。

1909 年，留日回国学者谢霖②参考多本日本银行学著作，结合中国的银行资料编写《银行制度论》一书。该书更具体地介绍了中央银行制度，明确界定了中央银行的概念和特征，提出"中央银行 Central Bank 者，乃一国金融上最高之机关，而又为各银行之中心者也"；中央银行"有独占国内发行纸币之权；有运用国努、枢纽财政，并为国库代理者之权"，"且在金融界中，又占莫大之势力，平时固可助各银行以资力，而当缓鱼之秋，又得拯各银行于危迫，藉饵经济之变动，而实尽其为中央机关之职任，此即中央银行之特征也。"③ 该书阐述了中央银行的理论基础，提出中央银行的重要地位取决于其政治经济上的重要利益。

除了资产阶级改良主义者与民族实业家，部分清朝官员也从国家财政需求出发，提倡设立国家银行。1904 年户部尚书鹿传霖④在奏折中提出试办户部银行并指出户部银行不仅要借鉴各国银行经验，还要结合中国国情；他参照各国银行章程草拟了试办户部银行章程，规定户部银行的业务为存放款，汇兑划拨公私款项，折受未满期限期票等；户部银行隶属户部，户部出入款项，均可由户部银行办理；户部银行拟印纸币，其所发纸币与国家制币无异等⑤。

1909 年大清银行总办张允言⑥在首次股东会议上，号召全体股东会成员

---

① 李昌宝：《中国近代中央银行思想研究》，3 页，复旦大学博士论文，2007。
② 谢霖（1885—1969），字霖甫，江苏常州人。我国会计界先驱，我国会计师制度的创始人，会计改革实干家和会计教育家，我国第一位注册会计师。
③ 谢霖：《银行制度论》，38~39 页，中国图书公司，1916。
④ 鹿传霖（1836—1910），清朝末年大臣。字润万，又字滋（芝）轩，号迁叟。直隶（今河北）定兴人。
⑤ 周葆銮：《中华银行史》，第一编，3~7 页，41 页，商务印书馆，1920。
⑥ 张允言（1869—1926），幼名荣，字伯讷，河北丰润大齐坨人。是中国第一家国家银行——"大清银行"的创办者之一，中国最早最大的国家货币制造中心"户部造币总厂"的创办者之一，中国第一所金融专科学校的创办者之一。1905 年（光绪三十一年），清政府在北京设户部银行（后改称大清银行），张允言任银行总监督，成为中国第一个"国家银行行长"。

研究经营管理改良办法，使之"达到中国中央银行目的[①]"，首次明确提议建立中央银行。1910 年，盛宣怀[②]提出将大清银行办成中央银行，办成"握全国金融之机关"，并规定其职责为统一币制，代理国库。他建议"当集各国之精华为吾一国之取法、庶成效广而利益多[③]"。综上所述，早在清末国人对于中央银行的性质、职能、作用就已有初步认识，兼之国家财政困难、币制紊乱，朝野上下均提出建立中央银行制度的主张。然而辛亥革命爆发使清朝覆灭，时人建立中央银行制度的实践也就此终结。

2. 提出中央银行设立十分必要，央行产权民有的主张（1911—1927 年）

关于建立中央银行的必要性，主要有以下三种观点。

第一，建立中央银行是政府整理财政的需要。孙中山[④]思想体系中并没有完整的银行制度思想理论，但其极为重视银行业在民族民主革命事业中所处地位，他曾提出"实业为国富之本，而银行尤为实业之母"的观点，并主张大力建立银行，"中国地大物博，银行愈多愈善"[⑤]。在其对银行制度建设的论述中，最为重要的是建立国家银行的主张。南京临时政府成立后的财政状况极为窘迫，亟需自办银行支持财政。孙中山于南京临时政府正式成立前后，曾派代表去日本委托阪谷芳郎代为筹建中央银行，十分重视中央银行的创办；他在对阪谷芳郎的信函中提到民国政府"缔造之始，需用浩繁，金融机关，刻不能缓"[⑥]。南京临时政府成立时，孙中山于就职宣言中明确指出民国政府始立，"既无确定可恃之财源，舍发行军钞、募集公债之外，更无济急之法。

---

① 大清银行总清理处编：《大清银行始末记》，51 页。
② 盛宣怀，出生于中国民族工商业发祥地常州，清末官员，官办商人，洋务派代表人物，著名的政治家、企业家和慈善家，被誉为"中国实业之父"和"中国商父"。
③ 盛宣怀：《愚斋存稿》卷 14，奏疏 14，37 页。
④ 孙中山（1866—1925），名文，字载之，号日新，又号逸仙，幼名帝象，化名中山。中国近代民主主义革命的开拓者，中华民国和中国国民党创始人，三民主义的倡导者。1905 年成立中国同盟会。1911 年辛亥革命后被推举为中华民国临时大总统。1940 年，国民政府通令全国，尊称其为"中华民国国父"。孙中山著有《建国方略》、《建国大纲》、《三民主义》等。其著述在逝世后多次被结集出版，有中华书局 1986 年出版的十一卷本《孙中山全集》，台北 1969、1973、1985 年出版的《国父全集》等。
⑤ 《孙中山全集》，77～78 页，第 3 卷。
⑥ 陈旭麓、郝盛潮主编：《孙中山集外集》，346 页，上海人民出版社，1990。

而欲行此策，非有金融机关不可"，故"组织中央银行实为今日财政第一要著"①。

第二，建立中央银行是币制改革的前提。周学熙②指出，中央银行即国家银行，有代政府管理国库、发行国币之义务，我国政府欲实行金汇兑本位，必须有最完备、最有信用的中央银行，方能收效③。

第三，建立中央银行是中国银行业发展的要求。周学熙认为，中国大清银行距真正之中央银行相差甚远，私立商业银行资力薄弱，且与大清银行不相维系，大清银行迹近垄断，不能为商业银行之母，反与之竞争，致使私立商业银行"受天演而不能自立"；为此，要发达中国的银行业，必须"立中央银行之基础"，"筹商业银行之发达"④。

上述理由中最获赞同的是第一条，当时民国政府面临的头等问题是财政困窘，但该认识有意放大中央银行的财政作用，有违中央银行创立的主旨，也导致后来北洋政府控制中、交两行，将其当作政府金库肆意取用。

北洋政府时期对中央银行组织结构的探讨主要集于产权结构应采取国有还是私有制。少数人主张产权国有，由国家出资创设中央银行。如北洋政府首任财政总长熊希龄⑤在创办国有中央银行议案中，主张仿照瑞典和俄国制度，由国家出资创设中央银行⑥。绝大部分人主张产权民有，以股份制形式建立中央银行。周学熙认为中央银行资本民有是国际潮流，"自当引为先导之师"，"中央银行为经济界之总机关，不可与财政有密切之关系，设资本出自政府，则财政得以操纵银行，财政破裂之日，即经济动摇之时"⑦。国家民穷

---

① 《中华民国第一届临时政府财政部事类辑要·钱法》。

② 周学熙（1865—1947），字缉之，号止庵，安徽至德（今东至）人，中国近代著名实业家。

③ 贾士毅：《民国财政史》，上册，第一编，164~165页，商务印书馆，1917。

④ 同③。

⑤ 熊希龄，被喻为"湖南神童"，十五岁中秀才，二十二岁中举人，二十五岁中进士，后点翰林。1913年当选民国第一任民选总理，由于他反对袁世凯复辟帝制，不久就被迫辞职。晚年致力于慈善和教育事业，1920年创办著名的香山慈幼院。

⑥ 中国银行、中国第二历史档案馆合编：《中国银行行史资料汇编》，67页，档案出版社，1991。

⑦ 同③。

财尽，募股甚难，外股掺入会导致其他弊端；同时百业待兴，急需建立中央银行代理国库，成为金融活动的总机关。所以周学熙认为中央银行应完全民有，由政府在开办之初先行认股，待今后募股逾额再将政府股份退出。

中央银行的独立性指其不受政府干预，能独立自主行使职能，只有独立性得到保障其才能有效制定、实施货币政策，维持货币稳定。北洋政府时期对维持中国银行独立性的探讨主要集中在中国银行的组建及其制度的选择与完善方面。

中国银行成立之初的资本全由北洋政府认垫，同时《中国银行则例》规定中国银行总裁须由政府任命，其成立不久就为北洋政府所控制，不断垫款、滥发钞票，引发 1916 年的停兑风潮。中国银行副总裁张嘉璈[1]总结此次停兑风潮原因为中行被政府操纵，毫无独立性，无法拒绝政府肆意用款；欲恢复京钞兑现，必须停止增发钞票，欲停止增发钞票，必须停止对政府垫款，欲停止对政府垫款，必须修改银行则例，变更银行组织，使能保持独立性[2]。在中行股东会及时任财政总长梁启超的支持下，张嘉璈于 1917 年以大总统教令公布"民六（1917）则例"，规定总裁任职须保持相对稳定，成立股东会，限制政府干预力度，中行从此具有一定独立性。但新上台的军阀政客对此很不满，安福派在北京新国会成立后藉手众参两院通过了恢复中行旧则例的提议案，引起了社会各界的普遍反对。关于维持中国银行独立性的论争就此展开。

以胡钧[3]、吴宗濂[4]为代表的安福派议员主张恢复中行旧则例提议案，认为中国银行的中央银行性质决定其应由政府直接负完全责任，总裁、副总裁

---

① 张嘉璈（1889—1979），字公权，江苏宝山人。曾任中国银行总经理、中央银行理事会常务理事及监事会监事、国民政府交通部部长。1944 年与陈光甫等筹建中国投资公司，任董事。抗战胜利后，曾任中央银行总裁、中央信托局理事长。

② 张嘉璈：《一年半来之中国银行》，载《银行周报》，1919 年第 3 卷第 14 号。

③ 胡钧（1869—1943），又名维绪，字千之、稚仲，号赞廷，男，汉族，著名法学家，教授。1910 年 3 月至 1912 年 2 月出任山西大学堂监督。著有《中国财政史》、《社会政策》、《中外礼节折衷论》、《韦苏州年谱》、《元遗山年谱》、《张文忠公年谱》、《张文襄公年谱》、《梁文忠公年谱》、《稻花香馆杂记》等书。

④ 吴宗濂（1856—1933），字挹清，号景周，江苏嘉定人。清监生。除著有《随轺笔记》4 卷外，还曾译著《德国陆军考》、《法语锦囊》、《桉谱》等书。

不应由股东选举产生。二人对恢复中行旧则例的提议受到社会各界的严厉反驳。参议员陈振先①批驳：作为股份有限公司，中国银行总裁应由股东选举产生，"金融机关不与政治脱离②"会使金融紊乱。各地中行的股东会纷纷反对恢复中行旧则例的提议案通过，报刊记者及学者也纷纷撰文要求维持中行独立。《新闻报》时评认为，中国银行自改行新则例，按照商律办理，总裁进退不随政府为转移，又停止为政府垫款，于是该行始有复苏之象，由此可断言，中国银行离政府独立则生，加政府牵制则死③。

关于《中国银行则例》的论争最终以安福派的失败而告终。其实质是关于中国银行领导权的论争，是关于中国银行独立性的论争，体现出国人对于中央银行独立性认识得以深化：一方面，对于中央银行缺乏独立性所产生的危害有了更深刻的认识，另一方面，对于影响中央银行独立性因素的认识不再局限于产权结构，而是开始认识到中央银行的权力结构、外部组织形式与政府政体对中央银行独立性也存在重要影响。此时，人们对于中央银行独立性的认识更多地来源于对中国金融现状的考察及实践经验总结，但是这场持续六年的论争也使中国银行逐渐走向商业化的发展道路，远离了中央银行的建设目标，最终导致中央银行制度没有建立起来。

（三）金融监管的制度安排

1. 金融监管制度的动因

中国旧式金融机构的设立基本上不受政府严格限制，无须政府审批；货币异常混乱，严重阻碍了商品经济的发展。为了改变金融机构发展的无政府状态，满足整理财政的需要，清政府制定了金融机构共同遵守的条例，以使其纳入为财政服务的轨道，这就是其管控金融的初始动因。北洋政府时期中国金融业得到了较快的发展，银行数量约为清末的三十倍，拥有发行权的银行大大增加，纸币流通状况更加混乱；金融市场比清末更趋发达，出现了衍

---

① 陈振先（1877—1938），字铎士。清末民初政治家、农业经济学家。

② 陈振先：《对于回复中行旧则例之舆论》，载《银行周报》，1919年第3卷第15号。

③ 同②。

生金融工具市场，如上海的标金市场；金融风潮也比清末更具破坏性，两次"京钞风潮"和"信交风潮"的波及面远大于清末"橡胶皮风潮"。这促使北洋政府加强三个方面的金融管控：对金融机构的管控，对货币市场的管控及行业自律管控。

2. 金融监管制度的模式

该阶段的中国实行松散的金融管控模式，即监管者为市场主体，依据行业规则与习惯法监督管理金融机构与金融市场。该模式下政府基本不干预金融机构的市场准入与业务运作。袁世凯当政时期，中国银行、交通银行羽翼未丰，加之初始股本主要由政府认购，政府对两行有一定的控制力，不过也仅局限于发行与垫借款等领域。1916年"停兑令"浪潮后，中国银行在金融家张嘉璈引领下逐步走上独立发展的商办化道路。很多商业性金融机构未经政府注册擅自设立，政府对其组织形式、业务范围、经营业绩、总分行所在地等毫不了解，无法实施有效监管。市场化监管模式下金融市场自发产生、自主发展，由市场自己熨平震荡。银行公会和钱业公会共同组织了金融维持会，联手规避风险，实现对金融业的自我管理。民国初年证券交易日趋活跃，上海股票商业公会大会议决成立证券交易所，即后来的华商证券交易所。政府既不规范证券交易所，也不审核资本的真实性与业务范围。证券市场自发产生，市场振荡时政府不出手救市，由证券交易所自己解决问题。"信交风潮"后北京政府试图干预证券市场，农商部专门设立交易所监理官并颁布"交易所监理官条例"，但遭到了上海六大交易所理事长的联合反对，农商部不得不削弱监理官权限，并须经农商部、孙传芳和商埠公署批示后监理官才得以正式就职。这充分表明当时的证券市场是以市场为导向的自由型市场，政府权力无法触及市场微观运行层面。

3. 金融监管的法规依据

晚清时期的《大清银行则例》、《银行通行则例》、《殖业银行则例》和《储蓄银行则例》，初步构成了一个较完整的监管法规体系。南京临时政府财政部提出的《商业银行暂行则例》与晚清政府的《银行通行则例》相比，已有不小改进，如银行业务范围不再包含发行市面通用银钱票，并规定了银行资本最低限额。北洋政府成立初期，主要沿用晚清政府的各项法规。1915 年，北洋政府颁发了《取缔纸币条例》，1920 年又颁布《修正取缔纸币条例》，严格限制纸币发行。同年 3 月，财政部币制局会同设立银行法规修订会，先后拟写《修正银行法》、《银行法施行细则》及《储蓄银行法》等草案。《修正银行法》草案做了很多改进，如规定银行资本最低额度，银行设立审批程序必须按照规定先拟订详细章程报经财政部核准，之后还须备具相关文件呈由地方长官转请财政部验资注册后方能开业；同时多处强调了地方政府在银行监管中的作用。1924 年财政部起草《银行通行法》与《银行通行法施行细则》，相关法律内容已渐臻完备：重新界定银行定义和经营范围，更为严格要求银行设立，规定了外国银行及中外合资银行核准注册的要求，确定银行设立的最低资本限额，强化了银行监督。

二、金融监管的初步发展阶段——政府集中管控时期（1928—1949 年）

（一）历史背景

清末以来，西方的银行理念踏步中国这个沉睡已久的国度，至北洋政府时期获得了新的发展。北洋政府时期建立中央银行的客观要求已经产生，尽管诉求并不强烈，但建立中央银行的内在呼唤并未随南京国民政府的建立被遗忘，而是作为经济遗产被南京国民政府继承。"商品经济和金融业自身的发展，为中央银行的产生提出了客观内在要求，而国家对经济、金融管理的加强又为中央银行的产生提供了外在动力，中央银行的产生便是这两种力量共同作用的结果。"[1] "在江浙财团支持下建立起来的南京国民政府，较之北洋政府，特别是抗战爆发这十年，其资本主义色彩更加浓厚，应该说是一个不争的事实。"[2] 富于资本主义色彩意味着南京国民政府的封建束缚较少，较之

---

[1] 王广谦：《中央银行学》，高等教育出版社，1999。

[2] 朱荫贵：《两次世界大战期间中国的银行业》，载《中国社会科学》，2002（6）。

晚清政府、北洋政府具有更多自主性。随着西方银行理论在中国的传播日趋深入，在先进金融理论的俯瞰下，中国金融业种种不足暴露无遗。"为了推动中国银行制度的健全发展，理论界提出了加强银行管理，健全银行监管机构与进一步完善银行立法的思想。"[①] 20 世纪二三十年代，中国金融市场融入了国际金融市场体系，使之更易遭受国际重大金融情形的波及。经济危机、美国购银政策及金本位制弃用等，都严重震及中国银行业。正是在上述诸多因素的共同作用下，抗战前南京国民政府从"保护以四大家族为核心的官僚买办垄断资本[②]"始，开展了大规模的银行立法活动，大大推进中央银行现代化进程。

抗日战争全面爆发后，其长期性、艰巨性、大规模性等特点，迫使国民政府必须运用政权的力量对国民经济实行全面控制，保证战时的军需民用，日本也主要以金融为突破口破坏中国战时财政。"九一八"事变后，日本垄断了中国东北的金融，"七七"事变后日本通过发行伪币、打击法币、套购外汇等途径破坏关内金融，进一步扰乱和削弱中国的经济。此外，金融资本是四大家族垄断全国经济命脉的主要工具，中央银行作为金融资本的核心，对国民政府构筑国家垄断金融体制，实现对全国经济垄断极为重要。以上多种因素迫使"国民党政府为了巩固其统治地位，便千方百计加强中央银行的权力，造成它的垄断核心地位[③]"。

（二）金融监管思想的考察

南京国民政府时期，学者们对于政府监管金融的必要性、中央银行的国有制度、职能发展、货币政策与中央银行和政府的关系等问题进行了深入的理论探讨，提出了政府统制经济；中央银行采用民营股份制；完善中央银行职能；中央银行应以货币政策发挥金融管控作用；中央银行独立论等学说与主张。

---

① 程霖：《中国近代银行制度建设思想研究》，上海财经大学出版社，1999。
② 郭成伟、王宏治：《中国法制史》，443 页，中国法制出版社，1999。
③ 石毓符：《中国货币金融史略》，215 页，天津人民出版社，1984。

1. 提出政府统制经济的主张

金融业萌起之初，对社会经济影响很小，其无序发展不会引起民众广泛关注。一旦金融行业规模发展至足以影响社会经济时，其无序发展会给社会利益带来巨大损失，社会便希望金融业从无序转为有序发展。20 世纪 20 年代的多次金融风潮后，社会各界深刻认识到金融无序发展之危害，上海银行公会会长、交通银行总经理钱新之①道出了民众心声，"中国金融向来无制度、无整理、无监察，以致金融有不能统一之苦②"。银行界对财政部提议，对政府提出以下要求：对银行的市场准入门槛，希望政府能对此"作出限制"，对加强银行信息披露，及银行的营业报告书、资产负债表、损益计算书等，因关系重大，希望政府"绝不可采取放任主义，听其自然"③。金融界渴盼强势政府出现，引导金融业有序发展。

蒋介石④认为"国家如不对人民的经济活动确定分限，确定计划，任人民流于斗争，只有招致社会混乱与民族困穷的结果"，"无论是养欲或是制欲，都需要一个管理众人之事的政府来办理"⑤，把统制经济视为结束社会混乱与民族穷困的济世良药。其经济统制观得到了实业家们的赞同，银行家陈光甫认为"资本主义经济组织的思想背景，以个人主义为前提，因各个人目的利害不同，便无形中发生了个人的或阶级的倾轧和排挤，而引起了社会的不安和经济的纷扰"，"如果我是政府，如果生产、消费、运输等事业都归我统辖，我可以将全国的出产量和购买力等等通盘计划起来，一方面权衡轻重，调剂得失，另方面将各种无意识的经济活动，一概取消，又将追求个人利益为目

---

① 钱新之（1885—1958），名永铭，晚号北监老人。原籍浙江吴兴，生于上海。曾任上海银行公会会长，交通银行总行协理，盐业、金城、中南、大陆四行储蓄会副主任及四行联合准备库主任。民国时期江浙财阀的代表人物之一。

② 《上海将设金融管理处》申报，1927 年 7 月 6 日。

③ 《对于银行法规修订会先进一言》，载《银行周报》，第 12 卷 13 号，1928 年 7 月 24 日。

④ 蒋介石（1887—1975），是近代中国著名政治人物与军事家，名中正，字介石，幼名瑞元、谱名周泰、学名志清。祖籍江苏宜兴，生于浙江奉化，逝世于台北士林官邸。历任黄埔军校校长、国民革命军总司令、国民政府主席、行政院院长、国民政府军事委员会委员长、中华民国特级上将、中国国民党总裁、三民主义青年团团长、第二次世界大战同盟国中国战区最高统帅、中华民国总统等职。

⑤ 蒋介石：《中国经济学说》，中国文化大学出版社，1984。

标的、自相矛盾的、利害冲突的经济组织，完全放弃，而以社会全体——即全国为中心的社会制度，来代替以个人为中心的社会制度"①。

2. 提出中央银行民营股份制的主张

国民政府时期普遍认为，欲建立健全的中央银行，须选择优良的制度模式，建立完善的组织机构。近代以来先进国家的中央银行也多以民营股份制为主流，但南京国民政府中央银行却实行国有制度。对此虽有学者认为"以中央银行负有调剂金融之职责，不专以营利为目的之原则而论，则中央银行之采国有制度，似亦难加非论②"，更多学者还是持怀疑态度。

银行学家戴蔼庐指出："以我国从来之习惯论，中央银行现既为完全国有营业，极易为不明设立之旨趣者所怀疑"，而"国家银行之完全国营者，举世仅俄国与瑞典二邦，其余大都为股份组织，国家与人民共同认股"，希望国民政府能够按照中央银行条例中所规定的招集商股原则，招收商股③。徐钧溪编写《最新银行论》，书中驳斥了中央银行国有论的观点，认为中央银行性质应为私人之股份公司组织，这是世界各国一致主张采用的制度④。但对于中国中央银行国有制，其不敢直白指正，只是委婉提出："现今世界各国，采用斯法者，仅我与苏俄、瑞典三国而已，学者之间，对此各有各见。惟是人定之制度，常属利弊参半，运用之道，全在乎人，故国有制度之是否适宜，非侯诸今后事实之证明，不能下一明确之断语也⑤。"梁钜文也认为，中国中央银行虽由国民政府创办经营，但从条例关于招集商股并不得超过49%的规定可知中央银行之采国有制度，乃属暂时的策略，而非最终之目的；其商股将来有一定之比例限制者，是无非着眼社会保护政策，以限制企业之私的过量发展，不致违背孙中山节制资本之遗教⑥。

可见，学者并不认可国民政府中央银行采用国有制度，而希望其招收商

---

① 《陈光甫先生言论集》，133～134 页，上海商业储蓄银行 1948 印行。
② 张辑颜：《中国金融论》，291 页，黎明书局，1936。
③ 戴蔼庐：《希望于中央银行者》，载《银行周报》，第 12 卷第 47 号，1928 年 12 月 4 日。
④ 徐钧溪：《最新银行论》，19～26 页，中华书局，1930。
⑤ 同④，63～64 页。
⑥ 梁钜文：《中央银行制度概论》，184～185 页，上海大东书局，1931。

股改变完全国有性质。面对各界的怀疑和批评，央行副总裁陈行不得不为央行国有制度辩护，"中央银行之资本或拨自国库，或集自银行，或出自私人，均无关于宏旨"，只要中央银行能够遵守原则，即能取得良好效果①。

然而随着凯恩斯主义理论的传播，国际上的主流思想逐步转为主张国家干预经济，我国对中央银行国有制度的态度也有所变化。例如，崔晓岑认为，中央银行"国有民有，均无不可，惟须有相当方法，以去其流弊而调剂其作用而已②"，并须根据本国国情选择合适制度。国内外经济金融理论的变化，对其后国民政府中央银行的建设产生了很大影响，同时也改变了人们对中央银行国有制度的态度。

3. 提出完善中央银行职能的主张

自 1926 年英格兰银行行长朗曼在《印度币制金融委员会报告书》中首次提出中央银行是发行的银行、政府的银行和银行的银行以来，其观点已成定论。国民政府中央银行成立后，对金融市场发挥了一定正面影响，得到了很多学者的肯定。银行家徐新六曾说，"我国中央银行之设，为时甚暂，财力权威，不若欧美日本者远矣。惟近年以来，国势占危，金融机阻，时呈不安之状，尚能维持残局，勉事支撑，未始非中央银行扶掖之力也③"。但 1942 年前国民政府中央银行始终未具备完善职能，理论界对于中央银行职能不健全及不良影响提出了许多改良建议。

马寅初④始终认为上海中央银行不是真正的中央银行，并在其论著中多次批评其名不副实。在给崔晓岑《中央银行论》所作序言中，马寅初说：我国"虽有中央银行之设立，而年来银价暴跌，币制变动剧烈，中央银行毫无稳定

---

① 《中央银行之原则》，中国第二历史档案馆藏，中央银行档案，档号：三九六（2）－16。

② 崔晓岑：《中央银行论》，231 页，上海书店，1991。

③ 同②，序言第 13 页。

④ 马寅初（1882—1982），字元善，浙江嵊县人，经济学家、教育家、人口学家。解放前曾任北京大学经济学教授、教务长、重庆商学院院长兼教授，解放后曾任浙江大学校长、北京大学校长。著有《通货新论》、《战时经济论文集》、《我的经济理论哲学思想和政治立场》、《中国国外汇兑》、《中华银行论》、《中国关税问题》、《资本主义发展史》、《中国经济改造》、《中国之新金融政策》、《经济学概论》、《新人口论（重版）》等。

之能力。载近东省惨变，银根奇紧，则亦束手无策①"。他认为，导致这一结果的原因既是由于中央银行创立未久，信用未彰，政策未立，也是由于该行业务不能专一，资本短少，魄力微弱②。现有的中央银行不能发挥"银行的银行"的功能，严重影响了银行业的发展和金融市场的稳定，30年代上海金融风潮迭起，与中央银行的无力有着直接关系③。在其《中国经济改造》一书中，马寅初认为上海金融组织的缺点之一即是"无真正中央银行，行使银行之银行的职务④"。

吴承禧⑤在编著的《中国的银行》中指出，中国的银行业未形成健全的银行制度。首要原因是中国缺乏健全的中央银行，并认为"现在中国的中央银行，在实力和作用上都没有能够被称为一个真正的中央银行的资格"。主要表现为：第一，历史太短；第二，资力太薄；第三，还没有完全取得中央银行的种种特权，如集中代理国库，统一发行等等；第四，因国内政治不安定与不统一之故，中央银行常受财政上的牵制，自身信用不易强固。中央银行力量非常单薄，无法完成帮助其他银行的任务；由于没有一个"综揽中枢，万流景仰"的中央银行来统治调剂一切，普通银行间没有严整的系统与密切的联系⑥。

林维英⑦也指出，中国"虽有中央银行之存在，但既无雄伟之金融力量，又不具中央一银行固有之技术⑧"。他认为中央银行欲成为货币信用的管理者

① 崔晓岑：《中央银行论》，上海书店，1991年版，序言第13页。
② 同①，5页。
③ 马寅初：《马寅初全集》，第六卷，4页。
④ 同③，第八卷，146页。
⑤ 吴承禧（1909—1958），安徽歙县人。曾任中央研究院社会科学研究所研究员，上海兴业银行襄理、副经理。抗日战争期间参加筹办《经济周报》。建国后，曾任中国人民银行华康区行计划处处长，上海财经学院教务长，中国科学院上海经济研究所筹备处副主任，民盟中央和民盟上海市常委，民建上海市临时工作委员会常委，上海市人民代表及上海市政协常委。中共党员。著有《中国的银行》、《政治经济学的对象》、《厦门的华侨汇款与金融组织》等。
⑥ 吴承禧：《中国的银行》，132~135页，商务印书馆，1934。
⑦ 林维英（1908—?），福建省福州人。曾任清华大学、西南联大教授，行政院机要秘书，中央银行外汇审核处处长。著有《中国之新货币制度》、《新货币政策实施一周年》等。
⑧ 林维英著，朱义析译：《中国之新货币制度》，50页，商务印书馆，1937。

及"最后贷款人",须具备四种权力:发行权、商业银行准备金的掌握权、自由买卖证券权及贴现权。但当时的国民政府中央银行不仅未能独享发钞权,亦未强制执行商业银行的存款准备,公开市场与银行利率政策,这两个"中央银行使用之最大武器",则尚待计议、尚待完成;因此,中央银行作为"银行的银行",实际上徒存虚名,对于商业银行的管理亦不完备,实际上等于无[①]。

在学者们的大力倡导下,从1938年开始,国民党政府相继颁布了《公库法》(1938)、《统一发行办法》(1942)等一系列法规、政策健全中央银行职能,中央银行初步具备了中央银行的职能。

4. 对中央银行货币政策的探讨

中央银行最根本的职能是货币发行与管理职能,货币管理的目的是控制信用、稳定货币、发展经济,中央银行为完成货币管理目的采取的策略与措施就是中央银行的货币政策。

国民政府时期,政府与理论界都十分重视中央银行货币管理职能的发挥。如宋子文[②]指出:"创设中央银行的目的有三:统一国家之币制;统一全国之金库;调剂国内之金融[③]"。杨荫溥[④]认为,中央银行的主要使命应为:辅助财政,稳定币值,调剂金融,发展经济[⑤]。对于中央银行应采用什么手段或工具控制信用、调剂金融,姚庆荫主张采用存款准备金率变更政策与再贴现率政策[⑥];杨蔚则主张使用信用限制与信用分配政策[⑦]。

5. 中央银行独立论

---

① 林维英著,朱义析译:《中国之新货币制度》,118-119页,商务印书馆,1937。
② 宋子文(1894—1971),出生于上海,早年毕业上海圣约翰大学。后去美国哈佛大学攻读经济学,获硕士学位,继入哥伦比亚大学,获博士学位。民国时期的政治家、外交家、金融家,海南文昌人。1925年任国民政府财政部长。
③ 《中央银行开幕志要》,载《银行月刊》,1928年第8卷第11号。
④ 杨荫溥(1898—1950),字石湖,无锡市人。历任邮政储金汇业局首席秘书兼经济研究部主任、总务处长、"四联总处"秘书和银行人员训练所教育长。主要从事财政方面的教学与研究工作,著有《中国金融论》、《中国交易所论》、《上海金融组织概要》等。
⑤ 杨荫溥:《国家银行专业化后之中央银行》,载《财政评论》,第8卷第2期。
⑥ 姚庆荫:《战后银行组织问题》,中央研究院社会科学研究所,1940。
⑦ 杨蔚、韩天勇:《专业化后之中央银行》,载《金融知识》,1943年第2卷第1期。

中央银行与政府的关系实质上是中央银行的独立性问题。当时政府部门和学术界对此问题的普遍看法是，中央银行既要与政府维持密切联系，又要保持独立性。宋子文在中央银行成立仪式上指出作为国家银行，中央银行"乃代为国家做事"，必须与政府保持密切联系。但"中央银行握全国最高之金融权，其地位自应超然立于政治之外，方为合理，任何机关不能干预①"。马寅初在崔晓岑《中央银行论》序言中说道："盖中央银行为代表国家之机关，与一国财政有密切的关系，故组织贵能实施国家之政策，而又不受政治变动之影响，与政府声气相通，而又不受当局的压迫②。"

中央银行既应与政府保持密切联系，又应具有独立性的主张，就理论而言是正确的，但实际上要做到非常不易，中央银行与政府关系过密难免受政治影响丧失独立性。南京政府中央银行不能自主控制通货发行沦为政府弥补财政赤字的工具，被迫无限制地为政府财政垫款，制造出罕见的通货膨胀。

当时一些学者已对中央银行独立性的重要性反复强调。陈光甫③在中央银行正式成立前就向宋子文提出，中央银行应维持超然地位，脱离政治关系。首先，条例中无须限制商股不得过49%；其次，总裁一职至关重要，以财政部长兼任尤为不妥，银行易受政府变动影响，且东西各国皆无以财政部长兼任总裁先例；第三，应对政府借款严加限制④。他还强调，中央银行若要长远发展须注意以下两方面：第一，中央银行与政治关系，必须划分清明，律能实行其最重要之使命，即维持国内金融，以免受时政潮之影响；第二，发行必须公开，酌采上海中国银行发行公开之办法，至发行局局长一席，为求彻底公开计，可以不由副总裁兼任之。他认为，"以上两者实为中央银行根本问

① 《申报》，1928年11月2日。
② 崔晓岑：《中央银行论》，序言第5页，商务印书馆，1935。
③ 陈光甫（1881—1976），原名辉祖，后易名辉德。江苏镇江人。银行家，中国近代旅游业创始人。创办上海商业储蓄银行，开设宝丰保险公司，曾任国民政府财政委员会主任委员、中央银行理事、中国银行常务董事和交通银行董事、财政部高等顾问及中、美、英平准基金委员会主席。
④ 上海市档案馆编：《陈光甫日记》，63～67页，上海书店，2002。

题①"。唐寿民②也认为，"中央银行为全国金融之策源地，与政府有特殊关系。然政府对之，只有指导驱遣，使之尽力于调剂事业之天职，不应以政治关系，扰乱其金融，稗不能完成其使命。故中央银行实处于独立之地位，此各国中央银行条例所同也。吾国中央银行，创办已将四载，至今尚未能确定制度，所有一切特权，亦未能得有循序渐进之方，而中央银行所负调剂金融帮助生产之专职，遂人多所遗憾③"。1933 年，吴其祥在《中国银行制度》一书中也指出，国民政府中央银行不但是国家银行，且是国有银行，其与政府关系的密切程度远出欧洲各国之上。政府对中央银行不但居于监督的地位，而且居于管理和经营的地位。

马寅初也严厉批评了中央银行受政府控制现状。他指出 1920 年布鲁塞尔国际财政联盟会议与 1922 年国际联盟会议之议决案，均主张一国之中央银行，必须脱离政治关系；否则，财务行政与银行营业，既有混淆之危险，且有为政党机关所用之弊害，"而中国现今之中央银行，并无私人之股本，而行长又系财政部长兼任，其与中央银行之根本原则不合，彰彰明矣。"④马寅初强烈批评了财政部长兼任总裁的规定："在各国政治已上轨道之政府，犹难免不藉财政权力以扰乱金融，况我国乎。又况以财长而兼为中央银行之总裁乎。"⑤ 他认为健全中央银行职能的可行办法有二：其一，中央银行应与财政部脱离关系，中央银行"今后非使脱离财政机关之羁厄，决不能收健全之信用，发行统一，集中准备，皆不可不以此为先决条件"；其二，中央银行应召集商股⑥。只有维持中央银行的独立地位，招收商股，才能使中央银行避免政治影响，获取商业银行信任，完成其"银行的银行"之职能。但随着国内外中央银行理论与实践的变化，马寅初对该问题的态度也有所变化："事实上近

---

① 上海市档案馆编：《陈光甫日记》，62~63 页，上海书店，2002。
② 唐寿民（1892—1974），江苏镇江人。曾任国华银行副董事长兼总经理、交通银行董事兼上海分行经理、中央造币厂厂长、上海银行票据交换所常务委员等职。抗日战争期间出任汪伪全国商业统制会理事长。
③ 崔晓岑：《中央银行论》，序言第 7 页，上海书店，1991。
④ 马寅初：《马寅初全集》，283 页，第六卷。
⑤ 马寅初：《公库制问题》，银行周报，第 19 卷第 6 号，1935 年 2 月 19 日。
⑥ 马寅初：《马寅初全集》，248、249 页，第八卷。

数年之趋势，中央银行能完全脱离政府独立者，除有特殊情形外，实不易见，中国之中央银行应否独立尚成问题①。"

林维英指出，如果中央银行不能保持独立性，"政府向中央银行借款，非常自由，则银行终必全恃纸币，以应亏负，结果难免走入纸币膨胀之一途②"。要保持独立性，最好将中央银行改组为中央准备银行。其思想具有一定的代表性，一定程度上影响了国民政府的银行体制改革。孔祥熙在币制改革中宣称："现为国有之中央银行，将来应行改组为中央准备银行，其主要资本，应由各银行及公众供给，俾成为超然之机关，而克以全力保持全国之币值稳定③。"1937 年 6 月中央银行的改组条例经立法院通过。

但也有人主张中央银行政策应与政府政策保持一致，反对中央银行保持独立性。如中央银行副行长陈行④指出，在中国强调中央银行的独立性毫无意义，如果政府的财政金融政策慎重，由政府管制的中央银行也不会滥用权力；如果政府不顾国民利益支出浮滥，即使中央银行有法律独立地位，政府也能够压迫中央银行使之服从指挥，因此关键是要有"贤明的政府"和谨慎的政策。陈行作为央行副行长，只能站在政府立场做事，也是当时中国中央银行无法独立的一个原因。由于国民党政府不是一个贤明的政府，更缺乏审慎政策，因此中央银行受政府控制不但不能发挥积极作用，反而助纣为虐⑤。

（三）金融监管的制度安排

1. 金融监管制度的动因

南京国民政府政权逐步统一，为其垄断全国金融提供了政治保障。国民政府的军费支出浩繁，财政不堪重负，依靠银行公债发行能够有效解决财政

---

① 马寅初：《马寅初全集》，238 页，第十卷。
② 林维英：《中国之新货币制度》，商务印书馆，112 页，1936。
③ 《中华民国货币史资料》第 2 集，179 页，上海人民出版社，1991。
④ 陈行（1890—1953），字健庵，诸暨店口人。任汉口中华懋业银行经理、武昌造币厂厂长。1917 年 1 月，任财政部金融监理局局长、钱币司司长。10 月，任中央银行行长、中央银行常务理事兼副总裁。1927 年 8 月后，连任中央银行理事兼常任理事。1930 年 4 月，任外汇管理委员会委员、上海造币厂厂长、财政部特派员。
⑤ 施正康：《困惑与诱惑》，205 页，上海三联书店，1999。

困窘，促涨了南京国民政府掌控银行业的欲望。抗日战争全面爆发后，国民政府运用政权力量全面控制国民经济，借助非常手段保证战时的军需民用。"中日两国在经济领域里的斗争虽然远离战场的血肉厮杀，但同样充斥着刀光剑影。"[1] 两国经济战的最终落脚点不外乎财政金融方面。"国民党政府实行政治上的基本统一，它必然要重新恢复对全国经济的控制，""作为一个带有封建专制主义传统印记政权它自然会直接控制的方式。"[2] 在江浙财团支持下建立的南京国民政府，深刻认识到金融业的重要地位与控制金融业的紧迫性，自然选择了垄断全国金融。

银行业本身的发展也对金融环境提出了新的历史要求，促使南京国民政府规范银行业的稳健经营，创造稳定和谐、竞争有序的金融秩序，确保银行业正常发展。正是由于战时特殊环境与强化金融垄断地位以构筑国家垄断经济体系双重因素的作用，"国民政府即假手四联总处，让其在集中管理金融工作，联合中中交农四行的同时，不断采取措施，进一步扶植中央银行，扩大其权力，以期中央银行能成为名副其实的发行的银行、国家的银行和银行的银行，从而强化健全国民政府战时垄断体系[3]"。

2. 金融监管制度的模式

政府集中金融管控模式是指金融监管部门依据相关的金融法律法规、准则或职责要求，按一定的法规程序监督、稽核金融机构与金融市场。政府严格控制金融机构的市场准入与业务运作，金融市场多由政府推进，市场动荡主要由政府解决。1928 年之后的金融监管则是典型的政府集中管控。1939 年 9 月前中国的金融监管制度为分立特许制模式，设中央银行、中国银行、交通银行、中国农民银行四大特许银行，均享有一定权利并负担一定义务，相互间属平行关系；设立四联总处为四行联络机构，使四行结成松散联盟，共负救济金融的责任。此后直至 1942 年 6 月，中国的金融监管制度为复合集中制模式。抗战时期，国民政府改组了四联总处，使之成为战时最高财政金融决策机构，与财政

---

① 李平生：《烽火映方舟——抗战时期大后方经济》，330 页，广西师范大学出版社，1995。
② 杜恂诚：《抗战前中国金融业的两种趋势》，载《南京社会科学》，1990（4）。
③ 崔国华：《抗战时期国民政府财政金融政策研究》，307 页，西南财经大学出版社，1995。

部共同承担监管金融的职能。财政部主管金融行政和一般金融立法，其内设钱币司专司这方面的工作。四联总处主管业务经营，如货币发行、外汇统筹、资金调拨、金融市场的管理与调剂等。1942—1949 年，中国的金融监管制度为单一集中制模式，南京政府规定法币发行由中央银行集中办理，四行分业经营，实现了全国发行制度的统一，单一制的中央银行制度正式确定。

3. 金融监管的法规依据

南京国民政府上台以后，政府对金融机构的市场准入和业务运作进行严格监管。1928—1937 年近十年时间内，粗略统计共颁布实施了近百部金融法规，其中包括银行类 35 部、币制类 26 部、交易所类 17 部、邮政储蓄类 7 部、票据类 2 部、造币厂类 2 部。1927 年 12 月，财政部公布《金融监理局检查章程》，明确规定了国内金融机构注册。1929 年 1 月财政部制定《银行注册章程》，规定"凡开设银行，经营存款、放款、汇兑、贴现等业务，须依本章程注册。凡经营前项之业务不称银行而称公司、庄号或店铺者，均须依本章程办理"。为落实该章程，4 月财政部又制定《银行注册章程施行细则》。1931 年，南京政府颁布首部《银行法》，规定银行非经财政部核准不得设立，核准后方可招募资本，财政部验资确实并发放证书后才能营业；明确规定了银行的附属业务范围与各种禁止商业行为。此外，规定了银行的增资减资、财政部对银行业务及财产状况的派员检查乃至银行的营业时间和休息日。1931 年颁布《交易所监理员暂行规程》与《上海交易所监理员办公处办事规程》，交易所的一切交易行为悉归上海交易所监理官署统一管理。1947 年 4 月新《银行法》正式通过，规定了定义、通则、商业银行、实业银行、储蓄银行、信托公司、钱庄，外国银行、银行之登记及特许、附则等。

三、金融监管的发展与成熟阶段——重大调整时期（1949 年至今）

（一）历史背景

中华人民共和国成立后，主要借鉴前苏联模式，通过接管官僚资本银行、改造民族资本金融业、取缔外国在华银行的特权和建立农村集体金融组织，逐步形成了社会主义金融体系的框架。20世纪五六十年代，在金融体系极为落后、功能欠缺和效率极低的条件下，我国难以依靠金融体系发展经济、建立民族工业，当时政府作为筹资和融资主体能更好地满足社会发展的资金要求。我国实行了金融部门管制政策，以满足重工业化筹集资金的需要。改革开放前，我国基本实行由中国人民银行统揽一切金融业务的"大一统"计划管理金融体制，中国人民银行既行使中央银行职能，又办理所有具体银行业务；既是金融行政管理机关，又是经营金融业务的经济实体。按行政区划普设分支机构，统一遵行总行的指令性计划，实行存贷分离、统存统贷。"金融压抑"理论认为，政府当局过度干预金融市场，人为压低利率和汇率，会造成金融体系与实体经济的停滞不前。必须解除对金融业的过度管制，通过金融深化政策实施来促进金融部门发展，进而促进经济增长。我国通过推进以政府为主导的监管制度变迁，逐步放松金融压抑，实行金融深化，促进了我国经济发展。

1978年以来，随着经济金融体制改革持续推进，我国国有企业制度变迁产生了巨大的变迁成本，仅依靠财政支持和国企自身经济力量难以覆盖，金融体系必须承担起经济制度变迁成本，我国国有商业银行的垄断地位和有力的国家控制构成了可靠的制度保障。在控制性金融监管制度下，我国政府利用国有金融机构的垄断地位，获得了大量的金融租金与货币发行收益，促进了国有经济改革发展。金融业地位显著提高，财政配置资源能力逐步弱化，形成了"强金融、弱财政"的格局。国家通过控制性金融监管制度形成的垄断性国有金融体系制度安排，牢固掌控金融经济领域，为我国的经济体制变革提供了极大制度空间和巨额成本补偿。但其偏离了安全性目标、效益性目标与公平性目标，增大金融风险，减弱了金融监管的有效性。

随着经济金融全球化、一体化发展，金融危机爆发越发频繁，破坏性更大，其重要原因是缺乏科学合理的金融监管制度。以风险为核心的审慎金融监管制度成为国际潮流，我国引入外部冲击加速金融体制改革，也遭受实施国际监管规则的压力。我国国有企业改革持续推进、现代企业制度逐步建立、经济体制多元化发展，住房、医疗、教育等领域市场化改革迅速推进，社会保障与保险体系框架初步构成，支持国企改革的阶段性任务也基本完成。与此同时，控制性金融监管制度导致金融制度改革滞后，金融机构的自我约束机制与风险承受能力弱化，潜在的金融风险不断加大，危及到我国经济健康发展和国家金融安全。

（二）金融监管思想的考察

计划经济时期与改革开放以来，学者们对于金融监管的组织体系、中央银行的金融管理与金融监管业务等问题进行了长期深入的理论探讨。

1. 计划经济时期金融管理思想（1949—1980年）

新中国成立前，中共领导人就已提出银行国有化思想。毛泽东[①]在《新民主主义论》中提出"大银行、大工业、大商业，归这个共和国的国家所有"，阐述了金融组织国有化的重要性，提出"凡本国人及外国人之企业，或有独占的性质，或规模过大为私人之力所不能办者，日银行、铁道、航路之属，由国家经营管理之，是私有资本制度不能操纵国民之生计，此则节制资本之要旨也"[②]。

中国人民银行在相当长的时期内，不仅是全国金融体系主体，而且是全国唯一的银行。20世纪五六十年代，学者们就中国人民银行的性质与职能进行了广泛的讨论。陈仰青指出："新中国的国家银行就是我们为实现社会主义所必需的国家机关，并且也是全国范围的簿记机关，全国范围的产品生产与分配的统计机关[③]。"金溶则认为新中国的国家银行同时具有国家机关和国营企业的双重性质。他说："新中国的国家银行首先是国家机关的一个组成部分，其次，国家银行是金融市场的管理机关，再次，国家银行是现金管理的

---

① 毛泽东（1893—1976），字润之，笔名子任。湖南湘潭人。诗人，伟大的马克思主义者，无产阶级革命家、战略家和理论家，中国共产党、中国人民解放军和中华人民共和国的主要缔造者和领导人。1949—1976年，毛泽东担任中华人民共和国最高领导人。被视为现代世界历史中最重要的人物之一。

② 《毛泽东选集》合订本，638页，人民出版社，1967。

③ 陈仰青：《关于国家银行的性质问题》，载《中国金融》，1953（21）。

执行机关①。"他又说："国家银行是国家机关的一个组成部分，同时又是社会主义性质的国营企业，这就是国家银行的两重性②。"李成瑞③的观点则更具折衷倾向，他们认为中国人民银行兼有经济组织与国家行政机关双重性质。首先，中国人民银行主管信贷规模的控制和现金管理，具有专业银行的性质，是全民所有制的经济组织；其次，中国人民银行受权发行货币、执行国家的金融政策、管理全国金融业，是国家金融行政机关。此外，他们认为"国家赋予银行的行政管理权，如现金管理、工资基金管理、金银外汇管理等，是保障全国金融活动正常进行的重要条件。"

对于金融管理行政调控的探讨，集中在信贷配给集中统一化思想。学者们一致提倡"加强信贷计划"，曾凌提出："所谓市场的活泼就是物资交流加快，生产与消费相应扩大，资金供求周转迅速协调，工农商业发展。我们完成这一伟大任务的中心环节，是通过资金的投放和集中来实现的。因此，管理资金来源和资金运用的资金管理工作就必须加强起来，把资金运动引向我们需要的计划轨道而不是投向盲目的洪流④"，"计划先自上而下的制订，将来再与自下而上相结合，逐步求得准确⑤。"陈云⑥提出："统一全国现金管理的办法，是把所有属于政府的，但是分散在各企业、机关、部队的现金，由中国人民银行统一管理，集中调度，不但避免了社会上通货过多的现象，而且

---

① 金溶：《关于新中国国家银行的性质问题》，载《经济周报》1953（46）。

② 同①。

③ 李成瑞（1921— ）男，统计学家。直隶唐县（今河北唐县）人。历任晋察冀边区政府编辑室主任编辑、财政处税务科科长，华北人民政府财政部研究室主任。1949 年后，历任财政部农业税司副司长，国务院财贸办公室秘书，国家统计局局长、顾问。国务院第三次全国人口普查办公室主任、第七届全国人大财经委员会顾问，原国家主席李先念秘书。曾任中国统计学会第一届副会长、第二届会长、名誉会长，中国人口学会第一、二届副会长，《国际统计评论》编委，国际统计学会（ISI）副主席，中国人民大学、厦门大学、北京经济学院、西安统计学院兼职教授。长期从事财政信贷和统计理论的研究。

④ 曾凌：《提高计划工作水平，迎接经济建设高潮》，载《中国金融》，1952（14）。

⑤ 同④。

⑥ 陈云（1905—1995），伟大的无产阶级革命家、政治家，杰出的马克思主义者，中国社会主义经济建设的开创者和奠基人之一，党和国家久经考验的卓越领导人，是以毛泽东同志为核心的党的第一代中央领导集体和以邓小平同志为核心的党的第二代中央领导集体的重要成员。

大大地增加了国家能够使用的现金①。"

集中货币管理时如何编制信贷计划，学者们提出不同标准。贺清认为，在社会主义建设的过程中，按照国家编制好的信贷计划就能够使经济顺畅地运行，而商业信用会成为计划化的阻力②。黄亚光③指出国家银行只要掌握集中信用，充分发挥其杠杆的作用，就能够有效地分配和利用资金，使货币信用的流通纳入计划的轨道④。王兰进一步提出取消商业信用有利于促进银行信用的扩大、提高资金使用的效率⑤。陈云针对取消商业信用提出："各部队、机关、团体、国营单位、合作社间在本埠、埠际及国际间的一切交易往来，全部通过中国人民银行划拨结算，上述各单位间，不得发生赊欠和借贷，信贷集中于银行⑥。"

2. 改革开放时期金融管理思想（1980年至今）

（1）对金融监管组织体系的探讨

十一届三中全会以后，我国陆续成立、恢复了专门从事农村金融活动的中国农业银行和专门经营外汇的中国银行。金融学术界对是否成立超脱于专业银行之上、不从事具体业务活动只负责金融管理的中央银行进行了热烈讨论。自从1983年国务院发布《国务院关于中国人民银行专门行使中央银行职能的决定》后，成立中央银行已成事实，但讨论过程中学术界对建立什么样的中央银行也存在很大分歧。

刘鸿儒⑦认为，一个国家的银行体制，取决于各国的经济管理体制和实际需要。在研究我国中央银行体制构建的过程中曾提出的是否可以由政府的一

---

① 陈云：《三年以来新中国的经济成就》，65页，人民出版社，1952。
② 贺清：《短期信用的集中》，载《中国金融》，1951（4）。
③ 黄亚光（1901—1993）中共七大候补代表。第四届全国人大代表。曾任中共福建省委书记。
④ 黄亚光：《学习东北银行三大中心工作的经验》，载《中国金融》，1951（1）。
⑤ 王兰：《货币管理的意义和作用》，载《中国金融》，1951（4）。
⑥ 《陈云文稿选编》，110页，人民出版社，1982。
⑦ 刘鸿儒，1930年出生。在中国人民银行先后任处长、局长。1979至1980年任中国农业银行副行长。1980至1989年任中国人民银行副行长。后任国家经济体制改革委员会副主任，中国金融学院院长、研究员、博士研究生导师，中国金融学会副会长。全国政协经济委员会副主任委员，中共第十二、十三届中央候补委员。

个部门管银行，或成立一个只负担金融管理的"小中央银行"想法的出发点，只是从管理银行和协调银行之间的矛盾方面考虑，没有从间接控制的角度深入分析[1]。邓小平[2]认为："银行应该抓经济，现在只是算账、当会计，没有真正起到银行的作用[3]。"他指出，"银行要成为发展经济、革新技术的杠杆，要把银行真正办成银行[4]"。邓小平的系列讲话从政策层面认识了银行的性质和作用，只有弄清楚什么是真正的银行，才能够发挥银行的作用。在银行性质问题的论争中金融理论界形成了三种派别，代表观点是"机关论"，当时的银行只是一种形式上的企业，究其基本性质而言，只是国家财政的一个附属机构。因此部分学者将我国银行归结为国家机关性质，称为"机关论"。另一派则认为我国银行是特殊的社会主义企业，即"企业论"。黄达[5]等人在《社会主义财政金融问题》一书中，从银行的历史发展追溯银行的基本性质。他们认为，"作为一个经济组织，作为一个经营货币和货币资金的企业，这仍然是社会主义银行固有的性质"，"而至于银行作为国家机关的一部分来执行某些国家管理的职能，这只是国家外在地赋予银行的，而并不是银行的固有性质发生了变化[6]"。也有学者将"机关论"与"企业论"加以折衷，认为我国的社会主义银行既是机关又是企业，称为"双重性质论"。

改革开放初期，我国尚未正式颁布"中央银行法"，中央银行监管的独立性与权威性不强。理论界对中央银行的独立性进行了理论探索。中央银行监

---

① 刘鸿儒：《刘鸿儒论中国金融体制改革》，北京，中国金融出版社，第 78 页。

② 邓小平（1904—1997），是中国共产党第二代核心领导者，马克思主义者，无产阶级革命家、政治家、军事家、外交家，同时也是中国人民解放军、中华人民共和国的主要领导人之一。他是中国社会主义改革开放和现代化建设的总设计师，创立了邓小平理论。他所倡导的"改革开放"及"一国两制"政策理念，改变了 20 世纪后期的中国，也影响了世界。

③ 温美平：《中国共产党金融思想研究》，62 页，2010。

④ 《邓小平文选》，第二卷，200 页，北京，人民出版社，1994。

⑤ 黄达（1925—），天津市人。我国著名的经济学家，教育家，中国人民大学荣誉一级教授、博士生导师。1983 年起任中国人民大学副校长，1988 年任首任中国人民大学经济学院院长，1991 年 11 月至 1994 年 6 月任中国人民大学校长。现任中国人民大学校务委员会名誉主任、教育部人文社会科学研究专家咨询委员会主任委员、中国金融学会名誉会长、中国企业联合会副会长。2011 年 6 月 1 日获得首届中国金融学科终身成就奖。

⑥ 黄达等：《社会主义财政金融问题》，325 页，中国人民大学出版社，1981。

管职能探讨的焦点在央行是否必须在组织体系上独立于政府才能保证独立性。千家驹①认为，金融体制改革必须突破行政体制的局限，实行政企分离，使中国人民银行成为真正的、独立的中央银行，脱离各级政府的隶属关系，中央银行应该只对全国人民代表大会负责，受全国人大常委会的监督；中央银行要根据经济发展的实际需要，按经济区域设置分支机构，总行对分支机构实行垂直领导，与地方党政机关脱离隶属关系；另外为有效保障中央银行的独立性，我国需加强相关金融立法②。尚福林③等人则主张中央银行独立于国务院直接向人民代表大会负责的建议在我国并不具备可行性。他们认为政治体制未作相应改革，人民银行直接隶属于人代会还是隶属于国务院并没有实质性区别；宏观经济方面，人代会与国务院并无区别；与此同时，人民银行很难依靠人大常委会与政府的宏观决策相抗衡④。

学者们对于人民银行与专业银行的关系也提出不同观点。卢汉川⑤认为，人民银行对专业银行具体业务政策的规定，只有指导性作用。他提出，我国专业银行最基本的特点是国家银行，是相当于国务院直属机构的经济实体，人民银行与专业银行的行政隶属关系改变，人民银行不能利用行政权力强行干预专业银行的经营；人民银行控制的重点是方向性的货币金融决策，具体业务政策只对专业银行具指导性作用，政策意向是必要的，但不具备法律效力⑥。马裕康强调中国人民银行主要采取经济办法管理专业银行，地方上主要是资金管理与金融行政管理，包括审核当地专业银行基层机构的设置与撤并、

---

① 千家驹（1909—2002），经济学家。浙江武义人，笔名钱磊。1932年毕业于北京大学经济系。曾任北京大学讲师，广西大学教授，《中国农村》《经济通讯》主编，香港达德学院教授。

② 千家驹：《中国金融学会顾问千家驹同志给大会秘书处的信》，载《金融研究》，1986（10）。

③ 尚福林（1951—），汉族，山东济南人，西南财经大学金融学博士。前中国证监会主席，现任中国银监会主席、党委书记。

④ 杨照南、尚福林：《利率问题学术研讨会资料》，载《财贸经济资料》，1986（2）。

⑤ 卢汉川（1920—），江苏铜山人，中共党员，研究员。1945年起任华中银行第七分行铜睢县银行办事处副主任；1980年任中国农业银行副行长。主要业绩：长期从事金融工作。主要著作有《社会主义初级阶段的信用合作》、《合作金融概论》、《当代中国的信用合作事业》、《中国农村金融四十年》；主编《中国农村金融知识大全》、《中国农村金融历史资料》、《农村金融丛书》。

⑥ 卢汉川：《继续改革和完善我国的银行体制》，载《农村金融研究》，1985（1）。

协调和稽核当地专业银行的业务工作等设想①。盛慕杰认为，专业银行的性质是商业银行，人民银行与专业银行的关系应以中央银行与商业银行的原则处理，根本不存在行政上、业务上的领导与被领导的关系②。

对于中央银行与专业银行的关系，还有学者提出只有赋予央行足够的权力才能使其更好地发挥金融管理和宏观调控的职能。刘德林主张，人民银行分支机构除了用经济办法处理与辖区内专业银行的新关系外，还可以辅助使用一些行政性办法：依靠政策、法令进行管理，人民银行分支机构应协助、指导专业银行认真贯彻执行上级的各项政策、法令，以及根据本地的实际情况，拟定一些补充规定和细则，报经上级批准后执行，同时要经常调查、研究经济工作的新情况、新问题，为宏观决策服务；遵循协调原则，可以参照总行理事会的构成情况，定期召开辖区内专业银行联席、协调会，解决一些重大问题③。

此阶段，我国已建立了中央银行、证监会、保监会分业监管的金融监管组织体系、法律体系及相应的指标体系。随着国际上对金融业实施混业监管的趋势渐强，以及我国与国际金融业的逐步接轨，是否应改革现有的分业监管体制过渡到混业监管，我国理论界及实务工作者展开了探讨。钱小安④主张应改革现有的分业监管的体制，设立一个统一的金融监管机构，过渡到混业监管，依据如下：其一，混业经营、混业监管是国际发展主流，我国应与国际接轨实行混业监管；其二，目前分业监管体制实际运行的效果存在着诸多缺陷，如缺乏有效金融监管的条件、多元化监管主体缺乏必要的信息交流与合作、证券业和保险业的监管资源（包括人力、物力和技术）与行业发展不匹配、金融监管缺乏完善的实务操作系统等；其三，监管主体分设不仅要花

---

① 马裕康：《中央银行与宏观经济调节》，载《上海金融》，1983（11）。
② 盛慕杰：《比较中央银行论》，载《西南金融》，1983（9）。
③ 刘德林：《人民银行分支机构和辖区内专业银行的关系的探讨》，载《财经理论与实践》，1984（6）。
④ 钱小安（1962—），江西省丰城市隍城镇钱家村人。中国人民银行研究生部博士生导师，现任中国人寿资产管理公司投资研究中心总经理，曾就职于中国人民银行货币政策委员会秘书处、中央金融工作委员会、银监会。

销很大的行政成本，而且监管主体之间的协调存在成本①。谢平从我国国情出发，坚持分业监管的主张，并就如何设置分业监管体制提出了相应的模式，建议银、证、保采取不同的组织模式设置②。认为根据中国的具体国情，金融机构遍布全国，各地情况差异甚大。单靠一至三个监管当局的总部，难以胜任维护全国金融体系稳定的重任。监管当局还需在总部所在地以外设立分部（派出机构），并授予分部一定的监管权。监管当局设立分部主要依据金融业务量和监管业务量而定，应在金融机构较多、金融业务发达、监管业务量大的中心城市设立分部。

次贷危机爆发暴露了分业监管体制的缺陷，说明滞后于金融混业经营、金融创新的分业监管体制可能助长金融市场系统性风险的发生。如何改革我国金融监管体制，建立适合我国国情的宏观审慎管理架构，是监管当局面临的一大课题。何德旭③总结了国际上四种宏观审慎监管机构组织模式：一是宏观审慎管理机构拥有中央银行、金融监管者和财政部的所有功能；二是在微观审慎当局下设宏观审慎管理职能部门；三是央行接管宏观审慎的权力，行使系统稳定管理者的职责；四是建立一个协调性的宏观审慎管理委员会，委员会由财政部、央行、金融监管部门以及部分独立专家组成，下设工作小组④。学者们评析了各种模式的优劣，封延会提出，第一种模式虽降低了外部协调成本，利于统一实施金融管理政策，但是很可能存在货币政策、财政政

---

① 钱小安：《建立中国统一的监管体制的构想》，载《财经科学》，2001（1）。
② 谢平、蔡浩仪：《金融经营模式及监管体制研究》，56页，中国金融出版社，2003。
③ 何德旭（1962—），汉族，湖北潜江人，经济学博士，教授，享受国务院政府特殊津贴专家。现为中国社会科学院研究生院博士生导师、中国社会科学院财贸经济研究所研究员、中国社会科学院博士后流动站、北京特华博士后工作站、深圳证券交易所博士后工作站、中信建投证券博士后工作站、太原高新区博士后工作站指导教师。兼任中国金融学会、中国投资学会、中国市场学会常务理事，中国社会科学院金融研究中心副主任。现为中国社会科学院数量经济与技术经济研究所书记。
④ 何德旭：《系统性风险与宏观审慎监管：理论框架及相关建议》，载《中国社会科学研究院研究生院学报》，2010（6）。

策和监管职责混淆的问题①。第二种模式，也备受学界争议。彭刚②认为微观审慎管理具备有效的手段和方法推动宏观审慎的实施③，但是反对者认为微观审慎监管当局的主要任务是维护金融机构的稳健经营，与系统性管理职能存在矛盾，以常规的微观审慎监管手段负责宏观总量控制，可能会扭曲常规监管的作用。第三种模式赞成者认为央行长期主管货币政策与宏观管理，具备把握、测度宏观经济趋势的经验和手段，在建立低通胀环境、维护金融市场运转与支付体系中起到关键作用，因此在宏观审慎管理方面具有独特功能。但有学者认为这种做法会损害货币政策的独立性。由此，学者认为宏观审慎监管体系的主导部门，必须能够宏观把控全局、协调各部门的共同利益，保证金融业的安全、稳健发展，我国监管机构并不具备处于主导地位的条件。

（2）对中央银行金融管理的探讨

学者们一致认为，改革开放初期的利率体制仍然存在诸多弊端：第一，利率水平不加区别地"一刀切"，利率水平过低，把低利率视为社会主义制度优越性的表现；第二，存贷利差不合理，甚至存在倒挂现象，与经济发展逆向运动；第三，存贷款利率档次少，差别小④⑤。关于是否有必要改变低利率的现状，学者们各持己见，看法不一。孙信夫认为利率过低，低于企业平均利润率，企业就不能合理运用资金，加强经营管理，同时利率过低也不会很好地反映资金市场的供求关系；因此利率过低存在诸多弊端，不能有效地调节经济⑥。有学者提出以经济发展作为制定利率水平的依据⑦：认为"一五"时期的物价稳定，工农业生产形势很好，建议将第一个五年计划时期的利率

---

① 封延会：《后危机时代的金融宏观审慎监管》，载《商业时代》，2010（9）。

② 彭刚，中国人民大学经济学院教授。兼任中华外国经济学说研究会发展经济学分会副会长、中国人民大学发展中国家经济研究中心主任、中国人民银行研究生院、财政部研究生院、中央社会主义学院等单位兼职教授、教育部特聘本科教学评估专家等。

③ 彭刚：《宏观审慎监管构建框架下的国际借鉴与中国选择》，载《经济理论与经济管理》，2010（11）。

④ 杨希田：《建立科学的利率管理体系》，载《中国金融》，1984（11）。

⑤ 马裕康：《对利率政策的探讨》，载《金融研究动态》，1980（1）。

⑥ 孙信夫、曹宗梁：《在银行体制改革中加强法制建设》，载《西南金融》，1983。

⑦ 盛慕杰：《利率政策的新变革》，载《上海金融》，1982（2）。

水平作为评定今天利率水平的参考。这种观点没有充分意识到"一五"时期经济形势之所以好，主要是因为良好的经济比例关系和物资与财政、信贷之间保持了平衡，当时的利率水平是放款利率年息7.2%，即使在一定范围内提高或降低，并不会影响当时好的经济形势。

对于中央银行的信贷管理，多数学者形成了一致的意见。吕培俭[1]认为，"资金管理体制是银行体制改革的核心问题，不解决好这个问题，中央银行就缺乏有效的控制手段，搞中央银行就没有意义。"因此国务院从1985年始实行"统一计划，划分资金，自主经营，相互融通"的资金管理体制，人民银行根据收紧和放松银根的要求，调整专业银行的借款额度、缴存款比例和存贷款利率，以此控制专业银行的信贷规模，影响其业务活动。龚浩成在此基础上提出应从以下方面发挥资金效能：首先，调节农、轻、重的比例关系，要在保证重点建设的前提下，根据国家的宏观经济决策和对农、轻、重的计划安排，确定贷款重点和扶持方向，促进国家计划的实现；同时还要根据执行的情况加以调整，弥补国家计划的不足；其次，调节积累和消费的关系，积累和消费各占多大比重，虽然主要是由国民经济计划和国家财政预算决定的，但是由于在国民收入分配中，积累和消费的比例是受到两大部类比例关系制约的；再次，调节国内外经济关系，不仅要使外汇贷款和外汇投资同人民币资金和物资保持平衡，同时，还要注重研究外汇政策和汇价政策，使对外经济技术交流的扩大与国内经济的发展密切配合，增强自力更生的能力；最后，促进经济效益的提高，信贷分配也要考虑到经济效益，把提高社会经济效益同提高微观经济效益结合起来，信贷资金投放所能带来的经济效益愈高，就可以做到多增产，少增资，这是解决资金短缺的重要途径[2]。陈慕华[3]

---

① 吕培俭（1928—），江苏洪泽人。历任中国人民银行行长、党组书记，中国人民银行理事会理事长、审计署审计长、党组书记、国家开发银行监事会主席、第九届全国政协常委、中共第十二至十四届中央委员。

② 龚浩成：《社会主义金融论》，221 页，上海，复旦大学出版社，1990。

③ 陈慕华（1921—），汉族，浙江青田人。无产阶级革命家，中国经济工作和妇女儿童工作的杰出领导人，中国共产党第十一届、十二届中央政治局候补委员，第七届、八届全国人民代表大会常务委员会副委员长，国务院原副总理，原国务委员，中华全国妇女联合会原主席、名誉主席。

提到，"要结合金融体制改革，对货币供量和贷款总规模实行双项控制，在信贷资金运用上要'紧中求活，区别对待'，按照先生产、后基建，先流动资金贷款，后固定资产贷款的程序安排。重点是增加对农业的投资；支持搞活大中型企业，在流动资金贷款上给予优先支持，在技术改造贷款上按照计划予以保证；还要支持横向经济联合的发展，专项安排一笔资金；要积极支持外贸出口。在处理资金供求矛盾时，要十分注意货币供应量与经济增长相适应；在资金运用上要注意短期信贷和长期信贷的比例关系保持恰当。同时，要继续办好短期资金拆借市场，探索和开拓长期资金市场，通过代企业发行债券等办法来解决一部分资金缺口。要有领导有限度地运用资金市场，引导预算外的资金流向重点建设项目[1]"。

对资产负债比例管理体制学界提出了改善路径：把现行"统一计划、划分资金、实贷实存、相互融通"的信贷资金管理体制改为"统一计划、分级管理、存贷挂钩、相互融通"的信贷资金管理体制[2]；完善计划控制手段，强化中央银行，调整划分资金的范围，财政性存款属于人民银行信贷资金，专业银行必须把这部分资金全额划缴人民银行[3]；改变单纯强调计划管理信贷的概念，实行信贷计划与金融市场的统一[4]。

（3）对金融监管业务的探讨

1992 年亚洲国家普遍推行巴塞尔国际银行监管委员会监管银行最低资本充足率的方案，我国金融理论界受到很大启发，至此，金融监管开始受到广泛重视。加入世贸组织后，我国金融市场开放程度不断提高，保险、证券与银行的监管机构业已建立，为监管制度、监管思想的转变提供了动力。巴曙松[5]认为金融监管由原来强调行政审批的合规性监管、正在逐步向以市场和法

---

① 《陈慕华指出：加快金融改革要解决三个问题》，载《浙江金融》，1987（2）。

② 荣凤娥：《进一步加强信贷资金的宏观管理》，载《中国金融》，1988（3）。

③ 林丛、邓亭铎：《加强建设银行信贷管理，促进信贷资金管理体制改革》，载《中国金融》，1985（12）。

④ 周伯媛：《实存实贷办法是信贷资金管理体制的一项重要改革》，载《中国金融》，1985（1）。

⑤ 巴曙松（1969—），湖北人。国务院发展研究中心金融研究所副所长，博士生导师。中国宏观经济学会副秘书长、中国银行业协会首席经济学家、中国证监会基金评议专家委员会委员。

规为导向的风险性监管转变，这一点在银行、证券和保险都有不同程度的体现①。如何处理好监管实践中合规性与风险性的关系，这个问题不仅关系到金融监管的科学性和有效性，而且关系到我国金融业的健康发展。在此基础上，学者们主要围绕合规性监管与风险监管的关系以及风险监管需要解决的问题展开了讨论。有学者提出通过比较风险性监管和合规性监管，认为风险监管优于合规性监管②。依据如下：风险监管与合规性监管既有联系又有区别。联系指二者在本质上都是监督金融机构的经营行为是否合乎有关规定。合规性监管一般是指合大规，如国家的政策、法律法规。只要金融机构的经营是在国家规定范围之内，就达到了监管的目的；而风险性监管除了合大规以外还要合小规，包括金融机构内部的制度规程，这些内部规定是金融机构自身为控制和防范风险而作出的制度约束。

从 20 世纪 80 年代以来，发达国家的金融监管就由合规性监管转到风险性监管；近几年来，又从单一的信用风险监管更新为全面风险监管。美国、英国和欧盟等发达国家或地区都提出了本国（地区）审慎性监管的框架，其成功实践为我国金融监管体制改进与科学监管方法创新注入活力。王兆星③进一步阐述了以风险管理为核心的审慎监管的优越性，认为审慎性金融监管可以改变传统合规性监管的弊端，摆脱监管手段落后、重复监管、效率低下的状态，将有效的风险防范转为杜绝风险的运作机制④。为有效防范微观金融机构风险传播，学术界引入了"全面风险管理"的概念。崔滨洲从有效监管的核心原则出发，结合我国的金融改革实践与监管体制，从微观基础、运行机制、外部环境等角度全面阐释了我国强化风险管理的阻碍因素，深入分析了我国全面风险管理的艰难现状⑤。他的探讨有利于全面风险管理的深入研究和

---

① 巴曙松：《2004 年以来中国金融改革趋势的回顾和前瞻》，中国金融改革与发展论坛，89 页，中国经济出版社，2005。

② 刘月芹：《银行业监管重点的转移及把握》，载《济南金融》，2002（6）。

③ 王兆星（1959—），男，吉林人。经济学博士，现任中国银行业监督管理委员会副主席、党委委员。先后在陕西财经学院、中国人民银行、中国银监会工作；2005 年 6 月，任中国银监会主席助理、党委委员；2007 年 12 月，任中国银监会副主席、党委委员。

④ 王兆星：《严格实施审慎监管有效防范金融风险》，载《金融研究》，2000（10）。

⑤ 崔滨洲：《新巴塞尔协议与中国金融业的全面风险管理》，载《武汉大学学报》，2004（5）。

扎实发展。"小微企业金融服务近年来有了新的进展，突出表现在：专业化组织体系日趋完善、信贷投放更趋合理、体制机制逐步优化、综合服务能力显著提升①"，也对金融监管提出了新的要求。尚福林指出，"要完善监管政策，引导银行业开展差异化、综合化的小微企业金融服务，主动做好风险防范和化解工作，与有关方面共同努力，营造支持小微企业发展的良好环境②"，"股份制商业银行要继续把支持小微企业发展作为业务重点之一，加强对符合产业政策、有市场、有需求、可持续运营类小微企业的金融扶持，为推动小微企业发展作出更大的贡献。股份制商业银行要强化全面风险管理理念，切实提高复杂环境下风险管理的水平，采取有力措施识别、计量、缓释、控制和化解风险，确保稳健审慎经营③。"

中国对宏观审慎监管的探索由来已久，中国人民银行从 2005 年起就定期发布《中国金融稳定报告》，分析宏观经济形势与金融体系状况；银监会从次年起每季度向金融机构发布国内外宏观经济形势，加强金融机构对风险的应对意识，2007 年底发布《商业银行压力测试指引》，判断银行业风险状况。但在危机爆发之前学界和业界都更强调基于单个金融机构安全性的微观审慎监管，忽视了金融机构行为的系统性内涵及由此引发的系统性风险。2008 年国际金融危机后催化了宏观审慎监管、防范金融体系的系统性风险研究和实践的进程。金融危机爆发以后，关于宏观审慎监管的探讨展开，且集中在对构建宏观审慎体系的指标体系、政策工具、监管重点领域等操作性层面的探讨。近年来已开始对系统性金融机构和金融体系顺周期性进行监管，加强对金融机构资本数量、质量的控制与风险集中度监控，实施了动态拨备制度、逆周期资本缓冲机制与动态贷款价值比率等措施。巴曙松认为审慎监管框架包括微观审慎和宏观审慎两个方面，它们互为表里、相辅相成，共同构成金融体系稳定的保障；但是两者在政策目标、政策工具等方面仍存在实质性的差

---

① 尚福林：《加强监管引领深化小微企业金融服务》，载《经济日报》，2013 年 7 月 22 日。
② 同①。
③ 尚福林：《把握好防风险与促发展的关系》，载《中国金融家》，2012（10）。

别①。次贷危机从最开始金融机构内部产品的危机，迅速扩散到全球金融市场，对全球金融市场的冲击超乎许多研究者的想象，其中一个重要原因是现有的金融监管体系及金融机构风险管理架构中，几乎不涉及系统性风险的管理②。刘明康③表示，"对金融机构来讲，审慎的、有效的、持续的监管是银行业金融机构的生命线。所以要牢牢地把住风险的底线，坚决防止今年银行业金融机构不良贷款大幅度快速反弹，有效促进银行体系稳定、健康的发展④"。刘明康强调，要加强非银金融机构监管，做到非银机构既支持实体经济，又能够防范自身风险。他认为，"非银机构贴近市场、背靠政府和企业集团，在对实体经济又好又快发展给予支持的同时，也要坚持科学的风险管控，做到有紧有松、长短结合、内外结合、微观审慎和宏观审慎相结合⑤"。

金融危机后，在 G20 峰会等多边机制推动下，主要发达国家和地区都推出了改革方案，巴塞尔委员会也对新资本协议有关内容作出重要修订。从巴塞尔委员会对新资本协议的修订可看出对金融危机的应对，主要表现为从微观审慎转向宏观审慎和微观审慎相结合的监管理念转变，也包括监管技术和方法的革新。危机后我国学界强化微观审慎监管的思想主要集中在对巴塞尔协议Ⅲ的研究上⑥。围绕第一支柱下资本约束这一主要内容，巴塞尔委员会从监管指标、资本质量和规模、流动性监管和风险计量模型四个角度对监管标准和实施方法进行了深化、细化。首先，将杠杆率设定为风险资本要求的补

① 巴曙松、王璟怡、杜靖：《从微观审慎到宏观审慎：危机下的银行监管启示》，载《国际金融研究》，2010（5）。

② 巴曙松：《金融危机中的中国金融政策》，66 页，北京大学出版社，2010。

③ 刘明康（1946—），男，汉族，福建福州人。历任中国银行福州分行副行长、福建省分行行长；福建省人民政府副省长兼秘书长；国家开发银行副行长；中国人民银行副行长，货币政策委员会副主席；全国人大澳门特别行政区筹委会委员；中国光大集团董事长；中国银行董事长、行长；国际金融协会（IIF）副主席；中国银行业监督管理委员会主席；中国银行业监督管理委员会国际咨询顾问委员会主席。

④ 张朝晖：《刘明康：审慎监管是银行业金融机构生命线》，载《中国证券报》，2009 年 3 月 23 日第 A03 版。

⑤ 同④，2010 年 3 月 10 日第 A06 版。

⑥ 魏革军：《危机推动下的金融监管变革——访国务院发展研究中心金融研究所副所长巴曙松》，载《中国金融》，2011（14）。

充措施，基于适当的评估校准将其纳入第一支柱框架。其次，对监管资本质量的要求更高、覆盖范围更广，同时要提高资本的透明度。提出了对交易对手信用风险资本监管的加强以及逆周期资本充足制度的建立。再次，关于风险衡量模型的补充和改进。关于第三支柱的相关修订突出金融机构对于市场参与者的信息披露责任，目前正在积极从以下几个方面提高透明度：一是关于资本质量，要求一级资本的所有构成必须完全对外披露，并披露缓冲资本的情况；二是对于流动性风险的状况，要求定期公开披露其风险状况和管理方面的定量和定性信息；三是对于证券化、表外风险暴露和交易账户下的信息披露要求给予详细的指引，以降低资本市场业务给银行资产负债表带来的不确定性。新资本协议的修订反映了全球金融业风险管理与监管改革的趋势，对推动全我国微观审慎监管思想强化产生了深刻影响。2007 年以来，银监会、证监会、保监会已分别加强了投资者教育和对投资者的风险揭示，其中显性存款保险制度格外重要。随着我国银行和其他存款性金融机构的所有制结构多元化，现行隐性存款保护制度需要因时而变，应建立显性存款保险制度[1]。1993 年以来，我国中央政府多次提出要建立存款保险制度，我国存款保险制度和条例设计基本完成，2008 年初存款保险条例和银行业金融机构破产条例均已进入立法程序。银监会已于 2009 年底颁布了多项指引，旨在改善我国对商业银行业资本充足率、流动性和市场风险的监管。无论是学术界还是政府部门，都已形成强化微观审慎监管的共识：宏观审慎监管的基础是微观审慎监管，宏观审慎监管目标的实现要借助金融机构间配合及微观审慎监管辅助。政策制定者不仅需要关注单个金融机构，还应树立掌控全局的意识，寻求宏观审慎和微观审慎之间的平衡点，发挥宏观审慎监管和微观审慎监管间的互补作用，缓解二者的对立和冲突。近年来，微观审慎监管虽然在制度形式上得到了很大程度的完善，但金融监管思想实践并未达到期望。

面临金融全球化的发展形势，戴相龙[2]指出国际社会要共同努力建立防

---

① 赵霜茁：《现代金融监管》，210 页，对外经济贸易出版社，2004。
② 戴相龙（1944—），江苏仪征人。研究员、高级经济师、博士生导师。曾任全国社会保障基金理事会理事长，全国社会保障基金理事会党组书记。

范、化解全球金融风险的新机制，加强各国金融监管合作。他认为，"一要改进国际货币基金组织和世界银行等国际机构的运作，更多地体现透明与开放的原则，使各国政府，私人部门和国际机构都能在这一体系中进行有效的交流、对话和合作；二是在经济、金融全球化进程中，一方面要照顾到发展中国家的实际情况，循序渐进，另一方面，发达国家应从世界整体和长远利益出发，负起更大责任，承担与其经济地位相当的防范国际金融风险的责任；三要加强对国际资本流动的管理，建立对国际短期资本流动进行监测管理的机制，争取更为充足的资金来源，以形成能够应付大规模资本流动和短期流动性危机的能力；四是以《巴塞尔协议》为核心，建立和完善各国监管体系，特别是加强对跨国金融机构或跨国经营业务的监管①"。

随着金融混业经营趋势不断发展，金融监管难度逐渐加大，是否改革现行以机构监管为主的金融监管模式，逐步过渡到统一监管，学术界进行了探讨②。相比较机构监管，功能监管的优势有③：一、更能适应新形势下我国金融业发展对监管体制的要求。二、能够有效地防范金融风险的积聚。三、较传统体制更有利于促进我国的金融创新。反对者则认为现阶段机构监管体制更符合我国现有国情④。金融机构采取分业经营模式，"一行三会"的分业监管模式优势显而易见：各金融监管机构分工明确，各司其职，只专注于各自的监管对象，无须分心监管其他金融机构。这样可做到审慎监管，避免各行业间风险传递，保证国家金融安全。这种分业经营、分业监管的模式，不同于发达国家的分业监管模式，有其独特的优点：针对性强，提高了监管效率；我国的监管机构成立了三方联席会议制度，具有一定的协调性，降低了监管成本；我国金融监管体系防范金融系统性风险，有效地阻隔了虚拟经济危机对实体经济的影响，起到了"防火墙"作用。功能监管的构建所需要的发达的金融市场、良好的政治制度以及完善的法律体系，我国目前并不完善。因此，

---

① 《戴相龙指出金融监管需国际合作》，载《领导决策信息》，1999（9）。

② 顾海峰：《基于金融混业经营视角的金融监管创新路径——功能监管》，载《金融理论与实践》，2010（10）。

③ 丁俊：《功能性监管：我国金融监管体制改革的新方向》，载《国际金融研究》，2000（4）。

④ 叶祥松：《国际金融危机与我国金融监管体制改革与完善》，载《经济学动态》，2010（9）。

功能性监管应该暂时搁置。周小川[1]表示，"金融混业经营试点工作的逐步推进必然会对金融监管提出更高要求，各金融监管部门应该加强协调与合作，推进金融监管由机构监管向功能监管转变。人民银行还将通过货币政策和流动性方面的及时反应，防范金融系统性风险[2]。"针对目前国内金融机构经营管理中的不足，周小川提出，"在稳步推进金融业综合经营试点的过程中，金融机构应该首先对人才队伍建设和风险控制予以高度重视，将其提升到金融机构经营中的关键地位，只有这样，才能够尽可能地避免在探索混业经营试点的过程中出现问题、遇到挫折"，同时他还强调，"应该防止金融机构'跟风而上'情况的出现，金融机构应该根据自身的发展战略和市场定位，确定是否应该参与混业经营以及应该在多大程度上参与混业经营"，"今后一段时期，金融混业经营试点工作的逐步推进必然会对金融监管提出更高要求。为此，各金融监管部门应该加强协调与合作，推进金融监管由机构监管向功能监管转变。要加强对跨市场金融产品、金融组织的风险监管，既要防止出现监管真空，又要减少重复监管"[3]。

（三）金融监管的制度安排

1. 计划性管控制度确立（1949—1980 年）

新中国成立以后，逐步建立起"大一统"的金融管理体系。中国人民银行发行人民币，接管官僚资本银行及其他金融机构，所有银行业务由其一家独揽，非银行金融机构业务也并入其中统一经营。作为唯一的银行，中国人民银行分支机构按行政区划普设各地，遵循总行统一的指令计划。它既是金融行政管理机关，又是具体经营银行业务的经济实体，其信贷、结算、现金出纳等制度的设计都是出于监督保证中央高度集中的计划任务执行。"一五"时期到 20 世纪 60 年代初期为一体式中央银行体制，集中央

---

[1] 周小川（1948—），江苏宜兴人。现任中国人民银行行长，十二届全国政协副主席。

[2] 宋焱：《周小川：混业经营对监管提出更高要求》，载《金融时报》，2006 年 6 月 17 日第 001 版。

[3] 同②。

银行和商业银行的全部业务及职能于一身；60 年代初期到改革开放契机为混合式中央银行体制，中央银行兼办一部分专业银行业务，另一部分业务由专业银行自行办理。

中国人民银行在规范金融业务方面颁布了许多规章制度。如《中国人民银行放款总则》，制定各行业贷款章程，规范储蓄制度。1950 年 8 月发布的《中国人民银行活期储蓄存款章程》、《中国人民银行定期储蓄存款章程》、《定活两便储蓄存款简则》、《保本保值定期储蓄章程》、《华侨储蓄存款章程》等规定了各类存款类型、存期和存取规则，划清了公私存款的界限，对私人储蓄实行保本保息，对华侨储蓄实行优惠政策，建立完善了现金管理制度。1962 年 3 月下发的《关于切实加强银行工作的集中统一，严格控制货币发行的决定》、《关于进一步改进财政管理体制和改进银行信贷管理体制的规定》、《银行工作条例》、《长期贷款暂行办法》、《农业资金分配、使用和管理的暂行规定》，明确了银行与财政计划的分工协作。

2. 统一监管向分业监管过渡（1980—1992 年）

这个阶段中国人民银行既经营信贷、储蓄业务，又执行货币政策，是复合型的中央银行。其以资金分配为中心，金融监管主要依靠行政方式，辅之以专业监督与财会监督。人民银行没有履行真正意义上的金融监管职能。1983—1992 年，中国人民银行的城市金融业务被剥离出来，专门行使中央银行职能，金融监管职责专门化，我国金融组织体系结构由混合型的银行体制走向了二元化银行体制。1986 年国务院发布《中华人民共和国银行管理暂行条例》，明确规定了中国人民银行"领导、协调、管理、监督、稽核专业银行和其他金融机构的业务工作"的职能；1992 年国务院发布了《关于进一步加强证券市场宏观管理的通知》，成立国务院证券委员会和中国证券监督管理委员会，并规定了机构的主要职责，规划了证券市场的发展和管理，形成中国证券业监管体制的基本框架。随着经济金融体制改革的不断深化，我国初步形成了以中央银行为中心，以国家专业银行为主体，其他金融机构并存、分工协作的新型金融组织体系，但还不是规范的市场化金融监管，仍有鲜明的行政性金融管理的特点。

3. 分业监管制度完善（1993 年至今）

1994 年《国务院发布了关于金融体制改革的决定》，明确了金融体制改革的总体目标：建立在国务院领导下独立执行货币政策的中央银行宏观调控体系；建立政策性金融与商业性金融分离，以国有商业银行为主体、多种金融机构并存的金融组织体系；建立统一开放、有序竞争、严格管理的金融市场体系；把人民银行办成真正的中央银行，把专业银行办成真正的商业银行。1995 年《中国人民银行法》颁布，确立了中国人民银行作为中央银行的地位。1998 年我国采取一系列措施构建审慎金融监管制度，如推行以风险为基础的贷款五级分类制度、强化资本充足率监管、化解国有银行巨额不良资产、建立健全专业监管结构、制定和完善监管法律法规等。中国人民银行、中国证监会和中国保监会共同作为金融监管的主体分别对银行业、证券业和保险业实施监管。同年底证券机构移交给中国证监会监管，各省、市的证券监管机构全部划归证监会垂直领导，我国的分业经营和分业监管制度建设又向前迈进了一步。中国人民银行撤销 31 个省级分行，在全国设立 9 个跨省（区）分行，旨在加强中央银行货币政策和金融监管的独立性，减少地方政府的干预。同时总行调整内设监管司局，按监管对象成立从市场准入到经营监管再到市场退出的完整监管部门体系。1999 年国务院颁布《金融违法行为处罚办法》。2003 年银行业监管从中国人民银行分离，成立中国银行业监督管理委员会，形成分业监管体制。2004 年实行《银行业监督管理法》。银行业监管稳步前进的同时，证券业和保险业改革的步伐也在推进，推动修订了《证券法》、《公司法》、《期货交易管理条例》，分业监管体制不断完善。

四、百年中国金融监管思想与制度安排的演进

（一）金融监管思想的演进路径

百年以来中国金融监管思想基本遵循松散的金融管控思想—政府集中金

融管控思想—调控性金融监管思想—审慎性金融监管思想的动态演进路径，分别对应着清末与北洋政府时期、南京国民政府与计划经济时期、改革开放初期、20世纪90年代中后期至今等历史阶段。其中"金融管控"与"金融监管"存在指向性的区别，简单来说前者主要是"对外管控"，后者主要是"对内监管"。金融管控是对国家国民经济状况的管控，旨在追求全国经济状态平衡；金融监管是在金融系统内进行监管，旨在金融机构合规经营、防范金融风险。

1. 松散的金融管控思想

整个19世纪在全世界占统治地位的是崇尚自由放任政策的古典经济学，金融学界泰斗亚当·斯密提出了"真实票据理论"，主张只要银行不去贴现真实票据以外的票据，银行的经营就永远安全稳定，"看不见的手"能够持续起效。在此背景下，我国形成松散的金融管控思想。民初袁世凯当政时期中国银行和交通银行羽翼未丰，初始股本主要由政府认购，政府对两行有一定的控制力。1916年政府"停兑令"事件之后，中国银行逐步走上商办化道路。交通银行也于1922年6月召开股东总会，选举张謇、钱新之为总协理，确立"对政府旧欠进行清理，拒绝一切军政借款"，"营业上着重汇兑等商业性服务"的新方针。至于商业性金融机构，其存在与发展，悉由市场决定，北京政府基本不干预。金融业的运行主要靠市场调节，同业组织成为最重要的金融监管主体，中国金融业进入私立秩序战略状态，导致金融风潮频繁发生。历届北京政府都力量屡弱，起不了引导金融业健康发展的作用，金融监管的重任落在金融同业组织的身上。上海银行公会根据华资银行多年经营积累的经验，订立《上海银行营业规程》，会员银行一体遵守。上海钱业公会也订立了《上海钱业营业规则》，入会钱庄必须共同遵守。银行公会和钱业公会所订立的营业规则，具有法律效力。

2. 政府集中金融管控思想

1927年南京国民政府上台之后，蒋介石认为"国家如不对人民的经济活动确定分限，确定计划，任人民流于斗争，只有招致社会混乱与民族困穷的结果"，"无论是养欲或是制欲，都需要一个管理众人之事的政府来办理"。在

"统制全国金融是政府统制全国生产的第一步"理念的指引下，国民政府从统制金融入手统制经济，分两步实施：首先于 1929—1931 年强制改组金融业同业公会，把银行公会和钱业公会置于政府的控制下；然后从 1931 年起陆续颁布《银行法》、《储蓄银行法》、《证券交易所法》等近百部金融法规，对金融业实施严格的法律监管，表明中国金融业由"不干涉状态进入实行统制主义"。抗战爆发后，国民政府严格管制金融经济，以政府行政命令实施直接的战时管制。但国家专制很容易滋生利益集团，使之利用政府权力谋取私利，造成巨大社会损失。1949 年国统区金融经济全盘崩溃，就是国家专制导致的最终结局。

计划经济时期的"大一统"的金融体制是以行政管理办法为主的高度集中的金融管理体制，其理论基础与形成过程和整个国家经济管理体制保持一致。控制性金融管理思想不仅左右着金融制度，还涉及金融政策，支配了计划经济时期的整个金融体系。由于这个时期以严格的行政指令为主要措施，相应的监管思想表现出鲜明的政策特征，控制性金融管理思想过度依赖行政体系与行政权威，以行政指导为主要手段，也使金融管理具有鲜明的政策特征。曾康霖[1]指出：20 世纪五六十年代，金融管控过程中常使用经验数据，存在较大的局限性；如衡量货币是否过多，主要是用流通中的货币量与社会商品零售额对比及与库存商品对比等，若比例关系达到或超过经验数据，便认为是正常的或是理想的（如 1∶8、1∶6 等）[2]。行政指导的不透明和无规则性，使金融管理思想的发展受到严重的束缚，这种影响一直延续到经济改革后相当长的一段时期内。

3. 调控性金融监管思想

1980—1983 年，理论界对中央银行性质与职能形成了一致看法。1983 年国务院发布《关于中国人民银行专门行使中央银行职能的决定》，次年人民银

---

[1] 曾康霖（1938—），1960 年四川财经学院财政与信贷专业毕业后留校任教，1983 至 1990 年任西南财经大学金融系主任，1991 至 2000 年任金融研究所所长，2001 年至今任西南财经大学中国金融研究中心名誉主任。2013 年度获"中国金融学科终身成就奖"。

[2] 曾康霖：《金融理论问题探索》，364 页，中国经济出版社，1985。

行设立了金融机构管理司，专门行使中央银行的职能，这样的制度基础形成了调控性金融监管思想的起点。金融改革初期，各家专业银行与四家国有银行严格执行人民银行的信贷计划和现金计划，对信贷计划执行的合规性监管是我国调控性金融监管制度的初始安排。人民银行同时履行着金融机构审批、金融秩序整顿的管理职能。但调控性金融监管制度思想尚不系统，在市场准入和业务范围方面的规定比较宽松，导致了金融秩序混乱。各种行政性直接调控工具被重新启用，一些新兴金融业务被人民银行严厉禁止，金融机构组织面临大规模临时性稽核检查。至此，调控性监管制度思想正式形成。1993年以后，金融体制改革深入，我国颁布了一系列相关的金融法规，调控性金融监管制度逐渐规范化、法制化。与此同时，为了适应市场经济发展与金融变革，许多政策措施弱化了调控性金融监管：取消贷款规模限制、实施资产负债比例管理、利率改革、监管组织体制调整等。由此放松管制和审慎监管的相关措施开始逐步得以推行。但是，调控性监管思想的基本倾向仍然存在，这一时期的金融监管思想体现了由弱行政控制性监管思想向审慎监管思想过渡的局面。

4. 审慎性金融监管思想

20 世纪 90 年代中后期，随着经济转轨进程推进与金融市场发展，金融风险因素增加，中央银行的监管重心经历了四个方面的转变：从市场准入监管向全过程系统化监管转变；从合规性监管开始向风险监管转变；从外部监管开始向强化内部控制转变；从一般行政性金融监管开始向依法监管转变。以风险管理为核心的审慎监管思想开始形成并逐渐强化。随着金融全球化与金融创新深入，受金融危机和国际监管趋势的影响，微观审慎监管政策思想得以强化，宏观审慎监管思想出现。

金融危机后，在 G20 峰会的多边机制推动下，主要发达国家纷纷推出改革方案，巴塞尔委员会也对新资本协议的有关内容作出了重要修订，主要表现为从微观审慎转向宏观审慎和微观审慎相结合的监管思想。危机爆发使得对于宏观审慎监管和防范系统性风险探讨的关注空前强烈。各种影响金融稳定性因素的冲击都对金融监管框架重构与金融监管体系改革提出了迫切的需求。单纯依靠微观审慎监管思想，忽略对宏观系统性金融风险的关注，难以防范系统性金融危机。理论界与政策界已形成共识：应该构建一个宏观审慎监管与微观审慎监管有机结合的新金融监管框架。学界对微观审慎监管也进行了深入的研究，微观审慎监管作为构建宏观审慎监管的基础，应得到进一步强化。

（二）金融监管制度安排与思想演变的内在逻辑

思想的闪电往往走在现实的雷鸣之前，理论界的诉求与呐喊也往往能够在实践中寻觅到回应或归宿。与此同时，任何思想的出现都有其特定的历史背景与时代条件，其在一个国家的发展程度取决于它满足这个国家的程度及它给这个国家创造的发展空间。理论界的监管思想都是在得到政府的认可、并在其鼎力支持下，才上升为国家金融监管的实际政策指导思想，被全面付诸实践。因此，金融监管思想的实践效果往往取决于国家政治经济状况和政府的政策导向。

金融监管思想的演进是层次交错、彼此促进的。在金融监管思想漫长的演化历程中，有几个重要节点：一是清政府为了整理财政，改变金融机构发展的无序状态，制定了金融机构共同遵守的条例，形成了金融管控思想的萌芽；二是南京国民政府成立中央银行，力图构筑国家垄断金融体制乃至实现对全国经济垄断，构成了政府集中金融管控思想的趋势；三是改革开放推行市场化金融体制，引发了金融监管制度的大变革，开启了调控性金融监管的先河；四是分业经营体制的确立与分业监管体制的完善，奠定了审慎监管的主流思想路径；五是金融全球化和金融危机的爆发。我国金融监管思想演化的发展历程，就是监管思想在被上述节点所分割的历史时期内进行的层次交错、相互促进的演变。

清朝末期以来金融监管思想演变的轨迹可被刻画为三条路径：监管组织独立性日渐强化、监管业务市场化、监管法制化过程，这三条路径的演化并不是孤立进行的，都始终遵循着行政化到市场化的逻辑关系不断调整。纵观金融监管的各类研究，人们始终关注监管组织体系、监管市场制度与监管法律制度，这三方面的理论在金融监管思想中也占据极为重要的位置。与金融体制渐进式市场变迁路径相适应，金融监管的思想也循着市场化的轨迹，经历了行政性金融管控的实施—调控性金融监管的形成与发展—调控性监管思想的弱化与审慎监管思想的更替。

思想演进具有路径依赖性。演化经济学理论始终强调，知识建立在累积的基础上，这意味着任何客体的演进与创新所面临的可选择集合是有限的，也表明演进的方向取决于已有的知识基础。例如我国计划经济时期的政府集中金融控制思想不仅左右着金融制度与金融政策，也支配着计划经济时期和改革开放以来很长一段时期内的整个金融体系。由于这个时期以严格的行政指令作为措施手段，监管思想相应地也表现出鲜明的政策特征，政府集中金融管控思想过度依赖行政体系和行政权威，以行政指导为主要实施手段，也使金融监管具有鲜明政策特征。行政指导的具体内容可能是无法可依、无据可循的，不仅受国家政策指向影响，还受执行机关的意志左右。这种不透明性和无规则性，使得金融管理思想的发展与深化受到了严重的束缚。这种影响一直延续到我国实施经济改革后相当长的一段时期内，证明了我国金融监管思想演进的路径依赖性。

（三）我国金融监管制度的发展方向

继续坚持分业监管制度，加强金融监管协调合作是当前我国最为适宜的发展方向，原因有三：首先，我国金融分业经营和分业监管体制确立的时间还不长，没有剧烈变革体制的急迫要求。目前直至今后综合经营初期的较长时期内，持续完善分业监管体制能充分发挥监管专业化的优势，挖掘现有体系监管能力，达到提高监管效率的目的。其次，就我国综合经营的发展状况看，尽管我国的各类金融机构间已出现一定程度的业务交叉，但混业经营的整体发展程度有限，金融混业的规模比重较小，综合经营远未成为金融业发展的主流。再次，机构合并分设等体制变动会引起资源浪费，导致管理真空等问题，造成文化、信息、资产和人才的流失与制度、程序的破坏，某种程度上会削弱监管的有效性。因此，机构改革必须慎重，过于频繁草率地进行机构调整，不利于监管效率提高与金融业稳定发展。当混业经营发展到较高程度后，我国金融监管制度才应逐步向统一监管转变。

近期内我国可保留银监会、证监会、保监会的独立地位，以中国金融监管委员会负责对金融控股公司实行统一监管。在我国金融业即将步入全面综合经营时，金融监管变革的核心任务是建立统一的金融监管体系，形成单一的统一监管组织机构设置，实行跨行业、跨市场的综合金融监管。我国金融监管体制应适时向全面统一监管过渡，即以"分业经营、分业监管"的机构性监管—分业监管与统一监管相结合的功能性监管—统一金融监管的发展路径，分阶段稳步推进我国金融统一监管进程①。这符合我国金融业综合经营程度有限同时又加快发展的现状，既能保障金融监管有效性，又有利于保持金融监管体制与经营体制的一致性，是我国金融监管体制最可行的变迁形式。

此外，我国金融监管机构应积极推动国际金融监管协调合作，促进我国金融监管制度国际化。在新的金融开放形势下，我国先前的金融监管方式和手段已无法满足金融业快速发展的需要，要加强与发达国家和地区监管机构的交流合作，借鉴国外先进的银行监管理念与技术、方法，培养熟悉国际金融规则惯例、擅长国际监管合作的高素质监管人员队伍，全面提高中国金融监管当局的监管水平。针对各国金融监管体制逐渐由分业监管转向混业监管或部分混业监管模式的趋势，积极研究国外混业经营与混业监管发展的经验与案例，为我国金融监管由分业走向混业奠定充分有效的理论依据和现实基础。

（撰稿人：乔海曙　夏越　审稿人：曾康霖）

参考文献

［1］王忠生：《中国金融监管制度变迁研究》，湖南大学出版社，2012。

［2］赵霜茁：《现代金融监管》，对外经济贸易出版社，2004。

---

① 王忠生：《中国金融监管制度变迁研究》，湖南大学出版社，2012。

［3］马卫华：《WTO 与中国金融监管法律制度研究》，中国人民大学出版社，2002。

［4］陈建华：《中国金融监管模式选择》，中国金融出版社，2001。

［5］戴相龙：《中国人民银行五十年：中央银行制度的发展历程》，中国金融出版社，1998。

［6］程霖：《近代中国中央银行制度思想演进》，载《财经研究》，2005（3）。

［7］纪琼骁：《中国金融监管制度的变迁》，武汉大学，2005。

［8］刘平：《近代中国银行监管制度研究（1897—1949）》，复旦大学，2008。

［9］巫文勇：《中国金融业监管制度改革研究》，武汉理工大学，2009。

［10］崔鸿雁：《建国以来我国金融监管制度思想演进研究》，复旦大学，2012。

［11］刘卫民：《金融监管的理论分析与制度创新》，天津财经学院论文，2000。

［12］李桂花：《论近代中国中央银行的形成时间、制度类型与功能演进》，载《中国经济史研究》，2001（2）。

第九章

20世纪30年代①
中国货币制度建设的讨论②

货币银行制度建设决定于人们对货币银行的需求，而人们对货币银行的需求与人们的经济基础、思想意识等因素相关。讨论 20 世纪 30 年代中国金融与银行制度建设的状况，需要考察那个时代的历史背景和社会环境，其中包括经济技术基础、人才集聚以及思想文化背景。

一、20 世纪 30 年代推动中国货币银行制度建设的历史背景和社会环境

（一）经济技术基础

20 世纪 30 年代，总的说来，是中国经济发展的振兴时代，据统计，从 1930 至 1936 年，中国工业增长率高达 7.7%，社会经济发展达到 1840 年以来历史上的最高水平，而同时期的西方各国经历经济危机后，正待经济复苏。

---

① 20 世纪 30 年代在时期上应当是 1930—1939 年，但在本章为了承上启下，研究问题的时间界限需要上溯下延。

② 本章主要从中国金融思想的传承出发，考察了 20 世纪 30 年代中国金融思想在"西学东渐"背景下的演变脉络。问题聚焦于货币的本质与本位，利率汇率与物价，中央银行与商业银行；方法上以问题为主线。

纺织、印染、面粉等轻工业长足发展，矿业、钢铁、电力等重工业也有良好起步。与此同时，交通建设方面也成就显著。在 1936 年至 1937 年的一年半时间内，就建成铁路 2030 公里，平均每年达 1353 公里。这是 1927 年至 1935 年 8 年间建设速度的 6.5 倍。具有战略意义的铁路如平汉、粤汉、湘赣等铁路都是在这一时期完成的。公路方面，1935 年后，南京政府有关部门将全国的公路进行了加修和延长，到 1937 年 7 月，连接各省的公路网已基本形成，总长度达 10.95 万公里。此外，对外贸易也有明显增长。

振兴经济与南京政府决策导向相关。20 世纪 20 年代，国共第一次合作推动了北伐战争的胜利。北伐战争的胜利，北洋政府的垮台，改变了中国的局面，尽管当时有的省份仍然存在军阀割据，大一统的中国已基本形成。1928 年 10 月 10 日南京国民政府成立。成立后的南京国民政府遵循孙中山先生的遗训，按照《建国方略》、《建国大纲》的指向，着手进行经济建设。在这一方面，首先是组织机构的推动，如工业生产主要是"资源委员会"的推动。资源委员会的前身是国防设计委员会，1935 年 4 月易名为资源委员会，隶属于国民政府军事委员会，1938 年 3 月改属于国民政府的经济部。在农业方面，南京政府倡导进行了乡村自治、合作社和平民教育三大乡村建设事业，并成立若干管理及农业科学研究机构，如 1933 年成立的农业复兴委员会和中央农业实验所，通过提供农业优良品种及原材料，促进农业经济的发展。其次，企业家特别是民营企业家的努力，在这一时期起着决定作用。20 世纪 30 年代，西方资本主义国家受到经济危机影响，无暇东顾，给中国民营经济的发展，提供了机遇和空间。

20 世纪 30 年代是中国新闻事业蓬勃发展的时期，报纸杂志在很多大中城市出版发行。当时的中国报业，北方的主要集中在北平、天津、河北、河南、山东，南方的则集中在上海、江苏、浙江，据 1935 年的统计，江浙地区的报纸 414 家，占全国的 41.4%，河北、河南、山东的报纸 223 家，占全国报纸的 22.3%。大报社都集中在都市，具有悠久历史的，上海有《申报》、《新闻报》、《时事新报》，天津有《大公报》、《益世报》等；十年建国期间，新创办的报纸，上海有《晨报》（1932），《立报》（1935），北平有《华北日报》（1929），南京有《民生报》（1927）、《京报》（1928）、《民报》（1929）、《朝报》（1933）、《救国日报》

（1933），天津有《庸报》（1927）、《商报》（1928）等等。

新闻事业的蓬勃发展，表明言论自由，信息畅通，交流广泛，为金融事业发展奠定了技术基础。

（二）人才集聚

振兴经济无论是组织机构的推动还是企业家的努力，都要体现在人的活动中。而人的活动不仅需要有智慧，还必须各得其所，各尽其责。南京国民政府成立后，在用人问题上，不可否认的是起用了一批非国民党的技术专家，如国防设计委员会（后改为资源委员会），就由知名技术专家翁文灏、钱昌照主持，其他委员有胡适、丁文江、杨振声、张其昀、吴鼎昌、张嘉璈、陶孟和、范锐、吴蕴初、刘鸿生、万国鼎、沈宗瀚、王世杰、周览、徐淑希等。这些著名的学者和实业家，在当时的国家建设中，发挥着显著作用，作出了巨大贡献。

除政治经济领域外，在金融领域也涌现了不少重要人物，他们或引领政策，或著述立说，或投身经营管理实践。他们的有价值的思想值得后人挖掘，他们的不平凡的经历值得后人回顾，他们的"金融报国"的品格更值得后人继承。

民国金融人物可粗分为三大类。一类是居于政府高位的金融主管官员，可称为"官府派"，他们通过政策制定与实施引领中国金融业的发展。一类是以教书育人或学术研究为职业的学者，可称为"学院派"，他们通过翻译国外著作介绍国外的金融思想或通过研究国内金融问题而提出自己的金融政策建议。一类是直接投身实业的金融企业高管，可称为"金融实业派"，他们通过自己的经营管理实践为后人贡献了颇有价值的金融思想。

1. 金融官员

金融官员代表人物当首推宋子文（1894—1971）和孔祥熙（1880—1967）。1928 年 11 月中央银行成立后，宋子文以财政部部长的身份兼任总裁一职达 5 年之久，1933 年起孔祥熙以财政部部长的身份兼任总裁一职更是长达 12 年之久。在这两人任期内，中国金融业完成了由相对自由发展到国家垄断金融资源的转变。宋子文把近代西方货币金融有关制度引入中国，建立并维护国家银行对金融的宏观调控地位，保证货币发行制度和信用的稳定。从其金融实践看，其对建立近代中国较完整意义上的财政金融制度作出了重大贡献。孔祥熙被英国外相艾登（Anthony Eden）称为"统一中国财政，整理中国税制，改革中国通货，恢复中国国际信誉，平衡中国政府预算"的"伟大理财家"。他主持完善了包括金融法规在内的各种工商法规达 100 余种，主持建立了"四行两局"金融垄断体系以及战时金融管理体制，但在抗战中后期，为应对日益庞大的军政开支，他加强资本垄断，不断增发通货，导致国民经济日趋衰败。

2. 学院专家

民国学者朱通九在《近代我国经济学进展之趋势》一文中对民国时期研究成果颇丰、学术贡献较大的金融学者有个大概的描述。他说："国内深谋远虑之学者，遂埋头研究求造成法币金融专家至多。其中常常受社会敬仰者，计有前辈马寅初[①]、刘大钧[②]、孙拯[③]、顾季高[④]、黄元彬[⑤]、杨端

[①] 马寅初（1882—1982），字元善，浙江嵊县人，经济学家、教育家、人口学家。解放前曾任北京大学经济学教授、教务长、重庆商学院院长兼教授，解放后曾任浙江大学校长、北京大学校长。著有《通货新论》、《战时经济论文集》、《我的经济理论哲学思想和政治立场》、《中国国外汇兑》、《中华银行论》、《中国关税问题》、《资本主义发展史》、《中国经济改造》、《中国之新金融政策》、《经济学概论》、《新人口论（重版）》等。

[②] 刘大钧（1891—1962），字季陶，号君谟，原籍江苏丹徒，江苏淮安人。曾任清华大学教授，重庆大学教授兼商学院院长，国民经济研究所所长，中央银行经济研究处专门委员。创办民国时期著名经济学术团体中国经济学社并任社长。著有《我国佃农经济状况》、《吴兴农村经济》、《非常时期货币问题》、《工业化与中国工业建设》、《中日财力之比较》等。

[③] 孙拯，字恭度，江苏人，曾任南京国民政府资源委员会常务委员、经济研究室主任，著有《银价之研究》、《民国以来关税纪实》等。

[④] 顾季高（1900—?），即顾翊群。江苏淮安人，曾任国民政府广东省政府委员兼财政厅长、代理财政部常务次长、"四联"总处秘书长等职，曾主持中国农民银行。著有《最近之财政金融》、《危机时代国际货币金融论衡》、《中西社会经济论衡》等。

[⑤] 黄元彬（1893—1956），广东台山人。曾任中山大学教授，国民参政会参政员，全国经济委员会委员，立法委员，解放后任中国人民银行总行参室。著有《银问题》、《白银国有论》、《国际金融论》等。

六①诸氏，而青年作者中常为学者所推许者，计有谷春帆②、寿勉成③、杨荫溥④、姚庆山⑤、侯叔彤⑥、程绍德⑦、赵兰坪⑧、林维英⑨、吴承禧⑩、余捷琼、吴大业、王廉诸氏，上述各学者，非时有长篇著作在杂志与报章披露，即当有专著出版问世。"⑪ 由此可见当时金融领域著名学者之多、研究氛围之浓，他们在民国时期撰写的一些货币金融类著作，为民国时期的金

---

① 杨端六（1885—1966），原名杨冕，湖南长沙人。曾任《东方杂志》编辑，商务印书馆会计科长，中央研究院会计主任，社会科学研究所所长、研究员，武汉大学教授兼法学院院长。新中国成立后任中南军政委员会财经委员会委员、武汉大学教授。著有《货币浅说》、《货币与银行》、《现代会计学》、《清代货币金融史稿》等。

② 谷春帆（1900—1979），江苏吴县人。曾在上海、南京、昆明、重庆等地邮局任职。抗战期间，为《大公报》写财政经济方面的社评。1946 年任上海市财政局局长。1947 年任邮政总局副局长兼储金汇业局局长。新中国成立后，任华东邮政总局储汇处处长、邮电部副部长、民革中央委员会委员，并被选为五届全国政协常委。著有《银行变迁与中国》、《中国工业化通论》等。

③ 寿勉成（1901—?），原名襄，字勉成，又字松园，浙江诸暨人。南京国民政府合作政策的倡导者和实践者，历任安徽大学、复旦大学教授、中央政治学校社会经济系主任、合作学院院长、合作事业管理局局长，中央合作金库总经理等职。著有《中国经济政策论丛》、《世界币制问题》、《合作经济学》等。

④ 杨荫溥（1898—1966），字石湖，江苏无锡人。曾任中央大学商学院教授兼工商管理系主任、教务主任、代理院长，国立劳动大学、暨南大学、上海法学院教授，上海光华大学商学院院长等。后入职上海浙江兴业银行、邮政储金汇业局、"四联总处"、中央信托局，并任金融日报社社长及多所高校教授。新中国成立后，任上海财经学院教授，上海社会科学院经济研究所研究员。著有《中国金融论》、《中国交易所论》、《上海金融组织概要》、《各国货币》等。

⑤ 姚庆三（1911—1989），字积坤，浙江县人。曾任复旦大学、上海商学院、上海法学院等校教授，国民经济研究所研究员，上海金城银行总管处分行经理等职。著有《财政学原理》、《金融论丛》、《现代货币思潮及世界币制趋势》等。

⑥ 侯叔彤（1905—1938），河北宁河人。燕京大学教授。著有《东三省金融概论》。

⑦ 程绍德（1900—1954），江苏盐城人。曾任上海商学院教授兼教务主任，重庆大学教授，中央大学教授兼经济系主任，《中央银行月报》与《经济汇报》主编。著有《论伦敦市场短期信用基金供给力之波动》、《新货币法案之理论与实际》等。

⑧ 赵兰坪（1898—1989），浙江嘉善人。曾任暨南大学、中央大学和中央政治学校教授，中央银行经济研究处专门委员。著有《经济学大纲》、《各国通货政策与货币战争》、《现代币制论》、《通货外汇与物价》、《货币与银行》等。

⑨ 林维英（1908 —?），福建省福州人。曾任清华大学、西南联大教授，行政院机要秘书，中央银行外汇审核处处长。著有《中国之新货币制度》、《新货币政策实施一周年》等。

⑩ 吴承禧（1909—1958），安徽歙县人。曾任中央研究院社会科学研究所研究员，上海兴业银行襄理、副经理。抗战期间参加筹办《经济周报》。新中国成立后，曾任上海财经学院教务长，中国科学院上海经济研究所筹备处副主任，民盟中央和民盟上海市常委，民建上海市临时工作委员会常委，上海市政协常委。著有《中国的银行》、《政治经济学的对象》、《厦门的华侨汇款与金融组织》等。

⑪ 朱通九：《近代我国经济学进展之趋势》，载《财政评论》，第 5 卷第 3 期，1941 年 3 月。

融理论园地增色不少。尤其值得称道的是，这些学者关注金融热点，积极提出建议，为民国时期中国金融的现代化贡献不菲。除朱通九所提及诸人外，刘振东①、李权时②、王传曾③、樊弘④、腾茂桐⑤、刘涤源⑥、黄宪章⑦、李达⑧、彭迪先⑨、陈启修⑩、沈志远⑪等人也是学院派中的佼佼者。

---

① 刘振东（1898—1987），字铎山，山东黄县（今龙口）人，曾任中央政治学校财政系主任、教务主任兼研究部主任，烟类专卖局局长等职。著有《中国币制改造问题与有限银本位制》、《中国所得税问题》等。

② 李权时（1895—1979），字雨生，浙江镇海人。曾任大夏大学、复旦大学等校教授，复旦大学商学院院长、经济学系主任。抗战期间出任汪伪全国经济委员会委员。解放后曾任吉林大学经济系教授。曾主编《经济学季刊》（中国经济学社社刊）、《银行周报》，著有《中国经济思想小史》、《经济学原理》、《李权时经济财政论文集》、《现代中国经济思想》、《经济学新论》等。

③ 王传曾（1907—?），字述鲁，河南西华人。曾任湖南大学、河南大学、上海震旦大学、上海财经学院、上海社会科学院、复旦大学等校教授。著有《现代货币原理》、《现代银行原理》、《资本主义财政》等。

④ 梵弘（1900—1988），四川江津人。曾任湖南大学、中央大学教授，中央研究院社会科学研究所研究员，复旦大学经济系、北京大学经济系主任等职。新中国成立后，任全国政协委员、九三学社中央委员和中央委员会顾问等职。著有《现代货币学》、《凯恩斯的就业、利息和货币的一般理论批判》、《凯恩斯有效需求原则和就业倍数学说批判》等。

⑤ 藤茂桐（1914—2003），安徽舒城人。曾任华西协和大学教授、中央银行经济研究处副处长、南开大学教授兼经济系主任。新中国成立后，曾任安徽大学教授兼经济系主任、安徽省政协副主席等职。著有《货币新论》、《旧中国通货膨胀史料》、《国际金融新论》等，并译有《资本主义发展之研究》、《凯恩斯传》、《马歇尔传》等。

⑥ 刘涤源（1912—1997），湖南湘乡人。曾任武汉大学经济系教授、系主任。著有《货币相对数量说》、《阿·马歇尔经济学说提要》、《凯恩斯主义研究》上卷《凯恩斯就业一般理论评议》，主编《凯恩斯主义研究丛书》等。

⑦ 黄宪章（1904—1985），湖南耒阳人。曾任四川大学经济系主任、副教育长。新中国成立后，曾任四川省工商行政管理局副局长、四川省政协常委等职。著有《经济学概论》、《货币学总论》等。

⑧ 李达（1890—1966），字永锡、鹤鸣，湖南零陵人。参与发起上海共产主义小组，并主编《共产党》月刊。曾任湖南自修大学校长。新中国成立后，曾任湖南大学、武汉大学校长。著有《现代社会学》、《社会学大纲》、《经济学大纲》、《货币学概论》等，并译有《政治经济学批判》。

⑨ 彭迪先（1908—1991），原名伟烈，四川眉山人。曾任武汉大学教授，四川大学教授、法学院院长。新中国成立后，曾任成华大学、四川大学校长，四川省政协副主席、民盟中央副主席、四川省副省长等职。著有《实用经济学大纲》、《世界经济史纲》、《新货币学讲话》、《货币信用论大纲》等。

⑩ 陈启修（1886—1960），字惺农。四川中江人。又名陈豹隐。曾任北京大学法商学院教授、川北大学商学院院长、重庆大学商学院院长。新中国成立后，任四川财经学院筹备委员会委员兼教务长、全国政协常委、民革中央常委等职。译有《资本论》第一分册。著有《新经济学》、《经济学原理》、《经济学原理十讲》、《经济学讲话》、《财政学总论》等。

⑪ 沈志远（1902—1965），原名会春，浙江萧山人。曾任北平大学法商学院、西北大学法商学院、燕京大学教授，重庆生活书店总编辑，《理论与现实》、《大学月刊》主编等。新中国成立后，曾任出版总署编译局局长、中国科学院上海经济研究所筹备主任等职。著有《计划经济学大纲》、《新经济学大纲》、《近代经济学说史》等。

3. 金融实业家

从 1897 年中国通商银行成立起，现代银行在中国扎根并逐步成长。在这一过程中，诞生了以江浙银行家群体为代表和中坚的一批现代银行家。他们在国家官僚资本和外国在华银行的挤压下，以充满智慧的思想和现代化的管理手段，推动了国民政府时期民族金融业的发展。其代表性人物有陈光甫①、李铭②（李馥荪）、张嘉璈③、周作民④、吴鼎昌⑤、钱新之⑥、胡笔江⑦、徐新

---

① 陈光甫（1881—1976），原名辉祖，后易名辉德。江苏镇江人。银行家，中国近代旅游业创始人。创办上海商业储蓄银行，开设宝丰保险公司，曾任国民政府财政委员会主任委员、中央银行理事、中国银行常务董事和交通银行董事、财政部高等顾问及中、美、英平准基金委员会主席。

② 李铭（1887—1966），字馥荪，浙江绍兴人。曾任浙江实业银行董事长、上海银行业公会理事长、国民政府"输入管理委员会"主任委员、中央银行贴放委员会委员、国际货币基金会议中国代表团顾问、中美商业联合仲裁委员会主任委员等职。1950 年，他在香港设立第一商业银行，自任董事长。

③ 张嘉璈（1889—1979），字公权，江苏宝山人。曾任中国银行总经理、中央银行理事会常务理事及监事会监事、国民政府交通部部长。1944 年与陈光甫等筹建中国投资公司，任董事。抗战胜利后，曾任中央银行总裁、中央信托局理事长。

④ 周作民（1884—1995），原名维新，江苏淮安人。曾任金城银行总经理、国民政府财政委员会委员。解放后，任公私合营的"北五行"董事长、公私合营银行联合董事会副董事长。

⑤ 吴鼎昌（1884—1950），字达铨，原籍浙江吴兴，生于四川华阳。曾任江西大清银行总办、中国银行正监督、中国银行总裁、金城银行董事长、盐业银行总经理、内政部次长兼天津造币厂厂长、实业部部长、贵州省主席兼滇黔绥靖公署副主任等职。

⑥ 钱新之（1885—1958），名永铭，晚号北监老人。原籍浙江吴兴，生于上海。曾任上海银行公会会长，交通银行总行协理，盐业、金城、中南、大陆四行储蓄会副主任及四行联合准备库主任。民国时期江浙财阀的代表人物之一。

⑦ 胡笔江（1881—1938），谱名敏贤，名筠。江苏江都人。曾任中南银行总经理、四行准备库总监、交通银行董事长等职。

六①、唐寿民②、宋子良③、胡祖同④、谈荔孙⑤、贝祖贻⑥、蒋抑卮⑦等，他们
都是民国时期金融实业界的活跃人物。

4. 几点评论

无论是官府派、学院派，还是金融实业派，他们身上都始终烙印着时代
的特征。表现有三。

一是大都拥有海外留学经历，能紧随世界金融发展潮流。

日本和美国是当时两个主要留学目的地。就日本来讲，北洋政府时期最
为显著。在20世纪最初20年，中国留日学生超过6万人。这批人中涌现出盛
俊、戴蔼庐、贾士毅、赵兰坪、孙拯、杨汝梅等知名金融学者，和张家璈、
李馥荪、钱新之、周作民、吴鼎昌、谈丹崖、徐寄顾等著名金融家。就欧美
来讲，则国民政府时期最为显著。在留美学生中，除马寅初外，李权时、陈
岱孙、唐庆增等民国时期的著名金融专家，宋子文、孔祥熙等长期主管政府
财政金融的官员，以及陈光甫等金融实业家都是其中颇负盛名者。除日本、
美国外，英国也是当时留学生的一个重要目的地。刘秉麟、杨端六、姚庆三、

---

① 徐新六（1890—1938），祖籍浙江余杭，生于杭州。曾任浙江兴银行常务董事兼总经理。有
《币法考》等著作留世。

② 唐寿民（1892—1974），江苏镇江人。曾任国华银行副董事长兼总经理、交通银行董事兼上海
分行经理、中央造币厂厂长、上海银行票据交换所常务委员等职。抗日战争期间出任汪伪全国商业统
制会理事长。

③ 宋子良（1899—1983），广东文昌（今海南文昌）人。曾任中国国货银行总经理、中央银行
监事、中国建设银公司总经理、广东省政府委员兼广东财政厅厅长等职。1936年创办中国汽车制造公
司。抗战胜利后，曾任国际复兴建设银行代理理事兼中国银行、交通银行董事、中央信托局理事及出
席国际货币会议中国代表。

④ 胡祖同（1888—1936），字孟嘉，浙江宁波人。曾任交通银行董事兼总经理、中央银行国库
局总理、上海银行业同业公会联合准备委员会常务委员、中国实业银行总经理等职。著有《经济概
要》。

⑤ 谈荔孙（1880—1933），字丹崖，江苏淮安人。创办并任大陆银行董事长。

⑥ 贝祖贻（1893—1982），字淞荪，江苏吴县人。曾任中国银行上海分行经理及总行外汇部主
任、中央银行监事、上海银行公会联合准备会常务委员、中国建设银公司执行董事、中英外汇平衡基
金委员会中国代表、中英美外汇平准基金委员会中国代表、中国银行总经理、中央银行总裁等职。
1959年出任香港上海商业银行副董事长。

⑦ 蒋抑卮（1874—1940），号鸿林，谱名玉林，字一枝，浙江杭州人。浙江兴业银行创办人之
一。

刘絜敖等人就是留学英国的佼佼者。但从留学生数量上看，留英者远低于留美者。

留美学生中，有 80% 以上是从大学和研究院毕业的，有很多就读于哈佛、耶鲁、哥伦比亚等世界顶级学府，且获得博士或者硕士学位。他们现代经济学理论功底深厚，理论素养较高。由于当时欧美是西方资本主义世界的核心，其金融业无论发展规模还是创新程度都处于世界前列，其金融理论自然也最为发达。这些留学生学成归国之后，能够将最前沿的金融理论和金融思想源源不断地传递回国内：从事理论研究和教学的，很快成为国内金融学界的领军人物，能深刻影响到民国金融思想的内容和走向；从事金融实业的，则很快成为金融实业界的翘楚人物；以宋子文、孔祥熙为代表的成为政府官员的，则能在中国快速构建在今天看来亦颇为不易的现代金融体系。

二是金融人物角色转换频繁，通过积极参与民国金融制度建设，共同促进民国金融向现代化方向发展。

金融理论家、金融实业家转换为政府官员，是民国金融界的一道亮丽风景。金融理论家成为政府官员的，如（1）著名经济学家马寅初 1928 年出任国民政府立法委员、后任立法院财政委员会委员长及经济委员会委员长。（2）曾任复旦大学、安徽大学等校教授的寿勉成于 1946 年出任中央合作金库总经理。（3）曾任南开大学经济研究所所长的何廉于 1938 年出任国民政府经济部次长，兼任农本局总经理，主持战时农业方面的行政工作。（4）武汉大学教授、著名经济学家杨端六于 1935 年 5 月兼任国民政府军事委员会审计厅长。1938 年 6 月至 1945 年 4 月，他四次当选国民参政会参政员，1943 年和 1945 年又两度出任三青团中央监委和国民党中央执委等。金融实业家成为政府官员的，当推张嘉璈，他于 1935 年出任铁道部部长，1938 年 1 月任改组后的交通部部长。在任铁道部部长、交通部部长期间，他领导完成新建铁路达 1000 英里，包括新赣路南昌至萍乡段、湘黔路株州到贵阳线、湘桂路衡阳至桂林段、滇缅铁路等，对支持抗战作出重要贡献。次如吴鼎昌，他于 1935 年 12 月出任国民政府实业部部长。抗战爆发后，他出任国民政府军事委员会第四部部长，主管民营企业，负责京、沪沿海地区工厂内迁事宜。同年 11 月，主政贵州，促进了贵州的现代化①。再如陈光甫，他于 1928 年出任中央银行理事、中国银行常务董事和交通银行董事等职。抗战期间，他作为政府代表，赴美洽谈对华援助事宜，与美签订"中美白银协定"，以中国货币固定对美元的汇率为条件，换取美国收购中国白银，缓解了币改初期出现的危机。抗战爆发后，他于 1938 年接受蒋介石委派再度赴美，与美谈成 2500 万美元"桐油借款"。中美英平准基金委员会成立后，他出任主席一职。

金融实业家积极支持金融教育，金融教育服务金融实业，形成良好互动。当时，很多私立学校的开设，最初资金来源就是由金融界提供的，如大夏大学开办的前几年，校董会增聘了上海金融界的一批大亨如虞洽卿、钱新之、张嘉璈、徐新六等人为理事。每当学校经费有困难时，总能向这些金融家控制的银行借到款。又如，金城银行等几家银行于 1943 年 10 月提供经费，资助何廉等 6 名专家前往甘肃、宁夏、青海、陕西四省考察私营银行开发西北的可能性。何廉于 1947 年春创办上海中国经济研究所，创刊《经济评论》，以研究中国和国际经济发展为宗旨，经费即主要由金城银行及其所属中国协进企业公司提供。除资金支持外，一些银行家还亲自从事金融学教育。如倡办大陆银行的谈丹崖，应张謇之邀，曾出任南京高中两等商业学堂教务长兼银行科主任教习，并按照日本大仓商业学校重视培养学生实际工作能力的方法，创办银行实验室，培养出一批银行会计人才，对当时华资银行能全部采用新式会计作出较大贡献。

此外，金融学者积极参与金融实践，金融实业家也积极进行理论建设。前者如经济学家何廉曾于 1943 年参与范旭东创办建业银行的筹建工作，并担任总顾问。1946 年 6 月起，何廉担任金城银行常务董事。姚庆三后来也进入金城银行工作。后者如张嘉璈著有《中国铁道建设》、《通货膨胀的曲折线：1939—1950 年中国的经验》等书，吴鼎昌著有《赣宁战祸之原因》、《中国经济政策》、《花溪随笔》、《黔政五年》等书，徐新六著有《币法考》等书，均影响甚广。

---

① 见《黔政五年》，吴鼎昌著，国民政府贵州省政府编。

三是专业知识扎实，研究范围颇广，个人品行更值得后人称道。

民国时期的诸多金融人物可称为"大家""大师"，他们的成就并不局限于某个领域，往往在诸多领域均有所建树。例如吴鼎昌，他有句名言，"政治资本有三个法宝：一是银行；二是报纸；三是学校，缺一不可。"故他在任盐业银行总经理期间，积极参与报业投资。1925 年，他盘购天津《大公报》，并组建《大公报》新记公司，任董事长兼社长。他经常在该报上发表财经及时政方面的社评。1928 年后，吴鼎昌以《大公报》为旗帜积极支持蒋介石政权进而深度介入国民政府。很多学者除在货币金融领域卓有建树，还在其他学科有名著传世。如杨端六在会计、统计、审计和工商管理等领域，李权时在税务、财政、哲学、审计、经济政策、对外关系等领域，樊弘在文化、政治、宏观经济、大学改革、就业等领域，周伯棣在财政税收、就业、物价等领域，都有精深研究。

除在专业领域多有建树外，民国时期诸多金融界的个人品行更值得后人称道。如陈光甫在 1930 年的上海商业储蓄银行增资中，不计个人得失，主动将新增资本的一半派给职员认购，"使行员皆成股东"。如此等等，不一而足。

（三）思想文化背景

20 世纪 30 年代是中国着力建设、经济发展的年代，也是人才辈出、思想激荡的时期。这反映在文化领域，集中表现为要不要"全盘西化"的论战。1929 年著名学者胡适提出了全盘西化（Whole－sale Westernization）概念，这一概念在 30 年代的中国学界继续发酵。1933 年 12 月 29 日晚，时为中山大学社会学系讲师的陈序经在中山大学礼堂发表题为《中国文化之出路》的演讲，公开提出"全盘西化"论，引来多名中国知名学者言论或撰文附和。但此论也遭到中国许多学者反对。最大反对声浪起端，为 1935 年由王新命、何炳松等十位教授针对全盘西化论发表的《中国本位的文化建设宣言》（《十教授宣言》）以及随后的《我们的总答复》①。之后，两方阵营揭开了相当长时间的"全盘西化"和"中国本位"的激烈论战。论战结果，到 20 世纪 30 年代末期，双方达成了"中国社会亟须要现代化"的共识。

值得指出的是，在近代，中国的"志士仁人"大都主张向西方寻求真理，主张"西学东渐"。在金融领域，"西学东渐"以"学"与"术"相结合的形式显现，也就是要国人学习和接受西方人"创造发明"的金融思想、理论、主张和做法。

从传播的主体看，不同时期有所不同。早期的西方金融思想传播主体主要是中国士绅官僚内部思想较开明者以及一些来华的外国人，包括传教士、中国政府的外国雇员、商人、教师等。中国通商口岸的陆续开放和洋务运动的兴起为这些人介绍西方的金融学说提供了条件。此后更有部分官员以使节身份出使外国，直接接触西方社会，直接了解西方的金融体系与思想。清末乃至民国时期，均有一些外国人或带着他们本国政府给予的任务，或受中国政府的邀请，对中国的金融改革和建设提出他们的建议。虽然很多建议代表着他们本国的利益诉求，但在客观上也起到介绍西方金融思想的作用。进入20 世纪后，留学日本、留学欧美成为潮流，这些留学生在国外学习西方经济、金融理论，回国后逐渐成为传播西方金融思想的主力。他们或直接翻译西方金融著作并出版，或直接撰写介绍西方金融理论的著作，更多的则是按照西方金融著作的体例进行金融著作的撰写。在这股以留学生为主体介绍西方金融思想的潮流中，留学欧美的渐渐地超过留学日本的，成为介绍西方金融学说的主力。这是因为留学欧美的金融学者相较留学日本的金融学者所接受的现代金融学训练更为系统和完整。随着他们的学成归来，中国金融学界无须再"转卖"日本学者所著的"二手"金融学著作了。

---

① 《十教授宣言》由《文化建设》月刊发行人樊仲云发起，王新命主持，何炳松、武育干、孙寒冰、黄文山、陶希圣、章益、陈高佣、萨孟武参加，发表于《文化建设》月刊第一卷第四期（1935年 1 月 10 日）。"宣言"认为，"我们的文化建设应该是：不守旧；不盲从；根据中国本位，采取批评态度，应用科学方法来检讨过去，把握现在，创造未来"。"宣言"发表后，引起学界多人批评。为对全盘西化论的批评进行反批评，及对宣言内容进行补充说明，"十教授"又于同年 5 月 10 日在《文化建设》月刊第一卷第八期发表《我们的总答复》，对若干问题做了进一步说明。

从传播时限上看，西方金融思想在近代中国的传播经历了一个由浅入深、由点到面、由零星到系统的演进过程。这一过程大致可分为三个阶段，各个阶段由于传播者认识水平的不同、传播途径的差异以及西方金融理论本身也在不断发展完善过程中，故传播的内容、重点也不尽相同，并呈现出不同的特点。

第一阶段：西学东渐之初（1840 年第一次鸦片战争至 1894 年甲午战争）。

之所以说这一时期是"西学东渐"之初期，原因在于当时受主客观条件的限制，对西方货币金融理论的译介还较简单，并不系统，也并未专注于货币金融方面，尤其是人们并未对之进行深入的研究和建设性的评论。

早在 1846 年，启蒙思想家魏源就在《海国图志》中首次把英国的银行学知识引入中国，初步向国人介绍了英国债券、银行券、汇兑、存放款等银行业务，还对英格兰银行和普通商业银行的设立及资本情况进行了简要介绍。19 世纪 60 年代，一批早期的留学人员和外交官开始较多但仍然是零星地向国内介绍西方的金融学知识。洋务运动开始后，西方金融思想开始通过译著、评介等中文出版物的形式，源源不断地传入中国，就内容上来看也日渐系统起来。

1880 年由京师同文馆副教习汪凤藻翻译、时为京师同文馆总教习的美国传教士丁韪良校订，出版了英国经济学家福西特（1833—1884 年，Henry Fawwcett）的《政治经济学提要》（当时书名译为《富国策》）。这是近代中国第一部专门介绍西方经济学的著作，对中国学术界产生了巨大的启蒙作用。1886 年，我国翻译出版了英国边际效用学派创始人杰文斯（W. S. Jevons）的《政治经济学入门》（当时书名译为《富国养民策》）。上述两书虽不是专门论述金融问题的专著，但有相当篇幅涉及货币、利息、币制等金融内容。

第二阶段：西学东渐加速时期（1894 年甲午战争至 1928 年南京国民政府成立）

之所以说这一时期是"西学东渐"之加速时期，原因在于：（1）介绍和研究西方金融理论的书籍日趋增多。比如，甲午战争后到辛亥革命时的 17 年间（1895—1911 年），共出版至少 80 种经济学著作，其中财政金融方面的达到 25 种（中国人编著了其中的 12 种），包括银行学著作 8 部。北洋政府时期，共出版银行学著作 18 部，包括银行基础知识与理论著作 14 部和银行史著作 4 部。（2）对西方金融理论的介绍更加全面、准确。这首先表现在对银行知识与理论的介绍上更加全面、详细，已涉及银行的作用、种类及中央银行制度、中央银行政策工具的运用等。

甲午海战至辛亥革命这一阶段，金融"西学东渐"的主要成就如下：1896 年，中国近代早期改良主义者、我国留学生事业的先驱容闳把美国 1857 年出版的《国民银行法》翻译成中文，使国人得以初步了解美国的现代银行制度。1896 年中国出版了英国人 James Platt 著、John Fryer（傅兰雅）口译、徐家宝笔述的《保富述要》，这是第一部被译成中文的西方货币银行学专著。1901 年出版了钱恂（1853—1927）（曾任出使荷兰大臣、出使意大利大臣和参政院参政）编译的《财政四纲》，这是我国出版的第一部内容较为完整的货币学著作。1902 年，上海南洋公学译书院出版了严复翻译、亚当·斯密所著的《原富》，这是中国第一部西方古典经济学名著的中译本。

进入北洋政府时期，由于受到西方经济学正规教育的中国人越来越多，西方金融理论传入中国的速度大大加快。这一阶段，金融"西学东渐"的主要成就如下：商务印书馆 1911 年出版了国内最早的一本有关银行理论的译著《银行学原理》（Theory of Banking，C. E. Dunbar 著，王建祖等译）。1913 年，罗发森根据"日本明治大学商科教头法学博士佐野善作"讲授内容而编译的《银行论》在日本东京印刷后运回国内销售。另有一本彭兆璜（早年追随孙中山参加辛亥革命，曾任湖南省议会议长）根据日本水岛铁也所著《银行及外国为替》编译的《银行实务》，也属于国内较早的译自西方的银行学著作。王怡柯（曾任河南大学法学院院长、河南村治学院教务长）于 1924 年编译、商务印书馆出版的《货币学》集纳了很多学者的不同观点。此外，李克谦、李翰章（毕业于早稻田大学政治系，曾受聘为"国立山西大学"教授，为山西早期的马克思主义传播者）根据早稻田大学研究社 1917 年版本合译出版了《货币论》，马国文以京师大学堂杉荣三郎讲述为依据编写的《货币学》于1914 由中华书局出版。这些书都对普及西方金融理论起到一定作用。

第三阶段：大规模西学东渐时期（1928 年南京国民政府成立至 1949 年国民政府败退台湾）

这一时期金融思想的西学东渐，特点有四。

一是中国金融学者已不满足于简单地"拿来"，而是通过归纳、综合与研究，比较深入系统地介绍西方金融理论。在这方面，有三本著作发挥了较大作用。其一是姚庆三著、国民经济研究所 1938 年出版的《现代货币思潮及世界币制趋势》，该书在介绍西方货币理论方面无论就内容深度、广度还是就时效来讲都较其他书籍为好。其二是李权时著、上海世界书局 1930 年出版的《货币价值论》。该书对费雪、马克思、K. Helfferich（德国人）、J. Bodin（法国人）、G. L. Laughlin（美国人）、B. M. Anderson（美国人）等人的货币价值理论进行了颇为详尽的介绍，并提出了自己的倾向性观点。其三是杨端六著，香港 1941 年出版的《货币与银行》。该书传播甚广，至 2007 年仍被武汉大学出版社列为"武汉大学百年经典"之一出版。除类似上述三本对西方金融理论介绍较为详细的专著之外，另有一些学者在自己的专著中或多或少也引用或介绍了西方金融理论，客观上起到了传播西方金融理论的作用。如赵兰坪所著的《货币学》（1936 年）围绕货币对外价值的决定这一主题，介绍了四种学说：国际贷借说、购买力平价说、国际贷借和购买力平价折衷说、汇兑心理说。马寅初所著的《通货新论》（1944 年出版）则讨论了购买力平价说、以费雪为代表的美国派货币数量说以及以凯恩斯、马歇尔、庇古为代表的英国派货币数量说，并介绍了欧战后各国整理货币之情况及方法。

二是在介绍西方金融理论方面，直接翻译出版的著作数量增加，作用增大。据初步统计，从 20 世纪 20 年代到 40 年代，国内翻译出版的主要金融理论著作达到 45 本之多。

三是除继续引进欧美日等国的金融理论外，马克思主义金融理论及苏联的金融理论也开始通过正式出版物的形式传播到国内。如 1930 年上海昆仑书店出版了陈豹隐根据《资本论》第一卷第一篇翻译的《资本论》，1935 年出版了汪耀三（《傅立叶选集》、苏联版《辩证法教程》的翻译者）译自日本猪俣津南雄著的《金之经济学》（李达在序言中指明该书前半部分系根据《资本论》编写而成），1937 年出版了持马克思主义治学观点的赵乐人译自日本宫田保郎著的《货币的实际知识》（原著再版时更名为《货币经济学》），1938 年上海读书生活出版社出版了郭大力①、王亚南②翻译的三卷本《资本论》，1939 年出版了俄国加兹罗夫编写的《货币信用论教程》，万鸿开、李竹溪译自英国人 L. E. Hubbard 所著的《苏联之货币与金融》，以及万鸿开翻译、哈巴德著的《苏联之货币与金融》，1940 年出版了俄国普列奥布拉仁斯基编写的《货币》，1949 年出版了吴清友编撰的《苏联的货币与银行》，彭华翻译、阿特拉斯著的《苏联银行国有史的发展》，以及季陶达翻译、阿特拉斯著的《苏联银行国有史论》（上册）等。

四是随着南京国民政府的成立，西方中央银行思想得到重点、快速传播：1927 年 4 月出版了英国人哈佛的《中央银行之基本原则》，1929 年 10 月出版了孙祖荫的《各国中央银行比较论》（这是我国第一部由国人自撰的专论中央银行制度的著作），1931 年出版了陈清华翻译的《中央银行概论》（Central Banking，Kisch 和 Elkin 合著），1935 年出版了资耀华③所著的《英美银行制度及其银行业之现状》（商务印书馆）等。其中，陈清华翻译的《中央银行论》是第一本较为系统论述中央银行的专著。该书的出版被人认为中央银行理论开始从一般银行理论中独立出来。国民政府中央银行经济研究处在 1934 年 1 月至 1935 年 3 月编译了法国、德国、日本等 15 个国家和地区的货币银行法规，对传播西方银行思想也作用颇多。

西方金融思想在中国的传播，产生了广泛影响。一是为近代中国金融向现代化的转型提供了极为关键的理论支持，直接推动了银行、证券、保险等新式金融在中国的发展。西方金融理论对中国近代金融事业发展的影响由中

---

① 郭大力（1905—1976），江西南康人，著名经济学家、教育家，曾在厦门大学任教。建国后曾任中国科学院哲学社会科学部委员。

② 王亚南（1901—1969），湖北黄冈人，著名经济学家、教育家，曾任厦门大学校长，是中国马克思主义经济史学的开拓者之一，首倡"中国经济学"概念，著有《王亚南文集》五卷。

③ 资耀华（1900—1996），本名资朝琮，字璧如，湖南耒阳人。曾任北平法学院、中国大学、民国大学教授，《银行月刊》总编辑。1928 年入上海商业储蓄银行直至 1950 年，历任调查部主任、天津分行经理、华北管辖行总负责人。

国社会科学院研究生院教授陈东琪的一段评论可见一斑。陈东琪在《中国经济学史纲（1900—2000）》一书中写道："无论是金融理论还是金融实践都有一些中西合璧的成分。实践中蒋介石政府关于中央银行制度建设和实施法币政策，不是参照了国外银行的做法，就是听从了西方经济金融顾问的意见。"二是对中国金融学理论建设起到很大的指导作用，促使中国学者开始以国际通用的范式建立和规范具有现代气息和科学成分的金融学理论框架。金融学家黄达在《回顾 1950 年之前"货币银行学"学科的发展》一文中提到："在中国，'货币银行学'学科，或者说'货币银行学'课程，是'舶来品'。"正是这些"舶来品"使中国的金融学教育得以与国际同步开展起来，为民国培育了一大批金融专业人才。

需要指出的是，我国近代金融思想的西学东渐不是在太平盛世中进行的，也不是在平静的大学校园、科研机构中构建的。近代仁人志士是在战乱、饥荒、动荡和民族危亡等社会深度危机中探讨那些迫在眉睫的金融问题的，且这种探讨还常常被亡国灭种危机所迫切要求的民族救亡所割断、所延迟，从而使我国近代以来西学东渐到中国的金融思想更多地呈现出民族性、革命性、思想性较强的特点，具体表现就是救急性金融被快速引进并应有，但金融学的一些基础性理论虽有大量引进，但与现实金融相关的部分更加受到重视。这通过以下五个事例可清晰地看出来。一是币制改革问题关系着维护国家主权、强化中央政府威权这个大问题，虽然当时世界主要大国已不存在币制尚未统一问题，但从清末延伸到南京国民政府时期，仍成为国内朝野各界一直热衷讨论的课题。二是各种金融组织被迫过多地介入政治且不得不为政治利益服务，使得我国近代各种金融组织不能完全依托经济发展进程按照经济发展的内在逻辑来发展，也无法与经济发展形成良性互动。清末创设银行的首要目的也无非是缓解因连年对外赔款而引发的日趋严重的财政金融危机，此后也无非主要是为了筹饷以服务于内外战争，典型事莫如广东革命政府于 1924 年成立的中央银行作为我国历史上第一家以中央银行命名的国家银行，首先发挥的并不是作为中央银行所固有的职责，而是为北伐战争筹集并调拨一切军政费用的职责。三是在译介国外金融学著作时以国内急需为优先原则，而对金融学科应具有的系统性、完整性重视不够。甲午战争后，国人一反千百年来对"蕞尔小国"日本的瞧不起，开始以日为师，此时大量经济金融学著作是从日本被翻译介绍到国内的，且重点介绍的是日本的银行制度。苏联一跃成为大国、成为被压迫民族崛起的象征后，苏联银行组织及立法、苏联国家银行及各种专业银行制度及业务，以及苏联银行国有化理论的书籍则被大量介绍到国内。当北伐战争胜利南京国民政府成立后，中国实现基本统一，建立统一的金融体系被提上日程，此时大量有关中央银行的理论则被翻译介绍到国内，直接服务于中央银行制度的创立。四是五四运动后，民主、科学大旗高高飘扬，自由主义大行其道，但金融领域很快就配合集权政治体制的建立而建立了官僚资本基本上一统天下的垄断性金融体系，市场化发展的金融因素不得不日趋缩小其领地，甚至最后不得不依附于官僚资本垄断性金融体系。五是在时代大潮中金融学说和理论被赋予了阶级利益代言人的色彩，具有不同阶级观点的人，金融学主张也迥然不同。马列主义金融学与当时主流金融学相对立但日趋壮大，在对国民党统治下金融问题开展批判以服务于革命事业方面，功绩巨大。

经济技术发展为金融业发展奠定了经济基础，人才集聚是金融业发展不可缺少的人力资源，思想文化背景的显现则解放着人的思想，增进了人的智慧。这三个重要因素推动着 20 世纪 30 年代中国金融业的发展和货币银行制度建设的讨论。其金融业的发展集中体现在以下主要金融事件中。

（四）主要金融事件

20 世纪 30 年代，除国际上发生蔓延世界的经济大危机、布雷顿森林体系建立、金本位制终结、现代中央银行制度最终形成、纽约作为国际金融中心的崛起等重大事件外，国内金融领域也发生了一些影响当时及后世的事件。较著名的当属以"废两改元"和法币改革为核心内容的币制改革、"四行两局"金融垄断体系的形成、上海作为远东金融中心的崛起以及日益显著的财政赤字与通货膨胀等。

1. 币制改革："废两改元"与"法币改革"

清朝后期，币制紊乱，流通中的货币繁多杂乱，给市场交易、百姓生活和社会经济运行都带来极大不便，还滋生了不同货币之间非正常的套利行为。因此在清朝灭亡后，袁世凯北洋政府、孙中山临时政府均试图推行币制改革，统一货币，但均未成功。

1928 年南京国民政府成立后，即着手推进币制改革。同年，政府在上海召开全国经济会议，讨论决定统一财政，集中纸币发行，组织国家银行，推行金汇兑本位等事宜。1933 年 3 月 8 日，财政部公布《银本位币铸造条例》，决定从 3 月 10 日起先从上海实施废两改元，然后推行全国。4 月 6 日，财政部又通令全国废两改元，规定从即日起，全国所有公私款项收付、所订立的契约票据和一切交易均须一律改用银元，不得再用银两。"废两改元"是一项使货币单位单一化的有力决策，是走向货币制度近代化的必要一步，但也是一项难度极大的系统工程，涉及中国的钱庄和银行，还涉及外国银行以及外汇的兑换。凭借国民政府的强力推动，这一顺应历史潮流、符合商品经济发展要求的举措得到上海、汉口、天津等地银行公会、钱业公会的响应而得以贯彻。国民政府这一币改举措基本获得成功，中国币制开始真正走向统一，国民政府对全国货币发行权的控制也得到加强。

废两改元只是在币制改革上前进了一大步，还不是彻底的币制改革。当时，世界各国相继采用金本位制，只有中国、印度和墨西哥等少数国家仍在采用银本位制。1934—1935 年间，中国因美国高价收购白银、中国白银大量外流而引发白银风潮。在世界银价大幅涨落的一再冲击下，国民政府于 1935 年夏天决定放弃银本位制。当年 11 月 3 日颁布《施行法币布告》和《法币实施办法》，同日孔祥熙以财政部长身份发表"关于币制改革的宣言"。币制改革后，法币以对英镑的汇率来表示自身的价值，实际上是采取汇兑本位制，法币成为英镑集团的成员之一。法币政策实施后，货币紧缩情况扭转，汇率平稳，利率下降，物价回升，工商业复苏，城市经济出现繁荣景象。从全国来看，法币得到推行，基本上收到统一币制之功效，实现了自清末以来历届政府想做而未能做到的币制改革目标。

2. 金融（垄断）体系的形成

"四行二局"是南京国民政府于1928—1935年间为管控全国金融和经济，通过运用政权力量，或新设，或改组，而建立起来的包括中央银行、中国银行、交通银行和中国农民银行这四行和中央信托局、邮政储金汇业局这两局在内的金融体系的简称。在这几家金融机构中，中央银行是核心，中国银行和交通银行是支柱。包括中国通商银行、四明商业储蓄银行、中国实业银行等在内的许多民族资本银行在金融垄断体系形成后不得不变为官商合办银行，成为国家信用的附庸。

抗战爆发后，国民政府为建立和强化战时金融管理体制、应对战争期间的金融紧急情况，于1937年8月9日在上海成立了由"四行"各派委员组成的联合贴放委员会，办理对同业的贴现和放款业务。随着战事的发展，国民政府又在汉口、广州等地仿效上海组织形式建立联合办事处和贴放委员会。这些贴放委员会的贴放已从同业扩大到工商业。1937年11月，以贴放委员会为基础，在汉口成立"四行"联合办事处总处。1939年10月，在重庆正式成立四银行联合办事总处，简称"四联总处"。根据国民政府1939年9月颁布的《战时健全中央金融机构办法纲要》，"四联总处"承担筹划与推行国民政府战时金融经济政策的任务，实际上是国民政府战时金融方面的最高指挥和监督机构，不仅负责战时与金融有关的重大经济政策，而且负责统一管理"四行"的业务，因而权倾一时。通过四联总处，国民政府把金融垄断程度进一步推向高峰。

3. 消除财政赤字与抑制通货膨胀

财政赤字与通货膨胀是困扰南京国民政府始终的难题。1935年币制改革后开始启用纸币。但纸币一旦不遵守纸币流通规律，就为通货膨胀创造了条件。实行法币政策前夕，中央、中国、交通三家银行发行的钞票只有4.5亿元，到1937年6月已增至14.1亿元。其中虽有抵补原来流通的银元等因素，但用于弥补财政赤字的超经济货币发行也确已开始。日本发动全面侵华战争后，东部富庶地区很快大面积沦陷，国民政府财政收入迅速减少，而战时军费开支却大大增加。1937年下半年至1938年这一年半时间，财政支出迅速增至 32.9 亿元，而同期财政收入仅 7.6 亿元，两者相抵亏短 25.2 亿元。战争初期，国民政府发行救国公债，购者踊跃，但后期却销售不佳。外债作用亦为有限①。故抗战期间，政府的财政赤字基本上靠银行垫款弥补。银行垫款增加，只能靠增发货币解决，大额钞票也相继出笼。1937 年底法币发行量达 16.4 亿元，1942 年达 343.6 亿元，1945 年则达 10319.3 亿元。1945 年法币发行量比 1937 年增长 628 倍。1940 年发行法币 50 元券，1942 年则发行 100 元券，1945 年更是发行 1000 元券。1939 年以前，通货膨胀速度尚缓，1940 年起则进入恶性通货膨胀阶段。

抗战胜利初期，国民政府本面临一些消除财政赤字的有利因素，但这些有利因素转瞬即逝。财政赤字非但没有消除或减少，反而由于全面内战爆发、军费支出倍增而逐年都在成倍增加。1947 年以后，财政赤字几乎全靠向中央银行借款来解决。银行垫款后的亏空，则基本上靠增加纸币发行来解决。纸币严重超发引起物价恶性上涨，法币极度贬值。如以法币购买力计算，抗战刚胜利时的 1 元法币，三年后其购买力只剩下十万分之七。为收拾法币残局，重建货币信用，国民政府采纳时任财政部长王云五草拟的币制改革方案，于 1948 年 8 月 19 日发行新币即金圆券，但由于金圆券没有发行准备，缺乏经济条件和物质基础，在通货膨胀有增无减的情况下，金圆券 20 亿元的预定发行上限很快就被突破。此番改革最终也以失败告终。

4. 上海成为中国最大的金融中心

北洋政府时期，上海就已成为全国南北两大金融中心之一（另一个为北京）。南京国民政府成立后，上海金融业由于与蒋介石政权之间的紧密联系又获得空前发展。在 20 世纪 30 年代初期，上海不仅成为当时全国最大的金融中心，也成为远东地区屈指可数的国际金融重镇。基本标志有三。一是银行同业间拆借市场、票据贴现市场、证券市场、内外汇市场等金融市场发达，交易量巨大。以证券市场为例，南京国民政府成立前，北京和上海证券交易额大致相当，但到 1933 年，北京全年证券交易额仅相当于上海华商证券交易

---

① 如 1940 年国民政府发行公债只售出 800 万元，而同期财政赤字却达 39.63 亿元。

所交易额的 0.5%。1927 年上海华商证券交易所成交额为 2.39 亿元，到 1934 年即增至 47.71 亿元。上海华商证券交易所建有八层证券大楼，为全国乃至远东唯——座专门从事证券交易的建筑。当时上海外汇市场的活跃程度在远东地区也是首屈一指，标金（黄金中通用品种）市场成为全国金市场中心。二是成为全国重要金融机构首要机关的集中地。"四行两局"及金城、盐业、大陆、中国实业等银行的总部都集中到上海，全国著名银行中有 81% 把总行设在上海。上海成为全国货币发行的枢纽、白银进出口的总枢纽、借贷利率升降及外汇和金银行市的风向标、最大的证券市场所在地。三是资金集中，筹融资功能强。上海集中了全国近半数的金融业实力。1933 年左右，上海一地银行所吸收的存款占全国银行存款总额的比重高达 30%～40%，上海中外银行的库存现银占到全国总量的 76%。

5. 外汇改革（1936—1937 年）

1935 年币制改革时国民政府曾承诺法币可无限制买卖外汇，但抗战开始后，为加强出口外汇管理，国民政府逐步建立起包括外汇审核制度在内的战时外汇管制体制。抗战胜利后，实行外汇市场开放的呼声日高，并且彼时开放外汇市场的物质基础比较雄厚——中央银行拥有近 9 亿美元的外汇储备，包括 3 亿美元的黄金储备。在宋子文看来，开放外汇市场还可大规模吸引外商来华投资，有利于遏制通货膨胀，维持法币币值。国民政府遂于 1946 年启动外汇自由化改革，内容包括调整外汇汇率、开放外汇买卖和中央银行办理外汇审核三个互有关联的方面。当年 2 月，《中央银行管理外汇暂行办法》出台，规定央行以五亿美元为准备发行法币，法币兑美元的汇率大幅贬值，黄金和外汇重新自由交易，并由央行成立平准基金随时进行市场调控，以维护法币币值稳定。但由于国民政府未能出台抑制通货膨胀的配套政策，而庞大的财政赤字特别是军费开支又无法削减，在政策出台后，通货膨胀势头更加凶猛，官订汇率贬得很快，黑市汇率亦如是，造成法币币值暴跌、央行可用外汇资金剧减。改革预想的刺激出口、出口创汇均未实现，外资又因金融不稳定而未踊跃输入。1947 年 2 月 16 日，《经济紧急措施方案》出台，再度禁止黄金买卖和外汇流通，央行不再出售而只购入黄金，标志着外汇自由化改革失败。

以上币制改革、金融体系、赤字与通胀、金融市场的形成与外汇改革，作为 20 世纪 30 年代中国金融大事，对当时金融理论提出了紧迫的需求，使这些问题成为那一时期金融理论讨论的重点。

二、关于货币本质及货币制度本位的讨论

学术思想的演变通常是由"学理导向"和"问题导向"两条线索推进的。梳理 20 世纪 30 年代金融学说，能够感受到那一时期学术研究的问题导向意识。上一节论列的国内外金融大事件都在中国金融学说的近现代演变中发挥着直接的导向作用。本节及以后的两节择其重点，就当时关于中国货币制度建设的主流观点进行评述。

（一）货币本质的金属主义论与名目主义论

在中国，关于货币本质的问题，金属本位制时期主要分成了两大派别，即金属主义和名目主义。1935 年法币改革后，近代中国正式进入纸币本位时代，两个派别的关系也发生了变化，金属本位因遇到越来越多难以解释的货币现象，因而逐渐衰败，名目主义开始起主导作用。

金属主义货币学说源于金属本位的货币制度，由商品经济的发展程度所决定，并对金属本位制的实施给予了理论上的支持。它的理论基础由商品交易行为、货币的基本职能和货币的供求关系构成[①]，并将货币的本质概括为以下五点：一是货币的本质由货币的材料所决定，货币材料本身如果没有价值，则货币就不能完成货币的使命而不能称之为货币；二是货币能够随时变成商品，即货币本身是有价值的贵金属；三是货币的价值由决定一般商品价值的原则确定；四是认为纸币本身没有价值，因此需要用有价值的贵金属作为兑换准备，使纸币随时可以兑换为金属货币或等量的金属块；五是应由商品交

---

① 王素珍：《关于货币本质及货币政策目标问题的讨论》，23 页，第 1 版，中国金融出版社，2000。

易量的多寡来调节货币流通量和货币供求关系，这在一定程度上说明金属主义是反对国家干预的。

名目主义货币学说更加适用于信用货币制度。它区分了货币和商品的概念，认为货币不是商品，否认金属主义所说的货币和贵金属之间的关系，并反对用贵金属作为货币的材料。对于货币本质问题，名目主义概括为以下几点：一是应从社会经济的总体而非个体的角度出发来说明货币的本质；二是不仅认为纸币同金属货币一样具备货币应有的职能，而且是货币发展的更高一级形态；三是认为货币和商品在性质、价值和使用目的上毫不相同因而否认货币是商品；四是认为货币量不是金属的数量，而只是对社会财富的一种表示和财富转移的手段；五是认为货币的价值取决于货币职能的价值，而不是货币的材料；六是货币在形态上为一国法令所创造，即国家以法令的形式赋予本国货币特定的名称、价值和面值[1]。

在 20 世纪 30 年代，中国的学者们对这两种派别进行了各自的分析和评价。

学者马咸对金属主义和名目主义做了评论，他认为金属主义之所以流行，是因为当前的货币制度是与金属主义相适应的金属本位制，人们习惯了金属货币，因此深信"货币的价值完全是从构成货币的金属的价值而来的，若没有金属的价值，货币也就没有价值。但是这种思想，在现在我们实在不得不说是错误的。"[2] 他认为金属主义的根本错误在于把货币的实质价值与货币的流通看作一个事实，货币本身并没有实质的价值也能得到流通的效果。因此纸币也是货币，而且即便是能兑现的纸币，也绝非金属货币的代理者。马咸充分肯定了名目论，理由是"唯名主义学说以为货币是票券式的唯名的存在物，这种主张，的确可以使人信服的真理，因为货币的币材与货币本身，本是两不相关的两个独立的观念，性质完全不同"。他的理论发表于 1938 年，在一定程度上迎合了当时法币改革政策的需要。

---

① 王素珍：《关于货币本质及货币政策目标问题的讨论》，24 页，第 1 版，中国金融出版社，2000。

② 马咸：《法币讲话》，122～123 页，商务印书馆，1938。

复旦大学教授沈志远在他的著作《新经济学大纲》中对金属主义和名目主义进行了讨论。他首先批判了"国家观的货币论"（即名目主义）和"金属观的货币论"，认为这两种理论都忽视了货币在商品交易中表现出的作为人与人之间经济联系的"工具"这一作用，而这一点是异常重要的。他对名目主义的批评是从理论与实际两个方面展开的。在理论上，"国家论底重大的弊端，就是它拿住了货币底一种职能（例如流通工具），就根据这一职能去下整个的定义；执迷于一种职能，片面地据此以说明货币之整个的实质"。从实际上讲，"国家论所根据的事实情形，就是在自由铸币制不存在和纸币能畅快流通的时期底那种情形……根据这种理论，货币就只是流通工具和支付工具"。而事实上，货币除了作为流通工具和支付工具，还有价值尺度、宝藏工具和世界货币等职能，且名目主义没有考虑到铸币自由制存在和通货膨胀时期的情况。他举例说，"如果照国家的货币论底说法，货币是国家的、合法的、可以十足通用的符号，那么为什么在膨胀时期，……这大批大批同样是'国家的''合法的'纸币，简直弄到一文不值的地步呢？"

至于金属主义，沈志远首先介绍说，金属论者认为商品不能交换纸币，因为纸币不是商品，纸币作为纯粹名义的货币符号，是不能在商品流通中通用的。然后指出"纯粹名义的（即本身无价值的）同时又十分稳固的货币符号长期流通着的历史的事实，完全驳倒了金属论派底见解"。金属主义的错误在于把货币和货币金属混为一谈，忽视了货币作为一般等价物的特殊商品的本质。"货币是商品，这自然是对的。但是仅仅这样说，就等于一点也没有说到货币底实质。须知货币论中最重要的一点，就在分析这一商品之特殊的本质，说明货币这一商品与其他商品之区别点，说明货币与一般商品之对立性。"而货币和一般商品的区别就在于"货币为一般商品价值之共通的等量形态，它是表现一般商品之价值的工具，而一般商品则都是价值底相对形态。"[1]

北京大学教授陈豹隐从法律的角度对两个学派做了评析。他认为名目主义的根本错误在于将货币看做法律的产物而否定了货币的价值。名目主义注

---

[1] 沈志远：《新经济学大纲》，150～153 页，三联出版社，1949。

重货币的支付手段，但没有给出成为支付手段的理由。实际上，支付手段是由货币具有真实价值从而具有价值尺度和购买手段两项职能所衍生出来的，"是因其本身有价值，而绝不是靠法律规定而生的"。否认货币的价值，不承认货币具有价值尺度的职能，就无法解释货币价格的变动现象。他总结道，"名目论的谬误，第一在没有明白货币是必然从商品交换当中发展出来的一种本身具有价值的特殊商品，第二在他不懂得货币是社会的范畴又是历史的范畴。名目论只以为货币是偶然的法定的东西，而不知它是历史上为解决某种社会问题而生出来的东西，所以名目论不能不陷于错误。"至于金属主义，他认为该理论没有懂得货币的必然发生性，"它只懂得货币本身有价值，而不知道这个价值转变为货币之后变更了质，因此，把货币与别的商品当成同样有价值的东西。"①

应当说，名目主义与金属主义理论都是片面的，对于货币本质的认识仅从货币的个别职能去理解，即金属主义从货币的价值尺度、流通手段和世界货币三个职能去认识货币，忽视了流通手段和支付手段的职能；名目主义注意到了货币的流通手段和支付手段，却忽视了货币在执行世界货币职能时应有的真实价值。此外，两种理论的对立也是由于两者分别以不同的货币制度为根基而发展的，金属主义更加适用于金属本位的货币制度，随着信用货币的发展，名目主义则更有解释力。

（二）货币本位制度的讨论

近代中国建立何种货币制度的问题，是各界人士讨论的热点。特别是对于我国应实行哪种本位货币，人们提出了不同的看法。那一时期参与中国货币本位问题讨论的主要有三类人士，一是政府官员，包括具有一定国际眼光的驻外使节；二是学者名流，包括学院派和实业界、金融界人士；三是由于多种原因关注中国币制改革的域外人士，如美国金融学者精琦提出的"中国币制改革方案"、爪哇银行行长卫斯林所著《中国币制改革刍议》等。本文以

---

① 陈豹隐：《经济学讲话》，509～512页，三联出版社，1949。

学术界人士的研究为主，选取了具有代表性的思想理论进行论述，具体包括对金本位、银本位、物产本位、纸本位等币制的探讨。

1. 对金属本位问题的讨论

（1）关于金本位制

驻日使馆商务委员黄遵楷于 1916 年出版了《调查币制意见书》，主张中国实行金本位制，并强调了法制对币制的决定作用。"故所谓币制者，即货币法制之省称"[1]，"然则货币法制，如能善良，则无金可以生有；货币法制，如不善良，则有金亦归于无。是又明明为法制之关系，非金货有无之关系也"[2]。接着，他提出建立金本位制的具体方法：货币单位定名为"圆"，银元一圆代表纯金二分，每圆银币重六钱六分六厘六毫，成色为 93.5374%，每一圆五角相当于原来的规元一两，便于换算。每圆含纯银六钱二分三厘，金银比价暂定为一比三十一点一五，人民对银币的轻重成色观念淡薄后，可降至一比二十。

曾任南京国民政府币制局副总裁的俞寰澄于 1920 年提出《利用时机整理币制计划书》，认为当时金贱银贵，入超减少，是实行金本位制的好机会。他主张先发行金券，每元含纯金 0.8 克，金券和银币不定比价，兑换时用换币费进行调节。当时有观点认为实行金本位制会提高物价，他的解释是，改用金本位后，商务必盛，物价必平，和人们的担心适得其反[3]。

（2）关于金银并行本位制

一些学者认为，当时的中国黄金产量少，且不能通过对外贸易顺差获得黄金收入，因此阻碍了金本位在中国的实行，试图探寻其他方案以解决中国币制问题。

民国初年，北洋政府币制委员会的专任委员刘冕执[4]在 1906 年曾发文《币制改革略谈》，主张实行跛行本位制或并行本位制，并于 1913 年提出金银

---

[1] 《中国近代币制问题汇编·币制》，陈度编，上海瑞华印务局，1932 年，606 页。

[2] 同[1]。

[3] 张家骧：《中国货币思想史》下册，899 页，湖北人民出版社，2001。

[4] 刘冕执（1872—1944），字闻畏，湖南湘潭人。曾任国民政府文官处参事。著有《能力主义与能力本位制》（又名《力融学》）、《钱币革命实行方案汇览》、《统一中国的新经济政策》等。

并行本位制。他认为中国不能实行金本位制的理由有三："（1）金货不足流通之额。（2）银货艰于处置，变卖金货则价立贱而国民蒙其损失。（3）虽欲以借金买金达其目的，而吾国地广人众需金甚多，必扰乱世界之经济市场，为欧美各国所不能许。"① 不能用银本位制的理由主要是银本位给外资输入中国造成障碍，"磅亏"严重，每年中国损失巨大；与世界实行金本位制的趋势相悖，人民不能方便地处理金货，造成黄金外流；国民资本贬值，在世界经济竞争中处于劣势。而金汇兑本位无法实行的理由，他举出了八条："一、金银比价难定，有流出熔解及提倡伪造之弊。二、无母国保障其准备金常陷于恐慌之地位。三、准备金款及改革费用至少须借款五千万镑。现时势难举此重债。四、准备金款放置外国有绝大之危险。且惹动各国存款多寡之争议。五、管理汇兑机关不易得人。六、比较他种本位制度废去一部分夹料准备，于今日中国之现货缺乏绝不相宜。七、妨害中央银行制度。八、国体上之关系。要之，非国家的外表内容俱陷于殖民地之地位，不能圆满适用。"②

鉴于以上三种货币本位都不可行，刘冕执提出金银并行本位制，认为其好处在于：外资输入便利，金货充足，并且逐渐增加而银货逐渐减少，转为金本位时能避免经济的激烈变动；不用另铸辅币，金银币没有熔解走私出口及伪造的弊端；可免去磅亏损失和国内金货可作为商品输出；可减少币制借款数额；逐渐培养人民用金习惯；推行便利等。不利之处在于：金银无法定比价，商家盈亏不确定，但是相对于其他本位制来讲，利大弊少。

1917年，《银行周报》主编诸青来发表《币制本位问题之商榷》，赞成刘冕执的金银并行本位制。但考虑到第一次世界大战后金价下跌使得金银比价发生了较大变动，提出对金圆、银圆的含金量进行调整：他主张金圆含纯金1.498克，银圆含纯银23.9775048克，均为无限法偿，两者之比为1:16，用兑换费办法调节，金圆可暂时不铸，先发行金券，等到生金吸收多了，再逐渐铸造发行十倍以上单位的金币。金币足用后，宣布实行金本位制。他总结道，"目前遽行金本位，既为事实上所不能。欲采精琦主张，施行金汇兑本位

---

① 金国宝：《中国币制问题》，31～32 页，北京中献拓方科技发展有限公司，1928。

② 同①。

制，又有种种危险。故不得已而采此过度办法也。要之金银并行制，利多于弊。"①

（3）关于金银分行制

曾任中央储备银行上海分行稽核科长的厉鼎模在 1925 年发表《中国币制问题之研究》，提出金银分行制，特点是尽量避免金银换算的风险和损失，以金对金，以银对银。这种币制规定，"国内交易，及对于用银国，均用银授受。惟对于用金国，则设法吸收金货，以应其收付之准备。有余则存置，有缺则以所缺之额而售银以偿，并不铸造金币，亦不强定金银纸法价。"并建议"先由国家银行内设国际贸易汇兑部，管理对外按金计算、国内按银计算之全权"②。对应到具体的经济活动，则在输出商品时按金计价，收受金币；国内产金禁止自由输出；借用外债用金存放国外，用做偿付货价和还债准备；吸收华侨资金存入国家银行；禁止生银自由输入等。

（4）关于分步骤实行金本位制

北京大学法学讲师李芳主张银本位制，然后逐步过渡到金本位。在其1918 年出版的《中国币制统一论》一书中，李芳分析了中国币制不统一对国民经济、国家预算、税收、公私簿记等方面的害处，并对各种货币本位制进行了讨论。他认为金银复本位弊端最大，不应在中国实行；银本位虽然适合中国国情，但不符合世界潮流，不利于对外贸易，亦不可采用；金本位制，由于政府财力有限，无法推行；金汇兑本位制，虽然不必集中金铸币，然而准备金的问题却又无法解决。虽然各币制有利有弊，但"恶币制究愈于无币制，必先于此义，而后可定我国币制改革之方针矣"③。因此他建议中国暂时采用银本位制，待政府财力充足后逐渐过渡到金本位制。关于银本位单位的问题，他认为，从理论上讲，"欲免增高铜元之法价，而维持生活之原状，则当定单位为纯银五钱四分。掺以净铜一成，则单位币之总量为六钱。考各国

---

① 诸青来：《币制本位问题之商榷》，载陈度编：《中国近代币制问题汇编》，第一册，527 页，上海瑞华印务局，1932。

② 陈度：《中国近代币制问题汇编·币制》，862 页，上海瑞华印务局，1932。

③ 李芳：《中国币制统一论》，北京大学，1918。

银币之分量，此尚不为过重。"① 但考虑到统一币制的问题，则应采用六钱四分八厘为单位，使银元总量为七钱二分，和旧铸银元重量相仿，便于新币制的过渡。

曾任北洋政府币制局总裁的梁启超也主张分步骤地实行金本位制。他考虑到在当时金贵银贱的情况下，中国对外赔款面临严重"镑亏"，且银价涨落无常也影响了对外贸易，所以中国在没有条件实行金本位的情况下，应采用虚金本位制，同金本位国间确立法定平价，通过平衡国际收支和买卖汇票的方式稳定对外汇价。然而他又考虑到中国当前的币制尚未统一，中央银行缺位，而实行金本位需要大量的现金准备，这在当时是无法实现的，故提出先实行银本位制，一两年后再改为虚金本位制，"姜亮遇有特别忌讳，或在本国开得金矿，或战胜他国而得偿金，乃进而为完全之金本位制"②。

（5）关于非金属本位制

法币改革时期，还有一些学者主张放弃金属本位，以物产或收益、财产为货币发行的本位，如徐青甫③的虚粮本位、刘冕执后期提出的能力本位、阎锡山④的物产证券理论等。

对于上述理论，浙江实业银行副总经理章乃器⑤的评价是："中国目下种种式式的币制改革论，都逃不出是通货膨胀论。粮食本位，能力本位和物品本位三者，着眼于农村金融，他们的共同目标，是使人民在产品或者劳力尚未卖出之前，就能取得货币，使金融不至枯竭。其他各种币制改革主张，主要是着眼于都市物价之跌落以及政府财政之困难；他们的共同目标，是抑低

① 李芳：《中国币制统一论》，北京大学，1918。
② 梁启超：《饮冰室合集·文集之二十二》，29页，上海中华书局，1941。
③ 徐青甫（1879—1961），原名徐鼎，浙江杭县（今余杭）人。曾任中国银行杭州分行副行长、浙江省民政厅长、财政厅长、代理省主席、浙江省临时参议会议长等职。清末民初政治人物、银行家，著有《经济革命救国论》等。
④ 阎锡山（1883—1960），字百川、伯川，号龙池。山西五台人。曾任国民政府行政院院长，去台后任国防部部长及总统府资政等职，著有《三百年的中国》、《世界大同》、《物产证券与按劳分配》、《兵农合一选要》等。
⑤ 章乃器（1897—1977），汉族，浙江青田人，曾任浙江实业银行副总经理、安徽省政府委员、财政厅厅长、全国工商联副主任委员等职，著有《章乃器论文选》、《中国货币论》。

币价，抬高物价，刺激人民的购买，同时使政府能以改革币制的余利，渡过目下的财政难关，将来更可利用低廉的资金市场，减轻债务上利息的负担，而且以便于发行新债。"[1] 他认为中国的金融危机从本质上来说是帝国主义侵略争夺所导致的，因此仅从国内着眼探求币制问题的解决并非万全之策。他主张中国要建立独立的货币制度，独立的货币本位"自然不能加入任何国际性的货币集团"。章乃器不反对暂时性地实行通货膨胀政策，但中国的根本出路是要"由侵略和剥削中间解放出来"。[2]

应当说，这些货物本位理论的产生是与当时的经济金融环境分不开的。美国实行的白银政策使得世界金银比价金贵银贱，这严重威胁到中国币值的稳定，同时由于巨大的贸易逆差和债务的清偿，中国承担了巨额的"镑亏"损失。作为一个用银国而非产银国，银本位制难以维持。法币改革前，中国的纸币种类多，流通混乱，且信用不佳，虽然改革银本位"最便当的方案为改行纸本位，但这一方案在那个时候是经济学家所不敢于设想的，这才出现了五花八门的有关本位制的离奇设想"[3]。然而货物本位理论常常受到外界的批评，历次的币制改革方案也都只涉及金属本位的讨论，使得货物本位最终也未能实施，并随着 1936 年国民政府宣布实行法币改革而渐渐衰落。

2. 对纸本位问题的讨论

随着国际经济金融形势的发展，人们逐渐意识到纸币作为流通货币的必然性，纷纷主张实行纸本位制。关于纸币本位问题，早在 1912 年 12 月，孙中山便提议实行纸币流通制度。当时辛亥革命刚结束，袁世凯政府财政困难，向他国借款而不得。孙中山认为"遇非常之变，当出非常之方以应之"[4]，应实行钱币革命，实行纸币制度。他看到在一些资本主义国家，信用货币已广泛使用，认为纸币流通符合社会发展的需要，必然将替代金银成为流通的货币。他同时也认为纸币有其危险性，其根源在于纸币不同于金银，本身并无

---

① 章乃器：《中国货币制度往那里去》，98 页，新知书店，1936。
② 同①，100 页。
③ 胡寄窗：《中国近代经济思想史大纲》，178 页，中国社会科学出版社。
④ 孙中山：《倡议钱币革命对抗沙俄侵略通电》，1912 年 12 月 3 日。

价值，因此要防止纸币的过度发行。纸币的发行不应弥补财政赤字，而应作为财政垫支，数额与税收额相等，税收完成后收回纸币。根据市场上商品的数量发行纸币，由国家掌握商品，"纸币之流于市面，悉有代表他物之功用，货物愈多，则钱币因之而多"[1]。因为纸币的发行有商品做保证，因而只要运用得当，就不会超额发行。

杨荫溥指出中国在"银潮下应取之纸币政策"，即以白银为准备的不兑现纸币制度。"实行纸币停兑，始能统制国际贸易，实行统制国际贸易，始能减少贸易入超；确能减少贸易入超，始能仍保存银为我有。"[2] 至于币制形态，"纸币停止兑现，在吾国即为停止银本位。此后无论对内对外，即一律以此不兑换纸币为交易上唯一之媒介物。"[3] 而具体实施应有健全的银行组织管理来保障，"至其实施办法，由发行各银行合组公库可；或者暂维现状，仍由各行分发，而仅以公开检查，随时布告为取信国人之途径，似亦无不可也"[4]。他认为纸币不兑换与通货膨胀之间并无直接联系，"准备增加，纸币始能增加；所发纸币，虽经停兑，而纸币兑现之能力，依然未减"[5]。实际上，对于不兑换的纸币，其价值与准备金脱钩，即便准备金是充足的，货币一旦超发，同样数额的纸币可兑换的货物减少，货币自然贬值，定会引发通货膨胀。因此不兑换和通货膨胀之间没有直接联系的说法是不正确的。

赵兰坪起先主张金块本位，后逐渐转变为主张纸币制度。她在 1934 年 10 月的一期《中央日报》上撰文指出，"预测将来世界币制之倾向，吾国放弃银本位制，不失为一贤明之政策"。放弃银本位后，"今后之货币政策，必须迅速采用银行纸币之单一发行制，并谋现银之集中，及其存放之安全"。她的纸币实施方案是过渡性的，"今后吾国货币政策，第一步，在集中发行，集中现银，整理辅币。第二步，则为放弃银本位制，暂行纸本位制。第三步，须待各国币制安定以后，在严密管理汇兑之下，行使以生金与金汇为兑现准备之

---

① 孙中山：《倡议钱币革命对抗沙俄侵略通电》，1912 年 12 月 3 日。
② 杨荫溥：《银潮中吾国纸币现状及其应变政策》，《申报月刊》，第 3 卷（1934 年）第 11 号。
③ 同②。
④ 同②。
⑤ 杨荫溥：《中国金融研究》，商务印书馆，308 页，1936。

金本位制"①。她也支持不兑现的纸币，即"事实上，法律上，皆已脱离一定量贵金属之束缚。价值之大小，不受任何限制，而有充分自由伸缩之纸本位制"②。她认为控制好纸币的发行量，使国际收支平衡，便能避免通货膨胀，"若能调节通货的供求，不受财政上之影响，国际收支，若能平衡，则虽并无正货准备之纸本位制，亦可通行无阻。惟其对外汇兑，不免时有涨跌耳"③。

国民政府统计局局长刘大钧也是随着形势的发展从支持金本位转为主张纸币本位，在 1939 年出版的《非常时期的货币问题》一书中，他表示中国应实施和西欧国家相同的管理货币制度：当时各国的交易"久已超越各国之国境，故各国货币宜有相当之联系"，而世界各国"多已放弃金本位，且方从事于货币贬值之竞争"，因此中国也应顺应潮流采取纸币制度。

邮政总局副局长谷春帆在 1934 年提出中国将不得不实行纸本位，因为"实行金本位，金汇兑本位，或是希望美国改变购银政策，终究只是空想"，而银块本位也是弊大于利。对于纸本位，他指出，"把纸币本位来代替银本位，在流通上决计没有问题。如其有问题，只有信用上的问题，因为，纸本位的最大危险，就在滥发"。他表示"决不希望有人要利用纸本位来实行膨胀政策"④。因为纸本位不同于银本位在超发时可以通过兑现收回，因此需要有人为的节制来控制纸币的发行量。"如其纸币发行之数量管理适当，则纸币的价值，决不至于贬落"。因此他建议政府如若实施纸币本位制度，"首先将纸币发行权集中起来，统一起来"；同时及时收回外商银行的旧纸币；中央造币厂也须立即停铸新币。

1933 年起，美国高价收购白银引发了白银风潮。国内白银外流，通货紧缩，银行减少放款，催收贷款，大量工商企业由于资金周转困难而倒闭，物价指数下跌了 21% ~ 26%，导致 1934—1935 年的金融危机。对于如何应对美国的白银政策，采取措施稳定中国的币值，人们提出了禁银出口和实施通货

---

① 赵兰坪：《征银出口税与今后吾国之货币政策》，载《中央日报》，1934 年 10 月 25 - 26 日。
② 赵兰坪：《现代币制论》，17、19 页，商务印书馆，1936。
③ 同②。
④ 谷春帆：《征收银出口税能不能阻遏现银外流》，载《申报月刊》，第 3 卷（1934 年），第 11 号。

膨胀政策等观点，但仍不能有效改变白银政策的影响。财政部部长孔祥熙在1935年11月4日发表宣言，标志着国民政府取消银本位，正式实施法币改革。法币政策的实施对于中国货币制度的发展有重大意义。废除银元，流通纸币，一改混乱货币的局面，适应了发展商品市场的需要；同时割断了中国货币与白银的直接联系，使中国货币不再直接受世界银价波动的影响，是顺应世界货币发展趋势的表现。

三、关于利率、汇率及通货膨胀的讨论

（一）利率决定理论的讨论

1. 利率决定的理论分析

利率是货币的价格，表现为借贷关系中利息额与所贷资金的比率，是金融市场运作的关键变量。在中国，从旧式金融业向现代金融业转型过程中，利率的作用愈发重要。一方面，中西贸易扩大、工业兴起，不论官办还是民办企业都对资金有很大的需求；另一方面，随着中国新式银行的发展和旧有钱庄转型，存贷款业务规模不断扩展，充分调动了闲散资金的周转，使信贷活动日趋活跃。

在中国金融市场中，利率包括银拆、金融机构的存贷款利率、公债利率和一般民间借贷利率①。1927年以前，由于没有中央银行和监管机构的介入，金融市场的利率并不像其他国家一样具有再贴现率作为基准利率，而是由钱业每天议定"银拆"作为基准利率。"银拆为表示上海金融市场规银供需情况之唯一测验器。银拆涨，为上海市场银根紧急之表示；反之银拆落，即为上海市场银根宽松之表示。而上海市场上其他银款交易行市及拆息之涨落，亦莫不视银拆之涨落为转移，基准利率。""银拆为表示上松紧，其表示之最真确者，厥惟银拆。银拆之上落，实足以代表其他拆息之上落：故银拆于上海

---

① 沈洋：《近代中国金融市场的利率水平及其影响因素分析（1860—1937）》，上海社会科学院，2008。

金融市场之势力亦特大。"① 南京国民政府成立后，这一市场惯例得以延续下去。

中国学者对利率的认识主要受到维克塞尔《利息与价格》、凯恩斯《就业、利息和货币通论》等西方学说的影响。杨端六在 1940 年著《货币与银行》一书中说，"重在说理透彻，由浅入深，引人入胜，而不重在标奇立异，独树一帜"。在该书"货币与利息"一章中，杨端六介绍了维克塞尔和凯恩斯的利率理论，并未陈述自己的观点。其中维克塞尔理论将利率分为货币利率和天然利率，并据此提出相应的理论政策："如物价不变，银行利率可不变。如物价上涨，则应提高利率。如物价下落，则应降低利率。"② 杨端六将凯恩斯利息学说中的基本观点概括为"主张把货币价值逐渐减低，以期达到增加利润因而增加生产因而增加劳力的需要之目的。要减低货币价值，必定要使借款利率比较低，低于企业所得的利润。他认为利率减低是可以刺激生产的。"③

马寅初在《通货新论》中赞成维克塞尔的自然利率理论，即储蓄和投资相等时的利率为自然利率，认为"自然利率下跌，则储蓄者将减少。储蓄减少，如需要资金不减，自然利率又将回高。故自然利率如一平衡线以平衡投资与储蓄者也。"自然利率是货币的潜在价值，在制定货币政策时，应使货币利率等于自然利率。他以美国的贴现政策为例，强调了自然利率的作用。"世界物价随美国走，美国物价随贴现政策走，贴现政策随自然利率走，故自然利率为一中庸之现象，犹中国之所谓'道'，所谓'天理'，顺天者昌，逆天者亡。自然利率必须为经济政策所宜遵循着，投资加大，储蓄亦加大；投资减少，储蓄亦减少，则自然利率可以不变。"④

徐青甫在"物本币末论"中认为利率对物价具有主动之力，利率由货币供求定律而来，货币供求相当则利率不会上升。通过货币管理能够使货币数

---

① 杨荫溥：《杨著中国金融论》，103 ~ 104 页，黎明书局，1931。
② 杨端六：《货币与银行》，132 页，武汉大学出版社，2007。
③ 同②，133 页。
④ 马寅初：《通货新论》，101 ~ 102 页，商务印书馆，1947。

量适应商品流通的需要，从而降低利率，增加商品产量。

滕茂桐于 1945 年出版《货币新论》，虽篇幅不多，但"采集各家之言，成一独立系统"。在该书"利率与生产计划"一章中，滕介绍了凯恩斯的利率理论，认为利率并非调节生产的唯一因素，利率与投资率的影响关系并非简单的正反方向，在一些情况下投资率减少，利率反而上升；利率提高后投资率也不一定受到阻碍。"企业家从事于生产，要考虑许多条件，利率只是一端，企业家对之固然要考虑，惟远不若经济学家所想象之重要。"①

樊弘在《现代货币学》中讨论了资本限界利润率递减的规律，强调公众的心理作用对利润递减的影响很大。此外，樊弘介绍了两种利率理论，认为利率或由贷款的供求关系决定，或由货币的供求关系决定，"一名可贷资本的利息的学说"，"一名货币偏爱的利息说，亦称活动偏爱的学说"，对应着不同的货币流派，且相互补充。樊弘分别论述了在均衡状态下和非均衡状态下利率对物价的影响。在均衡状态下，利率降低会使投资增加，物价上涨；短期利率降低，对短期资本的需要增加，消费财的价格会短期的增高；长期利率降低，对固定资本的需要增加，消费财的价格会长期的增高。在非均衡状态下，利率相对于限界利率来说居于次要的地位。因为资本家主要考虑预期利润率的高低来决定自己的投资，"他们所计较的是太阳和月亮大的损失或利得，星星小的几厘钱的利息的差额，自然不在计较之列"②。

2. 对现实经济中利率水平高低与否的讨论

由于近代中国生产方式较为落后，资本积累不足，资金借贷延续了古代高利贷的形式，与同时期资本主义国家相比，银行放款利率水平较高。因此不断有人对此提出批评意见，认为较高的利率侵蚀了产业利润，阻碍经济前进，也有人客观分析高利率背后的原因，肯定借贷资金对实业的积极作用。

"棉纱大王"穆藕初③认为纱厂辛苦经营，但仍面临无法偿还借贷利息的

①　滕茂桐：《货币新论》，39 页，正中书局，1947。
②　樊弘：《现代货币学》，87 页，商务印书馆，1947。
③　穆藕初（1876—1943），名湘玥，民国时期著名的棉花专家，上海工商界名流，创办苏州昆曲传习所，翻译有《科学管理法原理》（泰罗）、《中国花纱布业指南》（克拉克）。

局面，"银行利息过昂"是纱业衰败之一"远因"①。在上海银行调查部的报告中，评价了借贷利率对纱厂的影响："纱厂借贷款项，如厂基借款，信用透支等等，合计年息均在一分以上，高者且至一分五六厘，利息如是之巨，欲纱厂经营之有利，诚戞戞乎其难!"②

借贷资金成本高的一个原因是银行常常高息揽储。学者李权时认为"目前中国企业家之最大痛苦之一，即为金融界放款利率之高。然金融界放款利率何以高？此则金融界存款利率亦高之故。"③ 对于银行存款利息高的原因，吴承禧在《中国的银行》中解释为"这不能不说是政府滥发公债的一种流毒了……吾国的存款利息，在民国初年，据说并不很高，嗣后因政府滥发公债，又屡次以高利向银界借款，银行以政治投资的利益丰厚，于是遂不恤厚利向社会竞收资金以谋更高利润的获得，于是而存息渐高，而放款利率乃亦随之更高了。"④ 经济学家千家驹也持相同观点，认为"市场利率当民国六七年间为月息七八厘，银行成本平均为四厘，故有五厘即有利可图。而购买公债，利达三分。由于公债利率高，随之市场利率也提高了，这对于中国的产业资本是一个打击。"⑤ 此外，银行业竞争激烈、高息揽储，推动银行的资金成本走高也是贷款利率高的一个原因。"一年以来，银行开设，层出不穷，于是此等银行，遂发生一最大缺陷。所谓最大缺陷者，何哉？存款争夺是也。近今所开幕之银行，无不用七厘、八厘之利息，以吸收存款。在彼之意，以为此乃招徕顾主、扩张营业之一法。"⑥

此外，也有人主张近代企业利润不稳定、信用风险高，贷款利率需要更高的风险溢价。1921 年，某期《银行周报》曾登载过一篇名为《论利息内所含之保险费》的文章，针对中国金融界的状况评析："利息愈重者，必其借用

① 吴承禧：《中国的银行》，59 页，商务印书馆，1935。
② 上海银行调查部：《商品丛刊》，第三编，201 页。
③ 李权时：《减息问题答客问》，载《银行周报》，第二十卷，第十一期，1 页，1936。
④ 同①，60 页。
⑤ 千家驹：《旧中国公债史料》，14 页，中华书局，1984。
⑥ 薛遗生：《银行业务发展方法之商榷》，载《银行杂志》，第三卷，第十一号，7 页，1926 年 4 月 1 日。

之资金愈危，即利息中所含之保险费亦愈大。反之利息愈轻者，斯其借用之资金愈安，即利息中所含之保险费亦愈小。夫保险费小则报酬费多，保险费大则报酬费少，故两者在利息中比例之消长，殆又视利息之轻重以为断也。"[1]

实际上，当时社会中呼吁降低贷款利率者众，如纺织业巨子聂云台曾呼吁纱厂之间组织银团互相借贷，以降低贷款利率。但也有人从银行角度分析降低利率的弊端，认为贷款利率首先不能低于存款利率，在当时存款利率较高的情况下减息对企业盈利的帮助不大。"然银行放款利率在八厘至一分二厘之间，财部纵令减低，恐亦不能出八厘至一分之范围，所减于实业界之帮助并不见多。即或减低，能苏实业界之困难于一时，然国内工商每况愈下，其因减低利息之利益，能维持几许，亦为疑问。况欲救济工商，须实业自身根本之改革，而欲求财部斤斤于利率之减低，实非良策也。"即便银行利率降低，"资金有逃亡之危险，则实业界欲于减息之后，获得大量资金，仍不可得。"[2]

（二）汇率管理主张的讨论

汇率作为货币对外的价格，反映了一个国家的经济竞争力，具有更多购买力的货币可以交换更多的商品，因此比其他货币更具有价值。反之，汇率也会通过各种机制影响一国的经济，如对外贸易、物价、国际储备等，因此，汇率是货币政策的主要工具之一。

严格地说，我国对于汇率管理的研究主要开始于 1949 年新中国成立后关于人民币的汇率问题，此前的汇率理论更多是通过对货币价值的讨论而进行分析的，汇率理论往往同其他理论交织在一起，并没有系统的论述。而在西方，汇率问题最早在欧洲中世纪时就引起人们的注意，并随着国际贸易的兴起和金融业的发展而为人所重视，理论从零散逐渐变得系统。一般来说，对于汇率问题的研究可以分为汇率决定理论以及一国汇率管理制度的确定两个

---

[1] 裕孙：《银行周报》，第五卷，第二十六号，5~6 页，1921 年 7 月 12 日。

[2] 徐光：《对于金融业减低利息之另一管见》，载《经济评论》，第三卷，第四号，1~3 页，1936 年 4 月 30 日。

方面。

1. 汇率决定理论的讨论

对于金属铸币形式的货币，分析货币的购买力时应考虑货币的贵金属含量，因此人们对于金属货币汇率的决定因素看法较为一致，即各国货币的贵金属含量多寡决定了货币的对外价值。而对于信用纸币形式的货币，其实际购买力与流通数量的关系更为紧密，因而纸币和铸币的汇率决定具有不同的特点。当时学者的研究内容主要是对西方汇率理论进行评析，包括购买力平价理论、现银流通学说、国际贷借说、汇兑心理说等。姚庆三在他的著作中详细介绍了西方的货币理论，将先进的汇率思想引入国内。在《银本位》一书中，他分别介绍了卡塞尔的购买力平价说和正统的现银流通说。卡塞尔认为汇率是两国货币购买力的比率，物价变动为因，汇价变动为果，购买力高的货币代表着更多的商品，因而对外表现的价值更大。姚庆三观察了国内十几年的物价和汇价变化，认为应当是汇率决定物价，"汇价之变动实为因，物价之变动乃为果，物价之变动实为适应汇价变动之调节作用也。"[1] 而正统派的金银流动理论认为，汇价高于理论值时，现银流入，从而货币供给增加，货币的价值随之下降直至等于理论值，反之亦是如此。姚庆三认为，国内十几年来现银流动情况主要由国币实际汇率和理论平价的差额决定，而两者的差额又由借贷平衡和资本移动两个因素来决定，其中资本移动的影响更大。

寿勉成赞成卡塞尔和凯恩斯的购买力平价理论，同时认为还有其他因素影响着汇率。要维持汇率的稳定，不仅要保持国内物价稳定，还应控制进口，增加出口，从而增加在国外的债券，减少对外债务，以减少对外币的需要。此外，中央银行还需通过金、银准备的买卖来调节比价。[2]

刘振东于 1934 年出版《中国币制改造问题与有限银本位制》一书，在书中他主张中国应实行"有限银本位制"，并将购买力平价说作为该货币制度的理论基础。他认为"外国商人和中国贸易，彼此间只有买卖货物，或赊欠款项。在平常的时候，两国的国外汇价以货币在本国的购买力为标准。"而要想

---

[1] 姚庆三：《现代货币思潮及世界币制趋势》，118 页，国民经济研究所，1938。

[2] 寿勉成：《中国经济政策论丛》，280 ~ 281 页，正中书局，1936。

本币币值稳定且不发生贬值，需要使国内的物价从而购买力稳定，同时政府保持信用，不随意增发货币。

资耀华对卡塞尔的购买力平价说作出评价，认为该理论"虽在一定范围内，认为有一部分之真理，至于购买力之如何，视为国外汇兑行市变动之唯一的根本要因，则不无疑义。"① 他从三点上对购买力平价理论进行了批判，一是物价和汇率之间的关系是互为因果的，而非仅仅物价决定汇率；二是物价对汇率的传导机制是通过贸易差额关系和汇兑票据需要供给之关系实现的，而不是直接的关系；三是购买力平价仅仅是一种假说，没有"实际上之精确证明"。

李达在他的著作《世界货币的运动与汇价》中详细介绍了有关汇价的问题，并批判了卡塞尔的购买力平价理论。他认为汇价的决定因素不仅有两国的物价水平，也有金融市场的供求关系、国际借贷的贸易差额及支付差额等因素，而购买力平价只考虑了物价这一个因素，同时用货币数量解释物价水准，这显然是汇价之庸俗的说明"。他还指出，各国的生产力发展不平衡导致了价格发展的不平衡，而"要排除这种不平衡，只是一种空想，因而想依靠安定物价以安定汇价那种购买力平价说，根本上是不能成立的。"②

黄元彬综合分析了购买力平价、汇兑心理说和英国学者葛逊提出的国际借贷说，认为这些学说都各有利弊。他指出，影响汇率的因素中，只有购买力是质的要素，其他都是量的要素，购买力决定汇价的中心，其他量的要素使汇价随中心上下摆动，"故质的要素，为独立要素，量的要素，为附属要素，不能离质的要素所决定之中心，而单独决定汇价"③。这些要素对汇价的影响是通过对外币的供需即国际收支表现的，因此国际收支的购买力平价说是"折衷于上举三说，取其所长，弃其所短，并加以修正"④ 而成的。但是他也承认"国际收支的购买力平价说，在今日各国关税贸易政策之下，亦仅

---

① 资耀华：《国外汇兑行市之变动与购买力平价论》，载《银行月刊》，第 7 卷，第 1 号。
② 李达文集编辑组：《李达文集》，第 3 卷，768～770 页，人民出版社，1980。
③ 黄元彬：《白银国有论》，商务印书馆，217 页，1936。
④ 同③，216 页。

存理论上之价值，而无实际上之价值"①。

赵兰坪分别介绍并评价了西方流行的四种汇率决定理论：国际贷借说（国际收支说），购买力平价说、国际贷借和购买力平价的折衷说、汇兑心理说。她将货币对外价值的决定因素分为直接原因和间接原因，认为应区别对待这些理论。"窃以为货币对外价值之决定，有直接原因与间接原因之别，并对不同本位国间货币对外价值决定的直接和间接原因作出了列举。又因本位制度之互异，而有不同。故其大小变化，并无普遍一致之原则。须视一国之本位制度，对手国之本位制度，以及国际间之收支关系，以为断。"②

2. 汇率管理制度确立的讨论

1935 年国民政府实施法币改革和白银国有化政策，并固定了对外汇价。一些学者对发行纸币停止兑换白银的新币制发表了自己的看法，并从货币的对外、对内价值权衡角度评价了新币制利弊，且给出了建议。

在 1936 年出版的《中国之新货币制度》中，林维英首先肯定了新币制取得的成功，"国际与国内之影响，大体令人满意"。同时称其为"管理之外汇本位制"或"外汇管理本位制"，并从汇率管理的角度对新币制提出了建议：要进一步健全币制管理，必须以国内物价有相当程度的安定为条件，否则绝不能维持长久。固定对外汇价一事只是暂缓之计，"今日规定之汇率，绝不能视为固定不变之法则，仅能视为暂时的处置而已"③。

黄元彬反对新币制的固定汇价政策，认为这将使中国卷入世界性的经济恐慌。他主张牺牲汇价的稳定来维持国内物价的稳定，实行物银矫正策。"苟无世界经济恐慌物价大跌的事……无论施行何种方式的汇兑制度，都没有甚么大害。若在经济恐慌物价大跌的时候，我相信：除了我的物汇矫正策以外，都非善计。我更相信：无论何国，无论事前事后，都要袭用我的物汇矫正策的精神。"④

---

① 黄元彬：《白银国有论》，227 页，商务印书馆，1936。
② 赵兰坪：《货币学》，235～236 页，北京中献拓方科技发展有限公司，1936。
③ 林维英：《中国之新货币制度》，109 页，商务印书馆，1937。
④ 同①，239 页。

余捷琼在他 1937 年出版的《中国的新货币政策》一书中，肯定了新币制的实施，认为"虽有若干点尚未能尽满人意，但对于安定金融市场，调整国内物价，改进国际贸易，则可谓已有相当的成就"。[①] 面对美国提高银价引发的国内通货紧缩问题，他支持放弃银本位以稳定国内物价的货币管理制度。他认为物价和汇价不能同时保持稳定，不能牺牲国内物价来换取汇价的稳定。鉴于新币制已宣布实行固定汇价，虽有所不当，但也不应轻易变动，以免引起人民的怀疑。但可以通过逐步扩大外汇的买卖价差情况下，提高汇价波动的灵活性。他不赞同将国内的货币和他国的货币联合，因为联合会使"大权旁落，俯仰由人"，失去了"管理货币之真意"[②]。

马寅初认为新的币制可以称为"汇兑本位"，也即金汇兑本位。他在1944 年出版的《通货新论》中主张把稳定内价放在首位，当外价和内价的稳定不能同时满足时，应维持内价，牺牲外价。而法币改革要求中国的法币同英镑联系在一起，是维持外价，牺牲内价，因此有几点不足：一是将扰乱国内的金融市场和物价；二是容易失去金融控制权；三是对接受存款的国家不利，即如果中国谋币制独立，要收回存在英国的准备金，对于英国也是不利的。因此他建议中国改为维持内价为主，从"汇兑本位"改为"纸本位"。

章乃器也反对新币制将本币和英镑的汇价固定起来，认为这样会影响中国的经济发展。他指出法币改革中"无限制买卖外币"的条文实际上是"上了帝国主义的圈套"，这将导致中国货币的"完全国际化"，进而"完全失去战时经济的作用"。而国际化将会使中国的经济遭受损害，因为在汇价稳定的条件之下，帝国主义的商品和资本可以更大规模地向中国倾销和流入。因此，他主张立刻取消"无限制买卖外币"的条文。

钱俊瑞[③]则对于新币制中与英国保持固定汇价有不同的看法。他认为中国同英镑建立固定汇价，可以使中国借英国的经济实力稳定币值。他说："无奈

---

① 余捷琼：《中国的新货币政策》，128 页，商务印书馆，1937。
② 马寅初：《中国之新金融政策》上册，89 页，商务印书馆，1936。
③ 钱俊瑞（1908—1985），经济学家，教育家，新中国成立后历任教育部副部长等职务，著有《怎样研究中国经济》、《中国国防经济建设》、《世界经济与世界经济学》、《世界经济与中国经济》等。

中国是一个半殖民地国家，中国的咽喉是紧握在帝国主义手里，同时国内割据的情势还依然存在。在这些条件之下，我们能'自力更生'，不借用外力，实行'管理通货'吗？那是绝对不能的。""所以，惟一可能的办法，只有在世界货币中间，在国际政局所容许的条件之下，选择一种比较最为适当的货币，跟它结成一定的联系，同时再靠借款和'精神的援助'使币价得到相当的稳定。"① 他还列举了日本货币与英镑汇价联系的例子，日本货币虽同英镑有稳定的汇价比率，但是考虑到日本有雄厚的金融资本、有在世界市场上横冲直撞的商品和从事对外侵略的军备，因此不仅没有受到牵累，还可以保持汇价自由升降。但以上所说的中国都没有，因此加入英镑集团将使英国有对中国政治经济加强控制的可能。

（三） 抑制通货膨胀的讨论

20 世纪 30 年代，南京国民政府实行了三次币制改革，分别是 1933 年的"废两改元"、1935 年的法币改革和 1948 年的"金圆券发行"。其中，"废两改元"使货币单位单一化，为商品经济发展提供了基础，迈出了统一货币的重要一步。但从世界范围来看，废除金本位制在当时已是大势所趋，且由于中国不是产银国，以银为本位的货币制度注定了货币权要受到外国的控制和影响。因此，银本位在实施了两年半后便退出历史，国民政府颁布了《财政改革币制令》，标志法币改革的开始，直接割断了中国货币和白银的联系。法币改革统一了币制，使货币不再受世界银价的影响从而摆脱了西方国家通过银价对中国货币控制权的操纵，同时为抗日战争提供了经济基础。但另一方面，法币改革逐渐偏离了其最初的宗旨，成为国民政府弥补财政赤字、增加财政收入的工具，以至于发生恶性通货膨胀，国民经济几乎崩溃。即使国民政府在 1948 年发行金圆券，也不过是换汤不换药，通胀愈演愈烈，最终导致国民政府的经济崩溃。通货膨胀这一社会问题激发了众多学者对其本质和对策的思考，有些理论在如今看来依然充满智慧，对当今社会也有一定的指导

---

① 钱俊瑞：《中国跌进英镑集团以后》，载《钱俊瑞文集》，291 页，中国社会科学出版社，1998。

意义。

但是，必须指出，"废两改元"后，银两制度并没有完全消失，日常生活中的交易虽然使用银元，但在大额的商业贸易和国际收支结算上还是习惯用银两计算。银两银元并行的现象使得商品交易和货币流通十分不便，也给社会经济带来了重大影响。此时学术界对于通货膨胀理论的研究不多，主要是朱执信[①]、刘冕执、徐青甫、阎锡山等人在讨论货币本位问题时对抑制通货膨胀提出了自己的主张。

朱执信认为通货膨胀并非因为不能兑换金银铸币，并以英美等国和我国古代纸币史为例得出了纸币"不换不必跌价，兑换亦能跌价"[②] 的结论，同时指出纸币贬值的根本原因在于无货以抵以及货币的滥发。"如其谓一定时期可以得货，而竟有过期不能交给者"，"或虽定为随时取相当价值之货物，而实际交付货物并不相当者"[③]，"货币之价值与其流通额，为反比例者也"[④]。纸币的发行超过流通商品的价值，纸币就会贬值，造成通货膨胀。因此，他提出"故救今日之纸穷，惟有置纸币之基础于所代表的货币。"[⑤] 但他反对日本经济学家提出的以米为货币本位的理论，认为这样仍无法建立稳定的货币制度，而是应以多种商品为准备，即用米、棉、丝、茶、盐、油、煤、糖等八种生活必需品作为基础，制定出合理的物价指数以稳定币值；同时政府应对纸币的发行加以控制，"量着社会上的纸币流通需要总额，来贮准备的物件，一面按月收进，一面按月兑出"[⑥]，"货物具而后纸币出，货物销则纸币毁，无无货之纸币可以流通"，"使其纸币不特可以换各种之有用货物，且不限其时期，随时可以换取货物"[⑦]，便可保持货币流通的平衡和币值的稳定。

刘冕执认为应取消金属货币采用纸币，并提出能力本位制："实物必由能

---

① 朱执信（1885—1920），名大符，字执信，中国近代资产阶级革命家、思想家，孙中山主要助手，曾创办《民国日报》副刊《星期评论》以及《建设》杂志，著作编成《朱执信集》。
② 《朱执信集》，建设社，426 页，1928。
③ 同②，453 页。
④ 同②，442 页。
⑤ 同②，449 页。
⑥ 同②，774 页。
⑦ 同②，453 页。

力得来，未有不经能力，而可以取得交换之价值者……耕者以粟易布，是以耕之能力交换织之能力；仕者以禄代耕，是以仕之能力交换耕之能力。即近代之货币交换，其货币亦由能力得来……故国币代用券者，能力与这样看来，能力就是劳动，能力本位能力之交换证也。"[1] 这里所指的能力为个人和机关的财产和收入。刘冕执主张任何有能力的个人和机关都可以发行代用券，从而增加纸币的发行量，带动经济的发展。具体地，刘冕执认为代用券的发行量可以高达 200 亿元而不会引起通货膨胀；即使引发通货膨胀，也不会给人们带来损失。这是因为代用券本身代表的即为物品、人工，通货膨胀发生后，物品、工人的价格上升，代用券也变得高昂。

严格来说，这种说法是缺乏逻辑的。刘冕执将所谓的能力，也即财产和收入这些不进入流通环节的财富作为本位，复制成货币，使社会上产生了额外的纸币，无疑会造成通货膨胀。且他说的 200 亿元的发行量相较于 1935 年实际发行的 14 亿元法币来说已是天文数字，更何况 1935 年时通货膨胀已有所显现。物价上涨虽然可以使个人和机关领取更多的代用券，但所购买的商品数量也将相应减少，而领取更多的代用券会进一步加重通货膨胀，最终导致物价的螺旋式上升。可以说，刘冕执的理论最终不过是为了鼓吹通货膨胀，解决财政困难。

曾任浙江省政务厅长、财政委员的徐青甫在 1932 年出版了《经济革命救国论》一书，提出通过改革金融币制来救国富国的方案，具体设想是实行虚粮本位制。其中"经济革命"是指对中国的币制进行改革，反对金属本位制。1944 年，他出版《物价问题之研究》一书，提出物本币末论，并对先前的理论进行了修正。徐认为货币是"物权而非物品"，货币因为具有购买货物的能力才具有价值，是通过满足人们的欲望而间接产生的[2]。他否定了货币的商品性，认为货币的价值是主观产生用以衡量商品价值的标准[3]。

---

[1] 刘冕执：《论国币代用券之性质》，载《钱币革命实行方案汇览》，93～94 页，中华钱币革命协进会湖南分会 1933 年第 6 版。

[2] 《货币问题》，《徐青甫先生演讲集》，第 2 册（4），浙江财务人员养成所（印），1932。

[3] 徐青甫：《经济革命论的要旨》，浙江经济学会（印），10 页，1932。

徐青甫主张使用粮食的价格而非粮食本身作为本位，政府通过买卖粮食控制粮食价格，间接控制货币的价值，从而避免通货膨胀。在"各地设有公仓，其容积至少须能容当地人民半年可食之粮，于获粮之际陆续收买，以备不时放售"。在粮价下落到最低限度时，"人民可将其余粮售给公仓，公仓有尽数收买之义务，不得拒绝"。而在粮价涨到最高限度时，"人民可各按其本户所需之数，持货币依限价向公仓购粮，公仓有依数售给之义务"[①]。徐认为实行虚粮本位制，国家的经济实力将是无限的，当发生财政赤字的问题时，可以"先以透支行之"，"即有不敷，亦无妨视为募集之公债，而不必一一向何人募抵也"。实际上，粮食价格受很多因素的影响，政府对其价格的控制能力是有限的，当粮食价格波动时必然会带动货币价格的不稳定。而当财政支出增加时，如像徐所说可以先透支发行货币，粮食价格必然会上涨，如果政府为了稳定粮价将粮食售给民众，那么透支发行的货币必然以公仓中存储之粮的数量为限，财政实力依然受限；如果政府为了满足财政支出对粮价不加以调控，则没有制约的发放货币势必造成通货膨胀和币制的崩溃。

阎锡山主张物产证券论，认为应当取消金银本位，实行物产证券制。所谓"'物产证券'者，政府用法令规定，代表一定价值之法货，用以接受人民工作产物，并作人民兑换所需物产，及公私支付一切需用者也"[②]。阎锡山将物产证券比作物产的照相片，每一张纸币都有相应的商品相对应，是将商品的价值与纸币的价值完全固化了。实际上，商品的价格受供求关系的影响而不断波动，在商品交换时不总是等于它的价值，因此物产证券代表的商品价值是随时发生变化的，而非照相片这种静态的概念。他同时认为，有多少商品就发多少的物产证券，"券之数量，随物产多寡以伸缩。就物之价格言，则物之价格稳定；就券之信用言，则券之担保确实。"[③] 在这里，他混淆了存量与流量的关系。纸币作为流通手段，它的数量应当与一段时间社会上商品的

---

① 《货币问题》，《徐青甫先生演讲集》，第 2 册 (4)，13 ~ 14 页，浙江财务人员养成所（印），1932。

② 阎锡山：《物产证券与按劳分配》，34 页，阵中日报社印，1941。

③ 同②。

流通量相关，而非社会上所有商品的存量。实际上，有很多商品是几乎不发生交换的，如果都产生出对应的纸币，必然会造成通货膨胀。

在《中国之新金融政策》中，马寅初批评了阎锡山的物产证券说。他认为以物品全量为发行标准，"则货币数量超过交易数量，物价必因之而大涨"。"物品涨价，则农人可以多押，于是纸币愈多，物价愈高，物价愈高，纸币愈可多发，因果相循，靡有底止，甚至酿成不可收拾之局，其为害或较德国之纸马克尤烈矣。"[①] 这也说明不按流通需要发行纸币必会导致通货膨胀。

四、关于银行组织与制度建设的讨论

银行组织是金融运行过程中资金流转的重要参与者。根据银行组织的功能可以将其划分为以中央银行为代表的金融调控监管体系与以商业银行为主的金融市场体系。近代中国的银行组织与结构建设是渐进演变而来的，其过程反映了当时政治经济等外部环境的变迁，是各类银行主体逐渐适应环境的结果。自 20 世纪 30 年代初期起，人们对于银行组织框架下的核心因素进行了探索，或借鉴西方的做法，或结合国情提出自己的构想，为现代金融市场体系的建设奠定了思想及理论基础。

（一）中央银行职能、政策工具选择及制度建设的讨论

随着西方中央银行思想和理论的传入，中国近代的中央银行制度逐渐形成并走向成熟。关于中央银行应当具备何种职能、采用什么样的货币政策工具以及如何建立符合国情的中央银行制度等问题，学术界进行了广泛的讨论。

1. 确立中央银行职能的讨论

中央银行的职能最早由英格兰银行行长朗曼在《印度币制金融委员会报告书》中提出，即中央银行是发行的银行、政府的银行和银行的银行。只有具备上述职能的中央银行，才能成为真正的中央银行。

---

① 马寅初：《中国之新金融政策》下册，344～345 页，商务印书馆，1939。

在中国，1929 年马寅初最早对中央银行职能不健全的情况提出了批评，具体表现为中央银行不能集中准备金，难以控制金融市场；货币发行权分散，结果是纸币充斥，物价暴涨。中央银行要尽其责任，必须改变现状解决这些问题。与此相配合，政府必须尽快制定银行法和票据法，建立现代银行制度和完善的金融市场。[①]

继后，1934 年，在国立中央研究院社会调查所工作的吴承禧出版《中国的银行》，指出中央银行不健全的表现有：历史太短、资力太薄，还没有完全取得应得的种种特权，常受财政的牵制，自身信用不易强固。这样就造成了以下一些紊乱情况：（1）无法调剂和控制金融；（2）一般银行的准备金往下分散而不向上集中；（3）票据的转贴现无从实现；（4）由于准备金不集中在中央银行，各银行票据交换的差额就不能在中央银行互相划拨，通货的使用没有达到最经济的地步。

1935 年，留学英国、回国后在中央银行工作并在大学任教的崔晓岑出版《中央银行论》，将中央银行的主要职责定为六种："（甲）管辖一国钱币，发钞集中，造成一律之通货。（乙）保管一国之准备，使之集中，即所谓银行的银行。（丙）代理国库，为一切收付事项，即所谓政府的银行。（丁）规定一国利率之标准，施行贴现政策。（戊）主持一国之清算制度，各普通银行间之汇划，皆出中央银行以转账方式清结。（己）稳定一国信用，所谓恐慌时期之最后救济者。"

1936 年，林维英在《中国之新货币制度》一书中，指出中央银行管理货币信用必须有四种权力：发行权、商业银行准备金的掌握权、自由买卖证券权、贴现权。只有拥有这四种权力，中央银行才能运用公开市场和银行利率这两种"中央银行使用之最大武器"。现在四权都未实现，所以中央银行只是"徒存虚名而已"。同时他指出，目前纸币发行权集中方面已有很大进展，"盖发行准备委员会已掌握发行权，中央、中国、交通三行纸币，定为法币"，但在信用管理上仍有许多困难，而最大的问题是如何改进银行机构与银行业务，

---

① 马寅初：《中华银行论》，商务印书馆，1929。

使中央银行的职能得到充分发挥，其中集中商业银行存款准备金应为此次改组中央银行最重要的必须条件。同年，余捷琼出版了《中国的新货币政策》一书，他也认为中央银行应掌握以上四种权力，且中央银行应效仿英国设立外汇平准基金，以此来执行稳定外汇的职责。

此外，西方关于中央银行学说的专著也进一步开拓了国人的视野，为学者们的银行理论研究提供了材料。由第·考克著，陈思德、陈友三译的《中央银行新论》于 1944 年 5 月出版。该书论述了中央银行各项职能的演进与中央银行的原理，探讨了中央银行执行其职能与政策时遇到的心理上与技术上的困难。由霍曲莱著，谭寿清译的《中央银行经营论》于 1947 年出版。该书记述了 19 世纪英格兰银行业务的转变，并作出理论上的讨论。

2. 货币政策工具选择的讨论

西方国家中央银行的金融管理有三大政策工具，即集中存款准备金，贴现政策，公开市场政策。关于中央银行应采取何种政策工具控制信用，发挥作用，理论界看法不一。

其中对于使用存款准备金率政策的主张，大家是比较一致的，至于如何确定存款准备金率，则有不同的看法。民国学者姚庆荫在《战后银行组织问题》一文中指出，准备金率的最低限度应为百分之五，最高限度不加以规定，以使其具有伸缩性。民国学者杨蔚、韩天勇在《专业化后之中央银行》一文中，主张运用差别法定存款准备金率的调整政策来调控货币与信用，不必规定最高与最低限度，中央银行有权根据市场情形和实际需要予以适度的增减。最后，这种观点被国民政府采纳，1946 年 7 月财政部公布《财政部管理银行办法》，将活期存款与定期存款的准备率分别规定，"活期存款百分之十五至百分之二十"、"定期存款百分之七至十"、并授权中央银行可按金融市场情形商请财政部核定"各地不同的存款准备率"。次年 4 月颁行的《银行法》对各类银行的各类存款交纳的准备金比率做了不同规定，中央主管官署应与中央银行根据当地金融市场情形对准备金率进行核定。

使用再贴现政策的观点最早由马寅初提出。他在 1929 年出版的《中华银行论》中指出，中央银行可以通过再贴现率调节市场，"倘中央银行以为市面投机业勃兴，生产过剩，对于商业银行之放款，宜加以抑遏，则当将重（再）贴现率提高，使一般银行不来贴现，重贴现减少，营业准备金不能增加，则商业银行有所警惕，其放款自不能扩充，投机业亦自不能勃兴"。重贴现率要高于市场利率，以示不与一般银行竞争之意。而进行重贴现，必须有优等的商业汇票和贴现市场，因此，建议中央银行提倡票据、推动贴现市场的建立与发展，从而达到运用重贴现政策调剂金融的目的。

杨蔚、韩天勇也主张运用再贴现率政策调控货币信用。中央银行再贴现的对象，应以产业证券及基于正当工商业所发出的票据为限。各银行请求再贴现应限定其种类及各类票据间的比额或数量，务使中央银行对各种票据的再贴现，均不能超过其一定的限度。各银行请求再贴现时，中央银行应随时审查其用途，以杜绝投机，而免恐慌。中央银行对于公债、库券及一般信用较差的票据前来贴现时，应实施差别利率政策，以为消极的限制。①

姚庆荫则认为，从再贴现率政策实施需要的条件来看，当时的中国并不具备，所以实施再贴现率未必能达到预期的效用。他指出作为一种量的控制手段，"即使有效也殊不足以应付战时和战后中国的非常局面，而中央银行的统制政策却应量质并用"。② 丁洪范也认为目前实施再贴现率政策在中国尚不成熟，因为大部分的工商业资金的获得并不经过银行，而一般资金又未票据化和证券化，因此中央银行难以控制，且如果中国实施计划经济，则没有必要采用再贴现率政策。③

姚庆荫在1940年出版的《战后银行组织》一书中提出，信用限制与信用分配政策是最有效、最适合中国的方法，是一种信用质的统制方法，与以信用量的统制为目的的再贴现率政策针锋相对，可以使中央银行根据各种产业的信用需要和已拟定的计划加以适当的选择，使中央银行的信用供给与国家的基本需要趋于一致，是中央银行统制信用最为严厉的方法。为配合信用限制与信用分配政策的实施，中央银行可以采用直接行动与道德制裁的方法。

---

① 杨蔚、韩天勇：《专业化后之中央银行》，载《金融知识》，1943年第2卷第1期。
② 姚庆荫：《战后中央储备银行的组织与信用统制问题》，载《银行界》，1940（8）。
③ 丁洪范：《我国银行制度之改造》，载《金融知识》，1943年第2卷第1期。

至于资本主义国家最常用的公开市场政策，理论界普遍强调其重要性，但认为目前中国的经济金融情况还不适合。崔晓岑在 1935 年出版的《中央银行论》中分析了公开市场运用的基本政策："公开市场之运用，简言之，即中央银行卖出或买进证券，借控制市场上现款之增减，俾入于中央银行，使其贴现政策更为有效。"在市场资金充塞时，贴现率下降，各普通银行的放款比较自由，中央银行的贴现率丧失效力。此时只能出售证券，使市场上的现款涌入中央银行。需款者向中央银行要求通融（重贴现或借款），不得不按照中央银行的利率，于是中央银行的贴现率也能生效。反之，则买进证券。他还比较了贴现政策和公开市场运用的不同作用，提出了三点：一、贴现政策属间接的暗示性质，公开市场运用为直接性质。二、贴现率影响短期利率，即市场贴现率；公开市场运用直接影响长期利率，即长期债票所得的利益。三、如目的求国际金融平衡，宜于提高贴现率；如欲控制本国市场，宜采用公开市场政策。

姚庆荫则认为，公开市场政策虽能使中央银行控制信用，但由于我国的票据市场缺失，中央银行所买卖者仅为政府债券。而以政府债券的买卖作为控制金融的手段在中国是不适当的，原因有二：一是中国的财政政策与货币政策联系紧密，中央银行过度购买政府债券将导致恶性通货膨胀；二是目前金融市场资力有限，巨额买卖会使债券市场的价格发生剧烈波动甚至会引发交易所停市[1]。可以说，这种认识是符合当时中国的实际情况的。

3. 中央银行制度建设选择的讨论

北洋政府时期，英国银行在华势力最大，人们普遍认为英国银行制度最为完善，而美国的联邦储备银行制度在当时尚未完备，功能也未能充分发挥，因此当时探讨中央银行制度建设，主要以欧洲单一式中央银行制为主流。到了南京国民政府时期，由于美国在华势力逐渐变强，联邦储备制度也日趋完善，加之去美国留学的人增多，人们对其有了更深刻的认识，因此有一部分人便开始赞成美国的联邦储备银行制度，两种对立观点就此产生。

---

[1] 姚庆荫：《战后银行组织问题》，中央研究院社会科学研究所，1940。

吴鼎昌、朱通九等人主张建立美国复合式的中央银行制度。吴鼎昌在1927年发表的《中国新经济政策》之"（附论）新金融制度"一节里，认为美国联邦储备制度"成绩昭然，世所公认"，具体表现为：一是有中央银行之利，无中央银行之害；二是尤其适合物产丰富、人口众多的国家；三是能够使金融集中为地方经济服务，符合经济发展潮流，"所以中国宜仿美制，创设联合银行也"。他比较了中国和美国在实施联邦储备银行制度前的银行状态差异：相较美国，中国并无正当经营的国立银行和州立银行，金融组织毫无系统，且中央银行名不副实。

1943年，朱通九和徐日洪合撰《我国银行制度之将来》一文，呼吁中国建立美国式的联邦储备银行制度。文章认为，我国幅员辽阔，各地经济金融形式差异较大，统一的金融政策是不适用的，因此不能"一刀切"。他们建议将全国划分为八大准备银行区，即重庆、兰州、汉口、上海、广州、天津、沈阳、迪化（现乌鲁木齐），每个区域内设中央准备银行一家，作为各区的中央金融机关，根据当地的经济金融环境设定相应的政策。

第三种观点认为应建立适合中国国情的中央银行制度。上海市商会理事长王晓籁提出采用合作方法来创立中央银行，将中央银行命名为中央合作银行，由全国的银行与钱庄出任股东，总行设在上海，由上海的银行、钱庄合组。各县设支行，由各县的银行和钱庄合组。在中央银行的经营形式上应减少政府的干预，要求"使该行不受政治的影响"，"使该行权力不操于少数人之手"[1]。徐柏园[2]在1942年发表《今后之中央银行》一文，也主张建立适合中国国情的中央银行制度。他在对比了各国的中央银行制度后，认为各国的中央银行是随着各国的国情发展而发展的，固然要采人之长，却不能忘却国情，应根据中国实际的情况建立合适的中央银行制度[3]。根据当地的经济金融

---

① 《全国经济财政会议金融股组提案及审查报告汇录》，23～25页，国民政府财政部金融监理局，1928。

② 徐柏园（1902—1980）曾先后担任上海电气公司副总经理、邮汇总局副局长、交通银行北平、天津分行经理、国民参政员、四联总处副秘书长、秘书长等职务，抗日胜利后出任中央银行副总裁、财政部次长。1950年任台湾当局财政部长。

③ 徐柏园：《今后之中央银行》，载《财政评论》，第8卷第5期。

环境设定相应的政策。

总之，在中国，主张建立欧洲大陆单一式中央银行制度的学者比较多，他们认为虽然美国复合式中央银行制度能针对我国各地的差异性而区别对待，但也可能导致我国金融发展的分裂，不利于中央银行的集中管理和金融政策的发挥。而单一式中央银行更适合中国国情，能配合政府的经济金融政策，发挥中央银行应有的效能。此种观点后来被国民政府采纳。

还需要指出的是，在近代中国中央银行制度思想演进的过程中，无数学者、政治家、银行家们都试图创建一个强有力的中央银行，这既是解决财政困难、巩固国家政权的需要，也是顺应近代中国构建现代金融体系的需要。他们关于中央银行制度建设的思想，在一定程度上推动了中央银行在近代中国的建立和完善，但是由于当时的政治经济条件尚不完备，无以支持中央银行的建设，一个健全的中央银行制度最终也未能建成。

（二）商业银行组织建设、资金运用方式以及经营管理制度建设的讨论

中国传统的信用机构以典当、票号、钱庄为主，真正的银行兴起于19世纪末期。1897年，中国人自办的第一家银行——中国通商银行成立。该银行经营存款放款业务，同时发行钞票和代收库银，具有一定的央行性质。但由于投资者缺乏管理知识，在存款资金不足、贷款额有限的情况下优先将资金放给官办企业，并没有与民族资本工商业建立广泛的联系。随后，户部银行（中国银行的前身）以及交通银行分别于1905年、1908年在北京成立，与中国通商银行一样，同属于官僚资本银行，受政府制约。此外，大批私人资本银行，如信成银行、浙江兴业银行等，也纷纷成立，一方面表明中国民族资产阶级至20世纪时已经活跃到银行业，另一方面，其与官僚资本银行不同的社会地位，也预示着未来不同的发展道路。而中国的旧式金融面对新式银行业的竞争，因其发展的保守和封建性质，而随着清王朝的灭亡逐渐退出历史舞台。

辛亥革命后，实体经济的快速发展对资金的融通需求增加，发展商业银

行的需求十分迫切，社会各界对商业银行的发展都给予了关注。南京临时政府财政部在《商业银行条例》中强调："商业银行之组织万不容缓"，梁启超指出普通商业银行是国计民生的命脉，政府当鼓励人民私办，并建议政府允许商业银行发行货币，以刺激商业银行的发展①。至 1927 年，全国新设银行186 家，而清末时仅有 12 家。至于银行资本，更是从 1912 年的 2714 万元增至 1925 年的 16914 万元，足足增加 5 倍多②。

商业银行的诞生与快速发展是在复杂的历史环境下进行的，可以归结为四个原因，一是外商银行垄断了国际汇兑业务和国内金融市场，并获得丰厚利润，从而刺激了中国人要自办银行；二是民族工商业的发展为银行业的发展创造了条件；三是政府希望通过创办及发展银行增加财源，并在成立后为筹集资金而滥发公债，这为银行业提供了丰厚的利润来源，故也刺激了银行业的发展；四是现代银行理论与思想的快速传播。《银行周报》等金融刊物开设银行理论研究、银行经验介绍等栏目，为近代中国银行业发展提供了理论上的支持。

但是，银行业在迅猛发展的同时，由于受当时商品经济发展水平的制约及主观条件的限制，其在制度上也存在一定缺陷，如商业银行总分行制度的组织尚不完善、资金运用方面难以发挥支持工商业发展的作用、资本微小、信用制度不健全等。针对这些问题，社会各界人士提出了自己的看法和改进措施。

1. 商业银行组织建设的讨论

（1）银行资本组织形式

国人关于银行资本组织形式的思想，最早起源于 1897 年由英国人布莱德著、傅兰雅口译、徐家宝笔述的货币银行学著作《保富述要》。该书第一节提出银行的股份公司制，将其分为股份责任有限制和股份责任无限制，并论述了股本、收益和风险的关系以及银行总管在股份管理上的责任。

---

① 程霖：《中国近代银行制度建设思想研究（1859—1949）》，上海财经大学出版社，1999。

② 《试论 1927 年以前的中国银行业》，唐传泗、黄汉民著，载《中国近代经济史研究资料》，第 4 辑，上海社会科学院出版社，1985。

在中国，最早提出商业银行组织形式应实行股份制的人是盛宣怀[1]。1896年 10 月，他在《条陈子强大技疏》所附的《请设银行片》中建议通过招商方式设立股份制通商银行，"拟请简派大臣，遴选各省公正殷实之绅商，举为总董，号召华商，招集股本五百万两，先在京都、上海设立中国银行，其余备省会、各口岸以次添设分行，照泰西商例，悉由商董自行经理。"并在随后的著作中主张采用集股方式创办股份制银行，并根据股份多少选定董事会，以改变官僚机构对金融行业的垄断。

谢霖[2]、李徽自撰的《银行制度论》于 1911 年出版，其中对银行采用个人独资、共同组织的优缺点进行了详细阐述。该书指出，个人独资形式的优点在于经营者自负盈亏，因此必会悉心负责，且不易受到他人干扰，具有效率高的特点；缺点在于银行的业务发展受个人能力和资本所限，且续存期受限于经营者的寿命。该书把"共同组织银行"定义为"以二人以上组织而成者。凡赞成其组织者，皆谓之股东，而营业之一切责任，皆有股东担任之"[3]。在当时法制尚不完善的情况下，这种定义未能区分股东对于公司是否承担有限责任，"共同组织银行"类似于现在的合伙制以及公司制。该书认为，"共同组织形式"的优点在于资本易于招集，续存期不受单个股东寿命的影响，营业状况定期公告，易取信于人，股份可以自由转让且能分得利润，因此能有效利用社会中的储蓄资金。缺点在于由多数股东组成易造成意见不一，错失良机，且每个股东以其股份为限对银行负责，使其不能全心全意经营，且事务监督手续繁杂，效率低。

（2）总分行制度的组织形式

清末关于总分行制度的思想较少，随着银行业的发展，银行数量增多，人

---

[1] 盛宣怀（1844—1916），字杏荪，又字幼勖，清末政治家、实业家，洋务运动的核心人物之一，曾创办轮船招商局、天津电报局、中国通商银行、中国勘矿总公司等，修筑中国第一条铁路干线卢汉铁路，创办中国第一所正规大学——北洋大学堂。

[2] 谢霖（1885—1969），字霖甫，江苏武进人。知名会计学者，中国会计师制度的创始人，会计改革实干家和会计教育家。曾任北京大学、光华大学、国立上海商学院教授。创办第一个会计师事务所——正则会计师事务所。著有《簿记学》、《改良中式会计》、《中国之会计师制度》、《银行经营论》、《票据法要义》、《运输学》。

[3] 程霖：《中国近代银行制度建设思想研究（1859—1949）》，14 页，上海财经大学出版社，1999。

们对于总分行制度的认识也在不断加深。北京《银行月报》曾以"现在中国商业银行之总分行制度究以何种制度为适宜"为题举办征文活动，引发学术界和银行界进行了深入的探讨。受这些思想的影响，民国时期的商业银行大多数采取股份公司的组织形式，且规模较大的都实行总分行制度，且以行政区划为基础建立银行网络，以求在制度上与西方现代商业银行制度保持一致。

谢霖、李镕在《银行制度论》一书中将银行组织分为独占组织和分立组织，其中独占组织指"一银行仅设一本行，而不立分行之谓也"，即单一行制；分立组织即"一银行不仅设一本行，而且多设立分行之谓也"，即总分行制。他认为分立组织相较独占组织，有八大优点：基础巩固、信用广大、各地利率得以统一、资本效用增长、贷款利率更低、汇兑便利、营业费减少和银行更加普及。

1919 年，身为银行家的程本固也赞成实行总分行制。他在《商业银行总分行制度组织上之研究》中提出了总分行制度的两种组织形式，即事权集中制与统账制。程本固认为这两种组织形式均存在不完善之点，他建议采用改良了的事权集中制，并提出四条改良建议：（1）改革总行经理之任命。他认为总行经理难有既通学理又富经验之通才，不如多置经理，使富于学理者与富于经验者兼收并蓄，各展其才。（2）放宽对各分行放款限制。他建议各行经理职权责任加重，各分行会计科职权应加大。（3）扩大检查部检查范围。他建议总行检查部部员赴各分行检查，不仅应注意账面检查，更应注重业务检查。（4）改变分行调查部与营业部分立状况，实行合并。他认为调查部关于访问上之调查，实有赖于营业课员之相助，乃能收确实敏捷之效果。而营业课课员，其于经济社会上变迁之状况及世界之种种趋势，不能不赖调查部部员之互助，故应合并。

应当说，程本固对于商业银行总分行制度缺陷的认识是具有一定时代局限性的，如事权集中制下总行经理不能及时周悉各分行的临时变化，难为适当支配，这一问题是由于当时通讯条件落后造成的。

金城银行总经理周作民持相反意见，他认为，欲完善商业银行的总分行制度之组织，必须实行统账制。他认为在事权集中制情况下，各分行经理仅为一行竭忠，而不为全体设想，各分行各自为谋不相问闻。要改变这种状况，必须实行统账制，各分行业务由总处业务科实行统一指挥监督，酌盈济虚，使各行利益渐趋于平。他要求各行放款、买卖证券、汇兑等业务均统账计算，各行房产基地也统账计算。其未购置房产地基者，所有房租亦由总行付账。[①]

1947 年，复旦大学教授刘泽霖在《银行国有论》中综合分析了总行集中制的利弊，认为其优点在于可以集中统一管理，从而发挥银行的整体优势，实现资金、业务的纵向有效流通，缺点在于容易引发各分支行各自为政，不利用资金的横向流动。综上，他建议总分行的行政组织应采取纵向层叠式，组织精神采取军队式，监控行采取横向组织，并指出分支行的设置如以行政区划为基础，而不以经济区域和经济实际为基础，则容易受到当地政府干预从而影响银行经营的独立性。可见当时对于总分行的研究思想更加深刻，所涉问题也更加细化。

应当说，相对单一行制来说，总分行制更为各大银行所青睐，因为这种制度更适合当时的国情。一方面，总分行制度可以满足全国各地实体经济对资金融通的需要，另一方面，传统的金融机构如票号通常以其规模大小和分支机构多少来衡量其是否成功，银行家自然而然希望通过分支行扩大银行的经营范围，提高其知名度和信用。

（3）如何加强对分行的管理

关于如何加强总行对分行的管理，学者们提出的观点差异不大。曾赴日留学十余载的银行家资耀华认为，可以采取三种方法加强总行对分行的管理：要求分行应向总行呈送各种报告；总行无论何时都可派人至分行进行检查，检查内容包括分行的经营状况、人事管理、文化建设等；总行应严格监督分行贴现及放款等业务，限制分行经理的贴现与放款权。[②]

学者裕孙认为，首先应明确分行经理的职权，对分行经理职权的规定既不能太严也不能太宽，如果条条框框太多，将制约分行经理的发挥，不利于业务的开展；对其规定过于宽松，虽然便利了分行经理，但容易造成业务操作不规范的现象，最好是宽严适中。比较严宽优劣，太严格会减少银行利润，

---

① 中国人民银行上海市分行金融研究室编：《金城银行史料》，62 页，上海人民出版社，1983。
② 资耀华：《中国近代银行制度建设思想研究（1859—1949），93 页，《银行月报》，第 7 卷第 7 号。

但管理过松则会给银行整体带来风险，因此对于分行之职权的规定，与其太宽，毋宁稍严。基于这一尺度，裕孙要求商业银行总行对于分行经理的各种职能，如存款与放款利率的制定，贷款种类与抵押物品的选择，贷款总额与个人放款数额的规定，汇兑契约的缔结、反担保品的选择，以及行员的进退，经费的支付等均予以明确的规定。①

总分行在经营过程中常常会出现利益上的冲突，如果总行对分支行不能进行有效的监督，出现分支行越权等行为，将会给银行甚至整个金融系统带来风险。因此，对于加强对分支行管理的研究对于过去和现在都具有现实意义。

（4）建立商业银行集团的主张

北洋政府时期，商业银行快速发展，开办的数量高达五十多家，但由于准入门槛低，银行规模小，银行的抗风险能力较差，且政府本身并没有对金融市场进行管制，大多数银行面临经营上的困难，导致生存困难甚至倒闭，使整个银行业陷入自生自灭、无序竞争的状态。正如金城银行总经理周作民在董事会报告中所说，国家银行既不可持为后盾，经营商业银行自不得不与同业携手。惟量度资力，又必须相当，始于事有济。② 此外，当时银行内部的资本金多相互持股、银行家相互兼职的情况，也为银行联合提供了条件。针对这些问题，很多人主张商业银行应实行合并联合，以增强银行经营的稳健性。

1919 年，于树德③在《银行月报》上发表《银行之合并与联合》④ 一文，对合并和联合作出了定义，并指出我国银行缺点很多，如资本微小，信用薄弱，经营方法笨拙、不能广泛吸收社会资金、不能以巨额资本借给产业界等。欲改变这些弱点，急宜实行合并与联合。他认为合并是世界各国银行发展之大势，英、美、日等国无不竭力谋银行之合并，以发展经济于海外，而与各

---

① 裕孙：《论银行分行之职权》，载《银行月报》，第 7 卷第 6 号。

② 中国人民银行上海市分行金融研究室编：《金城银行史料》，85 页，上海人民出版社，1983。

③ 于树德（1894—1982），号永滋，中国同盟会会员，曾任北京大学讲师，国民党第一、二届中央执行委员，国民党北京执行部常务委员、青年部部长、中国工业合作协会副总干事，国民党政府监察院监察委员、考试院考试委员，著有《合作社之理论与实际》、《信用合作社经营论》、《消费合作社之理论与实际》。

④ 于树德：《银行之合并与联合》，载《银行月报》，第 3 卷第 45 号。

国竞争。我国银行实行合并联合，既能充实资金，又可以应对外国银行的竞争压力，获得生存发展。

于树德还对当时反对银行合并的各种观点给予辩驳。（1）有人认为银行合并后将不能有效对工商业提供援助。于树德认为主张银行合并者皆知国家大义与社会公益，况银行从自身利益计也不会停止对工商业贷款，而且银行合并后资金增大，反而更有利于为工商业贷款。（2）有人认为银行合并增加资金会造成金融垄断，妨害自由竞争。于树德认为，银行即便是合并也不会造成全国银行悉并为一的情况，而且在合并的同时会产生新的银行，大小银行互有维系，各竞其利，并不会出现垄断的结果。（3）有人担心银行合并后拥有大量资金会误用。于树德认为，银行资金越多，则其运用之途越广，则损益越益调和，不存在误用之说。（4）有人认为银行合并削弱了资金的融通力。于树德认为合并可以增加资金的融通，因为我国地大，各地的金融缓急也不相同。如果银行分立，各地金融缓急，不能自在流通相济，惟有合并，分行遍立，才能收缓急相济之妙用。（5）有人担心银行合并后势力增大，将只贷款巨额资金，使工商业者或不敢望其救济。于树德认为，银行放款以抵押借款或贴现为原则，只要是符合条件的便可贷款，不必问其资格地位如何及工商业之大小。

1921 年，民国学者郑维均发表《论小银行联合组织之必要》一文，指出欲改善中国商业银行资力薄弱、规模甚小、信用未固等问题，应实行联合组织。他认为联合组织是指集合多数银行而成立一个银行，其目的在于集小资本而为大资本，集小信用而为大信用；业务藉之以发展，经济赖之以活动；营业稳当，利益亦得以增加。关于联合银行组织的方法，他建议：第一，联合各地薄资之银行，结成一团体。第二，公推一总行，统理一切。第三，凡经联合之各银行间，订明条约，互相遵守。第四，各银行虽各自分立，可相约共同之行动。第五，有亏分担，有利均沾。他认为实施联合组织的好处在于联合各银行得以互相援助，即不啻自设分行于各地，且能集多数银行之力量，则事易举而利易得，无复有颠蹶之虑。此外，徐沧水、羲农、姚仲拔、远钦等学者也都撰文表示支持银行的合并联合。

在上述思想影响下，不少银行家开始思考并一手组建商业银行集团。比如在盐业银行总经理吴鼎昌倡导下，盐业、金城、中南、大陆四家银行联合营业，并先后成立联营事务所、四行准备库和四行储蓄会等联营组织，得到迅速发展。除以上四家银行组成的"北四行"外，还有华东的"南三行"①、"江浙财团"②、"华南财团"③ 等，其中"北四行"因成立了正式的联合组织，因此联系最为紧密，"南三行"虽没有联营或集团的性质，但是经营中互相支持，互派董事监事，也起到了联合经营的效果，两个金融集团一南一北，在当时的金融界具有重要的地位。可以说，银行间联合对于民国时期实力弱小的商业银行起到了重要的保障作用，首先在投资放款数额巨大时，通过组织银团联合放贷，使一些中小银行也能承做这些业务，从而提高了中小银行在金融市场上的参与度。其次，联合贷款使银行间对企业的信息互通有无，完善了资信调查，分散了贷款风险，增强了银行经营的稳健性。最后，联合经营避免了银行间通过降低贷款利率或提高存款利率等方式开展的恶性竞争，在利益一致的基础上保障了银行的盈利空间，增强了私营银行的整体竞争力。

2. 商业银行资金运用方式的讨论

商业银行的主要职能之一，是通过贷款给工商业以促进实体经济的发展，这也是建立近代新式银行的初衷，如上海商业储蓄银行在成立伊始便提出"服务社会，辅助工商实业"的口号，为工商业提供了一定的资金支持。但在北京政府时期，商业银行从事的最主要的业务还是公债买卖和地产投机，而没有充分履行其服务工商业的职能。正如章乃器对当时商业银行主要业务的评论："往往是逃不出地产和证券的投机，放款的抵押品，投资的标的物，钞票的保证准备，除了公债，就是道契。"④ 余捷琼也指出："战前数年，一般商业银行的业务，最重要的是公债买卖，其次是地产经营。改革币制以后，

---

① 指民国政府时期南方三家大型商业银行的统称，包括浙江兴业银行、浙江实业银行和上海商业储蓄银行。

② 指对以上海为基地的江苏、浙江籍人士或江浙两省的大银行和大企业资本集团的总称，是中国三大财团（另为华北、华南）中最雄厚的一个。

③ 以美国华侨陆蓬山组织的广东银行为首的大批华资银行，主要分布在福建、港粤等地，主要面向东南亚华侨，侧重于经营国际汇兑。

④ 章乃器：《金融业之惩前毖后》，载《银行周报》750 号。

因国内物价的变动，又一度盛行商品的投机，至战事发动以后，则群趋于经营与国家利益相反的投机事业，如外汇投机、地产经营、商品的囤积等。"①这些都是对当时银行业务的真实写照。

（1）对资金运用现状的批判

针对商业银行职责不清，没有服务于工商业的问题，学术界和银行界提出了很多看法。1928 年起，上海的《银行周报》和北京的《银行月报》连续刊登介绍英美等国商业银行业务经营方面的文章，对国外商业承兑汇票、银行承兑汇票及贴现业务进行了介绍与研究。此后，《经济学季刊》、《时事新报》等也刊登了承兑票据和贴现相关的文章，并逐渐开始对如何在我国实践进行讨论。他们认为将买卖公债和投资地产作为商业银行的主要经营目标导致了商业银行与工商企业联系不紧密的结果。

财政学家贾士毅在《国债与金融》中指出："银行以公债借贷买卖……其结果，一方面固然促进银行与财政的密切关系，另一方面，却阻碍银行与产业的联系，民族工业从此益难得到银行资本的资助。"②

著名金融学者吴承禧指出："银行界与内债政策，过于密结不解，于银行自身之前途亦是异常危险的。因为，银行的资金，大都来自社会，本非银行自有；今银行以社会付托之资金，贪图厚利，提供政府，如一朝政局骤变，篮坠卵碎，两者旨空，危险岂不太大！"③

商业银行之所以将资金投资于公债与房地产，主要原因有二。一是当时政府融资需求较为紧迫，公债的利率很高，投资公债能保证收益；二是因为商业银行在资金运用上也存在问题。当时采用传统的记账放款和抵押放款方式，银行资金的流动性较差，使得银行在遇到银根收紧需补充准备时，难以及时收回资金，手续也颇为繁杂。基于这两个原因，使得大多商业银行不愿将太多资金贷给工商企业。其结果是，商业银行将大量社会资金用于购买公债，增加财政收入的同时挤压了企业的投资和个人的消费，且购买公债相当

---

① 余捷琼：《战后银行机构改造问题》，载《财政评论》，第 3 卷第 1 期。
② 叶笑山：《中国战时经济特辑》，37 页，中外出版社，1938。
③ 吴承禧：《中国的银行》，81 页，商务印书馆，1935。

于增发钞票，必会引发货币贬值。

（2）发展票据贴现改善资金运用方式

学者们针对上述问题，提出了通过推行票据贴现改革商业银行资金运用方式，从而改变其经营方向的建议。

马寅初在1929年出版的《中华银行论》中提出，要改革华商银行的资金运用方法，首先要推行票据贴现。他考察了欧美银行业，指出贴现有四利：一是票据一旦到期，便能收回本金，说明票据的安全性好；二是凡是与票据有关系的人均负有偿债义务，从而保证了票据的信用；三是票据的期限长短不等，但大多不超过四个月，流动性佳；四是票据的性质类似于支票，能流通于市面，容易脱手，说的也是其具有流动性。在开展贴现的具体办法上，马寅初提出通过将借款契约修改成汇票的过渡方法使人们接受汇票、政府通过免税给予其支持、通过降低贴现放款利率鼓励人们使用票据以及允许钱庄银号使用商业汇票做领钞准备等四种办法。[①]

杨荫溥在1929年出版的《上海金融组织概要》中也论述了上海银行业在资金营运上存在的问题，指出"贴现一项实为银行运用资金之良法"，并建议颁布票据法并尽早设立票据交换所。1930年，刘大钧也指出"我国银行业虽已逐渐发展，而抵押票据因无见票即付之办法……于是银行资金大半用于公债地产及投机三项，而工商业反时患资金之缺乏"[②]，他在全国工商会议中提出推行票据贴现和承兑的建议，主张完善票据市场。

交通银行总行业务部总经理金国宝主张改革银行的信用制度，他认为银行不把钱贷给工商企业的原因之一是公债的利息很厚，二是很多工厂、商号尚未使用新式的会计制度，银行不能真实了解其财务状况，且贷款利率较低，三是由于抵押品的流动性差，使得贷款给工商业的风险较大。由于贴现票据流动性好，可以有效改变这种状况，而推行票据贴现，首先是要建立票据贴现市场。他提出五条建议，一是完善票据的法律制度，如颁布票据保险仓库

---

① 马寅初：《中央银行论》，商务印书馆，1929。

② 刘大钧：《改善金融组织以发展工商业案》，载《全国工商业会议汇编》，实业部总务商业司编，233页，1931。

法等；二是组织承兑汇票促进会，为承兑汇票做宣传和推广；三是建立信用调查机构，使银行在贷款时充分掌握企业的信用信息；四是组织贴现代理所，负债代客买卖汇票并赚取酬金；五是中央银行必须切实开办重贴现业务，作为银行钱庄的后盾，并通过贴现率调节金融市场银根松紧。①

由于商业习惯和信用状况的限制，银行业在 1931 年初开始倡导商业票据承兑与贴现时并没有得到工商界的积极响应，真正意义上的票据中介机构也未能建立。1932 年"一·二八"②事变后，上海发生金融风潮，银根紧缩，同时受美国大萧条的影响，工商各业日益萧条，这促使工商企业开始接受承兑汇票和贴现这种新的信用方式。1936 年，在几家主要商业银行的倡导下，上海银行票据承兑所开业，成为近代中国第一家专营票据承兑和贴现的机构，这标志着我国票据贴现市场的雏形出现，对促进中国票据的使用、流通，从而改良商业银行的资金营运机制，增强银行和工商企业的联系都起到了积极的作用。

（3）银行资金运用方式的进一步发展

抗战爆发后，对于银行如何辅助工商业的发展，加强与企业的联系从而推动战时经济的发展，学术界展开了积极的讨论。

在如何确定银行贷款对象这一议题上，当时的理论界认为银行应对生产性企业积极发放贷款，而对非生产性企业不予贷款。至于何为生产性何为非生产性，当时学者们产生了意见分歧。一种观点认为，生产性企业主要是指直接生产企业。如南开大学商学院教授王海波认为，生产性企业主要应指直接生产企业，即能够创造财富，增加或变更其效用，而供人类得以满足其欲望的企业。另一种观点则认为，生产性企业是指生产经营正当且对大众有益的企业。如朱彬元认为，按经济学原理，只要没有与法律或社会相抵触者，任何行为，均视为有生产性。但考虑到各个企业对资金需求的不同，他认为应将贷款发放给对大众有益的企业。复旦大学银行学系教授朱斯煌也认同士农工商都是生产性的，

---

① 金国宝：1931 年 5 月 6 日在中华国货产销合作协会第七次星期五聚餐会讲演，《餐座名言集》，转载《近代中国的金融市场》，400 页，中国金融出版社，1989。

② 指日本为支援配合其对中国东北的侵略、掩护其在东北建立伪满洲国的丑剧，于 1932 年 1 月 28 日夜，日本海军陆战队在对上海当地中国驻军第十九路军发起攻击，时间长达一个多月。

他依照经济的原则和中国当时的情形给出了企业是否具有生产性的几个特点：（1）他的生产营业是否适合现社会的需要？（2）是否符合生产的程序？（3）所做的是不是他的本业？（4）所做的是否超出他的范围？①

至于银行对企业的贷款应采取何种形式，人们的观点主要分为集团办理方式和个别经营方式。金融学家王季深支持集团办理方式，他认为，个别经营方式的最大弊端在于贪厚利，徇私情，而集团办理方式有三大优势：一是秉公持允。放款集团可随机视察借款用户运用贷款情形，有无囤积居奇，更可纠察银钱业有无自营囤积居奇的投机行为。二是统盘调整。放款集团对于农工、商务方面所占的授信成分，可参酌国计民生的需要，统盘调整，以防止产业偏颇发展。三是有效监督。借款企业及放款行庄在放款集团大公无私监督下，如仍有囤积居奇的投机行为，不啻自绝受信之路。②

金融学者周亚伯认为应根据贷款企业状况而决定采取何种贷款形式。他指出行庄集体放款与个别放款，不必一概而论，而应视企业范围大小而定，企业范围大的采用集团放款为宜，企业范围小的由行庄个别放款为宜。③

由于当时中国的商业银行资本实力较为薄弱，单独从事信贷业务风险较大，而集团办理方式能分散一定的风险，因此主张采取集团方式放款的观点占据优势。从银行发展的历史来看，集团办理方式对加强银行间的联系，推动商业银行的发展是具有一定意义的。

关于商业银行放贷的期限问题，传统银行学著作多主张银行应该从事针对工商业的短期信贷活动，且以此为限。而近代理论界中，有人鼓励商业银行从事长期产业投资、综合经营，如民国学者蔡之华认为商业银行履行调剂短期资金的职责，其资产应保持充分的流动性，不宜经营长期性投资，但是考虑到国内的实际情形，并参照欧洲产业金融的发展，则商业银行供应产业资金，不但不应加以限制，还值得大力提倡。④ 民国学者李荣廷认为，商业银

<del>
</del>
① 朱斯煌：《沟通金融资本与产业资本技术问题座谈会》，载《中国工业》7期。
② 同①。
③ 同①。
④ 蔡之华：《各国银行制度及我国银行的过去和未来》，转《中国近代银行制度建设思想研究（1859—1949）》，189页。

行的经营原以资金的短期融通为主，但考虑到我国经济发展的实况，如果商业银行仅从事商业短期信贷，业务量少，营业收入不易维持，分工也不易操作。"故建立单纯短期商业贷款性质的商业银行，困难甚多，似弗如采混合制为佳，允许商业银行从事长期工业贷款"①。

南开大学教授丁洪范认为，商业银行的资产必求其富于流动性，因此其营业范围应以民营工商业短期信用的活动为限，长期投资和放款应加以禁止。② 马寅初在《中华银行论》中也认为"商业银行不能与实业银行相提并论也"，因为"前者以短期放款为前提，后者以长期投资为要健"，商业银行的放款贵在易于收回，不宜流于固定。故放款时必先检查抵押品是否确实可靠，易于变卖。如房屋、土地等不动产，因其不易于变卖，故以此为抵押而放出之款，亦不易于收回。

实际上，高利润和高风险总是如影随形，政府债券的买卖虽然利润颇丰，但是也伴随着巨大的政治风险。随着贴现市场的逐步完善以及政府信用的丧失，银行界开始将更多的资金投向实体经济，使得工商放款呈现上升趋势。法币政策的实施带来高物价和一些工商企业的利润增长，将资金贷给这些企业不仅便利了企业的资金周转、扩大了企业规模，也在一定程度上扩展了银行资金的去路，在相对高的利差下为银行带来丰厚的利润回报。期初银行业与工商业之间以资金借贷为主，银行直接投资企业的现象主要表现为购买企业的债券和股票。对于一些银行家来说，建立以银行为支撑的财团是他们最终的梦想。在此信念支撑下，经过艰辛努力，至抗日战争爆发前夕，一些银行的财阀经营模式已初具雏形，但覆巢之下无完卵，随着日本入侵，中国的经济日趋衰败，很多银行的投资面临亏损，建立财团的梦想也胎死腹中。

3. 商业银行经营管理制度建立的讨论

中国的商业银行自创办之始便在管理制度上着意模仿西方商业银行，但由于中国社会经济本身的特点，这种模仿具有一定的局限性，其管理制度自清末至民国成立，都是不甚健全的，具体表现在内部组织结构紊乱、管理松

---

① 李荣廷：《战后我国商业银行改造论》，载《金融知识》，1944 年第 3 卷第 1 期。
② 丁洪范：《我国银行制度之改造》，载《金融知识》，1943 年第 2 卷第 1 期。

散，甚至发生行员舞弊现象。随着南京国民政府的成立，一些大型商业银行为了适应新形势，对自身的管理制度进行改革，一些银行家提出了完善商业银行内部管理制度的思想，具有时代的进步性。

（1）银行的服务宗旨

民国时期的商业银行可以说是在夹缝中诞生与发展，一面是在中国发展迅猛的钱庄等老式金融机构，一面是来自欧美资本主义国家的外商银行，两者的资力都远胜于年轻的国内商业银行。因此，一些银行家主张银行应以服务社会为宗旨，通过优质的服务和灵活多样的业务广揽储蓄，辅助工商。

上海商业储蓄银行成立初期在既无强大政治背景也无雄厚资金做支持的情况下，特别重视通过"服务社会"拉拢业务，谋求生存之道。其总经理陈光甫把服务社会作为自己银行"生活的要素"，"第二生命"，是其经营管理思想的核心。陈光甫指出银行业务管理应努力提高对顾客的服务质量，"普通商店以贩卖货物为业务……银行所卖者，惟服务耳。"银行只有为顾客提供满意的服务，赢得顾客的信任，才能获得"正当之利益"。为此，他要求柜台服务员"应对顾客，首当和蔼……宜常以笑脸迎人，使人于见面之时即有好感"。即使出于一时误会，也应避免争执，因为一旦发生争执，不但"顾客感情"因此"丧失"，而且会引起其他顾客的不平，直接影响到银行的营业，"银行得一顾客，目前之利益不见大，但因一人之感情可推至千万人；反之，丧失一人之感情，其害亦可传播予千万人"。①

新华信托储蓄银行总经理王志莘认为银行的服务对象应当大众化，他在《新华信托储蓄银行宣言》中指出，所谓集中社会经济力，"是不当单着眼于大量的经济，尤当着眼于群众一锱一铢的所在，设为种种方便法门以吸集之"。在放款方面，他认为"尤当着眼于多数民众生聚教养上之需要"。在《近代中国金融业管理》一书，他总结道，"凡储蓄信托一切业务所以运用之者，皆当以平民为目标，根据原则及国家法令之所规定，就自身能力之范围，与夫环境容许之

---

① 陈光甫：《陈光甫先生言论集》，16 页，上海商业储蓄银行印。

程度，取其精神，而审慎其法，以冀逐步实现鼓励平民主义"。①

中国银行总经理张嘉璈提出"顾客是第二股东"的思想，认为银行职员要像对待股东那样对待顾客，为顾客提供各种服务。中国银行的营业报告中曾明确规定"本行业务之方策，当以服务公众，改进国民生活为前提"②，提出中国银行业务经营方针的两个基本点，一是为公众服务，"所谓服务公众者，在乎使人人能利用银行。银行本为公众钱财之管理者，自应实事求是，以谋公众与本行相互之利益"，从而扩大其在国内外的影响，提高信誉。二是改进国民生活，"所谓改进国民生活者，在乎谋国民生产力之增加"。为落实该方策，中国银行提出了几个基本做法，一是提高银行自身素质，严格训练行员，使行员知道"如何接待顾客，以谋顾客充分的便利；如何指导顾客存放余资，以谋顾客储蓄能力之增进"。二是平等待客，"对于顾客，概无差等，一律待遇"。三是扶助工商业，"增加国民生产力"，"而在中国银行职务范围内应谋之事，当力谋以低利资金扶助大小工商业者，借以图物价低落，生产发达，出口增加。"四是传递信息，"以国内外商品市场消息供给社会，以代社会之耳目，而为经营国际商务之正鹄"。③

这种以服务社会、服务顾客为宗旨的主张，在近代银行业中是一种独特的思想。当时传统的票号、钱庄和外资银行都不曾提出这一想法。这既说明他们对银行这种特殊企业的性质有着深刻的理解，也表现了他们追求银行发展的愿望——在银行业激烈的竞争环境下想要生存，唯有提高服务质量，改进经营制度，才能提高竞争力，促进银行的发展与进步。

（2）银行的内部管理制度

实行所有权与经营权分离是现代银行制度遵循的一条重要原则，两权分离，可以确保经营者充分行使其职权，发挥经营者的积极性和创造性，也能突破所有者自身的能力限制，将事务委托于经营能力更高者，从而提高经营

---

① 中国人民银行金融研究所金融历史研究室编：《近代中国金融业管理》，252 页，人民出版社，1990。

② 《中国银行十八年度营业报告》，载《全国银行年鉴（1935 年）》，中国银行 1935 年发行。

③ 同②。

效率和效益。

在国民政府时期，银行多采用股份制，在所有权和经营权的协调方面，很多银行家积极推行总经理负责制。如王志莘改造新华储蓄银行时便主张总经理负责制，并要求划分总经理和董事会的职权。他在《新华信托储蓄银行章程》中规定，凡银行内的人事任免和日常业务的经营管理，均由总经理独立行使职权，董事会不得干预。

上海商业储蓄银行成立之日便采取总经理负责制，在 1929 年改革组织结构时成立总经理处，进一步强调实行总经理负责制，并扩大总经理的职权，规定总经理得以综揽全行事务，在经营决定上不受董事会干预。

金城银行在体制上也采用总经理负责制。其《章程》规定："总经理对外办理事务得代表本行"；"总经理对于全行营业及任免职员，除有特别规定须报告董事会外，得处决一切事务。"从而在制度上保证了总经理比由董事长掌权的体制更能发挥总经理的所长。金城银行自创办时起，周作民便担任总经理。对于开办时和发展初期的主要投资人以及其他董事会成员，周作民处处考虑他们的利益，每年付给优厚的股息和红利，且能对行务处理得宜，从而保证了拥有所有权的董事和执行经营管理权的总经理之间关系的协调。

相比之下，一些银行因董事长、董事的权利过于广泛，处处过问行务，使总经理无法施展才干，管理积极性降低，在一定程度上阻碍了银行的发展。例如，浙江兴业银行选择董事制，即由股东代表大会选出董事，由董事选出办事董事，再由办事董事选出董事长，日常重大事务由办事董事处理，但没有最终裁决权，最终裁决权归董事长。这种管理制度虽然设有总经理，但只负责处理各办事董事的日常事务且没有最终裁决权。董事制也是一种权责分离的经理管理制度，但在决策时董事与经理相互钳制，工作效率较低。浙江兴业银行因采用董事制，使总经理不能充分发挥专业特长。当年担任该行总经理的徐新六虽富有才华，思想现代化又具开拓精神，但由于有空名而无实权，上海商业储蓄银行、金城银行的总经理可以当面拍板的事，他只能回去请示董事长，从而无法及时把握商机，总经理的工作积极性也备受打击。徐新六在浙江兴业银行任职十年，但成绩平平。浙江兴业银行也逐渐衰落，被上海商业储蓄银行、金城银行渐渐赶超。

（3）人才的培养与任用

人才是银行发展的决定性因素。陈光甫指出："凡百事业，咸以人才为本，譬如大厦之有栋梁，呼吸之有空气，商业亦然，银行尤盛"，"有人才、虽衰必盛；无人才、虽盛必衰。"① 聚兴诚银行经理杨灿三说："只有人聚才能财兴，只有人聚财兴事业才能成功。"新华储蓄银行的王志莘也认为，事业成败的关键在于人的作用发挥得如何。

高度重视人才，是近代银行家的共识。究其原因，一方面现代银行是一项技术性很强的行业，对工作人员的素质要求高，而另一方面，国人中精通货币银行学等知识的人尚属少数，又富有银行业务实践经验的人则更加稀缺。在银行业竞争剧烈的情况下，人才成了银行发展的关键，银行家自然将有无人才看成银行盛衰的关键，纷纷建立健全人事管理制度，以求发现、培养和使用人才。他们提出的人事管理制度包括人才的选拔标准、人才的任用以及人才的培养与管理等几个方面。

关于人才选拔的标准，陈光甫认为人才必须具备艰苦创业的精神、坚忍不拔的毅力、忠实质朴的性格、顽强自立的气质、推陈出新的能力和政治家的胆识。他认为这种人才是银行经营的生力军。他最讨厌三种人：一种是不知节俭，甘心堕落的不识艰难之辈，他称之为"少爷"；一种是官派十足，应办之事，随意搁置，他称之为"大老爷"；一种是工作被动应付，死气沉沉，他称之为"老太爷"。他不容许这三种人在上海商业储蓄银行有安身立命之地。他要行员办事讲究效率，用物力求节约。他反对人力浪费，要各级负责人如发现人浮于事，就应进行必要的整顿，务使"组织力求严密，手续力求简单，则人事开支，自可节省"。他还要各级负责人，对业务、人事各方面都要进行精细入微的考察，不断兴利除弊。②

周作民特别注重德才兼备，因为"银行为信用事业，工作人员多与钱币之出纳有关，故其品格所系尤大，或谓银行先须求其忠实、勤勉、忍耐，诚

---

① 《陈光甫先生言论集》，上海商业储蓄银行印，1949。

② 同①。

属必要。"因此在选拔人才的时候需将其品格作为考察的重要因素。金城银行在重视人才的同时也主张用人要得当，"凡百业之策进，端赖得人。权衡人选，因事因地，固各有其宜，所谓适才适地也。"① 不仅如此，金城银行对普通职员也"注意其品性向上，与陶冶学问：精进与活用，以增进用人之素质"，② 积极地培养他们。如寄送商业专门学校商业英语、商业通论、商业簿记、商业算术、经济学原理、民商法等讲义，以供行员学习研究；对于优秀的职员，会通过选拔资送到美英留学；选送员生，学习法令、条例；派出员生，实际训练。与金城银行类似，上海商业储蓄银行为了提高员工的修养，采取了出版刊物、设立图书馆、定期开办银行学校和行员训练班、不定期选派职员出国学习等方式。

对于职员的管理，金城银行认为没有规矩无以成方圆，选人用人要靠系统的管理制度。在晋级加薪方面，金城银行主张奖惩分明，订立行员薪津简章，"简章十条并分别列表，行员薪津即照本章程办理……各行员应否进级，及应进何级，请斟别勤惰，按照章程及附表详细开单陈请核定，务希认真考核，以昭平允。"③ 对员生缺勤按月考核，在兼顾每人生活情况的同时按员生的成绩优劣晋级加薪。该行规定对于盈利，"各行应得奖金分为 20 成，经理得七成，副经理得五成，各行员得八成，其摊提办法，按各行员全年薪水均分"④。全行员工除正常的薪津收入外，其年终奖金比大多数银行、钱庄高出一节，激励作用明显。

上海商业储蓄银行对职员的管理较为严格，要求"整饬纪律、考勤工作，除人事处管理签到簿等外，须各部分充分合作，对行员随时督查，对舞弊行为，尤须严密注意"⑤，比如，迟到一分钟算请假半天，迟到五分钟算请假一

---

① 中国人民银行金融研究所金融历史研究室编：《近代中国金融业管理》，106 页，人民出版社，1990。
② 中国人民银行金融研究所金融历史研究室编：《金城银行史料》，269 页，上海人民出版社，1983。
③ 同①，111 页。
④ 同①，111 页。
⑤ 上海商业储蓄银行编印：《二十七年二月二十三日陈先生在行务会议致词摘录》，载《陈光甫先生言论集》，商业储蓄银行 1949 年版，第 196 页。

天，并与奖惩挂钩。

各银行也十分重视员工待遇问题。中国银行不仅为员工修建新式宿舍或者发放房屋补贴，还为员工订立养老及退休制度，开设班车、职工子女学校、消费合作社等，减少行员的日常开支，调动了行员工作的积极性①。

（4）银行的经营作风

近代中国，"政治上经济上皆屡经风暴"，金融极不稳定，在此复杂多变的环境下，"金融机关之受淘汰而崩溃数见不鲜"，在此情况下坚持稳健的经营作风非常重要。

陈光甫常因其谨慎稳健的作风而为人称赞，他强调，"银行经营，首重稳健，若意存侥幸，唯利是图，未有不趋于失败者"。② 在存款方面，上海商业储蓄银行要求各分支机构将所吸收的存款全部归总行统一调节，各分行不得擅自运用，使得资金运用的安全系数提高。在放款方面，该行基本以抵押贷款为主，信用贷款居次要位置，且必须搞好押放款管理，同时厚集准备金以备应急。投资方面则绝少参与房产或证券投资，该行大量投资于工商企业和公债，抗战时期则以套利为主。自从 1931 年发生提款风潮后，陈光甫将银行的现金准备调高至 25%，有时高达 33%，比其他银行高很多，且自银行成立起便不发行钞票，以防止被人集中大量本行现钞前来兑付，产生危机，而是向中央银行和中国银行领用兑换券。此外，陈光甫还率先设立了调查部，专门负责对贷款对象的资信调查。

浙江兴业银行的经营方针也是力主稳健，正如其在第五届报告中强调的，"本行自经风潮以后，于营业各事无不慎之又慎，虽有重利不敢冒险，虽至琐屑不敢辞劳，兢兢业业勉持现状。"在第十七届报告中又强调："以稳固为主，慎益加慎，不敢稍涉夸张。于营业一面仍审慎熟察，于进行之中随时留退守之余地……决不于同业抢做竞胜。"为贯彻这一方针，该行制定规定，要求各地分支行必须每半月或每月向总行书面汇报当地商情和信用等方面信息。总

---

① 程霖：《中国近代银行制度建设思想研究（1859—1949）》，194 页，上海财经大学出版社，1999。

② 陈光甫：《陈光甫先生言论集》，上海商业储蓄银行印，16 页，1949。

行每接到各地信息报告，也要定时研究对策，除及时反馈给呈报行外，还通报各地，引起全行注意。在发钞时，该行开创备现之例，所发钞票时刻准备六成，随到随付，"实行以多藏现银为第一要策，各库均需厚备，以固基础，而图久远。"至徐寄庼主持浙兴总司库时，对于备现有了更进一步的要求。他主张发行钞票的准备金必须十足，认为只有这样才能取信于社会，银行业务必将因此有所进展。当时银行业普遍的做法是发行钞票以现金四成、债券六成作抵，不愿多拿现金作准备金，因此这使得浙兴的社会信誉大增，大大推动了其业务的发展。浙兴对于股票押款，也历来持慎重态度，从不因为同行都竞做或为扩大业务量而去冒险，相反，为预防风险计，对于各种股票押款，几度议决暂行停做。对于有厚利之公债放款也很少主动承做，对于国民政府的要挟摊派，更是能推则推，不能推则尽量少认。贷款方面，为使贷款资金不呆滞或不发生坏账，采取了一系列措施，如发展抵押放款，对不便抵押货物的厂家，采取驻厂管理手段，不仅管理押品，也对厂家经济状况进行考察。这使得浙兴在 1919 年至 1927 年间，定期活期两项存款曾五度在全国各大商业银行中居首位，其重要原因之一便在于它在社会上享有很高信誉。

大陆银行在谈荔孙的管理下，业务经营也以稳健著称。谈荔孙要求对于银行业务的任何决策都应经过详细研究和论证，当初成立"北四行"时也是经过深思熟虑后才同意加入。大陆银行对贷款决策十分谨慎，除了抵押贷款、押汇、对实业的放贷外，投资公债是其主要业务。当时北京政府为筹集战款，常常发行公债并利用银行代为推销。对利润较大的，如"五年公债"，大陆银行就大量买入，对于风险较大、需占用银行大量资金的公债，如"九六公债"，大陆银行就谨慎从事，除完成北洋政府摊派的任务外没有大量购买。①

马寅初在《中华银行论》中对银行业的稳健经营提出应补充两项业务。一是开办信用保险。信用保险机构"对于被保证人之信誉，广为查访，可为相当之保证，凡欲保证其信誉者，均可请其为之，给付相当之费用可矣。他

---

① 徐矛、顾关林、姜天鹰：《中国十银行家》，326 页，上海人民出版社。

日如有赔偿等事发生，惟保险人是问"。二是开办信托存款业务。银行"必受委托人之命令与指挥以行事，如不遵委托人之命令，而自由处分，若有损失，不但应负民事责任，且有负职守，须兼负刑事责任，故信托存款较普通存款为安全"。

这些以稳健为业务经营原则的银行，在经济、社会出现问题时保证了资金的流动性，在发生挤兑风潮时也能从容应对，同时因为其稳健的经营作风带来银行信誉的提升，深受顾客信赖。

纵观近代银行制度建设的思想演变过程，可以发现其思想具有开放与创新并存的特点。从清末洪仁轩提出要建立中国人自己的银行起，人们开始积极学习西方的银行制度，在创立和经营银行的时候也时时借鉴西方银行的经验，故有"以汇丰为准"[①] 这一说法。与此同时，他们也反对照搬西方的思想，主张将各国银行制度之长和我国的实际情况相融合，创新出适合中国国情的银行制度。如其成立之初人们的设想，新式银行业的发展确实为近代民族工商业的进步作出了重要贡献。

（撰稿人：吴富林课题组　审稿人：曾康霖）

参考文献

一、著作部分

［1］陈豹隐：《经济学讲话》，三联出版社，1949。

［2］陈度（编）：《中国近代币制问题汇编·币制》，上海瑞华印务局，1932。

［3］陈光甫：《陈光甫先生言论集》，上海商业储蓄银行印，1949。

［4］陈争平：《近代经济生活系列》之《金融史话》，社会科学文献出版社，2011。

---

① 盛宣怀在奏请创办中国通商银行时，主张通商银行的经营管理"以汇丰为准，悉照西例"。

〔5〕程霖：《中国近代银行制度建设思想研究（1859—1949）》，第一版，上海财经大学出版社，1999。

〔6〕戴建兵：《白银与近代中国经济（1890—1935）》，第一版，复旦大学出版社，2005。

〔7〕杜恂诚：《中国金融通史》之第三卷《北洋政府时期》，中国金融出版社，2002。

〔8〕樊弘：《现代货币学》，商务印书馆，1947。

〔9〕洪葭管：《中国金融史十六讲》，上海人民出版社，2009。

〔10〕洪葭管：《中国金融通史》之第四卷《国民政府时期》，中国金融出版社，2008。

〔11〕胡寄窗：《中国近代经济思想史大纲》，中国社会科学出版社，1984。

〔12〕黄元彬：《白银国有论》，商务印书馆，1936。

〔13〕姜宏业：《中国金融通史》之第五卷《新民主主义革命根据地时期》，中国金融出版社，2008。

〔14〕金国宝：《中国币制问题》，北京中献拓方科技发展有限公司，1928。

〔15〕李达文集编辑组：《李达文集》，第3卷，人民出版社，1980。

〔16〕李剑农：《中国古代经济史稿》，第一版，武汉大学出版社，2006。

〔17〕李泽厚：《中国古代、近代、现代思想史论》，第一版，商务印书馆，2009。

〔18〕梁启超：《饮冰室合集·文集之二十二》，上海中华书局，1941。

〔19〕林维英：《中国之新货币制度》，商务印书馆，1937。

〔20〕刘大钧：《改善金融组织以发展工商业案》，载《全国工商业会议汇编》，实业部总务商业司编，1931。

〔21〕刘慧宇：《中国中央银行研究：1928—1949》，第一版，中国经济出版社，1999。

〔22〕刘冕执：《论国币代用券之性质》，载《钱币革命实行方案汇览》，

中华钱币革命协进会湖南分会，1933。

　　［23］马咸：《法币讲话》，商务印书馆，1938。

　　［24］马寅初：《通货新论》，商务印书馆，1947。

　　［25］马寅初：《中国之新金融政策》，商务印书馆，1936。

　　［26］马寅初：《中华银行论》，商务印书馆，1929。

　　［27］彭信威：《中国货币史》，第一版，上海人民出版社，2007。

　　［28］千家驹：《旧中国公债史料》，中华书局，1984。

　　［29］钱俊瑞：《中国跌进英镑集团以后》，载《钱俊瑞文集》，中国社会科学出版社，1998。

　　［30］沈洋：《近代中国金融市场的利率水平及其影响因素分析（1860—1937》，上海社会科学院，2008。

　　［31］沈志远：《新经济学大纲》，三联出版社，1949。

　　［32］石涛：《南京国民政府中央银行研究：1928—1937》，上海远东出版社，2012。

　　［33］寿勉成：《中国经济政策论丛》，正中书局，1936。

　　［34］孙大权：《中国经济学的成长——中国经济学社研究（1923—1953）》，上海三联书店，2006。

　　［35］唐庆增：《中国经济思想史》，第一版，商务印书馆，2011。

　　［36］王红曼：《中国近代货币金融史论》，上海人民出版社，2011。

　　［37］王素珍：《关于货币本质及货币政策目标问题的讨论》，中国金融出版社，2000。

　　［38］吴承禧：《中国的银行》，商务印书馆，1935。

　　［39］徐矛、顾关林、姜天鹰：　《中国十银行家》，上海人民出版社，1997。

　　［40］徐青甫：《经济革命论的要旨》，浙江经济学会（印），1932。

　　［41］徐青甫：《徐青甫先生演讲集》第 2 册，浙江财务人员养成所（印），1932。

　　［42］阎锡山：《物产证券与按劳分配》，阵中日报社印，1941。

［43］杨端六：《货币与银行》，武汉大学出版社，2007。

［44］杨荫溥：《杨著中国金融论》，黎明书局，1931。

［45］杨荫溥：《中国金融研究》，商务印书馆，1936。

［46］姚庆三：　《现代货币思潮及世界币制趋势》，国民经济研究所，1938。

［47］姚庆荫：　《战后银行组织问题》，中央研究院社会科学研究所，1940。

［48］姚遂：《中国金融思想史》，中国金融出版社，1994。

［49］叶世昌、李宝金、钟祥财：《中国货币理论史》，厦门大学出版社，2003。

［50］叶世昌、施正康：　《中国近代市场经济思想》，复旦大学出版社，1998。

［51］叶笑山：《中国战时经济特辑》，中外出版社，1938。

［52］余捷琼：《中国的新货币政策》，商务印书馆，1937。

［53］张家骧：《中国货币思想史》，湖北人民出版社，2001。

［54］章乃器：《中国货币制度往哪里去》，新知书店，1936。

［55］赵兰坪：《货币学》，北京中献拓方科技发展有限公司，1936。

［56］赵兰坪：《现代币制论》，商务印书馆，1936。

［57］中国近代经济史丛书编委会：《中国近代经济史研究资料》第4辑，上海社会科学院出版社，1985。

［58］中国人民银行金融研究所金融历史研究室：《金城银行史料》，上海人民出版社，1983。

［59］中国人民银行总行金融研究所金融历史研究室：《近代中国的金融市场》，中国金融出版社，1989。

［60］中国人民银行总行金融研究所金融历史研究室：《近代中国金融业管理》，人民出版社，1990。

［61］中国银行总管理处：《中国银行十八年度营业报告》，载《全国银行年鉴（1935年）》，中国银行，1935 。

［62］钟祥财：《法币改革前后中国的货币理论》，上海社会科学院出版社，1995。

二、论文部分

［1］蔡志新：《孔祥熙和抗战时期的通货膨胀》，载《西南大学学报（社会科学版）》，2007 年 9 月，第 33 卷第 5 期。

［2］丁洪范：《我国银行制度之改造》，载《金融知识》，1943 年第 2 卷第 1 期。

［3］谷春帆：《征收银出口税能不能阻遏现银外流》，载《申报月刊》，第 3 卷（1934 年），第 11 号。

［4］黄达：《回顾 1950 年之前"货币银行学"学科的发展》，载《货币金融评论》，2008（2~3）。

［5］李桂花：《论近代中国中央银行的形成时间、制度类型与功能演进》，载《中国经济史研究》，2001（2）。

［6］李荣廷：《战后我国商业银行改造论》，载《金融知识》，1944 年 3 卷第 1 期。

［7］柳红：《金融百年背后的思想学说》，载《读书》，2012（10）。

［8］李权时：《减息问题答客问》，载《银行周报》第二十卷第十一期，1 页，1936。

［9］王广谦：《20 世纪西方货币金融理论研究的简要回顾与述评》，载《中央财经大学学报》，2003（1）。

［10］吴富林：《金融家与时代》，载《读书》，2012（3）。

［11］徐柏园：《今后之中央银行》，载《财政评论》，第 8 卷第 5 期。

［12］徐光：《对于金融业减低利息之另一管见》，载《经济评论》，第三卷第四号，1936。

［13］薛遗生：《银行业务发展方法之商榷》，载《银行杂志》，第三卷第十一号，1926。

［14］杨蔚、韩天勇：《专业化后之中央银行》，载《金融知识》，1943 年

第 2 卷第 1 期。

［15］杨荫溥：《银潮中吾国纸币现状及其应变政策》，载《申报月刊》，第 3 卷（1934 年）第 11 号。

［16］姚庆荫：《战后中央储备银行的组织与信用统制问题》，载《银行界》，1940 年第 8 合期。

［17］叶世昌、丁孝智：《孔祥熙的经济思想》，载《河北经贸大学学报》，2006 年 11 月，第 27 卷第 6 期。

［18］叶世昌：《中国近代货币本位制度的建立和崩溃》，载《中国钱币论文集》第四辑，2002。

［19］于树德：《银行之合并与联合》，载《银行月报》，第 3 卷第 45 号。

［20］余捷琼：《战后银行机构改造问题》，载《财政评论》，第 3 卷第 1 期。

［21］裕孙：《论银行分行之职权》，载《银行月报》，第七卷，第 6 号。

［22］裕孙：《银行周报》第五卷，第 26 号，1921 年 7 月 12 日。

［23］张亚光：《中国近代"发展之学"研究的史料与方法——以民国金融思想史为例》，载《福建论坛（人文社会科学版）》，2007（11）。

［24］张亚光：《中国近代金融学教育探略》，《建国 60 周年中国经济思想史学术研讨会会议论文》）。

［25］章乃器：《金融业之惩前毖后》，载《银行周报》，第 750 号。

［26］赵兰坪：《征银出口税与今后吾国之货币政策》，载《中央日报》，1934 年 10 月 25 ~ 26 日。

［27］朱斯煌：《沟通金融资本与产业资本技术问题座谈会》，载《中国工业》，卷 7 期。

［28］资耀华：《国外汇兑行市之变动与购买力平价论》，载《银行月刊》，第 7 卷，第 1 号。

第十章
南开指数专题[①]

一、南开指数概况

指数的编制和分析在欧美各国约有近三百年的历史。1738 年法国人杜德（Dutot）发表路易十二及路易十四两代国王时期的物价统计，用各物实价总和的比率来表示物价升降的大趋势，成为指数编制及研究的开端。但指数研究的普遍应用还是从 19 世纪后叶开始，1869 年伦敦经济学报选取二十二项物品价格编为指数并按期发表，开创了指数按期现编的先河。在中国，1900 年之后，物价变得昂贵，生活艰难，学者们逐渐从事生活费指数的编制工作。

南开指数是我国较早开始编制的指数之一，在国内外享有崇高的学术声誉。它从 1928 年即开始编制，所跨时间从 1867 年至 1952 年，前后约一个世纪。南开指数所涉及的面也非常广，不仅包括了物价指数、生活费用指数，还包括外汇指数、外贸指数及证券指数等，是研究我国近百年来经济发展、金融、统计特别是物价历史的重要参考资料。

南开指数的编制得益于南开经济研究所第一任所长何廉先生的看法，他认为，对我国经济进行研究，首先要取得关于我国经济的实际知识，而取得

① 本专题内容主要素材来源于南开大学经济研究所八十周年所庆材料，感谢经济研究所关永强老师慷慨赠予。

实际知识就需要从收集资料进行数量分析入手。而编制指数，就是要建立起由一系列相互联系相互依存的数字构成的体系，利用指数来追踪经济指标的运行轨迹，通过对指数的分析全面反映社会再生产过程中从生产、流通、分配到消费各环节、各层次的经济水平和经济状况变动趋势及程度，反映经济体系运行的整理结构及规律。

南开指数最初是基于"中国物价统计研究"课题开始编制，其后陆续编制了生活费、贸易、外汇及证券等多种指数。南开指数与当时官方公布的指数相比，更为客观反应了物价的实际变动，受到国内外的普遍重视。南开指数的编制工作，经历几十年的变迁，大体可以划分为如下三个阶段：

1. 战前阶段，即 1927—1937 年。这十年时间主要编制了五种指数：分别为中国进出口贸易（物价、物量、物物交易率）指数；华北批发物价指数；天津工人生活费指数，天津外汇指数，上海外汇指数。

2. 抗战阶段。1937 年抗战爆发，南开大学迁往昆明，与北大、清华共组西南联大，从 1937—1945 年，南开经济研究所编制了如下三种指数：重庆趸售物价指数、重庆市生活费指数和重庆市公教人员收入指数。

3. 战后阶段，1946 年南开大学迁回天津之后，首先恢复了华北系统性物价指数与天津工人生活费指数的编制，并对 1937—1946 年这一时期敌伪机关所编制的指数进行整理运用。

南开指数于 1952 年停编。

以下就与金融研究最为相关的物价指数和外汇指数为例进行详细分析介绍。

二、南开指数的内容

（一）华北批发物价指数

华北批发物价指数为南开大学社会经济研究委员会（经济研究所的前身）所编，这也是至今中国第一个按周发表的指数。

华北批发物价指数的编制始于 1912 年，至 1928 年 3 月止，原始资料来自商铺旧账。期间变动幅度较大的物价采用全年十二个月每月一日与十五日物价的平均值。1912 年起，每年有年指数，从 1928 年 1 月起，每月有月指数，从 1928 年 4 月起每周有周指数。周指数是由各比价用简单的几何平均法计算得出。物价指数的编制不用权数，各物品所占比重以项数多少为参考，最初只有 78 项，以后陆续增加，至 1929 年已有 106 项。[①]

指数的分类取量种标准，按工业分，有食物、服用、金属及其制品。建筑材料、燃料、杂项六类；按制造分，有原料及制品两类，原料又细分为农场、动物、林产、矿产四小类，制品又分为生产、消费两小类。每逢新增加项目时必先查明新增一项或多项物品的基期物价，将其加入原有诸项的物价作为该项的基价，而后一同计算指数。

（二）京沪外汇指数

1. 背景

20 世纪初期世界各国的外汇指数，只有英、美、德、瑞典、挪威五国从一战后开始编制。由于一战末各国金融紊乱，币值波动幅度很大，对外贸易数度失衡，而外汇市场价格也大受其影响，陡涨暴落，社会经济极不稳定。因此外汇指数的编制工作一开始进展得如火如荼。中国在这一历史时期外汇比价变动甚大，汇市统计重要性日益增加。南开大学社会经济委员会有鉴于此，开始编制外汇指数。中国最早的外汇指数"天津对外汇率指数"即由此编制而来。

"天津对外汇率指数"第一次发表于《清华学报》1927 年第四卷第 2 期，以后在《南开统计周报》上发表，包括英、法、美、日四国的汇率，采用加权综合平均法而以 1913 年为基期。到 1929 年 1 月又用同一方法编制上海外汇指数，与天津指数同时刊登，但为便于与批发物价指数比较起见，津沪外汇指数均改以 1926 年为基期。后期经济研究所研究人员又对津沪外汇指数进行

---

① 张东刚：《日就月将——南开大学经济研究所八十年》，内部资料，284 页。

了修正。修正的主要地方在权数和基期。

2. 方法

（1）权数的选择

南开的外汇指数原来采用的是加权总和平均法，主要以前一年中国对各国之直接贸易值的汇率为权数。外汇指数公式如下：

$$外汇指数 = \frac{\sum T_i R_i}{\sum T_i R_0}$$

其中，R_0 为基年每单位外币合行化银或规元的市价；R_i 为某年每单位外币合行化银或规元的市价；T_i 为计算指数以前一年海关两计算的中国对各国直接进出口贸易总值。

式中计算指数时各国汇率的比重似乎与中国对各国的贸易值成比例，但事实上因为各国货币单位并不相同，某国汇率的表示若用较大的货币单位，则该国汇率所占比重将增大，所以计算指数的结果可能因为汇价单位的改变而改变。一战以前各国汇率都不能低于或高于平价甚多，所以比重的差异对指数结果准确性的影响还不是很大。一战之后，由于各国货币实际值改变，指数日益显示其偏重日汇之误差，而不能代表外汇变动的真正趋势。经研所的工作人员对指数的修正就是要使各国汇率在指数中所占比重确实与指数以前一年中国对各国的直接贸易值成比例。当时编制的指数中外汇市价仍以每单位外币合行化银或规元若干两来表示，只有权数所用的贸易值则改用外国货币单位。设 R_0、R_i、T_i 的意义与前相同，而以 R_i 为计算指数以前一年（即与 T_i 同年）关册中所载每单位外币合海关两的市价，则

$$外汇指数 = \frac{\sum \frac{T_i}{R_i} R_i}{\sum \frac{T_i}{R_i} R_0}$$

式中，$\frac{T_i}{R_i}$ 即以外币计算的各国直接对华进出口贸易总值，$\frac{T_i}{R_i} R_0$ 与 $\frac{T_i}{R_i} R_i$ 即为此种贸易值在基年与某年合行化银或规元之数，指数结果就表示为第 i 年与各国直接对华贸易值相等的一组汇票在某年与基年所合规元或行化银数量的比率。

这就是外汇指数，表明津沪两地对外汇率的平均变动。经过更正，各国汇率在指数中所占的比重完全与上一年各国对华直接贸易数值的多少成比例。而与各国货币单位的大小无关。这样的改进对于外汇指数的准确性有了很大促进。

（2）基期的问题

南开外汇指数最初以 1913 年为基期，后来为了便于与批发物价指数相比较，改以 1926 年为基期。但 1926 年法日两国货币都不是真正的金本位制，经研所编制的指数基期标准价格应该是常态价格，所以 1930 年以前的指数仍改以 1913 年为基期。但 1913 年时代过于久远，而且法国自币值贬值后英美法日四国同时改行金本位的时期为 1930 年，所以津沪外汇指数自 1913 年至 1930 年同时以 1913 年与 1930 年为基期分别集散两列指数，以便于比较；1913 年以后仅用 1930 年为基期。

（三）南开对外贸易指数

1. 背景

1928 年春季开始，南开大学经济研究所（时名"社会经济研究委员会"）在何廉教授主持下，用了近三年时间收集到 19 世纪 60 年代到 20 世纪 20 年代的海关贸易报告册，并据此编制了《中国六十年口物量指数物价指数及物物交易率指数》（1867—1927）一册。1932 年南开大学经济学院在《经济统计季刊》第一卷第一期进行修正，改名为《中国进出口物量指数物价指数及物物交易率指数编制之说明》（1867—1930）。其后逐年续编至 1936 年，1937 年抗日战争爆发，南开大学自天津迁往昆明，该指数因而停编。

何廉认为，要研究中国进出口贸易的趋势及其相互关系，必须有物量指数和物价指数作为依据，否则对于贸易额的涨落及经济形势的变动状况难有准确把握。"盖百货价格，万有不齐，币值消长，杳无一定；进出口货物之价值，美不足以表示其数量之多寡"[1]，对外贸易的趋势常为剧烈变化的币值所

---

[1] 何廉：《中国进出口物量指数物价指数及物物交易指数编制之说明：1867—1930》，原载《经济统计季刊》第一卷第一期。

掩盖，因而单纯凭借进出口物价的涨落不足以表示进出口物量的消长。例如经济研究所编制的华北批发物价指数，1930 年一块银元所购买的物品，仅与 1913 年的五角八分银元的购买力相当。不仅仅是这个原因，金本位国家与银本位国家间汇率变动也是进出口货物总值不能代表货物量增减的重要原因。第一次世界大战期间，金币价格暴跌，而参战国家又需要巨额现银来增铸辅币，因而导致银价飞涨，中国是银本位国家，因而对外汇率下跌。第一次世界大战之后，金价上升，外汇市价复又随之而升。根据当时南开大学编制的外汇指数，1931 年外币价值已相当于 1919 年的三倍有余。国内与国外币值的升降变动具有相当大的不确定性，价值与数量之间的相互关系不能正确反映贸易状况，因为进出口物量指数与物价指数的正确编制及分析是研究中国进出口贸易区基期相互关系的重要工作。

中国进出口贸易指数的编制是以中国海关华洋贸易总册为原始数据来源，以关册所记载的进口物量及物量除以物量值所得的物价制成指数，以观 1867 年至 1930 年我国对外贸易的变动状况及趋势。由于关册仅记载了进出口的物值与物量，编制指数所用的价格则是以每项物品的数量除其价值，间接计算而来。1867 年以前，各海关贸易报告有的以银元为计算单位，有的以银两为计算单位，不同币值计算出来的数值不具有可比性。1867 年海关引用"海关两"作为共同计算单位，于是关册所载数据始能一致。所以指数编制及研究工作也以 1867 年为始。

2. 进出口物量物价指数的内容

当时编制的外贸指数分为两种：一种是普通的指数，即固定一年为基期，而以其他各年的物量或物价化为基期数字的百分率，称之为"未调节指数"。这种指数对于经济现象中的常态变迁未能顾及。第二种指数就是以第一种指数化成正常状态的变动的离差以此来看中国对外贸易变化趋势，这种指数就称为"调节指数"。

（1）未调节指数

原始数据来自海关贸易总册，编制时主要考虑选样、基期与公式三个问题。在选取样本方面，由于当时海关报告册中，常有若干物品不记载数量，或者虽然记载有数量，其数量也没有明确意义。这些物品在计算指数时，均不能直接列入，幸而大部分物品尚能载满数量，所以指数中直接包含的物品每年均占总值的三分之二以上。用今天的统计标准来看，选取的样本属于较大样本。

在基期选择上，考虑到进出口货物种类变化无定，海关贸易报告册的分类方法也没有确定的标准，这种变化，时间跨度越久远差异就越大。针对这一问题，经济研究所编制的进出口物量指数采用连锁基期法，就是先以 1867 年为基期计算 1867 年的指数，再以 1868 年为基期计算 1869 年的指数，依此类推，直至 1930 年为止。然后以 1867 年指数与 1868 年指数两者相乘，所得结果再与 1869 年指数相乘，依此类推，其结果即以 1868 年为基期的指数。但由于 1868 年年代过于久远，不适宜作为比较标准，所以最后又将全部指数除以 1913 年的指数，而改以 1913 年为基期。这是因为 1913 年是一战前最后一年，最适宜用作长期指数的比较。

在未调节指数的公式上，南开经济研究所采取了以基年权数与本年权数各计一项单独的指数而求其均值的方法，即用费雪理想公式：

$$物量指数 = \sqrt{\frac{\sum p_0 q_1}{\sum p_0 q_0}} \sqrt{\frac{\sum p_1 q_1}{\sum p_1 q_0}}$$

$$物价指数 = \sqrt{\frac{\sum p_1 q_0}{\sum p_0 q_0}} \sqrt{\frac{\sum p_1 q_1}{\sum p_0 q_1}}$$

式中 p_0 和 p_1 即为基年与某年的进出口物价，而 q_0 与 q_1 即为基年与某年进出口物量。采用费雪理想公式，物量与物价指数，可以同时算出，而不需要重复步骤。

最后，对于未能列入指数中的各类物品的估计，经济研究所的专家们也有所考虑。他们的编制方法是假定未直接列入的物量变动情况与直接列入的完全相同。经济研究所的编制小组认为，直接列入统计的物品中，若有少数价格变动幅度异常，这种变动对于未能直接列入物品中一般价格升降没有代表性。所以估计时应该将价格变动幅度超常的项目（即本年价格较上年价格增加 40% 或减少 30% 者）剔除。剔除后的估计方法是以余下的直接列入物品先计算指数，再以其所得之物价指数除本年未直接列入物品之价值，即得本年直接列入物品的基年价值。同理可以以直接列入物品的价格指数乘基年未列入物品的价值而得后者的本年价值。

在得到了为调节进出口物量物价指数后便可以以数量方法度量中国进出口物品交易比率的变动。此种度量方法由 F. W. Taussig 教授称为"物物交易率"。物物交易率实际上是一种贸易条件指数。贸易条件，是指一个国家或地区在一定时期内出口一单位商品所能换回来的进口商品的单位数，是反映贸易利益的重要指数。南开大学经济研究所编制的物物交易率指数，在我国尚属首例，对于学者研究 1867–1936 年间的贸易条件、反映贸易利益具有相当的参考意义。

（2）调节指数

调节指数是剔除常态趋势以后的进出口物量物价指数。在国外，当时除哈佛大学经济研究委员会所编制的外贸调节指数，除剔除了长期趋势影响之外还剔除了季节变动影响；在国内，除了南开大学外，其他机构所编制的外贸指数均不计算调节指数。普通经济现状中的趋势多为直线，但直线趋势对于中国进出口物量物价指数并不合适。何廉教授曾计算了若干更为复杂的曲线趋势并以均方差法一一检验其拟合优度，结果发现二次方程抛物线曲线最为接近，所以最后采用了它。趋势线确定以后即以各线每年数值除每年指数，所得结果即为每年进出口物量物价指数对于常态趋势线的百分率。这也就是进出口物量物价指数的调节指数，以常态趋势线作为 100，以观其相对于常态情形的变动状况。

三、南开物价指数的价值和社会影响

（一）南开指数的价值

南开大学经济研究所自创办之初即致力于经济学研究的中国化，分析探讨中国经济、社会发展中存在的实际问题。南开指数编制的目的是为了获得有关中国经济的实际知识,这些实际知识来自一定数量的经济数据,而价格是经济活动的中心。该指数也是何廉等一批经济学家思考符合中国实际情况的经济学教育的一个缩影。笔者认为其价值主要体现在以下几个方面:

1. 是第一个运用现代经济学知识和工具编纂的指数,在当时具有广泛的教育意义。

如何廉所述,"在二十世纪20年代,在中国大学中的经济学教育十分惨淡,实际上总起来讲,所有的社会科学学科的教学,都是可怜巴巴的"。[①]

在20年代初期,对中国经济由中国人做出可以与外国人匹敌的研究是不可能的。第一个中国私人机构的有组织的研究工作,就是南开经济研究所及其及教职员工开始的研究计划。1931年南开经济研究所成立时,其研究工作的一个重心是收集、编纂和分析华北地区的经济统计数字,通过收集到的经济和金融资料以及利用的中国海关报告,何廉等通过费雪的理想公式去编纂分析进出口物量与物价以及60多年以来的中国进出口贸易的货物名称,这项工作的成果,最后汇编为《南开指数》,在1934—1936年间出版,这是一个中英文对照的年刊。

2. 是经济学理论中国化的重要里程碑

南开指数是研究整个近代中国经济情况的重要参考指标,后来学者使用指数进行了一系列学术研究,为便利中外研究者研究民国时期中国经济发展问题提供了质量相当高的素材,也为经济学理论中国化做了重要贡献。

中国经济的研究大部分属于20世纪的新产物,而中国人自己有组织专门研究和中国有关的经济研究刊物,始于1921年3月开始发行的英文版《中国经济公报》,由国家经济情报局负责。由于进行的项目质量平平,缺乏中心主题。同期也有不少中国政府机关收集和发表的有关中国经济方面的统计数字,如北京政府的交通部和农商部,在1920年以前就编纂和发表过多年的全国农业和商业统计数字,但这些资料并不太靠。20世纪20年代的中国,已有的

---

① 何廉著,朱佑慈等译:《何廉回忆录》,北京,51页,中国文史出版社,2012。

有关价格的材料是上海贸易局有关上海物价资料的完整合订本，广州农工局有关广州物价的完整合订本及两家都出版过的一定时间的指数，而这些指数都有缺陷。何廉主持重新计算了广州和上海的的物价指数，结合费雪的理想公式，比前两者都更科学、合理，并在1927年出版了研究成果。在这一研究基础上，他建议上海贸易局修正其指数，该局于1926年之后对发布的指数全部做了修正。

（二）南开物价指数的社会影响

南开指数编制之后，不止在学界，也在全社会范围内产生了较深远的影响。

1. 以非专业性语言解释了指数编制方法和意义，对当时社会具有重要教育作用。

作为原创性的研究计划，南开经济研究所的研究成果大部分发表在研究所自己的期刊和专题论文上。由南开经济研究所进行的统计工作成果，最早发表在《大公报》的统计副刊专栏上，包括按时间排列的所有中国中药的经济与金融统计数字，并用非专业性的语言对其使用与编纂做了说明。由于《大公报》在中国知识阶层中发行很广，统计副刊专栏的出版，在中国也是破天荒的头一遭，一时颇为轰动，该项研究工作也使得南开名声大振。

在副刊之后，何廉和同事又在《大公报》上出版了《每周统计》，不久这份专业品质极高的刊物更名为《经济周刊》，其内容以统计的各项数字为准，也即是后来被称为"南开指数"的主体内容。这个刊物一直持续到1937年日本人入侵中国为止。在南开所有出版物中，这是最有影响的，因为其科学方法和结合中国实际的内容，对全中国都有教育作用。

在1928—1933年期间，经济研究所还出版了中英文对照的《南开统计周刊》，通过设立专业期刊，极大扩大了经济研究所的社会影响力。随着研究活动的进展，所需的中英文月刊、季刊和年刊也增加了。以南开统计调查为基础发布的统计和指数数据，在1932—1934年间专门出版了中文的《经济统计季刊》，同样在1934年，《中国经济月报》取代《南开统计业务周刊》，成为当时扩大南开系列统计数据的重要工具。南开经济研究所编制的南开指数，在经济统计季刊里分别以中英文发表，该研究项目连同经济研究所的其他研究、教学项目一并获得了美国洛克菲勒基金会的资助，得到了该基金会 1932 – 1937 年的稳定拨款，该基金的档案材料中对于南开经济研究所的研究工作每年都有详细报告。由于编制方法的国际化，该指数很快得到国际学界的普遍认可，成为研究民国时期物价史、经济史不可多得的一手材料。

2. 南开指数的国外影响

由于经济研究所人员的研究文章也登载在国内外各种刊物上，如《哈佛商业研究》《外交政策报告》《太平洋事务》等方面，南开的统计研究工作，其影响已经超越了单纯的成功的学术成果，而成为各界决策的重要参考。

四、南开指数的历史评价

从 20 世纪 20 年代到 30 年代，西方经济科学在中国广泛传播；在这种历史条件下，南开大学经济研究所创始人何廉教授，应用西方的指数理论和方法，编制了中国外贸指数，作出了相当的贡献。例如，调节指数与物物交易率指数的编制，在旧中国均属创举，现在尚可借鉴。南开大学经济研究所老一辈学者不仅编制外贸指数进行定量分析，而且还充分利用这些指数对我国历年的经济和对外贸易进行定性分析，写出若干篇经济论文，希望提出积极建议，改变我国经济落后的局面。在南开大学的《经济统计季刊》和《政治经济学报》等刊物上，发表了诸如《民国二十年之中国对外贸易》、《民国二十一年之中国贸易》、《民国二十二年之中国贸易》、《民国二十三年中国经济之变迁》、《民国二十四年之中国对外贸易》等等论文，在定量与定性分析相结合的基础上对中国经济和对外贸易作出了比较深刻的研究。

总而言之，南开指数的编制，为中外学者对中国经济问题作计量研究提供了可靠的科学根据，并一直作为国内外经济、历史学家和政府经济部门的实际工作者用来作为计算和研究的依据而延用至今。

（撰稿人：赵劲松　　审稿人：缪明杨）

参考文献

[1] 孔敏：《南开经济物价指数资料汇编》，北京，中国社会科学出版社，1988。

[2] 何廉著，朱佑慈等译：《何廉回忆录》，北京，中国文史出版社，2012。

[3] 张东刚主编，《日就月将——南开大学经济研究所八十年》，内部资料，未流通。

[4] 华北批发物价指数（1913至1933年九月），《经济统计季刊》，1933年第2卷第4期，1179页。

[5] 北平生活费指数（1926年至1933年九月），《经济统计季刊》，1933年第2卷第4期，1182页。

[6] 上海内汇平均市价，《经济统计季刊》1933年第2卷第4期，1186页。

[7] 上海银货之输出输入，《经济统计季刊》，1932年第1卷第3期，596～597页。

[8] 上海内国债券指数，《经济统计季刊》1932年第1卷第4期，884页。

[9] 天津上海对外汇率及外汇指数（1913–1933年九月），《经济统计季刊》1933年，第2卷第4期，1190页。

[10] 上海外汇指数（1905—1934），《南开指数年刊》1934年67页。

[11] 中国关内进出口贸易值（1912—1936），1936年44页。

[12] 上海证券指数（1928—1936年），《南开指数年刊》1937年。

[13] 中国进出口物量物价指数（1867—1936），《南开指数年刊》1934年4～10页。

[14] 中国进出口物量物价与物物交易率指数（1867—1934），《南开指数年刊》1934年80～81页。

［15］中国生活费指数（1926—1935），《南开指数年刊》，45 页，1935 年。

［16］上海对外汇率及外汇指数，《南开指数年刊》，75 ～ 79 页，1934 年。

［17］中国各重要批发物价指数（1913—1936 年），《南开指数年刊》，41 页，1936 年。

［18］何廉、吴大业：天津每周工人生活费指数编制之说明，《经济统计季刊》，一卷二期，323 ～ 362 页，1932 年 6 月。

［19］冯华年：中国之指数，经济统计季刊一卷四期，661 ～ 717 页，1932 年 12 月。

［20］吴大业：一个新的外汇指数，政治经济学报，三卷三期，463 ～ 509 页，1935 年 4 月。

［21］吴大业：百年来金银价变动之原因及影响，《经济统计季刊》1932 年第 1 卷第 1 期，1 ～ 79 页。

［2］Franklin L. Ho（何廉）：Price and Price Indexes in China, Chinese Economic Journal, Vol. I. No. 6. pp. 1 – 35, June, 1927.

［23］Franklin L. Ho（何廉）：The Nankai Weekly Index Number of Commodity price at wholesale in North China, Chinese Economic Journal. Vol. II No. 5. PP. 411 – 417, MAY, 1928.

［24］Franklin L. Ho（何廉）：An Index Number of the Foreign Exchange Rate, in Chinese Economic Journal, Vol. II, No. 2, pp. 1 – 40, February, 1928.

［25］Franklin L. Ho（何廉）：Index Number of Quantities and Prices of Imports and Exports and of Barter Terms of Trade in China, 1867 – 1928, Nankai Institute of Economics, Tientsin, 1930.

第十一章
关于中国人民币性质问题的讨论

一、问题提出的历史背景和制度环境

关于人民币性质和职能的讨论有两桩时间不能忽略：一是 20 世纪 50 年代前苏联经济学界对社会主义经济中货币及其机能的讨论；二是 1955 年 3 月我国新人民币对旧人民币的替换。前者是对这一问题讨论的历史背景；后者是对这一问题讨论的社会环境。

1953 年至 1954 年间，前苏联经济学界对社会主义经济的货币理论展开广泛的讨论。前苏联那次对于货币理论的讨论，主要有以下问题：

第一，苏维埃货币是否是一般等价物，作为一般等价物的苏维埃货币的特点是什么？

第二，苏维埃货币的本质与机能，在苏联整个经济周转中，是否保持统一？即无论在商品生产范围内，或者生产资料（按斯大林的观点：在社会主义制度下的国内经济周转中只存在商品的外壳，在实质上已不是商品）的范围内，是否保持统一？

第三，在社会主义经济中，商品价值是怎样表现为若干货币的？货币怎样具体与黄金联系？

当时，苏联经济学界面对这三大问题的认识是不统一的，产生了激烈的争论。站在绝对拥护货币必须与黄金联系立场上的经济学家有艾曾柏尔格[①]等，艾曾柏尔格认为：否定在社会主义制度下黄金价值的变化对于商品价格运动的影响，实质上就等于否定了作为货币商品和一般等价物的黄金作用，而这一点是完全违背马克思主义货币理论的基本原理的。艾曾柏尔格强调："苏维埃卢布的足价，不仅决定于它的购买力的增长，而且决定于它的兑换率的稳定性，特别是在兑换率中表现着苏维埃卢布对于黄金方面的足价和稳定性"。[②]

但另外一些经济学家则认为卢布即货币只是黄金的代表，他们认为"实际上苏联计划机关在规定商品成本和商品价格时，并不用黄金，只是根据他们所熟悉的货币的价值"[③]（见《社会主义经济中的货币及其机能讨论集》第57页，财政经济出版社1955年版，以下简称《讨论集》）。持这种观点的代表人物有阿特拉斯、古沙考夫[④]等。主张"货币只是黄金的代表"，"在规定商品成本和商品价格时，并不用黄金"其实也就是认为生产黄金的价值变动并不引起商品价格的变动，更进一步讲，这样的观点实际上否定了黄金作为货币的价值尺度机能。因为按照马克思的货币理论，黄金作为货币在衡量商品价值时，是通过黄金本身的价值与商品本身的价值对等，然后以黄金的单位反映为价格的，货币的价值变动与商品的价值变动可呈正比例变化，也可呈反比例变化。如生产黄金的劳动生产率提高了，单位货币的价值降低了，商品的价值不变，则呈反比例变化，即商品的价格上升。如果既承认，货币只是黄金的代表，又否认黄金的货币执行价值尺度职能，则在逻辑上是悖理的，因为货币是价值尺度与流通手段职能的统一。当时在苏联，黄金再生产的价值并不引起商品价格的变动，而商品价格水平作有计划的变动时，也毫不考虑黄金的价值。这两点更有力地证明苏联的计划价格实际上完全脱离了

---

① 艾曾柏尔格：见丁方译自1954年第6期《苏联财政与信贷》杂志《社会主义经济中的货币及其机能》一文，该文收录于1955年版《社会主义经济中的货币及其机能讨论集》。

② 艾曾柏尔格：《社会主义经济中的货币及其机能讨论集》，83~85页，中国财政经济出版社，1955。

③ 同②，57页。

④ 阿特拉斯、古沙考夫：均为译名，丁方译。见于《社会主义经济中的货币及其机能讨论集》。

货币所代表的黄金的价值。克隆洛德①对于苏联经济中这个客观事实的解释是"价格背离价值"②（见《讨论集》第 57 页）。所以，这一派经济学家只承认当时苏联卢布代表黄金，而不认为黄金作为货币执行价值尺度的机能。可谓"不能自圆其说的黄金派"。

但必须指出，参加 20 世纪 50 年代货币争论的苏联经济学家，从阿特拉斯、克隆洛德等到绝对拥护黄金的艾曾柏尔格等都一致承认黄金起着货币商品的作用，尽管他们对于这一作用的影响所及的范围和大小表示了不同的意见。他们对货币问题的讨论达成的共识，能够概括为 8 点：

（1）否定作为货币商品一般等价物的黄金的作用，就是完全违背马克思主义货币理论的基本原理。

（2）否认苏维埃货币的含金量对于价值尺度的意义，就等于否认苏维埃货币是真正的货币，从而陷入计算符号的错误。

（3）列宁在"现时和社会主义完全胜利后金子的作用"一文主张爱惜黄金。

（4）苏联货币与黄金联系有历史性。

（5）黄金被用作兑率的基础，用作世界购买手段和世界支付手段。

（6）社会主义经济制度需要黄金作为价值尺度，精确反映商品和产品所消耗的劳动量及劳动生产率，被用来合理地组织社会主义生产，实行有计划的计算和监督。

（7）黄金是作为货币商品而积极储积的。

（8）苏联卢布的稳定性，不仅决定于它的购买力的增长，而且决定于它的对于黄金的兑换率的稳定性。

对于以上 8 点怎么认识？我们在这里做简要评析：

以上 8 点中，第一点和第二点实质上是一点，即否定黄金的货币商品的作用，就违背了马克思主义货币理论的基本原理，也就陷入了计算符号的错误。

---

① 克隆洛德：译名，丁方译。见于《社会主义经济中的货币及其机能讨论集》。

② 艾曾柏尔格：《社会主义经济中的货币及其机能讨论集》，57 页，中国财政经济出版社，1955。

关于第三点，列宁在这篇文章中并没有明确指出货币必须与黄金保持联系，只是表明黄金在今天仍有意义。

第四点苏联货币与黄金联系的历史性，这是我们大家所承认的，但是我们只承认它的历史根源，苏联社会主义经济中是否仍有继承黄金的必要，这是需要讨论的。

第五点黄金被用作汇兑率的基础，用作世界购买手段和世界支付手段，表明的是苏联社会主义经济中保留法定黄金比率的对外的必要性，但对外的必要性难以表明对内黄金就是货币商品。

第六点也是最主要的一点，在社会主义经济中的商品和产品是不是还要用黄金来作为价值尺度？在价值规律还起一部分作用的苏联社会主义生产范围内，价值规律对于商品流通和生产所起的作用与黄金有无内在关系？这些都是需要阐明的课题。按照马克思的理论，只有黄金本身才是具体的具有内在价值的货币，钱币因为被磨损的缘故，已经含有象征的性质。以后货币形态发展为银行券，再发展为货币，它的象征的性质更为纯粹、更为显著了。

我们认为必须承认苏联价格有计划的变动这一客观事实，并不是价格背离价值的反映，因为它并没有背离商品本身的价值，只是背离了黄金的价值。我们认为这一客观事实不仅不是价格背离价值的反映，恰恰相反，它正好是价格适应价值的反映。从当时苏联社会主义经济实践中，可知卢布虽然在名义上有它的含金量，但计划机关实际规定商品成本和商品价格时并不用它，黄金再生产价值变动时也不引起商品价格的变化，而政府在全面调整价格水平时，更根本不管这个含金量的价值水平。所有这一切客观事实，证明卢布的含金量规定对内已没有实际意义了。

1955年3月，我国政府为了提高人民币作为流通手段和支付手段的效能，简化财务核算，发行新的人民币代替旧的人民币，即以一元新的人民币兑换一万元旧的人民币。这样的举措，经济学界把它看成是一次"币值变革"。经济学家们以此为契机，宣传新中国货币制度的特点和优越性。著名经济学家马寅初撰写长篇论文，题目是《新中国货币制度的特点及其优越性》，文章提出：（1）"旧的人民币币面太大而单位价值太小，以新币换旧币，在国际上也不再表现我国纸币的单位价值太小了"。（2）"我们给纸币的保证远不止政府保有的黄金，而主要的是政府掌握了大量的物资"。（3）"我们的预算，不但收支平衡，而且有相当的剩余。我国国家投资均由预算拨出，所以不必负担利息。我国 1955 年发行的旧人民币 6 万亿元公债在预算中只占很小一部分，目的仅在吸收民间闲散着的资金，而使之投于广大生产之用，而少数利息分散给储蓄存款户，借以鼓励广大群众的储蓄。这些都是我国金融制度的优越性的表现"。（4）"新人民币的发行，说明了我国货币制度的进一步健全和巩固。但有些人对新中国货币制度远较过去所谓银本位、汇兑本位的货币制度优越性还缺乏足够的认识。对于这些问题，也有必要来谈一下。所谓银本位，它有一个前提，就是它的面值必须和它的实值相等，就是 1 元银币的价值和 1 元币所含生银的价值须相等，如此它方能发挥货币的功用。这样，国外银价涨落的变化，就会影响到国内的银价；国内银价涨落的变化，就会影响到纸币的价值。结果，所谓银本位和汇兑本位都是依赖帝国主义的。唯有我国现行的货币制度是独立的、自主的"。

"现在大家都已看到，人民币已充分发挥了货币的各种机能。人民币的价值随着人民政府威信的高涨、生产的发展，国家掌握的物资日益增多，在人民群众中已具有坚定的信用，已成为我国一切交换、出纳、收支等所不可缺少的货币了。在我国现行货币制度之下，货币的发行不但有物资保证，并且完全适应于社会生产的发展和商品流通的扩大，无所谓通货膨胀和通货紧缩，这是因为我国的货币制度为人民政府所掌握着的。"

"再者，由于我国国际收支已达到平衡，无入超需要弥补，并且，世界和平民主的市场贸易范围日益扩大，对其他国家的贸易也由于采取了多样的交货方式，人民币的对外价值也很稳定"。

"所以，今日的人民币是真正的货币。由于人民币人人信任；国家银行根据社会的需要发行；又因我国财政收支早已达到平衡，也不致因财政困难而多发一文；同时有国家银行严密的管理；有大量物资掌握在国家手中，有忠诚为人民服务的强有力的政府为后盾，在这样巩固的基础上，人民币信用将日益增长，成为世界上最完善、最健全的货币之一"①。著名经济学家马寅初的论文，以宣传我国货币制度的特点和优越性为宗旨，在社会上产生了广泛的影响。但与此同时也给学术界提出了需要确立和讨论的理论和实际问题：（1）我国现行的货币制度既不是银本位，也不是汇兑本位，是什么为本位？（2）人民币的价值随着人民政府威信的高涨、生产的发展，国家掌握的物资日益增多，人民群众的坚定信用而提高，那它的价值基础是什么？代表什么？（3）人民币的发行以物资为保证、政府掌握了大量的物资，它与黄金有什么联系？（4）我国财政预算收支平衡，还有相当结余，在这种状况下发行的人民币还是马克思所谓的"纸币"吗？（5）人民币已充分发挥了货币的各种机能，各种机能是怎样发挥的？特别是如何发挥价值尺度和储藏手段的职能？文章涉及的这些重大的理论问题，需要按照马克思经济学中货币理论为指导去回答，也就是说必须以马克思经济学中的货币理论为指导，确立新中国货币制度的理论基础。这是20世纪50年代，在中国学术界的重大课题。

但是，中国学术界，在"一边倒"的权威指导下，面临着一项任务，即学习苏联科学院经济研究所主编的《政治经济学教科书》，这本书1955年由人民出版社出版。学术界不少人把它奉为经典。该教科书中明白地写道："大家知道，只有本身具有价值的货币商品才能执行价值尺度的职能。黄金就是这种货币商品。在苏联和社会主义阵营其他国家中，货币有含金量，它是价值尺度。"② 该书还接着叙述了苏联承接黄金作为货币商品的历史事实，以及最近规定的卢布含金量③（见苏联科学院经济研究所编：《政治经济学教科书》，人民出版社1955年版，第486～487页）。既然教科书中都明确指出"在苏联和社会主义阵营其他国家中，货币有含金量、它是价值尺度"，而中国这个国家的人民币有没有确定含金量，它是怎样执行价值尺度职能的？就必须从理论上阐明，这是当时讨论人民币性质和职能的历史背景和社会环境。

---

① 马寅初：《马寅初演讲与论文集》，180～185页，北京大学出版社，2005。
② 苏联科学院经济研究所：《政治经济学教科书》，人民出版社，1955。
③ 同②。

二、人民币是否具有阶级性的讨论

第一位提出货币具有阶级性观点的经济学家是薛暮桥。[①] 从 1948 年开始，薛暮桥担任中央财经部秘书长，在周恩来的领导下开始筹备成立新中国的计划经济体制。1949 年，时任政务院财经委员会委员兼私营企业局局长的薛暮桥在对国民政府的货币问题和货币政策进行全面深入分析的基础上，总结了其在山东解放区主持经济工作的经验后指出，国民政府法币的发行数量与其购买力之间存在反比例关系，认为"法币是帝国主义、封建主义、官僚资本主义统治的产物"[②]，奠定了通货膨胀的基础，必然会被淘汰在历史的洪流中。他在《社会主义制度下的商品和货币》[③] 一文中分析到："社会主义社会的货币，仍然是商品的一般等价物，但是它的性质，和资本主义社会的货币相比已经有了根本的变化。它不是掌握在资本家手里用来剥削劳动人民的手段，而是掌握在社会主义国家和广大劳动人民手里用来为社会主义经济服务的工具。它所体现的是社会主义生产关系"。

关于社会主义货币性质问题的进一步论述主要收录在其 1979 年出版的《中国社会主义经济问题研究》中。1955 年，时任中宣部部长的陆定一委托薛暮桥、孙冶方和于光远写作一本关于中国社会主义建设的政治经济学教科书。作为准备，薛暮桥、苏星和林子力等合写了《中国国民经济的社会主义改造》一书，并于 1959 年出版，然而随之而来的"文革"使得写作一直处于断断续续的状态。1968 年，薛暮桥开始试写《社会主义经济问题》，1977 年，在时任中央党校校长胡耀邦的支持下，薛暮桥、徐禾、吴树青和余学本在党校合写《中国社会主义经济问题》，严谨的学风使得作者迫切要求以实际情况

---

① 薛暮桥（1904—2005），当代中国杰出经济学家，中国经济学界泰斗，曾任政务院财经委员会秘书长兼私营企业局局长、国家统计局局长、国家计委副主任、全国物价委员会主任、国务院经济研究中心总干事。1955 年当选为中国科学院哲学社会科学学部委员。薛暮桥直接参与建国初期消除严重通货膨胀的斗争，参与第一、第二个"五年计划"和若干重要文件的起草和执行工作。

② 薛暮桥：《货币问题与货币政策》，载《金融物价》，1949（32）。

③ 薛暮桥：《中国社会主义经济问题研究》，99～125 页，人民出版社，2009。

来支撑研究结论，因此，1978 年，薛暮桥、王耕今、何建章以及吴凯泰等前往安徽、江苏等地调研实际情况，终于在 1979 年完成了第七稿的写作，即 1979 年 12 月底出版的《中国社会主义经济问题研究》。其中薛暮桥关于货币性质问题的论述如下：

货币是商品交换自发发展的产物，比较发达的商品交换没有货币作为媒介是不行的。社会主义社会既然还比较广泛地存在着商品生产和交换，因而也就必然存在着货币。

社会主义社会的货币，仍然是商品的一般等价物，但是它的性质和资本主义社会的货币相比已经有了根本的变化。它不是掌握在资本家手里用来剥削劳动人民的手段，而是掌握在社会主义国家和广大劳动人民手里用来为社会主义经济服务的工具。它所体现的是社会主义生产关系。在社会主义国家的严格管理下，一般来说，这里的货币不会转化为资本。

人民币是独立自主的新民主主义性质的货币，是"反帝国主义、反封建主义、反官僚资本主义的新民主主义革命的产物，它保证着广大人民的利益，且系新民主主义经济发展之重要保证。"[①]

主张货币具有阶级性的经济学家还有周有光、陈元燮、曾凌等人。显然，主张货币阶级性观点的学者是从货币体现的生产关系的角度去研究货币的本质属性的。他们认为货币的阶级性决定于国家的阶级性，在资本主义社会里货币可变为资本，成为资产阶级剥削无产阶级的工具，在社会主义社会里，货币不能转化为资本，它被无产阶级专政的国家用来为人民谋福利。在我国过渡时期，人民币的货币本性已经发生了变化，在社会主义制度下的货币有了与资本主义制度下的货币不同的新的属性。

继薛暮桥提出人民币具有阶级性的观点后，蒋学模[②]在《读〈资本论〉

---

① 薛暮桥：《中国社会主义经济问题研究》，99～125 页，人民出版社，2009。

② 蒋学模（1918—2008），浙江慈溪人。我国著名经济学家、马克思主义理论家，上海经济学会原名誉会长。在近 70 年的学术生涯中，共出版学术专著 30 余部，主编政治经济学教材和著作 10 余部、文学和经济学译著 10 余部。其中包括连续再版十多次、印刷近 2000 万册的高等学校通用教材《政治经济学》。曾任上海市第二、第三届政协委员，第四、第五、第六届常委，中国对外文化交流协会常务理事，国务院学位委员会第二届经济学科评审组成员，国家教育委员会学位评审组成员。

札记（三则）》^① 一文中对此观点提出了异议。

1962 年，时任《辞海》编委暨政治经济学分科主编的复旦大学经济学教授蒋学模在《读〈资本论〉札记（三则）》一文中对薛暮桥等经济学家提出的"在资本主义社会里，货币可以变为资本，成为资产阶级剥削无产阶级的工具；在社会主义社会里，货币不能变为资本，而被用来为人民谋福利，因此，在资本主义社会里和社会主义社会里，货币的本性是不同的"观点提出了商榷，他认为上述"理由是站不住脚的"。蒋学模分析道：在资本主义社会里，货币固然能够转化为资本，成为剥削资产阶级的剥削工具，但机器和其他生产资料也能够转化为资本，成为资产阶级的剥削工具，能否说，在从资本主义过渡到社会主义的社会变革过程中，机器的本性也发生了改变呢？显然是不能这样说的。他根据马克思关于剩余价值转化为资本的论述即"假定一个资本家以 10000 镑的垫支资本获得 2000 镑的剩余价值"，"2000 镑的价值额，就是 2000 镑的价值额；我们在这宗货币上，看不出也嗅不出它是剩余价值。一个价值的剩余价值性质，表示这个价值是怎样来到所有者手中，但对于价值或货币的性质，是不会引起何等变化的"，进而提出："货币，作为资本主义剥削关系的后果即剩余价值的体现者，并不会使自己的性质发生变化"。^②

蒋学模从资本循环的角度进一步分析："当资本处于货币状态中的时候，它只能担任货币的职能，促成价值的形态变化，而不能担任资本的职能，造成价值的增值。而当资本真正发挥资本的机能即造成价值增值的时候，它已经不是处于货币资本的状态而是处于生产资本的状态（生产资料和劳动力）。所以货币作为资本的存在状态，也不曾使它的本性发生变化"^③。"总之，以货币是否能转化为资本来说明货币本性的变化，是缺乏根据的"^④。"货币最根本的属性，是稳定的一般等价物，不论在资本主义社会里还是在社会主义

---

① 蒋学模：《读〈资本论〉札记（三则）》，载《经济研究》，1962（5）。
② 同①。
③ 同①。
④ 同①。

社会里，货币的本质都是如此，并没有发生什么根本的变化"①。在资本主义社会里，货币能够转化为资本，成为资产阶级剥削无产阶级的工具，"这并不是由货币的本性所规定，而是由资本主义生产关系规定着的"②。货币的本质同货币被不同的阶级利用所产生的社会后果，是两回事而不是一回事。"把两者混为一谈，无疑是不科学的"③。

三、黄金是否是人民币的价值基础的讨论

在我国，黄金是否是人民币的价值基础的讨论，能够划分为两个时期：第一个时期是新中国成立以后一直到 1957 年，即 20 世纪 50 年代；第二个时期是提出改革开放以后，集中到 1981 年至 1982 年，即 20 世纪 80 年代。这两个时期，讨论的侧重点不同，代表人物也有变动。前一个时期讨论的侧重点是人民币是否与黄金有联系，或者说人民币是否代表黄金，币值是否需要黄金来保证。后一个时期讨论的侧重点是人民币怎样执行价值尺度职能，怎样把商品的价值表现为价格。尽管前期有的人在著述中已纳入了这一问题，并提出了自己的见解（如黄达教授）。但后期对这一问题的讨论更深入、更广泛。认为人民币与黄金没有联系，不代表黄金，币值不需要黄金来保证的代表人物前期有：陶大镛④、千家驹⑤、石武⑥、薛暮桥等，后期有李崇淮⑦、叶

① 蒋学模：《读〈资本论〉札记（三则)》，载《经济研究》，1962（5)。
② 同①。
③ 同①。
④ 陶大镛（1918—2010)，民盟中央名誉副主席，中国《资本论》研究会原副会长、中华外国经济学说研究会荣誉会长，北京师范大学荣誉教授、经济与工商管理学院名誉院长。
⑤ 千家驹（1909—2002)，经济学家。曾任北京大学讲师，广西大学教授，《中国农村》，《经济通讯》主编，香港达德学院教授。
⑥ 石武，简历不详。
⑦ 李崇淮（1916—2008)，著名经济学家，曾任交通银行汉口分行襄理。1949 年 4 月任武汉大学教授、经济管理系主任，武汉大学经济管理学院副院长、教授。

世昌①等；认为人民币与黄金有联系，代表黄金的代表人物前期有郑伯彬②、王守淦、卢钝根③等，后期有黄达④、谭寿清⑤、刘光第⑥等。

认为人民币与黄金没有联系，不代表黄金，其价值基础不是黄金，不能执行价值尺度职能的代表人物，学术界称他们为"非黄金派"或"商品派"；认为人民币与黄金有联系，代表黄金，其价值基础是黄金，能执行价值尺度职能的代表人物，学术界称他们为"黄金派"。

（一）讨论中"非黄金派"代表人物的深入阐述

最早提出人民币不代表黄金，币值的稳定不需要黄金来保证的是我国资深的经济学家薛暮桥。1949 年，薛暮桥在《货币问题与货币政策》⑦ 一文中提出，人民币与黄金已经脱离了关系，主张人民币的价值基础是社会产品。他指出人民币自始至终都没有与金银发生联系，而是由粮、布、棉等重要生活物资做保证的，并以此调节物价，调节货币流通的数量。作为新中国第一代经济学家代表的薛暮桥认为人民币不是也不应该是黄金的代表的原因主要有三点：一是货币代表价值就不能保证物价保持相对的稳定；二是人民币代表黄金将使国家没有可能跟着劳动生产率的迅速提高而适当提高积累的比例；三是人民币代表黄金将使核算工作增加很多困难。他指出黄金是一定社会产

---

① 叶世昌，1929 年生，复旦大学经济学院教授、博士生导师，曾任中国经济思想史学会副会长，现任中国经济思想史学会、中国钱币学会理事，上海市钱币学会副理事长等。

② 郑伯彬，著名经济学家，1966 年受文革迫害自杀。曾任国民政府中央研究院研究员、中国人民银行顾问，山东财经学院教授。

③ 卢钝根，曾任上海市政协常委、上海工商局副局长。1949 年 5 月 28 日上海解放后，卢钝根与袁君实作为军代表接管中央银行，并担任中国人民银行上海分行副经理、浙江兴业银行临时董事、金融业第一联营总管理处公股董事。

④ 黄达（1925—），经济学家，教育家，中国人民大学荣誉一级教授、博士生导师。1983 年起任中国人民大学副校长，1988 年任首任中国人民大学经济学院院长，1991 年 11 月至 1994 年 6 月任中国人民大学校长。

⑤ 谭寿清（1914—1998），历任中南财经学院财经系教授、金融教研室主任，财经系副主任、主任。1979 年起任财经学院副院长，1983 年改任顾问，并兼任中国农业银行武汉管理干部学院名誉院长。

⑥ 刘光第，中央财经大学资深教授。

⑦ 薛暮桥：《货币问题与货币政策》，载《金融物价》，1949（32）。

品使用价值的代表，人民币是在黄金的基础上产生和发展，而又在自身的发展中逐渐脱离与黄金的关系，成为商品价值的直接代表。他指出，"从 1950年到现在，一直保持了物价的基本稳定。最近几年各资本主义国家物价纷纷上涨，我国的物价继续保持基本稳定。实践已经充分证明，社会主义国家稳定币值，是可以不用黄金来作保证的"①。他批评一些经济学家形而上学的研究货币问题，指出他们在研究货币问题时没有结合实际，始终抱着"纸币必须代表一定数量的金银，离开金银，纸币所代表的价值就没有客观标准"的教条，机械的理解马克思在《资本论》中所讲的货币原理。他在总结了抗日战争、解放战争以及解放前后的经济工作特别是货币工作的经验后指出"当时根据地的许多经济工作干部受资产阶级'拜金主义'思想影响，认为金银是纸币不可缺少的保证。如果没有金银，就必须用'金本位'的美元、英镑等外汇来作保证……几年来敌后根据地货币斗争的经验告诉我们，我们所掌握的粮食、棉布等日用必需品是抗币的最可靠的保证，不需要依靠黄金。持有抗币的人民所关心的不是抗币能够换回多少金银，更不是能够换回多少美元或英镑，他们关心的是能够换回多少粮食、棉布等日用必需品。马克思说货币是各种商品的一般等价物。货币不一定同金银联系，也可以同其他商品联系。只要我们适当控制抗币的发行数量，并掌握着充分的物资，能够在必要时用来回笼货币，平抑物价，就完全可以使抗币为人民所信任"②。"货币不一定同金银联系"说明纸币不一定代表金银，这是宝贵的实践经验的总结。"我国在革命战争时期，各根据地就取得了用物价指数来检查币值的初步经验。新中国成立的时候，由于受国民党政府 10 多年的恶性通货膨胀影响，人民对新发行的人民币还缺乏信心。我们曾经用粮、布、煤、油、盐五种商品的综合物价指数（当时称为'折实单位'）来作为发放工资和偿还债务的标准，收到了良好的效果"③。他接着分析道"我国虽然没有法定的黄金储备，

---

① 薛暮桥：《社会主义制度下的商品和货币》，引自《中国社会主义经济问题研究》，121 页，人民出版社，2009。
② 薛暮桥：《山东抗日根据地的对敌货币斗争》，引自《抗日战争时期和解放战争时期山东解放区的经济工作》，174 页，山东人民出版社，1984。
③ 薛暮桥：《社会主义的货币》，引自《中国社会主义经济问题研究》，人民出版社，2009。

但是国营商业部门掌握着几倍于货币发行量的各类商品，国家又严格地控制货币发行数量，即便由于特殊情况，货币流通数量超过市场需要，国营商业部门也可以拨出一定数量的商品来回笼市场上多余的货币，从而恢复币值和物价的稳定"[1]。"人们持有人民币，并不考虑它能够换回多少金银，他们关心的是能够换回多少粮食、棉布等类重要生活资料。所以我们没有必要采取金本位制"[2]。1978年1月，他在写给某编辑室的信中批评了1972年9月上海出版的《社会主义政治经济学》中关于人民币代表黄金的观点，指出"我国人民币从来没有以黄金为基础，也没有同黄金发生任何联系"。[3]

继薛暮桥之后，提出人民币已不代表黄金，货币价值变动不再反映金银价值变动的是当时就职于北京师范大学、著名的经济学家陶大镛。1951年，他在所著的《人民经济论纲》中从社会主义市场和资本主义市场的区别上出发，最先提出"作为价值尺度的人民币，已经不是当作金子（或银子）的代表，（在资本主义市场里，各种商品的价值是表现在金子上面的）。而是当作基本生活的代表，从而，货币价值的变动，不再反映金银价值的变化，而是反映基本生活资料的价值的变动。"[4]这本书是1951年出版的，可谓这也是我国最早的提出人民币不代表黄金的经济学家。陶大镛认为，黄金究竟怎样以及在什么时候"非货币化"，还是"再货币化"，并不取决于任何个人或集团的主观意志，它在根本上还是决定于社会经济制度的变革。他认为，只有在资本主义商品经济已在地球上绝迹了，共产主义的红旗已经飘扬在全世界的上空了，黄金的货币职能也就自然而然地消逝了。

接下来，千家驹和冯和法[5]等人也对人民币与黄金的关系发表了看法。1955年，时任中国人民银行总行顾问的千家驹在其与冯和法合著的《学习

---

① 薛暮桥：《社会主义的货币》，引自《中国社会主义经济问题研究》，人民出版社，2009。
② 同①。
③ 薛暮桥：《社会主义经济理论问题》，引自《关于人民币是否必须代表黄金的商榷》，182～186页，人民出版社，1979。
④ 陶大镛：《人民经济论纲》，十月出版社，1951。
⑤ 冯和法（1910—1997），农业经济学家，新中国左派经济学家之一，第四、第五、第六、第七届全国政协委员。

〈政治经济学教科书〉》①中谈到了他们对于社会主义制度下的货币性质的态度及观点。在该书第十一章第四节"社会主义制度下的货币和货币流通"一文中没有直接提到社会主义制度下货币和黄金的联系问题，而是在论述人民币时写道："现在我国的人民币已经成为世界上最稳定的货币之一，比美元要稳定得多。我们的人民币和苏联的卢布一样，不仅有充分的物质保证，而且有不断增加的黄金储备，我国货币的这种特性是由我国政治和经济制度的优越性所决定的。"这样论述我国的货币和货币流通，显然与苏联科学院经济研究所主编的《政治经济学教科书》中的论述相反。因为，在那本教科书中，不仅指出当时的苏联卢布有含金量，"它是价值尺度"，而且提出"社会主义阵营其他国家"的货币，也是如此。从这段文字中我们可以判断，千家驹等人认为黄金并不是人民币的价值基础，或者说黄金作为人民币价值基础的色彩已经越来越淡，人民币的发行是以充分的物质基础作为保证的。这本书是1955年由新知识出版社出版的，他们可谓也是我国较早的提出人民币不代表黄金的资深经济学家。

继陶大镛、千家驹、冯和法之后，提出人民币不必以黄金为基础的是石武，他立论的思路是货币形态的发展。1957年2月，石武在《经济研究》上发表文章，②指出"人民币已根本和金或银割断关系"，"现在国家银行所挂收兑金银的牌价，只是把金和银当做一般商品的价格形态来体现，并不意味一元人民币包含着若干金或银的成份"。他指出，陶大镛、千家驹等人关于黄金不是人民币价值基础的论述并没有解决一个重大的理论问题：人民币事实上不与黄金联系一方面在形式上与马克思主义货币理论的基本公式发生矛盾，另一方面和苏联社会主义国家的货币制度也发生矛盾。为了从理论上论证黄金不是人民币价值基础在马克思主义货币理论上的根据，石武首先指出了之前一些学者在研究方法方面存在的错误，他认为："货币是价值的历史发展形态，它是在商品生产发展到高级阶段时作为一般商品交换价值的形态而出现的"，"据马克思的研究，商品的价值形态随着商品流通形态的发展，由简单

---

① 千家驹、冯和法：《学习〈政治经济学教科书〉》，新知识出版社，1955。

② 石武：《试论人民币在马克思主义货币理论上的依据》，载《经济研究》，1957（2）。

的偶然形态发展到综合的或扩大的形态，又发展到一般的形态，最后发展到货币形态，最后又发展到纸币形态。而货币形态本身又由最初的金属块的形态发展到金融货币形态，又发展到银行券形态，最后又发展到纸币形态。马克思所阐述的货币形态的历史发展过程到此为止"。"我们研究社会主义制度下的货币制度时，如果把商品生产和货币当作不变的经济范畴，生硬地套用马克思货币理论的公式，那就不免要陷入公式主义的陷阱中去的危险。我们应该遵从马克思货币理论的基本精神，从货币形态的历史发展过程中去研究"。

接下来，石武在回顾了货币发展的历史后对货币发展的阶段进行了划分："把金属货币和能兑换的银行券制度叫做低级的货币形态；把纸币流通制度下的不能兑换的制度叫做中级的货币形态"。"人类既然在货币形态发展过程中跨过最初的也是最难的一步——象征性的记号，而且容易地接着跨过了金属铸币到能兑现的银行券，又跨过了能兑换的银行券到有法定兑换率不能兑换的纸币这几个阶段，那么为什么不能跨过有法定兑换率的不能兑换的纸币到没有法定兑换率的纸币这最后一步呢"？这最后一步即"没有法定黄金比率的人民币叫做高级的货币形态"。

对于苏联经济学家引用的列宁在 1921 年 11 月 1 日所作的《现时和社会主义完全胜利后金子的作用》一文中爱惜黄金的话来印证黄金与货币关系的观点，石武也进行了彻底的反驳："列宁这篇文章虽然标题为现时和以后金子的作用，但在全文中直接提到金子的只有……寥寥几句"，事实上，列宁"对黄金将来的作用则加以无情的嘲笑"，"爱惜金子，贵卖贱买，主要目的是在对付狼一样的敌人"。因此，不能拿列宁这篇文章"作为拥护黄金作为货币商品的有力论证，尤其不能在中国用来作为拥护黄金的论证"。在国际贸易中，"国家的黄金储备才有较重要的意义，而货币的法定黄金比率只有极次要的意义。""没有取得世界货币资格的货币，在国际周转中连计算标准的意义都没有，所以它的有无法定黄金比率，在世界货币的作用上便无任何意义了"，我国在对外贸易中，"已经由历史上长期入超的国家，转变为进口和出口平衡的国家，而且以后每年的进口和出口的商品数量都在不断的增加。既然我们在国际贸易上主要采用以货易货的方式，并使进口和出口的数量平衡，那么，用作计算标准的货币是哪一种货币，是世界货币，或是本国的货币，或是对方国家的货币，或是任何其他国家的货币，不管这些货币的法定黄金比率如何，就都没有任何不同的意义"。"正因为没有法定黄金比率的货币根本不再象征任何个别具体的东西，它可以拿任何一定的量来体现商品的一般等价形态"，"所以，我们认为在社会主义商品生产的领域内，货币形态已发展到可以不必用黄金作为基础了。我们这个结论一方面是完全遵从马克思主义货币理论的基本精神，从商品生产和货币形态的历史发展中探索得来，同时也从中国货币制度的实践中得到证明"。

在解决了人民币不与黄金联系形成与马克思主义货币理论的基本公式的矛盾之后，石武又将重点放在解决我国人民币货币制度与苏联卢布货币制度的矛盾上。石武分别从卢布和人民币的发展历史的角度回顾了卢布和人民币的发展历程，指出"苏联的卢布必须承继帝俄的金卢布，必须仍以黄金为货币商品；而我们的人民币无须承继伪金圆券，也无须再具有法定黄金比率的历史根源"。"苏联的卢布现在已取得世界货币的资格，它一方面代表并领导社会主义阵营各个国家在整个世界市场上的金融和贸易活动，另一方面在社会主义阵营内部相互之间的金融周转和商品流通上具有巨大的领导和联系作用。所以苏联的卢布在今天还有法定黄金的比率，在世界货币的意义上还有相当的作用。我们所以说它'相当'的作用，因为即使在世界货币的意义上，黄金储备的作用还是较货币的法定比率来的重要，而整个国家经济力量的增长较黄金储备更来的重要"。"而在中国，既无追求世界货币虚荣的必要，当然也没有规定黄金比率的必要了"。"据我们的看法，人民币和卢布之间在与黄金联系问题上的区别，只有以上两种解释，即：第一在乎两种货币的历史根源不同；第二在乎两种货币在世界货币的意义上有所不同"。

石武总结分析道："在现阶段的社会主义经济条件下，黄金作为商品的时候基本上已经过去了，今天我们的人民币不与黄金联系，表面上好像和马克思主义货币理论发生矛盾，又和苏联社会主义货币制度发生矛盾，实际上这种矛盾都可以从马克思货币理论的基本原理——从货币形态的历史发展过程中及不同地区的不同的客观物质条件的研究中取得解决"，"人民币除在黄金联系问题上和苏联的卢布有所区别外，本质上并无任何不同之处"。

以上是石武发表在 1957 年第 2 期《经济研究》上的论述。由于《经济研究》是 20 世纪 50 年代我国少有的权威刊物，他的论述引起了广泛的关注，由此，推动了我国人民币性质的讨论。可以说，非黄金派在 20 世纪 50 年代关于人民币性质问题的讨论重点集中在论证人民币的价值基础不是黄金上，但是对该问题的思考和讨论仍然受到当时政治环境影响，理论深度和广度受到当时左倾思想的严重制约。然而，非黄金派毕竟开始了人民币价值基础非黄金这一观点的初步探讨，并从马克思主义货币理论的角度寻求突破，这一点石武的贡献尤为突出，王亚南为此做出了高度赞赏和评价[①]，为"文革"后非黄金派的进一步探讨奠定了基础。

1957 年 6 月 8 日，中共中央发出《关于组织力量准备反击右派分子进攻的指示》，《人民日报》发表了《这是为什么》社论。从此，在全国开展了持续近一年的反右派斗争，55 万人错划为"右派分子"，经济学界受到冲击也在所难免，而接踵而来的"文化大革命"则直接使得经济理论研究工作处于长期中断的状态。直到 1978 年十一届三中全会后，经济理论研究才逐步走上正轨，随着改革开放的逐步推进，经济学界的学术研究氛围也逐渐活跃起来，关于人民币性质问题的讨论重新走进经济学家们的视野。

"文革"后，薛暮桥重新提出人民币价值基础不是黄金问题并再次引起学术界广泛讨论。1978 年 1 月，薛暮桥在写给某编辑室的信中批评了 1972 年 9 月上海出版的《社会主义政治经济学》中关于人民币代表黄金的观点，指出"我国人民币从来没有以黄金为基础，也没有同黄金发生任何联系"，"我国是社会主义国家，我国的人民币同资本主义国家的货币应该是有本质上的区别，

---

① 他说："1957 年第 2 期《经济研究》上登载了一篇石武同志写的有关的文章，讲到了其中的一些道理。尽管他的看法，有的人提出不同意见，但他用唯物史观来处理这个问题，来一层一层地分析由硬币到纸币到不同社会纸币到同性质社会主义社会不同纸币的发展演变过程，为我们应用《资本论》理论提供了一个极为有启发性的范例"。王亚南还认为："在社会主义社会，所有的社会财富，它的消费资料和生产资料，都可以为它的纸币发行起保证作用"见王亚南：《〈资本论〉的学与用》，载《中国经济问题》，1961（3）。

可以不受资本主义国家的旧概念的束缚。我国人民币不用全国人民不需要的黄金来做保证，而用人民最需要的几倍于货币发行量的各种产品来作保证。我们还遵守马克思的货币流通法则，尽可能使货币流通数量不超过市场需要数量。时间证明这是行得通的，在理论上也说得通。理论是从实践产生的，实践变化了，理论应当跟着变化。如果我们'刻舟求剑'，硬要死守连资本主义国家也已经抛弃的旧理论，叫我们的人民币抛弃实行了二十八年的好办法，改用黄金来做标准，那末在世界金价如此剧烈波动时，我们究竟拿出几千吨黄金去稳定金价，还是让我们的物价跟着金价剧烈波动呢？事实早已证明，这在实际上是行不通的，因而在理论上也是站不住的"。① 与此同时，薛暮桥在 1979 年出版的《社会主义经济理论问题》一书中明确表示"马克思写《资本论》的时候各国普遍采用金属货币，现在不但社会主义国家，就连资本主义国家的货币制度也已经发展到一个新的阶段"。什么样的新阶段呢？即"发展到与金银脱离关系"，"通过综合物价指数，来与各种商品直接联系"，"通过综合物价指数代表各种商品价值"的纸币的最高阶段。薛暮桥引用马克思在《政治经济学批判》和《资本论》中的三段语录作为他的理论根据。对于我国人民币，他认为，"我国人民币从来没有以黄金为基础，也没有同黄金发生任何联系"，"我国人民币不规定含金量"，"不用全国人民不需要的黄金来作保证。"因此，他说："人民币是黄金的代表或符号"，这是我们应该放弃的"陈腐概念"。

在人民币是否代表黄金的问题上，时任武汉大学经济管理学院副院长、民建中央委员的李崇淮对薛暮桥的观点表示赞同和支持。1981 年 12 月，李崇淮在《金融研究》上发表《试论人民币与黄金的关系》一文。他在文中提出质疑：现在黄金在国内和国外都已经不是货币商品，已不具有货币的质的规定性，而人民币又没有法定含金量，说人民币还代表黄金，说它仍然是"黄金的'符号'"，还有什么依据呢？如果一种商品不起"一般等价物"的作用，它的"特殊性"也就是丧失。黄金曾经是充当一般等价物的特殊商品。

---

① 薛暮桥：《社会主义经济理论问题》，182～186 页，《关于人民币是否必须代表黄金的商榷》，人民出版社，1979。

既然现在它已失去这种性质，也就不再是"特殊商品"而是一般商品了，怎能还说人民币代表它呢？李认为"应该从发展的观点来看待货币制度的演进"，"黄金作为货币商品是一个历史范畴"，不能"因为黄金仍然用作国际储备，就说它是一国货币的'价值基础'"。那么，纸币的价值从何而来？又是怎样发展成为货币的呢？李崇淮对此论述道：

我们知道，一般等价物是价值尺度和流通手段的统一。马克思说过："货币在执行价值尺度的职能时，只是想象中的或观念的货币"。（《马恩全集》第 23 卷第 114 页）可毋需价值实体存在。他又认为货币充当流通手段时，只是在转瞬即逝的过程中起着媒介作用，只要它在流通中能够实现商品的价值，也毋须有价值实体的存在。因此，货币就是可以用不足值的铸币或没有价值的纸币来代表。纸币虽然没有价值，但只要它能够流通，有购买商品的能力，能够成为表现、衡量实现商品价值的工具，它就代表一定的价值，否则它就不会进入流通。

至于它究竟代表什么价值和多少价值，也不难理解。我们知道，"价格是商品价值的货币表现。"马克思告诉我们："价值符号（他常用此作为纸币或银行券的同义语）直接地只是价格的记号，因而是金的符号，它间接地才是商品价值的符号。"（《政治经济学批判》）这是指金本位制度下的纸币而言的。在金本位制度下，货币单位有一定的含金量。一切商品的价格都以具有含金量的货币单位来表示。在这种情况下，纸币既是"价格的记号"，自然又是"金的符号"。即使这样，它还是通过货币单位间接地代表了商品的价值。如以公式表示：设 A 为纸币每单位所代表的价值，B 为货币单位的含金量，C 为商品价值，则 A ＝ B ＝ C。

再加以具体化：设 A ＝1 美元纸币所代表的价值；B ＝1 美元金币含金量的价值 ＝1/35 盎司的黄金的价值；一双皮鞋的价值 ＝ 一盎司黄金 ＝35 美元；C ＝1/35 ×（一双皮鞋的价值）。于是 A（一美元纸币所代表的价值）＝ B（一美元金币的含金量，即 1/35 盎司的价值）＝C（一双皮鞋的价值/35）。

在美元已经没有含金量的条件下，如果一双皮鞋的价格仍然是 35 美元，很显然：

1 美元纸币所代表的价值 = 1/35 × （一双皮鞋的价值）

这就是说，在上式中，我们把 B 抽去以后，就成为 A = C。

这样，纸币就直接代表商品价值了。那么，究竟纸币单位代表多少价值量呢？问题很简单，由于价格是价值的货币表现，纸币所代表的价值就是单个商品价格的倒数。如一本书的价格是 2 美元，一支笔的价格是 5 美元，一只手表的价格是 100 美元，……则：

每一美元纸币所代表的价值 = 一本书的价值/2 = 一支笔的价值/5 = 一只手表的价值/100 = …… = 社会商品总价值/社会商品总价格。

就整个社会商品来说，每一美元纸币所代表的价值就是社会商品的总价值除以社会商品总价格所得的平均值。因而纸币单位实际上起着以自己的数量把社会商品总价值加以等分的作用。所以，我们可以说，纸币所代表的价值就是社会总产品的平均价值，亦即社会平均必要劳动量。也可以说，这是一种"商品复合体的价值"。这就是它的价值尺度，或者说，它所代表的价值实体。它以此作为标度来表现、衡量和实现商品的价值，这样物价指数就自然作为衡量币值变化的指标了。

有人把这种对纸币所代表的价值的解释看成是一种"扩大价值形态"的表达，并认为这是一种历史的倒退，这是一种误解。什么是扩大价值形态？扩大价值形态是处于相对价值形态的商品同许多处于等价形态的商品相交换，而不是同充当一般等价物的特殊商品相交换。我们所研究的对象是纸币，它是现实生活中唯一的一般等价物。一切商品必须同它相交换才能实现其价值。这种纸币同金属货币的符号的区别在于：后者只是代表一种特殊商品的价值，而前者则是代表一种社会商品的平均价值（或商品复合体价值），这种价值是在商品流通量和货币流通量的对比关系中形成的。它虽然代表多种商品复合体的价值，但作为价值实体来说，只有一个，不是多个，怎么是扩大价值形态呢？应该看到：货币形态的这种变化不是一种倒退，而是一种新的发展：即由一种特殊商品来充当一般等价物过渡到由纸币代表社会商品平均价值（或商品复合体价值）来充当一般等价物。这是货币形态质的飞跃，这种发展超出了马克思所处的时代和他原来论述的范围，需要用马克思的基本理论

（不是搬用在特定条件下的个别词句）来对这种新发展作出合理的解释。这就是这个问题难以解决的症结。

"人民币在当前现实生活中，执行着货币的职能，起着完全货币的作用。它是所有商品的一般等价物，是价值尺度和流通手段的统一，是表现、衡量和实现商品价值的工具。它所代表的价值就是各种商品的平均价值，比用黄金的价值作为价值尺度更科学。因为黄金的价值要受黄金的生产费用和劳动生产率的影响，其价格又受国际市场供求规律的支配。在现实生活中，黄金根本不起货币的作用。我们怎能说人民币代表黄金或把它作为人民币的价值基础呢？黄金既不是货币，如果仍然说，人民币是货币符号，不是货币，那么，我国现实生活中就没有货币了。这是不可想象的事"[1]。

1982年3月，李崇淮教授在《中国社会科学》上发表《论货币形式发展新阶段——兼同刘光第同志商榷》一文，对人民币与黄金的关系做了进一步的阐述，明确表示人民币从来没有与黄金发生联系。"黄金已不再是或基本上不再是货币商品了"[2]。在他所著的《论当前的货币形式问题》[3]（中国金融出版社出版）一书中，提出了与许多经济学家不同的观点，他指出："当前黄金在各国国内和国际上都不再是货币商品，人民币和各国纸币基本上都是信用货币（银行券），都不再代表黄金"。他认为，马克思的货币理论是正确的，但是要联系两个实际：一要联系19世纪下半叶的实际来理解它；二要联系当前的实际来运用它。换言之，就是要结合具体的时间、地点和条件来分析、理解和运用它。他指出，商品生产发展到今天，黄金作为一种特殊商品充当货币的历史已经基本结束；货币形式已经发展到了一个没有特殊商品来充当一般等价物的新阶段。纸币可代表已不再是一种特殊商品的价值，而是商品总价值的等分值或商品复合体价值。改革开放后，李崇淮多次发表文章参与人民币价值基础问题的讨论，他严厉地批评了黄金派在对待马克思主义经典

---

① 李崇淮：《全国货币理论讨论会论文集之一 关于人民币价值理论问题》，《关于人民币是否代表黄金问题的一些认识》，载《广东金融研究》，1981。

② 李崇淮：《论货币形式发展新阶段——兼同刘光第同志商榷》，载《中国社会科学》，1982（2）。

③ 李崇淮：《论当前的货币形式问题》，中国金融出版社，1985。

著作上的教条主义，而指出应该实事求是地考虑马克思货币理论诞生的时代
背景和历史条件，要从货币制度的现实情况出发来研究、分析和争论，即真
理是相对的，不存在绝对真理。"黄金作为货币商品是一个历史范畴，它同其
他金属一样，都是在一定历史阶段起作用的"①，如果"人民币是货币符号，
不是货币，那么，我国现实生活中就没有货币了"②。他在《论货币形式发展
新阶段——兼同刘光第同志商榷》一文中论述到：货币是用来表现、衡量和
实现商品价值的工具。在理论上，处于相对价值形式一边的商品价值和处于
等价形式一边的货币价值总是相等的。但是随着社会生产力的发展，交换的
范围愈来愈广，处于相对价值形式一边的商品价值量愈来愈大，而处于等价
形式一边的货币只是一种物资性劳动产品，它的总价值，无论如何赶不上用
来实现处于相对价值形式一边的商品总价值的需要。这就引起了作为一般等
价物的特殊商品的一系列的变化，特别是用做货币币材的变化，终于归结到
黄金上面。黄金虽然是最适宜于充当一般等价物的商品，但它的产品无论如
何赶不上处于相对价值形式一边的商品总量。即使把价值符号和流通速度计
算在内，也难符合商品流通的需要。因此"二战"后黄金的世界货币作用已
不能满足国际贸易的发展需要了。而1976年4月国际货币基金组织在牙买加
召开的会议则彻底让黄金失去了世界货币的宝座，黄金不再作为货币定值标
准，废除黄金官价，会员国可以在自由市场按市价买卖黄金。李崇淮强调，
布雷顿森林体系崩溃后的金价波动主要反映黄金市场的供求关系和投机活动，
而不反映黄金本身价值的变化，但它却能够证明金价只是作为一种商品的价
格独自在变化，而不是作为货币商品所代表的价值在变化。与此同时，李崇
淮分析了纸币由代表黄金发展到脱离黄金的演变历史：纸币与黄金的关系可
以分为三个阶段。第一个阶段是名实相符的阶段，即纸币有法定的含金量并
可以兑现为金属币的阶段；第二个阶段是名实不完全相符的阶段，即纸币有
法定的含金量，但不能兑现的阶段，此时纸币在名义上仍然是"金的符号"，

① 李崇淮：《全国货币理论讨论会论文集之一 关于人民币价值理论问题》，《关于人民币是否代表黄金问题的一些认识》，载《广东金融研究》，1981。
② 同①。

代表一定的金属货币的价值，但实际上能否代表金属货币要看纸币的流通量能否适应商品流通需要它代表的金属货币量；第三个阶段是名实完全脱离的阶段，即纸币没有法定的含金量，不能兑现，但以法定的（如人民币）或历史继承（如西方各国）的价格标度进入流通领域。这时它所代表的价值无论在名义上或是在实际上都与金属币无关。金属已经不再是货币商品。纸币已经没有什么特殊商品可以代表，因此，它不再是"金的符号"。由于经济中已经没有其他货币或货币商品，而纸币本身又执行着价值尺度和流通手段的职能，是表现、衡量和实现商品价值的工具，起着一般等价物的作用，因此它本身就是货币了。[①] 李崇淮归纳到，现在各国货币都不以黄金定值，都已和黄金脱钩。货币是一般等价物，是价值尺度和流通手段的统一，是表现、衡量和实现价值的工具，这是货币的质的规定性。人民币和各国纸币都具有这种质的规定性，但黄金却不再具有这种质的规定性。

在阅读了李崇淮的《论货币形式发展新阶段——兼同刘光第同志商榷》一文后，时为复旦大学副教授的叶世昌也发表了自己对黄金与纸币关系的看法，对李关于黄金不是人民币价值基础的观点表示赞同和支持。1983 年 2 月，叶在《财经研究》上撰文，认为"现代纸币不代表黄金。这一点李崇淮同志已作了很多论述，对此我是支持的"[②]，"纸币是价值符号，它代表一定的价值，这是大家都同意的。问题在于代表什么价值。我认为它既不代表任何一种具体的货币商品的价值，也不直接代表同它想交换的商品的价值，而是代表在流通中形成的、客观存在的、没有货币商品实体的抽象价值。单位纸币所代表的价值，不是固定不变的。如果劳动生产率提高，而商品的价格水平不变，这表明单位纸币所代表的价值量在降低。如果纸币发行数量过多而引起物价上涨，也同样是如此，不过性质不同。单位纸币究竟代表多少价值量，是无法计算的，它间接地反映在已经存在的价格体系中。根据原来的价格体系，就能比较容易地确定新产品的价格以及某些商品价格是否合理，而不必

---

① 黄宪、刘锡良：《百年中国金融思想学说史》，第一卷，420～441 页，中国金融出版社，2011。

② 叶世昌：《为什么说"等分值"理论是错误的?》，载《财经研究》，1983（2）。

求助于计算单位纸币所代表的价值量"①。但同时叶世昌并不同意李崇淮"纸币代表商品总价值的等分值"的观点，他接连于 1982 年 5 月②、1983 年 2 月③、1983 年 6 月④发表文章来阐述等分值理论的错误。他认为无论从实际方面还是在理论方面，李崇淮的纸币等分值理论都存在严重的错误："第一，这是把纸币和商品作为两个整体看待，以商品总和为一方，以纸币总和为另一方，把商品交换看成是全体纸币交换全体商品的行为。可是商品流通的客观事实并非如此。在商品买卖中，纸币分别和各种不同的商品建立交换关系，在交换时纸币具有一定的购买力，这种购买力在流通中产生，而不是由分割商品的总价值而产生。第二，商品总价值是一个难以确定的概念。它是指一定时期内所生产出来的全部商品的总价值，还是指一定时期内进入流通的全部商品的总价值？如果是前者，生产出来的商品不一定都进入流通，有些可能根本实现不了价值，这些商品的价值要不要计入总价值内呢？纸币根本不与这一部分商品发生交换关系，这一部分商品的价值怎么能作为计算纸币价值的组成部分呢？如果只是指进入流通的商品的总价值，那么，哪些商品是进入流通的，只有在交换关系建立以后才知道，那时纸币所代表的价值早已客观存在了"。"理论是指导实际工作的。如果以纸币代表商品总价值的等分值这一理论来指导我国的计划价格工作，那么，在确定新产品价格或调整某些商品的价格时，就要先计算商品的总价值，计算某种商品的价值在总价值中所占的比例，在计算人民币的发行数量和流通速度，求出一元人民币所代表的价值量，然后才能得出商品的应定价格。我国的计划价格如果要这样来定，岂非是寸步难行！这既不可能，也毫无必要。"叶世昌从货币职能的角度对等分值理论的错误作了进一步的分析：李崇淮教授的观点成立必须要有两个前提条件："第一，商品的价格反映商品的价值。尽管价值规律本身就说明，商品不可能笔笔按价值成交，不过这一点容许理论抽象，我们可以假定

---

① 叶世昌：《为什么说"等分值"理论是错误的?》，载《财经研究》，1983（2）。

② 叶世昌：《对〈论货币形式发展的新阶段〉的一点不同意见》，载《中国社会科学》，1985（5）。

③ 同①。

④ 叶世昌：《再论"等分值"理论的错误》，载《财经研究》，1983（6）。

它们的价格是反映价值的。第二，待实现价值的商品都能实现价值。这是绝对不可能的。在商品生产的社会中，总有一些商品卖不出去，它们的价值不能实现。存在着这一条，就足以推翻李崇淮同志演绎出来的式子"。李崇淮的""'等分值'理论完全忘记了货币还有贮藏手段职能"，拿全部货币来和全部商品建立等式关系是不能让人信服的。

以薛暮桥、李崇淮、叶世昌等为代表的学者对我国人民币的价值基础进行了认真、细致、严谨的分析和研究。虽然他们对于人民币并不代表黄金的观点是一致的，但对人民币的价值基础具体是什么有着不同的观点，具体论述也存在一些区别。薛暮桥强调物价稳定的物资基础，成为"百物本位论"的主要代表，指出"我国的人民币从来不通过金银，而是同各类产品保持直接的联系。社会主义国家直接掌握着绝大部分社会产品，各类产品的价格大都是由国家规定，而不是在市场上自发形成的。国家完全可以不依靠金银而保持物价的稳定"[1]，这实际上就是"物资本位论"。李崇淮则认为"纸币所代表的价值就是商品总价值的等分值，也就是代表了社会必要劳动时间，它以此作为价值尺度，来表现、衡量和实现商品的价值。纸币本身没有价值，它所代表的价值是在流通中形成的。当纸币单位以国家规定的或历史继承的价格标度投入流通时，纸币单位所代表的原始价值大小是无关紧要的，因为这不影响不同商品所具有的不同价值之间的比例关系"[2]；而叶世昌则对"等分值"理论表达了不同的意见，指出等分值理论无视货币的贮藏手段，而只从货币的流通手段理论，拿全部货币和全部商品作机械相等，实际上是否定了货币的贮藏手段职能。

（二）讨论中"黄金派"代表人物的深入阐述

1956 年 2 月，曾任国民政府中央研究院研究员的著名经济学家郑伯彬在

---

① 薛暮桥：《中国社会主义经济问题研究》，引自《社会主义的货币》，人民出版社，1979。

② 刘锡良：《百年中国金融思想学说史》，第一卷，425 页，中国金融出版社，2011。

其与陈仰青等人合著的《关于人民币的若干经济理论问题》① 一书中分析了人民币的价值基础。书中认为，人民币的一切运动证明了马克思的货币原理。该书论述道："人民币现在没有它的的铸币形态，人民币是以纸币形式作为它的存在形式的。纸币形态的人民币之所以能发生货币的机能，是因为它是价值的符号，货币的符号，是代表着一定金属量来发生这些机能的。附带说一句：我们这里所提到的纸币形态是指马克思所说的作为价值的符号的货币，而不是后人把资本主义国家用纸币来解决财政赤字问题、造成纸币通胀贬值的现象，作为纸币固有内容的纸币。纸币膨胀乃是一种货币政策，这种政策和资本主义国家追求最高利润的性质是不可分的，这是这种政策不是作为价值符号的纸币的固有内容，只是资产阶级之纸币状态所提供的可以多印纸票以剥削广大劳动人民的可能性的利用。"

"人民币作为一定贵金属的代表地位，可以从人民币的发行的历史中得到证明。但是在研究这种历史的关系时，必须注意到这种历史关系并不表示人民币和法币在货币制度问题上有什么内在联系。但是这种敌对货币，发生着不同的作用，除了在不同时期都以金属的代表资格来与商品对立，并且在代表价值的量的关系时，有过间接标价的联系以外，是没有任何其他的联系和共同之点的。"

1957 年，郑伯彬继续在《新建设》上发表《马克思货币理论的实践意义》② 一文，阐述了马克思货币理论的实践意义，剖析了纸币与黄金的联系，认为纸币与黄金的必然联系和纸币与黄金的法定联系是完全不同的两回事，不能因为法律上没有规定人民币的含金量，而否定黄金和人民币的必然联系。他说，"自然，人民币没有法定的含金量，但是，这不过是我们的国家没有在法律上加以明确规定罢了。纸币与黄金的必然联系与法定的联系是完全不同的两回事。前者是客观存在的，不以人们意志为转移的；而后者是人们决定的一种货币措施。我们绝不能因为我国没有在法律上确定人民币的含金量，

---

① 陈仰青、郑伯彬、黄元彬、朱绍文、龙一飞、李紫东：《关于人民币的若干理论问题》，44 ~ 45 页，中国财政经济出版社，1956。

② 郑伯彬：《马克思货币理论的实践意义》，载《新建设》，1957。

而否定人民币与黄金的必然的联系"。"我们必须注意,在社会主义国家里,价值规律尽管依然发生重要作用,但国家通过价格政策来达到一定的政策要求,并不是什么稀奇的事。如果根据这些情况认为人民币并不代表一定的金量,这就是把国家的价格政策与人民币作为货币符号代表一定金量的客观存在两个不同的概念混淆了"。

在上文中,郑伯彬同时指出,石武"混淆了社会主义国家商品的价格形成与货币的价值尺度职能的两个不同的概念"。"商品的价值无论何时总是由劳动时间决定的,如果劳动生产率提高,商品的价值就要反比例地降低,在货币价值不变的条件下,以货币表现的商品价值——即价格,也必下降;而货币的价值尺度职能,则是供商品界以价值表现的材料,也即把商品价值表现为同名称的量,使其可以互相比较的一种职能。""商品的价格形成是一回事,而货币价值尺度职能又是另外一回事,不论国家根据什么来调整商品价格,货币的价值尺度职能总是存在的。绝不能因为国家按照劳动生产率调整价格,或者为了达到一定目的而调整物价,就认为我们的人民币已不再代表一定的价值量,或黄金不再是价值尺度"。

1958 年,郑伯彬在《金融研究》上又一次撰文[1],对马克思货币学说过时论进行了反驳。他指出,"马克思的货币理论,绝不是什么金本位时代的货币理论。把马克思的货币理论说成是过了时的金本位时代的理论,或者说成是金属主义的货币理论,如果不是对马克思货币学说的无知,就是无耻的污蔑"。"马克思对货币的分析研究,既没有专门针对当时金本位制下的货币进行,也没有把金本位制下的货币作为一种孤立的研究",而是采用辩证唯物主义"这唯一科学的方法对货币这一经济范畴"进行逻辑分析。马克思不仅不是金属主义者,更坚决地反对资产阶级的名目主义者,"交换过程所给予的,不是它的价值,而是它的价值形态,名目主义者为这一现象形态所迷惑,看不到货币的内在价值,是一种严重的错误","尽管人民币还没有规定含金量,尽管人民币不能兑现,我国也没有金属货币流通,但是,人民币是价值符号,

---

① 郑伯彬:《马克思的货币理论"过时了"吗?》,载《金融研究》,1958。

是货币符号。人民币之所以流通，是货币职能本身的特性所产生的，它不决定于人们是否给它规定了含金量，也不决定于是否必须兑现。""我们坚持人民币是价值符号，是因为从这里可以使我们了解人民币在流通中是代替一定金属的，从而，在它代替金属中，只能限于在流通中货币的必要量的限度内，在流通中的这个货币必要量，是在商品总价格和货币的一定流通速度下的一个客观存在的量；因此，价值符号的数量必须由它所代替的货币必要量所决定，即每一单位价值符号所代表的价值量的大小，在一定的货币必要量下，由它的数量来决定。而价值符号在流通中，是要受这一内在规律所支配的"。

1957 年，时任上海市政协常委、工商局副局长的卢钝根在《学术月刊》上撰文①也对人民币的性质进行了阐述。他指出，虽然从形式上看，人民币"不是金币，不是银币，而是纸币"，但是马克思关于"纸币是金属的记号或货币的记号"的论述同样适用人民币，"所以人民币是黄金的记号"。从本质上看，人民币并不是资本主义国家发行的不兑换纸币，因为"人民币是以全面所有制的经济组织的雄厚商品，国家的充实的物资储备，及部分的黄金外汇储备作为准备"。那么，"人民币和黄金的关系是怎样"？

卢钝根说，"确定货币与黄金的关系，一种是直接规定货币的含金量办法，另一种是间接测定货币同黄金的比价的办法，我国所采取是后一种"。有四种办法可以推知人民币和黄金的关系：

（1）根据人民币对外国货币的汇价来推算：例如人民币与苏联卢布的比价是 1:2，而苏联卢布 1950 年起直接规定含金量是 0.222168 分，由此可以推算人民币同黄金的比价。

（2）根据我国出口货物在国内市场的人民币价格，与在国外市场的外汇价格，比照推算。

（3）根据人民银行对黄金的收兑与配售的牌价计算。

（4）参照临近我进出口港口的货币市场的黑市价格。

根据以上四种办法，可以计算出一定时期内人民币同黄金的比价。因为

---

① 卢钝根：《关于人民币的性质和职能问题》，载《学术月刊》，1957（4）。

虽然是间接测知，但人民币还是和黄金有关系的，是黄金的记号。

1957 年，针对喻瑞祥、陈希原等学者对其观点提出的不同意见，卢钝根在第十期《学术月刊》上再次撰文对人民币性质做了进一步的答辩和阐述。[1]他认为，"在分析人民币时，只能从人民币的本身的形式与内容出发，并联系商品流通及生产关系予以说明"。从本质上讲，人民币是社会主义性质的信用货币，以人民银行的黄金准备及国营商业部门，国营工业，供销机关，合作社价格稳定的商品作准备，这种商品准备，是社会主义国家及人民民主国家所持有的。"人民币代表定量的黄金在流通，人民币本身虽无价值，但在流通中有价值"，"人民币虽现在与黄金白银很少联系，但从其发展过程来看，中国的货币从银元，到伪法币，解放区的货币，再后是人民币，这是经历着从货币到货币符号的过程，又经过以新货币记号代替旧货币记号的过程。从发展来看，人民币是货币发展而来的，它是代表一定量的货币价值在流通着"。1958 年，王守淹在《金融研究》上发表了对曾凌和韩雷合著的《中华人民共和国的货币流通》一书的读后感，对书中"我国的货币制度是以黄金为价值尺度，以货币符号为唯一合法流通的货币的，有计划地管理货币流通的制度"的观点表示赞同，但是却认为，人民币充当贮藏手段，不会退出流通。"首先，作为货币符号的人民币，绝不能退出流通过程。因为一旦退出流通时，（如从银行的业务库转入发行库）也就是说它失去了货币符号的资格。因此，马克思明确指出：如果说，金的流通是因为金有价值，那么，纸票的有价值，是因为纸票流通；其次，我们既要反对只认为贵金属才能充当贮藏手段的观点，同时也要反对将贮藏的货币理解为必将退出流通的观点，因两者都是违背马克思的原意的。人民币所执行的贮藏，乃是作为流通手段和支付手段准备金的贮藏，这种贮藏的货币是未退出流通过程的。马克思早就指出过，铸币准备金本身是经常在流通中的货币总量的一个构成部分；再次，衡量货币进入或退出流通过程的标志，不仅是依据流通中货币自然形态数量的增减，而且，还要依据流通总货币价值量相应的增减，两者缺一不可。当作准备金

---

[1] 卢钝根：《再谈人民币的性质和职能问题》，载《学术月刊》，1957（10）。

贮藏的人民币，在流通过程中所减少的只是其自然形态的数量，它所代表的价值量则丝毫没有减少。因此人们贮藏的人民币并未退出流通过程，它依旧是货币流通量的一部分。如果我们只认为流通中货币自然形态数量的减少，是衡量货币退出流通的唯一标志的话，那么，流通中的货币量，只是指那些正在发挥流通手段和支付手段的货币总量，而那些大量的转瞬间暂未发挥机能的货币则视为退出流通了，这种看法能够认为是正确的吗？"①

　　1964 年，时任中国人民大学财政系副主任的黄达教授第一次系统阐述了我国社会主义经济中的货币和货币流通，分析了社会主义货币与黄金的关系，并由中国财政经济出版社出版。② 黄达提出，"就我们现阶段的特点（即基本完成了生产资料所有制方面的社会主义革命——编者注）来看，商品货币关系是否仍是客观的必要？""如果它们已经是全新的范畴，那么他们的本质和运动规律应该怎样认识"？他把商品货币关系作为一个整体来讨论，指出虽然社会主义社会现阶段已经存在着直接的计划关系，但与此同时，商品货币联系也是客观的存在。接着，黄达教授在《我国社会主义经济中的货币和货币流通》第三章第一节鲜明地提出社会主义经济中的货币商品是黄金的论点。他说，"货币必须固着在具有内在价值的特定商品上面"，价值的本性决定了商品价值必须由另一个商品表现出来，这个原理适用商品生产存在的整个历史过程，他批评"人民币不代表黄金是由历史形成"的观点，指出承认人民币的购买力即价格是历史形成的实质上就是承认了黄金的价值尺度职能，因为"历史的价格体系正是黄金的价格体系"。而且，人民币"是否规定含金量与是否存在货币商品是两个问题"，以是否有法令表现作为判断一个事物是否是客观存在的简单推理方法是站不住脚的。

　　既然人民币是黄金的符号，那么一元的含金量是多少？价格标准又是什么？黄达教授指出，"社会主义经济中由于价格计划化的要求，实际的价格标准必然是可变的"，而"价格标准变动幅度可由货币符号发行额来调节，而根

---

① 王守淦：《对〈中华人民共和国的货币流通〉一书的几点意见》，载《金融研究》，1958 (2)。

② 黄达：《我国社会主义经济中的货币和货币流通》，70～82 页，中国财政经济出版社，1964。

据计划价格水平、商品供应数量和货币流通速度的状况确定货币符号发行额，就能使价格标准的变化幅度符合于保持计划价格稳定的要求，""既然货币符号发行量可直接根据计划价格水平、商品供应数量和货币流通速度来确定，那么，在货币流通的计划工作中，当然就不必要再去计算流通中所必要的金量和通货含金量"，"既然价格标准取决于计划价格，而不是计划价格取决于价格标准，既然货币流通计划化也不要求提供通货含金量，所以就国内经济生活来说，以法令规定通货含金量是不必要的。纵或国家规定一个法定含金量，也只能近似地反映出客观所决定的量，因为法定的量是不能常变的，而客观实际的量，如上指出，却不能不变"。

那么，计划价格形成的客观依据是什么呢？黄达教授继续分析道，在实际生活中，"既有的价格体系乃是价格形成的唯一可能出发点"，但是资本主义经济改造不可能一蹴而就，因此，"纵然能用劳动时间直接计算产品的价值"，也不能以现有的价格体系作为出发点。然而，流通中的社会主义货币已经割断了与黄金的任何自然联系，含金量很难估算，从表面看，价格的计划只是运用计算货币把价格调高或调低而已。

那么，计划价格又是如何形成的呢？实践中，"从既有的价格水平金额与各种产品的比价出发，根据在一个相当长的时期内保持物价基本稳定的方针，考虑各种产品劳动生产率对比的变化，考虑进一步缩小工农产品价格剪刀差的可能，考虑如何有利于贯彻和加强经济核算制，考虑市场供求平衡对价格变动的要求……总之，考虑如何有利于调动各方面的积极因素，实现国民经济按比例和高速度的发展，来调整价格水平和各种比价。"

"文革"后，黄金派关于人民币价值基础的论述和研究也更为系统。1979年2月，时任中国社科院经济研究所所长、《中国大百科全书经济学》主编的许涤新在《学术月刊》上发表《有关社会主义政治经济学的几个问题（续完）》一文，许涤新认为，"社会主义条件下的商品，同资本主义社会的商品一样，都是使用价值和价值的统一。商品交换都要实行价值规律关于"等价物交换"的要求。关于货币，我国的人民币具有价值尺度、流通手段、贮藏手段、支付手段等职能，而这些职能，大体上，同旧社会的货币职能也是相同的"。

"但是，我们不应因此，就把我国的商品和人民币所代表的社会关系，同旧社会的商品和货币所代表的社会关系完全等同起来。资本主义社会的商品货币，是以资本主义的生产关系作为前提的，而我国的商品和人民币是以社会主义的生产关系作为前提的。马克思反复告诉我们，商品和货币就不是单纯的物，而是一定社会关系的结晶。离开了一定的社会关系，就不可能理解商品和货币的实质。

因此，那种离开"所有制变更"这个前提，去看待我国的商品和人民币的看法，是错误的。那种把我国社会主义制度下的商品货币同旧社会里的商品货币，完全混为一谈的说法，是错误的。它们都是形而上学的片面性的说法。"四人帮"说的，正是这么一套。

人民币是不是代表黄金，这是系统地研究社会主义经济没法避开的问题。我们的国家对人民币并没有规定每一元的含金量。在这种情况下，有些同志就认为人民币同黄金完全没有关系。这种提法不能说没有根据。但是这种提法，在客观上，是否定了马克思的货币理论在社会主义社会存在的。这是一个经常被人忽略的重大理论问题。

人民币是纸币。马克思说"纸币只有代表金量（金属和其他一切商品量一样，也是价值量），方成为价值符号"。因此，"人民币在客观上是代表一定量的金（或金属）。如果不是这样，我们就很难说明它在同商品相对价值形态对立的时候，成为'一般等价形态'。就没法不陷入资产阶级的货币数量说的泥坑中去。以休漠为代表的资产阶级经济学家就是在让商品不带着价格、金银不带着价值去参加流通过程的条件下，去谈货币价值的。马克思在《政治经济学批判》中明确地说道：'如果把价值符号不是看成金的符号，倒看成不过在价格上表现出来的唯有在商品中才实际存在的交换价值的符号，那么，表面上看来，似乎价值符号直接代表着商品的价值。但是，这个表面现象是错误的。价值符号直接不过是价格的记号，因而是金的符号，它间接地才成为商品价值的符号'。马克思的这段话警告我们，在价值符号这个问题上，在纸币这个问题上，不要陷入'价值符号直接代表着商品价值'的泥坑"。[①]

与此同时，在中国人民大学复校之际，作为黄金派的重要代表之一、时任中国人民大学财政系主任的黄达教授组织中国人民大学的财政教研室和金融教研室的教师陈共、侯梦蟾、周升业、韩英杰等人编写一本能综合反映有关各部门学科科学成果的书，即《社会主义财政金融问题》，并于1981年8月由中国人民大学出版社出版。该书分上下两册，共5篇23章102节，其中第一篇《货币》由黄达撰写、第二篇《资金》由陈共撰写、第三篇《财政》由侯梦蟾撰写、第四篇《金融》由周升业撰写、第五篇《综合平衡》由韩英杰撰写。黄达教授在第一篇第二章第九节、第十节系统分析了人民币与黄金的关系，其第一篇第二章第九节的节名即明确回答了人民币与黄金的关系——《价值尺度，人民币是具有内在价值的货币商品—黄金—法人符号》。黄达教授在该节中论述道：

货币在表现商品的价值并衡量商品价值量的大小时发挥价值尺度的职能。比如，当黄金作为货币时，所有商品的价值都由黄金表现出来，这说明任何商品的价值在质上是同一的；而表现为黄金的数量有多有少，则使各种商品的价值在量上可以现实地相互比较。

用货币表示出来的商品价值是价格。商品的价格同商品本身可以琢磨的物质形态不同，它是观念的形态。价格可以用嘴说出，也可以写在标签上，却并不需要把相应数量的货币，比如黄金，摆在商品旁边。

……

从马克思做了系统论证以来，已经过了一百多年，情况发生了很多变化。在现代世界各国的经济生活中，像马克思所处时代的那种金属铸币流通的情况根本不存在了。而在我国社会主义的经济生活中，存在的则是人民币。人民币的单位是"元"，一切商品的价值都是用多少"元"来表示，而且主要商品的价格还是由计划规定的。那么，这个"元"是仍然代表一定量的货币商品，还是已经根本不代表任何货币商品了呢？如果说它还代表货币商品，

---

① 许涤新：《有关社会主义政治经济学的几个问题（续完）》，载《学术月刊》，1979（2）。

这种货币商品是什么？如果说它已经不代表货币商品，那它代表什么？是劳动时间还是什么别的东西？这是需要根据马克思阐明的原理进行探讨的。

首先，仍然不能说我们的"元"已经直接代表劳动时间，即不能说，1元 = N 小时。假如说，1 元 = N 小时，那么商品交换的比例就应直接决定于劳动耗费。例如，商品 A 的劳动耗费是 X 小时，商品 B 的劳动耗费是 Y 小时，由于劳动耗费是多少就是多少，一小时不能说成半小时，也不能说成是两小时，那么 A 的价格只能是 X/N 元，B 的价格只能是 Y/N 元，而 A 与 B 的价格对比只能是 X/N∶Y/N = X∶Y。如果是这样，价格范畴实际上就不存在了。因为，价格之所以是价格，正是由于它不是价值的小时表现，而是货币数量的表现。假如是小时表现，价格与价值永远等同，价格则失去了独立存在的意义；如果是货币数量的表现，价格则必然有其独立的运动规律，而这一规律是商品经济中不可或缺的构成部分。再进一步讲，价格如不存在了，那就说明价值已不存在。因为当劳动耗费直接以小时来表现时也就没有必要凝结为价值。要是价值范畴不存在了，那又说明也根本不再存在什么商品交换关系。当然，这是与我们的现实生活不符的。就我们的现实生活来看，商品之间的比价，同生产它们的劳动耗费之间的比例是有相当出入的。就上例说，A∶B 可能大于 X∶Y，也可能小于 X∶Y，等等。并且这种现象并不是个别的、暂时的，而是具有普遍性和规律性（关于这点在下一章将专门分析）。这说明价格在经济生活中是一个确实的客观存在。在这种情况下，说"元"直接代表一定的劳动时间是没有根据的。

其次，还有一种说法，认为人民币代表百物。这种说法一直存在，但论点却不够具体。比如，说人民币代表百物，那么"元"到底包括什么内容呢？设 Q_i 代表商品 W_i（如用斤度量的粮，用尺度量的布，用辆度量的车，等等）的数量，是否应这样理解：

$$1 元 = Q_1 W_1 + Q_2 W_2 + \cdots + Q_n W_n$$

如果是这种意思，那么第一，$Q_1 W_1$、$Q_2 W_2 \cdots Q_n W_n$ 是按什么规律决定的？至少到目前为止，还没有见到对这个规律可以称之为确切的论证。第二，各种商品的价格又是怎样确立的，即单位 W_i 到底应该是 $\sum Q_i W_i$ 的多少倍呢？要把某一个代名词同千千万万个代名数的和加以比较，恐怕是一个难题。也许应该按如下的式子理解：

$$1 \text{元} = Q_1 W_1 = Q_2 W_2 = \cdots = Q_n W_n$$

如果是这样的意思，那只不过是开出了一张货币购买力的表。只要把这个表倒过来，则成为：

$$W_1 = 1 \text{元}/Q_1$$

$$W_2 = 1 \text{元}/Q_2$$

$$\cdots$$

$$W_n = 1 \text{元}/Q_n$$

这不过是商品的价格表，它只说明各种商品的现有价格。至于"元"到底代表什么，为什么它使商品具有这样的价格而不是那样的价格，还是没有回答。所以百物说也不能成立。

……社会主义社会里劳动产品还必须当做商品，劳动耗费还要凝结为价值，因而必然要有一种具有内在价值的货币来表现商品的价值并使之实现交换。这是马克思主义价值论的基本原理。而从历史和现状来分析，货币商品在我们的经济生活中确实存在。这个货币商品不是别的，就是黄金。

在历史上，我国是长期用银的国家，直到 20 世纪 30 年代中期还是银元流通。但是当时，在世界主要的国家中，黄金早已垄断了货币的作用。银元流通与黄金在世界范围内取得货币垄断地位的趋势是不相容的。白银行市经常大幅度地波动，成为我国市场紊乱的重要原因。因而，货币商品从白银向黄金过渡已是客观的迫切要求。当时适值各个帝国主义国家之间，主要是英美之间，展开着尖锐的货币战。旧中国是他们角逐的重要场所，它们都想把旧中国的货币纳入自己的货币集团之中。最初是英国操纵和支持蒋介石政权实行了法币改革，币值由银本位过渡到汇兑本位，法币同英镑固定比价；而后在美国的压力下，法币又和美元固定比价。法币改革使中国币制变成了英镑和美元的附庸，而英镑、美元都是黄金的代表。所以这种汇兑本位的建立，意味着我国的货币商品正式从白银转变为黄金。

说黄金是货币商品，在货币符号同黄金还存在着市场联系的情况下是容易理解的。比如，在解放之初，黄金、外汇投机还有相当的规模，黄金、外汇行市的涨落不能不使人们联想到货币单位所含金量的变化趋向。当黄金、外汇在市场上的流通被取缔之后，似乎人民币与黄金已经完全断绝了联系。但是，价格体系的历史延续性却不能割断。旧中国的价格体系是以黄金为货币商品的价格体系，而人民币的价格体系就是在这样的价格体系的基础上形成的。所以人民币的价格体系实际上仍然是以黄金为货币商品的价格体系。换言之，在人民币流通的条件下，货币商品仍然是黄金。需要顺便说一句，主张人民币代表百物的，往往认为人民币之所以具有一定的购买力，并不是因为它代表黄金，而是历史形成的。但购买力只不过是价格的倒数。说人民币的购买力是历史形成的，其实也就等于承认价格是历史形成的；如果承认价格是历史形成的，那又实际上承认了黄金的价值尺度职能。所以购买力是由历史形成的这个论据，论证的并不是人民币代表百物，而是人民币与黄金的联系。

再从现实生活来看，人民币广泛地同外国货币发生着比价关系、兑换关系。当然，我国国内不允许外币流通，也无自由的外汇市场；人民币不准输出国外，也不进入国外的外汇市场。但这只能说禁止任何自发的联系，并不等于说割断了任何联系。大家都知道人民币与许多种外币订有比价。既然有联系，那就必然有其共同点，有着在质上同一的东西。否则，在量上则无法比较。目前，世界性的货币商品是黄金；外币虽然形形色色，但实质上都是黄金的符号。这也说明，与各种黄金符号在量上存在着对比关系的人民币也是黄金的代表。

接着，黄达教授从货币流通规律分析了人民币代表多少金量的问题。他认为在"纸币流通条件下的价格标准经常变动而又无法直接计量，所以，人民币的元到底代表多少黄金的问题是难以作出正面回答的"。"总之，人民币的元虽然客观上是一定金量的代表，但就国内经济生活来说，则不需要把它代表的金量计算出来，当然也没有什么必要公布一个法定含金量。"

1981 年，谭寿清在第 1 期的《金融研究》上发表《货币与黄金》[①] 一文，对薛暮桥在 1979 年出版的《关于人民币是否必须代表黄金的商榷》一文中不同意以黄金作为人民币价值基础的观点提出了不同意见。他指出，"价格是商品价值的货币表现，它决定于商品价值和货币价值两个因素，在商品价值一定的时候，商品价格便决定于货币的价值。如果用物价指数来规定货币的价值，那在一定意义上，就是用货币的价值来规定货币的价值，也就是使问题绕一个圈子，再回到原地，什么也不说明。当然用物价指数来检查币值的变化是可以的，在价值不稳定的时候，用物价指数作为补偿币值的参考，也是可以的。但物价指数能代替货币，它和货币的价值基础是两码事，它们之间不能划等号"。"把商品保证和人民币'通过综合物价指数代表各种商品的价值'等同起来就需要商榷了"。"在资本主义国家，特别是在它们实行金本位的时候，通货稳定的保证问题比较简单，黄金一身二任，它既是货币的价值基础，又是通货稳定的物质保证。在金本位崩溃，甚至在以美元为中心的资本主义货币体系瓦解之后，资本主义国家的情况基本还是这样，货币的价值基础仍然是黄金，稳定也主要依靠黄金，所不同的是，从现象看，现在比过去复杂多了。到社会主义社会，事情发生了根本变化，生产资料社会主义所有制代替了生产资料资本家私有制，大量的各种商品掌握在社会主义国家手中，因而保证通货稳定的主要不是黄金，而是国家按照稳定价格投入流通的大量商品。这是社会主义优越性的一种表现，是应该大书特书，并广为宣传的。但是各种普通商品可以作为通货稳定的保证，却不能作为货币的价值基础。前面已经指出，货币是价值的结晶，货币是一般人类劳动的概括代表，它不能像扩大价值形态阶段的等价形态那样，由各种普通商品充当，而只能由一种特殊商品，即货币商品充当。这就是说，在社会主义社会，什么是货币的价值基础是一回事，而用什么保证通货的稳定又是另一回事，二者不能混为一谈"。

"就老解放区而言，当时流通的是纸币，但如前面所说，纸币本身并没有

---

① 谭寿清：《货币与黄金》，载《金融研究》，1981（1）。

价值（除微不足道的纸张外），因而不能充当价值尺度。然则，老解放区作为价值尺度的货币是什么呢？或者说，老解放区的纸币代表什么货币商品？黄金呢，还是白银？如果不割断历史，它很自然地要和国民党统治区的货币商品相联系。例如，老解放区的晋察冀边币，当它1938年由晋察冀边区银行发行，并以一元换伪法币一元的比价进入流通时，晋察冀边区原来用伪法币计算的物价就改用边币计算，而国民党统治之下作为货币商品的贵金属也就被继承下来了。其他老解放区发行的货币也大致如此。至于国民党统治区的货币商品，它早期是使用白银的，从1935年11月4日起，实行金汇兑本位，改用黄金。晋察冀边币既然把国民党统治区的货币商品继承了下来，那它就与黄金发生了间接关系。但这种关系当时并不一定为人们所认识，当然更谈不到在老解放区组织黄金生产和实行黄金流通，因为老解放区当时遭受日本帝国主义的野蛮进攻和国民党反动派包围封锁，正处于严酷的战争环境中，这些是不能想象的。"谭主张纸币的基础是黄金，主张根据国家银行对黄金的收购价格来推算人民币的含金量，实质从侧面论证黄金和人民币的内在联系。他说，"中国人民银行不但对人民币与外币的比价挂牌，而且同时对黄金也公布了牌价。在某种意义上，这也就等于公布了人民币的含金量"，谭又从货币制度的历史演变角度阐述了自己的黄金派观点，认为即使在布雷顿森林体系已经崩溃的情况下，资本主义国家的纸币也没有与黄金脱离联系，黄金在其对内对外的经济交往依然发挥着价值基础的作用。他在上文中写道："我国人民币与黄金不是没有联系，我国金价与世界金价不是互不相关，我国的物价和金价的对比关系也不是不受价值法则制约的"。

1983年5月和1985年5月，谭寿清教授连续在《中国社会科学》和《江汉论坛》上发表《黄金并没有退出货币的历史舞台》[①]、《纸币、信用货币及其他》[②] 两篇文章，分别作为对李崇淮教授《论货币形式发展的新阶段》和《就当前货币形式答谭寿清同志》、《联系实际研究和运用马克思的货币理论》

①　谭寿清：《黄金并没有退出货币的历史舞台——与李崇淮同志商榷》，载《中国社会科学》，1983（5）。

②　谭寿清：《纸币、信用货币及其他——再与李崇淮同志商榷》，载《江汉论坛》，1985（5）。

三篇文章的回应。谭寿清在《黄金并没有退出货币的历史舞台》一文中从历史和现实两个角度分析了黄金作为纸币价值基础的理由：第一，包括我国在内的世界上大多数国家仍然保有大量的黄金储备。"必须指出，国际间使用黄金，并不完全是按市价计算，如国际借贷以黄金作为押品，债务了结时，黄金退还债务人；银行开设黄金账户，一面收受黄金存款，一面以黄金支付本息，等等（这些情况不限于国际往来，有的国家国内也是这样）。这就说明，黄金还是作为货币在起作用"；第二，不仅国家大量储备了黄金，而且私人储藏了大量的黄金，"铸币也好，首饰也好，黄金在这里主要是执行宝藏货币的职能"；第三，国际货币基金组织关于取消黄金条款的决定不过是一纸具文，欧洲货币体系规定成员国必须以20%的黄金和美元储备，加上与此等值的各该国本国货币存入欧洲货币合作基金以换取欧洲通货单位。"欧洲通货单位既然是根据欧洲货币体系成员国存入欧洲货币合作基金的黄金和美元储备发行，那么，这种通货单位与黄金保持着紧密联系，并在一定意义上代表黄金，就是不说自明的了"；第四，从货币发展的历史来看，一直都绕不开黄金的这个"幽灵"，"从法定关系讲，货币可以说已与黄金脱钩，但人们并没有忘记黄金，一有机会就要为它招魂。这突出地表现在两个问题上，一个是国际汇价问题，另一个是国内通货膨胀问题"。谭寿清在《纸币、信用货币及其他》一文中指出："在没有金币流通，只有纸币流通的情况下，也就是只有纸币在前台，黄金躲在后台的情况下，如果纸币的发行不超过流通所必要的金量，那么，从国内流通来看，纸币简直就和金属货币一样。纸币实际上在按照金属货币流通规律运动，可是呈现在人们面前，看得见、感觉得到的却是价值符号"，"纸币有一个特点，就是它不直接和商品价值发生关系，它作为金的代表才和商品价值发生关系，所以纸币特有的运动，只能由于它同金的正确比例遭到破坏产生"，"到了一定场合，如通货膨胀特别是在恶性通货膨胀达到顶峰时，黄金便要慢慢从后台走向前台"。从国民政府时期开始的货币发展历史可以看出，"纸币是离不开黄金或其他货币商品的"。[①]

---

① 谭寿清：《纸币、信用货币及其他》，载《中国社会科学》，1985。

时为中央财政金融学院教授（现中央财经大学）的刘光第是我国 20 世纪 80 年代"黄金学派"的另一位重要成员。1981 年，刘光第针对学术界关于人民币是通过综合物价指数代表商品价值的观点提出了不同的意见。他在 1981 年第 3 期的《中国社会科学》杂志上发表《论纸币与黄金的关系》一文，文中着重运用马克思关于货币流通规律的理论来阐明纸币与黄金是有联系的，系统阐述了纸币与黄金的关系，认为在我国社会主义制度下，纸币代表黄金起着一般等价物的作用。纸币和黄金的联系的一个主要表现在于纸币的发行和流通必须遵循金币流通规律。因此，明确人民币和黄金的联系，对于稳定币值和物价、爱惜金子开辟黄金来源、节约黄金使用等有重要意义。

从纸币的本质来看，刘教授"认为纸币和黄金是依然有联系的。到目前为止，在商品经济条件下，还没有任何一个国家的实践和由实践所产生的理论能够否定纸币和黄金的联系"。"粉碎'四人帮'以来，我们逐渐认识到我国社会主义经济仍然是商品经济。既然是商品经济，就必然要有起一般等价物作用的货币存在"，"由于黄金最适合于充当一般等价物，因此，黄金垄断了一般等价物的地位，完成了货币的发展过程。当纸币代表黄金时，也可以充当一般等价物，但是，如果纸币不代表黄金，脱离黄金而独立运动，就会失去一般等价物的地位和作用，这种情况，在使用纸币的条件下，是屡见不鲜的。资本主义国家的纸币是离不开黄金的，如果说，纸币真正代表黄金起一般等价物作用时，则纸币出现在前台，黄金躲藏在后台，黄金的作用就显示不出来。但是，当纸币不是那么本本分分、老老实实地代表黄金，而是自我膨胀时，黄金便要从后台走向前台，甚至完全排除它的代表，亲自抛头露面。当前资本主义世界各国纸币声名狼藉，人们争相贮藏黄金，以黄金执行货币的各种职能，这不正说明了纸币和黄金是有联系的吗！"[1]

要阐明纸币和黄金的关系，刘光第教授认为"最重要的一点就是从客观经济规律来说明纸币流通必须按金币流通规律进行"，而金币流通规律有三个主要特点和要求，因此纸币流通规律必须符合这三个要求：[2]第一，"按照金币

---

① 刘光第：《论纸币与黄金的关系》，载《中国社会科学》，1981（3）。

② 《刘光第经济文集》，321 页，西南财经大学出版社，1998。

流通规律的要求，纸币必须是、只能是具有价值实体的代表。货币作为一般商品的等价物，它本身必须具有价值要衡量商品的价值，必须是有价值的商品；没有价值的商品，是不能衡量价值的。货币和商品相交换是两个价值量相等、而使用价值不同的两个劳动产品相交换。没有价值的纸币之所以能和有价值的商品相交换，是因为它代表了一定的价值量。代表了一定价值量的纸币才可以和同等价值量的商品相交换。可见，纸币必然是价值的符号和代表。而价值的实体最终归结到黄金身上，因此，更确切地说，纸币是金的符号和代表"。这就要求纸币的发行量必须限于它所代表的黄金的实际流通数量，这样才可以保持纸币币值的稳定。第二，"按照金币流通规律的作用，在一定时期内，实际流通需要多少黄金，从而有多少黄金需要纸币来代表，这既不决定于黄金，也不决定于纸币，而是由商品流通对黄金的需要所决定的"。金币流通条件下，商品流通决定货币流通。在使用纸币的条件下，如果自觉地遵循商品流通决定货币流通的规律，自觉地坚持商品第一性和货币第二性的原则，就可以保持纸币价值的稳定，充分发挥纸币的货币作用。第三，在金币流通规律作用的条件下，商品不仅决定货币，而且商品追求货币，商品恋着货币。纸币流通也必须遵循这种要求，即必须是商品追求货币，不能让它们的主、被动关系颠倒过来。

刘教授更进一步指出，纸币流通规律和金币流通规律是有密切联系的，纸币流通是在金币流通的基础上产生的，金币流通规律是支配一切货币流通的总规律，它对于纸币的作用表现为流通中的价值符号决定于它在流通中所代表的金币量。既然纸币流通规律必须遵循金币流通规律的要求，这就从根本上说明了纸币与黄金是有联系的。如果纸币代表很多商品，则意味着还是扩大的价值形态，还没有出现作为一般等价物的货币，这等于实际上否定了货币的存在。因此商品综合物价指数不能作为人民币的价值基础。他批评"长期以来，在我国许多学术著作和政治经济学教科书中，对金币流通规律和纸币流通规律的解释是含混的、模糊的，有的把这两个规律混为一谈，有的把它们截然对立起来"①，他指出，"人民币同过去的货币商品是有历史的继承性的。现在人民币的'元'，就是这种历史继承性的印记。以人民币所表示的价格体系，并不是凭人们的主观意志硬性规定的，也不是在人民币发行时突然从天上掉下来的，而是在旧中国的价格体系的基础上自然形成的。人民币所表示的价格体系，实质上是以黄金所表示的价格体系。全国解放以后，我们就是根据金币流通规律的要求，自觉地坚持商品价格总额决定货币流通量的原则，稳定了货币的价值，摸索出来了一个适应一定商品价格总额所需要的实际货币流通量，这个实际货币流通量实质上就等于金币量。例如，在一定的货币流通速度条件下，货币和商品之间总是可以找到一个合适的比例关系的，保持这个合适的比例关系，币值和物价就可以保持相对稳定"。人民币有无规定含金量是国家金融政策，不属于经济客观规律的问题，"我国为什么不规定人民币的含金量？它的信用为什么不靠黄金来保证？这是根据国家利益，从实际出发采取的一项具体政策，这与人民币跟黄金有无联系是两码事"，指出马克思的货币流通是在金币流通的基础上产生的，但是同样适用纸币流通的情形，是一切货币流通的总规律。纸币的价值决定于它在流通中代表的金币量，这说明纸币与黄金是有联系的。"承认人民币和黄金有联系，绝不是要恢复金本位制，也不是要规定人民币的含金量，或规定人民币的黄金储备，而是要自觉地按金币流通规律来组织人民币的流通，使流通中的人民币数量基本上符合于商品流通所需要的实在货币数量，从而保持人民币价值的基本稳定，使人民币代表黄金顺利地执行货币的各种职能。"②

1983 年，刘光第在梳理马克思主义货币理论的几个疑难问题③时再次谈到了纸币与黄金的关系。刘认为在纸币流通的情况下，马克思关于纸币和黄金关系的论述仍然有效。他引用马克思的话，即"价值符号（纸币——作者注）直接地只是价格的符号，因而是金的符号，它间接地才是商品价值的符号"，指出"纸币是直接代表商品价格的，并由于代表价格而代表金，成为金

---

① 刘光第：《论纸币与黄金的关系》，载《中国社会科学》，1981（3）。
② 同①。
③ 刘光第：《关于货币理论的几个疑难问题》，载《中国社会科学》，1983（10）。

的符号。纸币和黄金的联系是因为纸币必须与商品价格相联系而来的，商品价格就是商品价值的货币表现，就是观念上的一定量的金，纸币因为代表价格而代表金或银，因同价格联系而必然同金银联系"，"在使用纸币的今天，黄金并没有退出货币的历史舞台，在国内，纸币的发行只有受货币（实即金属货币）流通规律的支配，才能稳定币值、稳定经济，在国际，黄金仍然执行着世界货币的职能，黄金现在仍然是世界各国最佳的价值贮藏手段。三十多年来，世界各国的黄金储备总量几乎无大变化，起着稳定国际金融的作用。各国货币对外汇率虽然在法律上与黄金脱离了关系，但是各国货币原有的含金量实际上仍然是各国确定对外汇率的主要依据，各国货币与黄金的联系，不是'名存实亡'，而是'名亡实存'。黄金在国际上仍然执行着流通手段和支付手段的职能，黄金仍然是国际金融领域中最可靠的担保品或准备金。总之，在世界各国国界消灭以前，黄金不会变成粪土，它在国际上仍然是起着一般等价物作用的特殊商品。我们可以预料，国际货币体系必将再建在与黄金相联系的基础之上"。

（三）讨论中"非黄金派"与"黄金派"争论的观点概括

非黄金派第一阶段（20 世纪 50 年代）关于人民币性质问题的讨论，集中在一些刊物中，1957 年《学术月刊》集中反映了这场讨论。该刊对这场讨论作了"来稿综述"，概括了来稿人（包括已发表和未发表的）的不同观点。"综述"指出争论的焦点是人民币的价值基础是什么？人民币是不是黄金的代表？

以薛暮桥、石武等为代表的非黄金派否定人民币是黄金符号的观点和看法，认为人民币不是黄金的代表，但他们的侧重点不尽相同。

（1）作为长期（从抗日战争开始）以来战斗在经济战线第一线的薛暮桥认为人民币的价值基础是由粮、布、棉等社会产品或物资，并以此调节物价和货币流通数量，以保持人民币币值的稳定。他认为人民币从来没有以黄金为基础，也没有同黄金发生任何联系，"国家如果有必要精确计算各部门的生产增长速度，有些部门（如煤、电、钢铁等）可以用实物量来计算；有些部门产品复杂，不容易用实物量来计算，则可以通过物价指数来进行折算，以剔除价格变动所产生的影响"①。

（2）石武则从货币形态发展的角度来系统阐述了其在人民币与黄金关系问题上的立场。他认为，虽然人民币在形式上与马克思主义货币理论等经典著作的具体描述不吻合，但是在本质上，人民币恰恰是马克思主义货币理论在中国的具体实践的产物。人民币"既不影响货币体现商品的一般等价形式的作用，也毫不影响商品的相对价值形态和等价形态两者之间的相互关系"，"在社会主义商品生产的领域内，货币形态已发展到可以不必用黄金作为基础了"，这个结论"一方面是完全遵从马克思主义货币理论的基本精神，从商品生产和货币形态的历史发展中探索得来，同时也从中国货币制度的实践中得到证明"②。

黄金派这一阶段在人民币代表黄金这一问题上的论述以王守淦、卢钝根等为代表。他们肯定黄金是人民币的价值基础，人民币是黄金的符号。王守淦认为黄金是我国经济中的货币商品，其原因有三：（1）我国历史上是以黄金作为货币商品的，人民币和过去的货币商品有着历史继承性。只要追溯人民币和解放区各种通货发行的历史，就会知道，全国解放前夕，人民币是以固定比价代替各解放区通货流通的；解放战争时期的根据地，各解放区通货又是以固定比价代替伪法币流通的。而伪法币在 1935 年国民党反动政府实行"法币改革"后，是殖民地性质的金汇兑本位制。伪法币先后与英镑、美元建立了固定比价，英镑和美元直接与黄金有联系，因此，伪法币也就间接地与黄金发生关系，从而说明当时的货币商品是黄金。新中国的货币制度的改革没有引起货币商品的贵金属的变化。1955 年 8 月"货币制度"改革，除了人民币的面额及其单位含金量变化外，一点也看不出货币商品变动的迹象。（2）我国对外联系需要黄金起作用。特别是在经济联系中，黄金作为购买手段与支付手段的作用更不可缺少。（3）黄金是作为货币商品生产和储备的。我国

---

① 薛暮桥：《社会主义经济理论问题》，摘自《稳定物价和我们的货币制度》，人民出版社，1979。

② 石武：《试论人民币在马克思主义货币理论上的依据》，载《经济研究》，1957（2）。

生产黄金，是"为了适应工业需要和增加外汇储备"。黄金和外汇储备，是保证人民币与外币比价稳定的因素。以上三个原因说明黄金是我国的货币商品，人民币是它的符号。至于人民币的含金量，并不是固定不变的，因为货币流通规律的诸因素——商品数量、纸币数量、商品价值和黄金价值所决定的金销售价格水平——变化时，单位人民币的含金量也相应地变化。事实上这些因素时刻在变化着，因而单位人民币的含金量也是一个经常变动的量。因此我们不必在计算人民币含金量的问题上多费精力。

需要指出的是：卢钝根既提出人民币是社会主义性质的信用货币，又赞成人民币代表黄金，特别地，他提出了如何具体计算人民币对黄金的比价。他提出了四个办法：一是根据人民币对外国货币的汇价来推算；二是根据我国出口货物在国内市场的人民币价格与在国外市场的外汇价格比照推算；三是根据人民银行对黄金的收兑与计算的牌价计算；四是参照最近我国出口港口的集中市场的黑市价格。他提出这四种办法，无非是想通过间接的办法解决人民币的含金量问题，但重要的不是怎么测定人民币的含金量而是要从理论上，确立人民币的价值基础是黄金。

第二阶段（20世纪80年代）关于人民币性质问题的讨论，非黄金派认为人民币的价值基础不是黄金，而是商品价值，大体上有两种意见：

一种意见认为人民币是各种商品价值的代表，流通中的商品价值是人民币的价值基础。他们所持的理由是：商品之所以用金来交换，是因为黄金和商品有共同的价值基础——物化社会劳动。不兑现的纸币之所以能和商品等价交换，是因为纸币代表了一定量黄金的价值，实质上是代表了一定量的社会劳动。若 A 为单位货币所代表的价值，B 为货币单位的含金量，C 为某商品相当于单位货币所代表的价值，当一切商品的价值都以具有含金量的货币单位来表现时，其表现形式为：A = B = C。当货币单位取消含金量时，其表现形式为：A = C，即纸币直接代表商品价值了。就整个社会商品来说，每一单位纸币所代表的价值就等于社会商品价值除以社会商品价格。

另一种意见认为人民币代表许多劳动产品的综合价值（它是用综合的物价指数单位作为计算标准的），我国解放初期实行折实单位就属于这一类型。

这是商品派的两个基本观点。在这个基础上他们对黄金派进行了批判。

批判的一种理由是："既然人民币是黄金的代表或符号，那么它究竟代表多少黄金呢？没人知道。这好像一把谁都不知道它的长度的尺子，人们怎么能用这把尺子去衡量各种产品的价值呢？"[①]

商品派的另一种理由是："我国人民币不用全国人民不需要的黄金来做保证，而用人民最需要的几倍于货币发行量的各种产品来做保证。"[②]

此外，他们还以事实表明：现代资本主义国家发行的纸币也与黄金脱钩了，人民币自然也要与黄金脱钩。

这一阶段黄金派认为人民币的价值基础是黄金的理由有：

第一，坚持"货币天然是金银"的论点，因而认为人民币仍然是黄金的价值符号。这就是说，货币本身必须有价值，这就是黄金。因而纸币只能是黄金的价值符号。人民币是纸币，所以人民币也只能是黄金的价值符号。

第二，在现实生活中，人民币虽然和黄金没有直接联系，国家从来没有规定单位人民币的含金量，但是，从货币的历史继承性来看，从已经形成的国际收支关系来看，人民币正是在普遍以黄金为一般等价物的背景下产生的。人民币的发行，不可能改变任何纸币都只能是黄金的价值符号的必然性。事实上，目前如果发生外汇收支逆差，国际公认的清算手段仍然只能是黄金。

第三，金币和纸币流通都同样要受货币流通规律的支配。"纸币流通的特殊规律只能从纸币是金的代表这种关系中产生"。纸币的特征是纸币的"价值"决定于纸币自身的流通量，如果纸币的流通量超过流通中所必需的金币量，每单位纸币所代表的金币量就会减少——纸币贬值，物价上涨。可见，货币数量只是货币流通的现象问题，而货币价值同商品价值的比值，才是货币流通的实质问题。货币流通规律产生在金币流通的基础上，但它是一切货币流通的总规律，无论金币或纸币都要受这个规律的支配。

第四，在西方国家越来越风行的所谓"黄金非货币化"政策，没有也不可能割断货币同黄金的密切联系；相反，这恰好从反面证明了黄金仍然是公

---

① 薛暮桥：《社会主义经济理论问题》，182 页，185 页，人民出版社，1979。
② 同①。

认的货币商品。自从美国停止美元按官价兑换黄金以来，人们争相抢购黄金；各国政府的黄金储备，除美国外，有增无减；在国际信贷中黄金仍然是可靠的担保品；1979 年 3 月西欧八国成立的欧洲货币体系，规定其货币基金中仍要包含各成员国黄金储备的 20%。黄金的货币作用，非但没有消失，反而有加强的趋势。可见，在商品经济十分发达、国际经济联系不断扩大的条件下，要使黄金失去货币的作用，是任何人、任何国家都办不到的。

基于这四点，黄金派对商品派的立论也提出异议，核心的观点是：货币材料有排他性，不可能同时出现多种货币材料充当一般等价物，如果说人民币代表多种商品的价值，便倒退到扩大的价值形态。

需要注意的是，非黄金派在第二阶段关于人民币价值基础不是黄金的阐述中，尤其在"纸币的价值从何而来？"这一问题上存在不少分歧。李崇淮教授提出了一个"等分值"的概念。在《论货币形式发展的新阶段——兼同刘光第同志商报》（载《中国社会科学》，1982（2））一文中，在论及"纸币价值从何而来，它代表什么"时，他认为在金本位制度下，纸币既是"价格的符号"、自然又是"金的符号"。纸币所代表的价值就是商品总价值的等分值（前文已述证明过程——作者注）。"每一纸币单位所代表的价值就是商品总价值除以商品总价格所得的平均值，因而纸币单位实际上起着以自己的数量把商品总价值加以等分的作用"，即所谓"等分值"的概念。但是该概念的提出受到叶世昌教授的非议。

叶世昌教授认为"等分值"理论是错误的，他一谈、再谈"等分值"理论的错误（《为什么说"等分值"理论是错误的》，《再谈"等分值"理论的错误》载《财经研究》1983 年第 2 期和第 6 期）其核心的观点是："在商品生产社会中，总有一些商品卖不出去，它们的价值不能实现"[1]，"待实现商品的总价值中，既然有一部份价值难以实现，不能转化为货币，怎么让货币代表它们呢？"再说"一国的纸币也不会全部进入流通"。叶世昌进一步指出：李崇淮同志用来证明"等分值"理论的仍是他的演绎法。要使李崇淮同志的

---

① 叶世昌：《再谈"等分值"理论的错误》，载《财经研究》，1983（6）。

演绎法成立，至少具备两个条件。第一，商品的价格反映商品的价值。尽管价值规律本身就说明，商品不可能笔笔按价值成交，不过这一点容许理论抽象，我们可以假定它们的价格是反映价值的。第二，待实现价值的商品都能实现。一些商品卖不出去，它们的价值不能实现。存在着这一条，就足以推翻李崇淮同志演绎出来的式子。待实现商品的总价值中，既然有一部分价值难以实现，不能转化为货币，怎么能让货币去代表它们呢？

但，李崇淮教授坚持说："等分值"的概念是从马克思的货币理论中引申出来的，我们所说的"商品总价格"和"商品总价值"，是指进入流通即将与货币相交换的商品而言，那些不进入流通的商品不与货币发生交换的关系，因而不能计算在内。在其他条件不变的情况下，纸币价值的变化取决于进入流通的商品价值量和进入流通的商品和不进入流通的货币就排除在外了。

同时，他强调："等分值""就是币值的较具体的说法"，提出"等分值"理论的意义在于："以一定时点为基期的物价指数就起着表现和衡量等分值即币值变化的作用。国家就可以根据这种变化和影响它变化的因素来制定有关的货币政策。"①

四、人民币是否是劳动券的论述

20 世纪 60 年代初，在我国关于人民币性质问题的讨论中，曾发生劳动券与非劳动券的争论。争论的诱因是基于我国经济的社会主义改造后公有制生产关系的确立。率先提出人民币是劳动券的代表人物是当时哲学、社会科学部经济研究所所长、著名经济学家孙冶方，在他主编的《社会主义经济论稿》提纲中，提出"社会主义已基本不是原来意义的货币了，它具有新的性质。"② 继后他在给中国人民大学政治经济学系研究班的讲课中，明确提出人民币是劳动券，并指出"1956 年是人民币从货币转化为劳动券的关键"。转

---

① 李崇淮：《如何理解"等分值"这个概念——三答叶世昌同志》，载《财经研究》，1983 (10)。

② 孙冶方：《社会主义经济论稿》，人民出版社，1985。

化的理由就是认为 1956 年我国完成了生产资料所有制的社会主义改造，改造完成后，私人劳动不需要通过"迂回曲折"的途径，就能转化为社会劳动。与孙冶方观点相同的还有骆耕漠等。但与此相反，与孙冶方齐名的经济学家认为即使在公有制下，个别劳动（相当于私人劳动）也不能直接成为社会劳动，表现为劳动时间，因此不赞成人民币是劳动券。对于这方面的学术争论，由于内容丰富，我们特专章评述。

五、人民币是否是信用货币的论述

（一）林继肯教授

较先提出人民币是"社会主义的信用货币"的人是时在上海人民银行工作的卢钝根。他在 1957 年第 4 期《学术月刊》上发表题为《再谈人民币性质和职能问题》的文章，提出"人民币其本质上讲，它是社会主义性质的信用货币，其所以是信用货币，它的特征为：①短期信贷方式发行；②价格稳定的商品作准备；③经批准可以兑换黄金的外汇。"[1] 他的论述没有从学理上展开，只不过从特征上提出人民币不是纸币，而是一种信用流通工具。从学理上展开，先提出人民币是信用货币的代表人物是当时辽宁财经学院林继肯教授。他于 1959 年 1 月在《辽宁经济》上发表长篇论文题为《关于社会主义信用货币的理论问题——兼论人民币是社会主义信用货币》，提出人民币具有社会主义信用货币性质。

1. 在这篇论文中，林继肯教授提出人民币的性质是社会主义信用货币，并提出它的本质和特点。他在论文中指出："人民币的性质是社会主义信用货币，这种新型的社会主义信用货币，根本不同于资本主义的信用货币，如资本主义的银行券、票据之类。社会主义信用货币体现着社会主义的生产关系，为社会主义经济建设和向共产主义社会过渡服务。在社会主义经济条件下，

---

① 卢钝根：《再谈人民币性质和职能问题》，载《学术月刊》，1957（4）。

社会主义信用货币具备了新的特点，它根本区别于资本主义的信用货币。那么为什么叫做社会主义信用货币呢？已如上述，从社会主义国家通货的性质来分析，它是货币的价值符号，是通过信贷的程序发行的，因此，这种通货的性质只能是新型的社会主义信用货币，它具备了社会主义经济条件下一系列的特点。"① 他把这一系列特点概括为，主要有：社会主义信用货币发行的高度集中、统一、计划性；通过信贷程序发行；在国内不和黄金直接兑现，币值十分稳定。这些特点是他从比较资本主义制度下货币符号的发行和流通确立的，他在论文中指出："在资本主义经济制度下，存在着资产阶级与无产阶级之间的敌对矛盾，这种矛盾是对抗性的，发行信用货币的机构——银行，掌握在资产阶级手中，资产阶级发行信用货币的目的，是为了追求高额垄断利润，对劳动人民进行剥削和掠夺。特别是在帝国主义和资本主义总危机时期，经济危机日益加深和尖锐化，财政赤字日益扩大，银行券停止兑现，银行券纸币化，资产阶级广泛地实行纸币贬值与通货膨胀，对广大劳动人民进行残酷的掠夺。

在社会主义生产资料公有制的基础上，不存在敌对阶级，消灭了人剥削人的现象，社会主义信用货币是为高速度发展国民经济、不断地提高劳动人民的物质文化生活水平服务。社会主义信用货币是社会主义国家银行发行的，国家银行是劳动人民自己的银行。无产阶级革命胜利以后，银行已经不是资产阶级进行统治和剥削的工具，而是掌握在无产阶级手中，进行社会主义建设，提高劳动人民物质文化生活水平的工具。劳动人民自己的银行发行的社会主义信用货币，在劳动人民群众中享有崇高的威信，这种通货的发行是从发展生产、稳定通货、保护劳动人民的切身利益出发。"② 对此，我们与其说林继肯教授在论述人民币作为信用货币的本质和特点，不如说他在论述在我国社会主义制度下，货币符号流通的优点。在他看来，这些优点以生产资料公有制为基础，以不存在敌对阶级，消灭了人剥削人的现象为前提，以国家银行掌握在劳动人民手中为依据。因此，我们能够说人民币作为信用货币的

---

① 《林继肯选集》，第一卷，《货币理论》，8 页。
② 同①，第 8~9 页。

本质和特点是社会主义社会制度的本质和特点决定的。

2. 值得注意的是，林继肯教授是怎样论述人民币是信用货币的。从论述的程序看，林继肯教授首先提出：货币与通货是两个既有差别，又是统一具有一致性的经济范畴：货币在商品经济中发挥一般等价物的作用，它体现着人类的社会生产关系；通货是一个国家的货币制度决定的，属于货币制度问题，但又不仅仅属于货币制度问题，它与货币又有不可分割的联系，代表着货币在流通界进行流通。其次，林继肯教授论述了在社会主义国家采取货币价值符号流通的客观必然性。这种客观必然性决定于下列五个因素，即社会主义生产资料公有制的基础，国民经济的高速度发展，货币制度的稳定性，货币流通有计划地进行，能够节约大量金属的使用，他说这五个因素决定了社会主义国家流通界必然采取货币价值符号的流通形式，这是社会主义国家货币制度的共同特点。最后，林继肯教授指出：货币的价值符号按其性质来分只有两种，一种是信用货币，另一种是纸币，纸币发行的根本性质是弥补国家财政赤字，它具有强制流通力，是经济危机深刻化的表现，是货币制度不稳定的象征，所以社会主义国家流通的通货，只能是信用货币，而不是纸币。

从林教授的论述，我们能够看出，他分析人民币是信用货币的逻辑是：货币与通货是两个既有区别又具有一致性的概念，通货是价值符号→社会主义国家采取价值符号流通具有客观必然性→价值符号有两种：信用货币与纸币→由于纸币发行的根本性质→所以社会主义国家流通的通货，只能是货币而非纸币。林继肯教授按这样的逻辑立论人民币是信用货币，并在信用货币前加上"社会主义"的定性词，肯定它体现的生产关系不同。他说："人民币的性质是社会主义信用货币。社会主义信用货币体现着社会主义的生产关系，它具有一系列的特点，与资本主义信用货币有着本质的区别，不能把资本主义信用货币的旧概念，硬套在社会主义信用货币的身上。"① 可见，他坚持用货币所反映的生产关系不同去论述通货"姓社姓资"。

---

① 《林继肯选集》，第一卷《货币理论》，3 页。

3. 还值得注意的是，林继肯教授指出，社会主义信用货币是黄金价值符号。他在论文中指出："在社会主义国家经济生活中，社会主义信用货币没有直接和黄金兑现的必要，但是，这并不是说，社会主义信用货币与黄金就没有关系。既然社会主义信用货币是货币的价值符号，在社会主义经济制度下，货币商品仍然是黄金，黄金作为货币商品的实质及其作用，应该从货币与黄金关系的历史发展上，从社会主义经济条件的具体情况出发，来加以分析。"[①] 他的分析可概括为：（1）黄金是价值形式的典型形态和最终形态；（2）白银和其他商品作为货币商品的时代，已经一去不复返了；（3）黄金对于保证社会主义信用货币的稳定性，在现阶段还发挥一定作用。他以这三点来说明在我国社会主义经济制度下，国民经济中的货币商品，不能不由黄金来担任。但没有进一步论述，人民币代表黄金是怎样衡量商品价值从而表现为价格的。这与我们要讨论：人民币的价值基础是什么，即以什么价值物（即是黄金还是其他商品）做基础去表现，衡量商品价值的主题有距离。

林继肯教授既认定人民币是信用货币，又认定人民币是黄金的符号，他的论述，表明了他对人民币"二重性"的看法。

（二）高翔研究员

继林继肯教授提出人民币是社会主义信用货币后，中国社会科学院高翔研究员，也提出人民币的信用货币性质问题。

1. 他于1965年12月在《经济研究》上发表论文，题目是《我国现阶段的人民币是直接的价值符号——兼与余霖同志商榷》。他说："我们在研究人民币本质的时候，重要的问题不在于如何说明货币与黄金的联系，而在于论证人民币是因何和如何同黄金脱离关系的。这才是目前经济生活中的现实问题。"[②] 这表明他是从考察人民币因为何和如何同黄金脱离联系的这一命题着手，去研究信用货币问题的，而研究信用货币问题必须考察货币形式发展史，

---

① 《林继肯选集》，第一卷《货币理论》，10页。
② 高翔：《我国现阶段的人民币是直接的价值符号——兼与余霖等同志商榷》，载《经济研究》，1965（12）。

其中包括信用货币理论。他说：关于信用货币理论，马克思曾作过全面而又深刻的论述。根据这些论述，归纳起来，我认为信用货币同狭义纸币比较，有如下四个基本特点。

第一，信用货币与狭义纸币虽然都是在代替黄金流通的要求下产生的，但是，信用货币的起源不同于狭义纸币。狭义的纸币，是从货币的流通手段功能发生的；信用货币则在货币的支付手段功能上，有它自然的根源。信用货币的主要表现形式是银行券。银行券是建筑在社会生产和流通直接联系形式的商业信用的基础上的。信用货币不仅是黄金的符号，它同时还体现着国民经济中的债权与债务关系，表现为一种信用证券。在这一点上，与狭义纸币是有本质区别的。

第二，信用货币发行的性质不同于狭义纸币。信用货币的发行是一种经济发行。它根据国民经济的要求，从银行的信贷业务中发行出去；而在国民经济不需要的时候，又会很自然地流回发行银行。这就经常能够保证银行券流通与市场实际需要相适应。因而信用货币的稳定性是有客观经济保证的。而纸币的发行通常都是属于财政发行，即剥削阶级国家为了弥补财政开支需要而发行的。

第三，信用货币和狭义纸币的流通规律不同。狭义纸币是通过财政发行进入流通的，开始是用于国家的各项开支需要，进入流通以后，才继续为媒介商品服务。这样的货币流通，用马克思的话来讲，是从无限不同的点出发，又回到无限不同的点，可是出发点与归宿点相合是偶然的事。信用货币则不同。信用货币是根据经济发展需要，通过信贷渠道进入流通的。它表现为从银行这个中心辐射到圆周各点上，再由圆周各点回到同一中心的运动。这是一种复杂的，但是有规律的运动过程。信用货币这种有规律的运动，为我们在社会主义制度下有计划地调节货币流通提供了可能性。

第四，信用货币是代表着较高历史阶段的货币形式。这种较高阶段的货币形式，在社会主义制度下，就为信用货币成为价值的直接代表创造了条件。

高翔进一步说为什么信用货币形式能为货币直接代表价值提供可能性呢？这主要是因为，信用货币的流通是与商品价值运动过程相一致的。信用货币的完成形态是银行券，而银行券的基础则是商业票据——汇票、期票等。作为商业信用形式的票据，是与商品买卖过程相联系的。信用货币就是代表这种债权债务关系的转移。

2. 值得注意的是，高翔在论述信用货币与狭义的纸币区别的同时，强调人民币能够与黄金脱离关系，直接代表商品价值。对此，他的理由有三：第一，在生产资料社会主义公有制的经济条件下，由于废除了私人劳动，每一种社会生产品需要耗费多少劳动量，人们是能够大体上估算出来的。第二，在社会主义计划经济条件下，价格能够大体上接近价值。第三，人民币的信用货币性质，是它能够直接代表商品价值的货币制度的本身的必要条件。他说的这三条理由中，重要的是最后一条，即信用货币是一种经济发行，这种经济发行使得它的运动与商品的价值运动是一致的，从而为直接成为商品价值的代表创造了条件。

3. 还值得注意的是，高翔强调作为信用货币的人民币的优越性。他说：人民币由黄金的代表过渡到商品价值的代表，是我国货币关系的一大进步。作为信用货币的人民币不仅比一般纸币，而且比金币流通来说，是更适合于社会主义计划经济要求的。信用货币的重要特点，是能够保持商品价格的稳定性。而保证物价的稳定，是社会主义建设的重要条件。在金币流通的条件下，由于黄金与商品双方价值都在变化，因而商品价格会不停地变化，只是靠货币贮藏的蓄水池的自发调节，才使商品价格有可能保持相对稳定。而这种自发的调节是与计划经济格格不入的。信用货币则克服了这个缺点。随着商品价值量的变化，有计划地对货币必要量进行调节，可以保证价格的高度稳定性。

高翔研究员关于人民币是信用货币的论述，相对林继肯教授的论述来说有以下不同点：（1）林教授认为作为信用货币的人民币是黄金的符号，而高翔认为作为信用货币的人民币能够与黄金脱离关系；（2）林教授强调作为信用货币的人民币的"社会主义"性质，而高翔没有着重指出这一点，而是强调它的经济发行，与商品价值的运动保持一致；（3）林教授没有提出人民币直接代表劳动时间，而高翔强调人民币直接代表劳动时间，是直接的价值符号。这表明：高翔关于人民币的信用货币性质是为了他立论人民币是劳动券做理论铺垫。他明确指出：我国人民币的发展经历了和将经历三个历史时间，这就是：

第一，1956 年生产资料所有制的社会主义改造基本完成以前，人民币是黄金的代表。

第二，从 1956 年生产资料所有制的社会主义改造基本完成，到将来全面地实现社会主义的全民所有制这个时期，人民币是价值的代表，是直接的价值符号。社会主义经济制度建立以后，由于还存在两种基本所有制——全民所有制和集体所有制，因而还必须存在货币。但是这时货币已经不是私人劳动实现为社会劳动的工具，而是社会主义建设的工具了。货币的黄金基础，是私有制经济中自发形成的。黄金是盲目性调节的一种表现形式。因而这一货币基础，是与社会主义计划经济不相适应的。公有制、计划经济要求货币摆脱黄金这个基础，逐步使货币直接代表价值。代表价值的人民币是由以黄金为基础的货币向劳动券转化的过渡形态。

第三，由社会主义的两种所有制过渡到单一的全民所有制以后，人民币就会发生质的变化。人民币的作用，就会由一般等价物变为分配凭证。这时货币就转化为劳动券。

货币性质的发展与转化，是随着生产关系的发展而逐步实现的。因而它的内容和表现形式，有时也是交织着的。在 1956 年以前，当社会上还存在着资本家所有制和极其大量的个体经济的时候，虽然人民币还是黄金的代表，但是由于社会主义公有制经济的发展，这时作为货币商品的黄金的盲目自发作用，已经受到了限制。到了社会主义制度在我国确立以后，黄金作为货币基础的作用，就逐渐由价值所代替了；但是，这时黄金对货币关系的影响，还留着一定的痕迹。因为这里不仅有经济因素，而且有习惯因素。这种痕迹将一直留到由货币向劳动券转化的时候。

在这一长段的论述中，高翔强调：货币的性质是发展和变化的，随生产关系发展变化而发展变化，它的内容和表现形式有时也是交织着的。不能不说，他的这种分析事物性质的辩证思维有可取之处。但他提出的："公有制，计划经济要求货币摆脱黄金这个基础，逐步使货币直接代表价值"① 的这一论断，为什么？还必须充分说明。

以上分析又表明：高翔对人民币性质的看法也具有"二重性"，既肯定人民币是信用货币，又认为人民币是劳动券。

继高翔之后，对人民币是信用货币做了系统论述的，是西南财经大学曾康霖教授。他在 1981 年完成的专著《金融理论问题探索》② 中系统地评价了"马克思主义的信用货币理论"，明确地提出"我国人民币是信用货币"，第一次提出"作为信用货币的人民币不是直接的一般等价物"，有区别地分析了人民币与黄金的联系（请参见中国金融出版社出版的曾康霖著《金融理论问题探索》第三章《信用货币与人民币》，以下引文未注明出处者，均来自这一章）。

1. 马克思主义的信用货币理论。曾康霖教授主要从四个方面评介了马克思、恩格斯的信用货币理论：

第一，信用货币产生和发展的条件，是商业信用和银行信用。曾康霖教授做了如下的评述：马克思说，信用货币是随着货币的支付手段职能的产生而产生的。作为支付手段的货币起着在商品使用价值已转移，价值已实现，而价格没有实现的情况下补充实现价格的作用，即通常所说的在赊购赊销的条件下货币发挥支付手段的职能。赊购赊销是一种商业信用。商业信用产生债权债务关系。债权方为了体现自己收款的权利，债务方为了表明自己付款的责任，产生了债权债务凭证，即商业信用的流通工具。商业信用的流通工具是期票、汇票。期票是债务人发出的向债权人付款的凭证，汇票是债权人发生的向债务人收款的凭证，它们都称为商业票据。商业票据上载明的应收应付款项是商品价格的表现，是签约上的货币，也就是观念的货币。当凭票据收付以后，契约上的货币便转为现实的货币，观念的货币便转化为真实的货币，从而实现商品的价格。货币的支付手段的职能就是这样起补充实现价

---

① 高翔：《我国现阶段的人民币是直接的价值符号——兼与余霖等同志商榷》，载《经济研究》，1965（12）。

② 曾康霖：《金融理论问题探索》，中国金融出版社，1985。

格的作用。

在资本主义经济中，商业票据是可以流通的。即通过"背书"在商品生产者和商品经营者之间转让。由于票据流通，使商品流通的过程就变成了"商品—票据—商品"的过程。在这一过程中，票据代表了货币的作用，一方面在票据未到期之前，它本身会作为支付手段来流通，另一方面在债权债务相互抵消的情况下，票据又无须转化为现实的货币，从而绝对地作为货币来执行职能。所以马克思把商业票据称为商业货币。商业货币是信用货币的形式之一。由于商业信用和商业票据的局限性，在资本主义经济中又产生了银行信用。但商业信用和商业票据是银行信用和银行票据产生的基础。也就是说从发展过程看，银行信用会替代商业信用，银行也会以自己的票据去代替商业票据。商业票据是商业货币，又是信用货币，银行票据（包括银行券和支票）也是一种信用货币，对此马克思曾在《资本论》第三卷中明确指出："开出汇票是把商品转化为一种形式的信用货币，而汇票贴现只是把这种信用货币转化为另一种信用货币即银行券。"① （见《马克思恩格斯全集》第 25 卷，第 482 页）

曾教授说通过以上分析，我们能够看出：信用货币是在资本主义商业信用和银行信用广泛发展的基础上产生的。商业信用和银行信用是信用货币产生和发展的条件。

第二，商业票据是非真正的信用货币，银行票据是真正的信用货币。曾康霖教授在评述了信用货币产生和发展的条件后，对什么是信用货币做了概括，他说："根据信用货币产生的条件，我们能够把信用货币这个概念定义为：在信用关系的基础上产生的能够执行货币职能的一种符号。符号只不过是象征性的代表，因此，又可以说信用货币是象征性地代表货币起作用的一种信用凭证，它包括商业票据和银行票据。马克思把银行票据称为真正的信用货币，而把商业票据称为非真正的信用货币。在这里，"真正"的含义并不是相对虚假来说的。我们不能说非真正的信用货币是虚假的信用货币。这里

① 马克思、恩格斯：《马克思恩格斯全集》，人民出版社，2008。

"真正"的含义应当理解为"本来意义上的"或"更切近意义上的"意思，而"非真正"的含义应当理解为"派生意义上的"或"疏隔意义上的"意思。因此，我们所说的真正的信用货币，就是本来意义上的信用货币，而非真正的信用货币，就是派生意义上的信用货币。为什么说银行票据是真正的信用货币，即本来意义上的信用货币呢？曾教授说：这要联系到货币的特性来理解。此外，曾教授还指出：由于真正的信用货币是银行以贴现和贷款的方式投放于流通中的，所以，恩格斯又把银行票据称为有息的信用货币，而把商业票据称为无息的信用货币。

曾教授说：现在剩下的问题是，资本主义国家为了财政的需要而发行的纸币叫不叫信用货币？现阶段资本主义国家的纸币发行一般都是通过国家银行，银行券的发行与纸币的发行搅在一起，不仅从票面上很难区分什么是银行券，什么是纸币，而且马克思也曾把银行券称为纸币，把纸币称为"不兑现的银行券"，这样似乎很难区分纸币与银行券，从而导致"狭义的纸币"（我们把为财政需要而发行的纸币叫做"狭义的纸币"，把银行券叫做"广义的纸币"）也是一种信用货币的结论。但是，这二者是不同的：从产生的原因考察，"狭义的纸币"是由于国家财政需要而发行的，可称为财政发行，而银行券则是为了商品流通而发行的。可称为经济发行；从反映的关系考察，"狭义的纸币"反映着国家财政与持有者之间的政治、经济关系，它凭借国家的强制力而流通，而银行券反映着银行与持有者之间的经济关系，它凭借银行信用而流通；从物质担保性考察，由于"狭义的纸币"是为了财政的需要而发行，一般不具有物质担保性，而银行券的发行由于是商品流通的需要而发行，而且发行单位要维护它的信用，所以一般是有物质但保的。它或者是以能兑换黄金作担保，或者是以有价证券或以其他方式作担保。所以，尽管在实践上不易区分，但在理论上仍然是能够区分的。本来国家基于财政需要发行纸币也是一种债权债务关系，也就是说，由此发行纸币而欠了持有者的债，从这个意义上说也是一种信用关系。但能不能据此把纸币视为信用货币呢？不能。因为由此发行的纸币，一般国家不收回即不偿还。这就是说这种信用关系不是建立在债权人与债务人平等的基础上的，实际上并不是真正的信用关系。

第三，信用货币是价值符号，必须以现实的货币作基础。曾教授在他的著作中指出信用货币是一种符号，符号本身是不具有内在价值的，它凭什么来表现、衡量、转移、保存商品的价值呢？凭有内在价值的货币作基础。在这里，基础有两重含义：从静态考察，凭它所代表的货币的价值作基础去表现、衡量商品的价值；从动态考察，凭它所代表的货币的社会使用价值媒介商品流通，实现商品价格。他进一步指出，表现衡量商品的价值是货币发挥价值尺度的职能。信用货币以货币的价值作基础去表现、衡量商品的价值，实际是借助于货币的单位。无论是商业票据，还是银行票据，都有一定的货币单位。货币单位包含着一定的货币量从而代表着一定的价值量。因此，信用货币是以自己具有的货币单位的价值量作为表现衡量商品价值的基础。

转移商品的价值，就是货币发挥流通手段和支付手段的职能。这两个职能的作用有所不同，但二者有一个共同点，即都是为实现商品的价格服务的。实现商品的价格就是以货币的形式把价值转移给对方。信用货币是个符号，本身没有价值，怎么转移价值呢？这是因为信用货币作为一种价值符号，是对价值的索取权，虽然它本身没有价值，但能凭它索取到价值。而之所以凭它能索取到价值，是因为信用货币代表着货币的社会使用价值，即购买一切商品的能力。

第四，作为银行券的信用货币的流通，表现为从一个中心辐射到圆各点，再由圆各点回到这个中心。曾教授在著作中指出：信用货币是在商业信用和银行信用的基础上产生和发展的。总的说来它凭借着信用关系而流通，在流通中为商品流通服务。但是作为银行券的信用货币的流通却有它的特点，这个特点就是：更多的可能表现为从一个中心辐射到圆周各点，再由圆周各点回到这个中心。曾教授进一步指出：之所以如此，这是因为：（1）银行券的发行条件就包含着回笼条件。银行券是银行通过贴现或贷款而发行的，当贴现的票据日期已到，或贷款的期限已到，银行就要向顾主收回银行券，使发行的银行回笼。这种发行与回笼的条件包括在一起，归根到底是信用关系决定的，发行银行券时，使银行与主顾的信用关系发生，回笼银行券时，使银行与主顾的信用关系消除。（2）银行券的发行集中在一家或几家银行，这就使得银行券的流通以银行为中心，银行家经营的是信用本身，而银行券不过是流通的信用符号，所以当货币在很大程度上被信用经营所代替、被信用货币所代替以后，货币流通自然会以银行为中心。需要指出，这里所说的是"更多的可能"表现为这样一种状态，也就是说在有的情况下不一定表现为这样的状态。因为投放于流通的银行券要能回到它的出发点，必须以商品流通正常和顺利为条件，如果商品流通不正常和不顺利，投放出去的银行券就不一定能回到它的出发点。

2. 我国人民币是信用货币。为了立论我国人民币是信用货币，曾康霖教授首先指出人民币是在银行信用的基础上产生的。在他的著作中指出：信用货币是在商业信用和银行信用的基础上产生的。在我国，尽管商业信用受到了限制，但商业信用仍然广泛存在着赊销预付，尽管不允许票据代替货币在市场上流通，但票据仍然在企事业单位之间流通，在银行内部流通。在这种情况下，就会产生银行信用流通工具，它包括发行的银行券和以存款为基础开出的支票、汇票以及其他支付凭证。虽然支票、汇票和其他支付凭证不允许在市场上代替银行券自由流通，但仍然发挥着货币的职能。我国人民币（包括发行的银行券和以存款为基础而产生的支票、汇票等）都是银行创造的信用流通工具，所以它是一种信用货币。再从它的产生看，除用外汇直接兑换人民币外，我国流通中的银行券和银行存款都是通过银行贷款产生的。从商品流通看，其程序是：物资进入流通—银行发放贷款（即垫支货币）；物资退出流通—银行收回贷款（即货币流回），这说明，在货币符号流通和流通的货币符号都是由国家银行投放的情况下，流通中的货币量（包括现金和存款，下同）的增加，决定于银行贷款的增加；流通中货币量的减少，决定于银行贷款的减少。我国银行是社会主义信用的中心，银行具有创造信用流通工具的职能，这是人民币成为信用货币的基础和条件。

其次，曾教授指出：作为信用货币的我国人民币，不是以金属货币作基础的，人民币仍然是价值符号，仍然是对价值的索取权，之所以凭它能索取到价值，是因为它代表着货币的社会使用价值，即购买一切商品的能力。人民币购买商品的能力要以商品价格的高低为尺度。因为购买力是价格的倒数。我国商品的价格基本稳定，这就保证了人民币购买力的相对稳定，也就保证了人民币社会使用价值的发挥。通常我们说"钱出去，货进来，货出去，钱进来"，实际上就是国家通过一只手（即商业、物资部门）把货物购进来，同时，通过另一只手（银行部门）把货币投放出去，然后把货物销售出去，又把货币收回来。所以，作为信用货币的人民币的币值稳定是以商品作保证的，它的流通以商品流通为基础。

第三，他着力指出，作为信用货币的人民币不是直接的一般等价物。对此，他诠释了"等价物"本来的含义，考察了"一般等价物"这一概念的来龙去脉和马克思揭示货币是一般等价物的真实含义。在这个基础上，他指出人民币不是直接的一般等价物的真实含义，指出人民币不是一般等价物，但又把人民币看成是货币，这在那些坚持货币是一般等价物的人看来是不相容的。对此曾教授论述了货币与一般等价物不能完全画等号，指出了一般等价物既是货币的本质（或性质）也是货币的形式。他在著作中指出：本质是相对现象而言，形式是相对内容而言。在一定条件下是形式或现象的东西，在另外的条件下就可能是本质或内容。货币如果相对它的自然属性（币材）来讲，自然属性是它的形式或现象，一般等价物是它的本质或内容；如果相对它的社会属性（体现的生产关系）来讲，社会属性是它的本质或内容，一般等价物则是它的形式或现象。过去，我们只把"一般等价物"看成是货币的本质，而没有把它也看成是一种货币的形式规定性，从而使我们的思想僵化了。在马克思经典著作中，货币、一般等价物、金是能够相互代替的同义语。我们还没有见到马克思明确地把一般等价物引申为货币的本质，在《政治经济学批判》和《资本论》中找不到"货币的本质是一般等价物"这样的表述。当然，我们不是说不应当把货币的本质表述为一般等价物，而是说从什么意义上去把握货币的本质。他还指出：马克思自己就曾经把货币的本质称做一般交换手段，如在评论詹姆斯·穆勒的《政治经济学原理》时指出：穆勒把货币称为交换的媒介，这就非常成功地用一个概念表达了事情的本质。由此我们也能够把人民币的本质或性质表述为一般交换手段和一般财富的物质代表。如果硬要把人民币的性质称做一般等价物，那也不是马克思所说的"一般等价物"，而必须赋予一般等价物新的含义。

3. 人民币与黄金的联系。曾康霖教授指出：人民币与黄金有联系，但黄金并非是我国的货币商品，执行一般等价物的职能。他在著作中进一步分析说：

（1）纸币与黄金的联系有三种情况：一是以黄金作为纸币值的保证。在纸币能够兑换黄金的情况下便是如此；二是以黄金的价值作为确定国际间货币的比价，在以铸币平价为基础确定两国外汇汇率的情况下便是如此；三是以黄金作为价值尺度衡量商品的价值，在典型的金本位货币制度下便是如此。按照讨论人民币的价值基础问题就是讨论我国有没有货币商品，人民币是不是一般等价物这一特定含义的要求，显然，前两种所谓的联系不在讨论范围之列，只有第三种联系才是要讨论的问题。因此，一般地说纸币与黄金有联系，因而人民币的价值基础是黄金，在理论上是不严谨的。

（2）从历史上看，1935 年我国法币改革后，应当说法币与黄金有联系了，但当时国内商品的价值并没有以黄金为尺度。如果改革前以白银为商品的价值尺度，改革后以黄金为商品的价值尺度，按照价值尺度就是在交换中商品的价值与货币的价值要"等同"的规定，商品的价格就应根据黄金的价值来确定，然后把商品表现为金价格。进一步说，在新旧币所规定的含银或含金重量不变的情况下，商品的价格就应当随白银与黄金的比价（这种比价决定于各自的价值）变动而变动，如白银与黄金的比价是 15:1，则改革前原来是 15 元银价格的商品，改革后就应是一元金价格。可是当时的实际情况是改革前后的商品价格没有变，原来一元银元能购买到的商品，改革后一元法币照样可以买得到。这说明纸币与黄金有联系，并不等于就是以黄金作为商品的价值尺度。

（3）从国外看，资本主义国家的纸币规定含金量，当初主要的作用还在于便于确定与别国货币的比价；而在国内，并没有以每单位货币包含的含金量的价值作为商品的价值尺度，从而表现商品价格。

（4）如果以黄金作为价值尺度，在一般商品的劳动生产率为既定的条件下，则商品的价格就应随黄金劳动生产率的变化而变化，如黄金价值降低，商品价格应提高，但我国的物价并没有随黄金的劳动生产率的变化而变化。这个情况除了1848年以后，由于美国加利福尼亚及澳洲金矿的发现，黄金劳动生产率的提高，致使欧洲商品的价格普遍上涨外，在以后的百余年中，还没有明显的反映。这是因为黄金的储存量是有限的，尽管开采的技术在提高，产量还是有限的。这又说明纸币与黄金有联系，与黄金作为价值尺度不完全是一回事。

4. 值得注意的是，曾康霖教授比较精辟地概括了人民币作为信用货币的五个特征。对于这方面的论述，集中反映在他主编的由中国金融出版社出版的《货币银行学》中（请参见该教材第一章货币与货币制度），在该教材中他指出：人们常说货币是一般等价物，我国的货币是人民币，因而人民币也是一般等价物。这样简单的逻辑推理，自然是成立的。但是，科学的态度应当是实事求是地阐明它的性质。接着，他概括了人民币作为信用货币的五大特征，也是它的性质。

（1）间接的一般等价物。我国人民币不是直接的一般等价物，而是间接的一般等价物。马克思曾经指出，银行不创造直接的等价物，它创造的无非是取得金银的凭证、取得国家产品储备的凭证，取得可以利用的劳动力的凭证。同样，我国银行也不创造直接的等价物，它创造的银行券、汇票、支票也不过是一种凭证，这种凭证能发挥货币的职能起货币的作用，但它们本身的价值微不足道，因而不是直接的一般等价物，而是间接的一般等价物。银行创造的这些凭证之所以能够发挥间接的一般等价物的职能，完全与银行信用制度有关。在银行信用制度发达的资本主义社会里，之所以能够用不具有内在价值的银行券、汇票、支票等一类凭证作为货币流通，就在于凭这一类凭证能占有价值物，而保证它们能占有价值物的是签发这些凭证的银行家，银行家凭借自己的信用保证它们"兑现"。如果银行家的信用丧失，不能保证它们"兑现"，则这类凭证就不能发挥信用货币的作用。信用货币"兑现"的实质，是维护信用机构的信誉，保证信用货币的价值，使信用货币正常流通。如果信用机构的信誉卓著，即使没有足够的价值物"兑现"，信用货币也能正常流通。信用机构的信誉主要取决于自己的经济实力，也取决于其他社会成员的信赖。如果信用机构的经济实力暂时薄弱，而其他社会成员的信赖并未因此递减，则信用货币仍然能照常流通。我国人民币是国家银行发行的，国家银行发行货币有强大的国营经济提供产品作后盾，同时广大人民群众对国家银行有充分地信赖。因而尽管我国人民币的"兑现"不表现在银行的出纳上，但广泛地表现在商品交换中。

（2）直接的商品价值符号。我国人民币是直接的商品价值的符号。因为它已经不代表黄金。按照我们的约定，如果人民币代表黄金，则它是代用货币。这时，这种价值符号直接的是黄金的符号，间接的才是商品的价值符号。人民币既然直接是商品的价值符号，其单位货币的价值受商品价值总量和商品价格总量的制约，与商品价值总量的变化成正比，与商品价格总量的变化成反比。人民币的这一性质说明要保持单位货币代表的价值稳定，首先是要价格的稳定。

（3）国家的负债，信用货币是债务货币。在我国社会主义制度下，人民币基本上是国家银行供给的。国家银行供给货币，欠持币人的是什么债务？在银行券能兑换黄金的条件下，银行欠持币人的黄金债务。在银行券与黄金的联系被割断了的情况下，银行欠持币人的是借用一定数量的商品债务。因为银行供给货币即银行发行自己的债务凭证也是一种借贷，这就是向愿意持币的人借用与货币数量相当的商品，然后把这些商品转借给别人。这一借一贷反映在银行业务上是负债的增加，资产的增加。银行通过借的活动虽然负了债，但能够通过贷的活动掌握资产，因而，由负债而供给的货币能够由资产而将它收回。人民币既然是一种国家的负债，那么它的增加或减少受制于国家银行的贷款和收款。过多的贷款会增加负债，因为它不转化为现金便转化为存款，该收的贷款收不回来，甚至豁免，也会增加负债，因为它没有减少存款和现金。

（4）在一定条件下能够转化为纸币。信用货币与典型的纸币有区别，但在一定的条件下它能够转化为典型的纸币，也就是说当国家财政出现赤字又需要国家银行增加货币的供给弥补时，银行供给的货币也会成为典型的纸币，具有强制流通的性质。要知道当代的国家财政，已经不再是"有多少钱，办多少事"的小商品经济的财政，而是大商品经济即社会化的商品经济的财政，它的特征是财政收支信用化，国家靠负债去建设和管理，即财政收入的相当大的一部分由举债收入而形成，包括向国外举债和向国内银行、个人举债。西方不少国家如此，我国也在所难免。我国一些年份的财政赤字为什么避免不了，概括地说，是国家组织经济生活的需要。财政出现赤字或者向银行借款，或者向银行透支，或者从其他途径占用银行资金，这就难以避免信用货币转化为纸币。

（5）独立的货币形式。说它是独立的货币形式是指出它作为信用货币是货币发展史的一个阶段，是价值尺度和流通手段的统一。

曾康霖教授对人民币是信用货币论述，既遵循了经典作家的论述，又密切结合中国实际，他的论述相对林继肯教授和高翔研究员来说，有以下不同：①曾教授所谓的人民币是信用货币的概念既包括商业票据，又包括银行票据，并指出真正的信用货币是银行票据，银行票据是银行的信用流通工具，它产生于银行贷款，并派生银行存款，银行存款能转化为银行券，所以，他所谓的作为信用货币的人民币既包括现金，也包括存款。而不只是指流通中的现金。②曾康霖教授指出作为信用货币的人民币体现着信用关系主要是债权债务关系，而这种关系无论是在资本主义经济制度下，还是在社会主义经济制度下都存在，并没有"姓资姓社"之分，无须冠以"社会主义"性质，把人民币称为社会主义信用货币。③曾康霖教授指出作为信用货币的人民币不是马克思所谓的"货币是一般等价物"，如果一定要说人民币是一般等价物，则必须赋予一般等价物新的含义。④他指出作为信用货币的人民币仍然是价值符号，但不是黄金的价值符号，它是对价值的索取权，因为它有购买一切商品的能力。⑤他指出，作为信用货币的人民币区别于典型的纸币，但在一定的条件下，也能转化为纸币。⑥他指出作为信用货币的人民币与黄金有联系，但黄金不是人民币的价值基础。⑦他指出，作为信用货币的人民币是债务货币，国家银行供给货币欠的是持币人的债。以上七点是曾康霖教授论述人民币是信用货币的独道见解，当然，这样的见解合不合符实际，能否完全成立，还需经过实践检验。但应当承认，他在前人研究的基础上，前进了一大步。

六、对讨论人民币性质问题的历史评价

黄金在货币发展史上有着显著而又特殊的地位，在人类社会的发展过程中承担了特殊的作用，黄金等贵金属的出现并逐步成为社会商品交换的一般等价物是社会发展的客观需要和必然结果。1821 年，金本位首先出现在英国。19 世纪末，金本位制在主要发达国家普遍实行开来。但是在第一次世界大战引致的通货膨胀冲击下，金本位制很快就崩溃了。"一战"后，金本位逐渐被金块本位和金汇兑本位所替代。然而工业革命开始的社会化大生产敲响了黄金历史使命终结的钟声，黄金的特点决定了其不可能适应经济全球化的趋势，也注定了其终将退出货币发展历史舞台的命运。正如马克思所说的社会是运动的，在历史中产生的终将也会在历史中被淹没。黄金也是一样，也逃脱不了这个运动、发展规律，黄金的社会使命也必将在人类社会发展的进程中淹没在历史的尘埃中，而历史的发展也证明了这个规律。1929年的世界经济大萧条彻底结束了金作为直接货币的历史命运。"二战"后，国际货币体系建立了以美元为中心的货币体系，这种货币体系以美元与黄金挂钩、其他货币与美元挂钩为特征，即布雷顿森林体系。然而随着经济全球化和国际贸易的发展，这种体系显然已经不能满足世界经济社会发展的需要。1968 年，美国放弃美元的黄金官价，允许金价自由波动；1971 年，美国政府宣布停止外国政府和中央银行向美国兑换黄金，至此，以美元为中心的国际货币体系最终崩溃。人民币自 1948 年 12 月正式发行以来就明确人民币不规定含金量，其发行不以黄金为保证，也不承诺兑换黄金，正如新华社在 1948 年 12 月 7 日的社论："解放区的货币，从它诞生的第一天开始，即与金银完全脱离关系，解放区的人民并不爱好金银。我们爱好的是粮食、布、棉以及其他生活资料与生产资料。所以解放区虽然有着丰富的金矿，年产黄金数十万两，并拥有大量的白银和银币，但我们用作货币保证的，却不是金银，而是比金银更可靠的粮食、布、棉以及其他生产和生活所必须的重

要物资。"纸币同贵金属脱钩是货币发展史上的一大进步，它彻底摆脱了黄金储量对货币的影响，加快了货币流通速度，提高了商品交换的效率，极大地促进了社会生产和经济繁荣。

长期以来，在关于人民币性质或者说人民币价值基础问题的讨论上，如前文分析我国有"黄金学派"和"非黄金学派"之分。新中国成立后受到左倾思想冲击和影响的部分学者关于黄金与货币关系的论述也存在着明显的局限。或许，当时的社会背景和政治运动对包括学术研究在内的一切社会活动的冲击在现在未能经历过那段历史的人看来确实无法想象或者超出想象，但是马克思主义货币理论的"幽灵"却深刻影响着一代人。薛暮桥、李崇淮、刘光第等名家在其论著中，都把人民币（纸币）价值基础问题与稳定货币、物价问题联系起来。"从实践上看，讨论人民币价值基础问题最重要的意义在于有助于我国正确的货币政策和物价政策。经济体制改革的顺利推进需要一个稳定的物价基础，而要稳定物价实现必须稳定人民币的价值。那么，怎样才能稳定人民币价值？这就涉及对人民币价值基础的认识问题"。[1]应当说这是新中国成立以后在金融领域中的一次广泛的非常活跃的学术讨论。讨论的题目虽然是金融领域中的货币性质问题，但它涉及经济学特别是政治经济学的一些基本的重大问题，比如在社会主义制度下，还存不存在商品经济，如何看待商品经济等。从上述评价四类关于人民币性质的不同认识中，我们能够认识到虽然意见分歧，学术观点各异，但有两个共同点即：（1）他们绝大部分人都没否定在我国社会主义制度下，仍然存在商品货币经济。只有骆耕漠除外，他说在前期（即1953—1963年间）他是"半商品货币经济论"者，但后来放弃了这种观点，确认我国现阶段的社会主义经济基本上已经不是商品货币经济，成为"社会主义非商品论"者。在这一点上，骆耕漠又在坚持人民币是劳动券和孙冶方、卓炯不同，后两者认为在我国社会主义制度下仍然存在商品货币经济，只是对商品价值如何表现、衡量有不同的看法。（2）他们都说自己的立论是从我国的实际出发的。"黄金派"在解释人民币与黄金的

---

① 曾康霖、刘锡良、缪明杨：《百年中国金融思想学说史》，第一卷，450页，中国金融出版社，2011。

关系上，强调商品价格体系形成的历史继承性，也就是说是从历史的实际出发的。而"非黄金派"在解释人民币不代表黄金的问题上，强调人民币单位"元"没有规定有多少黄金，在他们看来更是当时的实际。此外，劳动券论者、非劳动券论者以及信用货币论者，都在他们的各自论述中，强调了立论符合当时的实际。

为什么有这两个共同点？这是在他们看来，科学研究、学术问题讨论，一是要以经典作家的理论为指导，二是要密切联系实际，否则就没有理论和实际意义。所以回顾这场学术讨论，值得评述的是：在科学研究、学术问题讨论中，怎样对待经典作家的理论和怎样从实际出发？这两大问题处理不好，轻者观点有分歧，重者水火不相容，难以达成共识推动科学繁荣发展。

关于怎样对待经典作家的理论，在参与讨论人民币性质的人中，大都引用马克思、恩格斯关于货币、劳动券和信用货币的理论为依据，来论述人民币是什么，这样的"引用"实际上是诠释马克思、恩格斯的话来佐证自己立论的正确性，而不是回答用马克思和恩格斯的话来立论，有什么价值或者说意义何在？比如黄金派引用马克思、恩格斯的话来立论人民币的价值基础是黄金，非黄金派引用马恩的话立论人民币的价值基础是商品，各执一词，各执一端，从一定意义上讲都能成立，但能够说人民币性质的不同就反映着不同的经济关系吗？所以，在引用马恩话立论的同时，必须把握住经典作家的立场、观点、方法。

在历史的长河中，经济学的研究经历了几次革命：在马克思以前，配第革命，把经济学的研究从"经院哲学"中独立出来；斯密革命，建立起经济学研究的比较完整的理论体系；而马克思革命，强调经济学研究要着力研究生产关系。马克思把经济学的研究对象确立为生产关系有三重意义：（1）通过对生产关系的研究，阐明社会形态的发展规律，也就是说资本主义生产方式不是一成不变的，而是要变的，它是社会经济形态发展的一个阶段。（2）一切经济范畴只不过是社会关系的理论概括，"人们按照自己的物质生产的发展建立相应的社会关系，正是这些人又按照自己的社会关系创造了相应的原

理、观念和范畴"①，（请见《马恩全集》第 4 卷第 144 页，人民出版社 1974
年出版）这表明作为经济学的理论支撑是人创造的，而且也是变动的。（3）
强调剩余价值的生产、流通、分配，从而强调阶级关系在经济学中的地位和
作用。在马克思的三大卷《资本论》中，虽然考察了简单商品生产、货币的
产生、价值的创造等问题，但核心的内容是剩余价值的生产、流通和分配。
这样考察绝不是简单地研究财富的生产和分配，而是要研究资产阶级与无产
阶级的矛盾。恩格斯曾经指出：资本和劳动的关系，是我们现代全部社会体
系所依以旋转的轴心，这种关系在这里第一次作了科学的说明，而这种说明
之透彻和精辟只有一个德国人才能做得到，所以，马克思把经济学研究的对
象立为生产关系，是划时代的革命。经过这样的分析，使我们进一步认识到：
为什么要坚持人民币的价值基础是黄金？这不仅是因为马克思曾经在《资本
论》中指出"我在本书各处都假定金是货币商品"而且强调，在以私有制为
基础的商品经济中，商品的价值只有通过货币才能表现和实现。按照这样的
逻辑推论，如果我们不坚持人民币的价值基础是黄金，就否定了在我国社会
主义制度下还有货币商品；如果否定了货币商品的存在，就否定了价值表现
和实现的必要性和可能性；如果否定了价值表现的必要性和可能性，就否定
了劳动创造价值；如果否定了劳动创造价值就否定了剩余价值的存在；如果
否定了剩余价值的存在，就否定剥削，否定了阶级斗争，就不能揭示资本与
劳动的关系。这一系列"如果"，虽然是一种假设推论，但要遵循马克思的
"经济研究要着力研究生产关系"的理论，就必须坚持这样的"如果"。所
以，立论人民币的价值基础是黄金的人，也就是坚持马克思的理论，而不要
忘记马克思的逻辑推理。至于说人民币的"元"包含多少克黄金的问题，即
是在这样立论的基础上派生的，讲不同的意见都可以，无关大局，不影响从
所反映的生产关系来认定货币性质的结论。经济学家孙冶方和卓炯都认为，
非黄金派与黄金派一样，都没有摆脱商品的价值要迂回地通过第三种"物"
来表现和实现，只不过一个强调黄金，另一个强调商品。所以，非黄金派，

① 马克思、恩格斯：《马恩全集》，第 4 卷，144 页，人民出版社，1974。

也没有离开马克思的上述推理逻辑。经过这样的分析,我们能够认识到:关于人民币性质的讨论,基本上没有离开马克思在《资本论》中设定的理论框架。可以说,那时讨论这一问题的学者都是忠于马克思主义经济学中关于货币的原理的。

事实上正是由于马克思革命,强调经济研究要研究生产关系,要以所反映的生产关系(即经济关系)的不同去看待事物的本质(本来的性质),才发生了人民币是真正的货币和劳动券之争,立论人民币不是真正的货币的经济学家们都引用马恩的话来作为立论的依据,尽管引用的话有所不同从而强调的侧面不同,但有一个共同点,即生产关系变了,由原来的私有制变成了公有制,所以孙冶方率先提出:在我国社会制度下货币的性质发生了变化,要人们看到这种变化,认识这种变化。从这样的思维方式去看待事物,则坚持人民币代表黄金或其他商品的立论者强调生产商品的私人劳力或个别劳动,在我国社会主义条件下要通过第三种物(黄金或其他商品)才能转化为社会劳动,而坚持人民是劳动者的立论者,则强调私人劳动或个别劳动一开始便是社会劳动,不需要通过第三种物转化。所以,讨论人民币代表什么?虽然不同立论者的观点不同,但最终要表明的都是货币所反映的经济关系。这是他们讨论问题的关键点所在。

怎样从实际出发的问题,首先要思考面对什么样的实际?在讨论人民币代表黄金或非黄金或劳动券的时候,处于计划经济时期,计划经济不仅约束了经济的发展、社会的进步,而且约束了人的思想,那时在学术界讨论问题,写文章,只能照占主导地位的经典作家的论述"办事"。应当说,那时面对这样的实际不可能使对人民币性质问题的讨论前进多少。

使人们对人民币性质问题的认识有了前进实际上是改革开放以后,也就是 20 世纪 80 年代初。当时,有的学者立论人民币是信用货币并加以系统论述后,为什么能被更多的人接受,认同?因为这样的论述,不仅符合权威的经典作家的论述,而且符合改革开放后要大力发展商品货币经济的实际。所以在我国,关于人民币性质和职能的学术讨论,重要的价值就是推动着人们对货币问题的不断理性认识,启迪人们要在历史的长河中去认识客观世界。

而认识客观世界，不仅要回顾过去，把握现在，而且要展望未来。当代关于货币问题的研究在不断发展，为了与读者共享，在这一评述中，我们简介如后。

当代货币理论研究，一方面继续沿着既有的货币性质，货币价值和货币作用三个领域不断深入和拓展，另一方面由于货币充当着一般价值评判的社会标准或符号，对社会价值体系产生了深刻的影响，因此，伦理学、心理学和哲学也展开对货币的研究，这种跨学科研究为货币的经济学研究提供了更坚实的社会基础。

对货币性质或货币本质的研究是在货币名目论基础上进行的，体现在以下几个方面：一是关于货币起源，经济学家们倾向于用降低市场交易成本来解释货币的产生和发展，淡化了对货币起源的阶段性和货币内在属性的考察，二是关于货币的职能，最重要的理论发展就是新货币经济学。该理论认为，货币的两个基本职能即记账单位（价值尺度）和交易媒介（流通手段）是可以分离的，其中，记账单位可以是纯粹抽象的，与行使交易媒介职能的资产或资产组合可以完全分离开来，而所有的交易媒介都是内生的，不需要中央银行及法定货币，人们可以用任何形式的资产清偿其债务。三是货币形态的演变，随着信息技术的发展，出现了多样化的电子货币，多元化主体发行的电子货币，是对哈耶克的货币非国家化和非垄断发行思想的映证，同时也支持了新货币经济学的理论。

对货币价值的研究随着对货币职能的深入认识而发展，自从凯恩斯第一次将货币作为一种资产进行分析之后，人们逐步认识到货币除了交易价值外，还具备作为资产的价值，货币的交易价值一般用实物资产价格指数来衡量，难以完全反映现代金融经济社会对货币的交易需求，需要建立更广泛的价格指数来反映货币的交易价值，例如美国货币政策中运用的泰勒规则就是考虑了金融资产价格对货币购买力的影响，货币的资产价值一般用货币的时间价值来衡量，而时间价值正是现代微观金融学的基础，因此，对货币价值的研究同时推动了宏观金融学和微观金融学的发展。

对货币作用的研究涉及两个方面，即货币是否发挥作用的货币中性问题，和货币如何发挥作用的货币内生性问题，（1）就货币中性问题而言，虽然各个学派对货币在短期和长期里是否中性的问题看法不一，但就目前的研究情况看，货币短期非中性和长期中性似乎是较为一致的认识，而新货币经济学则独树一帜，他们认为在记账单位与交易媒介分离的支付体系里，不会再有因货币供求失衡引起的宏观经济波动，如同萨伊所说的"供给自创需求"，即银行和其他经济单位的支付与交易清算活动不影响作为记账单位的任何资产或资产组合的购买力，不影响一般价格水平。（2）就货币的内生性与外生性问题而言，与前面对货币性质和货币价值的研究上的推进相呼应，内生货币论已经被绝大多数经济学家所接受，并在货币迷失，货币替代货币政策作用的非对称性和时间不一致性，货币政策与证券市场货币流通速度等问题的研究上有所进步。（3）货币的跨国作用问题随着欧洲货币联盟的建立而受到重视，区域货币理论是在理论指导实践与实践推进理论的互动中发展的，产生了平行货币、同盟货币理论等与实际联系紧密的货币理论。

随着货币功能日趋强大，以及作为一般价值标准对社会生活的广泛涉入，人们对货币的社会属性的研究也在加强，这方面的研究一般是从社会学、心理学、伦理学和哲学的视角进行的，以规范分析方法为主：（1）就货币的起源而言，有的学者从心理学角度分析了货币的起源，认为货币的产生是早期人类集体无意识的结果，最早的交换意识并非萌发于物物交换的经济行为，而是来自原始部落的先民祭神供奉以乞求回报时所怀有的人与神灵的交换心理。从社会学和伦理学角度看，货币在市场交易中被广泛认可体现了一种"集体意向性"，这可视为是一种社会契约，它意味着信用的产生，并且包含着尊重他人交换的权利。随着数字化的电子货币的广泛使用，人们之间的经济活动形成"零距离"，使得人类的交易行为更加依赖于道德的力量。（2）就货币的社会价值和伦理价值而言，西美尔深入分析了货币价值的伦理基础，例如他提出了货币的客观价值的心理基础，把货币的经济价值与美学价值类比，提出货币的物质性价值在下降与美学价值上升等重要思想。还有学者认为，货币对于增进人的自由，消解地位尊卑差异，推动人的平等具有积极的作用，同时，货币把人对物质享受的分配从按权力分配变成了按货币分配，通过自由的契约来配置资源，较之于权力对资源的分配来说是一种进步。（3）就货币的作用而言，货币的经济中性问题转化为货币的价值中性或伦理中性的问题，西美尔通过历史的考察认定货币在现代社会中处于核心的地位，货币是理解现代社会关系和现代人的观念的钥匙。在货币关系发达的现代社会，以情感为特点的社会文化消退，而以理性为特征的文化将成为主导。货币关系对于现代人的世界观具有重大的影响，货币具有超越经济学意义的作用。在交换中，货币作为一种价值符号，代表了交换的特殊意向的普遍性即"差异的同一"，它把一切事物都拉到同一个平面，货币具有了作为一切商品价值尺度的特权。正因如此，货币可能产生异化，即货币作为一种外在的异己的力量反过来成为了主人，原本作为主体的人拜倒在它的脚下，世界也变成由货币符号所主导的社会。追求全面发展的人也就蜕变成片面追逐货币的单面人，货币的价值甚至也成为人的价值的标准。这些对货币的跨学科考察，有助于我们认识货币的本质，经济发展程度较高，物质性享受权重越低，这样的研究越有意义。

综上可以得出结论，黄金派和非黄金派"看法不一致的原因，除了认识事物需要一个过程外，从方法论方面分析，主要是讨论问题的'口径'不一致，如'人民币价值基础'这个命题的含义是什么，就有不同的理解。再就是讨论问题的出发点不同，有的同志从马克思主义已有的定义出发，以符不符合经典著作的论述作为尺度去衡量我国人民币的实际，有的则从讨论这个问题有没有现实意义出发，以对实际工作有没有好处来对理论进行取舍"。[1]而每一次关于人民币性质问题的讨论总是在物价存在较大波动的背景下发生的。如第一次关于人民币性质问题的讨论时发生在新中国成立初期，当时薛暮桥在周恩来、陈云等领导的指示下胜利战胜了新中国成立前后四次较大的物价波动；第二次关于人民币性质问题的讨论发生在 1957 年后至 20 世纪 60 年代初期，当时在大跃进以及人民公社化运动的政治环境下，随着金融管制的放松，人民币发行量过大，物价开始有了较大幅度的上升，而自然灾害更

---

① 曾康霖：《金融理论问题探索》，94 页，中国金融出版社，1985。

是让本已紧张的物资供应雪上加霜，天灾加上人祸，导致 20 世纪 60 年代初期物价出现巨大波动；第三次关于人民币性质问题的讨论发生在 20 世纪 80 年代初期，这个时期以商品零售价格指数作为主要的物价波动依据。其中 1980 年通胀率最高。这是改革开放以来我国第一次物价波动。

（撰稿人：夏政　徐培文　　审稿人：曾康霖）

参考文献

［1］经济资料编辑委员会：《社会主义经济中的货币及其机能讨论集》，财政经济出版社，1955。

［2］郑伯彬：《货币的本质与机能》，中国财政经济出版社，1955。

［3］陈仰青、郑伯彬、黄元彬、朱绍文、龙一飞、李紫东：《关于人民币的若干理论问题》，中国财政经济出版社，1956。

［4］黄达：《我国社会主义经济中的货币和货币流通》，70～82 页，中国财政经济出版社，1964。

［5］薛暮桥：《社会主义经济理论问题》，人民出版社，1979。

［6］薛暮桥：《抗日战争时期和解放战争时期山东解放区的经济工作》，山东人民出版社，1984。

［7］曾康霖：《金融理论问题探索》，中国金融出版社，1985。

［8］刘光第：《刘光第经济文集》，西南财经大学出版社，1998。

［9］马寅初：《马寅初演讲与论文集》，北京大学出版社，2005。

［10］薛暮桥：《中国社会主义经济问题研究》，人民出版社，2009。

［11］林继肯：《林继肯选集》，第一卷，《货币理论》，中国金融出版社，2010。

［12］黄宪、刘锡良：《百年中国金融思想学说史》，第一卷，中国金融出版社，2011。

［13］石武：《试论人民币在马克思主义货币理论上的依据》，载《经济研究》，1957（2）。

［14］卢钝根：《关于人民币的性质和职能问题》，载《学术月刊》，1957（4）。

［15］卢钝根：《再谈人民币的性质和职能问题》，载《学术月刊》，1957（10）。

［16］郑伯彬：《马克思货币理论的实践意义》，载《新建设》，1957（2）。

［17］郑伯彬：《马克思的货币理论"过时了"吗?》，载《金融研究》，1958。

［18］蒋学模：《读〈资本论〉札记（三则)》，载《经济研究》，1962（5）。

［19］高翔：《我国现阶段的人民币是直接的价值符号——兼与余霖等同志商榷》，载《经济研究》，1965（12）。

［20］叶世昌：《为什么说"等分值"理论是错误的?》，载《财经研究》，1983（2）。

［21］叶世昌：《再论"等分值"理论的错误》，载《财经研究》，1983（6）。

［22］刘光第：《关于货币理论的几个疑难问题》，载《中国社会科学》，1983（10）。

［23］叶世昌：《对〈论货币形式发展的新阶段〉的一点不同意见》，载《中国社会科学》，1985（5）。

［24］谭寿清：《纸币、信用货币及其他》，载《中国社会科学》，1985。

第十二章
关于人民币是否是劳动券的讨论

我国流通的货币是人民币，可以说尽人皆知，但绝大多数人可能不知道，在历史上，在业内人士和学术界中，对人民币是什么和代表什么问题曾经进行了深入而广泛的讨论，以确立它的学理含义。

关于人民币是什么和代表什么问题，业内人士和学术界曾有几种观点和不同的主张，在这里仅就人民币是否是劳动券展开评价。

一、提出讨论人民币是不是劳动券问题的历史背景和制度环境

解放前，在曾经建立苏维埃政权的苏区，流通中发挥着像货币那样的中介物，曾经命名为劳动券，甚至有的媒体把"劳动券"称为"苏区最早的货币"。1928 年 2 月 16 日，朱德、陈毅、王尔琢等人，率领南昌起义余部，在宜章易帜，举行湘南暴动，一举攻克耒阳县城。2 月 19 日，耒阳党组织在城北杜陵书院召开县苏维埃政府成立大会，选举刘泰为主席，徐鹤、李树一为副主席。当晚，耒阳县苏维埃政府举行第一次会议，讨论下一步工作。朱德、王尔琢等到会指导。会上，经济处长谭楚材提出，苏维埃政府要使用自己的货币。朱德表示赞成，建议尽快印制发行。谭楚材受命负责新货币的印制，他同经济处的几位同志连夜设计货币图样。经过一天多的绘制，共设计出数

幅图样，分送给朱德、刘泰等军政领导审阅。朱德看了，说："图样很好，不过此币发行受地域限制，要体现地方性质。我看，在马克思和恩格斯的图像中间，印上你们政府主要领导人的名字较为妥当。"大家认为朱德的意见很好，便按此建议重新进行了绘制。当月下旬，劳动券定稿付印。由于是石印，全靠手工操作，印刷并不顺利，后在部队的帮助下，才把第一批劳动券印出来。为了鼓励和推动民众用银元兑换劳动券，耒阳县苏维埃政府向县内各区乡发布告示，规定一块银元兑换壹元劳动券。部队积极响应，朱德批示后勤处率先兑换了 2000 元。民众看到工农革命军也使用劳动券，消除了顾虑，纷纷参与兑换，并用兑换的劳动券进行市场交易。4 月上旬，国民党军队向耒阳发动进攻，工农革命军向井冈山转移，耒阳县城陷入白色恐怖，劳动券遭到敌人查抄。这样，刚流通一个多月的劳动券便结束其历史史命。现在在湖南耒阳市党史陈列馆里，还陈列着一张面额壹元的劳动券。它是土地革命时期，由中国共产党直接领导的县级苏维埃政府石印并发行的货币，也是苏区最早的货币。[①]

陈述这段历史是要人们得知，在我国，在特定的时间、在局部的地区，曾经存在有劳动券。人民币是不是劳动券不仅有经典作家的理论支撑，而且有过去的实践范例。这表明，业内人士和学术界讨论这个问题并非空穴来风。

在我国，提出社会主义货币的本质是"劳动券"的，最先是著名经济学家孙冶方，时间是 20 世纪 60 年代初，在他撰写的《社会主义经济论》初稿中。当时写这部书的指导思想是：要在马列主义、毛泽东思想的指导下，研究我国社会主义革命和社会主义建设的丰富经验，研究其他社会主义国家的经验，阐述社会主义经济发展的规律性；既要有革命性又要有科学性；从理论上说明党的纲领和政策的经济科学基础。在这部书的写作中贯穿着一条红线，即"以最少的社会劳动的消耗，有计划地生产出最多的满足社会需要的产品"，以此体现社会主义生产的目的。参与编写这部书的有一个中心编写组，中心编写组由孙冶方牵头，纳入中国社会科学研究院经济研究所的人员

---

① 林莉：《劳动券：中共发行最早的纸币》，载《老友》，2010（7）。

参与，当时直接参加写书的有 29 人，包括刘国光、董辅礽、孙尚清、杨坚白、何建章、赵效民、骆耕漠等。在编写过程中，强调必须从实际出发，研究社会主义经济的客观运动，强调要以马克思《资本论》的方法作为研究社会主义经济的指南，强调必须对各种反马克思的经济"理论"进行彻底批判。该著述安排 8 篇共 54 章，其中第二篇第二章为《劳动券与货币》。在该章的写作提纲中提出"社会主义货币已基本上不是原来意义上的货币了，它具有新的性质"。同时又指出，"由于社会主义产品具有不同程度的商品性，社会主义货币也具有一般等价物的性质，在一定程度上具有原来意义上的货币性"。社会主义货币究竟具有什么样的新的性质，在章的标题中虽然提出了"劳动券"，但没有进一步的论述，因为这一章的初稿还没有写出来。

对社会主义货币具有劳动券的性质的进一步论述，反映在 1962 年上半年孙冶方给中国人民大学政治经济学系研究班讲课的记录稿中。根据孙冶方的讲稿整理，他在这一问题上的论述如下：

全民所有制生产关系是否存在着对抗性矛盾呢？我看不存在。对抗性矛盾不是计划经济的内在关系。对抗性矛盾是货币最本质的东西。大多数经济学家认为人民币本质上还是道道地地的货币。马克思嘲笑资产阶级学者说，你不要从货币研究中知道货币是商品，这是颠倒了。马克思讲的货币是价值尺度，实际上就是讲的"迂回曲折"的问题。私人劳动要被社会承认，就要通过交换。迂回曲折就是指要通过交换而言。有人认为我们现在社会必要劳动不能直接用小时来计算，只能用多少货币来计算，这就是"迂回曲折"的问题。劳动差别的存在不能成为"迂回曲折"的理由。"迂回"与否就是承不承认市场关系是我们计划经济的基本关系。我们现在的劳动是社会劳动，同时在量上不需要通过亿万次交换就可以确定，这就不存在"迂回曲折"了。"迂回曲折"在私有制下是"必然王国"。我们的计划经济不是建立在市场关系的基础上，但不认识它也不行。今天我们重新研究"必然王国"就变成"自由"了。我们认识了市场关系就"自由"了。

有人把货币同商品联系起来。集体所有制和全民所有制的交换，有所有权的转移，应该承认是商品。货币就是反映这种交换关系的。这不能把它看成是市场交换关系，而只是交换的比价。今天的货币基本上不是体现市场交换关系的。全民所有制之间的交换，根本不存在"迂回曲折"。两种所有制的交换，货币也不是道道地地的货币。当然，公社社员的劳动还不是社会的劳动，但这不是"迂回曲折"的原因。支付职工的工资是对每个人的劳动社会性的质和量的估价，这不能算是"迂回曲折"。因此，货币后于商品而生，先于商品而死。

计划经济和"迂回曲折"是不能并存的，这是两个对立的范畴。我国人民币不是代表市场的交换关系。市场竞争关系已不存在。我们的计划经济体系已经建立。作为一般等价物的货币已转变为劳动的计量单位，所以现在不能说人民币还是一般等价物。

我国的人民币和旧纸币有没有历史的内在联系？形式上是有联系，因为都叫做"币"，但其实质已有改变。人民币今天基本上是劳动券，它代表的生产关系已经不同。但它不是从天上掉下来的，1956 年是人民币从货币转化为劳动券的关键。这个转变是从 1949 年开始的，由渐变到突变（见孙冶方《社会主义经济论稿》，170～171 页，人民出版社，1985 年 1 月版）。

在这一长段演讲中，值得注意的是："对抗性矛盾不是计划经济的内在关系"；"对抗性矛盾是货币最本质的东西"；"我们现在的劳动是社会劳动，同时在量上不需要通过亿万次交换就可以确定，这就不存在'迂回曲折'了"；"人民币不是代表市场的交换关系"；"作为一般等价物的货币已转变为劳动的计量单位"。这样的论述表明，孙冶方认为人民币是劳动券的逻辑：社会主义公有制→计划经济→社会劳动不需要通过交换确定→人民币不代表市场交换关系→因而人民币是劳动券。而且他认为，人民币转化为劳动券的关键时期是 1956 年，即社会主义公有制生产关系建立时期。

较早并且更系统地立论人民币是劳动券的是我国资深的中国社会科学院经济研究所研究员骆耕漠先生。1980 年 6 月，中国财政经济出版社出版了骆耕漠的专著《社会主义商品货币问题的争论与分析》（以下引文未注明出处者，均来自这本书），在出版说明中编者说："本书是作者近年撰写的一部学术性专著。这部著作比较系统地介绍和阐述了马克思、恩格斯、列宁的有关商品、价值、货币理论和劳动券理论，以及作者研究、探讨这些理论的体会和见解；对目前经济理论界关于社会主义商品货币理论的争论，提出了自己的独特观点，即作者所称的社会主义非商品论。我们本着"百家争鸣"的方针，出版这部著作，以期引起经济理论界的进一步研究。"[①] 然而，骆耕漠对这一问题的研究却不是始于 1980 年。骆本人说：自 1953 年以来，我国经济学界曾就以下问题写了许多文章，各抒所见，互有争鸣：（1）马克思、恩格斯所说的商品、价值、货币和劳动券（这只是偶而涉及），究竟是指什么样的经济实际而言？（2）他们当年预言未来公有制社会将消灭商品货币经济，那是指何等样的公有制社会以及是指消灭什么而言？（3）像我国现阶段的社会主义经济是否为商品货币经济？前两个问题，是因为在探讨后一个问题的时候，大家都引证马克思、恩格斯的一些言论，但是各有各的解释，从而不得不回头再去查证和补课，所以中心是第三个问题。我国报刊书籍中讨论以上问题最多的时期，是 1953—1959 年间，以后有断断续续的文章。林彪、"四人帮"横行时期，这方面的科研工作，自然也惨遭浩劫。最近两年来，在批判林彪、"四人帮"就社会主义按劳分配和城乡交换问题所散布的种种极左的"修正主义"谬论的过程中，特别是为了进一步探明社会主义计划经济、计划交换、计划价格、经济效率等方面的规律，以提高现代经济建设工作的自觉性，又有不少文章重新讨论起以上问题，学习和研究的人有明显增多的趋势。统观二十多年来的文章，大概可以归纳出三点情况如下：

（一）它们在讲商品、价值、货币（个别的还讲到劳动券）为何物的时候，无不引证马克思、恩格斯的著作，但是作出的解答却不相同。

（二）它们对马克思、恩格斯的以上预言（包括列宁后来的有关论述）的解释评价，也有明显的不同。

以上两项的不同，不仅出现在不同作者的文章之间，而且也出现在同一个作者的前后期的文章之间（这些在科学研究上是常有的现象）；甚至还出现在同一个作者的同一篇文章的前后文之间，这是比较触目的特别现象。在我

---

① 骆耕漠：《社会主义商品货币问题的争论与分析》，中国财政经济出版社，1980。

看来，这些都不是由于被他们引证的马克思、恩格斯、列宁（包括他们三人之间）的著作有不一致的地方，而是由于那些文章的作者对马克思、恩格斯、列宁的著作有不同的理解和不同的解释，于是不仅造成彼此矛盾，甚至也使一篇文章前后有矛盾。

（三）二十多年来的文章，对我国现阶段的社会主义经济是不是商品货币经济的问题（进而逻辑地涉及未来共产主义经济是怎样的经济，例如它是不是要废除任何等劳交换关系的问题），也有明显不同的解答，其中有的是出现在不同作者之间，有的是出现在同一个作者的前后期文章之间。大致说来，有以下三种不同解答：

第一种解答：确认我国现阶段的社会主义经济仍为商品货币经济，不过是不同于资本主义的社会主义商品货币经济（对未来共产主义经济，他们之中，有的认为那将是不再保存等劳有偿交换关系的非商品经济；有的尽量设法含糊其辞，一面似乎仍确认那将是继续有等劳交换产品的关系，另一面又觉得不好再说是什么共产主义商品经济和共产主义价值规律，而深感犹豫难办）。这是目前绝大多数论者的观点。本书以后简称这种观点为"社会主义商品论"。

第二种解答：同前一种观点差不多，但是有以下主要差别，即确认我国全民所有制经济内部交换的生产资料产品已经不是商品。本书以后简称这第二种观点为"社会主义半商品论"。持这种观点的人，在1956年前相当多，后来大大减少。我个人在1953—1956年间，基本上赞成这种观点；以后我放弃这种观点，但不是同化为前一种观点，而是改取下述第三种观点。

第三种解答：确认我国现阶段的社会主义经济基本上已经不是商品货币经济（共产主义经济自然更不是商品货币经济）。但是，这不是说，我国已经废除了（或者不久即可废除）当前的种种交换关系和人民币这个必不可少的重要经济凭证。同时，这也不是说，我国社会主义工农业产品的计划生产和计划交换制度，已经完善和巩固到了使城乡资本主义势力无干扰和侵袭的余地。这第三种观点只是说：我国当前的社会主义工农业产品的计划交换关系和人民币制度，已经基本上扬弃了马克思主义政治经济学上所揭示的商品货币经济的种种特性，今后的任务是使它更加扩展和完善起来，彻底根除商品货币经济的残余。因此，这第三种观点认为：按照我国当前各种经济力量的总对比，并用前后严密一贯的科学术语去表述，可以而且应该称我国的社会主义经济为非商品货币经济，但不是返回到原始式的自给自足经济——"自然经济"，而是前进为现代化公有制经济，它包含着以全社会的有组织、有计划的生产为基础的直接等劳交换关系。本书以后简称这第三种观点为"社会主义非商品论"。目前持这种观点的人很少，甚至仅我一人。因此，我不无有所顾虑：我是否等到有哪位名家站出来主张这种观点，或者有较多的同志也这么说了，再端出这第三种观点呢？但是，这不符合解放思想和百家争鸣的精神。同时，按我个人来说，我是一方面一再努力学习马克思的商品、价值、货币和劳动券理论（虽然很不足），另一方面又尽可能结合我所接触到的我国计划价格和人民币的实际，做了研究之后（虽然很粗略），才得出了这进一步的认识；再则，也是为清算我自己过去所持的那第二种观点，那就不妨作为科研过程中的一种意见，提供经济学界参考，否则，就得不到同志们批评指教的机会。这是我写本书的至诚的意愿。

人们或者会说，现在全国经济学界在研究以"四化"为目标的新时期社会主义建设问题时，都十分强调如何自觉地、有组织地遵循社会主义商品经济的价值规律去办事，而我却说社会主义经济是"非商品经济"，那不是很不合拍吗？其实，首先我要辩明和阐明的正是：我国社会主义经济在它的交换关系的这个重要环节上，是为什么和如何而能够自觉地、有组织地、有计划地按照以等量劳动交换等量劳动的原则（规律）来进行的道理。其次，我不把上述有计划的交换经济和等劳交换规律统称为商品经济和价值规律，似乎是固守过时的传统观念，似乎不是使混水澄清，而反是把清水搅混。其实，全面地细细地考察一下，却并非如此。所以，我认为，在从事经济学科研工作的专业队伍内部，持续地、专门地深入研究一下以上各种不同观点，探明有关客观过程的实际，把它科学地、严密地、前后一贯地表述清楚，绝不会是过时和多余的事情。

以上骆耕漠的这一长段论述，表明在他看来，人民币不是马克思主义政治经济学上所揭示的那种货币，不是真正的货币，而是劳动券。这样的立论，不是信手拈来，而是他多年来深思熟虑的结论。所以，有必要从下面几个部分梳理对这一问题研究的来龙去脉。

二、骆耕漠论述人民币是劳动券的理论价值和现实意义

骆耕漠认为人民币是劳动券有重要的理论意义和现实意义。特别是在社会主义革命和社会主义建设时期，辨明这当中的是非，更有重要的理论和现实意义。对此，他系统论述了以下三点。

（一）在我国，各种工农业产品的交换，都必须有一种印着旧货币名称的纸票（人民币）来计价和充当交换凭证。目前人们一般都认为这纸票在国内仍然是货币的纸币形态、是若干量货币商品（即银或金）的代表；深一层说，即为该量银或金所内含的劳动量的代表。但是，透过现象看本质，那在票面上以"元"为单位的人民币，在国内已经起了根本的变化，它不是若干量"货币商品"所耗费的劳动量的代表，因而已经不是货币的纸币形态，而正像马克思、恩格斯所预言的那样，是作为一定量社会劳动的直接代表的劳动券，不过尚为一些因袭下来的货币假象等等所混淆。这两种认识，不只是由于概念上的不同，主要是由于对人民币所代表的经济实际有不同的认识。辨明哪一种认识符合我国社会主义经济实际，是一个很重要的问题。因为，按我国国内的经济关系来说，国家是否需要费心设计并规定人民币等于若干量黄金呢？国家为发行人民币，除了设法充分保证按计划价格和按比例供应社会所必需的工农业产品（在需要黄金产品作生产资料或生活装饰的地方，自然也一样保证黄金原料的供应，它不过是社会产品群中的普通一员而已）之外，是否还需要用特殊的黄金储备来保证，从而不得不额外负担因此而发生的金准备这一项"社会虚费"呢（在资本主义经济中，这是一项不可免的庞大的虚费和浪费）？再者，国家在规定用人民币来表示的各种产品的计划价格的时候，撇开其他必须遵循的规律之外，是否需要遵循"商品价格必将随货币商品的价值的变动而反比例地变动"这一规律呢？——对这些根本问题，我们

不能只经验主义地答复，更不能随心所欲地答复说需要或不需要。现在全国上下都强调"要按经济规律办事"。对以上问题，我们只有在完全搞清楚人民币的本质和它的规律之后，才能免除盲目性，自觉地去作正确的处理。这些都表明，社会主义商品货币问题的研究和讨论，是一项具有重大现实意义的理论课题。①

（二）社会主义是共产主义的低级阶段，社会主义经济的不断发展，自然以共产主义为最高目标。这里存在着社会主义经济将如何逐渐质变为共产主义经济，以及共产主义经济是何等样的经济等问题。就目前说，这类问题虽然远一些，但是已经是我们不能不搞清楚的理论课题。我们必须对它有较具体的原则性认识，以提高社会主义建设工作的自觉性。例如对生产和交换问题，现在就有从今天到明天将是怎么样的问题。大家知道，在伟大十月社会主义革命前，而且应该消灭社会产品的任何交换制度。他们把消灭商品同消灭一切交换混为一谈。这种原始共同体的自然经济的错误思想，在十月革命后曾起过不良影响。对这种错误思想，今天的"社会主义商品论"者已划清了界限。但是，他们仍有另一方面的问题。前面说过，"社会主义商品论"者认为，在社会主义阶段，对各种产品之所以必须采取交换方式和使它更加完善起来，是因为它有两种社会主义公有制，或者还因为必须实行社会主义按劳分配制度。因此，他们一般都确断，到实现单一的社会主义全民所有制的时候，或者等到可以实行按需分配制度的时候（即到共产主义高级阶段），那就不需要再保留任何等劳交换方式来分配产品。这种"共产主义"（高级阶段）将废除任何等劳交换关系的观点，我认为是十月革命胜利后一度出现的那些种原始共同体的自然经济错误思想的后遗症表现；如果真的一直传到我们的子孙后代，那就一定会使他们犯莫大的错误。因为即使到共产主义高级阶段，别的暂且不说，至少对生产资料仍然必须像社会主义阶段一样，在各

---

①　以上是就人民币的国内经济关系而言，自然不能将它套用到对外国际经济关系上去。至于在对外经济关系方面，我们则又必须按世界货币规律来把握和处理人民币问题，但也不能因此而让它渗透到国内经济关系中来。这里，我们要结合列宁的社会主义国家对外贸易垄断制理论。以上不是什么"二元论"，而是社会主义经济内外有别的本性所规定的。其中有不少复杂的新课题，需要我们结合新时期的新情况去作辩证的研究和分析。

部门、各地区、各企业单位（相对独立的各经济单位）之间采取等劳交换的方式来分配；否则，就根本无法组织共产主义的社会化生产。① 对未来共产主义（高级阶段）经济的两种论断，亦属于对未来共产主义经济本身有不同的展望。这里不难设想：如果是第一种观点被引入社会主义建设工作中去，那就将出现如下的行动部署——先是不断扩展社会各生产单位所必需的交换关系，而后又在某一个早晨或某一段时期内将它缩小和消灭（这无疑必将破坏从社会主义向共产主义的过渡，破坏共产主义经济建设，这是不言而喻的）；如果是第二种观点被引入社会主义建设工作中去，那就将出现另一种行动部署，即将上述交换关系按全社会生产的不断发展而一直扩展开去。这绝不会有碍向共产主义过渡和给共产主义留下什么缺陷。这两种观点以及从而引出的两种行动部署，到底哪一种正确，无疑是社会主义和共产主义建设中的重大理论课题。

（三）再举一个同社会主义计划价格有关的规律问题来说明。现在全党和全国上下，在吃了林彪、"四人帮"极右路线的破坏的莫大苦头之后，为了搞好以"四个现代化"为目标的社会主义建设，都开始知道必须按社会主义经济规律办事，不能蛮干、说大话和瞎吹一通，其中就有要按"价值规律"办事这一条。现在撇开不论前面所已指出的有关"价值"和"价值规律"的不同理解，这一条总有这么一个共同内容，即社会主义全民所有制经济各独立核算单位之间，以及集体所有制经济各独立核算单位之间，都不能无偿占用对方的劳动产品，而必须遵循在社会的统一领导和组织之下，按产品的社会劳动耗费量（现在人们一概称它为"价值量"）对等交换的原则，互相为对方（亦即为社会）的需要服务。这里有个问题，即究竟是单纯地按产品的社会劳动耗费量的比例相交换，还是按产品的所谓"生产价格"的比例相交换，以及到底按哪一种比例相交换才更有利于社会主义经济的发展？同时，在我国近三十年的经济实践中，又有不少工农业产品是明显既不按前一种比例，

① 这是因为那时有高度共产主义觉悟的人，会更加理解：必须同时在经济上周密地遵循马克思的"社会 I、II 部类的再生产原理"和列宁关于"甚至在纯粹的共产主义社会里也有 IV＋M 和 IIC 的关系"的论断。

也不按后一种比例相交换（虽然还缺乏详尽的统计分析资料来勾画出它们的偏离程度），那又是由于什么呢？其中哪些是社会主义经济的正常现象？哪些是社会主义经济的不正常现象？对以上一系列问题，在现在一致认为需要按"价值规律"（即按等劳交换原则）办事的人们中间，就有不同解答和主张。这是在研究社会主义经济是不是商品货币经济以及它是什么样的商品货币经济的时候，必须深一层去探明的问题。无疑，探讨清楚这些问题，就很有助于提高对社会主义经济规律认识的自觉性，把今后四个现代化的社会主义建设工作做得更好一些。

这里，仅举以上三点为例。从这三点，已经可以看出，社会主义商品货币问题的研究，是包含着许多重大现实问题的，关键在于如何完整地、准确地掌握住马克思主义政治经济学的基础理论知识，以及紧密地结合我国社会主义经济的实际，将它们深入地分析清楚。

对于这三点予以归纳能够看出，骆耕漠所谓的理论和现实意义：一是对指导实际工作来说，"国家是否需要费心设计并规定人民币等于若干量黄金"？人民币的供给"是否还需要用特殊的黄金储备来保证"？国家在规定用人民币来表示的各种产品的计划价格的时候，是否需要遵循商品价格必将随货币商品的价值的变动而反比例的变动的规律，在骆耕漠看来，立论人民币是劳动券，直接代表社会必要劳动时间，在实际工作中，以上问题都不存在了。二是为社会主义经济转变为共产主义经济做理论准备。在骆耕漠看来，无论是在社会主义经济中，还是共产主义经济中，用等劳交换方式来分配产品始终是存在的，怎样实现"等量劳动的交换"？必须确立交换的媒介是劳动券，直接代表社会必要劳动时间。三是提高对社会主义经济规律认识的自觉性。骆耕漠说现在搞建设，强调按经济规律办事，按经济规律办事，从交换来说，就是要按社会劳动耗费量对等交换的原则，相互为对方（亦即为社会）的需要服务。"价格规律"即按等劳交换的规律。但如何按价值规律办事，办事的人中间有不同的解答和主张，把交换媒介确立为劳动券，就能提高办事的自觉性。

三、骆耕漠论述人民币是劳动券的逻辑分析

骆耕漠肯定人民币是劳动券，直接代表社会必要劳动的时间，是基于他的"社会主义非商品论"。骆耕漠自己说，1964 年以前，他也是"社会主义半商品论"者。他在 1956 年发表在《经济研究》上的题目为《论社会主义商品生产的必要性和它的"消亡"过程》的文章中指出："只要实行按劳计酬和经济核算，就必须利用货币来分配消费品，产品就必须计价，那就是商品与货币经济。"但"自一九六四年起，我开始确认我国社会主义经济基础上已经不是商品货币经济"，为什么在认识上有这样的转变？他说是基于对社会主义经济的特性的考察。当时，他概括了我国社会主义经济的基本特性有以下三点：（1）从所有制方面看，骆耕漠说，近二十多年来我国已经建立起了三种所有制形式，即全民所有制、劳动人民（主要为农民）集体所有制和个体所有制。全民所有制经济以无产阶级国家为代表，这个所有制的性质最先进，生命力最强，在社会总生产中所占比重最大，在整个社会经济中起主导作用，决定着整个社会经济的基本性质和发展方向。劳动人民集体所有制经济在社会总产品中占次要的比重，它本身是在无产阶级国家领导和全民所有制经济的帮助下，才产生和发展起来，它与全民所有制经济之间虽有一定的矛盾但不属于对抗性矛盾，它可以按全民所有经济发展的总方向发展。劳动人民的个体所有制经济是在国家规定的前提下进行活动的，虽然它不具有社会主义的性质，但与旧社会的私有个体经济也有区别。由于它占的比重很小，这部分个体经济就不可能构成一个同国家计划价格体系相对抗的自由市场价格体系来破坏社会主义经济。正因为这样，在分析我国社会主义经济的总性质、总规律时，就能够将这很小部分的个体经济略而不论。总之，在骆耕漠看来，二十多年来，我国社会主义经济是生产资料公有制经济。（2）从社会产品生产关系方面看，骆耕漠说全民所有制经济虽然分成一个一个相对独立的经济核算单位，但它们生产什么，生产多少，不像资本主义企业那样，对抗地分离独立，自发地由市场行情的波动来调节，而是有共同的社会主义总利益可

循，由国家预先有计划、有组织地遵循经济规律，按照生产力和社会需要的状况作综合平衡的规定。至于从属于全民所有制经济的集体经济的发展则只能在国家的统一领导下，在国家的总计划方向的指导下，因地因时制宜地进行。换句话说，它们生产什么，生产多少，也不是自发地由它们各自安排。总之，在我国社会主义经济中，无论是全民所有制经济，还是集体制经济，它们的生产，能够且也必须在国家的领导下作统一核算和综合平衡。（3）从社会产品分配和交换关系方面来看，骆耕漠说在我国，两种公有制经济的各个生产单位从事生产，自然不是为谋私利，而是为谋公利，即为满足社会经济、政治、文化等方面的需要。它们的产品，不论是供生产消费，或供个人生活消费，都不由它们各自自由处理，而是基本上从属在国家总的、大的分配计划之下，分别情况，协同进行。例如，居民粮食供应种类和数量，煤炭供工业使用和供居民使用的比例，都是按国家物资分配计划进行。其中最重要的产品（特别是在生产不足的情况下），由中央一级的物资分配计划来直接决定，次要产品和区域性产品分别由中央部门和省市地方一级去分权计划分配。不论哪一部分计划分配，都应该根据经济渠道本身，通过相应的专业化供销服务网来机动灵活地加以贯彻，好比遍布全国的邮电网有组织地传递城乡各地的信息一般。所以我国的社会主义工农业产品，按其本性，都不是由各生产单位各自分散和片面地处理，不像资本主义私营企业那样爱囤积就囤积，爱倾销就倾销，爱卖给谁就卖给谁。这是社会主义经济和资本主义经济的又一重大区别。

再者，我国的工农业产品，不论是供生产消费，或供个人生活消费（除应由原生产单位自用者外），亦不论是在两种公有制经济之间授受或在全民所有制经济内部各相对独立的企业之间授受，都必须由它们有计划、有组织地采取按等量劳动相交换的原则和方式来转移，使产品从生产领域进入消费领域。这是现代社会主义公有制经济和原始氏族公有制经济不相同的又一特点。原因就在前面所说的现代社会公有制经济（不论它是建立在两种公有制或者单一的全民所有制的基础之上），对产品的生产和分配，都必须分成许多单位来进行，同时又必须统一核算和综合平衡。

在骆耕漠看来，正是因为我国社会主义经济有以上特点，所以他提出"社会主义非商品论"。在他的著述中明确提出："自一九六四年起，我开始确认我国社会主义经济基本上已经不是商品货币经济，就是以社会主义经济的以上特性为根据。"[①] 他强调这一点是要表明：其"社会主义非商品论"是建立在对我国社会主义经济所有制、生产关系以及社会产品的分配和交换关系考察的基础上的，是从实际出发的，不是简单地照搬经典作家的理论。

但是，基于这些特性，我们仍然看不出"非商品论"到"劳动券"的逻辑，要理顺它们之间的逻辑，还需要分析骆耕漠对经典作家（特别是马克思、恩格斯）对商品、价值和交换价值的理解和认识。

骆耕漠认为："商品是私有生产者用来作交换的产品，而且以此为限。"社会主义"全民"和"集体"这两种公有制经济之间的交换，已经不是"商品性交换"。商品是具有使用价值和价值的产品，商品和一般产品的区别之一，就是它所特有的价值因素。关键的问题是这种价值因素在什么样的经济形态下才存在。

骆耕漠举例说：在资本主义社会里，一个最大量、最普遍、最常见的经济现象，就是一种产品和另一种产品相交换，例如 20 码麻布和 1 件上衣相交换。这一对产品的交换表明两件事：（一）商品麻布和上衣具有能供人们作什么用的使用价值，那是彼此不同的，否则，就无须互相交换。（二）它们又一定具有某种等一性质的东西（某共同物），否则，它们就不能按一定比例而相等起来。商品所具有的这个等一性质的东西，不是别的，就是耗费在产品内的人类劳动，但是该劳动具有如下的特点：它不能直接用它自身的尺度——劳动时间来计量和表现，而只能依靠到交换时由两种产品、两种物的交换比例（交换价值价格）这一物的形态来迂回地计量和表现。例如通过 20 码麻布和 1 件上衣的交换，迂回地表现出 20 码麻布所含的人类劳动是像 1 件上衣那么多，1 件上衣所含的人类劳动是像 20 码麻布那么多。同时，这也就是说，

---

① 骆耕漠：《社会主义商品货币问题的争论与分析》，33 页，中国财政经济出版社，1980。关于他认为的我国社会主义经济的特性，请参见该书第 27～33 页。

上述产品所含的人类劳动，由于只能像上面那样靠两个不同的物（产品）的交换比例来表现它本身就始终只能表现为潜伏在交换价值（价格）背后的某种等一性质的东西（某共同物）。凝结在产品内和只能作如此迂回表现的劳动，才是政治经济学上所指称的价值。所以，价值和交换价值，是商品经济的一对"孪生儿"，它们是既同生，又共死。形象地说，价值是交换价值的"后台"，如同舞台上从不直接出场的幕后人物。

再说凝结在上述产品内的人类劳动，为什么不能直接用它自身的尺度——劳动时间来计量和表现呢？这就是由于该劳动是由私人劳动所构成的社会劳动；换言之，即由于它一方面是私人劳动，另一方面又要互相作为社会劳动来对待。在公有制社会条件下，由于个人（包括由他们组成的生产单位）的劳动和他们所生产的产品，一开始就属社会公有，即一开始就是社会一般劳动、社会产品的构成部分，社会可以直接支配，因此，耗费在公有产品生产上的个人劳动，就可以由社会直接（如果要交换，即在交换前）按照社会平均必要的耗费标准，将它折成社会劳动。因此社会就可以直接用劳动时间来规定各种产品值多少社会劳动，社会全体成员和各生产单位都会遵循这个公共规定来核算和交换。在私有制社会条件下，产品是各人的私有产品，社会无权支配。私有产品唯有听凭各人自己作主，到交换时才相互成为社会产品，耗费在私有产品内的个人劳动，自然也是到交换时才互相成为社会劳动。因此，耗费在私有产品内的个人劳动，对别人、对社会能值多少社会劳动，只有采取一种商品和另一种商品相交换的交换价值形态（最后它必然发展为一切商品都分别同货币商品相交换的价格形态）来表现。这同时也就表明，货币之所以产生和成为商品经济不可缺少的东西，其根源也在作为商品的产品是私人产品和作为商品价值实体的劳动是由私人劳动所构成的社会劳动。由于这个由私人劳动所构成的社会劳动，只能用它所交换到的另一产品或某"第三种产品"（货币）来表现，它本身就像前面所说那样，相应地表现为隐藏在交换价值（价格）这一物的形态背后的某种等一性质的东西（某共同物），即价值。所以，恩格斯说："价值是私人产品中的社会劳动的表现。"① 马克思又用同位语复叠地表述说：该社会劳动"表现为产品的某种物的属性"。这个表现为价值、表现为某种物的属性的劳动，在交换价值（价格）背后成为一个必然是不由人控制而反控制着人的轴心，像"房屋向人头上倾倒时的重力规律"那样，对价格的涨落起着自发的调节作用，这才是政治经济学上所指称的价值规律（以后，我将阐明，到了社会主义社会，它为何是自觉地直接地按产品的社会劳动耗费量来决定各种产品的交换比例）。

由此可知，在骆耕漠看来，价值（包括必然由它引出的货币）和价值规律，只是私有交换经济的产物，他强调把这一点搞清楚了，我们就可以进一步懂得，马克思主义政治经济学上所说的商品，为什么只会是私有生产者用来作交换的产品。同时，也就可以看出，一面承认价值是商品所持有的因素，承认货币是商品经济所特有的派生物这一马克思主义论点，一面又说什么"商品不限于私有生产者所交换的产品"，这是如何地自相矛盾啊！

从骆耕漠举例的长篇论述中，我们能够看出，他以经典作家的论述为依据，坚持不是凡是用来交换的产品都是商品，只有私有生产者用来交换的产品，才是商品；价值是凝结在产品内的劳动时间，但在私有制下，凝结在产品内的劳动时间不能直接以劳动时间来计量，因为私有者所生产的产品不是"一开始"就属于社会公有，构成社会劳动的一部分，而私人劳动能不能成为社会劳动的一部分必须通过交换，由"第三种物品"来表现；这"第三种物品"就是货币，货币是商品的一般等价物，货币是在商品性交换中派生的。按照骆耕漠这样的思维逻辑推论，在公有制下，生产者无论是全民还是集体用来交换的产品，已经不是商品；因为它们生产产品所付出的个别劳动时间已经是社会劳动时间；而之所以如此，是因为它们是有计划安排的，是在事先，即交换前就确定的，不是事后在交换时才确定的；所以它们所生产的产品的交换不是"商品性的交换"，不需要"第三种物品"→货币来表现，而能够以直接代表社会劳动时间的劳动券来分配和交换。梳理骆耕漠关于"劳

---

① 恩格斯：《反杜林论》，306 页，人民出版社，1970。

动券"的逻辑就是：在公有制经济中→交换的产品已经不是商品→生产产品的个别劳动已经是社会劳动→因为是事先确定的，有计划安排的→产品交换不需要"第三种物品"→货币来表现。骆耕漠这样的逻辑合不合理，科不科学，怎样评价，待后评论。

在这里，值得注意的是，他对这个问题的研究是对我国计划价格和人民币功能的理解。他说：（1）前面说过，我国工农业产品值多少人民币，总的说，不是到交换时，由买卖双方讨价还价来确定，而是基本上以有计划的生产、分配和交换为基础，在交换前，由无产阶级国家按照每种产品自身的社会平均必要劳动耗费来统筹规定，然后社会上就照着来买卖。如果情况起了变化，或者原先的确定不合适，那基本上也是由无产阶级国家来领导调整。在社会主义计划价格体制上，必须分别情况，某些产品侧重由上面来统一规定；某些产品则在一定原则下由下面去负责规定。这是如何具体分工计划的问题不是能不能具有计划性的问题。一句话，我国实行的，不是资本主义的自由市场价格制度，而是社会主义的计划价格制度。对这个基本事实，"社会主义商品论"者也是知道的。这里需要着重指出的是，在我国社会主义现阶段，工农业产品的计划价格，除像上述那样，受它们自身的社会劳动耗费量决定外，不会因为原先充当货币的某"第三产品"（无论它是银、是金或是其他任何某"第三产品"）的社会劳动耗费量的增减而反比例地变化。这个确凿的客观实际表明，作为上述工农业产品计划价格单位的人民币，已经不是货币及其内含的社会劳动耗费量的代表或符号，而已转化为独立的一定社会劳动量的直接代表（由于它不依附于任何某"第三产品"）。这就是说，它已经转化成为马克思所预言的"社会劳动证书"——劳动券。

（2）再者，如前所述，我国工农业产品值多少人民币，不是像在私有经济中的那样，由买卖双方自由讨价还价来决定，而是基本上可以做到由社会按产品的社会劳动耗费量来规定。因此，它就消除了马克思所揭示的用"外面的货币"来表现的"商品的交换比率"（价格）的特征，即消除了商品价格和商品价值量发生差距（上下波动）这一"固有的可能性"。① 这表明，在国内工农业产品的计划价格关系中，人民币已经基本上消除了货币作为商品价值尺度时所具有的本性，而对产品的社会劳动耗费量成为像劳动券那样的直接尺度。

（3）为阐明人民币在国内交换过程中已经不像货币那样具有"流通手段"的特性和特权，先概括地介绍一下马克思所说的"货币是商品的流通手段"和"劳动券是不流通的"的论点，是揭示什么样的不同经济过程。大家知道，从原始的物物交换中，发展出某一种"第三产品"（不论它是牲畜、贝壳或其他什么产品）独特地成为货币之后，充当货币的这一种商品，就具有对其他一切商品的"直接交换性"，其他一切商品则不能同时也具有这样的"直接交换性"（否则，就构不成有"货币商品"）；它们要靠先换成作为货币的某"第三产品"，才能交换到其他商品。这样，货币就成为"商品的流通手段"，即成为商品买者和卖者可以按自私的打算，自由竞购竞销的手段。至于人民币，如前所述，它以公有制为基础，在国内工农业产品的计划生产、分配和交换的关系中，可以同一切工农业产品相交换。它购买产品的完善程度，基本上视生产的发展程度和完善程度而左右，同时也视产品供销计划和交换渠道的完善程度而左右。人民币不能像从私有商品经济中产生出来的货币那样，成为商品的买者和卖者之间各按自己的打算自由竞购竞销的手段。这就是说它已经消除了货币的流通手段的特性和特权。人民币是有计划、有组织地按等劳原则买卖产品的手段和凭证。马克思说："在社会公有的生产中……社会把劳动力和生产资料分配给不同的生产部门。生产者也许会得到纸的凭证，以此从社会的消费品储备中，取走一个与他们的劳动时间相当的量。这些凭证（引者注：即劳动券）不是货币。它们是不流通的。"② 人民币，按它的本质说，就是马克思所说的"不流通"的劳动券。马克思所说的"不流通"，就是指劳动券不能像货币在商品的自由买卖关系中那样流通，而不是说，它在社会主义产品的有计划、有组织交换中，不被来回使用。"社会主义

---

① 马克思：《资本论》，第一卷，81 页，人民出版社，1963。
② 马克思、恩格斯：《马克思、恩格斯全集》，第 24 卷，397 页，人民出版社，1972。

商品论"者，因为不理解马克思所说的劳动券和货币的区别，不理解马克思所说的"劳动券是不流通的"这一句话的本意，于是有些人就把马克思所预言的作为按劳分配和等劳交换凭证的劳动券，想象成为"实物工资券"，"只能用一次"，"买指定的东西"，"一到销货者手里，就像我国现行的粮票、布票一样，立即盖戳注销，不再使用"，等等。他们以此来解释马克思所说的劳动券的不流通性。我认为，这是不知把问题扯到哪里去了。

以上是骆耕漠对马克思所说的货币和劳动券以及对我国国内工农业产品的计划价格和人民币的实际所作的部分说明。他说在这里，只开个头，把"社会主义商品论"者及其本人关于以人民币本质问题为中心的不同认识勾划出一个轮廓，使读者更进一步了解，对我国社会主义经济是不是商品货币经济的问题，之所以作出同"社会主义商品论"者有着截然不同的解答，是有一系列原因的。其中除了由于对何谓价值、何谓耗费在产品上的劳动表现或"不表现为价值"这些较抽象、较难懂的问题有不同理解外，最明显的一点，就是由于"社会主义商品论"者确认人民币仍为货币，而我则确认它在国内经济关系中已经转化为劳动券。

从以上的论述中，我们能够看出骆耕漠认为人民币不是真正的货币而是劳动券，是以经典作家的论述为依据，是从我国当时的实际出发立论的。只不过他对经典作家的论述和当时我国的实际的理解，是否准确、科学合理、全面适当，有待实践检验。实践是检验真理的唯一标准。尽管如此，我们也崇敬骆老锐意进取、追求真理、谦逊执着的治学精神。

值得注意的是，骆耕漠所谓的"人民币是劳动券"是有层次、有范围的，他说人民币在国内是劳动券，但在外国仍然是货币。他有时又称"人民币隐避着的劳动券"，意在指人民币不是真正的货币，在他看来，所谓"真正的货币"就是马克思在《资本论》中论述的货币，换句话说，在他看来，马克思在《资本论》中论述的货币，在我国社会主义公有制的经济中是不存在的。这是一个更广泛、更深刻的理论和实际问题，需当别论。

四、卓炯论述人民币是劳动券的逻辑分析

继骆耕漠后，又一位明确指出人民币是劳动券直接代表劳动时间的是我国广东社会科学院著名的经济学家卓炯。卓炯认为人民币直接代表劳动时间的理论出自他的代表作《试论所谓人民币的价值基础》（《经济研究》，1981年第 11 期）。在这篇文章中他评价了"黄金派"与"商品派"即"非黄金派"的争论。他说："黄金派与商品派之争，它们的共同点，就是要找出人民币的价值的物质基础。黄金派说这种物质基础是黄金，商品派说这种物质基础是商品，我认为都是没有出路的。黄金也好，商品也好，它们都只是价值的表现形式。表现形式是随着商品交换的发展而不断变化的，不能把这种表现形式加以绝对化。在一定意义上说，黄金、商品都不过是价值的符号。马克思就说过：'每个商品都是一个符号，因为它作为价值只是耗费在它上面的人类劳动的物质外壳。'他说：'在货币理论的争论中，就是忽视了马克思的这个基本观点。'因此，我想根据马克思的这个基本观点来探讨一下货币的理论问题。"[①]

卓炯提出人民币直接代表劳动时间的理论根据之一是劳动异化论。他说："私有制下的商品与货币，按照马克思的分析，这是劳动异化的产物。所谓劳动的异化，就是说，商品货币本来是劳动的产物，但商品货币却反过来统治人而不是人统治商品货币。换句话说，就是使用价值统治价值，因为价值的本质是人与人的劳动关系而不是物与物的关系，也就是说，价值一定要通过使用价值才能表现出来，这种价值也就带有物的性质。交换价值首先表现为商品与货币之间的比例关系，由于这种商品与货币的价值是通过物的形式表现出来的，所以就产生了商品拜物教和货币拜物教。因而作为劳动异化的产物的货币，在社会主义制度下必须把它消灭而改为劳动券。所谓劳动券就是直接用劳动来表现商品与货币。"[②] 可见，在他看来，如果在社会主

---

① 卓炯：《试论所谓人民币的价值基础》，载《经济研究》，1981（11）。
② 同①。

义制度下，仍然认为"价值一定要通过使用价值才能表现出来"，那就是"拜物教"，那就是坚持商品货币反过来统治人，而不是人统治商品货币。进一步说，在卓炯看来，在社会主义制度下，人能够统治商品货币，而不是商品货币统治人。

卓炯提出人民币直接代表劳动时间的另一理论依据是价值可以有多种形式表现论。他说在货币理论的分歧上，当前仍以黄金派占优势。但他们却忘记了一个重大的历史前提，即社会主义社会是要消灭商品货币的。马克思消灭商品货币的观点，正是指这种作为劳动异化的商品货币，产生商品拜物教和货币拜物教的商品货币。关于这一点，马克思讲得十分肯定，他说："在一个集体的、以共同占有生产资料为基础的社会里，生产者并不交换自己的产品；耗费在产品生产上的劳动，这些也不表现为这些产品的价值，不表现为它们所具有的某种物的属性。"马克思在这里所说的不表现为价值，正是指那种通过使用价值表现的价值；不表现为它们所具有的某种物的属性，正是指那种表现价值的"物质外壳"，也就是指充当货币的金银。如果不是这样来理解，那就很难理解马克思在《资本论》中的表述："在资本主义生产方式消灭以后，但社会生产依然存在的情况下，价值决定仍会在下述意义上起支配作用：劳动时间的调节和社会劳动在各类不同生产之间的分配，最后，与此有关的簿记，将比以前任何时候都更重要。这里的价值决定就是指社会必要劳动时间。在社会主义制度下，它可以直接用纸币（劳动券）表现出来而不必通过金银才能表现出来；劳动时间的调节指生产商品要符合社会必要劳动时间的要求；社会劳动在各类不同生产之间的分配，是指自觉地遵守价值规律的调节作用；簿记是指经济核算，就是马克思所说的'在货币作为价值尺度的职能上，货币只是用作计算货币'。马克思的这段说明，正是商品经济的新形式，完全符合当前的社会主义经济的实际。簿记正是计算货币（即价值尺度）起作用的地方。试问，没有货币（劳动券或银行券）能行吗？"① 这就是说，在他看来社会主义是要消灭商品货币的，但价值范畴仍然存在。在社会

---

① 卓炯：《试论所谓人民币的价值基础》，载《经济研究》，1981（11）。

主义制度下，价值可以直接表现为劳动时间，劳动时间直接用纸币（劳动券）表现出来，而不必通过金银。

值得注意的是，卓炯认为劳动券的职能与货币职能是一样的，同样也具有价值尺度、流通手段、支付手段和储藏手段的职能，因而劳动券是一种新型货币或劳动货币。

从卓炯认为人民币是劳动券的立论依据中，我们能够看出，他忠于马克思的论述，以对马克思论述的诠释，做自己的逻辑判断。这一点与孙冶方、骆耕漠相同。所不同的是他强调在社会主义制度下，人统治物，价值能够直接用劳动时间表现。

五、顾准论述人民币不是劳动券的逻辑分析

骆耕漠说在 1953—1963 年间赞成"社会主义半商品论"的人不少，学术界的人基本上都赞成这种观点。1964 年以后，我提出"社会主义非商品论"是罕见的，赞成这一观点的人很少甚至仅我一人，但我不能等到有哪位名家站出来主张这种观点后或有较多的同志这么说了，我才端出这种观点，因为这不符合解放思想和百家争鸣的精神。其实，在解放思想和百家争鸣的推动下，在我国五六十年代，对于如何认识社会主义制度的商品生产和货币经济就有人持不同意见。其中影响较大的代表人物要数当时就与孙冶方、骆耕漠齐名并共过事的经济学家顾准。[①]

1957 年，顾准在《经济研究》上发表了长篇论文，题目是《试论社会主

---

① 顾准（又名吴绛枫）研究员是我国知名的经济学家和会计学家，生于 1915 年。1935 年加入中国共产党。解放前，历任中华民族武装自卫委员会筹备会上海分会主席、中华民族武装自卫委员会筹备会总会宣传部副部长兼《政治周报》副总编辑，上海职业界救国会党团书记，江苏省委职委书记，江苏省江南路东特委宣传部长兼澄锡虞工委书记，苏南行政委员会秘书长，苏北盐阜区、淮海区财经处副处长。1934 年赴延安中央党校学习，并在党校担任过经济学教员。1945 年回到华东解放区，历任山东省工商总局副总局长、渤海区行署副主任、山东省财政厅长。全国解放以后，历任上海军事管制委员会副主任、华东财经委员会委员、华东军政委员会财政部副部长、中央建筑工程部财务局长、洛阳工程局副局长、中国科学院综合考察委员会副主任、经济研究所研究员等职。1974 年 12 月 3 日不幸因病逝世，终年 59 岁。

义制度下的商品生产和价值规律》，文章分作七大部分，对于商品货币经济问题层层推进，逐步深入，旁征博引，仔细入微，给人以强烈的震撼。（以下引文未注明出处者，均来自这篇文章）更值得注意的是，在这篇文章中，揭示商品货币经济问题，不是着力从所有制方面去做文章，而是着力从分配方法与核算方法方面去做文章，因而一开始便涉及分配和核算的工具问题：是用货币，还是用劳动券？顾准指出，在这里，研究一下马克思、恩格斯所说的劳动券到底是什么东西是必要的。劳动券可以是规定领取一定种类一定数量消费品的领物凭证，也可以是不具体规定种类数量，而以某种计量单位（如劳动小时、劳动工分或干脆仍用元角分这种货币单位）计算的，能够以此作为自由选择各类消费品的凭证。根据恩格斯下述论证，它可以是后者而不是前者：

恩格斯指出："交换的形式怎么样呢？交换是通过金属货币来实行的……可是在公社与社员之间的交易上，这些货币，绝不是货币，绝不是尽货币的职能。它们成为真正的劳动券。"①

假定一个单一的全民所有制的社会，消费品的分配只有在于社会与劳动者之间（"公社及其社员之间"），作为分配工具的货币，除掉保存历史上遗留下来的单位名称（例如元角分）而外，按照恩格斯的原则，就是劳动券，而不是别的。但目前社会主义各国还存在两种所有制，在分配方法上依然保存了货币，并以相对固定的工资率和物价表，作为积累基金与消费基金，以及消费基金在不同各类劳动者之间的分配的杠杆。

接着，顾准指出，采取货币这个工具来分配消费品，还有下列好处，是领物凭证式的劳动券所不能替代的。

他说，劳动者及其家属的消费要求可归并为若干类，如食品、衣服、居住等等，这些种类的消费要求是可以统计出来作为计划生产的根据的。但从具体的消费品的品种、花色而言，由于消费兴趣的多样化，人们必然要求自由选择，反对凭证领取。

---

① 恩格斯：《反杜林论》，319 页，人民出版社，1956。

个人消费要求的满足，很大部分是用购买物品方法的，但还有不用购买物品的形式的，如：（1）住宅的租赁；（2）个人生活服务如理发、洗澡、市内交通、外地旅行、旅馆服务等；（3）文化娱乐；（4）劳动者个人负担的子女教育费、托儿所费用等等。满足这些要求，不能依靠领物凭证式的劳动券，只有用货币来支付。

他说，延期消费与提前消费，在我们社会中是通行的。前者就是储蓄，后者如分期付款购买耐用消费品。劳动者消费兴趣多样化的结果，延期消费与提前消费是不可避免的。这不仅需要利用货币，并且还需要一个信贷系统，利息也还保存着。社会主义各国的经验，储蓄、信贷与利息不会造成生产资料的名存实亡的状态，因为储蓄的数量，比之公共积累是一个微小的数额，因而是无关大局的。

顾准接着指出，利用货币来分配消费品，同时也就是利用货币来实行核算。因此，价值与价格在我们的日常生活中是存在的。比之劳动时间，价值是一个"相对的、动摇的、不充分的尺度"①，社会主义社会为什么不直接用劳动时间来衡量产品所消耗的劳动量，以便彻底消灭价值范畴呢？他论述如下：

在实行广泛社会分工的社会主义生产中，每个生产企业是一个核算单位。每个生产企业在核算过程中所能确切知道的数据是：（1）支付的货币工资；（2）他企业转移过来的生产资料的价格；（3）本企业转移出去的产品的价格。至于所支付的捐税与上缴利润等等，则已属于纯收入再分配的范围了。

企业所支付的货币工资，相当于劳动者所创造的价值，扣除社会纯收入部分的余额。根据劳动时间确定货币工资率时，已经把复杂劳动与简单劳动的差别，换算为单纯的货币数据的差别了。但货币工资一经确定，必须相对固定下来。如果个别劳动者熟练程度提高了，但还没有"提级"，货币工资仍可不变；又如果整个劳动生产力提高了，在没有通盘调整之前，全部货币工资率也可以不变。因此，货币工资虽反映了劳动时间消耗的量，虽已把复杂

---

① 恩格斯：《反社林论》，326页，人民出版社，1956。

劳动与简单劳动换算为统一的货币单位，但它确实只是相对的，而不是绝对地反映了劳动时间的消耗。

货币工资内，不包括劳动者提供给社会的纯收入部分。纯收入是产品转移出去的价格与货币工资的差额，它不是货币工资的比例附加额。价格则是根据过去经验中所知道的，生产一个产品的社会必要劳动时间规定的。（1）产品价格大致上适用于不同企业所生产的同类产品；（2）产品价格是相对固定的，不是时时变化的。就第一点来说，劳动生产力高的企业，用同样价格出售产品将获得较多纯收入，劳动生产力低的企业，纯收入会少一些，甚至会亏本。个别企业所核算的，只是核算产品的成本与企业的盈亏。就第二点来说，产品虽有相对固定的出售价格，但产品成本是可以逐渐降低的。因此，一个生产企业到底能获得多少纯收入，不是事先预定的；它只能通过定期的财务结算，相对正确地计算出来。根据这个分析，反过来再来观察价格，就知道：（1）价格是生产产品的社会必要劳动时间的反映，它是个别企业所费劳动时间的平均，但又与任一企业的劳动消耗都不同；（2）价格是用作核算当前生产中劳动消耗的事先生产工时的变化，它是时时变化着的；从全社会来说，只能相对地、近似地表现在价格中。除了这种直接的变化外，还有一些间接的因素影响劳动生产力的变化，例如设备利用率的高低，管理费用的大小，生产过期与流通周期的长短，废品利用的程度，都对产品所耗劳动时间发生程度不等的影响。对个别企业来说，这些因素是间接地、不确定地，即在成本核算中也只能根据一些假定的标准进行分摊计算；对社会产品来说，它对全部产品生产中劳动消耗量的影响更是不确定的、相对的。因此，根据社会统计定出产品的价格，或者根据所有企业的成本计算产品的平均成本，都只能相对地反映平均的劳动消耗量，而不能绝对地反映它。

以上还只说到了一个企业所支付的货币工资与产品出售价格两者。由于生产的社会分工，企业产品价值的大部分是他企业转移过来的生产资料的价值。随着生产的社会分工发展，个别生产企业的产品价值中，本企业生产过程中新加入的劳动消耗部分就愈小，他企业转移过来的生产资料的价值部分愈大。因此，某个企业的核算过程中，假定别的企业转移过来的生产资料的价值是绝对正确的，只要新加劳动部分计算得正确，生产资料的消耗比例计算得正确，确切核算本企业产品的价值——劳动消耗就是可能的。虽然这个企业所核算的，也还是本企业的成本与纯收入，不是直接核算本企业所费劳动时间，更不是核算产品生产的社会必要劳动时间，可是前面指出过，每个企业的核算结果都只能做到相对正确，产品转移价格也只能相对地代表某项产品的社会必要劳动时间；因此全部企业的核算，也只能相对正确，不能绝对正确。

这样看来，利用货币工资与预先规定的价格，作为核算的工具，就是采用了一个公共的价值尺度单位。这个价值尺度只能相对地、近似地、不充分地反映产品的劳动消耗，可是它有两种好处：第一，它是一个公共的尺度，它反映产品生产的社会必要劳动；第二，它经过个别企业的成本核算与企业间成本和纯收入的差异，比较各企业生产活动的经济效果——比较它们的个别价值与社会价值的差异。缺乏这个公共的价值尺度，这个实行广泛生产分工的社会化生产中，全部核算体系是建立不起来的。

社会核算体系除以个别企业为其基本核算单位而外，各生产企业所提供的社会纯收入，经过预算体系实行再分配，预算体系则是独立于各个生产企业之外的。社会纯收入分配于多种用途，它用于购买企业的生产品，也用于支付不直接从事生产的劳动者的报酬。这些劳动者的报酬，理论上也比例扣除提供社会的纯收入，不过因为他们不直接从事生产，所以不表现出来而已。这些劳动者从事劳动，但他们所从事的劳动不表现为产品价值的增加。因此，这个独立于生产企业之外的预算体系，除掉用公共的价值尺度单位来核算纯收入的再分配之外，使用劳动时间来核算是很难设想的。

在顾准以上的长篇分析中，值得注意的是他的"选择论"和"相对论和不确定论"。他说，人们对消费品的消费是多样的，要求自由选购，反对凭证领取；他说，社会还存在着延期消费和提前消费，这就涉及储蓄信贷和利息问题，而这些也离不开货币；他说，货币工资虽反映了劳动时间消耗的量，虽已把复杂劳动与简单劳动核算为统一的货币单位，但它确实只是相对地，而不是绝对地反映了劳动时间的消耗；他说，价格是用作核算当前生产中劳动消耗的事先假定（根据过去经验作出的）的标准，不是根据当前生产中劳动消耗的结果统计出来的，由于劳动生产力经常在变动着，价格在任何时候也不能绝对正确地反映当前生产中产品的社会必要劳动时间；他说，劳动生产力的变化，首先反映为材料消耗与生产工时的变化，它是时时变化着的，从全社会来说，近似地表现在价格中。对社会产品来说，它对全部产品生产中劳动消耗量的影响更是不确定的、相对的等等。

"选择论"表明，在消费中领物凭证式的劳动券不能替代货币；而"相对论和不确定论"，则说明由于在产品中的劳动时间是不确定的，怎么能够以劳动时间来核算呢？这是顾准不能用劳动券去替代货币的理论分析。这一分析虽然没有明确提出"人民币不能是劳动券"，但他强调我国社会主义经济中，不能直接用劳动时间来分配和核算，仍然需要货币，人民币不是劳动券而是货币的观点，是明确的。

除了理论分析外，顾准还证实了曾任利用劳动券来分配的经验教训。他指出，社会主义有没有利用领物凭证式的劳动券的历史经验呢？从瞿秋白同志下述记录看来，那样的经验是有过的："俄国十月革命之后，每一城市作为一共产社。又一友人告诉我，俄国现在无物不集中，消费者都以团体为单位，个人名义很难领到需用物品。譬如莫斯科公社——市政工会之类，每月为莫斯科居民运取食粮，消费者凭劳动券领取，劳动券以工作高下为标准分好几等，每等可得若干，十日以前在消费公报登载（1921 年 3 月 21 日）①。""回忆二三月间，我到俄人家里，那冷淡枯寂的生活，黑面包是常餐便饭唯一的食品。现在丰富得多了，可是非得有钱不可，市场物价因投机商人之故很不稳定。然而大概而论，大多数劳动人民也受许多方便利益——工厂工资大增，劳动券而令得购买于市场的可能（1921 年 5 月 1 日）②。"顾准指出，这里所提到的劳动券，按所记录的情形来说，应该是指领物凭证式的劳动券，因而也就是不经过货币（不经过交换）的产品直接分配。这种产品的直接分配，列宁认为，在当时是"我们力不胜任的事"。列宁说："在 1921 年时，即当我

---

① 瞿秋白：《瞿秋白文集》，第 1 集，106～107 页，人民文学出版社，1954。
② 同①，119 页。

们度过了国内战争中最重要的阶段，并且是胜利地度过这个阶段之后，我们就碰上了苏维埃俄国内部很大的——我认为是极大的——政治危机，这次危机造成颇大一部分工人的不满。原因是向纯社会主义形式与纯社会主义分配的直接过渡，乃是我们力量所不能胜任的事。"① 列宁所说的"力不胜任"的事，是指 1921 年前后。苏联从 1936 年建成社会主义到现在已有 21 年的历史，力量是空前强大了，"力不胜任"这样的事应该已经不再存在了。但是，苏联现在还利用货币，还没有提到用领物证式的劳动券，这至少证明了，在目前条件下的苏联，利用货币作为分配工具还是适合的。

此外，顾准还指出，要用劳动时间去分配和就必须把复杂劳动换算为简单劳动，而在不同的生产单位简单劳动是不可比的，而且简单劳动也是不断变化着的。因此，以劳动时间作为产品所消耗的劳动量的尺度，它本身也不免是不确定的、相对的。他进一步分析指出，要直接用劳动时间计算产品的劳动消耗，首先必须解决复杂劳动换算成为简单劳动的标准。这样的换算只能在社会平均劳动的计算中采用，它不适用于个别企业的核算。其次，这个简单劳动本身也在不断变化之中，因而它也不能是一个绝对的尺度单位。

一个社会存在着大量普遍的一般水平的简单劳动（譬如说，我国农业中的全劳动力或可认为是这种劳动），在全社会范围内，各种复杂程度不等的劳动是可以换算成为这种简单劳动的。但在一个生产企业范围内最简单的劳动，未必是这个全社会水准的简单劳动。一个生产企业的技术劳动的熟练程度是逐渐的但经常在变化着的。因此，个别企业进行核算时如采用全社会水准的简单劳动，在这个企业是已经采用了间接的尺度了。如采用本企业范围内最简单的或最大量的劳动作为基准，各部类程度又经常变化着的复杂劳动，要换算成为简单劳动，也是没有一个确定的持续不变的标准的。

个别企业或全社会的简单劳动的熟练程度，本身也是在变化着的。譬如，按我国目前情况，农业中全劳动力的熟练程度，随着农村中文化技术知识的普及，其熟练程度技术水平在逐渐提高；加之国家经济建设的发展，工业运

---

① 列宁：《俄国革命五周年与世界革命的前途》，《列宁文选》第 2 卷，984～985 页，人民出版社，1955。

输业等职工数量的大量增加，全社会水准的简单劳动逐渐将不以农业中的全劳动力为基准。我们完全可以想象，数十年后，在今天看来是复杂劳动的，那时将成为简单劳动；观察社会主义国家工资水平的变化，可以证明这一点。社会主义国家不同等级的工资率间的距离，就其总的趋势来说是不断缩小的（虽然可以经历一段为了发展技术劳动而扩大各级工资率间距离的时期），这正是反映了最普通的简单劳动逐渐发展成为熟练劳动的过程。

这样看来，以劳动时间作为产品所消耗的劳动量的尺度，它本身也不免是不确定的、相对的。

顾准的人民币不是劳动券论，是建立在他的"社会主义商品论"的基础上的。他强调，为什么现在社会主义各国还存在着"商品生产"和"货币经济"呢？应该从这个体系的内部关系的分析中去找答案。他不赞成原苏联编写出版的《政治经济学教科书》的提法，即"社会主义生产之所以是商品生产，因而存在着两种有制之间的交换"。他指出，所有权概念是一个法律概念，法律关系只能是社会经济关系的反映，它本身不是什么经济关系。社会主义法制承认个人是他所获得的劳动报酬的所有权者，是按劳计酬这种经济关系的反映，承认集体农庄是它的生产资料和产品的所有权者，又是另一种经济关系——劳动人民集体所有制的反映，两者就不属同一性质。即就个人消费品而言，劳动者用货币工资购买消费品，在资本主义制度下，是劳动力再生产的一个过程；在社会主义制度下，是实现他所应领受的社会生产品份额的办法，两者也根本不属同一性质。所以，引用法律关系来解释经济关系，是未必妥当的。

有人把顾准从社会主义经济体系内部关系中去寻找社会主义经济还存在着"商品生产"和"货币经济"的思想，称作"当代中国思想史的华章"之一（见丁冬、陈敏之著《顾准寻思录》，作家出版社 1998 年 9 月出版）。可见，他对这个问题的考察在学术界的分量。实践是检验真理的唯一标准，顾准的《社会主义商品论》经过我国改革开放发展商品经济的实践，证明了它的生命力。

六、对讨论人民币是否是劳动券问题的历史评价

人民币是不是劳动券的讨论发生在 20 世纪 60 年代初，主要代表人物孙冶方、骆耕漠、卓炯和顾准等著名经济学家已经离开人世，但他们研究问题的思路，对待问题的态度，以及研究所提出的观点，得出的结论，仍流传后世。他们对这个问题的讨论，除了有利于推动对经典作家论述的理解，有利于推动对社会主义经济体系的把握和解读外，它还给人们留下的启发是，怎样开展社会科学其中包括金融科学的研究，研究的目的何在？我们从中能够悟出点什么？

肯定人民币是劳动券的经济学家，无论是孙冶方、骆耕漠，还是卓炯都以马克思、恩格斯的论述为依据，但各自强调的重点不完全相同：孙冶方强调"全民所有制生产关系，不存在对抗性矛盾"，指出计划经济内部不存在对抗性矛盾，因而不需要通过"迂回曲折"的途径即货币表现产品的价值，因而社会主义货币基本上不是原来意义上的货币了。骆耕漠强调要透过现象看本质，看到国内经济关系已经起变化。人民币的单位"元"，已经不是若干量"货币商品"所耗费的劳动量的代表，而是一定量的社会劳动的直接代表。而卓炯则强调，一定要摆脱"价值一定要通过使用价值才能表现出来"的"拜物教"，强调在社会主义制度下人能统治物，而不是物统治人。从这三位代表人物所强调的侧重点中，我们能够悟出，他们立论人民币不是真正的货币而是劳动券，都是从当时我国社会主义经济变革的实际出发的，强调在中国建立起社会主义制度后，要看到货币所代表的经济关系的变化，并认为看到这种变化是有理论和实际意义的。按孙冶方的说法，这样的理论和实际意义之一就是"从理论上说明党的纲领和政策的经济科学基础"。所以，我们有理由认为，这些肯定"人民币的性质是劳动券"的经济学家的立论，不完全是马克思、恩格斯论述的导向，而主要是中国当时国内经济环境状况的导向。20世纪 60 年代初，中国国内高举"三面红旗"，多快好省地建设社会主义，跨步进入共产主义，经济领域中广泛实行"配给制"（即计划分配），在人们生

活中推行"吃大锅饭"。这是当时经济学家们面对的实际，面对这样的实际进行理性认识，自然会让部分人认为人民币具有新的性质。所以，骆耕漠在他的论述中一再说，人民币直接代表生产产品的劳动时间是有理论和实际意义的，是从实际出发的。

其实经济学家们在引用马恩论述为依据时，也有不周全的地方。比如恩格斯说："在共产主义社会里，无论生产和消费都很容易估计，既然知道每一个人平均需要多少物品，那就容易算出一定数量的人需要多少物品。""每年的平均消费量就只会同人口的增长成比例地变化；因此就容易适时地预先确定，每一种产品需要多少才能满足人民的需要。"（请参阅《马克思全集》第2卷第605页和第607页）所以，在这种情况下，生产产品的劳动无论其特殊用途如何不同，从一开始就是社会需要的，所生产的产品，按照每个人平均需要多少，根据每个人向社会提供的社会必要劳动量（做了必要的扣除后），以劳动券的形式进行分配，而不需要借助价值形式进行交换。可是，我们有的人在论述人民币是劳动券时或者不引用恩格斯这段话，或者即使引用而忽略其中的核心句"生产产品的劳动——开始就是社会需要的"，"生产和消费都是很容易估计的"。相反，坚持人民币不能是劳动券的人，则着力从这两句关键句上做文章。比如顾准，他着力从经济核算体系的视角论述生产和消费不容易估算，着力从人们的生活消费需要选择，不能采取劳动券分配，来立论人民币仍然是货币，不能是劳动券。这表明引用马恩论述作为立论依据，必须准确和符合实际，只有这样才具有说服力。这种状况，我们不能评论肯定方和否定方在争论时引用经典作家的论述各取所需，而需要指出，在论述这一问题时，各方的陈述怎样更能符合实际。我们发现坚持人民币是劳动券的论述，多侧重于抽象的理论分析，而坚持人民币仍然是货币的论述，多侧重于具体的实践分析。这也许是他们坚持的初衷不同。但科学的态度都应当实事求是。

在历史上，在金融学领域中，人民币是否是劳动券曾一度引起争论，学术界各抒己见，但人民币究竟代表什么？在社会主义制度下，其性质有什么变化？这个问题不是不值得继续讨论的。这当中需要回顾历史（特别是经典作家的研究），同时要注重密切联系实际。对此，以下就人民币是否是劳动券的问题，进一步从三个方面作出评述。

（一）马克思的劳动券理论是在批评小资产阶级经济学家和空想社会主义者的"劳动货币"论的基础上建立的

19世纪三四十年代，西欧一些小资产阶级经济学家和空想社会主义者曾经提出"劳动货币"的理论。第一次对"劳动货币"理论加以系统发挥的是英国的约翰·格雷。他在1831年出版的《社会制度理论交换原理》一书中说："货币应该仅仅是一张收据，证明这张收据的持有者曾经对现存的国民财富贡献了一定的价值，或者曾经从贡献这一价值的人那里取得了对于这一价值的支配权。""产品在事先经过估价后可以存入银行，一有需要又可以把它提取出来，但是大家要同意一个条件：凡是把任何种类的财产存入这种拟议中的国家银行的人，都可以从银行取出同等价值的任何物品，而不是只准提取他所存入的物品。"[1] 格雷之所以这样主张是因为在他看来，在资本主义社会里，小商品生产者销售商品困难，受资本家的剥削，是由于以金属货币作为商品价值的尺度和商品交换的媒介；如果废除金属货币采用劳动时间作为价值的尺度，并把生产的产品按劳动时间估价交给银行，银行给予收据，然后凭收据向银行提取他需要的任何物品，那就能解决商品销售的困难和避免资本家剥削。所以格雷的"劳动货币论"，实际上是为了维护小资产阶级利益而设计出来的妄图消除资本主义弊病的救治方案。

这样的救治方案在资本主义私有制下是行不通的，马克思进行了评论。其主要之点如下：（1）在私有制下，"商品直接是私人交换过程中通过转移来证明是一般社会劳动"，[2] 不能够直接当作社会劳动产品而相互发生关系。（2）凝结在商品中的劳动，直接以时间计量，每个商品生产者花费在商品生产上的劳动又都是社会需要的，这在私有制下是不可能的。同时，如果劳动能直接以时间计量，那使用价值也就不会变成交换价值，交换价值也不会变

---

① 马克思、恩格斯:《马克思、恩格斯全集》，第46卷，395页，人民出版社，1972。

② 同①，第13卷，75页。

成价格，产品也不会变成商品了。这样，资本主义生产的基础也就消灭了。（3）但是，格雷不是要消灭这一基础，而是要把产品当作商品来生产，不当作商品来交换，另一方面又想通过银行使个人不依赖于私人交换。这种要商品生产，不要商品交换是不相容的。（4）按格雷的设想，如果要保证每一个把产品存入银行的人都能从银行取出等同价值的任何物品，那么，银行就"不仅一手收进商品和另一手发出对提供的劳动的凭证，而且还调节着生产本身"①，否则银行就不能保证提取的需要。马克思在作了以上几方面的评论后，最后指出格雷的"劳动货币"、"国家银行"和"商品堆栈"的有机结构，不过是一种幻影。

除了格雷之外，把贬低货币和颂扬商品当作社会主义核心来宣传的是蒲鲁东和他的学派。19 世纪 50 年代蒲鲁东及其信徒（达里蒙、布雷等）宣扬一套理论，即资本主义剥削可以通过货币改革和银行改革来消除。他们所谓的货币改革就是废除金属货币实行劳动货币；他们所谓的银行改革就是成立交换银行，通过交换银行来分配、交换产品。他们认为现行金属货币流通的缺陷是把金属作为货币，就使得金属货币的持有者拥有特权。把金属货币废除就可以消灭这种特权，这样商品生产者就不会被金属货币的持有者剥削。他们说现存交换方式的主要弊病是只有货币才可以直接同其他商品交换，其他商品不能直接交换。要使其他商品能直接交换，就必须废除金银作为货币的特殊地位；要使商品能够经常直接交换，就要增强商品的"可兑现性"，而增强商品的可兑现性的办法是给每一个商品贴一个标签，注明它是多少小时劳动的产品，然后商品所有者就按注明的劳动时间交换。这套理论在当时操罗曼语的国家广泛流传，影响很大。所以，马克思花了很大的精力对蒲鲁东及其信徒们的理论进行批判。

首先，马克思指出只在流通领域即在分配、交换方面进行改革，不推翻现存的社会关系的基础，是不能消除资产阶级剥削制度的。

其次，马克思详尽地分析了在私有制下为什么凝结在商品中的劳动不能

---

① 马克思、恩格斯：《马克思、恩格斯全集》，人民出版社，1972。

直接以小时计算。

1. "劳动货币"同劳动生产率的提高不相容。"劳动货币"上标明的劳动时间是平均劳动时间,生产各种产品的实际劳动时间会随着劳动生产率的变化而变化,这样就会产生平均劳动时间与实际劳动时间的不一致。马克思认为劳动生产率不断提高是一个规律,这样,在同样的时间内生产的产品会更多,包含在每件产品中的劳动时间会更少。在这样的条件下,如果按劳动时间交换就会产生这样的结果:与原来生产的产品交换,则交换的数量少,因为原来每件产品中包含的劳动时间多;与现在生产的产品交换,则交换的数量多,因为现在每件产品中包含的劳动时间少。按照"决定价值的,不是体现在产品中的劳动时间,而是现在所需要的劳动时间"[①] 的原理,已经估了价的存在银行里的产品,还会随着劳动生产率的提高,使其中包含的劳动时间减少。这样银行发出的"劳动货币"标明的时间多,银行库存产品承担的劳动时间少,如果标明的 1 小时劳动时间的"劳动货币"一定要兑换 1 小时的产品,自然就不能全部兑现。

2. "劳动货币"同商品价值的商品价格之间的实际差别不相容。马克思认为价值存在于价格的平均数中,这个平均数是在一个较长时间内在商品价格的运动中形成的。他说:"由劳动时间决定的商品价值,只是商品平均价值……例如,按二十五年的咖啡平均计算,一磅咖啡值一先令。"[②] 这一先令是一磅咖啡在二十五年中的平均价格,也就是它的价值反映。这说明以劳动时间决定的商品价值不能直接表现出来,而要经过相当长的时间由商品的平均价格表现出来,同时说明因时间地点不同由供求关系决定的市场价格不同于平均价格,也就不同于由劳动时间决定的商品价值。价格是商品的名义价值,它与商品的实际价值不同。价格的形成虽然以价值为基础,但要受供求关系的影响,因而商品的市场价格会高于或低于价值。既然如此,蒲鲁东主义者妄图取消金属货币直接以劳动时间来作为价值尺度充当商品的价格(即交换价值)就不能成立:(1)价值存在于价格的平均数中,平均数要在相当

[①] 马克思、恩格斯:《马克思、恩格斯全集》,第 46 卷,78 页,人民出版社,1972。

[②] 同①,80 页。

长的时期内才能形成，怎么能根据一时一地的受供求关系决定的市场价格来确定商品所包含的劳动时间呢？马克思说："由于价格不等于价值，所以决定价值的要素——劳动时间——就不可能是表现价格的要素。"[①] 反过来说，价格就不可能是表现劳动时间的要素。（2）即使能够根据一时一地的受供求关系决定的市场价格来确定商品所包含的劳动时间，那么还会由于劳动生产率的变化使标明一定劳动时间的"劳动货币"交换到或多或少的实际劳动时间。这样会产生"商品 a，3 小时劳动时间的物化 = 2 劳动小时券；商品 b 也是 3 小时劳动时间物化 = 4 劳动小时券"。

3. 马克思指出，在私有制下，由于供给不等于需求，生产不等于消费，不仅在量上而且在质上不能保证"劳动货币"的方式来组织分配和交换，实际上是把交换银行当成是社会产品的总买主和总卖主。总买主要能把所买进的产品都卖出去，他就必须使自己拥有的产品能满足消费者各方面的需要，而要做到这一点就必须有计划地安排生产，因而银行不能只是总买主和总卖主，还必须是生产的总管。这就是说：（1）银行要规定已经生产出的各种产品的劳动时间。（2）银行要规定生产某种产品的劳动生产率，即规定同一种产品都要按相同的劳动时间生产，这样同一种产品的交换价值才一致。（3）银行要规定各种不同生产部门所需要利用的劳动量。各种不同的生产部门所利用的劳动量的多少，决定于社会对各种不同生产部门的产品的需要，也就是说银行要按照社会对不同生产部门的产品的需要来分配社会劳动总量。只有这样，才能保证"劳动货币"在质上能全部兑现。但是，在私有制下，银行是做不到这三点的。要做到这三点，必须实行"生产手段的公有制"。

格雷加以系统发挥的"劳动货币"论，隐藏着一种虔诚的愿望，即"废除货币，同货币一起废除交换价值，同交换价值一起废除商品，同商品一起废除资产阶级的生产方式"。[②] 因此，他的这套理论不仅被蒲鲁东及其学派所继承，而且被英国的一些社会主义者用来作为改造资本主义社会的方法。其中最典型的要算罗伯特·欧文。欧文是一个空想的社会主义者和伟大的实践

---

① 马克思、恩格斯：《马克思、恩格斯全集》，第 46 卷，83 页，人民出版社，1972。

② 同①，第 13 卷，76 页。

家。他认为金属货币是人为的价值尺度，这种尺度破坏了等价交换原则，是产生资本主义剥削的原因，他还认为这种人为的尺度限制了生产的发展，阻碍了社会的进步。因此，他主张用自然的价值尺度即劳动时间取代人为的价值尺度即金属货币。在他的这种理论的指导下，1832年在伦敦组织起了"公平交换市场"，进入市场的产品直接以劳动时间估价，然后用"劳动货币"交换。欧文的这种想法和做法与格雷、蒲鲁东的想法和做法有相同之点，也有不同之点。相同之点是，他们都认为以金属货币为价值尺度和以金属货币作为交换媒介，是产生资本主义剥削的原因，是资本主义的弊病，必须消除；他们都主张直接用劳动时间作为价值尺度，用"劳动货币"进行交换。不同之点是，格雷、蒲鲁东之所以这样主张完全是从维护小商品生产的利益出发的，也就是说这两个人都维护私有制，而欧文却主张取缔私有制实行公有制，也就是说欧文想从公有制和共同劳动中找出一个避免资本主义弊病的办法；因而前者是要在私有制的基础上保留商品生产，改造商品交换，否定货币，而后者是既要改造商品交换，否定货币，又要取消在私有制基础上的商品生产。从目的性上说，前者把"劳动货币"、"交换银行"描绘为医治一切社会病害的万能药方，而后者只是把"公平交换市场"、"劳动货币"看成是社会改造的第一步。由于欧文没有估计到阶级斗争，工人阶级夺取政权、推翻剥削者阶级统治这样的根本问题，而幻想用社会主义来和平改造资本主义社会，因也建立的"公平交换市场"和实行"劳动货币"制度的方案，没有多久就宣告破产了。对欧文一度实行的"劳动货币"制度，马克思的评论是："欧文的'劳动货币'同戏票一样，不是'货币'。欧文以直接社会化劳动为前提，就是说，以一种与商品生产截然相反的生产形式为前提，劳动券只是证明生产者个人参与共同劳动的份额，以及他个人在供消费的那部分共同产品中应得的份额。不过欧文没有想到以商品生产的前提，也没有想到要用货币把戏来回避商品生产的必要条件。"① 这一段评论向我们指出了三点：（1）把"劳动货币"称为一种货币是不合理的，它只不过是一种生产者个人完成生产义

① 马克思、恩格斯：《马克思、恩格斯全集》，第23卷，112～113页，人民出版社，1972。

务从而获得消费权利的尺度和证明书。（2）欧文实行"劳动货币"制度，是以直接社会化劳动为前提的。可是在商品生产的条件下这一前提不存在。（3）既然有商品生产，就必须有货币，在商品生产条件下，实行"劳动货币"制度，无非是一种"货币把戏"。

马克思对格雷、蒲鲁东、欧文"劳动货币"论的评论和批判向我们指出：（1）货币是与商品相联的不可分的范畴，因为商品二重化为商品和货币是商品生产得以存在和进行的必要条件。（2）实行所谓的"劳动货币"制度，直接以劳动时间作为分配和交换的尺度，必须以直接的社会化的劳动为前提，在这种条件下社会生产是有计划进行的，生产的产品一开始就是社会需要的。（3）要使社会生产有计划地进行，必须以生产资料的社会主义公有制代替私有制，因为只有在这样的条件下，才能形成社会生产的总管理者。

（二）马克思劳动券理论的主要内容

马克思的劳动券理论不像他的货币理论那样系统、全面，而只是在论述有关问题时，扼要地进行了阐述。在我们学习到的马克思的著作中，有以下主要内容。

1. 在《经济学手稿》（1857—1858 年）中，马克思曾经指出："从生产行为本身来考察，单个人的劳动就是他用来直接购买产品即购买自己特殊活动的对象的货币；但这是一种只能用来购买这种特定产品的特殊货币。为了直接成为一般货币，单个人的劳动必须一开始就不是特殊劳动，而是一般劳动，也就是说，必须一开始就成为一般生产的环节。但在这种前提下，不是交换最先赋予劳动以一般性质，而是劳动预先具有的共同性决定着对产品的分享。生产的共同性一开始就使产品成为共同的一般的产品。最初在生产中发生的交换，——这不是交换价值的交换，而是由共同需要，共同目的所决定的活动的交换——一开始就包含着单个人分享共同的产品界。在交换价值的基础上，劳动只有通过交换才能成为一般劳动；也就是说，产品的交换决不应是促使单个人参与一般生产的媒介。当然，媒介作用必定是有的。"① 这一段话说的是在共同生产条件下，个人劳动怎样成为社会劳动即一般劳动，其要点有四：（1）从生产行为本身讲，个人劳动以后能够分享的产品只能是自己特殊活动的产物，如果把这种分享比喻成购买，把个人的劳动比喻成这种购买的"货币"，那么，在这种情况下，自己能够购买到的是特定的产品，所用的"货币"也是特定的货币。但个人劳动以后需要分享的不限于自己生产的特殊产品，还需要别人生产的产品，这样单个人的劳动还要成为"一般的货币"，只有这样才能以自己的劳动"购买"到一般的产品。（2）为了直接成为一般货币，"单个人的劳动"必须一开始就成为一般生产的环节，也就是说要使劳动的产品成为一般需要的对象，在交换前就必须使生产成为一般的生产，即社会共同需要的生产。（3）这种生产与以交换价值为基础的生产是不同的：这种生产的产品不形成交换价值，也不需要进行交换价值的交换，因为这种生产是共同需要的生产，在交换以前就确认了它的社会性。（4）在共同生产的条件下，个人劳动的社会性不是以交换作为媒介来实现的，而是"以个人在其中活动的社会生产条件为媒介"来实现的，也就是说以个人在劳动中付出多少劳动量为尺度来分享，消费共同劳动的成果。从包含的这四点含义中，我们可以看出，马克思已经肯定了在共同生产条件下，不需要交换价值的交换，个人劳动能够直接成为社会劳动，作为社会劳动的共同产品在单个人之间怎么分享，虽然在这里没有明确提出用"劳动券"作为媒介物，但他肯定地说"媒介作用必定是有的"。

2. 在《哥达纲领批判》中，马克思指出，在未来的共产主义社会中，"每一个生产者，在做了各项扣除之后，从社会方面正好领回他所给予社会的一切。他所给予社会的，就是他个人的劳动量。例如，社会劳动日是由所有的个人劳动小时构成的……他从社会方面领得一张证书，证明他提供了多少劳动（扣除他为社会基金而进行的劳动），而他凭这张证书从社会储存中领得和他所提供的劳动量相当的一份消费资料。他以一种形式给予社会的劳动量，

---

① 马克思、恩格斯：《马克思、恩格斯全集》，第46卷，118~119页，人民出版社，1972。

又以另一种形式全部领回来。"① 这段论述非常清楚，不需要解释，不过，值得注意的是，这里说的是"领得"、"领回"，而不是交换价值的交换。

3. 在《资本论》第一卷中，马克思指出："劳动券只是证明生产者个人参与共同劳动的份额，以及他个人在供消费的那部分共同产品中应得的份额。"② 在这里马克思第一次提出劳动券这个概念，而且明确地指出了劳动券的作用。

4. 在《资本论》第二卷中，马克思指出："在社会公有的生产中，货币资本不再存在了。社会把劳动力和生产资料分配给不同的生产部门。生产者也许会得到纸的凭证，以此从社会的消费品储备中，取走一个与他们的劳动时间相当的量。这些凭证不是货币。它们是不流通的。"③ 这一段话也不需要更多的详释。值得注意的是这里生产者凭"纸的凭证"从"社会消费品储备中"取走的不限于个人生活消费品，而且包括生产消费的消费品即生产资料，这说明马克思的"劳动券"理论发展到了社会再生产领域。

在未来的共产主义社会里，马克思凭什么设想社会产品的分配和交换以劳动券来进行呢？这是因为：（1）按马克思当时的设想，无产阶级革命首先在最发达的资本主义国家取得胜利。革命在这样的国家取得胜利后建立起来的是单一的社会主义公有制，在这种公有制下，社会能有计划地组织生产，每个人的劳动一开始就成为直接的社会劳动，不再存在商品、货币。马克思曾经指出："在一个集体的、以共同占有生产资料为基础的社会里，生产者并不交换自己的产品；耗费在产品生产上的劳动，在这里也不表现为它们所具有的某种物的属性，因为这时和资本主义社会相反，个人的劳动不再经过迂回曲折的道路，而是直接地作为总劳动的构成部分存在着。"④ 恩格斯也曾指出："社会一旦占有生产资料，并且以直接社传动轴化的形式把它们应用于生产，每一个人的劳动，无论其特殊情况如何不同，从一开始就成为直接的社

---

① 马克思、恩格斯：《马克思、恩格斯全集》，第3卷，10~11页，人民出版社，1972。
② 同①，第23卷，113页。
③ 同①，第24卷，397页。
④ 同①，第3卷，10页。

会劳动。"① 照我们的理解，这里说的社会劳动有两个主要特点：其一，这种劳动，从一开始也就是在交换之前就是社会上需要的；其二，这种劳动所生产的产品，并不经过流通就进入消费。（2）在未来的共产主义社会里，生产量和消费量是容易计划和估算的。恩格斯说："在共产主义社会里，无论生产和消费都很容易估计，既然知道每一个人平均需要多少物品，那就容易算出一定数量的人需要多少物品。""每年的平均消费量就只会同人口的增长成比例地变化；因此就容易适时地预先确定，每一种产品需要多少才能满足人民的需要。"② 所以，在这种情况下，生产产品的劳动无论其特殊用途如何不同，从一开始就是社会需要的，所生产的产品，按照每个人平均需要多少，根据每个人向社会提供的社会必要劳动量（作了必要的扣除后），以劳动券的形式进行分配，而不需要借助于价值形式进行交换。

概括起来说，马克思劳动券理论的内容有四：（1）劳动券的产生以直接的社会化劳动为前提，而个人劳动一开始就成为直接的社会化劳动，必须是社会占有全部生产资料。（2）劳动券是生产者个人参与共同劳动份额的证明书和从社会产品储备中领取应得部分的凭证，它是不流通的。这种领取，从社会分工需要进行物质变换的角度说，也是一种交换，但不是交换价值意义上的交换。（3）劳动券上载明的劳动时间是社会必要劳动时间，不是个别生产者生产产品所消耗的劳动时间。（4）凭劳动券能够从社会产品储备中领取与劳动时间相当的任何产品，而不限于自己生产的产品。

（三）我国人民币不能是劳动券

我国人民币是不是货币？长期以来就有不同的看法。打倒"四人帮"以后又有人提出我国人民币不是真正的货币而是"劳动券"或"半劳动券"。对此，我们有不同的看法。

1. 我国社会主义社会中，人的劳动不是直接的社会劳动

主张人民币不是货币的符号，而是"劳动货币"、"计算货币"、"价值的

---

① 马克思、恩格斯：《马克思、恩格斯全集》，第 3 卷，348 页，人民出版社，1972。

② 同①，第 2 卷，605 页，607 页。

计量单位"的人，有一个基本论点是："社会主义社会中，人的劳动都是直接的社会劳动"。因而每件商品的价值是计划价值，"是事先就确定的，是直接地绝对地知道的"。因此，关于我国人民币是什么的问题，还得从我国社会主义社会中，人的劳动是不是直接的社会劳动谈起。

根据马克思的理论，能不能认为我国社会主义社会中，人的劳动都是直接的社会劳动呢？我们认为不能。第一，我国还不是马恩所设想的以社会共同占有生产资料为基础的共产主义社会，而是以全民所有制和集体所有制为基础，存在着多种经济形式的社会主义社会。第二，公有制使计划经济成为社会主义经济的基本特征，但是在实行计划经济的条件下，并不是所有的劳动都具有直接的社会性。这就是说，社会总劳动的分配和使用，如果符合国民经济有计划按比例发展规律和价值规律的要求，则人们的劳动是社会需要的。从这个意义上说，在社会主义经济中，人们的劳动具有可能性上的直接的社会性。如果社会总劳动的分配和使用，不符合国民经济有计划按比例发展规律和价值规律的要求，则人们的劳动，不会构成社会劳动。第三，在社会分工的条件下，社会总劳动都要分解为相互联系的个别劳动。在私有制下，这种个别劳动表现为私人劳动；在社会主义公有制下，这种个别劳动则主要表现为相对独立的社会主义经济单位的劳动。这种社会主义经济单位的个别劳动，能否构成社会劳动的组成部分，要以它生产的产品能否满足社会需要来证明，而社会是否需要，最终要以产品进入消费过程表现出来。所以，个别劳动能否构成社会劳动的组成部分，是一个问题；即使个别劳动构成社会劳动的组成部分，还有一个从可能性变成现实性的问题。在我国社会主义经济中，还存在着个别劳动与社会劳动的矛盾。社会主义经济单位生产的产品，存在着数量、质量、花色、品种能否满足社会需要的问题。这说明社会主义经济单位的个别劳动，能不能构成社会劳动的组成部分，还需要以自己的产品进入消费领域为证明。这说明从可能性的社会劳动到现实性的社会劳动，还有一个过程。不能把个别劳动认为直接就是社会劳动，也不能把可能性的社会劳动视为现实性的社会劳动。既然如此，就不能够简单地以"社会主义公有有制—计划经济—直接的社会劳动"这样的逻辑公式来论证我国社会主义社会中人的劳动都是直接的社会劳动。

2. 人民币能直接代表劳动时间吗

主张人民币是"计算货币"的同志，都认为人民币只是计算单位，直接计算或代表商品的"价值"。因为"在社会主义条件下，已经不需要通过'背离'的形式，而是通过直接计算劳动成本的方法来决定价格"。而且认为"只要每个工厂把成本会计搞好，用手工业的方式也还是可以算出全国范围内某一产品，至少是去年的社会必要劳动量"。所以人民币本质上是劳动券。这就产生了我国人民币究竟能不能直接代表劳动时间的问题。

我们认为人民币不能直接代表劳动时间。

第一，作为社会必要劳动量的劳动时间，是一个受许多因素决定，难以具体计算的量。社会必要劳动量决定于许多因素。首先要决定于社会劳动总量的分配。社会必要劳动量有两重意义：一是与某种商品的社会需要量相适应的社会必要劳动量，二是决定单位商品价值量的社会必要劳动量。前者是社会劳动总量中根据社会需要分配给各生产部门的劳动时间，它决定于对社会劳动总量的有计划的分配；后者是"在现有的社会正常的生产条件下，在社会平均的劳动熟练程度和劳动强度下，制造某种使用价值所需要的劳动时间"。[①] 这两个意义上的劳动时间是相互联系、相互制约的。社会劳动总量的分配，要考虑到该种商品社会需要量的情况；而在社会劳动总量的分配与该种商品的社会需要量相适应的前提下，该种商品的价值量决定于社会平均生产条件下的社会必要劳动量。这就是说，在该种商品的生产量与社会需要量相适应的条件下，按照该生产部门现有的社会正常的生产条件、平均的劳动熟练程度和劳动强度生产产品所费的劳动时间，才能形成它的价值量，也才能按照它的价值量出售。如果该种商品的生产量超过社会需要量，即使按照该生产部门现有的社会正常的生产条件，平均的劳动熟练程度和劳动强度进行生产，生产产品所费的劳动时间，也不能完全形成价值量。在这种情况下，这些商品必然要低于它们的市价出售，其中一部分甚至会根本卖不出去。可

---

① 马克思、恩格斯：《马克思、恩格斯全集》，第 23 卷，52 页，人民出版社，1972。

见，社会劳动总量的分配是否符合社会需要，对社会必要劳动量有很大的影响，不可否认现阶段我国国民经济各部门生产产品所费劳动时间能否形成价值，还要受这一因素的影响。其次，在社会劳动总量的分配与社会需要量相适应的条件下，生产一种商品的社会必要劳动量还要取决于三个因素：一是现有的社会正常的生产条件，二是社会平均的劳动熟练程度，三是社会平均的劳动强度。这三个因素中，第一个因素是指物的方面，第二、三两个因素是指人的方面。物的方面包括劳动手段和劳动对象。所以，社会现有的正常的生产条件，主要依据该生产部门当时社会普遍采用的主要劳动手段以及大多数的劳动对象的情况而定。可见，所谓"正常的"生产条件，并不是整个社会的平均标准，事实上生产条件是无法相加然后平均的，只能是就该生产部门大多数的普遍的生产条件下而言。我国现阶段的情况是，在同一个生产部门内生产条件极不相同，现代化的生产技术与较落后的生产技术并存。机械化、半机械化与手工劳动并存，而且劳动对象也各有差异。这样，就很难说什么样的生产条件是"正常的"，什么样的生产条件是"非正常的"。因为，从我国的实际情况出发，在实现"四个现代化"的过程中，在相当长的时间内，各部门将保留着各种不同的生产条件，而它们生产出来的产品又可能都是社会需要的。再从人的方面说，不同的劳动者的劳动熟练程度不同，不同岗位上的劳动强度不同。劳动的熟练程度的高低，能够以劳动者的劳动技能水平的高低以及在一定时间内生产的产品多少、质量好坏来衡量。劳动的强度，在科学技术日益发展的今天，可以根据用专门的仪器测量劳动者在一定时间内支出劳动力的多少来判断。这就是说，这两方面是能够计量的。问题是要作为社会必要劳动量来计量，就必须在该商品生产部门内平均，平均实际上就是一种换算。按照决定社会必要劳动量的三个因素的要求，在生产条件为既定的条件下，计算某部门生产产品的社会必要劳动量，要把该部门内同一工种的不同程度的熟练劳动换算为平均的熟练劳动，要把该部门内不同工种的劳动强度换算为平均的劳动强度，还要把该部门内的复杂劳动换算为简单劳动。因为一般人类劳动抽象存在于平均劳动之中，这是一定社会中每个平常人所能完成的劳动，是每个没有任何专长的普通人的机体平均具有的简单劳动力的耗费。社会必要劳动量是以简单劳动为计量标准的量。尽管简单劳动在不同的国家不同的文化时代具有不同的尺度，它在一定的社会一定的时期内却是一定的。这样，要把复杂劳动换算为简单劳动，就要解决简单劳动的尺度问题。如果说人民币直接代表商品生产的社会必要劳动时间，就必须进行这三方面的换算。我国现实情况是，不仅不同的生产部门生产条件不同，而且同一生产部门生产条件也各有差异，而生产条件的差异直接影响到劳动熟练程度和劳动强度的不同，在这种情况下，进行这三方面的换算，显然是一个复杂的问题。既然社会必要劳动量的总量都很难计算，又怎么确定每单位的人民币所代表的商品价值量即社会必要劳动时间呢？

第二，在社会分工日益发展的情况下，一件产品包含的社会必要劳动量，不仅取决于某一生产部门所费的劳动时间，而且取决于几个生产部门所费的劳动时间，甚至不仅取决于国内所费的劳动时间，还要取决于国外所费的劳动时间。在这种情况下，即使某一部门容易解决上述三方面的换算问题，从而能够确定这件产品在该部门加工的社会必要劳动量，也不能确定这件产品整个加工过程的社会必要劳动量。实际生活中的情况是，一件产品，既包含着直接生产它的那个企业的活劳动，还包含着别的企业转移过来的物化劳动（如原材料），这样，就很难确定这件产品应当包含的全部社会必要劳动量。通过计算某件产品的成本，可以决定价格。但决定出来的价格不一定就是这件产品的价值即社会必要劳动量。现阶段，在我国价格体系中，存在着工农业产品的"剪刀差"，存在着部分采掘工业和原材料工业的产品价格偏低，而部分加工工业的产品价格偏高的状况；在流通环节，在进销差价、批零差价、地区差价、季节差价方面还存在不合理状况。这些都说明价格不符合价值。把工厂的成本会计搞好，可以算出某一产品所花的劳动量，但不一定是社会必要劳动量。因为成本是在既定的价格的基础上形成的，如果价格不符合价值，通过成本计算，是算不出产品的社会必要劳动量的，所以，用手工业的方式算出全国范围内的社会必要劳动量，恐怕不太实际。

第三，如果认为人民币直接代表价值即社会必要劳动时间，就否定了价格范畴，说人民币直接代表商品价值，无非是说每元人民币 = n 小时（社会必要劳动量）。如果甲商品的社会必要劳动量是 x 小时，则用元来表示的这种商品的价格为 $\dfrac{x}{n}$；如果乙商品的社会必要劳动量是 y 小时，则用元来表示的这件商品的价格为 $\dfrac{y}{n}$，这样甲商品与乙商品的比价就是 $\dfrac{x}{n}:\dfrac{y}{n}$。但 $\dfrac{x}{n}:\dfrac{y}{n}$ 实际上是 $x:y$，因为 $\dfrac{x}{n}:\dfrac{y}{n}=x:y$。这就是说，甲商品的价格比乙商品的价格等于甲商品的价值比乙商品的价值。这样，价格这一范畴实际上不存在了，因为价格与价值成了同义语。而价格之所以为价格，就在于价格与价值不同，它不是价值的小时表现。如果，价格这个范畴也与价值一样，其内容是包含着多少小时的无差别的人类劳动，则价格就失去了独立存在的意义，因为含义相同的事物，为什么要采取两种名称呢？然而，在我国现实生活中，人们几乎每天都要接触价格。职工的收入只有与一定价格的商品交换才能转化为生活资料，如果商品没有价格，就不能实现这种转化。这是经常呈现在人们面前的事实。我们怎能在理论上不承认呢？

第四，如果人民币直接代表劳动时间，就不能有价格背离价值的现象。马克思说："虽然价格作为商品价值量的指数，是商品同货币的交换比例的指数，但不能由此反过来说，商品同货币的交换比例的指数必然是商品价值量的指数。"[1] 我们体会这段话的意思就是指价格会与价值背离，这种背离在我国是存在的。这是因为：（1）现阶段还存在着历史上遗留下来的价格不合理的状况。正如前述，存在着工农业产品价格的"剪刀差"以及某些采掘工业品的价格低于加工工业品的价格等情况。（2）商品的价格在一定程度上还要受供求关系的影响。集市贸易上的供求关系直接影响到商品价格，这比较明显，即使是国营企业的某些商品的价格，也要受供求关系的影响，如议价、幅度价、市价就直接受供求关系的影响，临时调价就是这种影响的表现。（3）我们要有意识地利用价格与价值的背离来调节生产指导消费，并不是"已经不需要通过'背离'的形式"。价格与价值背离的存在说明以人民币表示的价

---

[1] 马克思：《资本论》，第1卷，80页。

格，不应当直接代表劳动时间，因为人民币直接代表劳动时间，就不会产生价格与价值背离。

总之，我们认为人民币仍然是货币，它一具有价值，二要流通，现实生活告诉我们如果货币符号发行多了，商品价格上涨了，会使人民币的价值降低，也就是说它的购买力会变，不像劳动券那样载明多少劳动时间，就多少劳动时间，其量不变。而且，手持人民币的人，可以到这家商店买，也可以到另一家商店买，可以到这个地区买，也可以到另一个地区买，甚至把它换为外汇到国外去买，不像劳动券那样领取消费品要受地区、部门和单位的限制。

（撰稿人：曾康霖　　审稿人：刘锡良）

参考文献

［1］骆耕漠：《社会主义商品货币问题的争论与分析》，中国财政经济出版社，1980。

［2］骆耕漠：《论商品和价值》第一章和第二章，载《经济研究》，1959（10）。

［3］骆耕漠：《论商品和价值》第三章和第四章，载《经济研究》，1959（11）。

［4］骆耕漠：《关于马克思的价值理论的疑题和我的看法》，载《财经问题研究》，1987（1）。

［5］骆耕漠：《关于纸币底几个基本问题》，载《学术月刊》，1958（3）。

［6］骆耕漠：《论社会主义商品生产的必要性和它的"消亡"过程》，载《经济研究》，1956（5）。

［7］顾准：《试论社会主义制度下的商品生产和价值规律》，载《经济研究》，1957（3）。

［8］陈敏之：《重读顾准"试论社会主义下的商品生产和价值规律"札记》，载《财贸经济》，1986（1）。

［9］丁冬、陈敏之：《顾准寻思录》，作家出版社，1998。

［10］宋福僧、王维新、权泊涛：《试论社会主义制度下商品生产和价值规律的研究方法》，载《西北师大学报》（社会科学版），1960（3）。

［11］曾康霖：《金融理论问题探索》，中国金融出版社，1985。

第十三章
关于中国"三平理论"的讨论

社会经济的发展需要宏观调控。宏观调控的对象是社会总供给与社会总需求。社会总供给与社会总需求的平衡始终是经济学研究的主题。中国经济学界在研究这二者平衡中，值得梳理的是 20 世纪 50 年代开始提出，八九十年代引起广泛讨论和研究的"三平理论"，即财政收支平衡、信贷收支平衡、物资供求平衡以及它们之间的综合平衡（简称"三平"）。

一、"三平理论"产生的历史背景和社会环境

中国学术界大都认为"三平理论"产生于 20 世纪 50 年代，第一个提出这一理论的是时任国务院副总理兼财政经济委员会主任陈云。1957 年 1 月 18 日，在全国各省、市、自治区党委书记会上，他发表了讲话，讲话的分题目是：《建设规模要和国力相适应》，其详细内容有："建设规模的大小必须和国家的财力物力相适应。适应还是不适应，这是经济稳定或不稳定的界限。像我们这样一个有六亿人口的大国，经济稳定极为重要。建设的规模超过国家财力物力的可能，就是冒进了，就会出现经济混乱；两者合适，经济就稳定。当然，如果保守了，妨碍了建设应有的速度也不好。但是，纠正保守比纠正冒进，要容易些。因为物资多了，增加建设是比较容易的；而财力物力不够，把建设规模搞大了，要压缩下来就不那么容易，还会造成严重浪费。在党的

第八次全国代表大会上，薄一波同志在发言中，讲了国民收入的积累、国民收入和国家预算支出和基本建设投资三种比例关系，我很同意他的研究。他所提出的比例数字可能会略有出入，但寻找这些比例关系，是完全必要的。我现在想从另一个角度，即从其他方面试图寻找一些制约的方法，来防止经济建设规模超过国力的危险。我认为下列各点应该注意：（1）财政收支和银行信贷都必须平衡，而且应该略有结余。只要财政收支和信贷是平衡的，社会购买力和物资供应之间，就全部来说也会是平衡的。（2）物资要合理分配，排队使用。应该先保证必须的生产和必需的消费，然后再进行必要的建设。（3）人民的购买力要有所提高，但提高的程度，必须同能够供应的消费物资相适应。（4）基本建设规模和财力物力之间的平衡，不单要看当年，而且必须瞻前顾后。（5）我国农业对经济建设规模有很大的约束力。[①]"

陈云为什么要在这个时候在这样的会上这样提出问题？当时的历史背景是：第一，1965年，我国完成了对农业、手工业和资本主义工商业的社会主义改造，全国的职工、农民、公教人员在社会主义改造和建设的高潮中，大大提高了积极性，开展了广泛的劳动竞赛，涌现出大批的模范工作者；知识分子参加各种科学规划工作和向科学进军，表现出高度的热情。第二，生产资料和生活资料的供应都紧张。基本建设和生产所需要的原材料，如钢材、木材、竹子、煤炭等，人民生活需要的许多消费品，都出现了严重的供不应求的现象，以致有些地方在搞以物易物。陈云指出造成这种状况的原因是，1956年，我国"在财政和信贷方面多支出了近三十亿元。这三十亿元包括以下三个项目：（1）基本建设投资多用了十五亿元以上。基本建设投资大都是用得恰当的，但是在中央各部门，在各地方，都有一部分用得不适当，用得多了。（2）工资多开支了六七亿元。一九五六年是需要增加工资的，缺点是增加得太多。去年各个方面招收的人员，比原计划的八十四万人多了一百多万人，这里还不包括高等学校、中等专业学校、技工学校和技工训练班多招收的人员。一部分人员工资增加得过多。机关、企业人员的升级面宽了，有

---

① 陈云：《陈云文选》，第3卷，52页，人民出版社，1995。

些资金制度也不适当。这三笔钱，再加上附加工资，合计约有六七亿元。（3）贷款多了一些，农贷和其他贷款多支出了五亿多元。以上基本建设、工资、贷款三项，共计多支付近三十亿元。他进一步指出：我们知道，钞票是物资的筹码，发行钞票必须有可以相抵的物资。按物资的数量来说，1956 年比 1955 年是增加了，但是却发生了供应紧张的现象，原因就在于财政和信贷多支付了近三十亿元。[①]" 第三，开始编制第二个五年计划（1954—1958）。在编制第二个五年计划中陈云强调《要重视研究国民经济比例关系》，他指出："第二个五年计划的编制，应该和第一个五年计划的编制有所不同，计划工作的水平要有所提高。编制第一个五年计划时，首先着眼于新的基建项目搞多少，只求新的建设和财力的平衡。现在情况已经大不相同，已经建成的和正在建设的项目已经大大增加了，如果不认真研究国民经济的比例关系，必然造成不平衡和混乱状态。而研究合理的比例关系，绝不能只依靠书本，生搬硬套，必须从我国的经济现状和过去的经验中去寻找。既要研究那些已经形成的比较合理的比例关系，更重要的是研究暴露出来的矛盾。我还没有这方面的知识，需要有关部门的同志共同努力[②]。"

当时的社会环境，值得提出来的与"三平理论"形成密切有关的是 1956 年经济建设上的"反冒进"。

1956 年，我国经济建设取得了巨大成就，当年底即提前完成了第一个五年计划所规定的主要指标，全国工农业总产值为 1286 亿元，比上年增长 16.5%，其中工业总产值为 703.6 亿元，比上年增长 28.1%，超过了第一个五年计划规定的 1957 年的水平。但是，1956 年经济工作中出现了急躁冒进的倾向，主要表现在以下方面：基建规模过大，基建投资速度超过了财政收入和生产的增长速度；职工人数激增，超计划招收职工 146 万人；农业生产贪多求快，急于求成；财政赤字很大（18 亿元），物资供应紧张，商品库存减少。这说明，工农业生产的发展规模超过了国家物力、财力的承受能力，出现了急躁冒进倾向。周恩来、陈云等中央领导及时发现了这些问题，在党中

---

① 陈云：《陈云文选》，第 3 卷，50 页，人民出版社，1995。
② 同①，54 页。

央领导下，采取果断措施，纠正经济建设中的急躁冒进倾向，以保证国民经济持续、稳定、协调地发展。

应当说，1956 年我国经济建设上的"反冒进"是当时国务院总理周恩来发现和推动的。1956 年初，周恩来就敏锐地发现经济工作中有急躁冒进倾向。是年 2 月 8 日，他在国务院第 24 次全体会议上做了《经济工作要实事求是》的发言，指出不要光看到热火朝天的一面，现在有急躁的苗头，超过现实可能和没有根据的事，不要乱提，否则就很危险。[①] 6 月，国务院在周恩来的主持下向人大三次会议提出的经济工作报告，在充分肯定成绩的基础上，指出克服急躁冒进是经济建设中亟待解决的问题。6 月 20 日，《人民日报》根据中央政治局的意见，发表了题为《要反对保守主义，也要反对急躁情绪》的社论。与此同时，中共中央和国务院采取积极措施，调整、压缩了 1957 年基本建设的投资规模，制止了供应紧张状况的继续发展。

9 月 16 日，周恩来在中共八大上做了《关于发展国民经济的第二个五年计划的建议的报告》。报告总结了第一个五年计划的经验教训，针对急躁冒进倾向，强调经济建设要按照有计划、按比例的规律办事，坚持既反保守，又反冒进，即要执行在综合平衡中稳步前进的经济建设方针。具体内容包括：第一，应该根据需要和可能，合理地规定国民经济的发展速度把计划放在既积极又稳妥可靠的基础上，以保证国民经济大体平衡发展；第二，应该把重点建设和全面安排相结合，使国民经济各部门能够按比例地发展；第三，应该增加后备力量，健全物资储备制度；第四，应该正确地处理经济和财政的关系，财政收入必须建立在经济发展的基础上，财政支出也必须首先保证经济的发展。根据上述方针，确定了第二个五年计划的任务。9 月 27 日，大会通过了周恩来的报告。

11 月，在中共八届二中全会上，周恩来在《一九五七年度国民经济发展计划和财政预算的控制数字》的报告中，批评了 1956 年经济工作中的急躁冒进倾向，指出，由于 1956 年基建规模过大，投资速度过快，学校招生和农业

---

① 周恩来：《周恩来选集》下集，190 页，人民出版社，1980。

信贷过多，造成了财政赤字扩大，货币发行量增加，物资销售增多，库存减少，各方面紧张，重点没有保证。因此，会议决定，1957年的计划应当在继续前进的前提下，对基本建设作适当压缩，合理调整各经济部门之间的比例关系，以适应国家财力和物力的可能性。全会同意周恩来的报告，决定按照"保证重点，适当压缩"的方针安排1957年的计划。

正视"三平理论"产生的历史背景和社会环境，我们能够得出这样的结论：（1）"三平理论"总结了我国第一个五年计划的经验，特别是在1956年购买力与物资供应脱节使物资供求紧张的教训的基础上产生的。（2）提出"三平理论"的初衷在于总结经济建设经验。陈云曾经指出，"摸索革命经验也必须有两三个五年计划的时间，才能积累下来[1]"（据《陈云文选》1956—1985）。（3）确立"三平理论"的意义在于强调国民经济要有计划、按比例发展，强调要注重安排好各种比例关系。（4）明确提出"建设规模要和国力相适应"这一重大的理论和实际问题。

但是，1957年以后，由于在指导思想上陷入越来越严重的"左"倾迷途，对1956年正确开展的"反冒进"加以种种指责和非难，把"反冒进"说成是"右倾"保守，认为"右倾"保守是主要危险，因而不断地批判"反冒进"、批判"右倾"保守，全盘否定了周恩来、陈云等在中共八大上提出并通过的既反保守，又"反冒进"，在综合平衡中稳步前进的经济建设方针。在不断"反右倾"、大批"反冒进"的呼声中，提出了社会主义建设的总路线，轻率地发动了"大跃进"和人民公社化运动，使得以高指标、瞎指标、浮夸风和"共产风"为主要标志的"左"倾错误严重地泛滥开来，给国民经济造成了严重后果。

二、早期对"三平理论"的诠释

1957年初，陈云提出"财政收支和银行信贷都必须平衡，而且应该略有

---

[1]　陈云：《陈云文选》，第3卷，50页，人民出版社，1995。

结余，只要财政收支和信贷是平衡的，社会购买力和物资供应之间，就全部来说也会是平衡①的理论以后，最早对这一理论进行诠释的是当时财政部副部长戒子和。他在《中国财政》1957年第6期上发表长篇文章，题目是《关于国家预算收支平衡、国家信贷收支平衡、物资供求平衡问题》。文章指出，对于这"三平"问题，新中国成立初期中央财经委员会早就提出来了，但当时我们对这一问题领会不深。1953年由于编制国家预算时没有结合国家信贷计划，把上年结余全部列为预算收入，结果使国家预算同国家信贷计划脱节，造成国家预算收支和现金制度的一度紧张局面。从1953年全国财经会议以后，我们对于国家预算收支平衡必须结合国家信贷收支平衡的问题，逐渐有了一些了解，但是几年来仍然没有坚持结合国家信贷收支的平衡来编制国家预算，这说明我们对这个问题的重要性还是认识不够。至于国家预算收支平衡、国家信贷收支平衡和物资供求平衡的关系问题，则是经过1956年在实际工作中碰到许多问题以后，我们才深深地感觉到它的重要性。1956年的工作经验告诉我们，国家预算收支、国家信贷收支、物资供求三者必须平衡，这是我们国家经济生活中许多种比例平衡关系中的一种重要的比例平衡关系。研究分析这个关系，正确地认识这个关系，在实际工作中随时注意考虑这个关系，是我们财政部门同志一项重要的任务。

怎样去正确地认识这三者的关系？在戒子和文章中提出以下几点：（1）必须结合国家信贷收支平衡编制国家预算，因为国家信贷资金必须依靠国家预算支持，这在实际工作中表现为财政性存款占了银行存款总额的绝大部分（在戒子和的文章中列举了从1951年到1956年财政性存款占银行各种存款的比重，除1956年只占41.5%外，其余年份均在50%以上，最高的是1954年达65.2%）。这表明，财政性存款是国家银行信贷资金的主要来源。（2）生产部门特别是商业部门和工业部门供销机构所需增加的资金，除由国家预算支付以外，另一部分是要靠银行信贷解决的。银行贷放这些款项的资金来源，有不少的一部分是依靠国家预算来支持。而国家预算的上年结余，

① 陈云：《陈云文选》，第3卷，52页，人民出版社，1995。

就是被银行作为信贷资金来使用的。（3）国家预算的上年结余在一般的情况下不能动用，国家信贷计划收支的差额应该由国家预算以本年收多于支的结余形式或以编列增拨银行信贷资金的支出形式来抵制解决。只有这样，才能保证国家预算收支平衡和国家信贷收支平衡的妥善结合。对于这三点，他在文章中又进一步分析指出："国家预算的上年结余，从预算方面来看，固然是一笔没有分配使用出去的资金，但从信贷方面来看，则是一笔早已被运用了的资金，银行早已将它作为信贷资金贷给国民经济各部门了。国家预算如果要动用上年结余，从预算方面来看则上年没有用掉了的钱拿到今年来用，似乎不会有问题，但从信贷方面来看，则完全是另外一种情况，动用上年结余，就意味着国家预算不但没有给银行增加财政性存款、补充信贷资金，相反的还要向银行收回信贷资金，这显然是不可能的。如果勉强这样做，那就必须出现或者是国家为了满足国民经济各部门的贷款需要而不适当地增加货币发行，或者是银行被迫不适当地减少贷款，从而引起国民经济各部门过分地压缩物资库存量，或者是二者兼而有之。不论出现哪一种情况，都会使国家经济生活产生比例失调的现象，影响国民经济的顺利发展。1953 年由于我们没有摸清国家物力供应国家建设需要的可能，没有摸清我国现阶段物资供求情况和商品库存周转的规律，国家预算没有结合国家信贷计划而把上年结余列为预算收入，曾经迫使银行减少贷款，使商业部门一度发生'泻肚子'（即过分地压缩商品库存量）的现象。1956 年国家预算动用了上年结余，使 1956 年下半年发生了现金调度和物资供应的紧张状况，使银行多发行了一部分货币，商业部门减少了一部分库存商品。人们要问，过去几年来的国家预算都列有上年结余收入，为什么那些年没有出问题呢？要知道从 1951 年到 1954 年，虽然每年国家预算都列有上年结余收入，但实际执行结果，不仅没有动用上年结余，而且当年收入都超过当年支出，最后还有一笔结余来补充银行信贷资金。因此，每年国家预算实际收支和国家信贷收支都是平衡的。1953 年虽然曾出现了一度的紧张局面，但由于中共中央发出了关于增加生产、增加收入、厉行节约、紧缩开支、平衡国家预算的紧急指示，经过各级党政和全国人民的努力，到年终，国家预算仍然是收多于支，银行的财政性存款和商业

部门的商品库存量也都较 1952 年有所增加。"① 这一大段的论述，密切结合了
1953 年和 1956 年财政预算工作实际（1953 年把上年预算结余列做了下年收
入，1956 年动用了上年预算结余），从理论上阐明国家财政预算上年结余不能
动用，重要的理论支持就是财政预算上年结余已经被作为国家银行信贷资金
来源运用出去了，如果动用上年结余就势必迫使银行减少贷款，使商业部门
发生"泻肚子"。所以，在戒子和看来，财政收支平衡就是必须有结余，而且
上年结余不能动用；信贷收支平衡就是其信贷资金来源必须要财政预算支撑，
不能减少财政性存款在银行总存款中的比重。这就是他肯定的这二者关系的
逻辑。

至于国家预算收支平衡和国家信贷收支平衡与物资供求平衡的逻辑，戒
子和是这样论述的："国家预算收支平衡和国家信贷收支平衡，总体来说是国
家现金收支的平衡。货币的运动是物资运动的反映，国家预算的支出和银行
信贷的投放绝大部分是要用来购买物资的，因此，国家预算收支平衡和国家
信贷收支平衡还必须结合物资供求的平衡。因为国家预算收支不平衡，没有
办法时还可以动用上年结余或者向银行透支；国家信贷收支不平衡，没有办
法还可以增加货币发行；最后矛盾集中到有没有物资，如果没有相应地增加
物资供应，那就非发生问题不可。"② 他进一步指出："什么是物资供求平衡
呢？所谓物资供求平衡，主要的表现是在物价不变的情况下，商品供应量和
社会购买力之间的平衡。如果社会购买力超过了商品供应量，就会发生商品
供不应求的现象；如果商品供应量超过了社会购买力，就会发生商品积压的
现象。1956 年是我国国民经济发生根本转变和生产巨大高涨的一年，我国的
社会主义改造和社会主义建设在 1956 年取得了巨大的成就，这是主要的方
面。但是由于基本建设投资额、工资部额和农业贷款增加得多了一些，国家
预算当年支出超过了当年收入，社会购买力增长的速度超过了物资产量增长
的速度，因而使物资供求发生了始终状况。"这样的分析表明，在戒子和看

---

① 戒子和：《关于国家预算收支平衡、国家信贷收支平衡、物资供求平衡问题》，载《中国财
政》，1957（6）。

② 同①。

来，物资供求平衡就是购买力与商品供应量之间的平衡，而购买力是国家财政支出和国家银行信贷支出形成的，只要国家预算收支和国家信贷收支平衡了，社会购买力和商品供应量之间就总的情况来说也应该是平衡的。因为国家预算和国家信贷计划所集中预算和国家信贷计划所集中起来的资金同使用出去的资金是平衡的，就物资的总的情况来说供应和需求之间也应该是平衡的。换句话说，在戒子和看来，财政收支平衡和信贷收支平衡是物资供求平衡的前提，因为在他看来，财政、信贷收入集中资金就是集中物资，财政信贷支出使用资金就是对物资的运用，资金是代表着物资的。所以，财政、信贷收支平衡与物资供求平衡关系的逻辑是：财政、信贷收入集中资金就是集中物资，财政信贷支出使用资金就是对物资的使用，购买力是财政信贷支出形成的，只要财政信贷收支平衡，物资供求从总体上说也就平衡。

戒子和作为当时的财政部副部长，结合国家财政预算的实际，撰写文章阐明"三平理论"问题，自然是有相当的说服力和权威的。当时，广泛地被学术界研究部门和实际工作者接受，多见诸于报刊上和学术讨论中，在财政领域的所谓的"一女二嫁"理论，便是典型的案例。继后，在以阶级斗争为中心的年代里这一重大的经济理论问题，在经济界就少有人提及了，更谈不上进一步去研究。但是，必须指出，"三平理论"源于中国财政经济的实践，可以说，没有 1953 年和 1956 年两年财政经济工作的实际经验教训，就没有"三平理论"。

三、"三平理论"研究的演进和研究的思路

对"三平理论"问题率先进行研究的应当主要是中国人民大学财政系的教授们。其代表著述主要有以下几部。

（一）周升业、侯梦蟾合作的于 1963 年 8 月 26 日全文发表在《光明日报》上的《信贷收支差额问题》

《信贷收差额问题》是系统地研究"三平理论"的较早著述。这一著述

的研究思路，将其梳理，可概括为：什么是信贷收支差额→信贷收支差额的实质是什么→信贷收支差额在什么状况下不存在，在什么情况下存在→怎样安排弥补信贷收支差额→为什么要国家财政预算有计划地安排弥补信贷收支差额→怎样把握信贷收支差额的数量介线。

文章认为：（1）考察银行信贷收支差额必须从货币资金谈起，货币资金是银行投放出去的货币，货币表现为各种存款和现金，存款和现金与放款是相对应的，它们作为放款的资金来源两者总是相等的，从这个意义上说，不可能存在先有存款然后放款，或单有放款而没有适应的资金来源的情况。既然银行放款量和作为它的来源的货币资金量始终是相对应的，那么信贷收支差额又是怎样产生的呢？它的实质是什么呢？这就必须从另一个角度，即从货币购买力与物资之间的供求关系方面来考察。从这一角度考察，信贷收支差额是放款量必须要大于正常的信用性资金来源。（2）银行投放出去的货币一部分作为购买平衡和支付平衡手段存在于流通中，可称为流通中的货币，另一部分不再被当作购买手段和支付手段储存起来，可称为储存货币。这两部分货币都是银行信用性资金来源。如果放款与这两类货币的增减相适应，就不会存在差额问题。问题是放款不可能与这两类货币的增减相适应，原因是："正常的信用性资金来源的量和放款必要占用量是由两种不同的原因所决定的，前者决定于货币周转的客观规律，后者决定于国家对信用形式的运用，因此两者之间并不是等量关系，在放款必要量大于正常的信用性资金来源的情况下，就意味着存在信贷收支差额。如果在放款时没有在正常的信用性资金来源以外安排别的资金来源来弥补这个差额，就一定会出现这种情况，即以超过流通中需要的货币来充当放款来源，其结果必须是：①有一部分货币不是周转所必需的，是买不到商品物资的货币，它们停留在流通中会成为冲出市场的力量；某些商品价格在国家不能完全控制的情况下，必然上涨。②如果要让这些多余的货币通过购买商品归流到银行，就必然要被迫缩减必要的库存商品。这两种情况又可以交错在一起。这些情况归结起来就是货币购买力与物资供应之间的不平衡，但是如果单从信贷收支账户上来看，放款和它的来源仍然是相等的。在第一种情况下，放款和它的来源总量形式上是不会变化的；在第二种情况下，卖出商品，收回贷款，则放款与资金来源同时减少。因此，所谓信贷收支不平衡并不是直接表现在信贷资金来源和放款之间在账面上的差额，信贷收支不平衡的实质归根到底是物资供求的不平衡。"①(3) 信贷收支差额必须弥补，弥补信贷收支差额除了上述正常的信用性资金来源以外，还必须把一部分（相当于差额的部分）由信用投放出去的货币转为不参加周转的货币资金，使之不再用于购买商品，而作为抵充放款差额的专门来源。弥补信贷收支差额必须有计划地安排。信贷收支差额被弥补了，就不存在信贷收支不平衡了。因此，信贷收支差额与信贷收支不平衡是两个不同的概念。在有计划地安排弥补信贷收支差额时，必须清除一个误区，即现金回笼。不能认为回笼现金便能弥补信贷差额，现金与非现金只是货币形态存在的不同形式，都能形成购买力。另外，弥补信贷收支差额必须结合商品的库存状况。(4) 信贷收支差额之所以必须由国家财政预算安排弥补，是因为社会产品价值（包括 $c+v+m$）实现后以货币资金的形式存在于银行之中，当其中的一部分成为财政收入而作为财政收入又没有被支出时，必然成为银行的存款余额成为贷款的资金来源，文章指出："所谓国家财政有计划地弥补信贷收支差额，其实就是财政有计划地把由它支配的一部分存款转为银行自有资金，或者是以结余形式保存在银行，归银行支配，而不再当作财政资金来开支。这部分货币资金是不参加周转的，它是和超过正常的信用性资金来源的放款量相对应的。如果财政不考虑弥补信贷差额的需要而把存款都开支出去，就意味着把原来应该作为不参加周转的货币资金转化为流通中过多的货币量，结果必然会造成上面所说的信贷收支不平衡的现象。但是这种信贷收支不平衡的现象，在形式上并不一定表现在信贷收支不平衡上（虽然反过来，国家预算的不平衡必然要表现在信贷收支不平衡上），在预算收支形式上仍然可以是平衡的，甚至是有结余的（如果信贷收支差额大于预算结余）。因此，如果在财政信贷作为一个有机的整体来看，衡量整个国家资金收支是否平衡、差额多大的最后界限应当是信贷收支，而不仅是预算收支，从

_____

① 周升业、侯梦蟾：《信贷收去差额问题》，载《光明日报》，1963 – 08 – 26。

这个意义上说,财政收支的真正平衡应该包括信贷收支平衡的内容。国家预算收支和银行信贷收支所以必须综合平衡,关键也就在于此。"① (5) 文章分析了信贷收支差额的数量问题,指出:"要正确地把握信贷差额的数量界限,关键在于要找出:怎样的放款可以和流通中需要的货币量相适应,不会产生差额。什么样放款在什么情况下一定要产生差额。这就是我们探讨信贷差额数量界限这个问题时所遵循的方法。只有这样,才能自觉地组织信贷收支平衡。"② 文章指出,短期放款一般不会产生信贷差额,容易产生信贷差额的是长期放款。因此,文章提出测量年度信贷差额,可以得出下列公式:年度信贷差额量=全部长期性占用放款年末净增长额-全部长期性信用资金来源净增长额。文章强调,"应该说明:按照上述方法来确定信贷差额的数量界限,绝不是说,可以不根据放款及信用性资金来源的总额来编制信贷计划。从各种放款和它的资金来源之间的内在联系方面来考察信贷差额,其主要意义在于:它可以具体分析和审查信贷计划提供补充依据,特别是在计划执行过程中,可以为及时组织新的信贷平衡提供依据。因为如果不分析具体放款性质,只根据放款及信用性资金来源总量来确定差额,就可能出现这种情况:当临时性放款超过计划的,无根据地要求财政增拨信贷资金,或者是长期性信用资金来源少于计划和财政不能按计划拨足信贷自有资金时,不是着重地考虑合理安排长期性放款,而去压缩必要的短期放款。不论哪一种情况,都会影响生产、流通的顺畅进行。"③

(二) 1964 年李成瑞发表在《经济研究》上的文章

当时在国务院财办工作的李成瑞在 1964 年第 3 期《经济研究》上发表的《关于预算、信贷、物资综合平衡问题的探讨》一文,却是另外一种思路。文章认为,预算、信贷资金和国家通过预算信贷集中分配的物资,是全社会资金和物资的一部分,而不是全部。他指出:"有的同志把预算、信贷、物资综

① 周升业、侯梦蟾:《信贷收支差额问题》,载《光明日报》,1963 – 08 – 26。
② 同①。
③ 同①。

合平衡，解释为预算、信贷资金同全部社会产品（或全部市场商品）的平衡。我认为这样把一部分资金同全部社会产品（或全部市场商品）来平衡，在逻辑上是难以说通的。从理论上说，预算、信贷资金只能同国家通过预算信贷所能分配的那一部分物资存在平衡关系。"① 那么，它究竟是哪一部分呢？这一部分资金和物资的平衡，在整个国民经济的财力同物力平衡当中，具有怎样的地位和作用呢？他分析了社会产品的价值构成 c、v、m 及其分配后，指出通过国家预算和银行信贷分配的部分资金包括了社会的纯收入（m）的绝大部分，同时，包括一小部分补偿生产资料消耗的产品的价值（c）和一小部分归个人的产品的价值（v）。除了国家通过预算信贷集中的部分以外，社会的全部资金主要是企业直接支配的部分。

李成瑞分析说，我们研究预算、信贷、物资的综合平衡，为的是社会主义建设事业多快好省地发展，为此国民经济要全面综合平衡。而国民经济的全面综合平衡，就是要使社会种种不同的需要同社会的劳动资源和物资资源相适应，以求得社会再生产按比例高速度地发展。这样，就要按照不同的社会需要，在国民经济各部门按比例地分配人力、物力、财力之间的相互平衡。在社会全部财力与物力的平衡当中，预算、信贷、物资的综合平衡具有决定性的作用。如果把它看作不太重要的问题，甚至是和物资的综合平衡，就不能做到整个国民经济人力、物力、财力全面的综合平衡，不能求得社会再生产的按比例、高速度发展。这是一方面。另一方面，如果仅仅着眼于预算、信贷、物资的综合平衡，忽视企业支配的资金和物资的平衡，不把预算、信贷、物资的综合平衡建立在企业支配的资金与物资平衡的基础上，那么，同样不能做到全社会资金与物资的综合平衡，同样不能做到整个国民经济人力、物力、财力全面的综合平衡，同样不能求得社会再生产的按比例高速度发展。② 在这里，他强调不能仅仅着眼于预算、信贷、物资的综合平衡，而要重视企业支配的资金和物资的平衡，而且要把预算、信贷的综合平衡建立在企业支配的资金与物资平衡的基础上。

---

① 李成瑞：《关于预算、信贷、物资综合平衡问题的探讨》，载《经济研究》，1964（3）。

② 同①。

既然如此,为什么也要重视预算资金同信贷资金的平衡呢? 李成瑞认为问题的产生在于,在我国,国家动员分配资金有两个渠道,即预算渠道和信贷渠道,这两个渠道既有分工,又有合作,而且相互交错。在两者的活动领域之间,并没有一条不可逾越的鸿沟。相反地,在信贷资金来源中,预算资金占着重要位置;而预算收支的安排,又受着信贷情况的重要影响。企业的流动资金,多少由预算直接拨给,多少由银行贷给,并没有绝对的界限。他以国有商业部门需要长期占用流动资金为例,说明其资金来源,可以由银行贷款也可以由预算拨款,同时还可通过信贷形式再分配一部分国家预算资金。他指出正是由于预算和信贷这种既分工又结合,既各自相对独立又相互交错的情况,才产生了预算收支同信贷收支统一安排、综合平衡的问题。"预算资金同信贷资金综合平衡,是社会主义财政的一个特点和优点。在社会主义制度下,国家拥有强大的全民所有制的企业,国家财政的职能从单纯维持国家军政费用的非生产领域扩大到物质生产领域;银行实行了国有化和集中化。这样,企业财务、预算、信贷就在一定意义上成了三位一体的东西,而预算则处于主导的地位。预算和信贷共同以企业财务为基础,而又反转来共同为发展和扩大企业的生产服务。企业的公有化,财政职能的扩大,银行的国家垄断,这些条件产生了预算和信贷统一计划的客观可能性和必要性。在资本主义制度下,企业和银行都是建立在私有制基础上的,国家财政一般并不直接参与物质生产领域,当然也就不会产生社会主义条件下预算信贷综合平衡的问题。我们常说,预算信贷平衡是我们面临的一个新问题,道理即在此。"[1] 李成瑞认为预算资金同信贷资金综合平衡的中心问题是拿多少钱用于增拨流动资金,拿多少钱投入基本建设,正确处理流动资金同基本建设投资的关系,就成为预算信贷综合平衡的中心问题了。在这篇文章中,他用了很大的篇幅探讨在预算安排中基本建设投资和增拨流动资金的界限,以及流动资金两大来源(即财政和银行)的合理界限。而且他认为通过对企业长期占用的流动资金增拨的调节,能解决物资积压合理或不合理的问题。在他看来,

---

[1] 李成瑞:《关于预算、信贷、物资综合平衡问题的探讨》,载《经济研究》1964(3)。

"预算资金同信贷资金综合平衡的中心问题解决好了，预算信贷的综合平衡就大体解决了。为此，他认为要建立必要的制度去保证，这里主要有两方面的制度：一是关于预算对银行增加信贷资金的制度，二是关于企业流动资金的管理制度。

至于通过预算信贷集中分配的资金同国家通过预算信贷所能分配的物资之间的平衡，李成瑞的认识是：之所以产生这一问题，是因为资金与物资存在的形态不同，资金是物资的一般的价值形态，物资是使用价值，作为一般价值形态的资金可以购买各种使用价值，而且这二者运动的时间、空间会脱节，再加上人为的因素（如管理不善等）会不协调。总之，预算、信贷资金同国家通过预算信贷所能分配的物资之间之所以要平衡的原因是资金与物资的表现形态不同，运动的状态会脱节和不协调。要做到这二者在总量上和结构上的平衡，在工作中需要做到：（1）预算和信贷计划大体符合实际；（2）财政收入一般不发生虚假；（3）银行贷款都有物资保证；（4）坚持预算和信贷分口管理；（5）不发生大量的物资积压。为了求得资金和物资构成上的平衡，必须注意到，预算、信贷资金来自第一部类的收入，并不等于国家通过预算信贷所能支配的第一部类物资；预算信贷来自第二部类的收入，也不等于国家通过预算信贷所能支配的第二部类物资。国家通过预算信贷所能支配的第一部类物资和第二部类物资，实际是全部物资中扣除企业使用的第一部类物资和第二部类物资所剩下的余额。预算信贷各项支出中形成的对第一、二部类物资的需求，必须同上述第一、二部类物资的余额，在品种和数量上相适应。

在李成瑞看来，"在社会主义制度下，生产资料是公有的，国民经济是按照国家计划的指导发展的，大部分物资和大部分资金是由国家分配或在国家统一计划下由国营企业分配的。这种优越的社会制度，为我们做到资金同物资的平衡，避免资金与物资的脱节，提供了客观基础。能否实现这种平衡，决定于我们对客观事物认识的程度如何，决定于我们的主观努力如何。"①

---

① 李成瑞：《关于预算、信贷、物资综合平衡的探讨》，载《经济研究》，1964（3）。

从李成瑞的以上论述中，我们能看出他对这一问题研究的思路是财政、信贷、物资综合平衡只是整个社会产品中资金与物资平衡的一部分，而不是全部，要研究的对象是社会产品中 c、v、m 通过分配归预算信贷支配的部分的平衡和预算信贷所分配的资金与通过预算信贷所能分配到的物资之间的平衡。"部分平衡论"主导了他研究这一问题的思路。此外，他指出，预算信贷平衡的中心是安排好流动资金和基本建设投资；只要预算资金和信贷资金真正综合平衡了，预算、信贷、资金同国家通过预算信贷所能分配的物资之间，在总量上也就平衡了。这是他基于他的"每一元钱都代表一定的物资"，在每一元钱都代表一元钱的物资的条件下，只要预算资金与信贷资金在增拨企业流动资金和基本建设投资上分工合理做好工作，就能实现综合平衡。这可谓他的"分工论"，部分平衡→合理分工→操作规范→综合平衡。而且他强调这是社会主义经济宏观调控的优越性之一。这是有别于 1963 年周升业、侯梦蟾研究信贷收支差额问题的思路的。

（三）黄达、陈共、侯梦蟾、周升业、韩英杰合著的《社会主义财政金融问题》

在 1981 年由中国人民大学出版社出版的《社会主义财政金融问题》（下册）的第五篇中，专门安排了四章讨论财政信贷综合平衡问题。该著作首先对财政信贷综合平衡的对象进行了规范，提出财政信贷综合平衡的对象"是整个国民经济中由所有货币收支所构成的整体"[1]，并把整个国民经济中的所有货币收支概括为五类：一是以基层经营单位为中心的货币收支；二是以国家财政为中心的货币收支；三是以银行以及种种金融机构为中心的货币收支；四是以个人为中心的货币收支；五是对外货币收支。这五类货币收支虽各有特点，但相互制约，互为条件，首尾相连，它们都是作为流通手段和支付手段的现实的运动，在国民经济中形成不断流动的货币长河。这样"财政信贷平衡所要研究的对象是货币流通"。[2] 其次，该著作比较深入地分析了物资供

---

① 黄达：《社会主义财政金融问题》下册，496 页，中国人民大学出版社，1981。
② 同①，506 页。

求平衡问题。该著作指出："在物资供求平衡中，总量平衡是最基本的，是关键，是带全局意义上的平衡，是构成平衡、品种平衡和地区平衡的前提。只要供求总量上出现比较严重的脱节，构成上的平衡，品种上的平衡，地区上的平衡都是无法实现的；要是供求总量比较协调，其他平衡中的矛盾则会比较容易地得到解决。该著作接着指出，在看待问题平衡中的平衡概念时，要把握住三点：（1）不应以供求双方数量完全相等为判断标志。判断的标志从原则上讲，只能这样表述：当待销售的物资能够卖出去，即商品能够比较顺利地转化为货币，和准备购买物资的货币购买力能够买到物资，即货币能够比较顺利地转化为商品，或者简单地说，当待销售的物资和待实现的货币购买力能够比较顺利地向对方转化，这种状况就可视之为供求平衡；反之，就是不平衡。（2）无论是物资可供量还是货币购买力都有一定的调节余地。就物资可供量这方面说，物资储备是调节器：供应稍有不足，可动用储备；稍有多余，可用于增加储备。就货币购买力这方面来说，长期性存款和储蓄是调节器：购买力稍有不足，可动用部分长期性存款和储蓄；购买力稍有多余，则会增加长期性存款和储蓄而暂不购买。此外，还可有货币流通速度加速或减缓的调节，对外贸易和对外信用关系的调节，等等。（3）要从多方面去把握和判断物资供求是否平衡。具体说来：第一，应分析供求差额的大小。在这方面可采用经验数据，如供求基本平衡年份的最大差距可作为供求平衡与不平衡的临界差距：在这个差距内有可能保持基本平衡；超过这个差距，则意味着有不平衡现实出现的危险等。第二，应分析物资储备在调节供求方面的潜力有多大。比如，在有较多的物资储备时，储备可用来调节暂时的供不应求，而物资储备如果不是过多，则可吸收部分超过需求的供应，等等。第三，应分析货币购买力有可能推迟或提前实现的数量有多大。把这点与对物资储备的分析结合在一起，即可得出调节供求矛盾的最大可能量。如可动用的物资储备数量和可推迟实现的货币购买力数量加在一起就是可使供不应求矛盾缩小的幅度；而可增加的物资储备数量和可增加的货币购买力数量加在一起则是可使供过于求矛盾缩小的幅度，等等。第四，应分析供大于求和求大于供是交替出现还是偏于一个方向发展。不过，在我们的现实经济生活中交替出现的情况还没有存在过，存在过的只是基本平衡和供不应求的交替出现。所以，我们实际应该分析的是，供不应求是暂时一两年的问题，还是有可能延续好几年的问题。如果会延续多年，那么即使每年差额不大，也会累积成难以调节的巨大矛盾。第五，应分析物价的状况，在我们这里应特别注意各种"议价"的水平以及集市的价格水平。不过应该指出，在采用计划价格和对物价实行严格管理的经济中，绝不能把物价作为供求平衡与否的决定性的标志。由于人为的干预，实际上只有当供求矛盾相当严重时，物价才会出现明显的波动。如果仅以物价波动标志来判断供求是否平衡，则不平衡的矛盾必然会被忽视、被掩盖。所以，在我们这样的经济中，或许可以说，物价的波动并不应作为判断供求平衡与否的标志，而应作为判断供求平衡所遭到的破坏程度是否已经相当严重的标志。最后也许应提一提人们在日常生活中对供求对比的切身感受，如价格是否稳定，供应是否充足，等等。这种感受当然无法表示供求矛盾的准确程度，但作为群众的感受，极其敏锐则是它的特点。

该著作在深入分析了影响物资供求平衡的各种因素后，强调为了保持物资供求的基本平衡，必须协调物资可供量和需求量这两个方面：物资可供量既取决于一定时期的产品产量，又取决于物资储备的调节能力；而对物资需求量的协调，则必须有计划地控制倾向购买力，而控制倾向购买力形成的任务则要由财政信贷综合来解决。为什么必须如此？著作深入分析指出，企业购买力和个人购买力的形成与国家财政收支关系密切，有的要直接通过财政部门，而通过银行部门所形成的购买力与其他几个方面更是不可分割地纠结在一起。这里大致有三种情况：（1）银行只是在加速购买力的形成方面起作用而并不直接增减购买力的数量。我们知道，以现金形态存在的购买力是在银行之外，而以存款形态存在的购买力则在银行之内。当一个企业把存款作为购买力来购买物资时，存款则转入另一个企业的账户并可以形成该企业的购买力。这是指银行组织非现金结算的过程。而加速结算并从而加速货币流通速度即可使同等数量的货币形成较大的货币购买力。（2）当企业、机关财政等单位以及个人把货币以存款形态存在银行里和个人把货币以现金形态存在口袋里、箱子里的时候，其中有些短期内不会形成购买力，有些可能不久要形成购买力但还不是立即就要实现。那么，银行就可通过贷款创造新的购买手段并形成立即实现的购买力来代替这些暂时尚未形成或长久之后才可能形成的购买力。这是银行的信用再分配的作用。就一个很长的过程来说，它只是使购买力的形成提前或推后，即不改变购买力总额。但就一定时期，如一年来说，则必将使货币购买力总额发生变化。如扩大贷款时，意味着购买力的提前形成和实现，无疑会使购买总额加大；而当大量归还贷款时，则意味着注销提前实现的购买力，那无疑会使购买力总额缩小。（3）银行还可以完全凭空创造流通手段并形成新的购买力。上述这三方面情况说明，无论是基层经营单位的收支、个人的收支、财政以及机关部队等单位的收支，都反映在信贷收支之中，同时，如果脱离了企业购买力、个人购买力和通过财政形成的购买力，也就谈不上通过信贷收支所形成的购买力。通过对企业购买力、个人购买力和财政银行所形成的购买力的分析可以看出，任一方面的购买力的形成既影响其他方面，也受其他方面制约，而货币购买力总额的形成则正是这诸多方面相互作用的结果。也正是这种客观情况决定了综合平衡的必要性。显然，如果没有综合平衡观点，无论是对购买力总额的形成、各个方面购买力的形成，还是对我们所不准备重点讨论的购买力构成分布和地区分布的形成，都无法搞清它的脉络。当然也就更谈不到有效的控制了。

至于怎样实现财政信贷的综合平衡，该著作既从实际工作的角度进行了论述，又从国民经济各方面与财政信贷综合平衡的关系进行了讨论。

从实际工作的角度进行论述，该著作指出，"财政收支与信贷收支必须统一安排"，对此，在该著作的第五篇中安排专章论述了财政同银行之间的资金联系；指出"必须算大账——算整个国民经济范围内的资金需要和资金来源"；在算大账的过程中，如何处理好财政收支与信贷收支结合，是需要做大量工作的问题。该著作对二者的结合提出了意见，即当向财政和银行所提出的资金总需求同财政和银行可能向再生产过程提供的资金总供给取得了平衡，当根据资金供给方式尽可能符合客观规律要求的原则分别确定了财政和银行各自供给的任务，在这样的前提下，如果财政所汇集的可用于再生产方面的财力不足以满足应该由它供应的资金需要,那么银行方面所汇集的财力必然以同等数额大于应该由它供应的资金需要。因此,银行就应将多余的资金转归财政支配。反之,则财政应将多余的资金转归银行支配。假如财政同企业之间的分配关系尚有调节的余地,当财政缺少资金时,可通过增税或少给企业留利等办法增加财政收入。这时,银行则只根据自己的资金力量发放贷款即可满足需要,而不必再要求财政拨付信贷基金。

从国民经济各方面与财政信贷综合平衡的关系进行讨论,该著作从生产、流通、基本建设、职工劳动报酬、调整物价等方面讨论了与财政信贷综合平衡的关系,指出"生产要按比例稳步发展,要组织好流通,要控制好基本建设规模,要处理好国民收入分配中消费与积累的关系,调整好物价等"。所有这些都进行宏观的一般的分析。

综观《社会主义财政金融问题》对"财政信贷综合平衡"的研究,能够发现其思路围绕着物资供求平衡展开,安排好购买力与商品供量之间的平衡,特别强调要控制好购买力。由于购买力的形成主要决定于财政信贷收支,因而它们之间的综合平衡很重要,并进一步讨论了实现二者综合平衡的操作方法。这样的研究思路相对《信贷收支差额问题》的研究更加集中,更有侧重,更富于操作性。

(四) 黄达先生所著《财政信贷综合平衡导论》

黄达先生思维的逻辑是:为什么要研究这一命题;研究这一命题从何入手;需要先考察信贷收支平衡,继而考察财政收支平衡,再总体考察财政信贷综合平衡。

为什么要研究这一命题?在《社会主义财政金融问题》中,作者的回答是:货币收支系统便是流通,现实经济生活中存在着五个方面的货币收支,"我们在财政信贷综合平衡工作中所要综合统计和计划的整个国民经济的财力也正是包括这五个方面的货币收支:企业的盈亏,财政的结余或赤字,信贷资金的供求对比,个人的消费和对建设的支援能力,对外收付的顺差和逆差,等等。这就是说,货币流通的内容与财政信贷综合平衡的对象事实上不过是一码事。"① 这表明作者开初主要从工作的需要出发，"要综合统计和计划整个国民经济的财力"，去研究财政信贷的综合平衡。但在《财政信贷综合平衡导论》中，对这一命题的回答进了一步，作者指出，"从理论上说，财政信贷综合平衡理论从总量分析角度探索再生产过程中这两个紧密联系的范畴彼此之间收支的联系和相互作用、相互制约的关系以及它们共同反作用于再生产过程的规律"。"从实际上看，财政信贷综合平衡所要解决的问题是确定财政收支和信贷收支进行总量控制的方针政策以及对这两种收支的统筹安排。"② 这表明，研究这一命题，一是要探索财政收支与信贷收支这二者的联系及其反作用于再生产过程的规律；二是要为对这二者进行总量控制确立方针政策。这样的认识，已经超出了统计和计划整个国民经济的财力问题。作者指出："财政收支同信贷收支，与其他的货币收支不同，如果说其他货币收支是由性质相同但为数众多的单位和个人分散进行的话，那么财政收支和信贷收支则是高度集中性的货币收支。当然，各省各县都有财政单位，都有银行的分支机构，而且银行还不止一家。但无论是财政部门还是银行部门，它们都在全国分别成一个由中央高度集中统一控制和指挥的系统。所以在我们所要分析的问题中，往往可以分别把它们各作为一个单一的对象来分析。这两个集中的货币收支对其分散的货币收支起着控制的作用。财政收支的安排决定着个人收入是高些还是低些，决定着基层经营单位可以留归自己支配的利润是多些还是少些。"③ "信贷收支的安排直接关系着基层经营单位的资金周转。"④ 这进一步说明研究财政信贷收支的综合平衡，就是为了"控制"和确立方针政策。

既然财政收支和信贷收支都是货币收支，既然这两种货币收支是整个货币收支体系，也就是货币流通的组成部分，而且是具有关键意义部分，那么至少对财政信贷问题的分析不能脱离对货币流通的分析，或者说，从货币流

---

① 黄达：《黄达自选集》，370页，人民出版社，2007。

② 黄达：《财政信贷综合平衡导论》，3页，中国人民大学出版社，2009。

③ 同②，8页。

④ 同②，9页。

通角度分析至少是入手的门径之一。

在《财政信贷综合平衡导论》中，作者用了大量的篇幅论述信贷收支平衡，其重要内容包括：（1）信贷资金的运用决定信贷资金来源，不存在尚未运用的信贷资金来源。（2）短、长期信贷对银行收支平衡的影响不同。（3）财政借款对信贷收支平衡的影响在于财政借款去干什么。（4）黄金、外汇占款对信贷收支平衡的影响关键在于潜在货币的增长潜力。除此之外，值得注意的是作者着力对流通对货币的必要量的研究。作者把流通对货币的容纳量（以 Md 表示）与流通对货币的必要量（以 Mdc 表示）区别开来，认为流通对货币的容纳量（Md）应由两部分构成，除了 Mdc 外，还应包括潜在的货币量（以 Mdp 表示），这样 Md = Mdc + Mdp。在这种状况下，通过贷款投放出去的货币即货币的供给量 Ms 也分做两部分：一部分是通过贷款投出的现实流通的货币（以 Msc 表示），另一部分是通过贷款投放出去转化为潜在的货币（以 Msp 表示）。做这样的区分是强调信贷平衡要以 Msc = Mdc 为条件，即必须以现实流通的货币与流通对货币的必要量相适应为条件，而不是说信贷收支平衡就是二者相对。这样的分析是要表明，Ms 是现存的或将要实现的资金来源总额，Md 是客观允许创造的资金来源总额。如果信贷的需求大于客观允许"创造"的资金来源，这是计划上存在着信贷差额；如果信贷投放的实绩使得现实的资金来源大于客观允许"创造"的资金来源，这就是现实地出现了信贷差额。[①]

这样的分析还要表明，Mdp 与 Mdc 是相互转化的。而且这样的转化在特定的时间、空间内是能够测定的，它以一定的比例关系表现出来，在《财政信贷综合平衡导论》中作者以 r 表示。这样的转化直接影响到购买力的形成，因此它们的转化与物资供求平衡直接相关。这是《财政信贷综合平衡导论》研究"三平理论"的突出亮点，也是有别于前三部著述研究思路的地方。

在《财政信贷综合平衡导论》中，作者对财政收支平衡指出了几点：（1）财政收支基本上是现实流通的货币领域内进行的，但往往牵扯到潜在货

① 黄达：《财政信贷综合平衡导论》，157 页，中国人民大学出版社，2009。

币的领域。当财政经常性收支有结余时，意味着财政收入的现实流通的货币转化为潜在的货币。当财政经常性收支有差额（支大于收）时，在财政有结余可动用的情况下，意味着潜在的货币转化为现实流通的货币。此外，财政的经常性收支差额（支大于收），也可能要采取追加投入流通的货币来弥补。总之，财政收支一是会引起已经投放于流通中的货币相互转化，二是会引起货币投放的增加。（2）弥补财政经常性货币收支差额（支大于收）的货币基本上来自信用渠道，或者发行公债，或者向银行借款。结合我国实际向银行借款期限不定，实际则是长期的，总会导致流通中货币量的增多。（3）财政赤字引起增加的一笔货币量最终不是全部转化为现金，而是稳定地按一定比例分别以现金形态的非现金形态出现。（4）财政收支意味着购买力的集中和分配。在这一方面值得注意的是，如果通过经常性收入的形式动员了潜在的货币，那则意味着把潜在的购买力转化为现实的购买力；如果收大于支有结余，则意味着相应的现实购买力转化为潜在的购买力；如果支大于收有差额，如果差额的弥补靠的是动员潜在的货币，则意味着购买力的再分配；但大量的长期的差额基本上还要靠投入追加的货币来弥补，这时则意味着原来并不存在的购买力进入市场。如果更简化一些，那就是经常性收支基本平衡，一般意味着现实购买力的再分配；结余，一般意味着现实购买力的减少；差额，则一般意味着现实购买力的增加。（5）保持财政经常性收支平衡不是唯一选择的目标。如果这样看，那实际上是把财政收支从整个经济中孤立起来，从对财政收支平衡的五点分析，我们能够看出作者辩证的思维。这种辩证的思维渗透在财政信贷综合平衡研究的整个过程中。

在《财政信贷综合平衡导论》中，作者对财政信贷必须统一平衡，值得注意的是指出的四点：（1）财政信贷综合平衡归根到底是为了保证货币流通的稳定和市场供给和需求的基本协调。这是再生产过程得以顺畅进行和国民经济基本比例关系得以顺畅实现的关键性条件。（2）信贷有差额需要财政来平衡，其途径：一是将财政收入中相当于货币供给大于货币必要量的那部分不列入支出并形成结余；二是增拨银行信贷基金。这样，便意味着由财政所收入的这部分现实流通的货币转化为潜在的货币，从而货币容纳量 Md 由于潜在货币的增多而增大，现实流通的货币量 Msc，则由于潜在货币的转化而减少。（3）财政有差额需要信贷来平衡。财政有差额（支大于收）意味流通中的货币过多，要使过多的货币能为流通所吸收，必须创造一个流通中货币不足的环境。（4）财政收支平衡并非等于财政信贷收支总体平衡。因为从货币流通的角度说，总体平衡的要求是，由财政信贷收支引起的货币供给量 Ms 符合社会对货币的容纳量 Md，其中特别是货币必要量 Mdc 要符合流通所需要的购买手段和支付手段的量。而社会对货币的容纳量 Md 和商品流通所需要的货币必要量 Mdc 的多少都受财政收支差额和信贷收支差额的影响：当财政经常性收支有差额，信贷收支也有差额；或信贷收支有差额，财政却无力保留相应的结余；或财政经常性收支有差额，信贷收支却没有足够的资金来源弥补这一差额——当存在这样一些情况时，那就是说财政信贷收支的总体实现不了平衡，从而流通中将出现过多的货币，供不应求的局面将不可避免。所以，不能认为财政收支状况决定了，货币流通和市场供求状况也决定了的判断并非是在任何情况下都成立的判断。因此，我们的着眼点应该集中在如何保证财政信贷的综合平衡上，而不是仅仅集中在如何保证财政收支平衡上。

综合上述"三平理论"研究演进的历程，能够看出对其研究开始侧重于信贷收支平衡，继后侧重于物资供求平衡，再后才深入到三者的综合平衡。其研究的思路在联系实际的基础上，从具体到抽象，从抽象到具体，从个别到一般，从一般到个别，理性认识逐步深入，奠定了中国经济宏观调控学说的基础。

四、后期对"三平理论"的丰富和发展

关于财政、信贷、物资的综合平衡问题，从学术研究的角度说，经过了三个时期，一是从陈云提出到我国"大跃进"以前的时期（大约是 1957—1959 年）；二是党的十一届三中全会以后到提出经济体制改革以前的时期（大约是 20 世纪 80 年代上半期）；三是提出建立市场经济体制以后（大约是 20 世纪 80 年代下半期和 90 年代）。应当说在第一和第二两个时期中，经过学

者们的讨论研究，已经极大地丰富和发展了"三平理论"。它集中体现在以下方面：（1）在周升业、侯梦蟾的《信贷收支差额问题》文章中指出，"信贷差额是放款必要量大于正常的信用性资金来源"；"信贷收支不平衡的实质归根到底是物资供求的不平衡"；"必须把一部分（相差于差额的部分）由信用投放出去的货币转为不参加周转的货币资金，使之不再用于购买商品而作为抵充放款差额的资金来源"①等。（2）在黄达等著的《社会主义财政金融问题》著作中，提出财政信贷综合平衡的对象"是整个国民经济中由所有货币收支所构成的整体"②，即货币流通；"在物资供求平衡中，总量平衡是最基本的，是关键，是带全局意义上的平衡"③；"无论是物资可供量还是货币的购买力都有一定的调节余地"④等。（3）在黄达著《财政信贷综合平衡导论》中作者提出：信贷收支平衡是一个涉及多种因素的概念；信贷资金运用决定信贷资金来源，不存在尚未运用的资金来源；短、长期信贷对银行收支平衡的影响不同；财政借款对信贷收支平衡的影响在于财政借款去干什么；黄金、外汇占款对信贷收支平衡的影响，关键在于潜在的货币的增长潜力；⑤等等。特别强调既然财政信贷综合平衡的对象是货币流通，则就是深入研究流通对货币的容纳量（Md），流通对货币的必要量（Mdc），潜在的货币量（Mdp），以及 Mdc 与 Mdp 之间的转化关系。做这样的区分在于强调信贷平衡要以 Msc = Mdc 为条件，即必须以现实流通的货币与流通对货币的必要量相适应为条件。此外黄达还指出，"信贷有差额需要财政来平衡，财政有差额也需要信贷来平衡；财政收支平衡并非等于财政信贷总体平衡"⑥等。应当说，这些分析和立论都是对"三平理论"的丰富和发展，因为它极大地超出了开初"三平理论"的核心：财政预算应不应当有结余，财政预算结余能不能动用——这样讨论的范围。

---

① 周升业、侯梦蟾：《信贷收支差额问题》，载《光明日报》，1963-08-26。
② 黄达：《社会主义财政金融问题》下册，357页，中国人民大学出版社，1981。
③ 同②，375页。
④ 同②，390页。
⑤ 同②，122页。
⑥ 同②，154~157页。

必须说明的是这里所谓的"后期"主要是指提出经济体制改革以后。在这以后，国内学术界对"三平理论"的讨论又活跃起来，所涉及的问题，大体有以下几方面。

（一）如何理解信贷收支平衡

这方面的代表著作有河北大学教授张晋武在《财经科学》1987年第6期上发表的题为《"信贷收支平衡"内涵应当改换》的文章。文章指出，信贷收支状况是否理想，就无法再从收支之间的对比关系上来判断，也就不能再用收支平衡不平衡来说明，这一概念，给理论分析和实际工作都带来了困难。首先，造成了理论分析上的困扰。按照收支平衡的本来含义，信贷收支平衡与不平衡，应以收支数量对等和不对等为标志，可实际信贷收支不对等的情况不存在，收支的恒等亦没有实际意义。于是，人们便转向从信贷收支与经济的关系上来解释这一概念，从货币流通方面来寻找平衡与不平衡的标志，如有的把"存款 + 必要的货币发行 = 贷款"称作信贷收支平衡，把过多的货币发行看作信贷差额；有的将计划期货币发行的实际数与计划数相比较，二者一致即信贷收支平衡，实际数大于计划数的差额即为信贷差额；还有的以是否存在通货膨胀和物价指数的变动为标志来说明信贷收支是否平衡。从货币流通方面来分析和判断信贷收支状况，无疑是正确的，但问题是这些解释都不符合信贷收支平衡的本来含义。就第一种解释来说，表面上看起来似乎是将信贷收与支相比，但实际上是将贷款自身与自身或货币发行自身与自身相比。因为如前所述，在现代信用和银行作为国家货币发行中心的情况下，贷款和货币发行本来就是一个同一体。另外，不利于在信贷工作中对信贷收支规模进行有效地宏观控制和实现信贷收支的真正合理。按照收支平衡的意义和要求，收入决定支出，特别是存款决定贷款，要做到信贷收支合理，就是要控制贷款数额不超过信贷资金来源的最大限度。但是，按照现实的信贷收支关系和规律，显然只控制贷款是不全面的，而必须同时对信贷收支进行分析、监督和控制，因为贷款的过程，同时就是银行信用创造存款和货币的过程，信贷收支都决定于一个共同的约束条件，即国民经济中的货币（包括现金和存款货币）需要量或容纳量。贷款过多，同时也就是货币发行过多和存在虚假存款，如果不认真分析信贷收入的经济内容，不合理控制货币发行量和不把握存款实际可能达到的限度，贷款规模就不可能真正被控制，信贷收支是不可能做到真正合理的。过去，我们对信贷工作中几度出现的货币发行过多和虚假存款现象缺乏认识，特别是对虚假存款问题缺乏认识，并在存款虚增的诱使下盲目进一步多贷，信贷规模几度失控，以至导致一定程度的信用膨胀和通货膨胀，不能说与人们在工作意识上囿于信贷收支平衡概念的限制和为其所惑没有关系。

否定信贷收支平衡概念的现实适应性，以何取而代之呢？作者以为，适用于现代信贷收支活动的正确概念应该是"信贷收支适度"。因为信贷收支的目的是为国民经济发展，为促进生产和扩大商品流通服务的，我们通常所要求的信贷收支的理想状况，说到底就是信贷收支结果即通过信贷收支所形成的货币存量（包括现金和存款货币）与国民经济中对货币的客观需要相适应。所谓信贷收支适度，一方面是说贷款的发放额度要与生产和流通的实际需要量相一致，不能过度扩张；另一方面是说存款货币发行量要与商品物资的实有量相一致，不能虚存和空发，信贷收支的增长都应以商品物资增加和流通规模扩大及其对货币的需求的增长为准限，否则，即为信贷收支不适度。

以信贷收支是否适度来说明信贷收支是否理想，必须有一个衡量信贷收支是否适度的标志。由于信贷收支是货币收支的一种形式，并且是整个国民经济中货币进出的总闸门，因此，货币流通是否正常应该是信贷收支是否适度的标志。但是，由于我们通常是物价水平、物资供求状况等来具体衡量货币流通是否正常的，而通过信贷收支将货币投入流通到影响物价和物资供求有一个传递过程，并且市场货币容纳量有一个弹性限度，因此，用物价水平、物资供求状况等衡量货币流通是否正常的具体标志来衡量和反映信贷收支是否适度，都有一定的滞后性和不准确性。为了既能够反映通过信贷收支所造成的货币流通中的现实问题，又能够反映通过信贷收支所造成的货币流通中的潜在问题，较及时和准确地说明信贷收支状况，可以用一定时期内的贷款余额占商品劳务价格总额的比例和存款余额占生产资料与生产服务价格总额的比例、现金余额占消费品与消费服务价格总额的比例，再参考本期内货币流通速度与经济结构变化因素，来具体观察和衡量信贷收支是否适度。如果观察期与上期相比，货币流通速度和经济结构不变，而三个比例升高，或者三个比例的变化与货币流通速度和经济结构的变化不一致，就说明信贷收支有问题，上述方法是否科学可行，有待进一步研究。①

这样的论述，我们把它视为是对"三平理论"的丰富和发展，是因为作者赞同"三平理论"的研究对象是货币流通，而衡量货币流通正不正常在于信贷收支适不适度，并且提出了衡量信贷收支是否适度的三个比例关系。

（二）怎样理解"三平"的关系

在相当长的时期内，学术界对"三平"关系的概括是：财政收支平衡是关键，物资供求平衡是基础，信贷收支平衡是综合反映。这样的概括曾被多数人接受。但 1985 年河北大学教授张晋武在《财政研究》上发表了《物资平衡不是财政平衡和信贷平衡的基础——兼论如何正确认识"三平"之间的关系》的文章，认为物资供求平衡是一定时期物资可供量与购买力之间的平衡，而财政信贷收支是形成购买力的重要组成部分，这就是说财政信贷收支已经存在于物资供求关系中，他指出，排除了财政信贷收支，也就谈不上购买力，谈不上"求"，构不成物资供求关系。组织财政信贷收支平衡的过程，就是合理确定物资需求的量，即把货币支付能力控制在客观一定的物资可供量相适应的范围之内，从而求取物资供求平衡的过程。所以，从内容和静态方面看，物资平衡本身就寓含着财政信贷收支的平衡，财政和信贷平衡是物资平衡的重要侧面，是物资平衡的课题中应有之义，而不是居于物资平衡其外和其上的东西。从三个平衡的实现过程来看，财政和信贷平衡是实现物资平衡的最重要的手段和前提步骤，物资平衡则是财政信贷平衡的目的和结果，是财政信贷平衡的最终标志，而不是财政信贷平衡的"基础"。物资平衡是财政信贷平衡的"基础"的提法，恰恰是把物资平衡与财政信贷平衡之间客观具有的

---

① 张晋武：《"信贷收支平衡"内涵当改换》，载《财经科学》，1987（6）。

这种内涵和先后关系割裂和颠倒了。①

这样的论述，表面看来是辞义和逻辑之争，其实这当中包含着"三平"中，那一"平"是前提，是举足轻重的，是事关全局的。从"三平理论"提出的初期看，指出财政收支平衡的重要性，强调财政收支必须有结余，上年的财政结余不能运用，动用了产生"一女二嫁"在这个时期强调财政收支平衡是事关全局的；但后来又强调财政信贷收支的综合平衡，只要财政信贷收支在总量上综合平衡了，物资供求在总量上就能实现平衡。而确立"三平理论"的研究对象是货币流通后，则提出"保持财政经常性收支平衡不是唯一选择的目标"，财政收支平衡并不等于财政信贷收支总体平衡，因为从货币流通的角度说，总体平衡的要求是由财政信贷收支引起的货币供给量 Ms 都是银行贷款"创造"的，所以"三平理论"中银行信贷收支平衡又事关全局，具有举足轻重的作用。

在讨论"三平"的关系中，值得提出来的代表作是国务院财贸办公室左春台发表在 1985 年第 3 期上题目为《把财政收支和信贷收支的平衡放在宏观控制的首位》的文章。文章指出，宏观控制，顾名思义，就是要控制宏观。控制什么呢？控制和调节产业结构和生产力的布局，财力、物力和人力的流向，控制和调节关系国计民生的重要产品的产需平衡以及积累和消费等重大比例关系等，都是十分重要的。他指出，根据我国当前国民经济发展中的新情况和新问题，当务之急，是从价值量上控制社会总需求与社会总供给的平衡，国民收入分配的平衡，或者说避免国民收入的"超分配"。这是组织产需衔接，控制实物平衡，保持正常货币流通量和市场物价基本稳定的前提和基础。

怎样控制社会总需求与社会总供给的平衡，避免国民收入的"超分配"呢？他用一句话来回答，就是要把财政收支和信贷收支的平衡放在宏观控制的首位。为什么要这么说呢？

在社会主义经济中，由于商品和货币关系的存在，货币构成社会购买力，

---

① 张晋武：《物资平衡不是财政平衡和信贷平衡的基础——兼论如何正确认识"三平"之间的关系》，载《财政研究》，1985（1）。

形成对市场的需求，与作为商品的消费资料和生产资料相对应。由于我国是发展中的社会主义国家，生产水平比较低，商品还不充裕。对总供给不是控制的问题，而是要根据市场需要，而社会总需求或社会购买力，包括城乡居民个人的货币收支，各企业的货币收支，各行政事业单位的货币收支等，大都直接取决于财政和信贷或受它的影响和制约。

国民收入的分配，实物形态的国民收入不会发生超分配的问题，道理很简单：天上不会掉下馅饼来，没有创造那么多财富，想多消费，是不可能的。但在现实经济生活中，国民收入的分配在价值量上是借助于货币实现的，这就出现了"超分配"的可能。由于物质生产部门的任何个人和单位都没有发行货币的权力，国民收入的超分配一般不会在初次分配阶段出现，而主要来自财政和信贷失去平衡，出现财政赤字、信用膨胀和非经济性货币发行。[①]

在他看来，在"三平"关系中占首位的是财政收支和信贷收支平衡。需要指出的是作者在文章中没有提出二者综合平衡的概念，而是分别论述如何做到财政平衡和信贷平衡。按作者的观点，这里所说的财政平衡是指财政经常性收入加内外债务同支出相比较，支出不超过收入，就是平衡的，支出超过收入，就是财政赤字。而出现赤字就意味着对国民收入的"超分配"。按作者的观点这里所说的信贷平衡，是指信贷的资金来源加必要的经济发行同资金运用相比较，后者不超过前者，就是平衡。前面说过，国民收入的"超分配"一般不会在初次分配中出现。但是，居民个人、各企业和各单位，同银行信贷发生关系，如果贷款发放超过客观可能，失去控制，就会发生国民收入的"超分配"，特别是在银行发放定额流动资金贷款和中长期投资性贷款的情况下，更是如此。所以，光控制财政的平衡还不行，还要控制信贷收支的平衡。只有财政平衡而无信贷平衡，财政平衡可能是假平衡。1958年三年"大跃进"的经验教训证明了这一点。控制信贷的平衡，主要是要控制贷款的总规模特别是投资性贷款的规范。

分析作者对财政平衡和信贷平衡的这样的论述，我们能够发现作者为了

---

① 左春台：《把财政收支和信贷收支的平衡放在宏观控制的首位》，载《中央财经大学报》，1985（3）。

避免国民收入"超分配",分别论述如何做到财政平衡和信贷平衡。国民收入是一个国家在一定时期(通常为一年)扣除了物资消耗后的新增的价值(即 $V+m$),在一定的时间空间中是一个横向的分配概念,也就是说国民收入不包括历年的积累,历年的积累是纵向分配的结果。而学术界讨论的"三平理论"中,所谓的综合平衡,既包括横向的分配概念,又包括纵向的积累概念。指出这一点,能够帮助我们理解在左春台的文章中,不提出"综合平衡"的原因。

左春台强调要把财政收支和信贷收支放在宏观控制的首位,主要是从如何控制国民经济出发的,他指出,为了保持社会总需求和社会总供给的平衡,避免国民收入的"超分配",要管住财政平衡、信贷平衡、货币发行,这三个重要的关口或闸门。这样来论述"三平理论"中三者的关系带有更多的如何工作的色彩。

在讨论"三平理论"三者的关系中,还值得提出来的是天津财经学院魏国雄教授在1986年第1期《财贸经济》上发表的题目为《对"三平"理论的一点新认识》的文章。文章指出三者的关系,"过去一般都认为财政收支平衡是信贷平衡、物资平衡的关键和前提;信贷收支平衡是财政平衡、物资平衡的集中反映;物资供需平衡是财政平衡、信贷平衡的基础①。这是因为在统收统支的管理体制下,国民收入中的主要部分是经过财政预算进行分配的,所以要实现物资的平衡,就得先有货币收支的平衡,而财政是分配货币资金的主要渠道,同时信贷的平衡又有赖于财政的平衡。这样在"三个平衡"中财政平衡就处于关键地位,当组织财政、信贷、物资的综合平衡时就必须先做到财政平衡。因此,国家便把宏观控制的目标放在财政收支的平衡上了。只要控制住财政收支,实现了财政平衡,那么,信贷、物资就基本上可以取得平衡,从而国民经济的总体也就平衡了,货币流通也就稳定了。那时,银行信贷只不过是财政的一个出纳部门,活动范围很小,仅就国营企业所需要的临时性、季节性的超定额流通资金发放贷款。同时由于统收统支,可供银行

① 许涤新:《政治经济学辞典》下册,250页,人民出版社,1981。

吸收的社会闲散货币资金很少，这样银行信贷出现差额，主要得靠财政增拨信贷基金来弥补。如果财政资金拮据不能及时拨足或财政出现赤字，只有靠向流通中投入没有物资保证的货币来解决，这就会引起物资供需的不平衡，因此说信贷平衡是财政、物资平衡的集中反映。过去我们对物资产品的分配主要采取实物分配的方式，其供需严格按照计划进行。在这种情况下，只要获得物资分配指标，就不难获得相应的货币资金，不论是来自财政的拨款，还是来自银行的贷款。而我们的财政预算和信贷计划也是大体根据这种物资分配计划来安排的，只要物资供需平衡了，那么财政、信贷的平衡也就有基础了。[①]

作者指出，过去那种高度集中的经济管理体制是决定"三个平衡"之间相互关系的根本原因。既然体制是决定这种关系的根本原因，那么，现在随着经济体制改革的不断深入，"三个平衡"之间的相互关系无疑也会发生变化。因此，理顺它们之间的关系，找出其中最主要的关系，对于确立宏观控制目标，抓住控制环节，在新的经济条件下有效地组织财政、信贷、物资的平衡是极其重要的。作者认为，在目前新的经济环境下，"三个平衡"之间的相互关系应当是：（1）信贷平衡是财政、物资平衡的关键。原因是信贷支援财政已成为财政信贷统一平衡的主要方面；信贷将成为筹集和分配资金的主要渠道；信贷规模是影响市场货币购买力的决定因素。（2）财政平衡是信贷、物资平衡的可靠保证。原因是财政收支的状况如何，对信贷平衡、物资平衡的影响是很大的。如果财政支大于收出现赤字，实际上不论采取什么方式来弥补，都会影响信贷的平衡；反之，如果财政收大于支出现结余，那么这个结余就表现为银行信贷资金来源的增加，有利于信贷实现平衡。从这个意义上说，财政收支平衡对信贷平衡起着保证作用。再看财政收支对物资平衡的影响。财政支大于收或虚假平衡，如果没有其他补救措施或信贷本身力量不足，而向银行透支，迫使银行发行没有物资做保证的社会货币购买力，这样就会导致物资供需总量的不平衡。所以说，财政平衡也是物资供需平衡的保

---

① 魏国雄：《对"三平"理论的一点新认识》，载《财贸经济》，1986（1）。

证。（3）物资供需平衡是财政、信贷平衡的反映。因为物资的"供"是在既定的生产规模条件下，生产出来可供销售的产品数量；物资的"需"则是指社会对物资的有支付能力的需求。物资供需平衡，取决于供和需两方面的因素。对于"供"，它要受各种生产要素的综合影响和制约，这不是本文的任务，我们只在这里假定，物资的供给是一个既定量。对于"需"，前面已做了较详细的讨论，它主要表现为财政、信贷价值分配活动的结果，而财政、信贷的这种活动则是以物资可供量为基础的。如果物资的供给量与需求量不平衡，那就说明财政、信贷没有实现平衡，或者说没有实现真正的平衡。反之，如果物资供需平衡了，也就说明财政、信贷是平衡的。因此，我们说，物资供需平衡是财政平衡、信贷平衡的反映；财政平衡、信贷平衡则是物资供需平衡的必要条件。要是把它倒过来说，那就是本末倒置了①。这就是说这篇文章对"三平理论"的丰富和发展在于重新调整了"三平"的位置。

（三）如何丰富和发展"三平"理论

1986 年第 1 期《重庆金融研究》和 1986 年第 6 期《金融研究》发表了西南财经大学曾康霖教授题为《"三平"理论需要丰富和发展》的文章。文章指出，财政、信贷、物资必须综合平衡，是我国经济建设经验的总结，是国民经济综合平衡理论的重要组成部分，多少年来这一理论在我国社会经济建设中发挥着重要作用。但在推进经济体制改革的环境下需要反省过去一些传统观念。

1. 财政收支是否就是对物资的集中和分配？从 20 世纪 50 年代开始，经济学界在讨论"三平"问题时就有人作这样的概括"财政收入便是集中物资，财政支出便是分配物资"，"来自第 I 部类的财政收入代表生产资料，来自第 II 部类的财政收入代表消费资料"，"只要把来自第 I 部类的财政收入用于购买生产资料支出，把来自第 II 部类的财政收入用于购买消费资料支出，财政收支与物资的供求便能平衡"。这种说法一直到今天还有人奉为真理，用它来

---

① 魏国雄：《对"三平"理论的一点新认识》，载《财贸经济》，1986（1）。

分析货币流通的状况。其实作为真理，只有在一定的条件下才是正确的，离开了一定的条件，真理会变成谬误，大家知道，财政收入主要来自国家对各个单位和个人的征税以及国营企业对国家财政的利润上缴。在商品经济发展的条件下，国家财政的征缴均采取货币的形式。一般说来，单位和个人只有把自己的产品（或者是作为物质的产品，或者是作为劳务的产品）销售出去取得销货收入后才向国家财政上缴税利，作为财政收入后才向国家财政上缴税利，因而作为财政收入的货币应当是已实现的商品的价值形式。按照马克思主义的商品流通理论，买者向卖者支付货款，商品的价值表现在货币形式上，其使用价值便从卖者手中转移到买者手中，买者将商品用于消费，商品便退出流通领域。所以这时在流通中作为卖出产物的货币，不可能与原来自己实现其价值的那个商品相对立。如果作为卖的产物的货币要转化为买，那么与之相对立的只能是另外的商品。只有在下述条件下，与之相对立的可能是原来自己实现其价值的那个商品，那就是这个商品没有退出流通仍然处于可供购买的地位。所以，怎么能够认为来自第Ⅰ部类的财政收入用来支出就代表的是第Ⅰ部类物资的分配，而来自第Ⅱ部类的财政收入用来支出就代表的是第Ⅱ部类物资的分配呢？经济生活的现实告诉我们，一般是先销售商品后上缴税利，当某个部门完成上缴财政收入时，其产品已经或者作为生产要素或者作为生活消费品销售出去了，因而财政将这一收入用来支出，购买的只是生产部门重新提供的产品。再说在商品经济发展的条件下，财政收入不完全来自物质产品生产部门，非物资产品生产部门上缴的财政收入占有相当的比重，而且有日益增大的趋势。同样，财政支出也不能认为完全形成对物质产品的需求，用于购买物质产品，其中相当的部分要形成对非物质产品的需求。因此，财政收支就是物资的集中和分配需要辩证地认识。

2. 财政收支略有结余是不是货币流通正常的必备条件？从财政收支实质上是对物资的集中和分配的基本思想出发，有人认为要使货币流通正常就必须要财政收大于支略有结余。他们的基本论点是财政支出所形成的物资需求构成与财政收入所代表的那部分物资的构成会发生矛盾，如财政支出形成的是对消费品的需求，而财政收入所代表的是生产资料，这样财政支出所形成的购买力便不能实现，这部分未实现的购买力就表现为余额。所以财政结余是物资供求平衡，从而是货币流通的正常条件。如果财政收支仅仅保持平衡而没有结余，社会购买力就会大于商品可供量，就会发生轻微的通货膨胀，更何况财政收支略有赤字。这种说法至少有三个问题需要研究：（1）财政结余是否代表不购买的物资？我们认为被购买的物资应当是处于流通中的作为商品的物资。如果以货币形式存在的财政结余是生产部门把产品销售给商业部门后上缴税利形成的，那么它的物资承担者仍处于流通中，在这种条件下说财政结余代表的是流通中不被购买的物资能够成立。如果以货币形式存在的财政结余不是生产部门把产品销售给商业部门后上缴税利形成的，而是商业部门把商品销售给消费者后上缴税利形成的，那么财政结余的物质承担者不处于流通中，在这种条件下说财政结余代表的是流通中不被购买的物资便不能成立。何况财政结余还可能来自非物质产品生产流通部门上缴的税利。所以，以货币形式存在的财政结余在它作为结余存在的时候什么也不代表，只代表它自己——已实现的商品的价值形式。如果它以购买货币的身份存在，则要看流通中与它对立的商品是什么。如果是作为物质产品的商品，那么它就代表将要实现的作为物质产品的商品的价值形式，如果与它对立的是作为劳务的商品，那么它就代表将要实现的作为劳务商品的价值形式。（2）如果财政结余代表的是不被购买的物资，那么这些物资是否就是由于财政支出所形成的物资需求构成与财政收入所代表的那部分物资的构成发生矛盾而产生的？对于这个问题，从理论上讲，财政收入作为卖的货币与流通中的商品不存在着对立关系，只有把财政收入作为支出即作为买的货币才与流通中的商品发生对立关系。这就是说，用财政支出所形成的对物资需求与财政收入所代表的物资相对立，在理论上是有缺陷的。只能是作为买的货币与进入流通的作为卖的商品相对立，不能是作为买的货币与退出流通的作为买的商品相对立。从实践上讲，财政结余也不一定是未实现的购买力的表现。在我国，财政结余的相当部分是机关、团体、部队、学校以及其他由国家财政预算收支维持的事业单位的存款，也有相当部分是金库存款。前者，由于已拨给使用单位持有，从持有者能够将它用于购买的意义上说已经是结余的购买力能够成立，但后者就不能说是结余的购买力，因为它还存在于财政金库中，还没有拨给使用单位。所以把财政结余说成是未实现的购买力是不确切的。再说国家财政预算收支维持的事业单位的存款，是处于流通中各个点上的货币存量，只有在各个点上保持着适量的货币，货币在各个点之间才能流通，这就要求各事业单位必须保持适量的货币而不能够把它全部用于购买。所以，从货币流通的角度说，也不把这部分财政结余看成是考察期内未实现的购买力，因为它要作为货币流通的一部分继续流下去。（3）财政收支平衡是否等于整个社会货币收支平衡？大家知道，财政收支只是整个货币收支的一部分而不是全部。在新增的国民收入的相当部分，特别是其中用于积累的绝大部分集中于国家财政的条件下，其收支对于社会经济的发展从而对于平衡社会货币收支具有举足轻重的作用。但是，它毕竟是一部分货币收支，货币流通的正常有赖于整个社会的货币收支平衡。在信用货币流通的条件下，流通中货币量的多少决定于信用机构的货币量的供给，而货币量的供给又决定于信贷收支，因而整个社会的货币收支平衡量最终取决于银行信贷收支的平衡。在银行通过信贷供给社会的货币量适合于社会需要量的条件下，即使财政收支有赤字，货币流通量也是正常的。在银行通过信贷供给社会的货币量不适合于社会需要的条件下，即使财政收支有结余，货币流通量也是不正常的。前者，我们能以"大跃进"时期的情况为佐证。所以不能认为略有赤字就会发生严重的通货膨胀。我们承认财政结余在稳定币值、防止通货膨胀中的作用，但不能把问题绝对化。而且不能从解决财政支出所形成的购买力与财政收入所代表的物资的矛盾去说明问题，而应当从调剂货币流通的角度去说明问题。财政结余是作为卖的货币，要不要把这部分货币转化为买的货币，取决于要不要对这部分结余的运用。这种运用将与国民经济其他部门的收支一起对货币流通发生影响。

3. 银行信贷差额是否最终靠财政来弥补？在20世纪50年代"三平"理论的讨论中得出了一个结论，即财政收支与信贷收支必须综合平衡，银行信贷差额最终要靠财政来弥补。这几年财政支出现赤字，财政没有钱弥补信贷差额，财政收支的差额反而要通过银行信贷来弥补。实践要我们回答原来得出的结论。

要知道，银行部门的信贷收支不平衡，不等于社会的货币需求与货币供给不平衡。因为社会对货币的需求，既可以增加信贷支出来满足，又可以加速存在于流通中的货币来满足，而后者不表现为信贷支出的存量增加。如果货币流通速度减慢，社会对货币需求的增加是要通过增加货币供给满足的。换句话说，只有在货币流通速度不变或减慢的条件下，信贷支出的增加才反映社会货币供给量不能满足社会的需求。

以财政收支弥补银行信用贷款大于存款的差额（减少财政对银行的收入如减少银行向财政上缴的税利，增加财政对银行的支出如增拨信贷基金，都能起到弥补差额的作用）是以一部分财政收入供银行使用，这部分财政收入是已经存在于流通中的货币，因而这样的弥补只改变货币流通的渠道，即过去由财政渠道流通的货币改变为通过银行信用渠道流通。这就是说通过弥补不增减已经处于流通的货币量。但是，通过弥补能发挥这样的效应：（1）有可能改变潜在性货币与流通性货币的比例，因为存在于流通中的货币在潜在性货币与流通性货币之分，在考察期要用于现实流通的货币我们称它为流通性货币，在考察期内不用于现实流通的货币我们称它为潜在性货币，财政收入用来弥补信贷差额意味着原来作为流通性的货币转化为潜在性货币，而潜在性货币的增加又为转化成现实的货币提供了可能，把这种可能性变为现实性的条件是银行要把财政弥补的钱再用出去。在这里需要指出的是，流通中属于潜在性的货币不仅是财政用以弥补信贷差额的存款，一切不用于现实流通的货币均可视为潜在性货币。如果说弥补的作用只不过是为潜在性货币转化为流通性货币创造条件，那么在有其他形式的潜在性货币（如定期存款）能够转化为流通性货币的条件下，财政是否现实地弥补，其效用是一样的。这就是说，银行能够动员其他形式的潜在性货币来代替作为财政弥补信贷差额的潜在性货币。这样，即使财政不弥补，也能增加流通性货币。（2）有可能改变货币流通的速度，因为存在于财政收入账户中的这部分货币在未弥补信贷差额以前其流通速度主要决定于财政部门的上缴下拨，而在弥补了信贷差额以后，其流通速度便决定于银行部门的存取贷还。如果由此引起货币流通速度的加快，会增大货币流量；如果由此引起货币流通速度的减慢，会缩小货币流量。（3）有可能增加银行的自有资金。但由此引起自有资金的增加并不增减银行总的负债，因为财政弥补信贷差额是减少一种负债同时增加另一种负债。存在于流通中的保持在公众手中的信用货币，是银行提供给公众的资产，从银行角度来说是负债。信用货币流通从信用关系角度说也就是持有人以银行提供的资产去抵偿自己的负债。从这一意义上说弥补信贷差额的问题，也就是银行应当为公众增加提供多少资产的问题，反过来说，也就是银行应当增加对公众承担多少负债的问题。如果货币的供给不能满足公众的需要，就必须增加公众从银行那里获得资产（如扩大贷款量），反过来说，就必须扩大银行为公众承担负债（增加存款和现金量）；如果货币的供给大于公众的需要，就必须减少公众从银行那里获得资产（如收回贷款量），反过来说，就必须缩小银行为公众承担负债（减少存款和现金量）。这说明信贷差额问题也就是货币的需求问题，而货币的需求只有由银行为公众提供资产或承担负债来满足。财政拨款弥补信贷差额既然是由一种负债变换为另一种负债，它没有增减银行对公众的负债量，所以无助于弥补信贷差额。[①]

　　此外，时任中国人民银行总行计划司司长的王兰，还在 1987 年第 3 期《农村金融研究》上发表题为《论财政信贷综合平衡》的文章，提出"财政信贷要结合外汇、物资搞好综合平衡"，强调实行对外开放政策以来，外汇收支平衡就成为财政信贷综合平衡的重要内容。他指出："六五"期间，我国出口、进口总额平均每年增长为 24.3% 和 33.9%。同时非贸易外汇收支也迅速增长。贸易外汇收支和非贸易外汇收支，以及借用外资和偿还外资本息，这些外汇收支平衡状况，对于财政信贷综合平衡的影响越来越大了。利用外资引进先进技术设备，需要相应安排人民币配套资金。外汇收支平衡的结果、外汇结存的增减，表现在银行信贷上即外汇占款的增加或减少，外汇收支平衡状况已成为影响信贷平衡和货币投放、回笼的一个重要因素。在安排财政预算、信贷计划、外汇收支计划时，必须使之相互衔接，搞好综合平衡。[②]

---

① 曾康霖：《"三平"理论需要丰富和发展》，载《金融研究》，1986（6）。
② 王兰：《论财政信贷综合平衡》，载《农村金融研究》，1987（3）。

五、对"三平理论"讨论的历史评价

在本章第一节，我们已经指出"三平理论"产生于 20 世纪 50 年代，第一个提出这一理论的是时任国务院副总理兼财经委员会主任陈云。在那里，我们分析了提出问题的历史背景和社会环境，没有着力考察陈云提出问题的思想基础。其实，这样提出问题与陈云的经济思想密切相关。陈云的经济思想能够从多方面考察，仅就经济管理体制来说，他一贯主张社会经济的发展要有个"笼子"，要以"计划经济为主，市场调节为辅"①。

早在 1956 年 9 月，陈云同志在《社会主义改造基本完成以后的新问题》的发言中，就提出计划经济为主、市场调节为辅的主张。他说："至于生产计划方面，全国工农业产品的主要部分是按照计划生产的，但是同时有一部分产品是按照市场变化而在国家计划许可范围内自由生产的。计划生产是工农业生产的主体，按照市场变化而在国家计划许可范围内的自由生产是计划生产的补充。"② 以上讲的是在生产领域。生产决定流通，既然在生产领域中以计划经济为主，市场调节为辅，与此相适应，在流通领域中也必然是这样。陈云曾说："我国的市场，绝不会是资本主义的自由市场，而是社会主义的统一市场，在社会主义的统一市场里，国家市场是它的主体，但是附有一定范围内国家领导的自由市场。这种自由市场，是在国家领导之下，作为国家市场的补充，因此它是社会主义统一市场的组成部分。"③ 此外陈云不止一次地强调，建设规模的大小必须要和国家的财力物力相适应。也就是建设要讲财力的平衡、物力的平衡以及财力与物力的平衡。在这样的经济思想指导下，提出"三平理论"问题，实际上就是要政府在推动社会经济发展中，要把三者管住，实现"计划经济为主，市场调节为辅"。应当承认在我国五六十年代，特别是改革开放后的一段时期，采取这样的经济管理体制在推动社会经

---

① 陈云：《陈云文选》，第 3 卷，13 页，人民出版社，1995。
② 同①。
③ 同①。

济发展、抑制通货膨胀、提高人民生活水平方面是发挥了积极作用的，特别是在控制基本建设规模、抑制急躁冒进方面的作用更加明显。

但是，必须认识到，多少年来，我国在推动社会经济发展中，实行什么样的经济体制？如何建立"管的笼子"？这一过程是逐步前进的。

党的十一届三中全会以来，我们在经济体制改革的实践中，对计划和市场的关系有一个认识上逐步深化、实践上不断前进的过程。党的十一届三中全会明确提出，"应该坚决实行按经济规律办事，重视价值规律的作用"，并且提出大胆下放权力，让地方和企业有更多的自主权，实行政企分开，这实际上是提出了计划与市场的问题，以及发挥市场机制作用的问题。党的十二大讲计划经济基础为主，市场调节为辅，把市场调节正式引入我国社会主义经济体制模式，这又是一个进步。十二届三中全会关于经济体制改革的决定，指出商品经济是社会经济发展不可逾越的阶段，我国社会主义经济是在公有制基础上的有计划商品经济的新概念，突破了把计划经济同商品经济对立起来的传统观念，为全面进行经济改革提供了理论指导。十三大进一步提出社会主义有计划商品经济体制应该是计划与市场内在统一的体制，计划与市场的作用范围都是覆盖全社会的。十三届四中全会以来，提出建立适应有计划商品经济发展的计划经济与市场调节相结合的经济体制和运行机制，并且强调要把两者的长处结合起来。邓小平同志的重要谈话，强调计划和市场都是经济手段，使人们的思想获得了进一步的解放。从上述过程可以看出，改革是从重视价值规律和市场的作用开始的，随着实践的发展，越来越认识到市场在现代经济发展中的重要作用。不同的提法，表明了不同的认识阶段，表明逐步深化着的认识过程。

十四大上明确提出，我国经济体制改革的目标是建立社会主义市场经济。我们要建立的社会主义市场经济体制，就是要使市场在社会主义国家宏观调控下对资源配置起基础性作用，使经济活动遵循价值规律的要求，适应供求关系的变化；通过价格杠杆和竞争机制的功能，把资源配置到效益较好的环节中去，并给企业以压力和动力，实现优胜劣汰；运用市场对各种经济信号反应比较灵敏的优点，促进生产和需求的及时协调。同时也要看到市场有其自身的弱点和消极方面，必须加强和改善国家对经济的宏观调控。

应当承认，在社会主义市场经济体制下和在建立市场经济体制的过程中，"三平理论"对控制社会经济的发展是有局限性的。这是因为"三平理论"的成立从学术研究来说，它假定了五个基本条件：（1）假定闭关自守，在一国国内范围内讨论问题；（2）假定国内购买力绝大部分主要是由财政信贷收支形成的；（3）假定资金是物资的货币表现，"一元钱代表一元钱物资"；（4）假定商品的价格等于价值，财政信贷分配商品价值的一部分；（5）假定建设资金都由财政、银行部门供给，不存在引进外资。在这些假定的基本条件下，讨论财政、信贷、物资的平衡，有它的积极意义，其学术含义是成立的。但市场经济体制的实行和它的实践，突破了如上五条假定。这就逼着我们对"三平理论"要重新认识，促使我们丰富和发展"三平理论"。

现在来评价"三平理论"，不仅要看到"三平理论"在我国历史上曾经发生过积极作用，而且要看到"三平理论"的核心：社会经济的发展，必须做到社会总供给与总需求的平衡仍然是普遍的真理，仍然是经济学中要奉行的经典，而为此，必须发挥财政政策、货币政策的作用。20世纪80年代末期，有人撰文论述《"三平"理论没有过时》（见《财政研究》1987年第10期，上海财经大学梁无瑕文），也是从"财政、金融政策要有利于国民经济综合平衡的实现"论述的。他说，国民经济综合平衡的途径不外乎两个方面：一是抑制需求，二是改善供给。二者相互制约，相辅相成。从根本上来说，应着重于后者；从当前来说，则应首先侧重前者，应控制两个闸门、一个关口，即财政闸门、银行闸门以及外汇这个关口。[①] 在这里，作者对这一问题的讨论，已经超出了闭关自守在一国的范围内。

当代，推动社会经济的发展，仍然要坚持社会总供给与社会总需求的平衡。只不过当代的社会总供给与社会总需求已经有了新的概念，其平衡已经

---

① 梁无瑕：《"三平"理论没有过时》，载《财政研究》，1987（10）。

大大超出了一国范围，成为一个国际的概念并赋予了新的内涵。

当代社会总供给不仅包括实体经济领域内的产出，而且包括虚拟领域内的产出；当代社会总需求不仅有一个国家内政府、企业、个人的需求，而且有某一个国家为总体单位的需求，而需求的产生不仅受国内各种因素的影响，而且受国外因素的影响。要使在全球范围内大体实现总供给与总需求的平衡，仍然要财政货币政策推动，不仅要一国的财政货币政策推动，而且要多个国家财政货币政策配合推动。配合推动也是求得大体平衡。从这个意义上讲，"三平理论"的精神和学术价值不仅没有过时，而且得到了极大的丰富和发展。

当代，推动社会经济的发展，各国都关注宏观调控，注意所采取的财政货币政策与相关国家政策的配合。在这里，必须考察社会主义国家特别是我国现阶段在宏观调控中的特殊性以及政策调控与货币分配。

1. 我国现阶段宏观调控的特殊性

西方国家讲宏观调控，我们也讲宏观调控，我们讲宏观调控相对西方国家来说，至少有以下五个方面不同，即特殊性。

第一，我们讲宏观调控，既要调节总需求，又要调节总供给，这一点与西方国家比较起来是有差别的。西方国家讲宏观调控，或者是刺激需求，或者是抑制需求，大都着重从需求上来考虑，而且，通常主要是刺激需求，因为在它们那里，总的来说是生产相对过剩。我们讲宏观调控就不能只着眼于需求，同时要着眼于供给。比如说，我们要合理安排生产力的布局，调整产业结构、企业结构、商品结构，要疏导货币流通，这实际上是调节供给，通过供给去调节需求。这是第一个特点。

第二，我们讲总供给与总需求的平衡，不仅注意价值形式上的平衡，而且要注意使用价值形式上的平衡；西方国家更多的是注意价值上的平衡。我们国家的主管社会经济发展部门和其他一些部门在安排计划时，要下达项目指标和物资供给指标，而它们大都是实物指标，是使用价值。而且，我们不只是从总体上去考察这种平衡，还要从局部去考察这种平衡，要以局部的平衡去为实现总体上的平衡创造条件。这一点西方国家主管部门一般是不管的，或者说不能充分地做到的，因为它们崇尚市场竞争。

第三，我们既控制速度，又注重效益，特别是注重社会效益。西方国家私人企业的生产发展速度是无法控制的。我们国家由于是以公有制为主体，经济增长速度是由国家计划指导的，抑制片面追求速度的做法。所以我们的总供给、总需求的平衡是在速度与效益统一基础上的平衡。西方国家是否讲效益呢？从一个企业、一个局部来说也讲效益，但是它讲的效益总的来说是个别的自我的效益。

第四，我们搞宏观调控与西方国家搞宏观控制的条件不同。西方国家搞宏观调控通常是在生产相对过剩、供大于求的条件下进行。我们总的来说不能说生产的东西过多了，人们已经富足了，因为我们仍然是发展中国家，处于社会主义初级阶段。此外，西方国家搞综合平衡，是人口少收入多；我们相反是人口多收入少。所以条件不一样，要看到我们的国情。

第五，调节的手段不一样。西方国家调节的手段更多的是经济手段；而我们除经济手段外，还有行政手段和计划手段。

2. 政策调控与货币分配

一般来说，西方国家经济搞宏观调控，实行财政政策、货币政策和收入政策。它所谓的财政政策是通过增减税收、增减政府支出来扩大或者抑制需求。减税可以直接增加企业的需求，扩大财政支出可以增加国家财政的需求。如果相反，紧的财政政策就是增税、减少财政支出。收入政策，其中包括工资政策、物价政策和个人所得税政策。工资政策和个人所得税关系着人们的名义收入，可以通过增加工资，或者通过调整所得税来增减人们的名义收入；价格政策关系着人们的实际收入。由于收入政策和财政政策的贯彻执行，都直接关系着当事者的利益，而且税收政策作用的面有限，作用的过程比较显露，因此实行起来阻力比较大。所以，现在货币政策在西方宏观经济学中的地位越来越重要，因为货币政策的贯彻执行，对当事者的利益影响一般比较间接，而且作用的过程比较隐蔽，影响的面比较宽，推动起来阻力比较小。我们国家在进行宏观调节的时候，既要实行财政政策，又要实行货币政策、收入政策。但是通过货币政策的作用来实现宏观调节，是其他政策所不能代替的，且将起着愈来愈重要的作用。所以，我们在注意发挥财政政策、收入政策作用的同时，必须充分注重发挥货币政策的作用。货币政策关系着货币分配，而货币分配抵销政策调控的影响。这需要从理论上分析。

其一，当代货币对人类经济的影响，主要在于分配。这样提出问题可能与我们传统的观念不合。传统的说法是，货币的作用是在于交换。在经典著作中更多的还是从交换的意义上来分析货币的作用，货币的五个职能讲的都是交换，讲商品流通。可是现实生活的发展要求我们对货币作用的认识也要有所发展，有所前进。比如说，当代国家干预经济生活加强了，不论是资本主义国家还是社会主义国家，其干预经济生活的能量都不是消弱。国家干预经济生活要推行货币政策、财政政策、收入政策，而这些政策的贯彻实施都离不开货币，要通过货币来作为它们的传导体。其二，货币不只是作为交换的工具，而且可以作为一种资产，能分配国家、企业和个人的收入。这一点最明显地体现在利息上。企业、个人掌握了相当大的国家国债，通过国债来吃国家的利息，这样，国家的预算收入中，就有相当一部分通过利息要变成企业、个人的收入，这也是一种分配。从银行来说，最明显的货币资产分配是什么呢？储蓄。现在货币作为一种资产，同样是通过利息再分配国家、企业、个人的收入。其三，货币可以作为一种商品来买卖，通过买卖来赚钱。货币是起一般等价物作用的商品，可是货币作为商品，已不是马克思说的那个一般等价物意义上的商品了。它作为可供买卖的对象出现在市场，本身有价格，一些人通过买卖来赚钱。最明显的是国际之间的外汇买卖，一些人专门做外汇生意。此外，货币通过价格也会产生分配，而且这种分配有的比较明显，有的比较隐藏。货币的分配具有一定的强制性，这个问题要从信用货币的性质来理解。我们国家现在发行的人民币，包括存款、现金都是信用货币。信用货币是银行创造的，银行创造信用货币具有强制性，即它能够强制社会成员来接受它的信用。以上说的是当代货币对人类经济生活的影响主要在于分配，正是货币的分配作用使得货币政策愈来愈重要。其四，当代经济生活的发展离不开信用，信用成为当代经济生活发展的重要因素，有人写文章宣传鼓动不要怕负债，鼓动借钱做生意，而且有的人说，没钱要向银行贷款，有了钱也要向银行贷款，这样才是生意人，才能"一本万利"。他们认为在负债增加的同时，资产也增加，运作得好资产还大于负债。这理念正不正确，可以讨论。但它至少从另一个侧面说明了信用对人类经济生活的影响，特别是银行信用。政策调控是政府的行为，货币分配是企业、个人的行为。以上四点的理论分析试图表明，在推动社会经济发展中政府行为与企业、个人的行为交织在一起，政府行为的效应会被企业、个人行为抵销或削弱。其重要原因就在于当代货币作为一种资产，具有分配功能，还能当成一种商品买卖，而当代经济生活的发展又离不开信用。

在这种状况下，推动社会经济发展需要的平衡就不仅是"三平"，国际之间的平衡，还必须有企业、家庭个人货币收入的平衡。一个社会的收入差距拉大，不利于社会经济的发展，如何缩小收入差距，是值得深入广泛讨论的学术课题。

（撰稿人：曾康霖　审稿人：刘锡良）

参考文献

［1］中共中央文献研究室编：《陈云文集》，中央文献出版社，2005。

［2］关梦觉：《陈云同志的经济思想》，多学科学术讲座丛书，知识出版社，1984。

［3］周升业、侯梦蟾：《信贷收支差额问题》，载《光明日报》，1963 - 08 - 26。

［4］黄达：《社会主义财政金融问题》，中国人民大学出版，1981。

［5］黄达：《财政信贷收支平衡导论》，中国人民大学出版社，2009。

［6］李成瑞：《财政信贷与国民经济综合平衡》，人民出版社，1982。

［7］李成瑞：《关于预算、信贷、物资综合平衡问题的探讨》，载《经济研究》，1964（3）。

［8］许廷星：《财政信贷与宏观经济调节》，中国财政经济出版社，1989。

［9］郑健主：《综合财政计划理论与实践》，河南人民出版社，1984。

［10］段云：《论我国社会主义银行工作的几个问题》，载《红旗》杂志。

［11］段云：《加强综合财政信贷计划，搞好国家财力综合平衡》，载《财政》，1983（2）。

［12］段云、李成瑞、左春台：《我国社会主义财经工作的深刻总结》，载《财政》，1983（2）。

［13］王松奇、魏国雄：《我国目前财政信贷综合平衡存在的问题与控制机制的探讨》，载《现代财经——天津财经学院学报》，1985（3）。

［14］魏国雄：《对"三平"理论的一点新认识》，载《财贸经济》，1986（1）。

［15］左春台：《把财政和信贷收支的平衡放在宏观控制的首位》，载《中央财经大学学报》，1985（3）。

［16］曾康霖：《"三平"理论需要丰富和发展》，载《金融研究》，1986（6）。

［17］彭子勤：《坚持财政信贷的综合平衡与保持市场物价的基本稳定》，载《价格理论与实践》，1982（4）。

［18］郑言：《从银行存款增长变化看财政信贷的综合平衡》，载《宏观经济研究》，1984（30）。

［19］杨哲省：《搞好财政信贷的综合平衡》，载《中国金融》，1984（6）。

［20］张晋武：《物资平衡不是财政平衡和信贷平衡的基础》，载《财政研究》，1985（1）

［21］张晋武：《"信贷收支平衡"内涵应当改换》，载《财经科学》，1987（6）。

［22］王兰：《论财政信贷综合平衡》，载《农村金融研究》，1987（3）。

［23］梁无瑕：《"三平"理论没有过时》，载《财政研究》，1987（10）。

［24］曹耳尔：《财政信贷综合平衡的最佳方式》，载《财经研究》，1987（4）。

［25］卢克群：《财政信贷综合平衡的几点思考》，载《农村金融研究》，

1988（6）。

　　［26］商立平：《对我国财政、信贷收支平衡问题的再认识》，载《财贸经济》，1989（5）。

　　［27］杨培新：《制止通货膨胀，用"三平"理论》，载《价格理论与实践》，1995（3）。

第十四章

关于中国"财政货币政策配合"
问题的讨论

社会经济的发展需要宏观调控。宏观调控的对象是社会总供给与社会总需求。社会总供给与社会总需求的平衡始终是经济学研究的主题。要使在全球范围内大体实现总供给与总需求的平衡，仍然要财政货币政策推动，不仅要一国的财政货币政策推动，而且要多个国家财政货币政策配合推动。当代，推动社会经济的发展，各国都关注宏观调控，注意所采取的财政货币政策与相关国家的配合。在市场经济条件下，如何摆正财政政策和货币政策在宏观调控中的地位，并协调配合使用两大政策，使之形成最佳合力，从而充分有效地发挥其对国民经济积极的调控作用，是目前理论界值得深入探讨的一个重大课题。

一、西方关于财政货币政策配合的理论基础

（一）西方主要经济学流派关于财政货币政策配合的理论基础

1. 凯恩斯关于财政政策与货币政策配合的理论

凯恩斯主义产生于 20 世纪 30 年代大危机的背景下。凯恩斯将有效需求不足的原因归结为三条心理规律的作用：边际消费倾向递减导致消费需求不

足，而资本的边际效率递减和流动性偏好决定了投资需求不足。凯恩斯认为资本主义经济的自动调节能力不足，因而社会有效需求常常是不足的。

凯恩斯主义主张实行赤字财政政策对经济进行扩张，通过举债加大政府开支以刺激有效需求，实现充分就业。凯恩斯十分强调财政政策的作用，认为财政政策比货币政策的作用效果要好。因为货币政策是间接通过利率起作用的，其作用效果不如财政政策来得直接有力。中央银行通过对三大货币政策工具的调整虽然可以影响利率，但是仅仅依靠货币政策是不够的。凯恩斯主张国家干预经济应该以财政政策为主，辅以货币政策，使二者相互配合。

2. 新古典综合派关于财政政策与货币政策配合的理论

第二次世界大战以后，为了适应资本主义经济的发展，解决凯恩斯理论所无法解决的问题，消除西方经济学的内部矛盾和冲突，以汉森、萨缪尔森、托宾等美国经济学家为代表，逐步建立起新古典综合派的理论体系。他们把凯恩斯宏观理论体系与新古典微观理论体系综合，把凯恩斯的财政政策和新古典学派的货币体系综合，故称为新古典综合派。

新古典综合派的财政政策和货币政策大体可分为三个阶段：20 世纪 50 年代的补偿性财政货币政策，60 年代前期的增长性财政货币政策和 60 年代末期70 年代初期的多样化财政货币政策。

（1）50 年代的补偿性财政货币政策

20 世纪 50 年代的补偿性财政货币政策是由汉森最早提出的，他认为资本主义经济是繁荣与萧条交替进行的，不可能永远处于危机当中。所以，经济政策就不能单纯地以扩张为基调，而应根据经济的周期性变动，交替地实行扩张或收缩政策，熨平经济波动。在熨平经济波动的过程中，财政政策和货币政策同样重要。在这种认识的基础上，汉森和萨缪尔森等人提出了补偿性财政政策与货币政策的主张。补偿性财政政策是指，经济处于萧条时期，加大政府预算开支，减小税率，刺激社会总需求，产生预算赤字；而当经济处于繁荣时期，政府要减小预算开支，提高税率，抑制社会总需求，产生预算盈余。依据上述政策，预算平衡不必年年实现，可以在萧条时期产生赤字，或是在繁荣时期产生盈余，在整个经济周期内实现盈亏相抵即可。而补偿性货币政策通过对三大货币政策工具的调节，在经济萧条时期，货币供给增加，利率降低，拉动社会总需求；而在经济繁荣时期，货币供给减少，利率提高，抑制通胀。上述就是逆经济风向行事的政策原则，在经济衰退时采取扩张性政策刺激总需求，而在经济繁荣时，采取紧缩性政策以抑制通货膨胀。

美国在 20 世纪 50 年代基本上实行的就是补偿性的财政政策与货币政策，实施这种政策产生两方面的结果：一是没有产生严重的通货膨胀或财政赤字，二是经济增长速度相对缓慢。因此这一时期被称为"艾森豪威尔停滞时期"。

（2）60 年代的增长性财政货币政策

为了克服"艾森豪威尔停滞"、加速经济发展、保持美国的霸主地位，托宾、海勒等又提出了增长性的财政货币政策。其核心思想是：当实际的国民收入低于充分就业的国民收入水平时，无论经济处于萧条还是繁荣阶段，政府都应该推行扩张性的财政货币政策刺激总需求，使实际的国民收入达到充分就业的国民收入水平。他们强调把财政政策从过分害怕赤字的思维中解放出来，大胆地实行赤字财政政策。具体措施一方面是减税，主要是包括个人所得税、投资税以及耐用消费品的消费税等；另一方面是扩大政府支出。增长性财政政策最直接的后果就是财政赤字的不断扩大。对于弥补赤字的方法，新古典综合派非常推崇发行货币而反对举债。原因在于，举债会导致利率上升，减少私人消费和投资，限制总需求增加，即挤出效应的存在限制了赤字支出的作用，甚至会导致赤字支出政策完全失效。为了防止挤出效应的产生，政府在实行扩张性财政政策的同时还必须增加货币供给量，实行扩张性货币政策。这样，赤字支出引起的利率上升被货币供给量增加所引起的利率下降抵消，赤字财政政策完全有效。

由于实施新经济学的各项政策，美国经济在 20 世纪 60 年代初开始复苏。从 1962 年到 1969 年 10 月美国经济经历了长达 106 个月的复苏时间，为史上最长。但是由于以赤字财政和货币扩张作为经常性政策手段，所以导致了财政赤字和通货膨胀越发严重，随后失业问题也越发突出，这一切致使 60 年代末期美国出现了经济滞胀局面。在通胀压力之下，国际收支失衡，连年产生巨额逆差，大量黄金外流，美元的霸主地位日益衰落，布雷顿森林体系崩溃。

（3）70年代的多样化财政货币政策

面对20世纪70年代滞胀的并发症，新古典综合派指出，为了适应新形势的要求，不能只单纯依靠宏观需求管理的方法，应该通过多种政策工具的协调配合使用以实现多种政策目标。新古典综合派认为，在经济增长停滞和通货膨胀并存的情况下，宏观经济政策的制定应该依据经济形势的具体变化，斟酌使用财政政策与货币政策相互搭配的形式。首先强调财政货币政策可以松紧搭配，这改变了之前干预经济时财政货币政策同方向的认识。例如，实施扩张性的财政政策，通过扩大政府支出、降低税率、提供投资优惠等措施以拉动社会总需求，同时应该配合以紧缩性的货币政策，提高利率水平，以防止在经济增长过程中通货膨胀的出现。再如，实施扩张性的货币政策，增加货币供给量、降低利率水平和扩大信贷规模，以刺激投资需求，同时应该配合以紧缩性财政政策，减轻过旺的总需求对市场产生的压力，防止经济增长过快过热。其次，新古典综合派非常重视财政政策与货币政策的微观化。所谓微观化是指针对个别市场、个别部门的具体情况，政府制定政策时区别对待的经济政策。财政政策的微观化包括公共支出政策和税收结构政策的微观化。公共支出政策的微观化是指在一定的财政支出总量的限度内，政府调节支出项目的种类和数额。税收结构政策的微观化是指在一定的税收总量的限度内，调节各种税收的范围和税率。货币政策的微观化对不同的行业制定不同的利息率，以控制信贷条件和放款量。在对宏观经济总量的调控过程中，使用经济政策的微观化可以减少经济的波动，使政府对经济的调节和干预作用更具有灵活性。

3. 货币主义关于财政政策与货币政策配合的理论

现代货币主义政策主张是以经济自由为基调的。弗里德曼认为，社会在保证人们的经济活动自由的前提下，通过市场机制的作用，公共利益可以实现。因为资源只有在经济自由的市场经济中才可以获得最优配置。现代货币主义认为，凯恩斯主义相机抉择的财政政策与货币政策不仅是无效的，而且引起了经济生活中大多数的波动。

弗里德曼从以下三个方面批判了凯恩斯主义的财政政策：（1）由于存在政治上和实践上的困难，财政政策的实施往往难以起到效果。首先，一项财政政策（增减开支或是增减税收）的出台政府要通过旷日持久的讨论，这样的措施即使出台往往也会错过最佳的政策作用时机。另外，政策方案在具体实施的过程中也会遇到困难，例如减税容易而增税难，增加支出容易而减少支出难，最终只会使财政赤字增加，通货膨胀加剧。（2）财政政策发挥作用具有时滞性。例如当经济处于衰退时期，实行扩张性的财政政策并不能马上对经济产生影响，需要经过一段时间之后，才可以拉动总需求，而在这段时间间隔里，经济形势可能产生了变化，可能已出现过度的需求，这时客观上需要的不再是扩张性的，而是紧缩性的财政政策。在实施财政政策的过程中，由于时滞性的存在，使经济波动加剧。（3）财政政策效果受到挤出效应的影响，在货币供给量既定时，财政支出的资金无论是来自政府借债还是来自税收，都将使利率升高，导致私人投资的减少，挤出效应部分抵消了财政政策的扩张效应。如果此时政府依赖增发新钞以满足财政支出的资金需求，这又会引起通货膨胀。

凯恩斯主义的货币政策同样遭到了弗里德曼的批评，他认为，虽然凯恩斯主义的货币政策可以在短时间内限制利息率和失业率，而在长期只会引发通货膨胀，使利息率和失业率提高。弗里德曼认为，货币政策的时滞性会导致货币当局的政策目标无法实现，并且引起经济更大的波动。他指出，凯恩斯主义没有弄清楚货币政策可以控制什么，不可以控制什么。由于凯恩斯主义的货币政策只是控制利息率而不是控制货币供给量，从而阻碍了货币政策效果的发挥。

现代货币主义的政策主张核心就是实行单一规则的货币政策。单一规则的货币政策是指排除利息率、失业率、价格水平等因素，以一定的货币存量作为支配经济唯一因素的货币政策。要使物价稳定，就必须使货币供给量的变动率与实际产量的变动率相等，这就是说，货币当局控制每年货币增长的幅度，使之与该年产量增长的幅度相适应。

货币主义学派反对相机抉择的财政政策，而对货币政策的作用十分看重。

货币主义认为货币流通速度随着国民收入地增加长期具有递减的趋势，所以，对于一国中央银行来说，实施单一规则的货币供应量调节政策，即货币供应量的增长率应该与经济的实际增长率大约相等，只有这样才可以保证物价的稳定和经济的繁荣。货币主义主张几乎不涉及财政政策与货币政策的相互协调。货币学派反对以需求管理为宗旨的财政政策，他们认为财政货币政策最好的搭配组合就是只使用单一规则的货币政策而不使用财政政策。

4. 供给学派关于财政政策与货币政策配合的理论

供给学派是 20 世纪 70 年代后期在美国兴起的一个与凯恩斯主义相对立的新自由主义经济学的一个流派。供给学派提倡经济自由主义，反对凯恩斯主义片面地强调需求效应的有效需求管理理论，重视供给的作用，主张刺激投资、储蓄和工作的积极性，主张通过市场机制的作用使经济更多地自发调节。面对美国经济中出现的滞胀现象，他们提出了增加供给、减少税收、减少支出、刺激投资和储蓄的政策主张。

供给学派认为，适当增加货币供给量的扩张性货币政策与减税的紧缩性财政政策配合使用可以有效抑制通货膨胀，而仅实施紧缩性政策来治理通货膨胀则会对供给效应产生不利的影响，结果反而会使价格水平上升。在他们看来，凯恩斯主义主张通过提高税率和减少货币供给的需求管理政策来对通货膨胀进行治理。税率的提高会使劳动供给和资本的形成减少，货币供给量的减少则会使利率升高，二者的作用效果都会使投资减少。最终这些政策的效果只是使产出减少，价格水平升高。因此，供给学派提出了减税和增加货币供给的反通胀政策，税率的降低可以有效地增加劳动、供给和投资，适当的增加货币供给则可以使利率降低，刺激投资需求增加。这些措施有助于降低价格水平，使产出增加，有效缓解通胀压力。

供给学派的政策基点不是需求管理，而是供给管理。供给学派财政货币政策配合的思想主要体现在以下三点：第一，由于财政政策和货币政策的切入点都是供给，因此政策协调配合的目标也是刺激供给。第二，不同于以需求管理为主的学派，供给学派的财政政策和货币政策都不能简单地定义为松或紧；供给学派认为能增加供给的财政政策搭配增加供给的货币政策就能有效刺激供给，从而带来经济增长。而供给不足的根源又在于通货膨胀和高税率的共同作用，因此，最佳的政策搭配是削减边际税率和社会福利支出的财政政策加上以稳定币值为目标的货币政策。第三，对于财政政策和货币政策的地位，供给学派不同于凯恩斯学派和货币学派，他们没有特别去证明或强调哪一种更重要。

5. 新古典宏观经济学派关于财政政策与货币政策配合的理论

新古典宏观经济学的产生源于对凯恩斯主义的批判，面对凯恩斯主义宏观经济政策主张无法解决西方国家 20 世纪 70 年代出现的滞胀现象的局面，新古典宏观经济学提出了自己的政策理论主张，认为通过市场机制自发的调节作用，可以解决宏观经济中失业衰退等一系列的问题。

新古典宏观经济学的基本经济政策主张可以概括为以下几点。

（1）任何企图稳定经济的货币政策都是无效的，预期之外的货币冲击是经济周期波动的根源

新古典宏观经济学的代表人物小卢卡斯在理性预期假设的基础之上，说明了所有经济政策都是徒劳的。小卢卡斯、萨金特等人反对各种经济政策，特别是货币政策，在理性预期假设之上，提出了不同于凯恩斯主义和现代货币主义的货币政策理论。由于中央银行货币政策具有连续性和一致性，人们可以掌握中央银行制定政策的准则，并以此形成对通胀的预期。当理性预期形成以后，中央银行变动货币增长率的结果，导致名义利率随上升的幅度与价格保持一致，实际利率不受影响。理性预期使得货币政策只能影响名义变量而无法影响实际变量。小卢卡斯等人还认为在理性预期的假设之下货币是中性的，好的货币政策不能增加实际产量，而坏的货币政策亦不能引起通货膨胀，货币对经济运行只起到计价单位和流通手段的作用，而并不可以影响经济中的实际变量。只有在货币数量的变动出乎意料之外的时候，才会使实际产量、实际收入和失业率等实际变量产生短期影响。根据他们的理论，意料之外的货币冲击首先引起价格水平的变化，货币政策在短期内可以影响就业和产出。但在长期，理性的经纪人修正错误的预期，调整产量使社会总产出回到自然率水平。以此看来，货币政策只有经常进行随机性的改变，使政

策规律难以被掌握，才可以长期影响实际变量水平。但是经常性的预期之外的货币冲击也造成产出的剧烈波动。

（2）不仅货币政策是无效的，而且财政政策也是无效的

新古典宏观经济学者认为，实行政府干预经济的政策主张，不但不可以达到政策的预期效果，而且对经济还会产生危害。政府干预经济的政策使人们形成了理性预期，意在增加产出和就业的财政政策和货币政策，在长期只会引起物价水平的上升，而实际变量保持不变。他们认为，这就是20世纪70年代以来西方对通货膨胀束手无措的原因。为了使经济走向正常轨道，必须使公众对政府保持信任，不猜测政府政策的变化方向，对所实施的政策不采取任何预防性措施。当经济自身出现问题时，政府也不宜采取任何政策干预经济，经过一段时间之后，经济的自我调节功能会使它自然转好，稳定经济最好的办法就是不施加政策干预，令其自行调节。

（3）政府应该放弃短期政策规则的变动，制定长期不变的政策规则

政府实施政策和政策产生的效果若是具有规律性，那么这种规律性会被理性的经济主体预期到，并作为决策依据。凯恩斯主义根据相机抉择的原则实行稳定经济的政策，这种政策的规律性被经济主体发现，预期到政府所采取的财政与金融政策，并采取相应的对策，从而使这些这些政策的作用效果被抵消。新古典宏观经济学者进一步得出结论：为稳定经济而采取相机抉择的财政政策与货币政策是不能使实际变量发生变化的，政府应该放弃这些只具短期效应的规律性政策，通过市场机制充分自发调节经济，实现经济的稳定状态。

新古典宏观经济学财政政策与货币政策配合的理论：古典宏观经济学派以理性预期为基础论证了货币是中性的，任何意在稳定经济的货币政策都是无效的，只有出乎意料之外的货币冲击在短期内才可以对实际变量产生影响。他们同时阐明了，不仅是货币政策，而且财政政策同样也是无效的。政府为使经济稳定运行而实施的财政政策与货币政策不但不能起到预期效果，反而会增加经济的不稳定性，引起经济的波动。因此他们反对政府对经济施加任何干预，认为通过市场机制的自发调节作用可以解决宏观经济中所出现的一

系列问题。所以该学派并不涉及财政政策与货币政策相互配合的思想。

6. 新凯恩斯主义关于财政政策与货币政策配合的理论

20 世纪 60 年代末 70 年代初，面对西方国家已经出现的滞胀问题，凯恩斯主义难以给出合理的解释并且日益受到来自于其他学派的批判，80 年代中期以来，一批仍然信奉凯恩斯主义的学者在原有凯恩斯主义的基础之上，汲取新古典宏观经济学合理的成分，于是产生了一个新的流派：新凯恩斯主义。

新凯恩斯主义者与原凯恩斯主义的政策主张基本一致，都强调必须通过政府干预经济去纠正市场失灵和实现充分就业。新凯恩斯主义者提出了工资和价格粘性的假设，他们认为市场是非出清的，依靠工资和价格缓慢地调整以解决经济衰退的问题将是一个缓慢和痛苦的过程。同时他们承认市场自发的调节常常是失灵的，所以刺激总需求的政府干预政策是十分必要的。不仅重视需求方面，而且强调了供给方面对调节经济同样发挥着十分重要的作用；不仅重视微调政策的短期作用效果，而且注重结构性政策的长期作用效果。新凯恩斯主义同样重视市场自发调节机制的作用，提倡国家对经济的干预，为避免或抵消宏观水平的经济波动，设计出粗调的经济政策。

传统的凯恩斯主义在需求管理的政策实践中重视财政政策的作用，而轻视货币政策的作用。而新凯恩斯主义则在原凯恩斯主义的基础之上，吸取了众多不同学派的理论观点，在总需求理论中不但承认财政政策的重要作用，而且还认为货币政策与财政政策起着同等重要的作用，有着同等重要的地位，只有恰当地使二者相互配合使用，才能更好地实现宏观经济政策目标。

（二）IS – LM 模型下的财政货币政策分析

IS – LM 模型是由希克斯和汉森在凯恩斯理论的基础上建立起来的一个均衡模型，也称为希克斯—汉森模型。IS – LM 模型修补了凯恩斯理论的缺陷，把凯恩斯的收入决定理论和货币理论结合起来，进一步研究产品市场和货币市场的相互作用，建立了一个商品市场和货币市场的一般均衡模型，以解决循环推论的问题。IS – LM 模型虽然也有其固有的局限性，但其简洁清晰的分析框架使得它仍然是当今宏观经济学的基本内容，仍被称为"现代宏观经济学的核心"（多恩布什、费希尔，1997），在财政政策和货币政策的研究中被广泛应用。

在 IS 曲线和 LM 曲线的交点上同时实现了产品市场和货币市场的均衡，然而这一均衡不一定是充分就业时的均衡。在这种情况下，仅靠市场的自发调节，无法实现充分就业均衡，这就需要依靠国家利用财政政策和货币政策进行调节。财政政策会改变 IS 曲线位置，减税、政府购买增加以及消费、投资和净出口的增加使 IS 曲线右移，从而使国民收入增加。而货币政策会改变 LM 曲线位置，货币供给增加使 LM 曲线右移，在货币需求不变时，货币供给增加使利率下降，刺激投资与消费，从而使国民收入增加。通过 IS 曲线和 LM 曲线位置的改变，使两条曲线焦点所对应的均衡产出达到充分就业水平下的产出。

在 IS－LM 分析框架中，财政政策表现为 IS 曲线的平行移动，而货币政策表现为 LM 曲线的平行移动，财政政策和货币政策的效果决定于曲线平行移动幅度的大小。同时，政策变动的均衡点处于两条曲线交点上，所以政策的效果受到两条曲线的斜率的直接影响。在曲线斜率不同的情况下，即使平行移动两条曲线的幅度相同，产生的政策效果也不同。

IS、LM 曲线斜率对财政政策效果的影响：

当 LM 曲线既定时，如果 IS 曲线越陡峭，即 IS 曲线的斜率（绝对值）越大，移动 IS 曲线产生的财政政策效果越显著；反之，如果 IS 曲线越平缓，即 IS 曲线的斜率（绝对值）越小，移动 IS 曲线产生的财政政策效果越小（见图 14－1）。

产生不同财政政策效果的经济理论解释为：IS 曲线越陡峭，IS 曲线斜率的绝对值越大，投资需求的利率弹性越小，此时实行扩张性的财政政策，引起利率上升的幅度对私人投资的挤出效应就越小，因此，扩张性的财政政策使收入增加的就越多，即财政政策的效果越大；反之，IS 曲线越平坦，投资需求的利率弹性就越大，扩张性的财政政策引起利率上升导致对私人投资的挤出效应就越大，财政政策的产出效果明显减弱。

当 IS 曲线既定时，LM 曲线越平缓，即 LM 曲线斜率越小，实行扩张性财

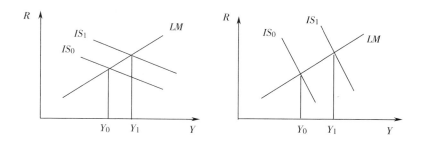

图 14 - 1 LM 曲线既定时，IS 曲线斜率对财政政策效果的影响

政政策的效果越明显（见图 14 - 2）。图 14 - 2 中，实施扩张性的财政政策使 IS 曲线右移，由 IS_1 平移到 IS_0 时，国民收入由 Y_0 增加到 Y_1。图 14 - 2 中右边的 LM 曲线比左边的 LM 曲线更加平缓，即曲线斜率较小，所以扩张性的财政政策使得国民收入增加幅度明显更大。

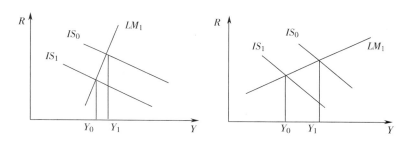

图 14 - 2 IS 曲线既定时，LM 曲线斜率对财政政策效果的影响

扩张性财政政策存在不同政策效果的经济学解释为：LM 曲线越平缓，即曲线斜率越小，表明货币需求的收入弹性越小，此时实施扩张性的财政政策，使人们收入增加而引发人们对货币需求的增加幅度越小，导致利率上升的幅度也越小，对私人投资的挤出效应也就较小，因此扩张性财政政策引起国民收入的增长幅度也就越大；反之，LM 曲线越陡峭，货币需求的收入弹性越大，扩张性的财政政策导致收入增加引起的利率上升幅度越大，对私人的挤出效应也就越大，扩张性财政政策的效果明显减弱。另外，LM 曲线变得平缓也可能源自于较大的货币需求利率弹性（绝对值）。扩张性财政政策致使收入增加，必然伴随着货币需求的增加，引起利率上升，在较大货币需求的利率弹性下，利率上升的幅度较小，对私人投资引起的挤出效应也就越小，扩张性财政政策的效果也就越大。

IS、LM 曲线斜率对货币政策效果的影响：

当 IS 曲线既定时，若 LM 曲线越陡峭，即 LM 曲线的斜率越大，则货币政策政策效果就越大（见图 14 - 3）；若 LM 曲线越平缓，即 LM 曲线斜率越小，则货币政策的政策效果越小。

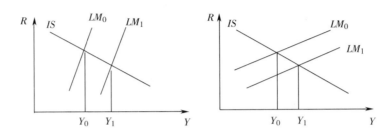

图 14 - 3　IS 曲线既定时，LM 曲线斜率对货币政策效果的影响

以扩张性的货币政策为例。当 LM 曲线越陡峭时，曲线斜率越大，货币需求的利率弹性越小，实施扩张性的货币政策，较小的货币需求的利率弹性能使利率大幅度的下降，对投资具有较大的促进作用，实现国民收入较多的增长，因此扩张性的货币政策效果显著。相反，LM 曲线较平坦时，曲线斜率较小，货币需求的利率弹性较大，实施扩张性的货币政策时使利率的下降的幅度较小，对投资的刺激作用有限，因此扩张性的货币政策效果较小。

当 LM 曲线既定时，IS 曲线越平缓，即 IS 曲线的斜率（绝对值）越小，扩张性的货币政策效果越大（见图 14 - 4）；相反，当 IS 曲线越陡峭时，即 IS 曲线的斜率（绝对值）越大，扩张性的货币政策效果越小。

扩张性货币政策产生不同效果的经济学解释为：IS 曲线越平坦，曲线的斜率较小，投资的利率弹性的绝对值较大，当实施扩张性的货币政策时，引起利率的下降，较大的投资利率弹性（绝对值）能使投资以更大的幅度增加，进而国民收入也增加较多，扩张性货币政策作用效果显著；反之，当 IS 曲线较陡峭时，曲线的斜率较大，投资的利率弹性的绝对值较小，当实施扩张性的货币政策时，利率下降对投资刺激的较小，因此国民收入增加较小，扩张

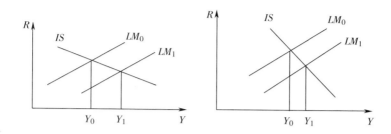

图 14 - 4 LM 曲线既定时，IS 曲线斜率对货币政策效果的影响

性货币政策作用效果较弱。

根据上述理论，两种政策的效果就要视 IS 曲线和 LM 曲线的斜率而定。如果 IS 曲线比 LM 曲线陡峭，财政政策效果显著。相反如果 LM 曲线比 IS 曲线陡峭，货币政策效果更显著。

但有两种极端的情况：在古典情形下，LM 曲线垂直，此时财政政策完全失效，发生完全的挤出效应，而货币政策非常有效（见图 14 - 5）；而存在流动性陷阱情况下，LM 曲线呈水平状，货币政策完全失效，而财政政策非常有效，财政政策不会产生任何挤出效应（见图 14 - 6）。

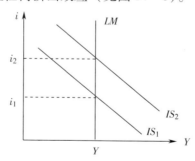

图 14 - 5 LM 曲线垂直时财政政策无效

总结西方学界对于财政货币政策配合的研究，主要集中在以下几个方面：

（1）关于财政政策和货币政策配合情况对经济的影响

Pindyck（1976）较早提出了政策制定者之间的目标冲突问题。Blinder（1982）全面论述了财政政策与货币政策的配合问题，是较早的一篇经典文献，文章先讨论了政策配合中的目标和工具数量问题，再详细论述了两者配

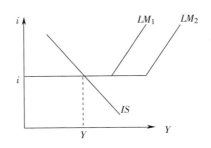

图 14 – 6　LM 曲线水平时货币政策无效

合不当的可能情形和形成原因。Alesina 和 Tabellini（1987）在财政主管部门和货币主管部门不合作的情况下，讨论了规则和相机抉择的问题。由于经济稳定和经济发展的目标可以通过不同的财政货币政策的组合来达到，Smith（1957）考察了不同的组合对经济长期增长的不同效果，并且讨论了如何组合才能是经济长期增长趋势同无通胀完全就业的增长相一致。Bradley 和 Potter（1986）通过模拟财政政策和货币政策的反应方程，检验了美国 1969 至 1984 年财政政策和货币政策的配合情况。Henry、Hall、and Nixon（1999）分析认为，配合不当的财政政策和货币政策将会降低经济的增长率，同时会导致汇率的高估和贸易量的减少。在中央银行独立的情况下，财政政策和货币政策的配合失当，会让中央银行维护通胀稳定的行为付出更大的经济波动代价。Barrell、Riley（2004）运用英国的 NiGE 模型，分析了财政政策和货币政策配合不当对英国经济的影响。

（2）关于政府融资中的财政政策和货币政策关系

Sargent 和 Wallace（1975，1982）的经典论文指出，由于货币存量和税收在支持政府债务方面是可以相互替代的，所以扩张性的财政政策可能会导致紧缩的货币政策失效。为了使货币政策能够最后控制经济的名义总量，财政政策必须要把铸币税作为已定，并且使债务满足 No – Ponzi 条件。Aiyagari 和 Gertler（1985）分析认为，如果国债不是完全以税收为支撑，价格水平会与未偿付债券总量同比例变化。

关于财政政策对真实经济（消费、实际利率等）是否有影响，因为"李嘉图等价"是否成立而存在着争论。有些学者认为由于存在着流动性约束、扭曲性税收、非理性预期，"李嘉图等价"会失效，而"价格水平的财政理论（FTPL）"却认为即使不存在流动性约束等情况，价格和产出水平也会受到财政政策的影响。对于名义政府债券的持有者而言，价格变化改变了债务所含的消费量，这种财富效应会改变均衡产出、消费、利率等，在此理论下，货币政策无法控制通胀，宏观经济稳定更加依赖于财政政策。但是，Buiter（1998）等对此提出了批评意见。Sargent（1999）从铸币税的角度论证了货币政策所受到的财政政策方面的约束，主要是由政府债务引发的财政赤字，指出中央银行的独立性并不意味着货币政策可以完全独立于财政政策。Woodford（2001）则强调了货币政策和财政政策相互作用的国债渠道。由于国债大部分都以名义值发行，货币政策通过对价格水平的影响，能够影响政府债券的实际价值。Thadden（2004）进一步研究了这一国债价值渠道的作用，指出货币政策的不同，国债的动态特征就不同，对财政主管部门的影响也不同。同时作者区分了固定增长和严格盯住通胀的货币政策规则，并指出由于前者允许通胀在短期内偏离目标值，所以对财政主管部门的约束较小。

（3）关于财政政策和货币政策的相互作用

Benassy（2003）运用"非李嘉图等价"模型讨论了在两种不同情况下货币政策和财政政策的相互作用：财政政策和货币政策同时决策、财政政策先于货币政策作出决策。Dellas 和 Salyer（2003）研究了盯住实际利率和盯住实体经济两种不同的货币政策对财政政策的影响，发现对于政府债务水平较高的国家，反周期的货币政策会增加政府债务成本，所以建议在制定货币政策时充分考虑财政政策。

（4）关于最优的财政政策和货币政策规则

在国外相关研究中，一部分学者从新古典增长理论的一般均衡模型出发，推导出了适应经济增长的最优财政政策和货币政策规则。有代表性的是 Chari 和 Kehoe（1999）分析最优税收路径，得出以下建议：初始的资本税收应该较高，随后逐渐降为零，对劳动和消费的税率应该保持不变，依状态而改变的税收应该用于抵消负面冲击，货币政策应该使名义利率尽量接近于零。Taylor（2000）研究了货币政策只针对通胀、财政政策只针对实际变量的"一对一"的财政货币政策组合的可能性。Leith、Wren – Lewis（2000）区分了"积极""消极"两种体制下财政政策规则和货币政策规则的相互作用问题，认为从经济稳定的角度出发，中央银行应该在一定程度上保持政府债务的稳定。米德（JamesMeade，1951）最早提出在固定汇率制度下可能出现的内外均衡冲突，即在固定汇率制度下存在失业增加、经常账户逆差或通货膨胀、经常账户顺差两种特定的内外经济情况组合，这就是"米德冲突"。在开放经济下，政府宏观经济政策期望达到内外部均衡的目标，而固定汇率制度使得政府不能随意改变汇率水平来实现国际贸易收支平衡，政府只能应用金融政策（货币政策和财政政策）来调节经济。因此，政府在宏观调控时，经常会陷入两难境地。然后米德放松假设，提出利用金融政策、价格调整手段、金融控制和商业控制等多种政策手段来实现内外均衡。要解决开放经济中出现的内外平衡问题，必须运用政策搭配的方法。丁伯根（J. Tinbergen，1952）最早证明了政策目标和政策工具之间的数量关系，他构造了"丁伯根决策模型"，联立线性方程组求解，得出要实现 N 个经济目标，需要有 N 种相互独立的政策工具，即是所谓的"丁伯根法则"。斯旺（Trevo. Swan，1955）提出了"斯旺曲线"，说明了仅适用一种政策工具不可能同时解决内部、外部均衡问题，提出用支出增减政策和支出转换政策搭配解决开放宏观经济中的内外部不均衡：内部均衡的实现依靠支出增加政策，而外部目标依靠支出转换政策。蒙代尔（R. Mundell，1968）在"丁伯根法则"基础上提出"有效市场分类原则"：给每一个目标指派对其有相对最大的影响力，从而在对政策目标的影响力上具有相对优势的工具。根据这一法则，蒙代尔提出了运用货币政策促使外部均衡目标的实现，运用财政政策促使内部均衡目标的达到。弗莱明（J. Fleming，1962）、蒙代尔（R. Munden，1963）在凯恩斯主义的 IS – LM 模型上进一步研究斯旺曲线模型提出的政策性难题。他们分析了货币政策和财政政策对一国经济内外部均衡的不同作用，并探讨了国际资本流动的影响，这些研究成果被称为"蒙代尔—弗莱明模型"。该模型认为固定汇率制度的情况下财政政策相对有效，相反地，货币政策则相对无效，但可以改变基础货币的构成；浮动汇率制度的安排下，货币政策相对有效，相反地，财政政策相对无效，但可以改变总支出的构成。克鲁格曼（Paul R. Krugman，1999）根据蒙代尔的研究，提出"三元悖论"，即货币政策的独立性、资本自由流动和固定汇率制度三者不可能同时实现，最多只能实现其中两个。

二、财政政策与货币政策的主要区别与配合方式

（一）主要区别

财政政策与货币政策虽然都是国家进行需求管理的重要武器，都会对社会总供求的总量和结构产生影响，但是两大政策却在功能上存在着很大差异，主要表现在以下几点。

第一，政策目标的侧重点不同。

虽然财政政策与货币政策都是国家进行需求管理的重要武器，但是财政政策注重于社会总供求的构成调节，而货币政策主要注重于对社会总供求的总量调节。从财政政策看，它对总供给的调节，首先表现为对经济结构的调节，财政政策对总需求的调节主要通过扩大或缩小支出规模，达到增加或抑制社会总需求的目的，但这种调节从根本上说也是以调节社会经济结构为前提的。货币政策则通过货币投放和再贷款等措施控制基础货币量，通过存款准备金率和再贴现率等手段控制货币乘数，实现对社会总需求的直接调节，达到稳定货币和稳定物价的目的。当然，货币政策也可以根据国家产业政策，通过选择贷款方向，间接对结构发生调节作用。

第二，所采用的政策工具和作用领域不同。

财政政策所运用的政策工具主要有国家预算、税收、国债、财政投资和财政补贴等手段来调节或影响社会总需求与总供给的总量及构成。财政政策主要是从社会再生产的分配领域，运用其政策工具，参与社会总产品及国民收入的分配和再分配，以影响各银行主体的经济行为。而货币政策主要是运用存款准备金制度、再贴现政策及公开市场操作等三大政策工具以及其他选择性政策工具来调节和影响社会总需求和总供给的总量及构成。货币政策主

要是从社会再生产的流通领域调节。货币政策的核心内容是通过货币供应量的调节来对国民经济施以影响，其功能是向流通领域提供既能满足经济发展需要，又能保证物价稳定的流通手段和支付手段。

第三，作用机制不同。

财政政策更多地偏重于公平。财政政策是影响和制约社会总产品和国民收入分配的重要环节，它的主要责任是直接参与国民收入的分配并对集中起来的国民收入在全社会范围内进行再分配，调节各经济主体间的利益差别，保持适当合理的分配差距，以防止过度的收入悬殊，并从收入和支出两部分影响社会总需求的形成。货币政策则更多地偏重于效率。货币政策的实施是国家再分配货币资金的主要渠道，是在国民收入分配和财政再分配基础上的一种再分配，主要是通过信贷规模的伸缩来影响消费需求和投资需求，进而引导资源流向效益好的领域。

第四，两大政策的效应时滞不同。

从政策制定上看，财政政策的时滞较货币政策长，因为在决定财政政策时，政府提出的有关税收变动和支出调整财政措施，往往要经过一个较长的批准过程。而货币政策制定则不需要那么长的批准过程。从政策的执行上看，货币政策的时滞要比财政政策长，因为货币政策无论是通过扩张货币供给量降低利率来刺激有效需求的增长，还是通过紧缩货币供给量提高利率来抑制有效需求增长，都需要一个较长的过程。而财政政策只要能使政府扩大或紧缩支出，便可以较快地对社会总供求产生影响。

（二）财政货币政策的协调与配合模式

财政与货币政策的配合模式大体上有四种：双紧、双松或一松一紧。

1. 双紧组合和双松配合模式

紧的财政政策与紧的货币政策的配合、松的财政政策与松的货币政策的配合。前一种配合方式适应于社会总需求大于总供给，出现了严重的通货膨胀和经济过热，以至于影响到经济稳定正常运转时所需要的政策配合措施。这种配合措施可以有力地抑制社会总需求的过度增长、缓解通货膨胀。但是这种强有力的紧缩会抑制供给、影响社会生产，把握不当会导致整个经济的萧条。后一种配合方式主要适应于社会总需求严重不足，经济陷入严重萧条的情况，常常是在经济大危机和大萧条以后采用的配合模式。但是这种措施虽然有利于刺激社会总需求及总供给的增长，但不可避免会造成通货膨胀。双紧和双松的配合模式容易加剧经济的波动或震荡，因为政府很难准确把握实施双紧或者双松政策的时机和力度。同时这样的政策搭配会受人们心理预期的影响而起不到应有的效果。双紧和双松的配合模式一般是在特殊经济金融状况下所采用的政策措施。

2. 财政政策松、货币政策紧的配合模式

许多国家在调整经济结构时都会普遍采用的一种模式。紧的货币政策有利于严格控制货币供给对付通货膨胀，为经济的正常发展创造一个良好的货币金融环境。而在货币政策偏紧的同时，实行较松的财政政策，可以解决由于货币供给减少而货币需求得不到满足的弊端，只要政府不是靠无节制的透支来扩大政府支出，而是依靠发行公债等方式货币量都相对容易控制。而扩大政府支出尤其是增加对一些部门的转移性支出和政府补贴，可以有助于调整产业结构、优化产业结构，提高经济增长的质量。

这种政策的配合效应在二战后至 20 世纪 70 年代末的西方主要国家普遍采用。80 年代初至 80 年代中期以前，美国和日本都采用的松财政、紧货币的政策，取得了较好的效果。但是这种配合模式仍然存在一些问题。第一是排挤效应。当政府把向社会筹资来弥补的赤字用于扩张政府投资规模时，会对非政府部门的投资产生排挤效应，这种排挤甚至在一定程度上伤害非政府部门的投资活力。从实践上看这种排挤效应在推行凯恩斯主义的财政政策阶段十分明显。第二个问题是扩张性的财政政策要有一个度，要是超过了这个度，会有严重的通货膨胀隐患，让紧缩性的货币政策形同虚设。第三个问题是扩张性的财政政策虽然有利于调整产业结构和需求结构，但是如果财政的支出安排不当，会加剧产业结构的不合理，使经济发展在低水平上重复。

3. 财政政策紧、货币政策松的配合模式

这种配合模式也是一些国家为了更多地聚集资金、优化资源配置、促进经济而采用的一种配合模式。紧财政，迫使政府收支供求平衡，压缩其消费支出的投资支出。而政府支出的减少，加上宽松货币政策带来的信贷松弛，可以提高资本的边际效率，鼓励私人和企业投资，从而提高了整个社会资金的使用效率。但是这种配合模式力度很难掌握。

三、我国财政货币政策配合实践回顾

（一）改革开放以前财政货币政策综合运用的历史回顾

1. 恢复国民经济时期，制止通货膨胀斗争两大政策的协调

1949 年中华人民共和国成立，我国财政经济情况面临着严重困难。一是国民经济在帝国主义侵略和国民党长期统治下遭到严重破坏，农业连年受灾，工业生产萎缩，市场混乱，物价飞涨。二是解放战争还在继续进行，仍需开支大量军费。财政负担很重，只得发行一部分货币来弥补赤字，加之当时投机资本大量存在，也就仍处于通货膨胀、物价上涨的局面。为了稳定经济，尽快制止通货膨胀，党和国家采取了一系列坚决有效的措施，诸如，迅速恢复工农业生产和交通运输，整顿财政收入，节约财政支出，加强金融管理，禁止金银外币在市场流通，国营商业紧急收购调运主要工农业产品等。在几次物价上涨的冲击波中，选择有利时机，集中抛售物资，以打击投机资本，稳定市场物价。1950 年 3 月，根据 1949 年平抑物价的经验，认识到要从根本上稳定金融物价，就必须争取财政收支平衡，尽量减少财政发行，并掌握大量物资。为此，采取财政货币双紧政策，颁布了《关于统一国家财政经济工作的决定》，统一全国财政收支、物资调拨和现金管理。一切军政机关和国营企业的现金，除留若干近期使用外，一律存入国家银行统一管理，集中调度，并确立国家对外汇实行"集中管理、统一经营"的原则，统一管理外汇牌价和外汇调度。一切财政收入除有特殊规定外，全部限期交纳同级金库，以保证及时入库和集中调度，并且，财政资金在没有支出以前存入银行，可通过发行库的解交和支付，以保证货币发行权集中于中央和资金在全国范围内灵

活调拨。结果在 1950 年 3 至 5 月的三个月中，市场货币流通量减少，1950 年底，财政收支实现了基本平衡，出现了财政金融稳定的局面，终于制止了 12 年的通货膨胀，稳定了物价。

2. 实行对私改造，壮大国营经济的"一五"时期，两大政策协调状况

1953 年，我国进入有计划的经济建设阶段。由于恢复时期取得了较大的胜利，想加快建设步伐，基本建设投资增加过猛，超过了财政负担能力，为了平衡财政，在年度计划执行过程中，动用了历年财政结余用于抵付当年财政支出。可是，由于历年结余已作了银行信贷资金的来源，成为商业部门和物资供销部门物资储备资金，银行就必须紧缩流动资金贷款，向商业物资部门收回贷款。为了归还贷款，商业物资部门就不得不把储备物资卖掉，造成"泻肚子"，库存大量减少，威胁着未来时期市场的稳定，特别是在还有私商存在的情况下，国营商业平价抛出，私商购进而高价出售，市场上出现"公退私进"的局面。1953 年夏，财经会议及时纠正了财政信贷工作中的失误，明确指出财政预算必须与信贷计划相结合，强调财政存款对信贷资金来源的保证作用，不得轻易动用财政上年结余，并在全国大张旗鼓地开展增产节约运动，以增加财政收入。同时对私营批发商首先进行社会主义改造。到 1953 年年终，财政收支仍实现了收支平衡，略有结余。1954 年和 1955 年都是财政收入大于支出，有结余，银行存款增加，出现了钢材、水泥、木材等重要建筑材料过剩现象，感到似乎还是有加快速度的潜力，加之又遇到农业丰收，社会主义改造取得重大胜利，因而在 1956 年计划安排时，对基本建设投资规模，又一次定得较上年增多，同时银行信贷也大幅度增长。事实上，财政与银行采取了双松政策。结果，当年财政收支出现赤字 18.3 亿元，货币发行量增加 16.9 亿元，到年底，市场货币流通量较上年增加 42%，出现了市场供应紧张，商业库存减少，物资供应不足，基本建设战线过长，投资效益下降的情况。针对上述实情，1957 年实施了双紧政策，并配合开展增产节约运动，采取了大力增产农业和有销路的副业产品，增产有原料、有销路的工业和手工业产品，节省一切可以节省的开支等措施，同时，相应地压缩了基本建设的投资额，发行公债，奖励储蓄等，结果在 1957 年底，财政收支实现了平

衡，迅速扭转了供应紧张、物价不稳局面。

3. 1958—1965 年的失误与调整时期，两大政策的协调状况

1958—1961 年的三年"大跃进"时期，财政和银行实行了"双松"政策。财政千方百计动员资金，支持扩大生产，银行则提出确保资金供应，什么时候要，什么时候给，要多少，贷多少，将贷款送上门，大搞信用膨胀，在这种政策的支持下，工业企业盲目追求产值和商业物资部门盲目收购，都有了资金保证，从而出现"工业报喜，商业报忧，财政虚收，信贷膨胀"现象，陷入了物资严重短缺、物价上涨、生产下降的困难局面。为了战胜困难，从 1961 年起，党和国家决定对国民经济实行"调整、巩固、充实、提高"的方针，再度实行了"双紧"政策，先后发布了《关于切实加强银行工作的集中统一，严格控制货币发行的决定》和《关于严格控制财政管理的决定》，即通常所说的"双六条"。大力压缩了基本建设投资规模，冻结银行存款，压缩社会集团购买力，强调集中管理，严格控制货币投放，紧缩财政开支，出售高价糖果，组织货币回笼。当时的高价商品收入，不列入财政收入预算，而是作为特殊收入存入银行，以使财政支出不至于因为预算收入增加，而又抬高支出基数，这样财政政策配合了货币政策，直接回笼了货币。同时，还配合增产生活必需品及精简职工等措施，1962 年实现了财政收支平衡并略有结余。货币大量回笼，价格下降，工农业总产值和国民收入都超过了历史最好水平，胜利地完成了经济调整任务。

总之，在三年调整时期，财政政策和货币政策实行"双紧"，目标明确，措施有力，配合协调，收效既快又好。而在"大跃进"时期，错误地实行了"双松"，而又配合不当，不是相互制约，而是相互助长，从而造成了国民经济的困难。

4. "文化大革命"时期

1966—1976 年，党和国家遭到了新中国成立以来最严重的挫折和损失。林彪、江青反革命集团倒行逆施，一面批判所谓唯生产力论，一面大搞基本建设，提倡高积累、低消费，致使国民经济比例关系严重失调，物资供应不足，企业管理混乱，亏损严重，消费品短缺，排队抢购现象日益加重。财政、

信贷、物资的综合平衡遭到破坏。可以说是财政政策与货币政策极度混乱时期。

（二）改革开放以来我国财政货币政策配合的历史回顾

在财政政策与货币政策的协调配合上，我国也经历了一个逐步认识和转变的过程，从新中国成立后到改革开放前，整个计划经济时代，政府在调控经济的问题上，除了运用经济手段外，还大量地运用了行政和法律等其他手段。改革开放以后，金融逐步从财政体系中分离出来，在国民经济中担负起越来越重要的作用，市场经济的深入发展也要求政府淡化用行政手段调控经济的办法，并逐步运用纯粹的经济手段来调控经济，真正意义上的财政货币政策协调就是在这个时候开始的。

关于中国宏观调控次数的具体划分，学界基本没有分歧，可以参见刘树成（2004）、王健（2008）和庞明川（2009）。

1. 第一阶段：1979 年至 1981 年

1979—1980 年财政政策与货币政策的双松配合阶段。在这一阶段，针对"文化大革命"十年动乱和粉碎"四人帮"后两年徘徊造成的国民经济比例关系严重失调的状况，中央提出了"调整、改革、整顿、提高"的八字方针，要求用三年时间对国民经济进行调整。为此财政政策与货币政策实行了双松配合，用于支持经济发展、改善人民生活、提高农副产品价格、扩大职工就业等，导致 1979 年、1980 年连续两年财政出现高额赤字，赤字占 GDP 的比重达到新中国成立以来最大。银行增发票子 135 亿元，增加贷款 565 亿元，造成 1980 年全国零售物价总指数在以前长期保持在 2% 以下的情况下突然上升到 6% 。

1981 年紧财政松货币政策的配合阶段。一方面是财政上压缩基本建设规模，财政总支出下降 7.9% ，财政软赤字由上年的 97.48 亿元减少到 25.08 亿元，比上年减少了 72.4 亿元。这实际上相当于从流通中减少了 72.4 亿元的货币。另一方面，货币政策则适当松动，没有"一刀切"地对企业大量压缩贷款规模，而是通过适量的货币投放支持农副产品收购和轻纺工业的发展。

这种紧财政松货币政策的搭配方式带来了 1982 年工农业生产的全面增长，国民收入比上年增长 8.3%，工农业总产值比上年增长 8.8%，成为改革开放之后第一次成功运用财政政策与货币政策配合调控宏观经济运行的范例。

2. 第二阶段：1982 年至 1986 年

这一阶段是从 1982 年到 1986 年财政政策与金融政策的"双松"配合到"双紧"的财政货币政策配合。这是 1982—1986 年经济周期的下降阶段。整个周期持续 5 年，1985 年经济达到最大增长率 15.2%，1986 年经济增长率下降到最低点 8.8%，震荡幅度为 6.6 个百分点，是我国改革开放以后经历的第一个完整的经济周期。

随着改革的深化，1982 年开始走向经济高速增长，到 1984 年出现第一次经济过热。在这段时期，财政政策和金融政策实行了"双松"配合。双松的经济政策，带来了经济的强劲增长，这三年的国内生产总值增长率分别为 9%、10.9% 和 15.2%。这是我国改革开放以来出现的第一次经济过热。这次经济过热有一个不可忽视的体制改革背景，即财政体制改革和金融体制改革。财政"分灶吃饭"体制以及两步利改税的实施，使财政减税让利过多，财政收入增长大大低于国民经济增长速度，财政占国民收入的比重不断下降。与此同时，在打破财政统收局面的情况下，财政统支的局面并未改变，财政补贴不断增加，财政负担日益加重，财政赤字逐年扩大。货币政策方面，随着银行的两级银行体制的建立，各专业银行拼命争指标、积基数、扩大对外贷款，即便有些企业不需要时，也动员企业借款。在自有资金来源不足时，伸手向人民银行要。由于实行"拨改贷"和企业流动资金改由银行信贷供应的体制，货币和信贷的投放呈现大幅增长的趋势，本来超出社会总供给的社会总需求急剧膨胀起来。再加上各单位滥发工资、乱发奖金和实物，总供给与总需求的矛盾日益突出，并影响到 1985 年的全国零售物价总水平比上年上涨了 8.8%，社会出现了难以承受的迹象。

针对 1983 年以来出现的投资、消费、信贷膨胀问题，中央曾多次采取"软着陆"的微调措施，但因调控力度不够、措施不到位，导致 1984 年第四季度投资、消费、信贷和进口的严重失控。对此，为了缓解经济过热的局面，

1985 年国务院加大了调控力度,采取了"双紧"的政策。财政方面,控制财政支出,压缩固定资产投资,严格管理消费基金的发放,实现了改革开放以来的第一个盈余年。在货币政策方面,紧缩银根,对国有专业银行贷款总额和固定资产贷款实行指令性计划控制,银行不准发放计划外贷款;对固定资产投资的规模控制实行"行政首长负责制";规定自筹基建资金必须存入银行半年以上方能使用;另外,国家采取了"一刀切"的做法加强现金管理和信贷规模限制,要求全国各单位的工资奖金支出的月平均数控制在 1985 年 3 月的水平上,任何单位和任何个人都不得突破;同时,两次上调储蓄存款和固定资产贷款利率。经过财政货币政策的"双紧"配合,经济过热现象得到冷却,过快的增长速度得到抑制,这些举措在 1986 年全面见效,至此,该经济周期结束。

3. 第三阶段:1987 年至 1990 年

该经济周期历时仅为四年,是新中国成立以来时间最短的经济周期之一。经济增长率的最高点出现在 1987 年当年,最低点出现在周期的最后一年即 1990 年。

1986—1988 年财政政策与货币政策的双松配合阶段。1985 年财政政策与货币政策实行双紧配合虽然使投资、消费、信贷膨胀的势头得到初步遏制,但由于当时财政经济工作中仍然没有摆脱急于求成思想的干扰,一些人认为,1985 年的双紧政策力度太大,并提出了国际经济大循环的政策主张,从而又刺激了各地的投资需求。因此,尽管中央在 1986 年后曾多次采取财政货币松紧搭配政策并注意调控力度的宏观调控"软着陆"措施,但在各地加速经济增长和扩张投资需求的压力下,这些宏观调控措施难以落到实处,未能在实践中执行下去。财政收入占 GDP 的比重继续下降,财政赤字继续扩大,银行信贷和货币投放严重失控,出现投资消费双膨胀。到 1988 年全年商品零售物价总指数上涨达到 18.5%,导致居民大量挤兑银行存款和抢购商品风潮的发生,"软着陆"的宏观调控措施没有起到应有的效果。

面对经济又迅速回到过热状态,1989—1991 年财政政策与货币政策进入双紧配合阶段。面对 1988 年第四季度出现的经济过热和明显的通货膨胀现象，中央提出了"治理经济环境、整顿经济秩序"的方针，相继出台了严格贷款发放、实行储蓄保值贴补、提高存贷款利率等一系列紧缩措施。1989 年11 月，中央又作出了关于进一步治理整顿和深化改革的 39 条决定。主要的调控措施是：清理固定资产投资项目，压缩社会集团购买力，实行从紧财政信贷政策，清理整顿流通领域里的公司，加强市场和物价管理等。这些措施的集中出台，较快地遏制住了通货膨胀的势头，扭转了货币超经济发行的状况。这次的治理整顿措施具有明显的"急刹车"特点，使得经济增长速度在短期内下降过多，企业生产经营困难，市场销售疲软，财政困难日益加剧，财政赤字不仅没有逐步缩小，反而逐年扩大，致使国家不得不在 1999 年下半年再度注入 100 多亿元的资金清理"三角债"，启动市场，接着又在 1991 年后逐步放松了对固定资产投资贷款的控制，调减了紧缩力度。

4. 第四阶段：1991 年至 1996 年

这一阶段是从"双松"政策到"适度从紧"的财政货币政策配合，该经济周期历时 12 年，在这一周期内，经济保持了较高的增长。在该周期内，物价水平出现了大幅波动，1994 年，出现了改革开放至今最严重的通货膨胀，物价上涨率达到 21.7%，而在周期后部的时间里，从 1998 年开始又出现了通货紧缩的迹象，物价开始出现负增长。虽然从 1999 年开始，经济增长速度和物价水平开始逐步回升，但在 2002 年之前，物价水平一直是负增长，所以这里把 2000 年至 2002 年仍然划入该周期中。

1991 年为三年治理整顿的最后一年。这一年，国家经济工作总的要求是："以治理整顿为主，在治理整顿中求发展"，并以调整结构、增加品种、提高产品质量，提高经济效益为中心。可是与往年一样，尽管也有具体的财政金融政策措施，制定好的政策却没有落实，再加上清理"三角债"、抗灾救灾、粮食储备和产品调价等其他原因，致使 1991 年的经济调控政策在实施过程中较 1990 年有所放松，实际上执行的是"双松"的经济政策。为了刺激需求，继 1990 年 4 月和 8 月两次下调了银行存贷款利率之后，1991 年 4 月又第三次下调银行存贷款利率，而且在 1991 年后逐步放松了对固定资产投资贷款的控制，从实际情况来看，这对当年的经济增长是很有必要的。经过上述一系列调整，市场逐渐活跃，经济增长速度逐渐回升，也成功地控制了物价总水平。

1992 年年初，国家公布为期三年的治理整顿工作结束。这年春天，邓小平发表了南方谈话，全国掀起了加大改革开放和经济建设步伐的高潮。当年，党的十四大召开，正式提出了建设社会主义市场经济的方针，我国经济体制改革与经济发展都进入了一个新的阶段。在此精神指导下，出台了一系列的改革条例，企业改革和价格改革同时进行。在此背景下，财政政策和货币政策实行了"双松"配合。从 1991 年到 1993 年这段时期，财政支出连年大幅上升，扩张的财政货币政策实施，使国民经济全面迅速回升并持续高涨。过热的投资和过多的货币供给，给国民经济的发展环境和秩序造成了混乱，尤其是在市场价格和金融秩序方面。再加之价格改革的作用，潜在的通货膨胀压力迅速积累。

1993 年的经济过热现象出现时，除了物价上升幅度很快外，还出现了货币投放过量、经济盲目扩张、金融秩序混乱、财政困难加剧、基础工业瓶颈约束强化、出口乏力、进口过快、外汇结存下降、人民币贬值过多等问题。突出表现为"四高"：高投资增长、高货币投放、高物价上涨和高贸易逆差；"四热"：房地产热、开发区热、集资热和股票热；"二乱"：金融秩序混乱和市场秩序混乱。乱集资、乱拆借、乱抬利率的现象，使得政府通过控制贷款规模来控制市场货币流通量的措施失效，信用关系难以理顺给经济的发展埋下了危机。

1993 年下半年到 1997 年是财政政策与货币政策实行适度从紧的配合阶段。针对前一时期金融秩序混乱，财政信用关系不顺，财政收入增长不适应国民经济发展需要的局面，中央出台了一系列加强和改善宏观调控的措施，主要是：严格控制货币信贷总量，强化固定资产贷款管理，规范信贷资金拆借行为，严格控制财政支出，压缩社会集团购买力，严格控制税收减免，加强税收征管，坚决制止乱收费行为。强调这次宏观调控不是全面紧缩，而是结构调整。一方面，对违章拆借、乱收费、乱集资用于开发区、房地产等方面的资金，要坚决清理收回；对越权减免税收的，要认真清理。另一方面，对国民经济发展重点方面的资金需求要及时予以保证，把宏观调控的重点放在对经济结构的调整上，实现宏观调控的"软着陆"。到1996年，适度从紧的财政政策和货币政策取得了很大成效。实践证明，这次调控是正确和成功的。不仅有力地控制了通货膨胀，而且经济持续保持较高速度增长，基本实现了经济"软着陆"。同时，国家相机推进改革和扩大对外开放。这次成功有效的宏观调控的最大成就是保证了1994年宏观经济改革的顺利实施和平稳过渡，保证了整个国民经济的健康运行，也为我国向社会主义市场经济体制转轨开创了一个良好的经济发展背景，为以后的宏观经济调控提供了丰富的经验。

5. 第五阶段：1998年至2002年

刚刚经过"软着陆"的成功后不久，1997年下半年，亚洲金融危机突然爆发，我国经济也受到了严重影响。我国经济运行中潜在的有效需求不足问题逐步显现和暴露出来，通货紧缩的苗头开始出现。由此开始了历时五年的与通货紧缩的斗争。面对急剧变化的经济形势，1998年，宏观政策迅速转向，开始了积极的财政政策和稳健的货币政策相配合的阶段。年初，面对出口增幅大幅下降的趋势，国家作出了扩大内需的决定，年中又正式开始实施积极的财政政策，当年财政部增发长期建设国债1000亿元，用来扩大基础设施及住房等方面的公共投资规模，从而使得当年的赤字规模达到了960亿元（约比上年增长64.7%），并要求商业银行进行同样数量的配套贷款，在以后的几年里这一规模也继续得以维持。中央银行为增加货币供应量，取消了贷款限额控制，一次将法定存款准备金率下调5个百分点，连续降低了存贷款利率（仅1998年就调低三次）。但在商业银行准备金存款较高、市场不缺少资金的情况下，增加贷款和货币供应量的目标难以实现，中央银行又运用了窗口指导这一货币政策形式，增加了贷款投放。同时扩大了消费信贷，刺激居民需求。在经历了五年的物价负增长后，经济终于走出了低谷。这一轮抑制通货紧缩、启动经济增长的政策成功阻止了经济的严重下滑，避免了经济的大幅波动，创造了新的宏观调控的经验。

6. 第六阶段：2003年至2007年

2003年开始，中国经济出现了投资和信贷增长过快、境外资本流入过多、流动性过剩、通货膨胀压力增大等迹象，我国经济形势再次发生重大变化。从 2004 年开始，政府对财政政策的力度与方向进行逐步的调整，对长期建设国债规模进行了适当调整，对国债项目资金使用结构进行了优化，向社会公众显现出政府对投资规模合理控制的政策信号。在这一经济环境背景下，2004 年底的中央经济工作会议作出了财政政策转型的决定，宏观调控由"积极的财政政策 + 稳健的货币政策"过渡到"双稳健"模式。2005 年实施的以控制赤字、调整结构、推进改革、增收节支为特征的稳健的财政政策，表明了我国的财政政策再次转型。

在货币政策方面，从 2003 年开始，我国实施的稳健性货币政策的政策导向也发生了变化，最终以"稳中适度从紧"作为主要的政策思路，目的在于对过剩的流动性进行适当的回收。2003 年至 2008 年，央行实施紧缩银根的措施，多次对存款准备金率和存贷款利率进行统上一调，目的在于有对货币供应量进行控制。2007 年以后，通货膨胀和经济发展过热已经成为中国经济发展过程中面临的最大问题。而 2007 年的稳健的财政政策与从紧货币的政策相协调的宏观调控政策指导思路，也表明了中国经济所面临较大的通货膨胀压力。在此期间，财政政策与货币政策开始向"双紧"的协调方式过渡。两大政策除了对传统的经济总量目标进行共同作用于之外，还在其他更多的新领域有了配合使用的实践，例如降低利息税以引导储蓄存款资金流向，以推进外汇储备管理改革和应对流动性问题为目的而发行特别国债的行为政策等，这是财政货币政策协调配合出现的一个新特点。

7. 第七阶段：2008 年至今

我国经济于 2008 年已经连续五年高速增长，过热的经济增长趋势尤为明显，通货膨胀的压力日渐加大，为此我国政府采取了一系列相对紧缩的货币政策和财政政策措施，力争维持经济总量的平衡以期达到稳定经济的目的。但 2008 年后期美国次贷危机爆发后，我国的经济也随之受到影响，由过热转变为下滑阶段，实体经济受到影响，出口增速明显放缓，房地产市场及股票市场都开始进入下降通道。面对新的经济形势，我国的宏观经济政策也开始适时转变，开始采取积极的财政政策和适度宽松的货币政策相结合的方式来对宏观经济进行调控。具体体现在财政政策上，政府主要采取增加政府财政支出的方式来增加国内需求，通过了主要应用于基础设施建设、生态环境建设和民生工程、灾后重建的 4 万亿元的财政刺激方案；改变了证券交易印花税双边征收的征收办法，同时降低税率以降低股市的交易成本；为了增加居民个人可支配收入，鼓励居民消费而采取了结构性减税政策，例如通过提高出口退税率、对储蓄存款利息所得暂免征收个人所得税等手段来从财政政策的角度达到刺激消费的目的。而对于货币政策，中央银行为了达到增加收回流动性的目的而减少了对公开市场的操作；多次下调存款准备金率及存贷款利率，这种方式对合理引导市场预期及从宏观上调节市场资金供求起到了积极的作用；同时加大了银行信贷的投放量并逐步取消了对商业银行的信贷规划限制，借以鼓励商业银行发放中央投资项目配套贷款，此举是为了增强其与财政政策的协调配合，加大对财政政策的支持力度，同时也可增强商业银行为经济增长有效提供所需动力；另外明确鼓励以使企业融资渠道更为通畅和宽松为目的的创新融资方式，共同使用财政政策和货币政策使经济下行风险得到了有效的遏制，GDP 得以持续增长。2010 年保持宏观经济政策的连续性和稳定性，继续实施积极的财政政策和适度宽松的货币政策；货币政策保持连续性和稳定性，增强针对性和灵活性。2011 年作为"十二五"的开局之年，中央提出了加快构建逆周期的金融宏观审慎管理制度框架的要求，按照总体稳健、调节有度、结构优化的要求，以加快转变经济发展方式为主线，增强财政货币政策的针对性、灵活性和有效性，更加稳妥地处理好保持经济平稳较快发展、调整经济结构、管理通胀预期的关系，维护金融体系安全稳健运行，促进经济平稳健康发展。

四、对我国财政货币政策协调使用的实践总结

就我国改革开放以来的实际情况来看，财政政策与货币政策除在一定时期内能够协调配合较好以外，多数时间内两大宏观经济调控政策并没有很好地协调起来，在实践中存在一些矛盾。改革开放以来我国进入到经济高速增

长的时期，通货膨胀是困扰经济的一个重大问题，面对这种情况，客观上要求财政政策与货币政策的适度从紧。但是在实际操作过程中财政却难以从紧。在财政分灶吃饭体制下，财力分散、中央财政占整个财政收入的比重下降，导致财政的调控能力下降。加上财政投资支出及建设项目的费用难以控制，财政不但不能保证起码的财政收支平衡，以配合货币政策适度从紧，反而逐年加大赤字预算，结果不仅在很大程度上抵消了货币政策紧缩信用，还由于各级财政的赤字都是通过各种渠道挤占银行的信贷资金，货币政策紧而不松，适度从紧的货币政策难以奏效。

通过对我国财政政策与货币政策协调配合使用的实践总结，可以得到以下几个结论。

财政货币政策的协调机制逐渐向市场化调控方向转型。在发展公共财政的总体框架下，从财政政策影响经济的方式主要以政府投资性支出为主，逐渐转化到通过公债、税收、转移性支付等多项综合工具的运用。同时随着我国金融体制改革的进一步深化，货币政策的制定与实施，不仅仅限于传统的信贷控制方面，逐步具有了更加开放的市场经济国家的特征。

在财政货币政策的作用效果方面，财政政策的作用效果由强到弱，而货币政策的作用效果由弱到强。改革开放伊始，国家宏观调控是以财政政策为主导的，而货币政策几乎没有作用。随着金融体系的不断完善，特别是在1985 年之后，货币政策的核心模式转变为通过对信贷规模的控制进而影响货币的供应量。1994 年实施的分税制改革导致财政政策的主导地位被大大弱化了，两大政策协调的主导方逐渐由财政政策过渡到货币政策。此后由于货币政策的作用效果不佳，1998 年以后扩张性的财政政策才再次受到重视，但政府对货币政策作用效果的期望并没有因财政政策的重返而有所削弱。实际上，积极财政政策在2004 年淡出前后，货币政策仍是两大政策配合使用的主要方面。2007 年以后，中国更加开放的经济环境给货币政策的制定与实施带来了更多的问题，同时政府也开始意识到在对经济的宏观调控中财政政策应负有更多的职责。

目前为止的财政货币政策配合使用，更多的关注总需求管理，主要以实现经济总量的稳定为目标。在凯恩斯主义经济理论框架下，研究的是财政政策与货币政策如何通过有效的协调配合来实现总需求水平的稳定，其理论是以封闭体系的自由利率为假设条件的。对于具有完善金融体制的市场经济国家来说，这样的政策选择的作用是相对有效的。然而像中国这样面临着经济发展与体制转轨的双重任务的国家来说，凯恩斯经济理论的总需求管理就显得过于单一了。财政政策与货币政策的协调配合，在长期看来，还必须关注金融制度在开放经济的条件下的优化，以及以结构性调整为目的的供给管理等层面，这也是当前我国宏观经济调控迫切需要解决的问题。

五、计划经济时期关于财政货币政策配合的研究

我国对财政货币政策协调的研究始于陈云（1957）的"三平"理论，在我国计划经济的实践中，指导宏观总量平衡的一直是综合平衡理论（即"三大平衡"理论）。在 1957 年 1 月 18 日的全国各省、市、自治区党委书记会上，陈云在总结以前工作经验的基础上首次提出"建设规模大小必须和国家的财力和物力相适应"，并进而提出了做到这一点的制约方法：财政收支和银行信贷收支都必须平衡，而且应该略有结余。只要财政收支和信贷收支是平衡的，社会购买力和物资供应之间，就全部来说，也会是平衡的。经过实践的检验，陈云的这套方法被证明是十分有效的。学术界也从逻辑上证明了陈云的这一思想。按照马克思的社会再生产原理，价值运动和物资运动必须相适应。在现实经济生活中，价值运动就是货币收支的运动。而货币收支运动在当时条件下主要控制在财政、银行手中，具体表现为财政收支和银行信贷收支。从国内来讲，只要做到了财政收支平衡和信贷收支平衡，物资供求平衡也就实现了。"三大平衡"理论实际上成为我国当时的宏观经济理论，而且是唯一从实际经济生活中提炼出来的完全中国化的理论，在我国经济学说史上具有重大的创新意义。

改革开放以后，理论界继续沿着陈云的思路进行研究，进一步丰富和发展了综合平衡理论，尽管其研究仍是在计划经济体制的框架之内。有两本书

是应当在这里被提到的：一本是 1981 年由黄达、陈共、侯梦蟾、周升业、韩英杰合著的《社会主义财政金融问题》，达到了当时这个领域的最高学术水准。在这本书中，首次对综合平衡问题做了系统的分析，认为从整个国民经济的角度出发，为了实现物资供求平衡，必须进行财政信贷统一平衡。另一本书是 1984 年由黄达著的《财政信贷综合平衡导论》，是在前一本书的基础上写成的，对财政信贷综合平衡作了深入的分析，下面这段话就表达了一个重要的原则，即总体平衡原则。"当我们议论财政和信贷的收支平衡问题时，不管观念上是明确还是不怎么明确，货币流通的稳定与市场供求的协调实际是根本性的要求。既然是这样，显然，能实现这种要求的财政收支和信贷收支的种种配合都是可成立的，而不单单是两者都应求得自身平衡这种唯一的组合。至于财政收支和信贷收支所以除去各自平衡的唯一组合之外还有其他种种组合，则是由于在现代经济生活中它们之间有着难以简单分割的联系。这说明了财政货币政策协调的必要性。如果财政和金融之间是一种简单的线性关系，那么，财政政策或货币政策的单独运用都可以达到总体的平衡。正因为二者是相互影响的，并共同作用于产出水平，所以就可通过多种不同的组合（即通过协调）来实现总体的平衡。"这本书把综合平衡的研究推向了一个崭新的高度，并为体制转轨背景下的财政货币政策的研究提供了必要的基础及其方法。

　　在整个计划经济体制下，讲财政信贷统一平衡，一般指财政要支持信贷，信贷差额要由财政补足。在这种思想的影响下，财政政策处于宏观调控的主导地位。因为在当时条件下，要满足工商企业生产发展、流通扩大对流动资金的需要，银行发放的信贷贷款必须逐年有所增加。而在统收统支财政体制下，国营企业所实现的社会纯收入，基本集中于财政，而生产流通增长所需要的正常货币发行增长量也有限。这样，信贷资金来源往往不能满足增加贷款发放的需要，这一差额如果财政不给弥补，就会引起货币发行增加或者商业库存减少。因此，信贷差额由财政补足，成为当时组织财政信贷统一平衡的重要内容。

六、转轨时期关于财政货币政策配合的研究

财政货币政策需要协调，是随着我国社会主义市场经济日益深入地发展而显现出来的。在 20 世纪 80 年代中期以前，不论学术界还是实务界都没有"政策协调"的提法，一般讲的是"综合平衡"，提法逐渐转变的过程也是我国社会主义市场经济不断深入发展的过程，是我国市场化改革不断深化的印证。概念的替换不仅仅只是打上了西方经济学的烙印，也反映出政府对干预经济认识的变化，映射出体制模式的变迁。

从 20 世纪 80 年代后半期开始，金融的地位急剧上升，早已突破了综合平衡理论的框架，形成了一枝独秀的局面。对此理论界做过很多讨论和分析，总结诸多学者的观点，可以概括为以下几点：（1）信贷逐渐成为筹集和分配货币资金的主要渠道。发展商品经济意味着活跃经济建设中的信用活动。发达的商品经济基本上是一种信用经济，产品的商品化必然带来经济生活的货币化和信用化。同时随着经济体制改革带来的资金分配渠道的变化本身也客观要求采用信用渠道来筹集和分配建设资金。（2）信贷规模是影响市场货币购买力的决定性因素。在商品经济条件下，由于实行了以价值形态分配控制社会产品的方式，从而使保证社会再生产正常运行的各种需求，而在我国流通中的货币都是通过银行信贷渠道投放出去的，银行体系成为货币的供给部门。（3）企业扩大了自主权限。实行企业基金制度、利润留成、盈亏包干等方法留下了许多资金归企业支配使用。此外还有大量的资金以各种名义分散在企业、部门、地方而没有反映在财政收入之中。（4）居民货币收入增加迅速，既增加了流通中的货币需要量，更大量地增加了居民手中的现金沉淀和银行储蓄。这些因素导致银行集聚的信贷资金力量会越来越大。而同时，财政通过经常性项目，如税收、利润上缴等所组织的收入则很难以同等速度增长。

金融的过分突出，破坏了国民经济的内部均衡，出现了许多以前不曾碰到的新问题，这集中表现在三个困难，财政困难、银行困难和企业困难，而

且三者互相影响,陷入一种非良性循环,严重影响国民经济的平稳、健康发展。正是这样一种局面,引起了理论界的严重关切,并切实感受到财政货币政策协调的重要性。正是在这样的背景下,对财政货币政策协调的研究,掀起了一次高潮,并取得了重大进展。从现有的研究成果来看,着重从以下几个方面进行了研究。

(一) 关于财政政策和货币政策的联结问题

这在综合平衡理论中就有过深入的分析,但那是以金融受到压抑的计划经济为背景的,侧重于财政透支、财政增拨信贷基金、银行代理金库、银行收益上交以及企业资金供应的分工等等。随着经济的市场化,我国的资金宏观配置格局由传统的财政主导型变为了金融主导型。

尚福林(1986)指出应改变认为财政、银行是国家的"两个口袋"的传统观念,打破财政和银行的"大锅饭"。财政赤字不能转嫁给银行,不能靠发票子弥补。其次,财政政策和货币政策的"结合部"应由财政向银行借款和透支转向资金市场,财政发生赤字应主要通过发行国库券、债券解决,银行和其他金融机构可以购买国家债券。通过市场机制实现资金在银行和财政间的转移,银行是在确有资金能力的情况下自愿购买国家债券,不会扩大总需求。中央银行也可以通过吞吐国家债券,运用市场工具实现货币政策目标。最后,也是最重要的,在控制总需求中财政和银行不能"各自为战",不能为了各自的平衡挤对方,而应从有效控制总需求的要求出发,去协调和衔接财政和货币政策。

对于财政政策与货币政策配合的微观联结点,学界经过讨论基本上达成了共识,归纳为以下三个:国债、铸币税、财政投融资。

国债是财政货币政策的重要联结点,对于财政政策而言,国债是在财政支出大于财政收入时弥补财政赤字的基本手段,是对财政政策发挥宏观调控作用必不可少的工具;对于货币政策而言,国债又是央行进行公开市场操作的基本对象。双方在国债方面的配合是财政政策和货币政策在微观层面上的重要配合内容。

铸币税是财政政策和货币政策相互关系中的一个重要概念。一方面，铸币税的多少直接取决于基础货币的发行量，也就是取决于货币政策；另一方面，铸币税又是弥补财政赤字的方式之一，与财政政策息息相关。

财政投融资是国家财政以财政资金或筹集的其他资金，以信用方式投向生产经营领域，调整经济结构、强化宏观调控的一种行为。财政投融资融财政性与金融性于一体，在宏观调控中具有财政和货币双重职能。可以说，财政投融资是投资领域中财政政策和货币政策协调配合的连接点。

黄挹卿（1997）认为自从1995年《中国人民银行法》颁布实施后，财政赤字就只能通过发行国债的办法来解决。面对越来越大的国债规模，国债对货币供应的影响亦愈来愈大。财政收支过程对货币供应的影响是十分明显的，国债对货币供应产生了扩张性影响。

段引玲、裴传智（1997）分析指出，财政收支对货币供应的影响主要体现在对基础货币的影响上，并与信贷收支一起不断改变货币的存量结构。这个结论拓宽了财政货币政策协调的视野。

皮兆根（1997）从财政的角度来观察，金融部门对财政的影响也可以是即期的和直接的，如再贷款规模、基准利率的确定、商业银行准备金的调整、金融债券的发行，在某种程度上决定着财政政策的目标能否实现。

谢杭生（1997）认为要解决社会资金的非良性循环这个问题，需要理顺财政与银行的关系，而不仅仅是简单地恢复或提高比重。在转轨时期，财政货币政策协调的内涵，不只是政策本身的协调，还包括财政、金融两个部门的协调：从政府宏观调控的角度来观察，这表现为财政、金融两部门在总量平衡关系中如何协调；而若从经济发展的角度来看，则体现为财政、金融两部门在资本形成和积累过程中各自应该承担什么样的责任；从逻辑上说，两个部门之间的协调比两大政策之间的协调更加重要，因为前者是后者的载体和前提。

黄达（1997）指出财政、金融和国企相互之间的资金宏观配置形成当前的这样的格局，是始料之所不及。这种格局，在计划经济中没有，市场经济中，不仅发达的市场经济国家没有，就是经济运行比较正常的发展中国家也没有。这就是说，这种变化是不合理的。要扭转这种不合理的状况，首先必须把重构微观基础，即推进国企改革和促进国企资金状况改善作为决策思考的起点；同时在配合改善财政的进程中提高财政金融在共同实施宏观调控中的协调水平。

（二）关于如何对财政政策与货币政策进行搭配的问题

从总量这一角度分，财政政策和货币政策都可以分为三类：扩张性政策、中性政策和紧缩性政策。由于众多复杂的工具和指标包含于财政政策和货币政策之中，所以很难通过指标的方法进行定量划分，以上的三类划分方法只能是定性的。这一点在学术界没有异议。

依据财政政策与货币政策各自划分的三种类型，自然会产生九种政策搭配方式类型，下表简单地列出了各种政策搭配方式的适用情况。

		货币政策		
		扩张	中性	紧缩
财政政策	扩张	社会总需求严重不足，经济严重萧条	物价平稳，但总需求不足	有较严重的通货膨胀，经济增长乏力，社会投资不足
	中性	有通货紧缩的迹象，但全社会总需求增长较为平稳	物价平稳，全社会供需大抵平衡	有通货膨胀的迹象，但社会投资水平较低
	紧缩	有较严重的通货紧缩，全社会投资增幅较大	物价平稳，但投资有过度增长的趋势	社会总需求严重膨胀，经济严重过热

姜波克（1995）研究了我国1993年、1994年以反通货膨胀为主要目标的宏观经济调控，通过理论和模型分析，指出只运用货币政策来应对通货膨胀的效果并不理想，原因在于货币政策的两个目标——控制货币和稳定汇率，在开放经济条件下二者不可兼得。所以，中央银行在紧缩货币时，须针对开放经济条件下的不同情况选择不同的政策工具，进行合理的搭配，并提出了涉及六种政策工具的搭配方案，以实现控制通货膨胀的目标。

曾康霖、王文宁（1996）认为财政货币政策在宏观调控中应致力于稳定物价、防控通货膨胀，应在减少财政赤字、理顺国债发行机制、财政性存款账户管理、减少财政补贴进行的调价四个方面进行协调配合。

方春树、聂建平、袁晋华（1996）总结在凯恩斯主义 IS－LM 框架下财政政策与货币政策配合的四种一般模式，认为改革开放以来我国实行的扩张性财政货币政策造成经济中出现通货膨胀，而根据国外经验，尤其是日本"道奇经济紧缩"政策对经济的推动作用，论证我国应该实施适度从紧的货币财政政策；并分别对两大政策的政策工具、制度基础提出相应的建议。

刘锡良（1997）从经济转型时期的具体国情出发，指出我国应选择紧的货币政策与略为松动的财政政策配合模式。这既有利于防止出现严重通货膨胀，又有利于促进产业结构调整。货币政策与财政政策的配合，宏观层面上应着力于稳定物价，抑制通货膨胀；中观层面上应着力于调整产业结构和地区经济结构，促进经济健康协调发展；微观层面上应着力于处理好公平与效率关系。财政政策和货币政策在微观上的配合，核心就是解决社会的公平和效率问题，需要从以下几个方面进行配合：合理供应企业资金；理顺企业债务关系，降低企业的债务负担；调节个人收入，缩小收入差距。

姜波克（1998）认为随着我国经济开放程度的扩大，经济中出现了诸如内部平衡和外部平衡的矛盾、国内经济政策和国际社会反应的冲突以及传统经济理论无法合理解释的现象。他指出在运用西方的经济理论和经济模型时，需要经过重新研究和条件修正，使之与中国的国情和现状相符。另外，他还强调对政策工具设计、搭配和操作方法的研究和创新。

北京大学中国经济研究中心宏观组（1998）的一个研究成果是在 IS－LM 模型框架下分析中国货币政策和财政政策的效果，并回顾 1998 年年内出台的财政政策和货币政策，考察其效果或作用，总结制约两大政策作用效果的因素。他们相应地提出了短期和中长期的政策建议，认为在短期内应运用需求政策来刺激内需，强调财政货币政策的协调运用；而在中长期内，着重经济制度和结构的调整。

曾康霖（1999）认为当时我国宽松的财政政策和货币政策的作用被社会公众的预期心理、政策运作机制、经济体制的副作用、政策的挤出效应所抵消，提出要从建立健全社会信用制度、发展多种经济成分去提供政策环境；

增强社会公众的信心，调整人们的心理预期；调动微观主体的积极性；谨防通货紧缩。

刘锡良（1999）指出在开放经济条件下，财政政策和货币政策的配合存在三种效应，即合力效应、互补效应和矛盾效应。二者的协调配合就是要尽量发挥合力效应和互补效应，避免矛盾效应。他还认为两大政策的协调配合至少可以从三个层面上来分析，分别是宏观、中观和微观。宏观层面主要是考察对宏观经济总量的影响，中观考虑对产业结构调整和地区经济发展的作用，微观上考虑对企业的影响以及社会保障制度的建设。

曾康霖（2001）认为积极的财政政策和稳健的货币政策不能简单地用"一松一紧"来解释，政府在选择强化财政货币政策时须权衡政策的示范带动作用、防范风险的能力以及财政的承受能力。

李武好（2001）的分析结构较为独特，即从保持宏观经济稳定、筹集资金和调整投资结构三个方面论述了财政政策与货币政策的相互作用问题。其中，关于两者的配合问题主要在保持经济稳定这一层面上进行了分析，在剖析两者松紧搭配的问题时，明确提出了双松、双紧不适合我国国情的论点。

张学友、胡楷（2002）根据中国的国情修正了蒙代尔—弗莱明模型的一些假定条件，建立了一个修正的蒙代尔—弗莱明模型，以此来分析比较在我国同为扩张性的货币财政政策的有效性。他们指出在我国现行的汇率制度安排下，积极的财政政策相对于货币政策更加有效。

黄燕芬（2004）主要从联结两大宏观经济政策的重要工具——国债在运行中还存在一些突出矛盾和问题的角度，分析了货币政策与财政政策的协调问题。提出应调整国债资金的使用方向，加强对社会事业的投入，重点由拉动投资需求转为调节社会分配、拉动消费需求。

邱兆祥等人（2005）认为国债、政策性金融、税收和利率、社会保障是财政与货币政策的四个结合部，其中任何一个政策的变动都不仅仅是单纯的财政问题或金融问题。政策制定者在制定政策时如果只考虑一个方面的作用而忽视另一方面，政策将达不到预期效果，甚至产生负效应。

贾康、孟艳（2005）阐述财政政策与货币政策因调控目标相同、政策手段的互补及传导机制的互动性而紧密联系，同时又因为二者在调节的范围、侧重点、手段、功能空间、调控的资金遵循的经济运行机理以及时滞方面存在一系列的差异，得出货币财政政策在宏观调控中协调配合的必要性。通过对中国经济现状和之前的政策效果分析，他们认为在结构调整方面应以财政政策为主、货币政策为辅，在总量调节方面则相反。另外，他们认为两大政策存在天然的结合点，如国债市场和财政存款；或者通过人为设计结合，如通过外汇储备购买成立主权基金。

刘伟、蔡志洲（2006）指出，对于中国特殊的经济环境，货币政策在宏观调控中的有效性已经开始降低。单纯的总量上的需求管理已经不能满足调控宏观经济的要求，而应该更多地考虑把需求管理和供给管理结合起来。落实到具体的宏观经济政策上，重点应该把货币政策和财政政策结合起来，尤其应该注重财政政策的作用。

巴曙松、刘孝红、牛播坤（2006）提出中国财政政策和货币政策在政策目标、政策工具、传导机制等方面协调中存在的问题，指出二者具有内生的不协调。在此基础上提出了建立和完善财政、货币政策的配合机制，优化国家宏观调控体系；适度调整财政政策和货币政策工具的运用领域；慎用财政化的货币政策，控制基础货币投入，通过市场约束防范金融机构风险处置中的道德风险；进一步加大投融资改革的力度，明确财政融资与商业银行融资的界限。

黄达等人（2007）认为有必要着眼于全球经济调整视角重新审视财政政策和货币政策的作用机理和组合绩效，指出中国目前出现了严重的内外不平衡格局，在这种情况下，解决外部不平衡问题应更多地倚重财政政策，货币政策调控体系应建立统一性与区域差异性相结合的模式。

阎坤、焉晓发、李琳（2007）指出财政货币政策协调不仅作用于总量调控，同时也对经济结构调整，包括总需求结构和供给结构起作用，并进一步指出财政政策在经济结构调整中更加有效。他们认为经济结构失衡制约经济的有效、持续增长，经济结构失衡表现在总需求方面高投资、高出口、低消费，供给方面产业结构矛盾、区域经济结构不平衡等，从而得出中长期的财政货币政策调控应着力于扩大消费占总需求的比例，培养自主性投资并大力推动体制性结构的调整。

类承耀、谢勤（2007）在诺德豪斯（1994）模型的基础上，加入转型国家的特征和我国的国情，构建了一个"财政—货币"模型，得出四个命题："囚徒困境"导致高通胀和低产出；"财政领导"模型在短期内会造成宏观经济不稳定；货币政策不具有独立性时，可能造成财政赤字货币化；谈判机制的设计，一定程度上能解决"财政—货币"博弈问题，但无法完全消除社会福利损失。他们论证了货币财政政策协调运用的必要性，认为二者协调配合能改进社会福利，建议建立财政货币政策协调委员会，以实现财政货币政策的协调配合。

杨涛（2008）指出，随着对外开放程度的不断提高，当前的中国经济开始面临更加复杂的内外局面，被寄予厚望的单一货币政策难以达到多重调控目标，往往在货币内部稳定与对外平衡之间陷入两难境地。进一步强化财政政策的作用，寻求新的两大政策搭配机制，成为宏观调控的重要选择。

崔建军（2008）认为伴随经济高速增长，财政政策的调控空间越来越大，而面对流动性过剩，货币政策调控效力日益弱化。财政政策和货币政策要真正发挥宏观调控功能，必须改善其赖以发挥作用的经济运行环境并加强两者之间的协调。

陈新平（2008）认为2007年从紧的货币政策对抑制投资过热、物价持续上涨作用有限，货币政策陷入了进退两难的境地。而针对宏观经济主要矛盾所呈现出的结构性、局部性特征，应积极拓展财政政策的作为空间。

（三）关于转轨时期我国财政政策与货币政策协调的特点

北京大学中国经济研究中心宏观组（1998）认为，改革开放至今，中国一共经历了七次宏观调控。有五次是以治理经济过热为主要内容的紧缩型调控。这表明，一方面，由总量扩张所造成的经济过热成为中国宏观经济运行的常态，这是和中国处在工业化、城市化快速发展阶段，以及几年上一个台阶的 GDP 赶超有较大关系，而背后则是国有企业、地方政府、银行机构，乃至宏观调控当局的内在扩张冲动。另一方面，鉴于过热是常态，宏观调控的主要目的就是收缩。并且，考虑到不同区域产业等的结构性特征很明显，收缩就不是"一刀切"，而是有针对性，有保有压，有扶有控，从而呈现结构性调控（或收缩）的特点。总体而言，总量扩张与结构收缩是中国财政货币政策配合中的最大特点。

王雅莉、赵青平（2001）认为我国的体制转轨已经使财政货币政策从构成和分配计划社会总需求的主导角色转换为主要是调节、影响社会总需求的角色。而在新旧体制转换的过程中，财政货币政策还具有双重身份的特色，即一方面为了稳定经济，仍然起到计划社会总需求的作用；另一方面，为了促进市场经济主体的发育，主要起到影响和调节社会总需求的作用。前一种作用有时会形成体制收缩的压力，后一种作用则要求体制不断推进。在这个过程中，为了促进体制转换，财政货币政策要逐渐地减少或使前一种作用退化或转化，逐渐增加或强化后一种作用，从而形成各种复杂的财政货币政策与体制变量的组合方式。

赵晓（2007）认为中国的财政货币政策协调问题，虽然未必是完全有计划、有预料，更多带有"摸着石头过河"的特点，虽未必完全合乎西方经济学的教材、概念，但宏观调控的方向是对的，并且启动及时。总体上，宏观调控已取得"喜剧性效果"。这一独特的调控体系的形成机制除受特殊的国情和经济运行不同阶段的特点所影响外，一个最为重要的因素是还受到了转轨进程中不同阶段体制基础的制约。

庞明川（2009）认为，我国的财政货币政策协调采取了一种与渐进式转轨类似的模式，有以下的特点：首先，从宏观调控体系的构成来看，市场经济国家的宏观调控体系主要包括财政政策与货币政策，而中国在这两个政策以外，还有行政手段的配合，主要包括针对市场主体的一般行政手段（如窗口指导、信贷控制、国企管理、要素资源数量控制、价格干预、市场准入或过程控制政策等）与针对执行部门的特殊行政手段（如行政监督政策）。其次，从政策工具的运用上看，市场经济国家常用的政策工具包括货币政策中的货币供应量、法定准备金率、再贴现率与财政政策中的公共支出、公共收入等,而中国还包括货币政策中的外汇储备,财政政策中的进出口税率,价格政策中的重要生产要素和资源的价格以及行政手段中的信贷规模、重要生产资料的供给,重要商品价格以及土地、建设、规划、环保、安全、贸易、外资、产业、市场秩序等政策门槛等。

(四) 关于财政政策货币政策配合中存在的问题

米建国、宋光茂、张承惠(1996)认为在我国经济体制转轨的阶段,需要财政货币政策在更高水平和更深层次上的协调配合。目前这方面做得还很不够,还存在着一些配合"空挡"、配合欠协调甚至相互掣肘的问题,主要表现在以下方面:(1)财政货币政策的调控分工不明确,从而造成某些政策"空挡"。(2)财政货币政策之间缺乏固定的配合程序,致使二者的配合关系不规范。往往只是当这两大政策的制定和执行部门需要对方的配合时,才向对方提出配合的要求,而对方是否配合则往往取决于这种配合对自己是否有利。不仅难以在具体工作上予以合作,而且还可能在业务上产生摩擦和矛盾。(3)在经济运行和体制改革的某些重大问题上,财政、货币政策配合不够。如在国债发行问题上,由于我国的国债利率不得不以存款利率为基准,这种或多或少地带有"竞抬利率"成分的行为,既提高了国债的发行成本,也在一定程度上冲击了货币政策。再如在企业改革上,财政自1983年就"退居二线",不再给国有企业增拨流动资金,结果在相当程度上造成国有企业对银行的过度依赖。财政、货币政策配合,但二者又都无所作为,成了两只拍不响的"巴掌"。

江其务(1997)分析了我国的财政政策和货币政策在宏观调控中无法协调配合的原因,指出根本原因在于现行制度框架内缺乏二者协调配合的制度基础。认为出现财政困难、银行困难和企业困难,与其说是财政货币政策不协调所致,倒不如说是体制转轨中制度结构扭曲所导致的。因此,从这层意义上说,进行制度创新是两大政策协调的基点,其核心在于创建与市场经济内在要求相适应的现代企业制度与现代金融制度。

谢杭生(1997)分析指出财政、货币政策是由政府来制定的,但具体的执行却是由财政、金融两个部门来分别履行的。在财政、金融两个部门定位合理、分工明晰的情况下，财政货币政策的协调主要表现为政策本身的协调，例如，松、紧搭配，同时松或同时紧等等诸如此类的组合，以及不同的组合对经济运行产生的影响。但在两个部门职能界定不清的情况下，财政可能干了金融该干的事情，而金融也许履行了该财政去履行的职责。这样一来，财政政策与货币政策的协调实际上就变异为财政、金融两个部门的协调。我国的情况恰巧就是如此，出现了"财政资金信用化，而信用资金财政化"的局面。

刘溶沧（1997）认为当时的财政制度，无论是其内部结构还是运作方式，实际上仍处于计划经济体制框架之中。且不说长期财政包干（包括中央对地方的纵向包干和财政部门对其他部门的横向包干）所导致的财权分割和财力分散，即使1994年所进行的财税体制改革也不过是在"分钱"的意义上进行了调整，整个财政的运行机制依然未有质的变化。这种制度缺陷所造成的财政萎缩，不仅极大地限制了财政政策的选择空间，使其回旋余地很小，而且，反过来对银行信用造成了畸形依赖，对货币政策产生了严重的干扰和冲击。当然，还有分配制度、社会保障制度以及政治体制等等，都是两大政策协调中绕不开的问题。

张晔（1999）认为在财政政策与货币政策的协调中存在以下困难：财政调控职能弱化，对货币政策产生了"缠绕性"的干扰与冲击，使两大政策无法发挥应有的作用，协同配合出现困难。国有企业改革举步维艰，资金不足，效益滑坡，与市场经济相适应的现代企业制度远未形成，这是两大政策协调配合最大的微观基础障碍。财政与银行的职能混淆，特别是财政职能向货币转移，阻碍了两大政策的有效协调。财政、货币政策制定各自为政，缺少必要的、充分的相互协商。

刘锡良（1999）提到了财政货币政策与金融风险的关系，认为在我国经济体制转轨时期，金融风险是制度性的风险，它的形成与特定背景下的财政货币政策有着直接或间接的关系。因此在风险的防范和化解方面，除加快制度性变迁，逐步消除金融风险产生的制度性因素外，在很大程度上，还要依靠制定适当的财政货币政策，且二者应密切配合。当前在理论界已经充分认识到货币政策对防范风险的作用，并提出了诸多的政策措施，但是对财政政策往往是采取忽略态度。其实就我国金融风险的成因看，财政体制的问题以及财政对金融体系的责任转嫁是形成风险的根源，因而今后应充分重视财政政策对防范和化解风险的作用。

郑新立（2001）指出，在转型中，财政政策和货币政策在配合上面对的任务众多，往往捉襟见肘。财政政策一方面要发挥宏观调控的作用，另一方面又要承担改革所必须支付的成本，比如国有企业改革过程中的政策性亏损补贴、对价格改革后居民价格补贴等，导致财政状况不能因经济的起落而变化，使得财政政策在调控中的作用一直都不够明显。

黄燕芬（2004）从货币政策与财政政策在国债市场的不协调，分析二者不协调的深层次原因：财政政策回旋余地小，货币政策操作空间有限且二者协调操作方式尚待改善。她认为应完善公共财政，货币政策应该关注整个市场的稳定，推进国债管理和投融资制度改革。

郑新立（2004）认为货币政策以中间方式进行调控，对传导渠道的要求较高。而我国改革开放以来，先是国有企业缺乏硬约束，对利率信号不敏感，后是占市场主要份额的国有银行激励约束机制不健全，贷款的变化往往不能与宏观经济调控的要求相适应，甚至出现背道而驰。例如在一些行业周期的高峰阶段，银行为追求眼前利润不顾国家产业政策调整的要求继续向这些行业大量贷款，而国家在需要刺激经济的情况下又出于风险防范或者资本金不足而"惜贷"严重，使得宽松的货币政策效果仅仅体现为商业银行超额准备金的增加，使得银行体系事实上成为货币政策的"缓冲器"，削弱了货币政策的力度。我国利率市场化进程还未完成，市场还缺乏真正的基准利率，各种层次的利率水平尚未理顺，也制约了货币政策效果的发挥。同时，我国非公有经济所获得的金融支持与其经济份额不相匹配等问题也都制约了货币政策的传导。

杨涛（2006）提出随着我国经济复杂性与货币化程度的提高，两大政策的配合与协调也变得更加难以捉摸，其中有四大难点值得重视：第一是宏观政策的动态不一致性，由于会影响到市场主体的预期，进而使市场行为和经济环境不断变化，在政策真正实施时，往往已经不是政府此时的最优政策选择了，这尤其会体现在税制改革方面。第二是多层次政府下的政策偏离，要充分重视政策实施中地方政府偏离中央意图的可能性。第三是在财政与货币金融政策的配合中，有许多被动性的因素会产生较大的政策协调压力，比如央行被动性货币政策、国库集中支付改革。第四是政策制定者之间的协调。在中国的政策实践中，两大政策的制定者都存在一定模糊性，并且有改革和协调的迫切需要。

七、危机后对于财政货币政策配合的新焦点

焦点一：危机时期财政政策与货币政策协调的经验与教训

当全球金融危机发生后，美国主导全球刺激经济，自己不断采取"量化宽松"式货币扩张恢复信息对称，刺激经济复苏。用扩大基础货币直接注入市场进行企业债购买、用财政支出补充资本金等方式挽救金融公司，恢复市场正常信用关系，希望经济恢复后，再卖掉债券或股权退出，将注入的货币回收，运用公共财政直接补贴居民，维持消费需求水平等。欧洲也采取了同样的方式，但很快引起了主权债务危机，现仍维持低利率进行经济激励，日本则维持零利率，主导国际货币的国家基本上一致采用了继续维持低利率，不退出"量宽"货币政策的刺激经济的做法。美欧国家救助的重点在金融市场上，主要减低恐慌，修复信息不对称，对实体经济的救助不是重点，然而如果实体经济不恢复，金融市场难以恢复，而大量的货币退不出来，巨大的货币注入的滞后退出，成为了后危机时代一大特征，造就了巨额热钱。有人批评伯南克是"拿了一个像地球那么大的麻袋撒钱，但只准备了一个公文包来回收"。

发展中国家大多采用传统的凯恩斯的反危机方式，积极财政和宽松货币政策注入基础设施进行需求扩张，重点在刺激经济复苏，在实体救助，不是金融市场，并且以此抵御外需下降等外部冲击。由于发展中国家受到的冲击

比较小，已有很多国家退出了救助政策，调整政策正常化。

在危机时期，财政政策和货币政策必须密切配合才能更好地发挥作用。美国在危机第三、第四阶段（即 2008 年 10 月之后）的政策综合效果明显要强于第一、第二阶段（即 2007 年 7 月至 2008 年 9 月）。一个关键性因素就是后期货币政策得到了财政政策的大力配合。财政货币政策要既有分工又紧密合作，货币政策可以通过购买国债为财政政策扩张提供资金支持，财政政策能够为货币政策疏通传导渠道。在财政政策和货币政策的见效程度上讲，央行的独立性可以使货币政策比财政政策更灵活地对市场流动性状况作出反应。

关于财政货币政策救助方式的选择，美国的案例说明，债权救助的政治和社会压力要小于股权救助，效果也要好一些。购买资产的行为比直接购买股权的行为更有效。如果资产负债表中的有毒资产不能有效清除，被救助机构是难以真正走出困境的；并且即便是同样的购买资产行为，操作细节的差别会造成结果的本质不同，资金来源多源化、引入私人投资、市场化定价、增加透明度 、减少市场扭曲等举措，有利于有毒资产的清除。财政部门在拯救破产金融机构、清理不良资产、对高风险金融机构注资等方面发挥主要作用，中央银行可以向金融市场和金融机构提供资金支持，当问题金融机构难以通过市场融资时，中央银行视情况提供额外资本或阶段性持有股权（而且是通过 SPV 持有），以避免金融机构大规模倒闭，但前提是不能承担超过其风险管理能力的风险，因此财政担保和提供铺底资金是一个非常好的办法。

财政政策和货币政策是国家实行宏观管理、调节和干预整个经济运行各个层面的最重要武器。政策配合中涉及两个部门：中央银行与财政部的关系；主要包括三个方面的内容：行政关系、资金业务关系、政策上的配合关系。主要从资金业务关系和政策配合关系两个层面来总结财政政策与货币政策协调在危机救助中的一般性经验：（1）资金业务层面关系。市场及机构流动性不足的情况下，以货币政策救助为主，财政政策积极配合；在金融机构不良资产过多的情况下，以财政政策救助为主，货币政策积极配合；在金融机构资本金不足，信用丧失的情况下，以财政政策救助为主，货币政策积极配合；问题金融机构兼并重组下的配合，可由财政提供担保、央行购买有毒资产，并由财政注资弥补资本金；问题金融机构破产关闭下的配合，由货币政策为社会提供流动性，财政政策提供相应补偿防止社会动荡。（2）政策配合关系。货币政策与财政政策的配合在危机前主要表现在对经济结构调整和促进国民收入分配合理方面，危机中主要表现在扩大内需和提供资金来源、提供高等级债务替代方面，危机后主要表现在退出顺序和制度完善方面。无论在哪个阶段，财政货币政策配合往往成为危机管理成败的关键。

焦点二：中国特色的财政货币政策调控是值得学习的模式

本轮国际金融危机，既是一场经济危机，也是一场经济理论的危机。主流经济学受到前所未有的冲击，主流学界开始进行反思。而最值得关注的是，主流宏观经济学的反思与改革开放以来中国宏观调控实践有一个"交集"，一些我们认为针对发展中国家的、具有中国特色的调控方式，在主流学者看来，忽然有了一种合理性与可借鉴价值，主流宏观调控的新思维正期待从发展中国家的宏观管理经验中汲取营养。

不过，我们自己倒是应该有更加清醒的认识，在过去30年特别是在此次危机中，中国宏观调控所体现出来的一些"优势"，或许恰恰是后危机时代中国需要克服和解决的问题；为主流所青睐的所谓明智选择，也许不过是中国特定发展阶段的无奈之举。

中国的结构性问题，归结起来，一个是体制结构，一个是广义的经济结构。体制结构问题是经济转型还未完成，存在着双轨过渡，与之相应的是形成双轨调控的思想，即行政性调控与市场化调控并用。一方面，宏观调控体系的构建和发展一直坚持市场化导向，强调以经济和法律手段进行间接调控，但另一方面，传统的计划行政手段不断退却，但是从来都没有被完全抛弃，而是以某种形式最终融入宏观调控，最终形成了计划、财政和金融三位一体的宏观调控体系。其中，国有企业、地方政府与发改委在宏观调控中所发挥的作用，以及由此所体现出的市场化调控与行政性调控的结合，恰恰形成中国宏观调控的独特之处。广义经济结构问题的存在，使得结构性调控与总量调控并重，有明显行政性干预色彩和结构性调控特点的产业政策、规制政策（如节能减排）、资本管制、严格的金融监管和平衡财政等"非常规"工具为促进经济增长与宏观稳定发挥了重要作用。基于中国发展阶段特点的中国式调控，很大程度上只是一种无奈之举，并且还隐含着诸多问题与风险。因此，进入后危机时代，需要正视中国宏观调控的优势与问题。

和发展中国家强调结构问题相对的是，主流经济学一直以来强调的是总量调控。但此次危机以后，人们发现，即使发达经济体，仅仅总量调控也是不够的。比如在所谓大稳定时期，无论是通胀还是产出缺口都非常平稳，但一些结构问题却很突出，如消费率过高、住房投资的杠杆率过高以及经常账户赤字过高等等；此外，收入分配结构也存在很大问题。主流经济学认为，正是由于宏观政策只关注总量而忽视了结构问题，才导致了危机的产生。

按照主流理论，经济要发展，就需要融资，一种是利用外部资源（借外债），另一种是向后代借钱（跨期配置）；中国一直有综合平衡的思想，这在主流框架中是不合时宜的。但危机的发生，使我们看到平衡财政的好处。坚持这样的财政平衡和财政纪律（欧盟有财政纪律，但不少国家如希腊并不遵守），特别是不乱借钱和不乱花钱，就不会有高额的外部赤字和公共债务水平。但这些对于发达国家而言太难了。因为发达国家一个显著的优势就是能够依靠自己的信誉特别是发达的金融体系借到钱，要让它们抵制借钱的诱惑实在困难，或许只有危机能够形成硬约束。

中国宏观经济波动与宏观调控存在着明显的政府主导的特点。尽管通过救市，我们发现这样的体制有其特定的优势，即有利于政府在短期内动员资源，扩大需求，刺激经济，但从长期动态的视角看，特别是从市场化取向的改革来看要格外注意到它的负面影响。

它首先不利于发挥市场在配置资源中的基础性作用。比如 4 万亿元投资可能在某种程度上造成对民营经济的挤出，一些地方出现所谓"国进民退"现象。其次，对国有经济或地方政府的依赖尽管直接效果明显，但会带来财政风险。因为无论是国有企业，还是地方政府的负债风险，最终都由中央财政承担。比如这次的地方融资平台风险。第三，政府主导与行政性调控还会致使经济结构进一步扭曲，出现效率不足、腐败问题等。第四，直接的行政性调控（如中央银行直接指挥商业银行的数量行为和价格行为），由于缺少市场反馈链条的平滑作用，容易加大经济起降的幅度。计划调控时期"一放就乱，一乱就收，一收就死，一死再放"的怪圈就深刻反映了这一矛盾。由此，我们要清醒地看到，尽管中国宏观调控有自己的特色与优势，但有时候，我们过去的成功往往就是现在需要改革的地方。

焦点三：后危机时代，凯恩斯主义需求管理是否适用

20世纪30年代的大危机造就了凯恩斯以需求管理为基础的宏观经济理论与政策体系，财政政策是需求激励的核心，到了70年代滞胀打击后，以基础设施投资为激励的财政政策日渐衰落，而供给学派的减税政策成为刺激技术创新的法宝。替代财政进行需求管理的是货币政策，以利率管理和金融创新相结合的货币政策取代财政激励，格林斯潘创造了"大稳健"时期，这个大稳定的核心是保持长期较低的物价，同时也维持了低利率，促进了美国金融市场创新活动的繁荣。大量美国的准货币，如债券、股票和衍生品不断被私人公司生产出来，金融创新实质上就成为了另一种货币生产方式，有学者将这种货币供给方式归纳为"影子银行"。政府发行的货币和"影子银行"生产的货币的大量供给导致了需求的持续扩张，而且这一扩张具有全球化背景下的规模经济，持续性很长，表现为物价稳定，经济增长很快，资产价格上涨，资本市场活跃等。当然这种依赖于货币扩张需求的方式最终引发了美国次贷危机，造成全球经济大动荡，格林斯潘的大繁荣成为了"格林斯潘泡沫"，需求扩张的危机已经直接挑战了全球经济发展的模式和宏观管理政策，但似乎又无可替代。

需求扩张会造成泡沫，但现实和理论上都没有提供新的出路，因为工业化的大规模供给和需求的有限性是内在矛盾，需求管理因这一矛盾而诞生，只要全球还有规模扩张余地时，似乎这一政策还有余地，但扩张的边界越来越近了，全球的经济将进入全球化下的后危机时代，经济不平衡冲击和经济动荡将成为一种常态，通过不断危机来削减过剩产能和寻求新的平衡。宏观政策不仅仅是供给和需求管理之争了，而对于发展中的中国而言，宏观政策的核心是降低外部冲击，加大供给政策激励，调整产业结构，自我积极平衡，改变增长的路径；不要把需求扩张的余地用完，这样才能稳定自我，适应动

荡的国际环境。

国际金融危机的到来，使得凯恩斯主义卷土重来，强调凯恩斯主义的需求管理成为各国宏观调控的法宝。客观地说，这在短期内对于救市起到了很大作用。但是，面对缓慢的复苏以及后危机时代的全球经济再平衡，单纯依赖需求管理已经捉襟见肘了。

首先，需求管理在总量扩张上能起到较好的作用，但对于结构转型与结构优化所起作用甚微。比如，美国的货币扩张并没能使得依靠私人消费需求支撑增长的方式有多大改变；而中国的总量扩张，也致结构进一步扭曲，如产能过剩问题、单位 GDP 能耗上升等。

其次，全球需求刺激政策或已走到尽头，再继续下去可能带来滞胀风险。尤其是针对中国现阶段经济发展与体制转型的特点，结构性失衡问题非常突出，需求管理局限性尤为明显。因此，要通过供给面的管理推进结构调整（贾康，2008）。一个简单的例子，就是扩大内需仅仅依靠需求管理是不够的。扩大内需的核心是扩大消费需求，而如果收入分配结构不调整，产业结构与要素投入结构不转变，扩大消费需求的目标就很难实现。从这个角度讲，扩大内需也不单纯是需求管理，还要依靠供给管理。政府应降低微观主体对需求扩张政策的严重依赖，积极发挥供给政策的激励，着眼于结构优化与可持续发展。

财政政策与货币政策都是需求管理政策，从需求管理的本质上看，需求管理是短期的激励，是稳定政策。危机后财政政策与货币政策的配合，对原有的经济增长路径和结构调整没有任何启发意义。相反由于过度使用需求扩张政策，导致微观主体更为相信需求扩张是政府宏观政策的常态，会采取更规模化的扩张。需求激励只要超出了稳定经济的范围，政府过多地实行相机抉择的政策，很容易让微观主体出现需求扩张依赖症。中国宏观经济政策必须转型，从需求扩张转向稳定需求与供给激励相结合的总量政策，这样才有助于经济发展方式的转变和结构调整，完成增长路径从依赖于需求扩张的规模赶超增长向依据供给激励下的内生创新增长的路径转变。

在后危机时代，面对缓慢的经济复苏及全球经济再平衡，单纯依赖需求管理的总量扩张会带来滞胀的风险。因此要通过供给面的管理进行结构调整，特别是供给面的结构与效率。这就要求：（1）从供给面看，调结构应从优化投资结构入手。投资结构是抓手，它会带动产业结构与需求结构的调整。（2）推进价格和财税改革，提供有利于结构调整的激励机制。结构调整尽管需要政府的引导，但更重要的是依赖市场机制。这里特别应提到的是要素价格与财税改革，因为只有资源、能源价格合理了，资源税、环境税到位了，才真正有利于节能减排；只有劳动力、资金成本不再被压低，才会激励企业注重研发和技术创新；只有稳步提高直接税的比重，才会使地方上不会只注重规模扩张与工业发展，从而有利于产业结构的转换。（3）打破垄断，增加有效供给。当前经济中，一方面存在着大量的产能过剩，另一方面也存在着供应短缺。因此，要打破垄断，加强竞争，淘汰落后，这样才有利于增加有效供给。

焦点四：危机后扩张性的财政、货币政策的退出问题

危机时期我国扩张性的货币政策和财政政策虽然在控制通胀或者抑制衰退方面起到了有益的作用，但是也存在着一些值得注意的隐患。首先是要注意防止挤出效应的发生。政府作为投资主体，以大规模的财政货币资金投资于基础建设，必然排挤其他经济主体进入竞争性的基础建设项目，抑制了投资需求的有效增长。大规模的信贷资金与财政资金的配套，客观上减少了商业银行对民营企业（特别是中小民营企业）的信贷资金的供应量。银行大量配套的贷款资金主要用于国有及国有控股企业，银行贷款向大城市、大客户集中，小城市、城镇、中小民营企业的资金匮乏并没有得到根本性改善。其次要注意天量信贷资金的动态流向。新增信贷资金有相当一部分未能进入实体经济，而悄悄进入了股市、房地产等虚拟经济领域，推动了这些领域的"虚热"。要警防通货膨胀的发生，防止出现滞胀。因此我国扩张性的、非持续的宏观经济政策需要以适当的方式、规模、速度及时退出。

危机后救助措施的退出面临三个核心问题：一是退出时机的选择。通常考虑两个因素：救助目的是否达到及其他国家的退出情况。二是退出方式的选择，是渐进退出还是一次性退出，是各国协调退出还是根据自己国家的情

况适时退出。三是退出的最优次序选择。财政政策、货币政策、特殊的超常规政策手段等的退出次序,数量工具和价格工具的退出次序等。

救助性财政货币政策退出时机的两难选择:退出过早可能导致经济二次探底,甚至引发新的危机。退出过晚、流动性回收不够果断,存在引发恶性通货膨胀的危险以及其他中长期不良影响的可能。从历史经验看,退出虽然要参考其他国家情况、做好国际协调,但主要是基于本国的经济金融状况,一般关注产能(就业)、通胀、市场功能方面的指标。从美联储的会议纪要中可以看出两点:一是重点关注的指标是资源闲置水平、通胀水平、金融市场功能;二是价格工具更加看重宏观经济的整体情况,重视宏观流动性供给问题,而数量工具更加看重的是金融市场的功能恢复问题,重视的是微观流动性的问题。

从目前的情况看,中国可能采取的顺序是,先停止数量扩张(贷款的适度增长)—适度收缩数量工具(公开市场力度加大、节奏加快,公开市场交易品种的期限延长)—调整兼有数量和价格特性的工具,如贴现率、存款准备金、央票利率、基准利率—财政刺激退出。由于中国汇率制度相对稳定,因此整个退出的关键点就是对流动性的管理。在不适合立即采用价格工具的情况下,可以通过一些差别化的行业调控措施来达到适度紧缩的效果,这样在优化经济结构的同时,也减缓了货币政策调整的压力。

中美两国在退出策略上的共同特点是,先数量工具退出,后价格工具退出。不同点是,美国先结构性政策退出,后总量性政策退出;中国先总量性政策退出,后结构性政策退出。这是由于美国的结构性政策一般针对特定机构或特定市场,主要目的是修复市场功能,在市场功能恢复的情况下及时退出可以避免对市场机制的扭曲,而中国的结构性政策是针对特定产业、重点发展区域等目标,持续进行刺激有利于经济结构调整。需要注意的是,由于世界经济复苏基础脆弱,不排除个别国家在退出过程中出现政策反复,刺激政策意外延长甚至重启。从退出方式看,各国普遍采取了逐步退出的方式。

焦点五:危机后货币政策与财政政策的新定位

面对危机时,货币政策与财政政策谁更有效?在危机时期,由于难以在短期内对问题金融机构的清偿能力作出判断，而且动用中央银行和财政资金的程序不同，使得货币政策在处理危机时比财政政策更有优势。这是因为财政资金的使用一般需要由国会（人大）批准，需要一定的时间，但是在金融危机爆发时，迅速决策对防止危机扩散至关重要，相对来说货币政策更有助于把握决策时机。但是货币政策这种重拳救市的措施也隐藏着巨大的风险，尤其是道德风险。此次危机证明了相机抉择的财政政策对于应对经济危机反应滞后。因此需要对财政政策设置更好的自动稳定器，这可以来自于政府的刚性支出与弹性收入结合，也可以通过更大的乘数应用于税收或者支出等项目。

危机后关于财政货币政策配合的一个新焦点就是，与财政政策越发"亲密"的货币政策是否还有独立性？尤其是量化宽松政策被视作是放弃了中央银行的独立性，通过购买国债或其他债券，在扩大央行资产负债表同时，向市场释放流动性，刺激投资与消费，并营造宽松货币政策和较低远期利率的预期，避免资产价格泡沫破灭以后经济陷入通货紧缩，也避免债务负担过重部门因为去杠杆而导致经济的萧条。危机后央行与财政部之间的距离似乎越来越接近。这一方面是因为金融危机爆发规模如此之大、范围如此之广史无前例，对经济的负面影响超乎想象；另一方面也是因为美国政府债务不断攀升，为解决市场问题而需要依靠的财政政策的运作余地不断缩小。然而从伯南克早期的讲话中，我们或许可以更加准确地了解到所谓货币政策"独立性"的含义："中央银行的独立性，在通货膨胀和通货紧缩的环境下，具有不同含义。当经济因为政府的过度举债而面临通货膨胀时，'独立性'精神将要求中央银行拒绝政府债务的货币化行为；但当流动性陷阱出现时，政府过度举债以及由此产生的货币创造都不再是问题，而中央银行的'独立性'也将更富弹性。一旦经济跌入流动性陷阱，财政政策与货币政策的紧密合作将超越央行独立性本身。就连两个相互独立的主权国家都可以为了一个共同的目标相互合作，更何况经常在战时为筹措战争经费而相互联系的中央银行和财政部。"

焦点六：后危机时代我国财政货币政策协调配合的调整方向

目前，在财政政策和货币政策的配合中存在的一个突出问题就是政策作用的时间不同步。财政政策主要是依靠直接投资和减轻税负等手段，由于直接投资受工程建设周期的约束，减轻税负受居民收入水平和社会保障制度健全与否等因素的限制在短期内难以体现到消费的增长上来，因此，政策作用时间较长，在短期内难以获得较大成效。对货币政策而言，由于贷款投放等市场化行为可以在短时间内集中完成，货币政策的作用时间明显要短于财政政策。

因此，财政政策和货币政策配合的短期目标，必须要着眼于实现金融危机影响的软着陆，在选择减弱适度宽松货币政策强度的时机时要注意保持宏观调控政策的相对连续性和稳定性。后危机时代的宏观调控形势更为复杂多变，财政政策与货币政策的配合应更强调协调性、灵活性和针对性，中期目标应致力于及时消除经济刺激政策引发的副作用，有效化解积累的金融风险。财政政策和货币政策作为一国的宏观经济政策，除了需要抵御临时性的经济周期冲击，推动经济平稳运行之外，从长期来看，要立足于推动经济结构的调整和优化。

后危机时代后，风险与导向性调节将成为财政货币两大协调的另一重点。风险调节的重点在于防范主权债务风险、停涨风险及国际贸易失衡风险；而导向性调节的重点，则在于根据政策的时滞，建立财政、货币政策预期系统，涉及总量、结构及预期导向指标等，实施窗口导向，使其成为国民经济较为灵敏的导向标。财政、货币政策的协调组合不仅要视中国经济状况而定，还要根据国际金融、经济的发展形势而定，要保持实时地检测与变更，以期达到政策协调配合的最佳效果。

后危机时代的最大特点，就全球范围而言，是全球经济再平衡，这意味着世界各国都要调整结构，特别是增长动力结构，以适应再平衡的需要和保证增长步入正轨；就中国而言，则有着更为艰巨的结构调整任务，除了转变发展方式中所强调的优化需求结构、产业结构与要素投入结构这三块内容，还有与之相关的收入分配结构、体制结构等等。中国宏观调控中一直面临着这样的两难：是为了保持较快的增长速度而牺牲结构调整的目标，还是为了未来增长的协调、可持续而宁愿容忍较低的经济增速。换句话说，是创造新的经济结构来适应较低的增长率，还是推高经济增长率来迁就不平衡的、扭曲的经济结构。面对两难所作的抉择，将最终决定未来宏观调控的方向。但是从可持续发展目标来看，结构调整既是当前的紧迫任务，也会成为未来较长一段时间宏观调控不变的主线。

考虑到后危机时代中国在体制转轨、结构变迁以及对外开放方面的新特点，中国宏观调控也会有相应的调整。总体而言，后危机时代中国宏观调控的新思维可概括如下：突出供给管理，加快结构调整；推进市场化改革；拓宽宏观调控的视野；关注世界发展的中国因素，加强国际政策协调。

焦点七：后危机时代财政货币政策配合面对的政府性驱动

此次危机中，中国政府强大的动员资源的能力和行政性调控得到了充分的体现。这反映了在中国虽然市场在配置资源中发挥着基础性作用，但经济波动的政府主导性特点也非常明显。

首先，国有部门在国民经济中仍占有重要地位，甚至越来越强。特别是国有部门的固定资产投资在总固定资产投资总额中仍然占据主导地位。尤其值得重视的是，近年来围绕加强国有企业控制力和提高产业集中度，在某些竞争性领域又出现了再国有化的趋势。比如，在房地产这个一度市场化程度较高的行业，出现了比较明显的国进民退态势。实际上经过危机，中国的国有经济力量得到了进一步的强化。

其次，地方政府仍然扮演着重要的准市场主体的角色。一方面表现为由地方财政直接出资成立城市建设投资公司，进行城市基础设施建设和房地产开发；另一方面，围绕招商引资展开的地方政府间的竞争，使得地方政府和其辖区内企业形成利益上的共生关系。地方政府通过压低土地价格、变相税收减免、以政府信誉担保方式利用银行信贷等种种"父爱主义"的方法，影响和引导其他经济主体的投资行为，间接实现其投资意愿。地方政府的扩张冲动除了受现行政绩考核体制（包括考核内容和考核主体）的深刻影响外，财税体制安排在强化地方政府的扩张偏向方面也起到了重要的作用。先是20世纪80年代至90年代初期的财政承包制改革，赋予地方政府"剩余索取者"的地位，从而对地方政府扩张经济形成很强的财政激励效应。1994年以来的财政分权化改革具有较明显的财政集权特色，这种压力型财政使得地方政府为达到增加财政收入的目标而进一步产生了扩张的冲动。具体来看，现行财税体制在引致地方投资冲动方面的机制主要体现在间接税比重过高，导致地方上普遍重视生产规模的扩大和投资规模的扩张；不动产收入激励过度，强力推动地方上的城市建设和房地产开发；自主性财政收入不足，引致地方政府对于财政自给的强烈需求。

再次，国有银行的扩张冲动。国有商业银行虽然进行了股份制改造和上市，但基本的产权格局并没有太大变化。政府作为其主要出资人，凭借着国家信誉和最后救助者的身份为其提供了某种隐性风险担保。在这种产权结构下，容易刺激国有银行的贷款冲动。特别是国有企业和国有银行的资本金都是国家所有，彼此之间存在某种天然的联系，国内银行也更偏好贷款给国有企业。在国有银行以"准财政"的角色来为国有企业和政府的优先项目提供信贷支持时，银行的风险意识就会弱化，信贷规模也会无节制地扩张。

最后，宏观调控当局的扩张冲动。一是国家发展改革部门和财政部门。作为两个重要的宏观调控主体，这两个部门目前仍然拥有可观的项目审批以及相关资金分配中的自由裁量权。由此形成的部门自身的利益诉求，在某种程度上成为推动经济扩张的力量。二是货币政策部门。客观地说，经过 20 世纪 90 年代以来进行的一系列金融体制改革（包括明确中国人民银行作为中央银行实施金融宏观调控的地位和职责；中国人民银行管理体制由省级分行设置转变为大区行设置；证券业监管职能、保险业监管职能以及银行业监管职能从中国人民银行的职能中剥离出来，由此实现了货币政策与金融监管特别是银行监管职能的分离），政府部门特别是地方政府对于中央银行货币政策的直接干预不断减少。但总体而言，中央银行的独立性和权威性仍相对有限，容易受制于中央政府通盘政策的影响。尤其是应看到，在 GDP 中心主义理念的支配下，经济增长目标仍是中国宏观经济政策的压倒性目标。因此在货币当局对货币政策的多个目标，包括经济增长、通货膨胀、就业和国际收支平衡等进行权衡时，对经济增长目标就不得不给予比较高的权重。这就从政策源头上预示着某种扩张冲动的存在。

焦点八：财政、货币政策协调使用，进行逆周期调节财政货币政策虽然被我国当成实施反周期调节最主要的政策而运用，但是量化效应明显，机制效应欠佳。虽然对总供需平衡作出了积极的贡献，但机制调节不尽理想，往往是一旦量化作用降低或撤销（收放流动性），比如财政政策扩张但税收政策紧缩、货币政策增强流动性但企业资金紧张而股市过度膨胀，形成就会流动性误导，究其根源主要在于：（1）两大政策擅长量化增减传导，缺乏机制性传导。财政政策无论收缩与扩张，都是超经济增长；货币政策无论收缩与扩张，仅擅长货币供应量的增减，疏于虚实经济协调和调节。（2）传导渠道渗漏严重。鉴于两大政策体系应变机制不尽成熟，传导渠道经常发生渗漏，如前所述的货币政策流动性误导，又如财政增加投资旨在加强基础设施建设，但却促进了非基础设施膨胀，投资西部却膨胀了东部。（3）财政、货币乘数的变异。随着改革的深化，我国逐步形成分层式财政收支分配，并且逐渐深化金融创新，这样一来财政分配乘数与货币乘数都在发生着深刻变化，在储蓄不断提高的作用下，我国近年的边际消费倾向逐年下滑，财政、货币政策乘数逐渐降低，不维持较高的货币供应量及市场流动性，经济难以启动，始终难以摆脱"一收就死，一放就乱"的怪圈。在机制反向作用下，老问题往往又复发，从而形成四种窘态：机制弱、政策强，调节形成拔苗助长；机制与政策错位，调节效果南辕北辙；机制与政策倒置，调节效应难以长久；机制与政策反作用，调节适得其反。一言以蔽之，由于缺乏内在机制的协调，最终仍导致财政货币政策调节的失利。

焦点九：从工业化到城市化，财政货币政策配合要注意重心的转移

如果说过去三十年工业化是中国增长的重要引擎，那么未来二三十年，城市化将成为中国增长最重要的引擎。从这个角度看，调控的重心将从工业化转向城市化，而这个转向，也使得宏观调控的特点发生很多新的变化。

在工业化发展阶段，政府（包括中央和地方）、企业与居民等各方面的目标是较为一致的。比如，劳动力从农业部门到工业部门的转移，生产率水平提高，社会总产出增加，财政收入提高，基本上是各方皆大欢喜。尽管工业化时代的赶超，也有对于农民的剥夺（比如工农产品"剪刀差"），以及要素价格的扭曲（比如资源、能源、土地价格的压低），但是总体上，工业化激励

与政府宏观目标、企业目标和社会福利目标是一致的，居民福利在提高，中央地方、城乡之间的矛盾不是很突出。但到了城市化发展阶段，各个目标之间的激励相容与协调就较为困难甚至是相互冲突了。典型的有：（1）土地城市化与人口城市化的冲突，即尽管大片土地都变成了城市，农民也进了城，但是农民还未变成市民。这体现的是城乡之间以及政府与民间的冲突。（2）高价城市化与产业竞争力的冲突。城市化的推进带来城市基础设施的高投入和社会保障的高投入，以及住房价格上涨、生活成本提高等，所有这些引起的高价城市化，往往会削弱产业竞争力。如果我们认同城市化推进与产业结构调整是齐头并进的，那么，这二者之间的冲突将会限制它们的协同发展。（3）中央与地方财政的冲突。工业化时代的融资依靠要素价格扭曲、国家补贴与特定的产业政策，而城市化融资现在主要依靠的是地方土地财政、政策性金融和危机以来进行试点的地方融资平台。总体来讲，城市化融资不足是城市化发展的大问题，而由此体现的却是中央与地方财政的冲突。如何重构中央地方的财政关系，以及通过金融创新来解决城市化融资问题，构成未来宏观政策的重要内容。

八、我国现阶段宏观调控的特殊性

西方国家讲宏观调控，我们也讲宏观调控，在思考财政货币政策配合时一定要注意结合我国宏观调控的特殊性。我们讲宏观调控相对西方国家来说，至少有以下五个方面不同。

第一，我们讲宏观调控，既要调节总需求，又要调节总供给，这一点与西方国家比较起来是有差别的。西方国家讲宏观调控，或者是刺激需求，或者是抑制需求，大都着重从需求上来考虑，而且，通常主要是刺激需求，因为在它们那里，总的说来是生产相对过剩。我们讲宏观调控就不能只着眼于需求，同时要着眼于供给。比如说，我们要合理安排生产力的布局，调整产业结构、企业结构、商品结构，要疏导货币流通，这实际上是调节供给，通过供给去调节需求。这是第一个特点。

第二，我们讲总供给与总需求的平衡，不仅注意价值形式上的平衡，而且要注意使用价值形式上的平衡；西方国家更多的是注意价值上的平衡。我们国家的主管社会经济发展部门和其他一些部门，在安排计划时，要下达项目指标和物资供给指标，而它们大都是实物指标，是使用价值。而且，我们不只是从总体上去考察这种平衡，还要从局部去考察这种平衡，要以局部的平衡去为实现总体上的平衡创造条件。这一点在西方国家主管部门一般是不管的，或者说不能充分地做到的，因为它们崇尚市场竞争。

第三，我们既控制速度，又注重效益，特别是注重社会效益。西方国家私人企业的生产发展速度是无法控制的。我们国家由于是以公有制为主体，经济增长速度是由国家计划指导的，抑制片面追求速度的做法。所以我们的总供给、总需求的平衡是在速度与效益统一基础上的平衡。西方国家是否讲效益呢？从一个企业、一个局部来说也讲效益，但是它讲的效益总的说来是个别的自我的效益。

第四，我们搞宏观调控与西方国家搞宏观控制的条件不同。西方国家搞宏观调控通常是在生产相对过剩、供大于求的条件下进行。我们总的说来不能说生产的东西过多了，人们已经富足了，因为我们仍然是发展中国家，处于社会主义初级阶段。此外，西方国家搞综合平衡，是人口少收入多；我们相反是人口多收入少。所以条件不一样，要看到我们的国情。

第五，调节的手段不一样。西方国家调节的手段更多的是经济手段；而我们除经济手段外，还有行政手段和计划手段。

一般来说，西方国家经济搞宏观调控，实行财政政策、货币政策和收入政策。它所谓的财政政策是通过增减税收、增减政府支出来扩大或者抑制需求。减税可以直接增加企业的需求，扩大财政支出可以增加国家财政的需求。如果相反，紧的财政政策就是增税、减少财政支出。收入政策，其中包括工资政策、物价政策和个人所得税政策。工资政策和个人所得税关系着人们的名义收入，可以通过增加工资或者调整所得税来增减人们的名义收入；价格政策关系着人们的实际收入。由于收入政策和财政政策的贯彻执行，都直接关系着当事者的利益，而且税收政策作用的面有限，作用的过程比较显露，因此实行起来阻力比较大。所以，现在货币政策在西方宏观经济学中的地位越来越重要，因为货币政策的贯彻执行，对当事者的利益影响一般比较间接，而且作用的过程比较隐蔽，影响的面比较宽，推动起来阻力比较小。我们国家在进行宏观调节的时候，既要实行财政政策，又要实行货币政策、收入政策。但是通过货币政策的作用来实现宏观调节，是其他政策所不能代替的，且将起着愈来愈重要的作用。所以，我们在注意发挥财政政策、收入政策作用的同时，必须充分注重发挥货币政策的作用。货币政策关系着货币分配，而货币分配抵销政策调控的影响。这需要从理论上分析。

其一，当代货币对人类经济的影响，主要在于分配。这样提出问题可能与我们传统的观念不合。传统的说法是，货币的作用是在于交换。在经典著作中更多的还是从交换的意义上来分析货币的作用，货币的五个职能讲的都是交换，讲商品流通。可是现实生活的发展要求我们对货币作用的认识也要有所发展，有所前进。比如说，当代国家干预经济生活加强了，不论是资本主义国家还是社会主义国家，其干预经济生活的能量都不是消弱。国家干预经济生活要推行货币政策、财政政策、收入政策，而这些政策的贯彻实施都离不开货币，要通过货币来作为它们的传导体。其二，货币不只是作为交换的工具，而且可以作为一种资产，能分配国家、企业和个人的收入。这一点最明显地体现在利息上。企业、个人掌握了相当大的国家国债，通过国债来吃国家的利息，这样，国家的预算收入中，就有相当一部分通过利息要变成企业、个人的收入，这也是一种分配。从银行来说，最明显的货币资产分配是什么呢？储蓄。现在货币作为一种资产，同样是通过利息再分配国家、企业、个人的收入。其三，货币可以作为一种商品来买卖，通过买卖来赚钱。货币是起一般等价物作用的商品，可是货币作为商品，已不是马克思说的那个一般等价物意义上的商品了。它作为可供买卖的对象出现在市场，本身有价格，一些人通过买卖来赚钱。最明显的是国际之间的外汇买卖，一些人专门做外汇生意。此外，货币通过价格也会产生分配，而且这种分配有的比较明显，有的比较隐藏。货币的分配具有一定的强制性，这个问题要从信用货币的性质来理解。我们国家现在发行的人民币，包括存款、现金都是信用货币。信用货币是银行创造的，银行创造信用货币具有强制性，即它能够强制社会成员来接受它的信用。以上说的是当代货币对人类经济生活的影响主要在于分配，正是货币的分配作用使得货币政策愈来愈重要。其四，当代经济生活的发展离不开信用，信用成为当代经济生活发展的重要因素，有人写文章，宣传鼓动不要怕负债，鼓动借钱做生意，而且有的人说，没钱要向银行贷款，有了钱也要向银行贷款，这样才是生意人，才能"一本万利"。他们认为在负债增加的同时，资产也增加，运作得好资产还大于负债。这理念正不正确，可以讨论。但它至少从另一个侧面说明了信用对人类经济生活的影响，特别是银行信用。政策调控是政府的行为，货币分配是企业、个人的行为，以上四点的理论分析，试图表明，在推动社会经济发展中政府行为与企业、个人的行为交织在一起，政府行为的效应会被企业、个人行为抵销或削弱。其重要原因就在于当代货币作为一种资产，具有分配功能，还能当成一种商品买卖，而当代经济生活的发展又离不开信用。

（撰稿人：刘锡良　　审稿人：曾康霖）

参考文献

［1］Alesina, Alberto and Lawrence, 1993, Central Bank Independence and Macroeconomic Performance: Some Comparative Evidence, Journal of Money, Credit and Banking, 25（2）: 151 – 162.

［2］Alesina, Alberto, Guido Tabellini , 1987, Rules and Discretion with Noncoordinated Monetary and Fiscal Policies, Economic Inquiry, 25（4）, 619 – 630.

［3］Barro, R. and Gordon D. B. , "Rules, Discretion and Reputation in a Model of Monetary Policy. " Journal of monetary economics. 1983, 12（1）: 101 – 21.

［4］Sargent, T. J. and Wallace, N. "Some Unpleasant Monetarist Arithmetic. " FRB of Minneapolis Quarterly Review, 1981, 5（3）: 1 – 17.

［5］Tabellini G. "Money, Debt and Deficits in a Dynamic Game." Journal of Economic Dynamics and Control. December, 1986.

［6］萨缪尔森、诺德豪斯：《宏观经济学》，529～534 页，华夏出版社，1999。

［7］斯蒂格利茨：《经济学》，356～366 页，中国人民大学出版社，1997。

［8］黄达：《财政信贷综合平衡导论》，中国金融出版社，1984。

［9］方春树、聂建平、袁晋华：《财政政策与货币政策在宏观调控中的协调配合》，载《金融研究》，1996。

［10］北京大学中国经济研究中心宏观组：《寻求多重经济目标下的有效政策组合——1998 年中国宏观经济形势分析与建议》，载《经济研究》，1998。

［11］江其务：《财政政策货币政策协调论》，中国财政经济出版社，1997。

［12］李武好：《中国经济发展中财政政策与货币政策》，经济科学出版社，2001。

［13］姜波克：《开放经济下的货币调控和政策搭配》，载《中国社会科学》，1995。

［14］刘义圣：《当前我国经济反周期调控政策搭配探析》，载《经济学动态》，1999。

［15］赵晓：《中国版宏观调控的喜剧效果》，载《人民论坛》，2007 年 5月 22 日。

［16］庞明川：《中国宏观调控的体制基础与政策绩效》，载《世界经济》，2008（7）。

［17］刘锡良、邱泉：《从微观层次分析财政政策与货币政策的协调和配合》，载《改革》，1996。

［18］刘锡良：《论我国经济转型时期财政政策与货币政策的协调与配合》，载《经济学家》，1997。

［19］刘锡良、陈斌、石静：《当前财政货币政策配合中值得重视的几个问题》，载《四川金融》，1999。

［20］刘锡良：《中国财政货币政策协调配合研究》，西南财经大学出版社，1999。

［21］刘尚希、焦建国：《转轨经济背景下的财政货币政策协调》，载《管理世界》，2000（2）。

［22］黄燕芬：《货币政策与财政政策协调性研究》，载《人民日报》，2004年4月23日。

［23］郑新立：《乘势而上的中国经济》，中国计划出版社，2004。

［24］邱兆祥、郭红玉：《财政与货币政策协调配合的路径研究》，中国财政经济出版社，2005。

［25］刘伟、蔡志洲：《中国宏观调控方式面临挑战和改革》，载《经济导刊》，2006（6）。

［26］黄达、张杰：《全球经济调整中的中国经济增长和财政货币政策组合》，中国人民大学出版社，2007。

［27］阎坤、鄢晓发、李琳：《转轨和开放经济条件下促进经济结构调整的财政货币政策协调研究》，载《财政研究》，2007（1）。

［28］巴曙松、刘孝红、牛播坤：《中国货币政策与财政政策的协调问题研究》，载《福建金融》，2006（9）。

［29］类承曜、谢觐：《一个完全信息条件下的财政货币政策博弈模型》，载《经济科学》，2007（2）。

［30］杨涛：《如何协调发挥财政政策和货币政策的作用》，载《中国金融》，2008（5）。

［31］崔建军：《财政、货币政策作用空间的历史变迁及其启示——基于中国财政、货币政策实践》，载《经济学家》，2008（3）。

［32］米建国、宋光茂：《财政政策与货币政策协调配合的问题及对策》，载《管理世界》，1996（5）。

［33］皮兆根：《论财政金融政策的协调运行》，中国财政经济出版

社，1997。

［34］北京大学中国经济研究中心宏观组：《货币政策乎？财政政策乎？——中国宏观经济政策评析及建议》，载《经济研究》，1998。

［35］曾康霖：《财政货币政策的选择及效应评价》，载《财贸经济》，2001（7）。

［36］贾康、孟艳：《关于财政政策与货币政策协调配合的简要认识》，载《财政研究》，2008（6）。

［37］陈新平：《宏观调控：货币政策之困与财政政策之为》，载《宏观经济管理》，2008（6）。

［38］李裕：《我国改革开放以来财政政策和货币政策的配合研究》，上海财经大学出版社，2008。

［39］转轨与开放经济条件下财政货币政策协调研究课题组：《转轨与开放经济条件下财政货币政策协调研究》，载《经济研究参考》，2006（62）。

［40］张勇：《以内需结构调整为导向的财政政策转型研究》，西北大学博士学位论文，2007。

第十五章

国有商业银行改革三十年的几个主要问题讨论

　　1978 年 12 月 18 日，中共十一届三中全会原则通过《中共中央关于加快农业发展若干问题的决定（草案）》，提出恢复中国农业银行，大力发展农村信贷事业，开启了我国国有商业银行及整个银行业改革的宏伟序幕。作为中国经济转轨改革的重要组成部分，国有商业银行改革也走出了一个计划经济特征逐步淡出、市场经济特征逐步呈现的历史轨迹。回顾整个历程，国有商业银行改革经历了企业化改革、商业化改革、产权改革三个主要阶段，具体实施了剥离商业银行政策性业务、消除行政干预、理顺商业银行与中央银行及财政部门的关系、组建股份制商业银行、引入竞争、股改上市等一系列重大改革措施，完成了从一个政府机关到银行企业再到基本具备现代企业特征的现代商业银行的角色转变，逐步实现了从政企不分、产权不清、权责不明、管理不科学的计划经济企业向政企分开、产权明晰、权责明确、管理科学的市场经济企业的转换。

　　正如整个经济改革一样，国有商业银行改革也是在没有现成经验的条件下逐步探索的。因此，国有商业银行改革的三十年历程，也是理论探索银行业客观规律与可行改革路径的过程。在这当中，有过许多讨论甚至论战，这些争论促进了人们对银行业客观规律的认识和改革路径的探索，最终达成了许多共识，服务了改革实践。谢平在《国有商业银行改革三十年》中所作出

如下论述："依据不同时期改革的不同特征，将三十年的改革历程划分为三个
阶段进行分析。第一阶段为 1978—1993 年，这一阶段主要是突破过去高度集
中型的金融机构体系，确立了二级银行体制；第二阶段为 1993—2003 年，这
一阶段提出了'商业银行'这一概念，商业化改革开始；第三阶段为 2003—
2008 年，该阶段股份制改造启动，产权改革破局。"①

一、改革第一阶段（1978—1993 年）几个重要问题的讨论

（一）讨论的背景

我国改革开放以来的国有商业银行改革起步于国际金融革命和国内经济
体制改革的大背景下。一方面，20 世纪 80 年代，以金融创新和金融自由化为
主要内容的国际金融革命迅速发展了非银行为主体的金融体系，给以银行为
主体的金融体系带来巨大冲击。

另一方面，在当时的国内国际环境影响下，我国改革开放伟大征程启动，
国内经济体制改革起步。从国内的情况看，"文化大革命"十年内乱，使党、
国家和人民遭到严重挫折和损失。当时，整个政治局面都处在混乱状态；经
济情况实际上是处于缓慢发展和停滞状态，国民经济到了崩溃边缘，人民最
基本的温饱问题得不到保障。从国际环境看，20 世纪 70 年代世界范围内蓬勃
兴起的新科技革命推动世界经济以更快的速度向前发展，我国经济实力、科
技实力与国际先进水平的差距明显拉大，面临着巨大的国际竞争。同时，日
本、韩国、新加坡、中国台湾和香港的经济发展给我国改革带来了重要启示。

由于我国 80% 的人口生活在广大农村，农业长期以来都是我国整个国民
经济的基础，同时，农村经济尤其落后，温饱问题亟待解决，因此我国整个
经济体制改革首先从农村开始。在坚持土地等主要生产资料集体所有前提下，

---

① 谢平：《国有商业银行改革三十年》，载《今日财富》，2008（10）。

实行了土地所有权与经营权的分离，把属于集体所有的土地承包给农民家庭分散经营，即实行家庭联产承包责任制。这一农村新体制得到了广大农民的热烈拥护，极大地调动了农民积极性，使农村发生了巨大变化。随着这一改革的逐步推进，农民的经济收入和经济地位有了很大提高，同时生产力的提高使得部分农民成为多余劳动力，于是部分农民离开土地，跻身其他行业，实现"农转非"，从而乡镇企业得到迅速发展，进一步提高了农民收入。与农村改革相适应，1979 年 2 月恢复组建了中国农业银行，集中办理农村信贷，领导农村信用合作社，发展农村金融事业，更好地服务农业。

在对内改革的同时，对外开放的步伐也在稳步前进，对外贸易和国际交往不断发展，银行的国际结算任务日益繁重。为了更好地发挥中国银行在改革新时期的职能作用，1979 年 3 月，国家决定对中国银行进行体制上的改革，成立了国家外汇管理总局，将中国银行从中国人民银行分设出来，仍称中国银行。中国银行、国家外汇管理总局直属国务院领导，由中国人民银行代管，对外挂两块牌子，内部为一个机构。1982 年 8 月 31 日，国务院发出《关于中国银行地位问题的通知》，指出中国银行是社会主义国营企业，是中华人民共和国的国家外汇专业银行，它的任务是组织、运用、积累和管理外汇资金，经营一切外汇业务，从事国际金融活动，为社会主义现代化建设服务。中国银行除经营本身业务之外，还可以根据国家的授权和委托，代表国家办理信贷业务。

为了适应经济体制改革的要求，加强对基本建设资金的拨款和监督，1979 年 8 月，国务院决定把中国人民建设银行从财政部分离，使之成为一家独立的银行，当时建行受财政部门委托，仍代理行使基本建设财务管理的财政职能。1983 年，建设银行改为相当于国务院直属局级的金融组织。

至此，中国农业银行、中国银行、中国人民建设银行相继得到恢复或分设，但此时的人民银行仍然既办理城镇储蓄业务和工商信贷业务，又负责制定货币政策、执行金融监管职能。改革过程中金融机构和金融业务逐步多元化，而真正的中央银行制度和监管体系却还没有建立起来，缺乏监管的局面越来越严重。一方面，各专业银行认为人民银行既当裁判员、又当运动员，不能站在中央银行的角度协调关系；另一方面，人民银行没有有效的手段调控、监管各银行。这些矛盾的日益突出促进了单设中央银行和成立中国工商银行的步伐。几经商讨论证，1983 年 9 月 17 日，国务院发布《关于中国人民银行专门行使中央银行职能的决定》，正式宣布中央银行制度确立，决定中国人民银行集中力量研究和实施全国金融的宏观决策，加强信贷总量的控制和金融机构间的资金协调，保持货币稳定。文件规定"成立中国工商银行，承担原来由人民银行办理的工商信贷和储蓄业务"。随后，1983 年 12 月 30 日，中国工商银行成立大会在北京召开，1984 年 1 月 1 日，中国工商银行正式成立。

随着中国工商银行的成立，传统的人民银行"大一统"金融体制被打破，以中国人民银行为核心，由工行、农行、中行和建行组成的国家专业银行体系正式形成。

专业银行恢复和建立后，银行业务有了较大发展，经营领域明显扩大。1979 年以前，银行只负责对工商业企业、建筑施工企业开展临时性、季节性的超定额流动资金贷款，企业更新设备和技术改造所需资金由财政拨款解决。随着改革的推进，银行信用在筹集资金和分配资金方面的作用日益扩大，国务院决定从 1981 年起，凡是实行独立核算、有还款能力的企业单位，进行基本建设所需投资，除尽量利用企业自有资金外，一律改由银行贷款，即"拨改贷"，银行贷款扩展到固定资产投资领域。随着改革重心由农村转向城市，以搞活企业为目标的企业改革迅速推进，银行对企业的作用进一步增强。与此相适应，从 1983 年 6 月起，之前国营企业的流动资金由原来的财政、银行两个部门共同管理改为由银行统一管理。在拓展人民币业务的同时，专业银行还不断改进和扩大外汇贷款的种类与范围。

实际上，四大专业银行的恢复或分设，并不是按照商业银行的思路进行的，而是按照计划经济的行业管理思想进行的，仍然没有摆脱产品经济的束缚，集国家行政机关和经济组织于一身，与商品经济发展的要求严重不符。受国营企业改革的影响，很多人主张专业银行应该扬弃其国家机关性质，实现彻底企业化，成为具有独立的经济利益和经营自主权、自负盈亏的银行企业。经过一段时间的讨论，特别是 1985 年 9 月中共中央"七五"建议的公布，使得专业银行企业化改革方向取得进一步共识。此后不久，1985 年 11 月，国务委员兼中国人民银行行长陈慕华在接受《瞭望》周刊采访时指出，当前金融改革的重点之一就是"要坚持各专业银行企业化的改革方向，灵活运用银行的各种经济手段，搞活金融"。在这之后，专业银行企业化全面展开，国家对银行机构施行了一系列以扩大经营自主权为主的企业化改革措施，重点包括：（一）转变银行信贷资金管理体制和财务管理体制。从银行信贷资金管理体制由"统存统贷"转向实行"差额包干"，再到 1985 年实行"实存实贷"，财务体制也由"统收统支"改为各银行单独核算、利润留成，逐步实行独立核算、自主经营、自负盈亏，1989 年实行了"限额管理，以存定贷"的方针，资产负债管理体制开始逐步建立。（二）开始由机关式管理方式向企业化管理方式过渡的探索。围绕企业化经营方向，建立了各种岗位责任制、目标经营制和单项承包制，同时推行劳动人事制度改革，试行中层干部聘任制、任期目标责任制等。（三）打破专业银行的垄断格局和业务范围限制。在相继成立十余家股份制商业银行的同时，各专业银行之间也出现了业务交叉、相互竞争的局面，为专业银行的企业化转变创造了一定外部条件。

在这一改革阶段，虽然明确了企业化改革方向，并逐步实施了一系列改革措施，但基本上也只是局限于管理上的企业化，即实行企业化管理，而离真正意义上的自主经营、自负盈亏的银行企业还相距甚远。究其根本，是因为专业银行改革的方向还不够明确，专业银行企业化经营的目标不够明确，对专业银行身兼两职，同时承担政策性业务与商业性业务的问题应该怎么解决还不够明确，对是否分离专业银行政策性业务与商业性业务、是否需要专设政策性银行来专门办理专业银行的政策性业务还不够明确。

（二）几个重要问题的讨论

1. 专业银行企业化经营是否以利润为目标的讨论

围绕专业银行企业化经营是否以利润为目标这一问题，学界存在几个方面的观点。部分学者认为，理所当然的应该是以利润为目标，而部分学者明确反对以利润为目标，还有部分学者认为实行利润目标是有条件的，需要合适的环境。

企业化改革较早阶段主张以利润为目标的学者主要有周慕冰、王志刚、刘锡良、张合金、吴晓灵、冯廷皆等。周慕冰等（1984）① 认为专业银行企业化"应理直气壮地以盈利为业务经营的主要目标"。文中从几个方面对此观点进行了论述：（1）银行作为经营货币信用业务的特殊企业，和其他工商企业一样，也必须拥有自身的独立的经济利益。（2）以盈利为业务经营目标不但是银行企业维护自身经济利益的客观需要，而且也是利率、存款准备金等经济杠杆得以真正有效地发挥作用的前提条件。从利率来看，如果专业银行不以盈利为经营目标，在微观上，利率的变动只在一定程度上影响信贷资金的需求者，而不影响信贷资金的经营者，不影响它们供给信贷资金的意愿和选择；在宏观上，利率的变动不影响货币供求关系，货币供给总量和货币需求总量的变动不以利率的变动为转移，因而利率这一通道经常堵塞，中央银行的政策意向的信息经常失真。从存款准备金制度来看，中央银行通过变动存款准备金来调节与控制货币供应量，是以银行企业获取利润的状况为基础的。如果银行企业不以盈利为经营目标，从而存款准备金的变动不影响银行企业的经济利益，则存款准备金机制就会失去发挥作用的客观基础，就不能真正利用它来控制与调节货币供给量，就不能实现中央银行的政策目标。

冯廷皆（1985）② 认为，"作为经济实体的银行企业，直接的经营目标就是利润"。他认为：（1）社会主义银行企业不是一个不花劳动单凭贷款生息的寄生组织，而是一个能生产剩余劳动价值的企业，其利润是剩余劳动价值的表现；（2）社会主义银行属全民所有制企业，盈的是社会主义利润，归全体劳动人民共同占有，盈利越多，标志着国民收入越多，社会经济越好；（3）利润是银行经营的内部动力；（4）综合、全面反映专业银行经营成果的只有

---

① 周慕冰、王志刚、刘锡良、张合金：《我国金融改革突破口的选择》，载《财经科学》，1984（6）。

② 冯廷皆：《论社会主义商品经济条件下的银行企业化经营目标问题》，载《广西农村金融研究》，1985（5）。

利润。

吴晓灵（1986）①明确提出企业化的核心问题是确立利润目标和承担经营风险。她认为人们未能理直气壮地把利润作为企业的经营目标是因为担心企业的微观活动与社会的整体利益矛盾，而有这种担心的原因是混淆了企业的责任和政府的职能。因此，文中她对企业的责任和政府的职能进行了论述。（1）企业，特别是从事生产的企业，它的社会责任就是生产超过他们自身存在所需要的物质资料和提供更多的劳务，这是社会得以在原有条件下生存和进一步发展的基础。在商品经济中这些物质资料和劳务以价值量来反映，抛开马克思利润定义中所反映的生产关系，这个价值量就是利润，因而企业对社会的责任就是为社会创造利润。（2）政府的职能就是让企业所创造的利润有一个公正的反映和公平的分配。企业创造的剩余物资和提供的劳务在折算成价值量时，能否真实地反映物质投入与产出的关系，这涉及价格、税收、利率等一系列问题，是企业经营的社会环境问题。政府的职能应该是通过各项立法和经济政策的制定为企业创造一个平等的外部环境，让企业在付出同样的努力之后能以等量的投入得到等量的产出，获得等量的利润。（3）商业银行是在融通资金的过程中创造信用货币的特殊企业，对一般企业所适用的原则也适用于商业银行这一特殊企业，即商业银行也必须确立利润目标并承担经营风险。针对利润目标与社会利益矛盾的观点，此外，吴晓灵（1992）②进一步论述了利润与社会效益的一致性关系。她表达了三个观点：（1）在法律法规约束下的利润才能保证社会效益，如果银行收不回利息，就说明它投资的项目没有效率。（2）在有计划商品经济条件下，企业的社会效益如果不用利润来衡量，就很难确定。（3）银行是解决社会效益问题的，而财政才是解决社会公平问题的，要分清两本账。

曾康霖（1993）③从银行特征角度说明了商业银行利润目标的合理性。他认为，真正的商业银行必须具有商业性，以盈利为目的是商业银行商业性

---

① 吴晓灵：《银行企业化的核心及其意义》，载《金融研究》，1986（10）。
② 吴晓灵：《专家学者座谈金融体制改革》，载《金融研究》，1992（6）。
③ 曾康霖：《什么是真正的银行》，载《四川金融》，1993（12）。

的集中体现；商业银行作为企业必须实行经济核算，按经济核算制的原则，必须以盈补亏取得盈利；是否盈利及盈利的多少是商业银行的生命线，也是衡量商业银行经营管理业绩的尺度。

部分学者明确反对利润目标，当时具有代表性的学者有卢汉川、曹凤岐等。卢汉川（1987）[①]、（1989）[②]认为专业银行的业务经营应该以国家的方针政策为依据，不能单纯以盈利为目的，不能办成纯粹的商业银行。他的主要观点如下：（1）由于社会制度和企业所有制的不同，企业化也就有了不同的性质，在专业银行企业化上存在着社会主义企业化还是资本主义企业化的方向性问题。（2）在资本主义制度下，企业都是私人的，以盈利为唯一目的是不可改变的规律。而我国是以公有制为主体的有计划的商品经济，社会主义企业、社会主义银行应当借鉴资本主义企业一些好的经营管理方法，但是不照搬资本主义企业的经营思想——把盈利作为唯一目的。（3）银行的经济效益寓于社会经济效益之中，银行不是把追逐利润而是把发展经济作为出发点，最后获得合理利润，发展经济和盈利统一了起来。（4）如果把盈利作为专业银行业务经营的目标，当利润和发展经济的目的与国家政策相矛盾时，就会放弃发展经济的任务，违背国家的方针政策去追逐自身的利润。这样做，从微观企业说它可能会获得较多的利润，如果把盈利作为考核一个银行机构经营好坏的标准，它可能被认为是经营最好的，但是从全局看经济得不到健康发展，整个社会经济效益不好，微观单位虽然暂时取得相当利润，也是不能持久的。要计算盈亏，但是把盈利作为唯一目标去追逐，盈利和发展经济就会对立起来。（5）我国的专业银行是国家银行，负有筹集资金支持现代化建设的任务，又具有宏观调控职能，承担调节经济的重任。通过信贷、利率对经济产生不同程度的调节作用，是银行的内在功能，西方国家的商业银行也不例外。不同的是社会主义银行不是单纯从自身盈利出发，而是自觉地根据国家的方针政策，引导企业按照国家政策、人民需要、市场变化从事正当经

---

① 卢汉川：《关于专业银行企业化若干问题的思考》，载《农村金融研究》，1987（8）。

② 卢汉川：《专业银行企业化改革的回顾与展望》，载《中国农业银行长春管理干部学院学报》，1989（10）。

营，最终达到发展经济增加积累的目的。这与银行获得合理利润并不矛盾，恰恰相反，只有银行和企业都按照国家方针政策进行经营，按照平等地位进入市场，按照商品经济等价交换的原则进行核算和交往，企业取得了好的效益，银行也利在其中，这是必然性。银行不着意自身利润而最后获得利润。

曹凤岐（1986）[①] 主张专业银行应把社会经济效益放在首位，因为利润指标不能正确反映经营好坏，而且往往同社会经济效益相悖。文中通过两种情况的对比进行说明：（1）按当时对逾期贷款实行加息罚息的规定，一个企业因经营管理不好或产品无销路，无法归还银行贷款而被迫接受加息，银行则因加息多收利息，进而增加利润。但是，贷款收不回来，正说明银行经营得不好。（2）反过来，由于借款企业经营得法，资金周转加快，生产出名牌优质产品，银行对其实行优惠利率，实行减息和奖息，银行利息收入相对减少，进而可能影响利润及职工奖金的提取。但是，这正反映了贷款使用的社会经济效果好，银行经营好。因此，银行应考虑利润，但不能只追求利润，银行应把社会经济效益放在首位。

另外，部分学者担心利润目标与国家利益的冲突，因而主张在一定配套政策下实行利润目标，或者在满足一定条件时才能以利润为目标。赵海宽（1985[②]，1986）[③] 主张利息调节背景下考核专业银行利润。而利息调节主要是为了使专业银行在组织吸收信贷资金和运用信贷资金方面的利益同国家整体利益一致起来。综合赵海宽（1985，[④] 1986a，[⑤] 1986b[⑥]）三篇文章，其主要观点如下：（1）为了在我国建立一个既能在微观金融方面搞活，也能在宏观金融方面加强控制的金融体制，必须对专业银行实行企业化管理。（2）在当时的制度基础上对专业银行实行企业化管理，会产生某些消极影响，不利于我国的社会主义建设。这是进一步改革银行体制遇到的一个很尖锐的矛盾，

---

① 曹凤岐：《论专业银行的企业化管理》，载《农村金融研究》，1986（8）。
② 赵海宽：《论我国专业银行的企业化管理》，载《金融研究》，1985（10）。
③ 赵海宽：《银行体制改革的回顾和展望》，载《金融研究》，1986（1）。
④ 同②。
⑤ 同③。
⑥ 赵海宽：《对今后我国银行体制改革的一些设想》，载《天津金融月刊》，1986（3）。

对专业银行不实行企业化管理不行，简单地实行企业化管理也不行。（3）为了克服这一矛盾，把银行的体制改革推向前进，中央银行应迅速制定一个利息调节办法，使专业银行在组织吸收信贷资金和运用信贷资金方面的利益同国家整体利益一致起来。在此基础上对专业银行考核利润，实行真正的企业化管理。（4）对专业银行实行企业化管理，应把专业银行业务经营结果同职工利益结合起来，即实现利润多，职工的收入适当增加；实现利润少，职工的收入相应减少，在正常情况下，银行职工每人年平均收入奖金同全国企业职工年平均收入奖金持平。

张亦春（1987）[①] 认为专业银行经营目标应当因时而异，提出了实施利润目标需要满足的五个条件：价格能真实反映产品价值；中央银行独立性和权威性得到加强，形成完善的宏观调控体系；政企分开，把专业银行办成真正的银行；打破工商企业大锅饭，把工商企业办成真正自由经营、自负盈亏的经济实体；完善利率管理体制，使中央银行和专业银行都有一定的利率制定权。他认为，当时专业银行的利润多少在许多情况下并不能反映社会经济效益的高低，有时还会出现相反的结果，二者存在着明显的矛盾，因而应当以社会经济效益和银行利润二者作为经营目标，而不能单一以利润作为专业银行经营目标。李晓西（1994）[②] 表达了类似的观点，他认为专业银行向商业银行转化的过程需要经历两个阶段。在全资国有商业银行阶段，国有商业银行还承担了一些政策业务，此时实现经营的单一效益目标为时尚早。张亦春（1991）[③] 认为专业银行卸掉其宏观调控职责和"政策性"业务后，实质上就是经营货币信用的商业银行，而"作为经营一般货币信用的商业银行，追求利润最大化是其经营的根本动力，亦即经营目标"。

2. 是否分离政策性业务与商业性业务、是否专设政策性银行的讨论

针对专业银行身兼商业性业务和政策性业务两种职能的状况，部分学者

---

① 张亦春：《专业银行经营目标应当因时而异》，载《中国经济问题》，1987（5）。《试论专业银行企业化经营目标》，载《金融与经济》，1987（8）。

② 李晓西：《试论专业银行向商业银行的转化过程》，载《金融研究》，1994（7）。

③ 张亦春：《金融改革深化论》，载《中国经济问题》，1991（4）。

主张对两种业务实行双轨制，分设政策性银行和企业化银行，使各类银行保持单一的职能目标。王华庆（1989）① 建议成立三家政策性银行来解决专业银行承担的农业和工商业中的政策性贷款。赵海宽（1990②，1993）③ 建议专设政策性银行办理政策性业务。他认为应该成立一家专办政策性业务的银行，使各专业银行不再办理政策性业务，专办一般性银行业务，从而中央银行不再办理具体银行业务，不再考虑利润，而几家国有专业银行可以轻装走上市场，平等地同国内其他金融机构和国际大银行竞争。吴晓灵（1993）④ 认为最根本的问题是要财政承担政策性亏损的那一块，改革就是要先分账，再分机构，必须成立专业银行。张亦春（1993）⑤ 建议由人民银行或财政部专门成立非营利性的金融机构，专门负责政策性业务的开展。

另外一些学者认为可以将政策性业务与商业性业务分离，但不应该专设政策性银行。他们认为：（1）我国的社会体制不允许专设政策性银行；（2）在当时的那个经济发展阶段不适宜专设政策性银行；（3）可以在体制内改革以解决政策性业务问题。卢汉川（1987⑥，1991）⑦ 认为把特殊性政策贷款和一般贷款分别计划、分别核算，是可行的办法。而设立政策性银行不可行。在这两篇文章中他对此问题的主要观点如下：（1）专业银行按照资本主义商业银行的一般要求来办（所谓真正的企业），以盈利为目标不可行，设立政策性银行也不符合农村的实际情况。（2）西方国家金融业以私营资本主义银行为主体，这种银行以盈利为目的，不承担低息无息的农业贷款，而发展农业又属战略需要，国家必须给予大力支援，因而才有政策性银行的产生。它们的政策性银行属于政府机构，财政性质。（3）社会主义银行不同于以盈利为目的的资本主义银行，它必须执行国家政策，农业银行就负有支持合作

① 王华庆：《专业银行企业化的难点与改革》，载《天津金融月刊》，1989（9）。
② 赵海宽：《对金融体制改革几个问题的看法》，载《金融研究》，1990（6）。
③ 赵海宽：《尽快成立政策性银行》，载《经济管理》，1993（7）。
④ 吴晓灵：《我国金融体制改革的难点与出路》，载《江淮论坛》，1993（5）。《关于中国金融体制改革的几个问题》，载《经济社会体制比较》，1994（1）。
⑤ 张亦春：《论我国银行业发展的商业化进程》，载《福建金融》，1993（9）。
⑥ 卢汉川：《关于专业银行企业化若干问题的思考》，载《农村金融研究》，1987（8）。
⑦ 卢汉川：《设立政策性银行不可行》，载《金融研究》，1991（3）。

经济发展的重大政治任务。（4）政策性银行在机构设置上有难以克服的矛盾，因为政策性业务遍布农村，不只存在于落后地区，发达地区同样有政策性的开发业务。（5）社会主义经济条件下政策性信贷的范围难确定，很难区分哪些属于政策性业务，哪些不属于。（6）若设立政策性银行，其机构如何设置存在困难。王广谦（1991）[①]认为，如果让专业银行把政策性业务让出来，执行商业银行职能，另建政策性银行，那么可能面临两个问题：一是铺底资金和人员问题，二是政策性业务的衔接问题。他建议"把政策性业务与经营性业务分开，分别立账，分别管理，在资金来源、资金运用、利率制定、税利缴纳等方面，都实行'双轨制'，对外合一，对内分治"的暂时性解决办法。随着商品经济体制的确立，政策性业务也应该采取经营的方式来对待，还是应该遵守信用的一般原则。因此，专业银行的政策性也应该通过一种机制转化为经营性业务，当这种转化机制一旦建立起来，国家专业银行的现代商业银行运作机制才能真正确立，银行才能成为"真正的银行"，才能成为发展经济、革新技术的杠杆。

与前面两种观点不同，部分学者认为在当时的经济格局下，政策性业务与商业性业务难以区分，因而专设政策性银行也是不能解决问题的。谢杭生（1992）[②]认为仅仅依靠行政性分设的办法在金融机构的分离裁撤上做文章形成不了机制转换。在当前的经济格局下，政策性业务与经营性业务事实上难以分清，即使分清了也会受到各级地方政府的干预。

另外，主张设立政策性银行的部分学者还对设立政策性银行或者政策性业务的处理方法进行了具体设想。王华庆（1989）[③]建议设立三家政策性银行：设立的中国进出口银行专门支持出口企业，在资金、利率上给予优惠，该银行在沿海城市设立分支机构，也可在内地一些主要的省会城市设立分支点；设立的中国农业开发银行，以收购农副产品的贷款为主；设立的中国建设银行，经营财政拨改贷业务，发放国家重点项目，重点产业，如能源、交

---

① 王广谦：《对我国专业银行发展方向的若干思考》，载《农村金融研究》，1991（5）。
② 吴晓灵：《专家学者座谈金融体制改革》，载《金融研究》，1992（6）。
③ 王华庆：《专业银行企业化的难点与改革》，载《天津金融月刊》，1989（9）。

通等的贷款，并在利率上给予优惠。他对三家银行的性质及具体操作进行了设想：三家银行都属国营金融机构，资本金由财政部拨入，资金由人民银行给予部分年度贷款，发行特别金融债券、一般金融债券。赵海宽（1990）①对成立政策性银行进行了具体设想："政策性银行同中央银行一样，不实行企业化管理，不考核利润；其余银行和金融机构都实行企业化管理，考核成本和利润指标完成情况。政策性银行可以新设，为了节省人力、物力、财力，也可以考虑用当时的人民银行基层机构改组。如由人民银行基层机构改组，其任务除办理主要农副产品收购资金贷款等政策性银行业务外，还应兼办当时由人民银行基层机构承担的工作。"

（三）对这一阶段改革与讨论的评价

这一阶段企业化改革的各项措施确立了银行自主经营的概念，但从实践来看改革的成效并不显著，银行距离真正的企业仍有相当大的差距。四大国有专业银行虽然名义上是按信贷规律办事的独立经济实体，但其全国性银行的地位决定了其必然统揽全国政策性业务，承担执行国家产业政策、保证国家重点建设资金需要的职能；由于金融市场尚不发达，国家难以依靠市场调节经济，专业银行也就成为国家宏观调控的主要传导渠道。从"大一统"金融体系脱胎不久的国有专业银行本身也还带有浓郁的行政色彩，管理体制比照国家机关，过多的行政干预更使其经营自主权无法落实，转变管理方式的改革也难以切实推进。虽然四大国有专业银行在一定程度上拥有了运用信贷资金的自主权力，但前提是必须遵守和完成国家下达的信贷计划。"政企不分"导致"按信贷规律办事"成为一句空话，银行的风险管理、内部控制也就无从谈起。从这一阶段起，国有银行在为经济建设提供金融支持的同时也累积了大量的不良资产，以不良贷款为特征的"历史包袱"从此产生。

这一阶段对企业化经营目标的讨论促进了人们对专业银行企业化改革的认识，对专业银行企业化与国家利益、银行的管理职能、金融宏观控制的关

---

① 赵海宽：《对金融体制改革几个问题的看法》，载《金融研究》，1990（6）。

系梳理得更加清晰，为企业化经营目标选择提供了理论依据，为企业化改革探索了前进的方向。同时，企业化经营目标的讨论自然地涉及专业银行政策性业务的处理，从而带动了是否分离专业银行政策性业务与商业性业务、是否专设政策性银行的讨论。

分离专业银行政策性业务与商业性业务、是否专设政策性银行的讨论促进了人们对政策性业务的认识，进一步明确了企业化经营目标的权衡，同时，为政策性银行的设立提供了前期的理论准备，促进了政策性银行的设立，推动了专业银行企业化改革以及后来的商业化改革。另外，学者对政策性业务处理的探讨还为后来政策性银行的改革做了初步理论探讨，王广谦（1991）[①]主张的政策性业务与经营性业务"双轨制"并且政策性业务逐渐向经营性业务转化的思想其实对应了我国后来的政策性银行设立与政策性银行商业化改革两个步骤。

二、改革第二阶段（1993—2003 年）几个重要问题的讨论

（一）讨论的背景

20 世纪 80 年代末 90 年代初，国际国内形势发生了重大变化。面对复杂的局势，一些人对社会主义的前途缺乏信心，对改革开放提出疑问，对党的基本路线产生动摇。1989 年"六四"事件后，有人借批资产阶级自由。1989年 11 月召开的十三届五中全会通过了《关于进一步治理整顿和深化改革的决定》，该决定不仅重提计划经济，而且把计划经济与市场调节的关系视为"板块关系"和"此消彼长"的关系，这是时代的退步。

风雨飘摇的经济改革背景孕育了邓小平的南方谈话。1992 年 1 月 17 日，88 岁的邓小平坐在南行列车上，开始了他的南方之行。从 1 月 18 日到 2 月 21

[①] 王广谦：《对我国专业银行发展方向的若干思考》，载《农村金融研究》，1991（5）。

日，邓小平视察了武昌、深圳、珠海、上海等地并发表重要谈话，提出"要抓紧有利时机，加快改革开放步伐，力争国民经济更好地上一个新台阶"的要求，明确了"坚定不移地贯彻执行党的'一个中心、两个基本点'的基本路线，坚持走有中国特色的社会主义道路，抓住当前有利时机，加快改革开放的步伐，集中精力把经济建设搞上去"这一要点。这次谈话对于后一个时期的中国发展有着深远而又重大的意义，为中国走上有中国特色社会主义市场经济发展道路奠定了思想基础。不久，小平南巡的旋风席卷全中国，掀起了又一轮改革开放的热潮。

经历了1984—1987年的探索和短暂的曲折以后，在邓小平南方谈话的重大影响下，人们对于经济改革目标的认识更加清晰。1992年南方谈话也为秋季召开的十四大奠定了总基调和主旋律，建设社会主义市场经济体制已成为党心民心所向，并再度成为我国深化改革、加快开放的引擎和动力。另外，南方谈话明确了20世纪90年代社会主义现代化建设的总航向，为全面建设小康社会奠定了坚实的思想基础和理论基础，对党的第三代中央领导集体团结带领全国人民顺利迈向新世纪提供了行动指南和理论准备。1992年，我国GDP总量同比增长14%，成为1988年治理整顿以来增速最快的一年。

1993年12月25日，国务院作出《关于金融体制改革的决定》。金融体制改革的目标是：建立在国务院领导下，独立执行货币政策的中央银行宏观调控体系；建立政策性金融与商业性金融分离，以国有商业银行为主体、多种金融机构并存的金融组织体系；建立统一开放、有序竞争、严格管理的金融市场体系。

在此之前，被称作"专业银行"的国有商业银行政企不分、商业性金融业务与政策性金融业务不分以及市场秩序混乱、发展畸形等问题普遍存在。与此相对应，作为中央银行的中国人民银行职能不清、调控手段陈旧、组织结构和财务制度不合理，也无法有效地行使稳定货币的基本职能。针对这些问题，国务院先后批准设立了三家政策性银行，承担原专业银行办理的政策性金融业务，力图解决国有专业银行"一身兼两任"的问题。政策性业务初步分离后，专业银行推行了贷款限额下的资产负债比例管理，实行了统一法人制度，逐步建立健全审慎的会计原则，建立了授权授信制度，推行经营目标责任制，实行审贷分离、内部稽核制等。1995 年 7 月，《中华人民共和国商业银行法》正式颁布实施，从法律上明确了工、农、中、建四家银行是实行"自主经营、自担风险、自负盈亏、自我约束"的国有独资商业银行。

这一阶段，商业银行行政性仍然很强，效率仍然很低，这些问题的根源都涉及国有商业银行产权制度的问题，于是学术界开始了国有商业银行股份制改造的探索。

同时，这一阶段也是国有企业改革的重要时期。1997 年亚洲金融危机之后，国有企业大面积陷入经营困境，致使国有商业银行不良资产剧增，银行脆弱的资产质量甚至影响到国家经济和金融体系的安全。1997 年 11 月，为正确估量经济、金融形势，深化金融改革和整顿金融秩序，国家召开了第一次全国金融工作会议，此后实施了一系列相应的改革措施：（1）成立金融工作委员会，对全国性金融机构组织关系实行垂直领导，改革四家银行干部任免制度，试图解决地方政府干预银行业务问题。（2）补充资本金，剥离不良资产，提高国有独资商业银行的抵御风险能力。中央政府于 1998 年发行 2700 亿元特别国债补充四家国有独资商业银行资本金，1999 年成立四家资产管理公司，剥离国有商业银行不良资产 1.4 亿元左右。（3）全面推行资产质量五级分类制度以取代原来的"一逾二呆"分类方法，同时要求商业银行按照审慎会计原则提取贷款损失准备金。（4）国务院向四大银行派驻监事会，强化监督制约机制，这说明国家已经意识到国有商业银行在治理结构方面存在问题，并开始着手推动在 20 世纪 90 年代后期，国有企业实行股份化改制。1993 年的中共十四届三中全会决定在国有企业中建立现代企业制度，即现代公司。1993 年 12 月 29 日，全国人民代表大会常务委员会通过了《中华人民共和国公司法》。1997 年中共十五大特别是 1999 年中共十五届四中全会进一步明确，除极少数需要由国家垄断经营的企业外，所有国有企业都要进行股份化改制，以便在股权多元化的基础上建立有效的公司治理结构。在股权多元化的基础上，改制上市企业大多按照十五届四中全会决定搭建起公司治理的基本架构。由于新旧体制的变革导致多方面权力和利益关系的大调整，国家需要从全局的角度对国民经济进行宏观调控。

在当时国家对宏观经济的控制力不足的情况下，国家仍将四大银行看作是宏观调控的补充工具，以其作为国家实施产业政策和金融政策的主要载体。虽然《商业银行法》从法律上界定了国有独资银行的商业银行地位，但这里的"商业银行"仍非现代意义上的商业银行。国有商业银行仍以国家信用为背景，国家还是不愿意把国有商业银行完全放到市场中去，国家对国有商业银行的干预仍然比较多。在这样的背景下，银行各项商业化改革措施无法深化，市场化经营原则难以真正落实，银行自身的经营机制并未有实质性的改善。而且，由于国有银行与国有企业之间存在事实上的资金供给关系，国企改革成本转嫁给国有银行的问题开始在这一时期得到比较集中的体现。正因为如此，1997年亚洲金融危机导致的国有企业大面积陷入经营困境，也同时致使国有商业银行不良资产剧增，银行脆弱的资产质量甚至影响到国家经济和金融体系的安全。在这一背景下，不良资产要不要解决、怎样处置成为当时亟待处理的问题，也是学界讨论的焦点所在。

另一方面，20世纪70年代末至90年代初，在全球金融创新、金融自由化的浪潮下，金融管制逐步放松，金融分业的界限逐渐模糊，业务相互交叉、相互渗透的程度不断加深。改革开放以来，我国金融体制、金融结构和金融运行机制都发生了深刻的变化，在金融机构多元化的同时，金融业务也趋于多样化，而且，金融机构的业务越来越综合化、全能化，业务交叉不断扩大，业务竞争日益激烈。但随之而来的也有一些不可忽视的问题。与金融环境和条件均十分完善和发达的美国、日本等国家相比，当时的中国信托业和证券业都刚刚起步，商业银行自身的运行机制也并不完善。特别是银行与证券、信托、保险机构的业务交叉，不仅使银行等金融机构的经营风险增加，也助长了证券市场的过度投机和股价的剧烈波动，同时给中央银行货币政策的实施带来了很大难度。由此，关于中国金融业应该实行混业经营还是分业经营的讨论也在学术界拉开了帷幕。

（二）几个重要问题的讨论

1. 是否进行股份制改造的争论

专业银行企业化是否需要进行股份制改革，最初学者们对此的意见并不统一。有的学者认为只需对其加强内部管理。赵海宽（1988）[1] 认为金融机构企业化是不是需要对大银行实行股份制度并不是主要的，而关键是把银行业务开展和经营情况同职工的利益挂起钩来。王华庆（1989）[2] 认为当时百分之百国家"股份"的专业银行是不可能真正实现自负盈亏的，因此需要进行改革。而且承包也没有改变银行所有制的性质，因而也无法解决只负盈不负亏的问题。要使专业银行真正企业化，必须要改革其所有制，也即从国营体制转到股份化。张亦春（1994）[3] 认为专业银行如果不从本质上明确产权关系，在经营上真正实现自主，就不能在市场竞争中取胜，也无法在经济建设中发挥应有的作用。

随着改革的深入、经济环境的变化，学者们就实行股份制的积极作用以及股份制改革的条件与时机进行了分析。总结赵海宽（1998）[4]、唐小光（1999）[5] 等的分析，国有商业银行试行股份制具有几个方面的积极作用。（1）试行股份制，能够促进国有大银行更快改善经营管理，提高经济效益。一方面，实行股份制，吸收一部分法人和个人作为股东，则在改善经营管理方面，来自出资人的压力增大。法人和个人购买银行股权，目的基本上是为了赚取股利。他们强烈要求入股银行改善经营管理，最大限度地增加利润。在实行规范的股份制情况下，他们还会通过股东代表大会施加影响，直至迫使领导集团进行改组，以促进该银行改善经营管理，降低成本，提高利润率。另一方面，试行股份制，有利于银行经济效益的提高。银行的社会经济效益是由银行的各项业务活动，即银行的存放款、结算、代理收付等产生出来的。只有重视银行自身经济效益，通过提高自身经济效益带动各项银行业务活动更好开展，才能获得更大社会经济效益。实行股份制，有利于银行改善经营管理，提高自身经济效益，从而也就能有力地推动社会效益的更大提高。

① 赵海宽：《我对今后金融体制改革的中期设想》，载《金融研究》，1988（6）。
② 王华庆：《专业银行企业化的难点与改革》，载《天津金融月刊》，1989（9）。
③ 张亦春：《论我国金融体制改革的主要任务》，载《厦门大学学报》，1994（4）。
④ 赵海宽：《国有大银行也可考虑试行股份制》，载《经济研究》，1998（1）。
⑤ 曾康霖等：《进一步深化国有商业银行改革的探讨》，载《金融研究》，1999（9）。

（2）试行股份制有利于国有大银行政企分开，自主经营。国有大银行要真正成为商业银行，首先必须成为独立法人，依法享有各种自主权，能够自主采取各种措施，开展业务和改善经营管理；能自负盈亏、自担风险。然而在银行维持国有的情况下，国家是这些银行的唯一所有人。政府作为国家的代表，既肩负着宏观经济调控任务，又直接管理着大量国有企业，在情况需要时免不了要指令银行发放某些贷款。银行是资金营运部门，在市场经济条件下，资金是社会各个方面都离不开，更是企业命运攸关的东西。所以在国有企业和国有大银行仍归国家直接管理的情况下，要政府不干预银行业务活动是不可能的。而如果实行了国家控股的股份制，银行转归股东所有，国家虽然仍处于控股地位，是主要的所有者，但已不是唯一的所有者。在重大原则问题上，国家自然要利用控股地位，掌握这些银行的发展方向，使其服从国家宏观政策，支持国家实现总的经济目标。但在具体业务活动方面，国家再不能直接下达指令，过多干预，以便这些银行按照股东代表大会的决议，独立自主地进行创新和发展业务。（3）充实资本金，处理不良资产。国有大银行是我国银行业的主体，如实行股份制，发行股票，必然可以大幅度溢价售出，筹到巨额股本金。这样，不仅资本金不足的问题自然得到解决，而且还可以冲销一部分不良资产。（4）减轻政府在金融方面承担的风险。之前政府是国有大银行的唯一出资者，对它们的业务经营状况承担着无限责任。而随着社会主义市场经济迅速发展，金融业竞争加剧，风险逐渐增大。在这种情况下，如出现金融危机，很容易把政府推到第一线。而如果实行了股份制，明确股东对银行只承担有限责任，且国家只是股东之一，金融风险对政府的影响就小得多。

曾康霖（1999）[①] 阐述了国有商业银行试行股份制的优点：股份制商业银行能使资本社会化、收益社会化、风险社会化和监督社会化，能使银行的资产所有权与使用权相分离，在经营管理中推行委托代理制。资本社会化不仅表现在股份制商业银行的资本以股份形式定向募集或公开募集，而且表现

---

① 曾康霖等：《进一步深化国有商业银行改革的探讨》，载《金融研究》，1999（9）。

在它们的股权能够上市转让，这样不仅可充分动员社会资本，而且可优化金融资源分配；收益社会化主要表现在股份制商业银行必须对股东派息分红和使每股资产的价值增值，也就是说必须给股东一定的回报，这样回报率的高低便成为社会检验商业银行业绩的尺度；风险社会化集中表现在以股份制组建的商业银行，它体现着"利益共享，风险共担"的原则，如果银行经营不善、资不抵债，则股东以其投资对商业银行的负债负责，这样能够分摊局部造成的困难，减轻社会震荡；监督社会化不仅表现在股份制商业银行必须接受股东代表大会、监事会的监督，而且表现在必须定期向社会公众公布财务状况和不定期地向股东公告重大事件，这样可以建立起有效的激励机制和制约机制。

就股份制改革的时机或条件来讲，李晓西（1994）① 阐述了专业银行向商业银行转化的"两过程"观点：首先是向国有全资商业银行的转化，然后进一步实现向以国家控股或参股的股份制商业银行的转化。他不主张当时立即搞专业银行的股份化，因为当时还承担着"国家赋予一定的责任"，因而当时实现经营的单一效益目标为时尚早。赵海宽（1998）② 认为党的十五大从政治原则方面拨开在股份制问题上存在的理论和认识迷雾，同时三家政策性银行已经成立，因而股份制改革的时机已经成熟。他还进一步论述并解除了人们对此的几个疑虑：国有大银行试行股份制不会导致国有资产流失，国有银行不会转变为私有银行；不会削弱国家宏观经济调控能力；不会减少国家财政收入；国有大银行发行股票不会对市场物价带来冲击。张亦春（1994）③ 认为专业银行商业化需要分阶段进行：首先是分离专业银行混合经营的政策性业务；然后是改造专业银行的组织形式，重组专业银行商业化的格局，改组后的商业银行实行股份制。丁宁宁（1999）④ 认为股份制改造需要一定规模的资金为基础。他认为，20 世纪 90 年代以前，国内证券市场还未形成，政

---

① 李晓西：《试论专业银行向商业银行的转化过程》，载《金融研究》，1994（7）。
② 赵海宽：《国有大银行也可考虑试行股份制》，载《经济研究》，1998（1）。
③ 张亦春：《论我国金融体制改革的主要任务》，载《厦门大学学报》，1994（4）。
④ 曾康霖等：《进一步深化国有商业银行改革的探讨》，载《金融研究》，1999（9）。

府以外的社会资金比重太低，国有专业银行的股份制改造犹如天方夜谭。曾康霖（1999）① 提出中国商业银行若要按照股份制组织，则在资本筹集、人事的安排、业务开展和业绩评定几个方面都按股份制机制运行，而商业银行要不要采纳现代企业制度，不仅是体制问题，更重要的是运行机制。

2. 关于不良资产处置的讨论

在当时的经济金融环境下，不少学者如吴晓灵（1993）②、赵海宽（1994）③、谢平（1997）④ 都提出了解决其不良资产的必要性和紧迫性。他们认为大量存在的不良资产是商业银行的包袱，是其改革的阻碍，需要处理。与前面几位学者的观点不同，樊纲（1999）⑤ 从国家综合负债的角度讨论国有商业银行不良资产问题，认为银行坏债清理的重点在于控制增量而不在于清理存量。他认为，在一定经济增长率下，只要控制坏债增长率，使之低于经济增长率，坏债的问题就会逐步得到缓解，并随着改革的进展而逐步消除。他主张，一方面，解决坏债问题根本上要着眼于控制增量，也就是要着眼于体制改革，使坏债今后减少发生；另一方面，清理已有坏债是不重要的，现有的坏债存量，是已经花出去了的钱，再清理也是收不回来的，与其用政府支出的办法去清理坏债，不如使它们继续保持在企业和银行的平衡表上，反倒有利于保持对企业和银行的一种"改革压力"。否则，体制没有改，今天清理了明天又会冒出来。

究竟谁来承担不良资产，部分学者如李晓西（1994）⑥、李俊杰（1999）⑦ 认为政府应该承担或者至少部分承担。李俊杰认为只有政府有能力承担这种损失，而且，过去的政府指令和行政干预是导致银行坏账的重要原因，因而

---

① 曾康霖等：《进一步深化国有商业银行改革的探讨》，载《金融研究》，1999（9）。
② 吴晓灵：《关于中国金融体制改革的几个问题》，载《经济社会体制比较》，1994（1）。
③ 赵海宽：《论国有大银行如何转化为商业银行》，载《金融研究》，1994（5）。
④ 谢平：《对我国下一步金融体制改革的难点问题的理论分析》，载《国际金融研究》，1997（5）。
⑤ 樊纲：《论"国家综合负债"——兼论如何处理银行不良资产》，载《经济研究》，1999（5）。
⑥ 李晓西：《试论专业银行向商业银行的转化过程》，载《金融研究》，1994（7）。
⑦ 李俊杰：《论我国银行的不良资产及其处置》，载《金融研究》，1999（6）。

由政府承担损失也是合理的。相反，周金黄（1998）① 认为政府注资应该也是有偿的。谢平（1994）② 担心不良贷款的消化处理会引发了一场"多方博弈"，各家都想从中捞到好处，最后吃亏的是国家。赵海宽（1998）③ 认为应将银行不良资产按照产生原因进行分类：该由企业负责的要由企业归还，特别是实行股份制的企业，应一次彻底还清；该由财政负责的要由财政归还；而该由银行自身负责的，即用相应的发行股票款冲销。

就不良资产的解决办法而言，周金黄（1998）④ 建议有偿的注资方式解决比例较低的呆死账（政府性贷款和保证贷款）；采取债权集中收购或拍卖的方式解决大规模的逾期贷款；改革呆账准备金制度来解决部分增量不良资产问题。刘大为、何仕彬（1999）⑤ 认为分离银行好坏资产、组建专门重组托管机构集中托管是首选方式。他们建议转轨时期不良资产的处理措施：政府筹资重组企业与重置银行资本；银行让利下的债权置换与折扣出售；按照"债权—产权—产权出售—回收债权"途径，将债权转为银行产权、投资权、股权、投资基金或可转换债券收益权，或可抵押、流通的长期债券、货币市场工具；建立银行不良资产重组新业务运行的激励与约束机制。李俊杰（1999）⑥ 主张两步剥离不良资产来处理银行坏账：首先剥离不良资产，然后国家注资弥补银行资产剥离所暴露出来的资本金不足。

路建华等（1996）⑦ 对当时解决不良资产的几种主要观点进行了分析。他们认为，由财政注资核销，即由财政拨款充实企业资本金，企业还款于银行，或由财政拨款给银行，由银行充实资本金核销债务是不可行的，因国家财政连年赤字，已无力拨款去充实企业资本金或去充实银行资本金。债权换股权，即把企业无力偿还的银行债务转换成银行对企业的投资的想法未从根

---

① 周金黄：《解决国有商业银行不良资产的政策选择》，载《金融研究》，1998（6）。
② 谢平：《国家专业银行转向国有商业银行的12个难点问题》，载《金融研究》，1994（4）。
③ 赵海宽：《国有大银行也可考虑试行股份制》，载《经济研究》，1998（1）。
④ 周金黄：《解决国有商业银行不良资产的政策选择》，载《金融研究》，1998（6）。
⑤ 刘大为、何仕彬：《关于银行不良资产重组问题的思考》，载《金融研究》，1999（3）。
⑥ 李俊杰：《论我国银行的不良资产及其处置》，载《金融研究》，1999（6）。
⑦ 路建华等：《银企不良资产活化研究的判别思考》，载《金融研究》，1996（3）。

本上解决企业资产坏死的问题，从而也未能从根本上解决银行信贷资产不良问题，反而由于全面推行了债权，使银行的信贷资产和利息实实在在地悬空起来，将会导致银行连锁破产。

3. 关于分业和混业经营的讨论

关于我国应该实行混业经营还是分业经营的问题，不同学者也持有不同的观点。一部分学者对分业经营持保留意见。宋清华（2005）[1] 等认为，分业经营的决策仍然有值得检讨的地方，对我国金融业的综合经营态势不能一概地予以否定。他指出："综合经营是国际商业银行发展的必然趋势，我国商业银行应该走综合经营的道路，而非银行金融机构商业银行化是十分有害的，非银行金融机构必须严格实行分业经营和管理。"朱逸群[2]认为实行分业经营管理不是最佳的政策选择，他指出："（1）从我国目前的银行来看，各专业银行的资产运用十分单一，贷款占总资产的比例太大，其他资产的比重和相应收益微不足道。这种资产结构很难适应专业银行的长足发展，特别是目前全国大中型国有企业经济效益普遍下降，还贷能力十分薄弱，各专业银行的贷款质量普遍不高，从而导致银行资产的风险较大。（2）从证券市场看，目前活跃在中国证券市场特别是股票市场上的投资者大多是社会个人和中小机构，运作的资金也多是社会消费基金和其他小额资金，这就决定了中国证券市场的高投机性不可避免。（3）分业经营不利于中央银行的宏观调控。"许可（1998）[3] 从加快我国现代投资银行业的角度出发，提出应使证券机构投资银行化。他论述道："从我国国有企业改革和金融体制改革的实践要求来看，投资银行业的发展尚显滞后。但随着业务扩展，证券机构已有向投资银行发展的趋势，众多券商已由一级市场的竞争转向财务顾问，他们都渴望在企业重组、改制、理财、投资顾问等方面拓展自己的业务，因此证券机构投资银行化已成为我国资本市场发展的现实选择。但由于我国投资银行起步晚，实力弱，应对它们实施战略性重组，以改造、并购等方式，培育我国特大型现代

---

① 宋清华、朱忠瑞：《对我国金融业分业经营的思考》，载《争鸣》，1995（10）。

② 朱逸群：《对银行业与证券业分业经营管理的悖向思考》，载《金融论坛》。

③ 许可：《关于加快发展我国现代投资银行业的探讨》，载《管理世界》，1998（5）。

投资银行,以增强国家竞争力。此外,还可以从信托投资公司、商业银行等金融机构中独立出一些部门开展投资银行业务,但必须遵循《商业银行法》有关规定,银证分业经营,两者井水不犯河水,避免银行信贷资金以各种形式流入证券市场,形成泡沫。"秦国楼(2003)[1] 认为,金融业综合经营或通常所称的混业经营已成为全球性的趋势,但分业经营制度在主要国家的终结并不意味着分业经营与综合经营的争论已告结束,相反,很多实行综合经营的金融机构屡屡出现的问题反复昭示,这一问题绝非此优彼劣的简单选择。对于已经加入世界贸易组织并且金融开放正在稳步推进的我国金融来说,继续实行分业经营还是顺应世界潮流实行综合经营更是金融当局面临的艰难选择。秦国楼首先对有关分业经营与综合经营的理论争论进行了全面分析,这些争论主要涉及系统风险、利益冲突、金融业的垄断、竞争与效率以及范围经济与规模经济等。从分析和研究表明,分业管制并不能降低金融系统风险,综合经营也不必然产生利益冲突,但在垄断、竞争与效率以及规模经营和范围经济方面仍存有分歧。秦国楼对我国当时的分业经营政策也进行了讨论,认为分业管制政策的实施在某种程度是一种误判,比分业管制更重要的是金融机构之间"防火墙"以及金融机构内部"中国墙"的建立和完善。

同时也有一部分学者坚定支持分业经营。何德旭[2]认为应该坚持金融业分业经营,他说:"我国《商业银行法》明确金融业分业经营这一原则,至少在目前乃至今后一个时期内,是一个明智的、符合我国国情的选择。这既是对西方国家 30 年代金融危机和 70 年代以来金融业不断扩大的历史借鉴,也是对我国改革开放以来尤其是最近几年金融运行、金融监管以及货币政策实施的科学总结。在我国中央银行职能不完善、监控手段和能力有限、商业银行自我约束能力差、风险防范能力弱,资本市场发育不规范,法制建设相对滞后的条件下,我国金融业就只能选择分业经营模式。"姜洋(1996)[3] 认为我国金融业分业经营是十分必要的,他认为目前我国不具备金融业混业经营的

---

① 秦国楼:《金融业综合经营与分业经营的比较分析与实证研究》,载《金融研究》,2003(9)。
② 何德旭:《坚持金融业分业经营》,载《笔谈》。
③ 姜洋:《论我国金融业分业经营的必然性》,载《金融研究》,1996(1)。

条件，一是金融法律法规体系很不健全；二是金融监管部门缺乏相应的法律作监管依据，一系列的监管制度还未建立起来；三是国有商业银行作为我国整个金融体系的支柱，缺乏内部风险控制观念，在追求利益最大化的动机下，有信贷扩张的冲动；四是金融电子化系统发展不高，基本上还停留在发达国家70年代中期分散事务处理的水平上。此外，他指出："我国还有四个特有的硬约束条件：（1）我国国有企业问题已经成为经济体制改革的瓶颈问题；（2）我国原国有专业银行是一个产权界定不明确的不合格的市场主体，缺乏自主经营权，普遍受到行政干预；（3）行政手段的作用相当强大；（4）发展中国家普遍存在的问题是缺乏大量资金支持经济快速发展……一国的金融制度是由该国经济发展水平和历史条件决定的。鉴于我国目前的政治、经济、科技水平，只能实行金融业务分业经营，这是我国金融业发展过程中不可逾越的阶段。这个阶段需要多长时间，要受到企业改革、金融改革、法制建设、监管制度、科技发展各方面因素的制约。在这个问题上，不能片面强调与国际市场并轨，照搬照抄国外的经验，应该实事求是，立足于我国的具体情况，走严格分业的道路。"许美征（1996）①进一步说明，我国目前不宜实行综合性银行体制，她说："从我国的情况来看，银行体制和其外部环境对于实行综合性银行体制都不是很适当的。从商业银行来看，建立国有独资银行和股份制银行的产权制度，建立相应的银行企业的治理结构，商业银行自我约束机制的形成、风险管理的建立等等，需要一个过程。从中央银行来看，对商业银行的监督和稽核，从制度的建立和培训一批监督稽核人才也要有一个过程。再从我国的证券市场和信托业务领域看，证券市场还处在初创阶段，投机性比较强，市场还有待开拓和规范。综上所述，在现阶段，如果允许商业银行经营综合性业务，会增加银行的经营风险，影响金融业的稳定。因此，近期我国的银行体制实行分业经营、分业管理的原则是适当的。今后，随着我国商业银行体制改革与组建的完成和管理水平的提高，中央银行监管能力的加强，以及证券市场的规范化，经济的稳定发展等等，对商业银行专业分工的

---

① 许美征：《我国目前不宜实行综合性银行体制》，载《新金融》，1996（1）。

限制可逐步放松，在这个过程中也可以选择某些管理水平高的商业银行试办全能银行业务。"

（三）对这一阶段改革与讨论的评价

总结前二十来年的改革，基本上是沿着两条线索推进的：一是银行外部改革，即通过理顺国有银行与外部的关系、改善国有银行的外部经营环境促进国有银行商业化、现代化的改革思路，具体体现为剥离商业银行政策性业务，消除行政干预，理顺商业银行与中央银行、财政部门的关系，组建股份制商业银行引入竞争等改革措施；二是银行的内部体制改革，如优化内部控制、完善财务制度、改革人事制度、化解不良资产等。概而言之，逐步在经营层面引导国有银行走上市场化、商业化之路。这些改革措施于我国经济转轨的大背景下提出，符合经济体制改革的"渐进"逻辑，明确了国有银行的发展方向。但从上文的分析来看，由于客观因素所限，这两个阶段改革的局限性也十分明显，国有银行的商业银行身份虽已确立多年，但经营机制尚未真正实现市场化转换，现代商业银行制度也未建立。从制度特征方面分析，现代企业制度与现代商业银行制度应具有一致性。现代企业制度的基本特征可表述为"产权清晰、权责明确、政企分开、管理科学"，在四者当中，"产权清晰"处于更重要的地位，它是实现后三个方面的前提、基础和必要条件。明晰的产权关系所形成的强有力的产权约束机制，能保证企业内部激励机制与约束机制的有效性，从而形成科学的管理制度和管理机制。应该说，产权明晰是商业化的核心，是其他制度改革（如组织制度和管理制度改革）的前提和基础。从产权制度的角度审视，可以让我们对国有商业银行经营困境产生的原因有更为清楚的认识。国有商业银行的国有独资产权模式名为独资，实际上所有权由谁代表并未明确，从而导致产权关系模糊、资本非人格化以及所有权与经营权难以分离，由此而来的是责权利不明、缺乏有效的自我约束机制、"内部人控制"问题突出和经营效率低下等问题，现代公司治理机制无从建立。在国有独资产权模式下，国有商业银行很难摆脱来自政府部门的干预，再加上债权债务关系不清，即作为债权人的国有商业银行与作为债务人的国有企业最终都为国家所有，从而无法形成真正的借贷关系或金融交易关系，这才是国有商业银行大量不良资产产生的真正内在机理。综观国有商业银行前二十余年的改革实践，单纯围绕着银行经营体制和组织体制着力颇多，深层次的产权制度问题却从未触及。国有商业银行的改革要进一步深入，产权制度改革无疑是一个无法回避的问题。

关于股份制改造的相关讨论弄清了国有商业银行进行股份制改造的必要性、股份制改造的条件与步骤，为国有商业银行股份制改造提供理论支持与实践指导。同时，股份制改造的主要障碍之一就是历史遗留下来的巨额不良资产，因而股份制改造的讨论催促了不良资产处理的探索。不良资产的处置是股份制改造的必然要求，关于不良资产处置的讨论进一步弄清楚了不良资产产生的根源，对不良资产的分担与具体处置办法进行了探索，促进了不良资产的顺利处理与相关风险的化解，为后来的股份制改造创造了条件。而学者们关于我国金融业分业经营和混业经营的讨论，则在金融创新和金融自由化这一大背景下，结合我国的具体国情，对如何面对金融风险的挑战提出了质疑和挑战。

三、改革第三阶段（2003—2008年）几个重要问题的争论

（一）争论的背景

这一时期，中国经济体制改革进入了完善社会主义市场经济的新阶段。2002年召开的中共十六大作出了"完善社会主义市场经济体制"的部署。2003年召开的中共十六届三中全会根据这一部署，对建成完善的社会主义市场经济体制和更具活力、更加开放的经济体系作出了专门的安排，提出了深化改革的新任务。在这一良好的改革环境中，中国经济体制改革进入了前所未有的战略机遇期。这一阶段，由于国有企业改革全面推进中出现的企业大范围破产兼并、员工大规模下岗的社会阵痛已经过去，国有企业改革基本完

成，经营状况出现好转，银行业历史包袱得到基本化解；国内经济走出通货紧缩，进入新一轮高速增长周期；亚洲金融危机的影响已经过去，外部经济环境大大好转；成功加入 WTO 改善了国际经贸环境，促进了对外经贸的大发展，并拉动经济持续快速增长；中央政府的财力大大增强，外汇储备急剧增加。而国内社会主义市场经济体制刚刚建立，尚不完善，加入 WTO 在为中国带来机遇的同时，也同样带来了巨大的挑战，从而倒逼我国经济体制改革，成为改革的巨大促进力量。WTO 在市场经济的基础上建立，市场经济是 WTO 对成员方国内体制的基本要求。为了达到 WTO 规则的要求，我国所面临的压力包括必须加大改革的步伐，必须改革企业机制以逐步适应国际规范，必须打破地区封锁和行业保护，必须逐步取消地区性的优惠政策待遇，建立公平竞争的市场经济秩序等。

从银行业来看，一方面，加入 WTO，对我国产业结构、经济发展、政策措施等产生影响，间接地对我国银行业形成挑战；另一方面，加入 WTO 要求我国金融业逐步对外开放，从而直接对我国银行业形成巨大挑战，比如强大的外资银行进入中国后与我国银行业形成激烈竞争，我国银行业与国际监管标准之间仍存差距，加入 WTO 后我国银行业面临着接受国际标准监管，加入 WTO 后我国银行业面临着逐步"走出去"的巨大挑战等等。

为了与经济体制改革和加入 WTO 对银行业的要求相适应，在过去二十多年改革已有成就的基础上，经过多年的反复论证和研究，国有商业银行改革新阶段的思路日益清晰和成熟，国有商业银行的股份制改革基本达成共识。2003 年 9 月中央和国务院原则通过《中国人民银行关于加快国有独资商业银行股份制改革的汇报》，确定了接下来的股份制改革方向。

根据《中国人民银行关于加快国有独资商业银行股份制改革的汇报》的决定，选择中国银行、中国建设银行作为试点银行，运用 450 亿美元国家外汇储备和黄金储备补充资本金，以进一步加快国有独资商业银行股份制改革进程。其后，国务院成立了国有独资商业银行改革试点工作领导小组，领导小组办公室设在人民银行。2003 年 12 月，领导小组办公室会同各部门经反复研究论证，共同拟定了《中国银行、中国建设银行股份制改革实施总体方案》，并经国务院原则通过，国有商业银行股份制改革正式付诸实施。

在改革具体运作模式的选择上，国家根据产权明晰的原则，于2003年12月16日依《公司法》设立了中央汇金公司，由其运用国家外汇储备向试点银行注资，并作为国有资本出资人代表，行使国有重点金融机构控股股东职责，真正落实出资人对资本安全性和收益性的责任和约束。汇金公司的成立是国有商业银行业改革的一个重大创新，国有商业银行长期存在的产权主体虚位局面由此得到根本性改变。

此后，中国银行、中国建设银行等试点银行的改革工作按照改革总体方案，根据"一行一策"的原则稳步开展。第一步是财务重组，主要包括核销资产损失、处置不良资产、再注资等三个环节。中行、建行将所有者权益、准备金和2003年利润全部转入不良资产拨备，用于核销资产损失，之后将不良资产以市场评估价格剥离给资产管理公司。在工行的财务重组中，财政部创新性地以工行未来的收益冲销工行过去的损失，设立了"特别共管账户"。在核销资产损失、处置不良资产的基础上，2003年12月30日国务院通过中央汇金公司向中行、建行分别注入225亿美元的资本金；2005年4月，中央汇金公司再向中国工商银行注资150亿美元。通过财务重组，三行财务状况得到显著改善，主要财务指标已接近国际大型商业银行的水平。

第二步是在财务重组的基础上实施股份制改造，建立现代公司治理框架。中行、建行、工行相继分别于2004年8月26日、9月21日和2005年10月28日由国有独资改组为股份有限公司。三行在创立大会上分别选举产生了第一届董事会和监事会，通过了以公司法和其他相关法律为依据制订的公司章程及一系列配套文件，初步建立了规范的公司治理结构。汇金公司分别向三行派出专职董事，代表行使国有资本出资人职能。

第三步为引进战略投资者。国务院在制订改革总体方案时，将"引进国内外战略投资者，改变单一的股权结构，实现投资主体多元化"作为股份制改革的重要一环。引进战略投资者特别是国外战略投资者有利于优化国有商业银行的产权结构，同时也有利于试点银行引入国际先进管理经验、提高公司治理水平。三行在股份制改造完成之后，根据自身的实际情况和业务发展需要，按照监管部门确定的指导原则严格筛选，分别引入了美国银行、苏格兰皇家银行、高盛投资集团等战略投资者。

第四步也即改革总体方案的最后一步是境内外公开发行上市。上市是彻底改造国有商业银行公司治理机制的重要环节。通过发挥资本市场的约束、监督和促进作用，将建立一整套新的市场激励和约束机制，从而促使国有商业银行进一步转换经营机制，成为真正的市场化经营的主体。可以说，只有通过上市，通过施加足够的外部压力，国有商业银行才有可能真正建立和完善公司治理结构，切实切断机关化运行机制，保证改革的最终成功。从 2005 年 10 月起三行相继启动首次公开发行工作，均取得了巨大成功，在融资规模、认购倍数、发行价格等方面屡创记录，这表明股份制改革的前期成果已得到市场充分认可。截至 2007 年 9 月，中行、建行、工行三行全部完成 A 股 + H 股两地上市，到目前为止三行市值均稳居全球十大银行之列。

由此，学术界对要不要引进海外战略投资者、引进战略投资者会不会威胁金融安全、引进的海外战略投资者是财务投资者还是战略投资者、是否存在国有银行股份"贱卖"、国有银行上市地点的选择这一系列问题进行了讨论。

（二）几个重要问题的争论

1. 要不要引进海外战略投资者的争论

除了监管机构的鼓励外，还有如下一些赞成引进海外战略投资者的观点。

田国强（2004）① 指出，中国银行业改革面临效益与整体风险、改革紧迫性和制度环境不完善两个两难，而外资对解决两个两难有特殊作用。王一江、田国强（2004）② 在经验证据和理论分析的基础上得出结论：股份制的形式并不能改变强政府下政银关系的实质，为了实现国有银行的改革，引进

---

① 田国强：《中国银行业：改革两难与外资作用》，载《中国银行家》，2004（1）。

② 王一江、田国强：《不良资产处理、股份制改造与外资战略——中日韩银行业经验比较》，载《经济研究》，2004（11）。

外资是极其重要的战略选择。田国强、王一江（2004）① 进一步分析了我国当时国有银行股份制改造方案所存在的问题，提出大力引进外资银行战略投资者来参与国有商业银行股份制改造的建议，并概括为"打破一种局面，引进两类股资，形成三方制约，达到四个有利"。

胡祖六（2005）②、吴念鲁（2005）③、许国平等④、许小年（2008）⑤ 等剖析了引进国际战投资者的好处，总结起来有如下几个方面：（1）充实国有银行资本金。通过中央政府动用外汇储备资产、央行票据和财政资源等方式对中行、建行、工商银行以及交行进行注资与剥离坏账，这些重点商业银行的资产负债平衡表得到了清理，基本财务指标有了明显好转。但即使各行风险加权资本充足率达到了中国银监会的最低要求，它们离世界先进银行的水平也还有较大差距。引进国际战略投资者的一个明显而直接的好处就是在中国政府注资后能够进一步充实银行资本金。（2）改善国有银行公司治理结构。引进公司治理完善、管理经验丰富、经营业绩良好的国际一流金融集团，可以帮助国有银行加快完善治理结构，获取更大进步。（3）战略投资者的认购减少了向公众发行的规模，降低了发行难度，同时还能增加公众投资人的信心，为 IPO 成功增加重要砝码。境外战略投资者的加入无异于向公众投资者发出明确信号，表明对银行投资价值的认可，能够提高境外投资者对银行整体质量和发行价格的信心，进而起到提高银行股票估值的潜在作用，这将显著增加国有银行成功上市的概率。（4）移植先进管理经验，提高管理经营水平。当时中国的银行机构在信贷决策、风险管理、内部控制、金融产品、IT 技术等诸多领域与国际先进水平相比还差距甚大。即使通过政府注资完成了为消化历史问题而必需的财务重组，但仍不能担保中国的国有银行体系已经永远

---

① 田国强、王一江：《外资银行与中国国有商业银行股份制改革》，载《经济学动态》，2004（11）

② 胡祖六：《银行改革需要国际战略投资吗》，载《经济观察报》，2005 年 12 月 5 日。

③ 吴念鲁：《国有商业银行引进境外战略投资者和上市地问题》，载《中国金融》，2005（22）。

④ 许国平等：《论国有商业银行引进境外战略投资者的必要性》，载《国际金融研究》，2006（12）。

⑤ 许小年：《理性评价金融改革与开放》，转引自中国银行业监督管理委员会，载《参阅信息》，2008（70）。

地走出了险境。如果这些国有银行不能迅速地加强风险控制，改善经营管理，不良资产问题完全可能卷土重来。而引进世界一流的优秀金融机构作为战略投资者，不但可以带来资本金，而且更重要的是可以转移先进管理经验、产品技术和最佳惯例，从而帮助中国的银行机构迅速地提高管理经营水平。（5）推动中国银行业的改革，提升中国银行业的国际竞争能力。国际一流的金融机构作为长线战略股东，可以在董事会战略决策、高管招聘激励、风险控制制度和重要业务发展等多层面发挥积极的影响。他们虽是少数股东，但因为其专业经验、市场声誉和对投资回报率的执著要求，这些战略投资者有可能"四两拨千斤"，既有动力也有能力扮演比政府大股东更有效的"催化剂"角色，促进银行持续不懈的改革。

针对大家引进境外战略投资者的主张和对引进海外境外战略投资者的积极作用分析，部分学者提出了不同的观点。郑良芳（2005）[①]认为，境外战略投资者不是"救世主"，过分宣传引进境外战略投资者的作用是"惟西方是好"在金融界的反映。史建平（2006）[②]对国有商业银行改革引进境外战略投资者的必要性提出质疑，认为国有商业银行股份制改革与公司治理的建立、完善和是否必须引入外国战略投资者之间没有必然的逻辑联系。

2. 引进境外战略投资者会不会危害金融安全的争论

部分学者一直对引进境外战略投资者怀有忧虑。史建平（2005）[③]认为外资金融机构入股中资商业银行，其目的绝非简单地取得中资银行的部分股权，分得部分利润，实际上，入股中资金融机构只是外资金融机构全球战略的一个组成部分。正因如此，外资在入股中资商业银行的同时，也可能附有许多不合理的条款，借此推行他们的金融霸权，从而损害中资商业银行和中国金融业的安全。王森（2005）[④]从历史的角度考察了山西票号衰亡的原因，

① 郑良芳：《对引进境外战略投资者的几点看法》，载《银行家》，2005（11）；《外资金融机构对我国银行进行股权投资的研究——兼评"中国是否正在'贱卖'自己的银行业"》，载《经济研究参考》，2005（82）。
② 史建平：《国有商业银行改革应慎重引进外国战略投资者》，载《财经科学》，2006（1）。
③ 史建平：《外资入股中资银行：问题与对策》，载《中国金融》，2005（3）。
④ 王森：《国有商业银行改革：改善治理结构还是拓展市场业务》，载《金融研究》，2005（6）。

指出"外国列强通过新式金融对旧式金融的侵蚀，进而达到控制经济的目的"。他认为中国金融业拓展市场业务比改善治理结构更重要，我们应吸取历史教训，防止因外资的"入侵"诱发金融危机。

余云辉、骆德明（2005）①提出了"谁将掌控中国的金融"的问题，他们认为，中国金融企业引入外资，容易造成中国经济控制权的丧失，危及国家金融安全。他们还模拟出了外资金融机构在中国攻城略地的"八步骤"基本路线图，而中国经济的最后图景是外资金融机构深入到中国各个产业的肌体之中，利用金融资本统治国内产业资本，并参与社会财富的分配和转移，而他们的最终目的是转移风险，收获利润，掌控经济命脉，影响政治。丛亚平（2005）②在《董事会》上发表《全球化背景下的中国金融版图告急》一文，引述了余云辉和骆德明（2005）的主要观点，并强调，按照现在的金融股权出售进度，不出 5～10 年，我国金融企业的股权将有一半以上被外资获得，这样的结局所隐伏的严重后果将是灾难性的。

针对引进境外战略投资者对我国金融安全造成威胁的观点，部分学者提出了质疑甚至反驳。曾康霖（2006）③认为，影响金融安全的首要因素是经济周期。所谓的基本路线图只具有可能性，没有必然性，从国外经验看，外资银行渗透程度高，反而有动力维护该国经济稳定。胡祖六（2005）④认为，导致中国金融体系脆弱的原因可归根于国有产权、政府干预、信用文化和风险管理不善等，都是国内机制上的原因，与外资的参与关联不大。他还对比世界上一些最发达的、最稳健、最富有效率的金融体系以及发生过金融危机的金融体系在引进外资方面的差异，并以韩国为例，说明外资进入不仅不会危及金融体系安全，反而能提高其稳定性和抗风险能力。巴曙松（2006）⑤表示，对中国的金融安全威胁最大的是持续浪费公众储蓄、制造不良资产的落

---

① 余云辉、骆德明：《谁将掌控中国的金融》，载《财经科学》，2005（6）。
② 丛亚平：《全球化背景下的中国金融版图告急》，载《董事会》，2005（11）。
③ 曾康霖：《对国有商业银行股改引进外资的几点认识》，载《财经科学》，2006（1）。
④ 胡祖六：《银行改革需要国际战略投资吗》，载《经济观察报》，2005（12）。
⑤ 巴曙松：《外资入股中国银行业：如何超越"贱卖"的争论与分歧》，载《广东金融学院学报》，2006（2）。

后银行体系。如果能够通过开放和改革，提高整个银行体系的盈利水平，降低不良贷款比率，才是最大的金融安全。谢平（2006）[1]认为金融安全是指人民币是否会发生货币危机和汇率危机以及支付系统会不会崩溃等，而这些和商业银行谁持股没有任何关系。他进一步分析，全世界前100家大银行都搞不清楚是哪个国家的，其第一大股东持股都没有超过5%，而我们的国家控股60%以上。他认为，"银行让外国人持股会影响国家的金融安全，这个命题本身有一点意识形态的味道"。

针对淡马锡入股中行后出现的"威胁论"，政界、监管层和业界高管相继作出了回应。2005年11月3日，中国人民银行副行长苏宁在"首届中国金融论坛"上表示，目前国有银行股份制改革过程中引进战略投资者不会威胁我国金融安全，在改革过程中支付一定成本是必然的，但最终会获得更大的收益。时任中国建设银行董事长郭树清在回答记者时说，"金融是一国的经济命脉，任何国家对金融都高度重视，国家会对主要的商业银行保持绝对控股地位"；"建行的大股东，无论是汇金公司，还是美国银行、淡马锡，都有持股的锁定期，与一般的投资者不同，不是他们想卖就卖的，而且他们也都是对市场及小股东高度负责任的投资者"。2005年11月12日，全国人大常委会副委员长成思危在"全国地方金融第九次论坛"上指出，金融安全是一个宏观的概念，不要把一个银行的金融风险看成是国家的金融安全问题。银行的金融安全取决于银行的金融风险，引进战略投资者，把银行做好、做强，这样更有利于加强金融安全的微观基础。外国战略投资者入股银行会影响国家金融安全的提法"可能说得过了一些"。2006年2月14日，时任中国人民银行副行长吴晓灵在"中美经贸论坛"上明确表示，引入战略投资者，主要目的是引入新的经营理念和管理技术，是为了促进中资银行治理结构的改善，不会危及金融安全。

3. 关于外资参股是"战略投资"还是"财务投资"的争论

作为中国银行业改革的重要组成部分，银监会对引进境外战略投资者在

---

[1]　谢平：《当前中国金融改革的几个问题》，载《财经界》，2006（6）。

数量和形式上作出了严格的规定，希望通过这些限制条件达到"以股权换技术"、提升我国商业银行整体竞争力的目的。1999 年上海银行吸收国际金融公司 5% 的股份，开启了中资银行引进境外战略投资者的序幕，而后 2003 年《境外金融机构投资入股中资金融机构管理办法》的颁布，迎来了银行业境外战略投资者在华的黄金十年，在中国银行业市场化改革的进程中，十余年的战略引资是否发挥了预期的作用，这是一个值得深思的问题。就引进境外投资的初衷而言，我国商业银行引进外资参股意在寄望于通过引入国外大型商业银行和金融机构参与国内银行的经营管理，并借此获得国内银行发展所急需的技术能力和管理经验。基于这一目标，几乎所有境外投资者均是以"战略投资者"的身份进入到中资银行的经营活动之中。然而在现实中，由于投资动机的复杂性和隐秘性，这些披着"战略投资者"外衣的境外投资者是否具有足够的动机和激励从事真正意义上的战略投资，即这些境外投资者在参股中资银行后，究竟是扮演"战略投资者"的角色还是"财务投资者"的角色则仍是一个充满变数的疑问。

理论上，外资银行进入东道国对本土银行的影响主要包括技术溢出效应和竞争效应。前者是指相对于金融业还不够完善的新兴市场，外资银行拥有丰富的经验与技术，可以通过示范作用、员工的流动以及客户关系网的交叠等方式，将大量的技术溢出到本地银行（Levine，1996；Goldberg，2007）[1]。依循传统的技术外溢理论，外资银行进入能否产生溢出效应从而提高本土银行的效率取决于宏观经济发展水平、竞争环境、银行业发展程度与金融监管水平等因素，特别是取决于本土银行的技术模仿和吸收能力（Hermes and Lensink，2004）[2]。后者是指外资银行的进入迫使本土商业银行积极改善经营管理，提高金融服务和金融产品开发能力，进而促进银行效率的提升。Gorton

① Levine, R. 1996. "Foreign Banks, Financial Development, and Economic Growth." In International Financial Markets: Harmonization versus Competition, ed. C. E. Barfield, 224 – 254. Washington: The AEI Press; Goldberg, L. S. 2007. "Financial Sector FDI and Host Countries: New and old Lessons." Economic Policy Review, 13（1）: 1 – 17.

② Hermes, N., and R. Lensink. 2004. "Foreign Bank Presence, Domestic Bank Performance and Financial Development." Journal of Emerging Market Finance, 3（2）: 207 – 229.

和 Winton（1998）[①]、Kass 和 Europeo（2004）[②]、Lehner 和 Schnitzer（2008）[③]分别利用福利经济学、空间竞争模型和 Salop 模型验证了这种积极作用，在实证分析方面，Classens 等（2001）[④] 利用 8 年 7900 个跨国数据实证检验，说明外资的进入会降低国内银行的垄断利润，Yildirim 和 Philippatos（2007）[⑤]基于 11 个拉美国家的相关数据，邱立成和殷书炉（2011）基于东欧 10 个国家的银行数据展开的实证研究也得到了类似的结论。但是 Stiglitz（1994）[⑥]提出外资银行的进入可能会增加东道国银行体系、企业、政府的潜在成本，进而削弱银行改进效率的动机。Clarke 等（2003）[⑦]认为外资银行在东道国市场存在"摘樱桃效应"，会与国内银行争夺财务状况较好的客户。Kim 和 Lee（2004）[⑧] 基于韩国银行的数据，也证明了上述结论，进而认为外资银行的进入会对本国银行的盈利能力造成压力。

关于引进境外战略投资者对我国商业银行的作用，不少研究者表达了不同的声音：Berger 等（2007）[⑨]首次从实证分析的角度研究少数引资控股对中国银行业效率的影响，认为四大国有商业银行引进战略投资者提升了中国银

① Gorton, G. and A. Winton. 1998. "Banking in Transition Economies: Does Efficiency Require Instability?" Journal of Money, Credit and Banking, Blackwell Publishing, 30（3）：621 – 650.

② Kaas, L, and B. C. Europeo. 2004. "Financial Market Integration and Loan Competition: When is Entry Deregulation Socially Beneficial?" European Central Bank Working Paper, No. 403.

③ Lehner, M. , and M. Schnitzer. 2008. "Entry of Foreign Banks and Their Impact on Host Countries." Journal of Comparative Economics, 36（3）：430 – 452.

④ Claessens, S, A. Demirg – Kunt, and H. Huizinga. 2001. "How Does Foreign Entry Affect the Domestic Banking Market?" Journal of Banking & Finance, 25（5）：891 – 911.

⑤ Yildirim, H. S. , and G. Philippatos. 2007. "Restructuring, Consolidation and Competition in Latin American Banking Markets." Journal of Banking & Finance, 31（3）：629 – 639.

⑥ Stiglitz, Josepb E. 1994. "The Role of the State in Financial Markets" Annual Conference on Development Economics, World Bank：19 – 61.

⑦ Clarke, G. , R. Cull, M. S. M. Peria, and S. M. Sanchez. 2003. "Foreign Bank Entry: Experience, Implications for Developing Economies, and Agenda for Further Research." The World Bank Research Observer, 18（1）：25 – 59.

⑧ Kim, H. E, and B. Y. Lee. 2004 "The Effect of Foreign Bank Entry on Performance of Private Domestic Banks in Korea". Bank of Korea Working Paper, March.

⑨ Berger, Allen N, Iftekhar Hasan, and Mingming Zhou. 2007. "Bank Ownership and Efficiency in China: What Will Happen in the World's Largest Nation?" Journal of Banking & Finance, 33（1）：113 – 130.

行业的效率；吴玉立（2009）① 认为外资战略投资者对银行业盈利水平的改善存在滞后效应；而卢嘉圆和孔爱国（2009）② 以在我国 A 股上市的商业银行为研究对象，说明持股比例与我国银行的经营绩效成反比，且与成本控制、质量提高等方面的关系不大。

首先，从理论上来看，目前国内商业银行的经营环境和发展状况并不能完全断绝境外投资者追求短期回报的动机。一方面，正处在改革与转型过程中的中国银行业显然无法为境外投资者的长期参与提供战略投资所需要的稳定政策预期；另一方面，在无法看到长期稳定回报的情况下，境外投资者也并不乐于负担战略投资所要求的成本支出，以追求短期价值回报为主的财务投资可能是境外投资者一个更为理想的选择。尤为重要的是，在长期的金融抑制和非市场环境下，商业银行实际盈利能力和价值水平都受到了严重的低估，而随着金融改革的深入以及相关制度约束的解除，商业银行本身的价值能力就可以得到有效的释放和发挥，在这种情况下，及时参股中资银行本身可以使境外投资者不必付出任何的努力而坐享相关的"改革红利"，这无疑也会激发境外投资者对国内银行进行短期财务投资的动力。

其次，相关实证研究所指出的境外投资者参股后所引发的银行绩效上升也并不足以证实境外投资者真实地扮演了"战略投资"的角色。一方面，现有研究大都从我国商业银行的财务绩效指标或效率指标等短期指标出发来评估和考核我国商业银行的竞争能力，而以削弱银行长期稳定性与可持续发展能力为代价所换得的银行绩效在短期内"昙花一现"式的改善可能恰是追求短期利益的"财务投资"的典型表现。另一方面，对于在国内银行业居于主导地位的国有商业银行而言，其引进外部战略投资者的过程与其内部进行的股份制改革过程几乎是同步进行的，而很多相关研究曾指出，以股份制改革为基础的银行内部管理体制的变革是导致商业银行绩效改善的更为关键性的因素，这种外部引资与内部改革的同步性也意味着我们无法简单地凭借银行绩效水

① 吴玉立：《境外投资者对中国银行业影响的实证分析》，载《经济评论》，2009（1）。
② 卢嘉圆、孔爱国：《境外战略投资者对我国商业银行的影响：2002—2007》，载《上海金融》，2009（9）。

平在引资行为前后的变化情况来断定境外投资者在这一过程中起到的实际作用。此外，也有一些实证研究对境外股权投资的效果持有更为审慎的观点，如伍志文、沈中华（2009）① 认为只有来自高收入国家的外资进入才会对国内商业银行绩效改善起到积极效果。张军、范树青（2007）②认为境外投资者不会对于国内商业银行实际的经营发展能力产生足够显著的影响，同时还可能导致国内商业银行的客户资源流失和对金融市场的控制力丧失。

4. 是否存在国有银行股权"贱卖"的争论

认为国有股权转让价格太低，国有股权"贱卖"的学者主要有两个方面的理由。

部分学者认为外资入股价格没有体现重组成本，而且境外投资者获得了高回报。安邦首席分析师陈功（2005）③很直白地讲，"我们正在'出卖'整个银行业"。国家花费了巨额成本对建行、中行、工行进行财务重组，使其盈利能力和竞争力得到了极大提高，理应相应提高出售股权的价格。而境外战略投资者仅用 30 亿美元左右就可以换来工行 10% 的股权，几乎没有花费任何溢价，这简直会成为世界银行界的历史性事件。根据陈功（2005）的计算，2004 年中国工商银行实现盈利 747 亿元，外资用 30 亿美元换来工行 10% 的股权，意味着可以在 4 年之内收回投资，这还没有考虑到未来工行上市之后的溢价。左大培（2008）④ 统计了几家国有商业银行的相关资料。就中国工商银行而言，2006 年，美国高盛集团、德国安联集团及美国运通公司出资37.8 亿美元（折合人民币约 295 亿元）入股工商银行，收购工商银行 10% 的股份，收购价格 1.16 元。上市后，按照 2007 年 1 月 4 日盘中价格 6.77 元计算，市值最高达到 2755 亿元，三家外资公司净赚 2460 亿元人民币，不到一年时间投资收益 9.3 倍。就中国银行而言……四家外资公司净赚 2419 亿元人

---

① 伍志文、沈中华：《外资银行股权进入和银行绩效的联动效应——基于面板数据的分析》，载《财经研究》，2009（1）。

② 张军、范树青：《国有商业银行产权改革引入战略投资者的思考》，载《企业经济》，2007（10）。

③ 资料来源：http：//finance. people. com. cn/GB/1045/3701900. html。

④ 资料来源：http：//finance. sina. com. cn/review/yjfx/20080422/15124784371. shtml。

民币,不到一年时间投资收益 6.6 倍。……他论述道:"上述廉价卖给外资的银行股,无一不是远远低于市场价格,最低的如兴业银行甚至不到市场价格的十分之一。仅中国工商银行、中国银行、中国建设银行和交通银行四家损失就超过 7500 亿元,仅 2006 年一年银行股贱卖损失就超过 6000 亿元,整个银行金融领域能统计到的损失就超过 1 万亿元。……"

部分学者认为定价机制不合理,国有商业银行的引资价格低于其他银行。史建平(2006)[①] 认为这种不合理首先体现在向境外战略投资者出售股权时没有对国有银行巨大的无形资产给予估价和计算,如国家信用、品牌价值、客户资源和销售网络,而这些都是国有商业银行价值的重要构成部分。其次体现在引资谈判的不公平。从国有商业银行与国内其他商业银行引资价格比较也能看出,我国城市商业银行的资质与国有商业银行不可比,而引资价格却更高。陈功(2005)[②]、郑良芳(2005)[③] 认为,中国银行业的股权交易正演变为卖方市场的局面,因为外资入股没有竞争者,我们自己的政策把中国有实力的企业排除在外,这种一对一的不透明的讨价还价谈判违反了"三公"原则,造成了低价贱卖和国有资产流失的不良后果。

与"贱卖论"形成鲜明对比的是,2005 年 11 月,英国的《经济学家》以"中国银行业改革是一场赌博"评论了外资入股中国商业银行,文中揭示了中国商业银行改革可能存在的问题和中国银行业存在的问题,中国的银行改革是一场赌博。在国内,反驳"贱卖"的声音来自监管层、引资银行和汇金公司的高管及部分学者。刘明康[④] 2005 年 12 月 5 日在国务院新闻办公室当日上午举行的新闻发布会上回答记者提问时对"贱卖论"给出了最直接的否定:"国有银行资产不存在贱卖的问题。"他从引进战略投资者的五条标准进行分析,认为境外的战略投资者投机获利的机会很少,他必须要通过自己的

---

① 史建平:《国有商业银行改革应慎重引进外国战略投资者》,载《财经科学》,2006(1)。

② 资料来源:http://finance.people.com.cn/GB/1045/3701900.html。

③ 郑良芳:《对引进境外战略投资者的几点看法》,载《银行家》,2005(11);《外资金融机构对我国银行进行股权投资的研究——兼评"中国是否正在'贱卖'自己的银行业"》,载《经济研究参考》,2005(82)。

④ 资料来源:http://finance.sina.com.cn/roll/20051206/0214432125.shtml。

努力和我们做到长期合作、互利共赢，因此在价格方面自然要考虑到这些因素，也要考虑到他的风险成本。从战略投资者入股中资银行的实际价位来看，都高于他的账面净值，所以他认为并不存在着贱卖的情况。成思危①在 2005 年全国地方金融第九次论坛上作报告时认为银行被"贱卖"的说法片面，他认为我国银行还存在较高不良资产比例，外资也承担着一些风险。吴敬琏②以"切莫再'忽悠'这个问题"来评价国有银行"贱卖论"。他分析，境外战略投资者，需要通过投资来获利，参股到国有银行，必须要承担一定的风险，他们取得股权的成本是跟风险成正比的。

从入股价格来看，许国平等（2006）③运用投入—产出理论分析了国有银行股权转让的经济收益和制度收益，并从需求、投资偏好、供给和均衡价格形成等角度论证了建设银行股权转让价格的合理性。胡祖六（2005）④指出，经过谈判博弈形成的价格在很大程度上能够反映供需均衡点，基本上是公平合理的。他举例说，交行、建行和中行分别在不同的时期与多家不同的国际投资者各自进行秘密谈判，最终的成交价格均落在一个非常狭窄的区间内，就很能说明问题。胡祖六（2005）⑤、谢平（2006）⑥、许小年（2008）⑦ 等强调战略投资者入股面临多方面的风险，入股价格包含风险补偿，而且可能正因为他们进来了，IPO 价格才这么高。陈志武⑧、许小年（2008）⑨ 认为把后来的价格和当时首发的海外价格相比，提出"肥水外流论"和"国资贱卖论"是后来的比较。

---

① 资料来源：http：//business. sohu. com/20051112/n240706072. shtml。

② 资料来源：http：//www. southcn. com/news/china/zgkx/200512090308. htm。

③ 许国平等：《论国有银行股权转让的均衡价格——对"贱卖论"的理论回应》，载《金融研究》，2006（3）。

④ 胡祖六：《国有银行改革需要引进国际战略投资吗》，载《经济观察报》，2005 – 12 – 05。

⑤ 同④。

⑥ 谢平：《当前中国金融改革的几个问题》，载《财经界》，2006（6）。

⑦ 许小年：《理性评价金融改革与开放》，转引自中国银行业监督管理委员会，载《参阅信息》，2008（70）。

⑧ 舒烨、陈志武：《国有银行没有被贱卖》，载《法人杂志》，2006（1）。

⑨ 同⑦。

超越前面学者的争论，巴曙松（2006）[1]认为，"银行贱卖论"其实是个伪问题，"贱卖贵卖"之争实质上是监管制度和金融市场差异所致。而根本性的问题是监管机构如何完善对外资入股的监管制度，银行如何真正做好公司治理。在国有商业银行的股权转让中，定价是一个复杂的问题，不仅要考虑银行的净资产、盈利能力、成长性等自身因素，还要考虑定价的现实条件和外在环境。我们无意在此对影响定价的诸多因素一一分析和量化，事实上，很多非财务性因素也很难加以量化。他认为，在陷入这类技术性细节之前，有几个问题是必须要厘清的。

第一，转让国有商业银行股权的目的是什么？是为了获取资本利得还是为了以股权换机制，通过合作提升国有商业银行的竞争力？如果是前者，则更高的价格是我们的追求，如果是后者，那么，价格似乎不应该是关注的重点，后续改革能不能稳步跟进，银行能不能脱胎换骨，这才是关键。

第二，判断贱卖与否的标准是什么？是会计价值、市场价值还是人们的心理预期值？如果是会计价值，外资入股国有商业银行的价格均略高于账面净资产，不存在贱卖。如果是市场价值，正因为境外战略投资者的进入提升了市场对建行未来增长机会价值的评估，汇金公司成本为1元的建行股票才能在赴港上市时定价到2.35元，更谈不上贱卖。如果是心理预期值，那么，只要交易价格不是各种预期中的最大值（一般情况下也不可能是最大值，因为有买卖双方的博弈），就总会有人说这是贱卖。

第三，引进外资是零和游戏还是帕累托改进？如果以外资获得高回报作为判断国有股权贱卖的标准，则隐含的前提是，引进境外战略投资者参与中国银行业改革是你赢我输的零和游戏。但我们更倾向于认同这样的观点：引进外资是非零和博弈的互动"双赢"，其绩效是帕累托改进的。给予外资一定的回报是交易规则之一。

5. 上市地点选择的争论

随着几大国有商业银行成功引进境外战略投资者，下一步的任务就是上

---

[1] 巴曙松：《外资入股中国银行业：如何超越"贱卖"的争论与分歧》，载《广东金融学院学报》，2006（2）。

市，而学者们对几大国有银行上市地点的选择也产生了分歧。夏斌（2005）[①] 表示了对银行海外上市的异议，吴念鲁（2006）[②] 表明了他对国有银行选择境外上市的无奈。归纳他们的理由，他们认为，国有商业银行在境内上市，将改变国内上市公司的结构，把中国的股市保质保量地做大；银行改革过程中，国人既然承担了代价，而银行上市的预期回报指日可待，应该让国内投资者享受风险改革的成果。吴念鲁还具体分析了建议中国工商银行选择国内上市的理由。

针对人们提出来的中行、建行、工行三大行全在国外上市，而不在国内上市，有人认为这是卖国主义，是 A 股市场的边缘化等。谢平（2006）[③] 对此做了解释："一是我们等不起，不知道股改什么时候完成。二是在国内上市要排队，不知道排到什么时候上市，而在国外上市没有这个问题。三是在国外上市，国际上的会计标准、国际上的透明度标准、国际的监管标准对我们的大股东来讲是有利的。因为要求越严格，保护投资者的能力就越好，对股东就越有利。所以，国外的会计制度、国外的透明度标准、国外的监管对投资者来说是很好的保护。"而对国内股民应该分享改革成果的说法，谢平认为，"股票价格，每个投资者买的时候都承担很大的风险，你怎么知道会涨或者会跌？股票本身不应该说是改革的成果，本身任何有钱的人要投资，中国居民之所以没有办法买 H 股，完全是因为人民币不可兑换造成的。如果人民币可兑换，我在香港上市，中国的居民也可以随便买，所以这是我的一种答复。另外一种答复，只要国内市场好了，只要证监会同意，中行、建行随时都可以上 A 股"。

刘锡良等（2004）[④] 对上市地点选择的分析认为，如果四家国有商业银行采取整体上市的模式，鉴于四家国有商业银行资产规模庞大以及当时国内证券市场的容量有限，因此倾向于按照先国外、后国内的顺序进行。而采用

---

① 《2006：银行改革大考》，载《21 世纪经济报道》，2005 年 11 月 28 日第 004 版。

② 吴念鲁：《国有商业银行引进境外战略投资者和上市地问题》，载《中国金融》，2005（22）。

③ 谢平：《当前金融改革中的几个问题》，载《财经界》，2006（6）。

④ 刘锡良、王正耀： 《对国有商业银行股份制改革有关问题的思考》，载《中国金融》，2004（6）。

这种选择的意义在于可以避开国内证券市场容量的限制，防止由于融资数量巨大对国内证券市场产生冲击，对我国证券市场的发展带来不利影响。文章具体分析了国外上市与国内上市的选择：（1）国外证券市场的大容量为四家国有商业银行的整体上市提供了必要条件，使其整体上市成为可能，同时能保持银行体系的相对完整和规模效应。（2）国外上市在审批、监管及信息披露上要求更为严格，这就促使四家国有商业银行必须按照国际证券市场的要求规范自身的经营行为，严格控制风险，培养和提高竞争能力，完善法人治理结构，实现与国际经济的接轨。（3）在实现四家国有商业银行国外上市后，国内证券市场作为四家国有商业银行上市的一个补充渠道，可根据需要并视当时国内证券市场的情况在国内证券市场发行上市。

（三）对这一阶段改革与争论的历史评价

经过这一阶段的改革，国有商业银行改革已取得阶段性成功。从股改启动至今，国内外均对这轮改革给予了较为积极的评价，改革的成效也已经从银行的方方面面得到了体现：（1）相对规范的公司治理结构已经初步建立，三行的股东大会、董事会、监事会和高级管理层之间已经逐步形成了各司其职、有效制衡、协调运作的架构与机制；（2）内控机制和管理能力不断增强，风险防范体系不断完善，风险文化初步建立；（3）经营理念和经营模式明显改进，银行提供金融服务的效率明显提高；（4）引入战略投资者不仅优化了银行的股权结构，也对改善银行的公司治理、风险管理、业务流程、产品创新、企业文化等方面带来了很多深刻影响；（5）通过公开发行上市，银行建立了市场化的资本金补充机制，规范了信息披露，加强了对高级管理层的履职约束，资本市场对建立现代金融企业制度的促进和监督作用明显增强；（6）财务状况根本好转，已接近国际较好银行水平。截至2007年底，四家银行的资本充足率均超过12%，不良贷款率下降到3.5%以下，税前利润总额超过3000亿元。同时，国家注资获得明显收益，实现了国有资本保值增值。目前来看，这场以产权改革为特征、以建立现代商业银行制度为目的的新一轮改革已基本实现了改革的初衷，改革已经取得了阶段性的成功。通过股份制改革，国有商业银行主要财务指标已接近国际较好银行水平，现代商业银行制度初步建立，已具备了可持续发展的基础。但总体来看，改革的成果还是初步的、阶段性的。对今后一段时期国有商业银行深化改革可能遇到的问题和困难要有充分的估计，对改革的长期性、复杂性和艰巨性要有更清醒的认识。从银行内部看，国有商业银行的公司治理结构、经营机制和增长方式、风险防范机制与国际先进银行相比还有很大差距。从银行外部环境看，一方面金融业将进一步对外开放，国有商业银行将面临更加严峻的市场竞争；另一方面，我国正处在完善社会主义市场经济体制的重要阶段，国民经济和产业结构在不断调整，国有企业也在转轨和改制之中，与市场经济相适应的金融法制建设尚待完善，社会诚信体系建设刚刚起步。这些因素都会影响到试点银行的资产质量与财务状况，影响国有商业银行未来的改革和发展。2007年2月召开的第三次全国金融工作会议在肯定国有商业银行改革已取得重大进展的同时，依然将深化国有银行改革作为下一个时期最为重要的任务之一。

这一阶段的改革由于涉及对外开放与国家利益的问题，因此争论比较激烈。随着争论过程的进行，大家各抒己见，部分担心与疑虑逐渐拨开云雾见月明。

（撰稿人：谭余夏　戴丹苗　　审稿人：刘锡良）

参考文献

［1］谢平：《国有商业银行改革三十年》，载《今日财富》，2008（10）。

［2］周慕冰、王志刚、刘锡良、张合金：《我国金融改革突破口的选择》，载《财经科学》，1984（6）。

［3］冯廷皆：《论社会主义商品经济条件下的银行企业化经营目标问题》，载《广西农村金融研究》，1985（5）。

［4］吴晓灵：《银行企业化的核心及其意义》，载《金融研究》，1986（10）。

［5］吴晓灵：《专家学者座谈金融体制改革》，载《金融研究》，1992（6）。

［6］曾康霖：《什么是真正的银行》，载《四川金融》，1993（12）。

［7］卢汉川：《关于专业银行企业化若干问题的思考》，载《农村金融研究》，1987（8）。

［8］卢汉川：《专业银行企业化改革的回顾与展望》，载《中国农业银行长春管理干部学院学报》，1989（10）。

［9］曹凤岐：《论专业银行的企业化管理》，载《农村金融研究》，1986（8）。

［10］赵海宽：《论我国专业银行的企业化管理》，载《金融研究》，1985（10）。

［11］赵海宽：《银行体制改革的回顾和展望》，载《金融研究》，1986（1）。

［12］赵海宽：《对今后我国银行体制改革的一些设想》，载《天津金融月刊》，1986（3）。

［13］张亦春：《专业银行经营目标应当因时而异》，载《中国经济问题》，1987（5）。

［14］张亦春：《试论专业银行企业化经营目标》，载《金融与经济》，1987（8）。

［15］李晓西：《试论专业银行向商业银行的转化过程》，载《金融研究》，1994（7）。

［16］张亦春：《金融改革深化论》，载《中国经济问题》，1991（4）。

［17］王华庆：《专业银行企业化的难点与改革》，载《天津金融月刊》，1989（9）。

［18］赵海宽：《对金融体制改革几个问题的看法》，载《金融研究》，1990（6）。

［19］赵海宽：《尽快成立政策性银行》，载《经济管理》，1993（7）。

［20］吴晓灵：《我国金融体制改革的难点与出路》，载《江淮论坛》，1993（5）。

［21］吴晓灵：《关于中国金融体制改革的几个问题》，载《经济社会体制比较》，1994（1）。

［22］张亦春：《论我国银行业发展的商业化进程》，载《福建金融》，1993（9）。

［23］卢汉川：《设立政策性银行不可行》，载《金融研究》，1991（3）。

［24］王广谦：《对我国专业银行发展方向的若干思考》，载《农村金融研究》，1991（5）。

［25］赵海宽：《我对今后金融体制改革的中期设想》，载《金融研究》，1988（6）。

［26］张亦春：《论我国金融体制改革的主要任务》，载《厦门大学学报》，1994（4）。

［27］赵海宽：《国有大银行也可考虑试行股份制》，载《经济研究》，1998（1）。

［28］曾康霖等：《进一步深化国有商业银行改革的探讨》，载《金融研究》，1999（9）。

［29］赵海宽：《论国有大银行如何转化为商业银行》，载《金融研究》，1994（5）。

［30］谢平：《对我国下一步金融体制改革的难点问题的理论分析》，载《国际金融研究》，1997（5）。

［31］樊纲：《论"国家综合负债"——兼论如何处理银行不良资产》，载《经济研究》，1999（5）。

［32］李俊杰：《论我国银行的不良资产及其处置》，载《金融研究》，1999（6）。

［33］周金黄：《解决国有商业银行不良资产的政策选择》，载《金融研究》，1998（6）。

［34］谢平：《国家专业银行转向国有商业银行的 12 个难点问题》，载《金融研究》，1994（4）。

［35］刘大为、何仕彬：《关于银行不良资产重组问题的思考》，载《金融研究》，1999（3）。

［36］路建华等：《银企不良资产活化研究的判别思考》，载《金融研究》，1996（3）。

［37］宋清华、朱忠瑞：《对我国金融业分业经营的思考》，载《争鸣》，

1995（10）。

［38］朱逸群：《对银行业与证券业分业经营管理的悖向思考》，载《金融论坛》。

［39］许可：《关于加快发展我国现代投资银行业的探讨》，载《管理世界》，1998（5）。

［40］秦国楼：《金融业综合经营与分业经营的比较分析与实证研究》，载《金融研究》，2003（9）。

［41］何德旭：《坚持金融业分业经营》，载《笔谈》。

［42］姜洋：《论我国金融业分业经营的必然性》，载《金融研究》，1996（1）。

［43］许美征：《我国目前不宜实行综合性银行体制》，载《新金融》，1996（1）。

［44］田国强：《中国银行业：改革两难与外资作用》，载《中国银行家》，2004（1）。

［45］王一江、田国强：《不良资产处理、股份制改造与外资战略——中日韩银行业经验比较》，载《经济研究》，2004（11）。

［46］田国强、王一江：《外资银行与中国国有商业银行股份制改革》，载《经济学动态》，2004（11）。

［47］胡祖六：《银行改革需要国际战略投资吗》，载《经济观察报》，2005年12月5日。

［48］吴念鲁：《国有商业银行引进境外战略投资者和上市地问题》，载《中国金融》，2005（22）。

［49］许国平等：《论国有商业银行引进境外战略投资者的必要性》，载《国际金融研究》，2006（12）。

［50］许小年：《理性评价金融改革与开放》，转引自中国银行业监督管理委员会，载《参阅信息》，2008（70）。

［51］郑良芳：《对引进境外战略投资者的几点看法》，载《银行家》，2005（11）；《外资金融机构对我国银行进行股权投资的研究——兼评"中国

是否正在'贱卖'自己的银行业"》，载《经济研究参考》，2005（82）。

[52] 史建平：《国有商业银行改革应慎重引进外国战略投资者》，载《财经科学》，2006（1）。

[53] 史建平：《外资入股中资银行：问题与对策》，载《中国金融》，2005（3）。

[54] 王森：《国有商业银行改革：改善治理结构还是拓展市场业务》，载《金融研究》，2005（6）。

[55] 余云辉、骆德明：《谁将掌控中国的金融》，载《财经科学》，2005（6）。

[56] 丛亚平：《全球化背景下的中国金融版图告急》，载《董事会》，2005（11）。

[57] 曾康霖：《对国有商业银行股改引进外资的几点认识》，载《财经科学》，2006（1）。

[58] 巴曙松：《外资入股中国银行业：如何超越"贱卖"的争论与分歧》，载《广东金融学院学报》，2006（2）。

[59] 谢平：《当前中国金融改革的几个问题》，载《财经界》，2006（6）。

[60] 吴玉立：《境外投资者对中国银行业影响的实证分析》，载《经济评论》，2009（1）。

[61] 卢嘉圆、孔爱国：《境外战略投资者对我国商业银行的影响：2002—2007》，载《上海金融》，2009（9）。

[62] 伍志文、沈中华：《外资银行股权进入和银行绩效的联动效应——基于面板数据的分析》，载《财经研究》，2009（1）。

[63] 张军、范树青：《国有商业银行产权改革引入战略投资者的思考》，载《企业经济》，2007（10）。

[64] 舒烨、陈志武：《国有银行没有被贱卖》，载《法人杂志》，2006（1）。

[65]《2006：银行改革大考》，载《21世纪经济报道》，2005年11月28

日第 004 版。

［66］吴念鲁：《国有商业银行引进境外战略投资者和上市地问题》，载《中国金融》，2005（22）。

［67］刘锡良、王正耀：《对国有商业银行股份制改革有关问题的思考》，载《中国金融》，2004（6）。

［68］Levine, R. 1996. "Foreign Banks, Financial Development, and Economic Growth." In International Financial Markets: Harmonization versus Competition, ed. C. E. Barfield, 224 – 254. Washington: The AEI Press; Goldberg, L. S. 2007. "Financial Sector FDI and Host Countries: New and Old Lessons." Economic Policy Review, 13（1）: 1 – 17.

［69］Hermes, N. , and R. Lensink. 2004. "Foreign Bank Presence, Domestic Bank Performance and Financial Development." Journal of Emerging Market Finance, 3（2）: 207 – 229.

［70］Gorton, G. , and A. Winton. 1998. "Banking in Transition Economies: Does Efficiency Require Instability?" Journal of Money, Credit and Banking, Blackwell Publishing, 30（3）: 621 – 650.

［71］Kaas, L. , and B. C. Europeo. 2004. "Financial Market Integration and Loan Competition: When is Entry Deregulation Socially Beneficial?" European Central Bank Working Paper, No. 403.

［72］Lehner, M. , and M. Schnitzer. 2008. "Entry of Foreign Banks and Their Impact on Host Countries." Journal of Comparative Economics, 36（3）: 430 – 452.

［73］Claessens, S. , A. Demirg – Kunt, and H. Huizinga. 2001. "How Does Foreign Entry Affect the Domestic Banking Market?" Journal of Banking&Finance, 25（5）: 891 – 911.

［74］Yildirim, H. S. , and G. Philippatos. 2007. "Restructuring, Consolidation and Competition in Latin American Banking Markets." Journal of Banking & Finance, 31（3）: 629 – 639.

［75］ Stiglitz, Josepb E. 1994. "The Role of the State in Financial Markets. " Annual Conference on Development Economics, World Bank: 19 – 61.

［76］ Clarke, G. , R. Cull, M. S. M. Peria, and S. M. Sanchez. 2003. "Foreign Bank Entry: Experience, Implications for Developing Economies, and Agenda for Further Research. " The World Bank Research Observer, 18（1）: 25 – 59.

［77］ Kim, H. E. , and B. Y. Lee. 2004. "The Effect of Foreign Bank Entry on Performance of Private Domestic Banks in Korea. " Bank of Korea Working Paper, March.

［78］ Berger, Allen N. , Iftekhar Hasan, and Mingming Zhou. 2007. "Bank Ownership and Efficiency in China: What Will Happen in The World's Largest Nation?" Journal of Banking & Finance, 33（1）: 113 – 130.

第十六章
关于中国股权分置改革问题的讨论

在中国资本市场的发展历程中，有一个世界上所有资本市场都未曾经历过的、独具中国特色的事件，即"股权分置改革"。如果不考虑探索期和准备期，完全意义上的股权分置改革是从 2005 年开始，到 2006 年基本结束。股权分置改革，尽管留下了许多不尽如人意的遗憾之处，但它使中国的证券市场在制度设计上完成了与国际接轨的最重要一步。虽然这是一个具有特殊性质的"孤立"事件，但是它揭示了中国资本市场发展的特有路径依赖，改变了中国证券市场的基本运行格局，其意义与重要性注定将写入中国资本市场的编年史。在实施股权分置改革的前前后后，围绕相关议题所展开的理论讨论与论战，不仅影响着当时的改革进程，而且其后续影响至今还在左右着中国证券市场的实际运行，同时对于后人研究中国资本市场的发展史也具有丰富的学术价值。

对于中国资本市场上的"股权分置"结构和其后的"股权分置改革"，学术理论界在讨论中形成的共识是：没有改革开放初期"股权分置"的制度设计，中国就不可能有资本市场的建立；没有"股权分置改革"的实施，中国的资本市场就不可能取得后来的蓬勃发展。

一、围绕实施股权分置改革的历史背景所展开的相关讨论

（一）对"股权分置"这一特殊制度设计的历史定位与评价

股权分置这一特殊的制度设计，是基于改革开放初期既要建立中国的证券市场，又必须适应当时中国国情的一种不得已的、折中的选择。中国的证券市场是在"要不要建立"的争议和质疑当中建立起来的。当时，在一部分人的心目中，股票和股票市场依然被视为资本主义的产物。后来的历史记载表明，正是改革开放的总设计师邓小平以战略家的远见卓识，作出股票市场要"坚决地试"的表态，才为中国证券市场的建立创造了政治前提。即使如此，在当时情形下，证券市场制度的设计者依然面临一系列的政治风险和环境约束。这些"环境约束和应急需要，使中国证券市场的制度设计必然偏离市场经济条件下的基本规则"[1]。而这些偏离，使得中国资本市场从一开始就有着许多天然的、不可避免的制度缺陷。

由当时的政治环境和社会的主流认知所决定，试验性地设立资本市场的基本前提是，必须保持对国有企业的控股权，保证公有制的主体地位。基于这一约束条件，证券市场的制度设计者变通性地提出了"国有存量股份保持不动，允许增量募集股份流通"的股权分置模式，规定国有股、国有法人股、其他法人股均不得流通，只有社会公众股可以流通，即在保持国家对上市公司控股地位的前提下，走"局部公众化"的道路。这样，国有股、国有法人股和其他法人股形成了所谓的非流通股，募集发行的社会公众股份形成了所谓的流通股。

在具体股权结构上，按照出资主体的不同，又区分为国有股（包括国家股和国有法人股）、法人股（即一般法人股）、个人股（社会公众股）、外资

---

[1] 敬景程：《论有限理性与股权分置问题》，载《经济问题探索》，2004（12）。

股等各种类别。随着上市公司的再融资（比如像针对公司原有股东的配股），又衍生出一代又一代同股、同价但流通权不同的"转配股"。

这种将股份的流动性加以人为分割的独特股权结构安排，就是所谓的"股权分置"。股权分置问题的实质，是基于股份所有者不同的"所有权分置"，进而导致其流通权利不同的"流通权分置"。在非流通股股东和流通股股东之间，实际上形成了"同股不同权、同股不同利、同股不同价"的"利益分置"。

可见，股权分置问题是在中国资本市场发展的特殊历史环境下，即在"股份制是否就是私有化"、"国有企业是否应该采用股份制"等问题还存在巨大争议，在国有产权界定不清的历史背景下，创建资本市场的一种变通的、折中的、非常规的制度安排。它通过国有股存量不流通的方式，策略性地回避了关于"公有经济的主导地位"、"国有资产流失"的各种质疑与担心，促成了中国资本市场在争议中的建立，换取了中国证券市场的"出生证"。

所以，基于历史的视角，在当时的时代背景和历史条件下，如果没有"股权分置"的制度设计，很难想象中国资本市场能够顺利产生。

（二）关于股权分置的制度设计对资本市场发展的阻碍作用认识的形成及其交锋

股权分置的制度设计，作为一种不得已而为之的权宜之计，策略性地适应了中国资本市场创立之初的客观历史条件，解决了中国资本市场的出生问题，为国有企业的改革特别是解决国有企业的融资困境起到了重要作用。然而，在资本市场建立起来之后的运行中，股权分置被作为一种常态得以固化。比如，1993 年中国证监会颁布的《关于公司申请公开发行股票的通知》中，以及在其后审批企业上市的批文中，在上市公司的《公司章程》、《招股说明书》或《上市公告书》中，都注明企业的国有股和法人股暂不流通。在实际运作中，流通股是按照市场价格在交易所挂牌交易，而非流通股则通常是参照公司的每股净资产，在场外协议转让，从而形成两个不同的股权交易市场。这一现象在我国资本市场上客观存在了 13 年。

"股权分置"这一非常规的制度安排，违背了资本市场运行的客观规律。"股权分置"状态带来的是同一公司的股份在流通权上的分置状态，违背了同股同权、同股同利、同股同价的基本原则，又为后来中国资本市场的发展带来了严重的机制缺陷，为市场的成长发育留下了巨大隐患。所以，其后多年以来，不少学者和专家对股权分置的制度缺陷予以关注，对其对于中国股票市场的扭曲和阻碍进行了分析。以下是一些有代表性的论述。

吴晓求在 2004 年就指出，长期以来，中国资本市场的结构和功能都处在不正常状态，最根本的制度性原因就是股权的流动性分裂。股权流动性分裂为中国资本市场带来了八大危害：一是从根本上损害了上市公司的利益机制，它使上市公司的非流通股股东（大股东）与流通股股东（中小股东）之间的利益关系处在完全不协调甚至对立的状态；二是它成为市场内幕交易盛行的微观基础；三是股权流动性分裂成为引发市场信息失真的一个重要原因；四是股权流动性分裂导致上市公司控股股东扭曲的战略行为；五是股权流动性分裂成为中国上市公司疯狂追求高溢价股权融资的制度基础；六是股权流动性分裂造成股利分配政策的不公平，利益分配机制处在失衡状态；七是股权流动性分裂使中国上市公司的并购重组带有浓厚的投机性；八是它客观上形成了上市公司业绩下降、股票价格不断下跌与非流通股股东资产增值的奇怪逻辑。吴晓求认为，这种现实严重损害了中国资本市场风险与收益之间的匹配机制，客观上使流通股股东与非流通股股东处在不平等的状态。为此，要使中国资本市场有一个坚实、平等的制度基础，要使中国资本市场有一个蓬勃发展的未来，唯一的出路是必须进行股权的流动性变革，以形成一个利益机制一致的股权结构。①

李建勇等人在《股权分置改革研究》一书中，把股权分置的弊端概括为三点：一是不同股东之间的利益分置，二是导致了资本市场基本功能的扭曲，三是使资本市场本来应该发挥的"晴雨表"功能失灵。他们指出，由于股权分置状态的长期存在，我国资本市场不能有效地发挥促进资源优化配置、优

---

① 吴晓求：《股权流动性分裂的八大危害——中国资本市场为什么必须进行全流通变革》，载《财贸经济》，2004（5）。

胜劣汰的作用，制约了市场主体（证券中介、上市公司等）的创新发展空间，阻碍了证券市场规模的双向扩容和市场结构的优化，极大地影响了我国资本市场的可持续发展。他们认为，作为市场建立之初的历史遗留问题，"股权分置"的制度设计已经影响了证券市场预期的稳定，使上市公司治理因不同股东缺乏共同的利益基础而出现严重缺陷，也不利于国有资产管理体制改革的深化。"股权分置"已经逐渐成为我国资本市场发展的主要障碍，改革股权分置的状态势在必行。①

宋清华指出，随着我国经济市场化改革的不断深化与发展，我国资本市场原有制度设计的深层次问题和结构性矛盾日益突出。股权分置与其说是中国资本市场最大的"特色"，还不如说是中国资本市场最严重的制度缺陷。②这一制度性缺陷在诸多方面制约中国资本市场的规范发展和国有资产管理体制的根本性变革。而且，随着新股的不断发行上市，这一问题与矛盾也在不断地积累，对资本市场的开放与发展的不利影响也日益突出。

股权分置对资本市场健康发展与运行的阻碍和影响，时任中国证监会主席尚福林对此进行了概括。他指出："股权分置作为历史遗留的制度性问题，不利于形成合理的股票定价机制，影响证券市场预期的稳定，制约资本市场国际化进程和产品创新，使公司治理缺乏共同的利益基础，也不利于国有资产的顺畅流转、保值增值以及国有资产管理体制改革的深化，已经成为完善资本市场基础制度的一个重大障碍，需要积极稳妥地加以解决。"③

在第八届中国资本市场论坛上，成思危教授指出："股权分置正成为中国资本市场发展的一个深层次问题。股权分置的弊端表现在：一是证券市场对经济发展的促进作用有限。二是不能充分发挥证券市场优化资源配置、推进经济增长的作用。三是同股不同值实际上违反了同股同权的股市基本原则，这就造成了同样股份所拥有的财富不一样。四是'一股独大'或'国有股独

---

① 李建勇等：《股权分置改革研究》，经济科学出版社，2008。

② 宋清华：《股权分置：中国资本市场的制度缺陷》，载《中国农业银行武汉培训学院学报》，2005（5）。

③ 《尚福林把脉中国资本市场　五重点解决深层次问题》，中国新闻网，2005－06－19。

大'致使无法完善上市公司法人治理制度，也就没有办法真正按照《证券法》的要求，在防止虚假信息、内部交易和恶意操纵市场等方面发挥监督作用"。①

可以认为，在当时的理论界和决策层的探索与讨论中，形成了一个基本共识，那就是，如果再不对股权分置这一历史遗留问题进行改革，中国的证券市场就不可能有进一步发展。但是，反对和质疑股权分置改革的声音与意见依然存在，尽管它们并不构成主流。学者张卫星通过观察得出结论，认为当时对股权分置改革持否定观点的人，在政府官员系统、国资管理系统以及正统学院派学者中居多。张卫星认为，这些人大多位居政府部门，有多年的政府历练经验，很有城府而一般不轻易表达意见，因为担心公开发表观点可能招来谩骂，最后选择韬光养晦，闭口不谈股市问题，但实际上是反对向流通股股民进行补偿的政策的。他们以保护国有资产利益、不能造成国有资产流失的名义，不主张采用补偿流通股股东的股改思路，认为任何"送股"、"缩股"、"送现金"的股改思路都涉嫌用国家利益补偿流通股股民，他们认为投资风险应该股民自负，非流通股股东不能也不应该补偿流通股。自1999年到2001年，多次尝试的国有股减持政策推进阻力重重，就可明白这股力量的强大。② 张卫星的以上结论虽然未必严谨，但确实揭示了当时一部分论者的思维和某种社会现实。

在反对股权分置改革的人士当中，管维立先生算得上是最激进的一个。他最具有代表性的观点是其2005年7月发表的《中国股市的荒唐一幕——评股权分置改革试点》一文。在此文中，管维立用极端激进的言辞对股权分置改革进行了全面批判和全盘否定。管维立说，证券监管部门于2005年4月宣布改革股权分置的条件已经成熟并启动试点，是在错误的时机发动了一场错误的试验，其原因在于对当时的形势作出了错误的判断。一是"意见分歧，观点对立，认识极不一致"；二是"市场情绪化，非理性特征明显，错误泛滥成灾，思想极度混乱"。他指出，在这种"身处危若累卵，脆如薄冰的险境，证券监管部门惊慌失措，孤注一掷，强行启动试点，结果将不外乎三种：或

---

① 《成思危直指非全流通股市四大弊病》，载《证券时报》，2004 – 01 – 12。
② 张卫星：《股权分置改革是伟大的成功，还是悲哀的失败?》，载《上海证券报》，2006 – 03 – 22。

者以伤害非流通股股东权益，破坏市场经济和产权制度基础为代价，去迎合市场激进人士的口味，博得市场一时的掌声；或者维护资本市场的正常秩序和规则，但得罪市场激进人士，失信于预期过高的市场；或者左右受制，进退失据，两面不讨好，满盘皆输。"管维立形容股权分置改革的试点"是二十一世纪初在中国股市上演的一出荒唐剧、闹剧、滑稽剧、丑剧、悲剧；堪称中国股市编年史上最可耻的一幕"，"所谓开弓没有回头箭，慌不择路，盲目开弓，必然矢发无端，箭伤无辜，人为制造不安定、不和谐，毁股市、害股民，损及国家利益和政府公信，监管者自身也蒙羞受辱，到头来再想回头，只怕是悔之晚矣。"①

　　管维立反对把股权分置作为中国证券市场诸多问题的制度性因素。他认为，股市存在的问题，是多重影响因素从多个角度多年来综合作用的结果。一是市场的非理性导致股权分置问题的升温。股权分置问题之所以成为股市热点是缘于国有股减持试点，而国有股减持成为股市热点缘于人为制造，是杜撰的结果。二是对股权分置问题的错误定性和定位。股权分置问题本身对股市没有更多的实质影响，解决股权分置问题不会对中国股市的健康成长发挥任何重要的作用。三是系统的丑化、妖魔化上市公司大股东。他认为"一股独大"没有罪，并不是所有大股东都行为不端。长期以来市场上一片揭露和谴责大股东（特别是国有大股东）的声音，导致人们普遍认为大股东（特别是国有大股东）必圈钱，必侵占，必行为不端，这是由于证券监管部门的片面性和误导造成的。四是歧视大股东，滥用类别股东表决机制。他认为，不少人宣称流通股股东是弱势群体，大股东是强势集团，但由于监管部门的导向和媒体舆论的倾向，强势早已转移到流通股一边。五是错误定位独立董事。他认为，独立董事的作用"不是财税大检查，不是审计风暴，不是质量万里行，更不是公检法"，除非出现与法律或道德准则相冲突的情况，独立董事不能以受托方的身份和大股东发生冲突。六是片面夸大证券市场的作用，误导社会公众股东，认为"对于证券市场的正面作用不能估计过高"，

---

① 管维立：《中国股市的荒唐一幕》，载《南方周末》，2005 – 08 – 18。

"中国股市在为企业筹集资金和增加税收方面作用明显，在转换机制方面乏善可陈，失败的教训多于成功的经验；配置资源、发现价值和晴雨表的作用几近于零"。管维立还提出了极端的政策建议："斟酌情势，视调整的幅度和影响是否需要，决定（1）有限期地关闭股市，或者（2）暂停股市交易，或者（3）暂停部分股票交易"。管维立的这些论述近乎全面否定在中国发展资本市场。①

另一位对股权分置改革持激进、鲜明、公开反对态度的人物是湖南商学院企业战略管理研究所所长谢茂拾。他在《股改致使国有资产流失5000亿元》的一文中说：非流通股（国有股）比流通股更有价值，送股导致国有资产流失。谢茂拾评价当时的股权分置改革是流通股股东的"对价恐怖"，似乎对价越高越合理，对价已演变成"证券市场的一些利益集团分吃国有资产的大餐"。谢茂拾用数据说明对价使1042.2亿股的"国有股票将进入流通股股东腰包"（当时，有市场人士针对谢茂拾提供的数据测算，认为非流通股股东只送出420亿股，质疑谢茂拾的研究方法和选取的数据有偏差，推论出的结论是错误的）。谢茂拾认为，流通股的购买价格大大低于非流通股价格。他的推论是："企业的组织、人力、知识、信息、品牌、市场网络等软资本应当远远大于企业的货币、物质等硬资本"，并以青岛海尔为例，认为"青岛海尔的品牌价值有数百亿元，仅此一项资产就高于该公司多年来向流通股股东募集资金的数十倍"，因此"不能仅仅从会计学所主张的净资产角度来看待企业的认股价格，而应该从经济学所主张的企业资本角度来计算企业的认股价格。一句话，流通股购买价格大大低于非流通股价格完全符合企业运营的历史与现实，两者之间不存在所谓的历史成本差异，公众投资者向股票发行人索取对价没有现实依据"，甚至还推论出流通股股东付给非流通股股东成本差价才合理。谢茂拾表示，送股是对全民所有者权益的侵蚀，"数百亿国有股权和数以千亿计的国有资产被几个部门以文件的形式赠送给少数人的账户，这不仅是中国有史以来的最大私有化案，也是世界史上的'申遗'奇观。"他还表

---

① 管维立：《中国股市的荒唐一幕》，载《南方周末》，2005 - 08 - 18。

示，"国有资产处置权问题的正本清源，实际上就是要明确产权内涵和国有企业产权关系"。谢茂拾还认为，如果按照股改所采用的追索历史老账的思路，国家将可能有更多的国有资产向各种群体补偿和赠送，而最有理由得到大宗补偿的群体有三个：一是随国有企业改革而排放出来的5000多万职工，二是承受农产品"剪刀差"的农民，三是对近年因征地而失去土地的4000万农民的补偿。[①]

虽然像管维立、谢茂拾这样对股权分置改革持如此激进、鲜明、公开反对态度的人不多，但持有类似观点的人士也不少。吴敬琏教授关于股权分置改革的观点不十分明确，但从他当时的一些言论来看，他也是不赞成非流通股对流通股股东进行补偿的。吴敬琏认为："证监会已经把股权分置改革的决定权交给了流通股股东，流通股股东处于优势地位，那么当然他们可要求更多的补偿。但是这样的结果对于非流通股股东和流通股股东是不是公正呢？老实说，我真的不知道怎么补偿。因为从2001年到现在这个股权已经变化了这么多，谁受损失了？你补偿给谁？按照什么标准补偿啊？现在这个权利是不对等的。现在方案通不通过，权利完全在流通股股东手里，这是证监会交给他们的权利……权利要平等，对等，为什么流通股股东的权利要大于非流通股股东呢？"[②]

尹中立对用全流通的方式解决上市公司治理问题持否定意见。尹中立认为，我国上市公司治理结构的严重缺陷表现在两个方面：一是我国传统文化和现代公司治理制度之间存在难以契合的地方；二是法治环境难以保护小股东的利益。但这两个缺陷不是由于"一股独大"导致的。相反，如果不是"一股独大"，我国上市公司治理问题会更突出。一段时间以来，不管是学者还是投资者，几乎形成了一致的认识：现阶段中国股票市场发展的最大制度缺陷是没有实现股票的全流通。因此，要使资本市场走上健康发展道路，应该当机立断实现全流通。其理由主要有以下两点：（1）不能全流通导致"一股独大"，造成上市公司治理效率低下；（2）大股东的股票不能流通，使大股

---

① 谢茂拾：《股改致使国有资产流失5000亿元》，载《中国经济时报》，2005-11-25。
② 吴敬琏：《千点托市不应该　补偿流通股股东不公正》，载《金陵晚报》，2005-07-26。

东与小股东之间的利益不一致，上市公司肆意"圈钱"。上述观点看上去有道理，其实经不起推敲。企图通过全流通来解决上市公司治理问题的改革思路不论是从理论上还是实践上都有问题。在目前的法治环境下，股票市场不能搞全流通，否则可能会导致灾难性的后果！

尹中立认为，现代公司治理是我国改革开放以后从西方引进的公司组织制度，其主要目的是要改造国有企业。但现代公司治理在我国一直处于"貌合神离"的状态。比如，监事会无法履行监督责任，董事长和总经理之间的关系很难理顺，总经理不向董事会说真话，董事会不向股东大会说真话等等。原因何在？有人认为主要原因是国有股比重太大，是"一股独大"导致的。但现实情况却是，不是"一股独大"的公司更麻烦，三天两头地闹内部斗争。上市公司情况更糟糕，这样的上市公司经常遭到庄家的光顾，每个庄家盘剥一把，要不了多长时间，一个好端端的上市公司就被糟蹋掉！为什么股权集中不行，股权分散也不行？应该从文化根源上找原因。从世界范围看，公司治理主要有三种模式：英美的市场监控模式、德日的内部监控模式和东南亚的家族控制模式。但进一步研究发现，这三种不同的公司治理模式对应不同的文化根源和法源基础：与英美的市场监控模式相对应的是英美法系；与德日的内部监控模式相对应的是大陆法系；东南亚国家由于司法体系的不健全，股权方式的融资无法得到保障，形成了特殊的家族治理模式。英美法系的核心是基督教文化，在基督教文化背景下的公司治理效率往往比较高。经济学家杨小凯认为，基督教有几个基本的东西是现代商业准则中必不可少的。一是要有公平的政治游戏规则，它要满足模糊面纱的原则，即不管你在什么地位，不管你是小偷还是警察，是被告还是原告，都认为游戏规则公平。模糊面纱的原则很难在没有宗教的情况下产生。现代公司治理的核心就是民主决策和监督，这些都是建立在公平基础上的游戏规则。而中国文化传统的根本是"不平等"，著名社会学家费孝通称之为"差序格局"。这种文化传统表现在公司治理中，治理得好的公司就好像一个家，这里必须有一个"家长"（董事长或总经理），其他成员都必须按照"家长"的旨意办事，无人能监督"家长"。可见在我国"差序格局"的文化土壤里是长不出"平等"的游戏规则的。这就是为什么我国上市公司的监事会不起作用、董事不"懂事"、独立董事不起作用的文化传统原因。

我国公司治理的第二个缺陷是法治环境难以保护小股东的利益。根据法源的不同，各国法律体系可以划分为普通法系和大陆法系两大类。普通法系以英美为代表，而大陆法系以欧洲大陆国家为代表。英美法系对债权人权利保护、股东权利保护以及执法力度方面都要强于大陆法系国家。因此，英美法系国家的公司股权可以分散，而大陆法系的国家因小股东的权利得不到有效保护，只能采取集中持股的公司治理结构，德国和日本就是典型代表。英美法系与大陆法系之所以在小股东权益保护的有效性方面有差别，是因为英美法系实行的是判例制度，而大陆法系实行的是成文法制度，判例法制度可以缓解法律的不完备性问题。我国实施的是大陆法系，在对小股东权益的保护方面有先天的缺陷，我们不可能实现股权分散条件下的有效公司治理。比如说，我们发现现行公司法或证券法中的某一规定不利于对小股东利益的保护，但如果要对该条款进行修改，需要经过全国人大的几次讨论方可，不仅程序复杂，而且时间周期很长。在资本市场，创新无处不在，新的现象层出不穷，法律永远落后于现实，这就是大陆法系的缺点。对于国有控股的上市公司而言，公司治理可以利用过去一直沿用的约束和监督机制，如党组织、行政组织等，这些和公司治理有关的组织系统虽然效率不是很高，但仍然有效。如果我们信奉股权分散可以提高公司治理效率的理论，上市公司只有市场监督这一种途径来约束董事会和经理层，结果应该是不言自明的。但不能就此认为国有企业的经营效率比民营企业高，公司治理效率和公司经营效率是两个不同的概念。民营企业公司治理效率低的原因是小股东的资金被大股东"掏空"，但这些被"掏"去的资金成为大股东自己的钱之后，利用效率不会很差，但产生的效益已与股份公司的小股东无关。所以，从国家的角度看，民营企业的经营效率高于国有企业；但从小股东的角度看，民营控股上市公司的资本回报率会低于国有控股上市公司。从实证的角度来看，上海证券交易所最初交易的老八股中，延中实业、爱使股份、飞乐音响、申华股份、兴业房产都是全流通的上市公司。但是，这些看上去完美的制度安排并没有给投资者一个完美的交代，因为没有控股股东使这些公司成为资本追逐的对象。从这些已经全流通的上市公司的实践中可以看出，全流通公司的股票更容易被操纵，不利于公司治理结构的完善和核心竞争力的提高。

主张全流通的另一个重要论点是：股权分置使大股东与小股东之间的利益不一致，大股东只关心"圈钱"，而不关心股价的涨跌。只要实现全流通就可以解决这个问题，使大小股东之间的利益趋于一致。实际上，中国证券市场的发展得益于我们这种股权设计，否则在目前的法治环境下，在法律还不能很好地保护小股东的情况下，大股东不能过度地关注股价的涨跌，否则会导致内幕交易泛滥。实现全流通后，股票市场至少可能发生以下两种情况：（1）在大股东的股份实现全流通的情况下，大股东自己摇身一变成为上市公司的庄家，利用内幕信息进行操纵市场的动力要提高 N 倍。大股东会在骗局未暴露之前大规模套现，然后一走了之，让中小股东深陷其中。（2）如果原股东大比例减持，二级市场的庄家就很容易成为公司实质性控股股东，他们就有能力直接胁迫管理层配合二级市场操作，使公司行为严重短期化。这是全流通可能存在的"并发症"。

因为存在"一股独大"，所以上市公司只关心"圈钱"的结论没有找到真正的病因。上市公司凭什么能够高价融资或再融资？它是根据二级市场的价格来确定的，这种价格确定方式也是符合国际惯例的。问题的关键在于二级市场价格太高。如果二级市场的价格足够低，上市公司就不会单纯选择股票市场融资，它们可能去发行公司债券，或到银行借钱。也许有人会说，如果不是"一股独大"，流通股股东在公司股权结构中所占的比重超过第一大股东，那么在关于再融资的表决上，该方案就不会通过。这个假设不符合国内外资本市场的现实，从全球的视野看，只有美国上市公司的股权最分散，但仍然有超过一半的上市公司被大股东控制，东南亚诸国的上市公司就更不用说了，大多数是家族控制的。而这些国家的上市公司并不存在小股东与大股东在再融资问题上的如此激烈的冲突。和国内股市最有可比性的是 H 股市场，它的股权结构和 A 股完全一样，为什么 H 股市场没有出现 A 股市场上对上市公司融资的厌恶情绪？道理很简单，H 股的价格比 A 股价格合理。也就是说，导致大股东肆意"圈钱"行为的原因是二级市场股价扭曲，与大股东的股份是否流通没有任何关系。只要股价回归到合理价位，大股东与流通股股东之间的利益冲突就会消失。

尹中立认为，除了强化市场对上市公司的约束之外，最根本的出路还是要探索符合我国传统文化特点的中国特色的公司治理模式：第一，实施个人破产制度，使"家"资源有效地发挥作用。第二，实施管理层和职工持股制度，让企业职工发挥监督作用的成本远远小于让小股东发挥监督作用的成本。第三，降低上市公司发行股票筹集资金与上市前公司净资产的比例。上市公司的增发、配股融资也要按照相同的原则执行。①

香港学者郎咸平也对股权分置改革持反对意见，他的理由就是没有"严刑峻法"或"政府信用环节"，股改本身就是破坏政府信用的过程。"中国目前的股改，监管层有三点不能保证。第一，在推出股改的时候，监管层不能把握保证上市公司不会事先收购流通股。第二，不能保证上市公司不会篡改选票，不会贿赂选民。第三，不能保证上市公司不会在股改的时候宣布假消息，并高价套现离场坑害股民。"②

但是，从总体来看，反对股权分置改革的论者只是少数，无论是在理论界和实际工作部门都不占优势，对当时中国的股权分置改革进程并没有发生实质性的影响作用。

（三）对股权分置改革的几个历史阶段的纵向考察

大多数学者和实际经济工作者都认为，实施股权分置改革虽然是于2005年开始的，但是，围绕着我国资本市场股份全流通的探索，则是经历了更长时间的探索与讨论。如果把股权分置改革作为一个历史事件来考证，还必须结合整个股份全流通的探索过程来加以分析。李建勇等认为，我国资本市场

---

① 尹中立：《中国股票市场不能搞全流通，否则会是灾难性后果》，载《中华工商时报》，2005 - 02 - 06。

② 《郎咸平炮轰股改，法制缺失后果不堪想象》，载《中华工商时报》，2006 - 01 - 12。

股份全流通的探索分为三个阶段。[①]

第一阶段：法人股流通阶段（1992—1999年）。这一阶段的持续时间较长。它说明了一个事实，即在整个资本市场发展初期，人们就已经开始认识到股权分置的制度设计存在问题，并开始寻求解决之道，初期的探索就聚焦于法人股的流通问题。法人股流通阶段的探索工作的指导思想是，"在保持公有股份总体上占主导地位的前提下，拿出一部分国有资产进入股票市场，通过股票交易实现公有股份资产增值，增大国有资产存量"[②]，即"动态坚持社会主义公有制"。以"动态坚持"为理论基础，1992年2月，上海证券交易所宣布法人股可以向社会个人股单向流通，并分别于2月18日、4月13日、5月5日、5月21日分四次对市场上交易的股票放开价格控制，取消涨跌停板制度和流量控制。法人股流通的决定刺激了市场需求，一时间法人股出现了供不应求的局面，也导致诸如法人股地下黑市等负面效应的出现。针对这种情况，上海证管会于1992年8月规定法人股暂不上市，9月正式规定法人股上市问题在同一股票内部职工股上市后再作定论。上海证券交易所法人股流通的尝试就此夭折。

在通过交易所市场进行法人股流通尝试失败的同时，另一项关于法人股流通的努力却在逐渐地推行。1992年7月，国家体改委批准证券交易自动报价系统（Securities Trading Automated Quotations System，即STAQ系统）为指定的法人股流通市场。该系统由当时的中国证券市场研究设计中心主办。1993年4月28日，国务院批准由人民银行、工行、农行、中行、建行、交行、人保公司及华夏、国泰、南方三大证券公司出资组建"全国证券电子交易中心，即NET法人股市场。STAQ与NET在业内被并称为"两网"。这两个系统最终挂牌公司总数仅为17家，其中，在原NET系统挂牌的有8家公司，在STAQ系统挂牌的有9家公司。由于这两个法人股转让市场一直在原有的体制框架下运行，始终没有纳入到统一的证券监管部门管

---

① 李建勇等：《股权分置改革研究》，经济科学出版社，2008。

② 刘鸿儒：《积极试行股份制，发展股票市场》，载《中国证券市场（1991）》，中国金融出版社，1991。

辖下，经历了初创时的短暂繁荣之后就被叫停。1993 年 5 月 22 日，国务院证券委决定对 STAQ 与 NET 两个法人股交易系统进行整顿，暂缓审批新的法人股挂牌流通。同年 12 月 17 日，中国证监会发布的《关于法人股流通转让试点问题的通知》指出："在国家有关法人股流通转让试点办法颁布之前，暂停审批新的法人股上市。"自此以后，两个系统开始逐渐衰落。1997 年，全国证券交易系统更名为中央国债登记结算有限责任公司，营业范围中取消了股票交易。1999 年 9 月 9 日和 10 日，两个系统暂停交易，关于法人股流通的试点也就此结束。

STAQ 与 NET 系统暂停交易后，大多数挂牌公司都已经申请摘牌，在此情况下，两系统已不可能恢复法人股交易活动。彼时，有一份广为流传的中国证监会"29 号文"，被普遍认为是关于答复在 STAQ、NET 系统挂牌公司及其法人股流通问题有关询问的官方口径。该文称，为了妥善安置两系统交易时的流通法人股，企业所在地方的政府可根据具体情况，采取以下三种方式：（1）将符合上市条件的公司推荐上市；（2）暂不符合上市条件但有重组基础的进行重组后上市；（3）不具备重组基础的，将其原流通法人股与已上市或拟上市公司的股份进行置换，组织有实力的企业收购等措施处理两系统原挂牌股票，在 2001 年上半年解决原两系统法人股的流通问题。该文件的中心思想是想通过到主板上市来解决在原 STAQ 与 NET 交易系统挂牌公司的退出问题，但因为多数挂牌公司都不符合主板上市要求，经过努力，还有 10 多家公司近 10 亿股的流通法人股无法解决退出问题。从既要规范市场又要妥善考虑投资者利益的角度出发，监管部门认真寻求解决这一历史遗留问题的途径。2001 年 6 月，为妥善解决 STAQ、NET 系统挂牌公司法人股流通问题，中国证券业协会发布了《证券公司代办股份转让服务业务试点办法》，标志着代办股份转让系统的正式诞生。

股份全流通的探索并没有因为法人股流通试点的暂停而终止，人们继续从理论上与实践上探索全流通的有效方式，这就推动了国有股减持探索阶段的到来。

第二阶段：国有股减持的探索阶段（1999—2002 年）。这一阶段讨论的中心议题，就是如何实现部分国有股的减持问题。所谓国有股减持，就是履行国有资产出资人代表职责的各级国资委或其他国有股控股主体，在各自授权范围内对国有股权的市场化售卖行为。国有股减持的讨论与试点是进一步促进全流通的阶段性探索。

虽然证券监管部门作出了"国家股和法人股暂不流通"的规定，但是理论界和实务部门对于非流通股流通问题的讨论并没有结束。当时关于非流通股的流通的讨论主要是针对国有股流通的，讨论的焦点是国有股流通的理由及可行的方案。主张国有股流通的人提出了很多理由，比如有利于贯彻同股同权、同股同利的原则，提高国有资产的使用效率、优化产业结构，平抑股价、调控市场、保护投资者利益，证券市场的本性在于流通性，上市公司的所有股本都应该具有流通性等。由于当时对股票市场的运作机制及其在现代市场经济体系中的作用还没有完整的认识，所以讨论更多是从国有股的角度来思考的，许多讨论的理由是从国有股股权的流动权力和国有企业改革的角度提出来的，这不得不说是当时认识的一个局限。不过，通过讨论，对国有股流通取得了基本一致的看法，大多数人都认为国有股应该流通，并提出了实现国有股流通的多种方案。

1999 年中共十五届四中全会通过了《关于国有企业改革和发展若干重大问题的决定》，决定提出"要坚持有进有退，有所为有所不为"的国有企业改革原则，为国有资本在部分领域的退出打开了政策通道。该决定还提出"在不影响国家控股的前提下，适当减持部分国有股"。这些政策决定直接导致国有股流通的政治阻力大大减少，国有股流通时间表的向前推进有了实质性进展。

1999 年 11 月 29 日，中国证监会推出国有股配售（减持）试点方案，公布了冀东水泥、华一投资等 10 家公司为国有股配售预选名单，基本方案为按10 倍市盈率以下的价格配售，中国嘉陵和黔轮胎于当年进行试点，两家配售总额 5 亿元。1999 年 12 月 4 日，财政部有关负责人指出："国有股减持的第一步使上市公司国有股比重下降为51%，第二步则根据情况减持。"①

该方案甫一出台即受到市场的一致好评。但是，当1999年12月14日中国嘉陵和黔轮胎两公司披露国有股配售的具体实施方案时，其内容与市场预期相去甚远，方案中国有股配售价格的确定明显偏向于国有股东的利益，使市场并不认可这样的减持原则，直接导致流通股股东和证券投资基金的认购不足，最后由承销商包销了较大数量的剩余股份。这实际上宣告本次国有股配售减持试点失败。这次试点失败的教训是，国有股流通要切实维护公众投资者的利益，如果采取急功近利、杀鸡取卵、竭泽而渔的办法来实施国有股流通，必将遭到社会公众股股东的反对，最终使国有股股东遭受更大的损失②。

1999年的国有股配售试点失败以后，对国有股流通的讨论并没有终止，反而越来越深入，越广泛。人们不仅从国有企业改革和发展的角度来讨论国有股的流通问题，而且扩大到从资本市场发展的角度提出国有股流通的理由和建议，对国有股流通意义的理解也日益清晰和透彻。随着社会各界对国有股流通更广泛的认同，管理层开始酝酿新的国有股减持方案。2001年6月，国务院发布《减持国有股筹集社会保障资金管理暂行办法》，标志着新一轮国有股减持工作正式启动。该暂行办法规定，国有股存量出售收入全部上缴全国社会保障基金，由全国社会保障基金理事会管理；国有股减持采取国有股存量发行的方式，凡拥有国有股份的公司首次发行和增发股票时，均应按融资额的10%出售国有股；国有股减持原则上采取市场定价方式。

从实际结果来看，这次国有股减持的尝试依然没有得到市场的认可，使其又成为一次失败的记录。市场以它自己独特的方式作出了反应。《暂行办法》实施后，股指急速下跌，四个月跌幅超过30%，并开始了长达五年的熊市。这一阶段，舆论关注的焦点在于国有股减持是否是导致大盘暴跌的主要原因。韩强、谢百三等人认为，国有股减持方案的推出与市场价减持国有股

---

① 《新闻背景：十五年国有股减持历程回顾》，载《证券日报》，2009 - 06 - 22。
② 李建勇等：《股权分置改革研究》，经济科学出版社，2008。

是本次暴跌的主要原因①。而陈淮则认为，股市的下跌是其内在运行规律使然，与国有股减持并无必然的因果关系。② 2001 年 10 月 22 日，中国证监会经报告国务院，决定停止执行暂行办法中关于国家拥有股份的公司首次发行和增发放票时均应按融资额的 10% 出售国有股的规定。次日股市大涨，充分反映了市场对叫停国有股减持决定的欢迎。2002 年 6 月 23 日，国务院决定，对国内上市公司停止执行暂行办法中关于利用证券市场减持国有股的规定，并不再出台具体实施办法。次日股市全线涨停，上证指数大涨 9.25%，再次反映了市场对叫停国有股减持决定的高度认同。自此，这一轮国有股减持的尝试实际上停止了。

李建勇等认为，应该说，国务院推出国有股减持办法是一项重要的改革举措，是资本市场从双轨体制走向单一市场体制的重大制度创新，有利于资本市场走向规范化、自由化和市场化；在大方向上符合国有经济结构调整的基本原则，有利于实现国有经济有进有退的战略调整，有利于完善上市公司的法人治理结构和现代企业制度。问题出在国有股减持"原则上采取市场定价方式"。在当时的市场环境下，市场定价显然就是以高价减持。市价减持方案不顾股权分置的历史成因，忽视国有股和法人股上市之初"暂不流通"的承诺、单方面改变游戏规则的做法，显然不符合股份经济的股权平等原则和协商合作原则。这样的国有股减持方案既损害了投资者利益，又损害了证券市场的公平原则，因而不可能为流通股股东所接受，从而也不可能获得成功。李建勇等认为，方案失败的深层次原因在于国有股减持的目标出现偏差，政府将之定位为社保基金的筹措手段，而非最初探讨的解决国有股、法人股、流通股的市场分割问题以及消除国有上市公司不合理机制问题，使减持过程变得扭曲，显得本末倒置。方案背后的价值取向是非流通股股东与流通股股东争利。这种将流通股股东置于全民（社保基金）对立面的做法抹杀了流通股股东对中国资本市场的历史贡献，遭到市场的强烈抵制也就不足为奇了。③

---

① 韩强：《究竟谁占了便宜——也谈国有股减持》，载《证券日报》，2003 - 11 - 25。
② 陈淮：《股市下跌与国有股减持无关》，载《中国经济时报》，2001 - 08 - 14。
③ 李建勇等：《股权分置改革研究》，经济科学出版社，2008。

"减持国有股补充社保基金"方案的失败表明，国有股问题的核心不是国有股减持，而是国有股流通，乃至整个非流通股流通的问题，必须从根本上解决由于历史原因所形成的国有股、法人股、流通股因所有权"分置"进而导致的流通权市场"分置"的问题。

其间，中国证监会向全社会公开征集国有股减持方案。截至 2002 年 1 月底，中国证监会一共征集到七大类共 4300 余件建议和提案。通过方案征集和深入探讨，国有股减持问题逐渐上升到解决股份全流通的层面，进而提高到消除资本市场制度缺陷、化解金融风险、维护社会稳定的政治高度。

第三阶段：股权分置改革的实施阶段。由于历史条件、指导思想和意识形态的局限，前两个阶段的股份全流通探索均以失败告终。2003 年 11 月，中国证监会首次正式提到"股权分置"问题，这是监管层对国有股、法人股、流通股的市场分割问题的最新提法（此前称为"股权分裂"）[1]。"在解决股权分置、上市公司部分股权不流通等对市场影响重大、涉及社会公众股东的问题时，必须切实保护公众投资者的合法权益，有利于维护市场的稳定发展"。

2004 年 2 月，《国务院关于推进资本市场改革开放和稳定发展的若干意见》（通称"国九条"）明确提出"积极稳妥解决股权分置问题"。经国务院批准，有关部委共同成立了 6 个工作小组，研究贯彻落实"国九条"精神；由中国证监会牵头，国资委、财政部等部委积极稳妥解决股权分置方面的专题工作小组对解决股权分置问题进行了认真的研究探讨。

其间，关于股份全流通的探索还出现过一个插曲。2004 年 12 月，上海证券交易所、深圳证券交易所、中国证券登记结算有限责任公司联合发布《上市公司非流通股股份转让业务办理规则》（以下简称《办理规则》），旨在规范上市公司非流通股股份转让活动，维护证券市场秩序。对此政策，市场解读为"中国的 C 股市场即将诞生"。所谓 C 股市场，是民间对法人股流通市场的称谓，以区别于业已存在的 A 股市场和 B 股市场，但官方从未承认过 C

---

① 尚福林：《积极推进资本市场改革开放和稳定发展》，载《上海证券报》，2003 – 11 – 10。

股市场的存在。《办理规则》的出台被市场视为一大政策利空，因为 C 股市场的设立必将导致 A 股市场价格重心的下移。市场人士猜测，法人股依法转让的成效——由二级市场流通股价格与非流通股价格自然接轨形成的价格区间，将为政府解决国有股全流通问题、寻找国有股全流通的合理定价做很好的参考和铺垫，是分步实现全流通的步骤之一。然而，这种自然接轨将打破 A 股市场流通股"含权"的预期，是错误的国有股市价减持政策的延续，违反了"国九条"精神，继续制造市场分割（法人股将进一步分化为 C 股法人股和非 C 股法人股），再次动摇市场信心，增加股权分置改革的难度，也再次证明了忽视 A 股流通股由于历史形成原因而"含权"实质、试图开辟第二市场解决国有股权流通问题是行不通的。在各方压力下，2005 年 1 月，沪深证券交易所以暂停受理业务的方式终止执行《办理规则》。①

2005 年 4 月 29 日启动的股权分置改革，以对价为理论基础，以"统一组织、分散决策"为操作原则，经过试点、扩大试点、全面推进等环节，稳步地进行推进。股权分置改革使得中国资本市场发生了脱胎换骨的变化。

这一阶段，具有典型意义的一系列政策如下：2005 年 4 月 29 日，中国证监会发布《关于上市公司股权分置改革试点有关问题的通知》；2005 年 5 月 8 日，上海证券交易所、深圳证券交易所、中国证券登记结算有限责任公司联合发布《上市公司股权分置改革试点业务操作指引》；2005 年 5 月 30 日，中国证监会、国务院国资委发布《关于做好股权分置改革试点工作的意见》；2005 年 5 月 31 日，中国证监会发布《关于做好第二批上市公司股权分置改革试点工作有关问题的通知》；2005 年 6 月 7 日，中国证监会发布《上市公司回购社会公众股份管理办法（试行）》（征求意见稿），并于 6 月 16 日正式发布；2005 年 6 月 12 日，中国证监会发布《关于实施股权分置改革的上市公司的控股股东增持社会公众股份有关问题的通知》（征求意见稿），并于 6 月 16 日正式发布；2005 年 6 月 13 日，财政部、国家税务总局发布《关于股权分置改革试点改革有关税收政策问题的通知》；同日，上海证券交易所、深圳证券

---

① 李建勇等：《股权分置改革研究》，经济科学出版社，2008。

交易所分别发布《上海证券交易所权证业务管理暂行办法》（征求意见稿）、《深圳证券交易所权证业务管理暂行办法》（征求意见稿），并于 7 月 18 日正式发布；2005 年 6 月 16 日，中国证监会发布《上市公司回购社会公众股份管理办法（试行）》、《关于上市公司控股股东在股权分置改革后增持社会公众股份有关问题的通知》；2005 年 6 月 17 日，国务院国资委发布《关于国有控股上市公司股权分置改革的指导意见》；深交所发布《关于上市公司股权分置改革有关事项的通知》；2005 年 7 月 15 日，中国证券业协会发布《关于保荐机构从事股权分置改革业务有关问题的通知》；2005 年 8 月 23 日，中国证监会、国资委、财政部、人民银行、商务部等五部委联合下发《关于上市公司股权分置改革的指导意见》；2005 年 9 月 5 日，中国证监会发布《上市公司股权分置改革管理办法》；2005 年 9 月 6 日，上海证券交易所、深圳证券交易所和中国证券登记结算有限责任公司联合制定了《上市公司股权分置改革业务操作指引》；2005 年 9 月 8 日，国资委发布《上市公司股权分置改革中国有股权管理有关问题的通知》；2005 年 9 月 16 日，上海证券交易所、深圳证券交易所发布《上市公司股权分置改革保荐工作指引》；2005 年 9 月 17 日，国资委发布《关于上市公司股权分置改革中国有股股权管理审核程序有关事项的通知》；2005 年 9 月 17 日，国资委发布《关于上市公司股权分置改革中国有股股权管理审核程序有关事项的通知》；2005 年 10 月 26 日，商务部、中国证监会发布《关于上市公司股权分置改革涉及外资管理有关问题的通知》。①

2006 年 4 月 16 日，中国证监会就《上市公司证券发行管理办法》（征求意见稿）公开征求意见，标志着新老划断、恢复再融资提上工作日程。恢复上市公司再融资是"新老划断"的一个重要步骤。根据改革进展情况和市场可承受能力渐进推开，以最大限度地减轻市场对股市扩容的心理压力。在完成股权分置改革的上市公司中优先安排再融资，也是兑现改革政策、扶持改革后公司做优做强的一项重要举措。至此，股权分置改革基本完成。关于股权分置改革阶段的界定，怎样才算"基本上完成"呢？时任中国证监会研究

---

① 李建勇等：《股权分置改革研究》，经济科学出版社，2008。

中心主任的李青原说："只要占总市值60%至70%的200家至300家上市公司顺利进行了股改，改革就应视为成功完成。一些质地不太好的上市公司，可以通过地方政府的规划置入优良资产，或是通过一系列的收购兼并，达到为股市'换血'的目的。"① 在2006年9月在北京举行的第三届国际金融论坛年会上，中国证监会主席尚福林指出，中国股市已进入"后股改时代"；但刘纪鹏则认为，2010年中国股市才真正进入后股权分置时代。因为按照中国证监会2005年9月4日颁布的《上市公司股权分置改革管理办法》，从2007年起，原非流通股股东（即所谓"大小非"）开始解禁，预计在2010年限售股解禁达到高峰，2010年以后，基本实现股份全流通。②

二、关于股权分置改革的核心概念——对价的讨论

（一）关于"对价"的定义

"对价"（Consideration）是英美合同法中的一个重要概念，其内涵是一方为换取另一方做某事的承诺而向另一方支付的货币代价或得到该种承诺的承诺。按照英美合同法，对价是合同成立的前提。可见，对价原则是英美法中最为核心的合同约束力根源，它决定了当事人的允诺能否执行，即当事人之间的合同有否约束力这一重大问题。③ 中国的司法实践则根据当事人取得的权利有无代价，将合同分为有偿合同和无偿合同两类。

对价是股权分置改革得以成功推进的法理基础。在股权分置改革中，对价具有三重内涵：首先，对价是一个法律术语，是指一方当事人为取得合同权利而向对方支付的代价。具体到股权分置改革中，是指非流通股股东为获得流通权向流通股股东支付的代价或作出的承诺。其次，对价是一种平等协

---

① 《200至300家公司完成股改后即可恢复新股发行》，载《上海证券报》，2005-07-25。
② 王天习：《股权分置改革对价研究述评》，载《经济法论丛》，2009年（上卷）。
③ 刘承韪：《英美法对价原则研究：解读英美合同法王国中的"理论与规则之王"》，法律出版社，2006。

商的机制。在对价机制下，非流通股股东和流通股股东通过分类表决双向认同，双向补偿，最终实现双赢[1]。双向补偿是指通过对价机制，既补偿了非流通股股东的流通权，又补偿了流通股股东因非流通股股东违约（违反了"非流通股暂不流通"的约定）而造成的市场损失。因此，对价超越了"补偿论"、"让利论"、"买卖论"的认识局限，提供了类别股东利益平衡的协商机制；最后，对价是指一个个具体的股权分置改革方案。

股权分置改革是针对我国上市公司流通权分置状态，在承认流通股总体"含权"的前提下，赋予非流通股流通权并最终实现"同股同权、同股同利、同股同价"的制度创新。股权分置改革，从表现形式来看，体现为非流通股股东所持股份从不具备流通权到获得流通权。但是，这在一定程度上违背了当初公开发行股票时非流通股股东与流通股股东之间的契约，因此，非流通股股东必须向流通股股东支付一定的对价。非流通股股东所持有的股份能否获得流通权，取决于其与流通股股东谈判协商是否成功。所以，股权分置改革从本质意义来看，是非流通股股东与流通股股东之间以"非流通股的流通权"为标的的连续博弈，并最终体现为非流通股股东向流通股股东支付一定对价从而获得流通权的过程。可见，对价是股权分置改革中的"关键点"。对价理论的提出、对价方案的完善和实施是股权分置改革成功推进的技术保证。

"对价"一词最早在中国以正式文件的形式出现在《关于上市公司股权分置改革的指导意见》第八条："非流通股股东与流通股股东之间以对价方式平衡股东利益，是股权分置改革的有益尝试，要在改革实践中不断加以完善。"按照刘纪鹏的观点[2]，对价从法律上看是一种等价有偿的允诺关系；从经济学的角度来看，对价是冲突双方处于帕累托最优状态时实现帕累托改进的条件。从股权分置改革过程中的表现形式来看，对价是在两个以上平等主体之间由于经济利益调整导致法律关系冲突时，矛盾各方所作出的让步。这种让步也

---

[1]　刘纪鹏：《用双赢式全流通来振兴中国股市》，载《上海证券报》，2003 - 11 - 21。

[2]　刘纪鹏：《巧妙运用对价　用可流通底价破解股市大震荡》，载《第一财经日报》，2005 - 06 - 15。

可以理解为是由于双方从强调自身利益出发而给对方造成损失的一种补偿。在股权分置的情况下，非流通股转为流通股将导致流通股股价下跌，因此，在流通股股东同意非流通股可流通的同时，非流通股股东也要对这一行为发生时，将保护流通股股东的利益不受损作出相应承诺。把对价这一概念引入股权分置改革，有利于平衡非流通股股东和流通股股东的利益关系，对股权分置改革的顺利推进具有重大的现实意义。

（二）关于对价的本质及其法律属性

在中国，对价概念是为了解决股权分置问题而引入的。要深入理解对价的本质，首先要厘清股权分置的法律性质。股权分置的法律性质是平等的民事主体之间订立的契约关系。上市公司在发行股票时，在招股说明书或章程中均有明确约定："根据国家有关法律、法规和中国证监会《关于核准公司公开发行股票的通知》，本公司的国有法人股和法人股暂不上市流通。"可见，"非流通股不流通"构成了契约中的一个条款，也是发行上市公司向流通股股东作出的一个承诺，流通股股东基于这一承诺才愿意以相对较高的价格购买上市公司的流通股股票，或者说流通股股东在购买的价格当中包含了非流通股不流通承诺的溢价。这就是股权分置法律关系的实质：基于平等的民事主体缔结合同之后形成的契约或合同关系。股权分置是前述主体缔结的合同中的一项重要内容或者说重大条款。依据合同法的规定，未经合同当事人协商一致，任何一方均不得擅自变更合同，否则应当承担相应的违约责任。

至于股改中使用的"对价"一词，是否与法律意义上的"对价"为同义语，则存在不同的看法，特别是在非流通股股东为什么要向流通股股东支付对价，以及这种对价是何种性质的给付等问题上，仁者见仁，智者见智，出现了关于对价支付理由的各种学说。一个有趣的现象是，经济学界与法学界关于支付对价的理由各有不同的说法。

经济学界关于支付对价的理由，主要是以流通股的流通权价值为基础的。国内外经济学者的相关研究表明，股票的流通权是具有其内在价值的。所以，非流通股份为获得流通权就必须向流通股股东支付对价。在相关的研究中，流通权的价值一般用非流通股的折价率来体现。Silber（1991）[1] 的研究发现，总体而言，非流通股相比于流通股的平均折价率为 33.75%，该折价率与企业利润水平负相关，与非流通股比例正相关。陈志武、熊鹏（2001）[2] 统计了 2000 年 8 月至 2001 年 7 月期间中国上市公司非流通法人股的折价率，发现非流通法人股转让价格相比于流通股的折价率平均为 85.59%，拍卖价格相比于流通股折价率平均为 77.93%。他们认为，非流通股折价率的影响因素分别为流通 A 股的价值、公司的经营绩效、公司的变化特征及交易特征。其中，非流通股的折价率随着波动率和权益负债率的上升而增大，随着公司规模、净资产收益率、账面市值比和盈余市价比的增大而减小。Amihud 和 Mendelson 证明了资产的流动性是有价值的，反映在资本市场上，流通股价格则因为流通性（market ability）价值而使其价格明显高于非流通股，实践中表现为流通股的市价显著高于公司每股净资产价值。[3]

在"流通权价值"这一理论基础上，我国学者对股权分置改革中对价支付理由的解说又分为各种不同的观点。其中，持"补偿论"和"违约论"观点的人比较占主流。

丁圣元的观点具有代表性。他首先假定在短时间内，上市公司的总市值不会因为股权分置改革而发生变化。由于流通股具有的流动性溢价，流通股的价格高于非流通股的价格，因此，在计算公司总市值时，简单地用流通股价乘以总股本的计算方法是不合适的，应该分别计算流通市值和非流通市值：流通市值是流通股价和流通股数的乘积；非流通市值是非流通股价和非流通股数的乘积。改革后，上市公司的股份全部具有流通性，公司总市值 = 全流通股价 × 总股本，全流通股价 =（流通股价 × 流通股数 + 非流通股价 × 非流

---

① Silber, William L., Discounts on restricted stock; the impact of illiquidity on stock prices. Financial Analysts Journal, 1991.

② 陈志武、熊鹏：Discounts on Illiquidity Stocks: Evidence from China, Yale ICF Working Paper No. 00-56, 2001。

③ Amihud, Y., Haimp, M., Liquidity and Asset Prices Financial Management Implications, Financial Management, 1988 (1): 10-15; Moroney, R. E., Most Courts Overvalue Closely Held Stocks, Taxes, 1973 (3): 144-154.

通股数）／总股本。在改革前后总市值不变的假定下，则全流通股价必定低于改革前的流通股价、高于改革前的非流通股价，介于两者之间。如果流通股股东、非流通股股东的股数都维持不变，则流通股股东的市值必定下降，同时非流通股股东的市值必定上升，且流通股股东市值下降的金额一定等于非流通股股东市值上升的金额，实际上是财富的转移。为了避免这种情况，非流通股股东必须支付一定的对价（如送股），作为取得流通权的成本。于是改革后流通股价格下降，但是股数增多，有可能两相弥补；非流通股股东股价上升，但股数减少，也有可能两相弥补。

丁圣元说，以上推论是以股改前后公司总市值不变为前提的，但实际上，股权分置改革很可能引起总市值的下降。因为股权分置改革是对深沪股票估值国际化、开放化进程的重大推进，虽然国内外股票市场价格接轨可能有一个过程，但是从预期和估值的角度来说，股权分置改革实际上将彻底打破深沪股市自我封闭的壁垒。内地股市定价与国际接轨，首先是内地股市的较高市盈率将调整到国际水平；其次，从新兴市场风险溢价角度看，还需在国际同等市盈率水平的基础上进一步打折扣。经过计算，我们认为内地同等企业的价值评估应打50%～80%的折扣。因此，为了保护流通股股东的利益，必须在总市值下降上述折扣的条件下维持流通股股东改革前后的市值不变，至少也应尽可能减少其市值损失，前文所说的中性原则绝对不满足条件。这里不是追究既往，而是立足未来；不是要求补偿流通股股东既往的损失，而是要求在面向未来时，让流通股股东和非流通股股东真正站在同一条起跑线上[①]。

李建勇等认为，从流通权价值的角度来看，流通权的价值是指在股权分置市场环境中流通股的高溢价，这种高溢价来源于投资者对非流通股份不参与流通的预期。由于非流通股股东获得所持股份的流通权会改变投资者对于非流通股份不参与流通的预期，并直接影响流通股股东所持股权的高溢价，所以非流通股股东必须向流通股股东支付相应的对价。由此可见，对价的依

---

① 丁圣元：《如何看待股权分置改革对价》，载《证券时报》，2005－05－30。

据在于非流通股股东为了获得流通权而向流通股股东所支付的代价。"对价"与"补偿"在这里是两个不同的概念。补偿补的是"历史",对价对的是"未来"。①

如同有人对股权分置改革持否定意见一样,也有人对于非流通股股东向流通股股东支付对价的法律依据提出质疑。中国国际文化交流中心法学博士高志凯于2005年8月发表《以"对价"之名剥夺财产》一文,从法律角度对股改中的送股提出了质疑。为论证股改是以对价之名剥夺国有股股东的财产,高志凯以《中华人民共和国宪法》等为据,说明非流通股股东没有法律规定的义务交出股票(送股),"对流通股股东的保护,不应该建立在剥夺非流通股股东的合法财产的基础之上。"②

时任宝钢股份公司独立董事的单伟建先生也以一种独特的方式,表达了他对通过补偿流通股股东的方式实行股权分置改革的否定态度。作为独立董事,他对宝钢股份的股权分置改革方案投了反对票,并给公司写了一封公开信。他认为,对流通股股东予以补偿没有依据,补偿的多少更是没有市场标准可言。他认为股权分置改革是把非流通股股东置于流通股股东的对立面,由"群众大会"表决当罚多少,这与以法治国,以法规来约束、保护和发展市场的原则是背道而驰的。法人股东为了争取过关,就不得不慷他人之慨,放血输诚,送股、送权、送钱,变股权为优先债权;甚或无视监管法规,公然承诺托市。这样一来,削弱产权的神圣,动摇法治的基础,怎么可能在此基础之上建立全流通的新秩序?③

但是这样的观点并不占有主流地位。

(三) 关于对价水平的确定:区间性和模糊性

股权分置改革是非流通股股东和流通股股东在对价机制下平等协商的过

---

① 李建勇等:《股权分置改革研究》,经济科学出版社,2008。
② 高志凯:《以"对价"之名剥夺财产——股权分置改革的实施方案必须符合法律规定》,载《财经》,2005 - 08 - 08。
③ 单伟建:《独董投票反对宝钢方案 只因未兼顾全体股东利益》,载《财经》,2005 - 08 - 10。

程，也是非流通股股东和流通股股东之间的利益再分配过程。在股权分置改革中，对价水平是影响财富在非流通股股东和流通股股东之间重新分配的关键要素，因而成为各方博弈的焦点。从利益诉求来看，非流通股股东将在股改中获得流通权溢价利益，而流通股股东将通过一定数量的对价得到补偿。或者说，非流通股流通后的流通权溢价利益由非流通股股东和流通股股东分享。问题在于分享比例（对价水平）如何确定。

李建勇等认为，股权分置改革中的对价水平确定具有区间性和模糊性的特征。区间性和模糊性指的是一个概念的中心区域基本上是确定的，而外延界限不明确，在区间内波动的属性。这一理论最早由美国控制论专家扎德于20 世纪60 年代中期提出，并广泛应用于许多学科。在股权分置改革过程中，从客观上说，对价存在无法精确计量的特点，是参与各方相互博弈而形成的利益平衡，对价水平不存在一个理论上的最优价格，而只可能是一个最优的区间。对价过低，流通股股东拒绝接受，股改方案不能通过；对价过高，则可能导致非流通股股东利益受损。对价水平在某一个区间内波动，其最终确定通常不取决于上市公司本身的财务状况（理论上讲，上市公司的财务状况已经体现在当下的股价之中了），而主要取决于非流通股股东和流通股股东之间的谈判、协商与博弈，属于博弈论中的议价理论范畴。

按 Rubinstein[1] 的总结，议价范畴包含三个要素：（1）"议价"的各方对于利益的分配有达成一致意见的可能性；（2）各种"议价"方案对各方实现的利益不一；（3）若有一方不赞同，即不能达成一致。我国股权分置改革中对价水平的确定，本质上是流通权溢价利益在非流通股股东和流通股股东之间的分配和取得这种分配的方式，其本身即是一种市场交易制度，内在统一于证券市场所代表的资源配置和运转系统中。不论对价水平的最终确定采取何种方式，都隐含了议价者即非流通股股东和流通股股东之间在利益分配上的冲突与合作关系。遗憾的是，对于议价水平确定的理论研究在传统经济学上历来薄弱，为数不多的传统经济学文献仅仅是从交换经济的 Pareto 均衡分

---

[1] Rubinstein, A., Perfcet Equilibrium in Bargaining Model, Econometrica, 1985（50）：97 – 109.

析、均衡价格的形成以及双边垄断的市场交易的描绘出发得出的一些推断；现代"博弈"理论引入"公理化方法"解决议价问题也仅仅提供了一种模型化的方式。股改上市公司背景的各异，不同非流通股股东和流通股股东行为规律的不同，使得对价水平的确定具有相当的模糊性。正是由于这种博弈结果的非一致性，在股权分置改革过程中，产生了各种各样的对价计算方法，每一种方法都有其各自的理论依据，如流通权价值补偿论、溢价返还论、市场供求论、双向补偿论等。这些理论各有其优缺点，并在实践中成为形式各异、多种多样的对价支付方案设计的理论依据。

为了平衡市场各方的利益，股改保荐人也对各种股改方案进行了数量化的表述，站在中间人的立场为博弈各方提供一个看得见的量化标杆和博弈基准。

但对价的最终确定离不开非流通股股东和流通股股东之间的协商和博弈，所以，对价方案的最终确定，与参与各方的信息条件、激励水平、经验因素、文化背景等多种难于量化的因素息息相关。因此无论计算的依据如何充分、使用的方案如何复杂，合理的对价水平不可能是一个精确的数值，而只能是一个模糊而且具有浓厚主观色彩的区间。换言之，股权分置改革中的对价水平具有模糊性和区间性。[1]

虽然股权分置改革中的对价在本质上体现为流通权的价值，但对价水平的确定却在很大程度上取决于非流通股股东与流通股股东之间的博弈结果。在股权分置改革的试点阶段，由于对价确定缺乏科学、公正的原则，从而导致上市公司在对价支付比例的确定上无所适从，投资者对市场的未来趋势失去了合理的预期。在这一历史性的改革中，公允对价支付原则的确定是保护投资者利益、减少改革成本的重要途径，同时也是股权分置改革成败的关键。在股改过程中，许多学者从不同角度，运用不同的方法，力图找到科学确定股改对价计量的公式和方法。比如，丁志国根据政策中性原则和套利均衡理论推导出了市场均衡条件下的对价公式，对46家试点公司和进入全面股改后新推

---

① 李建勇等：《股权分置改革研究》，经济科学出版社，2008。

出的 72 家公司的对价方案进行剖析，认为部分公司对价支付比例存在明显的不合理，并利用博弈论的观点分析了试点公司不合理对价方案获得高票通过的原因；最后，对上市公司股权分置改革时机与成本的关系进行了定量分析，认为在一个相对较短时间内解决股权分置问题，对于非流通股股东而言最为经济。作为一个新兴的证券市场，中国的投资主体中存在更多的非理性成分，为了更好地完成股权分置改革这一历史重任，丁志国提出以下政策建议：一是尽快明确股权分置改革的对价确定原则。改革试点以来，由于总体思路不清楚，市场很茫然，价值估计混乱，投资者用脚投票。究其原因是股权分置改革问题的讨论中过多地纠缠于历史问题，而忽视了应该在政策制定过程中起决定作用的经济学基本原理，从而导致上市公司在对价支付比例的确定上无所适从，因而尽快明确符合经济规律的对价原则十分必要。二是加强对市场参与主体的教育，培育正确的投资理念，充分发挥机构投资人的作用，提升市场参与者的整体素质是建立一个高效市场的基础。三是出于改革成本的考虑，股权分置改革的过程周期不宜过长，更长的过程将付出更高的代价，同时也使改革存在变数，当前的市场条件十分有利于完成这一历史重任。四是由于在股权分置改革中对价方案的制定和表决存在明显的博弈困境，因而管理层应该加强对非流通股股东方案制订的监管，保证股权分置改革能够在公平的基础上顺利完成。[1]

沈艺峰等发现了股改过程中的一个有规律的现象：在股改对价支付的过程中，高达 87.6% 的股权分置公司的对价水平都集中在 10 送 2 至 4 股区间，平均对价水平为 10 送 3 股，对价水平出现了显著的 10 送 3 股"群聚"现象。因此，他们对股改对价"10 送 3 股"现象的形成机理进行了分析。沈艺峰等以不完全竞争市场理论为基础，对上海证券交易所的 346 家股权分置公司样本进行了实证检验。他们的检验分析结果表明，由于保荐行业的市场准入难度较大，上海证券市场的保荐行业一定程度上属于寡头垄断，股权分置公司的对价水平与保荐机构所占市场份额显著负相关。他们认为，股改对价的 10

---

[1] 丁志国：《股权分置改革均衡对价》，载《中国工业经济》，2006（2）。

送 3 股"群聚"现象可能是寡头垄断的结果，而不是完全市场竞争的结果。沈艺峰等得出了如下两点结论：（1）我国股权分置中的对价水平不受各公司财务特征的微观变量（例如净资产收益率、净利润率、负债水平、公司总资产以及所属行业等）所影响，却与保荐机构的市场份额以及公司股权集中度等密切相关，说明在股权分置改革中，企业的市场成分较少，受其他因素的干预较多；（2）证券商为了各自的利益，争夺市场份额，往往会迎合大股东的需要，从而导致市场平均对价水平的降低，对中小投资者利益产生不利影响。[①]

与沈艺峰等人的观点不同，对于股权分置改革过程中大部分上市公司所选的对价水平普遍集中于 10 送 3 股这一现象，许年行、吴世农通过收集 526 家实施股改公司的相关资料，运用行为心理学著名的"锚定效应"理论，对股权分置改革中对价的制定和影响对价水平的因素进行了分析、检验和解释。许年行、吴世农认为，大部分股改公司之所以不约而同地选择 10 送 3 股的对价，是因为首批三家试点公司对价的平均值为 0.316（均值锚），对价的中位数为 0.300（中位数锚），从而为后面进行股改的公司形成了一种"静态锚"效应，3.16 即为是"锚定值"，同时前一批股改公司对价的平均值又为后一批股改公司形成一种"动态锚"效应，在这种"静态锚"与"动态锚"的交互效应影响下，首批 3 家试点公司后面的上市公司进行股改时所选定的对价平均水平便普遍集中于 10 送 3 股了。他们认为，股改对价的"锚定效应"说明，股改公司所确定的对价并非是一种完全理性的经济决策行为，而是存在明显的"锚定和调整"行为偏差。许年行等进一步的研究发现，随着股改进程的深入，股改公司在制定对价方案时，越来越多地基于公司的不同特征作出上下调整，锚定效应逐渐减弱；且低对价公司在确定对价时受"低锚定值"的影响较大，受其他因素的影响较少，锚定效应较强，而高对价公司在确定对价时受"高锚定值"的影响较小，受其他因素的影响较多，锚定效应较弱。由此，他们认为投资者应增强与公布低对价水平上市公司的谈判能力，校正

[①] 沈艺峰、许琳、黄娟娟：《我国股权分置中对价水平的"群聚"现象分析》，载《经济研究》，2006（11）。

其锚定和调整行为偏差对所提对价方案的影响；证券监管部门则应注意加强对低对价水平上市公司的监管，积极引导公司更加理性地制定股权分置改革方案。①

傅勇、谭松涛则认为，在股权分置改革对价水平确认的机制中，存在着机构投资者与非流通股股东之间的合谋。他们考察了股权分置改革过程中机构投资者与非流通股股东之间的合谋现象以及合谋的可能途径——内幕交易。他们的研究表明，在控制了影响股改对价水平的主要因素之后，机构投资者对方案的赞成比例与股改对价水平之间存在显著的负相关关系，而全体流通股股东以及大个体流通股股东对方案的赞成比例与对价水平之间呈现显著的正相关关系；机构投资者对方案的赞成比例越高，公司的内幕交易程度也越高，而其他流通股股东的表决意见与内幕交易程度之间没有显著关系。这意味着机构投资者与非流通股股东利用内幕交易进行了合谋，合谋的结果使得非流通股股东得以支付一个较低的对价水平，而机构投资者则通过内幕交易获得额外收益。②

魏建华也持有类似的观点。他指出，由于我国许多上市公司的流通股股东中，持股比例最高的是基金这样的机构投资者，这些机构投资者制造的噪声，可能曲解中小投资者的本意，而使那些可能存在问题的方案得以通过。从第一批试点公司的情况中可见，试点公司前十大流通股股东持股占流通股比例与其通过率呈现正相关关系，流通股股东持股集中度和基金持股比例高的上市公司，股改方案的投票率和通过率都相应较高。基金持股较低的上市公司，散户的命运掌握在自己手里；基金持股较高的上市公司，散户的命运掌握在别人手里。散户只能从自身利益出发，投票具有理性。由于基金与中小投资者的利益并不完全一致，基金与利益相关者合谋存在可能性，如果基金投票是非理性的，在对价设计中保护中小投资者的利益就可能难以实现。③

---

① 许年行、吴世农：《我国上市公司股权分置改革中的锚定效应研究》，载《经济研究》，2007（1）。

② 傅勇、谭松涛：《股权分置改革中的机构合谋与内幕交易》，载《金融研究》，2008（3）。

③ 魏建华：《股权分置改革中的对价分析》，载《经济理论与经济管理》，2005（8）。

吴超鹏等人的研究也支持这一结论。他们的分析结果表明,机构投资者持股比例越高,对价送达率和送出率都显著较低。此外,他们还采用"十大流通股股东中机构持股比例是否大于零"或"十大流通股股东中机构持股比例是否大于1/3"两个哑变量来替代模型中的"机构投资者持股比例"变量,结果也发现两变量均在5%水平下显著为负。实证结果表明,机构投资者在股改中未起到保护中小流通股股东利益的作用。导致该结果的原因可能有:(1)重仓持有某公司股票的机构投资者一般非常重视与公司管理层和控股股东保持良好关系,若其对股改方案投反对票,则与上市公司的关系将难以为继,此外市场可能由此而预期该机构投资者将选择抛售该股票,由此带来卖盘增加,股价下跌。机构投资者在投反对票时不得不考虑由此带来的成本。(2)机构投资者可能与公司管理层及控股股东妥协,放弃讨价还价以换取信息资源等方面的好处。[1]

李建勇等认为,虽然经济理论本身不能给予我们一个明确的对价标准,然而从对价形成的过程来看,公司的股本结构、上市公司历史融资的数量和成本、上市公司的历史业绩和发展前景、公司的历史股价走势、流通股股东的结构、大股东和流通股股东之间的关系等因素对对价水平的最终确定产生了重要影响。[2]

而吴超鹏等则认为,股权分置改革中所面临的对价问题是一种独特的定价机制,但是它从理论上是可以解释的。他们以样本公司的数据,分别从流通股股东和非流通股股东角度来衡量对价送达率和对价送出率,从理论和实证两个角度分析对价送达率和送出率的影响因素,结论是:(1)股改前第一大股东控制力沙普利指数(Shapley)越低,对价送达率和送出率都显著较低。这表明控制力较弱的大股东将减少对价支付,以防控制力下降较多而导致额外失去过多的控制权私利。(2)机构投资者持股比例与对价送达率和送出率均呈显著负相关关系,可见机构投资者在股改中未起到保护中小流通股股东利益的作用。(3)非流通股比例越高,对价送达率越高,对价送出率越低。

---

① 吴超鹏等:《对价支付影响因素的理论和实证分析》,载《经济研究》,2006(8)。
② 李建勇等:《股权分置改革研究》,经济科学出版社,2008。

该结果反映了流通股股东与非流通股股东共同面临价格压力时的博弈均衡；（4）持股损失与对价送出率和送达率均无显著相关关系，故对价并不反映流通股股东对历史持股损失的补偿要求；（5）非流通股股东在股改方案中若作出分红承诺和业绩承诺，则对价送出率和送达率将显著降低，而额外锁定承诺、增持承诺和股权激励计划在降低对价方面作用不大。他们的研究结论的政策启示是：监管层所倡导的市场博弈机制可在一定程度上保障对价方案的合理性，从而保护两类股东的利益。但仍存在诸如机构投资者未充分发挥议价能力等值得重视的问题。[①]

（四）对价在股权分置改革中的具体运用

不同上市公司之间的情况各异，千差万别。只有根据上市公司的不同特点，综合运用各种对价支付方式，设计出不同的股权分置改革方案，才能有的放矢，实现多赢。在股权分置改革过程中，非流通股股东向流通股股东支付对价的具体方案各不相同，李建勇等对这些方案进行了概括，认为在股改过程中的各种对价支付方式可以归纳为直接送股方案、认沽权利方案、资产注入方案、权证方案和私有化方案等五大类。

1. 直接送股方案。

直接送股方案是股权分置改革中最为本原意义的对价方案，它又可以细分为标准版直接送股方案、衍生版直接送股方案（公积金转增的扩股方案）和非流通股缩股方案三个子类别。

股权分置改革中的送股，是指非流通股股东将自己所持有的股份的一定比例，作为对价向流通股股东支付，该支付的股份自动成为流通股，同时剩余的非流通股也获得流通权，在一定的锁定期以后自动转成流通股。送股以后，公司的总股本保持不变。这里的送股方案可以被称为直接送股，即非流通股股东用自己目前持有的股份作为对价支付给流通股股东。在实际操作中，直接送股方案是股改中最主要、最常见的对价支付方案。

---

① 吴超鹏等：《对价支付影响因素的理论和实证分析》，载《经济研究》，2006（8）。

直接送股方案还有其衍生版：公积金转增的扩股方案。这一方案与本源的直接送股方案的不同之处在于，非流通股股东用于送股的股份来源，不是非流通股股东所持有的股份（即直接送股），而是来源于公积金转增的股份。具体的操作方法是，在公司以资本公积金向全体股东同比例转增股本的同时，非流通股股东用自身应转增部分作为向流通股股东送股的来源，或者说，股改公司先进行资本公积金转增，然后非流通股股东将名下应得的那部分转增股作为对价支付给流通股股东。这种对价方案不是对现存的非流通股进行再分配，而是重新分配由转增产生的新的股份。这种对价支付方式可以用于解决非流通股处于质押、抵押、冻结等状态下的公司的股改。

非流通股缩股方案也是直接送股方案的一种衍生形式。股改方案中的缩股方式是指流通股保持股份总额不变，非流通股单独进行缩股，从而减少非流通股在上市公司的股权比例，以此作为非流通股股东对流通股股东支付的对价。相较于直接送股，缩股方案的优点在于不会增加即期的股票供应量，减少人们对扩容的心理压力。缩股方案实施后，公司的总股本根据规定的缩股比例相应减少，在禁售期结束以后，市场上的股票数量比送股的情形下少，至少不会大量增加流通股数量，影响市场的供求平衡，因此在很大程度上减少了市场扩容的压力，保护了流通股股东的利益。[①]

韩志国极力推荐非流通股缩股方案作为股改对价的主要方案。他认为，直接送股不能压缩泡沫，缩股可以压缩股市泡沫。韩志国批评股改第一批试点方案没有做到"对症下药"，股改方案必须要对准股市最大弊端：非流通股因以大大低于流通股的价格持股所形成的大量股本泡沫，非流通股缩股方案才是真正有效的药方之一。"当前股权分置核心问题就是要解决股本泡沫，但如试点方案采取送股的形式，并不能压缩泡沫。如果采取缩股的方案，就可以压缩股本泡沫。"[②]

张卫星也认为通过缩股来解决股权分置问题是更好的办法。他说，股权

---

① 陈戡、楼迎军：《吉林敖东股权分置方案的启示——"缩股"模式解决 ST 公司股改》，载《价格理论与实践》，2006（2）。

② 《韩志国吁吸收失败教训》，载香港《文汇报》，2005 - 05 - 26。

分置改革要解决资本市场三方面的问题：第一，要形成一个全可流通的股票市场结构，即从股权分置的状态到全可流通的市场结构，这是有关市场经济的问题。第二，要解决非流通股股东和流通股股东之间的利益均衡，即非流通股股东给流通股股东补偿的问题。无论是送股、缩股、扩股，都是要使非流通股股东把以前占的利益拿出来分一部分给流通股股东，也就是通常说的支付对价。第三，要把 A 股市场的市盈率降下来，要使股票有投资价值，要让人们能够买股票。送股、扩股、缩股等方案都能解决第一、第二个问题，但送股的方案显然不能解决第三个问题。"送股方案是鼓励流通股股东卖股票，而不是让大家买股票。流通股股东在得到送股的时候，会发现市盈率没变，投资价值也没增加，这就是送股的缺陷。"①

缩股以后，公司股票的每股净资产和每股盈利提高，市盈率和市净率降低了，这是送股所不能达到的。但对于业绩较好的上市公司而言，缩股的方法可能使大股东丧失绝对控股地位，所以大股东通常不愿意采用缩股模式。但是对于业绩惨淡的 ST 公司来说，只要公司管理层能赢得流通股股东的信任，百分之十几的持股比例也不会影响其对公司的有效管理。可见，缩股方案往往适用于绩差公司的股改方案。缩股实际上是一种间接送股，但是多数投资者不易理解，说服他们同意其方案反倒更不容易。而且缩股涉及注销股本，其法律程序较为复杂，操作周期也相对较长。这些也是许多公司不愿意采取缩股方案的原因之一。

2. 认沽权利方案。

认沽权利，指非流通股股东给予流通股股东一份权利，在约定的到期日，若当时股价低于某一约定价格，流通股股东有权以这一约定价格把手中股票向大股东出售。股改中的最低价格承诺，实质上就是通过认沽权利来体现的。

从实质内容来看，认沽权利与认沽权证是同样的，但又与认沽权证有着较大的差异。认沽权证是以股票作为标的物，是一种金融衍生工具，可以独立上市交易。而认沽权利本身并不独立存在，不成为一种单独的金融产品，

---

① 张卫星：《送股是偷懒的办法，扩股缩股更体现价值》，载《第一财经日报》，2005–06–20。

没有独立的价格，只是一种附加在股票上的权利，与股票具有不可分离性，不能脱离股票而单独存在，只能被行使而不能独立上市交易。

认沽权利在股权分置改革中的出现，是由于部分上市公司不满足发行权证的条件，但为了满足其股改的需求，认沽权利应运而生。从认沽权证简化而来的认沽权利，缓解了部分上市公司派现、送股的压力，增加了非流通股股东支付对价的动力，给部分股改公司提供了一个新的对价方式。同时，该方案锁定了对投资者的利益保障，在股改实施以后，假如市场价格出现波动时，能保证流通股股东原有持股的市值不受损失，股改的经济收益从而得以实现。

但认沽权利是企业的一种远期承诺，相应的技术保障程度较低，投资者可能需要承担较高的违约风险。与派现、送股等对价等方案相比，认沽权利不具有立即得到收益的补偿作用。

3. 资产注入方案。

资产注入是指非流通股股东以注入优质资产的形式作为支付手段，向流通股股东支付对价并获取所持股份流通权的股改形式。

在股权分置改革的实践中，资产注入这种对价支付方式在 ST、＊ST 公司的股改中得到了较为普遍的运用。其中，部分公司采用单一的资产注入方式，如"ST 松辽"、"ST 巨力"等；部分公司则采用了"送股＋资产重组"等组合方式，如"＊ST 浪莎"、"粤富华"等。

资产注入的方案将股权分置改革与资产重组相结合，通过注入优质资产来改善公司的资产质量，提高盈利能力，实现公司的可持续发展，使公司的资产质量与主营业务发生根本变化，在较短时间内迅速提升上市公司的成长性以及经营的持续性，提高公司长期投资价值，从而提高了对价的含金量。但是，资产注入方案的使用需要各方面的准备和资源都比较适合，因而在股权分置改革中的适用性较小，没有在更大范围内得到采用。

4. 权证方案。

权证是指标的证券发行人或其以外的第三人发行的，约定持有人在规定时间内或特定到期日，有权按约定价格向发行人购买或出售标的证券，或以现金结算方式收取结算差价的有价证券。根据权利的行使方向，权证可以分为认购权证（又可称为认股权证）和认沽权证（又可称为认售权证）。认购权证属于期权当中的看涨期权，认沽权证属于看跌期权。依据对行权时间的规定不同，权证可以分为欧式权证（只能在到期日才能执行的权证）、美式权证（在到期日之前任何时刻都可以执行的权证）以及百慕大式权证（可在到期日之前的某一些时刻执行的权证，介于欧式权证和美式权证之间）。从理论上说，凡具有明确估价且在法律上为可融通物，都可作为权证的标的资产，如股票、债券、汇率、期货等，或其中的任意组合。

在股权分置改革中，上市公司推出的权证，其标的资产是指股票。权证的实质是发行人与持有人之间的一种契约关系，持有人向权证发行人支付一定价格后，就从发行人那里获取了一个权利。这种权利使得持有人可以在未来某一特定日期或特定时间内，以约定的价格向权证发行人购买或出售一定数量的资产。持有人获取的是一个权利而不是责任，有权决定是否履行契约，而发行人仅有被执行的义务，因此持有人需要付出一定的代价来获得这项权利。

权证产品在股权分置改革中被作为支付对价的工具，向流通股股东定向发行。流通股股东可以通过市场交易或行权来实现价值。权证作为一种创新的对价方式，它缓解了部分上市公司派现、送股的压力，增加了非流通股股东支付对价的动力，为许多股权结构特殊的上市公司，尤其是大型国企的股改提供了有效的工具。而且，权证更能实现对价的市场化。权证由于其独特的合约安排及价值构成，可为流通股股东和非流通股股东提供一个讨价还价的市场渠道。一般来说，企业通常难以确定非流通股股东该向流通股股东支付多少对价来换取流通权，在这种情况下，最好的方法是让市场来定价，而权证恰好提供了这样一种可能性。权证的市场价值可以在二级市场的交易过程中体现出来，从而充分体现了对价支付的市场化原则。

与认沽权利在股权分置改革中的运用一样，权证可以锁定流通股投资者持股的风险，给投资者一个控制风险的工具，在将来市场价格出现波动时，能保证其收益得以实现。

作为对价支付手段的权证是一个制度性创新的产物，除了丰富了股改的对价支付方式外，还对证券市场的发展起到了额外的积极作用。我国原有《证券法》规定，在中国证券市场上只可买卖股票和公司债券两类产品，证券衍生品不属于交易许可范围内，于是在我国的证券市场上排除了国际上广受关注的证券期货、期权等品种，使得市场产品太过单一。在股改过程中，沪深两个交易所借股改的契机推出了尘封已久的权证产品，让这个具有风险对冲功能的衍生产品进入市场，起到了丰富市场交易品种、激活证券市场交易的作用。权证产品的推出有利于提高标的证券的流动性，对活跃标的证券的交易是有利的。权证在股改中的出现，对丰富中国证券市场的交易品种起到了意想不到的作用。

但由于权证方案的内涵过于复杂，而且权证作为对价的估值操作繁琐，一般投资者不容易理解与接受。权证方案的过度市场化，可能会使流通股股东的对价补偿落空，同时权证交易可能会给投资者带来新的风险。如果使用不当，就会带来相悖的结果。后来的权证市场交易证明了这种风险的存在。

5. 私有化方案。

上市公司私有化，指上市公司大股东或重要股东回购该公司所有流通股，从而取消其上市资格的行为。私有化往往由上市公司的单一控股股东发起，以现金收购全部流通股以后，将上市公司变成非上市公司。提出私有化的控股大股东一般具有充沛的现金流，而二级市场上，上市公司的股票价值被严重低估；大股东集团旗下往往有多家上市公司资源，通过整合，有利于解决集团内部的同业竞争、关联交易等问题。股改中的私有化方案，还合理地规避了向流通股股东支付对价的要求①。

可见，私有化方案的优势在于控股股东可以通过私有化的方式，对旗下的上市公司资源进行重新配置，实现其战略调整、资源整合的需要；一些上市公司的价值在市场上长期被低估，估价无法真正反映出公司的价值，控股股东以适当的价格进行收购，有利于控股股东的长远发展；控股股东将发展

---

① 陈弢：《中央企业要理性选择"股改"——以中石油和中石化"私有化"回购整合方案为例》，载《经营与管理》，2006（6）。

前景良好的上市公司私有化以后可以独享其成长收益。但实施私有化需要耗费巨大的现金流，在时机上必须尽量在市场低估的情况下进行收购。所以，具备实施私有化所需实力与条件的公司不多，因而也难以在股改中大规模推广使用。

除以上几种对价方式以外，作为股改对价的，还有非流通股股东所作出的承诺事项和计划。比如：（1）额外锁定承诺（Restricted Promises），即除法定限售承诺外，还承诺延长股份禁售期或限定出售股份的价格；（2）增持承诺（Add Holding Promises），即在股改方案实施后的一段时间内，非流通股股东承诺从二级市场上增持股份，并在增持计划完成后 6 个月内不出售所增持股份；（3）分红承诺（Dividend Promises），即承诺在未来几年内在年度股东大会上提出并赞成分红方案；（4）业绩承诺（Performance Promises），即承诺在未来几年内若年度净利润不能满足某一条件则追加对价；（5）股权激励计划（Incentive Plan），即计划在股改完成后依据相关法规及程序推出管理层股权激励方案。这些承诺事项和激励计划是股改方案中不可分割的一部分，是符合流通股股东利益的，表现在：额外锁定承诺可缓解流通股所面临的价格压力，增持承诺有利于稳定股价，分红或业绩承诺可能使流通股股东投资风险减少、收益增加，而股权激励计划一般有助于激励管理层最大化股东价值，由此可预期承诺事项和计划将在一定程度上起到代替对价的作用，故可以假设，有承诺事项和股权激励计划的公司将比无承诺事项和股权激励计划的公司支付较低的股改对价。

三、股权分置改革对中国资本市场发展的影响及其后续评价

作为中国资本市场上的一项伟大工程，在全社会的积极支持下，股权分置改革终于在 2006 年 4 月基本完成。这一时间段的划分，通常是以 2006 年 4 月 16 日中国证监会就《上市公司证券发行管理办法》（征求意见稿）公开征求意见为标志的。恢复上市公司的再融资是"新老划断"的一个重要步骤。

在宣布进行股改的时候，考虑到市场的可承受能力，最大限度减轻市场对股市扩容的心理压力，同时鼓励上市公司积极参加股权分置改革，监管层暂停了上市公司的再融资，并宣布在完成股权分置改革的上市公司中优先安排再融资，扶持改革后公司做优做强。因此，通常以中国证监会恢复上市公司再融资作为股权分置改革结束的一个标志。中国证监会主席尚福林在 2006 年 9 月第三届国际金融论坛年会上指出，中国股市已进入"后股改时代"，相当于宣布股权分置改革的结束。

对于这场伟大的改革工程，人们普遍给予了肯定的评价。不少学者从不同的角度对股权分置改革以后资本市场所产生的各方面的变化进行了分析。

（一）股权分置改革对我国上市公司治理产生了积极影响

李建勇等认为，股权分置改革对中国资本市场的影响是积极的，首先体现在股权分置改革对我国上市公司的治理结构产生了积极影响。在股权分置改革前，我国上市公司股权结构有如下特点：一是大部分股份（国家股和法人股）不能上市流通，流通股的比重低。截至 2005 年 4 月，我国上市公司非流通股比例高达 63.74%，境内流通 A 股比例仅为 27.91%。二是上市公司股本结构中，国有股（包括国家股和国有法人股）"一股独大"。这是由于我国绝大部分上市公司是由国有企业改制而来，国家在大多数上市公司中拥有高度集中的股权。并且，国有股的股东权利是由授权机构（控股公司、国有资产经营公司、集团公司等）代理行使，形成了国家与授权机构、授权机构与上市公司管理层之间的双重委托—代理关系。三是在民营上市公司中，由于所有权和控制权的严重偏离，部分民营上市公司"掏空"上市公司或操纵股价的道德风险问题突出，民营上市公司广泛存在家族控制和"一言堂"式的决策现象，缺乏有效的内控机制。[①]

由上海证券交易所研究中心所做的《中国公司治理报告（2006）：国有控股上市公司治理》把股权分置改革前国有控股上市公司的治理情况做了如下

---

① 李建勇等：《股权分置改革研究》，经济科学出版社，2008。

概括：在形式上取得了巨大进步，但实质性的进展却严重滞后，突出表现在三个方面：一是政企不分，政府职能"缺位"、"错位"和"越位"问题依旧存在，政府超越出资人职责对国有控股上市公司运作的一些最重要领域进行直接行政干预仍然较为严重；二是公司治理机制的核心内容——董事会制度形式化十分严重，内部人控制问题突出；三是信息披露实践严重滞后于信息披露规则和标准的制定和颁布速度，信息披露的实际质量难以保证。这些形备而实不至的局面可概括为如下"三强五弱"现象：强政府，弱市场；强内部人，弱董事会，弱外部股东；强审批，弱监管，弱执法。这些严重阻碍了中国公司治理改革进度，也降低了证券市场的运作效率和监管效力。[①]

至于民营上市公司，上海证券交易所研究中心在《中国公司治理报告（2005）：民营上市公司治理》中提出，在公司治理机制方面，民营上市公司已建立了形式上较为完整的公司治理架构，这一点同非民营上市公司并无显著差别。但是，由于民营上市公司的控股者与公司存在更紧密的利益联系，民营上市公司不像国有控股上市公司那样缺乏自我监督机制和存在严重的代理问题；与此同时，由于我国尚缺乏有效的股东权利保护机制，民营上市公司控股股东比国有控股股东更有激励去侵占非控股股东的财产（利益）或把公司财产据为己有。该报告指出，与东亚9个国家和地区（中国香港、印度尼西亚、日本、韩国、马来西亚、菲律宾、新加坡、中国台湾、泰国）相比，沪市民营上市企业的最终控制人对企业的所有权偏低，而控制权则偏高。沪市民营上市公司所有权与控制权之比为0.63，明显低于东亚平均水平0.746，是东亚诸国和地区中最小的。需要特别指出的是，东亚是全世界公认的大股东对企业的控制力较强、所有权和控制权分离较大的地区，而与这9个东亚国家和地区相比，我国民营上市企业的这一现象更为严重。在这种情况下，最终控制人产生仅顾私利的道德风险的机会就相应较高，引发的代理问题为最终控制人对小股东的财富侵占和对公司的掏空行为，而非仅单纯如 Jensen

---

① 上海证券交易所研究中心：《中国公司治理报告2006：国有控股上市公司治理》，复旦大学出版社，2006。

和 Meckling（1976）所提出的特权消费和偷懒行为。[1]

在股权分置改革之前，流通股和非流通股不仅存在"流通权分置"的现状，而且二者的原始持股成本也相去甚远，导致公司治理缺乏共同的利益基础。非流通股股东的利益关注点在于资产净值的增减，流通股股东的利益关注点在于二级市场的股价变动，客观上形成了非流通股股东和流通股股东的"利益分置"。尽管资产净值的变动会引起股价的变动，但两者之间并不互为因果。而且，非流通股股东通过股权融资侵害流通股股东利益。我国上市公司的非流通股与流通股之间在股权定价标准上存在很大差异：非流通股一般以公司的账面价值作为定价依据，而流通股则是按市价交易。因此，非流通股股东偏好通过不断的股权融资来提高每股净资产，流通股股东则期望上市公司改善公司治理、提高经营绩效来提高每股收益进而推动公司股价上涨。由于在公司治理结构中的弱势地位，流通股股东的意志难以体现。此外，还大量存在非流通股股东滥用控制权优势掏空上市公司，直接侵害流通股股东利益的诸多案例。这些侵害手段包括大股东与上市公司之间不公允的关联交易、非法挪用上市公司资金、强迫上市公司为大股东（或其子公司）进行担保等。

李建勇等认为，股权分置改革打破了非流通股股东和流通股股东利益分置的格局，使两者的利益趋于一致，奠定了公司治理的产权制度基础。这是股权分置改革最大的一个积极效应。[2]

（二）股权分置改革推动了资本市场上并购重组的发展

李建勇等在《股权分置改革研究》一书中，总结了股权分置改革对于推动上市公司并购重组的意义。一是并购重组将成为上市公司增长的重要途径。股权分置改革后，全体股东的利益更一致、更直观地反映到股价上，股权成为上市公司全体股东一致看重的财富。并购重组是企业跨越式发展最主要的

---

[1]　上海证券交易所研究中心：《中国公司治理报告 2005：民营上市公司治理》，复旦大学出版社，2005。

[2]　李建勇等：《股权分置改革研究》，经济科学出版社，2008。

方式，结合资本市场日趋灵活的工具与模式，上市公司较股权分置改革前具有更强的动力去收购价格合理、潜质优良的资产，通过收购实现上市公司整体价值的提升与最大化，构建上市公司全体股东"多赢"的经营基础。二是并购重组将对经营管理层形成正面压力。股权分置改革前，由于非流通股股东与流通股股东的利益不一致，上市公司法人治理结构缺失，代理成本（浪费、决策效率低下等）高昂。股权分置改革后，经营管理层面临一个利益更为统一的股东整体，全体股东以市值作为绩效考核的重要指标，经营管理层面临强大的经营压力，只能努力提升经营业绩来推动股价上涨。否则，上市公司可能面临公开市场的举牌收购或全面要约收购的现实压力，而现有董事会和经营管理层则面临被收购方驱逐的窘境。三是资本市场价格发现功能趋于增强，并购重组效率有望提高。上市公司股权实现全部可流通后，资本市场对公司的估值形成了统一的标准，资本市场与宏观经济及微观基础（企业）的相关性大大增强。在经济周期的不同阶段、企业经营管理的基本面发生变化时，企业的内在价值将通过资本市场迅速地反映到股价上，成为上市公司实施兼并收购、资产重组的重要参考信号。四是股权期权激励计划进一步刺激上市公司管理层的并购意愿。股权分置改革后，由于全体股东的目标与公司的目标趋于一致，公司市值最大化成为全体股东的共同目标，也成为考核经营管理层的核心指标。管理层有更大的动力考虑采用并购重组的方式实现上市公司的扩张。五是绩差公司的重组将引起更广泛的兴趣。股权分置改革前，对绩差上市公司的重组往往是在政府的安排下进行，缺乏市场化重组的内在动力。股权分置改革后，基于上市公司的全部股权都具有流动性，重组方通过向上市公司注入优质资产并通过持续经营使得上市公司保持良好的成长，其持有的股份能够在资本市场以较好的价格反映其价值。股权分置改革为绩差公司的重组注入了活力，企业的上市公司地位（"壳"资源价值）变得更具价值。[1]

　　李建勇等还详细描述了股权分置改革以后资本市场上并购重组的发展环

---

① 李建勇等：《股权分置改革研究》，经济科学出版社，2008。

境的变化。

首先是股权分置改革后，并购重组的法律环境发生了变化。2006 年 1 月 1 日正式实施的新《公司法》和《证券法》及配套法规，完善了证券发行和收购制度，为股改后的并购重组提供了更大的法律空间。2006 年 6 月 29 日颁布的《刑法修正案（六）》，明确规定对证券市场存在的披露虚假信息、违规占用上市公司资金以及操纵市场等违法行为追究刑事责任，对上市公司并购重组中的重大违法违规行为产生了强大的威慑作用。2006 年 9 月，为应对股权分置改革后全流通时代的并购行为，中国证监会正式实施新修订的《上市公司收购管理办法》，为并购重组提供了更完备的市场空间和制度基础。该收购办法明确了要充分发挥市场机制的作用，建立和完善财务顾问制度，强化财务顾问等专业机构的作用，增加并购透明度，充分发挥市场机制对上市公司收购活动的约束作用，提高市场效率；为推进并购的市场化，监管部门从完全依靠事前监管转变为适当的事前监管与强化的事后监管相结合，将直接监管下的全面要约收购，转变为财务顾问把关下的部分要约收购，减少对上市公司收购活动的事前审批，加大事后持续监管力度。特别是，该收购办法进一步鼓励市场创新，大大丰富了并购重组中的收购工具和收购手段，明确收购人可通过上市公司向其发行新股的方式获得公司控制权，并免予履行要约收购义务。

其次是会计准则和资产评估方式也发生了有利于上市公司并购重组的变化。财政部发布的《关于印发〈企业会计准则第 1 号——存货〉等 38 项具体准则的通知》（财会〔2006〕3 号），规定上市公司于 2007 年 1 月 1 日起执行新会计准则。新会计准则体系既与中国国情相适应，又充分与国际财务报告准则接轨，旨在提高我国财务信息的透明度及可靠性，提升我国财务信息的质量。资产评估方式的变化对于促进上市公司并购重组的发展也有重要的作用。股改前，由于上市公司大部分股份为非流通股，市价难以反映全部股份的价格，公司国有股权转让基本上依据"不得低于每股净资产（经审计）"的原则来定价，很少再进行评估。在上市公司购买或出售资产中，除财政部强制性规定国有资产占有单位的资产转让、置换、拍卖、以非货币性资产对外投资等行为需要进行资产评估外，非国有资产的定价往往也依据资产评估的结果来确定。证券市场发生的大部分重大资产重组都是以资产评估值作为交易定价的主要依据，大部分直接以评估值作为交易价格，少数以评估值为参照上浮或下调一定比例。资产评估在上市公司资产重组特别是重大资产重组中的作用，主要反映在评估方法上。从近年来上市公司重大资产重组的情况看，评估方法主要运用重置成本法。但由于重置成本法对于一些能产生较高收益的低成本无形资产难以准确估量，虽然收购资产的购置成本不高，但获益能力强，投资者愿意付出高出资产购置成本的价格来购买这些资产。在这种情况下，应用重置成本法评估产生的评估结果将与资产的市场价值相背离。随着证券市场全流通时代的到来，上市公司兼并收购日趋活跃，无形资产评估、企业价值评估的需求迅速增长，用重置成本法评估资产的做法已经越来越不适应社会发展的需求，取而代之的是应用收益现值法来评估无形资产、企业价值。在上市公司兼并收购中，收益现值法逐渐取代重置成本法成为价值评估的主要方法（如证券公司借壳上市中，大都采用市场法和收益现值法对公司价值进行评估）。作为一项重要的制度变革，新会计准则对我国上市公司的并购重组产生了积极的作用。

最后是并购重组中的支付手段发生了变化。我国上市公司并购重组中存在收购方式单一、支付手段缺乏等问题，新的收购办法和《上市公司证券发行管理办法》明确提出收购人可以通过资产认购股份或者换股的方式，优化上市公司股权结构，取得上市公司的控制权。对于那些改制不彻底的上市公司，可通过向控股股东定向发行股份收购与上市公司业务相关的资产，实现整体上市，以减少关联交易，防范和规避潜在的同业竞争。绩差上市公司可通过定向发行股份收购优质资产，改善资产质量，提高盈利能力，增强公司持续发展能力。绩优公司可通过定向发行股份，进行同行业或相关行业的并购，增强公司核心竞争力，促进公司做优做强做大。对控股股东持股比例偏低的上市公司，可通过向控股股东定向发行股份，增加控股股东的持股比例，以维持公司控制权的稳定。与现金并购方式相比，换股并购不仅节约交易成本，而且在财务上可合理避税并产生股票预期上涨效益。事实上，在股权分置改革的推进过程中，就有我国首例以资产认购股份的案例：2005 年 10 月，鞍钢集团以资产认购鞍钢股份有限公司向其定向发行的股份。到 2007 年 3 月，有 22 家上市公司通过换股收购方式收购了关联方的资产。①

除了外部环境发生了有利于上市公司并购重组的变化以外，股权分置改革还从根本上改变了上市公司的各种利益关系，这些利益关系的变化推动了上市公司的并购重组行为。一是控股股东的价值取向在股权分置改革以后发生了变化。在股权分置状态下，控股股东与流通股股东、大股东与小股东之间的利益是不一致甚至是相互冲突的，控股股东的利益关注点只在于通过资本市场融资，提升每股资产的净值；由于控股股东所持股份不具备上市流通的权利，因而他们也不关注二级市场的股价波动和流通股股东的利益。股改后，大股东基于自身利益的最大化，其行为模式也随之改变，除关注从企业经营中获取投资收益和股利外，也关注从资本市场获取资本利得，并借助资本市场的放大效应获取超额收益。控股股东利益关注点的变化，改变了股改前非流通股股东与流通股股东利益取向不一致的矛盾，有助于全体股东形成共同的利益基础。公司大股东积极实施整体上市，并纷纷以资产、现金等方式参与上市公司的定向发行，从利益源头推动了上市公司的并购重组。二是管理层的价值取向在股权分置改革以后发生了变化。股权分置改革以后，为了建立有效的激励约束机制，通过产权纽带，使管理层、股东和上市公司的利益趋于一致，许多上市公司根据证监会《上市公司股权激励管理办法》和国务院国资委《国有控股上市公司股权激励管理办法》的指导意见，通过股票期权、股票增值计划以及信托计划等方式对管理层实施股权激励。同时在对管理层绩效考核时，建立了市值考评体系。股权激励不仅有助于刺激上市公司管理层有更大动力去改善经营管理，同时也有更大动力关注外部扩张，通过并购重组做大做强上市公司。②

---

① 李建勇等：《股权分置改革研究》，经济科学出版社，2008。
② 同①。

（三） 对股权分置改革的总体评价

在股权分置改革过程中，社会对于股改的功过成败就不断予以评说。在股权分置改革完成以后，人们对于它的总结与评论也很多很复杂。正如张卫星所评论的那样："对于这场复杂的改革，整个社会是不会有一个简单而极端的结论，大家也不可能形成一个统一的一种意见，因为我们不可能将所有人搬到同一个利益阶层来。任何评价这场股改成功还是失败的观点，都只能代表他自己的观点，或他所处阶层的观点。"① 但是总体上来看，其肯定和正面评价的意见还是主流。而对于具体政策和具体操作上的批评和指责也比较多。

大多数评论者认为股权分置改革取得了很多的成功经验。在《股权分置改革研究》一书中，李建勇等把股权分置改革的成功经验归纳为以下几点。

1. 政治和谐，领导有力，协调有方，措施得力。股权分置改革涉及复杂的利益关系调整和财政、税收、外资管理、国有资产保值增值等方方面面的问题，是一项庞大的系统工程；不仅涉及中国证监会，还涉及国资委、财政部、人民银行、商务部、国家税务总局、地方政府等诸多行政单位。因此，凝聚各级政府和部门的共识、加强各行政单位的协调就成为股权分置改革顺利推进的首要工作。2003 年 2 月，中国证监会主席尚福林上任伊始，就组织人员撰写《中国资本市场改革发展白皮书》，受到党中央、国务院的高度重视。2004 年 2 月，《国务院关于推进资本市场改革开放和稳定发展的若干意见》（"国九条"）出台，明确提出"要积极稳妥地解决股权分置问题"，这意味着股权分置改革已从证监会的部门意志上升为国家意志。在此背景下，2005 年 4 月 29 日，股权分置改革正式启动。从纵向行政关系来看，股改工作由国务院挂帅进行总体行政协调，股改的牵头部门是中国证监会，受其管理的沪深证券交易所是股改的主要实施部门。把股权分置改革提升到国务院层面来加以推进，避免了部门之间协调时间过长的弊端，保证了股权分置改革的顺利推进。从横向行政关系来看，股改工作涉及国资委、人民银行、财政

---

① 张卫星：《股权分置改革是伟大的成功？还是悲哀的失败？》，载《上海证券报》，2006 – 03 – 22。

部、商务部、国家税务总局、地方政府等多个行政单位。国资委作为国有资产的出资人代表，在股改中涉及大量国有股的管理职能；人民银行涉及 B 股、H 股的外汇管理，参与股改配套措施中的券商综合治理；财政部掌管股改所涉及的国库收支、会计制度和税收制度；商务部涉及含有外资企业参与股改的管理；地方政府对地方的股改发挥整体部署和指导作用。在国务院的领导下，在以发展资本市场、促进社会稳定和经济繁荣为最高目标的理念指导下，在切实保护公众投资者合法权益的前提下，各主体各司其职，分工合作，有效协调，形成了推动股权分置改革的合力。事实证明，政治和谐是股权分置改革成功的最大智慧。

2. 理论思路清晰，准备充分。无论是 1999 年国有股配售减持的失败，还是 2001 年减持国有股补充社保基金的失败，归根到底是理论思路的失败，即非流通股"市价减持"思路的失败。从 2001 年 6 月（实施"减持国有股补充社保基金"方案）到 2005 年 4 月（启动股权分置改革），在社会各界持续不断的争论中，股份全流通的理论基础从"国有股市价减持"进步为"流通股股东应被补偿"，再进步为非流通股股东向流通股股东支付"对价"以取得流通权。实践证明，"对价"在法理层面保证了股权分置改革的成功。对价的理论基础是：公司在 IPO 时，原非流通股股东曾基于当时的政策环境承诺其股份"暂不上市流通"，在政策环境发生变化后，非流通股股东要改变这一约定就应征得约定的对方同意，作出平衡双方利益的安排，即通过双方协商的方式解决股权分置问题。由于流通股股东人数众多，在操作上是通过分类表决的方式反映双方意愿。对价思路为集中各方面的智慧，采用各种可行的具体方案解决股权分置问题提供了可操作的平台。

3. 操作策略务实。以对价为理论基础，股权分置改革在操作策略上采取了"试点先行、协调推进、分步解决"的原则，在实践中坚持"统一组织、分散决策"的原则。"统一组织"就是在宏观上，通过制定统一的规则、程序和监管要求，加强改革的组织领导和相关政策的协调配套，规范股权分置改革工作，保障投资者特别是公众投资者的合法权益。"分散决策"就是在微观上，针对上市公司各自情况，坚持公司改革方案的确定分散决策，由 A 股市场上市公司非流通股股东与流通股股东协商确定切合本公司实际情况的股权分置改革方案，参照股东大会的程序，由 A 股市场相关股东召开会议分类表决。这样，就保证了股权分置改革的统一、协同、有序推进。[①]

但是，股权分置改革在试点和后来的全面推进过程中，也有一些具体操作方法上的缺陷和不尽如人意之处。李建勇等认为，股权分置改革工作的缺陷和遗憾主要在于：第一，实施股改的"统一组织、分散决策、分类表决"原则，扭转了过往监管当局直接与市场博弈的被动局面，取而代之的是各类市场主体之间的相互博弈，将市场系统性试错风险转化为非系统性的分散试错风险，在方法论上保证了改革的成功。但是，各个上市公司的反复试错也带来了效率低下的问题。另外，由于在对价计算标准等方面缺乏分门别类的指导原则，导致各个上市公司间的对价水平悬殊，难言公平。第二，虽然股改在原则上对于保护流通股股东给予了足够重视，但是，在具体操作层面，流通股股东的利益仍然没有得到充足的制度性保障。《上市公司股权分置改革管理办法》没有规定非流通股股东给予流通股股东补偿标准的最基本规则；众多流通股股东直接与非流通股股东博弈，明显处于弱势地位。应该广泛聘任中介机构代表广大流通股股东与非流通股股东博弈，以遏制大股东和相关机构利用股改侵害流通股股东利益的行为；在流通股股东与非流通股股东博弈过程中，缺乏连续叫价机制，影响了合理对价水平的形成。从结果来看，普遍认为市场总体对价水平偏低。第三，在股改过程中存在一定范围的寻租现象。这些寻租现象包括政府官员的权力寻租，企业、相关中介机构利用股改内幕信息进行的非法交易，股改保荐人与上市公司合谋设计损害流通股股东利益的股改方案，流通股股东投票过程中的"买票"现象等。[②]

张卫星认为，中国的股权分置改革是一个留有遗憾的中庸过程。股权分置改革全面推进的是国家的行政力量，是整个国家的机器在运转。股改的运转过程非常复杂，比如各地的证监局、地方的国资委、国家的国资委，牵扯面非常复杂。如果按照高对价的理论，继续实施股改可能就走不下去。今天

① 李建勇等：《股权分置改革研究》，经济科学出版社，2008。
② 同①。

1029

来评价的股权分置改革是一个中庸式的成功，我们在路径方法上创造了一次中国人特有的改革的智慧，但是一定会有遗憾的地方。但是中国的任何一项改革都不是没有遗憾的，所以谈股改要看历史的视角，以未来五年的视角看待这个股市，就是走国际化。[1]

华生是这样评论股权分置改革的：股权分置改革将会以中国经济体制改革以来，时间最短、进展得最顺利，以及对改革成效争论与分歧最小的重大制度变革而载入史册。股权分置改革是否最后取得成功，真正考验的不是余下企业的股改，而是它在即将开始的第二阶段即股改成果的巩固和检验阶段，这一阶段要陆续面临非流通股恢复流通、股改后的公司恢复再融资、新股的全流通发行这三大挑战。非流通股恢复流通权过去被视为洪水猛兽，有人甚至认为三分之二的非流通股一旦跑出来，市场就会崩盘。其实这在很大程度上是一个极度夸张的神话。大股东抛出少量股票就引起市值大幅下挫，损失最大的不是别人，正是大股东自己。因此，非流通股恢复流通权的实际冲击会比人们的心理预期要小很多。在"新老划断"和全流通新股发行问题提上日程之后，堵塞中国股市长期存在的另一个主要制度漏洞就是非整体上市。股权分置改革解决的是上市公司两类股东的利益冲突问题，而整体上市解决的是控股大股东与上市公司之间的利益冲突问题。两者都是中国证券市场的重大制度变革和完善。整体上市的要求会推动企业整合自身结构，突出优势、专长和主业，简化企业治理结构和增加透明度。整体上市还会逼迫企业明确产权结构，用自然人取代各种令人眼花缭乱的公司控股，让最终控制人浮出水面。对于国企国资来说，整体上市会让国资管理体系直接走上前台，接受市场监督和承担相应的法律责任。恢复新股发行，迎接国民经济的骨干企业在 A 股平稳登陆，不仅有治理结构的制度层面问题，也有资金渠道的制度层面问题。把战略投资者的认购作为前提和主体，摆脱靠市场短期资金和散户来消化新股上市的旧思维，这样就不会对市场造成过大的压力。只要我们借鉴成熟市场的成功经验，再根据国情有针对性的堵漏，新股发行的所谓洪水

---

[1] 张卫星：《股权分置改革是一个中庸的成功》，载《证券之星》，2006－03－20。

也将被证明只是一只纸老虎。中国证券市场的未来将魅力无限。①

刘纪鹏认为，股权分置改革试点操作中存在六个问题，主要包括试点企业的选拔虽有一定的针对性，但试点模式缺乏典型性和指导性；试点企业的股改方案都是以送股为主，方式单一，而单一的送股模式有较大的局限性；非流通股在股改后的"锁一爬二"解禁规则，其时间约束可能存在问题；对股权分置改革实行保荐人制度没有必要，却增大了改革的成本；股改的具体方案应更加通俗易懂，简便易行，力戒复杂化。②

萧湘认为，应引入创新的对价支付方式，从全体股东的长远利益出发，权衡各种方案的利弊，采取多样化的对价支付方式。上市公司股权分置的形成与解决都是一个历史过程，需要经历一定的时间，因此，应从上市公司的长远发展及保护流通股股东长期利益出发合理确定对价的支付方式。首先，流通股股东持股价值不应因股权分置改革而受损。任何体现权利对等的方案都不可能保证在股权分置解决之后，流通股股东的持股市值不低于股权分置改革之前的持股市值，因为股价受多种因素的影响，为保证流通股持股价值不因股权分置改革而受损，需流通股股东与非流通股股东一道在解决股权分置过程中共同努力，提升上市公司的总价值。其次，上市公司的价值源于它的获利能力，获利能力的提升是一个长期的持久的过程，在解决股权分置的过程中，如果市场参与各方只注重自身利益和眼前利益，势必增加股票市场的系统性风险，影响公司长远发展。因此，在权衡对价支付方式时，应从长远利益出发，兼顾各方利益，实现共赢。再次，对价的支付方式可以是即期的，也可以设计金融工具，通过远期的利益支付来实现。对价支付的具体形式可以是送股，派现，还可以通过非流通股缩股，发行权证来实现。③

王连洲认为，制度设计存在问题是证券市场的一大基本问题。这表现在股权分置的问题上，股权分置本身即不公平。在对价比例上，非流通股股东很吝啬，无论他做何让利，非流通股股东都会得到较大的利益。而我国法律

---

① 华生：《迎接证券市场的新时代》，载《中国证券报》，2006－05－10。
② 刘纪鹏：《股权分置改革试点操作中存在六个问题》，载《证券市场周刊》，2005－07－25。
③ 萧湘：《对价支付方案应该多样化》，载《上海证券报》，2005－06－21。

在保护投资者利益上认识还不深刻，保护也不得力。①

　　李青原认为，为了更有效地推进股权分置改革，必须要有配套的行政措施保障股市的稳定，为股改创造良好宽松的市场环境。当时整个大市基本在1000点徘徊，虽然不能用一时的股价表现判断股权分置改革的成败，但改革成败确实和股市稳定息息相关。如果投资者在改革中得不到好处，股价长期低迷将使对价谈判艰难，就会严重阻碍改革的进程。因此，她认为国家有必要采取各种措施，为改革创造宽松环境，打破恶性循环。她认为，推动改革应该主要依靠市场化手段，但我国证券市场还没有高度市场化的环境，如果片面强调只能依靠或者说大部分依靠市场手段是不行的。因此在为股权分置改革创造宽松环境的过程中，不应该作茧自缚，只要是有效的手段就应该采用，使个股和大盘都相对稳定。即使在高度发达的市场经济国家，也会通过一些有效的行政手段阻止股市恶性下跌。② 贺宛男也持有同样的观点。她认为股权分置改革导致当前股市面临着四重扩容，即存量部分流通股得到的对价股的扩容，非流通股"锁一爬二"后转为流通股的扩容，增量部分已上市公司即将再融资的扩容，以及恢复 IPO 即新股的扩容。扩容导致股市的持续低迷。既然股权分置是政府造成的，原来不准流通的股票得以流通也是政府允许的，政府就应该切实负起责来，以非常手段确保股改成功，包括拿出相应的资金确保股市的供需平衡。事实已经证明，"纯市场化"的做法在中国是行不通的。在中国这样的新兴加转轨的市场中，许多事情政府非管不可!③

　　在股改过程中，股权激励的方式被引进到股改方案之中，但在实施过程中存在很多问题。中国人民大学法学院教授叶林认为，从实践角度看，即使控制股东准备严格遵守承诺，但也不能排斥控制股东的债权人就预留的股权提出异议或者权利主张。对此，应当考虑借助信托、设定限制权利、担保等法律措施锁定控制股东预留的奖励股份；如何避免千差万别的行权价格确定方法，是现有控制股东股权奖励机制能否发挥作用的根本；从最大限度地避

①　《股权分置改革不是万能药　专家称乱世仍需用重典》，载《搜狐财经》，2005 – 07 – 12。
②　李青原：《不能以当前股价判断改革成败》，载《中国证券报》，2005 – 07 – 25。
③　贺宛男：《中国股市不是纽约　政府要管股指涨跌》，载《证券市场周刊》，2005 – 11 – 01。

免未来争议的角度出发，在实施现有控制股东股权奖励方案中，必须注重现实做法与未来法律规则的衔接，必须重视控制股东股权奖励方案向公司股权激励方案过渡，一旦公司法和证券法开启了公司股权激励机制的限制，即应取缔控制股东股权激励方案。考虑到公司法和证券法开启公司股权激励机制的概率极高，建议证券交易所在审查上市公司股权激励方案时，要给予超前性指导，尽力避免过度偏离于期权原意的股权激励方案，预留向公司股权激励机制过渡的空间，从而避免向公司股权激励方案转换时出现更大偏差。在公司法和证券法尚未修订完成前，证监会或者证券交易所有必要制定出具有指导性质的相关规章，引导股权奖励尽可能步入正途。[①]

甘培忠、孟刚认为，股改中，股改方案的制定和投票表决制度有较大缺陷。现行的投票决定制度中，股权分置改革方案由非流通股股东控制的董事会提交，流通股股东没有提出方案或对方案进行适当修改的权利。这显然将非流通股股东和流通股股东置于不对等的谈判地位。股改方案既然是以变更原来的"霸王合同"为目的的合同变更，自然就应当赋予弱势方更多关于变更内容的话语权。他们建议，应赋予流通股股东方案提出权；赋予流通股股东代表参与方案制定权；方案草拟期间举办听证会；方案正式提交审议前网上公示征求意见；独立董事必须仅代表流通股股东权益的义务。他们指出，投票决定制度依据类别股东投票机制，采取"一次召开，两次点票"的临时股东大会表决方式，且没有设定最低投票率。从公司治理的角度看，类别股东表决制度是小股东制衡控股股东"资本多数表决"优势的有效手段，也得到了证监会试行方式的认可。不同的类别产生于不同的利害关系，投票决定制度的"类别股表决说"是完全成立的，但临时股东大会的"一次召开，两次点票"不能保障流通股股东利益的独立性。建议采用"分别召开，记票独立"的方式，强调临时股东大会和流通股股东会议分别举行，确保流通股股东决议的独立性。此外，临时股东大会通过股权分置改革方案没有最低投票率的规定，会使上市公司缺乏压力，独立董事也很难被激励或督促积极征集

---

① 叶林：《对症下药完善控制股东股权激励机制》，载《中国证券报》，2005 - 09 - 06。

投票权，流通股小股东的权益必然将受到侵害。建议采取听证会的形式，对临时股东大会和流通股股东会议，设定一个合理的最低投票率，尽量避免出现以低投票率通过导致流通股股东权益受到损害的情形。[①]

曹凤岐认为，股改总体上是公平的。股权分置改革是解决中国证券市场和股份制改革的制度性措施，相对于对计划经济体制有所突破的第一次革命而言，它是解决其遗留问题的第二次革命。它有效地恢复了投资者的信心。与此同时，监管部门也随之转变职能，开始按市场规律办事，恰到好处地建立制度、风险提示和违法查处。股改本身也是财富重新分配的过程。大股东通过送股对流通股股东进行补偿。但到底是送3还是3.2才算是公平？并不一定很公平，但总体上是公平的。股权分置改革并不能完全解决上市公司和证券市场的一切问题。上市公司的问题最后还要归结为法人治理结构的问题，国有股"一股独大"的问题，应该用制度改革和进一步的创新去逐步地、缓慢地、以稳定为前提地去解决。[②]

（撰稿人：李建勇　　审稿人：刘锡良）

参考文献

［1］吴晓求：《中国资本市场：股权分裂与流动性变革》，中国人民大学出版社，2004。

［2］刘承韪：《英美法对价原则研究：解读英美合同法王国中的"理论与规则之王"》，法律出版社，2006。

［3］傅子恒：《股权分置改革全接触》，经济管理出版社，2006。

［4］李建勇等：《股权分置改革研究》，经济科学出版社，2008。

［5］上海证券交易所研究中心：《中国公司治理报告2006：国有控股上市公司治理》，复旦大学出版社，2006。

［6］上海证券交易所研究中心：《中国公司治理报告2005：民营上市公

---

① 甘培忠、孟刚：《有的放矢，完善股改投票表决制度》，载《中国证券报》，2005-09-15。
② 《专家再评价股改》，载《经济观察报》，2007-05-20。

司治理》，复旦大学出版社，2005。

[7] 赵俊强、廖士光、李湛：《中国上市公司股权分置改革中的利益分配研究》，载《经济研究》，2006（11）。

[8] 张俊喜、王晓坤、夏乐：《实证研究股权分置改革中的政策与策略》，载《金融研究》，2006（8）。

[9] 吴超鹏、郑方镳、林周勇、李文强、吴世农：《对价支付影响因素的理论和实证分析》，载《经济研究》，2006（8）。

[10] 唐国正、熊德华、巫和懋：《股权分置改革中的投资者保护与投资者理性》，载《金融研究》，2005（5）。

[11] 杨丹：《股权分置对中国资本市场实证研究的影响及模型修正》，载《经济研究》，2008（3）。

[12] 孙永祥：《上市公司的股权结构与绩效》，载《经济研究》，1999（12）。

[13] 沈艺峰：《我国股权分置中对价水平的"群聚"现象分析》，载《经济研究》，2006（11）。

[14] 朱武祥：《股权结构与企业价值》，载《经济研究》，2001（12）。

[15] 朱武祥：《股票市场对非流通股比例的 Ohlson 反应》，载《经济研究》，1999（5）。

[16] 吴晓求：《股权流动性分裂的八大危害——中国资本市场为什么必须进行全流通变革》，载《财贸经济》，2004（5）。

[17] 刘钊：《正确方向上的破题之作——燕京华侨大学校长华生教授谈股权分置改革试点》，载《中国金融》，2005（13）。

[18] 敬景程：《论有限理性与股权分置问题》，载《经济问题探索》，2004（12）。

[19] 宋清华：《股权分置：中国资本市场的制度缺陷》，载《中国农业银行武汉培训学院学报》，2005（5）。

[20] 王天习：《股权分置改革对价研究述评》，载《经济法论丛》，2009（1）。

[21] 吴江：《股权分置结构与中国上市公司融资行为》，载《金融研

究》，2004（6）。

［22］丁志国：《股权分置改革均衡对价》，载《中国工业经济》，2006（2）。

［23］郑振龙：《股权分置改革的期权分析》，载《金融研究》，2006（12）。

［24］杨建平、李晓莉：《对股权分置现实意义的思考》，载《北京工商大学学报（社会科学版）》，2005（9）。

［25］顾纪生：《股权分置改革：谨防从"破坏性建设"滑向"建设性破坏"》，载《金融理论与实践》，2005（11）。

［26］金雅玲、郭竞成：《国有股流通与减持的博弈分析》，载《北京师范大学学报（自然科学版）》，2003（5）。

［27］肖正根：《非理性市场、政府干预与股改对价博弈》，载《经济评论》，2006（4）。

［28］魏建华：《股权分置改革中的对价分析》，载《经济理论与经济管理》，2005（8）。

［29］陈建梁：《股权分置对上市公司股利分配影响的差异性研究》，载《南方金融》，2004（9）。

［30］张金枝：《我国股权分置改革中的对价研究》，新疆财经大学硕士论文，2007。

［31］尚福林：《积极推进资本市场改革开放和稳定发展》，载《上海证券报》，2003－11－10。

［32］刘纪鹏：《用双赢式全流通来振兴中国股市》，载《上海证券报》，2003－11－21。

［33］刘纪鹏：《巧妙运用对价，用可流通底价破解股市大震荡》，载《第一财经日报》，2005－06－15。

［34］李康：《用什么来衡量股改对价》，载《文汇报》，2005－08－09。

［35］管维立：《中国股市的荒唐一幕》，载《南方周末》，2005－08－18。

［36］吴敬琏：《千点托市不应该，补偿流通股股东不公正》，载《金陵晚报》，2005－07－26。

［37］单伟建：《质疑"对价"：一个独立董事致上市公司的公开信》，载

《财经》，2005 - 07 - 25。

［38］谢茂拾：《股改致国有资产流失 5000 亿元》，载《中国经济时报》，2005 - 11 - 25。

［39］张卫星：《股权分置改革是伟大的成功？还是悲哀的失败?》，载《上海证券报》，2006 - 03 - 22。

［40］高志凯：《以"对价"之名剥夺财产——股权分置改革的实施方案必须符合法律规定》，载《财经》，2005 - 08 - 08。

［41］李青原：《不能以当前股价判断改革成败》，载《中国证券报》，2005 - 07 - 25。

第十七章

"蒋·王论战"的来龙去脉
及其历史评价

两次石油危机引发了 20 世纪 70 年代的全球经济危机，结束了资本主义国家长达 20 多年的"黄金时代"，世界经济出现了经济发展停滞和通货膨胀并存的"滞胀"局面，并不断在全球范围内蔓延。中国台湾地区在经历了二十多年的高速发展后，伴随着全球性经济危机的发生，经济增速放缓，通货膨胀高企。针对全球性的经济危机，传统的凯恩斯主义受到了挑战，不同学派的主张不断涌现。针对当时台湾地区的实际情况，围绕采取何种发展策略，走出经济困境，学术界展开了一场经济学发展史上著名的大辩论——"蒋·王论战"，一派以蒋硕杰先生为代表，另一派以王作荣先生为代表。这场论战既是对台湾地区经济发展三十多年来的总结和回顾，又是对如何摆脱经济危机的深入讨论，是对传统经济学的继承与发展，更是影响台湾经济发展的重大事件。台湾当局最终采纳了蒋硕杰先生的主张，采取收缩与稳定的调控政策，推动台湾地区成功摆脱了经济危机的影响，使经济发展进入了高速、稳定发展的轨道。

一、论战产生的历史背景

（一）经济全球化步伐的加快，台湾地区经济高速发展

虽然战后美国一直处于世界霸主地位，但随着欧洲、日本等国经济的快速发展，经济的发展必然影响政治格局的演变，再加上发展中国家政治上的独立，世界经济向着多极化发展，经济全球化成为了一种趋势。早在 20 世纪 60 年代到 80 年代，在全球产业结构升级的同时，发达国家把一些劳动密集型产业向发展中国家和地区转移，台湾等地区获得扩大劳动密集型产品加工与出口的良机，开始由进口替代型向出口导向型转变。台湾地区抓住当时国际分工变化的机遇，从日本进口生产资料，向美国出口工业品，形成了生产上依赖日本、市场上依赖美国的三角贸易关系，成为美国、日本两国重要的加工基地。台湾地区经过外向型经济发展战略的实施，经济获得了快速发展，1963—1973 年，工业年均增长率高达 18.3%，其中制造业年均增长率达 20.1%，出口贸易额中工业制品的比重由 32.3% 增至 84.6%，出口额从 4.6 亿美元增加到 40.5 亿美元。

（二）全球性的经济危机，引发台湾地区出现了"滞胀"

石油作为一种重要的能源，自 20 世纪 70 年代起开始取代煤炭，成为世界能源消费的主要部分，被广泛地应用到国民经济各个部门，而且价格低廉。随着 20 世纪 70 年代初美元汇率下调，石油输出国收入跟随美元汇率持续下降，使得石油生产国蒙受重大损失，于是石油输出组织 OPEC 采取了大幅提高油价的方式，石油价格的大幅上升对世界经济产生了重大影响，尤其是严重依赖石油进口的经济体遭受了严重的外部冲击。持续三年的石油危机对发达国家的经济造成了严重的冲击，触发了第二次世界大战之后最严重的全球经济危机。发达国家经济出现"滞胀"，世界性的通胀在全球蔓延，台湾地区作为全球产业分工的一部分，对石油能源又高度依赖，经济发展不可

避免地陷入了停滞。1973 年，台湾地区批发物价上涨了 22%，城市消费物价上涨了 8.2%。1974 年又分别上涨 40.6% 和 47.5%，创下 1952 年以来的最高纪录。经济增长率由 1973 年的 12.8% 降到 1974 年的 1.1%，创下 20 世纪 50 年代以来的最低增长率。

（三）经济增长方式受到冲击，台湾地区经济调控策略亟待调整

战后美国奉行凯恩斯主义，加强政府干预，利用技术革命成果和战后经济优势地位，扩大商品和资本输出，充分利用国外廉价资源，极大地获取高额利润，创造了美国经济发展的"黄金时代"。进入 20 世纪 70 年代后，石油价格的大幅提升，再加上发达国家在战后长期推行凯恩斯主义的扩张性财政与金融政策，许多国家的通货膨胀率达到了双位数，经济发展陷入了"滞胀"，对现实问题的无奈，凯恩斯主义政策主张随即失去了往日的主导地位。针对凯恩斯政策的失灵，其他学派的主张不断涌现，货币学派、理性预期学派、供给学派等从不同的角度针对"滞胀"现象进行了分析和解释。台湾地区的经济发展模式沿袭了美、日等发达国家或地区的经验，而台湾地区的资源特点、发展基础、产业结构和约束条件等又与发达国家或地区有着明显的差别，在经济危机巨大的冲击下，台湾当局和学术界认识到，一味照搬发达国家或地区的经验，对台湾地区经济发展显然是无益的，根据台湾地区经济发展的实际情况，采取有针对性的调控政策，才是台湾地区经济走出泥潭，实现经济增长的选择。

在台湾地区内外经济发展环境发生巨大变化的情况下，如何应对全球经济危机的"感染"，成为了当时台湾当局和学术界关心的重点。如何增强理论与实践的融合，如何用发展的理论去指导经济实践，如何在稳定中实现经济的增长，台湾学术界引发了影响深远的"蒋·王论战"。

二、论战的起因和发展过程

台湾地区蒋硕杰先生与王作荣先生的论战发生在 20 世纪 80 年代，起因

是采取什么样的经济政策推动台湾地区的经济增长。双方通过台湾地区重要媒体和杂志，阐述各自的观点和主张，成为当时台湾地区社会各界关注的重要事件。论战的焦点主要集中在经济稳定与经济增长的关系，通货膨胀的成因，货币理论的理解和日本"道奇方案"的认识四个方面。

"蒋·王论战"的主要问题

论战的焦点	蒋硕杰的立论	王作荣的立论	蒋硕杰的政策主张	王作荣的政策主张
经济稳定与经济增长的关系	经济增长与物价稳定是相辅相成的。	大幅强化经济力量，以容忍的稳定环境，全速推动经济发展。	控制货币供给增加率和维持利率自由化以稳定物价。	可以容忍的通胀情况下，通过台湾地区金融当局尽可能为企业提供廉价的资金，刺激经济发展。
通货膨胀的成因	只有货币供给不停地增加才是造成不断的"需求上拉"和物价不停上涨的基本原因。	不能认为任何时候，通货膨胀必然是货币现象。	为使台湾地区年内物价上涨率低至10%以内，则货币供给的增速必须降至10%以内。	紧缩银根、增加物质供给来抑制通胀的主张。
利率的性质与作用	"金融赤字"是通货膨胀的最主要原因，通过调控利率来降低金融赤字。	利率对阻止经济波动是一个最无效的政策工具。	让银行利率由自由市场来决定。	降低利率来降低企业生产成本，增加出口竞争力。
日本"道奇方案"的认识	日本战后采取的"道奇方案"，是不得已采取的"饮鸩止渴"政策。	日本战后采取的"道奇方案"，正是通过金融赤字来刺激经济恢复。	—	—

1981年3月5日至6日连续两天，台湾地区的蒋硕杰先生在报上发表《稳定中求成长的经济政策》，由于文中的一些评论似乎与当时在台湾大学任教的王作荣教授不同，王作荣先生遂于同年4月17日和18日也在报上发表了《经济学说与经济现实》回应蒋硕杰的意见。同年6月2日，蒋硕杰先生又在报上发表了《货币理论与金融政策》讨论王作荣先生的观点，6月3日，王作荣在报上以《敬答蒋硕杰先生》回应。在这个过程中，许多学者、专家、

企业家加入讨论，这就是台湾地区的"蒋·王论战"，又被台湾地区报刊杂志称为"货币学派（蒋硕杰）与凯恩斯学派（王作荣）的大战"。

（一）经济稳定与经济增长能否兼顾的争论

1. 蒋硕杰的立论与主张

蒋硕杰《稳定中求成长的经济政策》一文中充分阐述了通货膨胀与经济增长的关系，提出经济增长与物价稳定是相辅相成的，而不是可以舍其一而取其他的，更不能够期望以其一来换取其他的。因为物价的稳定是经济快速发展的基本条件之一。文中指出，要首先稳定物价，进而取得经济稳定发展。放弃物价稳定，换取经济增长是极危害的政策，不可轻易尝试。

蒋硕杰先生在文中指出，物价的稳定是经济快速发展的基本条件之一。如果放弃物价稳定，不但不能加速经济成长，反而将使成长大为降低。为什么会这样？蒋硕杰先生的回答是："税法多不问通货膨胀时期空虚的纸上盈利是否是真实盈利，而一律就纸上盈利课征累进的所得税，结果将工商业者的老本也当作盈利而征税了。还有在物价猛涨的时期，台湾当局不免慌乱失措，乱用管制手段，如硬性地压住重要产品价格，不准上涨。于是生产无利润可言；或突然禁止某种商品的输出使其海外销路顿失，或管制并配给原料，使生产随之收缩等等。所以在通货膨胀期间工商业的股票会反而下降，这一现象在美国及台湾地区都很明显。更重要的是，在物价腾涨之下，如果银行利率又受台湾当局的控制不能自由上涨，那么民众的储蓄意愿就要受严重的打击，更不愿将既有储蓄存放银行听任它的真实价值逐渐消失。于是不但不愿将他们的新储蓄存入银行，甚至要纷纷将已有的存款提出购买房地产及黄金等能保全真实价值的资产。如是则银行之可贷资金将锐减。于是各项增加生产力、促成经济成长的投资都非削减不可，假如台湾地区金融当局要想以增加货币供给的手段来融通各种投资，那么一定将引起强烈的物价上涨，这又要进一步造成投资与储蓄意愿之低落了，如是恶性循环下去，只有将经济成长减慢、经济退萎，造成社会严重不安而已。"①

在蒋硕杰先生看来，通货膨胀对经济社会发展有着重要影响：（1）通货膨胀会使工商企业盈利虚增，而虚增的盈利将被征税，征税还会导致吃工商企业的老本；（2）在通货膨胀的条件下，政府将采取管制措施，如硬性压住重要的产品价格，不准上涨，再如禁止输出，实行原材料配给等，这样，将使这些企业无利可图；（3）在通货膨胀的条件下，人们储蓄和投资意愿低落，银行可贷资金将锐减，从而投资也锐减。所以，他强调经济成长与物价稳定是相辅相成的，持续的通货膨胀只会妨碍经济的增长，伤害经济体系的效率，二者不可取其一，而取其他，更不能期望以其一换取其他。

2. 王作荣的立论与主张

针对蒋硕杰先生提出的上述观点，王作荣先生在其《经济学说与经济现实》提出了异议。台湾地区是一个发展中的地区，逐步由农业社会转为工业社会，发展基础还很薄弱，发生在 20 世纪 70 年代的通货膨胀，主要是由于国际经济动荡及石油危机的影响，并非有严重的政策失误。在当前的困境下，唯一出路在大幅强化经济力量，以容忍的稳定环境，全速推动经济发展。即主张在可以容忍的通胀情况下，通过台湾地区金融当局尽可能为企业提供廉价的资金，刺激经济发展。

在王作荣先生看来，经济学说必须奠基于经济现实的基础上，与经济现象不能分开，经济现实变了，经济学说也能解释经济现实。经济学说是经济学家推出并确定的，经济学家是人，有各自的个性，有不同的立场、观点，经济学家会受到影响而产生偏见。他在其《经济学说与经济现实》一文中指出："（1）任何经济学说都是奠基于经济现实，不能与现实分开，分开了便不是学说，而是空说。（2）经济现象与事实都是人类经济活动的结果，而人之不同，各如其面，所以类似或相同的经济现象与事实不一定有相同的因果关系。例如去年美国的通货膨胀与台湾地区的通货膨胀因果关系便不同；同在台湾地区，20 世纪 50 年代初期与去年的通货膨胀因果关系又不相同。货币学

---

① 蒋硕杰：《稳定中求成长的经济政策》，载 1981 年 3 月 5 日至 6 日台湾"《中央日报》"。

派说通货膨胀是太多的钱追逐太少的商品，但不一定，也有可能是太少的商品追逐太多或同样的钱，这二者并不一样。货币学派说：'任何时地，通货膨胀必为货币现象。'这句话已为大家所深信不疑地接受。但也不一定，通货膨胀也有可能是商品现象。（3）无论经济现象与事实的观察、分析、解释，得出结论或原则，以及结论与原则的应用，解决问题对策的提出，都是由经济学家担任。但经济学家是人，是人就会受各自的个性、智慧、训练背景、立场、所处的时地等等的影响而产生偏见，对于同一现象或事实可以有不同的解释，产生不同的学说。于是同一时间，可以此是而彼非；同一个人，可以今是而昨非，争论扰攘不休，问题就在扰攘中过去，人类就在扰攘中进步。假如只有一个权威，毫无争论余地，则人生该是多么寂寞，多么乏味，而经济学家谁来雇佣。"[1]

3. 台湾地区通货膨胀与经济增长关系的客观事实

从台湾地区当时的发展情况来看，1972 年和 1973 年两年台湾地区连续有庞大的出超，台湾地区银行为了收购总额达 14 亿美元的超收外汇而大量发行台币。货币供应额在 1972 年增加了 34%，1973 年又增加了 37%。物价在 1973 年开始上涨，1974 年增长了 40%。加之石油危机的影响，1974 年的经济增长率由前十年平均的 10% 以上跌至 1.13%[2]。从 1974 年 1 月开始，台湾地区当局执行控制货币和稳定物价的措施，将银行再贴现利率由年息 10.75% 提高到 14%，各专业银行的存放款利率也随之相应提高。在这种情况下，储蓄大幅度增长，而贷款又保证了效益高的企业的资金需求，使经济慢慢走向稳定增长的轨道。1975 年经济增长率恢复到 4.49%，1976 年增长至 13.66% 的高水平。

台湾地区经济增长率与通货膨胀成反比例变化，通过对台湾地区 80 年代以前的研究发现，通常情况是，通货膨胀率较高时期，经济增长率较低，当经济增长率较高时期，通货膨胀率常是较低时期。1962—1972 年，是台湾地区经济"起飞"的岁月，年均经济增长率为 10.51%，而通货膨胀率仅 2.9%；

---

① 王作荣：《经济学说与经济现实》，载 1981 年 4 月 17 日至 18 日台湾"《中国时报》"。
② 蒋硕杰：《台湾经济发展的启示》，78 页，经济与生活出版事业股份有限公司，1985。

1982—1987 年，年均经济增长率为 8.24%，而通货膨胀率仅 0.9%。而 1974 年其通货膨胀率高达 47.5%，经济增长率只有 1.12%；1980—1981 年通货膨胀率平均为 17.7%，而经济增长率为 6.42%①。1980—1985 年，台湾地区当局把 M_1 供应量增长幅度从 19% 下降到 6.69%，M_2 供应量增长幅度从 21.9% 下降到 20.9%。尽管由于石油危机的严重影响以及前些时期通货膨胀的后遗症，1982 年台湾地区生产总值比 1981 年仅增长了 3.8%，但由于在这一年内，通过宏观紧缩政策的实施，迫使企业改善经营，降低成本，提高效益，并促使产业结构的合理化、正常化。从 1983 年起，台湾的地区生产总值增长率上升为 7.5%，1984 年进一步上升为 10.75%。

4. 对上述争论问题的简要评析

从二者讨论的问题核心上来说：如何认识通货膨胀与经济增长之间的关系。上述观点和主张并不是二人的独创，蒋硕杰先生主要依据的是新自由主义经济学，而王作荣先生则依据的是凯恩斯主义经济学，都是依托各自的理论学派提出观点的。

从二者的观点主张所依据的学说上来说：蒋硕杰先生的观点，依据的是新自由主义经济学派。第二次世界大战以后，资本主义国家生产过剩问题严重，各国竞相采取凯恩斯主义政策，在一定时期给资本主义国家带来了经济繁荣。但由于通货膨胀损害了市场机制的正常发挥，经济发展效率受到了影响，出现了普遍的滞胀问题。在凯恩斯政策失灵的情况下，其他学派不断涌现，重新开始关注市场机制对经济健康发展的作用，新自由主义经济学随即产生。蒋硕杰先生的博士导师是奥地利学派的代表人物哈耶克，其在攻读博士学位期间，于 1943 年在《经济学刊》（*Economica*）撰文批驳了凯恩斯《人口成长与就业关系》的文章，之后又撰文批评剑桥大学资深教授庇古（A. C. Pigou）所著《就业与均衡》部分内容之错误，庇古教授承认错误并修改其书中两章内容。从蒋硕杰先生求学的经历可以明显看出，其经济学思维一直秉承了新自由主义。王作荣先生的观点则是依据凯恩斯经济学派。关于

---

① 王建军：《台湾通货膨胀与经济增长之关系》，载《世界经济》，1989（3）。

上述观点，王作荣先生早在 1968 年的《今年物价上涨的原因与解决途径》①一文中早有阐述。从历史经济的发展历程来看，经济发展常与通货膨胀相伴，而且经济发展愈快，通货膨胀愈烈。对于落后国家或地区，在经济处于快速发展期时，不仅表现为较高的通货膨胀率，而且物价呈现较大的波动幅度态势。主要原因是落后国家或地区经济发展的"瓶颈"（即限制或阻碍经济发展的因素）特别多，而且这些"瓶颈"又特别顽强，对于克服它们的办法的反应特别小，管制措施力度有限。由于落后国家或地区经济发展的基础比较薄弱，经济发展一旦起步，众多"瓶颈"就会显现。不是缺技术工人，就是基础设施不足，或是缺乏原材料、资金等，哪个领域不足，价格上涨就体现在哪个方面，从而，落后国家或地区的通货膨胀总是随着经济发展而时常存在。

从二者的学术研究的发展过程来看，蒋硕杰先生的观点主张可以追溯到 1977 年《如何维持台湾经济快速成长的问题》、1980 年向台湾当局提出的政策建议《最近台湾物价上涨率偏高之理由及其稳定之途径》等文中，已从台湾地区出现的高通胀和低增长现象入手，进行了深入的研究，并提出了在稳定中求发展的初步思路。王作荣先生长期研究对台湾地区经济的发展问题，从其研究文献来看，其研究涉猎多领域，其在 1964 年《台湾经济发展之路》和《台湾经济建设的长期目标》、1973 年《我对长期稳定物价的看法与建议》等文中，对推动台湾地区经济增长进行了系统的研究。

从当时台湾地区内外的经济发展情况来看，台湾地区已由农业社会转型为工业社会，而且通过对外贸易，财力实力大幅提升，特别是当时的国际环境中，全球化水平不断深入，国际资本可以相对自由流动，也就是说对于当时的台湾地区，资金已不成为其最大发展"瓶颈"。从凯恩斯经济学的角度来说，当市场处于一种饱和状态下，继续采用扩张性的财政金融政策，必然会引发通货膨胀，扭曲市场机制的正常调节作用。也就是说当前的问题不是如何发展的问题，而是如何应对困难，实现稳定发展的问题。

---

① 《台湾经济发展论文选集》，159 页，《今年物价上涨的原因与解决途径——兼论农业发展问题》，原载于 1968 年"《中央日报》"。

（二）通货膨胀成因的争论

1. 蒋硕杰的立论

蒋硕杰先生在《稳定中求成长的经济政策》一文中充分阐述了什么是通货膨胀以及通货膨胀的成因问题，指出："只有货币供给不停地增加才是造成不断的'需求上拉'和物价不停地上涨的基本原因。"[①]

蒋硕杰先生分析了通货膨胀的成因："（1）通货膨胀是指'一般性的、连续不断的物价上涨现象'，这与物价一次性上升，或间歇性的、偶尔的上升是不同性质的。一次性的上升，间歇性的、偶尔的上升，不能算是通货膨胀。（2）通货膨胀的基本原因是货币供给不停地增加，货币增加'需求拉上'，而'需求拉上'的主要原因有：第一是政府收支的赤字，由"中央银行"增加货币供给来弥补，这可以称为'财政上的赤字'。第二是银行体系之放款及投资之年增率超过储蓄性的存款（不包括货币性的存款）之年增率，而由"中央银行"增加各银行之准备金以支持其增加货币供给以资弥补，这现象可以称为'金融上的赤字'。第三，在国际贸易上输出超过输入，而由"中央银行"增加货币供给以收购过剩之外汇。这三种原因都会使整个社会对商品的总需求扩大。而且他们的影响是累积的，而不是一次为止的。也就是说如果这三种原因之中任何一个如果继续存在的话，对商品的总需求也会继续不断地增加。如果总需求增加的速度超过商品的总供给（即地区国民生产净额加入超）可能增加的速度，那么物价就要上涨，不管成本是否有外在因素使它向上推。而且即使成本不主动向上推，需求的向上拉也会将成本拉得跟随产品的价格一同向上涨[②]。"蒋硕杰先生在做了如此深入分析后指出："稳定物价并不是不准反映成本"，而是要研讨如何阻止"需要的不断膨胀"！阻止需要的不断膨胀"远比避免"一次性的成本上推要重要得多。

蒋硕杰先生指出，"赤字金融"是台湾地区 1980 年通货膨胀最主要的原因。他指出："所谓'赤字金融'就是银行体系放款超过了储蓄性的存款。

---

① 蒋硕杰：《稳定中求成长的经济政策》，载 1981 年 3 月 5 日至 6 日台湾"《中央日报》"。
② 同①。

银行的基本任务绝不是制造货币来作放款融资。这种操作方式必然造成永无止境的日益恶化的通货膨胀。银行系统的基本任务应当是：尽可能在不增加货币数量的范围内吸储蓄性的存款，而以之作放款资金分配于生产力最高的投资计划。只有能出得起现行利率的投资计划才可以向银行借得资金。但是如果有投资者愿出更高的利率来向银行借款（而其他借款条件也都具备）的话，银行作为储蓄与投资之间的中介人，就应该试探提高存款利率（或可转让存单之利息）以吸收更多之存款，来贷放予愿出高利率的借款人。换言之，作为一有效的中介人，银行应将借款人愿出之利率（除扣除其必需的经营费用及自由竞争下的合法利润以外），尽量转授予存款人，始能充分发挥其任务。

蒋硕杰先生进一步指出，假如金融当局对银行此项业务之执行横加阻挠，不准银行之存款利率超过某一任意指定的最高限额，那么银行就无法吸取其可能吸收的最大总额的储蓄，其可贷资金也因此无法扩充至其最大的可能。银行是储蓄与投资之间的金融中介，作为一个有效率的金融中介，应当将借款人愿意出之利率尽量转授予存款人。为此，银行应试探提高存款利率以吸收更多的存款，来贷放给愿出高利率的借款人。蒋硕杰先生指出，如果台湾地区金融管理当局对存款利率有最高限额，即不能任意提高存款利率吸收存款，则无法扩大可贷资金使可贷资金供不应求。在这种情况下，就会导致实施信贷配给，而信贷配给的实施使一些大企业能够得到低利率贷款，一些中小企业便出高价得到贷款。蒋硕杰先生认为这种状况的产生是因为在实施信贷配给的条件下，黑市信贷必然产生，利率必然上升。这些中小企业既然出得起如此高利，自然表示它们资金运用的获利率比所付利率还高，而得银行较低利息放款之大企业或公营企业未必能产生如此的收益率，这显然就违反了资金的最适当分配的原则了。

蒋硕杰先生在上述分析基础上得出，假如金融当局又觉得银行体系在设定的存款利率限额之下，自己能吸收来的储蓄性存款不够融资地区发展所需的投资，又用增加银行准备金的方式，使银行能制造新的货币性投资，又用增加银行准备金的方式，使银行能制造新的货币性存款来作放款之用（即实行前述"金融上之赤字"），那就要使货币供给增加，有效需求膨胀，物价不断地上涨了。这种"赤字金融"就是台湾地区 1980 年通货膨胀最主要的原因。"①

为支持上述观点和主张，蒋硕杰先生在《货币理论与金融政策》一文中，依据上述观点，对货币数量说的基本公式 $MV \equiv PQ$ 公式就时间对其加以对数微分，而得：$\dfrac{d\ln M}{dt} + \dfrac{d\ln V}{dt} = \dfrac{d\ln P}{dt} + \dfrac{d\ln Q}{dt}$，整理得出：$\dfrac{1}{p}\dfrac{dp}{dt} = \dfrac{1}{M}\dfrac{dM}{dt} + \dfrac{1}{V}\dfrac{dV}{dt} - \dfrac{1}{Q}\dfrac{dQ}{dt}$，上式即表示物价上涨的百分比必等于货币数量增加率、货币流通速度的增加率、减物资供给的增加率。用经济学语言来解释就是，如果某年观察到物价上涨了 20%，就应该观察同一时期的货币数量、货币数量的流通速度和物资供给的变动率。这样观察的结果，很自然就注意到货币数量的变动。物资的供给在一发展中国家或地区，除非有巨大的天灾人祸之外，不大可能在一年内减少 20%。再考虑货币的流通速度，根据理论上的分析，货币的流通速度通常是被动地对物价推波助澜，即物价开始上涨，民众急于将其保有货币早日脱手，换取实物资产，于是使货币流通速度增加，物价也更加速上涨。这就是说，不能将货币流通速度的增加视作通货膨胀的主因，而应将货币数量的增加视为通货膨胀的主要原因②。

2. 王作荣的立论

王作荣先生在《经济学说与经济现实》一文中指出，不能认为任何时候，通货膨胀必然是货币现象。③

王作荣先生针对蒋硕杰先生的观点和分析方法，首先从货币数量说入手，指出："在 $MV \equiv PQ$ 式中，M 代表货币供应量，V 代表货币的流通速度，P 代表一般的物价水平，Q 代表产出量。这是一个恒等式，旧货币学派假定 V 与 Q 是常数，M 与 P 成正比例变动。新货币学派承认 V 与 Q 的变动，但认为 M 为主动，P 为被动变化。所以仍是 M 与 P 有一定的正比例关系。假定 V 不变，依照

① 蒋硕杰：《稳定中求成长的经济政策》，载 1981 年 3 月 5 日至 6 日台湾 "《中央日报》"。
② 蒋硕杰：《货币理论与金融政策》，载 1981 年 6 月 3 日台湾 "《中国时报》"。
③ 王作荣：《经济学说与经济现实》，载 1981 年 4 月 17 日至 18 日台湾 "《中国时报》"。

货币学派的说法，M 增加，P 便上升。假如因成本推动而使 P 上升，而 M 保持不变，P 仍然上升不了，所以说，任何时间，通货膨胀必为货币现象。

王作荣先生在货币数量说公式的分析基础上指出："（1）像台湾地区这种情形，进口占地区生产毛额约 40% 左右，如 1973 年的情形，在国际石油、其他资源、粮食，与生产设备、中间原料价格都告不断地上升之下，请问台湾地区生产成本及价格应不应该上升？P 上升了，如货币学派所说的 M 不动，P 就上升不起来，但忘了还有一个 Q 可以下降，结果是 P 上升，Q 下降，这就是典型的停滞通货膨胀。假如让 M 随 P 作调整，而 Q 不变，还可避免停滞。因此金融当局在计算适当的货币供应量时，必须要考虑到 P 的变动。（2）上述恒等式应该是一个双行道，但货币学派总是当做单行道来解释，总是说 M 如何，P 便如何，而不说 P 如何，Q 如何，M 就要如何。M 是 P 变动的原因，也可能是结果。我们不能只看一个交易事实的货币面，忽略商品面。（3）物价是货币与商品的交换比例，不是货币一方所能单独决定，任何稳定物价的政策也就不能单纯地依赖货币政策。例如战时物价不断上涨，因为战时财政多是赤字，于是便认为是由财政赤字所引起，是太多货币追逐太少商品的货币现象。但如仔细观察，便知战时由于劳力服兵役，重要生产设备或者用于战争物资生产，或者被摧毁，台湾地区内外交通运输又受到严重阻碍，而使商品供给不断减少，形成太少的商品追逐太多的货币。这时即使货币供应量维持不变，物价仍会不断地上升，通货膨胀仍会发生，所以从货币学派的观点看，战时通货膨胀固然是货币现象；但从商品观点看，又何尝不是一个商品现象。公允地说，应该是两种因素共同造成的通货膨胀，物价本来就是两种因素共同决定的。解决之道应该是压制货币供应量的增加，同时增加商品供应量。（4）我们总是听说控制 M，P 就上升不起来。依照货币学派的定义，M 包括 M_1 与 M_2。M_1 可以由中央银行控制，M_2 如何控制呢？美国企业界多是自筹资本，大众购买则多是分期付款，依赖银行融通。控制 M 使利率上升，企业界未必感到紧缩，购买大众则必然会减少购买，即减少有效需求。台湾地区正好相反，企业界通常 70% 的资金是外借，购买大众则握有大量准货币，完全不依赖银行融通。如今年一月 M_1 不过 3310 亿元，M_2 却有 6520 亿元，差不多

是 M_1 的一倍。控制货币供应量使利率上升，受打击的是企业界，购买大众照旧购买。正因如此，企业界才能利用油价等作超额转嫁，成为利润推动的通货膨胀。在预期物价要上涨的情形下，物价会上涨，购买会起劲，不愁没有购买力，更不在乎银行缩减信用。何以见得"央行"控制 M 不动，物价就涨不起来？（5）又据说只有 M 上升，物价才继续不断上涨，成本推动只能使物价上涨一次。但是假如 M 只上升一次，而成本不断推动呢？如 1979 年国际油价上升四次，1980 年上升五次，每次都影响台湾地区内企业界作价格调整，又当如何？在上述分析基础上指出，以上是假定 V 不变。事实上，V 是变的，而且随时间、地点与经济结构的变动而变，是一个难以捉摸的因素。以上的分析，未曾涉及心理因素、独占力量及其他制度与政策上非货币因素对物价的影响。如果将这些因素都加进去，那就更复杂了。这么一个复杂的问题，只用一个货币供应量来解决，似乎太简单化了一点。"[1]

3. 蒋硕杰的回应

针对王作荣先生对货币数量说公式的分析，蒋硕杰院士进行了积极的回应。

蒋硕杰先生指出："（1）货币数量论的基本公式 $MV \equiv PQ$ 是一个恒等式，本身不包含因果方向之含义。（2）这一公式只能以狭义的货币数量即 M_1（通货加活期支票存款）定义，因为只有 M_1 才能作为交易媒介和支付手段，而王作荣先生提出的货币数量有 M_1 和 M_2 之分，把 M_2 视为所有金融机构之定期储蓄存款，并认为 M_1 可以由"中央银行"控制，M_2 似乎不能由"中央银行"控制，这样定义与一般经济学上通用的定义显然不同。（3）货币被作为交易媒介和支付手段后，就不会再被广泛用作价值的储藏工具了。如果这唯一可以用作支付工具的'货币'受金融当局的严格控制不令增加，那么地区总支出也不会如何增加。因为货币流通速率在通货膨胀的情况下，主要是由民众对未来币值的信心所决定；台湾当局既然决心严格控制货币供给之后，民众对币值的信心只有加强，流通速率不会因此反而加速的。（4）王作荣先生一再强调成本上推，认为国际油价的上升是去年前年的物价加速上涨的主要原因，主张台湾地区货币当局增加货币供给以适应国际油价的上涨，弥补民众所得，但日本的经验表明，金融当局每误认为国际油价之上涨可用增加货币供给之手段予以弥补，或认为一部分物价既已上涨，故必需更多之货币以周转。遂将台湾地区内货币供给随之增加。其实台湾地区真实民众所得之损失绝非货币供给增加之所能补偿，结果徒令物价普遍上涨，节约能越之政策亦因需求随物价上升而遭破坏而已。（5）王先生一贯的主张地区政府应该用人为的管制，将银行利率压低，以便企业界能向银行借得低利贷款，因此他也极力主张银行对定储存款的利率也必须压低，结果使定储存款利率远低于通货膨胀率，真实利率成为负数，于是定储存款之增长率显著地降低。这是银行界所公认的隐忧。定储存款增加数额减缓，而企业界对放款之需求不减，于是银行当局不得不以'金融赤字'为挹注，结果货币供给增加愈速，物价上涨亦愈速，民众储蓄愈加裹足不入银行，甚至已存入者亦将被提出银行而投向房地产、黄金等实物。如果现有之六千五百余亿之储蓄性存款尽皆动摇，则通货膨胀之狂澜将何堪设想。所以我去夏以来即主张不仅货币供给的增长率应该加控制，同时银行的存款与放款利率统需自由化，听任其由资金之供需及民众对物价上涨之预期决定其升降。不料竟因此成为王先生及其同路人围剿之标的。"①

4. 王作荣的回应

王作荣先生在其《敬答蒋硕杰先生》一文中，针对货币数量说公式及"金融赤字"，做了如下的解释：

"蒋硕杰强调 $MV = PQ$ 是个恒等式，本身不包含因果方向之含义。王作荣回答说：'关于 $MV = PQ$ 这个公式，无论蒋教授抬高它或降低它，它都是今古货币学派的理论根据；无论蒋教授如何说他不包含因果方向之含义，但是货币学派总是说 M 上升，P 就上升，这就是因果方向的含义。对我们而言，最好没有因果方向含义，于是 M 变动固然可以影响 P；P 及 Q 变动也可影响

---

① 蒋硕杰：《货币理论与金融政策》，载 1981 年 6 月 3 日台湾"《中国时报》"。

M ，那唯货币学派就不存在了。唯货币学派最感头疼就是那个讨厌的 Q ，无论如何摆脱不掉，摆脱不掉，就不能不承认成本推动的通货膨胀；一承认成本推动的通货膨胀，唯货币数量学说就站不稳。预示只好拼命降低它的重要性。'说是'除非有巨大的天灾人祸之外，不大可能一年减少百分之二十的。'但是1973年三个月的时间油价上涨了三倍，以及拙文中所引其他重要商品价格上升的情形，1978—1980年，油价上涨1.5倍，价格上涨在经济学意义上就是供给减少，不知这种减少够不够巨大。不过蒋教授这次总算修正了他的观点，也勉强将物资供给变数纳入了物价变动的因素之一，不像前一次硬是不承认。"

"蒋先生一再强调放款加投资要等于储蓄，银行是个中介机构，只是将收到的储蓄以放款与投资的方式借出去，从中赚一点佣金。如果所收到的储蓄小于放款加投资的需要，利率就要上升，储蓄就会增加，需要就会减少；反之则结果亦相反。加入银行不是如此，而使放款加投资大于所收到的储蓄，便是'金融赤字'，通货膨胀就会发生。对于蒋教授的这一套'经济学'我百思不得其解。第一，在现代的货币与银行体系之下，放款与投资都会自动创造存款，而存款就是货币，有什么办法使银行的放款加投资恰等于其所吸收的储蓄呢？除非全面改造现代的货币与银行体系。用什么货币与银行体系来代替现在的货币与银行体系呢？我想了很久，似乎实行纯金本位及百分之百的银行存款准备下或可做到，但是我仍没有把握，蒋教授不妨指出一条达到这种境界的明路。不过，无论蒋教授的明路在哪里，现在的货币银行学都要重写，则是注定了的。第二，设立'中央银行'的目的，调节信用与控制货币供应量以维持经济稳定是其中之二。但是按照蒋教授的说法，银行的放款加投资必须等于其所吸收之储蓄，那问题就十分简单了，只要通过一个法案，所有银行都必须遵守此一规则（Rule，唯货币学派最不相信人，只相信Rule，但没有想到Rule的制定与执行都是人，这就是唯货币学派的天真可爱之处）。然后将'中央银行'关掉，只留下一个金融检查出来监督实施此一规则便可以了。"

"蒋教授说：'在通货膨胀之下，只有把存款利率提高至一般民众预期中之物价上涨率以上之后，才能诱导民众的储蓄大量流入金融机构，不到市面上去抢购可存储的物资，或投资房地产.'这里又出现几个问题：第一，一般民众，包括蒋教授在内，能预期物价上涨率是多少，然后拿来与存款理论利率一比，决定是否存款或做其他用途吗？第二，1978 年 7 月至 1980 年 6 月，台北市房地产价格上涨约一倍，能够将利率提高至这样高的程度吗？假如不能，依蒋教授的逻辑，民众就不去存款而去买房地产；假如能，那么再依蒋教授的逻辑，便只有做房地产生意的人才借得起钱，其他行业都得不到资金融通了。台湾地区的实际情形是除非像 1973 年、1974 年那种物价上涨，民众才感觉恐慌而抢购屋子，像去年的情形，定期加储蓄存款仍在增加，只是增加率降低而已。物价长期温和的上涨（如在百分之十以内）或上涨甚猛如去年的情形而为期不长，都不会对储蓄有重大影响。之余买卖房地产，一如买卖股票，那是投机，在任何情形下都可出现，不一定是在通货膨胀时，任何人都知道台湾地区房地产价格上涨有周期性。我说有 6500 亿储蓄性存款可以只用，是因为有一种说法，认为'央行'控制货币供应量后，物价就上涨不起来，利息就不能转嫁。我说哪有这回事，生产者利息成本增加，必然要加在产品价格上转嫁，民众因有定期存款，照样有购买力可以购买，请问这里不对？"[1]

5. 各自的政策主张

（1）蒋硕杰的政策主张

蒋硕杰主张货币供给增加率必须降至10%以内。蒋硕杰先生认为："自然我们不是说货币供给及商品需要总额一点也不能让它增加，如果台湾地区的真实地区生产能力能每年增加 10%，那么台湾地区的商品总需求也可以让它每年增加 10%，而不至于产生'需求上拉'的物价腾涨的现象，同时台湾经济结构也在大大地转变，由从前不甚依赖对外贸易的经济变成每年进出口贸易总额与台湾地区生产毛额相等的贸易体了。由于商品交易的层次加多，以及 20 余年来物价相当稳定，使民众对币值稳定发生信心的缘故，货币需求加

---

① 王作荣：《敬答蒋硕杰先生》，载 1981 年 6 月 3 日台湾"《中国时报》"。

强，所以台湾地区的经济学家多估计货币供给的增加率可以超过真实的台湾地区生产毛额的增长率 50% 而不至于引起物价上涨。即台湾地区生产毛额的增长率 10%，货币供给可以增加 15% 而不至于有通货膨胀之恶果。但是 1980 年台湾地区生产之增长率已降至 7.6%。乘以 1.5 之所谓货币需求之所得弹性，货币供给应只能增加 11.4%，而事实上去年货币供给之增加率竟仍照往年旧例增加 19.8%。此一数字，比较过去 20 余年中每年之平均增长率，并不为高，但比起经济成长减缓后的货币需求则超出甚多，难怪物价要大幅上涨了。"

从蒋硕杰先生以上的论述中可以得出，他是根据 20 年来货币供给增长与台湾地区生产增长之间的比例关系以求得货币需求弹性的。他的这一主张，是强调绝不要增加货币供给来放款。他说增加货币供给来放款并不能增加真实的投资，因为物价上涨将减缩一切原有资金的投资效果。他分析说："假使过分增加货币供给以放款予投资计划者，表面是将投资金额增加了一些，但是它同时将原有的投资资金的效果统统削减一部分去了。结果以实值计算，投资资金的实值总额是增是减还大有疑问。何况引起之物价上涨还使储蓄者担心不能保全资产的实值，不愿将钱存入银行，而自行投资于黄金、房地产或外汇等不生产的资产之危险，同时亦可能使计划投资的企业家，因为担心在通货膨胀之下，自己的老本因物价普遍上升而得的纸面增值，亦会被视做盈利而被课征高额之营利事业所得税及综合所得税，又担心管理物价之当局会突然地施行物价管制，不顾成本的上升而不准提高产品价格，或者突然禁止某种商品的出口，使该行业的生产者无端丧失其海外之市场及顾客之信用。凡此种种之担心，皆可使企业家在通货膨胀时期，丧失长期投资之意愿。因此妄想以增加货币供给的手段，来补充银行放款资金，就长期发展而言，不但不能增加整个地区的真实的投资，反有使之萎缩之危险。"

"那么如何才能不增加货币供给，而增加银行放款的资金呢？唯一的方法就是一面奖励民众的储蓄，一面诱导民众将其储蓄存入银行中之储蓄性存款中。在通货膨胀之下，只有把存款利率提高至一般民众预期中之物价上涨率以上之后，才能诱导民众的储蓄大量流入金融机构，不到市面上去抢购可存储的物资，或投资房地产，买黄金、外汇等以求保全其资产价值。这种抢购风气，自然会加强'需求上拉'式的通货膨胀速度的。"为了诱导民众将储蓄存入银行中，他主张利率放开，让银行利率由自由市场来决定。①

对于多数的发展中国家或地区，在劳动方面并没有强有力的组织，因而绝不可能有工资主动的持续上推，构成长期连续的成本推动型通货膨胀，包括石油成本在内，除了引起一些偶发性的或不连续的干扰之外，没有这种持续上推的能力。每个发展中国家或地区的长期通货膨胀，几乎都是由货币当局超额货币供给所造成的。进而，蒋硕杰先生提出：按照1980年台湾地区生产增长率为6.7%，若按台湾地区每元民众收入增长额需增货币1.5元的经验数字，货币供给额应增加10%，事实上的货币增长率却增加19.8%。提出了为使台湾地区年内物价上涨率低至10%以内，则货币供给的增速必须降至10%以内。

（2）王作荣的政策主张

王作荣指出："通货膨胀已成为国际的传染病，各国或地区受传染的程度有差别。这种差别不能以货币供给量的增加太快来加以解释。他说：'自20世纪70年代开始，停滞通货膨胀已成为国际传染病，一如20世纪30年代的世界经济大衰退。各国受传染只有程度上的差别，但无一幸免。这不能以任何一个单独因素如货币供给量增加太快来加解释。少数几国或地区可能货币供应量增加太快，一两年也可能货币供应量增加太快。但绝不可能所有这些国家或地区几乎是在同一时间一起货币供应量增加太快，而且历时已将十年之久。寻求原因，提出对策，尚待经济学家的努力。''就台湾地区的情形来说，最近近十年的波动显然是受国际经济环境的影响，由成本推动而引发台湾地区内通货膨胀因素，产生更为激烈的波动。台湾地区由于其对外贸易总值差不多等于地区生产总额，且其绝大部分重要工业产品都依靠对外出口，绝大部分重要能源及原料、粮食和生产设备都依赖进口，自无法避免这种传染病。控制货币供应量于适当水平只是一副洋房中的许多味药之一，必须配

---

① 蒋硕杰：《稳定中求成长的经济政策》，载1981年3月5日至6日台湾"《中央日报》"。

合其他的药方才有效，方才无害。单独重用货币供应量这一味药，必将使停滞通货膨胀更为严重。"① 进而，王作荣教授提出了要紧缩银根、增加物质供给来抑制通胀的主张。

6. 台湾货币供给与通货膨胀关系的客观事实

1952—1960 年，台湾地区生产总值增长率年平均为 7.5%，工业生产增长率年平均为 10.3%，批发物价上涨率年平均为 10.53%，货币供给额增加率年平均为 23.76%。1961—1970 年，台湾地区生产总值增长率年平均为 9.07%，工业生产增长率年平均为 16.5%，批发物价上涨率年平均为 1.99%，货币供给额增加率年平均为 19.28%。总的是生产增长快，物价与货币供给额减少多，但货币供给额增加仍快于生产的发展和物价的上涨。在此阶段，台湾地区政府主要采取刺激投资，扩大生产为调控方向，持续降低利率水平和贴现率，总的来说，货币供给是在持续增加。特别是 20 世纪 70 年代，台湾地区货币供给速度的大幅上升，造成了 70 年代台湾地区消费者物价指数上涨了 204.9%，物价的快速上涨导致了居民财富的迅速缩水和工商业投资意愿降低，经济发展出现了滞胀。1972 年和 1973 年两年台湾地区连续有庞大的出超，台湾银行为了收购总额达 14 亿美元的超收外汇而大量发行台币。货币供应额在 1972 年增加了 34%，1973 年又增加了 37%。物价在 1973 年开始上涨，1974 年增长了 40%，显露出恶性膨胀之势。

蒋硕杰先生也从货币供给与通货膨胀的关系角度进行了研究。他选取了第二次世界大战后 27 个发展中国家和地区的实际经验来进行分析，来比较三种通货膨胀的相对重要性，分为 1961—1970 年和1971—1980 年两个阶段，通过分析具体数据发现：（1）1961—1970 年内，政府赤字是发展中国家和地区通货膨胀的首要来源，而对企业的超额信用扩张则居其次；（2）1971—1980 年内，对企业的超额信用扩张则成为了货币供给增加的首要来源，而政府赤字成为次要来源；（3）银行体系由于国际收支盈余而积累外汇资产，不管在上述两个时期的任何一期，都有五分之一到四分之一的国家和地区为其货币

① 王作荣：《经济学说与经济现实》，载 1981 年 4 月 17 日至 18 日台湾 "《中国时报》"。

供给增加的最重要来源。

7. 对上述争论问题的简要评析

二者讨论的核心问题是什么是引起通货膨胀的主要原因。通货膨胀是危害经济社会稳定发展的重要原因，被世界各国或地区经济学家一直高度关注，都致力于在保证经济增长和稳定发展之间找到一种平衡。

从理论依据上来说，二人都是依据货币数量说的基本公式 $MV \equiv PQ$ 来各自展开自己的观点论述。蒋硕杰先生在分析货币数量说基本公式的时候，是考虑到社会是在平稳发展的情况下，物资的供应不大可能在一年内有大的变动，即假定 Q 不变，同时，认为某种商品单纯的价格上涨，不至于连续推动物价的螺旋式上升，不会对物价产生较大的影响，从而推论出通货膨胀的主因是由于超额的货币供给。王作荣先生则从当时和战时的实际情况出发，指出了在考虑货币数量说公式的时候，不应该忽视商品面问题，商品供给的巨大变动也会影响物价的变动。同时，他指出石油价格连续上涨，实际上已经推动了商品的物价。

从二者的观点和主张中可以得出，双方对于货币数量说的公式还是基本认可的，区别就是 Q 的变动或者不变动，以及石油价格的连续上涨是否构成了发生通货膨胀的条件。从当时台湾地区以及世界经济发展的情况来看，二战后，和平与发展成为当时世界发展的主题，战争对任何国家或地区都是巨大的灾难，经济的发展逐步趋稳。也就是说，当时的发展环境，不可能出现王作荣先生所提到的物资供应巨大的波动问题，也就是说可以认为 Q 是保持不变的。而石油价格的连续上升，如果不考虑其他因素，其仅仅是推动了某些商品的价格和居民生活成本的增加，但是在市场机制的条件作用下，消费者可以减少对物价上涨商品的购买，或者通过寻找替代品的方式，降低支出成本。从而，石油价格的上涨，并没有引起全社会总体价格商品的持续上涨，也不能成为通货膨胀的主要原因。

从二者学术研究的发展历程来看，蒋硕杰先生的观点和主张，可以追溯到其 1977 年《如何维持台湾经济快速成长的问题》、1978 年《当前外汇资产累积过速所召致之通货膨胀压力及其应对方法》、1980 年向台湾地区当局提出的政策建议《最近台湾物价上涨率偏高之理由及其稳定之途径》等文中，提出了抑制通货膨胀应成为台湾地区政府的主要调控目标，并对货币供给与通货膨胀之间的关系进行了深入的研究，发现了货币的超额供给是通货膨胀的主要原因。针对通货膨胀问题，王作荣先生在其以往的研究中都做过专门的研究，在其 1964 年《对诱导游资与生产事业之商榷》、1968 年《今年物价上涨的原因与解决途径》和《加税、物价、工资及其他》、1969 年《工业独占为物价上涨的主因之一》等文中，对台湾地区通货膨胀的原因进行了深入的研究，支出成本推动是台湾地区通货膨胀的主要原因。并提出了要从紧缩银根、增加物资供给，调整经济结构，打破行业壁垒等方面来抑制通胀。从上述有关通货膨胀成因中的分析中可以发现，蒋硕杰先生坚持货币主义的观点，认为通货膨胀的主因是超额货币的供给，王作荣先生则坚持凯恩斯主义的观点，认为货币、利率和产出间的相互作用才是最主要的影响。

从当时台湾地区经济所处的状况来看，在台湾地区经济经过三十多年的发展，持续的扩张性财政金融政策、低利率政策和外汇占款这三个方面的原因，台湾地区累积货币供给额度严重超出了生产的发展和物价的上涨，导致了通货膨胀的逐步恶化。货币超额供给成为了当时通货膨胀的主要原因。

（三）利率的性质与作用的争论

1. 蒋硕杰的立论和主张

蒋硕杰先生在《稳定中求成长的经济政策》一文中指出，"赤字金融"是通货膨胀最主要的原因，提出"让银行利率由自由市场来决定"，来降低金融赤字，进而抑制通货膨胀的观点。

蒋硕杰先生指出："（1）利率与其他价格一样，具有调节供需均衡的作用。在战后普遍的通货膨胀之下，地区政府为将银行的利率水平压低，民众自然不愿将其储蓄存入银行，而是直接去投资在房地产、黄金、外汇等不生产的资产上去了。利率调节功能失效，造成储蓄不足，在此管制下的利率水平，是不能应付所有的贷款需求的。通过超额货币的供给满足需求，必然进一步加剧通胀。在不增加货币供给情况下，就必须实行资金的配给，结果是

1059

只有少数受优惠的大企业可以借贷到其生产所需的资金，而多数的中小企业不得不向黑市以高利贷借款供其生产资金。（2）让银行利率由自由市场决定，必然会提高利率水平，银行必然会吸纳更多的资金，降低流通的通货，抑制通胀水平，同时增强了银行放贷资金规模。因为银行利率在调整后会逐步接近黑市利率，大企业尤其是其中经营较差的，自然会节约资金需求量，于是中小企业也可获得银行贷款，相比较黑市利率，自然是降低了生产成本。（3）利率水平应由可贷资金的供需去决定：必须从可贷资金的供给及需求的两个方面来考虑利率问题。在发展中国家或地区，储蓄本身应当是利率的渐增函数；民众储蓄之流入银行体系的部分应是银行存款利率的渐增函数。如果地区政府提高利率，流入银行的资金将逐步增加，而流入黑市的资金将随之减少，黑市利率降低。从而，地区政府在不超过均衡利率的范围之内，将银行利率提高，必能使银行体系及黑市在不引起通货膨胀的条件下，造成融资总额增加，使黑市与'官方'利率之间的差距大为降低。"①

2. 王作荣的立论和主张

王作荣先生在《经济学说与经济现实》一文中对蒋硕杰先生提出的"让银行利率由自由市场来决定"的主张，从"利率的性质与作用"谈起，反驳了蒋硕杰先生的观点。

王作荣指出，对利率的作用有三点要认清："（1）利率与工资一样，是价格，也是成本因素，这个成本也要加在产品价格上转嫁出去，没有什么特别。台湾地区企业界平均外借资本占70%，则利率的提高必然影响投资意愿。如果投资减少源于商品滞销，商品滞销则源于竞争力的削弱，竞争力的削弱源于成本的增加，而利率负担的加重即是其中之一。（2）利率理论上是在资本市场由对资金的供求所决定，而资本市场是最自由最完全的市场。一点轻微的利率变动便会影响大量资金的流向，而供求双方任何一方的轻微变动，也立即反映在利率上。这些都不错，就是有一点，那就是除专卖外，地区政府对供给面控制得最有力的恐怕就是货币，因而资金，在资金市场，有一个具

---

① 蒋硕杰：《稳定中求成长的经济政策》，载1981年3月5日至6日台湾"《中央日报》"。

有独占力量的'中央银行'。事实上，世界各国或地区也没有一个不利用中央银行的独占权力来控制货币及利率的，设立中央银行的目的就是在此。所以资金市场是一个最不自由的自由市场。在台湾，再加上银行都是公营，而且是联合独占，所以利率更是百分之百的独占价格。（3）利率对阻止经济波动是一个最无效率的政策工具。在极端衰退时，利率无用，这在 20 世纪 30 年代也经证实。在高度通货膨胀时，利率的效力也不大，这在过去几年英美两国的实验中也得到证明。利率对储蓄总额的作用也是如此。储蓄有三个来源，地区政府及企业储蓄都不受利率影响，只有个人储蓄受影响，但个人储蓄动机复杂，增加利息收益只是动机之一，常常不是最重要的动机：决定储蓄总额的主要是所得，不是利率，利率主要影响储蓄的结构及流向。"

"明白了以上三点，我们可以解答很多有关利率的问题：（1）抑制通货膨胀，利率可以作为工具之一，但不是一个有力的工具，当然可以不断地提高利率来与囤积居奇及买卖不动产的暴利比赛，使资金流回银行体系，但是第一，储蓄资金流回银行体系并不表示通货膨胀就消失了或甚至减轻了；不要忘记 M_2 也是货币学派的货币，它只是暂时选择这一投资对象，随时又可转换成另一投机对象；第二，利率太高，整个经济活动会窒息，美国去年就有这一实例；第三，在高度通货膨胀下，任你如何提高利率，都竞争不过其他的投机利得。（2）只是在完全竞争的假定下，利率才对资源作最有效的分配，但利率不是在完全竞争下决定的。而且即使是最有效的分配，就整个国家或地区的经济目标来说，未必是最需要的。所以没有一个国家不是有多种政策性的利率。（3）有个'中央银行'在，永远不要希望放款加投资等于储蓄，全世界都一样。再说放款加投资等于储蓄有什么意义，有多大好处。（4）利息既是成本就会转嫁，工资能转嫁出去，利息就能转嫁出去，这在英美已是事实。尽管 M_1 不增加，但有个不受拘束的 M_2，更何况 M 不增加，Q 会下降，不一定就是 P 不上升。（5）利息既是成本之一，而台湾企业界平均外借资本占 70%，则利率提高必然影响投资意愿，除非预期利润更大。至于高利率影响更新设备及发展资本密集工业，则更是自明之理。若说投资减少源于商品滞销，但商品滞销源于竞争力之削弱，竞争力之削弱源于成本之增加，而利息负担加重则是其中之一。去年全年中国台湾地区出口增加率为 22.7%，中国香港地区 29.3%，新加坡 32.1%，可见国际经济衰退并非台湾出口不振之主因。（6）在台湾地区的银行制度、企业结构、财务结构之下，形成了两个截然不同的资金市场，各自拥有一套资金的供求者。除非改变制度及结构，这两者不能沟通。银行体系提高利率是否能增加资金总额，前面已提到过。至于想将资金从非银行体系转移到银行体系，则是此多彼少、此少彼多的争夺战，结果是提高利率而已。银行体系利率已经提高了，请问有多少资金转过来？非银行体系的利率是不是跟着上升？所谓银行体系的资金一多，利率就会下降，大小企业都有低利率的贷款在哪里？"①

3. 蒋硕杰的回应

对王作荣对利率的性质与作用所提出的异议，蒋硕杰先生在《货币理论与金融政策》中进行了积极的回应。

"王教授虽然也承认利率是一种价格，但事实上他只承认利率是企业家界的生产成本，而不承认利率与其他价格一样有调节供需平衡的作用。他认为利率是一个'最无效率的政策工具'。'在极端衰退时，利率无用，在高度通货膨胀时利率的效率也不大'。既然如此无关重要，何不索性将它压得低些，让向银行借款的企业家们可以在他们的投资上多赚一些钱？这是第二次世界大战后的数年间，凯恩斯学派中极为盛行的看法。不幸的是王教授适于其时在外留学，于是竟成为他的先入为主牢不可拔的成见。这种看法曾被英国罗伯逊教授指称为'凯恩斯理论中心上的毒瘤'（The canker at the heart of Keynesian theory），现在早已为世界上多数经济学者所诟病和唾弃。在战后普遍的通货膨胀之下，将银行的利率压低了，人民自然逐渐不将其储蓄存入银行，而自己直接拿去投资在实物（如房地产、黄金、外汇）等不生产的资产上去了。银行为维持其对公司企业界之融资，不得不日益依赖增加货币供给（即'金融赤字'）为手段。结果是通货膨胀自然每况愈下，谈不上稳定物价了。"②

---

① 王作荣：《经济学说与经济现实》，载 1981 年 4 月 17 日至 18 日台湾"《中国时报》"。

② 蒋硕杰：《货币理论与金融政策》，载 1981 年 6 月 3 日台湾"《中国时报》"。

4. 王作荣的回应

王作荣先生在其《敬答蒋硕杰先生》一文中，针对利率的性质与作用进行再次论述。

他指出："蒋教授将利率神话了，他描述的1951年台湾地区的情况，利率一提高，通货膨胀就停止；利率一降低，通货膨胀就恢复，甚至一点时间间隔都没有。就像开关灯一样，一开就亮，一关就黑。这真是神妙，假如治理通货膨胀有这么一剂特效药，那全世界的通货膨胀就会就此绝迹。不仅如此，专门靠治理通货膨胀吃饭的经济学家都要失业了。看了蒋教授对利率作用的如此描述，我才真正了解'迷信'这两个字是什么意思，即是一种信仰可以叫人失去理性者谓之迷信。我要在这里为蒋教授指点一点迷津。设立中央银行，当初主要的目的就在调节信用，控制资金流量及流向，而控制的主要工具就是利率。所以利率是一种政策工具，称为利率政策。利率是一种价格，一种价格变成了一个政策工具，你就可以知道这种价格是在人为操纵之下，所谓由市场决定利率，只是透过市场机能使利率变动达到政策目标而已。例如在整个第二次世界大战期间，美国联邦准备局都将利率控制到低水平，以配合财政的需要，战后才放松。美国最近这一二年的情形是联邦准备局或者控制利率，让货币供应量增加；或者控制货币供应量，让利率提高。无论哪一种方式，都表示利率是在认为操纵之下，拿来的什么自由市场决定的利率，自由市场看中央银行的利率政策而定，更不要说利率自由化可以使放款加投资等于储蓄了。只有在19世纪金本位制，中央银行还没有设立下，差可接近。然而即使在这种境界，理论家也还有市场利率与自然利率之分。"[①]

5. 台湾地区利率政策调控的客观事实

1949年6月台湾地区进行了一次货币改革，引进了新台币，在其他经济政策无任何变化的情况下，物价水平暂停上升，但到了下半年，物价上涨率已超过了82%。在这种情况下，实施了名为"优利储蓄存款"，其月利率达到7%，年利率水平达到125%。高利储蓄办法获得了成功，1950年3~6月，

---

① 王作荣：《敬答蒋硕杰先生》，载1981年6月3日台湾"《中国时报》"。

银行存款由 600 万新台币急速增加至 2800 万新台币，约占当时货币供给总额的 7%。同时，物价水平也得到了有效地控制，1950 年第一季度通胀率下降至 10.3%。高的存款率在物价稳定时，使得台湾当局无法负担，在 1950 年下半年先把利率降到每月 3.5%，随后再降至 3%。利率的降低直接导致了银行存款减少了 1000 万新台币，物价水平随之上升，至 1951 年 7 月，上涨了 65%。在恶性通货膨胀面前，台湾当局随即又将月存款利率升至 4.2%，居民储蓄随之流回银行，物价再度稳定。随后的经济调控中，每当利率下调，必然造成物价上涨，而利率上调，物价会随之安定。发生在台湾地区的事例，为台湾当局提供了通过利率政策有效控制通货膨胀的实例。台湾地区放弃了凯恩斯学派货币政策，通过提高银行利率的办法，有效地抑制其发展初期的高通货膨胀。

台湾银行于 1981 年 1 月 5 日和 6 月 15 日两次提高再贴现利率，从 11% 分别提到 12% 和 13.25%；在这种情况下，各专业银行的短期贷款利率到 1981 年 6 月上升到 18% 的高水平。与此同时，1981 年货币增长率由上年的 19.42% 降低到 14.50%，1982 年略增值 15.62%。并且，特别值得指出的是，自第二次石油危机以后，台湾当局一直奉行稳定中求发展的政策，坚持对货币供应量的控制。这一时期虽然银行贷款的名义利率由 1981 年 6 月的 18% 下降到 1985 年 6 月的 10%，但由于同期零售物价指数不仅没有上升，反而有所下降（1985 年比 1981 年下降 3.46%），因而真实利率仍然维持较高水平，货币供应量的增长率大幅下降①。

6. 对上述争论问题的简要评析

二人争论的核心是利率能否调整货币供需的平衡，进而抑制通货膨胀。凯恩斯认为储蓄和投资是两个相互依赖的变量，货币供应由中央银行控制，是没有利率弹性的外生变量，货币需求就取决于人们心理上的流动性偏好。可贷资金理论是新古典学派的理论，是为修正凯恩斯的"流动性偏好"利率理论而提出的，认为利率不是由储蓄与投资所决定的，而是由借贷资金的供

---

① 张军扩：《"王蒋论战"和台湾的经济发展》，载《经济理论比较》，1986（5）。

给与需求的均衡点所决定。可以发现，蒋硕杰先生和王作荣先生对于利率的认识，分别继承了新古典学派和凯恩斯学派的观点。

王作荣对蒋硕杰的政策主张提出异议，着力于以经济事实为根据，说理是较充分的，而且是具有针对性的。例如，蒋硕杰主张不能以增加货币供给进行投资，强调银行的可贷资金必须以公众储蓄存款为基础，而王作荣则强调"有中央银行存在，永远不要希望放款加投资等于储蓄，全世界都一样"。继如蒋硕杰主张放开利率，让利率自由化，以为这样便能诱出公众将储蓄存于银行，而王作荣则强调指出："储蓄有三个来源，即政府、企业和个人，政府企业储蓄都不受利率影响，只有个人储蓄受影响，但个人储蓄动机是复杂的，增加利息收入只是动机之一，常常不是最重要的动机，决定储蓄总额的主要是所得，不是利率，利率主要影响储蓄的结构及流向。"

从二人学术思想的发展中来看，蒋硕杰先生主张抑制通货膨胀，发挥市场机制的作用，并非一时的设想，而是他一贯的主张，早在1947年就向台湾当局提出过此种政策主张。他在1980年向政府提出的建议《最近台湾物价上涨率偏高之理由及其稳定之途径》文中，就明确提出要废除压低利率的管制政策，稳定物价要首先从货币供给及利率上着手。发展中国家或地区的企业生产大多是集中于劳动密集型企业，资金是稀缺性产品，为了支持本国或地区企业的生产，很多国家或地区采用压低银行利率的办法。但劳动密集型企业生产效率、产品附加值与其他行业相比要低，而发展中国家或地区通过刻意地压低利率的办法来支持这些企业发展，资金的稀缺性，使得资金的供给大多针对于这种劳动密集型企业，使得生产能力较高的企业无法获得充裕的资金，阻碍全社会的生产能力的提高，从长期来看，必然影响其经济发展。

王作荣先生一贯坚持凯恩斯主义有关利率的相关理论，提出了由于中央银行的存在，利率就不能由供需双方来确定。王作荣先生在1974年《当前的物价问题与长期经济发展》一文中，提出通货膨胀是由国际通货膨胀所引起的，承认货币超额供给也会引起物价的上涨，但其指出，物价上涨是因，货币供应量上升是果。通货膨胀已成为国际的传染病，各国或地区受传染的程度有差别。这种差别不能以货币供给量的增加太快来加以解释。自20世纪70

年代开始，停滞通货膨胀已成为国际传染病，一如 20 世纪 30 年代的世界经济大衰退。各国或地区受传染只有程度上的差别，但无一幸免。这不能以任何一个单独因素如货币供给量增加太快来加以解释。少数几国或地区可能货币供应量增加太快，一两年也可能货币供应量增加太快。但绝不可能所有这些国家或地区几乎是在同一时间货币供应量增加太快，而且历时已将十年之久。寻求原因，提出对策，尚待经济学家的努力。从这些观点看，他对蒋硕杰有关利率相关几个问题的否定也就不足为奇了。

（四）对日本"道奇方案"认识的分歧

蒋硕杰先生在其《稳定中求成长的经济政策》一文中，提出的金融赤字是有碍于经济稳定增长的观点。王作荣先生在其《经济学说与经济现实》一文中，举出了日本战后采取的"道奇方案"，正是通过金融赤字来刺激经济的恢复重建。但二者对"道奇方案"的认识却存在着较大的差异。

1. 王作荣的认识

王作荣先生在其《经济学说与经济现实》一文中指出："经济学说不是没有用，而是要活用，不可执着。应针对现实，综合运用各家经济学说的知识提出对策，千万不可墨守一家之言。"他进一步举出了战后恢复的事例："第二次世界大战刚结束，日本民穷财尽，所有重要生产设备都被摧毁。不恢复工业生产不能终日，恢复工业生产需要资金，而资金来自储蓄。那是人民衣食艰难，哪来的自动储蓄。于是日本银行印钞票借给商业银行，商业银行再以之转借给各企业，即是用这种强迫储蓄方法动员了仅有的一点残余社会资源，在废墟上重建日本工业，度过了当时的艰难岁月，造就了今日的经济大国。通货膨胀是发生了，然而问题也解决了。假如要坚持货币数量说，不许有'金融赤字'，放款加投资一定要等于储蓄，便只有索日本于枯鱼之市了。其实，这种办法在日本并不稀奇，明治维新建立了现代化工业所需资金，一部分来自于对农民的重税，一部分就是采用这种'金融赤字'。其实，何止日本如此，中国台湾在 20 世纪 50 年代，便是采用'金融赤字'，由台湾银行印钞票支持战后重建及电力、纺织等业的发展。假如要坚持货币数量说，则点灯都不会亮，还谈什么经济奇迹。何止如此，战后所有重要工业国家或地区除美国、加拿大等少数未受战争破坏的国家之外，亦莫如此。假如要坚持货币数量说，则这些国家或地区早就因为贫穷而衰败了。由于当时有这种现实需要，便采用了这种现实的解决方法，于是也形成了一种学说，称为'赤字金融'（deficit financing），在20世纪50年代风行一时，被资金缺乏的落后国家或地区视为推动经济发展的重要策略之一。以后由于资金供应逐渐充裕，无此需要，此说便告消失。然由此可知经济学说之产生于流行，必然受经济现实的限制。所以我说没有经济现实支持的经济学说都是空说，能解决现实问题的经济学说就是好学说。那么，货币数量说解决了当前的停滞问题没有？"[①]

2. 蒋硕杰的认识

针对王作荣对"道奇方案"所提出的观点，蒋硕杰在《货币理论与金融政策》中进行了积极的回应。

蒋硕杰指出："王教授开宗明义就揭示经济学家必须以现实为根据，这个大道理是谁都不能持异议的。任何知名的经济学家都承认各家学说都不过是用来解释现实现象的假说（hypothesis）。如果发现事实现象无法用某一学说（假说）来说明，那么这学说必须加以修改或抛弃。这是经济学说的流行所以会时常转变的原因。只是吾人对于现实必须有正确的认识与了解。如果对于史实并无正确认识与了解，而只凭一些主观的不正确的观察或模糊的记忆与歪曲的理解，来对理论妄作评断，甚至要想从之推演出政策上的建议，那是非常危险的。不幸的是王教授虽然揭示理论应以现实为根据的大道理，他自己对史实的了解却并不很正确。"他引举战后日本经济复兴的历史说："日本经济的是重建全靠'金融赤字'所融资的，而不是靠日本人民自动的储蓄来供应的。"于是他建议台湾当局也应当如法炮制推动台湾经济发展。"

"王作荣对战后日本复兴史实的认识实在是非常不正确的。史实是：二战后初期的日本的确是一副民穷财尽、残破不堪的局面，日本当局只有用通货膨胀之一途来补残堵缺，勉强恢复生产，自然不免物价腾涨。面对这种局面，

---

① 王作荣：《经济学说与经济现实》，载1981年4月17日至18日台湾"《中国时报》"。

于是美国占领军当局不得已请了一位银行家道奇（Joseph M. Dodge）作为驻日公使兼美军总部财政金融顾问，来到日本研讨对策。道奇于 1949 年 3 月订立了所谓'道奇方案'（Dodge Line），日本政府依此方案编制了'超均衡'（即有盈余）的预算，以收缩通货，并于同年 4 月 25 日订定了 360 日元兑 1 美元的单一汇率。但是那时日本通行的复式汇率已是 180 日元至 600 日元等于 1 美元的幅度了。这'道奇方案'显然有些矫枉过正，因为他不但要停止'膨胀'，而且要'收缩'。并且那新订的单一汇率似乎将日元高估了一些。但是日本当局仍然忠实地将它强制执行。结果那被日本产业百年史称为'战后经济之癌'的通货膨胀，很快就被控制住了，但是同时也造成存货累积的不景气状态。不过这段短暂的紧缩时期迫使日本产业合理化、正常化，并转向以出口为对象的发展途径。次年六月韩战爆发，美军对日本物资与劳务的巨额需求将不景气一扫而空，并造成高度繁荣与出超的局面，日本经济的自由化及工业的复兴与发展实在是从这时期开始的。以后日本政权独立自主之后，并没有反其道而行之，走向王教授心目中的路线。这从日元自 1949 年至今从未有贬值到当初订立的 360 日元对 1 美元的兑换率以上的记录，就可以见到。日元浮动化以后更升值到目前 215 日元对 1 美元的汇率。我要请王教授和读者们一齐问问自己：这究竟像是王教授所主张的尽量用'金融赤字'来融通台湾地区内投资，搞得物价比地区外上涨得快，出口无法与人竞争的时候，就一贬值了事的膨胀性金融政策的成果么？不错，日本曾经在战事初停之后的三四年内，因为财力枯竭不得已而采用'饮鸩止渴'的政策。但是王教授却要以日本为前例，骗策台湾金融当局经常以鸩毒为饮料，这是我无论如何不能苟同的。"[1]

3. 王作荣的反驳

针对蒋硕杰先生对其所做的质疑，王作荣先生在其《敬答蒋硕杰先生》[2]

---

[1] 蒋硕杰：《货币理论与金融政策》，载 1981 年 6 月 3 日台湾"《中国时报》"。

[2] 王作荣教授在其《敬答蒋硕杰先生》一文中指出，我在此郑重重申，我要工作谋生，无时间闲扯，以后任何攻击，恕不理会。据此，我们能够认为，1981 年上半年发生在台湾的机遇采取什么样的经济金融政策以恢复台湾经济的"蒋·王论战"，通过双方"两次来回"，陈述各自见解后告一段落。但这种论战并未结束，一直延续到 1982 年，甚至以后。

一文中指出："让作者对照 4 月 17 ~ 18 日拙作与蒋文去判断"，并推荐了一个代表作（G. C. Allen, *Japan's Economic Expansion*, Oxford University Press, 1965）第四章《金融制度与货币政策》中的几段内容。内容主要表述了三点：一是直到 1946 年底，日本中央银行都对其他银行慷慨供给信用以支持工业重建，可以说是通货膨胀的祸首；二是美国人提出'道奇方案'后，日本政府恐怕收缩措施过严有碍工业复兴，采取了降低税率，废除公司超额利润税，进行资产重估等措施，同时还给予美国相对基金和商业银行贷款支持，结果是"前门拒绝，后门又巨额融资"；三是二战以后，日本民空财尽，哪来自动储蓄。实际情况是日本银行印钞票给商业银行，商业银行再转给企业。王作荣推荐这本书，并介绍了其中主要内容是回敬蒋硕杰对他对日本历史了解的指责，"模糊的记忆与歪曲的理解"。他说："请读者将这一段与前引 Allen 书上的二段对照，看是不是'模糊的记忆与歪曲的理解'。事实上，日本差不多在整个 20 世纪 50 年代，虽然金融政策有松有紧，这一日本银行→商业银行→大量对工业融资的形态都未变，直到日本储蓄大量累积，不再需要这种方式为止。什么'道奇方案'，从一开始就没有认真接受，不仅如此，日本人对所有美国强加于他们身上的一套都未认真接受。"[1]

4. 对上述争论问题的简要评析

从二者对"道奇方案"的不同看法来看，首先这个事件是发生在一个处在特殊时期的发展中国家，在缺乏启动资金的情况下，采取"金融赤字"这种较极端的方法来筹集其建设发展资金，虽然被同一时期的很多发展中国家或地区所仿效，但这种方法是特殊时期采取的一种特殊方法。如果把这种方法推广到正处于高速发展的国家或地区中，如韩国，其政策效果是有待观察。因此，站在客观的立场上，贸然用此事例来支撑台湾地区当时的政策措施，不免显得过于牵强。但是，从日本推行"道奇方案"，到最后奠定其高速成长的基础，其在紧缩阶段，推动调整发展战略、优化产业结构、推动企业改革等方面的经验，是值得正处在转型发展期的国家和地区所学习的。

---

[1] 王作荣：《敬答蒋硕杰先生》，载 1981 年 6 月 3 日台湾"《中国时报》"。

三、论战产生的社会影响

"蒋·王论战"在台湾地区引起了各方的高度关注,不仅学术界各经济学家通过重要媒体发表有关问题的观点,社会舆论、企业家、台湾当局都对此高度关注,产生了良好的社会效益,不仅参与其中的讨论,而且"蒋·王论战"所产生的调控效果,也得到了部分发展中国家或地区的认可。

(一) 对学术界的影响

蒋硕杰先生与王作荣先生的争论,引起了台湾地区学术界的高度关注,针对二者争论的问题,不少学者撰文,并在台湾主要媒体刊登阐明各自的观点,加入到这场大论战中,将"蒋·王论战"推向了高潮。

1. 刘泰英教授的观点

刘泰英(1936—),经济学家,台湾苗栗人。台湾大学经济系毕业,美国罗彻斯特大学经济学硕士,康奈尔大学哲学博士。1972 年出任台湾经济研究所副所长,历任"行政院国际经济合作发展委员会"专员、"赋税改革委员会"主任,"财政部"财税资料处理及考核中心副主任,台湾经济研究所副所长并兼淡江文理学院教授兼商学部主任,"行政院经济建设委员会"咨询委员,并为《台湾经济研究》发行人。1993 年 3 月出任国民党中央党营事业管理委员会筹备处主任。

他提出 M、V、P、Q 四个变量均受台湾地区内外经济变数之影响,有些是直接关系,有些是间接关系,并不像他们分析得那么简单。他对货币数量说的基本公式进行微分和变换,得出:

$$1 = \frac{dP/P}{d(MV)/MV} + \frac{dQ/Q}{d(MV)/MV} = P^e + Q^e$$

其中,$P^e = \dfrac{dP/P}{d(MV)/MV}$,代表台湾地区民众总支出对物价的弹性,称为物价

弹性;$Q^e = \dfrac{dQ/Q}{d(MV)/MV}$,代表台湾地区民众总支出对台湾地区内实际生产总

值的弹性，称为生产弹性。

当各生产要素均处于不充分就业状态时，其生产弹性接近于 1，而价格弹性接近于零，此时由货币供应量增加而增加的台湾地区民众总支出，几乎完全反映在台湾地区内实际产出上，故可以大量增加货币供应量以增加台湾地区民众支出，促进经济增长。如果台湾地区内各种生产要素均已充分就业，其生产弹性接近于零，而价格弹性接近于 1，此时若增加支出必然大都反映在物价上，实际产出很难增加，若大量增加货币供给，必然会引起恶性通货膨胀。根据以上分析，指出假如货币流通速度保持不变，采取紧缩性或扩张性货币政策维持经济稳定增长，完全要看当时生产弹性及可容忍的通货膨胀水平。例如当生产弹性为 0.4，则物价弹性为 0.6，此时若采取物价上涨之最高容忍度为 6%，则货币供应量之成长率必须控制在 10% 以下，但经济成长率仅能达到 4%。如物价上涨可容忍到 10% 以下，则货币供应量之增加率可控制在 16% 以下，经济成长则可提高至 6.4%。至于物价上涨的可容忍度，以台湾地区对外依存度高的情况，应以不超过台湾地区主要输出国的物价上涨为准，否则即使生产了也无法外销，最后必将因丧失外销竞争力而影响经济成长。故目前最重要之事不在争议台湾地区究竟应采用紧缩或放松的金融政策，而应决定物价上涨的可容忍度及估计当前的生产弹性，以求出最佳的通货供应量，以达到经济之稳定成长。针对当时台湾地区的经济发展情况，指出在适当控制货币供给增速的同时，要提高市场资金的使用效率，由于台湾地区所有企业生产效率与其占有资金比重的不适应，应多投资于经营效益好的中小企业和民营企业[1]。

再来看看其他学者有关利率水平与通货膨胀的观点。柯飞乐教授指出提高利率水平会造成严重的信用紧缩，造成萧条和大量失业等情况，虽然通货膨胀会得到一定的抑制，但经济发展却遭到了破坏[2]；魏凌云教授与柯乐飞教授持相同的观点，认为提高利率和紧缩通货的确可以一时将物价抑

---

[1] 刘泰英：《论稳定中求成长之经济政策》，载 1981 年 6 月 10 日台湾 "《中国时报》"。

[2] 柯乐飞：《从当前经济情势看稳定重于成长的因应方案》，载 1981 年 3 月 20 日台湾《联合报》。

制，但能够吸收多少储蓄还不能确定，而利率水平的上升进而会影响实体经济的发展。

从上述几个学者的观点中可以发现，他们并没有否定蒋硕杰先生和王作荣先生的观点，而是在二人观点的基础之上，综合考虑了其他因素，特别是货币供给与实体经济发展之间的关系等因素综合分析。可以看出，上述学者的观点和主张更倾向于王作荣先生的观点，对货币政策的实施效果有所怀疑。从这些学者与蒋硕杰先生的分析对比可以发现，蒋硕杰先生的观点和主张更加直接，虽然一时不能理解，但其分析问题，提出主张的论述和依据很充分，既有理论分析，又有事例分析，还有数学推理，有很强的说服力。

2. 林钟雄教授的观点

林钟雄（1938—2006），台湾大学教授。曾任玉山商业银行董事长、"海基会"第二届董事、玉山文教基金会董事长、东元科技文教基金会董事长、台湾证券交易所董事长、"台湾智库"董事长等。

林钟雄教授在台大任教三十多年，是台湾经济思想史、货币银行学的宗师。林钟雄教授专攻货币理论及近代经济学说，对台湾经济研究颇有造诣，且在台湾地区金融改革过程中扮演着极其重要的角色。其著有《货币数量学说之研究》、《货币银行学》、《弗里德曼货币理论与政策的研究》、《百年来台湾的对外贸易进展》、《当代货币理论与政策》、《迈向富裕社会》、《转变中的台湾经济》、《西洋经济思想史》、《经济学》、《欧洲经济发展史》、《台湾经济发展四十年》、《台湾经济经验一百年》、《工业银行与经济发展》、《防制地下金融问题之研究》、《凯恩斯》、《熊彼特》、《盖布烈斯》、《米塞斯》等书，对推动经济、金融学科的发展和金融人才的培养作出了巨大的贡献。林钟雄教授对学术界的主要贡献有货币政策的效应论、财政政策、国债管理的货币效应论等。

在林钟雄教授看来，经济政策的目标虽有多项，其中以物价安定最为根本重要。可以说一个目标的实现，同时实现了全部经济政策目标。物价是物品的货币价格，是一种货币现象，故控制货币数量增加率以稳定物价上涨率便是合理的结论。然而，在目前的经济环境下，这种政策原则却有几项值得探讨的问题：（1）哪一种程度的物价上涨率值得称为物价安定。以过去三十年经验来说，各个时期各有不同的物价上涨率，我们殊难决定哪一个物价上涨率是属于安定的范围。尤其是台湾对外开放度高，主要国家或地区的物价波动极容易经由贸易而波及台湾。由于对外开放程度高，产业调整速度也有限，在真正浮动汇率下，所须支付的产业波动代价，也非台湾所能承受，从而不能赖以摆脱物价的对外依赖性。倘若不能确定物价安定程度，为此目标而采取的控制货币数量增加率措施也就失去了其有意义的准绳。（2）物价上涨率加速下降对投资意愿的短期不利影响。自春节以后，台湾的物价上涨率已开始下降，国际油价下跌也会助长这种物价上涨率回降趋势。更重要的是，最近由于资金市场紧俏而采取提高存放款利率措施，无论如何都会加速这种回降趋势。从长期来说，物价安定的提早来临，有助于促进资金动员及提高投资意愿。可是，从长期来说，物价上涨率的加速回降却使投资报酬率添加不安定因素，从而使签字投资者暂时踌躇不前，这种对投资意愿不利的影响，会使目前仍处于低迷状态的经济情势继续延长其存续时间，从而有碍经济成长。（3）目前的高利率也不利于投资环境的改善。生产要素不外资本与劳动，其报酬率分别是利率与工资率。为生产某一产品，资本与劳动有多重搭配方式，在利率高时，为降低生产成本，生产方式会偏向劳动密集方式，从而或者降低资本在生产过程中的比例，或者是增加劳动的需要，前者有碍劳动生产力的提高，后者则可能产生提高工资率的压力，这两者对于目前台湾经济状况都有不利的影响。在这些论述和分析后，他提出了经济发展的长短期问题，长期内，追求单一的物价安定目标固然可同时实现全部经济目标，然而由于目标的实现关系未能料想的未来，且在实现之前必须以牺牲其他目标为代价，故单一目标有执行上的困难。为塑造单一目标政策原则，首先要注意客观环境与制度，其中较重要的有下列几项：（1）有伸缩性的物价安定目标。台湾地区的开放经济形态既难于阻断区外物价的冲击，且区内产业的伸缩性也不易适应过分剧烈变动的汇率，故必须承认物价变动率的对外依赖性。宜在一定的物价上涨率范围内，考虑国际经济形势，制定各时期的物价安定目标。（2）衡量金融机构竞争程度调整的可能性。物价安定措施免不了控制货币增加率、利率自由化、浮动汇率等措施，而这些措施的执行效果与金融机构的竞争程度有极其密切的关系。在台湾地区，金融机构竞争问题目前以公营及参与两项最为重要。公营的金融机构非以营利为唯一目标，从而不能发挥利率自由化及浮动汇率的经济效益。倘若把公营金融机构一一开放民营，但仍维持目前极严格的限制参与政策，则仍将因金融寡占而不能生产各项金融措施应有的效果。因此，必须先检讨未来一个阶段金融竞争环境改变的可能改变的程度，作为调整政策指导原则的依据。（3）考虑经济计划目标的资源导向要求。单一目标的政策虽能借物价安定而促进资金动员，其资金运用方向系以民间企业家的利润导向为依据。台湾地区系采取计划的自由经济制度，对各个期间之资源运用方向多少有分派要求，此项要求未必与民间利润导向者相一致，一项可行的政策措施宜配合计划目标的需要，并促使计划目标的实现。换句话说，长期内物价安定为主要经济目标，但为实现此项目标所要采取的政策措施必须依据制度及目标需要而塑造，不是先有政策措施，再对制度及目标提出修正要求。

短期内，非但长期限制因素依然存在，而且由于经济衰退存在已久，以物价安定为唯一考虑因素的政策措施，会使衰退继续存在，并可能形成悲观预期，从而不利于经济长期成长，故安定与与成长之间任由若干取舍关系。亦即在维持物价安定措施下，仍需要采取选择性的促进成长的政策，其中最重要的有两项。（1）激励出口的财经政策。国际油价下跌的一项重大经济影响是各主要国家石油进口外汇支出的相对减少，也就是石油以外之进口品的支出能力相对提高。为把这项有利的出口机会，藉出口扩张以助长台湾地区经济复苏，必须对重要出口产业给予短期的激励，协助其扩大出口。（2）对资本密集型产业给予选择性的低利融资。在目前的物价上涨率回降预期下，由资金紧俏所形成的高利率趋向，对资本密集产业的发展最为不利。在目前台湾地区改善产业结构的努力中，若干资本密集产业的开发属必要且不可中断的，对此类产业给予短期低利融资乃是追求长期安定与成长的一项必要措施。台湾地区有独有的经济环境、金融制度与经济目标，宜以这些特性塑造可行而有效的经济政策原则。在这些原则尚未建立之前,为掌握最近油价下跌的有利发展情势,仍需在安定与成长之间做适当的取舍,并采取若干激励成长的措施,始能摆脱经济困扰①。

从林钟雄教授的主张中可以看出,其观点注重在平衡经济成长与物价稳定之间长短期目标与做法,面面俱到、不偏不倚。

3. 费景汉②教授的观点

费景汉(John C. H. Fei,1923—1996),生于北京,美国耶鲁大学华人教授。1945 年获燕京大学学士学位,1948 年获华盛顿大学经济学硕士,1952年获麻省理工学院经济学博士;曾在麻省理工学院、安提俄克学院、华盛顿大学和康奈尔大学任教,从 1962 年后担任耶鲁大学经济系教授;曾是参加台湾经济起飞政策设计的"中央研究院"五院士之一;曾任台湾经济研究所所长等职。

费景汉教授一生致力于经济学术的教学与研究,在美国执教近四十年,并多次回台湾、大陆讲学。他的著作大多以英文发表,兼及经济理论与实证研究,大致涵盖了发展经济学、台湾经济发展、中国大陆经济发展等方面。他著有《伴随着公平的成长:台湾之例》、《劳动剩余经济发展之理论与政策》、《增长和发展:演进的观点》、《开放性双元经济之转化》等专著,并发表包括《经济发展的一种理论》在内的数十篇论文。费景汉教授对学术界的主要贡献有发展中国家通货膨胀论、自然利率控制通货膨胀说等。

费景汉教授指出:"王蒋大战实不止于通货膨胀,而是涉及今后台湾地区政策和经济命脉,二者之间的对错,关键是要看哪个学派更适合台湾地区的实情。"

目前世界上最重要的一个社会经济问题就是通货膨胀问题。以美国来说,

---

① 林钟雄:《经济情势转变中的长短期策略》,载 1981 年 6 月 25 日台湾《工商时报》。

② 费景汉(1923—1996),费景汉与拉尼斯两人合著的《劳动剩余经济发展之理论与政策》(*Development of the Labor Surplus Economy:Theory and Policy*),这本书已成为发展经济学的经典作品之一。1962—1965 年,任耶鲁大学副教授,1965—1969 年,担任康奈尔大学讲座教授。1972 当选为台湾"中央研究院"院士。1975—1977 年在东吴大学任教,1980—1982 年担任台湾经济研究所所长。

美国在第二次世界大战以后，经历了25年的高速和物价稳定的成长，在1974年以后产生了严重的、停滞的通货膨胀物价上升。在中国台湾也有类似的现象，在1960—1974年的15年间，中国台湾的出口导向经济不但带来高速度之成长，也能维持物价平稳。物价上涨率平均每年不过3.3%，可是在1974年以后因通货膨胀而开始恶化，在过去的六七年间，物价上升高达10%，为了控制通货膨胀，需选择适当的政策，则必须先知道什么是造成通货膨胀的原因。

讨论通货膨胀不是一件很容易的事情。在第二次世界大战以后，主宰西方国家命运的是凯恩斯主义，美国的经济政策是依据凯恩斯理论建立的，但是凯恩斯理论中最弱的一环是对通货膨胀和物价上升的解释，所以在1974年，美国通货膨胀恶化之后，凯恩斯理论受到了战前保守主义和自由主义的经济学家的攻击。保守主义的经济学家所相信的理论是在第二次世界大战之前的经济思想，代表性人物像哈耶克、弗里德曼都是自由主义忠实信徒，这两位也是得到诺贝尔奖的经济大师。蒋硕杰和王作荣争论的是通货膨胀的理论和政策之间的问题。所以"蒋·王大战"无非是外国学院派的争辩，在台北展开第二战场，就是德、法针对英、美的高利率政策的抗议。蒋王争论的核心是两派对货币功能和利率功能的不同看法，货币的主要功能包括：一是交易媒介，二是储藏功能。蒋先生认为货币的功能重在它流动性的交易媒介，王先生认为货币之功能重在它的静止性财产功能。其实二人是关于"流量"与"存量"的争论。在今年七国高峰会议里，联合公报第六项的结论就是：我们认为低缓而稳定的货币成长是降低通货膨胀的必要因素。

以台湾这种高度开放的地区来说，因为国际贸易占地区经济的比重非常高，造成通货膨胀和物价上涨的因素，自然可分为两类：境外因素和境内因素。比如说，美国的通货膨胀开始恶化之后，中国台湾地区的通货膨胀也随之恶化，因为美国是中国台湾的主要贸易伙伴，所以在固定汇率制度下，美国物价上升自然会引起中国台湾物价的上升。从通货膨胀争论的观点来看，争论的重点是在境内因素而非境外因素。我们总是认为通货膨胀好像是一种传染病，是其他国家或地区传给我们的，或是由进口成本上涨所推动的。如果我们冷静地检讨通货膨胀，就应该先反躬自省，抛开境外因素，首先谈境内因素。蒋王大战争论的核心在于，双方对于"货币和利率"抱有不同的看法。也可以说，利率应当在自由主义国家或地区扮演一个什么样的角色。

费景汉教授从传统经济学对自然利率的功能入手，从传统经济学的思想来解读了蒋硕杰先生的观点和主张。他指出："使我们资源运用井井有条，且使我们快速成长的是市场制度，此制度的自动控制机能是相对物价和自然利率，而自然利率的功能是在调节储蓄，投资的供需和指导投资方向，因此，自然利率是自动被市场力量所决定的。传统经济学认为通货膨胀的主要原因是超额银行放款，因为超额银行放款有以下恶果。一是超额银行放款扰乱了自然利率自动调节资金供需的功能。因为假设银行以货币增加的方法来放款，资金的供给增加，使市场利率低于自然力量。二是习惯性的超额放款使货币数量连续增加，因为货币只是交易的媒介，于是物价上涨。所以说，传统的经济学派对于通货膨胀的原因的基本看法，可以说是利率是和物价有直接关系。依据上述观点，传统学派指出了通货膨胀的破坏性。一是市场利率低于自然利率，使实际投资量超过广大群众的意愿储蓄。二是通货膨胀之时，因为各生产部门的物价敏感度不同，造成相对物价的紊乱，导致投资在各产业部门错误的分配。三是这种对市场秩序的扰乱，不但会使资金运动的效率减缓，且因资源运用的数量和方法的错误使经济结构失调，早晚会引发经济危机。"同时，费景汉教授从凯恩斯学派的思想渊源和理论，来解读了王作荣教授的观点和主张。他指出："凯恩斯学派根本就不承认自然利率的存在，也不承认利率是由市场力量决定的，利率只是中央银行的政策工具，乃是由人为的力量随心所欲而控制的，且利率和物价几乎是完全无关的两码事。一是凯恩斯理论的产生，主要是针对当时的需求不足。在第二次世界大战以后，西方国家在凯恩斯思想支配的结果就是极力想增加全国对产品的总需求量，一方面极力扩充政府预算和福利支出，另一方面采取低利率政策刺激投资。这是针对富足国家因害怕失业而形成的一种理论，所以说失业是凯恩斯主义的社会问题背景。二是经济不稳定的原因。为了维持经济稳定，就要维持全国投资数量的稳定。这种对经济不稳定的原因较之传统学派的看法有很大不同。

传统学派认为经济不稳定的看法是经济制度秩序的紊乱和投资方向的错误，而凯恩斯学派将不稳定归咎于投资数量的变动，尤其是投资数量的不足。三是凯恩斯学派认为利率为成本的看法。利率是投资的本钱，所以低利率可以刺激投资。传统学派认为利率能调节供需，而应当寻求自然水平。四是政策建议。在政策方面，凯恩斯学派认为增加货币的数量可以满足人喜爱金钱的弱点，所以利率既然是越低越好，货币数量当然也是多多益善。这种观点与传统学派正好相反。五是通货膨胀的解释。凯恩斯学派既承认货币数量增加，可以促使利率降低而不影响物价，而传统经济学派观点正好相反。凯恩斯的物价上涨利率是一种成本推动的理论，发达国家有强大的工会组织，在接近充分就业时，工会的态度变得更不妥协，坚持提高货币工资的要求，这造成通货膨胀及物价上涨。"

费景汉教授在通过对传统经济学派与凯恩斯经济学派在通货膨胀、利率理论等方面的比较分析的基础上，对王蒋二人观点主张的理论渊源和差异，进行了深入的分析，全面而又深入地解读了王蒋二人争论的核心问题。在此基础上，结合台湾地区的实际情况，他指出，在金融政策方面，未来的经济发展政策中台湾当局会逐渐重视自然利率，调节资金供需的功能，而对于货币数量的增加严格控制；在管制政策方面，逐步解除保护和管制的措施[①]。

4. 夏道平教授的观点

夏道平教授（1907—1995），湖北大冶人，台湾著名的经济学家、政论家。"《自由中国》"半月刊的主笔和撰稿人，《经济前瞻》杂志创办人。夏道平教授是自由经济学的先驱，坚信自由经济理论和市场经济，最早翻译和介绍了奥地利自由经济学大师米塞斯和哈耶克的思想和理论。夏道平教授接受经济学训练开始于武汉大学经济系，抗战爆发后，夏道平教授随武汉大学迁至重庆，先后任军队文职军官、国民经济参政会经济建设策进会研究室主任，其间与胡适成为了好友。1949 年夏道平教授去往台北，同年在台北创办了"《自由中国》"半月刊，1960 年"《自由中国》"遭台湾当局查禁。此后，夏

---

① 费景汉：《台湾通货膨胀理论与政策之检讨》，1981 年 7 月 30 日在台湾"工商协进会"上的讲话。

道平教授专心翻译奥地利学派的著作，并成为坚定的自由经济理论者。

夏道平教授《讨论经济问题应有的共识》① 一文为蒋王论战进行了总结。蒋王论战中，由于特定的背景，蒋硕杰在论战中处于劣势，但其观点为夏道平教授所赞同，于是写信对当时身处劣势的蒋硕杰先生表示支持，蒋硕杰先生将之视为"如闻空谷足音、实引以为莫大鼓励"，而且盼望夏道平教授也能"常为文驳斥滥竽充数之经济学家在报章发表之言伪而辩之文章"。而《讨论经济问题应有的共识》就是在这样的背景下撰写的，原刊于 1982 年 9 月 5 日台湾"《中央日报》"第 2 版。

夏道平教授指出讨论任何问题，若要讨论有意义，参与者除须具备最基本的条件以外，还要对这个问题有某一层面的共识。最基本的条件有二：共同价值判断与纯洁的逻辑思考。至于共识，那就要看讨论的问题是什么了。就经济问题而言，涉及的共识有如下四点：市场法则、货币纪律、长期与短期、理论与事实。

就市场法则而言，尽管有时不能顺利运作，却是一永恒的潜在力量，它来自千古不变的人性。你可以用大力歪扭它、抗拒它，但你不能消灭它。现在我们看到的这个实在世界，一半是大体上遵循市场法则的市场经济，一半是违背市场法则的统制经济。两相对照，厉害分明。虽然现实中的市场经济不是完全的，因而市场法则不可能在实际的任何时空都顺利运作，正因为如此，地区政府的措施要为它解除障碍，让市场法则得以发挥作用，即促进市场自由化。市场的自由化，也即一切价格的自由化，这样有限的经济资源才会做到最有效率的利用。

就货币纪律而言，货币纪律的维持，为的是维持货币购买力的稳定，货币购买力如不相当稳定，合理的经济计算就不可能，其结果势必有些经济活动陷入停滞，有些就乱碰乱撞，最后的结局，就是整个社会秩序的解体。维持货币购买力的稳定，也即适度控制货币供给量。在今天的情势下，通货紧缩不会成为严重问题，通货膨胀却是我们这个时代最具魔力的妖精。可是，

---

① 何卓恩、夏明：《夏道平文集》，长春出版社，2013。

不懂得经济病理学的大众，在现代民主政治或号称民主政治的国家，经由大众传播的报导，便会成为通货膨胀的社会压力。

就短期和长期而言，经济分析所讲的长短期是相对的意义，无法确定地以几年几月来划分。时间偏好，对任何人来说都不会是绝对的。在简单的个人生活中，每个人都会有现在与将来的考虑，可是一触及复杂的经济问题时，长期的考虑，只有经济学家能胜任。而现实中着眼于短期的经济学，如凯恩斯，虽然对新概念或者新工具有贡献，但从社会哲学和道德层面上讲，他的某些如"长期，我们都死了"的论断有一定的弊端。

就理论与事实而言，理论与事实是相辅相成的，事实的本身不能解释它自己，没有理论运作，事实毫无意义。当我们有意义地设想某一事实的时候，我们必定联想其他某些事实。这一联想就是理论运作，一大堆杂乱的事实摆在我们眼前，他们本身都是哑巴，在他们可能提示什么讯息以前，我们必须安排他们，这一安排就是理论运作。

夏道平教授《讨论经济问题应有的共识》一文不仅是声援蒋硕杰先生，也是对蒋王论战的总结，同时也是蒋王论战对学术界影响的体现，即人们在探讨经济学基本问题，需要达成的一些共识。

（二）对舆论界的影响

1. 台湾《经济日报》社论

1981 年 3 月 31 日，台湾《经济日报》发表了《经济安定、经济成长与货币供给额》的社论。最近有关如何继续维持经济的稳定成长，不但成为经济政策上的重大课题，而且也成为大家热烈讨论的经济问题。兼顾成长与安定的经济政策，方向极为正确，因而应续予维持。但当成长与安定两项目标无法兼顾时，即发生所谓的政策性目标的优先性问题。此时，在经济政策上对于达成多少成长率及忍受多少物价上涨率，即应根据客观条件及政策上的判断加以决定，然后透过财经政策的运用，管理总有效需求，以求既定目标的实现。针对能源危机的发生及通货膨胀的问题，以往的政策未能发生效果，台湾地区也出现了滞胀。针对蒋硕杰先生提出的控制货币供给量，利率自由化，能继续达成稳定的成长的观点，提出了不同的看法：（1）将去年物价大幅上涨的原因归于金融赤字，与实际不符。（2）其正常建议虽有助于物价安定，但对于经济成长却将构成很大的打击。由于台湾地区多年来经济快速增长，因而资金的需求一直大于资金的供给。这也是过去多年来货币供给额增加率较大的主要原因。如果骤然将货币供给额增加率降至10%以下，又限制银行须有存款，则将使工商业得不到必要的生产资金，此时，又若使利率大幅上升，则将使投资诱因大降，形成经济衰退局面，能达成稳定成长的目的。

中国台湾地区的经济发展较欧美等发达国家或地区晚，生产资金不能完全依靠区内储蓄，而颇有赖于金融的支持与区外资金。第二次世界大战后的日本，亦曾以金融的支持，而达到高度成长的奇迹。在相当一段时期内，日本银行的放存比超过100%，此为金融支持产业的重要指标。德、日两国之例，均可证实，在资本积累不足的国家，金融支持生产的重要性。

关于货币供给增加率与物价上涨的问题。1973—1974年，台湾地区物价分别上涨22%与41%，但其货币供给额增加率则分别为49%与7.7%，这样的增加率能否引起41%的物价上涨。如果说是货币供给额增加的滞后效应，1975—1980年的货币供给额的增加率分别为27%、23%、29%、34%、7%、20%，而物价上涨率分别为－5%、2.8%、2.8%、3.5%、13.5%、5%、20.5%，从这些数字上，都不能据此认为货币供给额的增加，影响了物价上涨。

2. 台湾 "《中国时报》" 社论

1981年4月15日，针对蒋硕杰和王作荣的观点，"《中国时报》"发表了一篇社论，题目是《为在稳定中求成长进一解》，社论开宗明义说：台湾当局提出了"在稳定中求成长"，"如这二者不可得兼，则将牺牲经济成长以维持物价稳定"，"一般人士对这个观点的理解并不一致，我们深恐误解上面二段话，走上偏激一途，因而得出错误的政策，误了前途，特此就属于观念问题予以澄清"。这样的开宗明义虽说是面对一般人士澄清观念，实际上是针对蒋硕杰的政策主张进行抨击。它的主要内容有三：（1）所谓经济稳定，经济学上并无明确的定义，即使强调稳定的货币学派也说不出一个道理来，只是说要稳定而已。但有一点是可以确定的，那就是所谓稳定并不是物价没有涨跌，更不是个别物价没有涨跌，一般物价及个别物价都会有涨跌，问题只在涨跌的幅度多大才算不稳定。这就要看各国或地区的环境及同一国家或地区的不同时间的环境而定，没有明确标准。（2）所谓经济稳定或不稳定，在经济学上并不专指通货膨胀，经济成长停滞或衰退也是经济不稳定。（3）在稳定中求成长的稳定，显然是一个政策条件，而成长则是政策目标。没有成长的稳定是为稳定而稳定，是没有意义的稳定。社论的这三点主要是强调两个方面：一是什么是经济稳定，经济学上没有明确的定义；二是所谓经济稳定或不稳定，在经济学上并不专指通货膨胀，经济成长停滞或衰退也是经济不稳定。

社论在强调了这两个方面后说：我们当前所面临的问题，是经济停滞与通货膨胀两种不稳定同时出现，而通货膨胀则是外在的因素所引起，所谓输入性的通货膨胀。地区政府所应当做的事是全面检讨区内通货膨胀因素，包括联合独占等制度上的因素在内，勿使对区外因素作过度的反应，以求取经济之合理稳定。另一方面，适当融通民营企业资金，协助其更新设备，引进技术、改进现有产品，增加新产品，以促进出口，加速经济成长。任何偏向一边都有害于台湾地区经济前途，因而有害于台湾地区整个前途，建言者不可不慎。此外，社论还着力指出："我们在经济政策上，一向实事求是，不尚空谈。"社论抨击蒋硕杰的政策主张，倾向支持王作荣的意见，非常明显。

3. 台湾《工商时报》社论

针对蒋硕杰先生提出的将货币供给额增加率降至10%以下，如果此项政策被台湾当局采纳，并予以实施，则其后果甚虞，不言而喻。一位凯恩斯学派经济学家，在经济发生通货膨胀时，当然会同意应对货币数量做适度的控制。但当货币供给增加率突然而过度的抑制，恐怕会加以反对。美英两国正在试验，实施严格控制货币供给量的政策。但是货币供给量的种类很多，目前美英两国的货币当局均严格控制 M_2，却又极难掌握。优势货币数量能控制，而利率又激烈上涨。且在货币学派的学者、专家间，对究竟应控制何种货币供给额，亦无一致的意见，尚在互相争论不休，令我们旁观者对他们的做法降低了信心。

我们认为，当前台湾地区经济政策措施的选择，不可迷信经济学家的某一学派，凡对安定与成长有利者，自应采用。凡不利者，虽亚当·斯密复生而倡导，亦可不顾。

（三）对实业界的影响

无论任何的经济金融调控政策，受益或者受损最直接的是企业界，调控政策的实施也是为了能够刺激实业发展，从而达到经济成长的目标。蒋硕杰先生和王作荣先生有关经济金融政策的争论，同样引起了企业界的高度关注，对于二者的观点，台湾《联合报》（1981 年 3 月 29 日）发表了部分实业界的代表及学者的看法。

厚生橡胶公司总经理徐风和对蒋硕杰先生的经济成长与物价稳定相辅相成的论点完全同意，不过他强调，没有安定的物价，欲求健全的经济成长固然困难，然而如没有经济成长，欲求物价长期的安定则更难。（1）利率自由化是一项理想，我们应朝向这个目标努力，当前的问题是我们的客观条件似还未能达到利率自由化所需要的前提，如台湾地区的外汇，台湾地区的外资还在管制之下，台湾地区的外资并不能因利率的高低自由流动。再如台湾地区现在银行绝大部分为公营，限于种种法令，很难发挥自由竞争的功能，虽然另外还有不少台湾地区的外资银行，但亦因限制太多，这些台湾地区的外资银行亦不能充分尽其所能为台湾工商界服务。（2）存款利率的问题。利率与存款的关系不是绝对的，以日本银行为例，存款利率很低，但能吸收甚多存款，关键是银行应设法争取，央行如准许多做放款，则各银行本身就必须想尽办法来吸收存款。银行存款的增减，存款利率固然重要，但如果银行业能有更大的公平自由竞争，来争取存款的话，存款也会增加的，提高存款利率，只是方法之一，像日本虽然知道利率自由化是很好的目标，但也未能实施。以台湾地区当前的环境，利率自由化的实施，恐怕可能操之过急。（3）货币供给额和通货膨胀的关系。徐总经理举出美国罗斯托（W. W. Rostow）在

《向二十一世纪迈进》的新作中指出的，1955—1965 年美国通货膨胀率为1.5%，日本为3.8%；1965—1972 年美国为8.8%，日本为5.5%；1972—1976年，美国为8.8%，日本为15.1%。由上述指标来看，通货膨胀率在1972—1976 年提高甚多，可见仍是石油危机引起的。过去日本经济高成长时，一直维持20%的货币供给年增长率，他们物价上涨在3%～5%。目前日本采取低成长政策，货币供给额年增长率是7%，经济增长率为5%，加起来12%，与货币供给额增加率13%相当。因此，他觉得如果说我们的经济成长率定为7%，假设通货膨胀率为10%，是不是把货币供给量维持在17%，比较合乎实际。

宝隆纸业公司总经理赵常恕表示，蒋硕杰博士的论点，在理论上是相当正确的，但在实际发展的过程中，很难完全支持蒋博士的看法。（1）货币供给与通货膨胀。我们过去可以容纳货币供给20%的增加率，那时候的物价为什么不涨，货币供给额增加率维持在13%左右，反而物价上涨得凶猛。如果货币供给量不能有适当的比例增加，可预见的是生产萎缩，由于货币供给量不足，还是会引起物价上涨的。（2）利率与物价。通货膨胀会危及工业发展，工商界知道控制物价是对的，但有时物价的上涨，非人为因素所能干预。再就利率提高而言，势必影响产业成本增加，虽说利息占成本的比例不是很大，但无可否认，工商界一定会转嫁到售价上，也可能造成物价的上涨。（3）利率自由化。利率自由化原则上是对的，可是以现今银行的当铺作风，如果实施利率自由化，多数的中小型企业还是借不到钱，固然存款利率提高，或可有助于银行吸收存款，但在目前利息免税的阶段已过，在课税的情况下，多半的人可能宁愿将多余的钱寄放在亲朋好友那里。换句话说，如果只顾理论，单把利率提高，没有其他条件配合，银行还是吸收不到存款。

交通大学特约讲座教授魏凌云针对蒋硕杰先生的让银行利率由自由市场来决定的观点发表了看法。以他在台湾地区居住七年，在美加两国居住二十多年的观察，指出蒋硕杰关于提高利率、增加储蓄、紧缩通货、抑制物价的主张，在今日几乎家喻户晓，最近几年在美加也反复做过，其结果是利弊互见。在利的方面，提高利率，紧缩通货，确可以一时将物价抑制不涨，或缓和涨势。至于增加储蓄多少，一时不易看出。但在教授、医生和工程师为主的友人中，因利率提高而急于储蓄的并不多。相反地，只要物价暂停上涨，家有余钱，都尽量囤积物品，尤其是抢购减价品，以免日后涨价吃亏。至于弊的方面似乎不少：（1）工商业因利息高，有的转嫁到商品上，有的裁员，节约开支。至于发展扩建，则束之高阁。（2）受害在列最快的，是建筑及汽车业，因为房屋与汽车，必须分期付款，使中下收入者，都无力买房或汽车。（3）由于房屋及汽车滞销，引起大批工人失业，于是降低整个社会购买力，恶性循环，更造成工商业不景气。（4）由于工商业不景气，地区政府税收减少，但同时失业人数增加，地区政府的失业救济金大量支出，于是地区政府财政蒙受双重损失。（5）由于美国汽车价高（因利息高），日本汽车销美加数量直线上升，使美加汽车业遭受内外双重打击。地区政府不能坐视，又将利率逐渐降低，以解救工商业困难，并减少失业人数。关于让银行利率由自由市场来决定的主张，美加政府似乎也不敢这么做。因此，魏凌云认为，蒋硕杰先生大胆主张，纯属理论，没有实例可以支持。

淡江大学教授汤慎之以他多年来对台湾地区经济所作的计量研究指出，蒋先生的观点以长期及静态而言，均甚正确，而难以否定。但通货膨胀过程本身为一复杂动态性的调节过程，它包括企业行为、消费者、金融体系之预期的修正或调整，更由于台湾地区依存境外贸易极重，故其内容殊为多端，难以用需求牵引囊括其一切。汤教授通过计量研究，进口单价指数上涨1%，则一般物价大约上涨0.703%，影响不大。货币供给量对物价的影响要在第一季度以前，但消费支出缺当期即生影响。此点至少证明货币因素绝非唯一主要影响通胀的元素，而通胀乃是一动态反馈的过程。但并不是说不要严格控制货币供给量，不过说台湾通货膨胀起因于输入性，通过需求牵引及成本调整，两者难以达到稳定均衡，而养成预期膨胀心理，反复相互因果。因此欲使物价一次上涨反映出成本，在比较静态而言则可，以动态而言，则至少困难多多。故今后货币供给成长率仍宜以经济成长率为准则，使二者相等，另参考真实利率及预期物价上涨率为准。基于此，台湾地区的货币供给成长率宜为 8% ~ 9%。

（四）对台湾地区政府决策的影响

尹仲容在任台湾"经济部长"时期，采纳了蒋硕杰先生的金融政策主张，全面提高银行利率，汇率贬值并加以单一化等政策，有力地促进了台湾地区的经济发展，为发展中国家和地区抑制通货膨胀、促进经济发展提供了现实的理论和实践事例。台湾地区发展初期的贸易自由化政策为新出口产业争得许多的投资机会，而高利率政策的推出，促使自愿储蓄大量回到银行体系，为台湾地区的生产领域提供了充分的膨胀性的融资，使得台湾地区的经济突破了起飞阶段，进入了自立持续成长阶段。虽然台湾当局主要采取了蒋硕杰先生的政策主张，并取得了一定的效果。但从长期来看，王作荣先生的主张同样对台湾地区的经济发展也有着重要的作用，台湾地区在 20 世纪六七十年代，经济发展水平还不高，市场经济体系还不健全，社会生产能力有限等情况，也是造成物价上涨的重要原因。王作荣教授提出的主张，正是从社会发展的长期入手，通过经济体自身生产能力增加、市场体制健全、经济结构平衡发展等方面的增强来提高整个经济体的发展能力，只有整个经济体发展能力的提高才能使得经济发展更加稳定。

（五）对台湾地区外的影响

1. 学术理论影响

斯坦福大学的麦金农教授在其 1973 年出版的《经济发展中的货币与资本》（*Money and Capital in Economic Development*）一书中多次强调，发展中国家或地区如果想要成功地发展，必须做到两个不可缺少的条件：一是调整汇率至接近均衡水平；二是提高银行利率，使它至少能超过通货膨胀率，而保证相当的真实利率。

日本经济学家金森久雄指出，从日本的经验来看，中国台湾地区最好采取抑制公共投资的紧缩性财政政策及扩张性货币政策，稳定物价绝不可过分依赖提高利率、减少贷款等紧缩性金融政策，紧缩性金融政策不仅对抑制输入性物价上涨及工资上涨帮助不大，并且恐将影响企业界未来长期发展。

2. 政策举措影响

韩国也通过官方利率的大幅提高、汇率的贬值等方法，获得了经济的稳定快速发展。1973年，国际劳工局对菲律宾的经济顾问团，同样提出了要菲律宾效仿中国台湾地区和韩国的做法，提高银行利率，汇率贬值。而中国台湾成为世界上较早通过提高利率的方法来抑制通货膨胀，促进经济发展的地区。亚洲四小龙的韩国、日本和中国台湾、中国香港，在实行高利率政策下，居民储蓄倾向增加，资本流入加速，使这些国家和地区不需要以制造通货膨胀的方式来实现高水准的国内资本形成，同时贸易自由化所引起的出口产业的快速扩张，提供了许多投资机会，因而毫无困难地将国/境内所能提供的储蓄全部吸收利用了。

四、对论战的历史评价

从历史上来看，经济学界的许多争论并不引人注意，即使是一些在当时很引人注目的争论，进过一段时间后也会销声匿迹，被人遗忘。但发生在20世纪七八十年代中国台湾的"蒋·王论战"，源于对政府政策主张的辩论，论战所产生的意义和作用已远远超出论战本身的结果，且其对分析问题的思路和洞察力仍值得我们思考和学习。

（一）为台湾地区经济转型发展奠定了基础

蒋硕杰先生的观点最终获得了台湾当局的认同，其调控思想体现在政府当局出台的调控政策中，调控政策的出台，不仅使得台湾地区走出了"滞胀"的困境，而且为台湾地区经济下一步的发展思路和转型发展奠定了坚实的基础。通过论战，学术界和当局对世界经济发展新格局、新形势以及台湾地区经济发展历史、经济运行中存在的问题、面临的困境等方面有了较为深入的了解，为台湾当局的决策提供了充足的基础资料和参考依据，为后续政策制定的针对性提供了很强的参考。但台湾当局只是部分接受了蒋硕杰先生的政策主张，没有达到预期的效果，"蒋·王论战"的效果主要在民间，起到舆论导向的作用，而当局真正采纳的很少。

（二）为建立有效决策机制提供了经验

经济发展的外部政治经济条件对经济体运行有着很大的影响，而现实经济运行的外在表现形式却变化多样，采取得当的调控政策熨平经济发展的波动，是各国和地区政府当局最为关心的事情。从经济学家角度来看，经济学家要尊重实际，活学活用经济理论，不照搬、不固化，学术研究要从实践中来，要有充分的基础资料，提供的政策建议要立足实际，具有较强操作性和实施性。从台湾当局来看，要为学者的学术研究提供一个自由交流平台，尊重不同学派的观点和主张，保证学者的相对独立性。涉及地区的重大政策措施，要在征求各方意见，充分讨论的基础上制定。

（三）推动学术研究的社会化和平民化

各种学术观点都是对现实经济活动的高度浓缩，抽象于现实经济活动，都有着很强的约束条件，没有绝对的正确，也没有绝对的错误。通过创造学术自由的氛围，让更多持有不同观点的学者从不同角度去阐述，更能丰富理论，更能完善理论。从各位学者的文献中来看，各位学者的写作手法，几乎都没有运用复杂的数学公式，而是采用了举例子、列数据、讲道理的方式，用平淡的语言，阐述复杂的经济现象，这种平民化的表述方式，易于被大众接受，更能获得民众的支持。论战的平台采用了大众媒体，开放式的平台为广泛的参与提供了条件。

（四）揭示了现实社会中的不公平现象

蒋硕杰先生对凯恩斯主义提出的大幅提高货币供给年增长率，配以低利率的政策药方，采用形象的"五鬼搬运法"和"金蝉脱壳"比喻来刻画该政策带来的弊端。"五鬼搬运法"，简单地说就是增发货币掠夺别人商品的方法。蒋硕杰先生形象地说：假使有人既不从事生产或服务，又不肯以适当的代价向人告贷，而私自制造了一批货币，拿到市场上来购买商品，那就等于凭空将别人的生产成果掠夺去一样，这种盗窃行为是神秘而不露痕迹的，称为"五鬼搬运法"。如果银行擅自增制新货币，包括现金和银行活期支票存款，把其贷放给借款人的话，就等于银行帮助借款人施展"五鬼搬运法"，去搬运别人的财务来供他们使用。所以"五鬼搬运法"实质上就是过度发行货币所产生的金融赤字。"金蝉脱壳"，简单地说就是货币贬值有利于还债。

（撰稿人：郑智峰　刘海二　　审稿人：曾康霖　缪明杨）

参考文献

[1] 蒋硕杰：《稳定中求成长的经济政策》，载 1981 年 3 月 5 日至 6 日台湾"《中央日报》"。

[2] 王作荣：《经济学说与经济现实》，载 1981 年 4 月 17 日至 18 日台湾"《中国时报》"。

[3] 蒋硕杰：《台湾经济发展的启示》，78 页，经济与生活出版事业股份有限公司，1985。

[4] 王建军：《台湾通货膨胀与经济增长之关系》，载《世界经济》，1989（3）。

[5]《今年物价上涨的原因与解决途径——兼论农业发展问题》，载《台湾经济发展论文选集》，原载 1968 年"《中央日报》"。

[6] 蒋硕杰：《货币理论与金融政策》，载 1981 年 6 月 3 日台湾"《中国时报》"。

[7] 王作荣：《敬答蒋硕杰先生》，载 1981 年 6 月 3 日台湾"《中国时报》"。

[8] 张军扩：《"王蒋论战"和台湾的经济发展》，载《经济理论比较》，1986（5）。

[9] 刘泰英：《论稳定中求成长之经济政策》，载 1981 年 6 月 10 日台湾"《中国时报》"。

［10］林钟雄：《经济情势转变中的长短期策略》，载 1981 年 6 月 25 日台湾"《工商时报》"。

［11］费景汉：《台湾通货膨胀理论与政策之检讨》，1981 年 7 月 30 日在台湾"工商协进会"上的讲话。

［12］蒋硕杰著，范家骧译：《蒋硕杰经济科学论文集》，北京大学出版社，1999。

［13］蒋硕杰：《蒋硕杰先生学术论文集》，台湾远流出版事业股份有限公司，1995。

［14］梁钧平：《"蒋王"之争与台湾经济发展道路的选择》，载《经济科学》，1996（4）。

［15］王作荣：《台湾经济发展论文选集》，时报文化出版事业有限公司，1983。

［16］何卓恩、夏明：《夏道平文集》，长春出版社，2013。

百年中国金融学科建设和金融事业发展大事记

（1911—2013年）

1911 年

● 12 月，孙中山发表《倡议钱币革命对抗沙俄侵略通电》（简称《钱币革命》，又称《救亡策》），提出废金银币，实行纸币制度。其货币理论是其经济建设思想中最富于理论色彩的一个部分。

1912 年

● 1 月，大清银行"商股联合会"正式上书孙中山，建议"就原有之大清银行改为中国银行，重新组织，作为政府的中央银行"。24 日，由孙中山总统下令批准成立中国银行，中国银行应运而生。中国银行一度行使当时政府中央银行的职能。

● 11 月，康有为发表专著《理财救国论》，主张"妙用银行"，在中国首次提出建立完整的银行体系的构想。他参考资本主义国家的银行制度，主张将中国的银行分为上、中、下三个层次：上层是中央国家银行，中层为组合银行制度，下层采用国民银行。他主张股票必须流通（结撰时间 1912 年 5 月，正式铅印刊布 1912 年 11 月）。

● 孙中山反复提示应大力支持整顿金融，建立金融机构，统一货币。孙中山直言银行为实业之母。

1913 年

● 1 月，北洋政府颁布商业银行纸币发行条例，规定发行总额不得超过该行资本总额的 60%。

● 4 月，《中国银行则例》经北洋政府财政部制定，参议院通过，以大总统令公布实施，明确中国银行总行设于首都北京。

1914 年

● 2 月，北洋政府颁布《国币条例》及施行细则，以圆为主币单位，每圆含银六钱四分八厘。

● 12 月，首部《证券交易所法》公布施行。

● 章太炎发表《惩假币》，谴责袁世凯政府滥发纸币，他重申金本位制、开采金矿、发展本国实业的主张，既反映了他为维护人民利益而反对政府过量发行纸币的良苦用心，又是他全面阐发其金属主义货币理论的总纲所在。

1915 年

● 6 月，陈光甫在上海成立上海商业储蓄银行，简称上海银行，获准在香港发行辅币 300 万元。

● 7 月，上海外国银行联合会成立。

1916 年

● 3 月，中国银行东三省分行发布实行东三省大洋券布告。张作霖就此发布通令，要求全省军警商民一律使用大洋券，并以此作为各项收支的有价凭证，以缓解其时东三省严重的财政金融危机。

● 5 月，中国银行、交通银行因对袁政府垫款而发生挤兑风潮，北洋政府命令两银行停止兑现、付现，设于上海租界的中国银行上海分行拒不执行，照常钞票兑现银、存款付现银，赢得社会人士赞赏，信誉大振。张嘉璈因与宋汉章合作抗拒北洋政府停兑令而声名鹊起，次年出任中国银行副总裁。

● 11 月，日本住友银行上海分行开业。

1917 年

● 5 月，上海银行业创立著名的《银行周报》，旨在促进本国银行业的发展，提高本国的金融组织健全程度。

- 杨端六翻译《卫士林支那货币论》，成为最早的有关货币学的译著之一。

1918 年

- 6 月，北京证券交易所开业，额定资本 100 万元，实收 10 万元，经纪人名额 60 人，以公债交易为主。
- 8 月，北洋政府公布《金币条例》，但未实施。

1919 年

- 廖仲恺为了宣传孙中山的钱币革命，解决当时政府的财政困难，发表了《钱币革命与建设》，主张废弃金银，实行纸币制度。他认为实行虚金本位制或实金本位制都不是中国币制改革的方向，中国只有实行币革命才是正确的选择。他提出的一些方法对改善当时广州的财政、安定人民生计和奠定经济建设基础很有成效。
- 孙中山发表《建国方略·孙文学说——行易知难（心理建设）》，认为货币起源于商品交换发展的需要，由物物交换过渡到货币关系，这符合货币起源的历史过程。

1920 年

- 4 月，廖仲恺发表《再论钱币革命》，针对当时中国"钱币制度不立，价格不一，其影响于国民经济及内外贸易者甚巨"的情况，提出了关于货物本位的理论及实施办法。
- 朱执信先后于 1919 年发表《中国古代之纸币》，1920 年发表《千贺博士之金本位废止论》及《米本位说之批评》，他不但汲取了西方货币学说的营养，而且认真总结了中国纸币产生和发展的历史经验教训，为中国币制改革寻找理论依据和指出前进的方向。

1921 年

- 5 月，上海华商证券交易所开业，资本 10 万元，一次收足。1933 年上海华商物品证券交易所的证券部分并入，成为最具影响的中资证券交易所。
- 12 月，上海"信交风潮"爆发。未经中国政府批准，在租界盲目设立的 100 多家交易所和 10 多家信托公司纷纷倒闭，风潮过后仍能存在的交易所只有 6 家，信托公司只有 2 家。

1922 年

● 1 月，杨端六出版专著《信托公司概论》，它是对信托公司最早的介绍性专著之一。

1923 年

● 1 月，杨端六出版专著《货币浅说》，介绍了货币的起源、种类和作用，批判了当时有人主张废除货币的论点，该书是国人自撰的最早的货币学专著。

1924 年

● 1 月，中国银行对钱庄和无发行权的银行实行领券制度。

● 2 月，北洋政府发行用于偿还内外债的八厘公债 9600 万元（亦名九六公债），以盐税剩余和关税余额为担保。领券行庄以一定比例的现金和其他资产为担保金，领用中国银行钞票。这一制度，后为其他发行银行所效仿。

● 7 月，东三省官银号成立，发行纸币，俗称奉票。该号系由奉天兴业银行和东三省银行合并组成。

● 8 月，广东军政府设立的中央银行开业。

● 陈豹隐发表了中国最早的自著财政学教科书《财政学总论》，这是中国最早的自著财政学教科书。

1925 年

● 12 月，马寅初著《中国国外汇兑》一书，"致力于揭破国外汇兑奥秘"，由商务印书馆出版。该书及其所著的《中华银行论》可能是 20 世纪中国最早的介绍货币和银行的著作。

● 张家骧著《中华币制史》，由民国大学出版部出版。该书对中国几千年的货币制度和货币史统计资料进行了系统整理。

1926 年

● 1 月，王永江辞职，标志着奉系军阀财政、金融改革失败。

● 6 月，中国银行为应付南北政局变化，决定由张嘉璈以副总裁身份驻沪办公，以"观察形势，联络各方"。

1927 年

● 2 月，中国农业银行在大宛农工银行基础上改组成立。额定资本 1000 万元，实收 500 万元。总行初设北平，1931 年迁上海，在广州、天津、汉口、北平、南京、杭州等地设有分行。1928 年呈准发行钞票。

● 寿毅成发表《我国经济改造声中的货币问题》，主张实行银元本位制。

● 1927 年，中国共产党在第一个革命根据地建立自己的银行，是为中国共产党领导下的金融事业的开端。

1928 年

● 3 月，中国银行公开纸币发行准备，成立发行准备检查委员会，每星期检查一次，每月 1 日检查情况在报纸上公布。

● 6 月，全国经济会议在上海召开，会上决定废两改元，此案后经 7 月间召开的全国财政会议通过。宋子文在会议上就币制改革的原则、方针、步骤做了简要说明。会议决定成立"四行二局"，学术界称中国金融体制从自由走向垄断。

● 8 月，国民党召开二届五中全会，宋子文向大会提交《统一财政，确定预算，整理税收并实行经济政策、财政政策以植财政基础而利民生建议案》，他认为，财政的运作是与金融贸易、银行制度、发行公债、建立国家银行等分不开的。

● 10 月，南京国民政府公布的《中央银行条例》，由宋子文主持起草，较为集中地体现了他在中央银行问题上的观点和主张，即中央银行应凌驾于各银行之上，并以全民的利益为目标，不以银行自身利益为目标。

1929 年

● 马寅初著《中华银行论》由商务印书馆出版。该书从银行原理和中国国情入手，探讨银行业务的实质、作用、种类、具体工作，以及中国金融制度与缺点，所由产生之环境与关系，影响因素及不发达原因。

● 20 世纪 20 年代末，王亚南相继翻译了亚当·斯密的名著《国富论》、马尔萨斯的《人口论》、约翰·穆勒的《经济学原理》等经济学专著。

1930 年

● 3 月，陈豹隐所译的《资本论》第 1 卷第 1 分册由上海昆仑书店出版发行，此为《资本论》第一个中译本。

● 9月，朱彬元著《货币银行学》由黎明书局出版。该书是中国学人编著的第一本货币银行学教材。

1931 年

● 11月，在江西瑞金召开的中国苏维埃第一次代表大会上，通过决议成立中共苏维埃共和国国家银行，并发行货币。

● 杨端六与侯厚培根据1864年至1928年间的海关清册著成的《六十五年来中国国际贸易统计》，绘有图表40余幅，成为中国第一部国际贸易资料集。

1932 年

● 6月，近代上海银行业一个重要的金融服务机构——中国征信所成立，这是第一个由中国人创办的专业征信机构。

● 国家银行成立后积极开展了储蓄业务，毛泽东在全苏二大的报告中指出，经过经济建设公债及银行招股存款等方式，把群众资本吸引到国家企业、发展对外贸易与帮助合作社事业等方面来同样是要紧的办法。根据他的指示，1934年春，国家银行专立储蓄部。

1933 年

● 1月，陈光甫以《国家与银行》为题，谈"应发深省"的感言，他理想中的银行事业，脱离正统的英国银行专营商业金融的范围，而采取美国银行所谓"百货商店"的经营方式。这在中国商业银行制度中，实属首创。

● 4月，上海实施废两改元，随后全国各地汇兑、交易和债权债务均以银元为单位，不再使用银两。

1934 年

● 2月，姚庆三出版《财政学原论》，此为我国最早的财政学教科书。

● 9月，周伯棣著《中国货币史纲》，该书从历代货币沿革入手，论述了现代的通货、民国的币制，最后提出币制改革的问题。周伯棣先生的货币管理理论，研究了纸币的不稳定性，实际上是追求国内贸易和国际贸易平衡的理论。

- 陈岱孙著《金汇本位与战后之欧洲金融》，认为金汇兑本位制的内在运行机制是其崩溃的原因，不仅在理论上对其运行机制进行了深入的分析，提出了金汇兑本位制的优缺点，而且在实际操作上为今后货币本位制的选择提出了建议。

1935 年

- 3 月，张培刚在《一年来农村金融的调剂工作》一文中，对农村金融在数据分析基础上做了客观分析，其所提出的政策建议在现阶段仍然具有一定的借鉴意义。

- 10 月，章乃器发表《各派币制改革论之介绍及批评》，重点介绍了徐青甫的"虚粮本位"、刘冕执的能力本位制、阎锡山的"物产证券"、褚辅成的"货币革命论"、管理货币以及改用金本位，并对这些观点进行评议。

- 11 月，财政部布告实施法币政策。以中央银行、中国银行、交通银行发行的钞票为法币，所有完粮纳税及一切公私款项的收付，概以法币为限，不得行使现金，其他银行发行的钞票照常行使，不得增发，持有白银、银元者向指定银行兑换法币。为使法币对外汇价按照目前价格稳定起见，应由中央银行、中国银行、交通银行无限制买卖外汇。

1936 年

- 2 月，黄元彬著《白银国有论》由商务印书馆出版。他认为固定汇价的办法会使中国卷入世界经济恐慌，应牺牲汇价稳定以保持物价稳定，即实行他所主张的"物汇矫正策"。

- 8 月，杨荫溥著《中国金融研究》由商务印书馆出版。其具有理论与应用兼顾、历史与现实结合的特点，在当时有较大影响。同年著有《中国金融论》。通货膨胀理论是杨荫溥金融思想的重要部分，其认为通货膨胀是以增加通货数量为手段，以压低币值、抬高物价为目的的一种货币政策。在根本上，杨荫溥将通胀视为政府的货币增发行为，认为通胀是一种货币现象。

- 林维英著《中国之新货币制度》，力主中央银行保持独立性，对国民政府银行体制改革产生了一定的影响。

- 梅远谋著《中国的货币危机——论 1935 年 11 月 4 日的货币政策》，认为中国银本位货币体系的终止与特殊货币体系的建立是因为 20 世纪 30 年代存在着货币危机。

1937 年

● 7 月,刘絜敖出版《经济学方法论》,从当时盛行的或争论不休的经济学的主要问题出发,构造了一个完整的经济学方法论体系,这在国内是第一本,为我国经济学的发展奠定了基础。

● 10 月,在西北分行的基础上,改组成立了陕甘宁边区银行,总行设在延安,在绥德、三边、陇东、关中设立分行。这是抗日根据地人民的第一家自己的银行。陕甘宁边区银行成立以后,开展对敌货币斗争,维护了革命根据地货币市场的稳定与统一。

1938 年

● 8 月,毛泽东、洛甫、王稼祥、刘少奇在致聂荣臻、彭真并朱德、彭德怀的《边区的货币政策》中指出根据地货币政策的原则:"(一)边区应有比较稳定的货币。(二)边区的纸币数目,不应超过边区市场上的需要数量。(三)边区的纸币应该有准备金。"

● 王亚南与郭大力将《资本论》三卷中文译本出版,这在当时,不仅是中国经济科学研究中的一个新鲜事物,给当时的中国吹来了一股清新之风,更是马克思主义在中国传播中的一件大事,对中国的共产主义运动产生了重要影响。

1939 年

● 4 月,国民政府发行建设公债。

● 青岛中行所发行的青岛地名券受到日伪压力,被强制贬值和禁止流通。为了维护持券人利益,中行委托香港汇丰、麦加利(渣打)两银行转托它们的青岛分行代为收兑法币。垫付的款项由上海中行归还给它们在上海的分行。1939 年 3 月到 5 月期间,上海中行共代为拨还 350 万元。

1940 年

● 彭迪先发表专著《实用经济学大纲》,开创性地从个别生产机构、社会生产机构、金融机构和国际经济机构四方面构建了经济学基础学习的框架。

1941 年

● 1月，陕甘宁根据地政府颁布禁止法币在根据地使用的法令，同年2月18日授权根据地银行发行陕甘宁根据地银行券（即边币），规定根据地境内只准使用边币。

● 10月，中共中央西北局决定合并陕甘宁边区与晋绥解放区的金融货币机构，陕甘宁边区银行与晋绥西北农民银行合并成立西北农民银行，陕甘宁边区贸易公司合并成立西北贸易公司，西北贸易公司与西北农民银行在组织机构上也合并为一。

● 胡寄窗分别于1941年和1946年创办了《经济学报》和《经济论评》杂志，为经济理论的研究和交流开辟了专业领域。

● 丁鹄发表《论游资内移与生产要素最少原则》，对20世纪40年代的上海游资问题进行了分析。该文章在引导社会对该问题的认识、帮助国民政府制定政策方面起到了积极的作用。

1942 年

● 黄宪章在《货币政策与国际收支之调整》中提出，如果纸本位币和金本位币的汇兑率依据"购买力平价说"来决定，在技术上有很多困难，且在两国收支发生差额时，除了接受债务国纸币以外，便只有仍旧贷出与该债务国，或购买该国的货物输出，不能和金本位国间调整收支，所以这种学说还不能完全说明纸本位的汇兑法则。而两国货币的汇率，则仅通过两国货币的国外供需情况来进行调整。

1943 年

● 薛暮桥到达山东解放区，山东根据地内法币、抗币、伪币同时流通，币值不稳，物价高涨。在这种形势下，薛暮桥指出完成单一本币制度，是解决货币问题、保持币值和物价稳定的关键，提出了驱逐法币、使抗币独占市场的建议。

1944 年

● 5月，童蒙正著《中国战时外汇管理》，这是当时最有影响的研究战时国民政府外汇管理的专著。该书主要从战时外汇管理措施、管理外汇的机构、进出口外汇、华侨汇款、黄金白银的管理以及外汇黑市取缔等问题入手，较为翔实地描述了战时国民政府外汇政策的演变。

1945 年

● 1 月，褚葆一著《工业化与中国国际贸易》，不仅全面系统地论述了中国在工业化条件下开展对外贸易的诸多问题，而且自始至终把论述的焦点放在中国的基本国情上，这是具有相当思想深度的。

1946 年

● 许涤新在香港创办《经济导报》。

● 许涤新发表专著《中国经济的道路》，提出了对未来经济方向的思考与判断。

● 薛暮桥发表专著《中国农村经济常识》，先阐述以西方国家农村为研究对象的农业经济学，再介绍研究中国农村的生产关系、生产力的状况。

1947 年

● 6 月，彭迪先的《新货币学讲话》由生活书店出版。这是一本结合当时中国货币实际问题宣传马克思主义货币理论的专著。彭迪先提出通货膨胀的实质是对民众的一种租税，其从一种独特的角度剖析了国民党通货膨胀政策的实质，并预言其必然会有崩溃的下场。

● 10 月，黄宪章著《货币学总论》由笔垦堂书屋出版。该书以马克思主义货币学说为指导，通过介绍中外货币学专著，结合中国实际加以分析，是当时学术界一部在理论体系上有创新意义和现实意义的新货币学专著。

● 褚葆一著《货币价值论》，从理论上论述了货币单位价值问题，及第一次世界大战结束后世界各国币制的变化。作者提出的货币价值论，无疑是当时货币理论的一大进步，表现出了创造性的理论思维，在中国货币理论史上占有一席之地。

● 张培刚出于对内战时局的担忧，着重探讨了中国国共内战时期恶性通货膨胀的成因及其对农户的不利影响。他独创性地将西方盛行的四种类型通货膨胀作为物价上涨的四个阶段，并结合中国抗战期间和抗战胜利之后的通货膨胀加以分析，具有重要的现实意义。

1948 年

• 1 月，陕甘宁根据地银行和晋绥的西北农民银行合并为西北农民银行，5 月，晋察冀边区银行和冀南银行合并成为华北银行，由此开始了解放区银行的大发展与新民主主义金融体系的逐渐形成。

• 7 月，赵兰坪著《中国当前之通货、外汇与物价》，指出"一国对外汇价决定虽似复杂，分析言之，不外决于该国货币的供给价格与需要价格"。他依此对中国政府战时与战后的外汇政策进行逐期分析，指出旨在维护汇价与保存基金的政府外汇政策常落后于形势变化，汇价物价时有脱节，从而严重影响中国货币在国外市场的供需。

• 12 月，中国人民银行在解放区河北省石家庄市成立，并发行人民币，标志着新民主主义金融体系的形成。

1949 年

• 2 月，中国人民银行总行迁往北京。在中国计划经济时代，中国人民银行是中华人民共和国唯一的银行，同时履行中央银行和商业银行的职能。

• 7 月，李达发表专著《货币学概论》，该书依据马克思列宁主义，结合我国国情，全面介绍和探讨了有关货币的基本概念和基本理论，阐述由浅入深，联系现实。

• 9 月，中国人民政治协商会议通过《中华人民共和国中央人民政府组织法》，把中国人民银行纳入政务院的直属单位系列，接受财政经济委员会指导，与财政部保持密切联系，赋予其国家银行职能，承担发行国家货币、经理国家金库、管理国家金融、稳定金融市场、支持经济恢复和国家重建的任务。

1950 年

• 2 月 21 日，中国人民银行召开第一届全国金融会议。

• 3 月，南汉宸提出统一财经工作，制止通货膨胀，这是第一次紧缩的货币政策。自 1950 年开始，南汉宸主导中央银行开展了一系列宏观调控措施，通过"三紧三松"的货币政策，在打倒不法商人和投机倒把分子的同时搞活了正常的工商业。

● 3 月 3 日，中财委颁布《关于统一国家财政经济工作的决定》，政务院发布《中央金库条例》。该决定指定中国人民银行为国家现金调度的总机构。国家银行增设分支机构代理国库。外汇牌价与外汇调度由中国人民银行统一管理。国家的主要收入，如公粮、税收及仓库物资的全部，公营及公私合营企业的利润和折旧的一部分，除有特殊规定者外，全部限期缴纳同级金库，通过各地金库汇缴中央金库，作为中央政府统一支配的财力。这次统一全国财政经济工作初步形成了我国高度集中的财政经济管理体制。

● 7 月，全国开始实行统一的外汇牌价。

● 8 月 1 日，在北京召开的全国金融业联席会议倡议建立中国金融学会，并选举产生了第一届理事会和常务理事会，制定了中国金融学会章程，推举中国人民银行行长南汉宸担任理事长。

● 10 月 1 日，中国人民银行创办《中国金融》杂志，先是作为中国金融学会的学术性刊物，后因学会活动减少，逐步转变为中国人民银行的机关刊物。

1951 年

● 5 月，南汉宸行长在全国解放后首次农村金融工作会议上指出，信用社是"国家银行联系群众的桥梁"，国家银行不可能一家一户挨门去联系群众，要广泛发展信用合作，建立一个广泛的农村金融网。

● 7 月 ~8 月，农村信用合作社最初的组织章程确定，该项组织章程虽然在以后的实践中曾经作过多次修正，但对于推进当时信用合作事业的发展起到了积极的作用。

● 8 月 10 日，农业合作银行成立（7 月 10 日政务院批准建立，次年 5 月并入中国人民银行）。

● 中国人民银行召开第一次全国农村金融工作会议。

1952 年

● 12 月，公司合营银行总管理处在上海成立，组成联合董事会，中国人民银行副行长胡景沄兼任董事长，华东区行行长陈穆兼任总管理处主任。该行董事会和总管理处均于 1953 年迁往北京。

- 12 月，全国统一的公私合营银行成立。

1953 年

- 3 月，薛暮桥发表《价值规律在中国经济中的作用》一文，既强调有计划发展规律对其他经济成分的作用，又强调国家必须尊重和利用价值规律等问题。此文被苏联译成俄文，选入《1953 年社会主义各国经济论文选集》。

- 4 月，〔苏〕布列格里著、中国人民大学货币流通与信用教研室译《资本主义国家底货币流通与信用》（上、下册）由中国人民大学出版。该书是新中国第一部货币银行理论的教材。

1954 年

- 2 月 20 日，中国人民银行召开第一次农村信用合作座谈会。

- 10 月 1 日，中国人民建设银行成立。1979 年，中国人民建设银行成为一家国务院直属的金融机构，并逐渐承担了更多商业银行的职能。随着国家开发银行在 1994 年成立，承接了中国人民建设银行的政策性贷款职能，中国人民建设银行逐渐成为一家综合性的商业银行。1996 年，中国人民建设银行更名为中国建设银行。

1955 年

- 2 月 21 日，国务院发布《关于发行新的人民币和收回现行的人民币的命令》，决定从 1955 年 3 月 1 日起实行。3 月 1 日《人民日报》发表《做好新人民币发行工作》的社论。1955 年 6 月 10 日，人民币新旧币的兑换工作基本结束。新币对旧币的替代，有助于彻底消除通货膨胀的残迹。自此，货币制度面貌为之一新，新币的发行成为货币制度建设的光辉成就之一。

- 3 月 1 日，国务院决定设立中国农业银行，作为中国人民银行总行的一个直辖行。同月 25 日，中国农业银行正式成立并受中国人民银行领导，贷款对象主要限于生产合作组织和个体农民。之后两度撤销两度恢复，中国农业银行的恢复开了设立国家专业银行的先例，首次打破了大一统的传统金融体制格局。

- 中国科学院经济研究所主办的全国性综合经济理论期刊《经济研究》创刊，"文化大革命"期间停刊，1978 年 1 月复刊，是中国最权威的经济理论刊物。

● 10月，吴承明编《帝国主义在旧中国的投资》，是首部研究外资在华企业的专著，由人民出版社出版。

1956 年

● 7月，中国人民银行制定"存款自愿、取款自由、为储户保密"的储蓄原则。

● 公私合营银行纳入中国人民银行体系，形成高度集中的银行体制。

● 中国人民银行金融研究所在北京成立，第一任所长为曾凌。

● 中国金融学会停止活动。

1957 年

● 2月，薛暮桥发表《再论计划经济与价值规律》一文，提出计划管理的范围不能无限扩大，正确利用价值规律，并在适当范围让价值规律自发调节，是纠正计划管理工作中主观主义的有效办法。他从 1953—1957 年连续发表 4 篇关于计划经济与价值规律的文章，除上述两篇外，另两篇是《社会主义生产关系的内部矛盾》、《计划经济与价值规律》，并编辑成书，1957 年由中国青年出版社出版。

● 7月，孙冶方在《从"总产值谈起"》（《统计工作》第 13 期）一文中首次提出，利润是企业经济核算体系的中心指标。1963 年，孙冶方又在《社会主义计划经济管理体制中的利润指标》一文中提出利润是反映企业经营好坏的综合指标。

1958 年

● 10月，西安全国财贸工作会议提出，人民公社化后，保险工作的作用已经消失，除国外保险业务必须继续办理外，国内保险业务应立即停办。同年 12月，在武汉召开的全国财政会议正式作出"立即停办国内保险业务"的决定。

● 12月 20日，国务院发布《关于人民公社信用部工作中的几个问题和国营企业流动资金问题的规定》，决定国家在农村的信用机构下放到人民公社，国营企业的流动资金，一律改由人民银行统一管理。

1959 年

● 2 月 3 日，国务院批转中国人民银行、财政部《关于国营企业流动资金改由人民银行统一管理的补充规定》，实行差额包干的信贷资金管理体制，实行全额信贷的流动资金管理体制。

1960 年

● 12 月，中共中央、国务院发出《关于冻结、清理机关团体在银行的存款和企业专项存款的指示》，冻结机关结余存款，目的是为了严格财经纪律，合理使用资金，缓和市场的紧张情况。

● 中国科学院经济研究所主办的《经济学动态》创刊。

1961 年

● 4 月 20 日，国务院批转财政部、中国人民银行《改进国营企业流动资金供应办法的报告》，决定停止执行"全额信贷"办法。

● 9 月 26 日，中国人民银行就试行《农村信用合作社若干政策规定（草案)》发出通知。

1962 年

● 3 月 10 日，中共中央、国务院发出《关于切实加强银行工作的集中统一，严格控制货币发行的决定》（简称《银行工作"六条"》）。

● 4 月 20 日，李先念在中国人民银行全国分行行长会议上明确指出，《银行工作"六条"》是正确的，有利于经济的调整。他认为"从当前的经济形势说，制止通货膨胀，保证正常的生产、正常的商品流转、正常的货币发行才是真正的生产观点"。

● 12 月，薛暮桥主持召开第一次全国物价会议，面对各方面对物价政策提出猛烈批评和相互矛盾的调价方案，指出问题是由生产大幅度下降、通货膨胀造成的。物价应以稳定为主。这一主张得到周总理的支持和大家的接受，是当时稳定物价、渡过难关的正确方针。

1963 年

● 国务院批准发布《高等学校通用专业目录》，共有 373 个专业，其中财经类专业 10 个：国民经济计划、工业经济、农业经济、贸易经济、财政金融、统计学、会计学、对外贸易经济、世界经济和经济地理。

● 杨坚白、何建章、张卓元（张玲）提出以资金利润率作为评价社会主义经济活动的标准、以生产价格为基础的定价主张。

1964 年

● 5 月，中国科学院世界经济研究所成立。

1965 年

● 周骏在 1965 年发表的《如何计算市场的货币需要量》和 1964 年发表的《货币贮藏与货币流通》等文中，提出应根据货币流通规律的要求计算市场货币需要量，并应该考虑纸币的储藏价值这一因素，计划调节货币流通，使其与商品流通的实际需要相适应，在以后出版的书籍、文章中，周骏进一步发挥了这些思想。

1966 年

● "文化大革命"爆发不久，全国高校"停课闹革命"，1967 年停止招生。全国经济研究单位也都停止了研究工作，研究人员 1969 年底被下放农村"五七干校"劳动。直到 1972 年起才开始回迁，并部分地恢复研究工作。

1967 年

● 1 月 11 日，中共中央发出《关于反对经济主义的通知》。

● 8 月 20 日，中共中央颁布《关于进一步闹革命，控制社会集团购买力，加强资金、物资和物价管理的若干规定》。

1968 年

● 2 月 18 日，中共中央、国务院、中央军委、中央文革联合发出《关于进一步实行节约闹革命、坚决节约开支的紧急通知》，再次冻结机关结余存款。

● 3 月 21 日，财政部、中国人民银行就冻结各单位存款问题发出通知。

1969 年

● 10 月 18 日，外贸部、中国人民银行就进一步开展对外试用人民币计价结算问题向国务院请示。

1970 年

● 5 月 12 日，中央宣布撤销华侨投资公司。

● 6 月 11 日，中国人民建设银行并入人民银行。

1971 年

● 1 月 31 日，国家计划委员会、国务院科教组向国务院上报的《关于高等院校调整问题的报告》提出，财经院校拟多撤销一些。同年 12 月，全国原有的 18 所财经院校，有 16 所被撤销。

1972 年

● 9 月，中国人民银行从财政系统分离。

● 11 月 20 日，中国人民银行颁发《银行结算办法》。

● 国家计委、财政部、中国人民银行发出《关于切实加强流动资金管理的通知》，实行财政资金、信贷资金分口管理、分别使用的原则。

1973 年

● 1 月 1 日起，港英当局取消外汇管制，实行外汇自由买卖。

● 3 月 9 日，财政部转发经国务院批准的《关于冻结储蓄存款情况》的报告。

1974 年

● 1 月 1 日起，港英当局取消黄金进出口限制，实行黄金进出口管制。

● 6 月 16 日，财政部、全国清产核资领导小组对拨补国营工交企业、物资供销企业流动资产盘亏、报废损失资金作出规定。

● 11 月 26 日，港元实行自由浮动。

1975 年

● 10 月 10 日，中共中央、国务院召开全国财贸工作座谈会，印发《关于整顿财政金融的几个问题（草案）》（即《财政金融十条》）。

1976 年

● 10 月 7 日，中国人民银行在沈阳召开全国银行工作碰头会，提出在研究改革银行信贷管理体制时必须坚持三项原则：一是货币发行权集中于中央；二是全国要统一计划、综合平衡；三是要坚持财政资金和信贷资金分口管理。

1977 年

● 4 月 7 日，澳门政府正式宣布澳门货币与葡币脱钩，转而与港元挂钩。

- 10 月 13 日，国务院批转教育部《关于 1977 年高等学校招生工作的意见》，当年招生。

- 11 月 3 日，教育部、中国科学院联合发出《关于 1977 年招生研究生的通知》，次年招生。

- 11 月 28 日，国务院颁布《关于整顿和加强银行工作的几项规定》，规定中国人民银行为国务院部委一级单位，同财政部分设。

1978 年

- 1 月，财政部与中国人民银行分开办公；颁发《银行统计制度》。

- 12 月 28 日，教育部发出通知：经国务院批准，恢复和增设 169 所普通高等学校，其中财经院校 10 所，这一年高等学校达到 598 所，其中财经类院校 21 所。

1979 年

- 3 月 13 日，国务院批转了中国人民银行《关于改革中国银行体制的请示报告》，中国银行从中国人民银行分设出来，作为外汇管理专业，承办国际结算和外汇信贷业务。

- 3 月，国务院批准设立国家外汇管理总局，行使管理全国外汇的职能。

- 3 月，全国计划和市场问题讨论会在无锡召开，黄达为会议提交了《谈谈我们的物价方针兼及通货膨胀问题》，提出"在当今的世界中物价水平上涨是普遍现象"，其结合国内外的实际情况进行探讨，对价格改革与稳定物价水平的矛盾进行分析，为推动我国经济体制改革奠定了理论基础。

- 4 月 25 日，中国人民银行发出《关于恢复国内保险业务和加强保险机构的通知》。11 月 19 日，中国人民银行在北京召开了全国保险工作会议，停办 20 多年的国内保险业务开始复业。

- 8 月，国务院批准中国人民建设银行从财政部独立出来。

- 10 月，国内第一家信托机构——中国国际信托投资公司宣告成立，此后，从中央银行到各专业银行及行业主管部门、地方政府纷纷办起各种形式的信托投资公司，到 1988 年最高峰时共有 1000 多家，总资产达到 6000 多亿元，占当时金融总资产的 10%。

● 12 月，薛暮桥发表了系统总结新中国历史经验的专著《中国社会主义经济问题研究》，成为我国经济体制改革和坚持正确发展方针的启蒙教材。该书总结了 30 年来中国社会主义经济建设的历史经验，论述了社会主义建设必须遵循的经济规律，探索了新时期社会主义建设道路的有关问题。针对当时城乡存在大量失业和半失业人员的问题，提出社会主义劳动力仍归劳动者自己所有的观点。

● 12 月，经中国人民银行总行和其他有关单位的共同发起，中国金融学会恢复活动，在北京召开中国金融学会第一次全国代表会议。选举产生中国金融学会第二届理事会和常务理事会；推举李葆华为名誉会长、陈希愈为会长；修订了学会章程，制订了 1980—1985 年的金融科学研究规划。

● 河南漯河成立了一家城市信用合作社，揭开了我国城市信用合作社发展的新篇章。

1980 年

● 4 月 17 日，国际货币基金组织通过决议，恢复我国在该组织的合法席位。

● 4 月 20 日，外贸信贷业务由人民银行划归中国银行办理。

● 4 月，人民银行访问团对美国联邦储备委员会进行了友好访问，其间共造访了华盛顿、纽约、芝加哥等 6 个城市，重点考察了美国金融与实体产业的结合机制、美国银行在国民经济中的作用以及美国的通货膨胀等问题。

● 5 月 15 日，中国在世界银行的代表权恢复，同时恢复了在国际开发协会和国际金融公司的代表权。

● 6 月，王继祖《战后主要资本主义国家的信用膨胀》一文发表，促使国内理论界开始注意到信用货币的膨胀问题。

● 6 月～7 月，薛暮桥在国务院体改办酝酿提出关于经济体制改革的方案。在两三个月时间内，连续发表《关于经济体制改革问题的探讨》、《关于经济体制改革的一些意见》、《经济结构和经济体制的改革》、《计划调节和市场调节》、《关于调整物价和物价管理体制的改革》等文章，结合当时体制改革实践，探索我国经济体制改革的总体思路和实际步骤，为国务院体改办起草《关于经济管理体制改革的初步意见》进行准备。

● 9 月初，正式成立了以薛暮桥为总干事的国务院经济研究中心，同国务院体改办合署办公。针对当时中国经济上遇到的重大问题提出了一系列重要经济思想，薛暮桥代表国务院体制改革办公室在中央召开的会议上做了《对〈关于经济体制改革的初步意见〉的几点说明》的报告，提出中国现阶段的社会主义经济是在生产资料公有制占绝对优势、多种经济成分同时并存的商品经济。薛暮桥率先提出，从改革流通制度着手，比从改革分配制度着手更为重要。这是他在改革进程中开创性地提出的市场取向改革的主张。

● 中国国际信托投资公司（CITIC）率先以融资租赁方式引进外资，这是我国第一笔融资租赁业务。

● 在试办内部刊物《金融研究动态》的基础上，创办公开出版发行的中国金融学会学术性会刊《金融研究》（月刊）。

1981 年

● 1 月 5 日，中国金融学会与广东金融学会在广州联合召开"全国货币理论讨论会"，讨论了货币概念、货币层次及货币流通必要量计算等。中国金融学会与北京市金融学会、中央人民广播电台联合举办"金融知识广播讲座"。中国金融学会在山东烟台召开"外国中央银行学术讨论会"。会议本着"洋为中用"的精神，对外国中央银行的理论和实践进行了广泛的探讨，并结合中国国情，就如何完善中国社会主义金融体系、实行中央银行建制问题开展了讨论，多数代表主张尽快确定我国完善的社会主义金融体系，建立一个相对超脱的中央银行。

● 1 月，袁文祺、戴伦彰、王林生发表论文《国际分工与我国对外经济关系》，载《中国社会科学》，该文明确指出和阐述了生产力的发展是国际分工产生和发展的决定性因素，国际分工是生产社会化向国际化发展的必然趋势，论证了在社会主义国家与资本主义国家并存的条件下，国际分工的存在和发展同样也是一种历史趋势。该论文获第一届孙冶方经济科学论文奖。

● 3 月，李成瑞发表论文《财政、信贷平衡与国民经济的综合平衡》，载《经济研究》，该文作者从经济工作的实际出发，在总结我国财政、信贷工作实践和组织国民经济综合平衡实践的正反经验基础上，从整个国民经济的角度，对财政、信贷和国民经济的综合平衡问题，进行了历史的、理论的探讨。该论文获第一届孙冶方经济科学论文奖。

• 4 月，我国第一家中外合资租赁公司——中国东方租赁有限公司成立；同年 7 月，第一家全国性的融资租赁公司——中国租赁有限公司成立。这两家租赁公司的成立，标志着我国融资租赁业务的起步。

• 7 月，财政部从改革开放以来首次发行国库券，揭开了中国证券市场发展的新序幕。中国金融学会在广州召开货币流通讨论会，黄达的"非现金货币流通说"得到了业内人士的共识。黄达提出存款是货币、非现金结算也是货币流通，不仅在理论上厘清了金融领域中存在的似是而非的概念，而且对实际工作具有指导意义。

• 周升业在 1981 年提出了"信用膨胀"这一概念。当时社会普遍认为社会主义经济中不可能现实地出现信用膨胀的问题，他在当时提出，"在我们社会主义经济生活中可以引起信用膨胀的因素是很多的"，驳斥了不承认信用膨胀的种种模糊看法，对理解改革初期我国出现的许多新问题，具有极大的前瞻性借鉴作用。

• 台湾学者蒋硕杰与王作荣在 1981 年左右通过报纸、图书与社论展开了一场辩论，即"蒋·王论战"，这场辩论影响了台湾日后的经济走向，是台湾战后经济发展史上重要的一次论争。当时的人形容这是一场"李斯特（政府干预）大战史密斯（自由市场）"的辩论，或是"学院派与社论派之争"。这是台湾的经济学家公开讨论政府经济政策的开始，也是自由主义的市场经济思潮进入台湾的开端。

• 针对 20 世纪六七十年代台湾地区发生的通货膨胀现象，台湾知名学者展开了一番大讨论，其中，蒋硕杰和王作荣对通货膨胀的观点，成为了岛内学者之间讨论的焦点。蒋硕杰指出，台湾岛内的通货膨胀本质上是一种货币现象，提出通过提高利率及其他金融手段，吸收货币存量、控制货币发行量等方法来降低流动领域的货币，进而控制通货膨胀。王作荣反对蒋硕杰在分析通货膨胀时仅仅考虑货币问题，忽略了商品面问题，指出控制货币增长速度和增加商品供应量是解决"滞胀"问题的主要手段。

• 12 月 29 日至 1982 年 1 月 4 日，中国金融学会首届年会在广西南宁市举行。会议就积聚社会资金支持经济建设、注重贷款经济效益等问题交流了看法和观点。

1982 年

• 2 月，滕维藻、郑伟民发表论文《资本国际化与现代国际垄断组织》，载《中国社会科学》，全面深刻地论述了战后资本国际化与现代国际垄断组织的特征和它们产生和发展的经济政治原因，该论文获第一届孙冶方经济科学论文奖。

• 4 月，虞关涛发表《实物资金流量与金融资金流量》，将实物和金融两种资金流量之间的关系进行了辩证的分析。在国内经济领域"洋跃进"现象严重，很多项目缺乏科学论证，国民经济比例失调的背景下，该文指出，"基于我国社会主义国家的性质，我们有必要认识清楚发生派生存款的各种可能性，更有必要用辩证的观点来了解清楚资金流量的概念"，"缺少建设资金是我国经济建设的一大难题。因此，正确疏导资金的流通，使全国资金形成合乎生产建设需要和资金来源可能的资金流量，是我国银行的一项首要任务"。

• 4 月 10 日，国务院针对当时各地信托基建规模过大影响信贷收支平衡，就整顿国内信托投资业务和加强更新改造资金管理发出通知，决定对我国信托业进行清理，规定除国务院批准和国务院授权单位批准的信托投资公司以外，各地区、部门均不得办理信托投资业务，已经办理的限期清理，此为信托史上的第一次清理整顿。

• 江其务发表专著《工商信贷管理学》，结合当时我国银行改革实际，彻底突破了苏联银行信贷管理的制度和管理办法，系统地提出了银行信贷管理理论，从理论上奠定了我国银行信贷管理"本土化"的框架。江其务成为我国银行信贷管理学科的奠基人。

• 7 月 2～11 日，中国金融学会举办的"全国储蓄理论讨论会"在四川成都市召开，对我国发展城乡居民储蓄的意义和作用，储蓄与积累、储蓄与扩大再生产的关系问题进行了讨论，并提出了储蓄引导消费的观点。

1983 年

• 2 月，梁文森、田江海出版专著《社会主义固定资产再生产》。本书分成三大部分：第一至六章着重阐明固定资产再生产的内部联系；第七至九章，着重考察固定资产再生产的外部关系；第十至十三章，着重讨论固定资产的管理体制和方法。这一专著的问世，是我国社会主义再生产理论研究的可喜收获。该书获第一届孙冶方经济科学著作奖。

• 2 月，杨培新出版专著《论我国银行改革》，提出了完善银行体制改革的措施，如健全中央银行的宏观调控、制定制约国民经济超高速增长的独立货币政策、改进信贷政策等等。

• 7 月，刘絜敖出版专著《国外货币金融学说》，该书全面、系统地收集、梳理了 15 世纪以来至 20 世纪六七十年代散见于各家的西方货币金融理论，内容包括货币理论、信用理论、利率理论，按早期货币金融学说、现代货币金融学说、当代货币金融学说三个时期，分述各货币金融理论产生、发展、作用、得失及其相互间的影响等，并对其进行评析。

• 9 月，尹世杰主编《社会主义消费经济学》。该书是新中国成立以来比较系统地研究消费问题的第一部专著。它遵循马克思主义关于消费的基本原理，运用辩证唯物主义和历史唯物主义的观点与方法，在认真总结我国社会主义消费实践中成功的经验和失误的教训，以及借鉴外国经验的基础上，就社会主义消费经济学的研究对象和方法，消费在社会再生产中的地位和作用，以及消费需要、消费水平、消费结构、消费市场、消费方式、消费效果、消费模式等问题，分章进行了系统的研究。该书获第一届孙冶方经济科学著作奖。

• 9 月，国务院决定中国人民银行专门行使中央银行职责，并于同月 17 日正式颁发《中国人民银行专门行使中央银行职能的决定》。该决定明确了中国人民银行行使金融监督管理的职责。中央银行的成立为宏观调控奠定了组织基础。

• 10 月，蔡重直发表论文《我国金融体制改革的探讨》，载《经济研究》。该文首先分析了我国金融改革遇到的五个问题，认为逐步开放社会主义的金融市场应成为金融改革"突破口"的战略选择，最后提出几点逐步开放金融市场的政策建议。该论文获第二届孙冶方经济科学论文奖。

● 中国金融学会利率研究会和人民银行总行利率主管部门召开"利率问题研讨会"。

1984 年

● 1 月，国务院颁布了《中华人民共和国银行管理暂行条例》，初步明确了中国人民银行作为中央银行和金融监管当局的职责，明确规定了商业银行和其他非银行金融机构的经营原则和经营范围等。

● 3 月，孙尚清主编《论经济结构对策》，该书对战略目标和经济结构的论述，并没有停留在对纯理论概念的探讨上，而是在对有关的基本理论问题做了系统分析之后，即用大部分章节，对经济结构所包含的各主要方面，具体加以剖析，从中引出可供实际部门应用或参考的政策性建议，具有较强的应用性。该书获第一届孙冶方经济科学著作奖。

● 5 月 31 日至 6 月 7 日，中国金融学会第二次全国代表会议在合肥召开。组成了第二届理事会和常务理事会。李葆华同志任名誉会长，乔培新同志任会长。人民银行研究生部参会学生代表在会上提出开放金融市场的问题。为广泛开展有关改革开放金融理论研究，决定组织成立 13 个专题研究会（组），即：金融战略与金融体制、货币理论与政策、经济特区与开放城市、金融史、利率、资金等 6 个研究会；外汇收支平衡与外汇政策、财政信贷综合平衡、信用形式与票据贴现、农村资金与农村信贷政策、外资利用、储蓄理论与政策、技术进步与银行作用等 7 个研究组。

● 下半年，薛暮桥就物价问题和价格改革问题连续发表三篇文章，即《怎样看待物价和人民生活》、《关于调整价格和改革价格管理体制的意见》、《关于物价的几个问题》，认为价格体系的改革是整个经济体制改革成败的关键，指出价格改革的黄金时代已到来，应积极而慎重地推进价格改革。

● 11 月，黄达发表专著《财政信贷综合平衡导论》。该书全面分析了财政信贷综合平衡的必要性，论述了货币流通与市场供求平衡的基本内涵、信贷收支和财政收支之间的关系，并提出了正确解决建设资金供求矛盾是实现财政信贷综合平衡的关键这一重要论断，初步确立了我国财政信贷综合平衡理论体系。

● 12 月，陈文林发表专著《建国以来货币问题讨论概况》，是我国关于当代货币理论研究进行梳理最早的一部学术论著。

● 12 月，中国金融学会金融史研究会在浙江宁波召开"中国沿海城市旧银行史专题研究会"，探讨了旧银行传统业务及在沿海城市经济发展中的作用，编辑出版了《沿海城市旧银行史研究》一书。

● 中国金融学会召开"对外金融专题讨论会"，提出制定人民币汇价应以马克思主义的国际价值理论为指导，购买力平价理论有一定合理内核。

1985 年

● 3 月 2 ~ 8 日，中国金融学会金融体制研究会与江苏省金融学会在江苏无锡举办"全国金融体制改革讨论会"。会议提出，当前的金融体制改革的重点应是完善中央银行控制调节机制，逐步对专业银行实行企业化管理；把宏观控制和微观搞活协调、统一起来为中心环节。

● 3 月 15 ~ 19 日，中国金融学会信用形式与票据贴现研究会在江苏无锡举办"关于股票正常发展和推广票据承兑贴现业务讨论会"，探讨股票、债券的正常发展和票据贴现业务的推广，讨论了新形势下多种信用形式并存的必要性和可能性，并对人民银行制订的《商业汇票承兑、贴现暂行办法》进行了论证。

● 5 月 21 ~ 24 日，中国金融学会利用外资研究会与中国国际金融学会、广州国际金融学会、广东金融学会联合在广州"利用外资学术研究讨论会"，就当前我国利用外资工作中存在的问题进行探讨。会议提出，利用外资必须同国家偿还能力相适应，加强宏观控制，并向中央有关部门提出四条改进利用外资工作的建议。

● 6 月 26 ~ 30 日，中国金融学会新技术革命与银行对策研究会在湖北襄樊市举办"新技术革命与银行对策理论讨论会"，围绕新技术革命与银行对策问题进行了探讨。

● 7 月 2 ~ 6 日，中国金融学会货币理论与政策研究会在江苏扬州举办

"第二次货币理论讨论会"，研究货币的概念范围和计算货币流通必要量的方法问题，强调了分层次控制货币供应量的必要性，对中央银行在货币流通方面的宏观控制提出三点建议。9月1~7日，中国金融学会与中国社会科学院财贸物资经济研究所、甘肃省金融学会在甘肃兰州共同举办了"全国金融体制改革理论讨论会"，分析当前货币流通形势、货币政策的目标、金融体制及宏观控制与微观搞活的关系。会议一致认为，当前货币形势严峻，建议中央要把稳定货币作为国策。

● 7月，褚葆一与张幼文出版专著《当代帝国主义经济》，依据马列主义基本原理将资本主义划分为三个阶段，详尽论证了国家资本主义是资本主义发展的第三阶段这一新见解。

● 7月，中国金融学会的"货币理论与政策研究会"在江苏举行，会议集中研究了计算货币流通必要量的方法问题，讨论了我国货币的内涵和层次划分。

● 9月，为了借鉴别国改革开放的经验，我国请国外专家召开了"巴山轮会议"，巴山轮会议是一次从计划经济向市场经济转型的思想启蒙，也把焦点集中在了"政府—市场—企业"上，为1987年十三大提出"国家调节市场，市场引导企业"的方针做了理论准备。

● 10月，曾康霖发表专著《金融理论问题探索》，该书突破了我国传统货币银行学教科书把货币银行学机械地分为货币、信用和银行三大块的局限性，从丰富的实践出发但又不停留在对实践现象的简单描述上，以马克思主义的金融原理为指导但又不拘泥于对《资本论》中的货币、信用和银行理论的阐释，全书通过信用货币这条主线，把货币、信用和银行的内容融会贯通，有机结合，对三者进行网络化的研究和交织性的叙述。这种新的体系结构，为进一步探索如何建立有中国特色的货币银行学体系提供了启迪与思路。

● 9月6~10日，中国金融学会与新疆金融学会共同在新疆乌鲁木齐市举办"全国少数民族和边远地区金融理论讨论会"，对少数民族和边远地区经济发展状况和资金运动、货币流通的规律特点进行了讨论，指出各省、区银行信贷收支上多年来的存差已开始陆续变为借差，建议实行能体现这一地区特点的金融政策。10～16 日，中国金融学会利率研究会与四川省金融学会在四川省绵阳市共同举办首次"利率理论讨论会"，讨论了社会主义利率的性质，社会主义利率在国民经济中的地位和作用，制定利息率的依据，并对如何改革利率管理体制和建立科学的利率体系问题提出了建议。26～28 日，中国金融学会与中国人民银行总行稽核司在上海市共同举办"银行稽核工作座谈会"，借鉴旧银行稽核工作经验，探讨当前中央银行开展稽核工作需要注意的一些问题。

• 10 月 24～26 日，中国金融学会在北京召开"台湾金融问题座谈会"，研究并讨论了台湾的金融制度问题。

• 11 月 2～6 日，中国金融学会外汇收支平衡与外汇政策研究会与中国人民银行金融研究所在江苏南通市共同举办"全国人民币汇价理论与政策讨论会"，讨论了关于"七五"期间人民币汇价的作用和中长期改革目标，制定人民币汇价的理论依据、测算模式、定值方法，并对汇价制度的改革和汇价政策提出了建议。

• 11 月 15～19 日，中国金融学会特区和开放城市金融研究会与广东金融学会在广东省珠海市举办"全国特区与开放城市金融工作研讨会"，研究我国经济特区和开放城市的金融特点及对策，并认为金融工作的重点应放在支持经济转型、支持开发建设和支持技术改造上。

• 11 月 17～21 日，中国金融学会资金研究会与中国人民银行江苏省分行在江苏省常州市共同举办"第二次资金问题讨论会"，围绕当前金融宏观控制和微观搞活存在的资金问题进行研究、探索，会议提出应通过经济手段加强对固定资产投资规模的控制，改进信贷资金管理，建立资金市场等。

• 中国金融学会与湖北省金融学会联合出版《银行与企业》月刊；与甘肃省金融学会联合出版《银行业务工作手册》一书，1985 年发行 6 万册，成为当时我国银行系统质量较好的一本工具书；根据各专题研究活动的研究成果编纂出版了 5 本论文集：《中国沿海城市旧银行史专题研究论文集》、《流动资金管理体制新论》、《论金融体制改革》、《经济改革中的货币问题》、《利率改革新论》。

1986 年

● 1 月，国务院颁布了《中华人民共和国银行管理暂行条例》，初步明确了中国人民银行作为中央银行和金融监管当局的职责，明确规定了商业银行和其他非银行金融机构的经营原则和经营范围等。

● 1 月，曾康霖出版专著《资产阶级古典学派货币银行学说》。该书既论述了英国资产阶级古典学派自配第至李嘉图（当中包括洛克、诺思、马西、休谟）的货币银行学说，也评价了法国资产阶级古典学派自布阿吉尔贝尔至西斯蒙第（当中包括魁奈、杜尔阁）的货币银行学说，还评价了资产阶级古典学派以前的货币信用学说，最后探讨了古典学派货币银行学说所产生的影响，指出其可以肯定的科学成果及其缺陷和错误。它是一部研究资产阶级古典学派关于货币银行学说的最完全、最有系统的专著。

● 4 月，叶世昌出版专著《中国货币理论史》（上册），沿着历史线索从春秋战国时期到鸦片战争前的清朝中期，详细论述了各个朝代的主要货币理论，填补了中国货币思想史古代部分研究专著的空白。

● 5 月 13 日~18 日，中国金融学会储蓄理论与政策研究会与中国工商银行储蓄部在安徽屯溪联合召开"第二次全国储蓄理论研讨会"，讨论了新时期储蓄的作用、储蓄利率水平与制订的依据、储蓄改革与现代化问题及储蓄与消费、积累的关系。

● 5 月 27~31 日，中国金融学会信用形式与法制研究会与四川省金融学会、重庆市金融学会在四川重庆联合召开"第二次信用形式讨论会"，讨论了金融市场的目标模式、形成条件，怎样有步骤地开拓和建立短期资金市场等问题。

● 6 月，中国金融学会金融战略和体制研究会在河南郑州举办"金融战略和金融体制改革研讨会"，讨论了银行企业化经营及资金的横向融通问题。

● 7 月 12~18 日，中国金融学会中青年外汇问题研究会在辽宁大连举办"中青年外汇留成专题讨论会"，研讨了外汇留成及外汇分配体制改革问题。

● 8 月 11~16 日，中国金融学会在吉林长春召开"中国金融学会第二届年会"，并就加强和完善中央银行宏观调控手段、专业银行企业化、金融市场问题和金融体系问题等重大问题展开研讨。

● 8 月，孔祥毅、慕福明出版《中央银行概论》，这是新中国第一本研究社会主义中央银行的专著，提出了中央银行制度变迁与功能演进理论。

● 9 月 24～31 日，中国金融学会农村资金和信贷政策研究会与中国农村金融学会在湖南慈利联合举办了"全国农村资金理论讨论会"，主要研讨了"七五"期间农村资金供需情况和信贷对策。

● 10 月 31 日至 11 月 3 日，中国金融学会货币理论与政策研究会在山东曲阜召开"货币理论与货币政策第二次讨论会"，主要讨论了货币供应量的层次划分、基础货币与货币乘数、货币供应量的调控手段等问题。

● 11 月，李成瑞发表论文《关于宏观经济管理的若干问题》，载《财贸经济》。该文根据《关于第七个五年计划的报告》提出的宏观经济管理观点，作出了初步探索，提出了有关宏观经济管理中的几个问题并进行了具体的分析。该文获第三届孙冶方经济科学论文奖。

● 11 月 6～11 日，中国金融学会利率研究会在湖南衡阳召开"第二届全国利率问题研讨会"，讨论了制定银行利率的宏观依据、利率与物价的关系及利率改革问题。

● 11 月 26～30 日，中国金融学会与人民银行沈阳市分行在辽宁省沈阳市联合召开"全国金融市场问题探讨会"，讨论如何开拓并完善金融市场。

● 12 月 9～13 日，中国金融学会中青年体制改革研究会在湖北省武汉市召开"全国中青年金融体制改革讨论会"，主要回顾金融体制改革的历程，思考改革中存在的问题，提出进一步改革的重点和对策。

● 12 月 12～16 日，中国金融学会资金问题研究会与云南省金融学会在云南昆明联合召开"第三次资金问题讨论会"，讨论了资金的状况和存在的问题、流动资金紧张的原因、根源及解决资金紧缺的对策和战略措施。

● 中国金融学会资料性年刊《中国金融年鉴》创刊发行。

1987 年

● 7 月，丁鹄发表论文《向慢性通货膨胀论者进一言》，载《金融研究》。该文针对国内主张慢性通货膨胀者的观点，作者找出 18 个国家，分析从 1951—1978 年的每个批发物价，得出慢性膨胀不能促进经济增长，最后得出结论：货币超前增长是现代纸币制度下的必然现象，是商品经济发展的客观要求，也是货币所固有的作为再生产"第一推动力"职能的表现形式。正常因素推动下超前，是商品经济发展的助推器，与通货膨胀或执行通货膨胀政策不可同日而语。该文获第三届孙冶方经济科学论文奖。

- 9 月，刘光第发表专著《论中国宏观经济价值管理》，强调了货币、银行在国民经济运行中的作用，为中央银行运用货币政策调控社会总需求提供了理论基础。

- 12 月，中国金融学会货币理论与政策研究会在中南财经大学举行"货币均衡与货币调控"研讨会，主要研究了三个方面的问题：（1）近几年来我国产生通货膨胀的原因及其对国民经济的影响；（2）1988 年货币紧缩效应及对策；（3）如何建立我国货币均衡和调控机制。

1988 年

- 1 月 19 日，中国金融学会中青年研究会与中国财政学会中青年研究会在北京联合召开"第一次财政、银行中青年对话讨论会"，讨论了财政银行共同的政策目标、"七五"期间财政银行面临的共同困难、加强综合平衡及协调财政与银行的关系。

- 3 月，中国人民银行发布《一九八八年深化信贷资金管理体制改革的意见》，规定 1988 年金融宏观控制的目标仍以控制信贷规模为主，完善信贷计划管理体制。

- 3 月 30 日~4 月 4 日，中国金融学会信用形式与金融法规研究会与湖南省金融学会、上海市金融学会在湖南省长沙市共同举办"全国票据法规研讨会"，讨论票据法的研究、票据流通与信用膨胀的关系问题及票据立法的步骤和形式、体裁和结构。

- 6 月，潘振民、罗首切出版专著《社会主义微观经济均衡论》（上海三联书店）。作者对社会主义微观经济问题的分析，是从经济体制入手的，这乃是全部理论研究的基础与前提，而国有企业则是全书分析的重点。为了分析国有企业的行为，作者以既定的企业组织结构与外部环境为前提，首先分析论证了国有企业的目标问题，在此基础上，进入生产过程考察企业的行为，描述企业的均衡状态和过程。在分析直接生产过程之后，作者进一步考察了企业的投入、产出行为。该书获第三届孙冶方经济科学著作奖。

• 7 月 9 日，中国金融学会常务理事会会议在北京召开，主要研讨了通货膨胀与中国经济增长问题。

• 饶庆余出版专著《香港的银行制度之现状与前瞻》，对香港作为国际金融中心的地位进行了深入研究。

• 8 月 16～20 日，中国金融学会与金融时报社、甘肃省金融学会在甘肃临夏联合举办"全国金融机构多样化研讨会"，讨论金融机构多样化的理论及机构类型。

• 8 月 18～25 日，中国金融学会农村资金和信贷政策研究会与中国农村金融学会在吉林长春联合举办"农村资金市场理论讨论会"，讨论了我国农村资金市场的现状问题和对策。

• 10 月，中国金融学会货币理论与政策研究会与中南财经政法大学金融系在湖北武汉联合举办"第三次货币政策讨论会"，研究了货币供应量与需求相适应的问题。

• 11 月 6～7 日，中国金融学会与中国科技交流中心、日本三菱企业集团在北京市联合举办"第四次三菱国际科技研讨会金融分科会"，讨论了技术开发中金融的作用问题。

• 11 月 11～16 日，中国金融学会第二届年会在吉林长春召开。会议就金融改革的理论与实际问题进行了交流。李葆华、刘鸿儒、乔培新同志出席了会议，陈慕华同志发来贺信。

• 11 月 20～22 日，中国金融学会与金融时报社、沈阳市金融学会在沈阳市联合召开"全国企业融资机构研讨会"，讨论企业融资机构的性质、任务、发展方向等问题。

• 11 月 21～26 日，中国金融学会金融深化与体制改革战略研究会在陕西临潼举办"抑制需求、防止滞胀、深化金融改革研讨会"，讨论了金融形势及成因、治理经济环境时期的金融改革对策及中长期金融发展战略。

● 12 月 4 ~ 9 日，中国金融学会货币政策与金融宏观调控研究会在四川成都召开"治理通货膨胀研讨会"，讨论了我国通货膨胀成因、对国民经济影响及治理对策。

● 12 月 20 ~ 24 日，中国金融学会对外金融研究会和中国国际金融学会外汇研究会在广西柳州联合召开了"外债管理研讨会"，讨论我国对外债务的内容和管理范围、外债管理的总体方针政策、外债的负债限度与偿还能力等问题。

1989 年

● 2 月 24 日，中国金融学会中青年研究会在北京举办"宏观调控的目标与手段座谈会"，讨论金融形势和对策。

● 3 月 23 ~ 25 日，中国金融学会社会储蓄金融市场研究会在湖北武汉举办"金融市场讨论会"，回顾总结十年来中国金融市场（包括金融中介机构）发展的成绩、教训、问题与对策。

● 3 月，蒋硕杰发表专著《走出通货膨胀的战略选择》，形象地刻画了通货膨胀对台湾地区社会经济的影响，并针对通胀的主因金融赤字与财政赤字提出了解决措施。

● 4 月，吴敬琏发表论文《通货膨胀的诊断和治理》（载《管理世界》）。该文首先提出严重通货膨胀的成因是超发货币的滞后效应和累计效应引起的，然后掷出货币持续超发的原因是用通货膨胀来支撑低效率的高速增长，通货膨胀的深层原因是现行经济体制和政策环境的严重缺陷，最后针对以上问题提出了相应的解决方案。该文获第四届孙冶方经济科学论文奖。

● 4 月 24 ~ 28 日，中国金融学会宏观调控研究会在河南郑州召开"利率政策问题研讨会"，讨论如何提高利率的功能、应实行什么样的利率政策、发挥利率作用应创造哪些条件。

● 5 月 9 日，中国金融学会在北京召开常务理事座谈会，座谈治理整顿以来的经济、金融形势。

● 6 月 27 ~ 30 日，中国金融学会银行企业化与金融机构研究会在河北北戴河举办理论讨论会，讨论了银行企业化和金融机构改革的现状、问题、深化改革的途径及专业银行试行承包的利弊分析。

• 7 月，虞关涛发表《汇率与价格》与《汇率贬值对贸易条件的影响》，提出了汇率变动和价格变动之间的相互影响关系，并以数理方法分析汇率贬值国的贸易条件在不同进出口商品弹性下的变化。该理论为推动人民币汇率制度的改革扫清了思想障碍，极大地促进了改革的深入发展。

• 9 月 21～24 日，中国金融学会在河北邯郸举办"金融体制改革的回顾与展望"，讨论了金融机构应如何设立，开放金融市场应以什么为主，银行之间能否开展竞争，在金融体制改革中应如何进行宏观控制等。

• 9 月 30 日，中国金融学会常务理事座谈会在北京召开，根据党的十三届四中全会精神，对金融体制改革进行回顾和展望。

• 10 月 10～22 日，中国金融学会组织部分专家赴甘肃部分贫困地区考察陇南地区经济发展状况及存在的主要问题，扶贫工作经验和今后发展经济，开展扶贫工作的建议。

• 12 月 16～20 日，中国金融学会金融深化与发展战略研究会在湖北武汉举办专题研讨会，讨论了宏观金融调控与反通货膨胀策略。

1990 年

• 3 月，中国人民银行制发《同业拆借管理试行办法》。

• 4 月，中共中央、国务院宣布开发开放上海浦东新区。

• 4 月 26～27 日，中国金融学会在京召开常务理事扩大会议，讨论分析当前经济金融形势。

• 5 月 17～21 日，中国金融学会金融市场与社会储蓄研究会在上海举办"储蓄专题研讨会"，讨论如何看待储蓄增长。

• 6 月，李扬出版专著《财政补贴经济分析》（上海三联书店）。该书分上下两篇。上篇试图通过对财政补贴的定义、计量、分类、合理性和经济影响的探讨，理出一条研究财政补贴的比较系统的理论线索。下篇从社会经济体制、经济发展战略和收入分配制度方面，探讨了农业补贴、住宅补贴和企业补贴的成因、发展及有利和不利的影响，分析了财政补贴的需求扩张效应。该书还通过对若干财政补贴政策的分析，提出了解决我国目前财政补贴规模过大问题的基本原则。该书获第四届孙冶方经济科学著作奖。

- 8 月 18～22 日，中国金融学会在黑龙江省哈尔滨市举办第四次全国代表大会，会议选举产生新的常务理事会及领导。国务委员兼人民银行行长李贵鲜当选为会长，人民银行特邀顾问李飞、副行长陈元当选为常务副会长。

- 8 月 31 日～9 月 4 日，中国金融学会对外金融研究会与中国国际金融学会、国家外汇管理局在辽宁大连联合举办"外债管理学术讨论会"，讨论加强我国外债的宏观管理、引进外债的途径和对策、当前外债存在的问题及如何提高偿债能力。

- 10～11 月，薛暮桥连续发表文章，《深化改革摆脱困境》、《理顺物价、平整市场、深化改革》、《关于深化改革的几个问题》等，提出有计划的商品经济必须管住货币，放开物价。

- 10 月 9～13 日，中国金融学会货币政策与金融宏观调控研究会在贵阳举办"货币政策与宏观调控第六次研讨会"，讨论如何完善我国金融宏观调控机制。

- 12 月 7～10 日，中国金融学会金融改革和发展战略研究会在海南海口市举办"金融改革和发展战略第六次研讨会"，讨论调整信贷结构，提高经济效益。

1991 年

- 3 月，李克强发表文章《论我国经济的三元结构》（载《中国社会科学》）。该文认为，中国传统经济中二元结构的特点，决定了我国不能走从传统农业社会直接转变为现代工业社会的发展道路，而必须经历一个农业部门、农村工业部门与城市工业部门并存的三元结构时期。这种三元结构已在中国形成。由二元结构转变为三元结构，并不意味着距离国民经济结构一元化的道路更漫长了，而是加快了结构转换的进程。作者分析了三元结构在我国形成的客观条件、意义及其相互关系，分析了推动三元结构向一元结构转换的条件，并且提出了相应的政策。该文获第七届孙冶方经济科学论文奖。

- 4 月，深圳证券交易所由中国人民银行总行批准成立，并于同年 7 月正式成立。

● 7 月，陈岱孙、厉以宁主编《国际金融学说史》，该书根据熊彼特经济创新的定义将金融创新定义为：金融创新就是在金融领域内建立"新的生产函数"，是各种金融要素的新的结合，是为了追求利润机会而形成的市场改革。它泛指金融体系和金融市场上出现的一系列新事物，包括新的金融工具、新的融资方式、新的金融市场、新的支付清算手段以及新的金融组织形式与管理方法等内容。

● 7 月 21～25 日，中国金融学会在浙江省舟山市举办"储蓄研讨会"，回顾并展望居民储蓄发展。

● 8 月，张培刚出版专著《农业国工业化问题》。认为发展中国家的价格体系中，农产品特别是食品的价格上涨极易带动一般物价上涨，但不能将通胀归结于农产品的价格上涨，农产品价格的过度上涨源于对农业的过度忽视，应当对农产品进行补贴并对农户进行再分配。

● 11 月，李拉亚发表专著《通货膨胀机理与预期》，本书在商品市场和货币市场基础上，以总供给函数与总需求函数为理论框架，采用非均衡分析方法，从经济预期角度系统构造了中国宏观经济的基本理论，在此基础上着重研究了通货膨胀现象背后的深层次原因，描述了这些原因间的数量关系，得出了通货膨胀的理论模式，提出了治理与预防通货膨胀的政策思路。本书提出的宏观经济理论，不仅适用于分析通货膨胀问题，也适用于分析其他宏观经济问题。该书获第五届孙冶方经济科学著作奖。5 月 4 日，中国金融学会在北京召开常务理事会，决定成立中国金融学会学术委员会。会议还研讨了银行体制改革问题，学习七届三中全会精神，座谈经济金融形势。

● 12 月 27 日，中国金融学会学术委员会会议在北京召开，确定首届全国优秀金融论文评选结果，选出一等奖 3 名，二等奖 12 名，3 等奖 68 名。

1992 年

● 1 月，陈彪如出版专著《人民币汇率研究》，通过实证分析提出了对人民币汇率采取弹性汇率制和实现目标管理的改革建议，并对人民币自由兑换的作用做了富有建设性的探讨。

● 1 月 15 日，中国金融学会在北京召开专题研究会负责人会议，总结

1991 年专题研究会情况，提出 1992 年初研究议题及活动计划。

- 2 月，费景汉和拉尼斯出版专著《劳动剩余经济的发展》，系统归纳了著名的费景汉—拉尼斯模型，构建了二元不发达经济资本融通理论，其核心论题是：在二元经济发展中农业过剩劳动如何从农业生产活动转移到更富生产性的工业部门中去。

- 4 月，刘涤源出版专著《反通货膨胀论——通货膨胀的理论与实践》，严肃批判了"通货膨胀有益论"，并详细论述了凯恩斯主义"半通货膨胀论"的理论实质及实践恶果。4 月 2～7 日，中国金融学会与中国城市金融学会、《金融时报》理论部联合在江苏无锡举办"银行促进企业技术进步典型分析研讨会"，讨论银行促进企业技术进步问题。

- 5 月 15～16 日，中国金融学会在北京举办"银行界与企业界座谈会"，座谈增强企业活力、提高企业效益。

- 5 月 27～31 日，中国金融学会在江苏举办"货币政策与宏观调控研讨会"，讨论当前货币政策的选择。

- 6 月 6～11 日，中国金融学会对外金融研究会在宁波举办"对外金融研讨会"，讨论利用台资现状、问题和对策。

- 7 月 4～9 日，中国金融学会与深圳经济特区金融学会在深圳联合举办"中国股票市场发展研讨会"，探讨中国股票市场的发展模式，会议认为必须坚持发展股票市场，并坚持以公有制为主、公有股占主导地位的原则，公平、公开、公正的交易原则，市场调节和计划相结合的原则。

- 7 月 8～13 日，中国金融学会在西宁举办"金融史志研讨会"，讨论金融志编修工作。

- 7 月 12～16 日，中国金融学会与中国国际金融学会、青岛市金融学会在青岛举办"对外金融研究会"，讨论引进外资银行的管理及引进外资银行的速度、规模、布局、形式等问题。

- 8 月 16～20 日，中国金融学会与《金融研究》编辑部、《财贸经济》编辑部及甘肃省金融学会在甘肃联合举办"中国货币政策高级研讨会"，分析 1992 年上半年的经济金融形势并对今后的货币政策提出建议。

- 9 月 9 ~ 12 日，中国金融学会与湖北省金融学会在武汉联合举办"中国股票市场现状与发展研讨会"，分析股市发展的现实问题及具体改进建议。

- 9 月 20 ~ 24 日，中国金融学会与江西金融学会在江西联合举办"金融体制改革和发展战略研讨会"，讨论建立社会主义市场经济金融运行机制问题。

- 10 月，中国证券监督管理委员会（简称证监会）宣告成立，证券业的决策、运作、监管分离。

- 10 月 6 ~ 10 日，中国金融学会与北京市金融学会在北京联合举办"1992 年中国金融学术发展研讨暨首届优秀论文颁奖大会"，讨论社会主义市场经济条件下的金融体制改革问题，研究中国金融学会工作，并对首届全国优秀金融论文颁奖。

- 11 月，中国金融学会在承德举办"银行企业化与金融机构研讨会"，讨论专业银行政策性贷款业务。

- 11 月 11 ~ 15 日，中国金融学会在云南昆明举办"金融体制改革战略研究会"，讨论如何理顺社会再生产中资金分配融通的关系、深化经济金融改革。

- 11 月 22 ~ 26 日，中国金融学会与中国金融出版社在杭州联合举办"金融史志研究会"，讨论《中国金融通史》篇目结构、规模、时限的构想以及组织步骤和工作方法等问题。

- 11 月，王洛林、翁君奕等人出版专著《外商投资的经济社会效益评价——理论与方法》。该书对外商投资效益评价的理论和方法做了许多开创性的探索，回答了时代所提出的问题，有助于从实证方面有力地证明我国实行改革开放、引进外资决策的正确性，进一步坚定而且鼓舞全党全国人民实行改革开放，建立社会主义市场经济体制的信心。该书同时也有利于总结引进外商投资过程中的经验教训，及时调整、完善有关的法律、法规和政策措施，改进外商投资的管理工人，全面提高利用外商投资的经济社会效益水平。该书获第六届孙冶方经济科学著作奖。

- 股票市场的逐步推出，为直接融资开辟了新的渠道，但上市的企业把股份划分为流通股和非流通股，只让大约 1/3 的股票上市流通，股权分置成为当时中国企业股改的特色。

● 12 月 5～7 日，中国金融学会在南京举办"储蓄研究会"，讨论在社会主义市场经济体制下储蓄工作的对策。

● 12 月 11～16 日，中国金融学会与海南省金融学会在海南联合举办"金融体系与金融机构企业化研究会"，以社会市场经济为目标，探讨金融机制转换的内涵和途径。

● 12 月中旬，中国金融学会在海南举办"中青年研讨会"，讨论中国金融体制改革总体规划及金融市场发展。

● 12 月 12～16 日，中国金融学会与福建省金融学会在厦门联合举办"货币政策与宏观调控研究会"，讨论在社会主义市场经济条件下财政政策与货币政策的协调配合问题。

1993 年

● 1 月 17 日，中国金融学会理事会在北京召开专题研究会负责人及学术委员会议，讨论研究会的改选、调整。

● 2 月 23～26 日，中国金融学会对外金融研究会在海口举办"关于人民币自由兑换问题研讨会"，讨论人民币自由兑换问题。

● 4 月，吴晓灵、谢平发表文章《转向市场经济过程中的中国货币政策》（载《经济导刊》）。该文首先阐述了货币政策目标从经济增长和稳定货币的双重目标转向稳定货币的三个主要原因，然后说明经济结构调整的路径，最后提出了使中国的货币政策更适合市场经济发展需要的一系列配套措施。该文获第六届孙冶方经济科学论文奖。

● 6 月，中国经济体制改革总体设计课题组（周小川执笔）发表文章《企业与银行关系的重建》，载《改革》。该文分析了国营企业出现的四种状况，提供了银行内部将商业银行业务与投资银行业务分业经营的转换框架。该文获第六届孙冶方经济科学论文奖。

● 6 月 29～30 日，中国金融学会与南德经济集团公司在北京联合举办"当前经济金融形势分析会"，分析当前中国经济、金融形势。

- 8 月 16 ~ 20 日，中国金融学会货币政策与宏观调控研究会在内蒙古海拉尔市举办"完善宏观调控体系研讨会"，讨论如何进一步完善宏观调控体系问题。

- 8 月，许涤新、吴承明完成《中国资本主义发展史（一、二、三卷)》的主编工作。该书第一卷论述了自明后期迄清鸦片战争前中国资本主义萌芽的发展过程。该书第二卷叙述了中国资产阶级和无产阶级形成的时期，民族资本的发展是和从戊戌维新到辛亥革命的资产阶级革命运动同步进行的，工人阶级也成长壮大。该书第三卷叙述自 1921 年至 1949 年中国资本主义经济，包括外国在华资本、官僚资本、民族资本的发展变化。该书获第六届孙冶方经济科学著作奖。

- 9 月 24 ~ 28 日，中国金融学会金融体制改革研究会与《财贸经济》编辑部、新疆金融学会在乌鲁木齐联合举办"金融宏观调控研讨会"，讨论新形势下的金融宏观调控问题。

- 10 月 6 ~ 11 日，中国金融学会金融企业经营机制转换研究会在湖南大庸市举办"专业银行转换经营机制研讨会"，讨论专业银行向商业银行转轨问题。

- 10 月 24 ~ 28 日，中国金融学会金融史研究会在陕西省西安市举办"金融史研讨会"，探讨从中外金融历史看商业银行功能问题。

- 11 月，盛松成出版专著《现代货币供给理论与实践》，在系统研究西方货币理论的同时，切合实际指出理论中我国可以借鉴之处，为我国货币当局制定货币政策提供了借鉴和理论指导。

- 11 月 14 ~ 18 日，中国金融学会金融改革与发展战略研究会与广东金融学会在广东肇庆市联合举办"社会主义市场经济的金融组织体系和运行机制研讨会"，讨论关于金融组织体系和运行机制的地位，我国市场经济下金融组织体系的模式以及金融市场体系的完善与发展问题。

- 11 月 19 ~ 27 日，中国金融学会在深圳召开"市场经济与学会工作培训班"。

- 12 月，国务院作出《关于金融体制改革的决定》，为金融改革设计了框架。

• 12 月 1 ~ 3 日，中国金融学会与国家计委经济研究中心、社科院财贸研究所及深圳特区发展财务公司在深圳联合举办"金融制度创新问题研讨会"，主要讨论中国金融制度创新问题。

1994 年

• 1 月起，我国实现汇率并轨，建立起以市场汇率为基础的、单一的、有管理的人民币浮动汇率制度。

• 1 月，姚遂出版专著《中国金融思想史》，按历史朝代的先秦、两汉、魏晋南北朝唐五代、两宋、元明等 9 个时间段，阐述了各个时期我国的金融思想、理论。

• 3 月以后，国家开发银行等 3 家政策性银行相继成立，其当时的目的是"实行政策性业务与商业性业务分离，以解决国有专业银行身兼二任的问题"。之后，3 家政策性银行承担了从工、农、中、建 4 家国有商业银行分离出来的政策性业务。

• 4 月，中国人民银行在上海成立公开市场操作室。

• 4 月，中国外汇交易中心成立并开始运行。

• 4 月 30 日 ~ 5 月 1 日，中国金融学会与人民银行金融研究所在江西羊城联合举办人民银行基层行转换职能研讨会，讨论人民银行基层行职能转换重点、难点和对策建议。

• 5 月 18 ~ 24 日，中国金融学会与台北金融研究发展基金会、中华经济研究院在台北联合举办"首届两岸金融学术研讨会"。

• 9 月 15 ~ 24 日，中国金融学会金融史志研究会与浙江金融学会在浙江联合举办"从中外金融历史看通货膨胀研讨会"。

• 10 月 15 ~ 18 日，中国金融学会与中国国际金融学会在上海市联合举办"'复关'对我国金融业影响高级研讨会"，研究并分析了我国外汇体制改革，特别是人民币汇率实行有条件浮动与我们"复关"的相互关系等问题。

• 10 月 29 日 ~ 11 月 4 日，中国金融学会非银行金融机构研究会与湖北省金融学会在宜昌市联合举办"全国城市合作金融理论研讨会"，研究我国城市信用社的现状、存在问题及发展方向；研讨我国成立城市合作银行的时机、条件体制等问题。

- 10 月 31 日～11 月 5 日，中国金融学会与人民银行金融研究所在江西省共青市联合举办"华东地区金融学会理论研讨会"，讨论了金融改革和发展中理论和实践问题。

- 11 月，中国人民银行正式开办再贴现业务。

- 12 月 2 日，中国金融学会在北京举办"服务贸易总协定'金融附录'"研讨会。

1995 年

- 2 月，上海发生"327"国债期货风波，空方主力上海万国证券在最后 8 分钟内砸出 1056 万口卖单，使当日开仓的多头全线爆仓，后被上交所拒收。鉴于"327"国债违规事件的恶劣影响，5 月 17 日，中国证监会发出《关于暂停中国范围内国债期货交易试点的紧急通知》，开市仅两年零六个月的国债期货结束。中国第一个金融期货品种宣告夭折。

- 3 月，《中华人民共和国中央银行法》出台，将中国人民银行作为中央银行的职能和责任以法律的形式固定下来。

- 3 月，张春霖发表文章《从融资角度分析国有企业的治理结构改革》（载《改革》）。文章分析了目前我国国有企业委托代理制及其弊端，引入伯格洛夫的融资理论，为解决内部人控制问题提供了分析框架。文章认为通过对国有资本和民有资本融资机构的重新构建和融资方式的多样化，可以实现出资者权益，使其资本的所有权同其在企业的剩余索取权和剩余控制权一定程度的匹配，从而形成对内部人的制约，实现国有企业治理结构的创新。该文获第七届孙冶方经济科学论文奖。

- 4 月，孟龙出版专著《市场经济国家金融监管比较》，以 23 个代表性国家为背景，对各国的监管予以评价并对我国提供借鉴的内容，在国内首次系统阐述了市场经济国家金融监管问题。

- 6 月，《中华人民共和国保险法》颁布，这是我国保险业法制化、规范化进程中的关键一步。

● 6月，李扬发表文章《国际资本流动与我国宏观经济稳定》，载《经济研究》。该文在分析影响国际资本流动的内部因素基础上，选取 1980—2009 年国际资本流动规模的相关数据，建立计量模型进行了实证分析，结果发现，我国的对外开放程度对国际资本流动的影响最大，而我国政府应该通过加强对外开放管理来避免国际资本流动的冲击。该文获第七届孙冶方经济科学论文奖。

● 7月31日~8月3日，中国金融学会主办，中华经济研究院、台北金融研究发展基金会合办，在北京举办"第二届两岸金融学术研讨会"。

● 11月10~13日，中国金融学会与福建省金融学会在福州联合举办"合作金融体系改革与发展战略研讨会"，讨论我国合作金融体系的目的、任务与策略。

1996 年

● 1月，全国统一的银行间同业拆借交易系统在上海联网试运行。

● 3月，我国建立全国统一的银行间同业拆借市场，旨在让货币市场集中发挥作用。

● 4月，中国人民银行正式启动以国债为主要工具的公开市场业务。

● 4月，梁钧平发表《"蒋王"之争与台湾经济发展道路的选择》（载《经济科学》），指出蒋硕杰与王作荣争论的核心是对货币功能与利率功能的不同看法，其背后则是两种经济哲学观的对立。

● 4月，许小年发表文章《信息、企业监控和流动性——关于发展我国证券市场的几个理论问题》（载《改革》），该文从经济合理性的角度分析证券市场的功能以及在国民经济中的定位。所谓经济合理性，是指企业、券商、投资者效益的提高和成本的降低，或者是有助于正确的激励机制的形成与运作。但同时，我国证券市场仍存在很多问题，其中有些是不可避免的，有些则是非理性预期和非理性行为造成的，产生非理性行为的原因之一是缺乏对证券市场的理论认识。该文获第七届孙冶方经济科学论文奖。

● 5月~6月，中国金融学会在陕西西安、江西庐山、山西五台山举办三场"企业破产逃废银行债务调查汇报会"，讨论研究企业破产对银行债务影响问题。调研报告报送国务院，引起中央领导对此问题的关注。

• 6 月，我国银行间同业拆借市场开始实行市场化利率。

• 12 月，上海证券交易所和深圳证券交易所开始实行涨跌停板制度。

• 12 月，我国达到了国际货币基金组织的有关规定，实现了人民币经常项目下的可兑换。

• 根据《国务院关于农村金融体制改革的决定》，从该年起农村信用社改由中国人民银行进行监管，中国农业银行不再对农村信用社进行领导管理。

1997 年

• 2 月，黄达出版专著《宏观控制与货币供给》，认为如果只把"稳定币值"作为唯一的排他性的目标，那么此目标的具体化只能是唯一零通货膨胀率，甚至想考虑一个允许的波动幅度，也不能作出逻辑论证。

• 3 月，中国人民银行建立货币政策委员会，同年 4 月《中国人民银行货币政策委员会条例》正式颁布。

• 4 月，林志远出版专著《中国金融监察与监管体系：现状、问题与对策》，这是第一本专述金融监管的理论专著，从实践角度阐述了金融监管的一系列问题，并深入研究了中国金融改革过程中的立法问题。

• 11 月，第一次全国金融工作会议召开，时逢亚洲金融危机爆发，政府决定成立四大资产管理公司，以处理从国有四大行剥离的不良资产。

1998 年

• 1 月 8 日，中国金融学会邀请诺贝尔经济学奖获得者默顿·米勒教授在北京做学术报告会，分析东南亚国家金融危机产生的原因，预测危机发展趋势，提出中国如何进一步防止危机影响的建议。

• 2 月 25 日，中国金融学会在北京举办"亚洲金融危机及对中国影响讨论会"，分析亚洲金融危机的产生原因、发展趋势、对中国的影响及中国应当进一步采取的防范措施。

• 3 月 20 日，中国金融学会在北京举办"3 年金融宏观调控回顾和理论总结研讨会"，对 3 年宏观调控进行理论上的总结。

• 4 月，根据国务院机构改革方案，国务院证券委与中国证监会合并。

这些改革加强了中国证监会的职能，基本形成了集中统一的全国证券监管体制。

● 4月17日，中国金融学会在北京举办"中日学者关于日本经济金融问题研讨会"，讨论日本经济金融发展中的问题、日本银行不良资产的处理、日本金融改革及日本经济金融发展前景。

● 5月5日，中国金融学会在北京举办"日本金融学会专家学术报告会"，日本金融学会常务理事、日本熊本学园大学教授深町郁弥和坂本正分别做了"迈向21世纪的国际货币体系"和"泡沫经济崩溃后的日本金融改革"的演讲，讨论走向21世纪的国际货币体系及日本金融制度改革。

● 5月6～17日，中国金融学会组织台湾金融界大陆参观考察团赴武汉、重庆、成都地区考察。

● 5月29日～6月2日，中国金融学会与《金融时报》理论部在浙江台州联合举办"中小金融机构与中小企业发展研讨会"，研究中小金融机构目前发展中的问题以及中小金融机构如何在促进我国中小企业发展中发挥作用。

● 6月1～4日，中国金融学会金融史研究会与浙江省金融学会在浙江建德联合举办"从中外金融历史看金融危机问题研讨会"，从中外金融历史看金融危机、提出对策，研究金融危机产生的规律，探讨如何有效防范金融危机。

● 6月10日，中国金融学会在北京举办"财政货币政策协调配合讨论会"，研究为克服亚洲金融危机的影响，扩大内需，促进经济增长，需要采取的财政政策与货币政策。

● 7月10日，中国金融学会在北京举办"欧元问题讨论会"，研究欧元对世界货币体系产生的影响，分析欧元走势，提出为适应欧元启动我国在外贸、外汇储备管理以及商业银行经营策略等方面的应对措施。

● 7月21～30日，中国金融学会与台北金融研究发展基金会联合组织台湾金融界考察团对大连、沈阳和哈尔滨进行考察。

● 8月，中国金融学会在北京举办"当前经济形势与人民币汇率问题讨论会"，分析亚洲金融危机后中国面临的内外经济金融环境的利弊，提出应当坚持稳定人民币汇率的决心。

● 8月16～17日，应留美中国金融学会邀请，副秘书长秦池江参加该会年度学术交流会，并做"中国金融体制改革的进展和当前的经济金融的发展状况"报告，同时初步商谈了建立中国金融学会与留美中国金融学会两会间联系的问题。

● 8月28日，中国金融学会邀请中国金融学会顾问、日本银行前总裁山重野康在北京做"日本不良债权问题的现状及处理"学术报告会，介绍日本银行不良资产重组问题。

● 9月，农村信用社与农业银行脱钩，为合作金融打下了基础。

● 10月，中国金融学会在北京举办"中国金融学会对外金融研究会理论讨论会"，讨论东南亚金融危机对我国经济金融的影响。

● 10月，中国金融学会与中国人民对外友好协会联合邀请比利时欧元问题总协调员让·雅克先生在北京做"欧元问题"学术报告会。

● 10月13日，中国金融学会邀请中国金融学会顾问、日本银行前总裁三重野先生在北京做"日本经济的中长期发展趋势"学术报告。

● 11月11～13日，中国金融学会与台北金融研究发展基金会、中华经济研究院联合主办、上海市金融学会承办的"第四届两岸金融学术研讨会"在上海举办，与会嘉宾讨论海峡两岸金融交流与合作问题。

● 11月3～6日，中国金融学会与台北金融研究发展基金会、中华经济研究院台北联合在台北举办"第五届两岸金融学术研讨会"，讨论大陆、台湾在亚洲金融危机中的作用，金融监管，商业银行内部控制，国有商业银行对国企改革的作用，国债市场，BOT融资方式，投资基金等问题。

● 11月21～22日，中国金融学会与南方证券公司、青岛市人民政府、中国证券报在青岛联合举办"中国资本市场国际研讨会"，讨论如何运用资产证券化方式处理中国国有商业银行不良资产问题。

● 11月29～30日，中国金融学会金融工程研究会与中国数量经济学会金融研究部在郑州联合举办"第二届金融前沿理论与实务研讨会"，讨论如何运用金融工程理论与方法防范化解金融风险。

● 11月，中国人民银行作出重大决定，为了防止地方政府过度干预，集中中央对宏观经济的整体调控，同时强化区域的资源配置，撤销 31 个人民银行省级分行，成立 9 个分行和 3 个人民银行总行直属营业部。

● 12 月 1 日，中国金融学会与大鹏证券有限责任公司、国家计委经济研究所在深圳联合举办"首届中国货币市场和资本市场研讨会"，讨论加强国内金融市场风险防范体系的构建及推动我国货币市场和资本市场的发展。

● 1998 年全年，中国金融学会与《金融时报》理论部等单位在北京共举办 10 期"金融发展论坛"，分别就邓小平金融思想、亚洲金融危机、农村金融体制改革、中小金融机构发展、商业银行中间业务发展、我国对外开放中的金融安全、世界货币体系的新格局与中国的对策等问题进行了研讨。

1999 年

● 3 月 2 日，中国金融学会与中国金融学院、北京市金融学会、《金融时报》理论部在北京联合举办"中央银行如何实施有效的金融监管专题研讨会"，讨论人民银行体制改革后，如何处理好加强监管与促进经济发展、深化体制改革的辩证关系。

● 7 月，《中华人民共和国证券法》正式实施。

● 7 月 23 ~ 28 日，中国金融学会在山西太原举办"面向新世纪的金融学会工作研讨班"，制定中国金融学会未来十年学术研究发展规划。

● 7 月 30 日，中国金融学会与中国金融学院、北京市金融学会、《金融时报》理论部在北京联合举办"对我国当前通货形势分析专题研讨会"，对当前经济、金融形势进行宏观分析判断，并提出促进经济持续稳定增长、金融稳定运行的对策建议。

● 8 月，中国金融学会金融租赁研究会成立。

● 10 月以后，我国相继成立了四大国有资产管理公司，处理四大国有商业银行的不良资产。

● 11 月，中国保险监督管理委员会正式成立，标志着中国保险业的监管进入了一个新阶段。

● 11 月 2 ~ 8 日，中国金融学会与台北金融发展基金会、中华经济研究院在台湾联合举办"第五届两岸金融学术研讨会"。

2000 年

- 1 月，施兵超出版专著《新中国金融思想史》，系统而详细地归纳了新中国成立以来半个世纪的金融理论。该书是研究我国当代金融思想最全面的一部论著。

- 1 月，谢平发表文章《新世纪中国货币政策的挑战》（载《金融研究》）。该文的主要目的是将近两年中国货币政策实践中遇见的矛盾和挑战作初步的理论分析。该文获第九届孙冶方经济科学论文奖。

- 1 月 15 日，中国金融学会与《金融时报》在北京联合举办"加入WTO 新形势下我国金融改革发展的战略与对策选择"研讨会，讨论加入 WTO新形势下我国金融改革发展的战略与对策选择。

- 3 月 25 日，中国金融学会与《金融时报》在北京联合举办"我国金融资产证券化的市场需求和发展趋势研讨会"，讨论我国金融资产证券化的市场需求和发展趋势。

- 4 月 23～24 日，中国金融学会租赁研究会在杭州举办"金融租赁会计制度研讨会"，讨论金融租赁会计制度改革。

- 5 月，我国主承销商制度初步建立。

- 6 月，中国金融学会与湖南省金融学会在长沙联合举办"商业银行建立现代企业制度研讨会"，讨论建立现代商业银行企业制度。

- 6 月 21～25 日，中国金融学会租赁研究会在新疆乌鲁木齐举办"金融租赁与西部开发研讨会"，讨论金融租赁与西部开发问题。

- 6 月，陈钊出版专著《住房抵押贷款：理论与实践》，这是最早对抵押贷款证券化进行介绍的专著。

- 7 月，范从来发表文章《通货紧缩时期货币政策研究》，载《经济研究》。该文围绕着通货紧缩时期货币政策这一中心议题，以马克思主义经济学为指导，综合运用凯恩斯学派、货币主义学派、新凯恩斯主义以及新古典宏观经济学的相关理论，首先分析了中国经济转轨阶段通货紧缩趋势的形成过程及其内涵，然后从理论和实证两个角度分析了中国通货紧缩的生成机制；其次，论述了我国通货紧缩时期货币量、价格总水平和经济增长之间的关系，据此对我国的货币政策目标作出了选择。该文获第十届孙冶方经济科学论文奖。

● 7 月 27 日，中国金融学会第六次代表大会在北京召开。中国人民银行行长戴相龙当选中国金融学会新一届会长，吴晓灵、王洛林、刘明康、刘鸿儒等 17 人当选中国金融学会副会长。会议通过了由 23 名著名专家、教授组成的中国金融学会第三届学术委员会。

● 9 月 15～19 日，中国金融学会租赁研究会在重庆举办"金融租赁公司管理办法研讨会"，讨论金融租赁公司管理办法修改问题。

● 10 月 31 日～11 月 3 日，中国金融学会与中华经济研究院、台北金融研究发展基金会在北京联合举办"第六届两岸金融学术研讨会"，讨论加入WTO 后两岸金融关系与监管、银行不良资产处理、证券市场发展、网络银行发展与监管、中小金融机构与中小企业发展等。

● 12 月，孔祥毅主持的《百年金融制度变迁与金融协调》研究报告完成，报告对金融协调理论，包括金融协调的历史考察、金融协调的理论分析和金融协调的运行做了全面阐述。

● 12 月 11～14 日，中国金融学会租赁研究会在深圳举办"租赁财税政策研讨会"，讨论如何制定租赁财税政策。

2001 年

● 4 月 18～22 日，中国金融学会和俄罗斯银行协会在莫斯科联合主办"第一届中俄金融合作论坛"，讨论两国金融界共同关心的问题。该论坛由"中俄友好、和平与发展委员会"倡议召开。

● 5 月 11～12 日，中国金融学会在北京举办"综合理论研讨会"，讨论我国宏观经济形势发展趋势、稳健货币政策、利率管理体制改革、国有独资商业银行综合改革、农村合作信用社管理体制改革、货币市场与资本市场关系、信贷资金流入股市的管理政策、人民币汇率理论与汇率制度等。

● 6 月 9 日，中国金融学会与金融时报社、北京市金融学会在北京联合举办"规范社会信用秩序，切实维护银行债权研讨会"，讨论如何切实有效地构建包括政府、企业、法律、市场与舆论监督在内的信用结构，确保银行信贷资金安全。

● 7月17～18日，中国金融学会与中国人民大学、中国科技金融促进会在北京联合举办"2001年中国金融国际论坛"，讨论风险投资相关议题。

● 10月，张家骥等出版专著《中国货币思想史》，这是一部上起先秦，下至2000年的中国货币思想史的贯通古今之作，彻底填补了中国货币思想史的空白。

● 11月，臧旭恒等出版专著《居民资产与消费选择行为分析》，该书通过对居民消费、资产变动情况进行长期的追踪研究，收集了大量的资料，建立了包括居民消费、资产及与其相关的一些重要经济变量。作者以理论分析为基础，实证分析为重点，对城乡居民资产构成和消费构成做了全面、深入的分析。该书获第十届孙冶方经济科学著作奖。

● 11月，经教育部专家评议，首批金融学国家重点学科共评出六所高校，分别是：中国人民大学、西南财经大学、复旦大学、厦门大学、上海财经大学、北京大学。

● 11月6～7日，中国金融学会与中华经济研究院、台北金融研究发展基金会在台北联合举办"第七届两岸金融学术研讨会"，讨论加入WTO后两岸金融监督、外资银行开放与管理、互设金融机构、商业银行改革、消费信贷、证券市场、资产管理公司运作等。

● 12月13～14日，中国金融学会在北京举办"2001年学术年会"，讨论中国加入WTO后的货币政策与金融监管、商业银行应对策略。

● 谢森中发表《中央银行的货币政策》（收录于《谢森中先生访谈录》），他的金融思想主要有两方面。第一，他认为央行的货币政策，应该以货币政策有效性的认定为前提，已藉其引导经济往"物价安定和促进经济增长"方向顺利运转为最终目标。为了不对经济、贸易、金融等各层面有太大的冲击，应采取多次微调、"软性着陆"、"松中带紧、紧中带松"的弹性货币政策。第二，他认为，理论上中央银行完全独立于政府行政体系与政党政治之外，以物价稳定为单一目标。但是在实际上货币政策是一个整体经济政策中的重要环节，货币政策应与其他公共政策多协调合作，才能达到稳定物价的目的。

2002 年

• 1 月,谢平、蔡浩仪出版专著《金融经营模式及监管体制研究》,在一般理论基础上对金融混业经营及其监管问题发展趋势作出全面探讨。

• 1 月 8 日,中国金融学会与中国人民大学、中国银行业协会、《中国证券报》等在北京联合举办"第六届中国资本市场论坛",讨论中国金融银证合作趋势。

• 1 月 12～13 日,中国金融学会与《金融研究》编辑部、哈尔滨市商业银行在哈尔滨联合举办"加入 WTO 与城市商业银行发展研讨会",讨论加入 WTO 后,城市商业银行面临的挑战及应对策略、措施。

• 2 月,第二次全国金融工作会议召开,时任国务院总理朱镕基对下阶段金融工作进行全面部署,加强金融监管与国有银行改革的思路进一步得到深化,最终组建中央汇金投资有限责任公司主导中国银行业的重组上市。

• 6 月 14 日,中国金融学会与中国政协杂志社在北京联合举办"临汾农村信用合作社现象研讨会",讨论农村信用社改革与发展。

• 7 月 13～14 日,中国金融学会与中国商业史学会、山西财经大学在太原联合举办"山西票号国际研讨会",讨论山西票号的崛起、兴盛、衰亡,经营管理的经验教训及对现代商业银行的借鉴。

• 7 月 14～15 日,中国金融学会与山西财经大学在太原联合举办"金融理论前沿与实务国际研讨会",讨论货币市场与资本市场关系。

• 10 月,中国金融学会金融租赁专业委员会在兰州举办"金融租赁高级研讨会",讨论中国金融租赁的发展。

• 10 月 24～25 日,中国金融学会与国家外汇管理局在北京联合举办"两岸外汇管理学术研讨会",讨论两岸应对大量贸易顺差的措施、结售汇制度和汇率制度的演变、开放资本市场过程中的外汇管理和管理短期资本流动的做法与经验。

• 10 月 29 日～11 月 1 日,中国金融学会与中华经济研究院、台北金融研究发展基金会在北京联合举办"第八届两岸金融学术研讨会",讨论两岸金融改革现况与发展、金融控股公司问题、银行间拆借市场与公开市场操作等问题。

● 10 月，周升业出版专著《金融资金运行分析：机制、效率、信息》，将金融领域内各类资金串联，找出其差异与联系点，为探析金融体系发展走向做准备。

● 11 月 21 日，中国金融学会金融租赁专业委员会在北京举办"中国金融租赁发展研讨会"，讨论如何规范我国委托租赁的运作。

2003 年

● 2 月，林汉川、夏敏仁等发表《中小企业发展中所面临的问题——北京、辽宁、江苏、浙江、湖北、广东、云南问卷调查报告》（载《中国社会科学》），认为了解中小企业的发展现状与面临的问题，是实施各种扶持和促进中小企业发展政策的重要依据。该文根据对北京、辽宁、江苏、浙江、湖北、广东、云南七省市 14000 多家中小企业的问卷调查，分析了中小企业的所有制与产销竞争力等诸多问题，并为解决这些问题提出了对策建议。该文获第十二届孙冶方经济科学论文奖。

● 2 月 14～15 日，中国金融学会在北京召开"中国金融学会 2003 年学术年会"，讨论金融衍生品，资本市场与货币政策关系，银行、证券、保险业务的发展对我国货币供给与需求的影响，金融业务由按工具划分到按金融风险划分所引起金融监管理论的创新。

● 2 月 16～18 日，中国金融学会在北京召开"中国金融学会学术委员会会议"，终审中国金融学会第五届全国优秀金融论文评选获奖论文，研究中国金融学会学术活动发展方向。

● 4 月，中国银行业监督管理委员会成立，银行业的决策、运作、监管分离，体现了制度安排和相互制衡的原则。

● 9 月，谢平、路磊发表文章《中国金融腐败研究：从定性到定量》（载《比较》）。该文主要研究金融监管腐败、中国金融腐败指数、反腐败机制设计以及银行业与证券业腐败，除了大样本调研、腐败指数设计等经济学研究中的技术先进性外，该课题既是对当前中国金融转轨和金融深化进程中深层次问题的回顾与反思，更着眼于提供有利于中国金融健康、稳定和协调发展的建设性思维。该文获第十一届孙冶方经济科学论文奖。

● 9月21～22日，中国金融学会金融工程专业委员会在北京举办"新时期金融工程在中国的发展学术年会"，讨论利用金融工程技术改善商业银行资产质量和加强风险管理、推动资本市场的规范发展、支持国内的金融创新等。

● 9月23～24日，中国金融学会金融租赁专业委员会在北京举办"金融租赁公司创新、发展和风险防范研讨会"，讨论金融租赁业务征信方法、金融租赁公司风险及控制、金融租赁公司创新与发展。

● 11月4～5日，中国金融学会与中华经济研究院、台北金融研究发展基金会在台北联合举办"第九届两岸金融学术研讨会"，讨论两岸金融监管、QFII制度、外汇管理、银行业风险管理等问题。

● 11月27～28日，中国金融学会与俄罗斯银行协会在北京联合举办"中俄金融合作论坛第二次会议"，讨论两国金融机构间交流与合作，边境贸易、银行结算与边境地区银行间合作。时任国务院副总理黄菊在人民大会堂会见双方参会主要代表。

● 11月，王元龙出版专著《中国金融安全论》。该书对金融全球化的发展态势与实质、金融全球化背景下的金融安全理论，以及中国金融安全的环境进行了深入分析和探讨，在此基础上对中国金融安全总体状况进行了评析，从多角度、全方位对维护中国金融安全的战略问题进行研究，并提出了一系列维护中国金融安全的政策建议。该书试图为中国应对金融全球化浪潮、维护金融安全提供理论基础，并为政府部门、金融机构、公司企业提供决策依据和参考。该书获第十二届孙冶方经济科学著作奖。

● 12月8日，中国金融学会金融租赁专业委员会在深圳举办"金融租赁公司信息化建设研讨会"，讨论推进中国金融租赁业信息化建设。

2004年

● 1月，江其务出版专著《经济后转轨期的货币金融改革》，提出了国有商业银行在经济后转轨期要改革的方向和要做的准备。

● 4月～12月，中国金融学会举办"中国金融学会第七届全国优秀金融论文评选"活动，评选出 1 等奖 1 篇，2 等奖 11 篇，3 等奖 32 篇，优秀研究报告奖 15 篇。

- 7 月 20 日，中国金融学会农业政策性金融专业委员会在北京举办"中国金融学会农业政策性金融专业委员会成立大会暨农业政策性金融学术研讨会"，讨论政策性金融在促进中国农业持续发展中的作用。

- 7 月 25 日，中国金融学会在北京举办"国际经济形势变化下的中国对外经济关系研讨会"，讨论中国面临的国际金融风险及应对、国际油价高企对中国经济的影响。

- 8 月，姜旭朝、丁昌锋发表《民间金融理论分析：范畴、比较与制度变迁》，就四个方面进行了研究，分别是：国内外民间金融的范畴比较问题；市场经济发展与民间金融问题的关系；民间金融的发展是金融深化还是金融浅化的结果；民间金融的发展趋势与金融制度的变迁。

- 10 月，曾康霖出版专著《曾康霖专著集》，文集第一卷、第二卷分别为《金融理论问题探索》和《资产阶级古典学派货币银行学说》。《金融理论问题探索》一书针对中国改革开放初期所面临的一系列主要基本理论问题，进行了系统深入的探索。《资产阶级古典学派货币银行学说》对古典学派以前的货币信用学说和古典学派的货币银行学说进行了系统的梳理、分析和评价，填补了我国金融学说史研究的空白。《货币论》、《银行论》、《信用论》、《利息论》、《资金论》、《货币流通论》等系列专著出版的共同特点是：高度重视学说史的研究，系统介绍和评述前人的理论研究成果、研究方法及研究思路，并继承和发扬了前人的学术研究成果，但把侧重点仍放在对中国改革开放现实问题的研究上。

- 10 月 25～27 日，中国金融学会与中华经济研究院、台北金融研究发展基金会在大连联合举办"第十届两岸金融学术研讨会"，讨论大陆金融分业监管的运作与发展、港澳人民币业务与清算机制、银行卡市场发展等。

2005 年

- 2 月，刘诗白出版专著《现代财富论》（生活・读书・新知三联书店出版），该书超越了传统分析模式，深入研究了现代社会财富的性质、结构、源泉和加快财富创造的经济机制及规律，特别是对基于当代发达市场经济和高科技经济条件下社会财富创造的新情况、新特点及其生产机制进行了全方位、深层次的理论思考与探寻。

● 3 月，刘锡良、洪正发表《多机构共存下的小额信贷市场均衡》，分析指出我国提供小额信贷的三类机构即正规金融机构、政府机构和非政府机构之间的盲目竞争会导致市场缺乏效率，并提出了相应的解决办法。

● 3 月 25 日，中国金融学会在北京举办"中国金融学会第七次代表大会暨学术年会"，主要研讨中国金融宏观调控与货币政策、中国商业银行改革与发展、中国证券业发展、中国保险业发展。

● 4 月 23～24 日，中国金融学会和中国国际经济关系学会在北京举办"中国对外经济关系发展中的热点问题研讨会"，主要研讨国际油价居高难下对全球及中国经济的影响、国际经济关系变化的新形势及中国的选择、中国面临的中短期国际金融风险及应对之策。

● 6 月 2 日，中国金融学会和中国金融出版社、中国人民大学在北京共同召开"《黄达书集》出版暨推动中国金融理论繁荣发展座谈会"。

● 6 月 17 日，中国金融学会和中国民生银行在北京共同举办"后 WTO 时代：银企双赢新思维高层论坛"，主要研讨现代商业银行金融创新、现代企业理财与资本运作、现代银企合作创新成果及未来发展。

● 8 月 29～30 日，中国金融学会和俄罗斯银行协会在俄罗斯莫斯科共同举办"中俄金融合作论坛第三次会议"，主要研讨如何进一步发展中俄两国中央银行与银行、证券、保险监管机构的交流与合作；研讨进一步促进中俄两国商业银行、证券公司及交易所、保险公司间合作以及加强中俄两国边境贸易、银行结算与边境地区银行间合作等问题。

● 9 月 15 日，中国金融学会和金融时报社、四川省金融学会在四川成都共同举办"农村金融改革与发展论坛"，主要研讨中国农村金融的未来发展方向和思路。

● 9 月 16～17 日，中国金融学会金融工程专业委员会在北京举办"中国金融创新与科技论坛"，主要探讨如何推动与促进金融工程学的实际应用、推进金融创新以及探讨金融科技如何为不断变化的金融运营体系提供金融创新实践。

- 10 月 25 日，中国金融学会在北京召开"俄罗斯经济金融问题研讨会"，讨论如何促进两国经济金融合作有关问题。

- 10 月 27 ~ 28 日，中国金融学会和国际货币基金组织、斯坦福大学国际发展中心共同举办"中印经济结构：对本国与地区的影响研讨会"，主要研讨中印两国银行部门改革与证券市场发展、国内金融自由化和国际金融一体化、经济持续高速增长中的财政因素、中印崛起对地区和国际金融体系影响等问题。

- 11 月 3 日，中国金融学会和金融时报社在北京共同举办"2005 中国金融论坛"，论坛的主题是"金融生态：中国金融发展面临的挑战"，主要研讨政府主导与金融监管、良性金融生态的法制环境、后 WTO 时期中国金融企业与金融生态环境等问题。

- 11 月 8 ~ 11 日，中国金融学会和中华经济研究院、台北金融研究发展基金会在台北共同举办"第十一届两岸金融学术研讨会"，主要研讨两岸的金融发展、商业银行改革、外资入股商业银行、个人金融业务、汇率改革、金融衍生产品市场、外资保险机构发展等问题。

- 11 月 18 日，中国金融学会和瑞典中央银行在北京共同举办"放松金融管制研讨会"，主要研讨瑞典金融市场、外汇市场金融监管的内容、原因和效果，中国金融改革的深化与放松金融管制的发展趋势、必要性，以及金融部门在放松管制过程中面临的挑战及存在的失误等。

- 11 月，吴敬琏出版专著《中国增长模式抉择》，对出口导向战略进行了详尽讨论，指出粗放型出口导向难以持续。

- 12 月 7 ~ 8 日，中国金融学会金融租赁专业委员会在北京召开"2005 中国金融租赁国际峰会"。

- 12 月 20 日，中国金融学会和俄罗斯银行协会在北京召开"中国经济体制改革转型期银行体系特征、运行及与俄罗斯合作圆桌会议"。

- 国有商业银行开始股份制改造，为建立现代商业银行作准备。我国商业银行股份制改造分三个步骤：一是消化历史包袱，进行财务重组；二是成立股份有限公司，进行公司治理改革；三是创造条件公开上市，最终接受市场检验。

2006 年

● 1 月 13 日，中国金融学会和金融时报社、北京银行在北京共同举办"中国城市商业银行发展论坛"，主要研讨城市商业银行发展历史、面临的挑战及改革发展方向等问题。

● 4 月 28 日，中国金融学会和国家开发银行在北京共同举办"政策性银行转型与改革国际研讨会"，主要研讨国内外政策性银行发展趋势、政策性银行改革与发展的国际经验、我国政策性银行改革的方向和措施等问题。

● 4 月，国有商业银行开始引进战略投资者（例如建行引进美国银行和新加坡淡马锡公司为其战略投资者，二者共同持股 14.4%），国有商业银行成为国家控股的现代股份公司，为建立和完善现代企业治理结构创造条件。5 月 13～14 日，中国金融学会和金融时报社、广东省金融学会、广东金融学院在广州共同举办"中国金融业的全面开放与金融安全研讨会"，主要研讨金融开放背景下的中国金融稳定、中国金融格局、中国金融市场化进程、中国金融改革与宏观调控等问题。

● 4 月～12 月，中国金融学会组织"第八届全国优秀金融论文及调研报告评选活动"，评定中国金融学会第八届优秀论文及调研报告评选获奖论文 28 篇，获奖调研报告 20 篇。

● 6 月 18～24 日，中国金融学会和白俄罗斯中央银行、白俄罗斯储蓄银行在白俄罗斯明斯克共同组织"中国银行家代表团赴白俄罗斯考察交流"，参访白俄罗斯政府机构、中央银行、商业银行、能源企业以及其他制造企业，探讨加强两国金融业交流与合作问题。

● 7 月 20 日，中国金融学会和《中国外汇管理》杂志社在北京共同举办"汇率风险管理高层论坛"，主要研讨外汇管理理论的最新发展及金融风险管理。

● 7 月，周升业出版专著《中国金融理论》，指出在金融资金的运行中，信贷市场、货币市场、资本市场这三个市场一般都以货币或金融资金为载体，表现为货币和资金的运行，存在着紧密的联系。

• 7 月，白钦先、谭庆华发表《论金融功能演进与金融发展》（载《金融研究》），文章在对相关文献进行评述的基础上，重新界定了金融功能，进而勾画了金融功能演进的历史轨迹，最后得出金融功能扩展和提升的演进过程就是金融发展这一结论，从一个新的研究视角加深了对金融发展问题的理解。

• 7 月，何炼成出版专著《价值学说史》（商务印书馆出版）。该书是我国第一本系统、全面地评价价值学说发展史的专著。作者在该书中阐述了四方面的内容：其一是对西欧从古代到现代的价值理论及其发展过程的系统、全面评价；其二是对马克思、恩格斯所创立的科学劳动价值论的重点介绍和分析；其三是对当代资产阶级经济学家的价值理论的介绍、分析和批判；最后是在附录中对我国历代思想家的价格理论及其发展史的简介。该书获第十三届孙冶方经济科学著作奖。

• 11 月，刘锡良出版专著《中国转型期农村金融体系研究》，一方面，以翔实的资料与真实可靠的数据，为理论研究者和实务部门提供了了解我国当前农村金融的第一手资料，具有重要的学术资料价值；另一方面，强调了金融需求在农村金融体系构建中的重要性，详细论证了农村金融需求的多层次性及其与农村经济的关系，实现了农村金融需求研究的具体化。

• 11 月 28 日，中国金融学会和中国国际经济关系学会在北京举办"WTO 过渡期后的中国对外经济关系研讨会"，主要研讨中国在国际经济关系中的地位与作用、全球经济不平衡现象等问题。

• 12 月 18～19 日，中国金融学会和俄罗斯银行协会、中国建设银行、中信银行在北京共同举办"中俄金融合作圆桌会议"，主要研讨商业银行在市场化方面的经验及存在的问题，商业银行的个人金融业务的开展情况及风险控制、反洗钱等问题。

• 12 月 26 日，中国金融学会和金融时报社在北京共同举办"2006 中国金融论坛"，论坛主题为"和谐社会：中国金融业的社会责任"，主要研讨金融与企业的国际化战略与和谐世界、新农村建设与中国农村金融改革、金融创新与金融服务、区域经济发展与金融生态环境建设。

2007 年

● 1 月，林毅夫发表《潮涌现象与发展中国家宏观经济理论的重新构建》（载《经济研究》），探讨了投资的"潮涌现象"对发展中国家的物价、就业、经济增长和周期波动的影响，并给出了作为政府制定财政、货币、金融、外贸、产业发展等宏观经济管理政策的参考。

● 1 月，第三次全国金融工作会议召开，这次会议的主要任务是，总结近几年来的金融工作，分析金融形势，统一思想认识，全面部署其后一个时期的金融工作。会议提出继续深化国有商业银行改革，加快建设现代银行制度，稳步有序推进中国农业银行股份制改革，推进政策性银行改革；加快农村金融改革发展，完善农村金融体系；大力发展资本市场和保险市场等。

● 2 月 10 日，中国金融学会在北京召开"中国金融学会学术委员会第八届中国金融学会优秀论文和调研报告评奖会议"，由中国金融学会学术委员会委员对获奖论文及调研报告进行评议、投票。

● 3 月 28 日，中国金融学会和美国赛伯乐资本管理公司在北京共同举办"中美共同推动世界经济发展视频学术报告会"，美国前财长、赛伯乐资本管理公司总裁约翰·斯诺先生做学术报告，介绍中美两国经济、金融发展现状，国际金融体系等情况。

● 4 月 4 日，中国金融学会和印度银行业协会、印中经济文化促进会在印度孟买共同举办"中印金融发展高层论坛"，共同研讨中印两国金融发展、金融监管、商业银行经营与风险防范、农村金融体系、资本市场和保险市场发展以及加强中印两国金融业全面交流和增进合作等问题。

● 6 月 20～21 日，中国金融学会和中国社会科学院世界经济与政治研究所、第一财经日报在北京共同举办"东南亚金融危机十周年国际研讨会"，主要研讨东南亚金融危机教训、国际资本流动及监管、货币及汇率政策、区域和全球金融架构等问题。

● 7 月 7～8 日，中国金融学会和宁夏金融学会在宁夏银川共同举办"开

展学会工作、服务央行职能研训班"，就如何更好地开展金融学会工作，从而
服务于央行中心工作进行了研讨。

- 9 月 9 ~ 11 日，中国金融学会和美国金融服务论坛在北京、上海共同
组织"美国金融服务论坛赴中国金融考察团各项活动"，安排接待了美国金融
服务论坛首席执行官、前商务部部长埃文斯访华代表团，并安排代表团与中
国人民银行、中国金融监管部门、商业银行及有关国家部委的拜会活动。

- 9 月 13 ~ 14 日，中国金融学会租赁专业委员会和中国航空运输协会在
北京共同举办"第二届中国航空租赁高峰会议"，主要研讨中国航空运输、租
赁业发展的机遇与挑战、飞机租赁的商业模式、航空业融资、《开普敦公约》、
投资公司及银行等金融机构的航空租赁业务发展机遇等问题。

- 9 月 28 日，中国金融学会在北京举办"《放贷人条例》立法研讨会"，
主要研讨《放贷人条例》第三稿条款。

- 10 月 15 ~ 23 日，中国金融学会和台湾中华经济研究院、台北金融研
究发展基金会在台北共同举办"第十三届两岸金融学术研讨会"，主要研讨台
湾货币政策与操作策略、两岸保险业如何应对人口老龄化问题、两岸商业银
行的内控与风险管理、两岸 IPO 业务发展、大陆股权分置改革、两岸私募股
权投资基金的现状与发展、两岸中小企业融资现状及对策、台湾外汇存底累
积的原因及对策等问题。

- 11 月 6 日，中国金融学会和德国中央银行在北京共同举办"金融稳
定——德国央行的视角学术报告会"，德国央行执行董事 Hermann Remsperger
教授做主题报告，介绍了国际金融市场发生的一些结构性变化，美国次贷风
波发生的情况以及可能吸取的教训与政策建议等。

- 11 月 8 ~ 9 日，中国金融学会和中国人民外交学会等约 20 多家研究机
构在北京共同举办"中国和平发展与和谐世界国际研讨会"，主要研讨中国和
平发展前景、中国和平发展与国际关系、中国和平发展与国际安全、中国和
平发展与世界经济、文明多样性与和谐世界等问题。

- 12 月 25 日，中国金融学会和金融时报社在北京共同举办"2007 中国
金融论坛"，论坛主题为"科学发展观——中国金融业的全面、协调与可持续

发展"。

2008 年

• 4 月 10 日，中国金融学会和海南省金融学会在海南共同举办"海南金融业 20 周年回顾与从紧货币政策下区域经济金融发展论坛"，主要研讨海南金融业取得的成就及主要经验，海南金融业发展面临的机遇与挑战，以及从紧货币政策下区域经济金融发展等问题。

• 4 月 28 日，中国金融学会和美国赛伯乐资本管理公司共同组织"美国赛伯乐资本管理公司赴中国金融考察活动"，安排接待了美国前财长、赛伯乐资本管理公司总裁约翰·斯诺一行，并安排代表团与中国金融监管部门，有关部委，商业银行以及北京市、上海市、浙江省政府领导的拜会活动。

• 5 月 15～16 日，中国金融学会和印度银行业协会、印中经济文化促进会在北京共同举办"第二届中印金融发展高层论坛"，论坛的主题为"中印金融：交流、借鉴与合作"，主要研讨中印两国金融业改革与开放现状、金融稳定、农村金融、多层次资本市场建设与发展、债券市场发展、商业银行流动性管理、风险防范、保险资金运用等议题。

• 6 月 6 日，中国金融学会和中国人民银行金融研究所在北京共同举办"气候变化与配额交易研讨会"，主要研讨如何运用配额交易机制推动污染治理和土地集约化使用，以缓解我国经济发展日益增大的环境与土地压力。

• 6 月 21～22 日，中国金融学会金融工程专业委员会和中国数量经济学会数量金融专业委员会在北京共同举办"第三届中国金融创新与科技论坛"，主要研讨了中国证券业发展，与会者就股指期货的风险防范、QFII 下的证券市场发展、银行业创新与发展、红筹股回归与央企整合上市等问题进行讨论。

• 6 月 29～30 日，中国金融学会国库专业委员会在鄂尔多斯举办"中国金融学会国库研究会年会"，审议通过了《中国金融学会国库专业委员会章程》，宣布了新一届国库专业委员会成员，部署了今后国库专业委员会的研究任务。

• 7 月 31 日，中国金融学会和中国人民银行沈阳分行、金融时报社在沈阳共同举办"东北金融高层论坛"，主要研讨金融部门如何支持东北老工业基地全面振兴等问题。

● 8 月 14～18 日，中国金融学会和台北金融研究发展基金会在北京、上海、广州共同组织"台湾政治大学考察团赴大陆调研考察"，安排台湾政治大学金融系主任廖四郎任团长的代表团赴北京、上海、广州三地拜会当地银行业金融机构，就国际主要金融机构在中国大陆发展（含参股）经验进行探讨。

● 9 月 9 日，中国金融学会和福建省金融学会在福州共同举办"海西论坛——两岸金融合作专题研讨会"，主要研讨两岸货币兑换、结算以及推进两岸银行业合作的具体措施，建立海峡产业投资基金事宜，两岸证券业、两岸保险业合作与发展等内容。

● 9 月 12 日，中国金融学会和全国工商联房地产商会投融资中心在北京共同举办"土地金融创新研究座谈会"，主要研讨如何运用金融创新支持节约、集约利用土地，如何发挥金融工具配置土地资源的有效性，提高土地的流动性，防范金融风险等问题。

● 9 月 26 日，中国金融学会和中国金融出版社在北京共同举办"中国金融改革开放 30 周年座谈会暨《中国金融改革开放大事记》新书发布会"，介绍《中国金融改革开放大事记》，并围绕"改革开放中我感受最深的一件事"为题进行座谈，回顾、探讨我国金融改革开放的历程。

● 9 月，林毅夫、孙希芳发表《银行业结构与经济增长》（载《经济研究》），文章运用中国 28 个省区在 1985 年至 2002 年间的面板数据，考察银行业结构对经济增长的影响，结果显示，在中国现阶段，中小金融机构市场份额的上升对经济增长具有显著的正向影响。

● 11 月，李稻葵、刘霖林发表《人民币国际化计量研究及政策分析》（载《金融研究》），通过对各国央行国际储备、贸易结算以及国际债券中的各国货币比重进行计量分析，挖掘了影响一国货币国际化水平的内在因素。

● 11 月，刘诗白出版专著《体制转型论》，该书收录了其发表的论文 40 余篇，集中探讨了社会主义市场经济、社会主义初级阶段、社会主义所有制与国有经济改革、社会主义产权制度等重大理论问题，构建了一个社会主义市场经济的理论框架。

● 11 月 12 ~ 13 日，中国金融学会金融租赁专业委员会在北京举办"第三届中国航空租赁高峰会议"，主要讨论航空公司多元化融资渠道、油价上涨与人民币升值的影响。

● 11 月 25 ~ 26 日，中国金融学会和台湾中华经济研究院、台北金融研究发展基金会在北京共同举办"第十四届两岸金融学术研讨会"，主要研讨全球金融危机的启示、金融控股公司发展和存款保险制度的发展与规划、现阶段两岸金融合作现状与展望等议题。

● 12 月 27 日，中国金融学会和金融时报社在北京共同举办"2008 中国金融论坛"，论坛主题是"中国金融业：金融风暴中迈向新征程——纪念中国金融改革开放 30 周年"，主要研讨国际金融危机发生后对国际经济金融形势研判，国际金融危机的原因，我国银行、证券、保险业走过的改革开放历程与经验，我国金融业的法律框架体系建设等问题。

2009 年

● 2 月，刘鸿儒出版专著《突破——中国资本市场发展之路》，提出了直接融资与间接融资应当平行发展、自行定位，监管需要政府与市场配合进行等观点。

● 4 月，邱兆祥出版专著《人民币区域化问题研究》，在吸收国内外学术界已有研究成果的基础上，对人民币的区域化问题从多方面、多角度进行了全面系统和较为深入的探讨。

● 4 月 ~ 12 月，中国金融学会组织"中国金融学会第九届全国优秀论文及调研报告评选"，经过初评、复评和学术委员会终评，选出获奖文章若干篇。

● 7 月 30 日 ~ 8 月 1 日，中国金融学会和金融时报社、中国人民银行沈阳分行在沈阳共同举办"2009 东北金融高层论坛"，主要研讨金融支持地方经济转型和发展、区域性金融风险防范、建立东北区域金融中心对东北振兴的积极作用、加强东北亚金融合作共同应对金融危机等议题。

● 9 月 7 日 ~ 13 日，中国金融学会和中国城市金融学会、台北金融研究发展基金会在台北共同举办"第二届两岸票据市场与业务研讨会"，主要研讨票据业务在两岸金融市场中的地位和作用、国际金融危机对两岸票据市场的影响、票据业务与货币政策的互动等问题。

● 10 月 12 ~ 13 日，中国金融学会和俄罗斯银行协会在北京共同举办"第四届中俄经济工商界高峰论坛金融分论坛暨第四次中俄金融合作论坛"，主要研讨国际金融危机的影响及应对、金融创新和监管、中俄金融合作等问题。

● 11 月 10 ~ 12 日，中国金融学会和印度银行业协会、印中经济文化促进会在印度孟买、新德里共同举办"第三届中印金融发展高层论坛"，主要研讨金融危机下中印银行业面临的挑战和机遇、金融监管、农村金融、中小企业融资等问题。

● 11 月 19 ~ 20 日，中国金融学会和北京大学在北京共同举办"2009 多层次信贷市场建设国际研讨会"，主要研讨多层次信贷市场创新与发展、农村金融与小额信贷、信贷业务创新及多层次信贷市场的征信服务等问题。

● 11 月，吴念鲁出版专著《中国应对世界经济挑战的思考——金融热点再探析》，提出随着国际货币体制的演进和改革，当前国际货币已经进入"美元信用本位制"时代。

● 12 月，林继肯出版专著《货币神奇论》，提出了"货币五力论"等重要的思想与主张，定义并阐述了货币的吸引力、和谐力、扭曲力、诱惑力和国际力。

● 12 月 1 ~ 2 日，中国金融学会和中华经济研究院、台北金融研究发展基金会在台北共同举办"第十五届两岸金融学术研讨会"，主要研讨金融危机的影响及应对、中央银行在防范系统性金融风险中的作用、金融市场发展和监管等问题。

● 12 月 22 日，中国金融学会和金融时报社在北京共同举办"2009 中国金融论坛"，论坛主题为"后金融危机时代中国金融业改革和发展"，主要研讨金融危机后中国金融发展和改革、低碳经济的发展空间和制约因素、中国创新体系建设等问题。

2010 年

● 4 月 26 ~ 28 日，中国金融学会和台北金融研究发展基金会在上海共同举办"2010 两岸金融上海交流会",主要研讨两岸金融监管合作谅解备忘录签署后两岸金融合作面临的新机遇。

● 6 月,陈雨露出版专著《中国农村金融论纲》,从中国农村金融赖以存在的现实基础出发,以一种动态和发展的方法论为指导,通过构建农户、国家、社会、制度和文化的结构性视角,对中国农村金融的现实问题与发展路径进行了系统的经济学分析。

● 6 月 16 日,中国金融学会、金融时报社、黑龙江省政府在哈尔滨共同举办"2010 龙江金融高层论坛",共同研讨后金融危机时代推进银贸合作及中外金融机构之间的合作、创新金融支持方式、提升金融支持力度、促进中外经贸合作等问题。

● 6 月 19 ~ 20 日,中国金融学会和浙江省金融办在杭州共同举办"中国小额信贷创新论坛",主要研讨小额信贷创新与发展、小额信贷试点政策和监管创新、小额信贷经营与技术创新、小额信贷领域其他创新力量等问题。

● 6 月 23 ~ 25 日,中国金融学会国库专业委员会在银川召开"国库监管工作研讨会",主要研讨国库自身核算管理、对商业银行代理国库业务的监督管理、对财税部门收支业务的监督审核等当前国库监管工作的热点问题。

● 6 月 26 日,中国金融学会和新华社、中国国际经济交流中心在北京共同举办"中国信用评级高峰论坛",主要研讨中国信用评级体系模式的创新与构建、中国信用评级监管、国际评级话语权等问题。

● 6 月 28 ~ 29 日,中国金融学会在厦门举办"综合经营和金融控股公司发展研讨会",主要研讨金融业综合经营和金融控股公司的发展、监管制度、立法实践以及国际金融危机后的改革趋势等问题。

● 7 月 9 日,中国金融学会金融采购专业委员会和国家开发银行在杭州共同举办"首届中国金融采购高峰论坛",论坛主题是"推动电子化采购应用,提升金融采购业务水平",主要研讨电子化采购系统与中国金融集中采购网络平台的建设与应用问题。

● 7 月 27 日,中国金融学会和云南省政府在昆明共同举办"滇池泛亚金融货币高层合作圆桌会议",主要研讨泛亚区域财金货币合作的现状,问题与展望，跨境人民币结算与贸易投资便利化，扩大跨境贸易人民币结算试点的意义与影响，跨境投融资人民币结算的可行性与可操作性，建设昆明泛亚金融服务中心的实施方案与路径依赖等问题。

● 7月，刘诗白发表《美国经济过度金融化与金融危机》（载《求是》），认为金融过度扩张的本质原因在于市场经济中金融化、虚拟化的运行机制，究其根源，仍然是资本主义不断扩张的生产能力与内生需求不足之间的矛盾。

● 8月10日，中国金融学会和金融时报社、中国人民银行沈阳分行在沈阳共同举办"2010东北金融高层论坛"，主要研讨东北振兴与后金融危机时代东北亚金融合作。

● 9月14日，中国金融学会在北京召开"中美经贸关系：影响因素和争端解决研讨会"，主要研讨中美经贸关系影响因素及经贸争端正确解决途径。

● 11月9~10日，中国金融学会和中华经济研究院、台北金融研究发展基金会、台湾金融服务业联合总会在北京共同举办"第十六届两岸金融学术研讨会"，主要研讨ECFA签署后两岸金融业面临的机遇和挑战。

2011 年

● 1月，周小川发表《金融政策对金融危机的响应——宏观审慎政策框架的形成背景、内在逻辑和主要内容》，阐述了逆周期的宏观审慎政策的内涵与意义。

● 2月22日，中国金融学会和台湾金融服务业联合总会在北京共同举办"两岸农村金融和中小企业融资研讨会"，主要研讨两岸农村金融及中小企业融资问题。

● 3月28日，中国金融学会和台北金融研究发展基金会在台北共同举办"2011两岸金融台北交流会"，主要研讨新巴塞尔协议、金融综合化经营模式等问题。

● 4月15日，中国金融学会金融采购专业委员会在北京举办"第二届中国金融采购高峰论坛"，围绕"绿色采购、服务金融"主题展开绿色金融采购讨论。

● 4月26日，中国金融学会和福建省金融学会在福建蒲田共同举办

"2011 金融学会工作会议"，各省市金融学会研讨工作方法，交流工作经验。

• 4 月 20 日，中国金融学会在北京召开"推进人民币资本项目可兑换座谈会"，主要研讨推进人民币资本项下可兑换的意义和风险、有序推进人民币资本项下可兑换的路径及可能影响等问题。

• 10 月 24 日，中国金融学会和台北金融研究发展基金会在昆明共同举办"2011 两岸金融交流会（昆明）"，主要研讨两岸金融消费者保护现状及面临的问题与挑战、中国大陆区域经济发展对台湾金融机构与台资企业的机遇与挑战等问题。

• 11 月，刘世锦等出版专著《陷阱还是高墙：中国经济面临的真实挑战和战略选择》。该书以工业化能否顺利推进为主线，搜集整理了大量的历史数据，比较了 30 多个较大经济体的经验，在理论分析的基础上，将国际上正反两方面经验与中国的情形相比较认为，在工业化高速发展阶段结束之前，中国落入拉美式中等收入陷阱的可能性不大，但中国也面临真实严峻的挑战，即在工业化高速发展阶段之后，如何有效缓解该阶段积累的各种结构性矛盾和财政金融风险，并切实转变增长方式，进而顺利跨越高收入之墙。该书获第十五届孙冶方经济科学著作奖。

• 11 月 3 日，中国金融学会和北京市金融工作局、北京市西城区人民政府、中国银行业协会、中国证券业协会、中国保险业协会在北京共同举办"2011 第七届北京国际金融博览会中国金融年度论坛"，论坛围绕"金融转型与金融产业发展"的主题，总结 2011 年重要财经现象和金融事件，提供具有前瞻性的指导意见和建议。

• 11 月 24 日，中国金融学会金融统计研究专业委员会在北京召开"房地产金融风险管理座谈会"，主要研讨我国房地产市场形势、房地产市场变化对金融业的影响及金融风险的管理等问题。

2012 年

• 1 月，第四次全国金融工作会议召开，这次会议分析了金融改革开放发展面临的新形势，对其后一个时期的金融工作作出部署，指出要深化和金融改革，提升股市信心。

● 2 月，尚福林发表《中国银行业的改革发展方向》（载《中国金融》），指出当前的重点是将有限的信贷资源投放到重点在建工程、小微企业和"三农"领域，同时要做到"有扶有控"，限制对"两高一剩"和落后产能行业的信贷投入，促进实体经济沿着国家产业政策导向科学发展。

● 3 月 19～20 日，中国金融学会和国际货币基金组织、印度国际经济关系研究委员会在印度德里共同举办"中印经济：可持续高质量增长研讨会"，主要讨论金融机构改革、应对全球金融不稳定和包容性经济增长等问题。

● 3 月 21 日，中国金融学会在北京召开"中国经济可持续增长学术报告会"，美国彼得森国际经济研究所高级研究员尼古拉斯·拉迪做了学术报告，阐述对中国经济可持续增长的看法。

● 4 月 27 日，中国金融学会金融采购专业委员会在北京举办"人民币鉴别仪金融行业采购与应用专题工作研讨会"，主要研讨、交流新国标的制定和应用对人民币鉴别仪行业发展的重要影响，以及对人民币鉴别仪在金融行业的采购与应用有关问题。

● 5 月 4 日，中国金融学会在北京举办"金融消费者权益保护学术报告会及座谈会"，台湾著名消费者权益保护专家柴松林做了学术报告，阐述金融消费者保护理论，介绍台湾金融消费者保护历史和经验。

● 9 月 13 日，中国金融学会、辽宁省政府金融工作办公室、人民银行沈阳分行、金融时报社在北京共同举办"中国金融论坛 2012 东北分论坛"，主要研讨推进金融创新、服务实体经济、助推结构调整、加快东北振兴等问题。

● 9 月 14 日，中国金融学会在北京召开"对外基础设施投融资座谈会"，主要研讨对外基础设施投融资在具体操作中的成功经验及如何与我国的外交、能源和安全战略配合等问题。

● 9 月 21 日，中国金融学会金融采购专业委员会在北京举办"第三届中国金融采购高峰论坛"，主要研讨金融采购专业委员会"十二五"业务规划中提出的建设电子化采购行业平台、推动金融联合采购、编制金融采购业务行业标准等行业协作重点课题。

● 11 月 19 日～26 日，中国金融学会和台湾中华经济研究院、台北金融研究发展基金会、台湾金融服务业联合总会在台北共同举办"第十七届两岸金融学术研讨会",主要研讨《海峡两岸货币清算合作备忘录》签订后,两岸金融合作发展与前景等问题。

- 12 月 1 日,中国金融学会和北京市金融工作局、北京市西城区人民政府、中国银行业协会、中国证券业协会、中国保险业协会在北京共同举办"2012 年中国金融年度论坛",主要研讨宏观经济运行与金融业发展展望等问题。

- 12 月,谢平、邹传伟发表《互联网金融模式研究》(载《金融研究》),指出以互联网为代表的现代信息科技,特别是移动支付、社交网络、搜索引擎和云计算等,将对人类金融模式产生根本影响,并着重研究了互联网金融模式的支付方式、信息处理和资源配置。

2013 年

- 2 月 27 日,中国金融学会在北京召开"现阶段国际货币金融形势分析座谈会",主要研讨当前国际国内货币金融形势。

- 4 月 15 ~ 16 日,中国金融学会和清华大学财政税收研究所、美联储旧金山分行和圣·路易斯分行在北京共同举办"全球视角下的货币政策:中国和美国研讨会",主要研讨中美等国货币政策的制定与执行。

- 4 月 18 日,中国金融学会在北京召开"日本量宽和日元贬值问题座谈会",主要研讨日本量化宽松政策和日元贬值以及对我国经济的影响等问题。

- 5 月 18 ~ 19 日,中国金融学会和台北金融研究发展基金会在苏州共同举办"2013 两岸金融专题交流会(苏州)——两岸票据市场发展与合作研讨会",主要研讨两岸票据市场发展与合作等问题。

- 6 月 15 日,中国金融学会和中国社会科学院在北京共同举办"金融生态环境建设十周年研讨会",主要研讨我国金融生态环境建设十年来的成绩、现状与存在的突出问题、金融生态建设与区域经济发展、政府在金融生态建设中的职能作用、政府和银行的角色定位等问题。

- 7 月 4 日,中国金融学会在北京举办"用好增量,盘活存量研讨会",主要研讨"用好增量、盘活存量"的货币政策思路和具体措施。

● 8月14日，中国金融学会在北京举办"民营资本进入银行业专题研讨会"，主要研讨民间资本进入银行业的方式与途径、民间资本进入银行业的潜在风险及其防范、民营银行的监管制度设计等问题。

● 9月9日~11日，中国金融学会在合肥召开"发挥学会工作特色，服务金融改革发展工作座谈会"，研讨进一步发挥中国金融学会学术性研究平台作用，提升中国金融学会服务央行中心工作、服务社会经济与金融改革水平。

● 9月16日，中国金融学会和中国社会科学院在北京共同举办"回望国际金融危机——雷曼兄弟倒闭五周年研讨会"，研讨雷曼兄弟倒闭的原因、产生的影响，总结2008年国际金融危机演进过程中值得吸取的教训。

● 9月25~26日，中国金融学会和台北金融研究发展基金会、中华经济研究院、台湾金融服务业联合总会在北京共同举办"第十八届两岸金融学术研讨会"，主要研讨互联网金融发展、小微金融与小微企业发展、利率市场化机遇与挑战、民间资本与民营金融机构发展、债券市场发展等问题。

● 11月1日，中国金融学会在北京召开"中国经济增长和外部需求的作用学术报告会"，亚洲开发银行研究院的邢予青博士做了学术报告，阐述外部需求在中国经济增长中的作用。

● 11月4日，中国金融学会在北京召开"粮食安全·土地流转·农业现代化专家座谈会"，主要研讨粮食安全、农村土地流转以及农业现代化等问题。

● 11月13日，中国金融学会在北京召开"互联网金融时代大数据应用专题座谈会"，主要研讨互联网金融时代大数据的应用。

● 12月17日，中国金融学会在北京举办"中国人民银行成立65周年学术研讨会——中国大型商业银行、农信社改革十周年"，主要研讨中国大型商业银行与农信社改革10年得失及未来改革发展方向。